Schwerpunkte Pflichtfach Wessels/Beulke/Satzger · Strafrecht Allgemeiner Teil

Schwerpunkte

Eine systematische Darstellung der wichtigsten Rechtsgebiete anhand von Fällen
Begründet von Professor Dr. Harry Westermann †

Strafrecht
Allgemeiner Teil

Die Straftat und ihr Aufbau

Mit ebook: Lehrbuch, Entscheidungen, Gesetzestexte

begründet von

Prof. Dr. Johannes Wessels †

fortgeführt von

Dr. Werner Beulke
Professor em. an der Universität Passau

und

Dr. Helmut Satzger
o. Professor an der Ludwig-Maximilians-Universität München

45., neu überarbeitete Auflage

C.F. Müller

Übersetzungen

ins Portugiesische von *Prof. Dr. Juarez Tavares*,
Rio de Janeiro/Brasilien (Sergio A. Fabris Editor, Porto Alegre, 1976),

ins Spanische von *Dr. Conrado A. Finzi*,
Córdoba/Argentinien (Ediciones Depalma, Buenos Aires, 1980),

ins Koreanische von *Prof. Dr. Il-Tae-Hoh*,
Pusan/Süd-Korea (Publishing House Sejong, 1998),

ins Russische von *Jana Ploškina*,
Krasnojarsk/Russland (2006; ISBN 5-9604-0051-0 [PYC])

ins Georgische von *Zurab Arsenischvili*, hrsg von *Dr. Irakli Dvalidze*,
Tiflis/Georgien (2010; ISBN 978-9941-13-188-2)

Bibliografische Information der Deutschen Nationalbibliothek
Die Deutsche Nationalbibliothek verzeichnet diese Publikation in der Deutschen Nationalbibliografie; detaillierte bibliografische Daten sind im Internet über http://dnb.d-nb.de abrufbar.

ISBN 978-3-8114-4034-0

E-Mail: kundenservice@cfmueller.de

Telefon: +49 89 2183 7222
Telefax: +49 89 2183 7620

www.cfmueller-campus.de
www.cfmueller.de

Satz: preXtension GbR, Grafrath
Druck: CPI books, Leck

Vorwort

Die vorliegende 45. Auflage bringt das seit Jahrzehnten bei Studierenden wie Lehrenden beliebte Lehrbuch zum Allgemeinen Teil des Strafrechts auf den aktuellen Stand, Rechtsprechung und Literatur konnten dabei bis einschließlich Juli 2015 berücksichtigt werden. Unter Beibehaltung des bewährten Grundkonzepts der Schwerpunkte-Reihe haben wir uns gleichwohl bemüht, Gutes noch besser zu machen und deshalb weitere Teile des Werks gründlich überarbeitet. Im Rahmen des Möglichen haben wir dabei die Ausführungen didaktisch optimiert und anschaulicher gestaltet; die teilweise Neustrukturierung des Buches wurde darüber hinaus zum Anlass für eine überfällige Neuordnung und -vergabe der Randnummern genommen.

Die bereits die letzten Auflagen begleitende Neuerung, dem Käufer des Printwerks gleichzeitig ein ebook an die Hand zu geben, welches nicht nur den gesamten Text des Lehrbuchs enthält, sondern dem Leser auch über praktische Verlinkungen die einschlägigen Gesetzestexte sowie die unter Ausbildungsgesichtspunkten wichtigsten Gerichtsentscheidungen an die Hand gibt, hat sich als echter Mehrwert für ein effizientes Arbeiten mit dem Lehrbuch herausgestellt. Es ist uns daher eine Freude, diesen zusätzlichen Service auch in Verbindung mit der 45. Auflage bieten zu können.

Hinweisen möchten wir ferner auf die inzwischen im Ausbildungssektor schon fest etablierten, von *Werner Beulke* verfassten Fall- und Repetitionsbücher, in welchen den Studierenden anschaulich präsentiert wird, wie der in diesem Lehrbuch dargestellte Lernstoff im Rahmen von Klausuren umzusetzen ist. Der „Klausurenkurs im Strafrecht I“ (6. Auflage) wendet sich dabei an Anfänger, der „Klausurenkurs im Strafrecht II“ (3. Auflage) wird Fortgeschrittenen empfohlen. Speziell für Examenskandidaten ist der „Klausurenkurs im Strafrecht III“ (4. Auflage) konzipiert. Die Verzahnung mit den Klausurenkursen wird im Text des Lehrbuchs optisch hervorgehoben (▶ Beispielsfall bei …).

Am Ende nahezu aller Kapitel stößt der Leser auch in dieser Auflage wieder auf die Rubrik „Aktuelle Rechtsprechung“. Sie ist als schnelle Lern- und Wiederholungshilfe gedacht und informiert die Studierenden über die im vorangehenden Text bereits erläuterten und für mündliche und schriftliche Prüfungen besonders wichtigen neuesten Entwicklungen in der Rechtsprechung. Eine – durch das ebook besonders leicht realisierbare – Lektüre dieser Entscheidungen sei allen Leserinnen und Lesern dringend empfohlen.

Für die ausgezeichnete und sehr engagierte Mithilfe an diesem Werk bedanken wir uns **in Passau** bei Frau Dr. *Hannah Stoffer*, Frau *Olga Kuhls*, Herrn *Malte Sander*, Frau *Lilly Beutler*, Frau *Frauke Hansper*, Herrn *Christoph Rieß* und Frau *Barbara Wiedmer*.

In München haben sich in unermüdlichem Einsatz und unter Inkaufnahme zahlreicher Überstunden bei sommerlichen Höchsttemperaturen in den wahrlich nicht klimatisierten Räumen des Lehrstuhls v.a. Herr *Benedikt Linder*, Herr *Marius Endler*, Herr *Johannes Kleinhenz*, Herr *Julio Pires*, Herr *Lorenz Seidl*, Herr *Maximilian Seuß* und Frau *Claudia Stühler* um die Entstehung der Neuauflage verdient gemacht, wofür wir ihnen zu großem Dank verpflichtet sind. Für umfangreiche und zeitaufwändige Recherchearbeiten bedanken wir uns darüber hinaus bei Frau *Laura Funke*, Herrn *Alexander Gorski*, Frau *Anna-Lena Mlackar* und Frau *Alexandra Zahn* sowie für weitere wertvolle Unterstützungen bei Herrn *Severin Berger*, Herrn *Nicolai von Maltitz*, Frau *Miriam Meyer*, Frau *Sarah Pohlmann*, Herrn *Florian Ruhs*, Herrn *Jan Wiebers* und Herrn Dr. *Frank Zimmermann*, daneben aber selbstverständlich auch bei Frau *Beate Ulrich* für die sorgsame Sekretariatsarbeit.

Passau/München, im August 2015

Werner Beulke
Helmut Satzger

Inhaltsverzeichnis

	Rn	Seite
Vorwort		V
Abkürzungsverzeichnis		XVII
Literaturverzeichnis		XXIII
Festschriftenverzeichnis		XXXI

Teil I
Strafrecht und Strafgesetz. Der Mensch als Rechtssubjekt

	Rn	Seite
§ 1 Aufgabe und Grundbegriffe des Strafrechts. Die Einteilung der Delikte	1	1
I. Aufgabe und Grundbegriffe des Strafrechts	4	1
1. Rechtfertigung der Existenz des Strafrechts als Teilgebiet des Öffentlichen Rechts	4	1
2. Die Schutzfunktion des Strafrechts	9	2
3. Voraussetzungen und Rechtsfolgen der Straftat	17	5
4. Sinn und Zweck der Strafe	21	6
5. Strafrechtliche Grundbegriffe	27	8
6. Erfolgs-, Handlungs- und Gesinnungsunwert der Tat	29	9
II. Die Einteilung der Delikte	31	10
1. Verbrechen und Vergehen	31	10
2. Erfolgs- und Tätigkeitsdelikte	36	11
3. Verletzungs- und Gefährdungsdelikte	40	12
4. Dauer- und Zustandsdelikte	45	12
5. Begehungs- und Unterlassungsdelikte	48	13
6. Allgemeindelikte, Sonderdelikte und eigenhändige Delikte	52	13
7. Unternehmensdelikte	57	14
8. Vorsatz- und Fahrlässigkeitsdelikte	58	15
§ 2 Das Strafgesetz und seine Anwendung. Analogie und Auslegung. Internationale Bezüge	60	16
I. Die Garantiefunktion des Strafgesetzes	61	16
1. Der Bestimmtheitsgrundsatz	64	17
2. Das Rückwirkungsverbot	66	18
3. Gewohnheitsrecht und Analogie	71	20
II. Analogie und Auslegung	75	21
1. Abgrenzung zwischen Analogie und Auslegung	75	21
2. Die Methoden der Auslegung	76	22
III. Der Geltungsbereich des deutschen Strafrechts	85	24
1. Der internationale Geltungsbereich	85	24

2. Zusammenfassender Überblick zum Geltungsbereich des deutschen Strafrechts	96	28
3. Verfahrensrechtliche Fragen	98	29
IV. Das Völkerstrafrecht	99	29
V. Europarecht und Strafrecht	108	32
§ 3 Der Mensch als Rechtssubjekt. Die strafrechtliche Handlungslehre	123	38
I. Das menschliche Verhalten als Grundlage der Straftat	124	38
II. Der strafrechtliche Handlungsbegriff	128	39
1. Kausale, finale und soziale Handlungslehre	128	39
2. Stellungnahme	135	40
3. Handlungsfähigkeit und Fehlen einer Handlung	139	42
4. Verbindungslinien zur allgemeinen Verbrechenslehre	149	45

Teil II
Die vorsätzlichen Begehungsdelikte

§ 4 Die Bildung von Straftatbeständen und Deliktsgruppen im Gesetz	153	46
I. Tatbestandsbildung und Gesetzessystematik	154	46
II. Tatbestandsabwandlungen und ihre Bedeutung	158	47
1. Unselbstständige und verselbstständigte Abwandlungen	158	47
2. Zusammentreffen qualifizierender und privilegierender Umstände	166	49
§ 5 Die Tatbestandslehre. Begriff und Struktur des Unrechtstatbestandes	170	50
I. Die Grundstruktur des Strafunrechts	171	50
II. Die Lehre vom Tatbestand	174	51
1. Der Tatbestand im weiteren Sinne	175	51
2. Der Tatbestand im engeren Sinne (Unrechtstatbestand)	176	52
3. Der Gesamt-Unrechtstatbestand	180	52
III. Die einzelnen Merkmale des Unrechtstatbestandes	188	54
1. Deskriptive und normative Merkmale	189	54
2. Objektive und subjektive Merkmale	192	55
3. Die „Doppelfunktion“ des Vorsatzes	200	57
IV. Besondere Voraussetzungen der Strafbarkeit und der Verfolgbarkeit	206	58
1. Objektive Bedingungen der Strafbarkeit (sog. Tatbestandsannex)	206	58
2. Strafverfolgungsvoraussetzungen	210	60
§ 6 Der objektive Unrechtstatbestand. Erfolgsverursachung und objektive Zurechnung	212	60
I. Die Grundlagen der strafrechtlichen Haftung: Der Zusammenhang zwischen Handlung und Erfolg	213	61

II. Die Kausalität zwischen Handlung und Erfolg	217	62
1. Die Conditio-sine-qua-non-Formel der sog. Bedingungs- oder Äquivalenztheorie	218	62
2. Probleme und Anwendungsregeln der Conditio-Formel	228	66
3. Die Lehre von der gesetzmäßigen Bedingung	239	70
4. Sonstige Kausalitätstheorien	242	71
III. Die objektive Zurechnung des Handlungserfolges	246	72
1. Grundlagen und allgemeine Voraussetzungen der objektiven Zurechnung	246	72
2. Die Fallgruppe „Schutzzweck der Norm“	254	75
3. Die Fallgruppe „allgemeines Lebensrisiko“ und „erlaubtes Risiko“	257	75
4. Die Fallgruppe „freiverantwortliche Selbstschädigung und -gefährdung“	259	76
5. Die Fallgruppe „eigenverantwortliches Dazwischentreten eines Dritten“	276	82
6. Die Fallgruppe „Risikoverringerung“	284	85
7. Die Fallgruppe „atypischer Kausalverlauf“	289	86
8. Die Fallgruppe „Pflichtwidrigkeitszusammenhang“	294	88
§ 7 Der subjektive Unrechtstatbestand. Tatbestandsvorsatz, Tatbestandsirrtum und subjektive Zurechnung	302	92
I. Die Merkmale des subjektiven Unrechtstatbestandes	303	92
1. Der Tatbestandsvorsatz	304	92
2. Sonstige subjektive Merkmale	312	94
3. Die Beziehung zum objektiven Tatbestand	313	95
II. Die Erscheinungsformen des Tatbestandsvorsatzes	316	95
1. Die Absicht als Vorsatzform	317	96
2. Der direkte Vorsatz	322	97
3. Der Eventualvorsatz	323	97
4. Alternativer Vorsatz	340	102
III. Das Wissenselement des Tatbestandsvorsatzes	347	104
1. Der Bezugspunkt des Vorsatzes	347	104
2. Tatumstands- und Bedeutungskenntnis	351	105
IV. Der Tatbestandsirrtum und seine Abgrenzung	356	107
1. Überblick	356	107
2. Der Irrtum über das Handlungsobjekt	360	108
3. Das Fehlgehen der Tat	364	109
4. Der Irrtum über den Kausalverlauf	374	113
§ 8 Die Rechtswidrigkeit. Unrechts- und Erlaubnistatbestand. Grundgedanken und Struktur der Rechtfertigungsgründe	384	116
I. Die Wertungsstufe der Rechtswidrigkeit im Deliktsaufbau	385	116
1. Das Verhältnis von Tatbestand und Rechtswidrigkeit	386	116
2. Rechtsquellen und verfassungsrechtliche Grenzen der Rechtfertigungsgründe	391	118
3. Grundgedanken der Rechtfertigungsgründe	400	121
4. Struktur der Rechtfertigungsgründe als Erlaubnissätze	401	122
5. Terminologie: Rechtswidrigkeit vs. Unrecht	410	125

II. Überblick über die wichtigsten Rechtfertigungsgründe	412	125
1. Eine Zusammenstellung der (weitgehend) anerkannten Erlaubnissätze	412	125
2. Umstrittene Rechtfertigungsgründe	413	126
3. Rechtfertigungsgründe und hoheitliches Handeln	418	128
4. Konkurrenz mehrerer Rechtfertigungsgründe	429	131
§ 9 Rechtfertigungsgründe I: Der rechtfertigende Notstand (§§ 228, 904 BGB; § 34 StGB)	431	132
I. Der zivilrechtliche Notstand	436	133
1. Defensiver Notstand (§ 228 BGB)	437	133
2. Aggressiver Notstand (§ 904 BGB)	441	134
II. Der allgemeine rechtfertigende Notstand	444	135
1. Die Notstandslage	446	136
2. Die Notstandshandlung	456	137
3. Interessenabwägung und Angemessenheitsklausel	458	138
4. Einzelprobleme der Interessenabwägung und der Angemessenheitsklausel	461	139
5. Interessenkollisionen im Bereich ein und desselben Rechtsgutsträgers	476	144
6. Subjektives Rechtfertigungselement: Kenntnis und Rettungswille	477	145
7. Zusammenfassender Überblick	479	146
§ 10 Rechtfertigungsgründe II: Die Notwehr (§ 32)	480	146
I. Grundgedanken des Notwehrrechts	481	147
II. Die Notwehrlage	482	147
1. Vorliegen eines Angriffs	483	147
2. Gegenwärtigkeit des Angriffs	487	149
3. Rechtswidrigkeit des Angriffs	493	151
III. Die Notwehrhandlung	496	152
1. Notwehrhandlung als nur gegen den Angreifer gerichtete Verteidigung	497	152
2. Erforderlichkeit der Notwehrhandlung	498	152
3. Gebotenheit der Notwehr	508	155
4. Der Verteidigungswille	532	163
5. Notwehrüberschreitung und Putativnotwehr	534	164
6. Zusammenfassender Überblick	536	164
§ 11 Rechtfertigungsgründe III: Die Einwilligung	537	165
I. Abgrenzung: Tatbestandsausschließendes Einverständnis und rechtfertigende Einwilligung	538	165
II. Das tatbestandsausschließende Einverständnis	543	168
1. Anwendungsbereich des Einverständnisses	543	168
2. Voraussetzungen des Einverständnisses	545	168
3. Wirkung des Einverständnisses	549	169
III. Die rechtfertigende Einwilligung	550	169
1. Anwendungsbereich der rechtfertigenden Einwilligung	551	169
2. Voraussetzungen der rechtfertigenden Einwilligung	552	170

IV. Die mutmaßliche Einwilligung	569	176
1. Anwendungsbereich der mutmaßlichen Einwilligung	569	176
2. Handeln im materiellen Interesse des Betroffenen	570	176
3. Prinzip des mangelnden Interesses	579	179
V. Die hypothetische Einwilligung	580	179
1. Diskutierter Anwendungsbereich	580	179
2. Meinungsstand	582	180
§ 12 Rechtfertigungsgründe IV: Züchtigungs- und Erziehungsrecht sowie Festnahmerechte	590	184
I. Züchtigungs- und Erziehungsrecht	591	184
1. Das Recht zur körperlichen Züchtigung	592	184
2. Das Recht zu sonstigen Erziehungsmaßnahmen	598	186
II. Festnahmerechte gem. § 127 StPO und Selbsthilfe gem. § 228 BGB	600	187
§ 13 Schuld und persönliche Vorwerfbarkeit. Der normative Schuldbegriff. Voraussetzungen und Merkmale der Schuld. Die Entschuldigungsgründe	604	189
I. Schuld und Verantwortlichkeit im Strafrecht	605	189
1. Unrecht und Schuld	605	189
2. Das Schuld- und Verantwortungsprinzip	607	190
3. Der Gegenstand des Schuldvorwurfs	612	191
4. Rechtsschuld und sittliche Schuld	615	192
II. Schuldlehre und normativer Schuldbegriff	617	193
1. Der psychologische Schuldbegriff	618	193
2. Der normative Schuldbegriff	619	193
3. Der funktionale Schuldbegriff	620	193
III. Die Schuldfähigkeit	624	194
1. Schuldunfähigkeit	624	194
2. Verminderte Schuldfähigkeit	628	196
3. Bedingte Schuldfähigkeit	632	197
4. Die actio libera in causa	633	197
IV. Die speziellen Schuldmerkmale	642	200
V. Die Schuldform	645	201
VI. Das Unrechtsbewusstsein	647	202
VII. Die Entschuldigungsgründe	652	203
1. Der entschuldigende Notstand	654	204
2. Die Notwehrüberschreitung	666	208
3. Handeln auf dienstliche Weisung	674	211
4. Unzumutbarkeit und übergesetzliche Entschuldigung	676	211
§ 14 Überblick über die wichtigsten Irrtümer. Der Irrtum über die Verbotsnorm sowie über Rechtfertigungs- und Entschuldigungsgründe	681	214
I. Überblick über die wichtigsten Irrtümer zugunsten des Täters	682	214
1. Der Tatbestandsirrtum	683	215
2. Der Verbotsirrtum	684	215

3. Der Irrtum über das Eingreifen von Rechtfertigungsgründen 685 216
4. Der Irrtum über das Eingreifen von Entschuldigungsgründen 688 216

II. Der Irrtum über die Verbotsnorm (direkter Verbotsirrtum) 691 217
1. Schuldtheorie 691 217
2. Vorsatztheorie 693 218
3. Die Rechtsfolgen des Verbotsirrtums 696 219

III. Der Erlaubnistatbestandsirrtum 697 220
1. Die Behandlung nach der Vorsatztheorie 698 220
2. Die strenge Schuldtheorie 699 220
3. Die eingeschränkte Schuldtheorie 700 221

IV. Der Erlaubnisirrtum (indirekter Verbotsirrtum) 712 225
1. Der Erlaubnisirrtum als indirekter Verbotsirrtum 712 225
2. Die Abgrenzung zwischen Erlaubnistatbestands- und Erlaubnisirrtum 714 226
3. Der sog. Doppelirrtum 715 227

V. Der Irrtum über Entschuldigungsgründe 718 228
1. Irrtum über die sachlichen Voraussetzungen eines Entschuldigungsgrundes 718 228
2. Irrtum über die rechtlichen Grenzen eines Entschuldigungsgrundes 722 228

§ 15 Persönliche Strafausschließungs- und Strafaufhebungsgründe. Der Irrtum über strafausschließende Umstände und Strafverfolgungsvoraussetzungen 724 229

I. Persönliche Ausnahmen von der Strafbarkeit 725 230
1. Strafausschließungsgründe 726 230
2. Strafaufhebungsgründe 727 230

II. Strafeinschränkungsgründe und Zulässigkeit der Strafverfolgung 728 231
1. Absehen von Strafe 728 231
2. Voraussetzungen und Hindernisse der Strafverfolgung 729 231

III. Der Irrtum über strafausschließende Umstände 730 231

IV. Der Irrtum über Strafverfolgungsvoraussetzungen 735 233

§ 16 Täterschaft und Teilnahme 737 233

I. Beteiligungsformen und Täterbegriff 738 234
1. Dualistisches Beteiligungssystem und Einheitstäterprinzip . 738 234
2. Grundlage der Täterschaft 741 235

II. Die Abgrenzung zwischen Täterschaft und Teilnahme 743 236
1. Die formal-objektive Theorie 744 236
2. Die Tatherrschaftslehre 745 236
3. Die subjektive Theorie 748 237
4. Stellungnahme 750 238
5. Besonderheiten des tatbestandsbezogenen Täterbegriffs ... 753 239

III. Unmittelbare und mittelbare Täterschaft, Mittäter- und Nebentäterschaft	758	240
1. Die unmittelbare Täterschaft	758	240
2. Die Mittäterschaft	759	240
3. Die mittelbare Täterschaft	773	246
4. Exzess und Irrtum bei mittelbarer Täterschaft	786	252
IV. Anstiftung und Beihilfe	793	254
1. Die Akzessorietät der Teilnahme	793	254
2. Akzessorietätslockerungen	797	255
3. Die versuchte Teilnahme	802	258
4. Die Anstiftung	813	261
5. Die Beihilfe	828	267
6. Notwendige Teilnahme	835	271
7. Unaufklärbarkeit der Beteiligungsform	836	271
§ 17 Versuch, Rücktritt vom Versuch und tätige Reue	838	273
I. Die Verwirklichungsstufen der vorsätzlichen Tat und die Strafbarkeit des Versuchs	839	273
1. Die Stufen der Willensverwirklichung	839	273
2. Der Strafgrund des Versuchs	843	275
II. Der Tatbestand des Versuchs	844	275
1. Die Strafbarkeit des Versuchs	846	275
2. Das Fehlen der Deliktsvollendung	847	276
3. Der Tatentschluss (subjektiver Tatbestand)	851	276
4. Das unmittelbare Ansetzen (objektiver Tatbestand)	852	277
5. Rechtswidrigkeit	869	282
6. Sonderfälle	870	282
III. Untauglicher Versuch	880	287
IV. Wahndelikt	882	288
V. Rücktritt vom Versuch und tätige Reue	885	290
1. Rechtsgrund der Straflosigkeit	886	290
2. Misslungener Rücktritt	888	291
3. Der fehlgeschlagene Versuch	889	292
4. Abgrenzung unbeendeter/beendeter Versuch	893	294
5. Der Rücktritt vom unbeendeten Versuch	902	297
6. Der Rücktritt vom beendeten Versuch	906	299
7. Der Rücktritt bei mehreren Beteiligten	910	301
8. Die Freiwilligkeit	915	303
9. Die Wirkung des Rücktritts	919	305
10. Rücktritt vom erfolgsqualifizierten Versuch	921	306
11. Die tätige Reue	922	306
12. Hinweise für die Fallprüfung	923	307

Teil III
Die fahrlässigen Begehungsdelikte

§ 18 Aufbau und Struktur der fahrlässigen Straftat	925	310
I. Begriff und Erscheinungsformen der Fahrlässigkeit	926	310
1. Die strukturelle Eigenständigkeit der Fahrlässigkeitstat	926	310
2. Erscheinungsformen der Fahrlässigkeit	932	312
II. Der Unrechtstatbestand der fahrlässigen Erfolgsdelikte	934	313
1. Überblick über die Merkmale des Unrechtstatbestandes	935	313
2. Die Erfolgsverursachung	937	313
3. Die Verletzung der objektiven Sorgfaltspflicht	939	313
4. Die objektive Zurechenbarkeit des Erfolges	950	317
III. Rechtswidrigkeit und Schuld bei der fahrlässigen Straftat	972	325
1. Rechtfertigungsgründe	972	325
2. Die Fahrlässigkeitsschuld	974	326
IV. Das Merkmal der Fahrlässigkeit in den Vorsatz-Fahrlässigkeits-Kombinationen	977	327

Teil IV
Die Unterlassungsstraftaten

§ 19 Echte und unechte Unterlassungsdelikte. Die Pflichtenkollision	980	329
I. Einteilung und Abgrenzung der Unterlassungsdelikte	981	329
1. Echte und unechte Unterlassungsdelikte	981	329
2. Die Abgrenzung zwischen Tun und Unterlassen	985	331
II. Der Tatbestand der unechten Unterlassungsdelikte	994	334
1. Der Eintritt des tatbestandlichen Erfolges	995	334
2. Das Unterlassen der gebotenen und möglichen Handlung	996	334
3. Die Ursächlichkeit des Unterlassens und die objektive Zurechnung des Erfolges	999	335
4. Grundlagen der Garantenpflicht	1004	337
5. Die Garantenstellungen	1007	338
6. Die Gleichwertigkeit von Tun und Unterlassen	1028	347
7. Der Unterlassungsvorsatz	1030	348
8. Die Beteiligung am Unterlassen/durch Unterlassen	1032	348
III. Rechtswidrigkeit und rechtfertigende Pflichtenkollision	1035	350
IV. Die Vorwerfbarkeit des pflichtwidrigen Unterlassens	1038	351
1. Der Irrtum über die Garantenpflicht	1038	351
2. Die Zumutbarkeit normgemäßen Verhaltens	1040	352
3. Die omissio libera in causa	1041	352
V. Der Versuch bei vorsätzlichen Unterlassungen	1042	353
1. Die Abgrenzung zwischen Vorbereitung und Versuch	1043	353
2. Der Rücktritt vom Versuch des Unterlassens	1045	354
VI. Der Tatbestand der echten Unterlassungsdelikte	1050	356

Teil V
Die Konkurrenzlehre

§ 20 Einheit und Mehrheit von Straftaten	1054	359
I. Die Grundlagen der Konkurrenzlehre	1055	359
II. Handlungseinheit und Handlungsmehrheit	1061	361
1. Die Handlung im natürlichen Sinn	1062	361
2. Die Handlung im juristischen Sinn	1063	361
III. Tateinheit	1083	368
1. Erscheinungsformen	1083	368
2. Rechtsfolgen der Tateinheit	1091	370
IV. Tatmehrheit	1092	370
1. Voraussetzungen	1092	370
2. Rechtsfolgen der Tatmehrheit	1094	370
V. Die Gesetzeseinheit	1096	371
1. Spezialität	1097	372
2. Subsidiarität	1101	373
3. Konsumtion	1103	374
4. Rechtsfolgen der Gesetzeseinheit	1106	375
VI. Die mitbestrafte Vor- und Nachtat	1107	376
1. Mitbestrafte Vortat	1108	376
2. Mitbestrafte Nachtat	1110	376
VII. Bearbeitungshinweise	1113	377
VIII. Fassung des Urteilsspruchs	1114	377
§ 21 In dubio pro reo, Wahlfeststellung, Post- und Präpendenz	1116	379
I. Die Problematik	1117	379
II. In dubio pro reo	1118	380
1. Grundsatz	1118	380
2. Gesetzliche Durchbrechungen des Grundsatzes	1119	380
3. Rechtsfragen	1121	380
III. Wahlfeststellung	1122	381
1. Grundlagen	1122	381
2. Voraussetzungen der echten Wahlfeststellung	1128	382
3. Unechte Wahlfeststellung	1134	384
IV. Post- und Präpendenz	1135	385
V. Folgen der Wahlfeststellung	1137	386

Anhang

§ 22 Übersichten zur Lehre von der Straftat	1139	387
I. Modell der Wertungsstufen beim Deliktsaufbau	1139	387
II. Gründe, die eine Bestrafung ausschließen oder in sonstiger Weise berühren	1140	388
III. Gegenüberstellung von Notwehr und Notstand	1141	389
1. Notwehr (§ 32) und rechtfertigender Notstand (§ 34)	1141	389

2. Rechtfertigender (§ 34) und entschuldigender Notstand (§ 35)	1142	389
IV. Gegenüberstellung von tatbestandsausschließendem Einverständnis und rechtfertigender Einwilligung	1143	390
V. Übersicht zur strafrechtlichen Irrtumslehre	1144	391
VI. Übersicht zu den Konkurrenzen	1176	400
§ 23 Methode der Fallbearbeitung	1177	401
I. Die Prüfung des Sachverhalts	1178	402
II. Die rechtliche Prüfung des Falles	1179	402
1. Die Regeln der Logik	1180	403
2. Zweckmäßigkeitsregeln	1186	403
3. Subsumtion und Falllösung	1192	405
III. Die Darstellungsmethode	1193	405
1. Der Aufbau nach Tatkomplexen	1194	406
2. Der Aufbau nach Tatbeteiligten	1196	406
3. Der chronologische Aufbau	1197	407
4. Stil und Ausdruck	1198	407
IV. Aufbaumuster	1200	408
A. Das vollendete vorsätzliche Begehungsdelikt	1201	409
B. Das versuchte vorsätzliche Begehungsdelikt	1203	412
C. Die fahrlässige Begehungstat (bei Erfolgsdelikten)	1204	413
D. Das vorsätzliche unechte Unterlassungsdelikt	1205	414
E. Das fahrlässige unechte Unterlassungsdelikt	1206	416
F. Das vorsätzliche echte Unterlassungsdelikt	1207	417
G. Erfolgsqualifizierte Delikte	1208	418
H. Mittäterschaft und mittelbare Täterschaft	1209	419
I. Teilnahme	1213	421
J. Irrtum über Rechtfertigungsgründe	1217	423
§ 24 Übungsskizze zum Aufbau eines vorsätzlichen Begehungsdelikts	1222	425
Sachverzeichnis		433

Abkürzungsverzeichnis

aA	andere(r) Ansicht
abl.	ablehnend
ABl	Amtsblatt (der EG/EU)
Abs.	Absatz
abw.	abweichend
Ad legendum	Ad legendum (Zeitschrift)
AE	Alternativentwurf
ähnl.	ähnlich
AEUV	Vertrag über die Arbeitsweise der Europäischen Union
aF	alte Fassung
AG	Amtsgericht
AK-	Alternativkommentar zum Strafgesetzbuch *(-Bearbeiter)*
AktG	Aktiengesetz
Alt.	Alternative
Anm.	Anmerkung
AnwBl	Anwaltsblatt
AO	Abgabenordnung
Art.	Artikel
AT	Allgemeiner Teil
AtomG	Atomgesetz
Aufl.	Auflage
ausf.	ausführlich
BA	Blutalkohol (Zeitschrift)
BAK	Blutalkoholkonzentration
BayObLG	Bayerisches Oberstes Landesgericht
BayObLGSt	Entscheidungen des Bayerischen Obersten Landesgerichts in Strafsachen
BB	Der Betriebs-Berater (Zeitschrift)
BBG	Bundesbeamtengesetz
Bd	Band
BeamtStG	Beamtenstatusgesetz (Zeitschrift)
BeckRS	Beck online Rechtsprechung
Bespr.	Besprechung
BGB	Bürgerliches Gesetzbuch
BGBl	Bundesgesetzblatt (Teil, Seite)
BGH	Bundesgerichtshof
BGHSt	Entscheidungen des Bundesgerichtshofes in Strafsachen
BGHZ	Entscheidungen des Bundesgerichtshofes in Zivilsachen
BK	Beck'scher Kommentar, Strafgesetzbuch
BRD	Bundesrepublik Deutschland
BSG	Bundessozialgericht
bspw	beispielsweise
BT	Besonderer Teil
BT-Drucks.	Bundestags-Drucksache (Legislaturperiode, Nummer)

BtMG	Betäubungsmittelgesetz
BVerfG	Bundesverfassungsgericht
BVerfGE	Entscheidungen des Bundesverfassungsgerichts
bzgl	bezüglich
bzw	beziehungsweise
CCZ	Corporate Compliance Zeitschrift
DAR	Deutsches Autorecht (Zeitschrift)
ders.	derselbe
DDR	Deutsche Demokratische Republik
dh	das heißt
dies.	dieselbe
diff.	differenzierend
DIN	Deutsches Institut für Normung
Diss.	Dissertation
DNotZ	Deutsche Notarzeitschrift
DRiZ	Deutsche Richterzeitung
DStR	Deutsches Steuerrecht (Zeitschrift)
E 1962	Entwurf eines Strafgesetzbuches (BT-Drucks. IV/650), 1962
EG	Europäische Gemeinschaft(en); Vertrag zur Gründung der Europäischen Gemeinschaft
EGBGB	Einführungsgesetz zum Bürgerlichen Gesetzbuch
EGMR	Europäischer Gerichtshof für Menschenrechte
EGStGB	Einführungsgesetz zum Strafgesetzbuch
Einl.	Einleitung
EMRK	Europäische Konvention zum Schutz der Menschenrechte und Grundfreiheiten vom 4.11.1950 (BGBl 1952 II S. 686)
engl.	englisch
Erg.	Ergebnis
etc	et cetera
EU	Europäische Union
EuCLR	European Criminal Law Review
EuGH	Gerichtshof der Europäischen Gemeinschaften/Union
EUV	Vertrag über die Europäische Union
EuZW	Europäische Zeitschrift für Wirtschaftsrecht
evtl	eventuell
EWiR	Entscheidungen zum Wirtschaftsstrafrecht
f/ff	folgender/folgende
FamRZ	Zeitschrift für das gesamte Familienrecht
FG	Freundesgabe
Fn	Fußnote
FPPK	Forensische Psychiatrie, Psychologie, Kriminologie (Zeitschrift)
FPR	Familie, Partnerschaft, Recht (Zeitschrift)
FS	Festschrift
GA	Goltdammer's Archiv für Strafrecht
GASP	Gemeinsame Außen- und Sicherheitspolitik
GBA	Generalbundesanwalt

gem.	gemäß
GenStA	Generalstaatsanwaltschaft
GG	Grundgesetz für die Bundesrepublik Deutschland
ggf	gegebenenfalls
GmbHG	Gesetz betreffend die Gesellschaft mit beschränkter Haftung
GRC	Charta der Grundrechte der Europäischen Union
grds	grundsätzlich
GrS	Großer Senat für Strafsachen
GS	Gedächtnisschrift, Gedenkschrift
GVG	Gerichtsverfassungsgesetz
hA	herrschende Ansicht
HK-GS	Handkommentar, Gesamtes Strafrecht
hL	herrschende Lehre
hM	herrschende Meinung
HRRS	Höchstrichterliche Rechtsprechung Strafrecht (www.hrr-strafrecht.de)
Hrsg	Herausgeber
ICC	International Criminal Court (Internationaler Strafgerichtshof)
ICTR	International Criminal Tribunal for Rwanda (Internationaler Strafgerichtshof für Ruanda)
ICTY	International Criminal Tribunal for the former Yugoslavia (Internationaler Strafgerichtshof für das ehemalige Jugoslawien)
idR	in der Regel
iE	im Ergebnis
ieS	im engeren Sinn
IGH	Internationaler Gerichtshof in Den Haag
inkl.	inklusive
insbes.	insbesondere
IntVG	Integrationsverantwortungsgesetz
IPbürgR	Internationaler Pakt für bürgerliche und politische Rechte vom 19.12.1966 (BGBl 1973 II, S. 1534)
iS	im Sinne
iSd	im Sinne der (des)
IStGH	Internationaler Strafgerichtshof in Den Haag
IStGHG	Gesetz über die Zusammenarbeit mit dem Internationalen Strafgerichtshof
iSv	im Sinne von
iVm	in Verbindung mit
iwS	im weiteren Sinn
JA	Juristische Arbeitsblätter (Zeitschrift)
JAmt	Jugendamt (Zeitschrift)
JA-R	JA-Rechtsprechungs-Report
JBÖNF	Jahrbuch des öffentlichen Rechts der Gegenwart, Neue Folge
JbRE	Jahrbuch für Recht und Ethik
JGG	Jugendgerichtsgesetz
JICJ	Journal of International Criminal Justice
JK	Jura-Karteikarten
JR	Juristische Rundschau
JStGH	Internationaler Strafgerichtshof für das ehemalige Jugoslawien
Jura	Juristische Ausbildung (Zeitschrift)

JuS	Juristische Schulung (Zeitschrift)
JZ	Juristenzeitung
Kap.	Kapitel
KastrG	Gesetz über die freiwillige Kastration
Kfz	Kraftfahrzeug
KG	Kammergericht
kg	Kilogramm
KJ	Kritische Justiz (Zeitschrift)
km/h	Kilometer pro Stunde
KOM	Veröffentlichungen der Kommission der Europäischen Gemeinschaften/ Union, geordnet nach Jahrgang und Seite
krit.	kritisch
KritV	Kritische Viertel-Jahresschrift für Gesetzgebung und Rechtswissenschaft
L	Lernbogen der Juristischen Schulung (JuS)
lat.	lateinisch
Lb	Lehrbuch
LdR-	Lexikon des Rechts *(-Bearbeiter)*
LG	Landgericht
Lit.	Literatur
LK-	Leipziger Kommentar zum Strafgesetzbuch *(-Bearbeiter)*
Lkw	Lastkraftwagen
LPartG	Lebenspartnerschaftsgesetz (BGBl 2001 I S. 266)
LPK	Strafgesetzbuch, Lehr- und Praxiskommentar
LR-	Löwe/Rosenberg, Die Strafprozessordnung *(-Bearbeiter)*
m.	mit
MDR	Monatsschrift für Deutsches Recht
MDR/D [H]	Rechtsprechung des BGH in MDR bei *Dallinger [Holtz]*
MedR	Medizinrecht (Zeitschrift)
Mio	Million(en)
MK-	Münchener Kommentar zum Strafgesetzbuch *(-Bearbeiter)*
MMR	MultiMedia und Recht (Zeitschrift)
mwN	mit weiteren Nachweisen
nF	neue Fassung
NJ	Neue Justiz (Zeitschrift)
NJW	Neue Juristische Wochenschrift
NK-	Nomos-Kommentar zum Strafgesetzbuch *(-Bearbeiter)*
Nr	Nummer
NStE	Neue Entscheidungssammlung für Strafrecht
NStZ	Neue Zeitschrift für Strafrecht
NStZ-RR	NStZ-Rechtsprechungs-Report
NZWiSt	Neue Zeitschrift für Wirtschafts-, Steuer- und Unternehmensstrafrecht
NZV	Neue Zeitschrift für Verkehrsrecht
o.	oben
öStGB	Österreichisches Strafgesetzbuch
OGHSt	Entscheidungen des Obersten Gerichtshofes für die Britische Zone in Strafsachen

OLG	Oberlandesgericht
OLGSt	Entscheidungen der Oberlandesgerichte zum Straf- und Strafverfahrensrecht (zit. nach Paragraphen und Seite)
OWiG	Gesetz über Ordnungswidrigkeiten
PJZS	Polizeiliche und Justizielle Zusammenarbeit in Strafsachen in der EU
RdJ	Recht der Jugend und des Bildungswesens (Zeitschrift)
RG	Reichsgericht
RGSt	Entscheidungen des Reichsgerichts in Strafsachen
Rn	Randnummer
Rs	Rechtssache
Rspr	Rechtsprechung
RStGH	Internationaler Strafgerichtshof für Ruanda
RW	Rechtswissenschaft (Zeitschrift)
s.	siehe
S.	Satz, Seite
schw StGB	Schweizer Strafgesetzbuch
SchwZStr	Schweizerische Zeitschrift für Strafrecht
SDÜ	Schengener Durchführungsübereinkommen (BGBl 1993 II S. 1013)
SED	Sozialistische Einheitspartei Deutschlands
SeemannsG	Seemannsgesetz
SJZ	Süddeutsche Juristenzeitung
SK-	Systematischer Kommentar zum Strafgesetzbuch *(-Bearbeiter)*
Slg.	Sammlung der Rechtsprechung des EuGH
sog.	sogenannt
SoldG	Gesetz über die Rechtsstellung der Soldaten
S/S-	Schönke-Schröder, Strafgesetzbuch *(-Bearbeiter)*
S/S/W-StGB	Satzger/Schluckebier/Widmaier, Strafgesetzbuch *(-Bearbeiter)*
StGB	Strafgesetzbuch
St-K	Studienkommentar
StPO	Strafprozessordnung
str.	strittig
StraFo	Strafverteidiger-Forum (Zeitschrift)
StrÄndG	Gesetz zur Änderung des Strafrechts
StRR	Strafrechtsreport (Zeitschrift)
StrRG	Gesetz zur Reform des Strafrechts
StudZR	Studentische Zeitschrift für Rechtswissenschaft Heidelberg
StV	Strafverteidiger (Zeitschrift)
StVG	Straßenverkehrsgesetz
StVO	Straßenverkehrsordnung
StVollzG	Strafvollzugsgesetz
subj.	subjektiv
SVN	Satzung der Vereinten Nationen
TMG	Telemediengesetz
TPG	Transplantationsgesetz
u.	unten
Uabs	Unterabsatz

u. a.	unter anderem
UN	United Nations
u. U.	unter Umständen
usw	und so weiter
v.a.	vor allem
Var.	Variante
vert.	vertiefend
vgl	vergleiche
Vorbem.	Vorbemerkung
VRS	Verkehrsrechts-Sammlung (Band, Seite)
VStGB	Völkerstrafgesetzbuch
WaffG	Waffengesetz
wistra	Zeitschrift für Wirtschafts- und Steuerstrafrecht
WStG	Wehrstrafgesetz
ZDG	Zivildienstgesetz
ZfJ	Zentralblatt für Jugendrecht
ZIP	Zeitschrift für Wirtschaftsrecht
ZIS	Zeitschrift für Internationale Strafrechtsdogmatik (Online Zeitschrift)
zit.	zitiert
ZJJ	Zeitschrift für Jugendkriminalrecht und Jugendhilfe
ZJS	Zeitschrift für das Juristische Studium (Online Zeitschrift)
ZPO	Zivilprozessordnung
ZRP	Zeitschrift für Rechtspolitik
ZStW	Zeitschrift für die gesamte Strafrechtswissenschaft
zT	zum Teil
zB	zum Beispiel
zust.	zustimmend
zutr.	zutreffend

Soweit nicht anders gekennzeichnet, sind alle §§ solche des StGB.

Literaturverzeichnis

Achenbach/Ransiek/ Rönnau (Hrsg)	Handbuch Wirtschaftsstrafrecht, 4. Aufl. 2015 (zit.: Achenbach/Ransiek/Rönnau-*Bearbeiter*)
AG Medizinrecht im DAV/ IMR (Hrsg)	Brennpunkte des Arztstrafrechts, 2012 (zit.: *Bearbeiter*, AG Medizinrecht)
Ahlbrecht/Böhm/Esser/ Hugger/Kirsch/ Rosenthal (Hrsg)	Internationales Strafrecht in der Praxis, 2008 (zit.: Ahlbrecht ua-*Bearbeiter*)
AK-StGB	Alternativkommentar zum Strafgesetzbuch, Band 1, 1990, herausgegeben von *Wassermann* (zit.: AK-*Bearbeiter*)
Albrecht	Begründung von Garantenstellungen in familiären und familienähnlichen Beziehungen, 1998
Ambos	Internationales Strafrecht, 4. Aufl. 2014
Ambos (Hrsg)	Europäisches Strafrecht post-Lissabon, 2011 (zit.: *Bearbeiter*, in: Ambos)
Amelung	Irrtum und Täuschung als Grundlage von Willensmängeln bei der Einwilligung des Verletzten, 1998
Amelung (Hrsg)	Individuelle Verantwortung und Beteiligungsverhältnisse bei Straftaten in bürokratischen Organisationen des Staates, der Wirtschaft und der Gesellschaft, 2000 (zit.: Amelung-*Bearbeiter*)
AnwK-StGB	Anwaltkommentar StGB, 2. Aufl. 2015, herausgegeben von Leipold/Tsambikakis/Zöller (zit.: AnwK-StGB-*Bearbeiter*)
Artkämper/Esders/Jakobs/ Sotelsek	Praxiswissen Strafverfahren bei Tötungsdelikten, 2012 (zit.: *Artkämper* ua)
Arzt	Willensmängel bei der Einwilligung, 1970 (zit.: Willensmängel); Die Strafrechtsklausur, 7. Aufl. 2006
Arzt/Weber/Heinrich/ Hilgendorf	Strafrecht, Besonderer Teil, 3. Aufl. 2015 (zit.: *Arzt/Weber/Heinrich/Hilgendorf*)
Baumann/Weber/Mitsch	Strafrecht, Allgemeiner Teil, 11. Aufl. 2003
BK	Strafgesetzbuch Kommentar, *v. Heintschel-Heinegg* (Hrsg), Edition 26, Stand: 8.2.2015 (zit.: BK-*Bearbeiter*)
Berz	Formelle Tatbestandsverwirklichung und materieller Rechtsgüterschutz, 1986
Beulke	Klausurenkurs im Strafrecht I, 6. Aufl. 2013 (zit.: Klausurenkurs I); Klausurenkurs im Strafrecht II, 3. Aufl. 2014 (zit.: Klausurenkurs II); Klausurenkurs im Strafrecht III, 4. Aufl. 2013 (zit.: Klausurenkurs III); Strafprozessrecht, 12. Aufl. 2012 (zit.: StPO)
Beulke/Lüderssen/Popp/ Wittig (Hrsg)	Das Dilemma des rechtsstaatlichen Strafrechts, 2009 (zit.: *Bearbeiter*, in: Beulke ua, Dilemma)
Blei	Strafrecht I, Allgemeiner Teil, 18. Aufl. 1983 (zit.: AT)
Bloy	Die Beteiligungsform als Zurechnungstypus im Strafrecht, 1985
Bockelmann/Volk	Strafrecht, Allgemeiner Teil, 4. Aufl. 1987
Böse (Hrsg)	Europäisches Strafrecht mit polizeilicher Zusammenarbeit, 2013 (zit.: *Bearbeiter*, in: Böse)
Borchardt	Die rechtlichen Grundlagen der Europäischen Union, 5. Aufl. 2012

Braun	Einführung in die Rechtswissenschaft, 4. Aufl. 2011
Bülte	Vorgesetztenverantwortlichkeit im Strafrecht, 2015
Bung	Wissen und Wollen im Strafrecht. Zur Theorie und Dogmatik des subjektiven Tatbestands, 2009
Burgstaller	Das Fahrlässigkeitsdelikt im Strafrecht, 1974
Bussmann	Verbot familialer Gewalt gegen Kinder, 2000
Coester-Waltjen ua (Hrsg)	Examensklausurenkurs, 2000 (zit.: Coester-Waltjen-I-*Bearbeiter*); Examensklausurenkurs, 2. Aufl. 2004 (zit.: Coester-Waltjen-II-*Bearbeiter*); Examensklausurenkurs, 3. Aufl. 2008 (zit.: Coester-Waltjen-III-*Bearbeiter*) Examensklausurenkurs, 4. Aufl. 2011 (zit.: Coester-Waltjen-IV-*Bearbeiter*)
Coester-Waltjen ua	Zwischenprüfung, 2004 (zit.: Coester-Waltjen-*Bearbeiter*, Zwischenprüfung)
Dencker	Kausalität und Gesamttat, 1996
Detlefsen	Grenzen der Freiheit – Bedingung des Handelns – Perspektiven des Schuldprinzips, 2006
Dölling/Duttge/Rössner (Hrsg)	Gesamtes Strafrecht, Handkommentar, 3. Aufl. 2013 (zit.: HK-GS-*Bearbeiter*)
Duttge	Zur Bestimmtheit des Handlungsunwerts von Fahrlässigkeitsdelikten, 2001
Ebert	Strafrecht Allgemeiner Teil, 3. Aufl. 2001 (zit.: AT); Strafrecht Allgemeiner Teil, 16 Fälle mit Lösungen (zit.: Fallbuch)
Eisele	Strafrecht – Besonderer Teil I, 3. Aufl. 2014 (zit.: BT I); Strafrecht – Besonderer Teil II, 3. Aufl. 2015 (zit.: BT II)
Engländer	Grund und Grenzen der Nothilfe, 2008 (zit.: Nothilfe)
Engländer/Fahl/Satzger/Swoboda (Hrsg)	Strafverteidigung – Grundlagen und Stolpersteine, 2012 (zit.: *Bearbeiter*, in: Engländer ua, Strafverteidigung)
Eser/Burkhardt	Strafrecht I, II, Juristischer Studienkurs, 4. Aufl. 1992
Fahl/Winkler	Definitionen und Schemata zum Strafrecht, 6. Aufl. 2015 (zit.: Definitionen)
Fischer	Strafgesetzbuch, 62. Aufl. 2015 (zit: *Fischer*)
Frank	Strafgesetzbuch, 18. Aufl. 1931
Freund	Strafrecht, Allgemeiner Teil, 2. Aufl. 2009 (zit.: AT)
Frisch	Vorsatz und Risiko, 1983 (zit.: Vorsatz); Tatbestandsmäßiges Verhalten und Zurechnung des Erfolgs, 1988 (zit.: Zurechnung); Der Irrtum als Unrechts- und/oder Schuldausschluss, in: Eser/Perron (Hrsg), Rechtfertigung und Entschuldigung III, 1991, S. 217 (zit.: Irrtum)
Frister	Strafrecht, Allgemeiner Teil, 7. Aufl. 2015 (zit.: AT)
Fuchs	Strafrecht, Allgemeiner Teil I, 8. Aufl. 2012 (zit.: AT I)
Gössel	Strafrecht, Fälle und Lösungen, 8. Aufl. 2001
Gössel/Dölling	Strafrecht, Besonderer Teil 1, 2. Aufl. 2004 (zit.: BT/1)
Graf/Jäger/Wittig (Hrsg)	Wirtschafts- und Steuerstrafrecht, Kommentar, 2011 (zit.: G/J/W-*Bearbeiter*)
Gropp	Strafrecht, Allgemeiner Teil, 4. Aufl. 2015 (zit.: AT)
Grünewald	Das vorsätzliche Tötungsdelikt, 2010
Haft	Strafrecht, Allgemeiner Teil, 9. Aufl. 2004
Hardtung	Versuch und Rücktritt bei den Teilvorsatzdelikten des § 11 Abs. 2 StGB, 2002
Hauf	Strafrecht, Allgemeiner Teil, 2. Aufl. 2001
Hecker	Europäisches Strafrecht, 4. Aufl. 2012

Hefendehl — Kollektive Rechtsgüter im Strafrecht, 2002
Hefendehl (Hrsg) — Empirische und dogmatische Fundamente, kriminalpolitischer Impetus, Symposium für Bernd Schünemann zum 60. Geburtstag, 2005 (zit.: Hefendehl, Schünemann-Symposium)
Heghmanns — Grundzüge einer Dogmatik der Straftatbestände zum Schutz von Verwaltungsrecht oder Verwaltungshandeln, 2000; Strafrecht für alle Semester, Besonderer Teil, Grund- und Examenswissen kritisch vertieft, 2009 (zit.: BT)
Heinrich, Bernd — Strafrecht – Allgemeiner Teil, 4. Aufl. 2014
Heinrich, Manfred — Rechtsgutszugriff und Entscheidungsträgerschaft, 2002
v. Heintschel-Heinegg — Prüfungstraining Strafrecht, Bd 1, 1992 (zit.: Prüfungstraining)
Hellmann/Beckemper — Wirtschaftsstrafrecht, 4. Aufl. 2013 (zit.: Wirtschaftsstrafrecht)
Herzberg — Täterschaft und Teilnahme, 1977
Hilgendorf — Fälle zum Strafrecht für Anfänger, Klausurenkurs I, 3. Aufl. 2015 (zit.: KK I); Fälle zum Strafrecht für Fortgeschrittene, Klausurenkurs II, 2. Aufl. 2014 (zit.: KK II); Fälle zum Strafrecht für Examenskandidaten, Klausurenkurs III, 2010 (zit.: KK III)
Hilgendorf/Valerius — Strafrecht Allgemeiner Teil, 2013 (zit.: AT)
Hilgendorf/Weitzel (Hrsg) — Der Strafgedanke in seiner historischen Entwicklung, 2007 (zit.: Hilgendorf/Weitzel-*Bearbeiter*)
Hillenkamp — 32 Probleme aus dem Strafrecht, Allgemeiner Teil, 14. Aufl. 2012 (zit.: AT); 40 Probleme aus dem Strafrecht, Besonderer Teil, 12. Aufl. 2013 (zit.: BT)
Hillenkamp (Hrsg) — Neue Hirnforschung – neues Strafrecht?, 2006 (zit.: Hirnforschung)
Hilpert/Schroth — Politik – Recht – Ethik, Vergewisserungen aus der Vergangenheit und Perspektiven für die Zukunft, 2011 (zit.: *Bearbeiter*, in: Hilpert/Schroth)
Hirsch/Seelmann/Wohlers (Hrsg) — Mediating Principles – Begrenzungsprinzipien bei der Strafbegründung, 2006 (zit.: *Autor*, in: Hirsch/Seelmann/Wohlers)
Höland (Hrsg) — Wirkungen der Rechtsprechung des Europäischen Gerichtshof für Menschenrechte im deutschen Recht, 2012 (zit.: *Bearbeiter*, in: Höland)
Hörnle — Kriminalstrafe ohne Schuldvorwurf, 2013 (zit.: Kriminalstrafe); Kultur, Religion, Strafrecht – Neue Herausforderungen in einer pluralistischen Gesellschaft, Gutachten C zum 70. Deutschen Juristentag, 2014 (zit. DJT-Gutachten)
Hoffmann-Holland — Strafrecht, Allgemeiner Teil, 2. Aufl. 2011 (zit.: AT)
Hohmann/Sander — Strafrecht, Besonderer Teil I, 3. Aufl. 2011 (zit.: BT I) u. II, 2. Aufl. 2011 (zit.: BT II)
Holderegger/Sitter-Liver/Hess/Rager (Hrsg) — Hirnforschung und Menschenbild, 2007 (zit.: *Bearbeiter*, in: Holderegger ua (Hrsg), Hirnforschung)
Hoyer — Strafrecht, Allgemeiner Teil I, 1996 (zit.: AT)
Hruschka — Strafrecht nach logisch-analytischer Methode, 2. Aufl. 1988
Ipsen — Völkerrecht, 6. Aufl. 2014
Jäger — Examens-Repetitorium Strafrecht, Allgemeiner Teil, 7. Aufl., 2015 (zit.: AT); Examens-Repetitorium Strafrecht, Besonderer Teil, 6. Aufl., 2015 (zit.: BT); Zurechnung und Rechtfertigung als Kategorialprinzipien im Strafrecht, 2006 (zit.: Zurechnung)

Jahn/Nack (Hrsg)	Rechtsprechung, Gesetzgebung, Lehre: Wer regelt das Strafrecht?, 2010 (zit.: Jahn/Nack-*Autor*); Gegenwartsfragen des europäischen und deutschen Strafrechts, 2012 (zit.: Jahn/Nack II-*Autor*)
Jakobs	Strafrecht, Allgemeiner Teil, 2. Aufl. 1993 (zit.: AT); System der strafrechtlichen Zurechnung, 2012 (zit.: Zurechnung)
Jescheck/Weigend	Lehrbuch des Strafrechts, Allgemeiner Teil, 5. Aufl. 1996 (zit.: AT)
Joecks	Studienkommentar StGB, 11. Aufl. 2014 (zit.: St-K)
Kaspar	Strafrecht – Allgemeiner Teil, 2015
Kaufmann, Armin	Die Dogmatik der Unterlassungsdelikte, 1959 (zit.: Unterlassungsdelikte)
Kaufmann, Arthur	Schuld und Strafe, 2. Aufl. 1983 (zit.: Schuld)
Kaufmann/Renzikowski (Hrsg)	Zurechnung als Operationalisierung von Verantwortung, 2004 (zit.: Kaufmann/Renzikowski-*Bearbeiter*)
Kienapfel/Höpfel/Kert	Grundriss des Strafrechts, Allgemeiner Teil, 14. Aufl. 2012 (zit.: AT)
Kindhäuser	Gefährdung als Straftat, 1989 (zit.: Gefährdung); Strafrecht, Allgemeiner Teil, 7. Aufl. 2015 (zit.: AT); Besonderer Teil I, 6. Aufl. 2014 (zit.: BT/I) u. II, 8. Aufl. 2014 (zit.: BT/II); Strafgesetzbuch, Lehr- und Praxiskommentar, 6. Aufl. 2015 (zit.: LPK)
Kindhäuser/Schumann/Lubig	Klausurtraining Strafrecht, 2. Aufl. 2012
Klesczewski	Strafrecht, Allgemeiner Teil, 2. Aufl. 2012 (zit.: AT); Strafrecht, Besonderer Teil, Teil 2, 2011 (zit.: BT/II)
Köhler	Strafrecht, Allgemeiner Teil, 1997
Körner/Patzak/Volkmer	Betäubungsmittelgesetz, Arzneimittelgesetz, 7. Aufl. 2012 (zit.: Körner/Patzak/Volkmer, BtMG)
Krey/Esser	Deutsches Strafrecht, Allgemeiner Teil, 5. Aufl. 2012 (zit.: AT)
Krey/Heinrich/Hellmann	Strafrecht, Besonderer Teil, Band 1, 15. Aufl. 2012 (zit.: BT/1)
Krey/Hellmann/Heinrich	Strafrecht, Besonderer Teil, Band 2, 16. Aufl. 2012 (zit.: BT/2)
Kudlich	Die Unterstützung fremder Straftaten durch berufsbedingtes Verhalten, 2004; Prüfe dein Wissen, Rechtsfälle in Frage und Antwort, Strafrecht Allgemeiner Teil, 4. Aufl. 2013 (zit.: PdW); Fälle zum Strafrecht Allgemeiner Teil, 2. Aufl. 2014 (zit.: Fälle)
Kühl	Strafrecht, Allgemeiner Teil, 7. Aufl. 2012 (zit.: AT); Höchstrichterliche Rechtsprechung zum Besonderen Teil des Strafrechts, 2002 (zit.: HRR)
Kühl/Reichold/Ronellenfitsch	Einführung in die Rechtswissenschaft, 2. Aufl 2015 (zit.: *Kühl u.a.*, Einführung)
Küper	Versuchsbeginn und Mittäterschaft, 1978 (zit.: Versuchsbeginn); Grund- und Grenzfragen der rechtfertigenden Pflichtenkollision, 1979 (zit.: Pflichtenkollision); Der „verschuldete" rechtfertigende Notstand, 1983 (zit.: Notstand); Darf sich der Staat erpressen lassen? Zur Problematik des rechtfertigenden Nötigungsnotstandes, 1986 (zit.: Nötigungsnotstand)
Küper/Zopfs	Strafrecht, Besonderer Teil, Definitionen mit Erläuterungen, 9. Aufl. 2015 (zit.: Definitionen)
Küpper	Grenzen der normativierenden Strafrechtsdogmatik, 1990

Kuhlen — Die Unterscheidung von vorsatzausschließendem und nichtvorsatzausschließendem Irrtum, 1987 (zit.: Irrtum); Die verfassungskonforme Auslegung von Strafgesetzen, 2006 (zit.: Auslegung)

Kuhlen/Kudlich/Ortiz de Urbina (Hrsg.) — Compliance und Strafrecht, 2013 (zit.: *Bearbeiter*, in: Kuhlen ua, Compliance)

Lackner/Kühl — Strafgesetzbuch, 28. Aufl. 2014

Lagodny — Strafrecht vor den Schranken der Grundrechte, 1996 (zit.: Grundrechte)

Lampe/Pauen/Roth (Hrsg) — Willensfreiheit und rechtliche Ordnung, 2008 (zit.: Lampe ua-*Bearbeiter*)

Leipziger Kommentar — Strafgesetzbuch, 10. Aufl. 1978 ff; 11. Aufl. 1992 ff; 12. Aufl. 2006 ff (zit.: LK-*Bearbeiter*)

Lesch — Der Verbrechensbegriff, 1999

Lexikon des Rechts — Ergänzbares Lexikon des Rechts, Loseblatt, hrsg von Winkler, Reifferscheid, 1955 ff (zit.: LdR-*Bearbeiter*)

Löwe/Rosenberg — Die Strafprozessordnung und das Gerichtsverfassungsgesetz mit Nebengesetzen, hrsg von Erb, Esser, Franke, Graalmann-Scheerer, Hilger, Ignor, 26. Auflage 2006 ff (zit.: LR-*Bearbeiter*)

Marxen — Kompaktkurs Strafrecht Allgemeiner Teil, 2003 (zit.: AT)

Matt — Strafrecht, Allgemeiner Teil I, 1996

Matt/Renzikowski (Hrsg) — Strafgesetzbuch, 2013 (zit.: Matt/Renzikowski-*Bearbeiter*)

Maurach/Zipf — Strafrecht, Allgemeiner Teil, Teilband 1, 8. Aufl. 1992 (zit.: AT/1)

Maurach/Gössel/Zipf u.a. — Strafrecht, Allgemeiner Teil, Teilband 2, 8. Aufl. 2014 (zit.: AT/2)

Maurach/Schroeder/Maiwald — Strafrecht, Besonderer Teil, Teilband 1, 10. Aufl. 2009 (zit.: BT/1); Strafrecht, Besonderer Teil, Teilband 2, 10. Aufl. 2012 (zit.: BT/2)

Meier — Strafrechtliche Sanktionen, 4. Aufl. 2014

Meurer — Grundkurs Strafrecht II, Allgemeiner Teil, 4. Aufl. 1999

Meyer (Hrsg) — Charta der Grundrechte der Europäischen Union, 4. Aufl. 2014 (zit.: *Bearbeiter*, in: Meyer (Hrsg), Charta)

Meyer-Goßner/Schmitt — Strafprozessordnung, 58. Aufl. 2015 (zit.: *Meyer-Goßner/Schmitt*)

Meyer-Ladewig — EMRK, Europäische Menschenrechtskonvention, 3. Aufl. 2011

Mezger — Strafrecht, 3. Aufl. 1949 (zit.: Lb)

Mitsch — Strafrecht, Besonderer Teil 2, Teilband 1, 3. Aufl. 2015 (zit.: BT 2/1); Strafrecht, Besonderer Teil 2, Teilband 2, 2001 (zit.: BT 2/2); Rechtfertigung und Opferverhalten, 2004 (zit.: Rechtfertigung)

MK-StGB — Münchener Kommentar zum Strafgesetzbuch, 2. Aufl. 2011 ff (zit.: MK-*Bearbeiter*)

Momsen — Die Zumutbarkeit als Begrenzung strafrechtlicher Pflichten, 2006 (zit.: Zumutbarkeit)

Murmann — Grundkurs Strafrecht, 2. Aufl. 2013 (zit.: Grundkurs); Versuchsunrecht und Rücktritt, 1999 (zit.: Versuchsunrecht)

Naucke — Strafrecht (Einführung), 10. Aufl. 2002

Neubacher — Kriminologische Grundlagen einer internationalen Strafgerichtsbarkeit, 2005

NK-StGB — Nomos-Kommentar zum Strafgesetzbuch, Gesamtredaktion *Kindhäuser, Neumann* und *Paeffgen*, 4. Aufl. 2013 (zit.: NK-*Bearbeiter*)

Otto	Grundkurs Strafrecht, Allgemeine Strafrechtslehre, 7. Aufl. 2004 (zit.: Grundkurs AT)
Paeffgen	Der Verrat in irriger Annahme eines illegalen Geheimnisses (§ 97b StGB) und die allgemeine Irrtumslehre, 1979 (zit.: Irrtumslehre)
Pawlik	Der rechtfertigende Notstand, 2002 (zit.: Notstand); Person, Subjekt, Bürger – Zur Legitimation von Strafe, 2004 (zit.: Legitimation von Strafe)
Peters/Altwicker	Europäische Menschenrechtskonvention, 2. Aufl. 2012
Pösl	Das Verbot der Folter in Art. 3 EMRK – Grundlegung und Fortwirkung auf dem Gebiet des Strafrechts, 2015 (zit.: Verbot der Folter)
Puppe	Die Erfolgszurechnung im Strafrecht, 2000 (zit.: Erfolgszurechnung); Strafrecht Allgemeiner Teil im Spiegel der Rechtsprechung, 2. Aufl. 2011 (zit.: AT)
Rath	Das subjektive Rechtfertigungselement, 2002
Rengier	Erfolgsqualifizierte Delikte und verwandte Erscheinungsformen, 1986 (zit.: Erfolgsqualifizierte Delikte); Strafrecht, Allgemeiner Teil, 5. Aufl. 2013 (zit.: AT); Strafrecht, Besonderer Teil I, 16. Aufl. 2014 (zit.: BT I); Besonderer Teil II, 15. Aufl. 2014 (zit.: BT II)
Renzikowski	Restriktiver Täterbegriff und fahrlässige Beteiligung, 1997 (zit.: Täterbegriff)
Rönnau	Willensmängel bei der Einwilligung im Strafrecht, 2001
Rotsch	Strafrechtliche Klausurenlehre, 2013 (zit.: Klausurenlehre)
Roxin	Strafrecht, Allgemeiner Teil, Band 1, Grundlagen, Aufbau der Verbrechenslehre, 4. Aufl. 2006 (zit.: AT I); Band 2, Besondere Erscheinungsformen der Straftat, 2003 (zit.: AT II); Täterschaft und Tatherrschaft, 8. Aufl. 2006 (zit.: Täterschaft)
Roxin/Arzt/Tiedemann	Einführung in das Strafrecht und Strafprozessrecht, 6. Aufl. 2014
Roxin/Schroth (Hrsg)	Handbuch des Medizinstrafrechts, 4. Aufl. 2010 (zit.: Roxin/Schroth-*Bearbeiter*)
Rudolphi	Fälle zum Strafrecht, Allgemeiner Teil, 5. Aufl. 2000 (zit.: Fälle)
Safferling	Vorsatz und Schuld, 2008; Internationales Strafrecht, 2011
Samson	Strafrecht I, 7. Aufl. 1988
Satzger	Die Europäisierung des Strafrechts, 2001; Internationales und Europäisches Strafrecht, 7. Aufl. 2015 (zit.: International)
Satzger/Schluckebier/Widmaier (Hrsg)	StGB – Strafgesetzbuch, 2. Aufl. 2014 (zit.: S/S/W-StGB-*Bearbeiter*)
Schild	Sportstrafrecht, 2002
Schlehofer	Vorsatz und Tatabweichung, 1996 (zit.: Vorsatz)
Schlüchter	Irrtum über normative Tatbestandsmerkmale im Strafrecht, 1983 (zit.: Irrtum)
Schmidhäuser	Strafrecht, Allgemeiner Teil, Studienbuch, 2. Aufl. 1984 (zit.: AT)
Schmidt, Rolf	Strafrecht, Allgemeiner Teil, Grundlagen der Strafbarkeit, Methodik der Fallbearbeitung, 14. Aufl. 2015 (zit.: AT)
Schönke/Schröder	Strafgesetzbuch, 29. Aufl. 2014, fortgeführt von *Eser, Perron, Sternberg-Lieben, Eisele, Hecker, Kinzig, Bosch, Schuster* und *Weißer* (zit.: S/S-*Bearbeiter*)

Schomburg/Lagodny/ Gleß/Hackner	Internationale Rechtshilfe in Strafsachen, 5. Aufl. 2012
Schramm	Ehe und Familie im Strafrecht, 2011
Schroth	Vorsatz und Irrtum, 1998
Schumann, Eva (Hrsg)	Das strafende Gesetz im sozialen Rechtsstaat, 2010 (zit.: *Bearbeiter*, in: Schumann (Hrsg), Gesetz)
Schumann, Heribert	Strafrechtliches Handlungsunrecht und das Prinzip der Selbstverantwortung der Anderen, 1986 (zit.: Handlungsunrecht)
Schweitzer	Staatsrecht III, 10. Aufl. 2010
Sieber/Satzger/v. Heintschel-Heinegg (Hrsg)	Europäisches Strafrecht, 2. Aufl. 2014 (zit.: *Bearbeiter*, in: Sieber ua)
Sinn/Gropp/Nagy (Hrsg)	Grenzen der Vorverlagerung in einem Tatstrafrecht, 2011 (zit.: *Bearbeiter*, in: Sinn/Gropp/Nagy, Vorverlagerung)
SK-StGB	Systematischer Kommentar zum Strafgesetzbuch: SK-StGB, Allgemeiner Teil (AT) und Besonderer Teil (BT), Grundwerk mit 140. Ergänzungslieferung, von *Rudolphi*, *Horn*, *Samson* (Stand: Dezember 2013) (zit.: SK-*Bearbeiter*)
Steinberg/Valerius/Popp (Hrsg)	Das Wirtschaftsstrafrecht des StGB, 2011 (zit.: Steinberg-*Bearbeiter*)
Sternberg-Lieben	Die objektiven Schranken der Einwilligung im Strafrecht, 1997
Stratenwerth/Kuhlen	Strafrecht, Allgemeiner Teil, Die Straftat, 6. Aufl. 2011 (zit.: AT)
Streinz	Europarecht, 9. Aufl. 2012
Streinz (Hrsg)	EUV/AEUV, 2. Aufl. 2012 (zit.: *Bearbeiter*, in: Streinz EUV/AEUV)
Streng	Strafrechtliche Sanktionen, 3. Aufl. 2012
Tag	Der Körperverletzungstatbestand im Spannungsfeld zwischen Patientenautonomie und Lex artis, 2000
Tiedemann	Die Anfängerübung im Strafrecht, 4. Aufl. 1999; Wirtschaftsstrafrecht, Einführung und Allgemeiner Teil, 4. Aufl. 2014 (zit.: AT); Wirtschaftsstrafrecht, Besonderer Teil, 3. Aufl. 2011 (zit.: BT)
Tofahrn	Strafrecht Allgemeiner Teil I, 3. Aufl. 2013 (zit.: AT I) und II, 3. Aufl. 2013 (zit.: AT II)
Triffterer (Hrsg)	Österreichisches Strafrecht, Allgemeiner Teil, 2. Aufl. 1994 (zit.: AT)
Tsambikakis (Hrsg)	Freiheit, Gesetz und Toleranz. Symposium zum 75. Geburtstag von Prof. Dr. Karl Heinz Kunert, 2006 (zit.: *Bearbeiter*, in: Tsambikakis, Kunert-Symposium)
Ulsenheimer	Arztstrafrecht in der Praxis, 5. Aufl. 2014 (zit.: Arztstrafrecht); Grundfragen des Rücktritts vom Versuch, 1976 (zit.: Rücktritt)
Uwer (Hrsg)	Bitte bewahren Sie Ruhe, Leben im Feindstrafrecht, 2006 (zit.: Feindstrafrecht)
Valerius	Einführung in den Gutachtenstil, 3. Aufl. 2009; Kultur und Strafrecht, Die Berücksichtigung kultureller Wertvorstellungen in der deutschen Strafrechtsdogmatik, 2011 (zit.: Kultur)
Venzlaff/Foerster	Psychiatrische Begutachtung, herausgegeben von Klaus Foerster u. Harald Dreßing, 6. Aufl. 2015
Vogel	Juristische Methodik, 1998
Walter	Der Kern des Strafrechts, 2006 (zit.: *T. Walter*)
Welzel	Das deutsche Strafrecht, 11. Aufl. 1969 (zit.: Lb)
Werle	Völkerstrafrecht, 3. Aufl. 2012 (zit.: Völkerstrafrecht)

Wessels/Hettinger	Strafrecht, Besonderer Teil 1, 39. Aufl. 2015 (zit.: BT/1)
Wessels/Hillenkamp	Strafrecht, Besonderer Teil 2, 38. Aufl. 2015 (zit.: BT/2)
Wohlers	Deliktstypen des Präventionsstrafrechts – zur Dogmatik „moderner" Gefährdungsdelikte, 2000
Wolter	Objektive und personale Zurechnung von Verhalten, Gefahr und Verletzung in einem funktionalen Straftatsystem, 1981 (zit.: Zurechnung); Objektive Zurechnung und modernes Strafrechtssystem, in: Internationale Dogmatik der objektiven Zurechnung und der Unterlassungsdelikte, 1995, S. 3 (zit.: Strafrechtssystem)
Wolters	Fälle mit Lösungen für Fortgeschrittene im Strafrecht, 2. Aufl. 2006
Zieschang	Strafrecht Allgemeiner Teil, 4. Aufl. 2014 (zit.: AT)

Festschriftenverzeichnis

Im Text zitiert sind Beiträge aus den Festschriften für

Hans Achenbach	Heidelberg 2011
Nikolaos Androulakis	Athen 2003
Arbeitsgemeinschaft Strafrecht	Strafverteidigung im Rechtsstaat, 25 Jahre Arbeitsgemeinschaft Strafrecht des Deutschen Anwaltvereins, Baden-Baden 2009 (zit.: AG Strafrecht)
Knut Amelung	Grundlagen des Straf- und Strafverfahrensrechts, Berlin 2009
Jürgen Baumann	Bielefeld 1992
Anna Benakis	Strafrechtswissenschaften. Theorie und Praxis, Athen 2008
Werner Beulke	Ein menschengerechtes Strafrecht als Lebensaufgabe, Heidelberg 2015
BGH-Prax	FS aus Anlass des fünfzigjährigen Bestehens von Bundesgerichtshof, Bundesanwaltschaft und Rechtsanwaltschaft beim Bundesgerichtshof, Köln, Berlin, Bonn, München 2000
BGH-Wiss	50 Jahre Bundesgerichtshof – Festgabe aus der Wissenschaft Bd IV 2000
Günter Blau	Berlin, New York 1985
Dieter Blumenwitz	Iustitia et Pax, Gedächtnisschrift für Dieter Blumenwitz, Berlin 2008
Paul Bockelmann	München 1979
Reinhard Böttcher	Recht gestalten – dem Recht dienen, Berlin 2007
Gerd Brudermüller	Familie – Recht – Ethik, München 2014
Manfred Burgstaller	Wien, Graz 2004
Friedrich Dencker	Tübingen 2012
Jörn Eckert	Baden-Baden 2008
Ulrich Eisenberg	München 2009
Karl Engisch	Frankfurt a.M. 1969
Albin Eser	München 2005
Hanns Feigen	Strafverteidigung im Wirtschaftsleben, Köln, 2014
Gerfried Fischer	Jurisprudenz zwischen Medizin und Kultur, Frankfurt a.M., 2010
Wolfgang Frisch	Grundlagen und Dogmatik des gesamten Strafrechtssystems, Berlin 2013
Helmut Fuchs	Wien 2014
Wilhelm Gallas	Berlin, New York 1973
Gerd Geilen	Bochumer Beiträge zu aktuellen Strafrechtsthemen, Vorträge anlässlich des Symposions zum 70. Geburtstag von Gerd Geilen, 2003 (zit.: Geilen-Symp.)
Klaus Geppert	Berlin, New York 2011
Karl Heinz Gössel	Heidelberg 2002
Gerald Grünwald	Baden-Baden 1999
Ernst-Walter Hanack	Berlin, New York 1999
Winfried Hassemer	Heidelberg, München 2010
Wolfgang Heinz	Baden-Baden, 2012
Rolf Dietrich Herzberg	Tübingen 2008

Hans Joachim Hirsch	Berlin, New York 1999
Alexander Hollerbach	Verfassung – Philosophie – Kirche, Berlin 2001
Richard M. Honig	Göttingen 1970
Joachim Hruschka	Philosophia Practica Universalis, Berlin 2005
Renate Jäger	Grundrechte und Solidarität, Durchsetzung und Verfahren, Kehl am Rhein 2011
Günther Jakobs	Berlin 2007
Hans-Heinrich Jescheck	Berlin 1985
Heike Jung	Baden-Baden 2007
Armin Kaufmann	Gedächtnisschrift, Köln, Berlin, Bonn, München 1989
Arthur Kaufmann	Strafgerechtigkeit, Heidelberg 1993
Rolf Keller	Gedächtnisschrift, Tübingen 2003
Paul Kirchhof	Leitgedanken des Rechts, Heidelberg 2013
Theodor Kleinknecht	Strafverfahren im Rechtsstaat, München 1985
Ulrich Klug	Köln 1983
Günter Kohlmann	Köln 2003
Eduard Kohlrausch	Probleme der Strafrechtserneuerung, Berlin 1944
Friedrich-Wilhelm Krause	Recht und Kriminalität, Köln, Berlin, Bonn, München 1990
Volker Krey	Stuttgart 2010
Kristian Kühl	München 2014
Hans-Heiner Kühne	Heidelberg 2013
Wilfried Küper	Heidelberg 2007
Karl Lackner	Berlin, New York 1987
Ernst-Joachim Lampe	Jus humanum – Grundlagen des Rechts und Strafrecht, Berlin 2003
Richard Lange	Berlin, New York 1976
Theodor Lenckner	München 1998
Fritz Loos	Grundfragen des Strafrechts, Rechtsphilosophie und die Reform der Juristenausbildung, Göttingen 2010
Klaus Lüderssen	Baden-Baden 2002
Werner Maihofer	Rechtsstaat und Menschenwürde, Frankfurt a.M. 1988
Manfred Maiwald	Fragmentarisches Strafrecht, Frankfurt a.M. 2003
Manfred Maiwald	Gerechte Strafe und legitimes Strafrecht, Berlin 2010 (zit.: Maiwald II-FS)
Georgios-Alexandros Mangakis	Athen 1999
Giorgio Marinucci	Studi in onore di Giorgio Marinucci, Mailand 2006
Reinhart Maurach	Karlsruhe 1972
Hellmuth Mayer	Beiträge zur gesamten Strafrechtswissenschaft, Berlin 1966
Dieter Meurer	Gedächtnisschrift, Berlin 2002
Karlheinz Meyer	Gedächtnisschrift, Berlin, New York 1991
Lutz Meyer-Goßner	Strafverfahrensrecht in Theorie und Praxis, München 2001
Edmund Mezger	München 1954
Koichi Miyazawa	Baden-Baden 1995
Egon Müller	Baden-Baden 2008
Heinz Müller-Dietz	Grundfragen staatlichen Strafens, München 2001
Kay Nehm	Strafrecht und Justizgewährung, Berlin 2006
Peter Noll	Gedächtnisschrift, Zürich 1984
Dietrich Oehler	Köln, Berlin, Bonn, München 1985
Harro Otto	Berlin, New York 2007
Rainer Paulus	Festgabe, Würzburg 2009

Karl Peters	Einheit und Vielfalt des Strafrechts, Tübingen 1974
Ingeborg Puppe	Strafrechtswissenschaft als Analyse und Konstruktion, Berlin 2010
Anton Rauscher	Die personale Struktur des gesellschaftlichen Lebens, Berlin 1993
Jörg Rehberg	Strafrecht und Öffentlichkeit, Zürich 1996
Christian Richter II	Verstehen und Widerstehen, Baden-Baden 2006
Peter Rieß	Berlin, New York 2002
Ruth Rissing-van Saan	Berlin, New York 2011
Klaus F. Röhl	Recht – Gesellschaft – Kommunikation, Baden-Baden 2003
Claus Roxin	Berlin, New York 2001
Claus Roxin	Berlin, New York 2011 (zit.: Roxin II-FS)
Imme Roxin	Heidelberg, 2012 (zit.: I. Roxin-FS)
Hans-Joachim Rudolphi	Neuwied 2004
Hannskarl Salger	Köln, Berlin, Bonn, München 1995
Erich Samson	Recht – Wirtschaft – Strafe – Resozialisierung, Berlin, New York 2010
Friedrich Schaffstein	Göttingen 1975
Wolf Schiller	Baden-Baden 2014
Ellen Schlüchter	Gedächtnisschrift, Köln, Berlin, Bonn, München 2002
Niklaus Schmid	Wirtschaft und Strafrecht, Zürich 2001
Eberhard Schmidt	Göttingen 1961
Rudolf Schmitt	Tübingen 1992
Heinz Schöch	Verbrechen – Strafe – Resozialisierung, Berlin, New York 2010
Hans-Ludwig Schreiber	Strafrecht, Biorecht, Rechtsphilosophie, Heidelberg 2003
Friedrich-Christian Schroeder	Heidelberg 2006
Horst Schüler-Springorum	Köln, Berlin, Bonn, München 1993
Bernd Schünemann	Streitbare Strafrechtswissenschaft, Baden-Baden 2015
Hans-Dieter Schwind	Kriminalpolitik und ihre wissenschaftlichen Grundlagen, Heidelberg, München, Landsberg, Berlin 2006
Manfred Seebode	Berlin 2008
Günter Spendel	Berlin, New York 1992
Dionysios Spinellis	Die Strafrechtswissenschaften im 21. Jahrhundert, Athen 2001
Erich Steffen	Berlin, New York 1995
Heinz Stöckel	Berlin 2010
Hans-Wolfgang Strätz	Regenstauf 2009
Walter Stree/Johannes Wessels	Beiträge zur Rechtswissenschaft, Heidelberg 1993
Andrzej J. Szwarc	Vergleichende Strafrechtswissenschaft. Frankfurter Festschrift, Berlin 2009
Klaus Tiedemann	Köln 2008
Stefan Trechsel	Strafrecht, Strafprozessrecht und Menschenrechte, Zürich 2002
Otto Triffterer	Wien 1996
Herbert Tröndle	Berlin, New York 1989
Uni-Berlin	Festschrift 200 Jahre Juristische Fakultät der Humboldt-Universität zu Berlin, Berlin, New York 2010
Uni-Gießen	Rechtswissenschaft im Wandel. Festschrift des Fachbereichs Rechtswissenschaft zum 400jährigen Gründungsjubiläum der Justus-Liebig-Universität Gießen, Tübingen 2007

Uni-Köln	Festschrift der Rechtswissenschaftlichen Fakultät zur 600-Jahr-Feier der Universität zu Köln, Köln, Berlin, Bonn, München 1988
Uni-Leipzig	Festschrift der Juristenfakultät zum 600jährigen Bestehen der Universität Leipzig, Berlin 2009
Uni-Würzburg	Festschrift 600 Jahre Würzburger Juristenfakultät 2002
Theo Vogler	Gedächtnisschrift, Heidelberg 2004
Klaus Volk	In dubio pro libertate, München 2009
Michael Walter	Kriminologie – Jugendkriminalrecht – Strafvollzug, Gedächtnisschrift, Berlin 2014
Ulrich Weber	Bielefeld 2004
Hans Welzel	Berlin, New York 1974
Gunter Widmaier	Strafverteidigung, Revision und die gesamten Strafrechtswissenschaften, Köln, München 2008
Manfred Wolf	Gedächtnisschrift, München 2011
Ernst A. Wolff	Berlin 1998
Jürgen Wolter	Gesamte Strafrechtswissenschaft in internationaler Dimension, Berlin 2013
Thomas Würtenberger	Kultur, Kriminalität, Strafrecht, Berlin 1977
Heinz Zipf	Gedächtnisschrift, Heidelberg 1999
Andrzej Zoll	Krakau, 2012

Teil I

Strafrecht und Strafgesetz. Der Mensch als Rechtssubjekt

§ 1 Aufgabe und Grundbegriffe des Strafrechts. Die Einteilung der Delikte

Fall 1 (Allgemeine Grundfragen): **a)** Der Kunstfreund K möchte den Eigentümer E zum Verkauf einer antiken Uhr bewegen. Als seine Bemühungen scheitern, wirft er die ihm zur Besichtigung ausgehändigte Uhr verärgert zu Boden, sodass sie beschädigt wird. Welche Rechtsfolgen hat das Verhalten des K? **Rn 4, 7, 59** 1

b) A hat den B vorsätzlich getötet. Welche Bedeutung hat es für den Unrechts- und Schuldgehalt seiner Tat, wenn A 2

(1) bei Ausführung der Tötung heimtückisch oder sonst aus niedrigen Beweggründen gehandelt hat?

(2) sich (wegen einer ihm von B zugefügten schweren Ehrenkränkung) im Zorn zur Tat hat hinreißen lassen?

(3) nur durch das ernsthafte Verlangen des unheilbar an Krebs erkrankten B zu dessen Tötung bestimmt worden ist? **Rn 30, 59**

c) S hat durch eine geheimdienstliche Tätigkeit den Tatbestand des § 99 I Nr 1 verwirklicht. Würde sich die Deliktsnatur seiner Tat ändern, wenn ein besonders schwerer Fall vorläge und ein Regelbeispiel iSd § 99 II S. 2 erfüllt wäre? **Rn 35, 59** 3

I. Aufgabe und Grundbegriffe des Strafrechts

1. Rechtfertigung der Existenz des Strafrechts als Teilgebiet des Öffentlichen Rechts

4 Das Strafrecht bildet dasjenige Teilrechtsgebiet unserer Rechtsordnung, das an in der Vergangenheit liegende Rechtsverletzungen anknüpft und diese mit einer Strafe ahndet, durch die ein **sozialethisches Unwerturteil** gegenüber dem Täter zum Ausdruck gebracht wird. Als Kehrseite des Gewaltmonopols des Staates, welches private Vergeltungsmaßnahmen für erlittenes Unrecht ausschließt, fällt dem Staat die Strafverfolgung als hoheitliche Aufgabe zu. Da das Strafrecht somit aus dem Über-Unterordnungsverhältnis zwischen Staat und Bürger erwächst, handelt es sich um ein **Teilgebiet des Öffentlichen Rechts**[1]. Demgegenüber regelt das Privatrecht das Verhältnis der Bürger untereinander, welches grundsätzlich durch ein Gleichordnungsverhältnis gekennzeichnet ist.

1 MK-*Joecks*, Einl. Rn 7; *Kindhäuser*, LPK, Vor § 1 Rn 4.

Im **Fall 1a** hat K durch die Beschädigung der Uhr in das Eigentum des E eingegriffen. Aus dem tatsächlichen Geschehen (Herunterwerfen der Uhr) ist ein Rechtsvorgang geworden, der Beziehungen zum Zivilrecht wie zum Strafrecht aufweist. Das Privatrecht gewährt E einen Anspruch auf Ersatz des Schadens, den K ihm durch die widerrechtliche Eigentumsverletzung zugefügt hat (§§ 311 II Nr. 1, 280 I, 241 II BGB, §§ 823 I, 823 II BGB iVm § 303 I).

5 Mit der bloßen Verpflichtung zum Schadensersatz lässt sich ein ausreichender Rechtsgüterschutz nicht immer sicherstellen. Zumindest bei der Verletzung wichtiger Freiheitsrechte trifft den Staat eine aus den Grundrechten ableitbare Schutzpflicht, die sich – bei fundamentalen Rechtsgütern – zu einem verfassungsrechtlichen **Kriminalisierungsgebot** verdichtet[2].

6 Überdies unterscheiden sich die Wirkungen einer Strafe: Wen etwa die Verpflichtung zum Schadensersatz „kalt lässt", weil er sich aufgrund seiner finanziellen Verhältnisse „alles erlauben kann" oder weil bei ihm wegen Unpfändbarkeit „nichts zu holen ist" (§§ 811, 850 ff ZPO), wird die im Strafgesetz angedrohte Freiheitsstrafe – und generell der mit einer Strafe verbundene Tadel – möglicherweise doch von Rechtsverletzungen abhalten[3].

7 Im **Fall 1a** hat K sich über die dem § 303 I vorgelagerte Verhaltensnorm („Du darfst nicht fremdes Eigentum beschädigen") hinweggesetzt. Auf Antrag des E (§§ 303c, 77 ff) kann er wegen Sachbeschädigung bestraft werden. Im Wege des **Strafurteils** würde K einen **sozialethischen Tadel** und die **missbilligende Antwort der Rechtsgemeinschaft** auf sein **schuldhaft begangenes Unrecht** erfahren.

8 Durch die Strafbewehrung wird die Durchsetzungskraft der als gesellschaftlich besonders wichtig angesehenen Verhaltensregeln verstärkt. In den Worten des BVerfG ist „[d]ie Sicherung des Rechtsfriedens in Gestalt der Strafrechtspflege […] seit jeher eine zentrale Aufgabe staatlicher Gewalt. Bei der Aufgabe, ein geordnetes menschliches Zusammenleben durch Schutz der elementaren Werte des Gemeinschaftslebens auf der Grundlage einer Rechtsordnung zu schaffen, zu sichern und durchzusetzen, ist das Strafrecht ein unverzichtbares Element zur Sicherung der Unverbrüchlichkeit dieser Rechtsordnung"[4]. Die **Rechtfertigung für die Existenz des Strafrechts** liegt somit in seiner Notwendigkeit für ein friedliches und gedeihliches Zusammenleben in einer Gesellschaft, die dem Staat das Gewaltmonopol eingeräumt hat[5].

2. Die Schutzfunktion des Strafrechts

9 Durch den **Schutz von Rechtsgütern**[6] dient das Strafrecht der Verwirklichung des Gemeinwohls und der Wahrung des Rechtsfriedens. Es ist eine Schutz- und Friedensordnung, die auf der sozialethischen Wertordnung unserer Verfassung beruht und

2 Grundlegend BVerfGE 39, 1 (Schwangerschaftsabbruchsurteil: Schutzpflicht des Staates zugunsten des werdenden Lebens); s. auch *Frisch*, Beulke-FS, S. 103; *Krey/Esser*, AT, Rn 25.

3 Zur Appellfunktion des Strafrechts *Gaßner/Strömer*, HRRS 15, 122.

4 BVerfGE 123, 267, 408.

5 Vgl auch HK-GS-*Rössner*, Vorbem. § 1 Rn 7.

6 Zur Diskussion über den Rechtsgutsbegriff und dessen Bedeutung im Strafrecht vgl *Beckemper*, ZIS 11, 318; *Demko*, Brudermüller-FS, S. 115; *Gimbernat Ordeig*, GA 2011, 284; *ders./Roxin*, Hasse-

sich an deren Zielsetzung orientiert. Aus dieser Bindung an das Grundgesetz folgt für das Strafrecht die **Aufgabe**, die **elementaren Grundwerte** des Gemeinschaftslebens zu **sichern**, die Erhaltung des **Rechtsfriedens** im Rahmen der sozialen Ordnung zu gewährleisten und das Recht im Konfliktfall gegenüber dem Unrecht durchzusetzen[7].

Ein verfassungsrechtlich garantierter **Anspruch des Verletzten auf Strafverfolgung** besteht jedoch trotz dieser dem Staat zugewiesenen Schutzpflicht grundsätzlich nicht; nur ausnahmsweise kann ein Anspruch auf effektiver Strafverfolgung aus Art. 2 II 1 und 2 iVm Art. 1 I 2 GG verlangt werden[8]. Dies setzt voraus, dass der Verzicht auf Strafverfolgung das Vertrauen in das staatliche Gewaltmonopol bzw. die Integrität staatlichen Handelns erschüttern und ein Klima der Rechtsunsicherheit herbeiführen würde. Dies gilt namentlich, wenn erhebliche Straftaten gegen höchstpersönliche Rechtsgüter betroffen sind, der Staat gegenüber dem Verletzten in spezifischer Weise fürsorge- bzw obhutsverpflichtet ist oder wenn Straftaten von Amtsträgern im Raum stehen[9]. **10**

Als **Rechtsgüter** bezeichnet man die Lebensgüter, Sozialwerte und rechtlich anerkannten Interessen des Einzelnen oder der Allgemeinheit, die wegen ihrer besonderen Bedeutung für die Gesellschaft Rechtsschutz genießen. Rechtsgüter des Einzelnen sind zB das Leben, die körperliche Unversehrtheit, die persönliche Freiheit, die Ehre, das Eigentum, das Vermögen **(Individualrechtsgüter)**[10]. Rechtsgüter der Allgemeinheit sind zB der Bestand des Staates und seiner freiheitlich-demokratischen Grundordnung, die Wahrung von Staatsgeheimnissen, die Rechtspflege, die Unbestechlichkeit von Amtsträgern, die Sicherheit des Straßenverkehrs, die Zuverlässigkeit von Urkunden im Rechtsverkehr **(Universalrechtsgüter)**. **11**

Das von einer Strafnorm geschützte Rechtsgut bildet anerkanntermaßen eine wichtige Leitlinie bei der Auslegung eines Straftatbestands (dazu Rn 76). Dem Rechtsgutsbegriff wird darüber hinaus jedenfalls in der Lehre überwiegend eine **„kritische Funktion"** beigemessen, die dem Strafgesetzgeber eine Inkriminierung von Verhaltensweisen verbieten soll, die keine Rechtsgüter gefährden oder verletzen. Insbesondere wird daraus gefolgert, dass bloße Moralwidrigkeiten nicht zum Gegenstand strafrechtlicher Tatbestände gemacht werden dürfen. **12**

In seinem bekannten (und zu Recht kritisierten) **„Inzesturteil"** hat das BVerfG (mit Billigung des EGMR[11]) entschieden, dass die Strafdrohung für den Beischlaf zwischen erwachsenen leib- **13**

---

mer-FS, S. 573; *Greco*, Roxin II-FS, S. 199; *Hassemer*, Androulakis-FS, S. 207; *Hefendehl*, GA 2002, 21; *ders.*, ZIS 12, 506; *M. Heinrich*, Roxin II-FS, S. 131; *Jahn*, GA 2007, 579, 581; *Jakobs*, Frisch-FS, S. 81; *Krüger*, Die Entmaterialisierungstendenz beim Rechtsgutsbegriff, 2000; *Kühl*, Heinz-FS, S. 766; *Paeffgen*, Wolter-FS, S. 125; *Swoboda*, ZStW 122 [2010], 24; *Vogel*, StV 96, 110; *Volk*, Roxin II-FS, S. 215; *Wohlers*, GA 2002, 15; *Zabel*, ZStW 122 [2010], 833; eine ausführliche Darstellung findet sich bei *Roxin*, AT I, § 2 Rn 2 ff und *ders.*, EuCLR 13, 3.

7 BVerfGE 51, 324, 343; vert. *Hefendehl*, S. 5; MK-*Joecks*, Einl. Rn 26; *Lagodny*, Grundrechte; *Roxin*, ZStW 116 [2004], 929; *ders.*, JBÖNF 59 [2011], 1.

8 BVerfG StV 15, 203 *(„Gorch Fock")*, wonach dieser Anspruch im Todesfall nach Art. 6 I GG auch auf die Familienangehörigen übergehen kann; vgl auch BVerfG HRRS 14, 310 *(„Tennessee Eisenberg")* und BVerfG, Beschl. v. 19.05.2015, Az. 2 BvR 987/11 *(„Kunduz")*.

9 Vgl BVerfG StV 15, 203 *(„Gorch Fock")*.

10 Zur Diskussion um die Menschenwürde als strafrechtliches Schutzgut vgl *F. Knauer*, ZStW 14, 305.

11 BVerfGE 120, 224; EGMR FamRZ 12, 937 m. Anm. *Kubiciel*, ZIS 12, 282; *Androulakis*, Hassemer-FS, S. 271; *Duttge*, Roxin II-FS, S. 227; *Greco*, ZIS 08, 234; *Hörnle*, NJW 08, 2085; *Hufen/Jahn*, JuS 08, 550; *Jung*, GA 2012, 617; *Noltenius*, ZJS 09, 15; *Roxin*, StV 09, 544; *Scheinfeld*, Roxin II-FS, S. 183; *Schubarth*, Dencker-FS, S. 273; *Zabel*, JR 08, 453.

lichen Geschwistern (vgl § 173 II 2) verfassungsgemäß ist. Das BVerfG hebt zwar das Übermaßverbot als besonders wichtigen Maßstab für die Überprüfung einer Strafnorm hervor, weshalb sich die Entscheidung durchaus so verstehen lässt, dass dem Strafrecht die Funktion des Rechtsgüterschutzes zukommt[12]. Jedoch soll es allein die Aufgabe des demokratisch legitimierten Gesetzgebers (und nicht einer strafrechtlichen „Rechtsgutslehre") sein, die mit den Mitteln des Strafrechts zu schützenden Güter festzulegen[13]. Wenig einsichtig ist jedoch, wie eine Strafnorm den Verhältnismäßigkeitstest bestehen können soll, wenn sie nicht ausschließlich elementar wichtige Werte schützt, zu denen Moralwidrigkeiten eben von vornherein nicht gehören.

14 Vom Rechtsgut ist das **Handlungsobjekt** zu unterscheiden: Rechtsgüter sind ideelle Sozialwerte (bei §§ 211 ff: das Leben; bei § 242: Eigentum und Gewahrsam). Handlungsobjekt ist dagegen der konkrete Gegenstand, der das **Objekt der Tat** bildet und an dem die Tathandlung vollzogen wird (bei §§ 211 ff: ein anderer Mensch; bei § 242: eine fremde bewegliche Sache)[14].

15 Die **Wurzeln des Strafrechts** liegen somit in den **sozialethischen Wertvorstellungen** der Rechtsgemeinschaft; sie bilden die Grundlage für die Entstehung von Rechtsgütern, Rechtsnormen und Straftatbeständen[15], sind mit diesen jedoch nicht identisch. Sozialethisch geboten sind all diejenigen Verhaltensnormen, die für ein gedeihliches Zusammenleben der Menschen unerlässlich sind. Strafbewehrte Ver- und Gebote sind damit zwar zugleich solche der Sozialethik; andererseits sind nicht alle Verhaltensnormen der Sozialethik auch strafbewehrt und damit Bestandteil der Strafrechtsordnung. Der Schutz durch das Strafrecht bleibt so stets **fragmentarisch**[16]. Strafvorschriften sind als „schärfstes Schwert des Staates" nur dort gerechtfertigt, wo weniger einschneidende Mittel (etwa des [sonstigen] öffentlichen Rechts oder des bürgerlichen Rechts) im Interesse eines wirksamen Rechtsgüterschutzes nicht ausreichen **(Ultima-Ratio-Funktion des Strafrechts)**[17].

So darf beispielsweise im Sexualbereich **unmoralisches und sittlich anstößiges** Verhalten (wie etwa sexuelle Handlungen mit Tieren) nicht schon wegen dessen angeblicher Moralwidrigkeit und Anstößigkeit mit Kriminalstrafe bedroht werden. Wie könnte sich hierfür auch ein nur einigermaßen sicherer Maßstab finden lassen?

16 Vielmehr hat der Gesetzgeber stets sorgsam zu prüfen, ob und inwieweit der Erlass von Strafvorschriften wegen der sozialschädlichen Wirkung des Verhaltens notwendig ist[18]. Hier jeweils das rechte Maß für eine sinnvolle **Begrenzung der Strafgewalt** des Staates zu finden, ist Aufgabe einer ausgewogenen und verantwortungsbewussten **Kriminalpolitik**[19].

---

12 *Murmann*, Grundkurs, § 8 Rn 14; zur Interpretation im Sinne eines „verhältnismäßigen Rechtsgüterschutzes" s. *Kaspar*, Verhältnismäßigkeit und Grundrechtsschutz, S. 241 ff, 515 ff.

13 S. BVerfGE 120, 224, 242; vgl aber auch das Sondervotum von *Hassemer* (S. 255 ff) sowie *Greco*, ZIS 08, 234 ff; *Hörnle*, NJW 08, 2085 ff.

14 *Amelung*, in: Hefendehl/v. Hirsch/Wohlers (Hrsg), Die Rechtsgutstheorie, 2003, S. 167; *ders.*, Eser-FS, S. 3; *Rönnau*, JuS 09, 209.

15 *Günther*, JuS 78, 8; *Jung*, GA 2005, 377; *Kühl*, Otto-FS, S. 63; *Renzikowski*, ZRP 05, 213.

16 Zur Einführung: *Hefendehl*, JA 11, 401; *Kertai*, JuS 11, 976; *Vormbaum*, ZStW 123 [2011], 661; *Zaczyk*, ZStW 123 [2011], 691.

17 NK-*Hassemer/Neumann*, Vor § 1 Rn 72, 74 mwN.

18 Zur Notwendigkeit des § 184: *Köhne*, JR 12, 325.

19 Vgl *Beulke*, Eisenberg-FS, S. 245; *Frisch*, Stree/Wessels-FS, S. 69; *Günther/Prittwitz*, Hassemer-FS, S. 331; *Hefendehl*, JA 11, 401; *Hillenkamp*, Eisenberg-FS, S. 301; *Kühl*, Maiwald II-FS, S. 433; *ders.*,

Aktuelle Beispiele hierfür sind der oben (Rn 13) angesprochene Inzesttatbestand (§ 173), die Einbeziehung von „Scheinjugendlichen" (Erwachsene, die wie Jugendliche aussehen) in den Begriff der jugendpornographischen Schriften (deren Verbreitung etc. nach § 184c I strafbar ist)[20], die Kriminalisierung des Eigendopings im Sport[21] oder die Strafbarkeit einer Präimplantationsdiagnostik in Fällen extrakorporaler Befruchtung nach Maßgabe des Embryonenschutzgesetzes[22].

3. Voraussetzungen und Rechtsfolgen der Straftat

Entsprechend der bislang aufgezeigten Aufgaben und Funktionen des Strafrechts ist dieses dadurch gekennzeichnet, dass nicht nur die Voraussetzungen der Strafbarkeit und somit die einzelnen Merkmale des strafwürdigen Verhaltens definiert werden. Vielmehr enthält der Besondere Teil des Strafrechts – und ihn ergänzend der Allgemeine Teil – Sanktionsnormen, die verschiedene Sanktionen als Rechtsfolgen einer Straftat festlegen, wozu sowohl bestimmte **(Kriminal-)Strafen** als auch sonstige Rechtsfolgen, insbesondere Maßregeln der Besserung und Sicherung, gehören. 17

Der **Besondere Teil** des Strafrechts, insbes. §§ 80–358 des Strafgesetzbuchs, enthält die einzelnen Straftatbestände und Deliktsgruppen. Weitere Straftatbestände finden sich auch außerhalb des StGB, man fasst diese unter dem Begriff des **Nebenstrafrechts** zusammen. Der **Allgemeine Teil**, v.a. §§ 1–79b StGB, ergänzt den BT und enthält – gleichsam „vor die Klammer gezogen" – die Vorschriften allgemeinen Charakters, insbes. die gemeinsamen Wesenszüge der mit Strafe bedrohten Handlungen, ihre Begehungsformen und Rechtsfolgen. Der AT des StGB findet auch auf Tatbestände des Nebenstrafrechts Anwendung (Art. 1 EGStGB).

Alle Rechtsfolgen der Straftat müssen dem Rechtsstaatsprinzip und dem Grundsatz der Verhältnismäßigkeit entsprechen (vgl §§ 1, 46, 62), weshalb – wie gesehen – nur Rechtsgüter Gegenstand strafrechtlichen Schutzes sein können (s. Rn 11). Auch Art. 1 I GG („Die Würde des Menschen ist unantastbar.") muss beachtet werden. Das eng hiermit zusammenhängende Schuldprinzip verbietet Strafen ohne Schuld sowie Strafen, die das Maß der Schuld überschreiten[23]. Entsprechend dem sogleich näher zu betrachtenden Sinn von Strafe steht gleichberechtigt neben dem **Schuldprinzip** auch das **Resozialisierungsprinzip** als Grundlage des strafrechtlichen Sanktionensystems. 18

Nach dem sog. System der Zweispurigkeit stellt das StGB neben die Strafen sog. **Maßregeln der Besserung und Sicherung**. Da letztere keine repressive Reaktion auf Vergangenes darstellen sollen, setzt das Gesetz auch nicht das Vorhandensein von 19

Stöckel-FS, S. 117; *Neumann*, Jakobs-FS, S. 435; *Saliger*, Hassemer-FS, S. 599; *Schmoller*, in: Fischer/Strasser (Hrsg), Rechtsethik, 2007, S. 203; *Schünemann*, in: Hirsch/Seelmann/Wohlers, S. 18; *Stratenwerth*, Hassemer-FS, S. 639; *Trendelenburg*, Ultima ratio?, 2011; *Walter*, ZIS 11, 636; s. auch *Eicker*, Die Prozedualisierung des Strafrechts, 2010.

20 S/S-*Eisele*, § 184c Rn 4; *Gropp*, Kühne-FS, S. 679; *Satzger*, in: Engländer ua, Strafverteidigung, S. 99 ff.

21 BT-Drucks. 18/294 v. 15.1.2014; *Kargl*, NStZ 07, 489; *Kreuzer*, ZRP 13, 181; krit. *Steiner*, ZRP 15, 51.

22 BGHSt 55, 206 m. Anm. *Brunhöber*, HRRS 10, 412; *Kubiciel*, NStZ 13, 382; *Kudlich*, JA 10, 833; *Reiß*, HRRS 10, 418; *Schroth*, NJW 10, 2676; vert. *Frister/Lehmann*, JZ 12, 659; *Frommel*, Hassemer-FS, S. 831; *dies.*, JZ 13, 488; *Günther*, Krey-FS, S. 105; *Kreß*, ZRP 10, 201 und 11, 68; *Kunz-Schmidt*, NJ 11, 231.

23 BVerfGE 20, 323, 325; 95, 96, 131; BVerfG StraFo 07, 369 m. Bespr. *Kahlo/Zabel*, in: HRRS-Festgabe für Gerhard Fezer, 2008, S. 87; s. auch *B. Heinrich*, AT, Rn 41; *Roxin*, AT I, § 3 Rn 52.

Schuld voraus; vielmehr geht es allein um präventive Ziele, sodass ausschließlich an die Sozialgefährlichkeit des Täters angeknüpft wird[24]. Die Begehung einer Straftat ist hier also nicht Grund, sondern Anlass der Maßregel[25]. Ihre Anordnung ist somit auch bei fehlender Schuld zulässig (s. §§ 20, 63 ff).

Demgegenüber hat der EGMR die deutsche Sicherungsverwahrung, die im StGB als eine solche Maßregel ausgestaltet ist (vgl § 61 Nr 3), wegen deren Verhängung im Anschluss an ein Strafverfahren und v.a. wegen der Schwere des Eingriffs in die Rechte der Betroffenen als „Strafe" iSd Art. 7 I EMRK eingeordnet[26]. Zu den Konsequenzen für das deutsche Recht s. Rn 69.

20 Auch in anderen Rechtsgebieten können Sanktionen verhängt werden, allerdings nicht in Form von Kriminalstrafen. Dabei ergeben sich Abgrenzungserfordernisse insbes. im Hinblick auf das **Ordnungswidrigkeitenrecht**, welches nicht die Begehung kriminellen Unrechts ahndet, sondern bloßes Verwaltungsunrecht[27]. Das rechtswidrige Verhalten verdient hier mangels erheblicher Sozialschädlichkeit keinen sozialethischen Tadel, sondern es soll vielmehr nur ein „Denkzettel" erteilt werden, welcher zur künftigen Pflichterfüllung mahnen soll.[28] Formal unterscheidet sich das Ordnungswidrigkeitenrecht vom Kriminalstrafrecht dadurch, dass dessen Hauptsanktion im Gesetz explizit als „Geldbuße" bezeichnet wird (vgl § 1 I OWiG). Diese kann je nach Spezialgesetz ganz erhebliche Höhen erreichen, so etwa im Kartellrecht bis zu 1 Mio Euro (vgl § 81 IV 1 GWB).

4. Sinn und Zweck der Strafe

21 Seit jeher wird der Frage nachgegangen, was der Zweck des Bestrafens ist. Dabei stehen sich absolute und relative Strafzwecktheorien gegenüber[29].

22 a) Nach den **absoluten Strafzwecktheorien** soll die Strafe rein **repressiv** wirken. Strafzweck ist danach allein die Wiederherstellung der Rechtsordnung, indem auf die Tat mit der Zufügung eines gerechten Übels durch den Staat reagiert wird. Der Be-

---

24 BGH NStZ-RR 14, 273 zur Gefährlichkeitsprognose und Verhältnismäßigkeitsprüfung bei der Anordnung obligatorischer Sicherungsverwahrung.

25 *Murmann*, Grundkurs, § 9 Rn 2.

26 Vgl EGMR StV 10, 181, 185 f; s. auch EGMR NJW 11, 3423 ff sowie EGMR EuGRZ 12, 383 ff; zusammenfassend hierzu *Pösl/Dürr*, EuCLR 12, 158, 168; *Satzger*, StV 13, 243 ff.

27 Zur Abgrenzung s. BVerfGE 22, 49, 79; *Achenbach*, GA 2008, 1; *Frister*, AT, 1. Kap., Rn 12 f; *Mitsch*, JA 08, 241 und 409.

28 *Krey/Esser*, AT, Rn 20.

29 Näher dazu *Achenbach*, StraFo 11, 422; *Braun*, S. 54 ff; *Dölling*, Lampe-FS, S. 597; *ders.*, Kirchhof-FS, Bd II, S. 1329; *Duttge*, in: Schumann (Hrsg), Gesetz, S. 1; *Greco*, Lebendiges und Totes in Feuerbachs Straftheorie, 2009; NK-*Hassemer/Neumann*, Vor § 1 Rn 268 ff; *Hilgendorf/Weitzel-Koch*, S. 127; *Hoerster*, Muss Strafe sein? Positionen der Philosophie, 2012; *Hörnle*, Straftheorien, 2011; *Jescheck/Weigend*, AT, § 8; *Arthur Kaufmann*, Rechtsphilosophie, 2. Aufl. 1997, S. 161; *Köhler*, AT, S. 37; *Lampe*, Strafphilosophie, 1999; *Meier*, S. 18; *Naucke*, § 1 Rn 122; *Pawlik*, Zur Legitimation von Strafe, 2004; *Pérez-Barberá*, GA 2014, 504; *Roxin*, AT I, § 3; *ders.*, GA 2015, 185; *Stratenwerth/Kuhlen*, AT, § 1 Rn 3 ff; *Streng*, Rn 10; *ders.*, Heinz-FS, S. 677; *Wittig*, in: Beulke ua, Dilemma, S. 13; zur Wiedergutmachung des „Opferschadens" als selbstständigem Strafzweck vgl *Hassemer/Reemtsma*, Verbrechensopfer – Gesetz und Gerechtigkeit, 2002; *Heger*, JA 07, 244; *Hörnle*, JZ 06, 950; *Lüderssen*, Hirsch-FS, S. 879; *T. Walter*, ZIS 11, 636; *Walther*, ZStW 111 [1999], 123; *Weigend*, RW 10, 39; *Zabel*, JZ 11, 617.

griff absolut (lat. *absolutus* = losgelöst) soll verdeutlichen, dass die Rechtfertigung der Bestrafung allein in der begangenen Tat liegt und losgelöst von jeder in der Zukunft liegenden gesellschaftlichen Wirkung ist.

Innerhalb der absoluten Strafzwecktheorien wird zwischen der Sühne- und der Vergeltungstheorie unterschieden. Die **Sühnetheorie** basiert auf dem Gedanken, dass der Täter sich wegen der begangenen Tat mit der Rechtsordnung wieder versöhnt. Ihr wird vorgeworfen, dass Versöhnung einen freiwilligen Akt voraussetzt, Strafe aber ein aufgezwungenes Übel ist. Die Anhänger der **Vergeltungstheorie** (insbes. *Immanuel Kant* [1724-1804] und *Georg Wilhelm Friedrich Hegel* [1770-1831]) gehen davon aus, dass (dem sog. *Talionsprinzip* entsprechend) auf Unrecht eine in Dauer, Härte und nach *Kant* auch der Art nach, bei *Hegel* nur dem Wert nach, gleiche Strafe folgen müsse, um die Gerechtigkeit wiederherzustellen. Es findet demnach ein – wie auch immer gearteter – Ausgleich der Schuld des Täters statt. Plakativ verdeutlicht diese Vorstellung die – *Hegel* zugeschriebene[30] – Formel, Strafe sei die „Negation der [in der Tat liegenden] Negation des Rechts". Sehr anschaulich werden die Konsequenzen der Ansicht von *Kant* in seinem Inselbeispiel, wonach selbst dann, wenn das eine Insel bewohnende Volk beschlösse, auseinander zu gehen und sich in alle Welt zu zerstreuen, der letzte im Gefängnis befindliche Mörder vorher hingerichtet werden müsste, damit jedermann widerfahre, was seine Taten wert seien[31].

b) Nach den **relativen Strafzwecktheorien** soll Strafe allein **präventiv** wirken. Der **23**
Bestrafungsakt ist auf die Aufgabe der Verhinderung zukünftiger Straftaten bezogen (lat. *relatus* = bezogen auf). Dabei lassen sich zwei Zielrichtungen unterscheiden: Die präventive Wirkung auf die Allgemeinheit (sog. **Generalprävention**) und auf den Täter selbst (sog. **Spezialprävention**).

Die relativen Strafzwecktheorien unterscheiden bei der Generalprävention weiter zwischen der **positiven Generalprävention**, wonach die Strafe eine Stärkung des Rechtsbewusstseins sowie des Vertrauens der Allgemeinheit in die Rechtsordnung bezwecke (zB *Günther Jakobs*) und der **negativen Generalprävention**, derzufolge durch die Androhung von Strafe und durch die Bestrafung des Täters die Abschreckung anderer bezweckt sei (insbes. *Paul Johann Anselm v. Feuerbach* [1775-1833]). Bei der Spezialprävention (insbes. *Franz v. Liszt* [1851-1919]) lassen sich die **positive Spezialprävention** (Besserung des Täters) und die **negative Spezialprävention** (Sicherung der Gesellschaft vor dem Täter durch dessen Einschließung) unterscheiden.

Den relativen Strafzwecktheorien wird vorgeworfen, dass sie keine Begrenzung für **24**
das Strafmaß vorsehen und damit unverhältnismäßige Sanktionen ermöglichen, wo der Präventionszweck dies fordert. Überdies geraten präventive Ansätze (mit Ausnahme der positiven Spezialprävention) in die Gefahr, den Täter zur Erreichung gesellschaftlicher Bedürfnisse zu instrumentalisieren („Sündenbock") und damit seine Menschenwürde zu verletzen.

Beiden Einwänden entgehen die absoluten Theorien, deren Konzeption von Strafe je- **25**
doch selbst kein geeignetes Mittel der Verbrechensbekämpfung sein kann. Denn die Sozialisationsschäden, die häufig Ursachen der Kriminalität sind, sind durch sie nicht

30 *Hegel*, Grundlinien der Philosophie des Rechts, Zusatz (von *Eduard Gans*) zu § 97.
31 *Kant*, Metaphysik der Sitten, Werkausgabe Bd 8, 1977, S. 455.

heilbar[32]. Der wichtigen Aufgabe des Strafrechts, die in der Sicherung des Allgemeinwesens besteht (vgl Rn 8, 9), werden sie nicht gerecht. Schließlich lassen sich diese Theorien angesichts des Erfordernisses eines verfassungslegitimen Zwecks des Eingriffs im Rahmen des Verhältnismäßigkeitsgrundsatzes nur schwer rechtfertigen.

26 c) Da somit alle Ansätze für sich betrachtet Schwachstellen haben, hat sich in Rspr und Literatur weitgehend eine Verbindung zu sog. **Vereinigungstheorien** durchgesetzt[33].

Dafür spricht, dass das StGB nicht auf eine der Strafzwecktheorien festgelegt ist und auch das Grundgesetz insoweit keine klaren Vorgaben macht [34]. Das StGB geht vielmehr selbst von einer Vereinigungstheorie aus: Während in § 46 I 1 die Schuld als Bemessungsfaktor für die Strafe genannt wird und somit eher der Vergeltungsgedanke zum Ausdruck kommt, enthält § 46 I 2 spezialpräventive Kriterien. Ziel der Bestrafung ist die Wiedereingliederung des Täters in die Rechtsgemeinschaft; er soll dazu angehalten werden, künftig in sozialer Verantwortung ein Leben ohne Straftaten zu führen[35]. Die Generalprävention hat zB in § 47 bei der Wendung „Verteidigung der Rechtsordnung" Eingang in das Gesetz gefunden.

5. Strafrechtliche Grundbegriffe

27 Im juristischen Sprachgebrauch wird zum einen zwischen Sachverhalt, Tatbestand und Rechtsfolge unterschieden:

Aus dem Tatsachenstoff des zu beurteilenden Geschehens filtert man den **Sachverhalt** heraus (etwa: das heimliche Einstecken eines Buches im Kaufhaus). Dann wird untersucht, ob dieser Sachverhalt die gesetzlich normierten Voraussetzungen (= den **Tatbestand**) eines Deliktes ausfüllt (hier § 242: „Wer eine fremde bewegliche Sache einem anderen in der Absicht wegnimmt, die Sache sich oder einem Dritten rechtswidrig zuzueignen"). Diesen Vorgang bezeichnet man als **Subsumtion**. Schließlich wird nach erfolgter Subsumtion die **Rechtsfolge** betrachtet (bei § 242: Freiheitsstrafe bis zu fünf Jahren oder Geldstrafe).

28 Zum anderen wird im StGB zwischen **rechtswidriger Tat** (vgl §§ 26, 27, 11 I Nr 5) und **Straftat** (vgl §§ 44, 66) differenziert. Verständlich werden diese Begrifflichkeiten erst vor dem Hintergrund des dem StGB zugrunde liegenden dreigliedrigen Deliktsaufbaus (dazu s. Rn 125 f), wonach drei Wertungsstufen zu unterscheiden sind: Der Tatbestand, die Rechtswidrigkeit und die Schuld.

Als **rechtswidrige Tat** bezeichnet das StGB ein Verhalten, das den Tatbestand eines Strafgesetzes verwirklicht und – mangels Deckung durch Rechtfertigungsgründe (s. hierzu §§ 8 ff) – rechtswidrig ist, auch wenn es im Einzelfall an einem schuldhaften Handeln fehlt.

32 So v.a. *Roxin*, AT I, § 3 Rn 9; krit. *Murmann*, Grundkurs, § 8 Rn 26.

33 BVerfGE 45, 187, 253 f; BGHSt 28, 318, 326; vert. *Roxin*, AT I, § 3 Rn 33 ff; krit. – aus österr. Sicht – *Fuchs*, AT I, 2. Kap., Rn 8, 17.

34 Vgl BVerfGE 45, 187, 253 f.

35 Zum Resozialisierungsgebot beim Strafvollzug vgl § 2 StVollzG, Art. 2 S. 2 BayStVollzG, § 2 S. 1 HmbStVollzG, § 5 S. 1 NJVollzG; BVerfGE 98, 169; 116, 69; 117, 71.

Unter einer **Straftat** versteht das Gesetz ein Verhalten, das nicht nur den Tatbestand eines Strafgesetzes verwirklicht, sondern auch rechtswidrig und schuldhaft ist.

Da die rechtswidrige Verwirklichung des Tatbestandes ein **Unrecht** darstellt, lässt sich die Straftat auch als schuldhaft verwirklichtes Unrecht definieren. Die „rechtswidrige Tat" umfasst demgegenüber auch das schuldlos begangene Unrecht (s. §§ 17, 20).

6. Erfolgs-, Handlungs- und Gesinnungsunwert der Tat

Ihrem Wesen nach ist die Straftat **Rechtsguts- und Pflichtverletzung**[36]. Ihr **Unrechtsgehalt** wird durch den Erfolgsunwert der Tat (die Verletzung oder Gefährdung des jeweiligen Schutzobjekts) und deren Handlungsunwert (die Art und Weise des Handlungsvollzuges, zB die vorsätzliche Zerstörung fremden Eigentums) bestimmt, die wiederum beide objektive und subjektive Elemente enthalten[37]. Der **Schuldgehalt** der Tat ergibt sich hingegen aus dem in ihr zum Ausdruck kommenden Gesinnungsunwert. Schuld bedeutet – kurz gesagt – individuelle Vorwerfbarkeit, wobei sich der Vorwurf gegen den Täter richtet, der sich gegen das Recht und für das Unrecht entschieden hat. Die der Entscheidung des Täters zugrundeliegende fehlerhafte Einstellung zu den Verhaltensnormen der Rechtsordnung und seine mangelnde Rechtsgesinnung spiegeln sich so im Gesinnungsunwert wider (näher Rn 612 ff)[38]. 29

Im **Fall 1b** sind Unrechts- und Schuldgehalt der von A begangenen Straftat wie folgt zu beurteilen: Bei den **Tötungsdelikten** wird der „Erfolgsunwert" in allen Fällen durch die Vernichtung fremden Menschenlebens bestimmt. Maßgebend für den „Handlungsunwert" ist in erster Linie die vorsätzliche oder (bei § 222) die fahrlässige Begehungsweise. Im Vorsatzbereich tritt eine Steigerung des „Handlungsunwertes" bei der Verwendung gemeingefährlicher Mittel und bei heimtückischen oder grausamen Ausführungshandlungen (§ 211 II 2. Gruppe = Verwerflichkeit der Begehungsweise) ein. Schuldgehalt und „Gesinnungsunwert" werden beim Vorsatz-Schuldvorwurf durch die **bewusste** Missachtung des Tötungsverbots und beim Fahrlässigkeits-Schuldvorwurf durch die **nachlässige** oder **sorglose** Einstellung des Täters zu den Sorgfaltsanforderungen der Rechtsordnung geprägt. Aufgrund der besonderen Motivationslage liegt innerhalb der 1. und 3. Gruppe des § 211 II (= Verwerflichkeit des Beweggrundes bzw des Handlungszwecks) eine wesentliche **Steigerung**, dagegen im Fall des § 213 (= begreifliche Gemütserregung infolge einer Provokation) und des § 216 (= Mitleid des Täters mit dem Lebensmüden) eine deutliche **Minderung** des „Gesinnungsunwertes" vor. Das StGB trägt dieser Abstufung im Unrechts- und Schuldbereich durch entsprechend modifizierte Strafrahmen Rechnung. 30

36 BGHSt 2, 364, 368.

37 *Kudlich*, Benakis-FS, S. 265.

38 Vgl dazu BGH JZ 88, 367; S/S-*Eisele*, Vorbem. §§ 13 ff Rn 8–22, 43–65, 103–123; *Hirsch*, Meurer-GS, S. 3; *Jescheck/Weigend*, AT, § 24 III; *T. Walter*, S. 81 ff; *Wolter*, Zurechnung, S. 46–51; generell zur Obliegenheit des Selbstschutzes *Hörnle*, GA 2009, 626.

II. Die Einteilung der Delikte

1. Verbrechen und Vergehen

31 Nach der Schwere der Strafdrohung werden alle rechtswidrigen Taten gem. § 12 in **Verbrechen** und **Vergehen** eingeteilt.

Verbrechen sind rechtswidrige Taten, die im Mindestmaß mit Freiheitsstrafe von einem Jahr oder darüber bedroht sind (§ 12 I). So ist etwa die „Vorbereitung eines Angriffskriegs (§ 80) ein Verbrechen, weil die zu verhängende Strafe „nicht unter zehn Jahre" Freiheitsstrafe betragen darf.

Vergehen sind demgegenüber rechtswidrige Taten, die im Mindestmaß mit einer geringeren Freiheitsstrafe oder mit Geldstrafe bedroht sind (§ 12 II). Vergehen sind also alle Straftaten, die nicht Verbrechen sind. Hierzu zählt beispielsweise der Diebstahl nach § 242 I, der „mit Freiheitsstrafe bis zu fünf Jahren oder mit Geldstrafe" bestraft wird, also eine Mindeststrafdrohung von einem Monat Freiheitsstrafe (vgl § 38 II Hs. 2) bzw. Geldstrafe enthält (und somit kein Verbrechen iSd § 12 I ist).

32 Maßgebend für die Deliktsnatur ist dabei nicht die im Einzelfall verwirkte, sondern die im Normalstrafrahmen abstrakt angedrohte Strafe. Eine **Änderung der Deliktsnatur** kommt dann in Betracht, wenn ein Straftatbestand durch das Hinzutreten qualifizierender oder privilegierender Merkmale in der Weise abgewandelt wird, dass ein **neuer Tatbestand** mit einem strengeren oder milderen Strafrahmen entsteht. Ein neuer Tatbestand liegt vor, wenn die Abwandlung den **Unwertgehalt der Tat** berührt, abschließenden Charakter hat und eine zwingende Regelung in dem Sinne darstellt, dass bei ihrem Eingreifen **immer**, aber auch **nur dann** der modifizierte Strafrahmen gilt. Es darf sich also nicht nur um eine Strafzumessungsregel iSd § 12 III handeln (s. Rn 158 ff).

Beispiele: § 212 (Totschlag) ist ein Verbrechen, die Abwandlung in § 216 (Tötung auf Verlangen) ist gem. § 12 II nur ein Vergehen. Die Körperverletzungsdelikte der §§ 223–225 sind Vergehen, während § 226 (schwere Körperverletzung) und § 227 (Körperverletzung mit Todesfolge) Verbrechen sind.

33 **Schärfungen oder Milderungen**, die nach den Vorschriften des Allgemeinen Teils (vgl §§ 21, 23 I, 27 II, 49) oder für besonders schwere (zB § 253 IV) oder minder schwere Fälle (zB § 249 II) vorgesehen sind, bleiben gemäß § 12 III für die Einteilung der Delikte in Verbrechen und Vergehen **außer Betracht**. Das gilt auch bei **Regelbeispielen** für besonders schwere Fälle (zB § 243), die keine Tatbestandsqualität haben, sondern nur zu den Strafzumessungsregeln gehören (s. Rn 163).

34 **Erhebliche praktische Bedeutung** hat die Deliktsnatur der Tat vor allem:

- für den Versuch (§ 23 I): ein Versuch ist – ohne explizite Anordnung des Gesetzgebers im BT – nur dann strafbar, wenn es sich um ein Verbrechen handelt;
- für die versuchte Teilnahme (§ 30): eine versuchte Anstiftung oder eine Verabredung einer Straftat ist nur strafbar im Hinblick auf ein Verbrechen;
- für die Verfahrenseinstellung (§§ 153 ff StPO): eine Einstellung nach Opportunitätsgrundsätzen scheidet bei Strafverfahren, die ein Verbrechen zum Gegenstand haben, grds aus.

Im **Fall 1c** ist die von S begangene Straftat in ihrer Grundform (§ 99 I) ein **Vergehen**. Beim Vorliegen eines besonders schweren Falles und bei der Erfüllung eines Regelbeispiels iSd § 99 II Nr 2 bliebe die Tat gem. § 12 III trotz der verschärften Strafdrohung von mindestens einem Jahr Freiheitsstrafe ebenfalls ein **Vergehen**. **35**

2. Erfolgs- und Tätigkeitsdelikte

Nach der Beziehung zwischen Handlung und Erfolg werden **Erfolgsdelikte** und schlichte **Tätigkeitsdelikte** unterschieden[39]. **36**

a) Bei den **Erfolgsdelikten** (zB der Totschlag nach § 212) wird im gesetzlichen Tatbestand der Eintritt eines von der Tathandlung gedanklich abgrenzbaren Erfolges in der Außenwelt vorausgesetzt, sodass nach dem ursächlichen Zusammenhang zwischen Handlung und Erfolg gefragt werden muss. **37**

Eine Sondergruppe der Erfolgsdelikte bilden die **erfolgsqualifizierten Delikte**, bei denen das Gesetz eine Strafschärfung vorsieht, wenn durch die Verwirklichung eines bestimmten Grunddelikts (zB Aussetzung, vorsätzliche Körperverletzung, Raub) zusätzlich zumindest fahrlässig (§ 18) eine **„besondere Folge der Tat"** herbeigeführt wird, wie etwa der Tod des Verletzten. **38**

Beispiel: Körperverletzung mit Todesfolge (§ 227 I; ähnlich auch §§ 221 III, 226 I, 239 IV, 239a III, 251, 306c). Wie die hohe Strafdrohung erkennen lässt, erschöpfen sich erfolgsqualifizierte Delikte nicht in einer schlichten Kumulierung der Strafe für das Grunddelikt und derjenigen für die mindestens fahrlässige Herbeiführung der besonderen Tatfolge. Ihr besonderer Unrechtsgehalt liegt vielmehr nur vor, wenn sich im Eintritt der schweren Folge ein für den jeweiligen Grundtatbestand eigentümliches Risiko verwirklicht hat **(tatbestandsspezifischer Gefahrzusammenhang)**[40]. Mit der Anhebung der Strafrahmen für erfolgsqualifizierte Delikte durch das 6. StrRG hat die restriktive Auslegung noch an Bedeutung gewonnen[41].

b) Schlichte **Tätigkeitsdelikte** setzen dagegen keinen Außenwelterfolg voraus; ihr Unrechtstatbestand wird schon durch das im Gesetz umschriebene Tätigwerden als solches erfüllt[42]. **39**

Tätigkeitsdelikte sind zB die Aussagedelikte (§§ 153, 154). Deshalb ist es gleichgültig, ob es dem Täter gelungen ist, das Gericht durch seine Falschaussage zu täuschen.

---

39 Vgl *Krey/Esser*, AT, Rn 218 f; *Rönnau*, JuS 10, 961; abl. *T. Walter*, Beulke-FS, S. 327.

40 Näher BGHSt 31, 96; 33, 322; BGH NJW 71, 152 *(Fall Rötzel)*; BGH NStZ 97, 341 m. Bespr. *Fahl*, JA 98, 9; BGH NStZ 08, 686; 09, 92; *Altenhain*, GA 1996, 19; *Duttge*, Herzberg-FS, S. 309; *Engländer*, GA 2009, 669; *Freund*, Frisch-FS, S. 677; *Heinrich/Reinbacher*, Jura 05, 743; *Jäger*, BT Rn 87; *Kahlo*, Puppe-FS, S. 581; *Kühl*, Jura 02, 810; *Küpper*, ZStW 111 [1999], 785; *Rengier*, Erfolgsqualifizierte Delikte, 1986; *Sowada*, Jura 95, 644; *Steinberg*, NStZ 10, 72; *Wessels/Hettinger*, BT/1, Rn 297 ff.

41 Näher *Bussmann*, GA 1999, 21, 28.

42 Krit. *Walter*, Beulke-FS, S. 327.

3. Verletzungs- und Gefährdungsdelikte

40 Auf die Intensität der Beeinträchtigung des betroffenen Handlungsobjekts stellt die Einteilung in **Verletzungs-** und **Gefährdungsdelikte** ab[43].

a) Zum Tatbestand der **Verletzungsdelikte** gehört eine Schädigung des Handlungsobjekts, dh ein realer Eingriff in Rechtsgüter (wie etwa eine Tötung, Körperverletzung, Sachbeschädigung bei §§ 211 ff, 223 ff, 303).

41 b) Bei den **Gefährdungsdelikten** genügt dagegen die Herbeiführung einer Gefahrenlage für das im Tatbestand vorausgesetzte Schutzobjekt, wobei das StGB zwischen konkreten und abstrakten Gefährdungsdelikten differenziert:

42 Die **konkreten Gefährdungsdelikte** beruhen auf der Erwägung, dass ein normwidriges Verhalten für das geschützte Objekt gefährlich sein kann und strafwürdig ist, sofern die Gefahr im Einzelfall konkret in Erscheinung tritt, wenn also der Täter eine Situation herbeiführt, in der es **nur noch vom Zufall abhängt**, ob die Gefährdung in eine Schädigung umschlägt (zB §§ 221, 308, 315–315c). Der Eintritt einer konkreten Gefahr ist hier Tatbestandsmerkmal im Sinne eines **Gefahrerfolgs** (zB „Beinahe-Unfall" bei § 315c I Nr. 1a). Konkrete Gefährdungsdelikte sind somit Erfolgsdelikte, weshalb der Eintritt der konkreten Gefahr als Voraussetzung für eine Bestrafung durch den Richter festgestellt werden muss.

43 Die **abstrakten Gefährdungsdelikte** beruhen dagegen auf der gesetzlichen Vermutung, dass bestimmte Verhaltensweisen für das Schutzobjekt **generell gefährlich** sind (zB §§ 231, 241, 306a I, 316, 326, 328 I, II). Die Gefährlichkeit der Tathandlung ist hier **nicht** Tatbestandsmerkmal, sondern nur das gesetzgeberische **Motiv für die Existenz der Vorschrift**, sodass der Richter im Regelfall nicht zu prüfen hat, ob eine Gefährdung im Einzelfall wirklich eingetreten ist oder nicht[44].

44 Als Untergruppe der abstrakten Gefährdungsdelikte werden verschiedentlich die sog. **„potenziellen Gefährdungsdelikte"**[45] abgegrenzt, bei denen zwar keine konkrete Gefahr eingetreten, die Tathandlung aber zur Herbeiführung einer solchen konkreten Gefahr zumindest geeignet sein muss. Zum Teil wird insoweit auch von **Eignungs-** oder **abstrakt-konkreten Gefährdungsdelikten** gesprochen[46]. Ein Beispiel sind die Volksverhetzungstatbestände nach § 130 I, III, die die Eignung der Äußerung zur Störung des öffentlichen Friedens voraussetzen[47].

4. Dauer- und Zustandsdelikte

45 Die bloße Herbeiführung eines widerrechtlichen Zustandes einerseits sowie dessen willentliches Aufrechterhalten andererseits bilden die Anknüpfungspunkte für die Unterscheidung zwischen **Zustands-** und **Dauerdelikt**.

---

43 Vert. zum Ganzen *Arzt/Weber/Heinrich/Hilgendorf*, § 35; *Fischer*, Vor § 13 Rn 18 ff; *Graul*, Abstrakte Gefährdungsdelikte und Präsumtionen im Strafrecht, 1991; S/S-*Heine/Bosch*, Vorbem. §§ 306 ff Rn 2 ff; *Hirsch*, Arthur Kaufmann-FS, S. 545; *Kindhäuser*, Gefährdung, S. 189 ff; *ders.*, Krey-FS, S. 249; *Koriath*, GA 2001, 51; *Kuhlen*, in: Hirsch/Seelmann/Wohlers, S. 148 ff; *Küper*, Definitionen, S. 152; *Wohlers*, S. 281.

44 S. dazu BGHSt 26, 121; *Bohnert*, JuS 84, 182; *Hauck*, ZIS 11, 919; *Hirsch*, Tiedemann-FS, S. 145; *Hoyer*, AT I, S. 30; *Wessels/Hettinger*, BT/1, Rn 968; zu § 241 ausf. *Satzger*, Jura 15, 156.

45 OLG Braunschweig NStZ-RR 01, 42; BayObLG JR 01, 475; *Schall*, NStZ-RR 98, 356 und 02, 35; *Zieschang*, Die Gefährdungsdelikte, 1998, S. 158; *ders.*, Wolter-FS, S. 557.

46 BGHSt 46, 212, 218.

47 S. BK-*Rackow*, § 130 Rn 7.

a) Bei den **Dauerdelikten** (zB § 123) hängt die Aufrechterhaltung des widerrechtlichen Zustandes vom Willen des Täters ab, sodass nicht nur sein Herbeiführen, sondern auch sein Fortdauernlassen den gesetzlichen Tatbestand verwirklicht[48]. Die Straftat, die sich hier gewissermaßen fortwährend erneuert, ist bereits mit dem Eintritt des widerrechtlichen Zustandes „vollendet", jedoch erst mit seiner Aufhebung „beendet" (wichtig für den Beginn der Verjährung, § 78a)[49]. Vgl allgemein zur Unterscheidung Vollendung/Beendigung Rn 840 ff. 46

b) Bei den **Zustandsdelikten** (zB § 223) erschöpft sich der tatbestandliche Unwert dagegen in der Herbeiführung des widerrechtlichen Zustandes, sodass die Tat mit dem Eintritt des tatbestandlichen Erfolges „vollendet" und in aller Regel zugleich auch „beendet" ist[50]. 47

5. Begehungs- und Unterlassungsdelikte

Von den Grundformen des menschlichen Verhaltens ausgehend, unterscheidet man ferner Begehungs- und Unterlassungsdelikte, je nachdem, ob der gesetzliche Tatbestand durch ein aktives Tun oder ein Untätigbleiben verwirklicht wird. Entsprechend der Einteilung in Erfolgs- und Tätigkeitsdelikte gibt es unechte und echte Unterlassungsdelikte. 48

Wenn der Vater V sein Kind K dadurch tötet, dass er es auf einem Spaziergang in einen Bergsee mit steilen Felsufern stößt, liegt ein **Begehungsdelikt** vor (= vorsätzliche Tötung durch aktives Tun, §§ 212, 211). 49

Ein **unechtes Unterlassungsdelikt** wäre gegeben, wenn das Kind beim Spielen ins Wasser gefallen wäre und V es willentlich ertrinken ließe, obwohl er es retten könnte (= vorsätzliche Tötung durch pflichtwidriges Unterlassen im Rahmen einer sog. „Garantenstellung", §§ 212, 211, 13). Die unechten Unterlassungsdelikte bilden eine Komplementärerscheinung der Begehungsdelikte, sodass deren Tatbestände und Strafrahmen auch für sie gelten. Unter den Voraussetzungen des **§ 13** steht die Nichtabwendung des tatbestandlichen Erfolges durch einen Garanten der Erfolgsbewirkung durch aktives Tun gleich (näher Rn 983). 50

Echte Unterlassungsdelikte (zB §§ 138, 323c) sind dagegen Straftaten, deren Unrechtsgehalt sich in dem Verstoß gegen eine Gebotsnorm und im bloßen Unterlassen einer bestimmten, gesetzlich geforderten Tätigkeit erschöpft[51]. Mangels einer Garantenpflicht bliebe daher nur für eine unterlassene Hilfeleistung gem. § 323c (nicht dagegen für §§ 212, 211 iVm § 13) Raum, wenn im vorerwähnten Unglücksfall nicht das eigene Kind des V, sondern ein fremdes Kind in die Gefahr des Ertrinkens geraten wäre (s. dazu Rn 982, 1050). 51

6. Allgemeindelikte, Sonderdelikte und eigenhändige Delikte

Nach der Abgrenzung des möglichen Täterkreises richtet sich die Einteilung in **Allgemeindelikte, Sonderdelikte** und **eigenhändige Delikte**. 52

a) Tauglicher Täter eines **Allgemeindelikts** kann jedermann sein (vgl etwa §§ 212, 223, 242, bei denen das Gesetz den namenlosen „Wer" als Täter nennt). 53

48 Umfassend *Schmitz*, Unrecht und Zeit, 2001.
49 BGHSt 42, 215; *Mitsch*, Jura 09, 534.
50 LG Frankfurt NStZ 90, 592.
51 BGHSt 14, 280.

54 b) Als **Sonderdelikte** bezeichnet man solche Straftaten, bei denen die im gesetzlichen Tatbestand umschriebene **Eigenschaft des Handlungssubjekts** den Täterkreis begrenzt (zB „Arzt“ in § 203 oder „Amtsträger“ in §§ 331 ff)[52]. Wer dieses besondere Merkmal in seiner Person nicht aufweist, kann somit nicht Täter, Mittäter oder mittelbarer Täter dieses Sonderdelikts sein. Eine Bestrafung als Teilnehmer (Anstifter oder Gehilfe) bleibt jedoch möglich[53].

55 c) Bei den **eigenhändigen Delikten** setzt der Tatbestand die unmittelbar eigenhändige Vornahme der Tathandlung voraus, weil der **besondere Verhaltensunwert** des betreffenden Delikts nur auf diese Weise zu realisieren ist. Wer die Ausführungshandlung nicht persönlich vornimmt, kann auch hier nicht (Mit- bzw. mittelbarer) Täter, sondern allenfalls Teilnehmer sein.

56 Wann ein Delikt eigenhändig ist, ist nicht einfach zu ermitteln. Teilweise legt bereits der klare **Wortlaut** eine derartige Interpretation nahe (zB § 323a, der nur denjenigen erfasst, der *„sich* [...] in einen Rausch versetzt“)[54]. Darüber hinaus sind solche Delikte nur eigenhändig begehbar, bei denen dem Täter eine **nicht delegierbare Zentralstellung** für das vom Tatbestand geschützte Rechtsgut in der konkreten Situation zufällt[55]. Das ist etwa bei den Aussagedelikten (§§ 153 ff), beim Beischlaf zwischen Verwandten (§ 173), beim unerlaubte Entfernen vom Unfallort (§ 142), bei der Nachstellung (jedoch nur in Form des § 238 I Nr 1) sowie bei der Rechtsbeugung (§ 339) zu bejahen.

Nicht unproblematisch ist die vielfach angenommene Eigenhändigkeit der Verkehrsdelikte (§§ 315a, 315c, 316)[56]. Nicht eigenhändig sind jedenfalls die Tatbestände der sexuellen Nötigung und der Vergewaltigung (§ 177), sodass auch eine Vergewaltigung in mittelbarer Täterschaft, also „durch einen anderen“ (vgl § 25 I Alt. 2) möglich ist. Welche Tatbestände sonst noch eigenhändig sind, ist umstritten[57].

7. Unternehmensdelikte

57 Nach dem Grad der Tatbestandsverwirklichung werden **Vollendung** und **Versuch** einer Straftat unterschieden (näher Rn 839 ff). Wo das Gesetz das **Unternehmen** einer Tat mit Strafe bedroht, sind Vollendung und Versuch gleichgestellt, sog. **Unternehmensdelikte** (vgl § 11 I Nr 6). Ein Beispiel ist § 307 I („Wer es *unternimmt*, durch Freisetzen von Kernenergie eine Explosion herbeizuführen ...“), daneben auch §§ 81, 82, 184b IV, 309.

Bei den Unternehmensdelikten entfällt die für den Versuch vorgesehene Möglichkeit der Strafmilderung (§ 23 II), ebenso das Rücktrittsprivileg (§ 24). Insoweit gelten Sonderregelungen (vgl §§ 83a, 314a)[58].

---

52 *Schall*, Schöch-FS, S. 619.

53 Vgl *Krey/Esser*, AT, Rn 227 ff.

54 Auf den Wortlaut abstellend etwa BGHSt 6, 226, 227; krit. LK-*Schünemann*, § 25 Rn 47.

55 *Satzger*, Jura 11, 103, 109; ähnl. *Roxin*, AT II, § 25 Rn 303, der auf eine „Schlüsselstellung für das Rechtsgut“ abstellt.

56 Für Eigenhändigkeit etwa S/S/W-StGB-*Ernemann*, § 315a Rn 1; § 315c, Rn 1; § 316 Rn 1 mwN; ausf. zur Kritik: *Gerhold/Kuhne*, ZStW 124 [2012], 943; *Satzger*, Jura 11, 103, 109 f.

57 *Satzger*, Jura 11, 103; *Schall*, JuS 79, 104; *Schünemann*, Jung-FS, S. 881; *Wohlers*, SchwZStr 116 [1998], 95.

58 Vert. *Berz*, S. 125; *Mitsch*, Jura 12, 526; MK-*Radtke*, § 11 Rn 109 ff; *Wolters*, Das Unternehmensdelikt, 2001, S. 33 ff.

8. Vorsatz- und Fahrlässigkeitsdelikte

Abhängig davon, in welcher **subjektiven Beziehung** der Täter zur Verwirklichung des gesetzlichen Tatbestandes steht, insbes. ob er den Erfolg bewusst und gewollt herbeigeführt hat oder ob ihm nur eine ungewollte Verwirklichung durch eine pflichtwidrige Vernachlässigung der im Verkehr erforderlichen Sorgfalt vorzuwerfen ist, kann zwischen **Vorsatz- und Fahrlässigkeitsdelikten** unterschieden werden. Bedeutsam ist diese Differenzierung unter anderem für die Strafbarkeit des Versuchs, welcher Tatentschluss voraussetzt und daher nur bei einem Vorsatzdelikt denkbar ist, und für die Strafbarkeit von Teilnehmern. Denn wegen des in §§ 26 f verankerten Akzessorietätserfordernisses ist eine Teilnahme nur an einem Vorsatzdelikt möglich. **58**

Im **Fall 1a** stellt also die Beschädigung der Uhr eine Sachbeschädigung dar, für die K gem. § 303 I bestraft werden kann. Außerdem ist er zivilrechtlich zum Schadensersatz verpflichtet, s. Rn 4. **59**

Im **Fall 1b** gilt:

(1) A hat einen Totschlag (§ 212) begangen. Der Handlungsunwert seiner Tat wird gesteigert durch die heimtückische Begehungsweise (§ 211 II 2. Gruppe), der Gesinnungsunwert wird gesteigert durch den niedrigen Beweggrund (§ 211 II 1. Gruppe), s. Rn 30.

(2) Die Provokation durch B mindert den Gesinnungsunwert der Tötungshandlung (§§ 212, 213), s. Rn 30.

(3) Aufgrund des Verlangens seitens des B ist der Gesinnungsunwert der Tötungshandlung stark herabgesetzt; es greift nur der privilegierende Tatbestand des § 216 ein, s. Rn 30.

In **Fall 1c** bleibt § 99 auch bei Erfüllung eines Regelbeispiels nach Abs. 2 ein Vergehen (§ 12 III), s. Rn 35.

Aktuelle Rechtsprechung zu § 1:

- EGMR FamRZ 12, 937 *(Inzest-Urteil)*: Konventionskonformität des § 173 II 2; vgl Rn 13.
- BGHSt 55, 206: Zulässigkeit der Präimplantationsdiagnostik in Fällen extrakorporaler Befruchtung nach Maßgabe des Embryonenschutzgesetzes; vgl Rn 16.
- BVerfG StV 15, 203 *(„Gorch Fock“)*: Zu den Voraussetzungen eines nur in Ausnahmefällen gegebenen Anspruchs auf Strafverfolgung; vgl Rn 10.

§ 2 Das Strafgesetz und seine Anwendung. Analogie und Auslegung. Internationale Bezüge

60 **Fall 2:**

a) Der Junggeselle J hat ein neues Hobby entdeckt. Er züchtet heimische Singvögel, die er an Liebhaber verkauft. Als er wegen einer schweren Grippe das Bett hüten muss und von der Krankenpflegerin K betreut wird, öffnet K während eines Besuchs aus Tierliebe die Käfigtüren, damit die Vögel davonfliegen können. K ist der Ansicht, dass Singvögel in die freie Natur und nicht in einen Käfig gehören.

Ist das Verhalten der K als Diebstahl (§ 242) oder als Sachbeschädigung (§ 303) strafbar? **Rn 82 f, 122**

b) Ist andernfalls eine analoge Anwendung dieser Strafvorschriften zulässig? **Rn 84, 122**

I. Die Garantiefunktion des Strafgesetzes

61 Nach Art. 103 II GG, § 1 StGB, Art. 7 I EMRK kann eine Tat nur bestraft werden, wenn die Strafbarkeit gesetzlich bestimmt war, bevor die Tat begangen wurde. Dieses **Gesetzlichkeitsprinzip** enthält der Sache nach einen strengen strafrechtsspezifischen Gesetzesvorbehalt, der den Schutz des Bürgers vor willkürlicher Ausübung und Ausdehnung der staatlichen Strafgewalt garantiert und gewährleistet, dass er das strafrechtlich Verbotene seines Handelns vorhersehen kann[1]. Daraus wird erkennbar, dass die Strafnormen nicht nur zur Legitimation für die Verhängung von Strafe gegenüber dem Bürger dienen. Vielmehr trifft das notwendig fragmentarische Strafrecht (s. Rn 15) eine wichtige Aussage auch dort, wo ein Verhalten keinem Straftatbestand unterfällt: Hierfür darf der Handelnde nicht bestraft werden! In diesem Sinn trifft die Aussage *v. Liszts* zu, wonach das Strafgesetz die **„Magna Charta des Verbrechers"** sei[2].

62 Diese limitierende Wirkung des Gesetzlichkeitsprinzips hat Geltung gegenüber jedermann. Die von *Jakobs* ausgelöste Diskussion dahingehend, dass Personen, die sich gänzlich von der geltenden Rechtsordnung gelöst haben (zB Terroristen[3], Mafiosi, etc), mittels eines zumindest teilweise von rechtsstaatlichen Bindungen befreiten **Feindstrafrechts** „bekämpft" werden dürften, geht an der Menschenwürdegarantie und dem Gleichbehandlungsrecht des Grundgesetzes vorbei und ist als Rechtfertigung derartiger „Bekämpfungsmaßnahmen" daher inakzeptabel[4].

---

1 BVerfGE 28, 175, 183; 48, 48, 56.

2 *v. Liszt*, Strafrechtliche Vorträge und Aufsätze, Bd. 2 (1892-1904), 1905 (Nachdruck 1970), S. 75 ff, 80.

3 Zur Terrorismusbekämpfung: OLG München NJW 07, 2786; *Griesbaum/Wallenta*, NStZ 13, 396; *Neubacher*, Jura 10, 744; *Pawlik*, Der Terrorist und sein Recht, 2008; *Steinsiek*, Terrorabwehr durch Strafrecht?, 2012; *Zöller*, StV 12, 364.

4 S. *Jakobs*, ZStW 97 [1985], 751; *ders.*, ZStW 117 [2005], 839; *ders.*, HRRS 06, 289; *Muñoz Conde*, Über das „Feindstrafrecht", 2007; *Schick*, ZIS 12, 46; *Uwer*, Feindstrafrecht; zur Kritik: *Asholt*, ZIS 11, 180; *Bung*, HRRS 06, 63 und 317; *Demetrio Crespo*, ZIS 06, 413; *Fahl*, StraFo 06, 178; *Greco*, GA 2006, 96; *Hörnle*, GA 2006, 80; *Jäger*, Roxin II-FS, S. 71; *Kindhäuser*, Schroeder-FS, S. 81; *Paeffgen*, Amelung-FS, S. 81; *Saliger*, JZ 06, 756; *Scheffler*, Schwind-FS, S. 123 ff; *Sinn*, ZIS 06, 107; *Streng*, in: Vormbaum (Hrsg), Kritik des Feindstrafrechts, 2009, 181 ff; vgl auch *Wittig*, Roxin II-FS, S. 113.

Das Gesetzlichkeitsprinzip beinhaltet **zum Schutz des Täters**, dass nur ein geschriebenes, hinreichend bestimmtes Gesetz die Strafbarkeit einer Handlung begründen und Strafe als Rechtsfolge androhen kann. Ferner müssen die einzelnen Strafbarkeitsvoraussetzungen und Straffolgen schon vor Begehung der Tat im Gesetz festgelegt gewesen sein[5]. 63

Im Einzelnen ergibt sich aus der **Garantiefunktion des Strafgesetzes** Folgendes:

1. Der Bestimmtheitsgrundsatz

Der **Bestimmtheitsgrundsatz** wendet sich in erster Linie an den Gesetzgeber. Strafgesetze müssen, damit sie dem Zweck des Gesetzlichkeitsgrundsatzes gerecht werden können, hinsichtlich ihrer Tatbestände und Rechtsfolgen ein hinreichendes Maß an Bestimmtheit aufweisen *(nulla poena sine lege certa)*. Weder lässt sich – schon wegen der Grenzen sprachlicher Genauigkeit – eine hundertprozentige Präzision fordern, noch kann ein exakter „Mindestwert" an Bestimmtheit angegeben werden. Der Gesetzgeber ist aber gehalten, sich um höchstmögliche Präzision zu bemühen **(Optimierungsgebot)**[6]. Die Verwendung von Generalklauseln (zB § 228[7], s. Rn 560) und wertausfüllungsbedürftigen Begriffen ist nicht von vorneherein unzulässig, da die Pflicht des Gesetzgebers zur Schaffung bestimmter Straftatbestände nicht zu Anforderungen führen darf, die sich nicht umsetzen lassen oder zu praktisch nicht mehr handhabbaren Strafvorschriften führen würden. Gleichzeitig müssen jedoch Tragweite und Anwendungsbereich der Strafvorschriften für den Normadressaten hinreichend erkennbar sein. Die Gesetzesfassung muss dem Bürger Klarheit darüber verschaffen, was verboten ist, damit er sein Verhalten danach richten kann. Demgemäß sind die einzelnen Merkmale des Straftatbestandes so konkret zu umschreiben, dass sich ihr Sinn- und Bedeutungsgehalt durch Auslegung ermitteln lässt[8]. 64

Wegen dieser Relevanz der Auslegung für die Beurteilung der Bestimmtheit, soll sich das Bestimmtheitsgebot auch an die Strafgerichte wenden. Jedenfalls für Tatbestände, die verhältnismäßig unscharf gefasst sind, hat das BVerfG in seiner neuesten Rechtsprechung auch den Strafgerichten aufgegeben, an der Gewährleistung der Tatbestandsbestimmtheit mitzuwirken: Danach dürfen die Strafgerichte die Rechtsunsicherheit nicht durch fernliegende oder konturlose Interpretationen erhöhen, sondern müssen im Gegenteil, soweit möglich, verbleibende Unklarheiten im Wege der Auslegung ausräumen (sog. **Präzisierungsgebot**)[9]. Richtigerweise darf dieses Präzisierungsgebot nicht überbewertet werden. Insbesondere kann eine entsprechende Auslegung erst dann zur Vorhersehbarkeit für den Bürger beitragen, wenn sich die Rspr ge- 65

---

5 BVerfGE 45, 363; 78, 374; *Brodowski*, JuS 12, 892; *Dannecker*, Otto-FS, S. 25; *Frister*, AT, 4. Kap., Rn 3; Kudlich/Montiel/Schuhr (Hrsg), Gesetzlichkeit und Strafrecht, 2012.

6 Vgl BVerfGE 92, 1, 12; LK-*Dannecker*, § 1 Rn 195; S/S/W-StGB-*Satzger*, § 1 Rn 20; vgl auch *Duttge*, JZ 14, 261, 264 f; *Fuchs*, AT I, 4. Kap., Rn 48 („Richtschnur").

7 *Kühl*, Richter II-FS, S. 341, 347.

8 BVerfGE 45, 363, 371; 71, 108, 114; 117, 71 m. Anm. *Kinzig*, JR 07, 165; BVerfGE 126, 170; BGHSt 50, 105, 114; BGH NStZ-RR 2015, 40 (zur echten Wahlfeststellung); *Dannecker*, Roxin II-FS, S. 285; *Herzberg*, in: Hefendehl, Schünemann-Symposium, S. 31; *Kuhlen*, in: Murmann (Hrsg), Recht ohne Regeln, 2011, S. 19.

9 BVerfGE 126, 170, 198; dazu *Neumann*, Beulke-FS, S. 197, 205 ff.

festigt hat (was einige Zeit dauert), zudem kann die Rspr nicht generell Versäumnisse des Gesetzgebers „heilen". Daher kann dieses an die Gerichte adressierte Präzisierungsgebot gegenüber der – vorrangigen – Verpflichtung des Gesetzgebers, die Entscheidung über die Strafbarkeit so weit wie möglich selbst im Gesetzestext festzulegen, allenfalls eine **subsidiäre** Bedeutung erlangen[10].

Im Hinblick auf den Bestimmtheitsgrundsatz werden bspw (ganz oder bzgl einzelner Merkmale) als nicht unproblematisch angesehen: die Regelung der Unterlassungsstrafbarkeit (§ 13, s. Rn 980 ff) sowie die Straftatbestände der Beleidigung (§ 185)[11], des Vorbereitens des Ausspähens von Daten (§ 202c I Nr 2 iVm § 202a)[12], der Nötigung (§ 240)[13], der Geldwäsche (§ 261)[14], des Betrugs (§ 263)[15] und der Untreue (§ 266)[16].

2. Das Rückwirkungsverbot

66 Strafbegründenden wie strafschärfenden Gesetzen darf weder vom Gesetzgeber noch vom Richter rückwirkende Kraft beigelegt werden *(nulla poena sine lege praevia)*. Dieses **Rückwirkungsverbot** umfasst das Ob und das Wie der Strafbarkeit[17].

Das Rückwirkungsverbot gilt im gesamten Bereich des materiellen Strafrechts[18], allerdings nicht im Strafverfahrensrecht. Eine rückwirkende Beseitigung des Strafantragserfordernisses als Strafverfolgungsvoraussetzung ist daher zulässig[19], ebenso die rückwirkende Verlängerung noch nicht abgelaufener Verjährungsfristen sowie die Abschaffung der Verjährung für noch nicht verjährte Morde[20]. Dabei ist jedoch zu beachten, dass das **Rechtsstaatsprinzip** für bereits abgeschlossene Sachverhalte die Rückwirkung von Gesetzesänderungen zum Nachteil des Betroffenen ausschließt[21].

67 Die Strafbarkeitsvoraussetzungen wie auch die Straffolgen müssen somit schon vor Begehung der Tat gesetzlich festgelegt gewesen sein. Begangen ist eine Tat gem. § 8 zu der Zeit, zu welcher der Täter oder der Teilnehmer gehandelt hat oder im Fall des Unterlassens hätte handeln müssen, unabhängig davon, wann der Erfolg eintritt[22].

---

10 Ähnl. auch S/S-*Eser/Hecker*, § 1 Rn 20; sehr krit. MK-*Schmitz*, § 1 Rn 48; zu Konflikten mit einer „normativ orientierten Auslegung" vgl *Engländer*, in: Engländer ua, Strafverteidigung, S. 85, 86.

11 Dazu *Ignor*, Der Straftatbestand der Beleidigung, 1995, S. 158.

12 BVerfG JR 10, 79; hierzu *Holzner*, ZRP 09, 177; *Kudlich*, JA 09, 739.

13 Dazu BVerfGE 73, 206; 92, 1; 105, 135; BVerfG JZ 11, 685 m. Anm. *Offenloch* und Bespr. *Jäger*, JA 11, 553; *Jahn*, JuS 11, 562 und *Sinn*, ZJS 11, 283; *Lackner/Kühl*, § 240 Rn 2; *Wessels/Hettinger*, BT/1, Rn 381.

14 BGH NJW 08, 2516, 2517.

15 BVerfGE 130, 1 m. Anm. *Jahn*, JuS 12, 266; *Kraatz*, JR 12, 329; *Kudlich*, JA 12, 230; *Peglau*, wistra 12, 368; *Schlösser*, NStZ 12, 473; *ders.*, NStZ 13, 629; *Steinsiek/Vollmer*, ZIS 12, 586 und *Waßmer*, HRRS 12, 368.

16 BVerfGE 126, 170; dazu: *Böse*, Jura 11, 617; BVerfG NJW 13, 365; *Hüls*, NZWiSt 12, 12; *Krüger*, NStZ 11, 369; *Kuhlen*, JR 11, 246; *Mitsch*, JA 14, 1, 4 f; *Safferling*, NStZ 11, 376; *Saliger*, NJW 10, 3195; *Schulz*, Roxin II-FS, S. 305; BVerfG JR 09, 290; *Wessels/Hillenkamp*, BT/2, Rn 750; s. auch *Bott/Krell*, ZJS 10, 694, 695.

17 BGHSt 39, 1, 29.

18 Ebenso im Ordnungswidrigkeitenrecht, §§ 3, 4 OWiG, dazu sowie allgemein zum Rückwirkungsverbot *Blaue*, ZJS 14, 371.

19 BGHSt 6, 155.

20 Zur Problematik *Beulke*, StPO, Rn 8, 14.

21 BVerfGE 25, 269, 289; 46, 188, 192.

22 Anders § 9 für den Begehungsort und § 78a für den Beginn der Verjährung.

Die Strafe und ihre Nebenfolgen bestimmen sich demnach grundsätzlich nach dem Gesetz, das **zur Zeit der Tat** gilt (§ 2 I), es sei denn eine Sonderregelung der § 2 II-IV ist einschlägig. Insbesondere dann, wenn es nach Tatbegehung und vor Aburteilung zu einer Rechtsänderung kommt, darf nur das aus Tätersicht mildeste Gesetz zur Anwendung gelangen (**Lex-mitior-Grundsatz**, § 2 III)[23]. Entsprechendes gilt für Verfall, Einziehung und Unbrauchbarmachung (§ 2 V). **68**

Über **Maßregeln** der Besserung und Sicherung ist demgegenüber grundsätzlich nach demjenigen Gesetz zu entscheiden, das im **Zeitpunkt der Entscheidung** gilt (§ 2 VI). Nach dieser gesetzgeberischen Entscheidung ist es demnach möglich, dass aus Anlass einer Straftat eine Maßregel verhängt wird, die im Tatzeitpunkt gar nicht oder nur in anderer Form gesetzlich vorgesehen war[24]. Im Hinblick auf Art. 103 II GG ist dies freilich nicht unproblematisch. Für die Verfassungskonformität des § 2 VI wird der vom repressiven Strafcharakter abweichende Präventionszweck der Maßregeln angeführt[25]; nach anderer Ansicht ist die Vorschrift verfassungswidrig[26]. **69**

Der **EGMR** hat aufgrund der erheblichen Eingriffstiefe der (deutschen) **Sicherungsverwahrung** und des in der Praxis nur geringen Abstands ihres Vollzugs im Vergleich zum Strafvollzug diese Maßregel als Strafe iSd Art. 7 I EMRK angesehen und in der nachträglichen, rückwirkenden Aufhebung der (ursprünglich auf 10 Jahre begrenzten) maximalen Dauer der Sicherungsverwahrung einen Konventionsverstoß gesehen[27]. Das BVerfG rückt allerdings auch nach diesem EGMR-Urteil (dem ein autonomer, konventionseigener Strafbegriff zugrunde liegt) nicht von seiner Ansicht ab, wonach es sich bei der Sicherungsverwahrung nicht um eine Strafe iSd Art. 103 II GG handle. Es hat aber – entgegen seiner früheren Rspr[28] – sämtliche Vorschriften über Anordnung und Dauer der Sicherungsverwahrung für unvereinbar mit dem (konventionskonform ausgelegten) Grundgesetz erklärt und dem Gesetzgeber eine Reform der betreffenden Regelungen aufgegeben[29]. Inzwischen wurde in Umsetzung dieses Auftrages das Gesetz zur bundeseinheitlichen Umsetzung des Abstandsgebotes im Recht der Sicherungsverwahrung erlassen, das am 1. Juni 2013 in Kraft getreten ist[30].

Die **Änderung einer gefestigten höchstrichterlichen Rspr** infolge eines Wandels in der Rechtsauffassung oder aufgrund neuerer Erkenntnisse unterliegt grundsätzlich keinem Rückwirkungsverbot. Denn nur der Wortlaut der Strafvorschrift ist Anknüp- **70**

23 BGH wistra 15, 148; umfassend *Satzger*, Jura 06, 746; zu § 2 III und zur Problematik von Zeitgesetzen iSd § 2 IV *Blaue*, ZJS 14, 371; S/S-*Eser/Hecker*, § 2 Rn 34; *Gaede*, wistra 11, 365; NK-*Hassemer/Kargl*, § 2 Rn 46 ff; *Satzger*, Kühl-FS, S. 407; MK-*Schmitz*, § 2 Rn 49 ff.

24 Vgl dazu BVerfGE 109, 133, 167 ff; BGHSt 5, 168, 173; 24, 103.

25 Maunz/Dürig-*Schmidt-Aßmann*, GG, Art. 103 Rn 244; S/S-*Eser/Hecker*, § 2 Rn 40.

26 NK-*Hassemer/Kargl*, § 2 Rn 60 f; wohl SK-*Rudolphi/Jäger*, § 2 Rn 18 f.

27 EGMR NJW 10, 2495 ff; hierzu: *Eschelbach*, NJW 10, 2499; *Esser/Gaede/Tsambikakis*, NStZ 11, 78, 79 ff; *Hörnle*, Rissing-van Saan-FS, S. 239; *Jung*, GA 2010, 639; *Kinzig*, NStZ 10, 233; *Klesczewski*, HRRS 10, 394; *Laue*, JR 10, 298; *Payandeh/Sauer*, Jura 12, 289; *Radtke*, NStZ 10, 537; vert. *Renzikowski*, Krey-FS, S. 407; *ders.*, ZIS 11, 531.

28 Vgl BVerfGE 109, 133.

29 BVerfGE 128, 326, 372 ff und 404; bestätigt durch BVerfG EuGRZ 12, 458, 463 f; dazu: *Eisenberg*, StV 11, 480; *Esser*, JA 11, 727; *Kreutzer/Bartsch*, StV 11, 472; *Peglau*, JA 11, 727; *Renzikowski*, Ad legendum 11, 401; *Satzger*, StV 13, 243; *Schöch*, GA 2012, 14; *Streng*, JZ 11, 827; *Voßkuhle*, Frisch-FS, S. 1359; *Zabel*, JR 11, 467; s. auch BGH NStZ-RR 12, 205.

30 S. dazu *Köhne*, KJ 13, 336; *Pollähne*, StV 13, 249; *Renzikowski*, NJW 13, 1638; *Zimmermann*, HRRS 13, 164.

fungspunkt des Rückwirkungsverbotes, dessen Inhalt bei Rechtsprechungsänderungen nicht umgestaltet, sondern lediglich richtig erkannt wird[31].

Hier könnte die Betonung der richterlichen Auslegung für die Bestimmtheit des Tatbestands durch das Präzisierungsgebot allerdings einen Meinungswandel einläuten: So hat das BVerfG selbst angedeutet, dass bei gesetzlich besonders unscharf gefassten Strafvorschriften, der **Vertrauensschutz** bei Rechtsprechungsänderungen eine gesteigerte Bedeutung erlangen könne[32]. Aus dem Schutzzweck des Art. 103 II GG und dem Grundsatz der Völkerrechtsfreundlichkeit des Grundgesetzes (Art. 25 GG) folgt, dass das Rückwirkungsverbot, das auf die Normalsituation eines Rechtsstaats zugeschnitten ist, staatlichen Machthabern keinen Schutz vor späterer strafrechtlicher Verfolgung von schweren Menschenrechtsverletzungen gewährt (NS-Verbrechen oder DDR-Unrecht an der Mauer). Zurückgegriffen wird insofern zumeist auf die sog. „Unerträglichkeitsformel" des Rechtsphilosophen *Gustav Radbruch* (1878-1949), nach der das Gesetz als „unrichtiges Recht" der Gerechtigkeit zu weichen hat, wenn der Widerspruch zur Gerechtigkeit ein unerträgliches Maß erreicht[33].

3. Gewohnheitsrecht und Analogie

71 Sowohl an den Gesetzgeber als auch an den Richter wendet sich das Verbot eines Rückgriffs auf Gewohnheitsrecht und Analogie, soweit sich dies zum Nachteil des Betroffen auswirken würde. Es dürfen auf diese Weise also weder neue Straftatbestände gebildet noch vorhandene Straftatbestände verschärft oder erweitert werden *(nulla poena sine lege scripta et stricta)*.

72 **Gewohnheitsrecht** entsteht durch eine langdauernde und von allgemeiner Rechtsüberzeugung getragene Übung der an der rechtlichen Regelung interessierten Bevölkerungsteile[34]. **Analogie** ist die Ausdehnung eines Rechtssatzes auf einen im Gesetz nicht geregelten oder vom Gesetzeswortlaut nicht mehr erfassten Fall[35].

Das **Analogieverbot** umfasst alle Merkmale eines Strafgesetzes, von denen die Strafbarkeit des Verhaltens abhängt, sowie die Rechtsfolgen der Tat unter Einschluss von Maßregeln der Besserung und Sicherung[36].

73 Ebenfalls unzulässig ist die Einschränkung tätergünstiger Vorschriften (zB eines gesetzlich geregelten Rechtfertigungsgrundes) jenseits des Wortlauts (näher vgl Rn 309). Eine Analogie **zugunsten** des Täters oder Teilnehmers ist hingegen zulässig (Beispiel: Ausdehnung von Stra-

31 BVerfG NStZ 90, 537; BGHSt 21, 157; *Krey/Esser*, AT, Rn 72 ff; S/S/W-StGB-*Satzger*, § 1 Rn 52; krit. *Hettinger/Engländer*, Meyer-Goßner-FS, S. 145; *Neumann*, ZStW 103 [1991], 331; diff. *Ranft*, JuS 92, 468.

32 BVerfGE 126, 170, 198 f; BVerfG, Beschl. v. 16.05.2011, 2 BvR 1230/10 Rn 29 ff, vgl dazu *Kuhlen*, HRRS 12, 114; *Leite*, GA 2014, 220; *Neumann*, Beulke-FS, S. 197; S/S/W-StGB-*Satzger*, § 1 Rn 52b, § 2 Rn 8.

33 *Radbruch*, SJZ 46, 105; zu ihm: *Hillenkamp*, in: Baldus/Kronke/Mager (Hrsg), Heidelberger Thesen zu Recht und Gerechtigkeit, 2013, S. 401; vgl auch. *Schünemann*, Kühl-FS, S. 457.

34 BVerfGE 22, 114, 121.

35 BVerfGE 82, 6.

36 BGHSt 18, 136, 140; BGH NJW 07, 524; *Krey/Esser*, AT, Rn 97; näher *Krey*, Studien zum Gesetzesvorbehalt im Strafrecht, 1977, S. 215; vgl auch *Greco*, GA 2012, 452.

fausschließungs-, Strafaufhebungs- oder Strafmilderungsgründen auf ähnlich liegende Fälle[37]). Das Gleiche gilt für die Bildung strafeinschränkenden Gewohnheitsrechts (Beispiel: Anerkennung des damals noch nicht geregelten unvermeidbaren Verbotsirrtums als Schuldausschließungsgrund durch BGHSt 2, 194). Im Wege der Analogie können freilich nur **unbeabsichtigte Gesetzeslücken** geschlossen werden; wo eine gesetzliche Regelung abschließenden Charakter hat, ist für eine Analogie von vornherein kein Raum. So ist zB § 248a in Fällen der Jagdwilderei (§ 292) nicht entsprechend anwendbar[38].

Für den **Allgemeinen Teil** des StGB, der letztlich nur „vor die Klammer gezogene" allgemeine Regeln enthält, muss zumindest dem Grundsatz nach das Verbot von Richter- und Gewohnheitsrecht zulasten des Täters ebenfalls gelten[39] Jedoch hat der Gesetzgeber angesichts der Komplexität der Materie hier zahlreiche Einzelfragen (wie etwa die irrige Annahme rechtfertigender Tatumstände oder die Abgrenzung zwischen Vorsatz und Fahrlässigkeit) bewusst nicht geregelt, ihre Klärung vielmehr Rspr und Wissenschaft überlassen. Daher wird vertreten, Richter- und Gewohnheitsrecht seien in diesem Bereich auch zulasten des Täters bzw Teilnehmers in gewissem Umfang zulässig. **74**

Ein **Beispiel** ist hier die sehr umstrittene Annahme einer gewohnheitsrechtlichen Anerkennung der *actio libera in causa* im Bereich des § 20 (s. dazu Rn 633 ff)[40].

II. Analogie und Auslegung

1. Abgrenzung zwischen Analogie und Auslegung

Jede Rechtsnorm bedarf der Auslegung. Die Grenzen zwischen zulässiger Auslegung und verbotener Analogie sind wegen ihrer fließenden Übergänge jedoch häufig nur schwer zu bestimmen. Während die Auslegung lediglich den maßgeblichen Bedeutungsgehalt der Rechtsnormen oder Rechtsbegriffe klarzustellen sucht und sich auf deren Sinndeutung beschränkt, verlässt die Analogie den vom Rechtssatz abgesteckten Rahmen seines unmittelbaren Anwendungsbereichs. **Ziel der Auslegung** ist die **Klarstellung des Gesetzessinns** und ggf die Anpassung des Gesetzes an die veränderten Bedürfnisse und Anschauungen der Gegenwart. **Ziel der Analogie** ist dagegen die **Ausfüllung von Gesetzeslücken** durch Erweiterung und Weiterentwicklung eines Rechtssatzes (Rechtsneuschöpfung). **75**

Auslegung und Analogie sind hiernach nur im Prinzip und von ihrer Funktion her gegeneinander abgrenzbar, da beide sich in methodischer Hinsicht ähneln und sich der gleichen Hilfsmittel bedienen, wenn es darum geht, die Beziehung zwischen einer Rechtsnorm und einem bestimmten Sachverhalt herzustellen[41].

---

37 BGHSt 6, 85; 11, 324.

38 LK-*Schünemann*, § 292 Rn 3 und § 294 Rn 1.

39 Vgl LK-*Dannecker*, § 1 Rn 82 ff; *Jakobs*, AT, 94/9; S/S/W-StGB-*Satzger*, § 1 Rn 29; MK-*Schmitz*, § 1 Rn 1.

40 Näher zum Ganzen *Jähnke*, BGH-Prax-FS, S. 393; *Maurach/Zipf*, AT/1, § 8 Rn 41.

41 AnwK-StGB-*Gaede*, § 1 Rn 33; *Kuhlen*, Otto-FS, S. 89, 96; *Maurach/Zipf*, AT/1, § 9 Rn 24; SK-*Rudolphi/Jäger*, § 1 Rn 22, 35.

2. Die Methoden der Auslegung

76 Jede Auslegung beginnt beim Wortlaut des Gesetzes anhand des natürlichen und besonderen juristischen Sprachgebrauchs, sog. **grammatische Auslegung**[42]. Ist der Wortlaut mehrdeutig, kommen als weitere Hilfsmittel der Auslegung die Entstehungsgeschichte des Gesetzes, sog. **historische Auslegung**[43], und der Systemzusammenhang im Gesetzesganzen in Betracht, sog. **systematische Auslegung**[44]. Das eigentliche Schwergewicht der Auslegung liegt jedoch bei der Frage nach der besonderen Schutzfunktion und dem objektiven Sinn und Zweck des Gesetzes, sog. **objektiv-teleologische Auslegungsmethode**[45]. Insoweit ist das von dem jeweiligen Straftatbestand geschützte Rechtsgut zu ermitteln und diejenige Auslegung vorzuziehen, die dessen Schutz am besten erreicht[46].

77 Darauf, wie der historische Gesetzgeber den auslegungsbedürftigen Begriff ursprünglich verstanden hat (so die subjektive Theorie), kommt es bei veränderten Verhältnissen nicht an, da nicht der Wille des Gesetzgebers, sondern der objektivierte Wille des Gesetzes für den Richter verbindlich ist (objektive Theorie[47]). Ob nach Sinn und Zweck des Gesetzes eine ausdehnende (extensive) oder einschränkende (restriktive) Auslegung in Betracht kommt, hängt vom Einzelfall ab. So bedürfen § 238 sowie § 266 einer restriktiven Auslegung[48]; § 184b IV sowie § 259 werden von der Rspr hingegen extensiv ausgelegt[49]. Auch die Verfassung sowie das Recht der Europäischen Union können eine bestimmte Auslegung verlangen, wenn jedes andere Auslegungsergebnis im Widerspruch zum GG bzw zum Unionsrecht stünde (**„verfassungskonforme“**[50] bzw **„unionsrechtskonforme“**[51] Auslegung). Über den möglichen Wortsinn als äußerste Grenze der Wortbedeutung darf sich auch eine extensive Auslegung in keinem Fall hinwegsetzen[52].

---

42 BGHSt 14, 116, 118; 52, 89, 92; *Kudlich*, Puppe-FS, S. 123.

43 BGHSt 11, 47; 41, 219; *Schroth*, in: Insel der Vernunft, Liber Amicorum für Jochen Schneider, S. 14.

44 BGHSt 5, 263; 15, 28; NK-*Hassemer/Kargl*, § 1 Rn 107.

45 BVerfGE 1, 299; 11, 126, 130; BGHSt 17, 21, 23; 24, 40; BGH JZ 15, 152; anschaulich zu § 265a: *Exner*, JuS 09, 990; vgl ferner *Kudlich*, ZStW 115 [2003], 1 (strafrahmenorientiert); *Simon*, Gesetzesauslegung im Strafrecht, 2005, S. 401 ff; dies hat zur Folge, dass auch innerhalb eines Gesetzes einzelne Tatbestandsmerkmale unterschiedlich ausgelegt werden können: am Beispiel des „Giftes“ im StGB *Satzger*, Jura 15, 580.

46 S. nur *Murmann*, Grundkurs, § 8 Rn 10.

47 BGHSt 10, 157, 159; 26, 156, 159; OLG Dresden NJW 06, 1013; AnwK-StGB-*Gaede*, § 1 Rn 35; krit. *Duttge*, Krey-FS, S. 39, 54 f.

48 Zu § 266: BVerfGE 126, 170; BGHSt 22, 190; zu § 238: BGHSt 54, 189 und *Jahn*, JuS 10, 81.

49 Zu § 259: BGHSt 27, 45; zu § 184b IV: OLG Hamburg NJW 10, 1893 m. Bespr. *Hecker*, JuS 10, 928.

50 Vgl zu § 211: BVerfGE 45, 187; zu § 130 IV: BVerfG JZ 10, 298 m. Anm. *Hörnle*; zu § 86a *(Anti-Nazi-Aufkleber)*: BGHSt 51, 244, 249; *Kudlich*, JZ 03, 127; *Kuhlen*, Auslegung.

51 EuGH Rs 45/08, *Spector Photo Group und Van Raemdonck*, Slg. 2009 I, 12073 m. Bespr. *Begemeier*, HRRS 13, 179; EuGH Rs 80/86, *Kolpinghuis Nijmegen*, Slg. 1987, 3969; BGHSt 37, 333; 54, 216, 223 ff; BGH NStZ 08, 146; vert. *Hecker*, JuS 14, 385; *Satzger*, International, § 9 Rn 89 ff.

52 BVerfGE 92, 1; BVerfG NJW 07, 1666 (zu § 142 II) dazu *Kudlich*, Stöckel-FS, S. 93; *Mitsch*, NZV 08, 217; BVerfG JR 09, 206 (zu § 113) m. Bespr. *Kudlich* und *v. Heintschel-Heinegg*, JA 09, 68; BGHSt 22, 235; 29, 129, 133; 52, 89, 92; OLG Nürnberg NJW 10, 2071 und OLG Bamberg NJW 08, 1543 (zu § 168; *Zahngoldfälle*) m. Bespr. *Kudlich/Christensen*, JR 11, 146 und *Rudolph*, JA 11, 346; krit. NK-*Hassemer/Kargl*, § 1 Rn 81 ff; MK-*Schmitz*, § 1 Rn 74; zur normativen Auslegung: *Engländer*, in: Engländer ua, Strafverteidigung, S. 85 ff, *Schroeder*, JZ 11, 187 und besonders krit. *Saliger*, JZ 12, 723.

Dieser Wortsinn ist grds dem allgemeinen Sprachverständnis zu entnehmen, auf eine abweichende (engere) Bedeutung in einer wissenschaftlichen Fachsprache kann es allenfalls im Bereich eines reinen Expertenstrafrechts, nicht jedoch im allgemeinen Strafrecht ankommen (Beispiel: Pilze sind auch dann „Pflanzen" iSd Betäubungsmittelstrafrechts, wenn diese in der Biologie als Gruppe sui generis behandelt werden)[53].

Weiterhin verlangt das BVerfG neuerdings, dass die Auslegung der Begriffe, mit denen der Gesetzgeber das unter Strafe gestellte Verhalten bezeichnet hat, nicht dazu führen dürfe, dass die dadurch bewirkte Eingrenzung der Strafbarkeit im Ergebnis wieder aufgehoben wird. Einzelne Tatbestandsmerkmale dürfen also auch innerhalb ihres möglichen Wortsinns nicht so weit ausgelegt werden, dass sie zwangsläufig mit diesen mitverwirklicht werden (sog. **Verschleifungs- bzw Entgrenzungsverbot**)[54]. **78**

Beispiel: Bei der Untreue (§ 266) darf nicht bereits aus der Bejahung einer Pflichtverletzung ohne Weiteres der Eintritt eines (Gefährdungs-)schadens gefolgert werden[55].

Auch die soziale Adäquanz eines Verhaltens wird als Prinzip einer tatbestandseinschränkenden und am Deliktstyp orientierten Gesetzesauslegung herangezogen (s. Rn 257 f)[56]. **79**

Bisweilen stützt sich die Auslegung im Strafrecht auf den Normenkomplex anderer Rechtsgebiete und den dort maßgebenden Sprachgebrauch. So sind „Sachen" iSd §§ 242 ff nur körperliche Gegenstände (wie in § 90 BGB; zum Sonderfall der Tiere s. Rn 81); ihre „Fremdheit" für den Täter richtet sich nach den zivilrechtlichen Vorschriften über den Erwerb und Verlust des Eigentums (§§ 929 ff BGB[57]). Das ist jedoch keineswegs die Regel, sondern stets eine Frage des Einzelfalls. Im Prinzip ist die strafrechtliche Begriffsbildung von Natur aus **eigenständig**, sodass es bei der Auslegung von Strafgesetzen allein auf deren Schutzfunktion, nicht aber darauf ankommt, welche rechtliche Bedeutung das betreffende Tatbestandsmerkmal außerhalb des Strafrechts besitzt. **80**

Beispiele: „Mensch" iSd strafrechtlichen Lebensschutzes wird eine Leibesfrucht erst bzw bereits mit dem *Beginn* der Geburt, bei regulärem Geburtsverlauf also mit dem Einsetzen der Eröffnungswehen[58]. Demgegenüber ist nach § 1 BGB die Vollendung der Geburt maßgebend. Ähnliches gilt für eine Vielzahl anderer Begriffe, wie etwa den der Wälder iSd § 306 I Nr. 5[59] oder des Vermögens in den §§ 253, 263, 266[60]. **81**

---

53 BVerfG StraFo 09, 526; BGH NJW 07, 524 m. Bespr. *Lackner/Kühl*, § 1 Rn 2; *Montiel/Ramírez*, ZIS 10, 618 ff; *Satzger*, JK 5/07, GG Art. 103/2; *Scheffler*, Puppe-FS, S. 217; vgl auch *Simon*, Gesetzesauslegung im Strafrecht, 2005, S. 111 ff.

54 BVerfGE 126, 170, 198; BVerfG NJW 13, 365, 366; im Ansatz bereits in BVerfGE 92, 1, 16 ff; zum (nicht verletzten) Verschleifungsverbot bei der echten Wahlfeststellung jetzt BGH NStZ-RR 2015, 40, 41.

55 S. nur BVerfG NJW 13, 365, 366.

56 OLG München NStZ 85, 549; *Dölling*, Otto-FS, S. 219; *Eser*, Roxin-FS, S. 199; *Hillenkamp*, Vorsatztat und Opferverhalten, 1981, S. 155; *Otto*, Amelung-FS, S. 225; *Park*, JuS 99, 887, 891; *Roxin*, AT I, § 10 Rn 33 ff; zur „Sportadäquanz" *Hirsch*, Szwarc-FS, S. 559; *Schild*, S. 118.

57 BGHSt 6, 377; *Wessels/Hillenkamp*, BT/2, Rn 79 f.

58 BGHSt 31, 348; vert. *Sowada*, GA 2011, 389.

59 Vgl zu § 308 aF: BGHSt 31, 83.

60 BGHSt 34, 199, 203; *Wessels/Hillenkamp*, BT/2, Rn 530 ff.

82 Im **Fall 2a** waren die im Eigentum des J stehenden Singvögel für K „fremde bewegliche Sachen" iSd § 242.

Im Rahmen des strafrechtlichen Eigentumsschutzes erscheint es unbedenklich, Tiere als „Sachen" zu behandeln, da sie der menschlichen Sachherrschaft unterliegen und die Rechtsordnung ihrer Eigenart als belebte Wesen durch das Tierschutzgesetz und andere Sondervorschriften Rechnung trägt (vgl dazu § 90a BGB; *Wessels/Hillenkamp*, BT/2, Rn 18).

Hier fehlt es jedoch an einer *Wegnahmehandlung* der K. Wegnahme iSd § 242 bedeutet Bruch fremden und Begründung neuen Gewahrsams. Gewahrsam ist das vom Beherrschungswillen getragene tatsächliche Herrschaftsverhältnis über eine Sache (näher *Wessels/Hillenkamp*, BT/2, Rn 82). K hat zwar den bisherigen Gewahrsam des J gebrochen; sie hat aber keinen neuen (weder eigenen noch fremden) Gewahrsam an den in die Freiheit entlassenen Singvögeln begründet. Eine Bestrafung wegen Diebstahls (§ 242) scheidet daher aus.

83 Fraglich ist, ob sich das Fliegenlassen fremder (heimischer) Singvögel als „Sachbeschädigung" (§ 303) auffassen lässt:

Da heimische Singvögel auch in Freiheit überleben können, sieht die hM darin nur eine straflose (reine) **Besitzentziehung** (RGSt 20, 182, 185; LK-*Wolff*, § 303 Rn 15; S/S-*Stree/Hecker*, § 303 Rn 8, 12), während eine Mindermeinung jede Vereitelung der vom Berechtigten festgelegten Zweckverwendung für den Begriff des Zerstörens oder Beschädigens genügen lässt (*Maurach*, BT, 5. Aufl. 1969, S. 191).

Richtig ist zwar, dass § 303 nicht notwendig eine Sachsubstanzverletzung voraussetzt (RGSt 74, 14; BGHSt 13, 207; 29, 129). Die zitierte Mindermeinung überschreitet jedoch schon die durch den Gesetzeswortlaut gezogene Grenze einer extensiven Auslegung, wenn sie beim Beschädigungsbegriff von jeder unmittelbaren oder mittelbaren Einwirkung des Täters auf die Sache selbst absehen will.
Somit hat K auch keine Sachbeschädigung (§ 303) begangen.

84 **Fall 2b:** Da das **Analogieverbot** (Art. 103 II GG, § 1 StGB) K vor einer Bestrafung in *entsprechender* Anwendung der genannten Strafvorschriften schützt, ist J auf den Rechtsschutz beschränkt, den ihm das Zivilrecht gewährt (§§ 823, 249 bzw 280 I, 241 II, 249 BGB).

III. Der Geltungsbereich des deutschen Strafrechts

1. Der internationale Geltungsbereich

85 a) Über den Geltungsbereich des deutschen materiellen Strafrechts für Taten, die Beziehungen zum Ausland aufweisen, geben die §§ 3–7, 9 Aufschluss. Im Gegensatz zu den Kollisionsnormen des deutschen Internationalen Privatrechts, die sich in den Art. 3 ff EGBGB mit der Frage befassen, welches nationale Recht der konkreten Sachentscheidung zu Grunde zu legen ist, gehen die §§ 3 ff StGB davon aus, dass deutsche Gerichte im Rahmen ihrer Strafgewalt **stets deutsches Strafrecht** anwenden. In welchem Umfang ein Staat seine eigene Strafgewalt in Anspruch nehmen und ausdehnen darf, wird durch die Regeln des Völkerrechts bestimmt, die in Fällen mit Auslandsberührung voraussetzen, dass der strafandrohende bzw bestrafende Staat über einen legitimierenden **Anknüpfungspunkt *(genuine link)*** zu dem Sachverhalt verfügt[61].

61 BGHSt 27, 30; 34, 334.

Als völkerrechtlich anerkannte Anknüpfungspunkte kommen vor allem der Begehungsort (Territorialitätsprinzip), die Staatsangehörigkeit des Täters oder des Opfers (aktives bzw passives Personalitätsprinzip), der Schutz bestimmter inländischer Rechtsgüter (Schutzprinzip) oder von Interessen universalen Charakters (Weltrechtsprinzip) sowie das Prinzip der stellvertretenden Strafrechtspflege in Betracht. Die konkrete Ausgestaltung des Strafanwendungsrechts eines Staates stützt sich zumeist (wie in §§ 3 ff) auf eine Kombination dieser verschiedenen Anknüpfungspunkte[62]. **86**

aa) Nach dem **Territorialitätsprinzip** (Gebietsgrundsatz) darf ein Staat seiner Strafgewalt alle Taten unterwerfen, die innerhalb seines Staatsgebietes begangen werden. Auf die Staatsangehörigkeit des Täters oder des Opfers kommt es dabei nicht an. Dieser allgemein anerkannte und international vorherrschende Grundsatz beruht auf der Erwägung, dass jedermann die Gesetze desjenigen Staates zu beachten hat, in dem er sich aufhält. Im deutschen Recht sind die §§ 3, 9 Ausprägungen des Territorialitätsprinzips. **87**

Hinsichtlich des Begehungsortes normiert § 9 den wegen seiner Weite nicht unbedenklichen **Ubiquitätsgrundsatz**: Begangen ist die Tat an jedem Ort, an dem der Täter (oder ein Mittäter[63]) gehandelt hat oder im Fall des Unterlassens hätte handeln müssen oder an welchem der zum Tatbestand gehörende Erfolg eingetreten ist oder nach der Vorstellung des Täters eintreten sollte (§ 9 I)[64]. Die Teilnahme ist sowohl am Ort der Haupttat als auch an jedem Ort begangen, an dem der Teilnehmer gehandelt hat oder im Fall des Unterlassens hätte handeln müssen oder an welchem nach seiner Vorstellung die Haupttat begangen werden sollte (§ 9 II 1). Hat der sich an einer Auslandstat beteiligende Teilnehmer im Inland gehandelt, so gilt für die Teilnahme das deutsche Strafrecht, auch wenn die Haupttat nach dem Recht des Tatorts nicht mit Strafe bedroht ist (§ 9 II 2)[65]. **88**

bb) Eng verwandt mit dem Gebietsgrundsatz ist das **Flaggenprinzip**. Es besagt, dass der Staat, dessen Flagge ein Schiff oder dessen Staatszugehörigkeitszeichen ein Luftfahrzeug führt, seine Strafgewalt für alle Taten in Anspruch nehmen darf, die an Bord des Schiffes oder des Luftfahrzeugs begangen werden (vgl für das deutsche Recht § 4). **89**

cc) Nach dem **aktiven Personalitätsprinzip** darf ein Staat Handlungen der eigenen Staatsangehörigen seiner Strafgewalt auch dann unterwerfen, wenn sie im Ausland begangen werden. Hergeleitet wird dieser (im früheren Stammesrecht verwurzelte) Anknüpfungspunkt aus der Bindung des Einzelnen an die heimatliche Rechtsordnung und aus der Personalhoheit des Staates über seine Bürger. **90**

62 MK-*Ambos*, Vor §§ 3–7 Rn 17 ff; *Pawlik*, ZIS 06, 274; *T. Walter*, JuS 06, 870 und 967.

63 BGHSt 39, 88; vert. *Rotsch*, ZIS 10, 168, 172 f.

64 BGHSt 45, 97, 100 m. abl. Anm. *Neumann*, StV 00, 425; KG NJW 06, 3016; zur Problematik bei Gefährdungsdelikten KG NJW 99, 3500; *B. Heinrich*, Weber-FS, S. 91; *Satzger*, NStZ 98, 113; *Velten*, Rudolphi-FS, S. 329; speziell zu Internetstraftaten: BGHSt 46, 212 m. Anm. *Jeßberger* JR 01, 432; BGH NStZ 15, 81 m. Anm. *Becker* und *Busching*, MMR 15, 295 und Bespr. *Satzger*, JK 2015, 1011; *Kudlich*, StV 01, 397; krit. *Heghmanns*, JA 01, 276; *Hilgendorf*, ZStW 113 [2001], 650; *Koch*, JuS 02, 123; *Park*, GA 2001, 23; *Sieber*, ZRP 01, 97; AnwK-StGB-*Zöller*, § 9 Rn 18; zum „intertemporalen Strafanwendungsrecht" im Fall *„Demjanjuk"* vgl *Burchard*, HRRS 10, 132.

65 Vert. MK-*Ambos*, § 9 Rn 36 ff; *Miller/Rackow*, ZStW 117 [2005], 379; *Valerius*, NStZ 09, 121; krit. *Magnus*, NStZ 15, 57, 61 ff.

In uneingeschränkter Form findet sich das aktive Personalitätsprinzip heute im StGB nur noch hinsichtlich bestimmter Delikte, etwa in § 5 Nr 8b, 11a, 14a und 15[66]. Daneben gilt es allgemein gem. § 7 II Nr 1 unter der zusätzlichen Voraussetzung, dass die Tat auch am Tatort mit Strafe bedroht ist[67]. Die letztgenannte Regelung ist auch im Kontext des in Art. 16 II 1 GG statuierten Auslieferungsverbots für deutsche Staatsangehörige zu sehen: Sie verhindert die Straflosigkeit eines Deutschen, der nach einer im Ausland begangenen Tat nach Deutschland flieht und nicht ausgeliefert werden darf.

91 dd) Das **Schutzprinzip** lässt die Ausdehnung der eigenen Strafgewalt auf Taten zu, die im Ausland begangen werden, jedoch inländische Rechtsgüter gefährden oder verletzen. Insoweit wird weiter differenziert: Das **Staatsschutzprinzip** (oder Realprinzip) gestattet es einem Staat, mittels seines Strafrechts gegen alle Handlungen Selbstverteidigung zu üben, die sich gegen seine existenziellen Interessen richten. Das Individualschutz- oder **passive Personalitätsprinzip** besagt, dass ein Staat sein Strafrecht auch auf solche Handlungen erstrecken darf, die gegen seine Staatsbürger begangen werden.

Im StGB beruhen die in § 5 Nr 1–5 und Nr 10–14a getroffenen Regelungen im Wesentlichen auf dem Staatsschutzprinzip. Das passive Personalitätsprinzip wird bei einigen Delikten ohne zusätzliche Einschränkung (etwa § 5 Nr 6–8a) herangezogen, darüber hinaus aber auch allgemein gem. § 7 I unter der Voraussetzung der Strafbarkeit am Tatort.

92 ee) Der **Weltrechtsgrundsatz**[68] (Universalitätsprinzip) ermächtigt zur Ahndung von Auslandstaten, die sich gegen übernationale Kulturwerte und Rechtsgüter richten, an deren Schutz ein gemeinsames Interesse aller Staaten besteht.

In § 6 findet sich ein Katalog von Straftaten, für die deutsches Strafrecht nach dem Gesetzeswortlaut ohne zusätzliche Anknüpfungspunkte gilt. Zumindest in den meisten der erfassten Fälle beruht die Regelung nach hM auf dem Weltrechtsprinzip[69]. Für Völkerstraftaten (zB Völkermord, Verbrechen gegen die Menschlichkeit) normiert § 1 VStGB den Weltrechtsgrundsatz. Soweit diese Verbrechen darstellen, wird – abweichend von der früheren Rspr zu § 6 I Nr 1 aF – ausdrücklich kein zusätzlicher legitimierender Anknüpfungspunkt verlangt[70]. Jedoch ermöglicht § 153f StPO auf prozessualer Ebene Einschränkungen der Verfolgungspflicht deutscher Ermittlungsbehörden[71].

93 ff) Der **Grundsatz der stellvertretenden Strafrechtspflege** besagt, dass ein Staat seine Strafgewalt auf im Ausland begangene Taten erstrecken darf, um anstelle eines anderen Staates, der seinen Strafanspruch nicht selbst durchsetzen kann, die Strafverfolgung zu übernehmen. Auf diesem Weg soll gewährleistet werden, dass flüchtige Straftäter nicht allein deshalb straflos bleiben, weil das Zufluchtsland über keinen eigenen Anknüpfungspunkt zu dem Sachverhalt verfügt.

66 Übersicht bei *Satzger*, International, § 5 Rn 66.

67 HK-GS-*Hartmann*, § 7 Rn 1.

68 Hierzu ausf. *Weißer*, GA 2012, 416.

69 Im Einzelnen hierzu S/S/W-StGB-*Satzger*, § 6 Rn 1 mwN.

70 Zum Verhältnis von Völkerstrafrecht und Weltrechtsgrundsatz MK-*Ambos*, § 6 Rn 3 ff; *Hilgendorf*, Uni-Würzburg-FS, S. 346; *Keller*, GA 2006, 25; *Kreß*, ZStW 114 [2002], 818; *Weiß*, JZ 02, 696; *Wilhelmi*, Das Weltrechtsprinzip im internationalen Privat- und Strafrecht, 2007.

71 S. LR-*Beulke* [Nachtrag], § 153f StPO Rn 14; *Geneuss*, Völkerrechtsverbrechen und Verfolgungsermessen, 2013; S/S/W-StGB-*Satzger*, § 7 Rn 14.

Eine Ausprägung dieses Stellvertretungsprinzips ist § 7 II Nr 2, wonach deutsches Strafrecht gilt, wenn der Täter zur Zeit der Tat Ausländer war, im Inland betroffen wird und aus den in § 7 II Nr 2 genannten Gründen von der Auslieferung verschont bleibt. Nach richtiger Ansicht beruht auch § 7 II Nr 1 Alt 2 auf dem Stellvertretungsgedanken; dieser ordnet die Geltung des StGB an, wenn der Täter nach der Tat Deutscher geworden ist (sog. Neubürgerklausel)[72].

b) Eine wichtige Einschränkung der deutschen Strafgewalt besteht in allen Fällen des § 7 darin, dass die Tat **am Tatort mit Strafe bedroht** sein muss oder dass der Tatort als sog. Niemandsland keiner Strafgewalt unterliegen darf. Dieses Erfordernis soll verhindern, dass die eigene Strafgewalt über Gebühr auf Sachverhalte ausgedehnt wird, bei denen der an sich zuständige fremde Staat eine Strafsanktion nicht für geboten hält. **94**

Nicht notwendig ist, dass die ausländische Strafvorschrift und der einschlägige deutsche Straftatbestand deckungsgleich sind. Vielmehr reicht es aus, wenn die Tat am Begehungsort unter irgendeinem rechtlichen Gesichtspunkt mit Strafe bedroht ist. Es genügt aber nicht, dass die Tat nach dem Recht des Tatorts lediglich als Ordnungswidrigkeit einzustufen wäre[73]. Rechtfertigungs- und Entschuldigungsgründe des ausländischen Rechts dürfen zugunsten des Täters berücksichtigt werden, soweit sie nicht elementare Prinzipien der Rechtsstaatlichkeit missachten und allgemein anerkannten Rechtsgrundsätzen widersprechen[74]. Nach richtiger Ansicht gilt dies auch für prozessuale Verfolgungshindernisse (zB Amnestie, Verjährung) und muss sogar im Falle einer rein faktischen Nichtverfolgung der Tat am Tatort gelten[75].

c) Erst wenn hiernach feststeht, dass der Sachverhalt überhaupt der deutschen Strafgewalt unterliegt, ist in einem zweiten Schritt durch Auslegung des konkret einschlägigen Tatbestandes zu untersuchen, ob dieser den Schutz ausländischer Rechtsgüter überhaupt umfasst oder eine **tatbestandsimmanente Inlandsbeschränkung** aufweist. **95**

So ist zB § 170 I bei Verletzung der Unterhaltspflicht durch einen im Inland lebenden Ausländer gegenüber einem im Ausland lebenden Ausländer nicht anwendbar, da eine solche Tat deutsche Rechtsgüter nicht berührt und die Norm nicht den Schutz ausländischer Sozialbehörden vor ungerechtfertigter Inanspruchnahme bezweckt[76]. Ist dagegen ein im Ausland lebender Deutscher als Unterhaltsberechtigter betroffen, bleibt für § 170 I Raum[77]. Im Übrigen lässt sich allgemein sagen, dass Tatbestände, die **öffentliche Rechtsgüter** schützen (zB §§ 331 ff) nur inländische Rechtsgüter erfassen. Tatbestände, die **Individualrechtsgüter** schützen (zB § 242), erfassen die Rechtsgüter sowohl inländischer wie ausländischer Rechtsträger.

---

72 *Satzger*, International, § 5 Rn 80 mwN; zur verfassungsrechtlichen Problematik zB S/S-*Eser*, § 7 Rn 20; S/S/W-StGB-*Satzger*, § 7 Rn 10.

73 BGHSt 27, 5.

74 Vgl BVerfGE 95, 96; BGHSt 42, 275; 45, 270; zum Irrtum im Bereich des internationalen Strafrechts: *Böse*, Maiwald II-FS, S. 61, 72 ff; *Neumann*, Müller-Dietz-FS, S. 589.

75 Näher *Satzger*, International, § 5 Rn 97 ff mwN auch zur (wohl noch herrschenden) Gegenansicht; vgl auch *Buchholz*, NJ 13, 113 f zur Problematik, dass am Tatort aus Opportunitätsgründen keine Verfolgung stattfindet.

76 BGHSt 29, 85 m. Anm. *Oehler*, JR 08, 381; abw. *Kunz*, NJW 95, 1519.

77 Vgl KG JR 85, 516; S/S-*Lenckner/Bosch*, § 170 Rn 1b.

2. Zusammenfassender Überblick zum Geltungsbereich des deutschen Strafrechts[78]

96

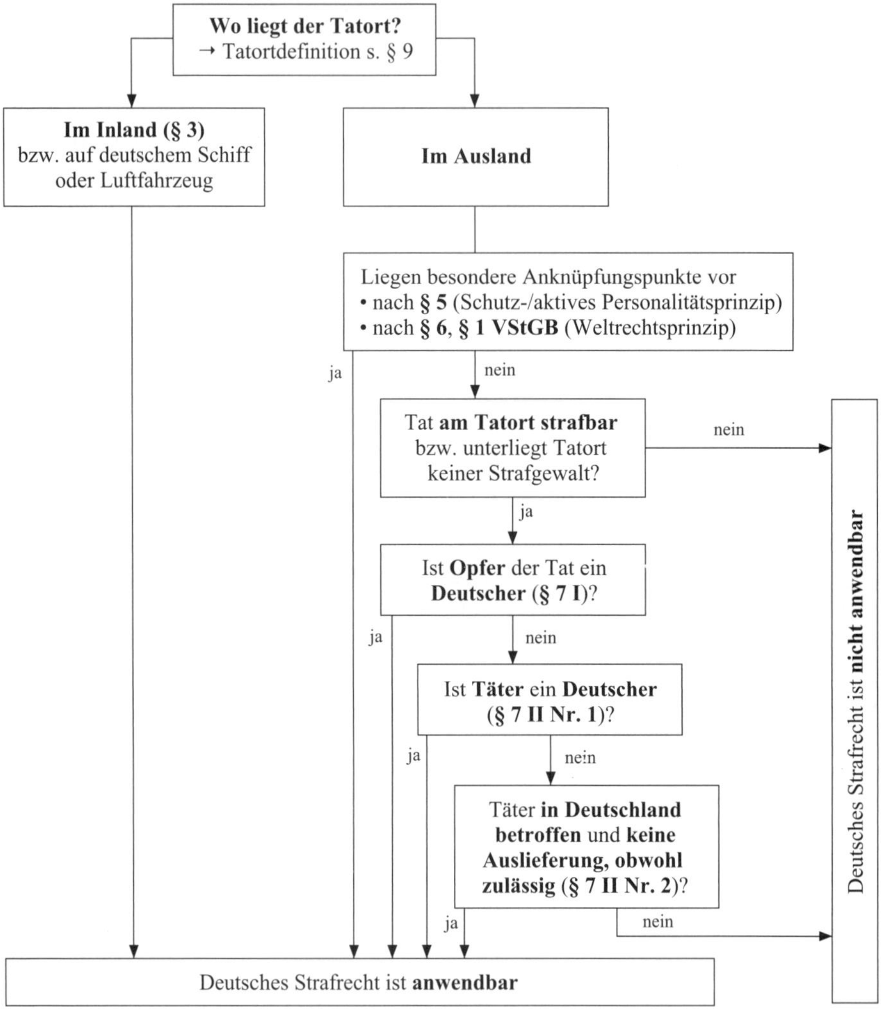

97 Weist ein Sachverhalt Auslandsbezug auf, so ist in Prüfungsarbeiten die Anwendbarkeit des deutschen Strafrechts bei jedem Straftatbestand noch vor Eintritt in die eigentliche Tatbestandsprüfung festzustellen bzw zu erörtern[79].

---

78 Grafik entstammt *Satzger*, International, § 5 Rn 5; Grundfälle bei *Hombrecher*, JA 10, 637; *Werle/Jeßberger*, JuS 01, 35 ff, 141 ff; Prüfungsschemata bei *Rath*, JA 06, 435; 07, 26; vert. *Satzger*, Jura 10, 108 ff, 190 ff.

79 Gleiches gilt für die Regelungen des interlokalen und des intertemporalen Strafrechts, vgl *Altenhain*, Puppe-FS, S. 343, 349 ff.

Sofern ein ausländisches Rechtsgut betroffen ist, ist nach der Feststellung der grundsätzlichen Anwendbarkeit des deutschen Strafrechts im Rahmen des objektiven Tatbestands zu untersuchen, ob der Schutzbereich der Norm auch dieses erfasst.

3. Verfahrensrechtliche Fragen

Verfahrensrechtlich ist von Bedeutung, dass **§ 153c StPO** bei Auslandssachen den **98**
Verfolgungszwang wesentlich einschränkt. Der Grundsatz *ne bis in idem* (Art. 103 III GG), der eine Doppelbehandlung derselben Sache durch **verschiedene deutsche** Gerichte untersagt, schützt einen im Ausland verurteilten Deutschen nicht vor einer nochmaligen Bestrafung im Inland (s. dazu auch § 153c II StPO[80]).

§ 51 III schreibt insoweit nur eine Anrechnung der im Ausland verhängten und vollstreckten Strafe oder einer sonstigen Freiheitsentziehung auf die im Inland zu erkennende neue Strafe vor[81]. Aufgrund völkerrechtlicher Vereinbarungen gilt der *ne-bis-in-idem*-Grundsatz ausnahmsweise auch im Verhältnis zu ausländischen bzw internationalen Urteilen, so zB für die Vertragsstaaten des Römischen Statuts nach dessen Art. 20 (s. Rn 101) und insbes. für die Mitgliedstaaten der EU aufgrund von Art. 54 SDÜ und Art. 50 GRC[82].

IV. Das Völkerstrafrecht[83]

Schwerwiegende und systematische Menschenrechtsverletzungen durch staatliche **99**
Machthaber gaben in der jüngeren Geschichte Anlass für die Entwicklung eines Völkerstrafrechts, das gravierende Verstöße gegen zwingende Normen des Völkerrechts als internationale Verbrechen ächtet und unmittelbar unter Strafe stellt[84]. Die Anfänge markierten dabei insbes. die Prozesse gegen die Hauptkriegsverbrecher des 2. Weltkriegs vor den Internationalen Militärgerichtshöfen in Nürnberg und Tokio. Das Statut des Nürnberger Militärgerichtshofes formulierte drei Haupttatbestände: **Verbrechen gegen den Frieden** (Planung, Vorbereitung, Einleitung oder Durchführung eines Angriffskriegs), **Kriegsverbrechen** (schwerwiegende Verletzungen des

80 Vert. LR-*Beulke*, §§ 153c, 153f StPO (zT im Nachtragsband).

81 Näher BGHSt 29, 63.

82 Dazu *Beulke*, StPO, Rn 10o; *Hecker*, § 13; *Radtke*, Seebode-FS, S. 297; *Satzger*, International, § 10 Rn 51 ff; speziell zum Verhältnis der beiden Vorschriften BGHSt 56, 11 *(Partisanenfall)* m. Bespr. *Hecker*, JuS 12, 261 (gebilligt durch BVerfG NJW 12, 1202); *Böse*, GA 2011, 504; *Burchard/Brodowski*, StraFo 10, 179; *Heger*, ZIS 09, 408; *Kerner/Karnowski*, Kühl-FS, S. 777; *Koch/Dorn*, Jura 11, 690; *Merkel/Scheinfeld*, ZIS 12, 206; *Nestler*, HRRS 13, 337; *Satzger*, International, § 10 Rn 57 ff; *Swoboda*, JICJ 11, 243; *Vogel*, StRR 11, 135, 137; *Walther*, ZJS 13, 16; *Weißer*, ZJS 14, 589.

83 Literatur zum Völkerstrafrecht und zur internationalen Strafgerichtsbarkeit: *Ambos*, Der allgemeine Teil des Völkerstrafrechts, 2. Aufl., 2003; *ders.*, Internationales Strafrecht, §§ 5 ff; Ahlbrecht ua-*Esser*, Rn 356 ff, 407 ff; Hasse/Müller/Schneider (Hrsg), Humanitäres Völkerrecht, 2001; *Hoyer*, GA 2004, 321; Ahlbrecht ua-*Kirsch*, Rn 1141 ff; *Merkel*, ZStW 114 [2002], 437; *Neubacher*, S. 1 ff; *ders.*, NJW 06, 966; Neubacher/Klein (Hrsg), Vom Recht der Macht zur Macht des Rechts?, 2006; *Safferling*, Europäisches Strafrecht, §§ 4 ff; *Satzger*, International, §§ 12 ff; *Stuckenberg*, GA 2007, 80; *Vogel*, ZStW 114 [2002], 403; *Werle*, Völkerstrafrecht; *ders.*, Uni-Berlin-FS, S. 1219; s. auch Beiträge in Jeßberger/Geneuss (Hrsg), Zehn Jahre Völkerstrafgesetzbuch, 2013.

84 Vert. *Ahlbrecht*, Geschichte der völkerrechtlichen Strafgerichtsbarkeit im 20. Jahrhundert, 1999; *Engelhart*, Jura 04, 734; zur Funktion des Völkerstrafrechts *Ambos*, Wolter-FS, S. 1285.

Kriegsvölkerrechts, zB Mord oder Misshandlungen von Kriegsgefangenen) und **Verbrechen gegen die Menschlichkeit** (schwerwiegende Verletzungen der Mindestgarantien der Menschenwürde aus Gründen der Staatsangehörigkeit des Opfers oder seiner Rasse, Religion, Volkszugehörigkeit usw[85]).

100 Nach Ende des „Kalten Kriegs" eröffneten sich ungeahnte Möglichkeiten für eine Fortentwicklung des Völkerstrafrechts. Zur Ahndung der gravierenden Kriegs- und Menschlichkeitsverbrechen, die Anfang der 90er Jahre des letzten Jahrhunderts in Ex-Jugoslawien und Ruanda massenhaft begangen worden waren, ließ sich international die Einsetzung jeweils eines **Ad-hoc-Strafgerichtshofs** durchsetzen. Durch Resolutionen des UN-Sicherheitsrats wurde einerseits der Internationale Strafgerichtshof für das ehemalige Jugoslawien (JStGH; gebräuchlicher ist die engl. Abkürzung ICTY[86]) in Den Haag sowie andererseits der Internationale Strafgerichtshof für Ruanda (RStGH; gebräuchlicher ist die engl. Abkürzung ICTR[87]) in Arusha (Tansania) eingesetzt[88]. Die in die Zuständigkeit dieser Tribunale fallenden Straftatbestände entsprechen (mit Abweichungen im Einzelnen) jenen der Statute von Nürnberg und Tokio, sodass sie durch diese abermalige Anerkennung und auch vorherige anderweitige Bestätigung heute weitgehend auch als Teil des Völkergewohnheitsrechts verstanden werden[89].

101 Mit der Gründung des **Internationalen Strafgerichtshofs** (IStGH; gebräuchlicher ist die engl. Abkürzung ICC[90]) mit Sitz in Den Haag durch das Statut von Rom ist eine neue Ära des Völkerstrafrechts eingeläutet worden, da erstmalig ein ständiger, nahezu universal anerkannter Strafgerichtshof geschaffen wurde, dem im Vorhinein die Zuständigkeit für die Aburteilung bestimmter schwerster Verbrechen gegen das Völkerrecht zuerkannt ist[91].

102 Das **Römische Statut** vom 17.7.1998, welches am 1.7.2003 in Kraft trat, ist derzeit (Stand: Juni 2015) von 123 Staaten (darunter Deutschland und alle EU-Staaten) ratifiziert worden. Es enthält erstmalig einen Allgemeinen Teil des materiellen Völkerstrafrechts[92] sowie grundlegende Regeln für das Verfahren vor dem IStGH. Die zentralen Vorschriften des Statuts behandeln die vier Deliktsgruppen – Völkermord (Art. 6), Verbrechen gegen die Menschlichkeit (Art. 7), Kriegsverbrechen (Art. 8)

---

85 Einzelheiten bei *Ambos*, Archiv des Völkerrechts, Bd 37 [1999], 318; *Robertson*, Crimes against Humanity, 1999; *Triffterer*, Roxin-FS, S. 1415; *Vest*, ZStW 113 [2001], 457; s. auch *Werle/Burghardt*, ZIS 12, 271.

86 Näheres unter www.icty.org (Stand Juli 2015).

87 Näheres unter www.ictr.org (Stand Juli 2015).

88 Statute in deutscher Übersetzung zB abgedruckt bei Esser (Hrsg), Europäisches und Internationales Strafrecht, Vorschriftensammlung, 2. Aufl., 2013, Nr 95 bzw 96, oder bei *Schomburg/Lagodny/Gleß/Hackner*, Hauptteil VI.

89 *Werle*, ZStW 109 [1997], 808, 813; krit. *Dencker*, ZIS 08, 298; *Jescheck/Weigend*, AT, § 14 II; vgl auch *Breitegger*, ZIS 10, 712; vert. *Swoboda*, Verfahrens- und Beweisstrategien vor den UN-ad hoc Tribunalen, 2013.

90 Näheres unter www.icc-cpi.int (Stand Juli 2015).

91 Ausf. dazu *Ambos*, ZStW 111 [1999], 175; *Lagodny*, ZStW 113 [2001], 800; *Meyer*, DRiZ 11, 19; *Neubacher*, S. 444 ff; Klausur bei Coester-Waltjen-II-*Safferling*, S. 56.

92 Vgl u. a. *Ambos*, Der AT des Völkerstrafrechts, 2. Aufl. 2002; *Stuckenberg*, Vorstudien zu Vorsatz und Irrtum im Völkerstrafrecht, 2007.

und den (künftigen) Tatbestand der Aggression (Art. 8 *bis*)[93] – sowie die Frage der grundsätzlichen Zuständigkeit des IStGH (Art. 12) und der Beschränkung der Gerichtsbarkeit gegenüber den Staaten gem. dem Grundsatz der Komplementarität (Art. 17).

Am IStGH sind 18 Richter tätig. Nach Konstituierung der Anklagebehörde im März 2003 konnten im Jahre 2004 die ersten Ermittlungsverfahren eingeleitet werden, die aufwändig sind und viel Zeit in Anspruch nehmen. Dem Gerichtshof wurden bislang acht „Situationen" (= Gesamtheit aller rechtlichen und tatsächlichen Geschehnisse in einem Land, die die Grundlage für einen Verdacht bilden, dass Verbrechen iSd IStGH-Statuts begangen wurden) und – in diesem Rahmen – 21 Fälle (= Verfahren gegen konkrete Personen) unterbreitet. Am 14.3.2012 hat der IStGH in der Rechtssache *Lubanga* sein erstes Urteil erlassen[94], am 23.5.2014 wurde *Germain Katanga* verurteilt (beide Urteile betreffen die Situation „Demokratische Republik Kongo").

Der IStGH darf nicht mit dem (ebenfalls in Den Haag ansässigen) Internationalen Gerichtshof (IGH) verwechselt werden; der IGH ist das zentrale Rechtsprechungsorgan der Vereinten Nationen[95].

Der deutsche Gesetzgeber hat 2002 ein eigenständiges **Völkerstrafgesetzbuch** **103**
(VStGB) geschaffen. Es soll sicherstellen, dass Deutschland weitgehend in der Lage ist, ein in die Zuständigkeit des IStGH fallendes Verbrechen selbst zu verfolgen. Letzteres ist Folge des zentralen Grundsatzes der **Komplementarität**, Art. 17 des Römischen Statuts[96]. Der IStGH übt seine Gerichtsbarkeit danach nur dann aus, wenn ein Staat nicht willens oder nicht in der Lage ist, die fragliche Straftat selbst zu verfolgen. Eine direkte Anwendung des Römischen Statuts oder eine wortgleiche Umsetzung der darin enthaltenen Tatbestände wäre wegen verfassungsrechtlicher Vorgaben, insbes. des Bestimmtheitsgebotes aus Art. 103 II GG, nicht möglich gewesen[97].

Im Ergebnis gibt es somit heute für den Bereich der Völkerstraftaten eine zweifache Durchset- **104**
zungsmöglichkeit: einerseits die grundsätzlich vorrangige nationale Strafverfolgung nach dem VStGB (sog. **indirekte Durchsetzung**; „indirect enforcement model") und andererseits die Verfolgung durch den Internationalen Strafgerichtshof selbst auf der Basis des Römischen Statuts (sog. **direkte Durchsetzung**; „direct enforcement model"). In der Bundesrepublik ist bislang nur ein Hauptverfahren – gegen zwei ruandische Staatsangehörige vor dem OLG Stuttgart im März 2011 – wegen Verbrechen nach dem VStGB eröffnet worden[98].

Zentrale Vorschrift im **AT** ist die Umschaltnorm des § 2 VStGB, die den AT des **105**
StGB zur Anwendung kommen lässt, soweit keine Sonderregelung des VStGB eingreift. Eine solche existiert nur für vier Aspekte: § 1 VStGB für den Anwendungsbereich (Weltrechtsprinzip, s. Rn 92), § 3 VStGB für Fragen hinsichtlich des Handelns

93 Zur (zukünftigen Regelung der) Aggression vgl *Ambos*, ZIS 10, 649 ff; zur Frage der Implementierung in die nationale Rechtsordnung *Zimmermann/Henn*, ZRP 13, 240.

94 Vgl dazu *Barthe*, JZ 13, 88; *Stoffels*, StraFo 14, 4; *Vogel*, ZIS 12, 313.

95 Vgl hierzu Ahlbrecht ua-*Esser*, Rn 356 ff.

96 Vert. *Ambos*, Internationales Strafrecht, § 8 Rn 10 ff; grundlegend *Lafleur*, Der Grundsatz der Komplementarität, 2010.

97 S. dazu *Jähnke*, ZIS 10, 463; *Satzger*, International, § 17 Rn 18 ff; *ders.*, JuS 04, 944.

98 Zu weiteren Verfahren s. *Basak*, HRRS 10, 513; *Kaleck/Schüller/Steiger*, KJ 10, 270; *Safferling/Kirsch*, JA 10, 81; zur Einstellung des Verfahrens Abu Ghuraib s. Beschluss des Generalbundesanwalts, JZ 05, 312; OLG Stuttgart NStZ 06, 117; LR-*Beulke*, § 153f StPO Rn 5, 31; krit. *Gierharke*, ZStW 120 [2008], 375; *Singelnstein/Stolle*, ZIS 06, 118.

auf Befehl, § 4 VStGB für die Verantwortlichkeit militärischer Befehlshaber und anderer Vorgesetzter[99] und schließlich § 5 VStGB für die Verjährung. Alle weiteren Fragen des AT wie Schuldfähigkeit, Vorsatz, Irrtum oder Täterschaft und Teilnahme sind somit nach den Vorschriften des StGB zu lösen.

106 Der **BT** des VStGB enthält eigenständige Straftatbestände, die sich zwar an den Vorgaben des Römischen Statuts orientieren, die darüber hinaus aber auch weitere Regelungen des humanitären Völkerrechts, insbes. die Kriegsverbrechenstatbestände des 1. Zusatzprotokolls (1977) zu den vier Genfer Konventionen von 1949, integrieren. Im Detail sind nach § 6 VStGB der Völkermord, nach § 7 VStGB die Verbrechen gegen die Menschlichkeit strafbar. Die Kriegsverbrechenstatbestände sind in den §§ 8–12 VStGB enthalten.

107 Im Zuge der Errichtung des IStGH und des Erlasses des VStGB waren weitere Gesetzesanpassungen erforderlich. U. a. wurde Art. 16 II 2 GG eingefügt, um eine Überstellung von deutschen Staatsangehörigen gem. dem Gesetz über die Zusammenarbeit mit dem IStGH (IStGHG) an den IStGH zu ermöglichen. Die umfassende Verfolgungsbefugnis der deutschen Justiz nach § 1 VStGB wird durch den neu eingeführten § 153f StPO und die darin zugrunde gelegte Verfolgungsverpflichtung ergänzt. Daneben gewährt diese Vorschrift aber auch die Möglichkeit des Absehens von einem Verfahren bzw seiner Einstellung, zB wenn kein Inlandsbezug ersichtlich ist (s. Rn 92)[100].

V. Europarecht und Strafrecht[101]

108 a) Traditionell wird das Strafrecht wie kaum ein anderes Rechtsgebiet als in der nationalen Kultur verwurzelt angesehen. Als „Inbegriff nationaler Souveränität“[102] wurde ein europäischer Einfluss hierauf lange kaum für möglich gehalten und jedenfalls nicht wahrgenommen. Angesichts der fortschreitenden europäischen Integration, die u. a. mit der Schaffung eines einheitlichen Binnenmarktes, der Wirtschafts- und Währungsunion und v.a. der Öffnung der Grenzen zwischen den nunmehr 28 Mitgliedstaaten der EU einherging, hat sich dieses Verständnis heute grundlegend gewandelt. Vielmehr hat mit der zunehmenden „Europäisierung der Kriminalität“[103] im Rahmen der Europäischen Gemeinschaft bzw **Europäischen Union** eine Bewegung eingesetzt, die auf die Harmonisierung der mitgliedstaatlichen Strafrechtssysteme und in Zukunft wohl auch die Schaffung eines europäischen supranationalen Strafrechts (Erlass europäischer Straftatbestände und Errichtung europäischer Strafverfolgungsbehörden) abzielt.

99 Vgl hierzu BGHSt 55, 157; *Burghardt*, Die Vorgesetztenverantwortlichkeit im völkerrechtlichen Straftatsystem, 2008; *ders.*, ZIS 10, 695; *Safferling*, ZIS 13, 447.

100 Näher dazu LR-*Beulke*, §§ 153c, 153 f StPO; *ders.*, StPO, Rn 11d; *Geneuss*, Völkerrechtsverbrechen und Verfolgungsermessen, 2013; s. auch *Weißer*, GA 2012, 416.

101 Die Darstellung muss sich an dieser Stelle auf die wesentlichsten Grundlagen beschränken. Für ein vertieftes Studium steht spezielle Ausbildungsliteratur zur Verfügung, genannt seien: *Ambos*, Internationales Strafrecht, §§ 9 ff; *Hecker*, Europäisches Strafrecht; *Safferling*, Internationales Strafrecht, §§ 9 ff; *Satzger*, International, §§ 7 ff; *Schramm*, Internationales Strafrecht, S. 95 ff.

102 *Perron*, in: Dörr/Dreher (Hrsg), Europa als Rechtsgemeinschaft, 1997, S. 267; *ders.*, Küper-FS, S. 429.

103 *Satzger*, S. 7; zum Einfluss des EU-Rechts auf das deutsche Strafrecht *Heger*, ZIS 13, 289; s. auch *Rönnau/Wegner*, GA 2013, 561.

Am 1.12.2009 begann für das Europäische Strafrecht mit dem Inkrafttreten des **Vertrags von Lissabon**[104] eine neue Ära. Die für strafrechtliche Belange besonders wichtige „Polizeiliche und Justitielle Zusammenarbeit in Strafsachen" (PJZS), die bis dahin im Wesentlichen völkerrechtlichen Grundsätzen (v.a. dem Einstimmigkeitsprinzip zwischen den Vertretern der Mitgliedstaaten im Rat) folgte, wurde im Zuge der Vertragsreform auf die **supranationale** Ebene gehoben. Dies hat insbes. zur Folge, dass nun einzelne Mitgliedstaaten bei Maßnahmen im Bezug auf das Strafrecht überstimmt werden können. Die nach altem EU-Recht erlassenen Rechtsakte behalten ihre Gültigkeit freilich auch nach Inkrafttreten des Vertrags von Lissabon bei[105]. 109

Da die **Charta der Grundrechte der Europäischen Union** (GRC) mit dem Vertrag von Lissabon (über den Verweis in Art. 6 I EUV) rechtsverbindlich geworden ist[106], müssen nun nicht nur Rechtsakte der Union die straf- und strafverfahrensrechtlichen Garantien der Charta (insb. Art. 47 ff GRC) beachten, sondern auch die Mitgliedstaaten sind hieran gebunden, wenn sie EU-Recht durchführen[107]. Bedeutsam wäre darüber hinaus, gerade auch für das Strafrecht, der geplante – allerdings durch ein überraschenderweise negatives Gutachten des EuGH vom 18.12.2014[108] auf unabsehbare Zeit aufgeschobene – **Beitritt der EU zur Europäischen Menschenrechtskonvention**[109]. 110

b) Der Vertrag von Lissabon hat die Kompetenzen der EU zur **Rechtsangleichung** im materiellen Strafrecht erheblich ausgedehnt. Die EU darf nun in ausgewählten Bereichen besonders schwerer Kriminalität von grenzüberschreitender Dimension per Richtlinie Mindestvorschriften auf Tatbestands- und Rechtsfolgenseite erlassen (Art. 83 I AEUV). Art. 83 II AEUV begründet darüber hinaus eine Annexkompetenz der EU zum Erlass strafrechtlicher Richtlinien auf allen Gebieten, auf denen Harmonisierungsmaßnahmen erfolgt sind. Zwar sind diese Kompetenzen stets darauf ausgerichtet, ganz bestimmte Handlungen unter Strafe zu stellen. Dennoch beschränkt sich die Regelungsbefugnis des Unionsgesetzgebers nicht auf Tatbestandsmerkmale des Besonderen Teils. Er kann auch Vorgaben zu spezifischen Fragen des Allgemeinen Teils treffen, die mit dem harmonisierten Tatbestand verbunden sind, zB zu Elementen des subjektiven Tatbestands, zur Strafbarkeit des Versuchs und des Unterlassens oder zur Kriminalisierung von Teilnahmehandlungen[110]. 111

Für diese Richtlinienkompetenz ist aber der **Notbremse-Mechanismus** in Art. 83 III AEUV zu beachten: Ist ein Mitgliedsstaat der Auffassung, dass die geplante Rechtsangleichung grundlegende Aspekte seiner Strafrechtsordnung berührt, kann er verhindern, dass die Richtlinie für 112

104 ABl 2007 C 306/1; für einen allgemeinen Überblick über den Vertrag s. *Mayer*, JuS 10, 189.

105 Art. 9 des Protokolls Nr 36 über die Übergangsbestimmungen; Einzelheiten bei *Brodowski*, ZIS 10, 377.

106 Allerdings nicht für das Vereinigte Königreich, Polen und Tschechien, die sich ein sog. *opt-out* vorbehalten haben, vgl *Herrmann*, Jura 10, 161, 166.

107 Vgl zur weiten Auslegung des Anwendungsbereichs der GRC durch den EuGH: EuGH NJW 13, 1415 *(Åkerberg Fransson)* m. Bespr. *Eckstein*, ZIS 13, 220; *Rabe*, NJW 13, 1407; s auch *Kingreen*, Jura 14, 295; *Risse*, HRRS 14, 93 und *Wegner*, HRRS 13, 126.

108 EuGH Gutachten 2/13 über die Übereinkunft über den Beitritt der EU zur EMRK (Plenum) vom 18. Dezember 2014; s. dazu *Streinz*, JuS 15, 567.

109 S. dazu *Brodowski*, ZIS 11, 940; *Leutheusser-Schnarrenberger*, Jäger-FS, S. 135.

110 *Böse*, ZIS 10, 86; *Grünewald*, JZ 11, 972; *Stuckenberg*, in: Böse, § 10; krit. zu Eingriffen in den StGB-AT *Satzger*, International, § 9 Rn 49; vgl auch *Maiwald*, Frisch-FS, S. 1375.

ihn insoweit verbindlich wird[111]. Finden sich mindestens neun Mitgliedstaaten, die an dem Rechtsakt festhalten wollen, können sie ihn – allerdings nur untereinander – im Wege einer sog. verstärkten Zusammenarbeit in Kraft setzen. Gerade wenn sich die EU zu detaillierten Vorgaben im Bereich des Allgemeinen Teils entschließen sollte, bestünde ein beträchtliches Risiko, dass ein Mitgliedstaat tatsächlich von dieser Notbremse Gebrauch macht. Da dies letztlich zu einem „Europa der zwei (oder sogar mehreren) Geschwindigkeiten" führen und das Ziel einer Rechtsangleichung konterkarieren würde, sollte schon bei der Ausgestaltung von Rechtsaktsvorschlägen auf Vorbehalte einzelner Mitgliedstaaten Rücksicht genommen werden.

113 Als weitere Rechtsgrundlagen für eine Harmonisierung des nationalen Strafrechts und darüber hinaus für den Erlass unmittelbar in den Mitgliedstaaten anwendbarer **supranationaler Straftatbestände** – samt eines dazugehörigen europäischen Allgemeinen Teils – kommen in erster Linie Art. 325 IV AEUV (Betrugsbekämpfung), daneben auch Art. 33, 79 II c und d AEUV in Betracht; Einzelheiten hinsichtlich der Reichweite und Grenzen dieser Befugnis sind allerdings noch ungeklärt[112]. Die Ausübung aller Kompetenzen der Union zur Strafrechtssetzung und -harmonisierung sind jedenfalls durch die Grundsätze der Subsidiarität und der Verhältnismäßigkeit begrenzt (Art. 5 III, IV EUV)[113].

114 Eine in sich stimmige und aus rechtsstaatlicher Perspektive unproblematische Harmonisierung des Strafrechts wird der europäische Gesetzgeber nur erzielen, wenn er sich bei der Ausübung seiner Kompetenzen an klaren kriminalpolitischen Leitlinien orientiert, zB an dem von der europäischen Wissenschaftlergruppe „European Criminal Policy Initiative" vorgelegten **„Manifest zur Europäischen Kriminalpolitik"**[114]. Zudem muss die Union – auch wenn sie mittlerweile in erheblichem Umfang das Strafrecht der Mitgliedstaaten beeinflussen kann – doch weiterhin auf die starke Verwurzelung dieses Rechtsgebiets in nationalen Wertvorstellungen Rücksicht nehmen. Dieser **„strafrechtsspezifische Schonungsgrundsatz"**[115] lässt sich rechtlich in Art. 4 II EUV verankern und wurde mittlerweile im Lissabon-Urteil des BVerfG[116] bestätigt.

115 Danach ist das Strafrecht als besonders sensibler Bereich für die demokratische Selbstgestaltungsfähigkeit eines Verfassungsstaates anzusehen, da sich die Kriminalisierung sozialen Verhaltens wesentlich an den Werten und sittlichen Prämissen einer jeden Gesellschaft orientiert.

---

111 Die Geltendmachung des Notbremse-Mechanismus kann wiederum in einem Vertragsverletzungsverfahren gem. Art. 258 ff AEUV einer Missbrauchskontrolle unterzogen werden; *Zimmermann*, Jura 09, 844, 848.

112 Hierzu näher *Böse*, ZIS 10, 78 f; *Heger*, ZIS 09, 416; *Krüger*, HRRS 12, 311; *Mansdörfer*, HRRS 10, 18; *Meyer*, NStZ 09, 658; *Noltenius*, ZStW 122 [2010], 604, 618; *Renzikowski*, Achenbach-FS, S. 491, 496; *Satzger*, International, § 8 Rn 25 ff; *ders.*, in: Streinz EUV/AEUV, § 325 AEUV Rn 17; *Sturies*, HRRS 12, 276; *Vogel*, in: Ambos, S. 41, 47 ff; *Zimmermann*, Jura 09, 844, 845 f.

113 *Hecker*, § 8 Rn 48 ff; *Satzger*, International, § 8 Rn 28.

114 Abgedruckt in ZIS 09, 697 und EuCLR 11, 86 ff, abrufbar auch im Internet unter www.crimpol.eu (Stand Juli 2015); einleitend dazu *Satzger*, ZIS 09, 691 ff; *ders.*, ZRP 10, 137.

115 Grundlegend *Satzger*, 166 ff; *ders.*, International, § 9 Rn 9; *ders.*, in: Sieber ua, § 9 Rn 8 ff; zustimmend etwa *Hecker*, § 8 Rn 55; *Heger*, ZIS 09, 409, 410; der EuGH ignoriert den Schonungsgrundsatz bisher, *Folz*, ZIS 09, 428.

116 BVerfGE 123, 267, insbes. 406 ff m. Bespr. *Ambos/Rackow*, ZIS 09, 397; *Böse*, ZIS 10, 76; *Mansdörfer*, HRRS 10, 16; *Meyer*, NStZ 09, 657; *Zimmermann*, Jura 09, 844; vgl auch *Polzin*, JuS 12, 1; *Schorkopf*, in: Ambos, S. 111.

Die Strafrechtspflege ist daher in besonderem Maß dem demokratischen Entscheidungsprozess überantwortet. Hoheitsbefugnisse im Bereich der Strafrechtspflege dürfen deshalb nach Ansicht des BVerfG niemals generell, sondern nur für bestimmte grenzüberschreitende Sachverhalte auf die EU übertragen werden – und auch das nur unter sehr restriktiven Voraussetzungen[117].

Hieraus leitet das BVerfG auch ab, dass die im AEUV enthaltenen Kompetenzen auf dem Gebiet des Strafrechts „strikt – keinesfalls extensiv – auszulegen" seien[118]. So sei die besondere Notwendigkeit einer unionsweiten Rechtsangleichung im Bereich der grenzüberschreitenden Kriminalität (Art. 83 I AEUV) dezidiert zu begründen. Allein ein auf Rechtsangleichung zielender politischer Wille genüge nicht[119]. Die Annexkompetenz in Art. 83 II AEUV hält das BVerfG zudem – mit Recht – für besonders problematisch, weil danach Strafrecht zu einem reinen Durchsetzungsmechanismus für sonstige Unionspolitiken zu werden droht, was einen bedenklichen Pönalisierungsschub in Europa auslösen könnte[120]. Die Harmonisierung von Straftatbeständen solle möglichst auch nur einzelne Tatbestandsvarianten, nicht aber vollständige Deliktsbereiche erfassen[121]. Schließlich sei bei der Auslegung der Zuständigkeiten der EU immer das Schuldprinzip zu berücksichtigen, das wegen Art. 79 III GG zur unverfügbaren Verfassungsidentität zähle. Das BVerfG akzeptiert hier also keinen Vorrang des EU-Rechts; es behält sich für die Zukunft nicht nur ein Recht zur *ultra-vires*-Kontrolle von Rechtsakten der EU-Organe (= Prüfung einer Überschreitung der den EU-Organen eingeräumten Hoheitsrechte) vor[122], sondern auch ein Recht, zu prüfen, „ob der unantastbare Kerngehalt der Verfassungsidentität des Grundgesetzes nach Art. 23 I 3 iVm Art. 79 III GG gewahrt ist"[123]. **116**

c) Abgesehen von direkten Vorgaben an die nationalen Strafgesetzgeber entfaltet EU-Recht in noch größerem Maße **indirekten Einfluss auf das Strafrecht der Mitgliedstaaten**. So müssen diese aufgrund ihrer Loyalitätspflicht gegenüber der Union (vgl Art. 4 III EUV) Rechtsgüter der EU im selben Umfang wie nationale Rechtsgüter schützen (**Assimilierungsprinzip**). Daraus wurde vom EuGH die Pflicht der Mitgliedstaaten zur wirksamen, verhältnismäßigen und abschreckenden Sanktionierung der Verletzung von Interessen der EU, insbes. von Betrügereien zulasten der EU, abgeleitet[124]. Dieser Pflicht kann entweder der nationale Gesetzgeber durch die Schaffung spezieller Straftatbestände genügen oder sie wird durch die Strafgerichte erfüllt, wenn diese – soweit der Gesetzeswortlaut dies zulässt – eine **unionsrechtskonforme Auslegung**[125] der bestehenden Strafgesetze vornehmen. Nach ständiger Rspr des EuGH sind die nationalen Gerichte verpflichtet, diejenige Auslegungsvariante eines (Straf-)Gesetzes zu wählen, die keine Kollision mit EU-Recht zur Folge hat (vgl **117**

117 BVerfGE 123, 267, 408 ff.

118 Krit. *Meyer*, NStZ 09, 660: für die gebotene enge Auslegung lassen sich kaum fundierte Kriterien finden.

119 Vgl dazu *Ambos/Rackow*, ZIS 09, 402; *Heger*, ZIS 09, 412; *Kubiciel*, ZIS 10, 742; *Satzger*, International, § 9 Rn 36 f; *Zimmermann*, Jura 09, 844, 849 f.

120 BVerfGE 123, 267, 411 f; *Ambos/Rackow*, ZIS 09, 401, 403; *Zimmermann*, Jura 09, 844, 850.

121 BVerfGE 123, 267, 413; ausf. *Zimmermann*, Jura 09, 844, 850.

122 BVerfGE 75, 223, 235, 242; 89, 155, 188.

123 BVerfGE 123, 267, 354; krit. *Böse*, ZIS 10, 90; *Meyer*, NStZ 09, 660; *Reiling/Reschke*, wistra 10, 51 f.

124 EuGH NJW 90, 2245 *(Griechischer Maisskandal)*; dazu *Gröblinghoff*, Die Verpflichtung des deutschen Strafgesetzgebers zum Schutz der Interessen der EG, 1996; *Hecker*, § 7 Rn 24 ff; zu Art. 30 Satzung des EuGH s. *Satzger*, International, § 8 Rn 11 ff.

125 Hierzu ausf. *Heger*, in: Böse, § 5 Rn 101 ff; *Leenen*, Jura 12, 753.

Rn 77)[126]. Dadurch wird aber die Strafbarkeit nicht nur ausgedehnt (auf den Schutz von EU-Rechtsgütern), sondern in vielen Fällen auch (stark) eingeschränkt. Insbes. müssen Strafvorschriften so ausgelegt werden, dass sie die Bürger nicht in ihren europarechtlichen Grundfreiheiten verletzen. Scheidet eine solche Auslegung wegen des entgegenstehenden Wortlauts aus, führt der Anwendungsvorrang des Unionsrechts[127] sogar zu einer **„Neutralisierung"** des nationalen Strafgesetzes. Damit ist gemeint, dass der Straftatbestand im konkreten Fall unangewendet bleiben muss, wenn sich nur so ein Widerspruch zu Unionsrecht vermeiden lässt. Ein wichtiges Anwendungsgebiet dieses Grundsatzes ist etwa das Lebensmittelstrafrecht[128].

118 d) Das Recht der Europäischen Union (bzw früher der Europäischen Gemeinschaft) erfasst den Begriff des Europarechts jedoch keinesfalls vollständig, zumindest dann nicht, wenn man diesen in einem weiteren Sinn versteht. Gerade aus strafrechtlicher Sicht erlangt insbes. die **Europäische Menschenrechtskonvention (EMRK)**, die im Rahmen des Europarates am 4.11.1950 als völkerrechtlicher Vertrag geschlossen wurde, erhebliche Bedeutung. Sie eröffnet als erstes Instrument des völkerrechtlichen Menschenrechtsschutzes effektive Durchsetzungsmechanismen auf internationaler Ebene im Rahmen eines justizförmigen Verfahrens in Form von Individual- und Staatenbeschwerden zum **Europäischen Gerichtshof für Menschenrechte (EGMR)** in Straßburg[129].

119 Formal hat die EMRK in Deutschland, umgesetzt durch ein Transformationsgesetz nach Art. 59 II GG, den Rang eines einfachen Gesetzes. Probleme können allerdings entstehen, wenn es im GG einerseits und in der EMRK andererseits zu unterschiedlichen Ergebnissen in der Bewertung der grundrechtlichen Garantien kommt. In einem solchen Fall ist – auch nach der Rspr des BVerfG – zur Vermeidung von Kollisionen eine konventionskonforme Auslegung geboten, wonach die Grundrechte sowohl im Einklang mit der EMRK als auch mit der Rechtsprechung des EGMR auszulegen sind[130]. Dies führt zu einem faktischen Vorrang der EMRK vor dem gesamten deutschen Recht[131]. Hiervon möchte das BVerfG eine Ausnahme machen, falls es zu einem Verstoß gegen „tragende Grundsätze" des GG kommen sollte[132].

120 Außerdem zieht der EuGH die EMRK zur Herleitung der Unionsgrundrechte und zur Auslegung der Grundfreiheiten heran, obwohl sie für die EU noch nicht verbindlich ist. Art. 52 III GRC erklärt die durch die EMRK garantierten Grundfreiheiten und Menschenrechte für maßgebend, wenn es darum geht, die Bedeutung und Tragweite der entsprechenden Rechte der

---

126 EuGH NJW 84, 2021 *(von Colson* und *Kamann)*; weitere Beispiele bei *Folz*, ZIS 09, 427 f; zu den Grenzen dieser Auslegung: EuGH EuZW 05, 369 *(Berlusconi ua)* mit Anm. *Satzger*, JZ 05, 998; *Hecker*, JuS 14, 385.

127 EuGH Rs 6/64, *Costa/ENEL*, Slg. 1964, 1251; EuGH NJW 84, 1291 *(Prantl)*; BGHSt 37, 168; LG Hechingen StraFo 06, 64; *Borchardt*, Rn 140 ff; *Dannecker*, Jura 06, 173; *Ehlers*, Jura 11, 187; zum Prüfungsstandort: *Altenhain*, Puppe-FS, S. 343, 356 ff.

128 Vgl zB EuGH NJW 87, 1133 *(Reinheitsgebot für Bier)*; ausf. *Hecker*, § 9 Rn 13.

129 Einzelheiten bei *Braasch*, JuS 13, 602; Ahlbrecht ua-*Esser*, Rn 33 ff; *ders.*, LR Band 11; *Hecker*, § 3 Rn 18 ff; *Renzikowski*, in: Höland, S. 25; *Safferling*, Internationales Strafrecht, § 13; *Swoboda*, in: Höland, S. 83; Jahn/Nack-II-*Vogel*, S. 23; s. auch *Baier*, Blumenwitz-GS, S. 293.

130 BVerfGE 74, 358; BVerfG NJW 07, 204; BGHSt 46, 93; Ahlbrecht ua-*Esser*, Rn 6.

131 *Schweitzer*, § 5 Rn 709.

132 BVerfGE 111, 307 (Fall *Görgülü*); s. auch BGH JR 05, 247 m. Anm. *Esser*; *Kilian*, in Höland, S. 119; *Paeffgen*, ZStW 118 [2006], 275, 319; I. *Roxin*, AG Strafrecht, 1076 ff.

Charta zu bestimmen[133]. Mittelbar gewinnt die EMRK über den Anwendungsvorrang des Unionsrechts auch stärkeren Einfluss auf das nationale Recht (Art. 6 II EUV)[134].

Die EMRK entfaltet ihre Bedeutung v.a. im Bereich des Strafprozessrechts, dahinter bleibt ihre Bedeutung in materiellrechtlicher Hinsicht zurück. Wichtig ist jedoch, um nur stichpunktartig einige wesentliche Garantien und Problemfelder herauszugreifen, das in Art. 7 I EMRK garantierte Gesetzlichkeitsprinzip, die Frage, ob das deutsche Notwehrrecht aus § 32 StGB von Art. 2 IIa EMRK so eingeschränkt wird, dass eine Tötung nur zur Abwehr von Angriffen auf Leben, Gesundheit und allenfalls die Freiheit gerechtfertigt sein kann (dazu Rn 513 ff)[135] und das Verbot von Folter und erniedrigenden Strafen in Art. 3 EMRK[136]. **121**

Im **Fall 2a** liegt iE weder Diebstahl noch Sachbeschädigung vor. Für § 242 fehlt es an der Wegnahmehandlung; für § 303 fehlt es an der Beschädigung bzw Zerstörung, s. Rn 81. **122**

Im **Fall 2b** ist eine analoge Anwendung des § 303 zu Ungunsten des Täters unzulässig, s. Rn 71 ff, 84.

Aktuelle Rechtsprechung zu § 2:

- BVerfGE 130, 1: Unvereinbar mit dem verfassungsrechtlichen Bestimmtheitsgebot ist eine Bestrafung wegen versuchten Betrugs durch Abschluss einer Lebensversicherung seitens eines Selbstmordattentäters; vgl Rn 65.
- BGH NStZ-RR 15, 40: Ungleichartige (echte) Wahlfeststellung verstößt nicht gegen Art. 103 II GG, und zwar weder gegen das Bestimmtheitsgebot noch gegen das Analogieverbot noch gegen das Verschleifungsverbot; vgl Rn 64, 78.
- BGH wistra 15, 148: § 2 III gebietet die Anwendung des bei Vergleichsbetrachtung im konkreten Fall günstigsten Gesetz in seiner Gesamtheit, also auch bezüglich des Schuldspruches, nicht nur hinsichtlich der Strafzumessung; vgl Rn 68.
- BVerfGE 128, 326: Verfassungswidrigkeit der Regelungen zur Sicherungsverwahrung; vgl Rn 69.
- BGH NStZ-RR 13, 253: Anwendbarkeit deutschen Strafrechts auf abstraktes Gefährdungsdelikt (Geldwäsche) mit Handlungsort im Ausland, wenn sich die Vortat gegen einen deutschen Staatsbürger richtet; vgl Rn 87, 91.
- BGH NStZ 15, 81: Fehlende Inlandstat beim Einstellen von Kennzeichen verfassungsfeindlicher Organisationen in das Internet vom Ausland aus; vgl Rn 87 f.

133 Dazu *Borowsky*, in: Meyer (Hrsg), Charta, Art. 52 Rn 29 ff; *Ziegenhorn*, Der Einfluss der EMRK im Recht der EU-Grundrechtecharta, 2009.

134 Vgl EuGH NJW 13, 1415, *(Åkerberg Fransson)*; Rs C-274/99, *Conolly*, Slg. 2001, 1611; *Hummrich*, DRiZ 05, 72; *Kühne*, GA 2005, 195, 199; *Streinz*, Rn 754 ff.

135 *Satzger*, International, § 11 Rn 29 ff; zum wesentlich stärkeren Einfluss auf das Strafverfahrensrecht v.a. durch die Art. 5–7 EMRK s. *Beulke*, StPO, Rn 9 ff.

136 EGMR NStZ 08, 699 und NJW 10, 3145 (Fall *Gäfgen*); s. a. *Satzger*, International, § 11 Rn 35 ff.

§ 3 Der Mensch als Rechtssubjekt. Die strafrechtliche Handlungslehre

123 **Fall 3:** A und B schlendern über den Jahrmarkt. Am Stand des Händlers H versetzt B dem A im Verlauf eines Wortwechsels unversehens einen heftigen Stoß gegen die Brust. A stürzt in die von H zum Verkauf ausgestellten Keramikvasen, von denen mehrere zu Bruch gehen. Hat A sich strafbar gemacht? **Rn 127, 136, 146, 152**

I. Das menschliche Verhalten als Grundlage der Straftat

124 Jede strafrechtliche Untersuchung geht von der Frage aus, ob ein bestimmtes Geschehen die Merkmale einer Straftat erfüllt und ob es einer bestimmten Person als ihr freies Willenswerk zuzurechnen ist. Im Mittelpunkt des Rechtsgeschehens steht der **Mensch als Rechtssubjekt**. Auf sein Verhalten beziehen sich die Strafvorschriften. Indem der Gesetzgeber für die Verwirklichung eines Straftatbestandes eine Strafe androht, nimmt er Bezug auf die den Strafnormen vorgelagerten (außerstrafrechtlichen) **Verbote** und **Gebote**.

So basiert etwa § 212 auf der **Verbotsnorm**: „Du sollst nicht töten!", § 242 auf dem Verbot: „Du sollst nicht stehlen!" Dem § 323c liegt die **Gebotsnorm** zu Grunde: „Du sollst bei Unglücksfällen und gemeiner Not in den Grenzen der Zumutbarkeit Hilfe leisten!"

125 Eine **Straftat** ist eine tatbestandsmäßige, rechtswidrige und schuldhafte Handlung. Aus dem funktionalen Zusammenhang der Wertungsstufen **Tatbestandsmäßigkeit, Rechtswidrigkeit** und **Schuld** ergibt sich das Grundmodell für den dem deutschen StGB zugrundeliegenden dreigliedrigen Deliktsaufbau und dementsprechend auch für die Fallprüfung.

126 Dieser **dreistufige Deliktsaufbau** hat eine Filterfunktion: Ausgangspunkt sind alle Handlungen, weshalb als Vorfrage der Handlungsbegriff zu klären ist. Durch die Formulierung der Tatbestände (ieS) greift der Strafgesetzgeber diejenigen Verhaltensweisen heraus, die seiner Ansicht nach strafwürdig und strafbedürftig sind. Auf der Stufe der Rechtswidrigkeit werden sodann alle tatbestandsmäßigen Verhaltensweisen ausgeschieden, die (ausnahmsweise) nicht im Widerspruch zur Gesamtrechtsordnung stehen. In der Regel wird die Rechtswidrigkeit durch die Erfüllung eines Tatbestandes indiziert. Nähere Ausführungen zur Rechtswidrigkeit sind demnach – außer bei den sog. offenen Tatbeständen wie zB § 240 – nur erforderlich, wenn im konkreten Fall Rechtfertigungsgründe (zB Notwehr) eingreifen (näher Rn 480 ff). Schließlich darf nur für eine schuldhaft begangene Tat eine Strafe verhängt werden[1]; dies setzt zum einen die Schuldfähigkeit des Täters, zum anderen die Vorwerfbarkeit der Willensbildung und -betätigung voraus[2].

1 BGHSt 2, 194; BVerfGE 9, 167; 95, 96, 131.
2 Zur Straftatlehre anschaulich *Werle*, JuS 01, L 33, 41, 49, 57.

0. Handlung (Vorfrage)

1. Tatbestandsmäßigkeit ieS

2. Rechtswidrigkeit, dh
a) Tatbestandsverwirklichung und
b) Fehlen von Rechtfertigungsgründen

3. Schuld, dh
a) Schuldfähigkeit
b) Vorwerfbarkeit
aa) Spezielle Schuldmerkmale
bb) Schuldform
cc) Unrechtseinsicht
dd) Fehlen von Entschuldigungsgründen

Im **Fall 3** könnte A eine Sachbeschädigung, § 303, begangen haben. Der Sturz des A in die 127
Keramikvasen ist dabei zunächst auf seine Handlungsqualität zu überprüfen.

II. Der strafrechtliche Handlungsbegriff

1. Kausale, finale und soziale Handlungslehre

Dem **Handlungsbegriff** werden zweierlei Funktionen zugeschrieben: Zum einen soll 128
er als Grundlage für alle Erscheinungsformen strafrechtlich relevanten Verhaltens (Tun, Unterlassen; Vorsatz- und Fahrlässigkeitstat) gleichermaßen dienen können (**Basisfunktion** des Handlungsbegriffs). Die praktisch wichtigere Frage besteht darin, derartige Verhaltensweisen auszusortieren, die der Willensbeherrschung entzogen und daher nicht als spezifisch menschlich anzusehen sind (**Abgrenzungsfunktion** des Handlungsbegriffs)[3].

Welche Anforderungen an den Handlungsbegriff des Strafrechts zu stellen sind, war 129
und ist stark umstritten. In der wissenschaftlichen Auseinandersetzung um den allgemeinen Handlungsbegriff haben drei Lehrmeinungen größere Bedeutung gewonnen:

a) Die ältere **naturalistisch-kausale Handlungslehre** erblickte in der menschlichen 130
Handlung einen Kausalvorgang, für den es allein auf die durch einen Willkürakt verursachte Körperbewegung mit ihren Folgen in der Außenwelt, nicht jedoch auf den sozialen Sinngehalt des Geschehens ankommen sollte. Handlung wäre hiernach „gewillkürtes Körperverhalten" *(Beling)* oder die „auf menschliches Wollen zurückführbare Bewirkung einer Veränderung in der Außenwelt" *(v. Liszt)*.

b) Nach der **finalen Handlungslehre** (*Welzel, Maurach, Armin Kaufmann, Hirsch,* 131
Rudolphi, Stratenwerth, Kuhlen ua) ist Handeln Ausübung der Zwecktätigkeit, also finales und nicht lediglich kausales Geschehen. Finales Handeln meint dabei ein bewusst vom Ziel her gelenktes Wirken: Der das Kausalgeschehen lenkende Wille ist

3 Zu den Funktionen des Handlungsbegriffs s. zB S/S/W-StGB-*Kudlich*, Vor §§ 13 ff Rn 12.

das „Rückgrat der finalen Handlung“[4] mit der Folge, dass der Vorsatz als Teil des (subjektiven) Tatbestandes angesehen wird.

Die finale Lehre versucht also, das menschliche Verhalten in seiner **konkreten, inhaltlich bestimmten Wesensart** zu erfassen (etwa als Tötungs-, Wegnahme- oder Sachbeschädigungshandlung). Im Gegensatz dazu begnügen sich die Vertreter der kausalen Lehre im Handlungsbereich mit der Feststellung, *dass* der Handelnde willentlich tätig geworden ist. *Was* er damit gewollt und bezweckt hat, soll hingegen erst im Schuldbereich berücksichtigt werden[5].

132 Der **intentionale Handlungsbegriff** *(Kindhäuser, Schmidhäuser)* knüpft insoweit an die finale Handlungslehre an, als auch er nur ein solches Verhalten als Handeln versteht, das sich im Lichte einer Absicht (Intention) interpretieren lässt. Er lehnt es aber ab, auch die Verwirklichung des Deliktstatbestands als finales Verhalten zu deuten. Vielmehr soll lediglich entscheidend sein, dass der Handelnde physisch und intellektuell in der Lage ist, die Tatbestandsverwirklichung durch sein Verhalten (intentional) zu vermeiden[6].

133 c) Die **soziale Handlungslehre** (*Jescheck/Weigend, Kienapfel, Maihofer, R. Lange, Oehler, E.A. Wolff*; ihr nahe stehend auch *Arthur Kaufmann*) sieht das allen Verhaltensformen gemeinsame Kriterium des Handlungsbegriffs in der sozialen Relevanz des menschlichen Tuns oder Unterlassens[7].

Der Begriff der Handlung wird umschrieben als „das willkürliche Bewirken objektiv bezweckbarer sozialerheblicher Folgen“[8], „das objektiv von Menschen beherrschbare Verhalten mit Richtung auf einen objektiv voraussehbaren sozialen Erfolg“[9], „willensgetragenes Verhalten, das durch seine Auswirkungen die Lebenssphäre von Mitmenschen berührt und sich unter normativen Aspekten als soziale Sinneinheit darstellt“[10] oder als „sinnhafte Gestaltung der Wirklichkeit mit vom Willen beherrschbaren kausalen Folgen“[11].

134 d) Nicht weit davon entfernt ist die **personale Handlungslehre** *Roxins*. Dieser erblickt in jeder Handlung eine „Persönlichkeitsäußerung“ und qualifiziert damit alles als Handlung, was sich einem Menschen als seelisch-geistiges Aktionszentrum zuordnen lässt[12].

2. Stellungnahme

135 Die kritische Würdigung der verschiedenen Auffassungen hat sich an der eingangs aufgezeigten Basis- und Abgrenzungsfunktion des Handlungsbegriffs (s. Rn 128) zu orientieren:

---

4 *Welzel*, Lb, S. 34; instruktiv: *Welzel*, JuS 66, 421; *ders.*, NJW 68, 425; dazu *Jakobs*, Schreiber-FS, S. 949; zusammenfassend *Küpper*, S. 44 ff sowie *Zaczyk*, GA 2014, 73, 76 f.

5 Vgl *Baumann/Weber/Mitsch*, AT, § 13 Rn 68 ff; *Mezger*, Lb, § 14 III.

6 *Kindhäuser*, AT, § 5 Rn 13 f; *ders.*, in: Puppe-FS, S. 39, 59 ff; *Schmidhäuser*, AT, 5/6 ff; s. auch NK-*Puppe*, Vor § 13 Rn 49.

7 Näher dazu *Bloy*, ZStW 90 [1978], 609.

8 So zB *Engisch*, Kohlrausch-FS, S. 141, 164.

9 *Maihofer*, Eb. Schmidt-FS, S. 156, 178.

10 *Eb. Schmidt*, JZ 56, 190; *ders.*, Engisch-FS, S. 339.

11 *Arthur Kaufmann*, H. Mayer-FS, S. 79, 116.

12 *Roxin*, AT I, § 8 Rn 44 ff; krit. *Gössel*, GA 2006, 279 ff; *Zaczyk*, GA 2014, 73 ff.

a) Die **kausale Handlungslehre** kann – mangels realer Kausalität – das Unterlassen nicht erklären[13]. Überdies scheitert sie an ihrem Unvermögen, den personalen und sozialen Bedeutungsgehalt menschlicher Betätigung sachgerecht zur Geltung zu bringen, was deshalb elementar ist, weil sich der Mensch gerade von anderen Lebewesen dadurch unterscheidet, dass er zur sinnhaften Gestaltung seiner Umwelt durch schöpferische Leistung fähig ist.

b) Dieser Kritik entgeht zwar im Ausgangspunkt die **finale Lehre**; jedoch ist ihr gegenüber einzuwenden, dass menschliches Handeln nicht stets in den relativ engen Bahnen der permanenten Antizipation abzulaufen pflegt. Man wird schwerlich sagen können, dass der Mensch sich bei *jeder* Betätigung zunächst das Ziel seines Verhaltens vorstellt, um es dann durch überlegten Einsatz der Kausalfaktoren planmäßig anzusteuern. Neben derart bewusst-finalen Handlungen stehen die vom Unterbewusstsein bestimmten Verhaltensweisen, sodass die Finalisten insbes. bei der Erfassung von Konstellationen unbewusster Fahrlässigkeit Probleme haben.

Beispiel: An der Finalität, nicht jedoch an der Sozialerheblichkeit des Verhaltens mangelt es, wenn eine Mutter in unbewusst-fahrlässiger Verkennung der Gefahrenlage untätig bleibt und nicht verhindert, dass ihr Kind infolge einer Verwechslung zu einer tödlich wirkenden Flüssigkeit greift, um den Durst zu löschen. Von einem zielbewussten, den Kausalablauf steuernden Willen der Mutter kann hier keine Rede sein.

c) Den Vorzug verdient die **soziale Handlungslehre**, die eine vermittelnde Lösung 136
darstellt. Handlung iSd Strafrechts ist nach der hier vertretenen Auffassung **das vom menschlichen Willen beherrschte oder beherrschbare sozialerhebliche Verhalten**.

Sozialerheblich ist jedes Verhalten, das die Beziehungen des Einzelmenschen zu seiner Umwelt berührt und nach seinen erstrebten oder unerwünschten Folgen im sozialen Bereich Gegenstand einer wertbezogenen Beurteilung sein kann[14].

Im **Fall 3** ist das Verhalten des A „sozialerheblich", da es das Eigentum des Händlers H und damit fremde Interessen berührt. Fraglich ist nur, ob es auch vom Willen des A beherrschbar war (näher Rn 142).

Der soziale Handlungsbegriff knüpft beim Handlungswillen und seiner Verwirkli- 137
chung an die Personalstruktur des Verhaltens und damit an die tatsächlichen Gegebenheiten an. Zugleich bietet er die Möglichkeit, den sozialen Sinngehalt des Geschehens in seiner vollen objektiven Bedeutung unter Berücksichtigung der subjektiven Zielsetzung des Täters und der normativen Verhaltenserwartungen der Rechtsgemeinschaft zu erfassen.

Der Oberbegriff des „Verhaltens" umschließt so **aktives Tun** wie **Unterlassen**. Anders als in ontologischer (allein auf die äußeren Umstände abstellender) Hinsicht sind Tun und Unterlassen bei *normativer* Betrachtung nicht unvereinbare Gegensätze, sondern lediglich unterschiedliche Erscheinungsformen des willensgetragenen Verhaltens (näher Rn 985 ff)[15].

13 *Kaspar*, AT, Rn 61; *Krey/Esser*, AT, Rn 288 mwN.
14 Krit. *Herzberg*, Jakobs-FS, S. 147, 151 f.
15 S. dazu auch NK-*Puppe*, Vor § 13 Rn 51 ff.

138 Im Ergebnis schließt die soziale Handlungslehre die kausalen und finalen Handlungselemente nicht aus, sondern ein.

Während die Finalisten jedoch aus der ontologischen Struktur des Handelns zwingende Schlussfolgerungen für die aus dem Handlungsbegriff entwickelte Verbrechenslehre ziehen wollen, vermeidet die soziale Handlungslehre jede vorzeitige Festlegung in dieser Richtung. Ihre Überlegenheit zeigt sich gerade darin, dass sie **den für das Strafrecht relevanten Sinngehalt des menschlichen Verhaltens** in seinen vielfältigen Erscheinungsformen zu erfassen vermag, *ohne* den daran anknüpfenden Aufbau der Verbrechenslehre von vornherein in ein bestimmtes System zu zwängen[16].

Anders als der zu einseitig orientierte kausale Handlungsbegriff entspricht der soziale Handlungsbegriff schon von seiner Natur her der besonderen Zwecksetzung und dem fragmentarischen Charakter des Strafrechts, da er sich mit dem Kriterium der Sozialerheblichkeit auf *den* Verhaltensbereich beschränkt, der überhaupt für eine strafrechtliche Beurteilung in Frage kommt.

3. Handlungsfähigkeit und Fehlen einer Handlung

139 Praktische Bedeutung kommt dem Handlungsbegriff letztlich nur in zwei Hinsichten zu, nämlich bei der Frage, wer handlungsfähig ist, und bei der Ausscheidung bestimmter (willensunabhängiger) Verhaltensweisen[17].

140 a) **Handlungsfähig** ist jeder, der zu Handlungen iSd Strafrechts (Rn 136) im Stande ist; dh jedenfalls alle natürlichen Personen ohne Rücksicht auf Lebensalter und Geisteszustand. Zu unterscheiden ist diese alleine von natürlichen Willenskräften abhängende Handlungsfähigkeit somit von der konkret-individuellen Schuldfähigkeit iSd § 20, bei der es um die Einsichts- und Steuerungsfähigkeit im Zeitpunkt der Tatbegehung geht (Vgl Rn 624 ff).

141 **Juristische Personen** und rechtsfähige Personengesellschaften (OHG, KG, BGB-Außengesellschaft[18]) betrachtet man (noch) als im natürlichen Sinn nicht handlungsfähig; sie können daher auch nicht mit Kriminalstrafe belegt werden. Der Anknüpfungspunkt für eine strafrechtliche Verantwortung kann daher immer nur das Verhalten Einzelner innerhalb der überindividuellen Einheit sein. Entsprechende Regelungen der Organ- und Vertreterhaftung finden sich in §§ 14 StGB, 9, 29, 30 OWiG[19]. Dem Trend in ausländischen Rechtsordnungen[20] und auf EU-Ebene folgend wird allerdings in zunehmendem Maße auch in Deutschland gefordert, die Unternehmen selbst zu bestrafen **(Verbandsstrafe)**. Hintergrund hiervon sind die Schwierigkeiten, die ein reines Individualstrafrecht mit sich bringt, wenn die verantwortlichen Men-

---

16 Vgl *Jescheck*, Eb. Schmidt-FS, S. 139 ff.

17 *Fuchs*, AT I, 7. Kap., Rn 8 spricht deswegen von einem „formal-abstrakten“ Handlungsbegriff.

18 Zur Rechtsfähigkeit der BGB-Gesellschaft: BGHZ 146, 341.

19 Näher Achenbach/Ransiek/Rönnau-*Achenbach*, 1. Teil 2. Kap. Rn 1 ff und 3. Kap. Rn 6 ff; *Eidam*, Unternehmen und Strafe, 3. Aufl. 2008, Rn 597 ff; *Fischer*, § 14 Rn 1b ff; *Frisch*, Wolter-FS, S. 349; *Hellmann/Beckemper*, Wirtschaftsstrafrecht, Rn 906 ff und 974 ff; SK-*Hoyer*, § 14 Rn 2 ff; *Kudlich/Oğlakcıoğlu*, Wirtschaftsstrafrecht, 2. Aufl. 2014, Rn 85 ff; *Laue*, Jura 10, 339; MK-*Radtke*, § 14 Rn 2; AnwK-StGB-*Tsambikakis/Kretschmer*, § 14 Rn 41 f; instruktiv *Theile/Petermann*, JuS 11, 496.

20 V.a. im angelsächsischen Rechtskreis (USA, Großbritannien, Kanada und Australien), aber auch in Frankreich, Spanien, Dänemark, der Schweiz und Österreich (dazu *Cantón*, Wolter-FS, S. 1371; *Kelker*, Krey-FS, S. 221; *Schmoller*, Küper-FS, S. 519).

schen innerhalb eines arbeitsteilig tätigen Kollektivs identifiziert werden sollen[21]. Gegner der Verbandsstrafe machen neben der fehlenden Handlungsfähigkeit eine Unvereinbarkeit mit dem Schuldprinzip geltend, da Schuld individuelle Vorwerfbarkeit voraussetze[22].

b) **An einer Handlung fehlt es** von vornherein bei bloßem menschlichen **Denken und Wollen**, wenn mit einer Willensbetätigung nach außen gar nicht begonnen wird; beim Unterlassen ist insoweit auf das Ausbleiben derjenigen Wirkungen abzustellen, die das rechtlich erwartete Tätigwerden gehabt hätte. **Reflexbewegungen** (wie etwa Krampfanfälle, Bewegungen im Schlaf oder während der Bewusstlosigkeit) sowie **rein instinktive**, der Willensbeherrschung entzogene **Schreckreaktionen** sind daher keine Handlungen im strafrechtlichen Sinn. 142

Der Grund hierfür liegt darin, dass bei Reflexbewegungen ein physiologischer Reiz **ohne** Mitwirkung des Bewusstseins von einem Empfindungszentrum auf ein Bewegungszentrum übertragen wird, also unmittelbar in eine **willensunabhängige** Bewegung umgesetzt wird.

Dagegen ist die Handlungsqualität zu bejahen bei **beherrschbaren Spontanreaktionen**, die aus einer bestehenden Handlungsbereitschaft hervorgehen (Beispiel: Abwehren einer Wespe, blitzschnelle Ausweichbewegungen beim Autofahren), bei Affekt- und Kurzschlusshandlungen sowie bei Tätigkeiten, die auf eingeübten Verhaltensmustern beruhen (Beispiel: Kuppeln und Schalten beim Autofahren). Dies ist der Fall, da hier die Verhaltensweisen zentral gesteuert – wenn auch nicht im Einzelfall bewusst geplant – sind[23]. 143

An der Handlungsqualität fehlt es schließlich bei einem Verhalten, das durch **äußere unwiderstehliche Gewalt unmittelbar erzwungen** wird *(vis absoluta)*. Den Gegensatz dazu bildet die lediglich den Willen beugende Gewalt *(vis compulsiva)*, deren Anwendung den Handlungscharakter der erzwungenen Willensbetätigung unberührt lässt. 144

Vis absoluta liegt zB vor, wenn der Hauseigentümer E den zum Verlassen des Hauses aufgeforderten Stiefsohn S mit einem Faustschlag bewusstlos schlägt, um so den regungslosen S vor die Tür schleppen zu können. **Vis compulsiva** ist dagegen gegeben, wenn E den S so lange schikaniert und prügelt, bis dieser seinen Widerstand aufgibt, sich dem Verlangen des E beugt und das Haus verlässt.

Verhaltensweisen, die im **Schlaf** oder in einem Zustand der **Bewusstlosigkeit** erfolgen, sind keine Handlungen, da diese nicht willentlich gesteuert werden (Beispiel: 145

---

21 Zum Gesetzentwurf des Landes Nordrhein-Westfalen zur Einführung eines Unternehmensstrafrechts: *Fischer/Hoven*, ZIS 15, 32; *Jahn/Pietsch*, ZIS 15, 1; *Löffelmann*, JR 14, 185; *Mitsch*, NZWiSt 14, 1; *Rogall*, GA 15, 261; *Schmitt-Leonardy*, ZIS 15, 11; *Schünemann*, GA 15, 274 ff; *Zieschang*, GA 2014, 91; zur Reformdiskussion: *Achenbach*, wistra 02, 441; *Böse*, Jakobs-FS, S. 15; *Dannecker*, GA 2001, 101; *Heine*, Die strafrechtliche Verantwortung von Unternehmen, 1995; *Hettinger* (Hrsg), Reform des Sanktionenrechts, Band 3, Verbandsstrafe, 2002; *Jäger*, I. Roxin-FS, S. 43; *Leipold*, ZRP 13, 34; *Pelz/Salditt*, DRiZ 06, 139; MK-*Radtke*, § 14 Rn 128; *Ransiek*, Unternehmensstrafrecht, 1996; *Roxin*, AT I, § 8 Rn 61 ff; *Seelmann*, Schmid-FS, S. 169; *Trüg*, wistra 10, 241; *Vogel*, StV 12, 427; *Wehnert*, Rieß-FS, S. 811.

22 *Frister*, AT, 3. Kap., Rn 13–15; *Köhler*, AT, S. 557; *Krey/Esser*, AT, Rn 111; *Ransiek*, NZWiSt 12, 45.

23 IE ebenso *Kaspar*, AT, Rn 68; *Merkel*, ZStW 119 [2007], 214.

Die Mutter erdrückt ihr Baby im Schlaf)[24]. Dies gilt auch für Bewegungen beim Schlafwandeln sowie im Zustand tiefer **Hypnose**, da diese der geistigen Kontrolle des Betroffenen entzogen sind[25]. Nach aA soll hier eine tiefgreifende Bewusstseinsstörung iSd § 20 vorliegen[26].

146 Im **Fall 3** war der Sturz des A in die Keramikvasen des H eine zwangsläufige Folge der von B ausgehenden Stoßbewegung. Das Hinfallen als solches war vom Willen des A weder beherrscht noch beherrschbar; dieses Ereignis kann zwar dem Veranlasser B, nicht jedoch dem A als Handlung zugerechnet werden. Infolge der auf ihn einwirkenden äußeren Gewalt wurde A zum Werkzeug in der Hand des B; praktisch liegt es nicht anders, als wenn B einen leblosen Gegenstand in die Vasen des H gestoßen hätte. Da das Verhalten des A durch **vis absoluta** erzwungen wurde und auch nichts dafür ersichtlich ist, dass ein vorausgegangenes, vom Willen des A getragenes Verhalten als Anknüpfungspunkt für eine strafrechtliche Haftung aus § 303 in Betracht kommt, scheidet eine Bestrafung des A wegen Sachbeschädigung mangels einer ihm zurechenbaren Handlung aus.

147 Wenn **Zweifel an der Handlungsqualität** bestehen, ist in Strafrechtsarbeiten folgende Reihenfolge der Untersuchung zu empfehlen:

1. Liegt überhaupt ein **menschliches Verhalten** vor? Den Gegensatz bilden reine Naturereignisse (Bergrutsch, Unwetter usw) und das Verhalten von Tieren.
2. War dieses Verhalten **vom Willen** des betreffenden Menschen **beherrscht oder beherrschbar**? Fällt diese Prüfung – wie im Ausgangsfall – negativ aus, bedarf die Frage der Sozialerheblichkeit keiner Erörterung mehr.
3. Ist dieses willensgetragene menschliche Verhalten auch **sozial relevant**?

Wo – wie in den meisten Fällen – an der Handlungsqualität des Verhaltens **kein Zweifel** besteht, ist es zulässig und angebracht, die Frage des Handelns gar nicht anzusprechen, sondern sogleich mit der Prüfung der Tatbestandsverwirklichung zu beginnen.

148 c) Wo auf den ersten Blick die Handlungsqualität nicht vorzuliegen scheint, kann die Wahl eines anderen (zeitlich vorgelagerten) **Anknüpfungspunktes** zu einem anderen Ergebnis führen.

Beispiel: Nach dem Zubettgehen greift Frau F zu einem Kriminalroman. Neben ihrem Bett schlummert in einer Wiege ihr 5 Monate altes Kind. Plötzlich fällt der Strom aus. Da F das begonnene Kapitel unbedingt zu Ende lesen möchte, zündet sie eine Kerze an, die sie auf das Nachtschränkchen stellt. Während des Lesens schläft sie ein. Bei einer Armbewegung im Schlaf stößt sie die brennende Kerze um, sodass sich ein Schwelbrand entwickelt. Als F erwacht, ist ihr Kind bereits erstickt. F kommt mit dem Leben davon. F meint, dass sie mangels Handlung für den Tod des Kindes nicht verantwortlich sei. Trifft ihre Ansicht zu?

Vorsatzdelikte scheiden bei diesem Sachverhalt aus. F kann sich jedoch der fahrlässigen Tötung (§ 222) schuldig gemacht haben. Das **Umstoßen der brennenden Kerze** durch die im Schlaf (dh außerhalb des Bewusstseins) erfolgte Armbewegung scheidet bei der Frage nach dem Vorliegen einer Handlung als geeigneter Anknüpfungspunkt aus. Zu prüfen ist aber, ob nicht ein vorangegangenes Verhalten der F als Grundlage für die strafrechtliche Beurteilung in

24 S. nur *Kühl*, AT, Rn 6.
25 Vgl LK-*T. Walter*, Vor § 13 Rn 38; fallbezogen *Kaspar*, JA 06, 855.
26 So u. a. *Maurach/Zipf*, AT/1, § 16 Rn 19; *Roxin*, AT I, § 8 Rn 72.

Betracht kommt: Das **Anzünden der Kerze** (= aktives Tun) war Handlung im oben erläuterten Sinn, erfüllt den Tatbestand des § 222 jedoch deshalb nicht, weil es für sich allein keinen Verhaltensfehler und keinen Sorgfaltsmangel erkennen lässt (vgl Rn 939). Einen weiteren tauglichen Anknüpfungspunkt bildet das **Nichtauslöschen der Kerze** beim Auftreten der ersten Ermüdungserscheinungen (= pflichtwidriges Unterlassen). Als ein vom menschlichen Willen beherrschtes oder beherrschbares sozialerhebliches Verhalten erfüllt dieses Unterlassen alle Voraussetzungen des Handlungsbegriffs. Da es auch auf einem Sorgfaltsmangel beruht[27] und die im Unterlassungsbereich erforderliche Garantenstellung der F iSd § 13 unschwer zu bejahen ist (= Verantwortlichkeit für eine bestimmte Gefahrenquelle, Schutzpflicht für das Leben ihres Kindes; vgl Rn 1004 ff), führt dieser Anknüpfungspunkt zur sachgerechten Lösung des Falles (fahrlässige Tötung gem. §§ 222, 13 in Form des unechten Unterlassungsdelikts).

4. Verbindungslinien zur allgemeinen Verbrechenslehre

Die Handlungslehre hat in Deutschland einen beherrschenden Einfluss auf die **allgemeine Verbrechenslehre** ausgeübt. Einerseits bestand eine besonders stark ausgeprägte Beziehung zwischen der kausalen Handlungslehre (s. o. Rn 130) und dem älteren klassischen Verbrechenssystem. **149**

Begründet wurde das klassische Verbrechenssystem durch *Franz v. Liszt* (1851-1919) und *Ernst v. Beling* (1866-1923). Der Tatbestand beschränkte sich danach auf die wertfreie Feststellung, dass der tatbestandliche Erfolg verursacht wurde. Die subjektive Einstellung des Täters zu diesem Vorgang wurde als Vorsatz erst im Rahmen der Schuld geprüft.

Andererseits war und ist auch eine sehr enge Verbindung erkennbar zwischen finalem Handlungsbegriff und dem aus ihm abgeleiteten Verbrechenssystem der Finalisten, das zu einer **personalen Unrechtslehre** ausgebaut worden ist (vgl Rn 199). **150**

Diese auf *Hans Welzel* (1904-1977) zurückgehende Lehre ordnete – was heute ganz herrschender Ansicht entspricht – den Vorsatz dem Unrechtstatbestand zu; für die Anhänger der finalen Handlungslehre ist dies zwingend, weil der das Geschehen lenkende Wille das Rückgrat der Handlung bildet.

Erst die soziale Handlungslehre hat jedoch zu der richtigen Erkenntnis geführt, dass die **begrenzte Funktion** des Handlungsbegriffs im Deliktsgefüge eine vorzeitige Festlegung des Systemdenkens für die ihm nachgeordneten Wertungsstufen (Tatbestandsmäßigkeit, Rechtswidrigkeit und Schuld) ausschließt und es nicht gestattet, die Unrechts- und Schuldlehre schon vom Handlungsbegriff her in ein bestimmtes System zu zwängen. Darauf aufbauend vertritt die hM heute eine **teleologische Verbrechenslehre**, wonach die Begriffe „Vorsatz" und „Fahrlässigkeit" neben der Verhaltensform auch die jeweilige Schuldform beschreiben, sodass beide Merkmale im Deliktsaufbau eine Doppelfunktion (im Unrecht wie in der Schuld) erfüllen. **151**

Dieser hM lassen sich bspw *Eser, Gropp, Haft, Jäger, Jescheck, Köhler, Kühl, Roxin, Rudolphi* und *Wolter* zuordnen.

Im **Fall 3** hat sich A also mangels Handlungsqualität seines Verhaltens nicht nach § 303 strafbar gemacht (s. Rn 146). **152**

27 S. BGHSt 23, 156 zum Einschlafen am Steuer eines Kraftwagens bei Missachtung der die Ermüdung anzeigenden Begleiterscheinungen.

Teil II

Die vorsätzlichen Begehungsdelikte

§ 4 Die Bildung von Straftatbeständen und Deliktsgruppen im Gesetz

153 **Fall 4:**

a) A hat erfahren, dass seine Braut B von ihren tödlich verunglückten Eltern einen hohen Geldbetrag geerbt hat, der sich im Wandtresor ihres Buchladens befindet. Da er ohnehin mit einer baldigen Auflösung des Verlöbnisses durch B rechnet, steigt A nachts – mit einer geladenen Pistole bewaffnet – in das Geschäft der B ein, öffnet den Tresor mit einem Nachschlüssel und entwendet das vorgefundene Geld, um es für sich zu verwenden.

Rechtliche Beurteilung der von A begangenen Straftat? **Rn 154, 169**

b) Bedarf es zur Strafverfolgung gegen A eines Strafantrags der B? **Rn 169**

I. Tatbestandsbildung und Gesetzessystematik

154 Im **Fall 4** verwirklicht das Verhalten des A den Tatbestand des Diebstahls (§ 242) in seiner Grundform, die in § 243 I 2 Nr 1 und 2 für einen „besonders schweren Fall" genannten Regelbeispiele sowie die qualifizierenden Merkmale des § 244 I Nr 1a. Da B als Verlobte zu den Angehörigen des A zählt (§ 11 I Nr 1a), liegen außerdem die privilegierenden Voraussetzungen des § 247 vor. Fraglich ist, welche rechtlichen Konsequenzen das gleichzeitige **Zusammentreffen** von **qualifizierenden** und **privilegierenden Umständen** bei der Verwirklichung eines Straftatbestandes hat und ob die Strafverfolgung gegen A hier **von Amts wegen** oder (im Hinblick auf § 247) **nur auf Antrag** der B betrieben werden darf.

155 Bildung und Aufbau der Straftatbestände unterliegen bestimmten Gesetzmäßigkeiten, die für ihre Einordnung und ihren Anwendungsbereich von Bedeutung sind. **Grundlage** und Ausgangspunkt der Tatbestandsbildung ist das zu **schützende Rechtsgut** (dazu s. Rn 9 ff). Der jeweiligen Schutzrichtung entsprechend unterscheidet man beispielsweise Tötungs-, Körperverletzungs-, Eigentums- und Vermögensdelikte. Kernstück der Tatbestandsbildung ist jedoch die abschließende und den besonderen Deliktstyp kennzeichnende Umschreibung der Strafbarkeitsvoraussetzungen, von deren Verwirklichung die angedrohte und im Strafrahmen umgrenzte Straffolge abhängt.

156 Die meisten, aber nicht alle Vorschriften im Besonderen Teil, haben die Bildung von Straftatbeständen zum Gegenstand. Es gibt auch Vorschriften ohne „Tatbestands"-charakter, die nur **Strafzumessungsregeln** (vgl §§ 213, 243) oder **prozessuale Regelungen** (vgl §§ 230, 247, 248a) enthalten (näher Rn 163 f).

157 Neben abschließend ausformulierten Straftatbeständen, die man als **Vollstrafgesetze** bezeichnet (Beispiele: §§ 242, 246, 249), gibt es im StGB und im Nebenstrafrecht

auch **Blankettvorschriften**, die bzgl ihres Verbotsinhalts auf andere Gesetze, Rechtsverordnungen oder Verwaltungsakte verweisen (Beispiele: §§ 184d, 315a I Nr 2). Bei ihnen ergibt sich der komplette Tatbestand erst aus dem Zusammenlesen von Blankettgesetz und ausfüllender Norm (Inkorporationstheorie), wobei der verfassungsrechtliche Bestimmtheitsgrundsatz des Art. 103 II GG (o. Rn 64) für beide gilt, was insbesondere beim Verweis auf EU-Recht bisweilen missachtet wird[1].

II. Tatbestandsabwandlungen und ihre Bedeutung

1. Unselbstständige und verselbstständigte Abwandlungen

Innerhalb der Strafvorschriften, die den Schutz eines bestimmten Rechtsgutes bezwecken, finden sich vielfach **zusammenhängende Gruppen**, die aus dem Grundtatbestand des betreffenden Delikts und daran anknüpfenden qualifizierenden und/oder privilegierenden Abwandlungen tatbestandlicher oder nicht-tatbestandlicher Art bestehen. Daneben gibt es die gesetzliche Weiterbildung zu eigenständigen Delikten, die im Verhältnis zu ihrem Ausgangstatbestand verselbstständigt sind und rechtlich ihren eigenen Regeln folgen, also aus sich heraus zu beurteilen sind. **158**

a) Der **Grundtatbestand** bildet die Grundform des Deliktstyps. Er enthält die Mindestvoraussetzungen der Strafbarkeit, die dem Delikt (wie etwa dem Diebstahl in § 242 oder dem Betrug in § 263) sein typisches Gepräge geben und seinen Unrechtsgehalt bestimmen. **159**

b) **Qualifizierende** und **privilegierende Abwandlungen** entstehen dadurch, dass der Gesetzgeber den Grundtatbestand um spezielle Merkmale erweitert (zB hinsichtlich der zeitlichen oder räumlichen Umstände, der Begehungsweise, der Verwendung bestimmter Tatmittel, der Beziehung zwischen Täter und Verletztem usw). **„Tatbestands"-Qualität** haben solche Abwandlungen nur dann, wenn sie den Unwertgehalt der Tat berühren und wenn sie (wie etwa § 244 oder §§ 250, 251) eine **abschließende und zwingende Regelung** in dem Sinne treffen, dass bei ihrem Vorliegen immer, aber auch nur dann ein strengerer oder milderer Strafrahmen Platz greift (s. bereits Rn 32). **160**

aa) Von einer **unselbstständigen Abwandlung** spricht man, wenn die Veränderung der Deliktsform die Abhängigkeit der Qualifizierung oder Privilegierung vom Grundtatbestand nicht aufhebt, sondern verwandte Erscheinungsformen des Delikts mit einem sie rechtlich verbindenden **„Stufenverhältnis"** schafft (Beispiel: §§ 224–227 im Verhältnis zu § 223). Hier spricht man von einem „Qualifikations-" bzw von einem „Privilegierungstatbestand". **161**

bb) Eine **verselbstständigte Abwandlung** liegt dagegen vor, wenn die speziellere Rechtsnorm vom Ausgangstatbestand gelöst und zu einem **neuen Delikt mit eigenständigem Unwert** *(delictum sui generis)* ausgestaltet worden ist (Beispiel: § 252 im **162**

1 BGH NJW 14, 325; BGH NJW 14, 1029, dazu *Böse*, Krey-FS, S. 7; *Hecker*, § 7 Rn 76 ff; *ders.*, JuS 14, 458 ff; *Heger*, Kühl-FS, S. 669; *Krey/Esser*, AT, Rn 128; S/S/W-StGB-*Satzger*, § 1 Rn 53 ff.

Verhältnis zu § 242; § 237 [Zwangsheirat][2] zu § 240). Ob diese Voraussetzung gegeben ist oder nicht, muss im Einzelfall entsprechend dem Sinn und Zweck der abgewandelten Vorschrift durch Auslegung ermittelt werden.

163 c) Vorschriften, die gegenüber dem Grundtatbestand zusätzliche Merkmale enthalten, die aber – anders als bei Qualifikations- und Privilegierungstatbeständen – keine zwingende und abschließende Regelung treffen, insbes. einen modifizierten Strafrahmen nur „in der Regel“ an das Vorliegen dieser zusätzlichen Merkmale knüpfen (sog. Regelbeispielsmethode), sind lediglich **Strafzumessungsregeln**. Sie sind keine Tatbestände und auch nicht als solche zu prüfen. Die Verwirklichung eines sog. Regelbeispiels indiziert nur das Eingreifen der modifizierten Straffolge (etwa in Form eines „besonders schweren Falls“ des Grunddelikts).

164 d) Daneben existieren (verfahrensrechtliche) Privilegierungen, die ihre Grundlage in kriminalpolitischen Erwägungen haben (zB bzgl eines Strafantragserfordernisses) und sich nicht auf den Unwertgehalt der Tat, sondern allein auf die **Zulässigkeit der Strafverfolgung** (also auf Prozessvoraussetzungen) beziehen. Diese Vorschriften haben keinen Tatbestandscharakter, was bei Irrtumsfragen Bedeutung gewinnt (näher Rn 735)[3].

Die nachfolgende Übersicht verdeutlicht das hier Gesagte anhand der §§ 242–252.

165 e) **Schaubild zum Verhältnis von § 242 zu seinen Abwandlungen:**

		§§ 244, 244a Qualif.-Tatbestände	**§ 251** Qualif.-Tatbestand	**§ 251** Qualif.-Tatbestand
	§ 246 II Qualif.-Tatbestand	**§ 243** Regelbeisp. für „bes. schwere Fälle“	**§ 250** Qualif.-Tatbestand	**§ 250** Qualif.-Tatbestand
§ 248c eigenständiges Delikt	**§ 246 I** Auffangtatbestand	**§ 242** **Grundtatbestand**	**§ 252** eigenständiges Delikt	**§ 249** eigenständiges Delikt

§§ 247, 248a
Privilegierung
prozessualer Art

Aus dieser Übersicht ergibt sich, dass zwischen dem Grundtatbestand des Diebstahls (§ 242) und seinen unselbstständigen Abwandlungen (§§ 243, 244, 244a, 247, 248a) ein sog. **Stufenverhältnis** besteht.

Die Anwendung der §§ 243, 244, 244a, 247, 248a setzt daher stets voraus, dass der Grundtatbestand des § 242 erfüllt ist.

2 Dazu: *Busch*, NJ 10, 18; *Bülte/Becker*, ZIS 12, 61; *Eisele/Majer*, NStZ 11, 546; *Ensenbach*, Jura 12, 507; *Haas*, JZ 13, 72; *Kubik/Zimmermann*, JR 13, 192; *Letzgus*, Puppe-FS, S. 1231; *Schramm*, Kühl-FS, S. 603; *Schumann*, JuS 11, 789; *Sering*, NJW 11, 2161; *Valerius*, JR 11, 430; zur „Genitalverstümmelung“ s. den neuen § 226a (BT-Drs. 17/13707); ferner *Hahn*, ZRP 10, 37; *Rittig*, JuS 14, 499; *Valentiner*, StudZR 12, 461; *Zöller/Thörnich*, JA 14, 167.

3 Vgl auch BGHSt 18, 123: Unbeachtlichkeit des Irrtums über das Angehörigenverhältnis.

§ 244 bildet (ebenso wie § 244a) eine den Handlungsunwert der Tat steigernde Abwandlung **tatbestandlicher Art**, deren Regelung für den Strafrichter **abschließend** und **zwingend** ist; als Qualifikationstatbestand greift er immer, aber auch nur dann ein, wenn seine speziellen Merkmale neben denen des § 242 verwirklicht sind.

Im Gegensatz dazu enthält § 243 I weder eine zwingende noch eine abschließende Regelung, es handelt sich um eine bloße **Strafzumessungsregel**[4] ohne tatbestandlichen Charakter[5]. Die Verwirklichung eines der dort genannten **Regelbeispiele** indiziert nur einen besonders schweren Fall des Diebstahls.

Die in §§ 247, 248a getroffene Privilegierung betrifft nur die **Zulässigkeit der Strafverfolgung**, die von einem Strafantrag als Prozessvoraussetzung abhängig gemacht wird. Aus diesem Grunde fehlt beiden Regelungen der Tatbestandscharakter[6].

Bei der Entziehung elektrischer Energie (§ 248c), beim Raub (§ 249) und beim räuberischen Diebstahl (§ 252) handelt es sich um **eigenständige Delikte**, die vom Ausgangstatbestand des § 242 gelöst und verselbstständigt sind. Hier scheidet ein Rückgriff auf Abwandlungen des Ausgangstatbestands (§§ 243, 244, 244a, 247, 248a) aus[7], es sei denn das Gesetz erklärt ihn (wie in § 248c III) ausdrücklich für zulässig.

Die Unterschlagung (§ 246) ist gegenüber dem Diebstahl ein **Auffangtatbestand**, der alle Zueignungsakte erfassen soll, die nicht bereits in anderen Vorschriften mit schwererer Strafe bedroht sind (s. zur Konkurrenzproblematik Rn 1101)[8].

2. Zusammentreffen qualifizierender und privilegierender Umstände

Begeht jemand eine Straftat, bei der neben einer Verwirklichung des Grundtatbestandes **qualifizierende und privilegierende** Umstände zusammentreffen, so ist zu fragen, ob die Privilegierung nach ihrem Sinn und Zweck eine **Sperrwirkung** gegenüber der Qualifikation entfaltet oder ob beide im Sinne eines **Ergänzungsverhältnisses** nebeneinander bestehen können: **166**

a) Sind sowohl die Voraussetzungen eines Qualifikations- als auch eines Privilegierungstatbestandes erfüllt, so entfaltet die Privilegierung eine **Sperrwirkung** gegenüber der Qualifikation. **167**

Beispiel: Tötet A den O auf dessen ausdrückliches und ernsthaftes Verlangen, erfüllt er den Privilegierungstatbestand der Tötung auf Verlangen (§ 216). Handelt er dabei aber grausam, erfüllt er auch die Tatbestandsvoraussetzung des Mordes (§ 211). Nach der *ratio legis* kann der A nur wegen § 216 bestraft werden[9].

---

4 BGHSt 23, 254; 26, 104; 33, 370; BGH JZ 02, 512 m. Anm. *Sternberg-Lieben*; dazu auch BGH wistra 03, 297; *Rengier*, BT I, § 3 Rn 1; *Wessels/Hillenkamp*, BT/2, Rn 207 ff.

5 Anders *Calliess*, NJW 98, 929; *Eisele*, Die Regelbeispielsmethode im Strafrecht, 2004, S. 354; *Jakobs*, AT, 6/99; *Krahl*, Tatbestand und Rechtsfolge, 1999, S. 146; vert. *Hettinger*, Maiwald II-FS, S. 293, 317.

6 BVerfGE 50, 205, 211.

7 Vgl RGSt 66, 354; *Maurach/Zipf*, AT/1, § 20 Rn 46.

8 Einzelheiten: BGHSt 47, 243; *Fahl*, Jura 14, 382; *Jahn*, JuS 00, 1167; *Kudlich*, JuS 01, 767; *Wessels/Hillenkamp*, BT/2, Rn 327, 440.

9 *Bornemann*, Das Zusammentreffen vertatbestandlichter Strafmilderungs- und Strafschärfungsgründe, 2002, S. 152 f; *Küpper*, Meurer-GS, S. 123; iE trotz Ablehnung der Sperrwirkung ebenso *Herzberg*, JZ 00, 1093; *Seiler*, Die Sperrwirkung im Strafrecht, 2002, S. 281 f; Klausur bei *Gerhold/El-Ghazi*, JuS 14, 524.

168 b) Eine verfahrensrechtliche Privilegierung kann hingegen **ergänzend** neben tatbestandliche Abwandlungen samt Strafzumessungsregeln treten.

§§ 243 I, 244 und § 247 schließen sich daher nicht gegenseitig aus, sondern ergänzen sich. Ein unter den Voraussetzungen der §§ 243 I, 244 begangener Haus- und Familiendiebstahl ist somit Antragsdelikt.

169 Im **Fall 4a** wird also der verwirklichte Diebstahl (§ 242) unter Erfüllung von Regelbeispielen gem. § 243 I 2 Nr 1 und 2 als besonders schwerer Fall des Diebstahls und durch den Diebstahl mit Waffen gem. § 244 I Nr 1a qualifiziert. Die Strafe wird nur dem § 244 entnommen (näher *Wessels/Hillenkamp*, BT/2, Rn 264 ff). § 242 iVm § 243 I 2 Nr 1 und 2 gehen in § 244 I Nr 1a auf.

Im **Fall 4b** ist gem. § 247 ein Strafantrag erforderlich, s. Rn 165.

§ 5 Die Tatbestandslehre. Begriff und Struktur des Unrechtstatbestandes

170 **Fall 5:**

a) E hat seinen Pkw kurz vor Schalterschluss vor der Postfiliale abgestellt, um ein Einschreiben aufzugeben. In der Eile hat er vergessen, den Zündschlüssel abzuziehen und den Wagen zu verschließen. A nimmt die günstige Gelegenheit wahr und entwendet den Wagen für eine Spritztour. Auf der Fahrt wird er von der Polizei gestellt, durch deren Eingreifen E sein Auto zurückerhält.

Ermöglicht der objektive Teil des Vorganges schon für sich allein die Feststellung, welchen Unrechtstatbestand A verwirklicht hat? **Rn 198, 211**

b) In einer Hamburger Seemannskneipe kommt es zu einer Massenschlägerei. Der anwesende A will nicht als Feigling erscheinen und teilt deshalb auch einige leichte Hiebe aus. Parallel dazu verpasst der X dem Y einen harten Schlag an die Schläfe, sodass Y tot zusammenbricht. Welche Stellung im Deliktssystem nimmt die in § 231 (Beteiligung an einer Schlägerei) vorausgesetzte Folge (Tod bzw schwere Körperverletzung) ein? Kann A wegen § 231 bestraft werden, obwohl er solch schwere Folgen weder vorhergesehen noch irgendwie gewollt hat? **Rn 211**

I. Die Grundstruktur des Strafunrechts

171 Im Rahmen des herrschenden dreistufigen Deliktsaufbaus (dazu – mit Grafik – Rn 125 ff) ist die Grundlage des Strafunrechts die **Verwirklichung des gesetzlichen Tatbestandes**. Der Unrechtsgehalt der Tat findet seinen Ausdruck in den Tatbestandsmerkmalen, die den deliktstypischen Handlungs- und Erfolgsunwert (s. Rn 29) des Geschehens beschreiben. Tatbestandsmäßig ist ein Verhalten, wenn es mit der deliktstypischen Unrechtsbeschreibung im gesetzlichen Tatbestand übereinstimmt.

172 Wer einen solchen Straftatbestand verwirklicht, handelt aber nicht zwangsläufig rechtswidrig. Die **Rechtswidrigkeit** ist durch die Verwirklichung des Tatbestandes

zwar regelmäßig indiziert (mit Ausnahme sog. „offener Tatbestände“ wie zB § 240, bei denen die Rechtswidrigkeit stets gesondert positiv festgestellt werden muss)[1], das Verhalten kann jedoch ausnahmsweise gerechtfertigt sein, wenn es in der konkreten Tatsituation durch einen Rechtfertigungsgrund (Erlaubnissatz) gedeckt ist, dessen Voraussetzungen man als **Erlaubnistatbestand** bezeichnet.

Beispiel: Die vorsätzliche Tötung eines anderen Menschen verwirklicht den Tatbestand des Totschlags (§ 212). Dieses tatbestandsmäßige Verhalten ist rechtswidrig, wenn kein Rechtfertigungsgrund eingreift; es ist aber erlaubt und rechtmäßig, wenn die Voraussetzungen der Notwehr (§ 32) gegeben sind.

Das **endgültige Unwerturteil** der Rechtsordnung über die konkrete Tat fällt somit nicht schon mit der Feststellung der Tatbestandsmäßigkeit, sondern erst mit Bejahung der Rechtswidrigkeit. Die Bewertung eines Geschehens als **Unrecht** hat jeweils zwei Wertungsstufen zu durchlaufen: die Prüfung der **Tatbestandsmäßigkeit des Verhaltens** (Wertung anhand des gesetzlichen Tatbestandes) und die Feststellung des **Nichteingreifens von Rechtfertigungsgründen** (Wertung anhand der Gesamtrechtsordnung)[2]. **173**

II. Die Lehre vom Tatbestand

Jede Strafbestimmung fasst die tat- und täterbezogenen Merkmale zusammen, deren Vorliegen **Voraussetzung für die Strafbarkeit** des Verhaltens ist. Was genau mit Tatbestand gemeint ist, hängt von der funktionalen Bedeutung der Begriffsbildung im jeweiligen Kontext ab. **174**

§ 16 I 1 spricht beim Vorsatzausschluss von den Tatumständen, die zum **gesetzlichen Tatbestand** gehören, lässt aber offen, was mit diesem Begriff gemeint ist. Ähnlich liegt es bei § 22, wo das Gesetz für den Versuch ein unmittelbares Ansetzen zur Verwirklichung des Tatbestandes verlangt.

1. Der Tatbestand im weiteren Sinne

Den **Inbegriff aller Voraussetzungen der Strafbarkeit** bezeichnet man herkömmlicherweise als den **Tatbestand iwS**: **175**

Dieser weite Tatbestandsbegriff umspannt die Merkmale des Unrechtstatbestandes, der Rechtswidrigkeit und der Schuld sowie die objektiven Bedingungen der Strafbarkeit (sog. *Annex*; bei § 231 also auch die schwere Folge). Er hat Bedeutung für die **Garantiefunktion des Strafgesetzes** (vgl Rn 61), weil er alle gesetzlich normierten Voraussetzungen der Strafbarkeit einschließt, die zuungunsten des Täters weder durch Gewohnheitsrecht noch durch Analogie begründet oder erweitert werden können (sog. Garantietatbestand).

1 Vgl BGHSt 35, 270, 275 zu § 240 II.
2 Lehrreich zum Ganzen *Jäger*, Zurechnung, S. 3; krit. *Lesch*, Der Verbrechensbegriff; *Maiwald*, Puppe-FS, S. 695 ff.

2. Der Tatbestand im engeren Sinne (Unrechtstatbestand)

176 Einen Ausschnitt hiervon bildet der **Tatbestand ieS**[3], der sich in der Beschreibung derjenigen Merkmale erschöpft, die dem jeweiligen Delikt das individuelle Gepräge geben und seinen **typischen Unrechtsgehalt** charakterisieren.

177 Aufgabe des Strafgesetzgebers ist es, aus der Vielzahl wertwidriger Handlungsmöglichkeiten diejenigen Verhaltensweisen auszuwählen, die er wegen ihrer Sozialschädlichkeit und sozialethischen Verwerflichkeit bei Strafe verbietet; sog. **Auslesefunktion** des Tatbestandes (s. Rn 15).

178 Die damit verbundene Tatbestandsbildung erfüllt einen doppelten Zweck: Einmal gibt sie jedem Bürger die Möglichkeit der Selbstorientierung darüber was unerlaubt ist und wie weit das generelle Verbot die soziale Handlungsfreiheit einschränkt, indem das **missbilligte Verhalten genau beschrieben wird**. Zum anderen formt sie einen fest umrissenen **Deliktstyp**, der die für das jeweilige Delikt (zB Mord, Diebstahl, Betrug) typische Rechtsgutsverletzung verkörpert.

179 Die Tatbestandsmäßigkeit ieS ermöglicht nur ein generell-vorläufiges und noch **kein endgültiges Urteil** über die Rechtswidrigkeit und den materiellen Unrechtscharakter der Tat; das **Indiz** der Rechtswidrigkeit kann vielmehr durch das Eingreifen eines Rechtfertigungsgrundes (Erlaubnissatzes) ausgeräumt werden (s. Rn 384 ff).

3. Der Gesamt-Unrechtstatbestand

180 Umfassender als der Tatbestand ieS, jedoch enger als der Tatbestand iwS, ist der (von einer Mindermeinung entwickelte) Begriff des **Gesamt-Unrechtstatbestandes**, der unter Ausschluss der objektiven Bedingungen der Strafbarkeit und der Schuldelemente **alle unrechtsbegründenden und unrechtsausschließenden Merkmale** in sich vereinigen soll, von denen in positiver wie in negativer Hinsicht die Unrechtsqualität des Verhaltens abhängt[4]. Seine Funktion wird darin erblickt, die Grenzen von Recht und Unrecht im konkreten Einzelfall abschließend zu bestimmen.

Hiernach würde zB der Gesamt-Unrechtstatbestand eines Totschlags nicht nur die in § 212 umschriebenen Tatbestandsmerkmale (dh die Tötung eines anderen Menschen), sondern auch die in § 32 normierten Merkmale der Notwehr umfassen, da erst deren Vorliegen oder Fehlen ein abschließendes Urteil darüber ermöglicht, ob der Täter rechtmäßig gehandelt oder Tötungsunrecht verwirklicht hat.

181 Der so verstandene Begriff des Gesamt-Unrechtstatbestandes stützt sich überwiegend auf die **Lehre von den negativen Tatbestandsmerkmalen**[5]. Nach dieser Theorie werden Tatbestandsmäßigkeit und Rechtswidrigkeit zu einer einheitlichen Wertungsstufe verschmolzen (**zweistufiger Deliktsaufbau:** 1. Gesamt-Unrechtstatbestand/ 2. Schuld)[6]. Dabei werden die Voraussetzungen der Rechtfertigungsgründe in negativer Form („...und wenn die Voraussetzungen der Notwehr *nicht* vorliegen...")

---

3 *Beling*, Die Lehre vom Verbrechen, 1906; *ders.*, Die Lehre vom Tatbestand, 1930; dazu auch *Ambos*, JA 07, 1; *Hillenkamp*, Kirchhof-FS, Bd II, § 124; krit. *Pawlik*, Otto-FS, S. 133.

4 Zur Lehre des Gesamt-Unrechtstatbestands s. *Kaspar*, AT, Rn 80 ff; *Silva Sanchez*, ZIS 14, 546, 549 f.

5 Vgl zur Heranziehung dieser Lehre zur Fundierung des vorsatzausschließenden Irrtums über rechtfertigende Tatumstände in der Rspr RGSt 21, 189; 64, 101; BGHSt 3, 105.

6 *Arthur Kaufmann*, Schuld, S. 102; *Kindhäuser*, LPK, Vor § 32 Rn 37; MK-*Schlehofer*, Vor §§ 32 ff Rn 36 ff.

gleichberechtigt neben die positiven Tatbestandsmerkmale in den Gesamt-Unrechtstatbestand hineingelesen („negative Tatbestandsmerkmale").

Tatbestand und Rechtfertigungsgründe stehen sich bei dieser Betrachtungsweise nicht als **generelles Verbot** und **selbstständige Erlaubnisnorm** gegenüber, vielmehr erscheinen die Unrechtsausschließungsgründe als bloße **Einschränkung der Verbotsnorm**. Statt „Du sollst nicht töten!", würde das hinter § 212 stehende Verbot hier lauten: „Töte andere nicht vorsätzlich, außer im Fall der Notwehr, als Soldat im Krieg usw!" Jedes gerechtfertigte Verhalten wäre danach von vornherein nicht verboten und gar nicht tatbestandsmäßig iSd Gesamt-Unrechtstatbestandes. **182**

Die hM lehnt die Lehre von den negativen Tatbestandsmerkmalen zu Recht ab: Dadurch, dass diese Theorie die Selbstständigkeit der Erlaubnisnormen leugnet und in ihnen lediglich Einschränkungen der Verbotsnormen erblickt, verkennt sie den **Wertunterschied** zwischen einem von vornherein tatbestandslosen und einem zwar tatbestandsmäßigen, aber durch einen Rechtfertigungsgrund gedeckten Verhalten. Ein tatbestandsloses Verhalten kann ein Unrecht darstellen (zB das „Ausleihen" eines Buches ohne Willen des Eigentümers), welches ein Notwehrrecht (§ 32) des Betroffenen begründet. Ein von einem Rechtfertigungsgrund gedecktes Verhalten (zB die Gebrauchsanmaßung an einem Kfz (§ 248b), welche durch Notstand (§ 34) gerechtfertigt ist) ist legal und vom Betroffenen zu dulden; ein Notwehrrecht darf dieser nicht haben. Würde man mit der Lehre von den negativen Tatbestandsmerkmalen das tatbestandsmäßige, jedoch gerechtfertigte Verhalten als von vornherein nicht verboten ansehen, so ließe sich gar nicht begründen, dass und warum der davon Betroffene zur Duldung des Eingriffs in seine Rechtsgüter verpflichtet ist. Diese Duldungspflicht des Betroffenen lässt sich nur aus dem selbstständigen Charakter der Erlaubnisnormen herleiten, die in den darin umschriebenen atypischen Situationen Eingriffsrechte gewähren. **183**

Im Übrigen gibt auch das **Gesetz selbst** zu erkennen, dass es in den Rechtfertigungsgründen **keine negativen Tatbestandsmerkmale** erblickt. Denn wenn es die durch Notwehr gedeckte oder im rechtfertigenden Notstand begangene Tat in den §§ 32, 34 als „nicht rechtswidrig" bezeichnet, bringt es zum Ausdruck, dass Rechtfertigungsgründe nicht schon den Tatbestand als solchen entfallen lassen, sondern nur die Rechtswidrigkeit des tatbestandsmäßigen Verhaltens ausschließen[7]. **184**

Ein **zweistufiger Deliktsaufbau** (Unrecht/Schuld) ist indes nicht unbedingt an die Lehre von den negativen Tatbestandsmerkmalen gebunden; er kann auch auf dem Boden der herrschenden Verbrechenslehre vertreten werden, wenn man den übergeordneten Begriff des „Unrechts" als gegliederte Einheit, bestehend aus Tatbestandsmäßigkeit und Rechtswidrigkeit versteht, letztlich also doch drei Wertungsvorgänge mit jeweils unterschiedlicher Fragestellung beibehält[8]. **185**

---

7 Eingehend zur Kritik: *Hirsch*, Die Lehre von den negativen Tatbestandsmerkmalen, 1960, S. 275; *Jakobs*, AT, 6/54; *Jescheck/Weigend*, AT, § 25 III; *Schwarzer*, Die Rechtswidrigkeit im Tatbestand, 2013, S. 19 ff.

8 Vgl etwa S/S-*Eisele*, Vorbem. §§ 13 ff Rn 17–19; *Rinck*, Der zweistufige Deliktsaufbau, 2000; *Roxin*, AT I, § 10 Rn 16 ff, 23; ähnl. *Wolter*, Zurechnung, S. 143 ff, der von einem „dreistufigen" Deliktsaufbau mit zwei Wertkategorien spricht; s. dazu auch *Otto*, Jura 95, 468; NK-*Puppe*, Vor § 13 Rn 14; *dies.*, Otto-FS, S. 389; *Streng*, Beulke-FS, S. 313.

186 Für diese Aufbauform wird angeführt, **Rechtswidrigkeit** und **Schuld** seien die **eigentlich maßgebenden „Wertkategorien“** des Strafrechts. Die Tatbestandsmäßigkeit als solche bilde für sich keine eigene rechtliche Wertungsstufe, weil sie erst im Zusammenspiel mit den Rechtfertigungsgründen zu der Beurteilung **rechtmäßig** bzw **rechtswidrig** führe. Dem lässt sich zwar entgegenhalten, dass tatbestandslose Verhaltensweisen per se strafrechtlich irrelevant sind und sich durch das Fehlen jeglicher strafbewehrter Rechtsgutsbeeinträchtigung von den tatbestandsmäßigen, aber durch einen besonderen Erlaubnissatz gerechtfertigten Handlungen unterscheiden, was für die Eigenständigkeit der darauf bezogenen Wertungsvorgänge spricht. Jedoch sollte man die auf diesen Punkt beschränkte Kontroverse um den drei- oder zweistufigen Deliktsaufbau nicht zu hoch bewerten, solange Einigkeit in den grundlegenden Sachfragen besteht. Rein aufbaumäßig sind jedenfalls beide Wege gangbar.

187 Die nachfolgende Darstellung hält am herkömmlichen **dreistufigen Aufbau** fest. Soweit im Text ohne nähere Differenzierung vom Tatbestand oder von der Tatbestandsmäßigkeit gesprochen wird, ist damit stets der Tatbestand ieS als Unrechtstatbestand gemeint.

III. Die einzelnen Merkmale des Unrechtstatbestandes

188 Innerhalb des Unrechtstatbestandes ist zwischen deskriptiven und normativen sowie zwischen objektiven und subjektiven Tatbestandsmerkmalen zu unterscheiden.

1. Deskriptive und normative Merkmale

189 a) **Deskriptive** Merkmale sind solche, die durch einfache Beschreibung zum Ausdruck bringen, was sachlich-gegenständlich zum tatbestandlichen Verbot oder Gebot gehört.

Darunter fallen zB die Merkmale „Sache“, „beweglich“ und „wegnehmen“ in § 242.

190 b) Von **normativen** (wertausfüllungsbedürftigen) Merkmalen spricht man bei Tatumständen, die nur unter der logischen Voraussetzung einer Norm gedacht und vom Richter nur im Wege eines ergänzenden Werturteils festgestellt werden können, wie zB die „Fremdheit“ der Sache oder die „Zueignungsabsicht“ in §§ 242, 249.

Ob eine **Sache fremd** ist oder nicht, richtet sich nach den Normen des bürgerlichen Rechts (wie etwa nach den §§ 929 ff BGB)[9]; bei diesem Tatumstand handelt es sich somit um ein normatives Merkmal.

191 Unverkennbar ist indessen, dass eine **feste Grenzziehung zwischen deskriptiven und normativen Merkmalen nicht möglich** ist. Praktisch alle beschreibenden Merkmale enthalten auch einen gewissen normativen Einschlag. Schon die Frage, ob ein Tier eine Sache iSd §§ 242, 303 oder ab wann ein in der Geburt befindliches Kind ein Mensch iSd §§ 211 ff ist, lässt sich ohne wertende Betrachtung nicht beantworten (weitere Einzelheiten Rn 353).

---

9 Näher *Wessels/Hillenkamp*, BT/2, Rn 79 f.

2. Objektive und subjektive Merkmale

a) Als **objektive** (äußere) Tatbestandsmerkmale bezeichnet man diejenigen Umstände, die das äußere Erscheinungsbild der Tat bestimmen; sie können deskriptiv oder normativ, tat- oder täterbezogen sein. 192

Entsprechend der Vielgestaltigkeit der Deliktstypen variieren Art und Anzahl der Merkmale des objektiven Tatbestands von Delikt zu Delikt. Zu ihm gehören die Beschreibung des **Tatsubjekts**, des **Tatobjekts** und der **Ausführungshandlung** einschließlich etwaiger **besonderer Begehungsweisen, Tatmittel** und sonstiger **Tatumstände und -modalitäten**. Zumeist wird im objektiven Tatbestand der Eintritt eines bestimmten **Erfolges** als Außenwirkung der Handlung vorausgesetzt. Bei solchen Erfolgsdelikten bildet der **ursächliche Zusammenhang** zwischen Tathandlung und Erfolg ebenfalls ein (ungeschriebenes bzw in der tatbestandlichen Handlungsbeschreibung enthaltenes) Merkmal des objektiven Tatbestandes (vgl Rn 217 ff).

Bei den Vorsatzdelikten liegt die herausragende Bedeutung des objektiven Tatbestandes vornehmlich darin, dass **alle seine Einzelmerkmale vom Tatbestandsvorsatz umfasst** sein müssen (vgl § 15); jeder Irrtum in dieser Beziehung schließt den Tatbestandsvorsatz aus (§ 16 I 1). Dabei ist es gleichgültig, ob dieser sog. Tatbestandsirrtum vermeidbar oder unvermeidbar war. 193

Die **Rechtswidrigkeit** der Tat als solche ist ein **allgemeines Verbrechensmerkmal**, aber kein Tatbestandsmerkmal. 194

Taucht das Wort **„rechtswidrig"** in einer Strafbestimmung auf, so ist zu unterscheiden:

Wenn dieser Begriff als **Attribut eines einzelnen Tatumstandes** erscheint, handelt es sich um ein **echtes Tatbestandsmerkmal**, auf das sich der Vorsatz erstrecken muss (zB §§ 242 I, 249 I, 253 I, 263 I bzgl der „Rechtswidrigkeit" der beabsichtigten Zueignung bzw des erstrebten Vorteils)[10].

Wo der Begriff „rechtswidrig" sich dagegen auf die **Bewertung der Gesamttat** beziehen soll (wie zB in §§ 240 II, 123 I), liegt darin nur ein (eigentlich überflüssiger) Hinweis auf das **allgemeine Verbrechensmerkmal** der Rechtswidrigkeit, verbunden mit der Mahnung des Gesetzgebers an den Richter, das eventuelle Eingreifen von Rechtfertigungsgründen als besonders nahe liegend zu bedenken. Diese Rechtswidrigkeit braucht vom Tatbestandsvorsatz nicht umfasst zu sein; sie bildet aber einen Anknüpfungspunkt für das zur Schuld gehörende Unrechtsbewusstsein (vgl § 17)[11]. Näher Rn 647 ff.

b) **Subjektive** (innere) Tatbestandsmerkmale sind Umstände, die dem psychisch-seelischen Bereich und der Vorstellungswelt des Täters angehören. Wie gesehen ist heute weitgehend anerkannt, dass all diejenigen subjektiven Tatbestandselemente zum Unrechtstatbestand zu rechnen sind, die den **Handlungsunwert** (Verhaltensunwert) der Tat charakterisieren und die **besondere Art und Weise der Verletzungs- oder Gefährdungshandlung** näher kennzeichnen[12]. 195

---

10 Vgl BGH StV 09, 357; *Wessels/Hillenkamp*, BT/2, Rn 200, 585, 719.

11 Ähnl. bei „unbefugt" (zB § 238), dazu AnwK-StGB-*Küpper*, § 238 Rn 5; *Lackner/Kühl*, § 238 Rn 6; *Mitsch*, Jura 07, 401.

12 S/S-*Eisele*, Vorbem. §§ 13 ff Rn 52 ff; s. auch *Stübinger*, Puppe-FS, S. 263. Zu den abweichenden Verbrechenssystemen s. o. Rn 102.

196 Als **Schuldmerkmale** lassen sich dagegen diejenigen deliktstypischen Elemente des Tatbestandes iwS ansehen, die **unmittelbar** und **ausschließlich** den in der Tat zum Ausdruck kommenden **Mangel an Rechtsgesinnung** beschreiben (zB die „Böswilligkeit" bei §§ 90a I Nr 1, 130 I Nr 2, II, 225 oder die „Rücksichtslosigkeit" in § 315c I Nr. 2), vgl Rn 642.

197 **Subjektive Tatbestandsmerkmale** als Unrechtselemente finden sich vor allem bei den sog. **Absichtsdelikten**, wo zur tatbestandlichen Ausführungshandlung eine besondere Erfolgs- oder Zielvorstellung als **„überschießende Innentendenz"** hinzutreten muss, wie etwa die Zueignungsabsicht des Diebes oder Räubers (§§ 242, 249), die Bereicherungsabsicht des Erpressers, Betrügers oder Hehlers (§§ 253, 263, 259), die Absicht der Vorteilssicherung bei der Begünstigung (§ 257) usw.

198 Im **Fall 5a** zeigt sich die **Bedeutung der subjektiven Tatbestandsmerkmale** für den **Unrechtstatbestand** besonders klar bei einem Vergleich zwischen § 242 und § 248b:

Diebstahl (§ 242) und Gebrauchsanmaßung (§ 248b) sind dem Unrechtstyp nach grundverschieden. Während der Dieb den Eigentümer **auf Dauer** aus seiner Sachherrschaftsposition verdrängen will, um sich oder einen Dritten als „Pseudo-Eigentümer" an dessen Stelle zu setzen, will der Täter im Fall des § 248b die Herrschaftsbeziehung des Berechtigten zur Sache **nur vorübergehend** beeinträchtigen, sie nach dem unbefugten Gebrauch aber alsbald wiederherstellen.

A hat das Auto weggenommen und unbefugt in Gebrauch genommen. Dieser **objektive** Befund gibt indessen nicht den geringsten Aufschluss darüber, ob die Tat dem Deliktstyp des § 242 oder des § 248b zuzuordnen ist; das folgt erst aus dem Vorhandensein oder Fehlen der (subjektiven) **Zueignungsabsicht** bei A **im Augenblick der Wegnahme**. Wollte A den Wagen nach Beendigung der geplanten Spritztour in eine Lage zurückführen, die es dem E ohne besondere Mühe und ohne die Hilfe des bloßen Zufalls ermöglichte, seine ursprüngliche Sachherrschaft über den Pkw wieder auszuüben, so ist mangels Zueignungsabsicht **schon der subjektive Unrechtstatbestand des § 242 zu verneinen** und nur Raum für **§ 248b**. Wollte A das Auto dagegen später irgendwo stehen lassen, wo er dem beliebigen Zugriff Dritter preisgegeben war und seine Rückführung an E dem Zufall anheim gestellt blieb, ist der objektive und subjektive Unrechtstatbestand des **§ 242** verwirklicht (vgl BGHSt 22, 45; *Wessels/Hillenkamp*, BT/2, Rn 156).

199 Der **Vorsatz** wird heute ebenfalls zu Recht als subjektives Tatbestandsmerkmal dem Bereich des **Handlungsunrechts** zugeordnet und nicht – entsprechend dem früher herrschenden klassischen Verbrechenssystem (s. Rn 149) – lediglich als Schuldform eingestuft:

Für die **finale Handlungslehre** ergibt sich die Einordnung des Vorsatzes in den Unrechtstatbestand von selbst, weil der das Geschehen lenkende Wille das Rückgrat der Handlung bildet und bei dieser Betrachtung das Kernstück eines personalen Handlungsunrechts ist (personale Unrechtslehre[13]; vgl auch Rn 131).

13 Zum Stand der Lehre vom personalen Unrecht vgl *Duttge*, Otto-FS, S. 227; MK-*Freund*, Vor §§ 13 ff Rn 24 ff, 127 ff; *Hirsch*, Uni-Köln-FS, S. 399; *Armin Kaufmann*, Strafrechtsdogmatik zwischen Sein und Wert, 1982, S. 151; *Lampe*, Das personale Unrecht, 1967; *Otto*, ZStW 87 [1975], 539; LK-*Rönnau*, Vor § 32 Rn 315; *Sánchez*, GA 2013, 611; *Zaczyk*, Otto-FS, S. 191; zur Bedeutung des Erfolges für Unrecht und Schuld s. *Dencker*, Armin Kaufmann-GS, S. 441; *Hoyer*, Strafrechtsdogmatik nach Armin Kaufmann, 1997, S. 164; *Roxin*, AT I, § 10 Rn 67.

Aber auch vom Standpunkt der **sozialen Handlungslehre** (s. Rn 133) aus, die in der tatbestandsmäßigen Handlung eine vom menschlichen Willen beherrschte rechtlich-soziale Sinneinheit erblickt, sprechen gewichtige Gründe dafür, den Tatbestandsvorsatz als psychischen Sachverhalt (Wissen und Wollen hinsichtlich der Verwirklichung des objektiven Tatbestandes) dem subjektiven Unrechtstatbestand zuzuordnen. Dies zeigen bereits diejenigen Tatbestände, die zweckgerichtete Handlungsbeschreibungen enthalten, die sich – ohne Rückgriff auf den Vorsatz – gar nicht bestimmen lassen, ohne dass der eigentliche Handlungssinn verloren geht (Beispiel: „zueignen" in § 246). Auch ist es zwingend, bei einem Versuch den Tatbestandsvorsatz als subjektives Unrechtselement anzusehen, da es entscheidend vom Vorsatz abhängt, welcher Unrechtstatbestand überhaupt in Betracht kommt. Wieso sich an dieser systematischen Einordnung etwas ändern soll, wenn eine Tat vom Versuch in das Stadium der Vollendung übergeht, ist nicht einzusehen.

3. Die „Doppelfunktion" des Vorsatzes

Die Zuordnung zum subjektiven Unrechtstatbestand hat aber nicht notwendig zur Folge, dass der Vorsatz im Schuldbereich nunmehr jede Bedeutung verliert. Vielmehr ist mit dem herrschenden teleologischen Verbrechensaufbau (s. Rn 151) davon auszugehen, dass er als **Verhaltensform** und als **Schuldform** letztlich eine **Doppelfunktion** im Deliktssystem zu erfüllen hat. **200**

Das deutsche Strafrecht wird vom **Schuldprinzip** beherrscht, wonach Schuld und Strafe einander entsprechen müssen. Darin, dass die gesetzlichen Strafdrohungen bei Fahrlässigkeitstaten wesentlich niedriger sind als bei Vorsatztaten, drückt sich die Vorstellung des Gesetzgebers aus, dass zwischen vorsätzlichen und fahrlässigen Straftaten nicht nur ein Unterschied im Verhaltensunrecht, sondern auch eine die Strafhöhe betreffende **Schulddifferenz** besteht. Daraus ist zu entnehmen, dass mit den Begriffen „Vorsatz" und „Fahrlässigkeit" im Gesetz nicht nur zwei unterschiedliche Verhaltensformen, sondern zugleich zwei verschiedene Schuldformen bezeichnet werden sollen, von denen „Vorsätzlichkeit" iSv **Vorsatzschuld** die höhere und „Fahrlässigkeit" iSv **Fahrlässigkeitsschuld** die geringere Schuldstufe darstellt. So wie der Fahrlässigkeitsbegriff anerkanntermaßen Unrechts- und Schuldelemente in sich vereinigt (vgl Rn 926 ff), fällt auch dem Vorsatzbegriff eine **doppelte Funktion** zu: **201**

Im **Unrechtstatbestand** ist der Vorsatz **als Verhaltensform Träger des rechtlich-sozialen Handlungssinns**, der die psychischen Beziehungen des Täters zum äußeren Tatgeschehen umfasst. **202**

Im **Schuldbereich** ist der Vorsatz **als Schuldform Träger des Gesinnungsunwertes**, der die mit der vorsätzlichen Tatbestandsverwirklichung typischerweise verbundene mangelnde Rechtsgesinnung zum Ausdruck bringt.

Während es innerhalb der **Tatbestandsebene** nur darauf ankommt, die vorsätzliche Begehungsweise vom fahrlässigen Verhalten abzugrenzen und festzustellen, **ob** der Handlungswille auf die Realisierung aller objektiven Tatbestandsmerkmale gerichtet war, geht es im **Schuldbereich** um die Frage, **warum** es zu diesem Verwirklichungswillen gekommen ist und ob die Willensentschließung des Täters auf einer rechtlich tadelnswerten Gesinnung beruht, die den Wertentscheidungen der Rechtsordnung widerspricht. So wie die Tatbestandsmäßigkeit des Verhaltens die Rechtswidrigkeit der Tat indiziert (vgl Rn 179), liefert der **Tatbestandsvorsatz** als subjektives Unrechtsmerkmal ein **Indiz** für das Vorliegen von **Vorsatzschuld**. Dieses Indiz kann in atypi- **203** schen Situationen widerlegt werden, wie zB bei der irrigen Annahme rechtfertigender Tatumstände; näher Rn 693, 697 ff[14].

204 Die Frage, wie sich die Doppelnatur des Vorsatzes als Verhaltens- und Schuldform im **Deliktsaufbau** auswirkt, lässt sich wie folgt verdeutlichen:

Beispiel: Wenn A den B durch einen Steinwurf verletzt, so ist im Rahmen des § 223 bei der **Tatbestandsmäßigkeit** des Verhaltens innerhalb des subjektiven Tatbestandes zu prüfen, ob A den Verletzungserfolg bei B vorsätzlich (wissentlich und willentlich) oder bloß fahrlässig (ungewollt, aber unter Außerachtlassen der im Verkehr erforderlichen Sorgfalt) hervorgerufen hat. Bejaht man das Vorliegen einer **vorsätzlichen** Körperverletzung, die (was hier unterstellt werden soll) mangels eines Rechtfertigungsgrundes auch als rechtswidrig zu bewerten ist, bleibt im **Schuldbereich** zu erwägen, ob ein Vorsatz-Schuldvorwurf gegen A zu erheben ist. In der Regel liefert der Tatbestandsvorsatz dafür ein entsprechendes Indiz, sodass die Vorsatzschuld nicht gesondert festgestellt werden muss. Ausgeräumt und widerlegt wäre das erwähnte Indiz dagegen, wenn A mit dem Steinwurf einen vermeintlich bevorstehenden Angriff auf sein Leben abwehren wollte, weil er irrig davon ausging, dass B im Begriff sei, ihn mit einer Pistole zu erschießen (Fall der sog. Putativnotwehr; vgl Rn 534 und 697 ff). In einem solchen Fall würde der Tatbestandsvorsatz des A nicht auf einer rechtsfeindlichen oder rechtsgleichgültigen Gesinnung beruhen und infolgedessen gegen ihn keinen Vorsatz-Schuldvorwurf begründen. Mangels Vorsatzschuld würde A hier nach der hM (in sinngemäßer Übernahme der in § 16 I getroffenen Gesetzesregelung) nicht wegen vorsätzlicher Körperverletzung bestraft. Zu prüfen bliebe jedoch, ob A die konkrete Sachlage beim Zustandekommen seines Irrtums **fahrlässig** verkannt hat und ein Fahrlässigkeitsvorwurf (§ 229) gegen ihn erhoben werden kann. Zu den damit verbundenen weiteren **Aufbaufragen** s. Rn 1217 ff.

205 Auch der **Rspr** ist die Unterscheidung zwischen dem Vorsatz als Verhaltensform und als Schuldform keineswegs fremd. So hat der BGH nie bezweifelt, dass ein Schuldunfähiger (§ 20) oder ein Volltrunkener bei der Begehung einer Rauschtat iSd § 323a vorsätzlich handeln, den objektiven Unrechtstatbestand eines bestimmten Delikts (wie etwa des § 212, des § 263 oder des § 303) also „wissentlich und willentlich" verwirklichen kann. Selbst der volltrunkene Täter muss bspw bei § 263 als Rauschtat seine unrichtigen Tatsachenangaben für unwahr gehalten haben[15]. Den insoweit im Gesetz vorausgesetzten Vorsatz als Verhaltensform (Tatbestandsvorsatz) pflegt der BGH als „natürlichen Vorsatz" zu bezeichnen, um ihn vom Vorsatz als Schuldform (Gegenstand des Vorsatz-Schuldvorwurfs) abzugrenzen[16].

IV. Besondere Voraussetzungen der Strafbarkeit und der Verfolgbarkeit

1. Objektive Bedingungen der Strafbarkeit (sog. Tatbestandsannex)

206 Außerhalb des Unrechtstatbestandes stehen die **objektiven Bedingungen der Strafbarkeit**, die als **„Tatbestandsannex"** zwar zu den materiellen Voraussetzungen der

14 Grundlegend *Herzberg*, BGH-Wiss-FS, S. 51; *Jescheck/Weigend*, AT, § 24 III 5, § 39 IV 4; *Wolter*, Zurechnung, S. 152; abl. *Freund*, AT, § 7 Rn 30 f; zu den Vertretern der Vorsatztheorie s. *Langer*, GA 1976, 193, 214; *Otto*, Grundkurs AT, § 7 Rn 47, 62 und § 15 Rn 4 ff.

15 BGHSt 18, 235.

16 Vgl BGH StV 94, 304; BGHSt 23, 356.

Strafbarkeit gehören, auf die sich der Tatbestandsvorsatz aber nicht zu erstrecken braucht. Sie sind dem Anwendungsbereich des § 16 I 1 entzogen, sodass es allein auf ihr objektives Vorliegen im konkreten Fall ankommt. Zu Aufbaufragen s. u. Rn 1201.

Während der Gesetzgeber bei der Schaffung von Unrechtstatbeständen diejenigen Merkmale zusammenfasst, die den jeweiligen Deliktstyp verkörpern und dessen arteigenen Unwert näher kennzeichnen (s. Rn 176), bringt er durch das Hinzufügen einer **objektiven Strafbarkeitsbedingung** zum Ausdruck, dass er ein **Strafbedürfnis** nur dort für gegeben hält, wo (neben Tatbestandsmäßigkeit, Rechtswidrigkeit und Schuld) zusätzlich auch die Voraussetzungen dieser Strafbarkeitsbedingung erfüllt sind. Die meist schwierige Feststellung, ob ein im Gesetz genannter Umstand zu den Tatbestandsmerkmalen gehört oder lediglich eine objektive Bedingung der Strafbarkeit darstellt, lässt sich nur im Wege der Gesetzesauslegung treffen.

Zu den **objektiven Bedingungen der Strafbarkeit** zählen nach hM zB die in § 231 **207**
umschriebene schwere Folge bei der Beteiligung an einer Schlägerei[17], die Begehung einer rechtswidrigen Tat im Vollrausch (§ 323a)[18], die Nichterweislichkeit der Wahrheit der behaupteten oder verbreiteten ehrenrührigen Tatsache (§ 186)[19] und die Zahlungseinstellung, Insolvenzeröffnung oder Abweisung des Eröffnungsantrages mangels Masse in §§ 283 VI, 283d IV[20].

Im Einzelnen sind **Rechtsnatur** und Existenzberechtigung der objektiven Strafbarkeitsbedin- **208**
gungen **umstritten**. Zum Teil wird ihre Daseinsberechtigung ganz geleugnet[21], zum Teil wird nur bei einigen Strafbarkeitsbedingungen die Unvereinbarkeit mit dem Schuldprinzip gerügt[22]. Sie seien nur „scheinbar" objektiv, während es sich in Wirklichkeit um Unrechts- oder Schuldmerkmale handele, bezüglich derer zumindest Fahrlässigkeit vorliegen müsse[23]. Richtig ist, dass der Gesetzgeber bei den betreffenden Tatbeständen jeweils abstrakt gefährliche Verhaltensweisen formuliert, die er für grundsätzlich **strafwürdig** erachtet. Wegen der Ultima-Ratio-Funktion des Strafrechts wird Strafe allerdings nur dann angedroht, wenn das erfasste Verhalten auch **strafbedürftig** ist. Diese strafbarkeitseinschränkende Funktion erfüllen die Strafbarkeitsbedingungen, die in rechtsstaatlich unbedenklicher Weise rein objektiv verstanden werden können, da sie sich – so interpretiert – rein **täterfreundlich** auswirken[24]. So erschöpft sich der Unrechtsgehalt des § 231 als abstraktes Gefährdungsdelikt im vorsätzlichen Beteiligen an einer Schlägerei bzw an einem von mehreren verübten Angriff, weil Massenschlägereien häufig schwere Folgen nach sich ziehen, bei denen sich im Nachhinein nicht mehr ermitteln lässt, wer für sie ursächlich geworden ist. Wer das für jedermann erkennbare Risiko des Eintritts der schweren Folge auf sich nimmt, kann, wenn sich dieses realisiert, dafür bestraft werden, ohne dass er bzgl dieser objektiven Bedingung der Strafbarkeit vorsätzlich (oder fahrlässig) gehandelt haben muss[25].

---

17 BGHSt 14, 132; 16, 130.

18 Vgl BGHSt 16, 124; 20, 284.

19 BGHSt 11, 273, 274.

20 Vgl BGHSt 28, 231, 234.

21 *Bemmann*, Zur Frage der objektiven Bedingungen der Strafbarkeit, 1957.

22 Zum Vorschlag einer verfassungskonformen Reduktion (nur) des § 323a s. *Kaspar*, AT, Rn 232.

23 Vgl nur *Roxin*, AT I, § 23 Rn 7 ff; s. auch *Jescheck/Weigend*, AT, § 53 I 2, die von „echten" und „unechten" Strafbarkeitsbedingungen sprechen.

24 *Satzger*, NStZ 98, 112, 116; *ders.*, Jura 06, 108, 111.

25 *Geisler*, GA 2000, 166; *Hohmann/Sander*, BT II, § 10 Rn 15; *Wessels/Hettinger*, BT/1, Rn 343; *Zopfs*, Jura 99, 172; aA *Rönnau*, JuS 11, 697, 698 und *Roxin*, AT I, § 23 Rn 12 f, die verlangen, dass der Täter im Einzelfall den Tod usw voraussehen konnte.

209 Von den **persönlichen Strafausschließungs-** (vgl § 218 IV 2 oder § 258 VI) und **Strafaufhebungsgründen** (wie etwa § 24), die nur demjenigen Tatbeteiligten zugute kommen, in dessen Person sie vorliegen (näher Rn 725 f), unterscheiden sich die objektiven Strafbarkeitsbedingungen dadurch, dass bei ihrem Nichtvorliegen die Tat für jedermann straflos ist (s. dazu auch die Übersicht Rn 1140).

Im **Strafverfahren** führt das Fehlen einer objektiven Bedingung der Strafbarkeit zum **Freispruch**.

2. Strafverfolgungsvoraussetzungen

210 Von den objektiven Strafbarkeitsbedingungen sind die **Strafverfolgungsvoraussetzungen** und **Strafverfolgungshindernisse** zu unterscheiden, die teilweise (wie zB Strafantrag, §§ 77 ff, und Verjährung, §§ 78 ff[26]) im StGB geregelt sind, ihrer Natur nach aber zum Strafprozessrecht gehören **(sog. Prozessvoraussetzungen)**. Sie stehen gänzlich außerhalb aller Tatbestandsbegriffe, da sie nicht die Strafbarkeit des Verhaltens, sondern nur die **Zulässigkeit der Strafverfolgung** betreffen.

Beim Fehlen einer Prozessvoraussetzung oder beim Vorliegen eines Strafverfolgungshindernisses endet das Verfahren deshalb auch nicht mit einem Freispruch; vielmehr wird das **Strafverfahren eingestellt** (vgl §§ 170 II 1, 206a, 260 III StPO[27]; zum Prüfungsstandort vgl Rn 1201).

211 Im **Fall 5a** lässt sich also aus dem objektiven Geschehen allein nicht entnehmen, welchen Unrechtstatbestand der A verwirklicht hat: § 242 ist erfüllt, wenn A den E auf Dauer aus seiner Sachherrschaft verdrängen will. Geht es ihm nur um den vorübergehenden Gebrauch, so ist § 248b gegeben (s. Rn 198).

Im **Fall 5b** greift § 231 ein, wenn A in vorwerfbarer Weise an der Schlägerei teilgenommen hat. Davon ist hier auszugehen. Bei der schweren Folge (hier: Tod des Y) handelt es sich um eine objektive Bedingung der Strafbarkeit, bezüglich derer weder Vorsatz noch Fahrlässigkeit vorauszusetzen ist (s. Rn 207).

§ 6 Der objektive Unrechtstatbestand. Erfolgsverursachung und objektive Zurechnung

212 **Fall 6:**

a) M und T werben als Rivalen um die Gunst der Wirtin W, in deren Gaststätte es zwischen ihnen zu einer Eifersuchtsszene und schweren Tätlichkeiten kommt. Als T in die Privaträume der W zu flüchten sucht, versetzt M ihm in rasender Wut mit Tötungsvorsatz einen zur Herzgegend zielenden Messerstich in die Brust. T erleidet eine Verletzung, die bei zu erwartender schneller Hilfeleistung problemlos behandelt werden kann, weil das Messer zunächst seine Brieftasche trifft und daher nicht übermäßig tief in den Brustkorb eindringt. Wie ist

26 Zur str. Rechtsnatur der Verjährung s. *Satzger*, Jura 12, 433, 442 mwN.

27 Einzelheiten s. *Beulke*, StPO, Rn 290 ff.

die Frage der Verursachung und der Erfolgszurechnung zu beurteilen, wenn T im Krankenhaus nach gelungener Operation an einer bösartigen Wundinfektion stirbt? **Rn 214, 244, 298**

b) Würde sich das Ergebnis in Fall **a)** ändern, wenn der Krankenwagen auf der Fahrt zum Krankenhaus von dem verkehrswidrig einbiegenden Lastzug des L gerammt und T hierbei tödlich verletzt wird? **Rn 214, 244, 299**

c) V möchte gerne einmal mit einem Gleitschirm durch die Lüfte schweben. Er bittet seinen Freund F, einen erfahrenen Drachenflieger, ihm einen Schirm zu überlassen und ihm behilflich zu sein. Dieser ist dazu gerne bereit. Als V dem F aber mitteilt, er werde seinen Flug noch am selben Tag vom Arber aus starten, rät F dem V eindringlich von dem Vorhaben ab, da die momentanen Wetterverhältnisse für einen Anfänger zu gefährlich seien. Obwohl V sich von seinem Plan nicht abbringen lässt, übergibt F ihm den gewünschten Gleitschirm, da V selbst wissen müsse, was er tue. V zerschellt nach kurzem Flug an einem Felsen des Berges. Kann F der Tod des V zugerechnet werden? **Rn 214, 244, 300**

d) A fährt mit stark überhöhter Geschwindigkeit durch die Spielstraße eines Wohngebiets. N, die gerade am Fenster steht, muss mit ansehen, wie A nicht mehr bremsen kann, als ein Kleinkind die Straße betritt. N erleidet daraufhin einen derart schweren Schock, dass sie verstirbt. Ist A der Tod von N zuzurechnen? **Rn 214, 244, 301**

I. Die Grundlagen der strafrechtlichen Haftung: Der Zusammenhang zwischen Handlung und Erfolg

Bei den **Erfolgsdelikten** (Rn 37), bei denen das Strafgesetz neben der Tathandlung den Eintritt eines bestimmten Erfolges voraussetzt (wie etwa in § 212 den Tod eines anderen Menschen) ist der Unrechtstatbestand nur verwirklicht, wenn zwischen Handlung und Erfolg eine Verbindung besteht, die den konkret eingetretenen Erfolg als vom Täter herbeigeführt erscheinen lässt[1]. 213

Diese Voraussetzung besteht nicht nur bei den hier interessierenden Vorsatzdelikten, sondern ebenso bei den Fahrlässigkeitsdelikten (s. dazu Rn 925 ff). Innerhalb der schlichten Tätigkeitsdelikte (Rn 39) kann dieses Problem nicht auftauchen, da dort zur Tatbestandserfüllung die Vornahme der gesetzlich umschriebenen Handlung genügt (wie in § 154 das „falsche Schwören").

Im **Fall 6** hängt es dementsprechend von der Verursachungs- und Zurechnungsfrage ab, ob eine **vollendete** oder nur eine **versuchte** vorsätzliche Tötung vorliegt (in Fall **a)** und **b)**) bzw ob (in Fall **c)** und **d)**) eine Strafbarkeit überhaupt, nämlich wegen fahrlässiger Tötung, in Betracht kommt (Eine Fahrlässigkeitsstrafbarkeit ohne zurechenbar verursachten Erfolg – quasi ein „versuchtes Fahrlässigkeitsdelikt" – gibt es von vornherein nicht!). 214

Der notwendige Zusammenhang zwischen Handlung und Erfolg ist an zwei Voraussetzungen geknüpft: Zunächst wird nach der **Kausalität** der Handlung für den Erfolg gefragt. Es handelt sich dabei um eine im Kern **empirische**[2] **Frage**. Eine derartige Verbindungslinie kann zumeist unschwer gezogen werden. Anschließend wird ge- 215

1 Vgl *Kühl*, JA 09, 321, 325 ff.
2 Empirisch = aus der Beobachtung erwachsen, dem Experiment entnommen, vgl Duden, Das Fremdwörterbuch, 11. Aufl. 2015.

fragt, ob der konkret eingetretene Erfolg nicht nur irgendwie auf den Täter zurückgeführt werden kann, sondern wirklich als das **Werk des Täters** erscheint, ihm also **zuzurechnen** ist. Durch diesen zweiten Filter gelingt es, anhand **normativer**, also wertender Zurechnungskriterien die Weite des Kausalitätsbegriffs und die entsprechende Verantwortlichkeit des Täters sinnvoll einzuschränken[3].

216 Zusammenfassend lässt sich sagen, dass ein ursächlicher Zusammenhang zwischen Handlung und Erfolg eine notwendige, aber keine hinreichende Voraussetzung der Erfolgszurechnung ist. Vielmehr bedarf es folgender **zweistufiger Prüfung:**

- **Kausalität** zwischen Handlung und Erfolg (dazu II.),
- **objektive Zurechnung** des Erfolgs (dazu III.).

II. Die Kausalität zwischen Handlung und Erfolg

217 Das StGB sagt über die Verursachungsfrage (und ebenso über die Erfolgszurechnung) nichts aus; die Lösung dieser Fragen wurde der Wissenschaft und der Rspr überlassen. Von den verschiedenen Kausalitätstheorien werden heute (im Strafrecht) im Wesentlichen nur noch zwei vertreten, die sich weniger in den Ergebnissen als vielmehr in der Art der Begründung unterscheiden: Die **Conditio-sine-qua-non-Formel** der Rspr (und eines Teils der Lehre) sowie die in der Literatur stark vertretene **Lehre von der gesetzmäßigen Bedingung**. Beide Ansätze gehen davon aus, dass alle Ursachen eines Erfolgs gleichwertig sind, dass also hinsichtlich der Kausalitätsfrage keine Wertung zwischen nahen und entfernten oder typischen und bloß zufälligen Kausalfaktoren vorgenommen wird. Dementsprechend könnte man beide Theorien als „Äquivalenztheorien" bezeichnen[4]; allerdings hat sich dieser Begriff für den Ansatz der Rspr durchgesetzt.

1. Die Conditio-sine-qua-non-Formel der sog. Bedingungs- oder Äquivalenztheorie

218 a) Insbesondere die Rspr folgt bei der Feststellung des ursächlichen Zusammenhangs der schon vom RG anerkannten **Äquivalenz- bzw Bedingungstheorie**, die von der Gleichwertigkeit aller Erfolgsbedingungen ausgeht. Die Rspr wendet auf dieser Grundlage die sog. **Conditio-sine-qua-non-Formel** (wörtlich: „Bedingung, ohne die nicht") an: Ursächlich ist danach jede Bedingung eines Erfolges, die nicht hinweggedacht werden kann, ohne dass der Erfolg in seiner konkreten Gestalt entfiele[5].

219 b) Für eine **physisch vermittelte Kausalität** bedeutet dies, dass anhand eines bekannten Naturgesetzes ermittelt werden können muss, was passiert wäre, wenn man das Täterverhalten hinwegdenkt.

---

3 *Hübner*, Die Entwicklung der objektiven Zurechnung, 2004; *Koriath*, Kausalität und objektive Zurechnung, 2007; s. auch *Kretschmer*, NStZ 12, 177.

4 Vgl *Satzger*, Jura 14, 186.

5 RGSt 1, 373; BGHSt 1, 332; krit. *Haas*, Kirchhof-FS, Bd II, § 125 Rn 7 ff; NK-*Puppe*, Vor § 13 Rn 90; *dies.*, Erfolgszurechnung, S. 71; *dies.*, RW 11, 400; s. auch *Frisch*, Gössel-FS, S. 51; *Hilgendorf*, Weber-FS, S. 33; *Tavares*, Hassemer-FS, S. 805.

Beispiel: Injiziert T dem O eine bestimmte Menge einer Substanz und stirbt der O unmittelbar später, so lässt sich beurteilen, ob – bei Hinwegdenken der Injektion – der O ebenfalls zu dieser Zeit und unter diesen Umständen ums Leben gekommen wäre, wenn man über die Wirkung der injizierten Substanz Bescheid weiß. Ist – aufgrund naturwissenschaftlicher Erkenntnisse – die beigebrachte Substanz in dieser Menge und bei dieser Anwendung unmittelbar tödlich, so lässt sich die (physische) Kausalität nach der Conditio-Formel bejahen.

Für nur **psychisch vermittelte Kausalität** kann demgegenüber von vornherein nicht **220** auf strikte Naturgesetze zurückgegriffen werden. Hier stellt die Bedingungstheorie ausnahmsweise auf allgemeine Erfahrungssätze ab. Mit deren Hilfe kann darauf geschlossen werden, dass ein bestimmtes Täterverhalten tatsächlich dazu beigetragen hat, die Willensbildung des Handelnden hinsichtlich der konkreten Entscheidung zu beeinflussen[6].

Beispiel: Wenn A dem bisher keine bösen Absichten hegenden B rät, dieser solle seine zänkische Schwiegermutter S töten und B diese wenig später erschlägt, so ist der Tatentschluss des B zwar keine naturgesetzlich vorgeschriebene Reaktion auf den Ratschlag des A, die allgemeine Erfahrung spricht jedoch dafür, dass die Motivation des B zur Tatbegehung durch A hervorgerufen wurde (Anstiftung, § 26).

c) Offensichtlich – und ganz unbestritten – sind die **Schwächen der Conditio-Formel**. Einerseits sind die Ergebnisse **uferlos**. So ist auch die Zeugung eines zukünftigen Mörders eine für den später begangenen Mord ursächliche Handlung in diesem Sinne. Andererseits stößt sie – sehr schnell – an ihrer Grenzen, wenn **kein sicheres Wissen über zugrundeliegende Naturgesetze** oder nur **unsicheres Erfahrungswissen** vorliegt, sodass keine eindeutige Antwort auf die Frage möglich ist, „ob" ein bestimmter Faktor den Eintritt des Erfolges beeinflusst hat. **221**

So fehlte etwa im Streit um die Ursächlichkeit des Medikaments „Contergan" für embryonale Missbildungen[7] eine hinreichende naturwissenschaftliche Grundlage. Bedeutsam wurde diese Problematik auch im Bereich der sog. **strafrechtlichen Produkthaftung**, insbes. im *Lederspray-Fall*: Der BGH ließ dort die sog. „generelle Kausalität" genügen, indem er – obwohl nicht geklärt werden konnte, welcher Inhaltsstoff des Produkts die Gesundheitsschädigung beim Verbraucher ausgelöst hatte – die Ursächlichkeit allein deshalb bejahte, weil andere in Betracht kommende Schadensursachen auszuschließen waren. Diese Vorgehensweise ist zwar vom Ergebnis her verständlich[8], dogmatisch ist die Lösung gleichwohl nicht „sauber"[9], denn der BGH konnte ja nur die nach damaligem naturwissenschaftlichen Erkenntnisstand bekannten Alternativursachen hinwegdenken, nicht aber die unbekannten[10]. Im Holzschutzmittelfall[11] geht der BGH sogar noch weiter, indem er für die Kausalitätsfeststellung nicht einmal mehr

6 *Roxin*, AT I, § 11 Rn 31 ff, 35 ff; krit.: NK-*Puppe*, Vor § 13 Rn 125; *Renzikowski*, Puppe-FS, S. 201.

7 LG Aachen JZ 71, 507; ausf. *Wessels/Hettinger*, BT/1, Rn 16.

8 Zust. zB *Baumann/Weber/Mitsch*, AT, § 14 Rn 48; *Erb*, JuS 94, 453; *Fischer*, Vor § 13 Rn 32; *Frister*, AT, 9. Kap., Rn 38; *Hilgendorf*, Strafrechtl. Produzentenhaftung usw, 1993, S. 112 ff; *ders.*, NStZ 93, 15 f; *ders.*, Weber-FS, S. 38 ff; *Jescheck/Weigend*, AT, § 28 II; *Kuhlen*, NStZ 90, 566; *ders.*, JZ 94, 1145 f; *Lackner-Kühl*, Vor § 13 Rn 11; *Otto*, Grundkurs AT, § 6 Rn 34 ff; *Roxin* AT I, § 11 Rn 17.

9 Krit. dagegen zB *Brammsen*, Jura 91, 533; *Puppe*, Erfolgszurechnung 33; *Samson*, StV 91, 182; *Volk*, NStZ 96, 108 f.

10 S. nur S/S-*Eisele*, Vor § 13 Rn 75a; zum Problem, ob die generelle Kausalität eine materiell-rechtliche oder nur prozessuale Frage ist s. zusammenfassend *Satzger*, Jura 14, 186, 189.

11 BGHSt 41, 206, 214 ff; *Wittig*, WiStrR, § 6 Rn 43.

fordert, dass alle anderen möglichen Ursachen einer Erkrankung aufgezählt und ausgeschlossen werden. Er lässt genügen, dass nach einer Gesamtbewertung der naturwissenschaftlichen Erkenntnisse und anderer Indiztatsachen die Mitursächlichkeit des Holzschutzmittels für die eingetretenen Gesundheitsschäden zweifelsfrei festgestellt wird.

Die Conditio-Formel kann demnach Verursachungszusammenhänge nicht aus sich selbst heraus erklären. Vielmehr muss bereits im Vorhinein ein allgemeines Kausalgesetz formulierbar sein, das einen Schluss von einer Voraussetzung auf eine bestimmte Folge erlaubt.

222 d) Unzureichend ist die Conditio-Formel auch dort, wo mehrere unabhängig voneinander gesetzte Bedingungen zeitlich zusammentreffen und jede für sich allein zur Erfolgsherbeiführung ausgereicht hätte (sog. Mehrfach- oder **alternative Kausalität**).

Beispiel: Wenn A und B unabhängig voneinander je eine tödliche Dosis Gift gleicher Art in ein Getränk des C geben, kann man sowohl das Verhalten des A, als auch das des B „hinwegdenken", ohne dass der Erfolg entfällt. Das Ergebnis wäre ein Erfolg ohne Ursache und eine Tat ohne Täter. Beide könnten dann offensichtlich nur wegen Versuchs bestraft werden, obwohl A und B ihr Ziel durch die Giftbeibringung doch jeweils zur Gänze erreicht haben. Dies erscheint unstimmig[12].

In derartigen Fällen muss daher die **Conditio-Formel in modifizierter Form** angewandt werden: Von mehreren Bedingungen, die zwar *alternativ*, aber *nicht kumulativ* hinweggedacht werden können, ohne dass der Erfolg in seiner konkreten Gestalt entfiele, ist jede erfolgsursächlich[13] (zur objektiven Zurechenbarkeit s. Rn 246 ff, 950 ff und insbes. 971).

223 Abzugrenzen sind diese Fälle von den Konstellationen der sog. **kumulativen Kausalität**, die ohne jede Modifikation nach der ursprünglichen Conditio-Formel lösbar sind. Bei dieser Fallgestaltung führen mehrere voneinander unabhängig gesetzte Bedingungen, die den Erfolg jeweils für sich betrachtet nicht erzielen könnten, diesen erst durch ihr Zusammenwirken herbei.

Beispiel: A und B geben dem C unabhängig voneinander eine isoliert betrachtet nicht tödlich wirkende Giftdosis, wobei die Gesamtmenge den Tod des C herbeiführt. Keine Tathandlung – weder die des A noch die des B – kann hinweggedacht werden, ohne dass der konkrete Todeserfolg entfiele. Schon nach der allgemeinen Conditio-Formel ist hier also unproblematisch jede Handlung für den Tod des C kausal (zur Zurechenbarkeit s. Rn 276 und 289 f).

224 e) Bei **Mehrheitsbeschlüssen in Gremien** ist im Hinblick auf die Ursächlichkeit einzelner Stimmen zweifelhaft, ob ein Fall alternativer oder kumulativer Kausalität vorliegt.

Beispiel: Die Geschäftsführer einer GmbH beschließen den Vertrieb eines Ledersprays, das – wie ihnen bekannt ist – nachweislich Gesundheitsschäden beim Verwender herbeiführen

---

12 Für eine Versuchsstrafbarkeit aber etwa *Frister*, AT, 9. Kap., Rn 9 ff; S/S/W-StGB-*Kudlich*, Vor §§ 13 Rn 37; *Roxin*, AT I, § 11 Rn 25; krit. hierzu *Satzger*, Jura 14, 186, 190.

13 Vgl BGHSt 39, 195; *Jäger*, Maiwald II-FS, S. 345, 354; *Kindhäuser*, GA 2012, 134; *Kühl*, AT, § 4 Rn 19 ff; *Rogall*, JZ 93, 1066; krit. *Frister*, AT Kap. 9 Rn 13, *Merkel*, Puppe-FS, S. 151; *Neumann*, GA 2008, 463; *Puppe*, ZIS 12, 267; *Rotsch*, Roxin II-FS, S. 377; *Toepel*, JuS 94, 1009.

kann[14]. Verbraucher V erleidet infolge der Verwendung des Sprays Atemwegserkrankungen. Wird jeder der Geschäftsführer kausal für die Verletzung des V? Hier gilt es zwei Stufen der Kausalitätsfeststellung zu unterscheiden[15]: Unproblematisch feststellbar ist in der Regel die zweite Stufe, nämlich die Kausalität des Beschlusses als solchen („Wir vertreiben das Produkt") für die Gesundheitsschädigung beim Verbraucher. Problematisch ist aber die erste Stufe: Wird jeder einzelne an der Mehrheitsentscheidung beteiligte Gesellschafter für sich kausal für den Beschluss?

Bei nur **einer Stimme Mehrheit**, kann keine Stimme hinweggedacht werden, ohne dass der Beschluss (hier: für den Vertrieb des Sprays) entfiele. Da aber jede Stimme nur in Kombination mit den Stimmen der anderen (ebenfalls kausalen) Stimmen wirkt, liegt hier ein Fall **kumulativer** Kausalität aller Gremienmitglieder, die für den Vertrieb gestimmt haben, vor. **225**

Bei einer **Mehrheit von mehr als einer Stimme** ist die Lösung dagegen schwieriger: Sie kann – so der BGH im Ledersprayfall – auf dem Gebiet der Beteiligungslehre gefunden werden, allerdings nur sofern jedem Geschäftsführer das Verhalten der Mehrheit, die für das Inverkehrbringen gestimmt hat, aufgrund bestehender Mittäterschaft (s. Rn 759 ff) gem. § 25 II zugerechnet werden kann[16]. Gerade für Fahrlässigkeitsdelikte wird dies in Zweifel gezogen, denn die Möglichkeit einer fahrlässigen Mittäterschaft wird bislang zumeist verneint (dazu aber Rn 740). Allerdings lässt sich die Kausalität durchaus mit dem bekannten und unstreitigen Instrumentarium begründen: Dass zwar jede Einzelstimme, jedoch (zusätzlich) keine weitere Stimme hinweggedacht werden kann, ohne dass der Erfolg entfiele, zeigt auf, dass wir es mit einer der **alternativen** Kausalität vergleichbaren Konstellation zu tun haben[17]. Da aber insoweit jede der Stimmen nur in Kombination mit den anderen Ja-Stimmen den Beschluss trägt, bedarf es zusätzlich des Rückgriffs auf die Regeln der **kumulativen** Kausalität[18]. Jedes Gremiumsmitglied, das für den Vertrieb gestimmt hat, ist (alternativ-kumulativ) kausal geworden und kann nicht einwenden, auch eine andere Stimme habe den Erfolg getragen. **226**

Zur (noch problematischeren) Konstellation der Kausalität eines sich der **Stimme enthaltenden** Gremiumsmitglieds vgl das „Mannesmann-Verfahren", BGH NJW 06, 522, 527 (insoweit in BGHSt 50, 331 ff nicht abgedruckt)[19].

f) **Zusammenfassend** lässt sich sagen, dass die Conditio-Formel, trotz der berechtigterweise an ihr geübten Kritik, in Rspr und Lehre aufgrund ihrer Griffigkeit verständlicherweise gerne zur Begründung der Kausalität herangezogen wird. Ihre Verwen- **227**

14 Vgl BGHSt 37, 106, 131 *(Ledersprayfall)* m. Anm. *Brammsen*, Jura 91, 533; *Puppe*, JR 92, 30; BGHSt 48, 77, 87 *(Politbürofall)*; Amelung-*Dencker*, S. 63, 67; ausf. *Corell*, I. Roxin-FS, S. 117; *Jäger*, AT, Rn 365; *Knauer*, Die Kollegialentscheidung im Strafrecht, 2001, S. 84 ff; *Mansdörfer*, Frisch-FS, S. 315; *Rotsch*, wistra 99, 321, 324.

15 Vgl *Hilgendorf*, NStZ 94, 561, 565; *Satzger*, Jura 14, 186, 194.

16 *Beulke/Bachmann*, JuS 92, 737; Matt/Renzikowski-*Renzikowski*, Vor § 13 Rn 90; krit. *Puppe*, GA 2004, 129, 133.

17 Ebenso: *Kindhäuser*, AT, § 10 Rn 41; für kumulative Kausalität: *Roxin*, AT I, § 11 Rn 19; s. auch *Hohmann*, NJ 07, 5, 8.

18 Näher *Kaspar*, AT, Rn 147; *Satzger*, Jura 14, 186, 193; so auch S/S/W-StGB-*Kudlich*, Vor §§ 13 Rn 43 ff.

19 Weiterführend *Satzger*, Jura 14, 186, 194; *Wittig*, WiStrR, § 6 Rn 48 ff mwN.

dung ist aber nur dann zu rechtfertigen, wenn man sie lediglich als **notwendiges Zurechnungsminimum**, nicht aber als bereits hinreichende Bedingung für die Erfolgszurechnung ansieht. Die dargestellten Schwächen der Formel müssen dann durch entsprechende Anwendungsregeln (Rn 228 ff) berichtigt werden; teilweise sind sie anschließend auf der Ebene der **objektiven Zurechnung** zu korrigieren (dazu Rn 246 ff). Die Lehre von der gesetzmäßigen Bedingung (dazu Rn 239) führt regelmäßig zu denselben Ergebnissen. Diese lassen sich somit – zB in Klausuren und Hausarbeiten, bei denen die Kausalitätsfrage Schwierigkeiten bereitet – auf zwei Wegen (nebeneinander) begründen.

2. Probleme und Anwendungsregeln der Conditio-Formel

228 Zutreffende Ergebnisse liefert die Conditio-Formel nur, wenn folgende Anwendungsregeln beachtet werden:

229 a) **Hypothetische Reserveursachen bleiben außer Betracht**. Maßgebend für die Beurteilung der Kausalität ist allein die ursächliche Verbindung zwischen dem wirklichen Geschehen und dem Erfolg in seiner konkreten Gestalt. Hypothetische Kausalverläufe können grundsätzlich nicht berücksichtigt werden[20]. Der Umstand, dass der sozialschädliche Erfolg später aufgrund anderer Ereignisse und in anderer Weise ebenfalls eingetreten wäre, beseitigt die Ursächlichkeit der realen Bewirkungshandlung nicht. Ein „Hinzudenken" derartiger Reserveursachen, die an Stelle der wegzudenkenden Handlung wirksam geworden wären, ist unzulässig, da ein tatsächlicher Geschehensablauf sein Dasein und seine Wirkung nicht dadurch einbüßt, dass ein anderer an seine Stelle hätte treten können, aber nicht getreten ist[21].

Beispiel: A verfolgt B, der ins Ausland fliehen will, bis zum Flugplatz, wo er ihn erschießt. Das Flugzeug, in dem B einen Platz gebucht hatte, stürzt nach dem Start ins Meer; niemand überlebt das Unglück. Die Kausalitätsfrage darf hier nicht dahingehend gestellt werden, ob B überhaupt (irgendwie) den Tod gefunden hätte. Da jeder Mensch ohnehin irgendwann sterben muss, wäre kein Mörder ursächlich für den durch ihn herbeigeführten unnatürlichen Tod. Entscheidend ist vielmehr, ob der konkrete Erfolg (Erschießungstod) entfallen würde, wenn man die Abgabe des Schusses durch A hinwegdenkt. Bei richtiger Fragestellung steht die Ursächlichkeit außer Zweifel, da B auf diese Weise und in diesem Augenblick ohne die Tötungshandlung des A nicht gestorben wäre.

230 Aus der Unbeachtlichkeit der Reserveursachen folgt unmittelbar, dass die bloße **Beschleunigung des Erfolgseintritts** genügt, um eine Ursächlichkeit für den konkreten Erfolg anzunehmen (zB Vergiftung eines sterbenskranken Krebspatienten)[22]. Denn der frühere Erfolgseintritt (hier: Vergiftungstod) ist dann gegenüber dem später eintretenden (hier: Krebstod) ein *aliud*, welches – als Reserveursache – nicht berücksichtigt werden darf.

Desgleichen ist dies auch der Grund dafür, dass die bloße **Mitursächlichkeit des Täters** genügt: Dass weitere Beteiligte auch eine Ursache für den konkreten Erfolgsein-

---

20 BGHSt 10, 369.

21 BGHSt 2, 20; 13, 13; 49, 1 *(Psychiatriefall)*; *Kühl*, AT, § 4 Rn 11 ff.

22 BGH NStZ 81, 218 m. Anm. *Wolfslast*; BGH NStZ 02, 253.

tritt setzen, ist eine (unbeachtliche) Reserveursache, die der Kausalität nicht im Wege steht.

Ausnahmsweise dürfen hypothetische Geschehnisse allerdings dann nicht ausgeblendet werden, wenn es sich um **„hypothetisch rettende Kausalverläufe“** handelt[23]. **231**

Beispiel: Der schwerreiche N ist Nichtschwimmer. Beim Baden im Meer ist er ins tiefe Wasser abgetrieben worden, er droht zu ertrinken. Rettungsschwimmer R stürzt sich in die Fluten, um N zu retten. E, der Alleinerbe des N, will auf keinen Fall, dass N überlebt, deshalb zielt er mit seiner Pistole auf R und tötet diesen, noch bevor er N erreicht. N ertrinkt.

Denkt man hier – der Conditio-Formel folgend – den Schuss des E hinweg, so wäre damit das Überleben des N noch nicht festgestellt. Hinzugedacht werden muss das Gelingen der Rettungsaktion durch R, ein hypothetisch rettender Kausalverlauf. Im Ergebnis kann es nicht zweifelhaft sein, dass E hier kausal für den Tod des N wird, ein gewisser Widerspruch ergibt sich mit der manchmal absolut gesetzten Regel, wonach hypothetische Kausalverläufe niemals hinzugedacht werden dürfen.

Bei richtiger Betrachtung handelt es sich hier allerdings weniger um eine Ausnahme von der Conditio-Formel als vielmehr um eine „Präzisierung“ derselben, da der Sachverhalt hier nicht durch einen hypothetischen ersetzt, sondern lediglich „ergänzt“ wird[24]. Wollte man im Sachverhalt bereits angelegte, hypothetische Vorgänge, die mit an Sicherheit grenzender Wahrscheinlichkeit zu einer Rettung des verletzten Rechtsguts geführt hätten, ausblenden, würde dies den Sachverhalt verfälschen. Das Verbot, hypothetische Kausalverläufe zu berücksichtigen, soll demgegenüber nur verhindern, dass auf Reserveursachen – also niemals nach außen in Erscheinung getretene Umstände, die den rechtsgutsverletzenden Erfolg auf anderem Weg herbeigeführt hätten – abgestellt wird. **232**

b) **Eine abnormale Konstitution des Opfers und ein atypischer Kausalverlauf sind unbeachtlich.** Grundlage der Beurteilung der Kausalität ist das reale Geschehen, ob dieses atypisch abläuft oder ob das Opfer in irgendeiner Weise vom durchschnittlichen Menschen abweicht, ist irrelevant (zur objektiven Zurechnung s. aber Rn 289). **233**

Beispiel: Arzt Dr. A verabreicht dem 16-jährigen Leichtathleten L über einen längeren Zeitraum ein Muskelaufbaupräparat zur Leistungssteigerung. Bei gesunden Sportlern verursacht dieses Medikament keinerlei Nebenwirkungen. L leidet allerdings an einer unerkannten Allergie und zeigt daher nach einigen Wochen Ausfallerscheinungen. Da der Täter nun einmal mit dem konkreten Opfer konfrontiert ist, muss auch die Kausalitätsfrage im Rahmen der vom Täter vorgefundenen Realität beurteilt werden. Was jenseits des konkreten Falles „normal“ ist, führt zu hypothetischen Erwägungen, die hier keine Rolle spielen können. Dr. A wird also kausal für den bei L eingetretenen Körperverletzungserfolg.

c) **Der Kausalverlauf wird durch Eingreifen des Verletzten oder eines Dritten nicht unterbrochen, wenn die ursprüngliche Bedingung fortwirkt.** Wirkt der Verletzte an der Erfolgsherbeiführung mit oder greift ein Dritter fahrlässig oder vorsätzlich in das Kausalgeschehen ein, so ändert dies nichts an der Kausalität, vorausge- **234**

23 S/S/W-StGB-*Kudlich*, Vor §§ 13 ff Rn 40.
24 *Rengier*, AT, § 13 Rn 19 f; *Roxin*, AT I, § 11 Rn 34; vgl auch *Kühl*, AT, § 4 Rn 18 („Gebot des Hinzudenkens von rettenden Kausalverläufen").

setzt, dass die früher gesetzte Bedingung bis zum Eintritt des Erfolges fortwirkt[25] (s. aber Rn 259, 276 ff, 289 f zur objektiven Zurechnung). Das ist immer dann der Fall, wenn derjenige, der später eingreift, an die vorausgehende Bedingung **anknüpft** (insbes. die dadurch geschaffene Lage ausnutzt).

Beispiele: Im sog. *Gnadenschussfall*[26] hatte A den X aus kurzer Entfernung durch einen Schuss in die Brust niedergestreckt. Als B hinzukam, gab er „dem röchelnden X den Gnadenschuss". Der BGH hat die Verurteilung von A und B wegen **vollendeter** vorsätzlicher Tötung des X zu Recht bestätigt: Der „Gnadenschuss" des B wurde erst durch den vorhergehenden Schuss des A veranlasst, weshalb auch Letzterer den Tod des X verursacht hat.

Im *Pflegemutterfall*[27] hatte die Pflegetochter R im Konkurrenzkampf um die Liebe der Pflegemutter die weitere Pflegetochter J mit einem Klappmesser niedergestochen. R hielt J irrtümlich für tot. Zur Beseitigung der Spuren schickte R ihren Freund W an den Tatort. W fand J röchelnd vor und schlug ihr mit Tötungsvorsatz beidhändig mehrfach mit einer Wasserflasche auf den Kopf. Zwar ließ sich nicht feststellen, ob J letztlich infolge der Messerstiche oder durch die Schläge mit der Flasche zu Tode kam; unabhängig hiervon (Fall der Tatsachenalternativität, s. Rn 1134) bejahte der BGH in jedem Fall die Kausalität der Messerstiche; denn selbst wenn erst die Schläge des W tödlich wirkten, so wäre es zu diesen ohne die Messerstiche der R nicht gekommen, weil W mit seinen Schlägen an das Handeln seiner Freundin **anknüpfte**. Demgegenüber kann W nur wegen eines versuchten Tötungsdelikts bestraft werden, es lässt sich ja nicht klären, ob sein Verhalten wirklich den Tod der R herbeigeführt hat. Sind Sachverhaltszweifel unausräumbar, so muss das Gericht nach dem Grundsatz *in dubio pro reo* im Zweifel für den Angeklagten entscheiden (s. Rn 1118 ff), hier also zugunsten des W davon ausgehen, dass die Messerstiche der R allein kausal für den Tod der J waren (zur Zurechenbarkeit des Erfolges s. Rn 277).

235 Im *Bratpfannenfall*[28] beurteilte der BGH die Kausalitätsfrage allerdings unzutreffend: M, ein „hünenhafter Wüterich", hatte seine Frau F und seine Stieftochter S lange Zeit in unmenschlicher Weise tyrannisiert. Eines Tages versetzte S dem M von hinten mit einer schweren Bratpfanne mehrere Schläge auf den Kopf. Als M bewusstlos zu Boden gesunken war, lief S fort, um die Polizei zu rufen. Unabhängig und ohne Wissen vom Handeln der S kam F nach Hause, ergriff die Bratpfanne und schlug sie dem am Boden liegenden M „mindestens einmal" auf den Kopf. Ob ihr Verhalten den (alsbald eingetretenen) Tod des M **beschleunigt** hatte, ließ sich nicht klären. Nach dem Grundsatz *in dubio pro reo* war zugunsten der F davon auszugehen, dass ihr Schlag den Tod des M nicht beschleunigt hatte; ihr konnte daher nur ein Totschlagsversuch zur Last gelegt werden. Zugunsten der S musste nach ebendiesem Zweifelsgrundsatz aber gerade umgekehrt angenommen werden, dass F dem M mehrere Schläge versetzt hatte und dass dessen Tod dadurch beschleunigt worden war. Daraus hat der BGH den Schluss gezogen, dass auch S lediglich wegen **versuchter** Tötung zur Rechenschaft gezogen werden könne, da der Tod des M (basierend auf dieser Annahme) „seine Ursache nicht in den Handlungen der S, sondern in den Schlägen der F gehabt habe".

Dem kann jedoch **nicht zugestimmt** werden, weil F die von S geschaffene Lage ausgenutzt und an deren Verletzungshandlung **angeknüpft** hat. Ohne den von S unternommenen Angriff hätte F den M ihrerseits nicht angegriffen. Am ursächlichen Zusammenhang zwischen dem Handeln der S und dem Tod des M würde sich daher selbst dann nichts ändern, wenn feststün-

25 RGSt 61, 318; 64, 316 und 64, 370; BGHSt 39, 322, 324; vert. *Hoyer*, Jakobs-FS, S. 175.
26 BGH MDR/D 56, 526.
27 BGH NStZ 01, 29.
28 BGH NJW 66, 1823 m. Anm. *Hertel* und *Kion*, JuS 67, 449.

de, dass der Tod des M durch die Schläge der F beschleunigt worden war. Es läge dann ein Fall der kumulativen Kausalität vor (zur Zurechenbarkeit des Erfolges s. Rn 277).

Ein **Regressverbot**, wonach im Falle einer Vorsatztat ein (fahrlässiges) Vorverhalten des Täters oder eines Dritten, das die Vorsatztat erst ermöglicht hat, nicht Anknüpfungspunkt für die Kausalität sein kann[29], lässt sich mit der Bedingungstheorie und der Gleichwertigkeit aller Ursachen nicht erklären und wird daher von der hM zu Recht nicht anerkannt[30]. Denkbar ist hingegen eine Unterbrechung des **Zurechnungszusammenhanges** (Einzelheiten dazu s. Rn 259, 276, 289 f). **236**

d) **„Überholende" Zweitereignisse bewirken einen Abbruch des Kausalverlaufs.** Anders ist die Kausalitätsfrage dort zu beurteilen, wo die Erstbedingung nicht bis zum Erfolgseintritt fortwirkt und daher von vornherein nicht ursächlich wird. So liegt es, wenn ein späteres Ereignis völlig unabhängig von der früher gesetzten Bedingung eine **neue Ursachenreihe** eröffnet, die ganz allein den Erfolg herbeiführt[31]. Man spricht hier (bildhaft) von einem „Abbrechen" der ersten Kausalreihe durch ein „überholendes" Zweitereignis. **237**

Beispiel: A hat erfahren, dass seine Braut B ihn mit C betrügt. Er bringt B ein langsam wirkendes, aber mit Sicherheit zum Tode führendes Gift bei, das keine Spuren hinterlassen soll. Ehe die Giftwirkung einsetzt, erscheint C und erschießt B, weil auch er sich von ihr hintergangen fühlt: Von zwei konkurrierenden Kausalreihen mit gleicher Angriffsrichtung ist hier die erste fehlgeschlagen und absolut wirkungslos geblieben, weil das Zweitereignis schneller Wirkung entfaltete. Da C nicht an die von A gesetzte Bedingung anknüpfte, sondern unabhängig davon eine neue Ursachenreihe in Gang setzte, kann A lediglich wegen eines Tötungsversuchs bestraft werden[32].

e) Über **Beweisschwierigkeiten** bei Feststellung der Kausalität vermag die Conditio-Formel nicht hinwegzuhelfen[33]. **238**

Beispiel[34]**:** Im Gebirge schießen die Wilderer A und B kurz hintereinander, aber ohne voneinander zu wissen, auf den Förster F. Der eine Schuss trifft F in den Kopf, der andere ins Herz. Jeder Schuss wäre sofort tödlich gewesen; es ist aber nicht zu klären, wer welchen Schuss abgegeben und wer zuerst geschossen hat. Hier ist bei keinem von beiden erwiesen, dass sein Schuss für den Tod des F ursächlich war. Da beide Wilderer unabhängig voneinander tätig wurden (anders bei Mittäterschaft, s. Rn 759 ff), ist nach dem Grundsatz *in dubio pro reo* zugunsten eines jeden davon auszugehen, dass sein Schuss zu einem Zeitpunkt getroffen hat, als F bereits durch den anderen Schuss getötet war. A und B können daher (mangels Beweises) nur wegen versuchter vorsätzlicher Tötung bestraft werden (s. auch Rn 222).

---

29 *Ebert/Kühl*, Jura 79, 561, 569 f; *Otto*, Maurach-FS, S. 91, 96 ff.

30 BGH JZ 01, 661, 666; OLG Stuttgart NStZ 97, 190; *Roxin*, Tröndle-FS, S. 177.

31 Vgl dazu BGH NStZ 89, 431; LG Nürnberg-Fürth NZV 06, 433.

32 Vgl RGSt 69, 44, 47; Gute Schaubilder zur gesamten Kausalitätsproblematik bei *Hauf*, S. 18 ff.

33 Zur Frage der richterlichen Überzeugungsbildung bei Zweifeln am ursächlichen Zusammenhang s. BGHSt 37, 106 *(Lederspravfall)*; BGHSt 41, 206 *(Holzschutzmittelfall)* m. krit. Anm. *Puppe*, JZ 96, 318; s. auch *Frisch*, Maiwald II-FS, S. 239, 253; *Hoyer*, GA 1996, 161; *Jähnke*, Jura 10, 582; *Kühl*, AT, § 4 Rn 6 f; *Schulz*, JA 96, 185; *Volk*, NStZ 96, 105; *Wohlers*, JuS 95, 1019.

34 Nach *Arthur Kaufmann*, Eb. Schmidt-FS, S. 211.

3. Die Lehre von der gesetzmäßigen Bedingung

239 Die auf *Karl Engisch* (1899-1990) zurückgehende **Lehre von der gesetzmäßigen Bedingung** betrachtet – wie gesehen (s. Rn 217) – insoweit übereinstimmend mit der Bedingungstheorie alle Ursachen als gleichwertig. Die Schwächen der Conditio-Formel versucht sie methodisch dadurch zu beheben, dass sie nicht lediglich den Anfangs- und Endpunkt des rechtsgutsverletzenden Verlaufs in den Blick nimmt, sondern den gesamten Verlauf vom Täterverhalten bis zum Erfolg im Auge behält.

Freund fasst den Vorteil dieser Lehre anschaulich zusammen: Nach der Bedingungstheorie fahre „der schadensträchtige Zug, der durch das Verhalten in Gang gesetzt worden ist, durch einen Tunnel ..., in dem er nicht mehr beobachtet wird, sodass an dessen Ausgang nur noch der Enderfolg festgestellt werden kann. Demgegenüber fordert die Lehre von der gesetzmäßigen Bedingung sozusagen auf, die gesamte Fahrt zu begleiten. Auf diese Weise kann geprüft werden, was im Tunnel tatsächlich geschehen ist“[35].

240 Dementsprechend soll es auf ein Hinwegdenken der Tathandlung und dementsprechend hypothetische Erwägungen nicht ankommen. Vielmehr ist ein Verhalten dann ursächlich für einen Erfolg, **wenn dieser Erfolg mit dem Verhalten durch eine Reihe von Veränderungen (natur-)gesetzmäßig verbunden ist**[36]. Gefragt wird also danach, ob die konkrete Handlung im konkreten Erfolg tatsächlich wirksam geworden ist[37].

Beispiel: Injiziert A dem B eine Substanz, woraufhin B tot umfällt, so ist nach der Lehre von der gesetzmäßigen Bedingung nicht das hypothetische Geschehen bei Hinwegdenken der Injektion entscheidend. Vielmehr gilt es ein Naturgesetz zu benennen, aufgrund dessen die injizierte Substanz die tödliche Wirkung entfaltet.

241 Die Lehre von der gesetzmäßigen Bedingung geht im Vergleich zur Conditio-Formel von der besseren Methode und einer präziseren Fragestellung aus; sie kommt insbes. weitgehend ohne unsichere hypothetische Überlegungen aus. Sie führt indessen kaum jemals zu anderen Ergebnissen als die Rspr und gelangt ebenfalls an ihre Grenzen, wenn das notwendige Erfahrungswissen (wie etwa im erwähnten *Conterganfall*, vgl Rn 221) fehlt. Die Fallkonstellationen, die bei Anwendung der Conditio-Formel besondere Anwendungsregeln nötig machen, sind auf Basis der Lehre von der gesetzmäßigen Bedingung zumeist ebenfalls nicht völlig unproblematisch und bedürfen zumindest klarstellender Erörterung[38].

Klausurhinweis: In strafrechtlichen Gutachten sollte man die durch Anwendung der Conditio-Formel gefundenen Ergebnisse, insbes. dann, wenn hier besondere Probleme liegen, zusätzlich auf die Lehre von der gesetzmäßigen Bedingung stützen. Eine Festlegung auf eine der beiden Ansichten ist in der Regel angesichts der übereinstimmenden Ergebnisse überflüssig[39].

---

35 MK-*Freund*, Vor § 13 Rn 340.

36 S. nur S/S-*Eisele*, Vorbem. §§ 13 ff Rn 75; MK-*Freund*, Vor § 13 ff Rn 334, 340; *Hilgendorf*, Jura 95, 514; *Kühl*, AT, § 4 Rn 22; Matt/Renzikowski-*Renzikowski*, Vor § 13 Rn 77 ff; *Roxin*, AT I, § 11 Rn 15; SK-*Rudolphi*, Vor § 1 Rn 41 f; *Schulz*, Lackner-FS, S. 39; ähnl. *Jescheck/Weigend*, AT, § 28 II 4; vgl auch zur Lehre von der hinreichenden Minimalbedingung *Kindhäuser*, LPK, Vor § 13 Rn 72.

37 S/S-*Eisele*, Vorbem. §§ 13 ff Rn 75.

38 Ausf. dazu *Kühl*, AT, § 4 Rn 24 ff.

39 Vgl *Kühl*, AT, § 4 Rn 8.

4. Sonstige Kausalitätstheorien

a) Die im Zivilrecht weit verbreitete **Adäquanztheorie**, die gerade nicht von der Gleichwertigkeit der Ursachen ausgeht, wird im Strafrecht heute nicht mehr vertreten. Ursache im Rechtssinn ist nach dieser Auffassung jede tatbestandsadäquate Bedingung. **242**

Ein Tun oder Unterlassen ist dann adäquate Bedingung des konkreten Erfolges, wenn es die objektive Möglichkeit seines Eintritts **generell** (nach allgemeiner Lebenserfahrung) **in nicht unerheblicher Weise erhöht** hat.

Verneint wird der adäquate Kausalzusammenhang, wenn der Erfolgseintritt auf einem **regelwidrigen, atypischen Kausalverlauf**, dh auf einer ganz ungewöhnlichen Verkettung von Umständen beruht, mit denen nach der Erfahrung des täglichen Lebens nicht zu rechnen war[40].

Aus strafrechtlicher Sicht kann diese Ansicht deshalb nicht überzeugen, weil sie die beiden Kategorien der im Grundsatz empirisch zu beurteilenden Verursachung und der normativ-wertenden Zurechnung miteinander vermischt und die Ergebnisse somit wenig transparent bleiben. Überdies ist sie nicht in der Lage, die Schwächen der anderen Kausalitätstheorien zu vermeiden. Richtig erscheint es vielmehr, den Adäquanzgedanken mit der Lehre von der objektiven Zurechnung erst bei Prüfung der (normativen) Frage aufzugreifen, ob sich die vom Täter geschaffene Gefahr im konkreten Taterfolg realisiert hat (vgl Rn 289); die Rspr berücksichtigt derartige Erwägungen hingegen erst im Rahmen des subjektiven Tatbestands (Rn 376).

b) Demgegenüber unterscheidet die – so heute allerdings im Strafrecht ebenfalls nicht mehr vertretene – **Relevanztheorie** streng zwischen der Verursachungsfrage und der objektiven Zurechenbarkeit des Erfolges. **243**

Bei der Feststellung des **ursächlichen Zusammenhanges** stützt sie sich auf die Bedingungstheorie (Äquivalenztheorie). Bezüglich der Erfolgszurechnung stellt sie dagegen auf die sog. **strafrechtliche Relevanz** des Kausalgeschehens ab, wobei sie (ähnlich wie die Adäquanztheorie) nur die tatbestandsadäquaten Bedingungen innerhalb des Kausalverlaufs als haftungsbegründend anerkennt, sich darüber hinaus jedoch den Blick für den **Schutzzweck der Norm** und die Besonderheiten des einzelnen Straftatbestandes offen hält[41].

In dogmatischer Hinsicht vermeidet die Relevanztheorie durch die exakte Trennung zwischen Erfolgsverursachung und Erfolgszurechnung die Schwäche der reinen Adäquanztheorie. Diese richtige Erkenntnis öffnet den Weg für die heute überwiegend anerkannte **Lehre von der objektiven Zurechnung** (s. Rn 249).

In den **Fällen 6a und 6b** hat M jeweils eine Bedingung gesetzt, die für den Tod des T in seiner konkreten Gestalt **mitursächlich** geworden ist: Hätte M den T nicht verletzt, hätte dieser zur fraglichen Zeit nicht zum Krankenhaus transportiert und dort behandelt werden müssen. T hätte dann weder auf dem Weg zum Krankenhaus als Opfer eines Verkehrsunfalls noch im Krankenhaus infolge einer Wundinfektion den Tod gefunden. **244**

Von der **Äquivalenztheorie** aus ließen sich noch zahlreiche weitere Erfolgsursachen ermitteln: Alle Personen, die an der Herstellung und Weitergabe des von M zur Tat benutzten Messers beteiligt waren, haben in der grenzenlosen Kausalkette einen Kausalbeitrag geliefert. Sogar die Eltern des M haben eine Bedingung für den Tod des T gesetzt, denn wenn M

---

40 Näher BGHSt 3, 62; *Maurach/Zipf*, AT/1, § 18 Rn 32.

41 Näher *Blei*, AT, § 28 IV, V; ähnl. *Bockelmann/Volk*, AT, S. 63 ff; *Jescheck/Weigend*, AT, § 28 I, III, IV.

von ihnen nicht gezeugt worden wäre, hätte er den T nicht verletzen und das weitere Geschehen auslösen können.

Zur Kausalität gelangt man auch mit der **Lehre von der gesetzmäßigen Bedingung**, da alle einzelnen Veränderungen zwischen Messerstich und Tod empirisch bzw naturgesetzlich erklärbar sind (... durch Messerstich entsteht Wunde, Verwundeter wird idR ins Krankenhaus transportiert, eine derartige Wunde wird regelmäßig operiert, durch Operation kann es zur Wundinfektion kommen, an Wundinfektion kann ein Patient sterben).

Auch in den **Fällen 6c und 6d** ist die Kausalität nicht zweifelhaft: Hätte F dem V nicht den Gleitschirm geliehen und wäre er ihm nicht behilflich gewesen, so hätte V – zumindest nicht unter den konkreten Umständen – den Tod gefunden. Ebenso wäre bei N der tödliche Schock ausgeblieben, wenn A das Kind nicht überfahren hätte. Da alle tatsächlichen Veränderungen empirisch/naturgesetzlich nachvollziehbar sind, ergibt auch die Lehre von der gesetzmäßigen Bedingung kein anderes Ergebnis.

245 Auch wenn die beiden herrschenden Ansätze – Conditio-Formel und Lehre von der gesetzmäßigen Bedingung – richtigerweise von der kausalen Gleichwertigkeit (= Äquivalenz) aller Bedingungen ausgehen, folgt daraus aber **nicht** etwa ihre **rechtliche Gleichwertigkeit**, vielmehr muss ihre tatbestandliche Relevanz im Rahmen der **Zurechnungsfrage** gesondert untersucht werden.

III. Die objektive Zurechnung des Handlungserfolges

1. Grundlagen und allgemeine Voraussetzungen der objektiven Zurechnung

246 a) Nach dem bisher Gesagten erfüllt das Kriterium der Kausalität eine Funktion als **Mindest**voraussetzung der Erfolgszurechnung auf Tatbestandsebene. Dass der konkrete Erfolg ohne das Täterverhalten nicht (so) eingetreten wäre bzw dass die vom Täter gesetzte Bedingung im konkreten Erfolg (irgendwie) wirksam geworden ist, stellt jedoch noch keine hinreichende Grundlage für eine Erfolgszurechnung dar. Die Filterwirkung der Kausalität ist gering. Eine deutlich präzisere Filterung kann aber durch **Einbeziehungen der Wertungen des Strafrechts** erreicht werden. Denn die Tatbestände der Erfolgsdelikte fordern vom Täter implizit, ein Verhalten zu unterlassen, welches zu einer Verletzung des von diesem Tatbestand geschützten Rechtsguts führt[42].

Beispiel: Der Totschlagstatbestand setzt implizit eine Verhaltensnorm voraus, wonach jedermann es zu unterlassen hat, einen anderen Menschen zu töten („Du sollst nicht töten").

247 Im Rahmen der Zurechnung muss es also darum gehen, nicht nur diejenigen Handlungen zu markieren, die zum Ausbleiben des konkreten Erfolgs geführt hätten, wenn der Täter sie unterlassen hätte. Vielmehr gilt es, gerade diejenigen Verhaltensweisen herauszufiltern, die **um der Erfolgsvermeidung willen** zu unterlassen waren[43]. Anders herum formuliert lässt sich danach fragen, ob der eingetretene Erfolg in den Verantwortungsbereich des Täters fällt, indem er gerade **als *sein* Werk** (und nicht als das Werk eines Dritten oder des Zufalls) erscheint.

42 Ausf. und krit. zur Verhaltensnorm: *Zaczyk*, GA 14, 73.
43 Vgl *Kindhäuser*, LPK, Vor § 13 Rn 101.

b) Zwar darf davon ausgegangen werden, dass es heute zum gesicherten Bestand der Strafrechtsdogmatik gehört, dass die uferlose Weite der Bedingungstheorie einer **haftungseinschränkenden Korrektur** bedarf. Die Ansichten gehen nur darüber auseinander, auf welchem Wege die gebotene Haftungsbegrenzung durchzuführen ist. 248

Denkbar wäre hier eine Vielzahl an Ansätzen, zB die Änderung der Kausalitätsbestimmung, die Verwendung eines Zusatzfilters im objektiven Tatbestand, Einschränkungen erst auf der Ebene des subjektiven Tatbestandes oder schließlich im Rahmen der Prüfung der Rechtfertigungsgründe[44].

Einen einheitlichen Ansatz zur Haftungsbeschränkung jenseits der Kausalität hat v.a. die **Lehre von der objektiven Zurechnung** herausgebildet. Objektiv ist diese Zurechnungslehre, weil sie ihre Ergebnisse ohne Blick auf subjektive Elemente (insbes. den Vorsatz) erzielt und somit die strafrechtliche Haftung – bei den Vorsatzdelikten – schon im objektiven Tatbestand begrenzt. Weitgehende Anerkennung hat die Lehre von der objektiven Zurechnung der Sache nach im Bereich der Fahrlässigkeitsdelikte erfahren (wo von vornherein keine Unterscheidung in objektiven und subjektiven Tatbestand vorgenommen wird, s. Rn 939 ff), wohingegen ihre Notwendigkeit bzw Relevanz bei den Vorsatztaten nach wie vor umstritten ist[45]. 249

Kritisiert wird, dass es sich bei den hier angesprochenen Problemen in Wahrheit um Fragen des subjektiven Tatbestandes handele. Dieser Einwand überzeugt letztlich nicht. Er versagt ganz offensichtlich beim Fahrlässigkeitsdelikt (das einen subjektiven Tatbestand gar nicht kennt), darüber hinaus aber auch dort, wo es – auch beim Vorsatzdelikt – klar vorsatzunabhängige, rein objektive Zurechnungskriterien gibt, wie etwa den Schutzzweck der Norm, die Abschichtung von Verantwortungsbereichen und Fälle der eigenverantwortlichen Selbstgefährdung. Ebenfalls ist der Vorwurf, dass ein einheitliches Zurechnungskriterium bereits auf Ebene des objektiven Tatbestandes zu unbestimmt und willkürlich sei in dieser Pauschalität nicht stichhaltig. Mit der sogleich zu besprechenden Grundformel und den diese ergänzenden Kriterien liefert sie ein nützliches Argumentationsinstrumentarium, um die normative Korrektur der Kausalitätserwägungen gerade nachvollziehbar und berechenbar zu machen[46]. 250

Die Lehre von der objektiven Zurechnung lässt sich auf folgende zweigliedrige **Grundformel**[47] zurückführen. Sie ist – im Rahmen der Fallprüfung im (objektiven) Tatbestand – unmittelbar an die Kausalitätsfeststellung anzuschließen. Sie lautet: 251

44 Grundlegend *Hilgendorf*, Weber-FS, S. 33; *Kahlo*, Küper-FS, S. 249; *Mitsch*, GA 2006, 11, 17; *Roxin*, ZStW 116 [2004], 929; *ders.*, Maiwald II-FS, S. 715; *Schumann*, Jura 08, 408; s. auch *Frisch*, Zurechnung, S. 50 ff; *ders.*, Roxin-FS, S. 213; *ders.*, GA 2003, 719, der – ähnl. wie *Freund*, AT, § 2 Rn 46 ff und Anhang 1 – die Schaffung einer rechtlich missbilligten Gefahr zur Lehre vom tatbestandsmäßigen Verhalten (Handlungslehre) zählt und die Zurechnungslehre auf die Frage beschränken will, ob der eingetretene Erfolg die spezifische Folge dieses Handelns ist („Realisierungszusammenhang"); vgl dazu die Beiträge von *Seher*, *Hoyer* und *Schmoller*, in: Frisch-FS, S. 207 ff, 223 ff und 237 ff; zu objektiver Zurechnung und Rechtfertigungsgründen *Silva Sánchez*, ZIS 14, 546.

45 Krit. insbes. *Hirsch*, Lenckner-FS, S. 119; die Lehre der objektiven Zurechnung ablehnend *Gössel*, GA 15, 18; *ders.*, Lampe-FS, S. 523; *Armin Kaufmann*, Jescheck-FS, S. 251; *Küpper*, S. 83 ff; *Lampe*, Armin Kaufmann-GS, S. 189; *Puppe*, GA 15, 203; Matt/Renzikowski-*Renzikowski*, Vor § 13 Rn 99 f; *Schild*, Jakobs-FS, S. 601, 613; *H. Schumann/A. Schumann*, Küper-FS, S. 543.

46 So insbes. auch *Rengier*, § 13 Rn 44.

47 Vgl *Kühl*, AT, § 4 Rn 43; *Lackner/Kühl*, Vor § 13 Rn 14; krit. *Puppe*, GA 15, 203; die Grundformel durch Elemente personalen Charakters vervollständigend *Sánchez Lázaro*, ZStW 14, 277

Objektiv zurechenbar ist ein Erfolg dann, wenn durch das Verhalten des Täters

(1) **eine rechtlich relevante Gefahr geschaffen** worden ist und

(2) **sich genau diese Gefahr im tatbestandsmäßigen Erfolg realisiert** hat.

Bei der Anwendung dieser Grundformel lassen sich – bzgl beider Elemente – Fallgruppen unterscheiden, die auch bei der Fallbearbeitung hilfreich sein können:

252 Bei der Klärung der Frage, ob eine **rechtlich relevante Gefahr geschaffen** worden ist, können insbes. folgende Fallgruppen Bedeutung erlangen[48]:

- Schutzzweck der verletzten Verhaltensnorm (dazu u. 2.),
- allgemeines Lebensrisiko und die Reichweite des erlaubten Risikos (dazu u. 3.),
- freiverantwortliche Selbstschädigung und -gefährdung des Opfers (dazu u. 4.),
- eigenverantwortliches Dazwischentreten eines Dritten (dazu u. 5.),
- Risikoverringerung (dazu u. 6.).

Geht es darum festzustellen, ob sich die so begründete **Gefahr im tatbestandsmäßigen Erfolg realisiert** hat, werden vor allem folgende Fallgruppen relevant:

- atypischer Kausalverlauf (dazu u. 7.),
- Pflichtwidrigkeitszusammenhang, insbes. beim Fahrlässigkeitsdelikt (dazu u. 8.).

Beide Aspekte dieser Grundformel sind eng miteinander verzahnt und überschneiden sich häufig. Nur unter diesem Vorbehalt ist die hier vorgenommene und für das Ergebnis nicht relevante Zuordnung zu den einzelnen Fallgruppen zu verstehen[49].

253 c) Die **Rspr** vermeidet bislang eine (allgemeine) Anerkennung der Kategorie der objektiven Zurechnung. Sie hat eine Haftungsbegrenzung im Unrechtsbereich durch Heranziehung objektiver Zurechnungskriterien bisher nur bei den Fahrlässigkeitsdelikten und in Einzelfällen befürwortet, insbes. bei der Abgrenzung von Verantwortungsbereichen in Fällen der „eigenverantwortlichen Selbstgefährdung“[50]. Bei den Vorsatzdelikten verlegt sie die Lösung der Zurechnungsprobleme in der Regel auf die Vorsatzebene, indem sie bei atypischen Geschehensabläufen das Vorliegen eines „Irrtums über den Kausalverlauf“ (vgl Rn 374 ff) prüft und dabei auf Adäquanzgesichtspunkte zurückgreift.

In der älteren Rspr erfolgte die Korrektur auf der Ebene der Schuld[51], da – dem klassischen Verbrechenssystem folgend – damals die Voraussehbarkeit des Erfolges erst in der Schuld geprüft wurde (s. Rn 149)[52].

48 Lehrreich dazu: *Frisch*, JuS 11, 19 ff, 116 ff, 205 ff; *Kindhäuser*, Gefährdung, S. 41 ff; *Kudlich*, JA 10, 681.

49 Vert. *Ebert*, Jura 79, 561; *Erb*, JuS 94, 449; *Hilgendorf*, Weber-FS, S. 47; *Jakobs*, Hirsch-FS, S. 45; *Küper*, Lackner-FS, S. 247; *Maiwald*, Miyazawa-FS, S. 465; *Otto*, Wolff-FS, S. 395; *Sánchez Lázaro*, Wolter-FS, S. 465; *Schmoller*, Triffterer-FS, S. 223; *Schünemann*, GA 1999, 207; *Seher*, Jura 01, 814; *Wolter*, Strafrechtssystem, S. 10 ff.

50 Vgl BGHSt 32, 262; 49, 34, 39 zur Beteiligung an einer eigenverantwortlichen Selbstgefährdung; BGHSt 11, 1 zu § 222; BGHSt 33, 61 zu § 229; BGH NJW 71, 152 zu § 227.

51 RGSt 29, 218, 220; 56, 343, 348; *Baumann/Weber/Mitsch*, AT, § 14 Rn 100; s. auch *Hettinger*, JuS 91, L 10, 25, 33, 49.

52 Im Zivilrecht ist über die Adäquanzformel hinausgehend die Lehre von der objektiven Zurechnung unter der Rubrik „Schutzzweck der Norm“ bzw „Rechtswidrigkeitszusammenhang“ seit langem anerkannt: s. dazu etwa BGHZ 27, 138; 57, 137; 132, 164; BGH NJW 00, 947.

2. Die Fallgruppe „Schutzzweck der Norm"

Für die Schaffung einer **rechtlich relevanten, dh rechtlich missbilligten Gefahr** im Sinne der Grundformel (Rn 251) genügt nicht jeder Verstoß gegen eine Verhaltensnorm. Abzustellen ist vielmehr auf deren **Schutzzweck**: Nur dann, wenn die verletzte Verhaltensnorm gerade dem Schutz des betreffenden Rechtsguts zu dienen bestimmt ist, kann von einer rechtlich relevanten Gefahrschaffung gesprochen werden. 254

Beispiel: A überschreitet in München mit seinem Pkw die erlaubte Höchstgeschwindigkeit. In Nürnberg rennt ihm ein Kind unvermittelt vor das Fahrzeug. Es kommt zu einem für A unvermeidbaren Unfall, der den Tod des Kindes zur Folge hat. Kann A vorgehalten werden, er sei zwar in Nürnberg korrekt gefahren, hätte er jedoch in München die Geschwindigkeitsbegrenzung eingehalten, wäre er einen Sekundenbruchteil später an der Unfallstelle angekommen, sodass das Kind diese bereits passiert hätte? 255

Dies ist zu verneinen. A wird kausal für den Tod des Kindes, dieser ist ihm aber nicht objektiv zurechenbar. Er hat durch sein Verhalten zwar gegen die in München vorgesehene Geschwindigkeitsbegrenzung und damit gegen die StVO (vgl § 41 Abs. 1 StVO) verstoßen. Dadurch hat er allerdings keine – für den konkreten Fall – relevante Gefahr geschaffen. Der Schutzzweck der Geschwindigkeitsbegrenzung geht insbes. dahin, die Verkehrsteilnehmer im konkreten Straßenbereich vor den durch die höhere Geschwindigkeit gesteigerten Gefahren zu schützen; dass Fahrzeuge bestimmte Orte später erreichen, entspricht nicht Sinn und Zweck einer Geschwindigkeitsbegrenzung (näher Rn 951).

Beispiel (nach **RGSt 63, 392**, *Radleuchtenfall*): J und P befahren mit ihren Fahrrädern nachts eine unbeleuchtete Straße. Beide Fahrräder sind unbeleuchtet. P fährt rechts, J schräg links hinter ihm, etwa in der Mitte der Straße. J stößt mit dem entgegenkommenden Fahrrad des K zusammen, das ebenso unbeleuchtet ist. K erleidet beim Sturz vom Rad tödliche Kopfverletzungen. 256

J hat sich gemäß § 222 strafbar gemacht; der Tod des K ist ihm objektiv zuzurechnen. Die in § 17 StVO vorgesehene Pflicht zur ordnungsgemäßen Beleuchtung des Fahrrads dient dazu, Unfälle zu vermeiden, die darauf zurückzuführen sind, dass der Radfahrer andere Verkehrsteilnehmer oder Hindernisse nicht erkennt oder dass er selbst nicht erkannt wird. Anders ist hingegen bzgl einer Strafbarkeit des P gem. § 222 zu entscheiden. Zwar ist es nicht auszuschließen, dass J – hätte P sein Fahrrad vorschriftsgemäß beleuchtet – den K im Scheinwerferlichtkegel des P rechtzeitig hätte erkennen können. Jedoch reicht dies nicht aus, um den Todeserfolg auch dem P objektiv zuzurechnen, da es nicht dem Schutzzweck der Beleuchtungspflicht entspricht, entgegenkommenden Verkehr **für andere Verkehrsteilnehmer** zu beleuchten[53].

▶ Beispielsfall zum Schutzzweck bei *Beulke*, Klausurenkurs II, Rn 216

3. Die Fallgruppe „allgemeines Lebensrisiko" und „erlaubtes Risiko"

a) Von der Schaffung einer rechtlich relevanten Gefahr kann auch dann keine Rede sein, wenn der Grad der bewirkten Gefährdung so gering ist, dass er das **allgemeine Lebensrisiko** nicht übersteigt. In diesen Kontext gehören insbes. **ganz entfernte Bedingungen** (zB die Zeugung eines späteren Mörders) und **unbeherrschbare Kausalverläufe** (insbes. Naturgewalten). 257

53 Zum Schutzzweck der Norm als Zurechnungskriterium vgl auch BGHSt 21, 59 *(Zahnarztfall)*; 33, 61 *(Geschwindigkeitsüberschreitungsfall)*; weitere Kasuistik bei *Puppe*, Erfolgszurechnung, S. 103 f; *Roxin*, AT I, § 11 Rn 84 ff; krit. *Degener*, Die Lehre vom Schutzzweck der Norm und die strafgesetzlichen Erfolgsdelikte, 2001; schönes Fallbeispiel bei *Mitsch*, JA 06, 509.

Beispiel: Schickt A den B bei einem heraufziehenden Gewitter nach draußen, damit dieser vom Blitz erschlagen werde, und tritt dieser – wenig wahrscheinliche – Fall tatsächlich ein, ist die Kausalität iSd Äquivalenztheorie zweifellos gegeben. Da der Eintritt des Todeserfolges jedoch auf dem unbeherrschbaren Wirken der Naturkräfte beruht, verwirklicht sich hier letztlich das allgemeine Lebensrisiko. Es handelt sich um ein Unglück, nicht um ein Unrecht (zum hier zusätzlich bedeutsamen Aspekt der freiverantwortlichen Selbstgefährdung vgl Rn 259 ff).

258 b) Rechtlich relevant ist eine Gefahr darüber hinaus auch dann nicht, wenn der Täter zwar ein signifikantes Verletzungsrisiko hervorruft, sein Verhalten aber vom **erlaubten Risiko** gedeckt ist. Dies ist immer dann der Fall, wenn bestimmte Verhaltensweisen trotz ihrer Gefährlichkeit aufgrund ihres sozialen Nutzens allgemein erlaubt sind (Lehre von der **Sozialadäquanz**[54]). Ein typisches Beispiel ist die Teilnahme am öffentlichen (Straßen-)Verkehr.

Beispiel: Der vom Neffen zu einer Flugreise überredete Erbonkel findet – wie vom Neffen erhofft – durch einen Flugzeugabsturz den Tod. Abgesehen davon, dass sich der Onkel mit Besteigen des Flugzeugs freiverantwortlich selbst gefährdet (zu diesem Aspekt vgl Rn 259 ff), schafft der Rat zur Teilnahme an einer Flugreise beim heutigen Stand der Technik keine rechtlich missbilligte Gefahr. Angesichts der geringen Wahrscheinlichkeit eines Unfalls und der generellen sozialen Nützlichkeit des Flugverkehrs wird die verbleibende Gefahr vom erlaubten Risiko gedeckt. Wäre dagegen im Flugzeug eine Bombe versteckt und dem Neffen dieser Umstand bekannt gewesen, müsste bei einem explosionsbedingten Absturz aufgrund des überlegenen Sonderwissens des Neffen und der daraus folgenden Steuerung des Kausalgeschehens die objektive Zurechnung bejaht werden (vgl Rn 269)[55].

Ob eine geschaffene Gefahr hinter der Erheblichkeitsschwelle zurückbleibt und deshalb als rechtlich irrelevant zu betrachten ist oder ob die Gefahr bereits signifikant ist, aber aufgrund von Sozialadäquanz rechtlich unerheblich ist, lässt sich natürlich nicht immer klar voneinander abgrenzen. In Anbetracht des identischen Ergebnisses ist dies jedoch auch nicht nötig.

4. Die Fallgruppe „freiverantwortliche Selbstschädigung und -gefährdung"

259 Ein wichtiges Zurechnungskriterium stellt das **Prinzip der Eigenverantwortlichkeit** dar. Danach ist jeder grundsätzlich nur für sein eigenes Verhalten verantwortlich. Der Nutzen dieses Prinzips für die Beurteilung der objektiven Zurechnung liegt darin, verschiedene **Verantwortungsbereiche voneinander abzuschichten**. Dabei geht es in erster Linie darum, dem Täter diejenigen Erfolge nicht als sein Werk zuzurechnen, die allein vom Opfer zu verantworten sind. Es handelt sich hierbei namentlich um die Fallkonstellation der freiverantwortlichen Selbstgefährdung bzw Selbstschädigung (Rn 260). Daneben kann das Prinzip aber auch zur Lösung derjenigen Fälle beitragen, in denen Dritte vorsätzlich oder fahrlässig in das Geschehen eingreifen (dazu u. 5.).

54 Vgl *Kaspar*, JuS 04, 409; *Rönnau*, JuS 11, 311; *von der Meden*, JuS 15, 22, 23; *Valerius*, JA 14, 561; zT wird zwischen dem Begriff des „erlaubten Risikos" und dem des „sozialadäquaten Handelns" stärker differenziert: *Roxin*, AT I, § 10 Rn 33 ff.

55 Anders *Kindhäuser*, GA 2007, 466; s. auch *Duttge*, Maiwald II-FS, S. 133; *Kindhäuser*, Maiwald II-FS, S. 397; *Schall*, S. 145.

a) **Schädigt oder gefährdet sich das Opfer freiverantwortlich selbst**, so folgt aus dem Prinzip der Eigenverantwortlichkeit, dass der eingetretene Rechtsgutsverletzungserfolg beim Opfer nur diesem zugerechnet werden kann, auch wenn sich Dritte daran beteiligt haben. 260

Bereits nach der klaren Konzeption des StGB ist das Verhalten desjenigen, der sich selbst eine Körperverletzung zufügt oder sich selbst tötet, strafrechtlich irrelevant, da nur die Fremdverletzung (vgl nur § 223 I: „Wer eine *andere Person* körperlich misshandelt ....“) tatbestandlich erfasst ist. Um Wertungswidersprüche zu vermeiden, muss dann aber das Verhalten desjenigen, der einen anderen nur dazu veranlasst bzw ihm dabei behilflich ist, sich aus eigener Verantwortung heraus selbst zu verletzen, ebenfalls als strafrechtlich irrelevant betrachtet werden[56]. Denn er trägt letztlich nur zu einem aus seiner Sicht „fremden Werk“ bei, welches – da tatbestandslos – strafrechtlich bedeutungslos ist. Dass somit keine Zurechnung erfolgt, liegt darin begründet, dass der Schutzbereich der Normen wie etwa §§ 212, 222 oder §§ 223, 229 den Rechtsgutsinhaber nur **vor Eingriffen Dritter bewahren** soll. Er endet aber dort, wo der eigene Verantwortungsbereich des Betroffenen eröffnet ist.

Ist die Schutzrichtung des jeweiligen Tatbestandes eine andere, so kann auch das Prinzip der Eigenverantwortlichkeit bei der objektiven Zurechnung nicht herangezogen werden. So hat etwa BGHSt 37, 179 hervorgehoben, dass §§ 29 I Nr 1, 6b, 30 I Nr 3 BtMG den Schutz der Allgemeinheit (Schutz der „Volksgesundheit“) bezwecken, sodass auch die Selbstgefährdung des einzelnen Drogenkonsumenten vom Schutzzweck erfasst ist[57]. 261

Im Ergebnis wird in Fällen der Selbstschädigung oder -gefährdung also bereits keine rechtlich relevante Gefahr iSd obigen Grundformel der objektiven Zurechnung (Rn 251) geschaffen. 262

Beispiel: A spritzt sich Heroin, das er von B bekommen hat. Trotz tödlicher Wirkung des Rauschgifts kann B nicht wegen § 222 bestraft werden. Er hat A nur dabei unterstützt, sich bewusst und eigenverantwortlich selbst zu gefährden.

Diese Grundsätze akzeptiert inzwischen auch die Rspr, die früher eine Strafbarkeit des Mitwirkenden aus dem entsprechenden Fahrlässigkeitsdelikt bejaht hat, ohne den Aspekt der Selbstgefährdung zu problematisieren[58]. 263

Weiterer Beispielsfall: Der Pkw-Fahrer A gibt durch sein „blockademäßiges“ und zu schnelles Fahren dem hinter ihm fahrenden B zu verstehen: „Du überholst mich hier nicht!“ Um dieses „Kräftemessen“ doch zu seinen Gunsten zu entscheiden, überholt B in einer Kurve, verliert die Herrschaft über das Fahrzeug, prallt gegen einen Baum und verstirbt. Hier entfällt eine Strafbarkeit des A wegen § 222, denn B hat in eigener Verantwortung gehandelt, sodass A dessen Tod nicht zugerechnet werden kann[59].

56 Es sei denn, der Gesetzgeber trifft explizit eine andere Entscheidung, wie dies namentlich in Österreich (§ 78 des österreichischen StGB) und der Schweiz (Art. 115 des schweizerischen StGB) der Fall ist.

57 Im Ergebnis ebenso BGHSt 46, 279, 284 m. insoweit zust. Anm. *Duttge*, NStZ 01, 546 und *Sternberg-Lieben*, JZ 02, 153; s. auch *Beulke/Schröder*, Anm. NStZ 91, 393; Körner/*Patzak*, BtMG, § 30 Rn 96 ff; *Weber*, Betäubungsmittelgesetz, 4. Aufl. 2013, § 30 Rn 143 ff; krit. *Paeffgen*, BGH-Wiss-FS, S. 696 ff.

58 Vgl BGHSt 32, 262 *(1. Heroinspritzenfall)*; BGH NStZ 85, 25 *(Stechapfelteefall)* m. Bespr. *Fahl*, JA 98, 105; BGH NStZ 01, 205 *(Heroinabgabefall)*; zust. aber *Renzikowski*, JR 01, 246, 248; näher dazu *Wessels/Hettinger*, BT/1, Rn 191 ff mwN.

59 Vgl OLG Stuttgart JR 12, 163 *(Kraftprobefall)* m. krit. Anm. *Puppe*; krit. auch *Mitsch*, JuS 13, 20, der eine Zurechnung mit Blick auf den Schutzzweck des § 29 I StVO (Verbot von Wettrennen) bejaht.

Eine die Zurechnung ausschließende eigenverantwortliche Selbstverletzung bzw Selbstgefährdung setzt aber stets zweierlei voraus:

(1) Der Verantwortungsbereich des Opfers ist nur dann eröffnet, wenn dieses tatsächlich **„eigenverantwortlich“** handelt (Rn 265).

Damit ist die Frage nach dem Maßstab der Eigenverantwortlichkeit aufgeworfen.

(2) Das Opfer muss sich wirklich **„selbst“ verletzen**, es darf nicht durch den Täter verletzt werden (Rn 268).

Hier gilt es also, Selbst- und Fremdgefährdung/-schädigung voneinander abzugrenzen.

265 b) Der **Maßstab** für die Frage, ob das Opfer **eigenverantwortlich** gehandelt hat, ist umstritten. Eine weit verbreitete Ansicht betrachtet das Opfer als „Täter“ gegen sich selbst und greift daher sinngemäß auf die Kriterien der rechtlichen Verantwortlichkeit „eines Täters“ im Falle einer Beeinträchtigung fremder Rechtsgüter und die hierfür geltenden **Exkulpationsregeln** zurück (§§ 20, 35, § 3 JGG). Danach ist die Eigenverantwortlichkeit nur ausnahmsweise zu verneinen, nämlich bei unreifen Jugendlichen, geistig Erkrankten, seelisch Gestörten oder Personen, die sich in einer unter § 35 fallenden Notlage befinden und denen deshalb kein schuldhaftes Verhalten vorgeworfen werden könnte, wenn sie einen anderen statt sich selbst verletzt hätten. In allen anderen Fällen ist von Eigenverantwortlichkeit auszugehen, mit der Folge, dass die Zurechnung entfällt[60].

266 Demgegenüber vertritt die Gegenauffassung eine Orientierung an den Regeln der **Einwilligungslehre**. Diese Ansicht stellt nicht auf die Täterrolle des sich selbst Verletzenden/Gefährdenden ab, sondern auf dessen Rolle als „Opfer“ seiner selbst. Konsequenterweise verneint sie eine Eigenverantwortlichkeit dann, wenn das Opfer auch gegenüber einem Dritten als Täter nicht wirksam auf Rechtsgüter verzichten kann. Folgerichtig werden die Kriterien, die sonst für die Wirksamkeit einer rechtfertigenden Einwilligung gelten (dazu Rn 550 ff), herangezogen. Diese Ansicht stellt höhere Anforderungen an die Bejahung der Eigenverantwortlichkeit und führt daher im Ergebnis häufiger zur strafrechtlichen Verantwortlichkeit des Dritten[61].

267 Sind somit die Voraussetzungen der Exkulpationsregeln in der Person des Betreffenden erfüllt (zB Schuldlosigkeit aufgrund Alkoholkonsums), so kommt es auf den geschilderten Streit nicht mehr an; es entspricht in diesem Fall allgemeiner Ansicht, dass eine eigenverantwortliche Selbstschädigung/-gefährdung ausgeschlossen ist. Im Übrigen ist jedenfalls bei einer Gefährdung oder Preisgabe des eigenen Lebens der zweiten Ansicht zu folgen, da hinsichtlich der Verfügung über das eigene Leben an die Mangelfreiheit der Willensbildung keine geringeren Anforderungen als bei der Einwilligung in eine Körperverletzung und bei der in § 216 geforderten „Ernstlichkeit“ des Todeswillens gestellt werden dürfen (vgl Rn 778).

---

60 *Hirsch*, JR 79, 429, 432; *Roxin*, AT I, § 11 Rn 114; Fallbeispiel: *Norouzi*, JuS 06, 531.

61 BGH NStZ 12, 319 *(Reinigungsmittelfall)* m. Anm. *Brüning*, ZJS 12, 691; *Kuhli*, HRRS 12, 331 und *Rengier*, Kühl-FS, S. 383; *Kindhäuser*, BT/I, § 4 Rn 15; *Lackner/Kühl*, Vor § 211 Rn 13a; *Wessels/Hettinger*, BT/1, Rn 48.

c) Darüber hinaus ist zu klären, ob sich das Opfer wirklich **selbst gefährdet** hat. Von der eigenverantwortlichen Selbstgefährdung, die regelmäßig zum Ausschluss der Zurechnung führt, ist nämlich die **einverständliche Fremdgefährdung** abzugrenzen, deren Rechtsfolge weitaus problematischer ist (s. Rn 273). Welche der beiden Konstellationen vorliegt, hängt davon ab, **wer das Geschehen beherrscht,** wobei die Grundsätze der Abgrenzung von Täterschaft und Teilnahme (vgl Rn 743 ff) analog heranzuziehen sind[62]. **268**

Liegt die (alleinige) **Tatherrschaft** beim Opfer selbst, handelt es sich um eine Selbstgefährdung, ansonsten (auch bei „Quasi-Mittäterschaft“[63]) um eine Fremdgefährdung.

Die Tatherrschaft des Täters kann sich dabei – trotz grundsätzlich freiverantwortlichen Handelns des Opfers – auch aus einem **überlegenen Wissen** ergeben (vgl die Konstellation der mittelbaren Täterschaft, s. Rn 777). Dementsprechend ist der Verantwortungsbereich des Täters dann eröffnet, wenn seine tatsächliche Risikoerkenntnis über die des eigenverantwortlich handelnden Opfers hinausgeht. **269**

Beispiel 1 („verunreinigtes Heroin“): A ist drogenabhängig und bittet den B, ihm weiteren „Stoff“ zu verschaffen, koste es, was es wolle. B besorgt von einem Händler Heroin, wobei er weiß, dass es sich um eine minderwertige Qualität handelt, was er dem A jedoch nicht offenbart. A verabreicht sich das von B beschaffte Heroin und stirbt wegen der starken Verunreinigung des Heroins.

Zwar hat A hier die „Tatherrschaft“ im Zeitpunkt der Injektion, er spritzt sich das Heroin selbst. Gleichwohl unterliegt er einem Irrtum über die Gefährlichkeit des injizierten Stoffes, der darauf beruht, dass B ihn nicht über die Verunreinigung ins Bild gesetzt hat. A erscheint hier daher als das „Werkzeug“ des B, der die „Tatherrschaft kraft überlegenen Wissens“ innehat. Es verletzt sich somit nicht A selbst, sondern B verletzt A „durch Einsatzes des Werkzeugs A“ gegen sich selbst.

Darüber hinaus wird eine **Fahrlässigkeitshaftung** des Mitwirkenden teils auch dann befürwortet, wenn er lediglich die **Möglichkeit** hatte, die Reichweite der Gefahr besser zu erfassen als das Opfer selbst es getan hat[64]. Ob er **tatsächlich** über eine bessere Risikokenntnis verfügt, soll demnach ohne Bedeutung sein. **270**

Beispiel 2 („vertauschtes Kokain“)[65]**:** Ü will Kokain konsumieren und wendet sich zu diesem Zweck an den bekannten Rauschgifthändler R. Dieser übergibt dem Ü eine Portion, wobei er davon ausgeht, dass es sich um Kokain handelt. In Wirklichkeit hat R seine Vorräte ver-

---

62 BGHSt 53, 55, 60 *(Autorennenfall I)*; OLG Celle StV 13, 27 *(Autorennenfall II)* m. iE zust. Anm. *Rengier*; *Hecker/Witteck*, JuS 05, 397; *Roxin*, AT I, § 11 Rn 105 ff; *Wessels/Hettinger*, BT/1, Rn 65a; abl. *Hauck*, GA 12, 202; SK-*Hoyer*, Anh. zu § 16 Rn 50; *Murmann*, Puppe-FS, S. 767; fallbezogen: *Hinderer/Brutscher*, JA 11, 907; *Jäger*, Schünemann-FS, S. 421; ausf. *Timpe*, JR 14, 52; *von der Meden*, JuS 2015, 22; Selbst- oder Fremdgefährdung beim Doping *Corsten/Kuse*, ZJS 13, 453, 456.

63 BGHSt 49, 34, 39 f *(2. Heroinspritzenfall)*; BGH NJW 03, 2326, 2327 *(Zivifall)*; aA *Eisele*, JuS 12, 577, 579; *ders.*, Kühl-FS, S. 159, 165; S/S-*Lenckner/Sternberg-Lieben*, Vor § 32 Rn 107.

64 BGHSt 53, 288 *(Kokainfall)*; dazu *Eisele*, JuS 12, 577, 583; *Frisch*, Zurechnung, S. 154 ff; MK-*Hardtung*, § 222 Rn 23; *ders.*, NStZ 01, 206; *Lackner/Kühl*, Vor § 211 Rn 12; LK-*Rönnau*, Vor § 32 Rn 167; *Weißer*, Wolter-FS, S. 541, 545 ff; zur Verantwortlichkeit im Arzt – Patienten Verhältnis *Oğlakcıoğlu*, HRRS 13, 344, 346 ff.

65 Nach BGHSt 53, 288 *(Kokainfall)*.

tauscht und dem Ü reines Heroin übergeben. Ü stirbt nach dem ohne fremde Hilfe erfolgenden Heroinkonsum. Bei pflichtgemäßem und sorgfältigem Handeln hätte R – nicht aber Ü – die Vertauschung (und die daraus folgende Gefährlichkeit für das Leben des Ü) erkennen und vermeiden können. R hat sich dieser Meinung zufolge nach § 222 strafbar gemacht.

271 Richtiger Ansicht nach ist jedoch zu differenzieren: Nur dann, wenn dem Rechtsgutsinhaber und dem an der Selbstgefährdung Mitwirkenden eine **weitgehend vergleichbare Informationsgrundlage** zur Verfügung stand, um das eingegangene **Risiko zu erfassen**, steckt in der Einwilligung des Opfers in den (Gefährdungs-)Erfolg auch das Einverständnis mit dem Restrisiko eines nicht in jeder Beziehung erfassten Misserfolgs[66]. Es handelt sich dann trotz des beiderseitigen Nichtausschöpfens aller Erkenntnismöglichkeiten um eine straflose eigenverantwortliche Selbstgefährdung[67]. Dies zeigt

Beispiel 3 („Psycholyse")[68]: Arzt A verteilt an die Teilnehmer von Gruppensitzungen im Rahmen einer wissenschaftlich nicht anerkannten Methode (sog. Psycholyse) illegale Drogen, die es ermöglichen sollen, an den unbewussten Inhalt der Psyche zu gelangen. Patient P erleidet infolge der Einnahme der Droge (wie bereits bei früheren Sitzungen) schwere Halluzinationen und Spasmen.

Eine dem Arzt zurechenbare Körperverletzung ist hier zu verneinen. Alle Patienten, die die freie Entscheidung bzgl der Einnahme der Droge hatten, wussten um deren Illegalität sowie um die fehlende wissenschaftliche Anerkennung der Psycholyse. Mit besonderen medizinischen Risiken musste also auch P rechnen, zumal bei ihm ähnliche Erscheinungen bereits früher aufgetreten waren. Dass A als Arzt das Risiko womöglich leichter oder besser erfassen konnte als die Patienten, begründet für sich – wegen der vergleichbaren Informationsgrundlage – noch keine strafrechtlich relevante Handlungsherrschaft[69]. Ließe man hier zur Bejahung der Fremdschädigung/-gefährdung eine nur „potenzielle" Tatherrschaft des A genügen, hätte dies eine nicht sachgerechte, stärkere Inpflichtnahme des Fahrlässigkeitstäters gegenüber dem Vorsatztäter zur Folge, bei dem erst eine tatsächlich vorliegende Sachherrschaft die Fremdgefährdung begründet[70].

272 Eine eigenverantwortliche Selbstgefährdung liegt hingegen nur dann nicht vor, wenn beim Rechtsgutsinhaber ein **erheblicher Irrtum** über das tatsächlich eingegangene Risiko besteht und es **nur dem Täter möglich** wäre, das konkrete Risiko vollständig zu erfassen. Wenn der Täter in diesem Fall fahrlässig seine besseren Erkenntnismöglichkeiten nicht ausschöpft, so ist der Erfolg sein Werk und er ist wegen fahrlässiger Erfolgsherbeiführung strafbar[71].

---

66 BGH NJW 14, 1680 *(Substitutionsfall)* m. Bespr. *Kudlich*, JA 14, 392; vgl auch BGH StV 14, 601 *(Schmerzpflasterfall II)* m. Anm. *Kaspar*, HRRS 14, 436; dazu auch *Arzt*, Geppert-FS, S. 1, 12; *Bosch*, JK 7/14 StGB 227/10.

67 Zutr. Freispruch des AG Garmisch-Partenkirchen, BeckRS 2010, 24430 *(Zugspitzlauffall)*; hierzu: *Albrecht/Kaspar*, JuS 10, 1071; *Jahn*, JuS 11, 844; AnwK-StGB-*Mitsch*, § 222 Rn 7; s. auch BGH NJW 2014, 1618.

68 Nach BGH NStZ 11, 341.

69 So iE auch BGH NStZ 11, 341.

70 Ebenso *Roxin*, AT I, § 11 Rn 113; im Grundsatz so auch: BGHSt 32, 262, 264; 53, 288, 290.

71 Vgl BGH NStZ 11, 341, 343 *(Drogenarztfall)* m. Bespr. *Jahn*, JuS 11, 372; *Jäger*, JA 11, 474; *Kotz*, JR 11, 267; *Puppe*, JZ 11, 911; *Stam*, StV 11, 536; s. auch *Beulke*, Zoll-FS, Bd 2, S. 735; HK-GS-*M. Heinrich*, Vorbem. zu § 13 Rn 139 mwN.

So liegt es im obigen **Beispiel 2** („vertauschtes Kokain“), da R fahrlässig seine besseren Erkenntnismöglichkeit bzgl der Art des Rauschgifts nicht nutzt. Er ist daher wegen fahrlässiger Tötung (§ 222) zu bestrafen. Dieses Ergebnis ist auch im Vergleich zu dem Fall stimmig, in dem der Rauschgifthändler R das Kokain mit Heroin vorsätzlich vertauscht hätte: Dann wäre dem R unproblematisch Tatherrschaft kraft überlegenen Sachwissens zugefallen und er wäre aus dem vorsätzlichen Tötungsdelikt zu bestrafen.

Während der eigenverantwortliche Entschluss zur Selbstgefährdung unbegrenzt ak- **273**
zeptiert wird und eine Bestrafung des Mitwirkenden – wie gesehen – ausschließt, sollen bei der **Fremdgefährdung auf Verlangen oder mit Einwilligung des Betroffenen** die Schranken der Autonomie, die die §§ 216, 228 der Disposition des Opfers über sein eigenes Leben bzw über seine Körperintegrität setzen (s. Rn 552, 560 f), wieder relevant werden[72], sodass die **hM** dem Täter den beim Opfer eintretenden Erfolg **objektiv zurechnet**. Die strafrechtliche Behandlung der einverständlichen Fremdgefährdung, bei der sich das Opfer bewusst den Wirkungen von gefährlichen Handlungen eines anderen aussetzt, ist allerdings nicht unproblematisch.

Beispiel[73]**:** A lässt sich von B Heroin spritzen, A verstirbt an den Folgen des Rauschgifts. Da B die Tatherrschaft innehat, liegt eine Fremdgefährdung vor, sodass nach hL B – trotz der Einwilligung des A – nach § 222 bestraft werden kann.

Allerdings ist der Sinn einer Unterscheidung zwischen strafloser eigenverantwortli- **274**
cher Selbstgefährdung und u. U. strafbarer einverständlicher Fremdgefährdung durchaus nicht unzweifelhaft[74]. Die Schwierigkeit der Abgrenzung, zB beim einverständlichen ungeschützten Geschlechtsverkehr mit einem HIV-infizierten Partner[75] spricht dafür, die **beiden Fallgruppen zumindest im Ergebnis parallel zu behandeln**.

Roxin[76] schließt den Tatbestand aus, wenn die einverständliche Fremdgefährdung einer Selbstgefährdung unter allen relevanten Aspekten gleichsteht. Vorzugswürdig erscheint es in diesem besonderen Fall der einverständlichen Fremdgefährdung zwar den Tatbestand zu bejahen, jedoch der Einwilligung **rechtfertigende** Kraft beizumessen[77]. Zumindest iE hat also das OLG Zweibrücken zu Recht die Strafbarkeit in einem eindeutigen Fall von Fremdgefährdung auf Wunsch des Opfers (Mitnehmen einer Person im Laderaum eines Pkw-Kombi, in dem sich kei-

72 BGHSt 49, 166 *(Sado-Maso-Fall)*; 53, 55 *(Autorennenfall I)* m. iE zust. Anm. *Brüning*, ZJS 09, 194; *Duttge*, NStZ 09, 690; *Jahn*, JuS 09, 370; instruktiv *Jäger*, Schünemann-FS, S. 421; *Kudlich*, JA 09, 389; *Renzikowski*, HRRS 09, 347; *Roxin*, JZ 09, 399; krit. *Kühl*, NJW 09, 1158; BGH NJW 03, 2326 *(Zivifall)* m. Bspr. *Martin*, JuS 03, 1137.

73 Nach BGHSt 49, 34 *(2. Heroinspritzenfall)* m. Bespr. *Trüg*, JA 04, 597.

74 Abl. NK-*Puppe*, Vor §§ 13 Rn 182 ff; *Schünemann*, JA 75, 715, 723; *Stratenwerth*, Puppe-FS, S. 1017, 1019.

75 Vgl einerseits *Brand/Lotz*, JR 11, 513; *Helgerth*, NStZ 88, 262; *Schünemann*, JR 89, 89, 90; andererseits: *Herzog/Nestler-Tremel*, StV 87, 360, 368; *Meier*, GA 1989, 207, 219; diff. *Prittwitz*, JA 88, 427.

76 AT I, § 11 Rn 123; *Geppert*, Jura 01, 490; HK-GS-*M. Heinrich*, Vorbem. § 13 Rn 141 f; *Hellmann*, Roxin-FS, S. 271; *Schild*, S. 87; s. auch *Luzón Peña*, GA 2011, 295.

77 *Beulke*, Otto-FS, S. 207; *Eisele*, BT I, Rn 230; *Grünewald*, GA 2012, 364; *B. Heinrich*, AT, Rn 473; SK-*Hoyer*, Anhang zu § 16 Rn 94 ff; *Kaspar*, JuS 12, 112, 115; *Kindhäuser*, LPK, Vor § 13 Rn 224; *Kühl*, NJW 09, 1158; *S/S-Lenckner/Sternberg-Lieben*, Vorbem. §§ 32 ff Rn 103–105; *Walter*, NStZ 13, 673; zT auch *Dölling*, Gössel-FS, S. 214; *Duttge*, Otto-FS, S. 227; *Murmann*, Die Selbstverantwortung des Opfers im Strafrecht, 2005, S. 432, 535 f; aA OLG Koblenz BA 02, 483 m. abl. Anm. *Heghmanns*; OLG Nürnberg NJW 03, 454 *(Russisches Roulette)* m. abl. Anm. *Engländer*, JZ 03, 747; *Stefanopoulou*, ZStW 124 [2012], 689; Coester-Waltjen-I-*Wittig*, S. 48.

ne Sicherheitsgurte befanden) abgelehnt[78]. Die überwiegende Rspr bejaht hingegen in diesen Fallgruppen die Strafbarkeit (s. auch u. Rn 568 und 965)[79].

Für Fälle, in denen sich jemand eigenverantwortlich auf einen ungeschützten Sexualverkehr mit einem HIV-Infizierten einlässt, geht BayObLG NStZ 90, 81 zutreffend bereits von einer straflosen Mitwirkung des Virusträgers an einer fremden Selbstgefährdung aus.

275 d) Eine Unterbrechung des Zurechnungszusammenhanges kommt ferner in Betracht bei einem ganz ungewöhnlichen Verhalten des Verletzten nach der Tat, das dieser selbst zu verantworten hat (**eigenverantwortliches Dazwischentreten des Opfers**, s. auch Rn 276 zu Dazwischentreten eines Dritten). Diese Fälle lassen sich – mit demselben Ergebnis – auch unter dem Aspekt des atypischen Kausalverlaufs würdigen (s. Rn 289 ff).

Beispiel: Das vom Täter niedergestochene und ins Krankenhaus gebrachte Opfer stirbt nur deshalb, weil es sich der rettenden Bluttransfusion widersetzt. Hier hat das Opfer selbst den Todeserfolg zu verantworten[80], ein solcher Kausalverlauf ist zudem völlig atypisch und dem Täter daher nicht in Rechnung zu stellen.

Etwas anderes gilt aber, wenn der Täter etwa durch fahrlässiges Verhalten im Straßenverkehr dem Opfer lebensgefährliche Verletzungen beigebracht hat und das Opfer stirbt, weil es im Krankenhaus aus noch nachvollziehbaren, jedenfalls nicht völlig unvernünftigen Gründen (etwa wegen einer 5-15%igen Mortalitätsquote) eine Operation ablehnt[81].

▸ Weitere Beispielsfälle bei *Beulke*, Klausurenkurs II, Rn 220 und Klausurenkurs III, Rn 342

5. Die Fallgruppe „eigenverantwortliches Dazwischentreten eines Dritten"

276 a) Jenseits der Fälle der Selbstschädigung/-gefährdung ermöglicht eine Abschichtung von Verantwortungsbereichen im Rahmen der objektiven Zurechnung grundsätzlich auch eine Lösung von Dreipersonen-Konstellationen, in denen das (vorsätzliche oder fahrlässige) Verhalten eines Dritten an das Ausgangsverhalten des (Erst-)Täters anknüpft und so den tatbestandlichen Erfolg herbeiführt[82]. Liegt kein Fall „überholender Kausalität" (s. Rn 237) vor, wird der Ersttäter zwar **kausal** für den vom Dritten herbeigeführten Taterfolg. Ob es aber zu einer **Unterbrechung des Zurechnungszusammenhangs** kommt, richtet sich danach, in wessen Verantwortungsbereich der Taterfolg fällt, wobei die Verantwortung des Erstverursachers grundsätzlich dann **endet**, wenn der Erfolg ausschließlich dem Dritten zugerechnet werden muss, wenn also (entsprechend der Grundformel, Rn 251) der Dritte **vollverantwortlich** eine neue, selbstständig auf den Erfolg hinwirkende Gefahr begründet, die sich dann **allein im Erfolg realisiert**[83].

78 JR 94, 518 m. Anm. *Dölling*.

79 OLG Düsseldorf NStZ-RR 97, 325; zust. *Trüg*, JA 02, 214; zur Vertiefung s. ferner BayObLG JZ 97, 521 m. Anm. *Otto*; *Beulke/Mayer*, JuS 87, 125; *Dölling*, JR 90, 474 und 94, 520; *Frisch*, NStZ 92, 1 und 62; *Herzberg*, JA 85, 131; *Kargl*, JZ 02, 389; *Otto*, Tröndle-FS, S. 157; *Roxin*, NStZ 84, 411; *Sternberg-Lieben*, JuS 98, 428; *Walter*, NStZ 13, 673; *Wessels/Hettinger*, BT/1, Rn 65a; *Zaczyk*, Strafrechtliches Unrecht und die Selbstverantwortung des Verletzten, 1993.

80 Ebenso *Otto*, Wolff-FS, S. 398; *Rengier*, AT, § 13 Rn 86; anders BGH NStZ 94, 394.

81 OLG Celle StV 02, 366 m. krit. Anm. *Walther*.

82 Vgl *Geppert*, Jura 01, 490; *Gropp*, AT, § 5 Rn 48; *Kindhäuser*, LPK, Vor § 13 Rn 135; zum Dazwischentreten des Täters selbst: *B. Heinrich*, Geppert-FS, S. 171.

83 OLG Rostock NStZ 01, 199; *Kühl*, AT, § 4 Rn 49 ff, 83, 98.

b) Nicht unumstritten ist dabei die genaue Abgrenzung der Verantwortungsbereiche. Richtiger Ansicht nach wird man auch bei Eingreifen eines Dritten **ausnahmsweise** dann eine objektive Zurechnung bejahen müssen, wenn die vom (Erst-)Täter gesetzte Gefahr gerade das Risiko des Eingreifens des Dritten beinhaltet, also 277

- entweder der Täter die rechtlich relevante Gefahr durch Verletzung von **Sicherheitsvorschriften** schafft, **die gerade dem Schutz vor Vorsatz- oder Fahrlässigkeitstaten Dritter dienen** (zB § 36 WaffG [Umgang mit Waffen], § 5 AtomG [Verwahrung spaltbaren Materials])[84].

Deshalb ist der Vater wegen fahrlässiger Tötung zu bestrafen, der in der Wohnung entgegen § 36 I 1 WaffG („Wer Waffen oder Munition besitzt, hat die erforderlichen Vorkehrungen zu treffen, um zu verhindern, dass diese Gegenstände abhanden kommen oder Dritte sie unbefugt an sich nehmen.“) offen eine Schusswaffe liegen lässt, mit der sein minderjähriger Sohn im Zuge eines Amoklaufes andere tötet[85].

- oder das Verhalten des Dritten so spezifisch mit der Ausgangsgefahr verbunden ist, dass es bereits als **typischerweise in der Ausgangsgefahr begründet** erscheint[86].

So wird im *Gnadenschussfall* (Rn 234) der Ersttäter A wegen vollendeter Tötung zu bestrafen sein; ebenso ist im *Pflegemutterfall* (Rn 234) das Pflegekind R zu bestrafen[87]. Im *Bratpfannenfall* (Rn 235) ist S hingegen wohl nur wegen Versuchs zu belangen.

► Weiterer Beispielsfall bei *Beulke*, Klausurenkurs III Rn 32

Die herkömmliche Auffassung rückt insoweit den Adäquanzzusammenhang in den Vordergrund. Die Zurechnung soll danach nur dann entfallen, wenn das Dazwischentreten eines eigenverantwortlich handelnden Dritten so sehr **außerhalb der allgemeinen Lebenserfahrung** liegt, dass mit ihm **vernünftigerweise** nicht mehr zu rechnen ist[88]. Durchaus ähnlich ist die Argumentation derjenigen, die darauf abstellen, ob die Tatgeneigtheit des Zweittäters für den (fahrlässig handelnden) Ersttäter erkennbar war[89]. 278

c) Besondere Aufmerksamkeit verdienen Fälle, die **sowohl Elemente der Selbstgefährdung** (Rn 259 ff) **als auch des Dazwischentretens eines Drittens in sich vereinen**. Dies ist dann der Fall, wenn ein Dritter in den vom Ersttäter eröffneten Kausalverlauf eingreift und sich dabei selbst gefährdet. Umstritten ist dabei insbesondere, ob demjenigen, der eine tatbestandsspezifische Gefahr schafft, auch die Rechtsgutsverletzung zuzurechnen ist, die ein freiwillig eingreifender Retter erleidet (sog. **Retterfälle**)[90]. 279

---

84 *Mitsch*, ZJS 11, 128, 131; *Otto*, Wolff-FS, S. 412 ff; *Schünemann*, GA 1999, 207, 224.

85 BGH NStZ 13, 238 *(Amoklauf von Winnenden)* m. abl. Anm. *Berster*, ZIS 12, 624 und *Braun*, JR 13, 37 und Bespr. *Jäger*, JA 12, 634; *Jäger*, Kühne-FS, S. 3, 9 ff.

86 *Baier*, JA 02, 843; *Otto*, Grundkurs AT, § 6 Rn 50; s. auch *Gimbernat Ordeig*, I. Roxin-FS, S. 137; *Kretschmer*, Jura 08, 265; fallbezogen: *Fahl*, JuS 12, 1104, 1110.

87 Abw. insofern *Otto*, Lampe-FS, S. 502.

88 Übersicht bei *B. Heinrich*, AT, Rn 1050 ff; *Hillenkamp*, AT, S. 238 mwN.

89 So etwa *Roxin*, AT I, § 24 Rn 26 ff mwN; vgl. dazu *Jäger*, Kühne-FS, S. 3, 9 ff.

90 Vert. *Kindhäuser*, LPK, Vor § 13 Rn 152 ff; S/S/W-StGB-*Kudlich*, Vor §§ 13 ff Rn 57; *Radtke/Hoffmann*, GA 2007, 201; *Strasser*, Die Zurechnung von Retter-, Flucht- und Verfolgerverhalten im Strafrecht, 2008.

Beispiel: A setzt das Haus des B in Brand. Um den schlafenden Sohn des B vor dem drohenden Erstickungstod zu retten, dringt a) Feuerwehrmann F bzw b) Nachbar N in das brennende Haus ein. Hierbei wird F bzw N von einem herabfallenden Balken erschlagen.

280 Zum Teil wird die Verantwortlichkeit des Erstverursachers für den Erfolg grundsätzlich verneint, da der Retter freiwillig eingreife und der Erstverursacher somit nur eine bewusste, eigenverantwortliche Selbstgefährdung veranlasse[91]. Andere rechnen die aus der Rettung resultierenden Erfolge dagegen stets der Risikosphäre des Erstverursachers zu[92]. Überzeugen kann allerdings nur eine differenzierende Lösung[93]:

281 – Ist der Retter aufgrund einer privaten Garantenstellung (zB als naher Angehöriger des Opfers) oder aufgrund öffentlich-rechtlicher Normen (zB als Feuerwehrmann) im konkreten Fall **zum Eingreifen rechtlich verpflichtet**, handelt er – bei gebotener normativer Betrachtung – nicht „freiwillig“. Ihm wird die Entscheidung zum Tätigwerden durch die gesetzliche Vorschrift quasi „abgenommen“[94]. Darüber hinaus wendet ein solcher Rettender – in Erfüllung seiner Pflicht – weitere Schäden, für die der Ersttäter verantwortlich wäre, ab. So bewirkt der erfolgreiche Löscheinsatz, dass ein Mensch (hier: der Sohn des B) in einem vom Täter angezündeten Haus gerettet wird, sodass sich der Erstverursacher zumindest bezüglich dieses Menschen nicht nach §§ 222, 306c strafbar macht. Die Kehrseite dieser dem Täter günstigen Schadensverhinderung muss dann aber sein, dass ihm unvermeidliche Verletzungen des Retters im Zuge der Rettungsmaßnahmen grundsätzlich zugerechnet werden[95], auch wenn diese riskant sind[96]. Einzig von vornherein sinnlose und offensichtlich unverhältnismäßig riskante Rettungshandlungen müssen einen Zurechnungsausschluss bewirken[97]. Denn derartige Rettungsmaßnahmen können nicht mehr als in der vom Ersttäter gesetzten Ausgangsgefahr typischerweise angelegt angesehen werden[98].

282 – Handelt es sich um einen rechtlich ungebundenen und in diesem Sinn **freiwillig handelnden Retter**, so überwiegt in erster Linie der Aspekt der eigenverantwortlichen Selbstgefährdung, da der Retter „auf eigene Gefahr“ handelt. Das kann jedoch nicht allgemein gelten, schon deshalb nicht, weil – wie beim Berufsretter – eine erfolgreiche Rettungsmaßnahme dem Ersttäter ja zugutekäme. Auch hier muss man – den allgemeinen Kriterien der objektiven Zurechnung entsprechend – danach unterscheiden, ob das Retterverhalten typischerweise in der Ausgangsgefahr begründet liegt[99]. Dem entspricht es, die objektive Zurechnung dann zu bejahen, wenn der Erstverursacher durch seine deliktische Handlung eine **nahe liegende Möglichkeit** und ein **einsichtiges Motiv für eine Rettungshandlung** schafft[100].

---

91 *Roxin*, AT I, § 11 Rn 115, 137 ff; nunmehr ebenfalls differenzierend: *ders.*, Puppe-FS, S. 909, 914; für Zurechnungsausschluss qua „Risikoabnahme“: *Stuckenberg*, Roxin II-FS, S. 411.

92 *Jescheck/Weigend*, AT, § 28 IV 4; ähnl. auch *Amelung*, NStZ 94, 338.

93 Vertiefend zur Gesamtproblematik *Satzger*, Jura 14, 695 ff.

94 S/S-*Eisele*, Vor §§ 13 ff Rn 101 f; *Satzger*, Jura 14, 695, 702.

95 *Kindhäuser*, LPK, Vor § 13 Rn 156; so auch BGHSt 39, 322, 325 f im Fall eines „freiwilligen Retters“.

96 MK-*Duttge*, § 15 Rn 157; S/S-*Eisele*, Vorbem. §§ 13 ff, Rn 101 f; *Reinbacher*, Jura 07, 382, 385.

97 OLG Stuttgart NStZ 09, 331 *(Feuerwehrfall)* m. abl. Anm. *Puppe*; zust. *Kudlich*, JA 08, 740; *Radtke/Hoffmann*, NStZ-RR 09, 52; vert. hierzu: *Beckemper*, Roxin II-FS, S. 397; *Radtke*, Puppe-FS, S. 831, 842.

98 *Satzger*, Jura 14, 695, 704.

99 In diese Richtung auch S/S/W-StGB-*Kudlich*, Vor §§ 13 ff Rn 57.

100 So auch BGHSt 39, 322 m. krit. Anm. *Günther*, StV 95, 78; dazu auch: *Alwart*, NStZ 94, 84; *Bernsmann/Zieschang*, JuS 95, 775; *Puppe*, AT, § 6 Rn 10; *Sowada*, JZ 94, 663.

Vergleichbares gilt für die sog. **Verfolgerfälle**, bei denen die Verantwortlichkeit eines Fliehenden für Schäden eines diesen berechtigterweise Verfolgenden (zB Festnahme durch Polizeibeamten, § 127 StPO) diskutiert wird[101]. **283**

6. Die Fallgruppe „Risikoverringerung“

Auch das Kriterium der **Risikoverringerung** kann die objektive Zurechnung von Erfolgen ausschließen, deren konkrete Gestalt jemand in der Weise beeinflusst und mitverursacht, dass er durch sein Eingreifen einen bereits drohenden schwereren Erfolg **abschwächt**. **284**

Fraglich ist hier vor allem, wann eine solche Erfolgsmodifizierung und Risikoverringerung durch einen Rettungswilligen schon auf der **Tatbestandsebene** unter dem Blickwinkel der **objektiven Zurechenbarkeit** des konkreten Erfolges Bedeutung gewinnt und in welchen Fällen der Rettungszweck des Handelns erst an anderer Stelle, v.a. auf der **Rechtswidrigkeitsebene** bei der Prüfung von Rechtfertigungsgründen (zB nach den Grundsätzen der mutmaßlichen Einwilligung des Verletzten oder des rechtfertigenden Notstandes) zu berücksichtigen ist[102].

a) Die objektive Zurechnung entfällt, wenn jemand bei einem bereits angelegten Kausalverlauf das Verletzungsrisiko für den Betroffenen oder den Umfang des drohenden Schadens dadurch mindert, dass er Angriffe Dritter oder Schadensereignisse sonstiger Art in ihren nachteiligen Wirkungen **abschwächt**, ohne zugleich eine eigenständige, andersartige Gefahr für den Betroffenen zu begründen. **285**

Beispiel 1: A holt mit einem Knüppel zum Schlag auf den Kopf des vor ihm hergehenden B aus. Um B zu retten, fällt R dem A in den Arm und lenkt den Schlag ab, sodass B nur an der Schulter getroffen und lediglich leicht verletzt wird.

Beispiel 2: Von einem Baugerüst fällt ein Ziegelstein herab. Dass C nicht am Kopf, sondern am Oberarm getroffen und nur leicht verletzt wird, ist allein dem beherzten Eingreifen des R zu verdanken, der blitzschnell seine Kollegmappe zum Schutz des C über dessen Kopf hält und so den Stein ablenkt.

In Fällen dieser Art ist der konkrete Verletzungserfolg dem bloßen „Risikoverringerer“ (trotz Mitursächlichkeit seines Eingreifens[103]) schon objektiv nicht zuzurechnen, weil sein Verhalten für den Betroffenen (hier B bzw C) **keine rechtlich missbilligte** Gefahr geschaffen hat. Es ist nicht Sinn der Strafrechtsnormen, Handlungen zu verbieten, die darauf abzielen, drohende Rechtsgutsverletzungen bei fehlender Abwendungsmöglichkeit wenigstens abzumildern und das Schadensrisiko zu verringern. Der konkrete, in seiner Wirkung nur abgeschwächte Erfolg bleibt hier „das Werk“ des Angreifers A **(Beispiel 1)** bzw des schicksalhaften Zufalls **(Beispiel 2)**[104]. **286**

b) Strikt abzugrenzen hiervon sind die Konstellationen, in denen der Rettungswillige durch sein Eingreifen die konkrete, dem Opfer drohende Gefahr abwendet, dabei je- **287**

101 Näher dazu *Rengier*, AT, § 52 Rn 51 ff; für grds. Straflosigkeit aufgrund des Selbstbegünstigungsprivilegs: *Krey/Esser*, AT, Rn 368; *Roxin*, AT I, § 11 Rn 140; *Stuckenberg*, Puppe-FS, S. 1039.

102 Vert. *Kindhäuser*, ZStW 120 [2008], 481, 490; *Otto*, NJW 80, 417; *Roxin*, Maiwald II-FS, S. 715, 730 ff; *Schmidhäuser*, AT, 5/64; mit vielen Beispielen *Pest/Merget*, Jura 14, 166.

103 AA insoweit *Frister*, AT, 9. Kap., Rn 22 f.

104 Näher S/S- *Eisele*, Vorbem. §§ 13 ff Rn 94; SK-*Rudolphi*, Vor § 1 Rn 58; zum Teil krit. *Schroeder*, in: Hefendehl, Schünemann-Symposium S. 151; fallbezogen *Brand/Kanzler*, JA 12, 37, 41 f.

doch eine neue, **eigenständige** (rechtlich relevante) **Gefahr begründet**, die sich in dem von ihm verursachten Verletzungserfolg niederschlägt. Es geht hier nicht um eine Verringerung eines bereits angelegten Risikos, sondern um eine Risikoersetzung[105], und daher um eine Schaffung einer neuen rechtlich relevanten Gefahr.

Beispiel 3: Mit Knüppeln bewaffnet lauert A dem B auf, um ihn während seines Abendspazierganges schwer zu misshandeln. Weil R das verhindern will, streckt er B vor dem Erreichen des Hinterhalts mit einem Kinnhaken nieder, sodass B vor dem vermutlich gravierenderen Angriff des A bewahrt bleibt *(Kinnhakenfall)*.

Beispiel 4: R eilt in das Obergeschoss eines brennenden Hauses, wo ein Kleinkind von den Flammen eingeschlossen ist. Er findet das Kind, sieht aber zu seinem Entsetzen, dass ihm das Feuer den Rückweg versperrt. R kann in letzter Minute sein eigenes Leben retten, indem er sich an der Dachrinne herunterlässt. Da er das Kind auf diesem Wege aber nicht mitnehmen kann, wirft er es zuvor den auffangbereit zuschauenden Nachbarn in die Arme. Außer einem Schlüsselbeinbruch erleidet das Kind dabei keinen Schaden *(Brandfall)*.

288 In diesen beiden Beispielsfällen hat R durch sein Eingreifen Schlimmeres verhindert und von dem jeweils Betroffenen das Risiko, weitaus schwerere Verletzungen oder gar den Tod zu erleiden, abgewendet. Gleichwohl ist nicht zu bezweifeln, dass der konkrete Verletzungserfolg, den er **allein durch sein Handeln** herbeigeführt hat, ihm als „sein Werk" objektiv zuzurechnen ist. Da selbst ein in Lebensgefahr Schwebender uneingeschränkt unter dem Schutz der Strafrechtsordnung steht und es nicht angebracht ist, die von R **begründete** Gefahr gegen die durch ihn **abgewendete** Gefahr „aufzurechnen", muss eine sachgerechte Lösung dieser Beispielsfälle unter einem anderen Aspekt als dem der Erfolgszurechnung gesucht werden.

So ist im **Beispiel 3** *(Kinnhakenfall)* nach Bejahung der Tatbestandsmäßigkeit des § 223 das Eingreifen von Rechtfertigungsgründen (mutmaßliche Einwilligung des B; rechtfertigender Notstand nach § 34) zu prüfen, wobei sich die Frage ergibt, ob R die dem B durch A drohende Gefahr nicht auf eine andere Weise hätte abwenden können. Im **Beispiel 4** *(Brandfall)* dürfte der Tatbestand des § 223 am Vorsatzerfordernis scheitern (zu denken wäre zwar an *dolus eventualis*, der sich indessen unter Hinweis auf den Rettungswillen des R verneinen lässt, vgl Rn 323 ff), während für den Tatbestand der fahrlässigen Körperverletzung (§ 229) dann kein Raum bleibt, wenn im Hinabwerfen des Kindes durch R keine objektive Sorgfaltspflichtverletzung zu erblicken ist (vgl Rn 939 ff). Notfalls ermöglicht auch hier der Rückgriff auf § 34 eine sachgerechte Lösung. Im Einzelnen hängt es in den erwähnten Beispielsfällen somit von den jeweils gegebenen Umständen ab, ob ein strafbares Verhalten vorliegt und auf welcher Wertungsstufe die Sachentscheidung zu treffen ist.

7. Die Fallgruppe „atypischer Kausalverlauf"

289 Von **atypischen Kausalverläufen** spricht man, wenn der eingetretene Erfolg völlig außerhalb dessen liegt, was nach dem gewöhnlichen Verlauf der Dinge und nach der allgemeinen Lebenserfahrung noch in Rechnung zu stellen ist[106].

Beispiel 1: Der durch den in Tötungsabsicht abgegebenen Schuss des A lebensgefährlich verletzte B kommt durch Genickbruch zu Tode, da er von der Trage fällt, als einer der herbeigerufenen Sanitäter einen Herzschlag erleidet.

---

105 Vgl *Frisch*, JuS 11, 117.

106 Vgl BGHSt 3, 62; OLG Stuttgart JZ 80, 618.

Beispiel 2: A und B verabreichen dem C unabhängig voneinander eine allein nicht tödlich wirkende Giftdosis, wobei erst die Gesamtmenge des Giftes den Tod des C herbeiführt (zur Kausalität s. Rn 223).

a) Zwar schließt eine Ungewöhnlichkeit des Geschehens nicht bereits die Kausalität aus (s. Rn 233), jedoch realisiert sich in derartigen Fällen im Erfolg nicht die Gefahr, die der Täter geschaffen hat. Wenn es niemandem in der sozialen Rolle des Täters möglich ist, den Erfolg in seiner konkreten Gestalt – im **Beispiel 1** den Tod durch Genickbruch, im **Beispiel 2** den Tod auf Basis der Gesamtgiftmenge – vorherzusehen, ist dieser Erfolg ein **Werk des Zufalls**, nicht aber das Werk des Täters. Völlig atypische Folgen sind so lose mit dem Grundgeschehen verknüpft, dass sie nicht Folgen strafbaren Unrechts, sondern eben Unglücksfälle darstellen. Vor diesem Hintergrund kann – angesichts des völlig atypischen Kausalverlaufs – in den **Beispielen 1 und 2** nur wegen Versuchs bestraft werden. Ein vollendetes Fahrlässigkeitsdelikt läge hingegen vor in 290

Beispiel 3: Der Testfahrer A nähert sich auf der Autobahn dem Fahrzeug der B mit sehr hoher Geschwindigkeit und unterschreitet dabei deutlich den erforderlichen Sicherheitsabstand. B erschrickt und lenkt ihr Fahrzeug ruckartig auf die rechte Fahrspur. Dabei verliert sie die Kontrolle über den Wagen, schleudert von der Fahrbahn gegen einen Baum und verstirbt infolge ih rer schweren Verletzungen. Da der Kausalverlauf nicht völlig außer jeder Lebenserfahrung liegt, greift § 222 ein[107].

b) Im Einzelfall kann es allerdings größte Probleme bereiten, die atypischen von den typischen Kausalverläufen abzugrenzen. Wie schwierig dies sein kann, zeigen diejenigen Fälle, die durch eine **abnormale Konstitution des Opfers** gekennzeichnet sind. 291

Beispiel 4: A wirft mit einem kleinen Stein nach B. Als Folge erleidet B eine an und für sich unbedeutende Schnittverletzung, die allerdings – weil B Bluter ist – zu dessen Tod führt. Hier ist heftig umstritten, ob die objektive Zurechnung unterbrochen wird[108]. Zwar lässt sich – auf tatsächlicher Ebene – argumentieren, dass die Bluterkrankheit zwar selten, aber eben doch nicht völlig außergewöhnlich sei[109]. Auch lässt sich – als normative Erwägung – anführen, dass eben jeder Täter das Opfer so nehmen muss, wie es ist. Überzeugender erscheint jedoch die Verneinung der Zurechnung mit dem Argument, dass sich im Tod des Bluters letztlich nicht die Lebensgefahr des Steinwurfs, sondern die latente krankheitsbedingte Lebensgefahr eines Bluters im alltäglichen Leben realisiert[110].

c) Ebenfalls problematisch sind die Fälle der **psychisch vermittelten Kausalität**, bei welchen schon die Feststellung der Kausalität Schwierigkeiten bereitet (s. Rn 220). Insbes. bei einem nicht den gewöhnlichen Mustern folgenden Verhalten ist eine Ablehnung der Zurechnung in Erwägung zu ziehen. Der Erfolg bleibt aber jedenfalls dann das Werk des Täters, wenn das Verhalten des Betroffenen nach der allgemeinen Lebenserfahrung eine **nachvollziehbare Reaktion** darstellt. 292

---

107 Vgl LG Karlsruhe NJW 05, 915 *(Autobahndrängelfall)*.

108 Für Zurechnung: BGH NStZ 08, 686; *Haft*, S. 56; *B. Heinrich*, AT, Rn 249; *Jescheck/Weigend*, AT, § 28 IV 6; iE auch RGSt 54, 349; gegen Zurechnung: *v. Heintschel-Heinegg*, Prüfungstraining, Rn 205; *Rengier*, Geppert-FS, S. 479, 488 f.

109 So zB *B. Heinrich*, AT, Rn 249.

110 So zB *Rengier*, AT, § 13 Rn 73.

Beispiel 5: Ein Asylbewerber springt auf der Flucht vor einer bewaffneten und ihm massiv drohenden Gruppe Rechtsextremer durch eine geschlossene Glastür und zieht sich dabei tödliche Schnittwunden zu. Der Sprung ist eine „nahe liegende und nachvollziehbare Reaktion" auf die akute Bedrohung. Der Erfolg ist den Rechtsextremen deshalb objektiv zurechenbar[111].

293 In diesen Fallgruppen begegnet uns also das Adäquanzkriterium, das in der Literatur teilweise bereits bei der Kausalität herangezogen wird (s. Rn 242 ff). Da es hierbei allerdings um einen Gesichtspunkt geht, der für die wertende Abgrenzung von Verantwortungsbereichen maßgeblich ist, gehört dieser Aspekt auf die (normative) Ebene der objektiven Zurechnung[112].

▸ Weiterer Beispielsfall bei *Beulke*, Klausurenkurs II, Rn 193

8. Die Fallgruppe „Pflichtwidrigkeitszusammenhang"

294 Bei Fahrlässigkeitsdelikten spielt der **Pflichtwidrigkeitszusammenhang** eine zentrale Rolle, um die objektive Zurechnung bejahen zu können. Das durch das pflichtwidrige Täterverhalten begründete Risiko schlägt sich nicht im Erfolg nieder, wenn der Erfolg auch bei **pflichtgemäßem Alternativverhalten** mit an Sicherheit grenzender Wahrscheinlichkeit eingetreten wäre.

Beispiel 1: A fährt seinen Pkw mit erhöhter Geschwindigkeit durch eine geschlossene Ortschaft. Plötzlich taumelt ihm der betrunkene B vor das Fahrzeug. B kommt durch den Unfall zu Tode. A hätte auch bei Einhaltung der zulässigen Geschwindigkeit nicht rechtzeitig bremsen können. Da sich das Risiko des zu schnellen Fahrens nicht im Erfolg niedergeschlagen hat, kann A nicht wegen § 222 bestraft werden[113].

Beispiel 2: Klinikarzt A gewährt dem erkennbar noch immer tatgeneigten zwangsuntergebrachten Patienten P Ausgang, was dieser zur Begehung eines Tötungsdelikts gegenüber O missbraucht. Die Gewährung von Freigang verstößt hier gegen die Sorgfaltsregeln, weil bei früheren Ausgängen bereits versuchte Vergewaltigungen stattgefunden haben. Der Arzt hat somit seinen Beurteilungsspielraum überschritten (vgl Rn 944). A meint jedoch, er sei nicht nach § 222 zur Verantwortung zu ziehen, da P andernfalls durch ein Auseinanderbiegen der maroden Gitterstäbe der Klinik hätte flüchten und so die Tötung begehen können. Dieser Einwand ist jedoch irrelevant, weil einerseits die Kausalität nicht dadurch in Frage gestellt werden kann, dass andere Reserveursachen hinzugedacht werden (s. Rn 229). Andererseits kann auch der Zurechnungszusammenhang für A nicht etwa wegen eigenverantwortlichen Dazwischentretens eines vorsätzlich handelnden Dritten (hier P) entfallen. Es ist gerade die Aufgabe des A, im Rahmen der Zwangsunterbringung dafür Sorge zu tragen, dass P nicht rückfällig werden kann, sodass das Verhalten des P so spezifisch mit der Ausgangsgefahr der unzulässigen Freigangsgewährung verbunden ist, dass es als typischerweise in dieser ursprünglichen Gefahr begründet erscheint (s. Rn 276). Auch der Pflichtwidrigkeitszusammenhang ist – wie der BGH[114] zu Recht festgestellt hat – zu bejahen, denn es ist nicht davon auszugehen, dass O auch gestorben wäre, wenn A den Ausgang versagt hätte.

---

111 BGHSt 48, 34 *(Gubener Verfolgungsfall)*; abw. *Heghmanns*, BT, Rn 441; generell zu Schockschäden im Strafrecht: *Sowada*, Beulke-FS, S. 283.

112 Ausf. zur Gesamtproblematik *Schünemann*, GA 1999, 207 ff.

113 Vgl auch *Aselmann/Krack*, Jura 99, 254.

114 BGHSt 49, 1 *(Psychiatriefall)* m. zust. Bspr. *Neubacher*, Jura 05, 857; *Ogorek*, JA 04, 356; *Roxin*, StV 04, 485; *Saliger*, JZ 04, 977; teilw. krit. *Pollähne*, JR 04, 429.

Die hM fragt danach, ob der Erfolg vermeidbar war (**Vermeidbarkeitstheorie**). Wenn es darum geht, ob der Erfolg bei pflichtgemäßem Alternativverhalten ebenso eingetreten wäre, wendet diese Ansicht den Grundsatz ***in dubio pro reo*** („im Zweifel für den Angeklagten", Rn 1118) an. Das bedeutet, dass dem Täter der Erfolg als solcher schon dann nicht angelastet werden kann, wenn bzgl. der Vermeidbarkeit Zweifel im Tatsächlichen verbleiben, wenn also konkrete Anhaltspunkte[115] dafür vorliegen, dass es bei pflichtgemäßem Verhalten möglicherweise zum gleichen Erfolg gekommen wäre. **295**

Beispiel (nach BGHSt 11, 1 – *Radfahrerfall*; s. auch Rn 950 ff): Der Radfahrer R kommt zu Tode, als ihn der Lastzugfahrer L mit zu geringem Seitenabstand überholt. Da R (für L nicht erkennbar) erheblich angetrunken war, besteht Grund zu der Annahme, dass er auch dann unter den Anhänger geraten wäre, wenn L den erforderlichen Sicherheitsabstand eingehalten hätte. Aufgrund der verbleibenden Zweifel am Pflichtwidrigkeitszusammenhang ist L – der hM zufolge – der Tod des R nicht zuzurechnen.

Demgegenüber bejaht die **Risikoerhöhungslehre** den Pflichtwidrigkeitszusammenhang bereits dann, wenn das pflichtwidrige Verhalten verglichen mit dem rechtmäßigen Alternativverhalten das Risiko des Erfolgseintritts erhöht hat[116]. Umstritten ist dabei aber insbes., nach welchen Maßstäben das Vorliegen einer solchen Risikoerhöhung festzustellen ist, wann der Grundsatz *in dubio pro reo* eingreift und ab welchem Grad der Risikoerhöhung davon gesprochen werden kann, dass sich die Gefahr durch Erhöhung der Chance des Erfolgseintritts realisiert hat[117]. **296**

Beispiele: Am Nordseestrand hindert B den A daran, dem Ertrinkenden E einen Rettungsring zuzuwerfen. Bald darauf versinkt E im Wasser. Wegen der Entfernung zwischen A und E, der starken Strömung sowie des Wellenganges lässt sich nicht ausschließen, dass E den Rettungsring ohnehin nicht mehr erreicht hätte, also auf jeden Fall ertrunken wäre. Abweichend von der hM akzeptieren die Vertreter der Risikoerhöhungslehre den Grundsatz *in dubio pro reo* nur bei Zweifeln, die den aufklärungsbedürftigen Sachverhalt, dh die reale Tatsituation betreffen (im obigen Beispiel die Entfernung zwischen A und E), lehnen es aber ab, dem Täter auch Zweifel zugute zu halten, die mit dem hypothetischen Geschehensablauf verbunden sind (so etwa, ob die Kräfte des E ausgereicht hätten, den Rettungsring trotz der Strömung und des Wellenganges zu erreichen). Sie bejahen im Zweifelsfall die objektive Zurechenbarkeit des Erfolges bereits dann, wenn die Wahrscheinlichkeit seines Eintritts bei pflichtgemäßem Täterverhalten geringer gewesen wäre[118]. Deshalb sieht die Risikoerhöhungslehre auch im obigen *Radfahrerfall* (Rn 295) allein im nicht eingehaltenen Sicherheitsabstand ein risikosteigerndes Element, das ausreicht, um L trotz der verbleibenden Zweifel über das hypothetische Geschehen den Tod des R zuzurechnen.

Das kriminalpolitische Anliegen der Anhänger der **Risikoerhöhungslehre**, wonach die Fahrlässigkeitsstrafbarkeit durch die hM gerade in besonders rechtsgutskritischen Situationen, bei denen sich die Vermeidbarkeit nur selten hinreichend sicher nach- **297**

---

115 BGH NJW 10, 1087 *(Bad Reichenhaller Eissporthalle)* m. Anm. *Kühl* und *Puppe*, JR 10, 355; LG Gießen, SVR 14, 390; *Rengier*, Wolter-FS, S. 199, 208 ff.

116 Umfassend *Valverde*, Wolter-FS, S. 333.

117 *Arthur Kaufmann*, Jescheck-FS, S. 279.

118 *Burgstaller*, S. 133 ff; *Stratenwerth/Kuhlen*, AT, § 8 Rn 37, § 13 Rn 54 ff; vgl ferner *Dehne-Niemann*, GA 2012, 89; HK-GS-*M. Heinrich*, Vorbem. § 13 Rn 121 ff; *Roxin*, AT I, § 11 Rn 88 ff; *ders.*, AT II, § 31 Rn 46; SK-*Rudolphi/Stein*, Vor § 13 Rn 32; *Schmoller*, Wolter-FS, S. 479.

weisen lässt (zB Arztfehler), zu stark eingeschränkt sei, ist zwar einsichtig. Allerdings kann ihr auf Basis des geltenden Rechts nicht gefolgt werden: Sie hebelt nämlich letztlich den Grundsatz *in dubio pro reo* mit nicht einleuchtenden Differenzierungen aus und deutet zudem die Verletzungsdelikte *contra legem* in konkrete Gefährdungsdelikte um[119].

Klausurhinweis: Bei den vorsätzlichen Begehungsdelikten ist die praktische Bedeutung der speziellen Zurechnungsvoraussetzungen wesentlich geringer als im Bereich der Fahrlässigkeitsdelikte (vgl dazu Rn 950 ff). Wenn in den erstgenannten Fällen an der objektiven Zurechenbarkeit des Erfolges nicht der geringste Zweifel besteht, sollte auf sie überhaupt nicht eingegangen werden.

298 Im **Fall 6a** hat M eine rechtlich erhebliche Gefahr geschaffen. Zu entscheiden bleibt, ob sich im konkret eingetretenen Erfolg gerade diese Gefahr verwirklicht hat. Im konkreten Todeserfolg (Tod durch Wundinfektion) hat sich letztlich die von M durch den Messerstich geschaffene **Gefahr** für das Leben des T **realisiert**. Zwar erschien die T zugefügte Stichverletzung zunächst nicht lebensgefährlich; zum tödlichen Ausgang ist es erst durch das Hinzutreten von Komplikationen gekommen. Wer einen anderen körperlich verletzt, haftet grundsätzlich auch für die sich daraus entwickelnden weiteren Schäden, wenn und soweit sie an das vorausgegangene Kausalgeschehen anknüpfen und nicht völlig atypisch sind, weil er die Gefahr für ihren Eintritt in rechtlich messbarer Weise erhöht hat (s. Rn 289 f). Dass ein Verletzter durch Wundinfektion nach einer Stichverletzung stirbt, ist nicht völlig ungewöhnlich, gerade die Verletzung hat das Infektionsrisiko erhöht (vgl RGSt 70, 257, 259). Der darauf beruhende Tod des T ist dem M als Verursacher **objektiv zuzurechnen**.

299 Im **Fall 6b** ist anders zu entscheiden: Hier hat ein **ganz ungewöhnlicher, atypischer Geschehensablauf** zum Eintritt des Todeserfolges geführt. In dem konkreten Erfolg hat sich nicht die von M durch den Messerstich geschaffene Gefahr, sondern ein **andersartiges Risiko** realisiert, dessen Entstehung keinen sachlichen Zusammenhang mit der Verletzungshandlung des M aufweist. Die – zum allgemeinen Lebensrisiko gehörende – Gefahr, einem Verkehrsunfall zu erliegen, wird durch die Beibringung einer Stichverletzung weder geschaffen noch in messbarer Weise erhöht (s. Rn 257 f, 289). Schließlich ist zu beachten, dass durch das Dazwischentreten des eigenverantwortlich handelnden L der Zurechnungszusammenhang unterbrochen wird, da das Risiko eines (tödlich verlaufenden) Verkehrsunfalls auf dem Weg ins Krankenhaus nicht typischerweise in der durch M geschaffenen Gefahr angelegt war (s. Rn 276). Der Unfalltod des T ist daher nicht dem Messerstecher M, sondern dem Lastzugfahrer L als „sein Werk" zuzurechnen. Der objektive Tatbestand des § 212 ist also mangels objektiver Zurechnung nicht gegeben und M ist lediglich wegen des von ihm an T begangenen **Tötungsversuchs** zur Verantwortung zu ziehen.

Die **Rspr** würde im **Fall 6b** nicht auf Zurechnungserwägungen im Rahmen des objektiven Tatbestands eingehen, sondern bei der Frage nach dem Vorsatz (§ 15) eine wesentliche Abweichung zwischen dem **vorgestellten** und dem **wirklichen** Kausalverlauf annehmen, weswegen gem. § 16 I 1 die subjektive Zurechnung des konkreten Erfolges zu verneinen wäre. Die Rspr käme daher zu dem gleichen Endergebnis (versuchtes Tötungsdelikt) (vgl dazu Rn 374, 376).

119 Lehrreich dazu OLG Koblenz OLGSt § 222 StGB, S. 63, 67; vgl ferner BGHSt 37, 106, 127; BGH NStZ 87, 505; *Baumann/Weber/Mitsch*, AT, § 14 Rn 86; *Dencker*, JuS 80, 210, 212; MK-*Hardtung*, § 222 Rn 52; *Jakobs*, AT, 7/98 ff; *Koriath*, Grundlagen strafrechtlicher Zurechnung, 1994, S. 491; vermittelnd *Küper*, Lackner-FS, S. 247, 282; abl. *Eisele*, JA 03, 48; *Freund*, AT, § 2 Rn 49; *Frisch*, Zurechnung, S. 537 ff; *Jäger*, AT, Rn 37; *Murmann*, Grundkurs, § 23 Rn 109; *Samson*, Lüderssen-FS, S. 587.

Im **Fall 6c** sind die Beiträge des F (Ausleihen des Gleitschirms, Hilfestellungen) kausal für den konkreten Todeserfolg geworden (*conditio sine qua non*; s. Rn 244). Allerdings ist ihm der Tod des V nicht objektiv zuzurechnen, da F bereits keine rechtlich erhebliche Gefahr für das Leben des V geschaffen hat. Vielmehr hat V diese Todesgefahr **freiverantwortlich** selbst bewirkt (s. Rn 259 ff). Anhaltspunkte für eine fehlende Eigenverantwortlichkeit seines Entschlusses, den Flug zu wagen, sind weder nach den Kriterien der Einwilligungs- noch der Exkulpationslehre (s. Rn 265 f) ersichtlich. Da F den V über die Risiken des Fluges voll aufgeklärt hat, kann – trotz des Erfahrungsvorsprungs des F – auch nicht von einer überlegenen Risikokenntnis des F gegenüber V ausgegangen werden (s. Rn 269). Somit ist der Tod des V allein seinem eigenen Verantwortungsbereich, nicht aber dem des F zuzurechnen. F kann daher nicht bestraft werden. 300

Im **Fall 6d** hat A den Tod der N verursacht. Objektiv zuzurechnen ist ihm dieser Erfolg aber nicht, da sich darin nicht die geschaffene Gefahr verwirklicht hat. Dies folgt zum einen daraus, dass die Geschwindigkeitsbegrenzung davor schützen soll, dass Unfälle aufgrund der der erhöhten Geschwindigkeit innewohnenden Gefahren (zB längerer Bremsweg) eintreten. Dass Unbeteiligte – insbes. solche ohne nähere Beziehung zum Unfallopfer – einen tödlichen Schock erleiden, ist vom **Schutzzweck** einer solchen Begrenzung jedoch nicht erfasst (vgl *Roxin*, AT I, § 24 Rn 42 f; zur Zurechenbarkeit von Schockschäden im Strafrecht s. *Sowada*, Beulke-FS, S. 283; zum fehlenden Schutzzweckzusammenhang s. Rn 254). Die von A geschaffene Gefahr realisiert sich zum anderen nicht im Schockschaden der N, weil es außerhalb jeglicher Wahrscheinlichkeit liegt, dass ein bloßer Unfallzeuge ohne emotionale Beziehung zum Opfer einen Schock mit Todesfolge erleidet. Es handelt sich also auch um einen ganz **atypischen** Kausalverlauf, der eine Zurechnung ausschließt (s. Rn 289). 301

Aktuelle Rechtsprechung zu § 6:

- BGH NJW 14, 1680 *(Substitutionsfall)*; BGH StV 14, 601 *(Schmerzpflasterfall II)*: freiverantwortliche Selbstgefährdung und deshalb keine Strafbarkeit gem. § 222 bei zutreffender Risikoeinschätzung und Entscheidungsfähigkeit des Geschädigten; vgl Rn 263, 271.
- OLG Stuttgart JR 12, 163 *(Kraftprobefall)*: keine objektive Zurechnung wegen Selbstgefährdung durch bewusstes Überholmanöver trotz Provokation durch anderen Pkw-Fahrer; vgl Rn 263.
- OLG Celle StV 13, 27 *(Autorennenfall II)*: keine straflose Selbstgefährdung, sondern strafbare Fremdgefährdung bei Tötung eines Mitfahrers im Rahmen eines spontanen, illegalen Autowettrennens; vgl Rn 263, 268.
- BGH NStZ 13, 238 *(Amoklauf von Winnenden)*: Strafbarkeit seitens des Vaters wegen fahrlässiger Tötung, wenn der Sohn die in der Wohnung frei zugängliche Waffe für vorsätzliche Tötungen einsetzt; objektive Zurechnung trotz Dazwischentreten eines vorsätzlich handelnden Dritten; vgl Rn 277.

§ 7 Der subjektive Unrechtstatbestand. Tatbestandsvorsatz, Tatbestandsirrtum und subjektive Zurechnung

302 **Fall 7:**

a) Während die Dorfbevölkerung beim Kirchweihfest versammelt ist, zündet der Eigentümer E seine Feldscheune an, um die Versicherungssumme aus der Brandschutzversicherung zu kassieren und dem an seiner Ehre nagenden Ruf zu entrinnen, er sei „finanziell am Ende". Eine Schadensmeldung an die Versicherung unterbleibt später allerdings.

In den Flammen findet der Landstreicher L den Tod, der mit Wissen des E gelegentlich in der Scheune übernachtet hat und der sich an diesem Tage mit einem Alkoholrausch frühzeitig vom Kirchweihfest zurückgezogen hatte. Hat E den L *vorsätzlich* getötet, wenn er gewusst oder zumindest damit gerechnet hat, dass L sich zur Tatzeit in der Scheune aufhält? **Rn 312, 318, 322, 339**

b) Der Wilderer W hat dem Förster F blutige Rache geschworen und sich vor dessen Jagdhütte auf die Lauer gelegt. Dort erschießt W den mit F verabredeten Jagdgast J, den er in der Dämmerung für F gehalten hat. Welche Rechtsfolge hat der Irrtum des W? **Rn 363**

c) Ändert sich die Beurteilung, wenn W auf F geschossen und ihn verfehlt hat, die Kugel jedoch das Fenster der Jagdhütte durchschlägt und den am Tisch sitzenden J tödlich verletzt? **Rn 368**

d) Wie läge es, wenn W am Rande des Waldsees auf F geschossen, ihn für tot gehalten und die vermeintliche Leiche im See versenkt hätte? Der Tod des nur bewusstlosen F tritt erst im Wasser durch Ertrinken ein; hätte W den F nicht im See versenkt, wäre F an den Folgen der Schussverletzung gestorben. **Rn 383**

I. Die Merkmale des subjektiven Unrechtstatbestandes

303 Der subjektive Unrechtstatbestand des vorsätzlichen Begehungsdelikts wird aus zwei Elementen gebildet: Dem Tatbestandsvorsatz, wie er jedem Vorsatzdelikt eigen ist, und ggf – abhängig vom jeweiligen Straftatbestand – den sonstigen subjektiven Tatbestandsmerkmalen.

1. Der Tatbestandsvorsatz

304 a) Bei den Vorsatzdelikten bestimmt der **Tatbestandsvorsatz** Richtung und Ziel des Handelns. Als Kern des personalen Handlungsunrechts bildet er das allgemeine Merkmal des subjektiven Unrechtstatbestandes und die Grundlage für die **subjektive Zurechnung** des tatbestandlichen Erfolges[1]. Strafbar ist nur vorsätzliches Handeln, wenn nicht das Gesetz fahrlässiges Handeln ausdrücklich mit Strafe bedroht (§ 15).

305 b) Was unter Vorsatz zu verstehen ist, sucht man im deutschen StGB allerdings vergeblich. In § 16 hat sich der Gesetzgeber nur mit der Kehrseite des Vorsatzes, näm-

1 Allgemein zur subjektiven Tatseite: *Meliá*, Wolter-FS, S. 293.

lich dem Irrtum über Tatumstände, die zum gesetzlichen Tatbestand gehören und mit der irrigen Annahme privilegierender Tatbestandsmerkmale befasst. Welche Voraussetzungen im Einzelnen zum Vorsatz gehören, regelt § 16 hingegen nicht.

Das schweizerische StGB definiert demgegenüber in seinem Art. 12, dass „[v]orsätzlich . . . ein Verbrechen oder Vergehen [begeht], wer die Tat mit Wissen und Willen ausführt. Vorsätzlich handelt bereits, wer die Verwirklichung der Tat für möglich hält und in Kauf nimmt." Auch das österreichische StGB enthält in Art. 5 eine Bestimmung, wonach „[v]orsätzlich handelt, wer einen Sachverhalt verwirklichen will, der einem gesetzlichen Tatbild entspricht; dazu genügt es, dass der Täter diese Verwirklichung ernstlich für möglich hält und sich mit ihr abfindet.

Durchaus auf dieser Linie vertritt die hA in Deutschland, dass **Vorsatz** der **Wille zur Verwirklichung eines Straftatbestandes in Kenntnis aller seiner objektiven Tatumstände** ist[2]. Sprachlich ungenauer, aber sachlich mehr oder minder gleichbedeutend ist die vielfach gebrauchte Kurzformel „Wissen und Wollen der Tatbestandsverwirklichung". Wesentlich für alle Umschreibungen ist, dass der Tatbestandsvorsatz ein **Willens-** und ein **Wissenselement** enthält[3]. 306

Abbildung 1:

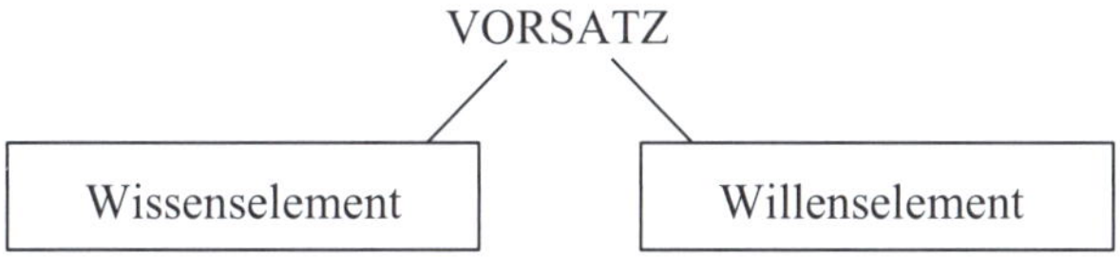

Im Gegensatz zur Rspr und zur hL möchte ein Teil der Rechtslehre den Vorsatzbegriff unabhängig von einem Willenselement verstanden wissen[4]. 307

Zwar steht das StGB – im Gegensatz zum insoweit eindeutigen österreichischen und schweizerischen Gesetzeswortlaut – einer solchen Ansicht nicht von vornherein entgegen. Sie vermag im Ergebnis gleichwohl nicht zu überzeugen. Auf das **Willenselement** kann schon deshalb **nicht verzichtet** werden, weil andernfalls keine sachgerechte Abgrenzung zwischen Eventualvorsatz und bewusster Fahrlässigkeit möglich wäre. Ein Mensch kann sich den Eintritt einer Rechtsgutsverletzung als mögliche Konsequenz seines Handelns vorstellen, ohne diese Folge zu wollen. Wer fest darauf vertraut, dass alles gut geht und dass es ihm gelingt, eine Schädigung anderer zu vermeiden, will den – letztlich wider Erwarten doch eintretenden – Erfolg nicht. Der entscheidende Unterschied zwischen dem Vorsatz- und dem Fahrlässigkeitstäter liegt darin, dass nur ersterer eine bewusste Entscheidung gegen das geschützte Rechtsgut trifft. Das „Wollen" in der Vorsatzdefinition bringt nichts anderes als diesen Akt des „Wählens" zum Ausdruck[5]. Wird der Erfolgseintritt lediglich **für möglich gehalten**, genügt dies – ohne Entscheidung gegen das geschützte Rechtsgut – nicht, um ein Handeln mit Eventualvorsatz zu be- 308

2 Lesenswert BGHSt 19, 295, 298.

3 BGHSt 36, 1, 10; 51, 100, 119 *(Kantherfall)*; 52, 182, 189 f; BGH NStZ 13, 159 *(Brandbeschleunigerfall)*; BGH ZIP 13, 1382; *Bung*, S. 2, 127 ff, 270; Matt/Renzikowski-*Gaede*, § 15 Rn 22; *Hoffmann-Holland*, AT, Rn 152; *Sternberg-Lieben/Sternberg-Lieben*, JuS 12, 976; krit. *Freund*, AT, § 7 Rn 41; *Grünewald*, S. 153; *Henn*, JA 08, 699; S/S/W-StGB-*Momsen*, §§ 15, 16 Rn 7; *Ransiek/Hüls*, NStZ 11, 678; zur Umsetzung in der Klausurlösung vgl *Putzke*, Jura 09, 147, 148; *Rönnau*, JuS 10, 675.

4 So u. a. *Freund*, AT, § 7 Rn 61; *ders.*, Küper-FS, S. 63; *Frisch*, Vorsatz, S. 255 ff; *Frister*, AT, 11. Kap., Rn 25; *Herzberg*, BGH-Wiss-FS, S. 51; *Kindhäuser*, AT, § 14 Rn 15 ff, 29; *Lesch*, JA 97, 802; NK-*Puppe*, § 15 Rn 23 ff; *Schlehofer*, NJW 89, 2017.

5 S. *Otto*, Grundkurs AT, § 7 Rn 26; *Satzger*, Jura 08, 112, 115 f.

jahen. Sonst würde letztlich auch der Bereich einer Strafbarkeit wegen vorsätzlicher Tatbegehung **zu weit** ausgedehnt (vgl dazu auch Rn 325 ff)[6].

309 c) Nach dem klaren Wortlaut des § 16 muss der Tatbestandsvorsatz **bei „Begehung der Tat"** vorliegen, wobei § 8 den Zeitpunkt der Begehung definiert. Maßgeblich ist also ausschließlich der Moment der tatbestandlichen Ausführungshandlung; wann der Erfolg eintritt, ist irrelevant **(Koinzidenz- oder Simultaneitätsprinzip)**[7].

310 Daraus ergibt sich, dass nachträglich erlangtes Wissen (sog. *dolus subsequens*) dem im Augenblick der Tathandlung unwissenden bzw gutgläubigen Täter nicht schadet. Andererseits entlastet es den Täter nicht, wenn er seinen Verwirklichungswillen zwischen dem Abschluss der Tathandlung und dem Erfolgseintritt aufgibt. So entfällt zB eine Strafbarkeit wegen vorsätzlicher vollendeter Beleidigung (§ 185) nicht, wenn der Täter sich nach dem Absenden des beleidigenden Briefes vergeblich darum bemüht hat, die Zustellung an den Adressaten zu verhindern[8].

311 An der Koinzidenz zwischen tatbestandlichem Handeln und Vorsatz fehlt es auch, wenn zwar irgendwann einmal ein Vorsatz zur Deliktsverwirklichung gefasst wurde, dieser jedoch zum Zeitpunkt der Tat nicht mehr bestand (sog. *dolus antecedens*)[9]. Keine vorsätzliche Tötung begeht also etwa A, der sich auf den Weg zu X gemacht hat, um diesen zu töten, wenn er kurz vor Erreichen der Wohnung den Tötungsplan aufgibt, wenig später aber den die Straße überquerenden X aus Versehen überfährt, sodass dieser verstirbt.

2. Sonstige subjektive Merkmale

312 Zum Vorsatz treten nach Maßgabe der einzelnen Strafvorschriften häufig **besondere subjektive Tatbestandsmerkmale** hinzu, die – wie etwa die **Zueignungsabsicht** beim Diebstahl (§ 242)[10] oder die **Bereicherungsabsicht** beim Betrug (§ 263)[11] – den typischen Verhaltensunwert der Tat kennzeichnen und dadurch das Handlungsunrecht mitbestimmen. Subjektive Unrechtselemente dieser Art sind nach allgemeiner Auffassung Bestandteil des subjektiven Unrechtstatbestandes. Als Merkmale eigenständigen Charakters stehen sie selbstständig neben dem Tatbestandsvorsatz.

Im **Fall 7a** hat E zugleich mit der Brandstiftung (§§ 306 ff) den objektiven Tatbestand des Versicherungsmissbrauchs (§ 265) erfüllt. Zum subjektiven Tatbestand des § 265 gehört neben dem **Tatbestandsvorsatz** als eigenständiges subjektives Tatbestandsmerkmal die bei E ebenfalls gegebene **Absicht** („um"), **sich oder einem Dritten Leistungen aus der Versicherung zu verschaffen**. Da es zu einer Schadensmeldung an die Versicherung nicht mehr gekommen ist, scheidet ein Betrug gem. § 263 I, III 2 Nr 5 zu deren Lasten aus. Auch ein Betrugsversuch liegt hier noch nicht vor (vgl Rn 859).

---

6 Näher zum Ganzen *Brammsen*, JZ 89, 71; *Jakobs*, RW 10, 283; *ders.*, Zurechung, S. 53 ff; *Küper*, GA 1987, 479; *Küpper*, ZStW 100 [1988], 758; *Otto*, Jura 96, 468; *Prittwitz*, StV 89, 123.

7 BGH NStZ 04, 386; SK-*Hoyer*, § 8 Rn 3; *Sternberg-Lieben/Sternberg-Lieben*, JuS 12, 976, 979; zum Koinzidenzprinzip *Streng*, FS-Beulke, S. 313.

8 Instruktiv dazu RGSt 57, 193; vgl auch *Herzberg*, Oehler-FS, S. 163.

9 BGH NStZ 10, 503 *(Zündholzfall)*; näher *Jäger*, AT, Rn 73 f; *Satzger*, Jura 08, 112, 118.

10 Vgl dazu BGH NStZ 12, 627 m. Anm. *Hecker*, JuS 13, 468 und *Jäger*, JA 12, 709; BGH StV 13, 435, 437; *Kudlich/Oğlakcıoğlu*, JA 12, 321.

11 Dazu *Wittig*, JA 13, 401.

3. Die Beziehung zum objektiven Tatbestand

a) Nach dem bereits Gesagten sind der objektive und der subjektive Tatbestand nicht bei allen Delikten in dem Sinne deckungsgleich, dass der subjektive Tatbestand stets das genaue Spiegelbild des objektiven Tatbestands in der Vorstellung des Täters darstellt. Verlangt der Tatbestand „sonstige subjektive Merkmale" (Rn 312), so stehen diese neben dem Tatbestandsvorsatz, gehen also über diesen hinaus, sodass im subjektiven mehr als im objektiven Tatbestand verlangt wird. Man spricht hier anschaulich von Tatbeständen mit **überschießender Innentendenz**. **313**

b) Abgesehen hiervon gibt es von der grundsätzlichen Anforderung, dass **objektiver Unrechtstatbestand** und **Tatbestandsvorsatz** deckungsgleich sein müssen (da gem. § 16 I 1 der Vorsatz entfällt, wenn er nicht **sämtliche** Umstände des objektiven Tatbestands erfasst[12]), weitere Ausnahmen: So stellt die hM unter Berufung auf die *ratio legis* in einigen Fällen **zusätzliche** Anforderungen an den Vorsatz, die über das erwähnte Mindestmaß an Übereinstimmung mit dem objektiven Unrechtstatbestand hinausgehen. So genügt es im Teilnahmebereich für den objektiven Tatbestand einer Anstiftung (§ 26) oder Beihilfe (§ 27), dass die in Betracht kommende Haupttat (wie etwa ein Diebstahl, Raub oder Betrug) das **Stadium des mit Strafe bedrohten Versuchs erreicht**. In subjektiver Hinsicht hängt die Bejahung des Anstifter- oder Gehilfenvorsatzes jedoch davon ab, dass Vorstellung und Wille des Teilnehmers (über das objektiv Erreichte hinaus) **auf die Vollendung** der Haupttat durch deren Täter gerichtet waren (vgl Rn 819, 832). **314**

Ausnahmen vom Kongruenzerfordernis sind darüber hinaus auch in anderer Richtung möglich, in dem Sinn also, dass der subjektive Tatbestand hinter den objektiven Anforderungen eines Tatbestands zurückbleiben darf. So enthalten einige Straftatbestände – wie bereits gesehen – sog. **„objektive Bedingungen der Strafbarkeit"**. Es wird also die Bestrafung eines Täters vom Eintritt einer, vom Wissen und Willen des Täters unabhängigen, Bedingung abhängig gemacht (s. Rn 206 ff)[13]. **315**

II. Die Erscheinungsformen des Tatbestandsvorsatzes

Je nach Intensität des Willens- und des Wissenselements lassen sich drei Erscheinungsformen des Tatbestandsvorsatzes unterscheiden: die **Absicht**, der **direkte Vorsatz** und der **Eventualvorsatz**. **316**

Grundsätzlich gilt jedoch, dass jede dieser drei Vorsatzformen genügt, um „vorsätzliches" Handeln iSv § 15 zu begründen, sodass auch in Klausuren eine genaue Bestimmung der Vorsatzform unterbleiben kann. Nur wenn der Straftatbestand, wie beispielsweise § 226 II StGB, eine gesteigerte Form des Vorsatzes (iSv Wissentlichkeit oder Absicht) erfordert, muss die Intensität des Vorsatzes näher erörtert werden, s. auch Rn 338.

12 Abw. *Tsai*, Frisch-FS, S. 281, der die Kongruenz als eigenständigen Prüfungspunkt betrachtet.
13 S. hierzu nur *Satzger*, Jura 08, 112, 120.

1. Die Absicht als Vorsatzform

317 **Absicht** (als gesteigerte Form des direkten Vorsatzes; auch *dolus directus ersten Grades* genannt) ist dann gegeben, wenn es dem Täter gerade **darauf ankommt**, den Eintritt des tatbestandlichen Erfolges herbeizuführen oder den Umstand zu verwirklichen, für den das Gesetz absichtliches Handeln voraussetzt[14]. Das Willenselement dominiert, an das Wissenselement werden nur minimale Anforderungen gestellt.

Abbildung 2:

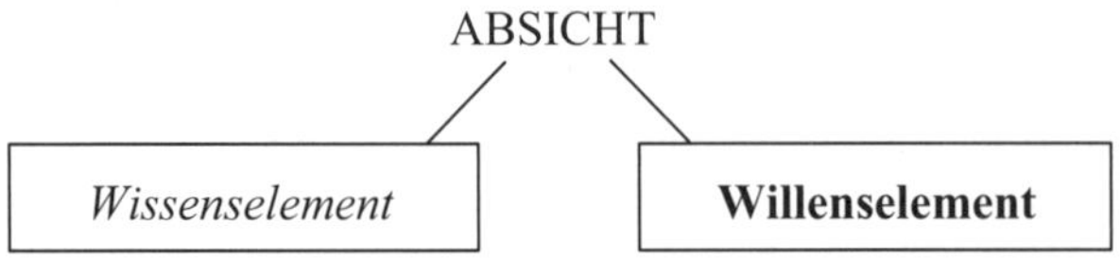

318 Unter Absicht ist der **zielgerichtete Erfolgswille** zu verstehen, der zugleich Beweggrund (Motiv) des Handelns sein kann, damit jedoch nicht zwangsläufig identisch ist. Begrifflich ist daher zwischen der Zielvorstellung des Täters und dem Beweggrund oder Motiv seines Handelns zu unterscheiden[15].

Im **Fall 7a** war die Absicht des E auf das Inbrandsetzen der Scheune und auf die Erlangung der Versicherungssumme gerichtet. Dies war das **Ziel**, aber nicht der **Beweggrund** seines Handelns. Beweggrund (Motiv) zur Tat war der Wunsch des E, seine vermeintlich gekränkte Ehre zu retten und dem Ruf zu entgehen, er sei „finanziell am Ende".

319 Der erstrebte Erfolg braucht nicht das Endziel des Täters zu sein; es genügt, dass er ihn als *Nahziel* erreichen will, weil er ihm auf dem Weg zum *Fernziel* weiterhilft.

Im **Fall 7a** hat E nicht nur die Erlangung der Versicherungssumme (Endziel), sondern auch das Inbrandsetzen der Scheune (Zwischenziel) beabsichtigt, denn nur so war der von ihm erstrebte Enderfolg erreichbar.

320 Kommt es dem Täter auf den Erfolgseintritt an, so ist es ohne Bedeutung, ob er sich die Tatbestandsverwirklichung **als sicher** oder **nur als möglich** vorstellt. Wie BGHSt 21, 283 zutreffend ausführt, ist ein Erfolg, auf den es dem Täter bei seiner Handlung ankommt, immer auch beabsichtigt, gleichgültig, ob er „die Verwirklichung für sicher oder nur für möglich hält, ob er sie wünscht oder innerlich bedauert". Notwendig ist bei Ungewissheit des Erfolgseintritts nur, dass der Täter sich überhaupt eine Einwirkungsmöglichkeit auf das reale Geschehen zuschreibt.

321 Das Gesetz verwendet den Ausdruck „Absicht" oder die gleichbedeutende Wendung „um zu" nicht einheitlich, sodass die jeweilige Bedeutung in jedem Einzelfall durch Auslegung zu ermitteln ist[16].

Mit der Absicht als **Vorsatzform** sind die in einigen Strafvorschriften genannten **besonderen Absichten** (wie zB die Zueignungsabsicht in § 242 oder die Bereicherungsabsicht in §§ 253,

---

14 Vgl BGHSt 16, 1 *(Fahrkartenfall)*; 18, 246.

15 Zutr. BGH GA 1985, 321.

16 Vgl BGHSt 9, 142; 13, 219; 41, 358 m. Bespr. *Mitsch*, JuS 97, 788; vert. *Witzigmann*, JA 09, 488.

259, 263) nicht identisch. Letztere sind subjektive Tatbestandsmerkmale **eigenständigen Charakters**. Hinsichtlich der Zielvorstellung werden aber beide Absichtsarten gleich behandelt[17].

Stets ist zu fragen, worauf sich die Absicht konkret erstrecken muss. So braucht sich zB die in § 242 genannte „Absicht" nur auf die Aneignungskomponente im Rahmen der Zueignung der fremden Sache zu beziehen; bzgl der Enteignung sowie der objektiven Rechtswidrigkeit der erstrebten Zueignung genügt dagegen einfacher Vorsatz *(dolus directus* oder *dolus eventualis)*[18].

2. Der direkte Vorsatz

Direkter Vorsatz (*dolus directus*; auch *dolus directus zweiten Grades* genannt) ist zu 322
bejahen, wenn der Täter **weiß oder als sicher voraussieht**, dass sein Handeln zur Verwirklichung des gesetzlichen Tatbestandes führt. Bei dieser Vorsatzform dominiert das Wissenselement.

Abbildung 3:

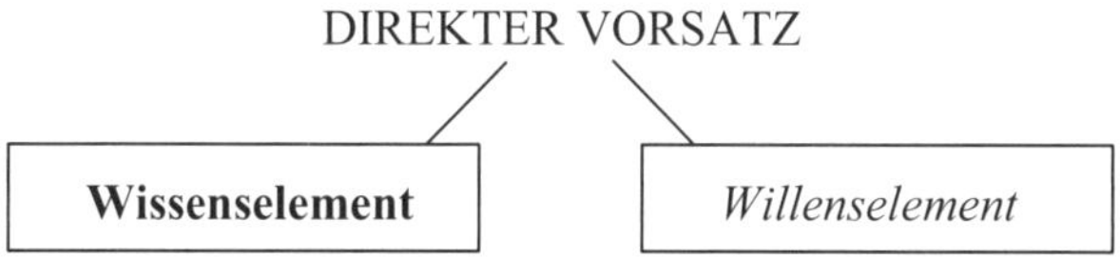

Wer trotz dieser Kenntnis oder Voraussicht willentlich tätig wird, nimmt in seinen Verwirklichungswillen alles auf, was er sich als die **notwendige und sichere Folge** seines Verhaltens vorstellt, mag ihm der Eintritt dieser Folge auch „an sich unerwünscht" sein[19].

Im **Fall 7a** ist direkter Tötungsvorsatz zu bejahen, wenn E beim Legen des Brandes **gewusst** hat, dass L sich in der Scheune befand, denn dann sah E den Tod des L als die sichere Folge des Inbrandsetzens voraus.

3. Der Eventualvorsatz

a) **Eventualvorsatz** *(dolus eventualis)* liegt vor, wenn der Täter es **ernstlich für** 323
möglich hält und sich damit abfindet, dass sein Verhalten zur Verwirklichung des gesetzlichen Tatbestandes führt. Von den anderen Vorsatzformen unterscheidet er sich dadurch, dass sowohl die Wissens- als auch die Willensseite nur schwach ausgeprägt sind.

Abbildung 4:

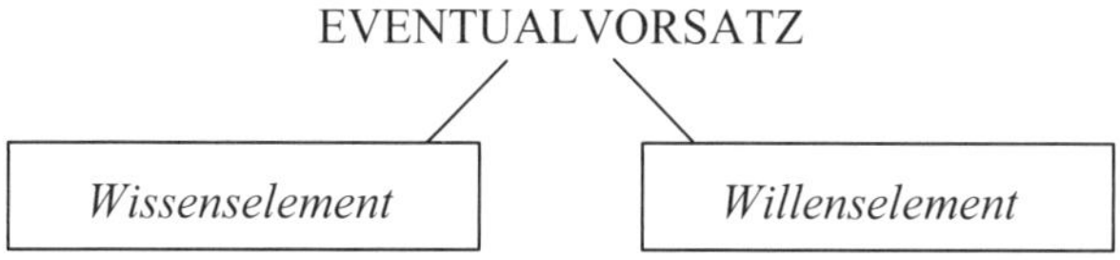

17 Vgl BGH NStZ 92, 540.
18 RGSt 55, 257; *Wessels/Hillenkamp*, BT/2, Rn 164 und 203.
19 Vgl BGHSt 21, 283; *Maurach/Zipf*, AT/1, § 22 Rn 15.

324 Der *dolus eventualis* wird auch **„bedingter Vorsatz"** genannt. Diese – völlig gebräuchliche – Bezeichnung darf nicht missverstanden werden: Auch der nur eventualvorsätzlich Handelnden muss zur Tat fest entschlossen sein, denn derjenige, der innerlich unentschlossen ist, hat noch gar keinen Vorsatz[20]. Anders ist es nur dann, wenn der Täter die Ausführung vom Eintritt bestimmter, von seinem Willen unabhängiger Umständen abhängig macht – dann liegt ein für den Vorsatz erforderlicher fester, aber eben von gewissen objektiven Bedingungen abhängiger Tatentschluss vor (zB: A will die von ihm gefangengehaltene O töten, wenn sie schreit.)[21].

325 b) In welcher Weise der **Eventualvorsatz** sich von der **bewussten Fahrlässigkeit** (sog. *luxuria*; vgl Rn 932) abgrenzen lässt, ist äußerst streitig. Beide Fallgruppen liegen im Grenzbereich eng beieinander. In beiden **rechnet der Täter mit der Möglichkeit**, dass die im Gesetz genannten Umstände gegeben sind und dass sein Verhalten den Eintritt des tatbestandlichen Erfolges bewirkt. Der Unterschied liegt allein darin, dass er diese Folge beim *dolus eventualis* hinnimmt und **sich mit dem Risiko der Tatbestandsverwirklichung abfindet**, während er bei bewusst fahrlässigem Handeln auf das Nichtvorliegen des betreffenden Tatumstandes oder sonst **auf das Ausbleiben des Erfolges vertraut**.

326 Nach der **Möglichkeitstheorie** soll *dolus eventualis* schon dann zu bejahen sein, wenn der Täter die **konkrete Möglichkeit** der Rechtsgutsverletzung erkannt und dennoch gehandelt hat (s. Rn 308)[22]. Diese Auffassung ist abzulehnen, weil sie den Vorsatz zu weit in den Bereich der bewussten Fahrlässigkeit ausdehnt und auf der Fiktion beruht, dass im Festhalten am Tatentschluss zwangsläufig eine Entscheidung für die als möglich erkannte Rechtsgutsverletzung zu erblicken sei. Die Möglichkeitstheorie verkennt vor allem, dass es beim Vorsatz nicht nur um das Wissen, sondern **auch um das Wollen** geht und dass es nicht gleichgültig sein kann, welche Erwägung den Täter zum Durchhalten des Handlungsentschlusses bestimmt hat (die bewusste Hinnahme des Erfolgsrisikos oder das Vertrauen, den drohenden Erfolg vermeiden zu können). Ein Autofahrer, der pünktlich zum Dienst erscheinen will, deshalb auf einer schmalen Landstraße während des Berufsverkehrs im dichten Nebel einen Lastzug überholt und dabei einen entgegenkommenden Rad- oder Motorradfahrer tödlich verletzt, hat zweifellos die **konkrete Möglichkeit** (= Gefahr) einer solchen Kollision erkannt; jede andere Deutung wäre lebensfremd. Gleichwohl wäre es sachwidrig, seinen offenbar vorliegenden Leichtsinn in einen Verletzungsvorsatz umzudeuten und ihn (abgesehen von § 315c) schon deshalb wegen Totschlags statt wegen fahrlässiger Tötung zu bestrafen, weil er „dennoch gehandelt" und sich auf das waghalsige Überholmanöver eingelassen habe.

327 Wesentlich enger als die Möglichkeitstheorie ist die **Wahrscheinlichkeitstheorie**, die *dolus eventualis* annimmt, wenn der Täter die Rechtsgutsverletzung für **wahrscheinlich gehalten** hat. Wahrscheinlich soll dabei mehr als „möglich" und weniger als „überwiegend wahrscheinlich" bedeuten[23]. Auch diese Theorie geht fehl, da sie zu einer klaren Grenzziehung außer Stande ist – wie lässt sich ermitteln, was mehr als „möglich" und weniger als „überwiegend wahrscheinlich" ist? Der Grad der Wahrscheinlichkeit kann allenfalls ein Indiz für das Inkaufnehmen der Tatfolgen bilden.

328 Nicht zu befriedigen vermag auch die **Gleichgültigkeitstheorie**, die *dolus eventualis* für gegeben hält, wenn der Täter die Tatbestandsverwirklichung **aus Gleichgültigkeit** gegenüber dem geschützten Rechtsgut in Kauf genommen hat[24]. Sie erweist sich als zu einseitig und zu eng, da

20 RGSt 70, 201.
21 Vgl BGHSt 5, 149, 152; 21, 14, 17.
22 LG Potsdam BA 04, 540; s. auch *Frister*, AT, 11. Kap., Rn 24; *Jakobs*, AT, 8/21; *Kindhäuser*, LPK, § 15 Rn 119; *R. Schmidt*, AT, Rn 238 ff.
23 *H. Mayer*, Strafrecht AT, 1967, S. 121.
24 *Engisch*, NJW 55, 1688; *Schroth*, JR 03, 250; S/S-*Sternberg-Lieben/Schuster*, § 15 Rn 84.

sie unter dem Blickwinkel des Gesinnungsunwertes nur einen **Teilaspekt** des Problemkomplexes erfasst.

Die hL bejaht **Eventualvorsatz** zutreffend dann, wenn der Täter sich auch durch die nahe liegende Möglichkeit des Erfolgseintritts nicht von der Tatausführung abhalten ließ und sein Verhalten den Schluss rechtfertigt, dass er sich um des von ihm erstrebten Zieles willen **mit dem Risiko der Tatbestandsverwirklichung abgefunden** hat, also eher zur Hinnahme dieser Folge bereit war als zum Verzicht auf die Vornahme der Tathandlung. Seine innere Haltung zur Tat wird griffig durch die Formulierung **„na wenn schon“** gekennzeichnet. 329

Im Gegensatz dazu ist (nur) **bewusste Fahrlässigkeit** anzunehmen, wenn der Täter fest darauf **vertraut** hat, dass es ihm gelingen werde, den drohenden Erfolgseintritt und die Verwirklichung des gesetzlichen Tatbestandes **zu vermeiden**. Kennzeichnend hierfür ist die Vorstellung des Täters: **„es wird schon gut gehen“**. 330

Bei Verhaltensweisen, aus denen für andere Gefahren erwachsen, gehört zum Eventualvorsatz somit ein Dreifaches: Der Täter muss erstens die konkret drohende Gefahr einer Rechtsgutsverletzung **erkannt**, zweitens diese Gefahr **ernst genommen** und sich drittens mit dem Risiko der Tatbestandsverwirklichung **abgefunden** haben. Wer die von ihm erkannte Gefahr in dieser Weise hinnimmt, hat die Möglichkeit ihrer Realisierung zur Grundlage seines Handlungsentschlusses gemacht und damit in seinen **Verwirklichungswillen** einbezogen[25]. 331

Hängt die in Betracht kommende Tatbestandserfüllung nicht von einem drohenden Verletzungserfolg, sondern vom Vorliegen gegenwärtiger Umstände ab (wie etwa von der Fremdheit der Sache bei § 246 oder vom Alter des Opfers bei sexuellen Handlungen im Bereich des § 176), gilt zumindest sinngemäß das Gleiche: Der Täter muss das Vorliegen des betreffenden Tatumstandes in Rechnung gestellt, die daraus resultierende Möglichkeit der Tatbestandsverwirklichung ernst genommen und sich wenigstens mit ihr abgefunden haben. Mit einem „Wollen“ hat dies letztlich nicht mehr viel zu tun[26]. 332

In den praktischen Ergebnissen deckt sich die hL im Wesentlichen mit der von der Rspr vertretenen **Einwilligungs-** oder **Billigungstheorie**. Diese verlangt vom eventualvorsätzlich handelnden Täter, dass dieser den für möglich gehaltenen Erfolg **„gebilligt“** oder **„billigend in Kauf genommen“** hat[27]. Billigen „im Rechtssinn“ soll nach BGHSt 7, 363 *(Lederriemenfall)* selbst auch dann zu bejahen sein, wenn der Erfolg dem Täter höchst unerwünscht ist, dieser sich jedoch mit ihm **abgefunden** hat[28]. Erst 333

---

25 Näher zum Ganzen *Jescheck/Weigend*, AT, § 29 III 3; MK-*Joecks*, § 16 Rn 30 ff; *Köhler*, Hirsch-FS, S. 65, 77; *Küpper*, ZStW 100 [1988], 758; NK-*Puppe*, § 15 Rn 14 ff; *Roxin*, AT I, § 12 Rn 21 ff; *Schlehofer*, Vorsatz S. 32 ff, 55; *Schünemann*, Hirsch-FS, S. 363; Überblick über die verschiedenen Theorien bei *Fahl*, Jura 95, 654; *Hillenkamp*, AT, S. 1; *Meurer*, AT, S. 89 ff.

26 S. dazu *Satzger*, Jura 08, 112, 113.

27 RGSt 76, 115; BGHSt 36, 1; 44, 99 m. Anm. *Roxin*, NStZ 98, 616; BGHSt 51, 18 *(Kochsalzfall)*; BGH wistra 00, 177; ; BGH NStZ-RR 15, 91; BGH ZIP 13, 1382; BGH NZV 05, 538 *(Autobahn-Spurwechselfall)*; *Baumann/Weber/Mitsch*, AT, § 20 Rn 53; *Maurach/Zipf*, AT/1, § 22 Rn 36.

28 Im Ergebnis ebenso: BGH JR 99, 205, 207; BGH NStZ 07, 700 und NStZ 07, 704; vgl auch BGH NStZ 12, 160, BGH NStZ-RR 15, 109 (zu geringe kognitive Leistungsfähigkeit des Täters) und OLG Braunschweig NStZ 13, 593, 595 *(Spenderorganfall)*; ausf. Bespr *Rissing-van Saan*, NStZ 14, 233; lehrreich dazu *Roxin*, AT I, § 12 Rn 39; *Wolters*, [1] S. 20; krit. *Pérez-Barberá*, GA 13, 454; SK-*Rudolphi/Stein*, § 16 Rn 27; *Schlehofer*, Vorsatz, S. 165 ff.

recht könne auch bei **Gleichgültigkeit** gegenüber der Erfolgsherbeiführung auf eine Billigung geschlossen werden[29].

334 c) Neben der demnach bereits dogmatisch schwierigen Abgrenzung zur bewussten Fahrlässigkeit bereitet mitunter auch die **beweismäßige Feststellung des Eventualvorsatzes im Strafprozess** Probleme. Dann ist sauber zwischen seinen materiell-rechtlichen Voraussetzungen und den Grundsätzen der prozessualen Beweiswürdigung (§ 261 StPO) zu trennen[30]. Insbesondere dürfen Beweisschwierigkeiten nicht durch eine faktische Verschiebung der Anforderungen an den Vorsatz überwunden werden.

335 Derartige Tendenzen hat die Rspr jedoch teils im Bereich der Tötungsdelikte gezeigt. Den Hintergrund dazu bildet die sog. **„Hemmschwellentheorie"** des BGH. Dieser postulierte bislang in ständiger Rspr – etwa im berühmten *Aids-Urteil*[31] – eine besonders hohe Hemmschwelle vor Bildung eines Tötungsvorsatzes[32], um der allzu raschen Bejahung vorsätzlicher Tatbegehung durch die Tatgerichte entgegenzuwirken. Dies führte in der Praxis vielfach dazu, dass in Grenzfällen der Tötungsvorsatz nicht nach sorgfältiger und umfassender Beweiswürdigung, sondern mit einem pauschalen Hinweis auf jene Hemmschwelle verneint wurde.

336 Nach teils heftiger Kritik im Schrifttum[33] hat der 4. Strafsenat in einer Leitentscheidung vom 22. März 2012 nunmehr den Bedeutungsgehalt dieser „Hemmschwellentheorie" **deutlich eingeschränkt** und klargestellt, dass sie als bloßer Hinweis auf den Grundsatz der freien richterlichen Beweiswürdigung zu verstehen sei[34]. Der BGH erlaubt bei Tötungsdelikten demnach nicht etwa eine zugunsten des Angeklagten verkürzte Beweisführung. Der Tatrichter darf den Beweiswert der offensichtlichen Lebensgefährlichkeit einer Handlungsweise nicht so gering veranschlagen, dass auf eine eingehende Würdigung weiterer Beweisanzeichen verzichtet wird[35]. Vielmehr verlangt der BGH – ganz im Gegenteil – eine besonders genaue Prüfung anhand einer **Gesamtschau aller relevanten objektiven und subjektiven Tatumstände**[36]. Die Annahme einer Hemmschwelle kann dabei freilich als Indiz einfließen, soweit der

---

29 BGHSt 50, 1, 6; BGH NStZ-RR 07, 43; *Jakobs*, RW 10, 283, 306 ff; abw. *Kindhäuser*, Eser-FS, S. 345; zurückhaltender auch BayObLG JR 03, 428 m. zust. Anm. *Freund/Klapp*.

30 Näher BGHSt 38, 345; 46, 30, 35; 46, 53, 59; 56; 277; BGH NStZ 12, 384; BGH StV 15, 300; vert. *Koriath*, Loos-FS, S. 103; *Mylonopoulos*, Frisch-FS, S. 349; s. auch AnwK-StGB-*Schaefer*, § 15 Rn 40 ff.

31 BGHSt 36, 1; dazu *Frisch*, Meyer-GS, S. 533; *Puppe*, AT, § 9 Rn 14 ff; s. auch *Canestrari*, GA 2004, 210.

32 BGH NStZ 83, 407 *(Vollgasfall)*; NStZ 83, 365 *(Aufhängespiel nach Art des russischen Roulettes)*; NStZ 04, 330 *(Strangulationsfall)*; NStZ 05, 629 m. Anm. *Schneider (U-Bahn-Schacht-Fall)*, NStZ 06, 98 und 169; BGH NStZ-RR 12, 46; *(Messerstichfälle)*; NStZ 06, 444 *(Karolina-Fall)*; BGH NStZ 09, 264 *(Babyschüttelfall)*.

33 *Geppert*, Jura 01, 55, 59; *Puppe*, GA 2006, 65; *Rissing-van Saan*, Geppert-FS, S. 497; *Verrel*, NStZ 04, 309.

34 BGHSt 57, 183, 186; vgl auch BGHSt 49, 166 *(Sado-Maso-Fall)*; 56, 277 *(Schönheitsoperationsfall)* m. Anm. *Beckemper*, ZJS 12, 132; *Kudlich*, NJW 11, 2856; *Sternberg-Lieben/Reichmann*, MedR 12, 97; BGH NStZ 01, 475 m. Anm. *Trüg*, JA 02, 102; BGH NStZ 11, 158; zust. MK-*Schneider*, § 212 Rn 6 ff; BGH NStZ 15, 216.

35 BGHSt 57, 183, 186.

36 Zust. *Schroth*, Widmaier-FS, S. 779; *Steinberg*, JZ 10, 712; BGH NStZ 15, 241 m. Anm. *Artkämper/Dannhorn*, Rechtsprechungsübersicht bei *Steinberg/Stam*, NStZ 11, 177.

Einzelfall das nahe legt[37]. Es ist ferner zulässig, einen objektiven Tatumstand als Indiz für die subjektive Tatseite zu würdigen. So ist in der Regel das Vertrauen auf das Ausbleiben des tödlichen Erfolges bei äußerst gefährlichen Gewalthandlungen zu verneinen, wenn aufgrund des vorgestellten Tatablaufs der tödliche Ausgang so nahe liegt, „dass nur noch ein glücklicher Zufall diesen verhindern kann" (zB beim Stich ins Herz)[38]. Diese (starke) Indizwirkung tritt aber zurück, wenn im Rahmen der Beweiswürdigung entlastende Momente innerhalb der konkreten Tatsituation zu Tage treten (zB Affekthandlung)[39]. Maßgeblich ist letztlich aber stets der konkrete Einzelfall.

Beispiele: Im *„Gullydeckelfall"*[40] hat der Täter einen mindestens 20 kg schweren Gullydeckel wuchtig aus Brusthöhe in Richtung des Kopfes des am Boden liegenden Opfers geworfen. Zutreffend stellte das LG fest, dass aus der Lebensgefährlichkeit dieses Verhaltens noch nicht auf einen bedingten Tötungsvorsatz geschlossen werden könne. Die vorsätzliche Herbeiführung einer Lebensgefahr könne auch nur eine besonders qualifizierte Form der Körperverletzung gemäß § 224 I Nr 5 darstellen, die allein noch nichts darüber besagt, dass sich der Täter auch mit der Herbeiführung des Todes abgefunden hat. **337**

Im *„Schlüsselsucherfall"*[41] klingelte der Täter an der Wohnung des Opfers, in der sich auch Gäste befanden. Er gab vor, am Boden nach seinem Schlüssel zu suchen, um das Opfer zunächst identifizieren zu können. Als dieses die Tür öffnete, rammte der Täter ihm ein Messer in den Bauch. Das LG wertete die Lebensbedrohlichkeit der Handlung als Indiz für das Vorliegen von Eventualvorsatz, berücksichtigte aber andererseits die Alkoholisierung des Täters sowie das Fehlen eines erkennbaren Motivs und nahm im Ergebnis an, der Täter habe die Gefahr der Tötung nicht erkannt (fehlendes Wissenselement). Im Rahmen der Revision beanstandete der BGH zwar nicht diese Erwägungen, wohl aber die fehlende Berücksichtigung des überlegten und zielgerichteten Vorgehens in Form des vorgeblichen Schlüsselsuchens. Bei umfassender Gesamtwürdigung aller Umstände sei die Ablehnung von Eventualvorsatz deshalb nicht nachvollziehbar.

► Beispielsfälle bei *Beulke*, Klausurenkurs I Rn 107 und Klausurenkurs III Rn 339

Eventualvorsatz genügt überall, wo das Gesetz nicht eine gesteigerte Vorsatzform, also insbes. ein Handeln „wider besseres Wissen" (§§ 145d, 164, 187, 278), ein „wissentliches" Handeln (§§ 134, 145, 258) oder gar eine Absicht im technischen Sinn (zB § 226 II) voraussetzt. **338**

Im **Fall 7a** ließe Tötungsvorsatz in der Form des *dolus eventualis* sich nicht schon damit begründen, dass E die Anwesenheit des L in der Feldscheune für möglich gehalten habe: Das **„Inkaufnehmen"** des Erfolges darf **nicht** aus dem bloßen **„Fürmöglichhalten"** hergeleitet werden (BGH NStZ 88, 175). Wenn E darauf vertraut hätte, dass L sich nicht in der Scheune befinde (etwa deshalb, weil L Kirchweihfeste nie zu versäumen und nie vor ihrem Ende zu verlassen pflegte), käme nur bewusste Fahrlässigkeit (§ 222) in Betracht. **339**

---

37 *Streng*, Kühne-FS, S. 53.

38 BGH NStZ 07, 331 m. krit. Bespr. *Edlbauer*, JA 08, 725; BGH NStZ-RR 10, 373 *(Autobahnbrückenfall)* m. Anm. *Jahn*, JuS 10, 456; BGH NStZ 11, 210 *(Machetenfall!)*; 12, 207 (Schuhtritt gegen Kopf).

39 BGH NStZ 09, 629 m. Anm. *Jahn*, JuS 09, 956; BGH NStZ 11, 338; BGH StV 12, 89 (Tritte mit nacktem Fuß gegen Kopf); BGH NStZ 12, 151 (Würgen unter Alkoholeinfluss); BGH NStZ 15, 266; BGH NStZ-RR 13, 75 m. Bespr. *Kudlich*, JA 13, 152 (zahlreiche Messerstiche); BGH NStZ-RR 13, 169 und 242 (Schuhtritt gegen Kopf); BGH StV 15, 293.

40 LG Rostock NStZ 97, 391 m. krit. Anm. *Fahl*.

41 BGH NStZ-RR 13, 341.

4. Alternativer Vorsatz

340 Mehrere Vorsatzformen können in der bisweilen auftretenden Gestalt des **Alternativvorsatzes** zusammentreffen. Eine solche Konstellation ist insbes. dann gegeben, wenn der Täter bei der Vornahme einer bestimmten Handlung nicht sicher weiß, ob er dadurch von zwei **sich gegenseitig ausschließenden** Tatbeständen oder Erfolgen den einen oder den anderen verwirklicht, jedoch beide Möglichkeiten in Kauf nimmt. Im Schrifttum werden dazu die nachfolgenden Beispiele erörtert:

Beispiel 1: Der Spaziergänger A findet im Jagdrevier des Jägers J ein vom Wilderer W erschossenes und zum Abtransport bereitgelegtes Reh. Er weiß jedoch nicht, wer das Reh erlegt hat. Ihm ist gleichgültig, ob J oder W das Reh geschossen hat. In ersterem Fall wäre J Eigentümer des Rehs geworden, sodass das Verhalten des A einen Diebstahl (§ 242) darstellen würde; in letzterem Fall unterläge das Reh weiterhin dem Jagdrecht, sodass eine Zueignung durch A den Straftatbestand der Jagdwilderei (§ 292 I Nr 2) erfüllen würde.

Beispiel 2: Kurz nach Einbruch der Dunkelheit ist der Förster F mit seinem Jagdhund dem Wilderer W auf der Spur. Dieser feuert seine letzte Kugel in Richtung auf seine Verfolger, um F zu töten (Vorsatz bzgl Totschlag bzw Mord nach §§ 212, 211) oder wenigstens dessen Hund zur Strecke zu bringen (Vorsatz bzgl Sachbeschädigung nach § 303 I). Die Kugel trifft den Hund.

Der Tatvorsatz deckt hier jeweils beide Möglichkeiten ab, wenngleich nur eine davon verwirklicht werden kann. Darüber, wie der Alternativvorsatz bei Sachverhalten der geschilderten Art strafrechtlich zu beurteilen ist, gehen die Meinungen weit auseinander.

341 Nach einer Auffassung soll hier nur der **Vorsatz bzgl des schwereren Delikts** strafrechtliche Berücksichtigung finden[42].

In **Beispiel 2** (allein der Hund wird getroffen), findet danach nur das versuchte Tötungsdelikt Berücksichtigung, die vollendete Sachbeschädigung am Hund wäre eine mit abgegoltene Begleittat.

Andere stellen hier vorrangig auf den **objektiv verwirklichten Tatbestand** (und beim Ausbleiben aller Erfolge auf den Vorsatz zur Verwirklichung der schwereren Alternative) ab[43].

In **Beispiel 2** wäre W nach dieser Ansicht wegen vollendeter Sachbeschädigung am Hund, nicht aber auch wegen versuchter Tötung zu verurteilen.

Die wohl hM will dagegen unter Bejahung von Idealkonkurrenz wegen **aller konstruktiv erfassbaren Delikte** bestrafen[44].

In **Beispiel 2** wird W danach wegen versuchtem Totschlag/Mord in Tateinheit mit vollendeter Sachbeschädigung bestraft[45].

---

42 *Kühl*, AT, § 5 Rn 27a/b; *Lackner/Kühl*, § 15 Rn 29; LK-*Vogel*, § 15 Rn 136; iE ebenso S/S-*Sternberg-Lieben/Schuster*, § 15 Rn 91.

43 Vgl dazu NK-*Zaczyk*, § 22 Rn 20 (bei gleichrangigen Delikten sei Wahlfeststellung möglich).

44 Tateinheit zwischen vollendeter und versuchter Vorsatztat bzw dem Versuch beider Delikte: vgl LK-*Hillenkamp*, § 22 Rn 37; *Jakobs*, AT, 8/33; *Jeßberger/Sander*, JuS 06, 1065; *Rengier*, AT, § 14 Rn 52; *Roxin*, AT I, § 12 Rn 93 f.

45 Zu weiteren Lösungsansätzen s. *Haft*, S. 160; *Hoffmann-Holland*, AT, Rn 171; *Joerden*, ZStW 95 [1983], 565.

Jede dieser Lösungen sieht sich Einwänden ausgesetzt. Der Vorschlag, allein den Vorsatz bzgl des schwereren Delikts zu berücksichtigen, überzeugt nicht, wenn gerade das leichtere Delikt voll verwirklicht ist. Auch beim Alternativvorsatz geht es nämlich in erster Linie um eine konsequente Anwendung der Regeln über die **Kongruenz** zwischen **objektivem** und **subjektivem Tatbestand**. An der hM befriedigt nicht, dass die Annahme von Tateinheit unter Zugrundelegung aller einschlägigen Delikte zu einer Bestrafung führt, die den Unterschied zwischen alternativem und kumulativem Vorsatz (sog. *dolus cumulativus*, bei dem der Täter zumindest in Kauf nimmt, dass er nebeneinander mehrere Tatbestände verwirklicht bzw alle in Betracht kommenden Erfolge herbeiführt) einebnet. Am Vorliegen zweier oder mehrerer Vorsätze, die auf der Tatbestandsebene dem einen wie dem anderen Delikt zugeordnet werden können, ist beim *dolus alternativus* zwar nicht zu zweifeln, da jeder Erfolg (für sich betrachtet) vom Täter zumindest in bedingter Form gewollt ist. Das schließt aber nicht aus, dem geringeren Gewicht des Alternativvorsatzes im Vergleich zum *dolus cumulativus* im **Konkurrenzbereich** dadurch Rechnung zu tragen, dass man den nicht über das Versuchsstadium hinausgelangten Vorsatz als mitbestrafte Begleittat im Rahmen des sachlich Vertretbaren durch die Bestrafung des schwereren Delikts als **mitabgegolten** (konsumiert) ansieht[46]. Dies spricht für die folgende Differenzierung: **342**

a) Tritt einer der beiden Erfolge ein, ist der Täter angesichts der Kongruenz zwischen Tat und Tatvorsatz wegen des **objektiv verwirklichten Delikts** zu bestrafen (= vollendete Vorsatztat). Damit ist die Versuchsstrafbarkeit bzgl des anderen Delikts abgegolten, wenn es sich um Tatbestände mit **annähernd gleicher Schutzrichtung und Tatschwere handelt** (wie im Beispiel 1 zwischen § 292 I Nr 2 und § 242). **343**

b) **Tateinheit** zwischen der vollendeten Vorsatztat und dem Versuch des anderen Delikts ist anzunehmen, wenn dieses im **Unrechtsgehalt wesentlich schwerer wiegt** als die vollendete Vorsatztat (so ist W im **Beispiel 2** bei Tötung des Jagdhundes nach § 303 in Tateinheit mit versuchter Tötung des F zu bestrafen). Das Gleiche gilt immer dann, wenn und soweit höchstpersönliche Rechtsgüter verschiedener Rechtsgutsträger betroffen sind. **344**

c) Wird kein Delikt vollendet, ist wegen Versuchs lediglich nach dem **schwersten Delikt** zu bestrafen, sofern dadurch der Unrechtsgehalt der Tat hinreichend erfasst werden kann; im Übrigen ist Tateinheit anzunehmen. **345**

d) Dass **alle** denkbaren Erfolge nebeneinander eintreten, dürfte kaum vorkommen. Theoretisch denkbar wäre es allenfalls im Bereich des zweiten Beispiels. Dann muss aber offensichtlich ein Tathergang vorgelegen haben, der die Frage nahe legt, ob der Täter mit einem solchen Ergebnis nicht schon von vornherein einverstanden war, also mit kumulativem Vorsatz bzw mit generellem Verletzungswillen gehandelt hat, oder ob sonst Umstände in Betracht zu ziehen sind, die gerade gegen die Annahme eines Alternativvorsatzes sprechen, sodass dessen Problematik sich gar nicht stellt. Denn was jemand **sich vorgestellt** und **gewollt** hat, hängt von den **realen Gegebenheiten** und seinen Tatantrieben ab, kann ihm also nicht rein theoretisch „unterstellt" werden. **346**

46 S. *Maurach/Zipf*, AT/1, § 22 Rn 27; *B. Heinrich*, AT, Rn 294; *Jäger*, AT, Rn 71; krit. dazu *Joerden*, JZ 90, 298.

Nur eine unvoreingenommene Sachverhaltsanalyse kann den Weg zu der im Einzelfall sachgerechten Lösung weisen; allein auf dieser Basis lässt sich (ggf unter Heranziehung des Grundsatzes *in dubio pro reo*) entscheiden, zu welchem Ergebnis die maßgebenden Kriterien der subjektiven Zurechnung führen.

III. Das Wissenselement des Tatbestandsvorsatzes

1. Der Bezugspunkt des Vorsatzes

347 a) Im **Wissensbereich** setzt vorsätzliches Handeln voraus, dass der Täter **im Zeitpunkt der Begehung der Tat** (s. Rn 309) alle strafbegründenden und strafschärfenden Umstände des objektiv verwirklichten Straftatbestandes gekannt hat. Seine Vorstellung muss die konkrete Tat in ihren Grundzügen, die tatbestandsrelevanten Besonderheiten der Ausführungshandlung, den von ihm ins Auge gefassten Eintritt des tatbestandlichen Erfolges, den Kausalverlauf in seinen wesentlichen Umrissen sowie alle sonstigen Merkmale des objektiven Unrechtstatbestandes umfassen[47]. Dabei **genügt** es, dass der Täter das Tatobjekt nur gattungsmäßig bestimmt, dass ihm beispielsweise **gleichgültig** ist, **welchen** Menschen er bei einem wahllosen Schuss in eine Menschenansammlung tötet, welche fremde Sache er trifft oder wer der Sacheigentümer ist[48].

348 Wo das Gesetz **Erschwerungsgründe nicht-tatbestandlicher Art** (wie etwa die Regelbeispiele für besonders schwere Fälle in §§ 240 IV, 243 I, 263 III; s. Rn 163) zu Vorsatzdelikten enthält und in subjektiver Hinsicht nicht ausdrücklich etwas anderes vorsieht, ist § 16 I 1 zugunsten des Täters **analog** anzuwenden[49] (s. Rn 73).

349 b) Ein die Tathandlung fortwährend begleitendes „Daran-Denken" im Sinne eines voll reflektierten Bewusstseins ist nicht erforderlich. **Vorsatzwissen** als **aktuelle Kenntnis** der Tatumstände kann es auch in Gestalt des **sachgedanklichen Mitbewusstseins** und des ständig verfügbaren **Begleitwissens** geben[50]. Fehlende Kenntnis lässt sich im Vorsatzbereich jedoch nicht dadurch ersetzen, dass der Täter zu der entsprechenden Vorstellung hätte gelangen können. Früheres Wissen genügt selbst dann nicht, wenn es bei Anspannung des Erinnerungsvermögens reproduzierbar wäre.

350 c) Auf die **objektiven Bedingungen der Strafbarkeit** braucht der Vorsatz sich nicht zu beziehen (s. Rn 206, 315). Das Gleiche gilt für die **Rechtswidrigkeit** der Tat, denn das gesetzliche Verbot einer Handlung ist selbst kein „Tatumstand" iSd § 16 I 1; „es gehört nicht zum Inhalt des gesetzlichen Tatbestandes, sondern hat ihn zum Inhalt"[51]. Nach der durch § 17 anerkannten „Schuldtheorie" ist das Bewusstsein der Rechtswid-

---

47 RGSt 70, 257; *Jescheck/Weigend*, AT, § 29 II 3; *Struensee*, ZStW 102 [1990], 21; anders *Frisch*, Vorsatz, S. 57; LK-*Vogel*, § 15 Rn 23.

48 *Hillenkamp*, Die Bedeutung von Vorsatzkonkretisierungen bei abweichendem Tatverlauf, 1971, S. 88; vgl auch BGHSt 21, 381; 22, 350.

49 S/S-*Sternberg-Lieben/Schuster*, § 15 Rn 31; *Wessels*, Maurach-FS, S. 295, 300.

50 BayObLG NJW 77, 1974; *Kudlich*, PdW, S. 46; *Kühl*, AT, § 5 Rn 100; AnwK-StGB-*Schaefer*, Vor §§ 15 ff Rn 14 f; S/S-*Sternberg-Lieben/Schuster*, § 15 Rn 51; krit. dazu *Gaede*, ZStW 121 [2009], 239; *Schild*, Stree/Wessels-FS, S. 241.

51 So BGHSt 19, 295, 298.

rigkeit (Unrechtsbewusstsein) nicht Bestandteil des Vorsatzes, sondern ein Element der **Schuld**; fehlt es, so ist nicht der Bestand, sondern nur die **Vorwerfbarkeit** des Vorsatzes in Frage gestellt (näher Rn 647 ff). Bei den erfolgsqualifizierten Delikten (vgl Rn 977) braucht sich der Vorsatz nur auf das Grunddelikt zu beziehen, hinsichtlich der besonderen Folge der Tat muss dem Täter aber wenigstens Fahrlässigkeit zur Last fallen (§ 18).

2. Tatumstands- und Bedeutungskenntnis

Vorsatzkenntnis heißt **Tatumstands- und Bedeutungskenntnis**. Für den Tatbestandsvorsatz wird nicht verlangt, dass der Täter den ihm bekannten Sachverhalt juristisch exakt unter das Gesetz subsumiert; andernfalls könnten nur Juristen vorsätzlich handeln. **351**

a) Bei **deskriptiven Merkmalen** (zB „Beschädigen" oder „Zerstören" einer „Sache" in § 303; s. Rn 189) muss deren natürlicher Sinngehalt erfasst worden sein. **352**

Wenn A dem B die Luft aus den Reifen seines Kraftwagens lässt, würde die irrige Ansicht, dass dies mangels Substanzverletzung keine Beschädigungshandlung iSd § 303 sei, den Vorsatz nicht in Frage stellen. Ein solcher **Subsumtionsirrtum** wäre kein Tatbestandsirrtum iSd § 16 I 1, weil A richtig erkannt hat, dass er **die bestimmungsgemäße Brauchbarkeit des Kraftwagens beeinträchtigt**[52]. Auch die Vorstellung, sich „nicht strafbar zu machen", ist für § 16 I 1 belanglos, da es auf die Kenntnis der Strafbarkeit als solche im Strafrecht nicht ankommt. Bedeutung kann ein **Subsumtionsirrtum** außerhalb des Vorsatzbereichs gewinnen, wenn er dem Täter die „Einsicht nimmt, Unrecht zu tun", sodass er einem Verbotsirrtum iSd § 17 erliegt[53].

b) Bei **normativen Merkmalen** (zB „fremd", „Zueignen" in § 246; s. Rn 190) ist eine juristisch exakte Subsumtion durch den Täter nicht erforderlich[54]. Indes genügt – anders als im Schrifttum teils behauptet[55] – die bloße Kenntnis der den Begriff erfüllenden Tatsachen nicht, vielmehr muss der Täter den **rechtlich-sozialen Bedeutungsgehalt des Tatumstandes** nach Laienart richtig erfasst haben (sog. **Parallelwertung in der Laiensphäre**[56]). **353**

Die Lehre von der Parallelwertung in der Laiensphäre ist nach wie vor lebhaft umstritten. Insbes. wird ihr entgegengehalten, dass Wertungen des juristischen Laien die gesetzgeberischen Entscheidungen nicht ersetzen können[57]. Wegen der Problematik der Grenzziehung wird im Schrifttum vereinzelt geraten, auf die Verwendung des Begriffs gänzlich zu verzichten und Fehlvorstellungen über den „Unrechtssachverhalt" (menschliches Tun und rechtliche Regelung) stets zum Vorsatzausschluss führen zu lassen[58]. Diese Position hat sich allerdings eben-

52 Vgl BGHSt 13, 207.
53 BGH NStZ 10, 337 m. Anm. *Steinberg/Popp*, S. 114; *Kindhäuser*, LPK, § 16 Rn 13 f.
54 *Kühl*, AT, § 5 Rn 93.
55 Statt aller: *B. Heinrich*, Roxin II-FS, S. 449; vgl auch *ders.*, AT, Rn 1087; *Knobloch*, JuS 10, 865.
56 BGHSt 3, 248; 4, 347; 8, 321; OLG Köln StraFo 04, 282 m. Bespr. *Kudlich*, JuS 04, 1015; näher *Arthur Kaufmann*, Die Parallelwertung in der Laiensphäre, 1982; *Kretschmer*, Der strafrechtliche Parteiverrat, 2005, S. 282 ff; *Krey/Esser*, AT, Rn 415 ff; *Papathanasiou*, Roxin II-FS, S. 467; *Satzger*, Jura 08, 112, 114; *Schroth*, Vorsatz und Irrtum, S. 65; *Stratenwerth/Kuhlen*, AT, § 8 Rn 71.
57 NK-*Puppe*, § 16 Rn 45 ff; *dies.*, AT, § 8 Rn 14; abl. auch MK-*Joecks*, § 16 Rn 70 f; *Kindhäuser*, GA 1990, 407; SK-*Rudolphi/Stein*, § 16 Rn 15a; s. ferner *Schlüchter*, Irrtum, S. 116.
58 *Herzberg*, JuS 08, 385, 390; s. auch *ders./Hardtung*, JuS 99, 1073 ff; *Herzberg*, Otto-FS, S. 265.

falls noch nicht durchgesetzt. Mangels einer vorzugswürdigeren Konzeption ist es daher trotz aller Bedenken ratsam, sich der hL anzuschließen[59].

Zur Kenntnis der „Fremdheit" einer Sache (§§ 242, 246) genügt danach das Bewusstsein, dass die Sache einem anderen „gehört"; die Einzeltatsachen, aus denen sich das fremde Eigentum ergibt, braucht der Täter nicht zu kennen. Diebstahlsvorsatz (§ 242) würde dagegen fehlen, wenn der Verkäufer V die Erfüllung eines Kaufvertrages verweigert und der Käufer K die Kaufsache eigenmächtig in der irrigen Vorstellung an sich bringt, er sei schon mit Abschluss des obligatorischen Kaufvertrages Eigentümer geworden. Hier kennt K zwar alle Tatsachen, aus denen das Fortbestehen des Eigentums von V folgt (vgl §§ 433, 929 ff BGB). Gleichwohl fehlt ihm infolge unrichtiger Wertung „nach Laienart" die unerlässliche Tatumstandskenntnis, da er im Tatobjekt eine „eigene" und nicht etwa eine „fremde" Sache erblickt. Wer einen anderen durch Drohung zur Zahlung eines Geldbetrages veranlasst, auf den er zwar keinen Anspruch hat, dies aber aufgrund seiner laienhaften rechtlichen Bewertung irrtümlich glaubt, erfüllt nur den objektiven Tatbestand der Erpressung (§ 253), hinsichtlich der Rechtswidrigkeit der geplanten Bereicherung befindet er sich hingegen in einem Tatbestandsirrtum[60].

▶ Beispielsfälle bei *Beulke*, Klausurenkurs II Rn 83 und Klausurenkurs III Rn 155

354 c) Im Schrifttum werden in diesem Zusammenhang häufig die sog. **gesamttatbewertenden Tatbestandsmerkmale** gesondert behandelt. Es handelt sich um rechtswidrigkeitsumschließende Merkmale, die nicht nur das tatbestandsmäßige Verhalten als solches umschreiben, sondern infolge ihres hohen normativen Gehalts zugleich die sonst dem allgemeinen Rechtswidrigkeitsurteil vorbehaltene Gesamtbewertung der Tat in sich bergen.

Ein wichtiges Beispiel ist die **Verwerflichkeit iSv § 240 II** (vgl Rn 387). Zu unterscheiden sind hier die tatsächlichen Bewertungsgrundlagen des Merkmals und das durch sie zum Ausdruck kommende Werturteil. Erstere fungieren als Ergänzung des Unrechtstatbestandes und müssen daher vom Vorsatz umfasst sein, während das Werturteil als solches allein die Rechtswidrigkeit betrifft. Dementsprechend entfällt bei der Nötigung der Vorsatz gem. § 16 I 1, wenn der Täter die tatsächlichen Umstände nicht kennt, auf denen das Verwerflichkeitsurteil beruht. Irrt er dagegen in Kenntnis aller sie begründenden Umstände über die Verwerflichkeit als solche, nimmt er also eine abweichende Wertung vor, so handelt es sich um einen Verbotsirrtum iSd § 17[61]. Parallel zu § 240 II enthält § 253 II ein ebensolches Verwerflichkeitsmerkmal. Ob es noch weitere gesamttatbewertende Tatbestandsmerkmale gibt, ist in der wissenschaftlichen Diskussion noch nicht geklärt[62] (zu den gesamttatbewertenden Rechtfertigungselementen vgl Rn 714).

---

59 Zur neueren Diskussion BGHSt 50, 331 *(Mannesmann)*; LG Düsseldorf NJW 04, 3275; dazu statt aller *Jakobs*, NStZ 05, 276; *Puppe*, AT, § 8 Rn 18 ff; *Ransiek*, NJW 06, 814; *Zech*, Untreue durch Aufsichtsratsmitglieder einer Aktiengesellschaft, 2007, S. 219; zu den Fallgruppen: BK-*Kudlich*, § 16 Rn 15.1–15.5.

60 BGHSt 48, 322, 328; BGH NStZ 08, 214 und 08, 626; BGH NStZ 03, 663 (zu § 263); BK-*Wittig*, § 253 Rn 12; vert. *Gropp*, Weber-FS, S. 127; *Jäger*, BT, Rn 245; *Küpper*, Kühl-FS, S. 329, 333; *Wessels/Hillenkamp*, BT/2, Rn 719.

61 Matt/Renzikowski-*Gaede*, § 16 Rn 16; *Kühl*, AT, § 13 Rn 59a; *Roxin*, AT I, § 10 Rn 45, § 12 Rn 105; SK-*Rudolphi/Stein*, § 16 Rn 17; AnwK-StGB-*Schaefer*, § 15 Rn 24.

62 Abl. *Lüdersen*, Richter II-FS, S. 373; *T. Walter*, Strafrecht, S. 105; vert. *Puppe*, Herzberg-FS, S. 275; LK-*Vogel*, § 16 Rn 51.

d) Vereinzelt finden sich im Strafgesetzbuch Tatbestände mit Merkmalen, die zur Bestimmung des Inhalts der strafrechtlichen Verbotsnorm auf andere, zumeist außerstrafrechtliche Normen verweisen (vgl Rn 157). So verlangt zB der Subventionsbetrug in der Variante des § 264 I Nr 3, dass der Subventionsgeber „entgegen den Rechtsvorschriften über die Subventionsvergabe“ über bestimmte Tatsachen in Unkenntnis gelassen wird. Der Vorsatz muss sich bei solchen **Blankettstrafgesetzen** nach hM regelmäßig nur auf die Tatbestandsmerkmale der Ausfüllungsnorm beziehen, nicht jedoch auf deren Bestehen, Gültigkeit, Inhalt und Anwendbarkeit[63]. Einzelheiten sind hier nach wie vor weitgehend ungeklärt, insbes. die Abgrenzung zu den normativen Tatbestandsmerkmalen[64]. **355**

IV. Der Tatbestandsirrtum und seine Abgrenzung

1. Überblick

Kennt der Täter **bei Begehung der Tat** einen Umstand nicht, der zum gesetzlichen Tatbestand gehört, so handelt er hinsichtlich dieses Tatbestandes nicht vorsätzlich (§ 16 I 1). Der **Tatbestandsirrtum** schließt die Zurechnung des objektiv gegebenen Tatumstandes zum Vorsatz ohne Rücksicht darauf aus, ob der Irrtum vermeidbar oder unvermeidbar war und ob er durch schlichtes „Nichtwissen“ oder durch eine konkrete Fehlvorstellung tatsächlicher[65] oder rechtlicher[66] (s. Rn 353) Art entstanden ist. Entscheidend ist allein, dass der im Tatbestandsirrtum Handelnde von der **„Appell- und Warnfunktion“** des Tatbestandes nicht erreicht wird. Er **weiß nicht, was er tut**, weil er infolge seines Irrtums den wirklichen Sinngehalt des Tatgeschehens im rechtlich-sozialen Raum nicht erfasst. **356**

So fehlt es gem. § 16 I 1 an einer vorsätzlichen Tötung iSd § 212, wenn jemand einen Schuss auf eine vermeintlich leere Regentonne abgibt, in welcher sich ein spielendes Kind versteckt hält, das tödlich getroffen wird.

Nach **§ 16 I 2** bleibt die Strafbarkeit des Irrenden wegen **fahrlässiger Begehung** aber unberührt; nur in dieser Hinsicht spielen dann Vermeidbarkeit und Vorwerfbarkeit des Irrtums eine Rolle. Vorausgesetzt wird dabei aber, dass auch die fahrlässige Verwirklichung des betreffenden Delikts mit Strafe bedroht ist. **357**

Die **entlastende** Regelung in § 16 I 1, die sich hier **zugunsten des Irrenden** auswirkt, hat im Bereich der §§ 22, 23 eine **belastende** Kehrseite, wenn der Täter sich **zu seinen Ungunsten** irrt und ein in Wirklichkeit nicht vorliegendes Tatbestandsmerkmal für gegeben hält (**Beispiel:** A **358**

---

63 BGH wistra 13, 153; *Frister*, AT, 11. Kap., Rn 36 f; *Sternberg-Lieben/Sternberg-Lieben*, JuS 12, 884, 885 f; aA *Bülte*, NStZ 13, 65, 71 f; NK-*Puppe*, § 16 Rn 67; *dies.*, AT, § 8 Rn 34; LK-*Vogel*, § 16 Rn 40.

64 *Böse*, Puppe-FS, S. 1353; *Fakhouri Gómez*, GA 2010, 259; *Ransiek*, wistra 12, 365; *Roxin*, Tiedemann-FS, S. 375, 381; umfassend: *Dietmeier*, Blankettstrafrecht, 2002; S/S/W-StGB-*Momsen*, §§ 15, 16 Rn 14; *Schuster*, Das Verhältnis von Strafnormen und Bezugsnormen aus anderen Rechtsgebieten, 2012, S. 92 ff, 115 ff.

65 Lehrreich dazu: *Hettinger*, JuS 88, L 71; 89, L 17, L 41; *Rath*, Jura 98, 539; *Sternberg-Lieben/Sternberg-Lieben*, JuS 12, 289.

66 BGH NStZ 12, 160 m. Bespr. *Adick*, ZWH 12, 154 und *Duttge*, HRRS 12, 359; OLG Braunschweig NStZ-RR 98, 175; BayObLG NStZ-RR 00, 122; *Bülte*, NStZ 13, 65.

schießt mit Tötungsvorsatz auf den im Bett liegenden B, ohne zu ahnen, dass B kurz zuvor einen tödlichen Herzinfarkt erlitten hat). Soweit der Versuch des betreffenden Delikts mit Strafe bedroht ist, führt ein solcher **umgekehrter Tatbestandsirrtum** zum strafbaren **untauglichen Versuch**[67] (vgl Rn 880).

359 Ob ein Auseinanderfallen von Vorstellung und Wirklichkeit den Vorsatz auch dann ausschließt, wenn der Irrtum sich auf **vergleichbare Varianten** eines Straftatbestandes bezieht (sog. doppelter Tatumstandsirrtum oder Variantenirrtum. **Beispiel:** Der Täter des § 274 hält die Urkunde irrtümlich für eine technische Aufzeichnung, ähnlich bei §§ 123, 304), hängt weitgehend von der Ausgestaltung des betreffenden Tatbestandes durch den Gesetzgeber ab. Eine allgemeingültige Antwort auf diese Frage ist daher nicht möglich[68]. Maßgeblich ist insbes., ob es sich um Varianten mit gleichwertigem Unrechtsgehalt, um solche mit einer generalisierenden Auffangklausel oder aber um die erschöpfende Umschreibung bestimmter Angriffsmodalitäten handelt.

2. Der Irrtum über das Handlungsobjekt

360 a) Von einem **Irrtum über das Handlungsobjekt** *(error in persona vel obiecto)*[69] spricht man bei Fehlvorstellungen, die sich auf die Identität oder sonstige Eigenschaften der betroffenen Person oder des Tatobjekts beziehen.

In Abgrenzung zu der sogleich zu besprechenden *aberratio ictus* (s. Rn 364) trifft der Täter aber genau das von ihm anvisierte Objekt, nur dessen Identität entspricht nicht den Vorstellungen, die sich der Täter hiervon im Angriffszeitpunkt gemacht hat.

361 Für die Behandlung des *error in persona vel obiecto* kommt es darauf an, ob sich die strafrechtliche Bewertung ändern würde, wenn die Vorstellung des Täters zutreffend wäre[70]. Nach § 16 I 1 wirkt sich ein solcher Irrtum auf den Vorsatz nur aus, wenn es an der **tatbestandlichen Gleichwertigkeit** zwischen dem vorgestellten und dem tatsächlich angegriffenen Objekt **fehlt**, dh wenn diese beiden Objekte nicht unter dasselbe Tatbestandsmerkmal subsumiert werden können.

Beispiel: A will den Hund seines Nachbarn N erschießen und tötet dabei das beim Spiel in die Hundehütte gekrochene Kind K, weil er es im Zwielicht für den Hund gehalten hat. Bei dieser Sachlage scheidet eine Bestrafung wegen vorsätzlicher Tötung gem. § 16 I 1 aus, da die Objekte „Sache" (§ 303) und „Mensch" (§ 212) tatbestandlich nicht gleichwertig sind und A nicht wusste, dass er den Schuss in Wirklichkeit auf einen Menschen abfeuerte. Infolgedessen kommt nur eine fahrlässige Tötung (§ 222) in Tateinheit mit versuchter Sachbeschädigung (§§ 303 I, III, 22, 23 I) in Betracht. Anknüpfungspunkt für den Fahrlässigkeitsvorwurf ist dabei die Erwägung, dass man nicht auf Objekte schießen darf, die man wegen der Sichtverhältnisse nicht einwandfrei identifizieren konnte (vgl Rn 939 ff). Bei der versuchten Sachbeschädigung handelt es sich um einen untauglichen Versuch, denn ein Mensch ist kein taugliches Tatobjekt iSd § 303 (vgl Rn 880).

362 b) Sind die Objekte, um die es geht, **tatbestandlich gleichwertig**, ist die Objektsverwechslung für die Strafbarkeit des Irrenden ohne Bedeutung, weil sie (wie ein Motiv-

---

67 BGHSt 42, 268 m. Anm. *Arzt*, JR 97, 469 und *Kudlich*, NStZ 97, 432.

68 Näher RGSt 35, 285; Matt/Renzikowski-*Gaede*, § 16 Rn 25; *Matejko*, ZIS 06, 205; *Mitsch*, Keller-GS, S. 165; *Rengier*, AT, § 16 Rn 66 f.

69 Vert. *Koriath*, JuS 98, 215; *Rath*, Zur Unerheblichkeit des error in persona vel objecto, 1996.

70 *Warda*, Blau-FS, S. 159, 162.

irrtum) die Existenz des Tatbestandsvorsatzes nicht in Frage stellt. Bezugspunkte des Vorsatzes sind nämlich nur die in § 16 I 1 erwähnten äußeren Tatumstände, nicht aber die mit der Tat verbundenen Beweggründe oder Fernziele[71]. **Vorsätzliches Handeln** darf somit schon dann (aber auch nur dann) bejaht werden, wenn **das, was objektiv geschehen ist**, in seinen **wesentlichen Grundzügen mit dem übereinstimmt**, was im Augenblick der Tatausführung nach der Vorstellung des Täters in tatbestandlicher Hinsicht **geschehen sollte** oder von ihm in Kauf genommen wurde.

c) Die jeweilige Gleichwertigkeit der Objekte darf dabei immer nur **im Hinblick auf den konkret in Frage stehenden Tatbestand** beurteilt werden. 363

Erschießt also etwa A den auf Staatsbesuch in Deutschland weilenden nigerianischen Staatspräsidenten S bei einem privaten Einkaufsbummel in der Frankfurter Innenstadt, weil A den S mit seinem Todfeind E verwechselt, so ist wie folgt zu differenzieren[72]: Für die Prüfung der §§ 211, 212 kommt es darauf an, dass das Tatobjekt jeweils ein Mensch ist – S und E sind insoweit tatbestandlich gleichwertig. Im Hinblick auf § 102 (Angriff gegen Organe und Vertreter ausländischer Staaten) ist das vom Tatbestand geforderte Tatobjekt ein „ausländisches Staatsoberhaupt", ein Tatbestandsmerkmal, unter welches man S, nicht aber E subsumieren kann. Hier liegt also tatbestandliche Ungleichwertigkeit vor, der Irrtum ist somit beachtlich, sodass gemäß § 16 I 1 der Vorsatz entfällt (eine Fahrlässigkeitsstrafbarkeit, s. § 16 I 2, gibt es bei § 102 nicht).

Im **Fall 7b** hat W den Jagdgast J vorsätzlich getötet, da sich das äußere Geschehen im maßgeblichen Zeitpunkt vollauf mit der Vorstellung des W deckte: Der gewollte Todeserfolg ist bei „dem" Menschen eingetreten, den W gezielt angegriffen hat. W hat **„den"** Menschen getötet, **auf den er mit Tötungswillen angelegt und geschossen** hat (also den J); Angriffs- und Verletzungsobjekt sind hier identisch. Der Umstand, dass W den J mit F verwechselt hat, war nur der Grund für die Ausführung der vorsätzlichen Tötungshandlung am falschen Objekt. Bei diesen Gegebenheiten liegt in dem Schuss auf J auch nicht zusätzlich ein Tötungsversuch an F, denn als die Tat des W das Stadium des Versuchs erreichte, richteten dessen Vorsatz, Angriff und Ausführungshandlung sich allein gegen den fälschlich für den F gehaltenen J. W hatte immer nur den Vorsatz, *eine* Person zu töten. Dieser Tötungsvorsatz hatte sich aber auf J konkretisiert. Würde man zusätzlich auch noch die Versuchsstrafbarkeit bzgl F bejahen, käme es demgegenüber zu einer (unzulässigen) „Vorsatzverdopplung".

Zu den Rechtsfolgen der Objektsverwechslung bei mittelbarer Täterschaft und Anstiftung vgl Rn 792 und 822 ff.

▸ Beispielsfall bei *Beulke*, Klausurenkurs I Rn 153 und Klausurenkurs III Rn 265

3. Das Fehlgehen der Tat

a) Von der Objektsverwechslung ist das **Fehlgehen der Tat** *(aberratio ictus;* lat. für Fehlgehen des Schlages*)* zu unterscheiden. So bezeichnet man Sachverhalte, bei denen der Täter seinen Angriff auf ein bestimmtes, von ihm **individualisiertes Tatob-** 364

71 Vgl BGHSt 11, 268; 37, 214; *Hettinger*, JuS 92, L 65.
72 Beispielsfall nach *Krey/Esser*, AT, Rn 433.

jekt lenkt, dieser Angriff jedoch fehlgeht und ein anderes Objekt trifft, das der Täter nicht anvisiert hatte und gar nicht verletzen wollte.

Beispiel: A zieht ein Messer, um es – mit Tötungsvorsatz – dem ihm verhassten X, der ihn gerade beleidigt hat, in die Brust zu rammen. Der gewandte X kann rechtzeitig ausweichen, sodass der Messerstich den unmittelbar hinter ihm stehenden Y am Arm trifft und diesem eine stark blutende, jedoch nicht lebensgefährliche Wunde am rechten Oberarm zufügt. Gegen Y hat A nichts, ihm wollte er nichts antun.

365 Angriffs- und Verletzungsobjekt sind hier – anders als beim Irrtum über das Handlungsobjekt – gerade nicht identisch: Bei der ***aberratio ictus*** tritt der Verletzungserfolg an einem **anderen Objekt** als demjenigen ein, welches bei Vornahme der tatbestandlichen Ausführungshandlung (= maßgebender Vorsatzzeitpunkt) das Ziel der Tathandlung bildet. Die gewollte Verletzung (am Zielobjekt, hier: X) bleibt aus, während der tatsächlich eintretende Verletzungserfolg (am versehentlich getroffenen Zweitobjekt, hier: Y) nicht gewollt war.

Überblick zur Abgrenzung aberratio ictus – error in persona vel obiecto:

Abbildung 5:

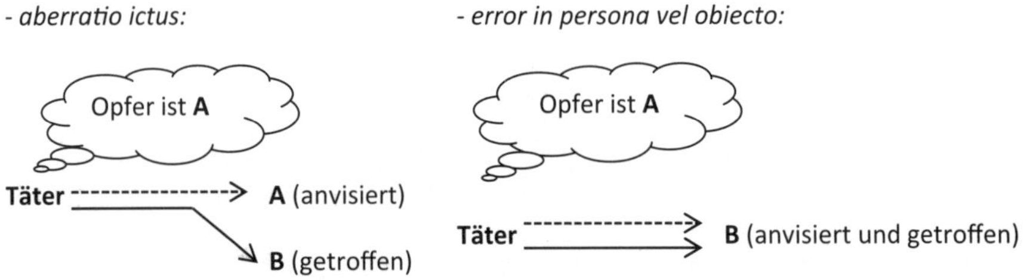

366 b) Nach **hM**[73] kann der Täter in derartigen Konstellationen – unabhängig davon, ob beide Objekte tatbestandlich gleichwertig sind – hinsichtlich der beabsichtigten Tat am Zielobjekt nur wegen **Versuchs** und (tateinheitlich) hinsichtlich der ungewollt-versehentlichen Verletzung des Zweitobjekts lediglich wegen **fahrlässiger Tatbegehung** bestraft werden. Voraussetzung ist selbstverständlich, dass der Versuch überhaupt mit Strafe bedroht ist bzw dass ein entsprechender Fahrlässigkeitstatbestand existiert.

Im Beispiel bedeutet dies, dass A wegen versuchten Totschlags (bzw Mordes) in Tateinheit mit fahrlässiger Körperverletzung (§§ 212, 52, 229) zu bestrafen wäre.

367 **Anders** ist zu entscheiden, wenn der Täter das Fehlgehen seines Angriffs für möglich gehalten und sich mit einer evtl Verletzung des Zweitobjekts abgefunden, insoweit also mit *dolus eventualis* (alternativ oder kumulativ vgl oben Rn 340 ff) gehandelt hat (= Versuch am Zielobjekt und vollendete Vorsatztat am Zweitobjekt)[74].

Beispiel: Terrorist T will Politiker P erschießen, trifft aber nur den daneben stehenden Sicherheitsbeamten S, der tot zu Boden sinkt. T hatte diesen Erfolg bei Abgabe des Schusses in Kauf genommen.

73 Überblick über die verschiedenen Meinungen bei *Hillenkamp*, AT S. 67; dazu instruktiv die Falllösung bei *Böhringer/Wagner*, ZJS 14, 413, 416.

74 Vgl BGHSt 34, 53, 55; BGH NStZ 09, 210 *(Schlafsofafall)*.

Im **Fall 7c** deutet nichts darauf hin, dass W den Tod des J billigend in Kauf genommen hat. W ist daher wegen versuchter Tötung des F (§§ 212, 211, 22, 23 I) in Tateinheit mit fahrlässiger Tötung des J (§ 222) zu bestrafen, sofern dessen Verletzung voraussehbar war und ein Fahrlässigkeitsvorwurf gegen W erhoben werden kann. **368**

c) Die **Gegenmeinung** will in Fällen eines (nach allgemeiner Lebenserfahrung objektiv voraussehbaren) Fehlgehens der Tat wegen vorsätzlicher Tatbegehung bestrafen, wenn beide Objekte tatbestandlich gleichwertig sind. Denn der Täter wolle – im eben (Rn 368) geschilderten Beispielsfall – „einen anderen" (nämlich den F) töten und hat letztlich auch den Tod „eines anderen" (nämlich den des J) bewirkt[75]. Diese Ansicht kann allerdings nicht überzeugen. Denn der Täter hat durch die Individualisierung des Angriffsobjekts seinen Vorsatz auf ein ganz bestimmtes Tatobjekt konkretisiert. Er will gerade nicht irgendein Objekt „aus der Gattung" (zB Gattung Mensch) verletzen. Bezüglich des aus Versehen getroffenen Objekts fehlt ihm daher auch jeglicher Verletzungsvorsatz, denn dieser bezieht sich eben allein auf das zuvor ausgewählte alleinige Angriffsziel. Wollte man anders entscheiden, so hieße das, die Bewertungsfaktoren so zu verändern, dass sie in Widerspruch zu den realen Gegebenheiten des zu beurteilenden Sachverhalts stehen. **369**

Zwar ist es richtig, dass der Vorsatz im Allgemeinen nicht zwingend auf ein ganz bestimmtes Objekt konkretisiert sein muss (sodass zB auch ein genereller Tötungsvorsatz genügen kann, s. Rn 347). Umgekehrt gilt aber, dass immer dann, wenn der Täter seinen Vorsatz auf ein bestimmtes Angriffsobjekt konkretisiert hat, nicht so getan werden darf, als hätte diese Individualisierung nicht stattgefunden[76].

Bei Straftatbeständen, die ausschließlich oder vorrangig **vermögensrechtliche Rechtsgüter** schützen, möchte *Hillenkamp*[77] einer „Objektsindividualisierung" in der Tätervorstellung **nur Motivbedeutung beimessen** und mit dieser Begründung eine *aberratio ictus* im vermögensrechtlichen Bereich als bedeutungslos ansehen (sog. materielle Gleichwertigkeitstheorie). **370**

▶ Beispielsfall bei *Beulke*, Klausurenkurs I Rn 169 und Klausurenkurs III Rn 271

d) Wenn der Täter das **Opfer nicht sinnlich wahrgenommen** hat, ist auch auf Grundlage der hL oft fraglich, auf welches Objekt sich der Vorsatz des Täters bezieht. Bei „mittelbarer" Individualisierung erstreckt sich der Vorsatz nämlich auf jedes Objekt, das den „Programmvorgaben" entspricht. Deshalb ist keine *aberratio ictus*, sondern ein unbeachtlicher *error in persona* anzunehmen, wenn der Täter am Auto eine Sprengfalle installiert, um den Fahrzeughalter zu töten, während tatsächlich zufällig ein anderer als Erster den Wagen benutzt und deshalb zu Tode kommt[78]. Erst recht **371**

---

75 *Frister*, AT, 11. Kap., Rn 60; *Heuchemer*, JA 05, 275 ff; *Kuhlen*, Irrtum, S. 480 ff; *Puppe*, GA 1981, 1, 14 ff; *dies.*, AT, § 10 Rn 41; SK-*Rudolphi/Stein*, § 16 Rn 32; weitgehend auch *Schroth*, Vorsatz und Irrtum, S. 106; abw. *Koriath*, JuS 97, 901; vgl dazu auch *Beulke*, Jura 2014, 639.

76 Ebenso *Burchard*, „Irren ist menschlich", 2008, S. 464; *Dürre/Wegerich*, JuS 06, 712; *Hettinger*, GA 1990, 531; *Jescheck/Weigend*, AT, § 29 V 6 c; *Köhler*, Hirsch-FS, S. 80.

77 *Hillenkamp*, Die Bedeutung von Vorsatzkonkretisierungen bei abweichendem Tatverlauf, 1971, S. 108, 116 ff; krit. dazu *Hettinger*, JuS 92, L 73; *Rath*, Zur strafrechtlichen Behandlung der aberratio ictus und des error in objecto des Täters, 1993, S. 166 ff; *Schreiber*, JuS 85, 873, 875.

78 *Stratenwerth*, Baumann-FS, S. 57; s. auch *Geppert*, Jura 92, 163; *Gropp*, Lenckner-FS, S. 65; *Hoyer*, AT I, S. 63; S/S/W-StGB-*Momsen*, §§ 15, 16 Rn 14; *Prittwitz*, GA 1983, 110; *Toepel*, JA 96, 886; 97, 556, 948; abw. *Erb*, Frisch-FS, S. 389, 396 f; *Herzberg*, NStZ 99, 217; *Schlehofer*, Vorsatz, S. 174; zur Abgrenzung: *Hoyer*, Wolter-FS, S. 419, 421 ff.

liegt ein *error in persona* vor, wenn der Täter bereits die Autos verwechselt und zB die Bombe irrtümlich am Pkw des Nachbarn anbringt[79].

372 e) Innerhalb der hM wird vereinzelt erwogen, bei einem Fehlgehen der Tat in besonderen Ausnahmefällen wegen **vollendeten Vorsatzdelikts** zu bestrafen, sofern es dem Täter nicht auf die konkrete Objektsindividualisierung ankam und ihr **nur eine zufällige, unmotivierte Auswahl des Angriffsobjekts** zu Grunde lag[80].

Das Vorhandensein oder Fehlen eines Auswahlmotivs kann jedoch für die Abgrenzung zwischen vorsätzlicher und fahrlässiger Tatbegehung nicht entscheidend sein. Maßgebend ist vielmehr, ob überhaupt eine Auswahl iS einer Objektsindividualisierung erfolgt ist und ob das, was objektiv eingetreten ist, wenigstens in den wesentlichen Grundzügen mit dem übereinstimmt, was nach der Vorstellung des Täters bei Vornahme der tatbestandlichen Ausführungshandlung geschehen sollte, oder von ihm in Kauf genommen wurde.

Beispiel: Der nach Einbruch der Dunkelheit von Polizeibeamten verfolgte Schwerverbrecher S erkennt die Aussichtslosigkeit seines Fluchtversuchs. Er bleibt stehen und zieht seine Pistole, um mit der letzten Kugel den erstbesten Verfolger ins Jenseits zu befördern, ehe er sich ergeben will. Sein Schuss trifft nicht den die Verfolgergruppe anführenden Beamten B, sondern dessen Kollegen C, der hinter B um die Ecke stürmt und tödliche Verletzungen erleidet. Der Strafrichter, der mit einem solchen Fall zu tun hat, muss zunächst einmal klären, ob S **gezielt** auf B geschossen hat und wie seine Tatvorstellung im Einzelnen beschaffen war. Hat S nur auf die Verfolgergruppe als solche bzw in deren Richtung gefeuert, um **irgendeinen** der ihm nacheilenden Beamten zu töten, deckt seine Vorstellung den Tod des C, weshalb er wegen vorsätzlicher Tötung bestraft werden kann. Hat S dagegen B anvisiert und **gerade auf ihn** gezielt geschossen, handelt es sich um eine versuchte Tötung des B und eine vollendete vorsätzliche Tötung des C, sofern S dessen Verletzung oder die eines anderen Verfolgers an Stelle des B für möglich gehalten und in Kauf genommen hat. Lässt sich Letzteres nicht klären, greift der Grundsatz *in dubio pro reo* (Rn 1118 ff) ein: Zugunsten des S muss angenommen werden, dass ihm bzgl des C nur eine fahrlässige Tötung zur Last fällt.

373 f) Mit den Lösungskriterien der hM lassen sich auch die Fälle bewältigen, in denen eine **Personenverwechslung** mit einem **Fehlgehen der Tat** zusammentrifft.

Beispiel: A lauert C auf, um ihn zu erschießen. Als B sich dem Versteck nähert, hält A ihn im Dämmerlicht für C und feuert auf ihn. Der Schuss verfehlt B, prallt an einer Mauer ab und tötet den hinter der Straßenecke herankommenden C. Mit einem solchen Geschehensablauf hatte A nicht gerechnet; den C hatte er gar nicht wahrgenommen. Die Lösung dieses Falles (versuchter Mord an B in Tateinheit mit fahrlässiger Tötung des C) mag auf den ersten Blick zweifelhaft erscheinen, ist jedoch sachgerecht: Bei Abgabe des Schusses war der Tötungsvorsatz des A allein auf B, dh auf den Menschen gerichtet, der sich dem Versteck näherte und den A in der irrigen Annahme angriff, es handele sich um C. Dass der Schuss B verfehlen und einen anderen Menschen jenseits der Straßenecke treffen würde, hatte A sich weder vorgestellt noch in Kauf genommen. Daran ändert auch der Umstand nichts, dass die getötete Person (also C) zufälligerweise mit der Person identisch ist, die nach dem Mordplan des A erschossen werden sollte. Denn wie § 16 I 1 zeigt, hängt der Tatbestandsvorsatz nicht von den Vorstellungen des Täters im Planungsstadium, sondern ausschließlich davon ab, was der Täter sich „bei Begehung der Tat" vorgestellt hat. Maßgebender Vorsatzzeitpunkt ist demnach die Vornahme der tatbestandlichen Ausführungshandlung. In diesem Augenblick, dh beim Abfeuern des Schusses, bezog

79 BGH NStZ 98, 294 m. Bespr. *Herzberg*, JuS 99, 224; diesem zust. *Kudlich*, JuS 02, 1074.
80 *Herzberg*, JA 81, 470, 473; *Mitsch*, Puppe-FS, S. 729; *Roxin*, AT I, § 12 Rn 166.

die vom Tötungswillen beherrschte Objektsvorstellung des A sich aber einzig und allein auf B, den er mit C verwechselt und deshalb zum Ziel seines Angriffs bestimmt hatte. Für die rechtliche Beurteilung des Falles ist es somit bedeutungslos, dass ausgerechnet C und nicht etwa ein beliebiger Dritter der fehlgehenden Kugel zum Opfer gefallen ist.

4. Der Irrtum über den Kausalverlauf

a) Da auch der ursächliche Zusammenhang zwischen Handlung und Erfolg Teil des objektiven Tatbestandes ist, muss sich der Vorsatz – gem. § 15 – grundsätzlich auch hierauf beziehen. Da aber nie alle Einzelheiten des Geschehensablaufs exakt voraussehbar sind, muss der Tatbestandsvorsatz nur den **Kausalverlauf in seinen wesentlichen Umrissen** umfassen[81]. Diese Einschränkung hat zur Folge, dass Abweichungen gegenüber dem vorgestellten Verlauf den Vorsatz nicht sofort und ohne Weiteres ausschließen. Vielmehr stellt sich die Frage, wann ein **Irrtum über den Kausalverlauf** so wesentlich ist, dass der Vorsatz entfällt (§ 16 I 1). Nach hM sind Abweichungen zwischen dem vorgestellten und dem wirklichen Kausalverlauf **„unwesentlich“** und für den Tatbestandsvorsatz damit irrelevant, wenn sie sich noch in den Grenzen des nach allgemeiner Lebenserfahrung Voraussehbaren halten und keine andere Bewertung der Tat rechtfertigen[82]. **374**

Bevor dieses Irrtumsproblem auftaucht, ist im Rahmen des objektiven Unrechtstatbestandes zu prüfen, ob nicht schon die **objektive Zurechnung** des Erfolges zu verneinen ist, sofern dessen Eintritt auf einem **ganz ungewöhnlichen, atypischen Kausalverlauf** beruht (vgl Rn 289). Fehlt es an der objektiven Zurechenbarkeit des Erfolges, entfällt bereits der objektive Tatbestand des Delikts, sodass es auf § 16 I 1 nicht mehr ankommt. Für die Vorsatzfrage bleibt erst nach Bejahung der objektiven Zurechenbarkeit des Erfolges Raum, also namentlich dann, wenn der Täter nicht mit Verlaufsabweichungen gerechnet hatte, die objektiv voraussehbar waren[83]. **375**

▸ Beispielsfall bei *Beulke*, Klausurenkurs I Rn 124 ff und Klausurenkurs II Rn 194

Die **Rspr** verlegt die Prüfung des regelwidrigen Kausalverlaufs zumeist in den Vorsatzbereich, greift dort bei der **subjektiven Zurechnung** aber auf die **Maßstäbe der Adäquanzbeurteilung** und damit auf die Kriterien der objektiven Zurechenbarkeit zurück (zB allgemeine Lebenserfahrung, generelle Voraussehbarkeit, fehlende Risikoverwirklichung bei atypischen Geschehensabläufen)[84]. **376**

„Unwesentlich“ ist die Abweichung vom vorgestellten Kausalverlauf zB dann, wenn das Opfer durch Beilhiebe getötet werden soll, die beabsichtigte Zertrümmerung des **377**

81 Anders: *Wolter*, ZStW 89 [1977], 649; krit. auch *Puppe*, GA 2009, 569.

82 BGHSt 7, 325 *(Blutrauschfall)*; 9, 240 *(Fangbrieffall)*; 14, 193 *(Jauchegrubenfall)*; 23, 133; BGH NStZ 01, 29 *(Pflegemutterfall)*; NStZ 02, 475 *(Luftinjektionsfall)*; BGHSt 56, 162 *(Wanduhrfall)*; *Baumann/Weber/Mitsch*, AT, § 20 Rn 24; *S/S-Sternberg-Lieben/Schuster*, § 15 Rn 55; *Valerius*, JA 06, 261; *Zieschang*, AT, Rn 163; enger: *Freund*, Maiwald II-FS, S. 211, 218 f; vert. *Rohnfelder*, Probleme der Diskongruenz von Kausalverlauf und Vorsatz, 2012.

83 Vgl *Frister*, AT, 11. Kap., Rn 47 f; *Jescheck/Weigend*, AT, § 29 V 6 b; s. dazu auch BGHSt 38, 32; 48, 34, 37 *(Gubener Verfolgungsfall)*; *Block*, Atypische Kausalverläufe in objektiver Zurechnung und subjektivem Tatbestand, 2008; *Roxin*, AT I, § 12 Rn 151.

84 Vgl BGHSt 23, 133, 135; Strikt gegen diese Problemverschiebung *Wolter*, ZStW 89 [1977], 649; *ders.*, Strafrechtssystem S. 15; krit. auch *Hettinger*, JuS 90, L 73, 91, L 9, 25, 33, 49.

Schädels aber ausbleibt und der Tod als Folge einer Wundinfektion eintritt[85]. Gleiches gilt, wenn das von der Brücke in den Fluss geworfene Kleinkind entgegen der Vorstellung des Täters nicht ertrinkt, sondern am Bug eines unter der Brücke hervorschnellenden Segelbootes zerschmettert und getötet wird[86], oder wenn ein Fußtritt statt des Opfers ein Fahrrad trifft, das daraufhin umstürzt und das Opfer verletzt[87].

Tritt der Erfolg hingegen bereits während der **Vorbereitungshandlung** ein, liegt noch kein strafrechtlich relevanter Vorsatz vor, sodass eine Bestrafung wegen vorsätzlicher Tatbegehung ausscheidet. Die Frage nach einer Abweichung des tatsächlichen vom vorgestellten Kausalverlauf stellt sich dann konsequenterweise gar nicht. Vielmehr kommt nur eine Bestrafung wegen fahrlässiger Tatbegehung in Betracht, solange der Täter noch nicht die Schwelle zum strafbaren Versuch überschritten hat (vgl Rn 852 ff, 857)[88].

378 b) Ein Sonderfall des Irrtums über den Kausalverlauf liegt dort vor, wo sich ein Geschehen in **zwei Akten** vollzieht und der Täter den Handlungsablauf in der Weise falsch beurteilt, dass er den gewollten **Erfolg schon durch den ersten Akt erreicht zu haben glaubt** (zB im Fall 7d durch Niederschießen des F), während er erst durch den zur Verdeckung der Tat vorgenommenen zweiten Akt (Versenken des für tot gehaltenen F im Waldsee) eingetreten ist:

Vielfach wird in derartigen Fällen bereits die **objektive Zurechenbarkeit des Erfolgs** verneint, da sich im Erfolgseintritt nicht die vorsätzlich geschaffene tatbestandsrelevante Gefahr der Ersthandlung realisiert habe[89]. Eine andere Beurteilung sei allenfalls dann geboten, wenn der Täter – im Beispiel des Versenkens des für tot gehaltenen Opfers – von vornherein vorhatte, die Leiche später zu beseitigen. Richtiger Ansicht nach kann der Erfolg dem Täter in Fällen der geschilderten Art regelmäßig objektiv zugerechnet werden, da sich in ihm diejenige Gefahr verwirklicht, die er durch den Erstakt geschaffen hat. Fraglich ist jedoch, ob die Erfolgsherbeiführung vorsätzlich erfolgte.

379 Die früher herrschende, heute aber praktisch nicht mehr vertretene **Lehre vom *dolus generalis*** sieht in beiden Akten ein einheitliches Handlungsgeschehen, das auch im zweiten Teil noch vom Tötungsvorsatz getragen wird[90]. Aus dieser Sicht liegt eine vollendete Vorsatztat vor.

380 Die **Gegenmeinung** sieht in den Teilakten des Geschehens **zwei selbstständige Handlungen** und hält den Tötungsvorsatz bei Vornahme der Zweithandlung für erloschen[91]. In der Todesherbeiführung durch die Zweithandlung realisiere sich gerade nicht die Gefährlichkeit der vorsätzlichen Ersthandlung, weshalb bezüglich der Ersthandlung nur eine Versuchsstrafbarkeit in Frage komme (§§ 212, 22, 23 I). Bei Vornahme der Zweithandlung befände sich der Täter dann in einem Tatbestandsirrtum,

---

85 RGSt 70, 257.

86 *Dold*, ZStW 122 [2010], 785, 801; *Roxin*, Würtenberger-FS, S. 109; abw. *Herzberg*, ZStW 85 [1973], 867; modifiziert in JA 81, 374, Fn 31.

87 OLG Hamm, NStZ-RR 2014, 109.

88 BGH NStZ 02, 309 m. Anm. *Gaede*, JuS 02, 1058 und *Jäger*, JR 02, 38; BGH NStZ 02, 475; *Herrmann/Heyer*, JA 12, 190; *Roxin*, AT I, § 12 Rn 184; *ders.*, GA 2003, 257, 260; *Sowada*, Jura 04, 814.

89 *Jakobs*, AT, 8/77–79; SK-*Rudolphi/Stein*, § 16 Rn 38.

90 Vgl *Welzel*, Lb, S. 74.

91 *Freund*, AT, § 7 Rn 143; *Hettinger*, Spendel-FS, S. 237; *Kindhäuser*, AT, § 27 Rn 50 ff; *Kühl*, AT, § 13 Rn 48; *Maiwald*, ZStW 78 [1966], 30 ff, 54; *Schlehofer*, Vorsatz, S. 177; iE auch *Jäger*, Schroeder-FS, S. 241, 255; *Oğlakcıoğlu*, JR 11, 103.

sodass insoweit nur eine Strafbarkeit wegen fahrlässiger Tötung möglich sei (§ 222 iVm § 16 I 2). Im Ergebnis bejahen die Anhänger diese Auffassung also eine Bestrafung wegen versuchter Tötung in Tatmehrheit mit fahrlässiger Tötung (§§ 212, 22, 23 I, 53, 222).

Beide Auffassungen vermögen nicht zu befriedigen, da weder ein Fortwirken des Tötungsvorsatzes bejaht werden kann noch isoliert an die Zweithandlung anzuknüpfen ist. Den entscheidenden **Anknüpfungspunkt** bildet vielmehr die mit Tötungsvorsatz begangene **Ersthandlung**. Die durch sie ausgelöste Zweithandlung mit ihren weiteren Folgen bewirkt innerhalb des als Einheit erscheinenden Lebensvorganges nur eine Abweichung zwischen dem realen und dem vorgestellten Geschehensablauf, die dann als **unwesentlich** anzusehen ist, wenn der Eintritt des Enderfolges sich in den Grenzen des Vorhersehbaren hält und auch im Hinblick auf den Verwirklichungswillen des Täters kein inadäquates Ereignis darstellt[92]. **381**

▸ Beispielsfall bei *Beulke*, Klausurenkurs I Rn 111 ff

Daneben gibt es zahlreiche weitere Lösungsvorschläge. So differenziert u. a. *Roxin*[93] unter dem Blickwinkel der „Planverwirklichung" zwischen den Fällen des **absichtlichen** Handelns, bei denen eine vollendete Vorsatztat gegeben sein soll, und des **schlicht-vorsätzlichen** Handelns, bei denen er nur einen Versuch annimmt. *Vogel* stellt darauf ab, ob dem Täter der von ihm nicht bedachte Kausalverlauf in dem Sinne **gleichgültig** war, dass er, hätte er ihn bedacht, gleichwohl gehandelt hätte[94]. *Schroeder* bejaht den Vorsatz nur, wenn die Ersthandlung nach Kenntnis des Täters bereits **konkret erfolgstauglich** war, also zB das Opfer schon durch diese tödlich verletzt wurde[95]. **382**

Im **Fall 7a** gilt also: Weiß E, dass sich L in der Scheune aufhält, ist direkter Tötungsvorsatz gegeben. Wenn E dessen Anwesenheit nur für möglich hält, liegt bedingter Vorsatz vor, sofern er sich um des von ihm erstrebten Zieles willen (Versicherungssumme) mit dem Tötungsrisiko abfindet, hingegen bewusste Fahrlässigkeit, sofern E letztendlich doch fest darauf vertraut, dass sich L nicht in der Scheune aufhält; s. Rn 322, 339. **383**

Im **Fall 7b** ist der Irrtum des W ein unbeachtlicher *error in persona*. W wird wegen eines vollendeten Tötungsdelikts zulasten des J bestraft, s. Rn 363.

Im **Fall 7c** liegt dagegen eine *aberratio ictus* vor. W wird wegen versuchter Tötung des F in Tateinheit mit einer fahrlässigen Tötung des J bestraft, s. Rn 368.

Im **Fall 7d** kam es dem W auf die Tötung des F an. Ohne die zu Verdeckungszwecken vorgenommene „Zweithandlung" (Versenken der vermeintlichen Leiche im See) wäre F an den Folgen der Schussverletzung gestorben. Der Umstand, dass W sich im zweiten Akt des Tatherganges unbewusst zum Werkzeug der Vollendung seines Vorsatzdelikts gemacht hat, hindert die objektive wie die subjektive Zurechenbarkeit des Todeserfolges nicht und erfordert „keine anderweitige rechtliche Bewertung" zu seinen Gunsten (vgl BGHSt 14, 193; 23, 133). Jedenfalls kann es insoweit keinen Unterschied machen, ob ein Dritter oder der Täter selbst die vermeintliche Leiche ins Wasser geworfen hat. Da es auch nicht notwendig ist, dass der Tatbestandsvorsatz im Zeitpunkt des Erfolgseintritts noch fortbesteht (RGSt 57, 193), hat W sich wegen **vollendeter** vorsätzlicher Tötung des F strafbar gemacht; s. Rn 381.

---

92 Näher dazu *Jescheck/Weigend*, AT, § 29 V 6 d; *Lackner/Kühl*, § 15 Rn 11; S/S-*Sternberg-Lieben/Schuster*, § 15 Rn 58; fallbezogen: *Kalkofen/Sievert*, Jura 11, 229, 230 f.

93 *Roxin*, AT I, § 12 Rn 184 ff; ebenso *Gropp*, AT, § 5 Rn 67a.

94 LK-*Vogel*, § 16 Rn 72.

95 LK-*Schroeder*, 11. Aufl., § 16 Rn 31; ähnl. NK-*Puppe*, § 16 Rn 85; *dies.* AT, § 10 Rn 26.

Aktuelle Rechtsprechung zu § 7:

- BGHSt 57, 183 *(Hurensohnfall)*; BGH NStZ 13, 159 *(Brandbeschleunigerfall)*: Abgrenzung bewusste Fahrlässigkeit – *dolus eventualis* bei äußerst gefährlichen Gewalthandlungen anhand des voluntativen Vorsatzelements; weitgehende Aufgabe der „Hemmschwellentheorie"; vgl Rn 306; 334 ff.
- OLG Braunschweig NStZ 13, 593 *(Spenderorganfall)*: Tötungsvorsatz hinsichtlich übergangener Patienten bei Manipulation der Organzuteilung im Wissen um potenziell lebensbedrohliche Verzögerungen; vgl Rn 333.
- BGHSt 56, 162 *(Wanduhrfall)*: kein Vorsatz bei wesentlicher Abweichung vom vorgestellten Kausalverlauf – hier: überwachte Drogeneinfuhr nach Entdeckung durch Zollbehörden; vgl Rn 374.
- OLG Hamm, NStZ-RR 14, 109: Unwesentlicher Irrtum über den Kausalverlauf, wenn ein Fußtritt nicht das Opfer, sondern ein Fahrrad trifft und dieses daraufhin auf das Opfer fällt; vgl Rn 377.

§ 8 Die Rechtswidrigkeit. Unrechts- und Erlaubnistatbestand. Grundgedanken und Struktur der Rechtfertigungsgründe

384 **Fall 8:** A will seinen verhassten Erzfeind E durch einen gezielten Kopfschuss ins Jenseits befördern. Daher lauert er dem E auf dessen Heimweg von der Uni vermeintlich unauffällig am Straßenrand auf. Als A den E näherkommen sieht, zielt er auf seinen Feind und trifft diesen tödlich. Was A nicht weiß: Der E wollte A ebenso töten. Auch er hatte seinen Feind erkannt und – von derselben Feindschaft getrieben – exakt in diesem Moment zu seiner geladenen Waffe gegriffen und auf A gezielt. Nur war A dem E einen Sekundenbruchteil zuvor gekommen. Ist A wegen eines vorsätzlichen Tötungsdelikts (§§ 211, 212) strafbar? (Rn 385, 388, 407, 430)

I. Die Wertungsstufe der Rechtswidrigkeit im Deliktsaufbau

385 Im **Fall 8** hat A den Tod des E verursacht; dieser Erfolg ist ihm auch objektiv zurechenbar, sodass er den objektiven Tatbestand des Totschlags erfüllt hat. Er handelte mit Tötungsvorsatz und erfüllt somit auch den subjektiven Tatbestand des § 212. Da die Tötung durch Hass motiviert ist, liegt darüber hinaus ein (subjektives) Mordmerkmal der 1. Gruppe („niedrige Beweggründe") vor, sodass A auch den Tatbestand des Mordes erfüllt hat.

Fraglich ist, ob A in der konkreten Situation rechtswidrig gehandelt hat.

1. Das Verhältnis von Tatbestand und Rechtswidrigkeit

386 a) Eine Handlung ist **rechtswidrig**, wenn sie den **Tatbestand eines Strafgesetzes verwirklicht** und **nicht durch einen Rechtfertigungsgrund gedeckt** ist. Beide As-

pekte gehören zusammen, um abschließend eine Aussage darüber treffen zu können, ob der Täter Unrecht verwirklicht und somit rechtswidrig gehandelt hat. Denn mit der **Formulierung des Straftatbestandes**, so wie wir ihn im StGB (oder in Strafvorschriften außerhalb des StGB) vorfinden, umschreibt der Gesetzgeber nur **abstrakt und allgemein**, welche Verhaltensweisen er zum Zweck des Rechtsgüterschutzes (vgl Rn 9 ff) verbietet (bzw. bei den Unterlassungsdelikten: gebietet) und zuwiderlaufendes Verhalten wegen seiner Strafwürdigkeit und Strafbedürftigkeit unter Strafe stellt. Somit besteht auch zunächst nicht mehr als eine Vermutung dafür, dass derjenige, der ein tatbestandlich umschriebenes Verhalten an den Tag legt, **in der Regel** auch rechtswidrig handelt, sodass die Tatbestandsmäßigkeit die Rechtswidrigkeit **„indiziert"** (s. Rn 179).

Deshalb ist der die Prüfung der Rechtswidrigkeit einleitende Satz „Die Tatbestandsmäßigkeit indiziert die Rechtswidrigkeit." zwar durchaus richtig, sollte aber in Klausuren allenfalls einmal gebracht und nicht gebetsmühlenartig wiederholt werden.

Grundlegend anders ist dies jedoch bei den sog. **„offenen"** oder **„ergänzungsbedürftigen" Tatbeständen**. Bei diesen ist die Tatbestandsbeschreibung so weit gefasst, dass hierunter auch ein rechtlich an und für sich völlig „neutrales" Verhalten subsumiert werden kann. Daher wird die Rechtswidrigkeit nicht durch die Erfüllung des Tatbestands indiziert. Die im Gesetz vorgesehene selbstständige Rechtswidrigkeitsprüfung ist daher ein unverzichtbares Korrektiv dieser Tatbestandsweite, mit dessen Hilfe die Strafbarkeit des Verhaltens auf ein adäquates, der Ultima-Ratio-Funktion des Strafrechts (s. o. Rn 15) entsprechendes Maß begrenzt werden kann[1]. **387**

Als wichtigstes **Beispiel** eines offenen Tatbestands ist die Nötigung (§ 240) zu nennen[2] (s. Rn 122). Gem. § 240 II ist eine Nötigung nur dann rechtswidrig, wenn die Anwendung der Gewalt oder die Androhung des Übels zu dem angestrebten Zweck **verwerflich** ist[3]. Das Rechtswidrigkeitsurteil wird hier also nicht durch den vorsätzlichen Einsatz eines Nötigungsmittels zur Erreichung eines Nötigungszwecks indiziert; sonst wäre auch die – völlig sozialadäquate und per se rechtlich neutrale – Mahnung des Lehrers an seine Schüler, wonach jeder, der die Vokabeln der letzten Lektion nicht beherrscht, eine schlechte Note bekommen werde, prima facie rechtswidrig. Greift jedoch ein Rechtfertigungsgrund ein, lässt sich unabhängig von der oft komplexen, stark normativ aufgeladenen Verwerflichkeitsprüfung die Rechtswidrigkeit verneinen, weshalb die Rechtfertigungsgründe bei offenen Tatbeständen innerhalb der Stufe der Rechtswidrigkeit *stets an erster Stelle* zu prüfen sind[4]. Ein gerechtfertigtes Verhalten kann nicht verwerflich sein, sodass dieser Prüfungsschritt entfällt.

b) Bei der **Anerkennung von Rechtfertigungsgründen** geht es – anders als bei der Prüfung der Tatbestandsmäßigkeit – um die Frage, ob von dem generellen Verbot (bzw. Gebot) unter den in Rechtfertigungsgründen näher umschriebenen **konkreten Voraussetzungen im Einzelfall** Ausnahmen gemacht werden. Mit den Rechtfertigungsgründen stehen den Straftatbeständen somit **Erlaubnistatbestände** gegenüber, die das rechtsgutsverletzende, tatbestandliche Verhalten ausnahmsweise gestatten. **388**

1 Vgl BGHSt 31, 195, 200.
2 Näher BVerfGE 73, 206; 92, 1; 104, 92.
3 Näher *Wessels/Hettinger*, BT/1, Rn 421 ff; s. auch *Haas*, Puppe-FS, S. 93, 102.
4 Für eine Integration der allgemeinen Rechtfertigungsgründe in § 240 II: *Küper*, JZ 13, 449, 451 f.

Die in **Fall 8** relevant werdenden Tötungsdelikte bewehren das allgemeine Tötungsverbot („Du sollst nicht töten“) mit Strafe. Dieses Verbot gilt nach dem Willen des Gesetzgebers als allgemeine Regel für jedermann und überall. Nur für besondere Konstellationen wird im Einzelfall eine Ausnahme zugelassen, nämlich insbesondere dann, wenn ein Mensch nur durch Tötung eines anderen sein Leben retten kann. Diese Situation wird vom Rechtfertigungsgrund der Notwehr erfasst, welcher unter den engen, in § 32 geregelten Umständen die Tötung eines Menschen erlaubt.

389 c) Diese Erlaubnis für den Täter löst bei dem von der Tat Betroffenen eine **Duldungspflicht** aus; er hat die gerechtfertigte Handlung des Täters mit ihren Eingriffsfolgen hinzunehmen und darf sich hiergegen nicht zur Wehr setzen[5].

Daher setzt etwa der Rechtfertigungsgrund der Notwehr § 32 einen „rechtswidrigen“ Angriff voraus. Ist der Angriff durch einen Rechtfertigungsgrund gedeckt, fehlt es somit an einer Notwehrlage, die dem Verteidiger erlauben würde, seinerseits die Rechtsgüter des rechtmäßig Angreifenden zu beeinträchtigen. Er muss den Angriff also dulden. Wehrt er sich gleichwohl, handelt er rechtswidrig (was wiederum den anderen zur Notwehr berechtigen würde). Die Verletzung von Rechtsgütern unbeteiligter Dritter wird durch § 32 freilich nicht gerechtfertigt[6], doch kann sich insoweit aus anderen Vorschriften (zB aus §§ 904, 228 BGB) eine Rechtfertigung des Eingriffs und damit wiederum eine entsprechende Duldungspflicht ergeben. Eventuell aber bleibt auch dem Duldungspflichtigen die Möglichkeit, sich für eine gleichwohl vorgenommene Abwehrhandlung auf entschuldigenden Notstand (§ 35) zu berufen[7].

390 d) Da eine strafbare **Teilnahme** (§§ 26, 27) nur an einer rechtswidrigen Tat möglich ist, scheiden Anstiftung und Beihilfe zu einem Verhalten aus, welches durch einen Rechtfertigungsgrund gedeckt ist.

Bei rechtmäßigem Handeln des unmittelbar Tätigwerdenden kann aber eine mittelbare Täterschaft des Hintermannes in Betracht kommen (näher Rn 773 ff).

2. Rechtsquellen und verfassungsrechtliche Grenzen der Rechtfertigungsgründe

391 a) Bei der Beurteilung der Rechtswidrigkeit fließen die **Wertungen der gesamten Rechtsordnung** mit ein. Ein Verhalten, welches also, gemessen an der Gesamtrechtsordnung, rechtmäßig ist, kann – auch wenn es einen Straftatbestand erfüllt – nicht bestraft werden. Auf diese Weise wird dem Postulat der **Einheit und Widerspruchsfreiheit der Rechtsordnung** Rechnung getragen[8]. Rechtfertigungsgründe können deshalb nicht nur dem Strafgesetzbuch, sondern der gesamten Rechtsordnung entnommen werden.

392 b) Eine Quelle möglicher Rechtfertigungsgründe ist damit insbesondere das (geschriebene) **Gesetzesrecht**, unabhängig vom Rechtsgebiet.

5 BGH NStZ 03, 599.
6 RGSt 58, 27; BGHSt 5, 245, 248.
7 BGH NStZ 89, 431; krit. zum Ganzen *Graul*, JuS 95, 1049; vert. *Planas*, Wolter-FS, S. 439.
8 Vgl BGHSt 11, 241, 244; HK-GS-*Duttge*, Vorbem. zu §§ 32 ff Rn 4; LK-*Rönnau*, Vor § 32 Rn 21; für Vorrang der §§ 32, 34 hingegen: SK-*Hoyer*, Vor § 32 ff Rn 6 ff.

Beispiele: Die **zivilrechtlichen** Notstands- und Selbsthilferechte (§§ 904, 228 BGB sowie §§ 229, 230, 859 BGB), die nach den Regeln des bürgerlichen Rechts ausnahmsweise Eingriffe in Rechtspositionen eines anderen erlauben, sind auch im Strafrecht zu beachten (vgl Rn 431 ff). Auch ein zivilrechtlicher Vertrag kann die für die Strafbarkeit erforderliche Rechtswidrigkeit ausschließen, etwa der mit der Bahn geschlossene Beförderungsvertrag im Hinblick auf die Freiheitsberaubung des Fahrgasts während der Fahrt (§ 239)[9]. Unzulässig ist hingegen der Umkehrschluss: Ein Verhalten, das – etwa aufgrund der Verletzung einer vertraglichen Pflicht – zivilrechtlich rechtswidrig ist, kann aus strafrechtlicher Sicht gleichwohl wertneutral sein[10], also nicht die Schwelle zur Strafbarkeit (zB als Untreue) überschreiten.

Auch Normen des **öffentlichen Rechts** können rechtfertigende Wirkung entfalten. So werden tatbestandsmäßige Zwangseingriffe der Strafverfolgungsbehörden regelmäßig durch strafprozessuale Normen (zB §§ 81a, 81c, 112 ff StPO) legitimiert.

c) Daneben können auch **gewohnheitsrechtlich** oder **durch Analogie begründete Rechtfertigungsgründe** einer Strafbarkeit entgegenstehen (zB die Einwilligung). Zwar gilt auch für die Rechtfertigungsgründe grds das Gesetzlichkeitsprinzip des Art. 103 II GG, § 1 StGB (s. u. Rn 394). Dieses bildet aber deshalb kein Hindernis, weil danach Gewohnheitsrecht und Analogien nur nicht strafbegründend bzw. -schärfend herangezogen werden dürfen. Geht es um die Begründung von Rechtfertigungsgründen wirkt dies jedoch stets **zugunsten des Täters**. **393**

Nicht zu verkennen ist freilich, dass sich eine gewohnheitsrechtliche Anerkennung (ebenso die auf Analogieschluss beruhende Begründung) eines Rechtfertigungsgrundes **mittelbar** strafbarkeitsbegründend oder -erweiternd für denjenigen auswirken kann, dessen Rechtsgüter vom Täter auf Grundlage einer solchen Erlaubnisnorm in Mitleidenschaft gezogen werden. Denn der so Geschädigte müsste den Eingriff dulden. Wehrt er sich gleichwohl, so handelt er rechtswidrig und macht sich daher möglicherweise strafbar. Eine nur derart mittelbare Begründung bzw Ausdehnung der Strafbarkeit wird richtiger Ansicht nach von Art. 103 II GG jedoch nicht erfasst, da sonst grds jede täterfreundliche Auslegung im Hinblick auf die Strafbarkeit Dritter problematisch wäre[11].

d) Deutlich problematischer ist die Bedeutung des Art. 103 II GG, wenn es um eine **(teleologische) Einschränkung anerkannter Rechtfertigungsgründe** geht. Da dieses Vorgehen im Ergebnis ebenso wie eine analoge Anwendung eines Straftatbestandes zur Ausweitung der Strafbarkeit führt, ist ein Konflikt mit dem Gesetzlichkeitsprinzip vorgezeichnet; jedenfalls dann, wenn man richtigerweise anerkennt, dass das Gesetzlichkeitsprinzip grundsätzlich auch im Allgemeinen Teil[12], und insbesondere auch im Hinblick auf die Rechtfertigungsgründe[13] zu beachten ist. **394**

Dafür spricht bereits, dass das Gesetzlichkeitsprinzip gewährleisten soll, dass der Bürger das strafrechtlich Verbotene seines Handelns vorhersehen können soll. Damit ist Gegenstand dieser Garantiefunktion nicht nur der Umfang des vom Tatbestand Erfassten, sondern auch der Bereich derjenigen Verhaltensweisen, die durch Rechtfertigung aus dem Verbot ausgenommen werden. Zudem ist – wie bereits ausgeführt (Rn 74) – die Einteilung in einen Allgemeinen und

9 *Mitsch*, NZV 13, 417, 420.
10 *Beulke*, Eisenberg-FS, S. 245, 252; *Günther*, Spendel-FS, S. 189; *Roxin*, AT I, § 14 Rn 36; *Wedler*, Kirchhof-FS, Bd II, § 126 Rn 8 ff.
11 MK-*Schmitz*, § 1 Rn 26; S/S/W-StGB-*Satzger*, § 1 Rn 31.
12 S. nur oben Rn 74 sowie S/S/W-StGB-*Satzger*, § 1 Rn 29; aA aber zB *Schroeder*, JZ 92, 990, 991.
13 Abw. etwa *Krey*, JZ 79, 702, 711 f.

einen Besonderen Teil nur dem gesetzestechnischen „Vor-die-Klammer-Ziehen" geschuldet, bedeutet aber keine qualitative Differenzierung. Dies zeigt sich im Bereich der Rechtfertigungsgründe gerade auch daran, dass das StGB solche Erlaubnissätze sowohl im Allgemeinen Teil (zB §§ 32, 34) als auch im Besonderen Teil (zB § 193) bereithält[14].

395 Gleichsam als Spiegelbild des Analogieverbots auf Tatbestandsebene darf somit ein rechtfertigender Erlaubnissatz nicht jenseits seines Wortlauts eingeschränkt werden. Entsprechend der beim Analogieverbot auf Tatbestandsebene gezogenen Trennlinie zwischen (zulässiger) Auslegung und (unzulässiger) Analogie, muss daher auch auf der Ebene der Rechtfertigung die **Wortlautgrenze** entscheidend dafür sein, ob Art. 103 II GG verletzt ist. Ein Verstoß gegen das Gesetzlichkeitsprinzip liegt daher vor, wenn sich der Rechtsanwender durch die Restriktion des Erlaubnissatzes über den im Gesetzestext objektiv manifestierten Willen des Gesetzgebers hinwegsetzt[15]. Es dürfen also insbes. keine zusätzlichen, den Wortlaut der Erlaubnisnorm überschreitenden Anforderungen an die Rechtfertigung gestellt werden.

396 **Unzulässig** ist es daher, zusätzliche beschränkende Merkmale in den Rechtfertigungstatbestand hineinzulesen **(teleologische Reduktion)**.

So wäre zB das Hineinlesen des Erfordernisses einer allgemeinen Güterabwägung in den Rechtfertigungsgrund der Notwehr (§ 32) zusätzlich zu den dort enthaltenen Merkmalen unzulässig. Zur ebenfalls unzulässigen Ergänzung der Voraussetzungen des § 34 durch eine „pflichtgemäße Prüfung" vgl Rn 477.

397 **Zulässig** ist demgegenüber eine nur **restriktive Auslegung**, die sich also **in den Grenzen des Wortlauts** des Rechtfertigungsgrunds hält[16].

Die Entwicklung von Fallgruppen hinsichtlich der normativen Schranken des Notwehrrechts zur näheren Ausgestaltung dessen, was der Gesetzgeber in § 32 als „geboten" betrachtet hat, ist daher eine noch zulässige Auslegung des Erlaubnissatzes[17], auch wenn die Grenzen – wie allgemein bei Abgrenzung von Auslegung und Analogie – in Randbereichen fließend (und daher problematisch) sind.

398 Dem steht nicht entgegen, dass **strafgesetzlich geregelte Rechtfertigungsgründe**, die jedenfalls in ihrem strafrechtlichen Anwendungsbereich dem Gesetzlichkeitsprinzip unterworfen sind[18], in einem anderen Rechtsgebiet (zB dem Zivilrecht oder dem öffentlichen Recht) nach der dortigen Methodik und angesichts der dort fehlenden Geltung des Art. 103 II GG teleologisch reduziert werden können. Die daraus folgende Möglichkeit, dass ein Verhalten im Strafrecht unter den konkreten Umständen dem (strafrechtlichen) Rechtfertigungsgrund unterfiele, wegen derselben Erlaubnisnorm im außerstrafrechtlichen Anwendungsbereich jedoch nicht zu einer Rechtfertigung führt, mag auf den ersten Blick dem Postulat der Einheit der Rechtsordnung widersprechen. Bei genauer Betrachtung wird die Unterschiedlichkeit aber durch die ex-

---

14 S. auch *Engels*, GA 1982 109, 119; NK-*Hassemer/Kargl*, § 1 Rn 72b; LK-*Rönnau*, Vor § 32 Rn 64.

15 *Engels*, GA 1982, 109, 119; *Frister*, GA 1988, 315; S/S/W-StGB-*Satzger*, § 1 Rn 30; aA *Roxin*, AT I, § 5 Rn 42.

16 LK-*Dannecker*, § 1 Rn 177; S/S-*Eser/Hecker*, § 1 Rn 18; S/S/W-StGB-*Satzger*, § 1 Rn 30; aA MK-*Schmitz*, § 1 Rn 14.

17 So auch BGHSt 26, 143; S/S-*Eser/Hecker*, § 1 Rn 14.

18 S. BVerfGE 95, 96, 132 f *(Mauerschützen);* BGHSt 41, 101, 105, 111; *Erb*, ZStW 108 [1996] 266, 284 ff; LK-*Rönnau*, Vor § 32 Rn 64.

plizit für das Strafrecht etablierten Garantien ausgelöst und ist daher rechtsordnungskonform; hierdurch kommt ja letztlich nur der der Rechtsordnung insgesamt zu Grunde liegende Gedanke zum Ausdruck, dass das Strafrecht fragmentarisch ist, also nicht jedes außerstrafrechtlich als rechtswidrig eingestufte Verhalten auch strafbar sein muss[19].

Darüber hinaus muss – richtiger Ansicht nach[20] – das aus Art. 103 II GG fließende Verbot einer teleologischen Reduktion von Erlaubnisnormen auch für **außerstrafrechtlich geregelte Rechtfertigungsgründe** (zB öffentlich-rechtliche Befugnisnormen oder zivilrechtliche Eingriffsrechte) gelten, wenn sie zur Rechtfertigung einer Straftat herangezogen werden sollen. Da über die Rechtswidrigkeitsprüfung sämtliche Rechtsgebiete in die Prüfung der Strafbarkeit einfließen, wäre es willkürlich, zwischen strafrechtlichen und außerstrafrechtlichen Rechtfertigungsgründen zu unterscheiden. Eine hierdurch verursachte Uneinheitlichkeit des Verständnisses der Rechtfertigungsgründe je nach Anwendungsbereich bedeutet allerdings keine systemfremde Widersprüchlichkeit der Rechtsordnung; vielmehr muss dieser Effekt – wegen der unterschiedlichen Rahmenbedingungen für die einzelnen Rechtsbereiche – als bereits in der Rechtsordnung selbst angelegt akzeptiert werden. 399

3. Grundgedanken der Rechtfertigungsgründe

Die Rechtfertigungsgründe lassen sich – nach überwiegender Ansicht – nicht auf eine einzige allgemeine Grundidee zurückführen[21]. Vielmehr sind es mehrere Gedanken, die – allerdings nicht bei jedem Rechtfertigungsgrund gleichermaßen – eine Rolle spielen[22]: Zentral ist das **Prinzip des überwiegenden Interesses**, wonach das Opfer zum Schutz höherrangiger Interessen bestimmte Eingriffe hinnehmen muss. Bricht der in einer Winternacht in einsamer Gegend ausgesetzte T etwa in die Hütte des E ein, um sich vor dem Erfrierungstod zu retten, so sind die beeinträchtigten Interessen des E (Eigentum, Hausrecht) deutlich weniger bedeutsam, als die Rettung des Lebens des T. Dass E sich dabei nicht auf den Standpunkt stellen darf, er habe mit der Lebensgefährdung nichts zu tun, vielmehr handle es sich allein um ein Problem des Täters, folgt aus einem weiteren wichtigen Prinzip, nämlich dem der **Solidarität**. Danach trifft jedes Mitglied der Gesellschaft die Pflicht, bei erheblichen Gefahren für die Rechtsgüter anderer in gewissem Umfang Eingriffe in die eigenen Rechtsgüter zu dulden. Schließlich spielt – allein oder in Kombination mit den oben genannten Gedanken – noch das **Autonomie-** oder **Verantwortungsprinzip** eine Rolle, wonach der freie Entschluss des Opfers die Grundlage für das Eingreifen eines Rechtfertigungsgrundes darstellen kann. Dies trifft insbes. für die Einwilligung zu. Aber auch bei der Begründung der Notwehr, die letztlich auf weiteren notwehrspezifischen Grundgedanken fußt (Individualrechtsschutz und Rechtsbewährung), ist das Autonomieprinzip von Bedeutung, da der Angreifer hier regelmäßig freiverantwortlich han- 400

19 Ebenso LK-*Rönnau*, Vor § 32 Rn 63: es kommen nur „rechtsgebietsspezifische Gründe" zum Tragen; für eine Verletzung der Einheit der Rechtsordnung *Günther*, Grünwald-FS 213, 216; *Roxin*, AT I § 5 Rn 42.

20 NK-*Paeffgen*, Vor § 32 Rn 59, 67; LK-*Rönnau*, Vor § 32 Rn 64; MK-*Schmitz*, § 1 Rn 13.

21 So aber die sog. monistische Theorie, vgl etwa *Otto*, AT, § 8 Rn 5; NK-*Paeffgen*, Vor § 32 Rn 46.

22 Zu der sog. pluralistischen Theorie s. den Überblick bei S/S/W-StGB-*Rosenau*, Vor § 32 Rn 8 mwN.

delt und alle in seiner Person als Folge der Verteidigung des Angegriffenen entstehenden Schäden letztlich in seinen Verantwortungsbereich fallen[23].

4. Struktur der Rechtfertigungsgründe als Erlaubnissätze

401 a) Nach heute fast einhelliger Ansicht gleicht die Struktur der Rechtfertigungsgründe derjenigen des Tatbestands ieS: Deshalb enthalten sie als Erlaubnissätze nicht lediglich **objektive Rechtfertigungsmerkmale**, sondern auch ein **subjektives Rechtfertigungselement**[24]. Die Notwendigkeit eines subjektiven Elements ergibt sich letztlich aus der **personalen Unrechtslehre** (s. Rn 150), wonach der Unrechtsgehalt einer Tat einerseits durch ihren **Erfolgsunwert** und andererseits durch ihren **Handlungsunwert** bestimmt wird (s. Rn 29): Das Vorliegen der objektiven Voraussetzungen des jeweiligen Rechtfertigungsgrundes kompensiert den Erfolgsunwert, denn die eingetretene Rechtsgutsverletzung wird unter den im Erlaubnistatbestand objektiv umschriebenen Umständen nicht rechtlich missbilligt. Der in der vorsätzlichen Tatbegehung liegende Handlungsunwert ist damit aber noch nicht beseitigt. Vielmehr muss hierzu zwingend ein subjektives Rechtfertigungselement hinzutreten.

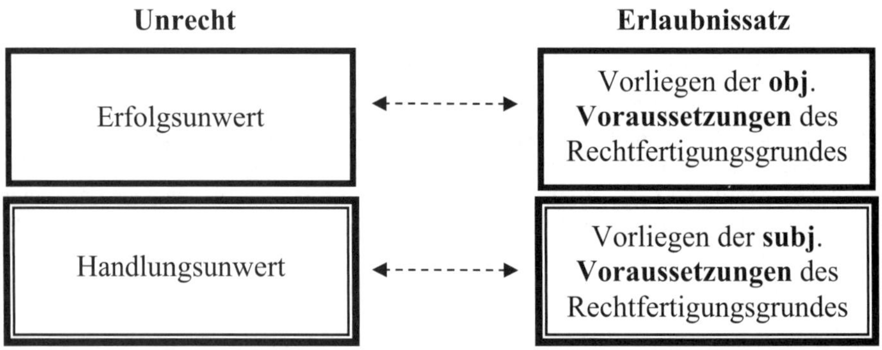

Dass das Vorliegen der objektiven Rechtfertigungselemente allein noch nicht zu einer Straflosigkeit führen kann, zeigt ein Vergleich mit dem **untauglichen Versuch** (s. Rn 880): Denn auch bei Letzterem fehlt es am Erfolgsunwert, weil der Erfolg aus objektiven Gründen gar nicht eintreten kann (zB Erschießungsversuch mit ungeladenem Gewehr); gleichwohl wird der Täter wegen des Handlungsunwerts (hier: wegen des Handelns mit Tötungsvorsatz) bestraft (vgl § 23 III).

402 b) Umstritten ist jedoch die **Qualität des subjektiven Rechtfertigungselements**[25], insbesondere, ob das Wissen des Täters um das Vorliegen der objektiven Rechtfertigungsvoraussetzungen ausreicht, oder ob zudem ein Wollenselement hinzutreten muss:

---

23 S. *Murmann*, Grundkurs, § 16 Rn 8.

24 Anders noch LK-*Spendel*, 11. Aufl. 2003, § 32 Rn 138 ff; *ders.*, Oehler-FS, S. 199 ff; *Rohrer*, JA 86, 363.

25 Zum Meinungsstand: *B. Heinrich*, AT, Rn 387 ff; *Hillenkamp*, AT, S. 30; NK-*Paeffgen*, Vor §§ 32 ff Rn 91 ff; *Rönnau*, JuS 09, 594; fallbezogen: *Mitsch*, ZJS 14, 192, 194.

Als **Wissenselement** wird – parallel zum Eventualvorsatz (s. Rn 323 ff) – überwiegend für ausreichend erachtet, dass der Täter das Vorliegen der Rechtfertigungsvoraussetzungen **für möglich hält** und **im Vertrauen hierauf handelt**[26]. Andere fordern demgegenüber, der Täter müsse positives Wissen bzw **sichere Kenntnis** vom Vorliegen der Rechtfertigungsvoraussetzungen haben[27]. **403**

Als **Wollenselement** wird zusätzlich von Rspr und Teilen der Lehre vorausgesetzt, dass der Täter **zum Zwecke der Rechtfertigung** handelt, sein Verhalten also auf einer dem Erlaubnistatbestand entsprechenden Motivation beruht. In der Regel bedeutet dies, dass der Täter retten oder verteidigen will[28]. Viele Autoren lehnen ein derartiges Wollenselement jedoch ab. Denn – so das Hauptargument – würde man etwa den in Kenntnis der Notwehrvoraussetzungen Handelnden für Rechtsgutsverletzungen bestrafen, nur weil er sich letztlich gar nicht verteidigen will, sondern maßgeblich andere Motive (zB Rache, Hass) verfolgt, so würde man den bloßen Gesinnungsunwert seines Verhaltens unter Strafe stellen und damit unzulässigerweise reinem Gesinnungsstrafrecht Vorschub leisten[29]. Dabei wird jedoch übersehen, dass derjenige, der nicht willens ist, das bedrohte Rechtsgut zu verteidigen, nicht nur böse Absichten und verwerfliche Gesinnungen hegt, die sozusagen selbstständig und losgelöst von einem Handeln bestraft werden. Vielmehr stellt sich das so motivierte rechtsgutsverletzende Verhalten des Täters schon nicht als „Verteidigung" oder „Rettung" dar. Der auf Tatbestandsebene vorhandene Handlungsunwert lässt sich daher ohne ein Wollenselement auf der Rechtfertigungsebene nicht kompensieren. **404**

Zur Notwehr gehört daher subjektiv ein „Verteidigungswille" (vgl Rn 532), zum rechtfertigenden Notstand ein „Rettungswille", zur rechtfertigenden Einwilligung ein Handeln auf Grundlage des Rechtsgutsverzichts, zum Festnahmerecht gehört gem. § 127 StPO die Absicht, den Täter der Strafverfolgung zuzuführen usw. Andere Motive wie Hass, Rache oder Eifersucht stehen einer Rechtfertigung allerdings nicht entgegen, sofern sie den Willen, das bedrohte Rechtsgut zu bewahren, nicht völlig in den Hintergrund drängen[30]. **405**

c) Welche Folge das **Fehlen des subjektiven Rechtfertigungselements** hat, ist umstritten. Nach dem bisher Gesagten (Rn 401) kann die Ansicht der höchstrichterlichen Rspr und eines Teils der Lehre, die eine Strafbarkeit wegen **vollendeter** rechtswidri- **406**

26 OLG Naumburg NStZ 13, 718 m. Bespr. *Jahn*, JuS 13, 1139; *Kühl*, AT, § 7 Rn 132; S/S-*Lenckner/Sternberg-Lieben*, Vorbem. §§ 32 ff Rn 14; S/S/W-StGB-*Rosenau*, Vor § 32 Rn 13; MK-*Schlehofer*, Vor §§ 32 ff Rn 89; *Stratenwerth/Kuhlen*, AT, § 9 Rn 151.

27 LK-*Rönnau*, Vor § 32 Rn 84 ff; ähnl. MK-*Erb*, § 32 Rn 241.

28 BGHSt 56, 11, 22 *(Partisanenfall)*, BGH NJW 13, 2133, 2135 m. krit. Bespr. *Brüning*, ZJS 13, 511 u. *Engländer*, HRRS 13, 389; *Erb*, NStZ-RR 13, 371 sowie *Jäger*, JA 13, 708; *Grosse-Wilde*, ZIS 11, 83; *Krey/Esser*, AT, § 13 Rn 457 ff; *Rengier*, AT, § 17 Rn 12; abgeschwächt: *Alwart*, GA 1983, 453.

29 Matt/Renzikowski-*Engländer*, Vor § 32 Rn 7; *Kindhäuser*, AT, § 15 Rn 9; *Loos*, Oehler-FS, S. 227, 235 f; *Murmann*, Grundkurs, § 25 Rn 105; *Puppe*, AT, § 13 Rn 5; *Roxin*, AT I, § 14 Rn 97 ff; MK-*Schlehofer*, Vor § 32 Rn 95; diff. *Baumann/Weber/Mitsch*, AT, § 16 Rn 64; *Frister*, Rudolphi-FS, S. 45, 52 ff.

30 OLG Koblenz StV 11, 622 m. Bespr. *Jahn*, JuS 11, 655; *Hilgendorf/Valerius*, AT, § 5 Rn 54.

ger Tat annehmen[31], nicht überzeugen. Vielmehr ist – mit der hL[32] und der auch in der obergerichtlichen Rspr im Vordringen befindlichen Meinung[33] – lediglich wegen **Versuchs** zu bestrafen: Da der mit der Tatbestandsverwirklichung verknüpfte Erfolgsunwert durch die objektiv gegebene Rechtfertigungslage kompensiert wird, beschränkt sich der Unwertgehalt der Tat – ebenso wie beim untauglichen Versuch (s. Rn 401) – auf den subjektiven Handlungsunwert. Ein Rückgriff auf die Versuchsregeln erscheint daher sachgerecht. Wo der Versuch nicht mit Strafe bedroht ist, führt das zur Straflosigkeit[34].

407 In **Fall 8** erfüllt A die objektiven Voraussetzungen des Rechtfertigungsgrundes der Notwehr: es lag eine Notwehrlage in Form eines gegenwärtigen rechtswidrigen Angriffs auf sein Leben vor, da E zum tödlichen Schuss auf ihn angesetzt hatte. Dass A von der Notwehrsituation aber nichts wusste und somit die subjektiven Voraussetzungen des Erlaubnistatbestands nicht gegeben sind, darf nicht dazu führen, dass § 32 ohne jede Wirkung bleibt. Vielmehr ist er nur wegen eines versuchten Tötungsdelikts, hier im Ergebnis wegen eines versuchten Mordes (§§ 211, 22, 23 I) zu bestrafen.

408 **Klausurhinweis:** Da es sich nicht um einen Versuch im technischen Sinn handelt, sondern nur die Versuchsregeln angewendet werden, ist der Aufbau nicht ganz einfach. Man sollte daher schon im Rahmen des vollendeten Delikts auf der Stufe der Rechtswidrigkeit darlegen, dass die Versuchsregeln eingreifen. Bei der sich anschließenden Versuchsprüfung wird die Feststellung, dass der Erfolg ausgeblieben ist, durch den Hinweis auf das fehlende Erfolgsunrecht ersetzt. Im Übrigen sind Tatbestandsmäßigkeit und Rechtswidrigkeit nur ganz kurz zu prüfen, da die einschlägigen Erwägungen bereits beim vollendeten Delikt angestellt wurden. Ausführlicher ist lediglich noch auf die Schuld und die sonstigen Strafbarkeitsvoraussetzungen einzugehen[35].

▸ Beispielsfälle bei *Beulke*, Klausurenkurs I Rn 307 und Klausurenkurs III Rn 652

409 d) Denkbar ist auch der **umgekehrte Fall**: Liegt zwar das subjektive Rechtfertigungselement (also etwa der Verteidigungswille bei der Notwehr) vor, sind aber die objektiven Voraussetzungen des jeweiligen Rechtfertigungsgrundes nicht erfüllt, so handelt der Täter in einem Irrtum, der – wenn dieser allein im Tatsächlichen wurzelt – sich als sog. **Erlaubnistatbestandsirrtum** darstellt (zB die irrige Annahme einer Notwehrlage) bzw – wenn es sich um rechtliche Fehlvorstellungen handelt – als **Erlaubnisirrtum** zu charakterisieren ist (zB Fehlvorstellungen über die rechtlichen Grenzen der Notwehr).

---

31 RGSt 62, 138; BGHSt 2, 111, 114; BGH NStZ 05, 332, 334; *B. Heinrich*, AT, Rn 392; *Zieschang*, AT, Rn 232.

32 HK-GS-*Duttge*, Vor § 32 Rn 13; *Ernst*, ZJS 11, 382; LK-*Hillenkamp*, § 22 Rn 200; *Hoffmann-Holland*, AT, Rn 274; SK-*Hoyer*, Vor § 32 ff Rn 80; *Jäger*, AT, § 4 Rn 129; *Jescheck/Weigend*, AT, § 31 IV 2; *Kretschmer*, Jura 98, 248; *Rengier*, AT, § 17 Rn 18; LK-*Rönnau*, Vor § 32 Rn 90; *Roxin*, AT I, § 14 Rn 102; *Stratenwerth/Kuhlen*, AT, § 9 Rn 153; *Streng*, Otto-FS, S. 469, 474; für Straflosigkeit *Gropp*, Kühl-FS, S. 247, 256 f; *Rath*, S. 640.

33 Vgl OLG Celle, NdsRpfl 2013, 253 m. Bespr. *Jahn*, JuS 13, 1042; dazu auch *Kuhlen*, FS Beulke, S. 153 ff; OLG Naumburg NStZ 13, 718 m. Bespr. *Jahn*, JuS 13, 1139.

34 Da es keinen fahrlässigen Versuch gibt, scheidet auch eine Bestrafung wegen fahrlässiger Tat aus, *Kindhäuser*, LPK, Vor §§ 32-35 Rn 18.

35 Abw. hierzu hält *Kudlich* (JA 14, 587, 590) – ohne Versuchsprüfung – die bloße Feststellung, dass eine Bestrafung „nach Versuchsgrundsätzen zu erfolgen hat", für ausreichend.

Beispiel: Bei einem nächtlichen Spaziergang durch eine enge Gasse in München hört die ängstliche A schnelle, sie verfolgende Schritte. Sie glaubt, ein Vergewaltiger nähere sich ihr. Ohne lange zu überlegen, greift sie schnell zum Pfefferspray in ihrer Handtasche, dreht sich blitzschnell um und sprüht es dem sie verfolgenden X in die Augen. X wollte A jedoch nur das Halstuch hinterhertragen, das diese verloren hatte. Hier fehlt es mangels Angriff bereits an einer objektiven Notwehrlage. Die tatsächlichen Voraussetzungen des § 32 sind nicht gegeben, A handelt im sog. Erlaubnistatbestandsirrtum, welcher richtiger Ansicht zufolge den Vorsatzschuldvorwurf entfallen lässt. A kann hier also mangels Schuld nicht wegen einer vorsätzlichen Körperverletzung, wohl aber wegen einer fahrlässigen Körperverletzung bestraft werden.

Zu den Rechtsfolgen eines Erlaubnistatbestandsirrtums (bzw. eines Erlaubnisirrtums) s. im Einzelnen Rn 698 ff, 713.

5. Terminologie: Rechtswidrigkeit vs. Unrecht

Die Begriffe **Rechtswidrigkeit** und **Unrecht** werden im Schrifttum meistens synonym gebraucht. Dies ist zwar nicht falsch. Beide Begriffe können aber durchaus etwas Unterschiedliches zum Ausdruck bringen: Denn während mit der Charakterisierung eines Verhaltens als „rechtswidrig" nur gesagt ist, **dass** dieses im Widerspruch zur (Gesamt-)Rechtsordnung steht, ermöglicht der Begriff des Unrechts eine Quantifizierung: So lässt sich sagen, dass etwa das Tötungsunrecht erheblich schwerer wiegt als das Unrecht einer Sachbeschädigung. Letztlich fließt eben (nur) in den Begriff des „Unrechts" der mit der rechtswidrigen Tat verbundene sozialethische Unwert ein. 410

Die Rechtfertigungsgründe werden im Schrifttum auch **„Unrechtsausschließungsgründe"** genannt. Beide Bezeichnungen sind nach überwiegender Ansicht gleichbedeutend. Nach einer Mindermeinung[36] soll zwischen **allgemeinen Rechtfertigungsgründen** (§§ 32, 34) und besonderen **„Strafunrechtsausschließungsgründen"** (zB §§ 193, 218a II, notstandsähnliche Lage) unterschieden werden. Letztere sollen nicht zur Rechtmäßigkeit, sondern nur zum Ausschluss der Strafwürdigkeit sowie zum Verzicht der strafrechtlichen Missbilligung des tatbestandsmäßigen Verhaltens führen. 411

II. Überblick über die wichtigsten Rechtfertigungsgründe

1. Eine Zusammenstellung der (weitgehend) anerkannten Erlaubnissätze

Wegen des Postulats der Einheit und Widerspruchsfreiheit der Rechtsordnung können Rechtfertigungsgründe jedwedem Rechtsbereich entnommen werden. Es ist daher nicht möglich, die Erlaubnissätze in einen abschließenden Katalog zusammenzufassen. Die folgende Aufzählung enthält aber die wichtigsten Rechtfertigungsgründe, und zwar in der für den Regelfall empfohlenen Prüfungsreihenfolge in Klausuren. 412

Aus didaktischen Gründen weicht die Behandlung der Rechtfertigungsgründe in diesem Lehrbuch jedoch von dieser Reihenfolge ab:

36 Matt/Renzikowski-*Engländer*, Vor §§ 32 ff Rn 3; *Günther*, Strafrechtswidrigkeit und Strafunrechtsausschluss, 1983, S. 255; krit. *Beulke*, Hanack-FS, S. 544; S/S-*Lenckner/Sternberg-Lieben*, Vorbem. § 32 Rn 8.

a) rechtfertigende **Einwilligung** und **mutmaßliche Einwilligung** (Verzicht auf Rechtsgüterschutz),
b) **Notwehr** (§ 32 StGB, § 227 BGB),
c) erlaubte **Selbsthilfe** (§§ 229, 562b I, 859, 1029 BGB),
d) **zivilrechtlicher Notstand** (§§ 228, 904 BGB),
e) **allgemeiner rechtfertigender Notstand** (§ 34 StGB, § 16 OWiG),
f) **rechtfertigende Pflichtenkollision**,
g) **Wahrnehmung berechtigter Interessen bei Ehrverletzungen** (§ 193[37]),
h) **Erziehungsrecht** der Eltern,
i) **Festnahmerecht** nach § 127 StPO und § 87 StVollzG,
j) **Amtsbefugnisse**, **Dienstrechte**, **besondere Rechtspflichten von Amtsträgern** (zB nach §§ 81 ff StPO, §§ 758, 808, 909 ZPO),
k) **politisches Widerstandsrecht** nach Art. 20 IV GG.

2. Umstrittene Rechtfertigungsgründe

413 a) Umstritten ist, ob auch das **erlaubte Risiko** als Rechtfertigungsgrund in Betracht kommt. Als eigenständige Rechtsfigur ist das erlaubte Risiko jedoch nicht anzuerkennen, vielmehr bildet es nur einen Sammelbegriff für strukturell unterschiedliche Fallgestaltungen, in denen es (wie zB im Fahrlässigkeitsbereich mangels Missachtung der im Verkehr erforderlichen Sorgfalt) zumeist schon an einem strafrechtlich relevanten Verhaltensunwert fehlt[38] (s. Rn 257 ff; vgl auch Rn 935 ff).

414 b) Dem klassischen Erlaubnissatz, wonach jemandem ein Recht zu einem bestimmten Verhalten eingeräumt wird, entspricht auch **§ 241a BGB** nicht. Dort wird letztlich nur die zivilrechtliche Folgenlosigkeit der Vernichtung sowie des Ge- oder Verbrauchs einer **unbestellt zugesandten Sache** angeordnet. Der Empfänger der unbestellten Ware wird in dieser Vorschrift zwar nicht zur Zerstörung oder zum Verbrauch der Sache berechtigt. Wegen des Postulats der Einheit der Rechtsordnung muss diese Vorschrift jedoch auch im Strafrecht dazu führen, dass ein solches Verhalten des Verbrauchers straflos bleibt. Denn § 241a BGB sieht im Verhältnis des Unternehmers zum Verbraucher einen völligen Rechtsverlust vor. Daraus folgt, dass den Verbraucher keine Pflichten mehr treffen – auch nicht die Pflicht, das weiterhin beim Unternehmer verbleibende Eigentum zu beachten. Dies kann aber nur so verstanden werden, dass das Verhalten des Verbrauchers vom generellen Unwerturteil der Rechtsordnung befreit ist. Sofern also zB die Straftatbestände der Sachbeschädigung oder der Unterschlagung (§§ 303, 246) verwirklicht sind, greift der Rechtfertigungsgrund des § 241a BGB ein[39].

415 c) Ein Rechtfertigungsgrund lässt sich nach umstr. Ansicht im Hinblick auf die grds strafbare „unbefugte Verwertung oder Mitteilung von Geschäftsgeheimnissen" (vgl § 17 II Nr. 2 UWG) auch dem **§ 158 StPO** entnehmen. Dies wurde zB in den Fällen

37 Hierzu näher *Swoboda*, Jura 07, 224; *Wessels/Hettinger*, BT/1, Rn 514.
38 Zutr. *B. Heinrich*, AT, Rn 518; *Herzberg*, JR 86, 6; *Jescheck/Weigend*, AT, § 36 I 1; *Kindhäuser*, GA 1994, 197; *Maiwald*, Jescheck-FS, S. 405; *Schürer-Mohr*, Erlaubte Risiken, 1998, S. 161.
39 *Bülte/Becker*, Jura 12, 319, 325; *Hoffmann-Holland*, AT, Rn 350; SK-*Hoyer*, § 303 Rn 19; LK-*Rönnau*, Vor § 32 Rn 307; für Ausschluss des Tatbestandes: *Jäger*, Zurechnung, S. 29; vert. *Haft/Eisele*, Meurer-GS, S. 257; *Wessels/Hillenkamp*, BT/2, Rn 20, 320.

relevant, in denen private Informanten auf CDs gespeicherte schweizerische Bankdaten für Millionenbeträge an deutsche Strafverfolgungsbehörden verkauften, um Steuersünder zu enttarnen. Da dem § 158 StPO die **Befugnis jedes Bürgers** zugrunde liegt, **eine Straftat anzuzeigen**[40], dh den Strafverfolgungsbehörden einen Sachverhalt mitzuteilen, der nach Meinung des Anzeigenden Anlass für Strafverfolgung bietet, kann diese Vorschrift grds auch die ansonsten rechtswidrige Offenlegung von geheimen Bankdaten rechtfertigen[41].

Dass der Täter mit der Offenlegung der Daten – realistischerweise sogar in erster Linie – eine Gewinnerzielungsabsicht verfolgt, nimmt dem Verhalten nicht den Charakter einer rechtmäßigen Strafanzeige, da sonst neben der Kenntnis der objektiven Rechtfertigungselemente und dem Willen zur Einleitung eines Strafverfahrens ein moralisierendes Element (kein wirtschaftliches Interesse) eingeführt würde, welches unzulässigerweise Gesinnungsaspekten entscheidende Kraft für die Frage der Rechtfertigung einräumen würde.[42]

d) Dass **Tötungen feindlicher Kombattanten im Krieg** rechtmäßig sind, wird zumeist als selbstverständlich unterstellt. Sucht man nach einer tragfähigen Begründung für dieses – angesichts des sonst so sehr betonten absoluten Lebensschutzes – keinesfalls eindeutigen Ergebnisses, wird man enttäuscht. Oft begnügt man sich mit dem Verweis auf Gewohnheitsrecht oder allgemein auf Kriegs(völker)recht[43]. Auch wenn das Völkerrecht natürlich Erlaubnisnormen bereithalten kann, die im nationale Strafrecht rechtfertigende Wirkung entfalten[44]: Eine explizite völkerrechtliche Norm, die zum Töten im Krieg befugt, sucht man vergebens. Am ehesten lässt sich argumentieren, dass das in Friedenszeiten umfassend geltende Tötungsverbot durch das Kriegsrecht zumindest in weiten Teilen (insbes. soweit nicht humanitäreres Völkerrecht eingreift) außer Kraft gesetzt wird. Aber selbst dann bleiben Zweifel: Begründet die **Aufhebung des Verbots** zu töten gleichzeitig wirklich eine Tötungs**erlaubnis**? Diese Frage ist noch nicht abschließend geklärt[45]. **416**

e) Inwieweit die Berufung auf **Grundrechte** zu einer Rechtfertigung führen kann, ist ebenfalls noch nicht abschließend geklärt. Unproblematisch sind Grundrechte heranzuziehen, um eine verfassungskonforme Auslegung anerkannter Rechtfertigungsgründe zu bewirken. Ob darüber hinaus eine unmittelbare Rechtfertigungswirkung durch Grundrechte allgemein oder in Einzelfällen möglich ist, ist heftig umstritten[46]. IdR wird eine solche jedoch an der zu großen Unbestimmtheit der Grundrechte scheitern[47]. **417**

---

40 Zum Recht auf Strafanzeige als Befugnis s. *Satzger*, Achenbach-FS, S. 451 f mwN.

41 Ausf. *Satzger*, Achenbach-FS, S. 447, 451 f; ebenso *Ostendorf*, ZIS 10, 304; eine solche Befugnis wird auch von *Schroth*, in: Hilpert/Schroth, S. 191 erwogen; aA *Ignor/Jahn*, JuS 10, 392; *Sieber*, NJW 08, 884; nicht eindeutig ablehnend *Kelnhofer/Krug*, StV 08, 661, wonach der Informant im Liechtensteiner Fall „jedenfalls gegenüber dem BND“ keine Berechtigung zur Offenbarung gehabt habe.

42 *Satzger*, Achenbach-FS, S. 447, 453.

43 Vgl nur BGHSt 23, 103; 49, 139; zust. etwa *Gribbohm*, NStZ 05, 38 f.

44 S. nur LK-*Rönnau*, Vor § 32 Rn 302.

45 Weiterführend und lesenswert: *Eser*, Schöch-FS, S. 461; insbes. zu den sog. Kollateraltötungen s. *Merkel*, JZ 12, 1137 und *T. Zimmermann*, JZ 14, 388.

46 Vgl nur S/S-*Lenckner/Sternberg-Lieben*, Vorbem. § 32 Rn 65a; S/S/W-StGB-*Rosenau*, Vor § 32 Rn 29 mwN.

47 Zu Art. 4 GG vgl etwa OLG Jena NJW 06, 1892 f; *Böse*, ZStW 113 [2001] 40, 42; *Tiedemann*, Verfassungsrecht und Strafrecht, 1991, S. 36 f.

3. Rechtfertigungsgründe und hoheitliches Handeln

418 a) Sehr umstritten ist, ob sich auch Amtsträger im Bereich des hoheitlichen Handelns auf die allgemeinen Rechtfertigungsgründe, insbes. auf §§ 32, 34 berufen können[48].

Beispiel: Der Polizeibeamte P wird als Verdeckter Ermittler in der Drogenszene eingesetzt (vgl § 110a II StPO). Er kann nach und nach das Vertrauen der Drogendealer gewinnen. Will er nicht als „Schnüffler" auffliegen, muss er sich an einem Einbruchsdiebstahl bei einem säumigen Schuldner beteiligen. P lässt sich, in Angst um sein Leben, darauf ein und beteiligt sich an dem Einbruch. Fraglich ist hier, ob sich P – als Polizist im Dienst – zur Rechtfertigung seiner Beteiligung an der „milieubedingten Straftat" wegen der ihm drohenden Lebensgefahr auf § 34 berufen kann.

419 Hoheitliche Eingriffe bedürfen stets einer besonderen gesetzlichen Ermächtigung (Vorbehalt des Gesetzes), die gegenüber einem Beschuldigten v.a. in der StPO, ansonsten insbes. in den Polizeigesetzen der Länder enthalten sein kann. Da Rechtfertigungsgründe keine derartigen öffentlich-rechtlichen Ermächtigungsnormen seien und eine private, durch Rechtfertigungsgründe gedeckte Abwehr solange nicht geboten sei, wie der Amtsträger hoheitlich handele, will eine verbreitete Ansicht dem Amtsträger eine Berufung auf die allgemeinen Rechtfertigungsgründe **generell verwehren**[49].

420 Teilweise wird eine einzige Ausnahme dahingehend gemacht, dass sich der Amtsträger zu **Selbstverteidigungszwecken** auf den Rechtfertigungsgrund der Notwehr (§ 32 II Alt. 1) berufen könne (nicht aber auf sonstige Rechtfertigungsgründe, insbes. auch nicht auf die Nothilfe gem. § 32 II Alt. 2), da die reine Selbstverteidigung nicht zu den polizeilichen/staatlichen Aufgaben zähle[50].

421 Eine **differenzierende Ansicht** hält dem die Ultima-Ratio-Funktion des Strafrechts entgegen und will daher die Rechtswidrigkeit nach Polizeirecht und die nach Strafrecht streng trennen: Das Vorliegen der Voraussetzungen eines allgemeinen Rechtfertigungsgrundes könne zwar nicht ausschließen, dass das Handeln des Amtsträgers aus polizeirechtlicher Sicht rechtswidrig, aus strafrechtlicher Sicht jedoch rechtmäßig sei[51]. Ein Auseinanderfallen von Polizei- und Strafrechtswidrigkeit stünde jedoch im Widerspruch zum Postulat der Einheit der Rechtsordnung und ist daher abzulehnen. Vielmehr ist im Ausgangspunkt nicht einzusehen, warum ein Amtsträger – auch bei dienstlichem Tätigwerden – von vornherein nicht in den Genuss der allgemeinen Rechtfertigungsgründe kommen können soll. Er ist „Bürger in Uniform", der ohne Grund nicht schlechter gestellt werden darf als ein Privater, zumal er besonders häufig in Gefahrensituationen gerät.

---

48 Den Streitstand zusammenfassend: *Hillenkamp*, AT, S. 40; fallbezogen *Ambos/Rackow*, Jura 06, 943, 945.

49 *Jahn*, Das Strafrecht des Staatsnotstandes, 2004, S. 247 ff; *Jakobs*, AT, 12/42 ff; NK-*Kindhäuser*, § 32 Rn 84; NK-*Paeffgen*, Vor §§ 32 ff Rn 151; LK-*Rönnau/Hohn*, § 32 Rn 220; S/S/W-StGB-*Rosenau*, § 34 Rn 4.

50 *Amelung*, JuS 86, 329, 329, 332; *Fahl*, Jura 07, 743, 744 f, 749; *B. Heinrich*, AT, Rn 398; *Hoffmann-Holland*, AT, Rn 276.

51 *Böse/Kappelmann*, ZJS 08, 290, 295 f; *Ellbogen*, Jura 05, 339, 341 f; *Erb*, Jura 05, 24, 29; *Otto*, AT, § 8 Rn 57; SK-*Günther*, § 32 Rn 17; § 24 Rn 15 f; *Klose*, ZStW 89 [1977] 61, 78; *Lackner/Kühl*, § 32 Rn 17; *Reinhardt*, ZJS 13, 493, 496.

Richtigerweise dürfen die Rechtfertigungsgründe nur nicht als Umgehung des öffentlichen Kompetenzgefüges verstanden werden, sie sind keine Eingriffsbefugnisse des Staates und erweitern diese auch nicht. Wo der Gesetzgeber also eine **abschließende Regelung** der öffentlich-rechtlichen Eingriffsbefugnisse getroffen hat – aber auch nur insoweit –, bleibt der Amtsträger hieran gebunden und darf sich nicht auf weitergehende allgemeine Rechtfertigungsgründe berufen. Dies entspricht auch der **hM**[52]. **422**

Im obigen Beispiel sind die **milieubedingten Straftaten des Verdeckten Ermittlers** nach den beiden zuerst genannten restriktiven Ansichten mangels genereller Anwendbarkeit des § 34 nicht zu rechtfertigen. Nach der differenzierenden Theorie, die die Rechtswidrigkeit im Hinblick auf das Polizeirecht bejahen müsste (da der Gesetzgeber keine öffentlich-rechtliche Befugnis zur Begehung derartiger Taten vorgesehen hat), kommt es im Ergebnis – ebenso wie nach der hM – darauf an, ob die Voraussetzungen des § 34 erfüllt sind (was sehr zweifelhaft ist), wobei mit der auch hier bevorzugten hM zusätzlich noch danach gefragt werden muss, ob der Gesetzgeber in §§ 110a ff StPO insoweit eine abschließende Regelung getroffen hat. Dies könnte wegen der Formulierung in § 110c S. 3 StPO („Im übrigen richten sich die Befugnisse des Verdeckten Ermittlers nach diesem Gesetz *und anderen Rechtsvorschriften*") zweifelhaft erscheinen; im Ergebnis handelt es sich gleichwohl um eine auf öffentlich-rechtliche Befugnisnormen bezogene abschließende Regelung; die allgemeinen Rechtfertigungsgründe verleihen demgegenüber gerade keine Befugnisse im Sinne dieser Vorschrift.[53] **423**

Sehr umstritten ist weiter, ob für den **polizeilichen Schusswaffengebrauch** § 32 herangezogen werden kann. Nach der auch hier vertretenen Meinung ist dies sowohl zur Selbstverteidigung als auch zum Zwecke der Nothilfe zulässig[54]; die landesrechtlichen Polizeigesetze stellen insoweit keine abschließende engere Regelung dar, sondern enthalten – im Gegenteil – regelmäßig Notrechtsvorbehalte (zB für Bayern § 60 II PAG: „Die zivil- und strafrechtlichen Wirkungen nach den Vorschriften über Notwehr und Notstand bleiben unberührt."). Der zur Waffe greifende Polizist ist aber – anders als sonst bei § 32 – an den für alles staatliche Handeln geltenden Verhältnismäßigkeitsgrundsatz gebunden[55]. **424**

Ebenso findet **§ 193** für ehrenrührige Äußerungen im Bereich hoheitlichen Tätigwerdens Anwendung und auch auf **§ 127 I StPO** können sich nicht nur Privatpersonen, sondern auch Amtsträger berufen. **425**

b) Zu beachten ist, dass das Strafverfahrensrecht in **§ 161 StPO** eine **weitreichende (generalklauselartige) Eingriffsgrundlage für hoheitliches Handeln** in Bezug auf nicht schwerwiegende Grundrechtseingriffe enthält[56]. Dementsprechend ist ein Rückgriff auf allgemeine Rechtfertigungsgründe, insbes. auf § 34 zB im Zusammenhang mit dem Ankauf von im Ausland rechtswidrig erlangten Steuer-CDs zum Zweck der **426**

---

52 Vgl BGHSt 27, 260, 262 f; BGH NJW 58, 1405; BGH NStZ 05, 31; BayObLG JZ 91, 936 m. Bespr. *Rogall*, JuS 92, 551; *Joecks*, § 32 Rn 60; *Kasiske*, JA 07, 509, 513; *Kühl*, AT, § 7 Rn 153; *ders.*, Jura 93, 233, 238; *Norouzi*, JA 05, 306, 308; *Radtke/Schwer*, JuS 03, 580, 584 f; *Rengier*, AT, § 18 Rn 96; *Roxin*, AT I, § 15 Rn 112 f; *Stratenwerth/Kuhlen*, § 9 Rn 94 f; einschränkend: *Béguelin*, GA 2013, 473; aA *Amelung*, JuS 86, 329, 336 f; für Strafbarkeitsausschluss: Matt/Renzikowski-*Engländer*, § 32 Rn 41; *ders.*, Nothilfe, S. 228 ff.

53 S. *Beulke*, StPO, Rn 267.

54 *Hoffmann-Holland*, AT, Rn 276; *Kühl*, Jura 93, 233, 236; *Paeffgen*, FS-Beulke S. 213, 221; S/S-*Perron*, § 32 Rn 42b f; *Roxin*, AT I, § 15 Rn 112.

55 S. nur *Stratenwerth/Kuhlen*, § 9 Rn 94.

56 Grundlegend BVerfG NJW 09, 2876.

Enttarnung von „Steuersündern" (Liechtenstein-Affäre) – nicht möglich, aber auch nicht nötig. Angesichts der Grundsätze von Vorrang und Vorbehalt des Gesetzes darf § 34, soweit eine spezialgesetzliche Ermächtigungsgrundlage fehlt, nicht zu einer noch über § 161 StPO hinausreichenden allgemeinen Ermittlungsbefugnis umgedeutet werden[57].

427 c) In diesen Zusammenhang gehört schließlich auch die Diskussion um die sog. **Rettungsfolter**, dh die Frage, ob im Rahmen von Vernehmungssituationen die Androhung von Folter durch Hoheitsträger ausnahmsweise durch Nothilfe gerechtfertigt werden kann, um ein höchstpersönliches Rechtsgut zu schützen, vorausgesetzt natürlich, man lehnt die Anwendung der allgemeinen Rechtfertigungsgründe auf dienstlich tätige Amtsträger nicht generell ab (s. Rn 419):

Beispiel (nach Fall *Daschner*[58]): G war verdächtig, den Frankfurter Bankierssohn J entführt zu haben. Er verweigerte gegenüber den polizeilichen Vernehmungsbeamten jedoch jegliche Aussage über den Aufenthaltsort. In Sorge um das Leben des J wies Polizeipräsident D den Vernehmungsbeamten V an, dem G extreme körperliche Schmerzen anzudrohen, wenn er den Aufenthaltsort nicht verrate. Aufgrund dieser Drohung legte G ein Geständnis ab. Hier stellt sich die Frage, ob die als Folter einzustufende Nötigung des G durch Nothilfe (§ 32 II Alt. 2) gerechtfertigt ist. Im Originalfall war J zum Zeitpunkt der Vernehmung bereits tot, sodass nur die Situation einer Putativnothilfe vorlag (Fall eines Erlaubnistatbestandsirrtum, dazu s. unten Rn 534, 697 ff).

Das geltende Recht enthält ein absolutes (!) Folterverbot: Grundgesetz, Völkerrecht und einfaches Recht sehen in Art. 1 I 1 (iVm 79 III), 104 I 2 GG, Art. 3 EMRK, der UN-Antifolterkonvention, § 136a StPO sowie im Polizeirecht **Folterverbote** vor, die ausdrücklich auch Extremfälle erfassen[59]. Zudem erklärt Art. 1 I GG die Menschenwürde für unantastbar und entzieht sie somit jeglicher Abwägung[60]. Es kann auch nicht zwischen (zulässiger) Androhung und (unzulässiger) Durchführung der Folter unterschieden werden; ebenso verbietet sich eine Differenzierung zwischen geringfügiger und erheblicher Schmerzzufügung[61].

---

57 Vgl zu diesem Problemkreis insgesamt: *Ignor/Jahn*, JuS 10, 390; *Ostendorf*, ZIS 10, 301; *Schünemann*, NStZ 08, 305; *Sieber*, NJW 08, 881, 884; zumindest entfällt die „Angemessenheit" (s. Rn 471): *Heine*, Roxin II-FS, S. 1087; fallbezogen: *Fahl*, ZJS 09, 63; aA *Kölbel*, NStZ 08, 214; diff. *Erb*, Roxin II-FS, S. 1103; s. auch *Satzger*, Achenbach-FS, S. 447; zur strafprozessualen Verwertung: BVerfG JZ 11, 249 m. Anm. *Wohlers*; *Beulke*, StPO, Rn 481; *Satzger*, I. Roxin-FS, S. 421.

58 LG Frankfurt/M. NJW 05, 692 *(Fall Daschner)* m. Bespr. *Jeßberger*, Jura 03, 711; *Kudlich*, JuS 05, 376; *Neuhaus*, GA 2004, 521; iE wie hier: *Beutler*, Strafbarkeit der Folter zu Vernehmungszwecken, 2006; *Fahl*, Jura 09, 234; *Hassemer*, Maihofer-FS, S. 181, 202; *Jäger*, JA 08, 678; LK-*Rönnau*, Vor § 32 Rn 259; *Roxin*, Nehm-FS, S. 205; *Saliger*, ZStW 116 [2004], 35, 48; s. auch *Beulke*, StPO, Rn 134a; *Kühl*, Jung-FS, S. 433; vert. *Merkel*, Jakobs-FS, S. 375.

59 EGMR NStZ 08, 699 u. NJW 10, 3145 *(Fall Gäfgen)* m. Anm. *Weigend* StV 11, 325; zu den geschichtlichen Hintergründen s. nur *Pösl*, Verbot der Folter, S. 79 ff.

60 *v. Bernstorff*, JZ 13, 905; *Greco*, GA 2007, 628; *Kahlo*, Hassemer-FS, S. 383, 414 f; *Stern*, Kirchhof-FS, Bd I, § 16 Rn 9 ff; aA *Brugger*, JZ 00, 165; *Wagenländer*, Zur strafrechtlichen Beurteilung der Rettungsfolter, 2006, S. 199 f; iSe einzelfallbezogenen Entschuldigungsgrundes: *Ambos*, Loos-FS, S. 5, 13.

61 AA hinsichtlich der Androhung *Herzberg*, JZ 05, 321; *Schünemann*, GA 2007, 644, 647 Fn 8; *Stratenwerth/Kuhlen*, AT, § 9 Rn 95; hinsichtlich geringfügiger Verstöße *Hilgendorf*, JZ 04, 331; *Lackner/Kühl*, § 32 Rn 17a; *Otto*, JZ 05, 473; zT auch *Fahl*, JR 04, 182.

Im Beispiel scheitert eine strafrechtliche Rechtfertigung des folternden Amtsträgers bei § 32 (Nothilfe) an der Gebotenheit (vgl Rn 508) und bei § 34 (Notstandshilfe) jedenfalls an der Angemessenheit (vgl Rn 471). Auch eine angebliche naturrechtliche Begründung des Nothilferechts darf die Folterverbote keinesfalls überlagern[62].

Aus der Strafbarkeit der Folter folgt im Gegenschluss, dass die unterlassene Opferrettung mittels Folter nicht gem. §§ 212, 13 bzw § 323c strafbar ist (s. a. Rn 497)[63]. Ob und in welchem Ausmaß das Verbot der Rettungsfolter auch auf Private erstreckt werden muss[64], ist derzeit wissenschaftlich noch ungeklärt[65]. **428**

4. Konkurrenz mehrerer Rechtfertigungsgründe

Mehrere Rechtfertigungsgründe, die auf denselben Sachverhalt zutreffen, sind zumeist unabhängig voneinander und ggf nebeneinander anwendbar (wie etwa §§ 229, 859 BGB neben § 32 StGB); nur in Ausnahmefällen wird der eine durch den anderen verdrängt. Bedeutung hat das vor allem beim rechtfertigenden Notstand: Hier enthält das Gesetz mit §§ 228, 904 BGB spezielle Vorschriften, die die Rechtfertigung der Einwirkung auf (fremde) Sachen regeln. Als *leges speciales*[66] gehen diese dem allgemeinen § 34 StGB, der als *ultima ratio* für Konfliktlagen außergewöhnlicher Art fungiert, vor[67]. **429**

Klausurhinweis: Dieser Tatsache sollte im strafrechtlichen Gutachten Rechnung getragen werden, indem die §§ 228, 904 BGB vor § 34 geprüft werden.

Im **Fall 8** hat A den E vorsätzlich getötet und, da er aus Hass gehandelt hat, auch das Mordmerkmal der niedrigen Beweggründe erfüllt. A hat somit den Tatbestand des Mordes (§ 211) verwirklicht. Eine vollständige Rechtfertigung scheidet aus: Gleichwohl ist er nicht wegen vollendeten Mordes, sondern wegen versuchter Tat zu bestrafen (§§ 211, 22, 23 I). Denn das Erfolgsunrecht seiner Tat wird durch das Vorliegen der objektiven Voraussetzungen des Rechtfertigungsgrunds der Notwehr (§ 32) kompensiert; dem verbleibenden Handlungsunwert wird nach zutreffender Ansicht eine Bestrafung wegen Versuchs gerecht. **430**

62 *Bott*, In dubio pro Straffreiheit?, 2011, S. 124; LK-*Rönnau*, Vor § 32 Rn 254; aA *Erb*, NStZ 05, 593; *ders.*, Seebode-FS, S. 99; *Eser*, Hassemer-FS, S. 713; iE ähnl. *Jerouschek*, JuS 05, 296.

63 AA *Kühl*, AT, § 7 Rn 156a; vert. *Mitsch*, Roxin-FS, S. 639 ff.

64 Dafür *v. Scherenberg*, Die sozialethischen Einschränkungen der Notwehr, 2009, S. 256; dagegen *Engländer*, Nothilfe, S. 331 ff – zu ihm *Jäger*, RW 10, 12; *Reschke*, JuS 11, 50, 55; vert. *Greve*, ZIS 14, 236.

65 Ausf. und mit beachtlichen Gründen die Gebotenheit der Notwehr ablehnend *Pösl*, Verbot der Folter, S. 261 ff, 285 f.

66 Zum Grundsatz „lex specialis derogat legi generali" = ein spezielles Gesetz verdrängt das allgemeinere; s. *Vogel*, Juristische Methodik, S. 63.

67 Vgl *Erb*, JuS 10, 17, 19; *Lackner/Kühl*, § 34 Rn 14; *Seelmann*, Das Verhältnis des § 34 StGB zu anderen Rechtfertigungsgründen, 1978, S. 75; *Thiel*, Die Konkurrenz von Rechtfertigungsgründen, 2000, S. 225 ff; anders *Hellmann*, Die Anwendbarkeit der zivilrechtl. Rechtfertigungsgründe im Strafrecht, 1987, S. 106 ff; s. auch *Gropengießer*, Jura 00, 262; *Heger*, JA 00, 188; *Roxin*, AT I, § 14 Rn 47.

Aktuelle Rechtsprechung zu § 8

- OLG Naumburg NStZ 13, 718: Fehlt bei einem objektiv im Notstand (§ 34) handelnden Täter die Kenntnis der Notstandslage, ist er – entgegen der Rspr des BGH – lediglich wegen Versuchs zu bestrafen; vgl Rn 406.
- OLG Celle, NdsRpfl 2013, 253 (Bespr. *Jahn*, JuS 13, 1042): Liegen die objektiven Voraussetzungen der Notwehr vor und fehlt es allein an den subjektiven Voraussetzungen des § 32, so entfällt das Erfolgsunrecht der begangenen Tat und es bleibt bei einer Strafbarkeit wegen Versuchs,; vgl. Rn 406.
- BGHSt 56, 11 *(Partisanenfall)* und BGH NJW 13, 2133: Verteidigungsmotivation bei der Notwehr erforderlich; vgl Rn 404.

§ 9 Rechtfertigungsgründe I: Der rechtfertigende Notstand (§§ 228, 904 BGB; § 34 StGB)

431 **Fall 9:**

a) Die bei der Tierärztin T beschäftigte Köchin K ist mit dem Krankenhauspatienten P verabredet. Da es regnet, benutzt K ohne zu fragen den Schirm der T. Auf dem Weg zum Treffpunkt wird K von dem bissigen Hund Rex des abwesenden S angegriffen. Als sie keinen anderen Ausweg sieht, erheblichen Verletzungen zu entgehen, schlägt sie Rex mit dem Schirm in die Flucht und dem Hund dabei zwei Zähne aus. Ts Schirm zerbricht. Ist das Verhalten der K rechtmäßig oder rechtswidrig? **Rn 436 f, 439, 441 f, 478**

b) V wird schwer verletzt ins Krankenhaus eingeliefert. Zum Überleben benötigt er sofort eine Bluttransfusion. Allerdings hat er eine äußerst seltene Blutgruppe. Der einzige, der als Blutspender in Betracht kommt, ist der gesundheitlich robuste P. Obwohl die Assistenzärzte A und B dem P erläutern, dass V auf das Blut des P angewiesen sei und kein anderer Spender dieser Blutgruppe zur Verfügung stehe, verweigert P seine Mitwirkung. Um das Leben des V zu retten, entnehmen A und B dem sich heftig sträubenden P unter Anwendung von Gewalt die für eine erste Bluttransfusion benötigte Menge Blut. Ist das Verhalten von A und B als rechtmäßig oder als rechtswidrig zu bewerten[1]? **Rn 444, 473, 475, 478**

432 Als **Notstand** bezeichnet man einen Zustand gegenwärtiger Gefahr für rechtlich geschützte Interessen, deren Abwendung nur auf Kosten fremder Interessen möglich ist.

433 Das geltende Recht unterscheidet zwischen dem rechtfertigenden und dem entschuldigenden Notstand:

434 Die Fälle des **rechtfertigenden Notstandes** (§§ 228, 904 BGB, § 34 StGB, § 16 OWiG) beruhen auf dem **Prinzip des überwiegenden Interesses**. Hier erscheint die Rettungshandlung aufgrund der Güter- und Interessenabwägung als das angemessene Mittel zur Erreichung eines berechtigten Zwecks.

Allerdings variiert der gesetzlich vorgesehene Abwägungsmaßstab: Hat der Geschädigte zur Entstehung der Gefahrenlage beigetragen, wiegen seine Interessen weniger schwer als die eines Geschädigten, der an der Entstehung der Situation gänzlich unbeteiligt war:

1 Beispiel nach *Gallas*, Mezger-FS, S. 311, 325.

• § 34 StGB: Erhaltungsgut **überwiegt** Eingriffsgut **wesentlich** • § 904 BGB: Schaden an Erhaltungsgut gegenüber Schaden an Eingriffsgut **wäre unverhältnismäßig groß**	• § 228 BGB: Schaden an Eingriffsgut **steht nicht außer Verhältnis** zu Erhaltungsgut
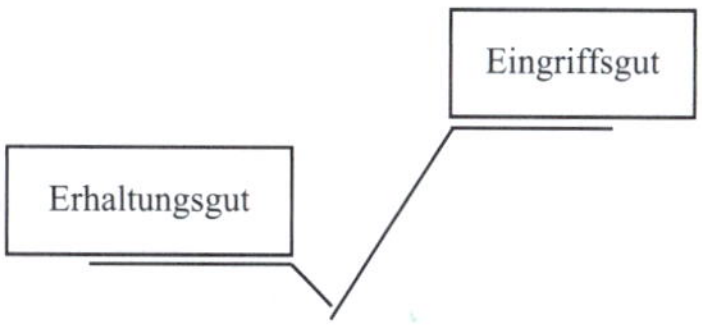 	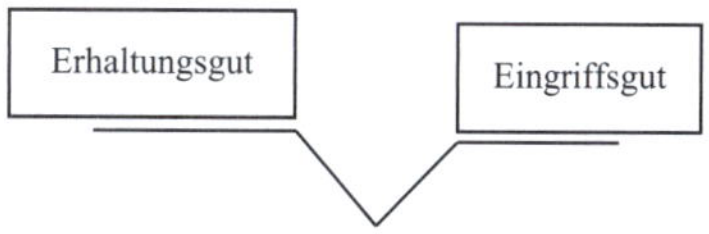

Im Gegensatz dazu handelt es sich beim **entschuldigenden Notstand** (§ 35) um die Kollision *gleichwertiger* Interessen und um Konflikte, bei denen dem Täter trotz Fortgeltung der Sollensgebote ein **normgemäßes Verhalten nicht zugemutet wird**[2]. Die Rechtsordnung übt dort in der Weise Nachsicht, dass sie (trotz rechtlicher Missbilligung der Tat) auf die Erhebung eines Schuldvorwurfs verzichtet[3]. **435**

I. Der zivilrechtliche Notstand

Im **Fall 9a** hat K den Schirm der T zwar nicht gestohlen (§ 242 I), da sie im Zeitpunkt der Wegnahme den Willen zur Rückgabe hat und ihr somit die für einen Diebstahl unverzichtbare Zueignungsabsicht fehlt (dazu *Wessels/Hillenkamp* Rn 156 ff). Die bloße Gebrauchsanmaßung eines Schirms ist – anders als bei einem Kfz oder bei einem Fahrrad (s. § 248b I) – straflos. Die Beschädigung des Schirmes bei seiner Verwendung als Verteidigungswaffe erfüllt allerdings objektiv und subjektiv den Tatbestand der Sachbeschädigung (§ 303 I); als Vorsatzform liegt bei K zumindest *dolus eventualis* vor. Ebenso erfüllt die Verletzung des Hundes den Tatbestand des § 303 I, da es sich bei dem Hund aus rechtlicher Sicht ebenfalls um eine Sache handelt (s. Rn 81). Fraglich ist, ob K in der konkreten Situation **rechtswidrig** gehandelt hat. **436**

Im Zivilrecht finden sich zwei Notstandsregelungen, die die schädigende Einwirkung auf fremde Sachen zum Gegenstand haben. Es handelt sich daher um **spezielle Rechtfertigungsgründe für eine Sachbeschädigung** (§ 303)[4].

1. Defensiver Notstand (§ 228 BGB)

Im **Fall 9a** befand K sich gegenüber dem sie angreifenden Rex nicht in einer Notwehrlage, da ein als rechtswidrig zu bewertender Angriff nur von Menschen ausgehen kann (vgl Rn 483). Bei einer Gefährdung durch Tiere oder leblose Gegenstände tritt § 228 BGB an die Stelle des § 32 StGB (RGSt 34, 295). Demnach sind hier die zivilrechtlichen Notstandsre- **437**

2 Vert. *Momsen*, Zumutbarkeit, S. 252 ff.
3 Lehrreich *Küper*, JuS 87, 81; *Roxin*, JuS 88, 425.
4 S. nur *B. Heinrich*, AT, Rn 482, 489.

geln anzuwenden. Für § 32 bleibt aber Raum, wenn ein menschlicher Angreifer Hunde auf Menschen hetzt (BGHSt 14, 152).

438 Die Rechtfertigung der **Sachwehr** im **defensiven Notstand** (§ 228 BGB) geht auf den Grundgedanken zurück, dass die Schutzinteressen des Bedrohten höher zu bewerten sind als das Interesse des Eigentümers an der Erhaltung einer Sache, deren Zustand andere gefährdet und zu Abwehrmaßnahmen zwingt.

Die Beschädigung oder Zerstörung fremder Sachen ist hiernach nicht widerrechtlich, wenn sie erforderlich ist, um eine **durch sie** drohende Gefahr für schutzwürdige Interessen jedweder Art abzuwenden, und der Schaden nicht außer Verhältnis zu der Gefahr steht. § 228 BGB sieht davon ab, ein wertmäßiges Überwiegen des bedrohten Rechtsgutes zu verlangen, weil die Abwehrhandlung sich **gegen die gefahrsetzende Sache als solche** richtet. Eine Schadensersatzpflicht trifft den Notstandstäter nur, wenn er die Gefahr verschuldet hat (§ 228 S. 2 BGB); die Rechtmäßigkeit seiner Abwehr bleibt davon nach hM unberührt[5].

439 Im **Fall 9a** war die Verletzung des Hundes Rex daher gem. § 228 BGB gerechtfertigt (eines Rückgriffs auf § 34 StGB bedarf es insoweit nicht; s. Rn 429). Damit liegt keine strafbare Sachbeschädigung vor.

440 **Überblick über die Voraussetzungen des defensiven Notstands, § 228 BGB**

1. Objektive Voraussetzungen
   a) Notstandslage (**„durch sie drohende Gefahr“**)
   - drohende gegenwärtige Gefahr für ein Rechtsgut
   - durch eine fremde Sache

   b) Notstandshandlung
   - Erforderlichkeit („zur Abwendung … erforderlich“)
   - Geeignetheit
   - relativ mildestes Mittel
   - Interessenabwägung (**„nicht außer Verhältnis“**)
2. Subjektive Voraussetzungen (= subj. Rechtfertigungselement)
   a) in Kenntnis der Notstandslage
   b) mit Rettungswillen (str.)

2. Aggressiver Notstand (§ 904 BGB)

441 Im **Fall 9a** könnte die Zerstörung des als Abwehrwaffe benutzten Schirmes der T durch K (§ 303 I) gem. § 904 BGB gerechtfertigt sein.

Im Gegensatz zu § 228 BGB erlaubt § 904 BGB in Fällen des **aggressiven Notstandes** die Einwirkung auf solche Sachen, die zu der Gefahrenquelle in keinerlei Beziehung stehen.

Nach dieser Vorschrift darf der Eigentümer den **Zugriff auf seine Sache** nicht verbieten, wenn die Einwirkung zur **Abwendung einer gegenwärtigen Gefahr notwendig** und der **drohende Schaden** gegenüber dem aus der Einwirkung entstehenden Schaden **unverhältnismäßig groß** ist.

5 Vert. *Pawlik*, GA 2003, 12.

Der Grundgedanke dieser Regelung liegt in der **Solidarität der Rechtsgemeinschaft**, die von dem Einzelnen in bestimmten Fällen der Not ein gewisses Maß an Opferbereitschaft fordert.

Allerdings wird dem unbeteiligten Eigentümer die **Aufopferung** seiner Sache im Fremdinteresse nur unter Zubilligung eines Schadensersatzanspruchs (§ 904 S. 2 BGB) und unter der Voraussetzung zugemutet, dass die **Güterabwägung eindeutig zugunsten des von der Gefahr Bedrohten** ausfällt[6].

Im **Fall 9a** sah K sich durch den Angriff des bissigen Hundes einer erheblichen Gefahr für ihre körperliche Unversehrtheit ausgesetzt. Da sich das Tier nicht verscheuchen ließ und ihr andere Abwehrmöglichkeiten nicht zur Verfügung standen, greift § 904 BGB. Eine rechtswidrige Sachbeschädigung (§ 303 I) liegt daher in Bezug auf den Schirm nicht vor; K ist gegenüber T allerdings schadensersatzpflichtig. 442

Überblick über die Voraussetzungen des aggressiven Notstands, § 904 BGB 443

1. Objektive Voraussetzungen
   a) Notstandslage (**„gegenwärtige Gefahr"**)
      – gegenwärtige Gefahr für ein Rechtsgut
   b) Notstandshandlung
      – Erforderlichkeit („zur Abwendung ... notwendig")
      – Geeignetheit
      – relativ mildestes Mittel
      – Interessenabwägung (**„drohender Schaden ... unverhältnismäßig groß"**)
2. Subjektive Voraussetzungen (= subj. Rechtfertigungselement)
   a) in Kenntnis der Notstandslage
   b) mit Rettungswillen (str.)

II. Der allgemeine rechtfertigende Notstand

Im **Fall 9b** zwangen A und B den P mit Gewalt, die Entnahme von Blut zur Rettung des V zu dulden. Für die Dauer des Eingriffs nahmen sie ihm zugleich die Möglichkeit, von seiner persönlichen Bewegungsfreiheit Gebrauch zu machen. Ihr Vorgehen verwirklicht objektiv und subjektiv den Tatbestand der Nötigung (§ 240 I), der Freiheitsberaubung (§ 239 I) und der gefährlichen Körperverletzung (§§ 223, 224 I Nr 4). Als Erlaubnisnorm für A und B könnte allerdings § 34 (rechtfertigender Notstand) in Betracht kommen. § 34 ist bei der Nötigung vor der allgemeinen Verwerflichkeit zu prüfen (s. Rn 194). 444

Der **allgemeine rechtfertigende Notstand** wurde in der Rspr als „übergesetzlicher Notstand" aus dem Prinzip der Güter- und Pflichtenabwägung entwickelt. Früher wurde er vornehmlich bei medizinisch indizierten Schwangerschaftsabbrüchen anerkannt[7], gilt aber heute für Interessenkollisionen aller Art[8]. Seine Voraussetzungen sind inzwischen gesetzlich in § 34 StGB festgehalten. 445

6 Vgl BGHZ 92, 357.
7 RGSt 61, 242; 62, 137; BGHSt 2, 111; 14, 1; Hilgendorf/Weitzel-*Zieschang*, S. 173.
8 BGHSt 12, 299; *Küper*, JZ 05, 105; *ders.*, Notstand, S. 101.

1. Die Notstandslage

446 Die erforderliche **Notstandslage** setzt eine gegenwärtige Gefahr für Leben, Leib, Freiheit, Ehre, Eigentum oder ein anderes Rechtsgut voraus, die nicht anders abgewendet werden kann als durch die Einwirkung auf ebenfalls rechtlich anerkannte Interessen.

447 a) Notstandsfähig sind hiernach **Rechtsgüter des Einzelnen und der Allgemeinheit**, soweit sie in der konkreten Situation **schutzbedürftig** und **schutzwürdig** sind.

448 Da der Schutz von **Allgemeinrechtsgütern** grundsätzlich den Staatsorganen obliegt, können sich Privatpersonen nach richtiger Ansicht insoweit nicht auf den Rechtfertigungsgrund der **Nothilfe** (§ 32 II Alt. 2) zugunsten des Staates (sog. „Staatsnothilfe") berufen[9]. Dagegen kann das **Notstandsrecht** des § 34 in eng begrenzten Ausnahmefällen ein Verhalten zum Schutz von Rechtsgütern der Allgemeinheit legitimieren, wenn staatliche Stellen nicht rechtzeitig eingreifen können.

Beispiel[10]**:** Ein Bürger, der einen anderen durch Schlüsselwegnahme an einer Trunkenheitsfahrt hindert, weil keine sofortige polizeiliche Hilfe erreichbar ist, ist durch Notstand gerechtfertigt.

Der Hintergrund dieser Differenzierung liegt insbes. darin, dass das Merkmal „einem anderen" bei § 32 II Ausdruck einer interpersonalen Beziehung sein soll, während es bei § 34 als schlichte Abgrenzung zu den Rechtsgütern des Täters verstanden wird[11].

449 Demgegenüber sind die **Individualrechtsgüter** des Staates **sowohl notwehr- als auch notstandsfähig**.

Beispiel: Bürger X wehrt den Angreifer Y ab, der gerade den Pkw des städtischen Bauamts beschädigen will.

▸ Beispielsfall bei *Beulke*, Klausurenkurs III Rn 709 und 711

450 An der **Schutzbedürftigkeit** der Rechtsgüter fehlt es zB bei drohenden Schäden für solche Güter, die ihr Inhaber in rechtlich zulässiger Weise preisgegeben hat. Die **Schutzwürdigkeit** entfällt, wenn die in Betracht kommende Werteinbuße von Rechts wegen hinzunehmen ist (wie etwa bei dem Verlust der Fortbewegungsfreiheit im Strafvollzug).

451 b) Unter einer **gegenwärtigen Gefahr** ist ein Zustand zu verstehen, dessen Weiterentwicklung den Eintritt oder die Intensivierung eines Schadens **ernstlich befürchten lässt**, sofern nicht alsbald Abwehrmaßnahmen ergriffen werden[12].

452 Die **Bejahung einer solchen Gefahr** ergibt sich jeweils aus einem Wahrscheinlichkeitsurteil, das an die im Handlungszeitpunkt vorliegenden Umstände anknüpft und die zu erwartende Geschehensentwicklung prognostiziert. Bei dieser Sachverhaltsdiagnose und Prognose kommt es nicht lediglich auf das Wissen und die Sicht des (möglicherweise irrenden) Notstandstäters, sondern auf den Standpunkt eines **objektiven Betrachters** an. Maßgebend für die Einschätzung der konkreten Situation und die daraus resultierende Gefahr ist das *ex ante* zu bestimmen-

9 *Jescheck/Weigend*, AT, § 32 II 1 b; LK-*Rönnau/Hohn*, § 32 Rn 80; *Roxin*, AT I, § 15 Rn 36 ff; aA RGSt 63, 220; *Lackner/Kühl*, § 32 Rn 3; S/S-*Perron*, § 32 Rn 6.

10 Vgl OLG Frankfurt NStZ-RR 96, 136.

11 Vgl S/S-*Perron*, § 34 Rn 10; *Roxin*, AT I, § 16 Rn 13; aA *Arzt*, Rehberg-FS, S. 29; Matt/Renzikowski-*Engländer*, § 34 Rn 17; SK-*Günther*, § 34 Rn 23 f.

12 RGSt 66, 222; BGH NStZ 88, 554; *Otto*, Jura 99, 552.

de Urteil eines sachkundigen Dritten, dem neben dem einschlägigen generellen Erfahrungswissen auch ein etwaiges Sonderwissen des Notstandstäters zu Grunde zu legen ist[13].

Umstände, die allein in der Einbildung des Notstandstäters vorhanden sind, begründen keine Gefahrenlage iSd § 34, können aber zur Annahme eines **Putativnotstandes** führen, dessen Rechtsfolgen sich nach den insoweit geltenden **Irrtumsregeln** richten (vgl Rn 697 ff). **453**

c) Gefahr iSd § 34 kann auch eine **Dauergefahr** sein. Gemeint ist damit ein gefahrdrohender Zustand von längerer Dauer, der (wie etwa die Baufälligkeit eines Gebäudes oder der Hang eines Trinkers zur Misshandlung seiner Ehefrau nach jedem Alkoholmissbrauch) **jederzeit** in eine Rechtsgutsbeeinträchtigung umschlagen kann, ohne aber die Möglichkeit auszuschließen, dass der Eintritt des Schadens noch eine Weile auf sich warten lässt. **Gegenwärtig** ist eine solche Dauergefahr, wenn sie so dringend ist, dass sie nur durch unverzügliches Handeln wirksam abgewendet werden kann[14]. **454**

Die Gegenwärtigkeit einer **Gefahr** reicht hiernach weiter als die Gegenwärtigkeit des Angriffs iSd § 32. Dies hängt mit dem Unterschied zwischen **Gefahr** und **Angriff** zusammen. Das Angriffsstadium der Notwehr setzt eine akute Zuspitzung der Gefahr, dh wenigstens ein **unmittelbares Bevorstehen** des rechtsgutsbeeinträchtigenden Verhaltens voraus (vgl Rn 487). **455**

2. Die Notstandshandlung

Die **Notstandshandlung** als Mittel der Gefahrabwendung muss **objektiv erforderlich** („nicht anders abwendbar") und **subjektiv vom Rettungswillen** (s. Rn 401 ff) **getragen** sein. Ob der Handelnde die Gefahr von sich oder einem anderen abwenden will, ist gleichgültig; das Gesetz hebt die Zulässigkeit der **Notstandshilfe** ausdrücklich hervor. **456**

Erforderlich kann nur sein, was zur Abwendung der Gefahr **geeignet** ist[15] und unter Berücksichtigung aller aus der **Ex-ante-Sicht** eines sachkundigen objektiven Betrachters erkennbaren Umstände mit gewisser Wahrscheinlichkeit zur Erhaltung des gefährdeten Gutes führt[16]. Unter mehreren geeigneten Mitteln ist das **relativ mildeste** zu wählen[17]. Besteht eine Ausweichmöglichkeit oder ist obrigkeitliche Hilfe rechtzeitig erreichbar, so ist davon Gebrauch zu machen. Der hier erkennbare deutliche Unterschied gegenüber § 32 folgt daraus, dass im Fall der Notwehr das Recht dem Unrecht nicht zu weichen braucht[18]. **457**

---

13 Näher dazu BayObLG StV 96, 484; *Jescheck/Weigend*, AT, § 33 IV 3 a; *J. Kretschmer*, Jura 05, 662; *Rengier*, AT, § 19 Rn 9; LK-*Zieschang*, § 34 Rn 29; s. dazu auch S/S-*Perron*, § 34 Rn 27, der das *ex ante* Urteil auf die Prognose beschränken und es nur auf tatsächlich gegebene Umstände stützen will; ebenso MK-*Erb*, § 34 Rn 62 ff.

14 BGHSt 48, 255, 258 *(Familientyrann II)*; BGH JR 80, 113 *(Spannerfall)* m. Bespr. *Koch*, JA 06, 806; BGH NStZ-RR 06, 200; AnwK-StGB-*Hauck*, § 34 Rn 5; *Hillenkamp*, Miyazawa-FS, S. 141, 154; *ders.*, JZ 04, 48; *Küper*, Rudolphi-FS, S. 151; krit. *Dencker*, Frisch-FS, S. 477.

15 OLG Düsseldorf NZV 08, 470 *(Stuhldrangfall)*.

16 BGHSt 2, 242.

17 OLG Düsseldorf NJW 06, 630.

18 Vgl dazu BGHSt 39, 133 m. Anm. *Roxin*, NStZ 93, 335; AnwK-StGB-*Hauck*, § 34 Rn 21; krit. *Pelz*, NStZ 95, 305.

3. Interessenabwägung und Angemessenheitsklausel

458 Die Rechtfertigung der Notstandshandlung hängt von einer **zweifachen** Wertung ab, bei welcher erstens das **Rangverhältnis der kollidierenden Interessen** und zweitens die **sozialethische Angemessenheit der Tat** erfasst wird. Die objektiv erforderliche und subjektiv vom Rettungswillen beherrschte Notstandshandlung ist nicht rechtswidrig, wenn:

a) bei Abwägung der widerstreitenden Interessen, namentlich der betroffenen Rechtsgüter und des Grades der ihnen drohenden Gefahren, das vom Täter geschützte Interesse das beeinträchtigte **wesentlich überwiegt** (= Interessenabwägung)[19].

b) und die Tat ein **angemessenes Mittel** ist, die Gefahr abzuwenden (= Angemessenheitsklausel)[20].

459 In die Interessenabwägung sind alle schutzwürdigen Interessen einzubeziehen, die im konkreten Fall als Erhaltungs- oder als Eingriffsgut durch den Konflikt unmittelbar oder mittelbar betroffen sind. Dabei sind **insbes. zu berücksichtigen:**

- Art und Ursprung sowie Intensität und Nähe der Gefahr,
- Art und Umfang der drohenden Werteinbußen,
- das Rang- und Wertverhältnis der kollidierenden Rechtsgüter,
- besondere Gefahrtragungspflichten (zB bei Polizeibeamten, Soldaten und Feuerwehrleuten),
- spezielle Schutzpflichten (etwa aufgrund einer Garantenstellung; vgl Rn 1004 ff),
- der vom Täter verfolgte Endzweck,
- die etwaige Unersetzlichkeit des eintretenden Schadens sowie
- die Größe der Rettungschancen (je weniger Erfolg die Rettungshandlung verspricht, desto mehr Zurückhaltung ist beim Eingriff in fremde Interessen geboten).

▸ Vert. *Beulke*, Klausurenkurs I Rn 134

460 Wie der Vergleich mit § 35 I 2 Alt. 1). zeigt, wird die Anwendbarkeit des § 34 nicht dadurch ausgeschlossen, dass der Notstandstäter oder der Inhaber des bedrohten Rechtsguts die Notstandslage **verschuldet** hat. Dieser Umstand hat jedoch – ähnlich wie beim zivilrechtlichen Defensivnotstand – Auswirkungen auf den Abwägungsmaßstab bei der **Interessenabwägung** (s. Rn 438).

Die Gegenmeinung will das Verschulden des Notstandstäters demgegenüber nicht zulasten des Erhaltungsguts bei der Abwägung berücksichtigen und hält damit zwar die konkrete Tat für gerechtfertigt, sieht dann aber Raum für einen Strafvorwurf, indem dieser an das Vorverhalten, also die schuldhafte Verursachung der Notstandslage angeknüpft wird, sog. **actio illicita in causa** (vgl Rn 527)[21].

---

19 *Arzt*, Rehberg-FS, S. 25; *Beulke*, Herzberg-FS, S. 605; *Hilgendorf*, JuS 93, 97, 100.

20 Näher *Joerden*, GA 1991, 411.

21 Dazu BayObLG NJW 78, 2046; *Beck*, ZStW 124 [2012], 660, 667 ff; *Gropp*, AT, § 6 Rn 138 ff; S/S-*Perron*, § 34 Rn 42; *Rengier*, AT, § 19 Rn 36; *Roxin*, AT I, § 16 Rn 51.

4. Einzelprobleme der Interessenabwägung und der Angemessenheitsklausel

a) Auch beim allgemeinen Notstand lassen sich – wie beim zivilrechtlichen Notstand – die Situationen des **Agressiv- und des Defensivnotstandes** unterscheiden. Bei einer Abwehrhandlung im Defensivnotstand, die allein in die Gütersphäre dessen eingreift, **von dem die Gefahr ausgeht**, sind qualitativ und quantitativ weitergehende Beeinträchtigungen zulässig (notfalls sogar eine körperliche Verletzung des Gefahrverursachers) als bei einem **aggressiven** Notstand, der **unbeteiligte Dritte** in Mitleidenschaft zieht. Dies folgt aus dem Grundgedanken des § 228 BGB, der einen allgemeinen Rechtsgrundsatz normiert und über die dortige Regelungsmaterie der Sachwehr hinaus sinngemäß in die Interessenabwägung des § 34 einzubeziehen ist[22]. 461

So erwog der BGH im *Spannerfall* zu Recht, ob nicht eine Körperverletzung (Pistolenschuss in das Gesäß und die linke Flanke ohne dauerhafte Körperschäden) ausnahmsweise durch Notstand gerechtfertigt sein könnte, weil der vom Ehemann angeschossene Spanner das Ehepaar durch sein wiederholtes mysteriöses Auftauchen im Schlafzimmer über Monate hinweg terrorisiert hatte und keine polizeiliche Hilfe zu erlangen war[23].

b) Richtiger Ansicht nach ist dies auch der entscheidende Grund dafür, dass der im sog. **Nötigungsnotstand** Handelnde nicht durch § 34 gerechtfertigt sein kann. 462

Ein Nötigungsnotstand liegt vor, wenn der Täter zugleich Opfer einer Nötigung (§ 240) ist, dh durch Gewalt oder Drohung mit einer gegenwärtigen, nicht anders abwendbaren Gefahr für Leben, Leib oder Freiheit seiner selbst, eines Angehörigen oder einer ihm nahe stehenden Person zu einer rechtswidrigen Tat genötigt wird[24].

Hier tritt der Notstandstäter letztlich – wenn auch unfreiwillig – auf die Seite des Unrechts, er bedarf deshalb nicht der Solidarität der Rechtsgemeinschaft (Rn 400). Würde man sein Handeln gleichwohl rechtfertigen, würde überdies dem Opfer das Notwehrrecht genommen, da es an einem rechtswidrigen Angriff fehlen würde. Die Zwangslage, in der sich der Täter beim Nötigungsnotstand befindet, kann daher auch bei relativ geringwertigen Rechtsgutsverletzungen nur im Rahmen des entschuldigenden Notstands berücksichtigt werden (ausf. dazu Rn 663).

c) Die bei § 34 vorzunehmende Interessenabwägung lässt eine Rechtfertigung am ehesten bei der **Verletzung von formalen Ordnungsbelangen oder ähnlich geringfügigen Beeinträchtigungen** zu (zB Geschwindigkeitsüberschreitung zur Rettung eines Schwerverletzten[25]). Wegen der relativen Bedeutungslosigkeit des Verstoßes gegen die Pflicht zur Offenbarung des Personenstandes der Mutter (vgl § 169) lässt 463

---

22 So die hM, vgl S/S-*Perron*, § 34 Rn 30; S/S/W-StGB-*Rosenau*, § 34 Rn 2; *Roxin*, AT I, § 16 Rn 74; *Zieschang*, JA 07, 679, 683; für einen eigenständigen Rechtfertigungsgrund gem. § 228 BGB analog: Matt/Renzikowski-*Engländer*, § 34 Rn 5 u. 47 ff; *Frister*, AT, 17. Kap., Rn 21; NK-*Neumann*, § 34 Rn 86; krit. MK-*Erb*, § 34 Rn 152 ff; s. auch *Frisch*, Puppe-FS, S. 425.

23 Leider offen gelassen von BGH JR 80, 113 m. insoweit krit. Anm. *Hirsch* und *Tenckhoff*, JR 81, 225; wie hier auch *Küper*, Notstand, S. 15; *Roxin*, Jescheck-FS, S. 457; zweifelnd *Pawlik*, Notstand, S. 312; vgl ferner BGH NStZ 89, 431.

24 Dies gilt freilich nur, wenn er dennoch zumindest dem Grunde nach die Voraussetzungen des § 34 erfüllt, s. dazu *Kudlich/Oğlakcıoğlu*, JA 2015, 426, 427.

25 BayObLG NJW 91, 1626; OLG Düsseldorf NStZ 90, 396.

sich auch die anonyme Ablage eines Neugeborenen in der **Babyklappe** rechtfertigen, wenn nur so das Leben des Kindes gerettet werden kann[26]. Demgegenüber sind an die Rechtfertigung des Verhaltens umso höhere Anforderungen zu stellen, je persönlichkeitsnäher das betroffene Rechtsgut ist und je nachhaltiger die Notstandshandlung in die Freiheit der personalen Selbstbestimmung eingreift. Gleichwohl kommt auch nach diesen Kriterien zB eine Rechtfertigung durch Notstand in Betracht, wenn der Arzt sein Schweigegebot durchbricht, um den von ihm ebenfalls ärztlich betreuten Sexualpartner von der Aids-Erkrankung des anderen zu unterrichten[27] (zur Unterrichtungspflicht vgl Rn 1011).

464 d) Die **Tötung anderer durch aktives Tun** kann hingegen selbst in Notstandslagen **niemals** gerechtfertigt, sondern allenfalls gem. § 35 entschuldigt werden[28]. Dies entspricht jedenfalls in Fällen des **aggressiven Notstandes**, bei denen in das Rechtsgut eines Unbeteiligten eingegriffen wird, der ganz hL.

So scheitert eine Rechtfertigung etwa in dem klassischen Fall des *Brett des Karneades* – zwei Schiffsbrüchige sitzen auf einer Planke, die nur eine Person trägt, einer von beiden stößt den anderen ins Wasser – bzw im sog. *Mignonettefall* – Schiffsbrüchige ohne Trinkwasser und Lebensmittel töten und verzehren den bereits bewusstlosen Schiffsjungen, um so ihr Überleben zu sichern[29] (vgl Rn 659).

465 Nicht anders darf die Wertung aber auch in den Fällen des **defensiven Notstands** ausfallen, in denen Rechtsgüter desjenigen geopfert werden, der als Gefahrenquelle einzustufen ist, so zB in den sog. „Familientyrannenfällen", bei denen ein Familienangehöriger getötet wird, von dem eine akute Lebensgefahr für andere Familienmitglieder ausgeht[30]. Wenn hier demgegenüber die wohl schon hL in Extremfällen sogar eine Tötung für rechtmäßig hält[31], widerspricht dies dem **Grundsatz des absoluten Lebensschutzes**[32], der den Rückgriff auf § 34 ausnahmslos verbietet, weil die Rechtsordnung jedes Menschenleben unabhängig von der Person schon aufgrund seiner realen Existenz und ohne Rücksicht auf das Alter und die voraussichtlich verbleibende Lebensdauer in völlig gleicher Weise schützt[33].

---

26 *Beulke*, Herzberg-FS, S. 605; MK-*Ritscher*, § 169 Rn 22; SK-*Schall*, § 169 Rn 24; angesichts der Identität von Täterin u. Gefahrenquelle ist die Lösung dieser Fälle sehr streitig; aA *Wiesner-Berg*, Anonyme Kindesabgabe in Deutschland und der Schweiz, 2009, S. 198; s. auch *Hamper*, Babyklappe und anonyme Geburt, 2010; *Hassemer/Eidam*, Babyklappen und Grundgesetz, 2011; *Jancker*, Die anonyme Geburt, 2012; *Teubel/Käßmann*, ZRP 10, 63, das am 1.5.2014 in Kraft getretene Gesetz zur vertraulichen Geburt (BGBl I, S. 3458; dazu *Becker*, Brudermüller-FS, S. 1) soll an der Existenz von Babyklappen (vorerst) nichts ändern, vgl BT-Drucks. 17/12814, S. 2.

27 OLG Frankfurt NStZ 01, 149 m. zust. Anm. *Wolfslast*.

28 Vgl BGHSt 46, 279 m. Anm. *Rigizahn*, JR 02, 427; AnwK-StGB-*Hauck*, § 34 Rn 9.

29 *Jäger*, ZStW 115 [2003], 765; *Lenckner*, Der rechtfertigende Notstand, 1965, S. 27; *Roxin*, AT I, § 16 Rn 33; LK-*Zieschang*, § 34 Rn 74; anders SK-*Günther*, § 34 Rn 43; *Koriath*, JA 98, 250; *Pawlik*, Notstand, S. 326; *ders.*, Jura 02, 26; *Renzikowski*, JR 01, 470; einschränkend für den „freiwilligen Opfertod" *Mitsch*, Weber-FS, S. 61 ff.

30 BGHSt 48, 255 *(Familientyrann II)* m. Anm. *Hillenkamp*, JZ 04, 48 u. *Rengier*, NStZ 04, 233.

31 Matt/Renzikowski-*Engländer*, § 34 Rn 51; *Günther*, Amelung-FS, S. 147; *Renzikowski*, Notstand und Notwehr, 1994, S. 246 f; *Roxin*, AT I, § 16 Rn 78.

32 *Wessels/Hettinger*, BT/1, Rn 2.

33 *Küper*, JuS 81, 785; S/S-*Perron*, § 34 Rn 24; S/S/W-StGB-*Rosenau*, § 34 Rn 23.

Entsprechendes gilt in den Fällen der sog. „Gefahrengemeinschaft", in denen das **Leben des Betroffenen ohnedies verloren** gewesen wäre und die ihm verbleibende Lebensspanne lediglich verkürzt wird, um andere zu retten. 466

Beispiel: Bei einer winterlichen Hochgebirgstour wählen A und B auf Drängen des A eine gefährliche Abkürzung mit der Folge, dass beide abstürzen und am Seil, das sie miteinander verbindet, über einer tiefen Schlucht hängen. In dieser Lage droht beiden der sichere Tod. A könnte sich noch aus eigener Kraft hocharbeiten und sein Leben retten, wenn er das Seil durchschneiden würde, an welchem B (verletzt und vorübergehend bewusstlos) unter ihm hängt. Ehe auch seine Kräfte schwinden, kappt A das Seil und rettet sich auf Kosten des B, der beim Aufprall in der Schlucht den Tod findet.

Hier stellt sich die Frage, ob das Tötungsverbot ausnahmsweise entfällt, weil nur seine Missachtung die Möglichkeit bietet, wenigstens *ein* Menschenleben zu erhalten und es dem sonst unabwendbaren Tod zu entreißen[34]. Der Grundsatz des absoluten Lebensschutzes lässt aber auch in derartigen Konstellationen keine Ausnahme zu. Im vorstehend erwähnten *Bergsteigerfall* darf nicht davon ausgegangen werden, dass der tiefer hängende B sein Lebensrecht verwirkt hat. Selbst eine einzige Sekunde des Überlebens des totgeweihten B ist nicht weniger wert als ein möglicherweise noch jahrelang währendes Leben des geretteten A. Deshalb steht A kein Recht zu, das Leben des B im Rahmen des defensiven Notstands durch Kappen des Seiles zu beenden. Dem B darf auch nicht das Recht abgesprochen werden, seine (auch noch so geringe) Restlebenszeit zB durch einen Schuss auf den über ihm hängenden A zu verteidigen (sog. **Notwehrprobe**).

Auch im Falle der **Entführung eines Flugzeuges durch Terroristen** dürfen unbeteiligte Flugzeugpassagiere nicht geopfert werden, um eine größere Anzahl anderer Menschen zu retten. 467
Zwar hat sogar der Gesetzgeber in § 14 III LuftSiG den Bundesverteidigungsminister ausdrücklich dazu ermächtigt, ein Luftfahrzeug abschießen zu lassen, wenn es (wie im Fall der Terroranschläge auf das World Trade Center am 11. September 2001 in New York) gegen das Leben anderer Menschen eingesetzt wird. Das BVerfG hat die Vorschrift jedoch *ex tunc* für nichtig erklärt[35]. In Übereinstimmung mit der hier zum *Bergsteigerfall* vertretenen Ansicht leitet auch das BVerfG aus Artikel 1 GG (Menschenwürde) den Grundsatz der Unabwägbarkeit menschlichen Lebens ab, und zwar unabhängig von der Anzahl der aufgeopferten bzw geretteten Personen. Dabei wird zu Recht auch dem Argument keine Bedeutung beigemessen, dass es sich im Einzelfall um die Preisgabe quasi ohnehin verwirkten Lebens handeln kann. Der Flugzeugabschuss kann also weder durch eine spezielle Ermächtigungsnorm, noch durch den allgemeinen **rechtfertigenden Notstand** nach § 34 gerechtfertigt werden[36]. Denkbar – wenngleich auch nicht unproblematisch – ist für derartige Extremfälle aber eine Lösung auf Schuldebene, und zwar durch Bejahung eines **übergesetzlichen entschuldigenden Notstands**; dies hat das BVerfG ausdrücklich offen gelassen (näher dazu Rn 678).

---

34 *Erb*, JuS 10, 108, 111; *Hirsch*, Küper-FS, S. 149; *Koch*, GA 2011, 129; NK-*Neumann*, § 34 Rn 76 ff; *Zimmermann*, Rettungstötungen, 2009, S. 422.

35 BVerfGE 115, 118 m. Anm. *Starck*, JZ 06, 417; zust. *Schenke*, NJW 06, 736; krit. *Isensee*, Jakobs-FS, S. 205; *Merkel*, JZ 07, 373; zur Gesetzgebungskompetenz sowie zur Vereinbarkeit mit Art. 35 II 2, III GG: BVerfGE 132, 1 m. Anm. *Fastenrath*, JZ 12, 1128; *Ladiges*, NVwZ 12, 1225 u. *Sachs*, JuS 13, 283.

36 IE ebenso: *Dreier*, JZ 07, 261; *Mitsch*, GA 2006, 11; *Roxin*, ZIS 11, 552; *Streng*, Stöckel-FS, S. 135; *Stübinger*, ZStW 123 [2011], 403; aA *Hörnle*, Herzberg-FS, S. 555, 570; *Ladiges*, JuS 11, 879; *ders.*, Die Bekämpfung nicht-staatlicher Angreifer im Luftraum, 2007; *Rogall*, NStZ 08, 1.

468 e) Auch bei der aktiven Einflussnahme auf den Prozess des Sterbens (sog. **aktive Sterbehilfe**[37]) wird eine Rechtfertigung des Sterbehelfers – idR des behandelnden Arztes – nach § 34 diskutiert, allerdings nur soweit es sich um **indirekte** Sterbehilfe handelt, es also um eine Verkürzung des Lebens des todkranken Patienten als unvermeidbare Nebenfolge einer schmerzlindernden Behandlung geht.

Demgegenüber ist die **direkte** Sterbehilfe, also die zielgerichtete Verkürzung des Lebens des Patienten (zB die Erlösung des leidenden Patienten durch Verabreichung einer tödlichen Spritze) auf der Grundlage des geltenden Rechts nach nahezu einhelliger Meinung strafbar (vgl Rn 552). In Abgrenzung hierzu erfasst der Begriff der **passiven Sterbehilfe** nur das Absehen von lebensverlängernden Maßnahmen (s. Rn 575).

469 In einer Leitentscheidung aus dem Jahre 2009 hat der 2. Strafsenat des **BGH** die Fälle indirekter sowie passiver Sterbehilfe unter dem Oberbegriff des **Behandlungsabbruchs** zusammengefasst. Dieser umschreibt alle Handlungen, die in Fällen lebensbedrohlicher Erkrankung mit der Beendigung oder Begrenzung einer ärztlichen Behandlung in Zusammenhang stehen, welche zur Erhaltung oder Verlängerung des Lebens geeignet ist[38]. Eine Rechtfertigung eines Behandlungsabbruchs kann diesem Urteil zufolge weder auf § 32 (Nothilfe, s. Rn 497)[39] noch auf § 34[40] gestützt werden, sondern ist ausschließlich nach den Grundsätzen der rechtfertigenden Einwilligung möglich (vgl Rn 575).

470 Anzumerken ist jedoch, dass die Argumentation des 2. Senats über einen gerechtfertigten Behandlungsabbruch schon begrifflich nicht die indirekte Sterbehilfe erfassen kann. Denn diese ist dadurch gekennzeichnet, dass der Tod nicht Folge des Abbruchs, sondern der vorgenommenen Behandlung (Schmerzlinderung) ist[41]. Im Ergebnis ist die Strafbarkeit der **indirekten** Sterbehilfe jedoch – in Übereinstimmung mit der ganz überwiegenden Literatur – zu verneinen, die dogmatische Begründung ist allerdings höchst umstritten (zB Tatbestand der §§ 212, 216 nicht erfüllt[42], Rechtfertigung durch [mutmaßliche] Einwilligung[43]). Am überzeugendsten erscheint der Weg über eine Rechtfertigung nach § 34[44], wobei für die Angemessenheit der Notstandshandlung spricht, dass das Interesse des (mutmaßlich) einwilligenden Patienten an Schmerzlin-

37 Zum Ganzen *Arzt*, Schreiber-FS, S. 583; *Brunhöber*, JuS 11, 401; *Dreier*, JZ 07, 317, 320; *Fischer*, Roxin II-FS, S. 557; *Hillenkamp*, in: Anderheiden/Eckart (Hrsg), Handbuch Sterben und Menschenwürde, Bd 1, 2012, S. 349; *Ingelfinger*, Grundlagen und Grenzbereiche des Tötungsverbots, 2004, S. 260 ff; *Kahlo*, Frisch-FS, S. 711; *Lilie*, Steffen-FS, S. 275; *Merkel*, Schroeder-FS, S. 297; *Schöch*, Hirsch-FS, S. 693; *Tag*, in: Fuchs/Kruse/Schwarzkopf (Hrsg), Menschenbild und Menschenwürde am Ende des Lebens, Heidelberg 2010, S. 153; *Wessels/Hettinger*, BT/1, Rn 27 ff; *Wolfslast*, Schreiber-FS, S. 913.

38 BGHSt 55, 191, 204 *(Fall Putz)*; *Fischer*, Vor §§ 211–216 Rn 62.

39 So aber *Duttge*, MedR 11, 36, 38; *Mandla*, NStZ 10, 698; zu Recht abl. *Lanzrath/große Deters*, HRRS 11, 161.

40 So aber *Bosch*, JA 10, 398; vgl auch *Rosenau*, Rissing-van Saan-FS, S. 547, 560; *ders.*, Roxin II-FS, S. 577, 584 (§ 34 analog).

41 So zu Recht *Wessels/Hettinger*, BT/1, Rn 30d.

42 Indirekte Sterbehilfe als vom Schutzbereich des Tatbestands nicht erfasst: LK-*Jähnke*, Vor § 211 Rn 16; für Begrenzung durch Sozialadäquanz zB *Herzberg*, NJW 96, 3043.

43 *Verrel*, JZ 96, 224, 226 f.

44 BGHSt 42, 301, 305; 46, 279, 285; *Hirsch*, Lackner-FS, S. 608 f; *Merkel*, Schroeder-FS, S. 297; Matt/Renzikowski-*Safferling*, § 212 Rn 43; MK-*Schneider*, Vor §§ 211 ff Rn 103; *Schreiber*, NStZ 86, 340; fallbezogen: *Kubiciel/Wachter*, JA 13, 112; eine Rechtfertigung durch Kombination von (erklärter oder mutmaßlicher) Einwilligung und rechtfertigenden Notstand vertritt *Erb*, Schünemann-FS, S. 337, 346.

derung das Interesse an längstmöglicher Lebenserhaltung eines Sterbenden überwiegt. Das **Recht auf einen menschenwürdigen Tod** muss als höherwertiges Rechtsgut gegenüber der Aussicht, unter qualvollen Schmerzen noch eine geringe Zeit länger zu leben, betrachtet werden[45]. Dabei scheitert die Anwendbarkeit des § 34 nicht daran, dass diese beiden Interessen in der Person desselben Rechtsgutsträgers kollidieren (s. Rn 476); vielmehr liegt gerade hierin die Begründung dafür, warum der absolute Lebensschutz einer solchen Lösung nicht im Wege steht.

▶ Beispielsfall bei *Beulke*, Klausurenkurs II Rn 281

e) Mit dem Korrektiv der **Angemessenheit** der Tat als Mittel der Gefahrabwendung (§ 34 S. 2) soll sichergestellt werden, dass allgemeine Rechtsgrundsätze und -verfahren vor einer Relativierung durch eine rein einzelfallbezogene, nicht verallgemeinerungsfähige Interessenabwägung geschützt werden[46]. Unangemessen ist demnach nicht nur der Einsatz der Folter zur Lebensrettung (s. Rn 427), sondern auch die Notstandshandlung eines mittellosen Schwerstkranken, der einem Millionär das für eine lebensnotwendige Operation oder Kur erforderliche, legal nicht beschaffbare Geld entwendet. Die Behebung einer solchen Notlage ist allein Aufgabe der Sozialgemeinschaft. Versagt sie ihre Hilfe, dürfen auch dem Einzelnen keine weitergehenden Duldungspflichten als Sonderopfer auferlegt werden[47]. **471**

Da auch die Ergebnisse rechtsstaatlicher Verfahren von den Betroffenen hingenommen werden müssen, darf eine angemessene Gegenwehr in der Regel nur im Rahmen der zulässigen Rechtsbehelfe stattfinden. Sind diese erschöpft, erscheinen weitere Handlungen unangemessen iSd § 34 S. 2. Deshalb dürfen zu Unrecht Angeklagte zur Abwendung der Gefahr einer drohenden Verurteilung keine Straftaten (zB eine Urkundenfälschung) begehen[48]. Auch können Gewaltanwendungen von Ausländern bei Abschiebemaßnahmen nicht über § 34 gerechtfertigt werden[49]. **472**

Im **Fall 9b** wäre bei rein individueller Betrachtung das Lebensinteresse des V höher zu bewerten als die körperliche Unversehrtheit und das Freiheitsinteresse des P. Fraglich ist aber, ob die Erzwingung der Blutspende mit den fundamentalen Wertprinzipien der Rechtsgemeinschaft vereinbar ist und aus dieser Sicht noch als „angemessenes Mittel“ zur Erreichung des Rettungszwecks erscheint. **473**

Ausgangspunkt der Entscheidung, ob eine **zwangsweise Blutentnahme** zum Zwecke der Lebensrettung gem. § 34 gerechtfertigt sein kann, ist die Erwägung, dass eine soziale Gemeinschaft auf ein Mindestmaß an personeller Opferbereitschaft nicht verzichten kann, jedoch zu gewährleisten hat, dass der **essenzielle Kern der Grundrechte des Menschen** unangetastet bleibt. Im Rahmen des rechtfertigenden Notstandes bietet vielfach erst das Regulativ der „Angemessenheitsklausel“ die Möglichkeit, das Rangverhältnis zwischen dem **Recht des Menschen auf freie Selbstbestim-**

45 *Kühl*, Jura 09, 881, 884; krit. *Fischer*, Vor §§ 211–216 Rn 65.
46 *Joerden*, GA 1991, 411 ff; *Schmidhäuser/Kuhlen*, AT, § 9 Rn 116.
47 Zutr. *Lenckner*, Noll-GS, S. 243, 255.
48 *Paglotke*, Notstand und Notwehr bei Bedrohungen innerhalb von Prozesssituationen, 2006; *Theile*, Jura 07, 463, 466; s. auch Fall bei *Zimmermann*, JuS 11, 629.
49 *Abramenko*, NStZ 01, 71; zweifelnd hinsichtlich der Möglichkeit, den allein zum Zweck der schmerzlindernden Eigenbehandlung erfolgenden Anbau von Betäubungsmitteln – trotz Genehmigungsmöglichkeit nach § 3 II BtMG – durch § 34 zu rechtfertigen OLG Braunschweig StV 13, 708.

mung und dem **Solidaritätsprinzip** richtig zu bestimmen und die Belastungsgrenze für den Betroffenen unter Zumutbarkeitsgesichtspunkten zu ermitteln.

474 Ob das persönliche Opfer einer Blutspende erbracht wird oder nicht, muss in einem freiheitlichen Rechtsstaat grds der eigenen sittlichen Entscheidung des Einzelnen überlassen bleiben, kann also nicht (etwa im Rahmen des § 323c) Gegenstand einer „allgemeinen Hilfspflicht" sein.

Andererseits ist die Annahme einer Rechtspflicht zur Blutspende innerhalb engster Schutz- und Beistandspflichten nicht von vornherein ausgeschlossen. Sie wäre zB zu bejahen zwischen Ehegatten, Eltern und Kindern, ggf auch unter Soldaten im gemeinsamen Fronteinsatz, sofern die Blutspende das einzige Mittel zur Lebensrettung ist, dem Spender keinen ernsthaften gesundheitlichen Nachteil bringt und unter ausreichenden Schutzvorkehrungen für ihn entnommen werden kann[50].

475 Im **Fall 9b** bestanden zwischen P und V keinerlei engere Beziehungen iS einer Garantenverpflichtung. P war daher befugt, die ihm mögliche Blutspende aus Rechtsgründen zu verweigern. Unter den gegebenen Umständen war die gewaltsame Entnahme von Blut zwecks Rettung des V somit kein „angemessenes" Mittel zur Behebung der Notstandslage.

Mangels Garantenstellung lag in der Weigerung des P auch kein durch Unterlassen erfolgender „Angriff" iSd § 32 auf das Leben des V, sodass A und B sich auch nicht auf Nothilfe zugunsten des V berufen können (vgl dazu Rn 485, 497).

A und B haben somit **rechtswidrig** gehandelt, wobei der Einsatz von körperlicher Gewalt zum Erzwingen einer Blutspende auch sozialethisch unerträglich und daher verwerflich iSd § 240 II ist (vgl BGHSt 23, 46, 54; *Wessels/Hettinger*, BT/1, Rn 426).

Ob ein Schuldvorwurf gegen sie zu erheben ist, mag dagegen fraglich sein (vgl zur Irrtumsproblematik Rn 691 ff).

5. Interessenkollisionen im Bereich ein und desselben Rechtsgutsträgers

476 Der Grundgedanke des § 34 kann auch dann Bedeutung gewinnen, wenn es darum geht, höherwertige Interessen **ein und desselben Rechtsgutsträgers** auf Kosten eines weniger wertvollen Gutes zu retten oder unterschiedliche Risiken für ein bedrohtes Rechtsgut gegeneinander abzuwägen. Dies gilt zumindest in den Fällen, in denen der Rechtsgutsträger einwilligungsunfähig oder aus Rechtsgründen (insbes. aufgrund des Rechtsgedankens der §§ 216, 228) nicht zur Disposition über das gefährdete Rechtsgut in der Lage ist[51].

So kann es erlaubt und u.U. sogar geboten sein, bei einem Wohnungsbrand den sonst sicheren Flammentod eines Kleinkindes dadurch abzuwenden, dass man es aus dem Obergeschoss eines brennenden Hauses einem auffangbereiten Retter auf der Straße in die Arme wirft, obwohl die Gefahr besteht, dass das Kind dabei Verletzungen erleidet[52]. Zur indirekten Sterbehilfe s. Rn 468 ff.

50 *Hruschka*, S. 147; *Rengier*, AT, § 19 Rn 60 f; weitergehend *Roxin*, AT I, § 16 Rn 48 f, 92; vert. *Pawlik*, Notstand, S. 251; vgl auch *Otto*, Kühl-FS, S. 341, 358 ff.

51 *Roxin*, AT I, § 16 Rn 102; aA *Engländer*, GA 2010, 15; *ders.*, JZ 11, 513, 517.

52 Vgl BGH JZ 73, 173; *Ulsenheimer*, JuS 72, 252, 255; s. auch BGHSt 42, 301, 305.

6. Subjektives Rechtfertigungselement: Kenntnis und Rettungswille

Der Täter muss zudem in **Kenntnis** der objektiven Notstandslage sowie mit dem Wissen, dass seine Handlung der Gefahrenabwendung dient, handeln[53]. Zu diesem Wissenselement muss nach richtiger und vorherrschender Ansicht aber auch ein **Rettungswille** hinzutreten, wie sich aus dem Wortlaut des § 34 eindeutig entnehmen lässt („um … abzuwenden")[54]. Unschädlich ist es, wenn neben dem Willen zur Rettung weitere Motive vorliegen (sog. Motivbündel)[55]. **477**

Die Rspr hat früher **zusätzlich** eine **„pflichtgemäße Prüfung"** der objektiven Notstandsvoraussetzungen durch den Täter gefordert[56]. Streng genommen wäre es demnach zB möglich, einen Täter zu bestrafen, der in einer Notstandslage zwar aus der Sicht eines sachkundigen, objektiven Beobachters das relativ mildeste Mittel zur Beseitigung der Gefahr gewählt, es jedoch unterlassen hat, zuvor mögliche Alternativen zu prüfen. Die Auferlegung einer derartigen zusätzlichen, im Gesetz nicht vorgesehenen Prüfpflicht verstößt indes – wie bereits dargelegt (s. o. Rn 396) – gegen das Gesetzlichkeitsprinzip[57], welches, gewissermaßen als „Spiegelbild" des Analogieverbots, auch Einschränkungen tätergünstiger Vorschriften jenseits des Wortlauts untersagt, und ist daher mit der heute hM abzulehnen[58].

Im **Fall 9a** hat K also den Unrechtstatbestand einer Sachbeschädigung (§ 303 I) erfüllt, indem sie dem Rex mehrere Zähne ausgeschlagen hat. Da von Rex eine erhebliche Gesundheitsgefahr für K ausging, war die vergleichsweise geringe Beeinträchtigung der Sache jedoch durch § 228 BGB gerechtfertigt. Die Zerstörung des Schirmes (§ 303 I), von dem keine Gefahr ausging, ist durch § 904 BGB gerechtfertigt. § 34 wird durch die §§ 228, 904 BGB verdrängt; s. Rn 431 ff. **478**

Im **Fall 9b** haben A und B die Tatbestände der §§ 223, 239, 240 erfüllt. Eine Rechtfertigung wegen Notstandes (§ 34) scheidet aus. Um eine gegenwärtige Gefahr für das Leben eines Menschen abzuwenden, beeinträchtigen sie zwar „nur" die körperliche Integrität eines anderen Menschen, jedoch ist der Eingriff wegen der überragenden Bedeutung des Selbstbestimmungsrechts nicht angemessen. Aus diesem Grund ist auch die Verwerflichkeit iSv § 240 II gegeben; s. Rn 444, 473 ff. Im Übrigen scheidet eine Strafbarkeit des P, der sich für eine Blutspende nicht zur Verfügung gestellt hat, gem. § 323c (unterlassene Hilfeleistung) aus, da die Rechtsordnung ein solches Opfer von ihm unter den gegebenen Umständen nicht verlangt, s. Rn 474.

53 S. nur *B. Heinrich*, AT, Rn 429 ff.
54 BGHSt 2, 111, 114; *Kindhäuser*, LPK, § 34 Rn 42; *Zieschang*, AT, S. 70; dazu und zu den Folgen eines fehlenden Willens s. bereits oben Rn 404; nur auf die Kenntnis abstellend etwa *Murmann*, Grundkurs, § 25 Rn 44; S/S/W-StGB-*Rosenau*, § 34 Rn 35.
55 *B. Heinrich*, AT, Rn 432.
56 RGSt 62, 138; BGHSt 2, 111; BGH NStZ 92, 487; KG StV 03, 167; zust. *Gössel*, Triffterer-FS, S. 99.
57 Näher *Küper*, Notstand, S. 115; *Roxin*, AT I, § 14 Rn 81; LK-*Zieschang*, § 34 Rn 77.
58 Vgl nur MK-*Erb*, § 34 Rn 202; *Fischer*, § 34 Rn 18; S/S/W-StGB-*Rosenau*, § 34 Rn 38.

7. Zusammenfassender Überblick

479 **Zusammenfassend** sind also folgende **Voraussetzungen des rechtfertigenden Notstandes** gem. § 34 zu unterscheiden:

(1) Objektive Merkmale
- (a) Notstandslage
  - Notstandsfähiges Rechtsgut
  - Gefahr für das Rechtsgut
  - Gegenwärtigkeit
- (b) Notstandshandlung
  - Rettung eines Rechtsguts durch Aufopferung eines anderen Rechtsguts
  - Erforderlichkeit („nicht anders abwendbar“)
    - Geeignetheit
    - relativ mildestes Mittel
  - Interessenabwägung
    - insbes. Rang- und Wertverhältnis der kollidierenden Rechtsgüter, Nähe und Ursprung der Gefahr
  - Angemessenheit

(2) Subjektives Rechtfertigungselement
- Kenntnis der objektiven Notstandsvoraussetzungen
- Rettungswille („um … abzuwenden“, str.)

Aktuelle Rechtsprechung zu § 9

- OLG Braunschweig, StV 13, 708: Zur Möglichkeit, den allein zum Zweck der schmerzlindernden Eigenbehandlung erfolgenden, grundsätzlich nach § 29 I BtMG strafbaren Anbau von Betäubungsmitteln nach § 34 zu rechtfertigen, unabhängig vom Versuch, durch Einholung einer Genehmigung für die Heilbehandlung nach § 3 I BtMG einen legalen Weg zu beschreiten; vgl Rn 472.
- OLG Naumburg, NStZ 13, 718: Fehlt bei einem objektiv im Notstand (§ 34) handelnden Täter die Kenntnis der Notstandslage, ist er – entgegen der Rspr des BGH – lediglich wegen Versuchs zu bestrafen; vgl Rn 406, 477.

§ 10 Rechtfertigungsgründe II: Die Notwehr (§ 32)

480 **Fall 10:**

a) Juwelier J wird von A in seinem Geschäft überwältigt. Die gesamten Tageseinnahmen sowie Schmuck im Wert von mehreren hunderttausend Euro nimmt A an sich und flieht mit der Beute. J, der erstaunlich schnell wieder auf die Beine kommt, greift nach einem für diesen Zweck bereitgelegten geladenen Revolver und schießt aus größerer Entfernung auf den fliehenden A. Ein gezielter Schuss auf ein bestimmtes Körperteil ist ihm so nicht möglich, er nimmt daher auch in Kauf, dass A tödlich verletzt wird. Tatsächlich wird A am Kopf getroffen und stirbt an Ort und Stelle. Ist das Verhalten des A durch Notwehr gerechtfertigt? **Rn 488, 503, 517, 535**

b) P benutzt für die 20-minütige Heimfahrt den Zug. In dem Abteil der 1. Klasse befindet sich der alkoholisierte Mitfahrer M, der keinen Fahrschein 1. Klasse besitzt und deshalb bereits kurz zuvor vom Schaffner des Abteils verwiesen wurde. Wegen des störenden Alkoholgeruchs fordert nun auch P den M zum Gehen auf. Nachdem auch dies nicht fruchtet, öffnet P das Fenster, um den dürftig bekleideten M mittels der kalten Winterluft „hinauszuekeln". M schließt das Fenster, P öffnet es erneut, M schließt es wieder, usw. Schließlich droht M dem P für den Fall des erneuten Öffnens Prügel an. Der körperlich deutlich unterlegene P zeigt drohend sein Fahrtenmesser. Im Glauben, den M damit genügend eingeschüchtert zu haben, öffnet er das Fenster abermals. Daraufhin stürzt sich M auf P. Als M beginnt, ihm ins Gesicht zu schlagen, stößt ihm P zum Zwecke der Verteidigung das Messer von unten in den Bauch. Vom Gang aus beobachten mehrere Mitreisende den Vorfall. M stirbt an der Stichverletzung. Kann sich P auf Notwehr berufen? **Rn 503, 529, 535**

I. Grundgedanken des Notwehrrechts

Das in § 32 gewährte Notwehrrecht wird von zwei Prinzipien getragen, dem Interesse des Individuums an einem effektiven **Rechtsgüterschutz** und dem Gedanken der **Rechtsbewährung**[1]. Beide Aspekte haben Eingang in die geltende Gesetzesfassung gefunden und sind für die Interpretation der Rechtfertigungsvoraussetzungen heranzuziehen. Bis in das 19. Jahrhundert stand die stark individualistisch-liberalistisch geprägte Notwehrauffassung mit einem möglichst umfassenden Rechtsgüterschutz im Vordergrund, während in der späteren Diskussion gerade das Prinzip der Rechtsbewährung, das im Einzelfall ein schneidiges Notwehrrecht begrenzen kann, an Bedeutung gewonnen hat. Inzwischen stößt man wieder vermehrt auf rein individualistische Notwehrkonzeptionen[2]. **481**

II. Die Notwehrlage

Die **Notwehrlage** wird durch einen **gegenwärtigen rechtswidrigen Angriff** begründet. **482**

1. Vorliegen eines Angriffs

a) Ein Angriff ist jede durch menschliches Verhalten drohende Verletzung rechtlich geschützter Güter oder Interessen. Eine „gezielte" Verletzungshandlung braucht dabei nicht vorzuliegen[3]. Das die akute Gefahr schaffende Verhalten des Angreifers muss allerdings **Handlungsqualität** besitzen, also willensmäßig beherrschbar sein (s. Rn 142). **483**

1 BGHSt 48, 207, 212; *Kühl*, AT, § 7 Rn 8 ff; *Roxin*, Kühl-FS, S. 391; krit. zu Letzterem: *Kaspar*, RW 13, 40, 46 ff; *Pawlik*, ZStW 114 [2002], 259.

2 Statt aller: MK-*Erb*, § 32 Rn 18; *Freund*, AT, § 3 Rn 89 ff; *Frister*, AT, § 16 Rn 1 ff; *Puppe*, AT, § 12 Rn 1; vert. *Kargl*, ZStW 110 [1998], 38.

3 *Geilen*, Jura 81, 200, 202; *Sternberg-Lieben*, JA 96, 299; vgl auch OLG Hamburg StraFo 12, 278 m. Bespr. *Hecker*, JuS 12, 1039 (Angriff in Form rechtswidriger Bildaufnahmen eines Pressefotografen); AG Erfurt NStZ 14, 160 m. abl. Bespr. *Jahn*, JuS 14, 176 u. *Jäger*, JA 14, 472 (Angriff in Form des „Anpustens" mit Zigarettenrauch); fallbezogen: *Reinhardt*, ZJS 13, 493, 496 ff.

Fällt ein Schornsteinfeger vom Dach und besteht die Gefahr, dass er (dem Gesetz der Schwerkraft machtlos ausgeliefert) in eine Gruppe spielender Kinder stürzt, so liegt mangels Handlungsqualität kein Angriff (§ 32), sondern eine Notstandslage iSd §§ 34, 35 vor[4].

Eine nur sozialübliche Belästigung löst aufgrund ihres Bagatellcharakters jedoch keine Notwehrlage aus[5]. Da auch allein **menschliches Verhalten** Angriffsqualität haben kann, sind ausschließlich von **Tieren** ausgehende Attacken nicht erfasst. Nur dann, wenn etwa ein Hund von seinem „Herrchen" auf einen Menschen gehetzt wird, liegt ein Angriff vor – allerdings dann ein menschlicher Angriff durch das „Herrchen"[6].

484 **Notwehrfähig** ist jedes dem Angegriffenen oder Dritten zustehende Gut und jedes rechtlich anerkannte Interesse, unabhängig davon, ob sie durch strafrechtliche Normen geschützt sind. Gegenstand eines Angriffs kann daher nicht nur das Leben, die körperliche Unversehrtheit, die Freiheit, die Ehre, das Eigentum oder das Vermögen sein, sondern auch das allgemeine Persönlichkeitsrecht oder das Recht am eigenen Bild[7]. Die Abwehr von Angriffen auf die öffentliche Ordnung, auf die Rechtsordnung als solche und auf **Rechtsgüter der Allgemeinheit** insgesamt unterfällt indes nicht § 32; hierfür sind der Staat und seine Organe zuständig[8] (s. o. Rn 448).

485 b) Ein Angriff kann auch in einem **Unterlassen** bestehen, richtiger Ansicht nach allerdings nur dann, wenn den Unterlassenden eine **Garantenpflicht** iSd § 13 I im Hinblick auf den Rettungsbedürftigen trifft[9].

Beispiel: Stellt die Mutter die Ernährung ihres Säuglings ein, liegt darin ein Angriff auf das Baby, welcher dann die Möglichkeit zur Nothilfe zugunsten des Kindes eröffnet[10].

Die in § 13 I angeordnete Gleichstellung des Unterlassens mit dem aktiven Tun des § 13 I findet hier im Rahmen des Erlaubnistatbestandes ihre Entsprechung. Demgegenüber genügt die bloße Missachtung einer – unterhalb der Garantenpflicht angesiedelten – „Jedermann-Hilfspflicht", die in dem echten Unterlassungsdelikt des § 323c strafbewehrt ist, nicht, um die unterlassene Hilfeleistung einem Angriff durch aktives Tun gleichzusetzen[11]. Die echten Unterlassungsdelikte schützen zwar durchaus auch die Rechtsgüter des Rettungsbedürftigen[12]. Da die unechten Unterlassungsdelikte aber maßgeblich auf dem Solidaritätsgedanken fußen, schuldet „Jedermann" eine Hilfeleistung nur im Rahmen des Zumutbaren (vgl § 323: „… und ihm den Umständen nach zuzumuten … ist"). Dieser qualitative Minderwert der Jedermann-Hilfspflicht

4 NK-*Kindhäuser*, § 32 Rn 28; LK-*Rönnau/Hohn*, § 32 Rn 100; *Roxin*, AT I, § 15 Rn 8; aA *Kaspar*, JA 06, 855, 857.

5 Zum Anrauchen als Angriff vgl AG Erfurt NStZ 14, 160; dazu *Reinhardt*, ZJS 15, 222, 223.

6 Vgl BGHSt 14, 152, 155.

7 S. nur S/S/W-StGB-*Rosenau*, § 32 Rn 7 mwN.

8 BGHSt 5, 245; BGHZ 64, 178.

9 So die hM, s. nur *B. Heinrich*, AT, Rn 343; *Jäger*, AT, Rn 106; *Kühl*, Jura 93, 57, 59; *Murmann*, Grundkurs, § 25 Rn 78; *Roxin*, AT I, § 15 Rn 11.

10 Vgl BayObLG NJW 63, 824 Nr 17; im Einzelnen str.; näher dazu Matt/Renzikowski-*Engländer*, § 32 Rn 10; *Haurand*, Kriminalistik 14, 94, 96 ff; *Schumann*, Dencker-FS, S. 287.

11 So aber etwa NK-*Kindhäuser*, § 32 Rn 33 f; *Krey/Esser*, AT, Rn 476; S/S/W-StGB-*Rosenau*, § 32 Rn 6; LK-*Rönnau/Hohn*, § 32 Rn 101.

12 Maßgeblich hierauf abstellend etwa S/S/W-StGB-*Rosenau*, § 32 Rn 6; LK-*Rönnau/Hohn*, § 32 Rn 103.

würde überspielt, wenn der Täter im Rahmen der Verteidigung nach § 32 Eingriffe hinnehmen müsste, die weit über das in diesem Sinn „Zumutbare" hinausgehen[13].

Beispiel: Weigert sich der an einem Unfall unbeteiligte Autofahrer A, den Verletzten in seinem Auto in das Krankenhaus zu fahren, so liegt darin nach der hM kein Angriff iSd § 32, der einem rettungswilligen Dritten erlauben würde, A niederzuschlagen und dessen Auto für den Krankentransport zu nutzen. Eine Rechtfertigung kommt nur in den (engeren) Grenzen des § 34 in Betracht.

c) Ein **schuldhaftes Angriffsverhalten** setzt die Notwehr nach zutreffender hM nicht **486**
voraus[14]. § 32 verlangt nach seinem klaren Wortlaut nur einen rechtswidrigen Angriff; eine darüber hinausgehende Beschränkung der Erlaubnisnorm würde einen Verstoß gegen den Gesetzlichkeitsgrundsatz bedeuten (s. o. Rn 396). Zudem ist das Individualschutzinteresse gleich groß, unabhängig davon, ob der Angreifer schuldhaft oder schuldlos handelt. Das zugegebenermaßen geringere Interesse an Rechtsbewährung gegenüber dem schuldlos Handelnden kann auf Ebene der Gebotenheit angemessen berücksichtigt werden, indem man dessen größtmögliche Schonung verlangt (s. u. Rn 518)

Ein Geisteskranker, der in eine Schule eindringt und die ihm hilflos ausgelieferten Kinder mit einem selbstgebauten Flammenwerfer umzubringen droht, darf dementsprechend gem. § 32 II Alt. 2 (Nothilfe) niedergeschossen werden, wenn man sich seines Angriffs nicht anders erwehren kann.

2. Gegenwärtigkeit des Angriffs

a) **Gegenwärtig** ist ein Angriff, der **unmittelbar bevorsteht, begonnen hat oder** **487**
noch fortdauert[15]. Der Angriff dauert nicht nur bis zur Vollendung der Verwirklichung eines Straftatbestandes durch den Angreifer an. Vielmehr besteht er auch danach weiter, solange die Gefahr für das bedrohte Rechtsgut noch abgewendet werden kann. Erst wenn der Angriff vollständig abgewehrt oder aber ein endgültiger Verlust des Rechtsgutes eingetreten ist, scheidet Notwehr aus[16]. Der Begriff des gegenwärtigen Angriffs iSv § 32 ist enger als der der gegenwärtigen Gefahr iSd § 34, insbes. wird die Dauergefahr nicht erfasst (s. Rn 454 f; 1141).

Im **Fall 10a** ist der Angriff des A auf das Eigentum des J **so lange gegenwärtig**, wie der **488**
fliehende Dieb die Beute bei sich trägt[17]. **Beendet** und damit nicht mehr gegenwärtig wäre der Angriff, wenn er fehlgeschlagen, endgültig aufgegeben oder vollständig durchgeführt worden wäre. Denn dann kann die Rechtsgutsverletzung durch die Gegenwehr nicht mehr abgewendet werden.

Bei einer **erpresserischen Drohung** liegt beispielsweise ein Angriff auf die Freiheit der Willensentschließung und Willensbetätigung vor, der mit dem Ausspruch der Drohung idR weder

13 So zu Recht etwa *Murmann*, Grundkurs, § 25 Rn 78.
14 So auch *Fischer*, § 32 Rn 2; *Jescheck/Weigend*, AT, § 32 II 1 a; S/S/W-StGB-*Rosenau*, § 32 Rn 5; *Roxin*, JuS 88, 425, 428; aA *Frister*, GA 1988, 291, 305; *Hruschka*, S. 141; *Jakobs*, AT, 12/16; *Otto*, Grundkurs AT, § 8 Rn 21 f; *Renzikowski*, Notstand und Notwehr, 1994, S. 99
15 Vgl BGH NJW 73, 255; JZ 03, 50 m. krit. Anm. *Walther*.
16 BGHSt 48, 207 m. Bespr. *Widmaier*, NJW 03, 2788.
17 Vgl auch RGSt 55, 82; BGH MDR/H 79, 985.

vollständig abgeschlossen noch beendet ist. Er dauert vielmehr fort und ist weiterhin gegenwärtig, solange der Erpresser den von seiner Drohung ausgehenden psychischen Zwang aufrechterhält und der Bedrohte in der Lage ist, eine Intensivierung der bereits in Gang gesetzten Rechtsgutsverletzung abzuwehren[18]. Fraglich ist allein, ob bei entsprechenden Gegenmaßnahmen die sonstigen Voraussetzungen des § 32 (Erforderlichkeit und Geeignetheit des Verteidigungsmittels, Gebotensein etwaiger Trutzwehr) gegeben sind (vgl Rn 496 ff, 530).

489 b) **Präventive Notwehrmaßnahmen** gegen künftige, noch nicht gegenwärtige Angriffe werden durch § 32 nicht gedeckt. Sie sollen ja – schon begrifflich – verhindern, dass es zu einem Angriff überhaupt kommt oder dieser das Stadium der Gegenwärtigkeit erreicht. Einer Mindermeinung zufolge soll es sich hier um eine sog. „notwehrähnliche Lage" handeln, auf die § 32 *analog* anwendbar sei[19]. Dabei wird übersehen, dass es bereits an einer vergleichbaren Sachlage fehlt, und zwar selbst dann, wenn ein Abwarten des Angriffs die Abwehrchancen erheblich verschlechtern würde. Zudem darf dem Handelnden das extrem scharfe Notwehrrecht nur in der zugespitzten Situation des Angriffs zugestanden werden[20].

Denkbar ist hier jedoch eine Rechtfertigung gem. § 34, sofern die vorbeugende Abwehr die Grenzen der Verhältnismäßigkeit wahrt und schwere Verletzungen des davon Betroffenen vermeidet. Wer denjenigen, der gerade zu einem Mord aufbrechen will, in seinem Zimmer einschließt, oder wer den Männern, die ihn im Laufe der Nacht berauben wollen, ein Betäubungsmittel in den Wein schüttet, kann sich auf § 34 stützen, wenn andere Möglichkeiten der Gefahrabwendung fehlen. Dabei fällt zu seinen Gunsten ins Gewicht, dass die Entstehung der Gefahr in der Sphäre dessen liegt, gegen den sich die Präventivmaßnahme richtet[21].

490 c) Von der präventiven Notwehr abzugrenzen ist die sog. **antizipierte Notwehr** in Form „automatisierter Gegenwehr" mit **selbsttätig wirkenden Schutz- und Abwehrvorrichtungen**.

Beispiel: Millionär M bewohnt eine große Villa in einer Gegend, in der in letzter Zeit vermehrt eingebrochen wurde. Zum Schutz seines Hauses installiert er eine Selbstschussanlage und stromführende Drähte sowie Fußangeln, wobei er durch gut sichtbare Hinweistafeln hiervor warnt. Einbrecher E glaubt den Warnschildern nicht, begibt sich auf das Grundstück des M und wird von einer Kugel aus der Selbstschussanlage in den Bauch getroffen.

Hier handelt es sich nicht um die nur vorbeugende Verhinderung eines künftigen Angriffes. Auch wenn der M im obigen Beispiel die Vorrichtungen zu einem Zeitpunkt anbringt, in dem der Angriff des E noch nicht gegenwärtig ist, so sollen die Schutzvorrichtungen erst in dem Augenblick ihre schützende/verletzende Funktion entfalten, in dem es tatsächlich zu einem gegenwärtigen Angriff kommt. Bei Bejahung der übrigen Voraussetzungen der Notwehr kommt eine Rechtfertigung nach § 32 also durchaus in Betracht[22].

---

18 Zutr. *Amelung*, GA 1982, 381, 385; *Eggert*, NStZ 01, 225; NK-*Kindhäuser*, § 32 Rn 59; abw. KG JR 81, 254; *Arzt*, JZ 01, 1052; *Müller*, NStZ 93, 366.

19 ZB *Jakobs*, AT, 12/27; *Krey*, ZStW 90 [1978], 173, 188 f.

20 *B. Heinrich*, AT, Rn 349.

21 BGHSt 39, 133 m. Anm. *Roxin*, NStZ 93, 335; lehrreich dazu S/S-*Perron*, § 32 Rn 16 f; *Rengier/Brand*, JuS 08, 514, 517; *Roxin*, Jescheck-FS, S. 457, 478.

22 S. OLG Braunschweig MDR 47, 205; MK-*Erb*, § 32 Rn 115, 173 ff; *M. Heinrich*, ZIS 10, 183; *Herzog*, Schlüchter-GS, S. 209; *Hilgendorf/Valerius*, AT, § 5 Rn 32; Lackner/*Kühl*, § 32 Rn 10; *Müssig*, ZStW 115 [2003], 224; S/S-*Perron*, § 32 Rn 18a; näher *Kunz*, GA 1984, 540; fallbezogen: *Jäger*, AT, Rn 119 f.

Problematisch ist dann aber die Erforderlichkeit der Verteidigungshandlung im konkreten Fall, da durch die notwendige vorherige Festlegung auf ein automatisiertes Abwehrprogramm im Angriffszeitpunkt keine Abstufung in Abhängigkeit zum konkreten Angriff mehr möglich ist (Warnschuss, Schuss in Bein oder Arm als potentiell mildere Mittel). Hätte dieser auch durch ein milderes Mittel abgewehrt werden können, fehlt es an der Erforderlichkeit, sodass eine Rechtfertigung durch Notwehr ausscheiden muss. **491**

Ob ein gegenwärtiger Angriff iSd § 32 vorliegt, richtet sich nach der **objektiven Sachlage** zur Zeit der Tat, also nicht etwa nach der Vorstellung dessen, der sich bedroht fühlt oder andere für bedroht hält[23]. **492**

Wer trotz objektiv fehlender Angriffssituation irrig vom Vorhandensein einer Notwehrlage ausgeht, handelt bei Abwehrmaßnahmen gegen den vermeintlichen Angreifer nicht rechtmäßig, sondern rechtswidrig (sog. Putativnotwehr). Ob er sich strafbar macht, ist nach den einschlägigen **Irrtumsregeln** zu beurteilen (s. Rn 697 ff).

3. Rechtswidrigkeit des Angriffs

Rechtswidrig ist der Angriff, wenn er objektiv im Widerspruch zur Rechtsordnung steht. Einen Straftatbestand muss das Angriffsverhalten aber nicht erfüllen. An der Rechtswidrigkeit fehlt es jedenfalls dann, wenn der Angriff seinerseits durch einen Rechtfertigungsgrund (zB durch Notwehr)[24] gedeckt ist. **493**

Problematisch und umstritten ist jedoch, ob ein Verhalten bereits dann rechtswidrig iSv § 32 ist, wenn sich in ihm ein **Erfolgsunrecht** verwirklicht oder ob stets auch ein **Handlungsunrecht** in dem Sinn vorliegen muss, dass der Handelnde zumindest objektiv sorgfaltswidrig handelt. **494**

Beispiel: Der objektiv völlig sorgfaltsgemäß fahrende Autofahrer A droht, das urplötzlich auf die Straße laufende Kind K zu überfahren. Ist der Dritte D, der zufällig eine geladene Pistole in der Hand hat, in einer Nothilfelage, die einen (u.U. tödlichen) Schuss auf A rechtfertigt, wenn K hierdurch voraussichtlich gerettet werden könnte?

Nach teils vertretener Ansicht ist die Rechtswidrigkeit eines Angriffs bereits zu bejahen, wenn eine Rechtsgutsverletzung in Gestalt des **Erfolgsunwerts** einzutreten droht[25]. Im obigen Beispiel hätte A trotz Einhaltung der objektiven Sorgfaltspflicht wegen der drohenden Verletzung des K rechtswidrig gehandelt, was die Berufung auf § 32 II Alt. 2 eröffnen würde. Dies überzeugt jedoch bereits deshalb nicht, weil gegenüber einem sich sorgfaltsgemäß verhaltenden Bürger keinerlei Rechtsbewährungsinteresse besteht. Deshalb kommt es – mit der hL – maßgeblich auf den **Handlungsunwert** an. Ein **objektiv sorgfaltsgemäßes** Verhalten – wie das des A im Beispiel – stellt somit keinen iSd § 32 rechtswidrigen Angriff dar[26]. **495**

---

23 OLG Stuttgart NJW 92, 850; SK-*Günther*, § 32 Rn 22; S/S-*Perron*, § 32 Rn 27.

24 Vgl nur BGH JZ 01, 661.

25 Vgl *Jescheck/Weigend*, AT, § 32 II 1 c; *Köhler*, AT, S. 268.

26 Vgl *Gropp*, AT, § 6 Rn 71 ff; S/S-*Perron*, § 32 Rn 21; LK-*Rönnau/Hohn*, § 32 Rn 109; S/S/W-StGB-*Rosenau*, § 32 Rn 19; *Roxin*, AT I, § 15 Rn 14 f; *Sinn*, GA 2003, 104; s. zum Ganzen auch MK-*Erb*, § 32 Rn 35 ff; SK-*Günther*, § 32 Rn 27, 57; *Hillenkamp*, Herzberg-FS, 483; NK-*Kindhäuser*, § 32 Rn 61 f; *Kühl*, Jura 93, 57, 63.

III. Die Notwehrhandlung

496 Die **Notwehrhandlung** muss sich **gegen den Angreifer** richten, objektiv **erforderlich** und normativ **geboten** sein. Schließlich muss sie auch von einem **Verteidigungswillen getragen** sein (= subjektives Rechtfertigungselement, s. Rn 401 ff).

1. Notwehrhandlung als nur gegen den Angreifer gerichtete Verteidigung

497 Als Verteidigungshandlung darf sich die Notwehr **nur gegen den Angreifer** und nicht gegen Rechtsgüter Dritter richten[27]. Dabei ist es belanglos, ob der Verteidiger den Angriff von sich (**Notwehr, § 32 II Alt. 1**) oder einem anderen (**Nothilfe, § 32 II Alt. 2**) abwenden will. § 32 sieht beide Möglichkeiten vor (zur polizeilichen Nothilfe s. Rn 418).

§ 32 trifft keine Aussage dazu, ob jemand gehalten ist, einen Dritten gegen einen Angriff zu verteidigen. Geregelt ist nur das Recht, nicht aber die Pflicht zur Nothilfe. Eine derartige Pflicht kann aber für den Garanten aus der Strafbarkeit wegen eines unechten Unterlassungsdelikts (s. u. Rn 1004 ff) und im Übrigen aus der Strafbarkeit wegen unterlassener Hilfeleistung nach § 323c erwachsen (vgl Rn 1050)[28].

Die Nothilfe ist unzulässig, wenn sie sich gegen den ausdrücklich erklärten oder aus den Umständen erkennbaren Willen des Angegriffenen richtet (sog. **aufgedrängte Nothilfe**)[29].

2. Erforderlichkeit der Notwehrhandlung

498 Die Notwehrhandlung muss **erforderlich** sein, dh sie muss zum einen zur Angriffsabwehr **geeignet** sein und zum anderen das **mildeste zur Verfügung stehende Gegenmittel** darstellen.

499 a) **Geeignet** ist eine Maßnahme, die grds dazu in der Lage ist, den Angriff entweder ganz zu beenden oder ihm wenigstens ein Hindernis in den Weg zu legen[30]. Ein hinreichendes Hindernis kann in einer Abschwächung des Angriffs oder in der zeitlichen Verzögerung des Erfolgseintritts liegen[31]. An die Effektivität der Abwehr dürfen nur minimale Anforderungen gestellt werden, um auch unterlegenen Angegriffenen das Notwehrrecht nicht zu nehmen[32].

500 b) Der Angegriffene muss das **mildeste (= schonendste) Mittel** einsetzen[33]. Stets ist also dasjenige Verteidigungsmittel zu wählen, das bei gleicher Wirksamkeit den ge-

---

27 BGHSt 5, 245, 248.
28 Hierzu *Engländer*, Roxin II-FS, S. 657; *Mitsch*, Roxin II-FS, S. 639, 641.
29 Dazu *Engländer*, Nothilfe, S. 99 ff; *Kasiske*, Jura 04, 832; *Kaspar*, JuS 14, 769; *Rengier*, AT, § 18 Rn 113; *Seuring*, Die aufgedrängte Nothilfe, 2004, S. 246 f; *Sternberg-Lieben/Sternberg-Lieben*, JuS 99, 444.
30 SK-*Günther*, § 32 Rn 91; S/S/W-StGB-*Rosenau*, § 32 Rn 23.
31 S. BGH NStZ 83, 117; 06, 152, 153; *Fischer*, § 32 Rn 29; *Kühl*, AT, § 7 Rn 96; *Warda*, Jura 90, 344, 346.
32 Vgl OLG Düsseldorf NJW 94, 1971, 1972; zur Behandlung nur noch symbolischer Gegenwehr s. S/S/W-StGB-*Rosenau*, § 32 Rn 24 mwN.
33 BGHSt 42, 97, 100.

ringsten Schaden anrichtet[34]. Die Wirksamkeit eines Mittels zur sofortige Beendigung des Angriffs und zur endgültigen Beseitigung der Gefahr beurteilt sich nach der Stärke des Angriffs, der Gefährlichkeit des Angreifers und der zur Verfügung stehenden Abwehrmittel[35]. Bestehen **Unsicherheiten** über die Effektivität einzelner Gegenwehrmaßnahmen, muss sich der Angegriffene nicht auf das Risiko einer nur unzureichenden Abwehrhandlung und des Eintritts eines mehr als belanglosen Schadens an seinen Rechtsgütern einlassen[36]. Auf weniger gefährliche Verteidigungsmittel muss sich der Angegriffene nur einlassen, wenn deren Abwehrwirkung unzweifelhaft ist und genügend Zeit zur Abschätzung der Lage zur Verfügung steht[37]. Da ursprünglich das Aggressionspotenzial vom Angreifer ausgeht, sind Rspr und Literatur bei den Anforderungen an die Erforderlichkeit der Abwehr insgesamt recht großzügig[38].

Vorsicht ist allerdings geboten, wenn lebensgefährliche Waffen, insbes. **Schusswaffen** oder **Messer** als Verteidigungsmittel angewandt werden, denn die Zufügung einer tödlichen Verletzung kann zwar grundsätzlich vom Notwehrrecht gedeckt sein (Rn 507), muss aber stets *ultima ratio* bleiben[39]. In der Regel ist der Einsatz solcher Verteidigungsmittel daher zunächst **anzudrohen** (zB in Form eines Warnschusses); reicht dies nicht aus, muss der Versuch unternommen werden, **weniger sensible Körperteile** zu treffen (zB Schuss in die Beine)[40]. Zwingend sind derartige weniger gefährliche Einsatzformen aber wiederum nur, wenn sie im konkreten Fall eine so hohe Erfolgsaussicht haben, dass dem Angegriffenen das Risiko eines Fehlschlags und die damit verbundene Verkürzung seiner Verteidigungsmöglichkeiten zugemutet werden kann[41]. Entscheidend für die Beurteilung ist die konkrete „Kampflage"[42]. Ist der Waffeneinsatz durch Notwehr gerechtfertigt, so entfällt auch die Strafbarkeit wegen eines u.U. tatbestandlich erfüllten unerlaubten Führens einer Waffe (§ 52 I Nr 1 WaffG)[43]. 501

c) Die Erforderlichkeit der Verteidigung (Geeignetheit und Wahl des mildesten Mittels) ist im Wege einer Ex-ante-Betrachtung **objektiv** zu bestimmen. Maßgebend ist, wie ein besonnener Dritter in der Lage des Angegriffenen die im Zeitpunkt des Angriffs gegebenen und objektiv erkennbaren Umstände beurteilt hätte[44]. 502

Im **Fall 10a** hat J sofort einen tödlich wirkenden Kopfschuss abgegeben, ohne zuvor einen Warnschuss abzufeuern oder auf nicht lebenswichtige Körperteile zu zielen. In der konkreten Situation war der Dieb aber bereits so weit entfernt, dass dem J bei objektiver Ex-ante-Betrachtung keine Zeit für Warnschüsse blieb und ein genaueres Zielen auf bestimmte Körperteile nicht möglich war. Auch ein anderes gleich geeignetes Mittel, um den Angriff auf 503

34 BGHSt 3, 217.
35 BGH NStZ 81, 138; OLG Hamm BeckRS 13, 13245 m. Bespr. *Jahn*, JuS 14, 80.
36 BGH NStZ 09, 626; BGH StV 14, 337.
37 BGH NStZ 15, 151 m. Bespr. *Eisele*, JuS 15, 465.
38 *Joecks*, St-K, § 32 Rn 13 ff; Fall bei Coester-Waltjen-II-*Grunewald*, S. 52.
39 BGH NStZ 06, 152; MK-*Erb*, § 32 Rn 165 ff; *ders.*, NStZ 11, 186; *Hoffmann-Holland*, AT, Rn 237 f.
40 BGH NStZ 01, 530; BGH NStZ 14, 147; Matt/Renzikowski-*Engländer*, § 32 Rn 28; S/S/W-StGB-*Rosenau*, § 32 Rn 27.
41 BGH NStZ 12, 272 *(Hells Angels Fall)*; BGH StV 13, 503 m. zust. Bespr. *Erb*, HRRS 13, 113 u. *v. Heintschel-Heinegg*, JA 13, 69; OLG Frankfurt NStZ-RR 13, 107.
42 BGHSt 27, 336, 337; BGH StV 13, 506 m. Bespr. *Hecker*, JuS 13, 563.
43 BGH NStZ 11, 82 m. Anm. *Hecker*, JuS 11, 272 u. *Kretschmer*, Jura 12, 189; BGH StV 12, 338.
44 Vgl BGH NJW 89, 3027; BGH StV 13, 503; *Schröder*, JuS 00, 235.

das Eigentum ebenso wie durch einen Schuss zu beenden, ist nicht ersichtlich. Der tödliche Schuss auf A war somit erforderlich.

Auch im **Fall 10b** lag eine Notwehrlage vor, als M begann, den P zu schlagen. Angesichts der körperlichen Überlegenheit des M blieb dem P nur der sofortige Einsatz des Messers. Auch hier war für ein Androhen oder eine bewusste Entscheidung für eine möglichst wenig schwerwiegende Verletzung kein Raum mehr. Grundsätzlich verteidigte sich also auch P im Rahmen des Erforderlichen.

504 Werden zB bei einem Banküberfall oder einer räuberischen Erpressung **Scheinwaffen** eingesetzt, deren mangelnde Gefährlichkeit in der konkreten Situation objektiv nicht erkennbar ist, so deckt § 32 jede Verteidigungsmaßnahme, die aus der Ex-ante-Sicht eines besonnenen Beobachters erforderlich ist, um den als gefährlich erscheinenden Angriff wirkungsvoll abzuwenden, ggf also auch Scharfschüsse gegen die oder den Angreifer. Denn wer wirklich, dh nicht lediglich zum Schein angreift und sich dabei einer Drohung bedient, die der Bedrohte ernst nehmen soll, muss sich beim Wort nehmen lassen, wenn sein Verhalten ernst genommen wird und entsprechende Abwehrmaßnahmen auslöst. Insofern liegt es hier anders als bei einem (aus Scherz unternommenen) bloßen **Scheinangriff**, der keinerlei Rechtsgutsverletzung bezweckt und bei dessen Abwehr lediglich die Regeln der Putativnotwehr gelten[45].

505 Die Maßgeblichkeit der objektiven Ex-ante-Beurteilung hat eine wichtige Konsequenz: Wählt der Verteidiger nach diesen Grundsätzen das mildeste Mittel, so steht die Rechtmäßigkeit der Verteidigung in diesem Moment fest. **Ungewollte Auswirkungen** der Abwehrhandlung, die sich aus der **typischen Gefährlichkeit** des (in zulässiger Weise eingesetzten) **Abwehrmittels** im weiteren Verlauf ergeben und den Angreifer über das gewollte Maß hinaus verletzen, können der Notwehr- oder Nothilfehandlung nicht quasi rückwirkend die Rechtmäßigkeit nehmen.

Beispiel: A greift B widerrechtlich mit gezücktem Messer an. Der bewaffnete B versucht vergeblich, den Angreifer mittels eines Warnschusses und eines Schusses in die Beine, der jedoch nur dessen Wade streift, abzuwehren. Als A im Nahkampf zum endgültigen, tödlichen Stich ansetzen will, weiß sich B, der den Tod des A vermeiden möchte, nicht anders zu helfen, als (zur Schonung des A) seine Pistole nicht als Schuss-, sondern lediglich als Schlagwaffe einzusetzen. Bei dem zweiten Schlag, den B gegen die Schulter des hartnäckig auf ihn einstechenden A führt, löst sich aus der Pistole ungewollt ein Schuss, der den A am Kopf trifft und tödlich verletzt. Hier war die konkrete Verteidigungshandlung des B gem. § 32 erlaubt und gerechtfertigt. Daran ändert auch der (ungewollt herbeigeführte) Todeserfolg nichts. Die Risiken, die sich aus der von ihm veranlassten Abwehrhandlung und aus der typischen Gefährlichkeit des Verteidigungsmittels ergeben, gehen zulasten des Angreifers A und sind nicht etwa von dem Angegriffenen oder dessen Nothelfer zu tragen[46].

506 d) Die Erforderlichkeit scheitert allerdings nicht bereits daran, dass der Angegriffene die Möglichkeit hat, sich dem Angriff **durch Flucht zu entziehen**[47]. Nach dem der Notwehr zugrundeliegenden Rechtsbewährungsprinzip (s. o. Rn 481) braucht **das Recht dem Unrecht nicht zu weichen**[48]; der in Notwehr Handelnde tritt eben zu-

45 Vgl *Amelung*, Jura 03, 93 ff; *Kühl*, AT, § 7 Rn 22, 22a; *Otto*, Jura 88, 330; S/S-*Perron*, § 32 Rn 27 f.
46 BGHSt 27, 313; BGH JR 00, 297 m. Anm. *Ingelfinger*; BGH NStZ 05, 31; s. ferner *Kretschmer*, Jura 02, 114; *Kühl*, Jura 93, 118.
47 Vgl BGH NJW 13, 2133, 2135 m. Bespr. *Brüning*, ZJS 13, 511.
48 Vert. *Kindhäuser*, Frisch-FS, S. 493; krit. *Krauß*, Puppe-FS, S. 635.

gleich für den Bestand der Rechtsordnung ein; hingegen werden ein schnelles Beiseitetreten oder Ducken sowie die Wahrnehmung unmittelbar zur Verfügung stehender Hilfe etc vom Angegriffenen zu fordern sein, sofern dies nicht als generelle Preisgabe des Rechtsguts interpretiert werden kann[49].

e) Das Rechtsbewährungsprinzip hat auch zur Folge, dass in § 32 ein **„schneidiges Notwehrrecht"** verankert ist, welches – anders als die Notstandsregelungen (§ 34 StGB, §§ 228, 904 BGB)[50] und die Notwehrregelungen vieler ausländischer Rechtsordnungen[51] – im Prinzip **keine Güterabwägung** kennt[52]. Im Rechtsbewusstsein der Bevölkerung findet eine so weitreichende Notwehrbefugnis jedoch kaum Widerhall[53]. Gleichwohl kann nach dem Gesetzeswortlaut bei der Notwehr die Tötung des Angreifers entsprechend der Intensität seines Angriffs nicht nur zum Schutz von Leib oder Leben, sondern beim Versagen aller sonst in Betracht kommenden Abwehrmöglichkeiten als *ultima ratio* auch zur Verteidigung von Sachwerten zulässig sein[54]. Denkbar ist allerdings eine Einschränkung des Notwehrrechtes zur Verteidigung von Sachwerten unter dem Aspekt der Gebotenheit (vgl Rn 508 ff). **507**

3. Gebotenheit der Notwehr

Auch wenn das deutsche Recht grds ein „schneidiges Notwehrrecht" ohne Verhältnismäßigkeitskorrektiv einräumt, findet dieses Recht seine Schranke im allgemeinen **Verbot des Rechtsmissbrauchs**. Im Wortlaut des § 32 I wird dies daran festgemacht, dass die Notwehr „geboten" sein muss[55]. **508**

a) Die „Gebotenheit" der Notwehr hängt von **normativen** und **sozialethischen** Erwägungen ab[56], wohingegen sich die „Erforderlichkeit" der Verteidigungshandlung allein nach den tatsächlichen Gegebenheiten, insbes. nach der Art und Stärke des Angriffs richtet[57]. Beide Kriterien können zwar ineinander übergehen, sie decken sich aber nicht. **509**

Soweit allerdings das Rechtsbewährungsinteresse nicht ausnahmsweise gemindert ist, wird dieser Grundgedanke des § 32 auch nicht durch die Gebotenheit überspielt. Daher entfällt die Gebotenheit der Notwehrhandlung zB nicht nur deshalb, weil eine Ausweichmöglichkeit besteht (zur Erforderlichkeit s. Rn 498). Eine **„schimpfliche Flucht"** ist dem Angegriffenen im Regelfall nicht zuzumuten. Die Hinzuziehung staatlicher Organe unter Verzicht auf die Ausübung des Notwehrrechts ist nur zumutbar, wenn deren Hilfe sofort zur Verfügung steht[58].

---

49 Vgl SK-*Günther*, § 32 Rn 95; *Sengbusch*, Die Subsidiarität der Notwehr, 2007.
50 Zur Gegenüberstellung der Voraussetzungen von § 32 und § 34 s. u. Rn 1141.
51 Vgl LK-*Rönnau/Hohn*, § 32 Rn 6 ff; *Wittemann*, Grundlinien und Grenzen der Notwehr in Europa, 1997.
52 BGHSt 48, 207; dazu auch *Maiwald*, Marinucci-FS, S. 1579; abw. *Kaspar*, RW 13, 40, 59 f *(de lege ferenda)*.
53 *Amelung/Kilian*, Schreiber-FS, S. 5.
54 Vgl BGH StV 82, 219 (Eigentum und Hausrecht); BGHSt 48, 207 (€ 2500); abw. *Bernsmann*, ZStW 104 [1992], 290; *Bülte*, GA 2011, 145; NK-*Kindhäuser*, § 32 Rn 100; *Koriath*, Müller-Dietz-FS, S. 361; *Lilie*, Hirsch-FS, S. 288.
55 *Fahl*, Jura 07, 743, 745; *Roxin*, AT I, § 15 Rn 56; siehe auch *Sinn*, Beulke-FS, S. 271.
56 BGHSt 39, 374, 378.
57 Näher *Eser/Burkhardt*, Strafrecht I, S. 122; *Roxin*, ZStW 93 [1981], 68, 79.
58 BGH VRS 30, 281; krit. *Pelz*, NStZ 95, 305; vert. Matt/Renzikowski-*Engländer*, § 32 Rn 34.

510 Sozialethisch begründete Einschränkungen der Notwehr (ggf auch der Nothilfe[59]) kommen im Hinblick auf deren Zweckbestimmung dann in Betracht, wenn dem Angegriffenen aus besonderen Gründen an Stelle rigoroser Trutzwehr ein anderes Verhalten (Hinnahme des Angriffs, Ausweichen, Anrufung der Polizei, Beschränkung auf eine rein defensive Schutzwehr usw) **ohne Preisgabe berechtigter Interessen zuzumuten** ist und **die Rechtsordnung der Bewährung** durch ein nachdrückliches Niederschlagen des Angriffs **nicht bedarf**[60]. Ein Verstoß gegen Art. 103 II GG liegt darin nicht, da sich die erwähnten Einschränkungen im Rahmen des Wortlauts des § 32 halten (s. bereits oben Rn 397) und letztlich nur verfassungsimmanente Schranken des Notwehrrechts darstellen[61].

511 b) Die normativen Einschränkungen der Gebotenheit der Notwehr können – je nach Fallgruppe – zu einem gänzlichen Wegfall des Notwehrrechts oder aber zu einer Beschränkung des Verteidigungsrechts nach der **Drei-Stufen-Theorie**[62] führen. Danach muss der Verteidiger zunächst **ausweichen**, ist dies nicht möglich, wird er auf **Schutzwehr** verwiesen. Nur wenn auch dies nichts hilft, darf er – allerdings unter größtmöglicher Schonung des Angreifers – zur **Trutzwehr** übergehen[63].

512 Die Gebotenheit wird vor allem in folgenden **Fallgruppen** problematisiert[64]:

aa) **Krasses Missverhältnis:** Eine Abwehr, deren Folgen in krassem Missverhältnis zum drohenden Schaden stehen, ist missbräuchlich und daher selbst dann unzulässig, wenn die Maßnahme das einzig mögliche Mittel darstellt, um das Rechtsgut zu schützen[65]. Dieser Fall der Gebotenheitsprüfung ist nicht zu verwechseln mit einer generellen Verhältnismäßigkeitsprüfung, die bei § 32 gerade nicht durchgeführt wird (s. Rn 507). Die durch die Verteidigung bewirkten Beeinträchtigungen der Rechtsgüter des Angreifers dürfen in Anbetracht der durch den Angriff drohenden Schäden und Verletzungen durchaus unverhältnismäßig stark in Mitleidenschaft gezogen werden, die Notwehr ist nur dann nicht geboten, wenn diese Disproportionalität ausnahmsweise gänzlich unerträglich ist.

Beispiel: Der an den Rollstuhl gefesselte Gartenbesitzer G, der mit einem Luftgewehr die Stare von seinen Kirschbäumen fern hält, darf den Schuljungen S, der in einen Baum steigt und sich einige Kirschen schmecken lässt, auch dann nicht mit einem gezielten Körpertreffer vom Baum holen, wenn S auf Warnschüsse nicht reagiert und andere Abwehrmöglichkeiten nicht zur Verfügung stehen. An einem gegenwärtigen rechtswidrigen Angriff des S auf das Eigentum des G ist hier zwar nicht zu zweifeln, selbst dann nicht, wenn S altersbedingt schuldunfähig ist (vgl § 19), da es für den Begriff des Angriffs nicht auf die Schuld ankommt (s. Rn 486); auch die Erforderlichkeit des gezielten Schusses als der einzigen Möglichkeit zur sofortigen Niederschlagung des Angriffs lässt sich schwerlich leugnen. Bei dem geringen Gewicht, das Angriffen von Kindern beizumessen ist, und dem Bagatellcharakter des dem G drohenden materiellen

59 *Kuhlen*, GA 2008, 282; *Norouzi*, JuS 04, 494; Einzelheiten insoweit noch ungeklärt.

60 Vgl BGHSt 42, 97; *Berz*, JuS 84, 340; *Kaspar*, RW 13, 40, 42 ff.

61 *Jescheck/Weigend*, AT, § 32 III 1; *Wohlers*, JZ 99, 434, 437; aA Matt/Renzikowski-*Engländer*, § 32 Rn 42; *Seebode*, Krause-FS, S. 375; *Sinn*, Wolter-FS, S. 503; *ders.*, Beulke-FS, S. 271 ff.

62 *Jahn*, JuS 06, 466; *Kühl*, StV 97, 298; für eine Berücksichtigung im Rahmen des § 34: *Otto*, Frisch-FS, S. 589, 605 ff.

63 Vgl *Murmann*, Grundkurs, § 25 Rn 95; s. auch S/S/W-StGB-*Rosenau*, § 32 Rn 30: „Eskalationstrias".

64 *Rönnau*, JuS 12, 404; *Sowada*, Herzberg-FS, S. 459, 468; vert. *Fasten*, Die Grenzen der Notwehr im Wandel der Zeit, 2011.

65 RGSt 23, 116, 117; BayObLG NJW 54, 1377; OLG Braunschweig MDR 47, 205; *Fahl*, JA 00, 460; *Kühl*, Jura 90, 244; vert. *Nusser*, Notwehr zur Verteidigung von Sachwerten, 2012.

Schadens (**Bagatellangriff**) wäre eine so drastische Abwehrmaßnahme jedoch weder mit dem **Schutzprinzip** noch mit dem **Rechtsbewährungsgedanken** als den beiden Grundpfeilern des Notwehrrechts (s. Rn 481) zu vereinbaren[66].

bb) **Art. 2 II lit. a EMRK:** Umstritten ist insbesondere, ob – wegen des Einflusses des Art. 2 II lit. a EMRK auf § 32 – die **zur Verteidigung von Sachwerten erfolgende Tötung eines Menschen** niemals geboten sein kann[67]. **513**

Die grundsätzliche Beachtlichkeit der EMRK ergibt sich daraus, dass diese in Deutschland im Rang eines einfachen Bundesgesetzes gilt und darüber hinaus nach dem BVerfG das gesamte deutsche Recht, einschließlich des Verfassungsrechts, im Lichte der EMRK auszulegen ist (s. oben Rn 118).

Art. 2 II lit. a EMRK sieht eine Ausnahme vom in Absatz 1 enthaltenen Verbot der „absichtlichen Tötung" vor, wenn diese „durch eine Gewaltanwendung verursacht wird, die unbedingt erforderlich ist, um jemanden gegen rechtswidrige Gewalt zu verteidigen." Ein Teil der Lehre[68] leitet hieraus ab, dass die EMRK eine Tötung nur zur Abwehr von Gewalt **gegen eine Person** („... um *jemanden* ... zu verteidigen"), nicht aber zur Abwehr von Angriffen auf Sachwerte erlaubt, was in den allein authentischen englischen und französischen Sprachfassungen tatsächlich durchaus klar zum Ausdruck kommt (engl.: „of any *person*"; franz.: „ de toute *personne*"). Das Problem liegt aber darin, dass die EMRK Menschenrechte enthält, die den Einzelnen gegenüber dem Staat schützen. Bei § 32 geht es jedoch um das Verhältnis Bürger gegen Bürger, weshalb die bislang hL der EMRK insoweit keine auf die Gebotenheit der Notwehr durchschlagende Bedeutung beimisst[69]. **514**

Zu beachten ist allerdings, dass die Garantien der Konvention durchaus **mittelbare Drittwirkungen** im Verhältnis der Privaten untereinander entfalten können, da die EMRK eine „objektive Wertordnung" etabliert[70]. Jedoch kann der Konvention nicht generell eine mittelbare Drittwirkung unterstellt werden, vielmehr hängt eine solche von der Reichweite der jeweils betroffenen Garantie ab[71]. Dass sich Art. 2 II lit. a EMRK in dem Sinn interpretieren lässt, dass hierdurch der Vertragsstaat Deutschland verpflichtet wird, seine interne Notwehrregelung so restriktiv zu fassen und anzuwenden, dass die Tötung zum Schutz von Sachwerten nicht erlaubt wird, erscheint nach dem derzeitigen Stand der Rechtsentwicklung zweifelhaft[72]. **515**

Im Ergebnis muss diese schwierige Frage aber nicht abschließend geklärt werden. Denn das Tötungsverbot des Art. 2 I EMRK erfasst nur die **„absichtliche"** (engl.: „intentionally"; franz.: „intentionnellement") Tötung, womit nur die mit direktem **516**

---

66 *Roxin*, AT I, § 15 Rn 56, 73 ff; vgl auch *Klesczewski*, Wolff-FS, S. 225, 244.
67 Instruktiv zur Gesamtproblematik *Hillenkamp*, AT, S. 18 ff (3. Problem); *Kühl*, ZStW 100 [1988], 406, 601.
68 *Frister*, GA 1985, 553; *Koriath*, in: Ranieri (Hrsg), Die Europäisierung der Rechtswissenschaft, 2002, S. 47; *Marxen*, Die „sozialethischen" Grenzen der Notwehr, 1979, S. 61.
69 Vgl *Hoffmann-Holland*, AT, Rn 250 f; *Jescheck/Weigend*, AT, § 32 V; *Kühl*, Jung-FS, S. 440; *Rönnau*, JuS 2012, 406; S/S/W-StGB-*Rosenau*, § 32 Rn 37.
70 Sog. „constitutional instrument", s. *Satzger*, Internatonal, § 11 Rn 25.
71 Vgl hierzu *Meyer-Ladewig*, EMRK, Art. 1 Rn 10; *Peters/Altwicker*, EMRK, § 2 Rn 33.
72 Dazu *Satzger*, International, § 11 Rn 33.

Vorsatz (Absicht oder Wissentlichkeit) erfolgende Tötung gemeint ist[73]; bei der Verteidigung von Sachwerten kommt es dem Notwehr Übenden aber regelmäßig nur auf die Wiedererlangung der Sache an, bzgl. der Tötung handelt er dann allenfalls mit dolus eventualis. Sollte er ausnahmsweise doch einmal mit direktem Vorsatz töten, dann sind richtigerweise bereits Zweifel an der Erforderlichkeit seines Handelns angebracht[74]. Somit entfaltet Art. 2 II lit. a EMRK zumindest de facto keine beschränkende Wirkung auf die Gebotenheit der Notwehr.

517 Die Gebotenheit der Notwehr war in **Fall 10a** nicht bereits wegen eines „krassen Missverhältnisses" ausgeschlossen. Zwar erfährt ein Menschenleben in unserer Rechtsordnung eindeutig einen höheren Schutz als das Eigentum und das Vermögen, jedoch verleiht § 32 aufgrund des Rechtsbewährungsgedankens ein besonders schneidiges Notwehrrecht, dem Verhältnismäßigkeitserwägungen grundsätzlich fremd sind. Erkennt man allerdings an, dass Art. 2 II lit. a EMRK zu einer Auslegung des § 32 dahingehend zwingt, dass eine Verteidigung von Sachwerten durch Tötung eines Menschen niemals geboten sein kann, dann lässt sich an einer Rechtfertigung zweifeln. Höchst problematisch ist jedoch, ob die EMRK-Vorschrift auf das Verhältnis zwischen Privaten überhaupt (mittelbare) Anwendung finden darf. Jedenfalls führt sie hier nicht zu einer Verneinung der Notwehr, weil Art. 2 II lit. a EMRK nur die absichtliche (= mit direktem Vorsatz erfolgende) Tötung erfasst, J aber – wie typischerweise bei der tödlich verlaufenden Verteidigung von Sachwerten – nur eventualvorsätzlich bzgl des Todes des A handelte.

▸ Beispielsfall bei *Beulke*, Klausurenkurs I Rn 232

518 cc) **Angriffe von schuldlos Handelnden:** Ein Angriff liegt auch vor, wenn er von einem Schuldunfähigen geführt wird (s. o. Rn 486). Ungezielten Angriffen und solchen von Kindern, Volltrunkenen, ersichtlich Irrenden[75] oder sonst schuldlos Handelnden (in Ausnahmefällen auch von vermindert Schuldfähigen) vermag der Betroffene jedoch vielfach auszuweichen, ohne sich in seiner Ehre etwas zu vergeben. Da die Rechtsordnung diesen „Angreifern" gegenüber keinen Schuldvorwurf erhebt, ist auch das Rechtsbewährungsinteresse deutlich reduziert. Daraus folgt auch eine **Beschränkung des Notwehrrechts**: Nach der Drei-Stufen-Theorie (s. Rn 511) muss der Angegriffene zunächst ausweichen, wo keine Ausweichmöglichkeit besteht, ist eine defensive Schutzwehr immer, die zurückschlagende Trutzwehr dagegen nur unter größtmöglicher Schonung des Angreifers zulässig[76].

519 dd) **Enge familiäre Beziehung:** Sozialethische Einschränkungen des Notwehrrechts kommen auch unter Personen mit engen familiären Beziehungen (insbes. unter Ehegatten) in Betracht. Tätlichkeiten von geringerer Intensität, die keine ernsthafte Gefahr für Leib oder Leben begründen, rechtfertigen hier nicht sogleich den Griff zu

73 S. hierzu Meyer-Goßner/Schmitt-*Schmitt*, Art. 2 MRK Rn 3; *Roxin*, AT I § 15 Rn. 88; aA *Ambos*, Internationales Strafrecht, § 10 Rn. 78.

74 Vgl *Roxin*, AT I § 15 Rn 88.

75 Handelt der Angreifer im Erlaubnistatbestandsirrtum, entfällt nach hM der Vorsatzschuldvorwurf, s. u. Rn 708 f; wer in diesen Fällen aber bereits das Vorsatzunrecht des auf Irrtum beruhenden Angriffs ausschließt (s. Rn 707), muss konsequenterweise bereits eine Notwehrlage mangels rechtswidrigen Angriffs verneinen.

76 BGHSt 3, 217; BSG JZ 00, 96 m. Anm. *Roxin*; BayObLG NStZ 91, 433 m. krit. Anm. *Vormbaum*, JR 92, 163; BayObLG StV 99, 147; *Mitsch*, JuS 92, 289.

Abwehrmitteln, die den Tod des Angreifers zur Folge haben können. Aus dem Spannungsverhältnis zwischen dem **Recht zur Selbstverteidigung** und der **Beschützergarantenstellung** (§ 13; vgl Rn 1007 ff) gegenüber dem Angreifer folgt vielmehr – gemäß der Drei-Stufen-Theorie (Rn 511) – zunächst die Pflicht, dem Angriff auszuweichen, wenn die Umstände es zulassen. Besteht keine Ausweichmöglichkeit, ist im Rahmen der gebotenen Verteidigung notfalls das Risiko einer leichteren Misshandlung hinzunehmen, bevor als ***ultima ratio*** von möglicherweise tödlich wirkenden Trutzwehrmaßnahmen Gebrauch gemacht wird[77].

Zu Recht wird dieser Standpunkt im Schrifttum zunehmend in Zweifel gezogen[78], **520**
weil er dazu führen kann, dass sich drangsalierte (Ehe-)Partner bzw sonstige Familienangehörige nicht angemessen zur Wehr setzen dürfen, sodass *de facto* ein Freibrief für Misshandlungen ausgestellt wird. Notwehreinschränkungen sind jenseits grds intakter Beziehungen – allein aufgrund ihres rein formellen Bestehens – jedenfalls abzulehnen[79]. Der BGH hat zwischenzeitlich ausdrücklich offen gelassen, ob er an dieser Einschränkung des Notwehrrechtes festhalten wird[80], hat dies aber jüngst – sogar im Verhältnis zweier Cousins zueinander – wieder in Erwägung gezogen[81]. Unabhängig davon müssen jedenfalls Misshandlungen intensiver Art keinesfalls geduldet werden.

Kommt es bspw zu massiven Tätlichkeiten gegen eine schwangere Ehefrau und holt deren Mann trotz der Warnung, sich gegen die Fortsetzung des Angriffs mit einem Messer zu verteidigen, erneut zu einem Schlag gegen ihren Kopf aus, so kann von der Frau nicht erwartet werden, dass sie auf die **allein Erfolg versprechende** Verteidigung mit dem Messer nur deshalb verzichtet, weil diese zum Tod des Ehemannes führen kann[82].

dd) **Notwehrprovokation:** Eine besonders wichtige Einschränkung des Notwehr- **521**
rechts stellen nach hier vertretener Ansicht die Fälle der sog. Notwehrprovokation dar. Rspr und hL unterscheiden hier vor allem danach, ob der Angegriffene den Angriff **absichtlich** oder **sonst vorwerfbar** provoziert hat[83].

Wer einen **Angriff absichtlich provoziert**, um den Angreifer unter dem Deckmantel **522**
der Notwehr verletzen zu können, handelt rechtsmissbräuchlich und kann sich auf Notwehr **nicht berufen**[84]: In Wirklichkeit ist er nämlich selbst der Angreifer, und zwar unabhängig davon, ob sein Vorverhalten rechtswidrig oder nur sozialethisch missbilligenswert war[85]. Dementsprechend fehlt ihm auch ein relevanter Verteidigungswille[86]. Wer das Notwehrrecht gezielt missbrauchen will, hat das Recht nicht

---

77 Vgl BGH NJW 75, 62; *Amelung/Boch*, JuS 00, 261, 264; AnwK-StGB-*Hauck*, § 32 Rn 14; *Kretschmer*, JR 08, 51, 53; S/S/W-StGB-*Rosenau*, § 32 Rn 33; *Roxin*, AT I, § 15 Rn 83 ff.

78 Matt/Renzikowski-*Engländer*, § 32 Rn 48; *Mitsch*, Rechtfertigung, S. 389; *Montaner/Ortiz de Urbina*, GA 2013, 641, 649; *Voß*, Die Notwehrsituation innerhalb sozialer Näheverhältnisse, 2013, S. 79 ff; *Zieschang*, Jura 03, 527.

79 *Bosch*, JK 8/14, StGB § 32/39; MK-*Erb*, § 32 Rn 196; *Schramm*, JA 13, 881, 886.

80 BGH JZ 03, 50 m. Anm. *Walther*.

81 BGH NStZ 14, 451 m. krit. Bespr. *Bosch*, JK 8/14, StGB § 32/39.

82 BGH NJW 84, 986; BGH NStZ 94, 581; BGH JZ 03, 50.

83 Vgl dazu *Hillenkamp*, AT, S. 15; *Joecks*, St-K, § 32 Rn 29 ff; fallbezogen: *Nestler*, JA 13, 262, 264; zur provozierten Nothilfe *Kuhlen*, GA 2008, 282; *Norouzi*, JuS 04, 494.

84 BGHSt 48, 207; BGH StV 11, 588.

85 S/S-*Perron*, § 32 Rn 55; aA; SK-*Günther*, § 32 Rn 125; *Kühl*, AT, § 7 Rn 215; LK-*Rönnau/Hohn*, § 32 Rn 253; *Roxin*, AT I, § 15 Rn 65.

86 S. RGSt 60, 261, 262; BGH NStZ 03, 425, 427; *Fischer*, § 32 Rn 42.

auf seiner Seite, sodass der Ausschluss des Notwehrrechts auch keine Preisgabe schützenswerter Positionen beinhaltet. Vielmehr liegt das Risiko einer Verletzung der Rechtsgüter des „Verteidigers" in seinem eigenen Verantwortungsbereich, er hat hierzu letztlich „eingewilligt", um seinen Plan einer Angriffsprovokation realisieren zu können.

Abzulehnen ist deshalb die Gegenmeinung, die auch dem absichtlich Provozierenden das (volle oder zumindest eingeschränkte) Notwehrrecht zubilligt, weil der Absichtsprovokateur beim provozierten Angriff nicht schutzlos gestellt werden dürfe und die Rechtsordnung vom Provozierten verlangen könne, der Provokation zu widerstehen[87]. Zur umstr. Möglichkeit einer Begründung der Strafbarkeit des Provokateurs über die Figur der **actio illicita in causa** s. Rn 527.

523 Die eben dargestellte Angriffsprovokation darf jedoch nicht mit der sehr umstrittenen sog. **Abwehrprovokation**[88] verwechselt werden. Hinter diesem Schlagwort verbergen sich diejenigen Fälle, in denen sich jemand in eine erwartete Notwehrsituation begibt, sich dazu aber bewusst übertrieben „aufrüstet", sodass später in der konkreten Kampfsituation eine Verteidigung mithilfe dieser (gefährlichen) Mittel als einzig möglich und daher erforderlich erscheint.

Beispiel: V weiß, dass er, sobald er sich in der Nacht in der nahegelegenen Diskothek zeigt, wegen eines Streits um die schöne F von dem körperlich überlegenen A tätlich attackiert werden wird. Deshalb baut er vor und nimmt statt des sonst von ihm mitgeführten Pfeffersprays und des Schlagrings ein Springmesser mit in die Diskothek. Er möchte das Messer, sobald es zu dem erwarteten lebensgefährlichen Angriff des A kommt, als einziges ihm zur Verfügung stehendes effektives Verteidigungsmittel einsetzen und dem A unter dem Schutz der Rechtsordnung so Verletzungen mit dem Messer zufügen zu können (und sich eben nicht auf den Einsatz eines milder wirkenden Schlagrings oder eines Pfeffersprays verweisen lassen).

Hier ergeben sich richtiger Ansicht nach selbst dann keine Einschränkungen im Rahmen der Gebotenheit, wenn der Angegriffene, wie im Beispielsfall, bewusst und absichtlich zu gefährlicheren Mitteln greift und auf andere, mildere Mittel von vornherein verzichtet[89]. Solange der Angegriffene nicht seinerseits zumindest auf sozialethisch missbilligenswerte Weise den Angriff (mit-)herbeigeführt hat (dazu s. unten Rn 524), trägt der Angreifer die alleinige Verantwortung für den Angriff, was durch die vorherige Aufrüstung des später Attackierten nicht verändert wird. Der Verteidigungswille des letzteren steht im Übrigen in der konkreten Situation außer Frage. Schließlich ist in diesen Fällen auch kein Rechtsmissbrauch durch den Verteidiger zu erkennen; vielmehr dürfen dem Notwehrrecht keine derart umfangreichen Vorwirkungen zukommen, dass jemand – allein weil ein anderer ihn möglicherweise in eine Notwehrsituation bringt – Vorsicht und Zurückhaltung bei der Wahl seiner Kleidung und der mitgeführten Gegenstände walten lassen muss[90].

---

87 *Baumann/Weber/Mitsch*, AT, § 17 Rn 38; *Hassemer*, Bockelmann-FS, S. 225, 243; *Mitsch*, Rechtfertigung, S. 406; NK-*Paeffgen*, Vor § 32 Rn 146; *Renzikowski*, Notstand und Notwehr, 1994, S. 112, 302; für eine Einschränkung des Notwehrrechts etwa *Jescheck/Weigend*, S. 346 f; SK-*Günther*, § 32 Rn 125.

88 Vgl dazu OLG Stuttgart NJW 92, 850, wo dieser Begriff aber in einem anderen Sinn als hier – und sonst üblich – verwendet wird; insgesamt zur Problematik *Küpper*, JA 01, 440.

89 So aber etwa *Krey/Esser*, AT, Rn 564; *Lindemann/Reichling*, JuS 09, 496; S/S-*Perron*, § 32 Rn 61b; *Rengier*, AT, § 18 Rn 101 f; diff. *Küpper*, JA 01, 438, 440.

90 So iE auch MK-*Erb*, § 32 Rn 236; *Fischer*, § 32 Rn 43; NK-*Herzog*, § 32 Rn 119; *Murmann*, Grundkurs, § 25 Rn 102; LK-*Rönnau/Hohn*, § 32 Rn 189 f.

Wer nicht absichtlich, aber sonst vorwerfbar eine Notwehrsituation herbeiführt, dem steht das Notwehrrecht nur in dem nach der Drei-Stufen-Theorie beschränkten Umfang zu (s. Rn 511): Er hat daher dem von ihm mitverschuldeten Angriff tunlichst auszuweichen. Bei fehlender Ausweichmöglichkeit muss er sich bis zur Grenze des noch Zumutbaren auf defensive Verteidigungshandlungen beschränken. Solange diese Schutzwehr (ggf iVm Hilferufen) zur Abwehr des Angriffs ausreicht, darf er nicht zur Trutzwehr übergehen. Andererseits ist ihm die Hinnahme erheblicher eigener Verletzungen nicht zuzumuten. Wo andere Möglichkeiten – einschließlich des Rückgriffs auf fremde, auch private Hilfe[91] – nicht mehr zur Verfügung stehen oder keine ausreichende Verteidigung gewährleisten, ist je nach der Stärke des Angriffs auch der Griff zur Waffe und im äußersten Notfall sogar die Tötung des Angreifers erlaubt[92] (vgl aber auch Rn 527). **524**

Umstritten ist, wann die Herbeiführung der Notwehrlage „vorwerfbar" erfolgt. Es herrscht Einigkeit darüber, dass in einem sozialadäquaten Vorverhalten keine Provokation zu erblicken ist, selbst wenn vorhersehbar ist, dass dieses zu einer Notwehrlage führt. Während die wohl hL stets ein **rechtswidriges Vorverhalten** verlangt[93], da demjenigen, der sich rechtmäßig verhält, das Recht zur Verteidigung kaum unter Berufung auf das Rechtsbewährungsprinzip versagt werden könne[94], lässt die Rspr bereits **sozialethisch missbilligenswertes Verhalten** genügen[95]. **525**

Einschränkungen des Notwehrrechts aufgrund vorwerfbaren Vorverhaltens haben stets zur Voraussetzung, dass zwischen dem provozierenden Vorverhalten und dem daraus resultierenden Angriff iSd § 32 ein enger räumlicher und zeitlicher Zusammenhang besteht und letzterer eine adäquate und voraussehbare Folge der Provokationshandlung darstellt **(objektiver Provokationszusammenhang)**[96] sowie dass durch das Vorverhalten die Rechtssphäre des Angreifers bzw einer ihm nahe stehenden Person berührt wird, sodass gerade er sich individuell provoziert fühlen darf **(subjektiver Provokationszusammenhang)**[97]. **526**

Die Behandlung der Notwehrprovokation wäre nicht komplett, wenn man nicht berücksichtigen würde, dass einige Autoren[98], die auch in den Fällen der absichtlichen oder sonst vorwerfbar herbeigeführten Notwehrlage § 32 bejahen, gleichwohl zu einer Strafbarkeit des Provokateurs wegen vorsätzlichen oder fahrlässigen Delikts **527**

91 BGH NStZ 14, 451, 452 .

92 BGHSt 24, 356; 26, 143 u. 26, 256; 39, 374; BGH JZ 01, 661 m. Anm. *Roxin*; BGH NStZ 02, 425 m. Bespr. *Heger*, JA 03, 8; BGH BeckRS 14, 08027; generell krit. *Matt*, NStZ 93, 271.

93 MK-*Erb*, § 32 Rn 234; *Freund*, AT, § 3 Rn 117; *Grünewald*, ZStW 122 [2010], 51, 79; *Köhler*, AT, S. 273; *Krack*, JR 96, 468; BK-*Momsen*, § 32 Rn 38; *Roxin*, AT I, § 15 Rn 72; LK-*Rönnau/Hohn*, § 32 Rn 255.

94 *Kühl*, Jura 91, 57, 61; *Lenckner*, JZ 73, 253, 254 ff; vgl auch *Murmann*, Grundkurs, § 25 Rn 102.

95 BGHSt 42, 97; BGH StV 06, 234 m. Anm. *Roxin* u. *Bosch*, JA 06, 490; *Kühl*, AT, § 7 Rn 223a; *Schünemann*, JuS 79, 279.

96 BGH StV 06, 234 m. Anm. *Roxin*; BGH NStZ 09, 626 m. Bespr. *Hecker*, JuS 10, 172; BGH StV 11, 223 m. zust. Bespr. *Kudlich*, JA 11, 233; *Engländer*, Wolter-FS, S. 319, 326 f; *Oğlakcıoğlu*, HRRS 10, 106.

97 *Zaczyk*, JuS 04, 750, 754.

98 Etwa *Baumann*, MDR 1962, 349; *Bertel*, ZStW 84 (1972), 14 ff; auf den Fall einer fehlenden Ausweichmöglichkeit des Provokateurs beschränkt S/S-*Lenckner/Sternberg-Lieben*, Vorbem. § 32 Rn 23; s. zur *actio illicita in causa* auch *Ebert*, AT, S. 80; *ders.*, Fallbuch, S. 84 (Fall 4); *Haft*, S. 91.

kommen. Dabei kommt die Figur der **actio illicita in causa** (aiic), dh die Handlung, die im Ursprung unerlaubt ist, zur Anwendung. Diese weist konstruktiv deutliche Parallelen mit der **actio libera in causa** (dazu Rn 633 ff) und der **omissio libera in causa** (dazu Rn 1041) auf[99].

Beispiel: A beschädigt den fabrikneuen Porsche des immer leicht aufbrausenden, ihm körperlich stark überlegenen B, um diesen dazu zu bringen, ihn – den A – anzugreifen. Das will A dann zum Anlass nehmen, sich kräftig, aber im Rahmen des Erforderlichen, mit seinem Messer zur Wehr zu setzen, sodass B durch die Narbe ein langanhaltendes Souvenir von diesem Zweikampf behält. Dieser Plan geht auf.

Die Verteidigungshandlung wird zunächst isoliert und unabhängig von der Entstehung der Notwehrlage betrachtet; § 32 lässt sich so unproblematisch bejahen. Der Ansatzpunkt für eine Strafbarkeit wird vielmehr – getrennt davon – im Vorverhalten, also in der provozierenden Sachbeschädigung, gesehen. Diese stellt dann nicht nur die Tathandlung des § 303, sondern gleichzeitig den tatbestandsmäßigen und (sofern nicht gerechtfertigt) rechtswidrigen Beginn der Ausführung der später von § 32 gedeckten (gefährlichen) Körperverletzung an B dar. Da dieses Gesamtgeschehen im Ausgangspunkt (abgesehen von der eigentlichen Kampfsituation) rechtswidrig war, wird A nach dieser Ansicht aus §§ 223, 224 bestraft.

528 Ungeachtet möglicher sinnvoller Anwendungsbereiche der aiic, kann die Heranziehung dieser Figur bei der Lösung der Notwehrprovokationsfälle nicht überzeugen[100]. Hier ist sie nicht nur überflüssig, vielmehr steht ihr der gewichtige Einwand entgegen, dass der Provozierte aufgrund freien Entschlusses tätig wird, sodass ein hinreichender Zurechnungszusammenhang zwischen Vorverhalten und den in der Notwehrlage verursachten Folgen beim provozierten Angreifer fehlt[101].

Deshalb darf derjenige, der in einer schuldhaft herbeigeführten Notwehrlage zulässigerweise Trutzwehr ausübt (s. Rn 524), auch nicht aufgrund dieses Vorverhaltens wegen fahrlässiger Tat bestraft werden[102].

529 Im **Fall 10b** war das Vorverhalten des P (Öffnen des Fensters) letztlich nicht rechtswidrig, auch wenn der BGH in dem zugrunde liegenden Fall (BGHSt 42, 97, 100) dieses als „seinem Gewicht nach einer schweren Beleidigung" gleichkommend einstufte. Es war aber jedenfalls sozialethisch zu missbilligen, was zumindest nach der Rspr genügt, um eine Notwehrprovokation mit Auswirkungen auf die Gebotenheit der Notwehr anzunehmen. Daran ändert auch der Umstand nichts, dass auch das Verhalten des M nicht korrekt war. P hat nicht zuletzt angesichts der Kürze der Fahrtdauer unangemessen reagiert, als er das Fenster öffnete und somit die Notwehrlage vorwerfbar mitverursacht. Deshalb hätte er sich beim anschließenden Kampf auf Schutzwehr und Hilferufe beschränken müssen.

▸ Beispielsfall bei *Beulke*, Klausurenkurs I Rn 213

---

99 Ausführlich hierzu *Satzger*, Jura 06, 513 ff.

100 Näher BGH NStZ 83, 452; 88, 450; SK-*Günther*, § 32 Rn 122; *Roxin*, AT I, § 15 Rn 68, 74; lehrreich zum Ganzen *Beulke*, Jura 88, 641; *ders.*, JR 90, 380; *Kühl*, Jura 91, 57, 175; *Satzger*, Jura 06, 513, 518; krit. *Arzt*, JZ 94, 314; *Mitsch*, GA 1986, 533; NK-*Paeffgen*, Vor § 32 Rn 146; *Puppe*, Küper-FS, S. 443; *Stuckenberg*, JA 02, 172; *Voigt/Hoffmann-Holland*, NStZ 12, 362.

101 Vgl *Mitsch*, GA 1986, 533, 543; *Satzger*, Jura 06, 513, 520; *Stuckenberg* JA 01, 894, 902 ff.

102 AA BGH JZ 01, 661 m. insoweit zutr. abl. Anm. *Roxin*; *Jäger*, JR 01, 512; offengelassen in BGH StV 11, 156 m. krit. Bespr. *Hecker*, JuS 11, 272; iE auch *Eisele*, NStZ 01, 416; *Engländer*, Jura 01, 534; *Hruschka*, ZStW 113 [2001], 870; zweifelnd *Mitsch*, JuS 01, 751.

ee) **Schweigegelderpressung (Chantage):** Zum Teil wird in der Literatur als weitere Fallgruppe der Einschränkung des Notwehrrechtes die sog. Schweigegelderpressung (Chantage) diskutiert. Der die Notwehrlage begründende Angriff liegt hier darin, dass der Erpresser mit der Enthüllung kompromittierender Tatsachen, vor allem einer Strafanzeige wegen einer vom Erpressungsopfer seinerseits begangenen Straftat, droht. Wehrt sich der Erpresste (durch Gewalttaten gegen den Erpresser, durch Vernichtung von Fotos etc) dagegen, so ist er allerdings nur bedingt schutzwürdig. Denn er tritt hier nicht offen zum Zweck der Rechtsbewährung auf, dazu müsste er sich vielmehr den Strafverfolgungsbehörden offenbaren. Dass diese dann natürlich von den Straftaten des Erpressten erführen, macht den Schritt für den Erpressten allerdings nicht stets unzumutbar. Werden Verfahren gegen ihn eingeleitet, kommt u.U. eine Einstellung gem. § 154c StPO in Betracht[103]. Die Offenbarung des kompromittierenden Geheimnisses ist dadurch allerdings zumeist nicht vermeidbar. Angesichts dieser besonderen und komplexen Situation erscheint nur eine Kompromisslösung angemessen: **Leichte bis mittelschwere Gegenwehrmaßnahmen** (zB Hausfriedensbruch beim Erpresser, Diebstahl der belastenden Urkunde) sind als durch Notwehr gerechtfertigt einzustufen. Bei **schweren Beeinträchtigungen**, insbes. bei Gewalthandlungen gegenüber dem Erpresser bis hin zu dessen Tötung ist hingegen zumeist die Erforderlichkeit nicht zu bejahen, da die Polizei den Angriff effektiver und einfacher abwehren kann; zumindest ist insoweit die Gebotenheit der Notwehrhandlung zu verneinen[104]. **530**

ff) **Abwehr rechtswidriger Polizeimaßnahmen:** Sind polizeiliche Maßnahmen rechtswidrig, so soll es den hiergegen gerichteten Verteidigungshandlungen an der Gebotenheit fehlen, wenn der Vollstreckungsbeamte nicht offensichtlich bösgläubig oder amtsmissbräuchlich gehandelt hat und durch die Vollstreckungshandlung kein irreparabler Schaden droht, durch die Abwehrhandlung andererseits aber erhebliche Verletzungen oder der Tod des Amtsträgers zu befürchten sind. Aus dem Rechtsgedanken des § 113 III, IV 2 folge, dass der Angegriffene insoweit auf den Rechtsweg zu verweisen sei[105]. **531**

4. Der Verteidigungswille

In subjektiver Hinsicht ist nach zutreffender Auffassung schließlich ein Zweifaches erforderlich: Der Täter muss erstens das Vorliegen einer Notwehrlage **erkannt** haben und zweitens in der **Absicht** handeln, dem Angriff Einhalt zu gebieten und das bedrohte Rechtsgut zu bewahren (s. Rn 401 ff). **532**

Der **Verteidigungswille** muss dabei nicht das einzige Handlungsmotiv sein; Begleitmotive wie Hass oder das Streben nach Rache dürfen ihn jedoch nicht vollständig in den Hintergrund drängen (s. Rn 404). Fraglich kann das Vorliegen des subjektiven Rechtfertigungselements etwa bei einverständlichen Schlägereien sein, da hier Angriffs- und Verteidigungswille ineinander übergehen, es sei denn, einer der Kontrahenten hat zu erkennen gegeben, dass er den Kampf nicht fortsetzen möchte[106]. **533**

---

103 Einzelheiten LR-*Beulke*, § 154c StPO.

104 *Hoffmann-Holland*, AT, Rn 263 f; *H.E. Müller*, Schroeder-FS, S. 323; S/S/W-StGB-*Rosenau*, § 32 Rn 46; *Roxin*, AT I, § 15 Rn 89; ausdrücklich offen gelassen BGHSt 48, 207 m. Bespr. *Erb*, NStZ 04, 369; abw. *Kaspar*, GA 2007, 36; für Notstandslösung: *Morbach*, Die Chantage – Rechtfertigungs- und Entschuldigungsgründe des sich wehrenden Opfers einer Schweigegelderpressung, 2007.

105 OLG Hamm JR 10, 361 m. krit. Anm. *Zimmermann*; vgl auch LK-*Rönnau/Hohn*, § 32 Rn 116 ff; zu § 113 *Wessels/Hettinger*, BT/1, Rn 635 ff.

106 BGH NStZ 90, 435; BGH NStZ 14, 147.

5. Notwehrüberschreitung und Putativnotwehr

534 Überschreitet der Angegriffene bewusst oder unbewusst die Grenzen der erlaubten Notwehr, so handelt er widerrechtlich, kann aber nach § 33 entschuldigt sein (**Notwehrüberschreitung**; vgl Rn 666 ff). Rechtswidrig ist auch die Abwehr eines nur vermeintlichen Angriffs **(Putativnotwehr)**, für deren Rechtsfolgen die **Irrtumsregeln** gelten (vgl Rn 697 ff).

535 Im **Fall 10a** hat J den objektiven wie subjektiven Tatbestand des Totschlags (§ 212) verwirklicht. Sein Verhalten war aber nicht rechtswidrig, da es durch den Rechtfertigungsgrund der Notwehr gedeckt ist. Insbesondere war der tödliche Schuss aus objektiver Ex-ante-Betrachtung erforderlich. Ein Ausschluss der Gebotenheit einer Tötung zum Zweck der Rettung von Sachwerten wird im Ergebnis auch nicht durch Art. 2 II lit. a EMRK bewirkt. J ist daher straflos.

Im **Fall 10b** hat P den Tatbestand des Totschlags (§ 212) verwirklicht; Notwehr (§ 32) scheidet aus. Zwar hat M den P in rechtswidriger Weise angegriffen, wegen des sozialethisch zu missbilligenden Vorverhaltens des P ist jedoch die Abwehrhandlung rechtsmissbräuchlich und somit nicht „geboten“; s. Rn 521 ff.

6. Zusammenfassender Überblick

536 **Zusammenfassend** sind also folgende **Voraussetzungen der Notwehr** gem. § 32 zu unterscheiden:

(1) Objektive Merkmale
- (a) Notwehrlage
  - Angriff auf rechtlich geschütztes Interesse
  - Gegenwärtigkeit des Angriffs
  - Rechtswidrigkeit des Angriffs
- (b) Notwehrhandlung
  - gegenüber Angreifer
  - Erforderlichkeit der Notwehrhandlung
  - Geeignetheit
    - Erforderlichkeit (relativ mildestes Mittel)
    - Gebotenheit (nur bei Anhaltspunkten zu prüfen)
      - krasses Missverhältnis der Rechtsgüter
      - Angriff von Kindern, Irrenden, Schuldlosen
      - enge familiäre Beziehungen
      - Notwehrprovokation, vorwerfbares Vorverhalten

(2) Subjektives Rechtfertigungselement (= Verteidigungswille)

Aktuelle Rechtsprechung zu § 10

- AG Erfurt NStZ 14, 160: „Pusten“ von Zigarettenrauch ins Gesicht stellt einen rechtswidrigen Angriff iSv § 32 I StGB dar; vgl Rn 483.
- BGH NStZ 15, 151: Der Notwehr Übende muss auf weniger gefährliche Verteidigungsmittel nur dann zurückgreifen, wenn deren Abwehrwirkung unzweifelhaft ist und genügend Zeit zur Abschätzung der Lage besteht; Einsatz eines Messers ist gegenüber unbewaffnetem Angreifer idR anzudrohen; vgl Rn 500.

- BGH NStZ 12, 272 *(Hells Angels Fall)*: BGH StV 13, 503; OLG Frankfurt NStZ-RR 13, 107: Zwar ist der Einsatz lebensgefährlicher Verteidigungsmittel zu Zwecken der Notwehr in der Regel zunächst anzukündigen (verbale Drohung, Warnschuss,...) und es muss der Versuch unternommen werden, weniger wichtige Körperpartien zu treffen. Besteht jedoch in der konkreten „Kampflage" erkennbar das Risiko, dass derartige Maßnahmen nicht zu einer rechtzeitigen Beendigung des Angriffs führen, kann auch ein tödlicher Schuss oder Stich ohne jede Vorwarnung gem. § 32 gerechtfertigt sein; vgl Rn 501.
- BGH NStZ 14, 147: Hat sich der Täter auf eine einvernehmliche Prügelei eingelassen, bei der sich Angriffs- und Abwehrhandlungen aneinanderreihen, kann er sich in Ermangelung eines Verteidigungswillens nicht auf Notwehr berufen, wenn er dabei zum Messer greift und auf seinen Gegner einsticht, weil er „den Kürzeren gezogen hat". Anders ist dies jedoch, wenn er zu erkennen gegeben hat, dass er den Kampf nicht fortsetzen will und danach zum allein Angegriffenen wird, wenngleich in dieser Konstellation eine Einschränkung des Notwehrrechts nach den Grundsätzen der Notwehrprovokation in Betracht kommt; vgl Rn 521 ff, 532.
- BGH NStZ 14, 451: Das Notwehrrecht ist dann einzuschränken (Ausweichen – Schutzwehr – Trutzwehr, vgl Rn 511), wenn der Täter den Angriff auf sich durch ein sozialethisch zu beanstandendes Vorverhalten schuldhaft provoziert hat, auch wenn er den Angriff nicht in Rechnung gestellt hat oder beabsichtigte. Zudem ist eine Einschränkung des Notwehrrechts bei einem persönlichen Näheverhältnis dahingehend vorzunehmen, dass ein lebensgefährliches Verteidigungsmittel nicht ohne Weiteres angewendet werden darf, wenn nur leichte Körperverletzungen drohen; vgl Rn 519 f.

§ 11 Rechtfertigungsgründe III: Die Einwilligung

Fall 11: 537

a) Der Museumsdirektor M befindet sich auf einer Trekkingtour in Nepal. Auftragsgemäß legt seine Ehefrau F die für ihn eingehende Post ungeöffnet auf seinen Schreibtisch. Ein an M adressiertes Schreiben des Finanzamtes öffnet sie nach einigem Zögern in der Besorgnis, dass M eine wichtige Frist versäumen könnte. Zu ihrer Überraschung enthält dieser Brief aber nur die Mitteilung über eine Steuerrückvergütung, auf die M schon seit geraumer Zeit wartet und von der F nichts erfahren sollte. Ist das Verhalten der F durch einen Rechtfertigungsgrund gedeckt? **Rn 538, 589**

b) Der 13-jährigen S lässt sich im Rahmen einer freiwilligen „Mutprobe" zwecks Aufnahme in eine „Jugendgang" vom Bandenführer B ein glühendes Eisen auf den Oberschenkel drücken, was neben der Brandwunde eine schmerzhafte Entzündung zur Folge hat. Hat sich B wegen eines Körperverletzungsdelikts strafbar gemacht? **Rn 589**

I. Abgrenzung: Tatbestandsausschließendes Einverständnis und rechtfertigende Einwilligung

Im **Fall 11a** könnte F den Straftatbestand des § 202 I Nr 1 verwirklicht und sich einer **Verletzung des Briefgeheimnisses** schuldig gemacht haben (Antragsdelikt gem. § 205). Sie hat 538 einen verschlossenen Brief, der an M gerichtet und nicht zu ihrer Kenntnisnahme bestimmt war, vorsätzlich geöffnet.

„Unbefugt" ist eine Tathandlung iSd § 202, wenn sie ohne vorherige Zustimmung des Verfügungsberechtigten erfolgt und nicht kraft Gesetzes (vgl §§ 99, 100 StPO; § 1631 BGB) erlaubt oder durch Handeln im mutmaßlichen Interesse des Adressaten gedeckt ist. Umstritten ist insoweit, ob diese vorherige Zustimmung des Berechtigten schon die Tatbestandsmäßigkeit des Verhaltens ausschließt oder nur die Rechtswidrigkeit der Tat entfallen lässt (vgl dazu LK-*Schünemann*, § 202 Rn 38; *Wessels/Hettinger*, BT/1, Rn 555).

539 Stimmt das Tatopfer der Preisgabe seiner durch den Straftatbestand geschützten Interessen zu, so kann hierdurch die Strafbarkeit entfallen. Bei genauer Betrachtung erkennt man, dass diese Zustimmung – je nach Eigenart des Tatbestands – eine unterschiedliche Bedeutung hat: Sie kann **tatbestandsausschließende** oder **rechtfertigende** Wirkung entfalten[1]. Diese Unterscheidung wird von der hM sinnvollerweise bereits begrifflich dahingehend zum Ausdruck gebracht, dass im ersten Fall von einem (tatbestandsausschließenden) **Einverständnis**, im zweiten Fall von einer (rechtfertigenden) **Einwilligung** gesprochen wird[2].

540 Herkömmlich trifft man folgende tatbestandsspezifische Unterscheidung:

Beruht der deliktische Charakter einer Straftat gerade darauf, dass sie **gegen den Willen** oder **ohne Zustimmung** des Betroffenen vorgenommen wird (wie etwa die Anwendung von „Gewalt" iSd § 177 I Nr 1), so hindert das Vorliegen der Zustimmung des Opfers bereits rein **faktisch** die Erfüllung des Tatbestands. Derjenige, der vom Hausrechtsinhaber in die Wohnung gebeten wird, kann von vornherein nicht in selbige „eindringen" – das Tatbestandsmerkmal des „Eindringens" impliziert bereits begrifflich ein Willensbruchselement.

Bei allen anderen Tatbeständen lässt sich die Zustimmung des Opfers als **freiwillige Preisgabe seiner Rechtsgüter** werten. Der zustimmende Wille des Opfers ändert zwar nichts daran, dass der Straftatbestand erfüllt ist, jedoch kann das Verhalten des Täters durch die Einwilligung des Opfers gerechtfertigt sein. Dies hängt freilich davon ab, ob die Zustimmung anhand normativer Kriterien als beachtlich bewertet wird. Daher kommt es für die Wirksamkeit der Einwilligung etwa auf die Verstandesreife des Einwilligenden an; Willensmängel desselben führen idR zur Unwirksamkeit der Einwilligung[3].

541 Eine zunehmend vertretene Auffassung lehnt diese Unterscheidung ab und misst der **Einwilligung – ebenso wie dem Einverständnis – bereits tatbestandsausschließende Wirkung** bei[4]. Dem liegt die Vorstellung zu Grunde, dass sich die tatbestandlich geschützten Rechtsgüter gerade dadurch definieren, dass sie der freien Entfaltung des Einzelnen dienen. Von einer Rechtsgutsverletzung lasse sich daher nicht sprechen, wenn der Betreffende mit dem Eingriff einverstanden sei.

---

1 Grundlegend *Gropp*, GA 2015, 5 ff.

2 Zur Abgrenzung BGHSt 23, 1, 3; *Beckert*, JA 13, 507; *Geppert*, ZStW 83 [1971], 947; *Gropp*, GA 2015, 5 ff; *Jakobs*, AT, 7/111; *Mitsch*, Rechtfertigung, S. 79; LK-*Rönnau*, Vor § 32 Rn 146 ff; *ders.*, JuS 07, 18.

3 BGHSt 16, 309, 310.

4 *Gössel/Dölling*, BT/1, § 38 Rn 42; *Jäger*, Zurechnung, S. 22; *Rönnau*, S. 116 ff; *Roxin*, AT I, § 13 Rn 11 ff; MK-*Schlehofer*, Vor §§ 32 ff Rn 126 ff; *ders.*, Einwilligung und Einverständnis, 1985; *Weigend*, ZStW 98 [1986], 45, 61; s. a. *Schild*, S. 61 ff.

Dies ist jedoch nicht der entscheidende Punkt: Denn dass kraft Zustimmung des Opfers im Ergebnis eine Rechtsgutsverletzung fehlt, bedingt nicht die Annahme eines Tatbestandsausschlusses. Vielmehr kann eine fehlende Rechtsgutsverletzung ebenso dadurch zum Ausdruck kommen, dass ein Rechtfertigungsgrund eingreift. Entscheidend für die – zumindest im Ausgangspunkt – grundlegende Unterscheidung zwischen (tatbestandsausschließendem) Einverständnis und (rechtfertigender) Einwilligung spricht vielmehr, dass derjenige, der einen vom Wortlaut des Tatbestandes erfassten und somit gesetzlich abstrakt-generell verbotenen Eingriff in fremde Rechtsgüter (wie etwa in die körperliche Unversehrtheit oder in das Eigentum) vornimmt, jedenfalls zunächst einmal einen abstrakten Unwert verwirklicht. Zu dessen Beseitigung bedarf es dann in einem zweiten Schritt eines Rechtfertigungsgrundes[5]. Die herkömmliche Unterscheidung kann sich überdies auf den klaren Wortlaut des § 228 stützen, der die Folgen der Einwilligung explizit auf Rechtswidrigkeitsebene ansiedelt („handelt nur dann **rechtswidrig**, wenn").

Mit der hM ist daher davon auszugehen, dass die abweichende systematische Einordnung der beiden Rechtsfiguren und die damit einhergehenden Unterschiede in Funktion und Natur des tatbestandsausschließenden Einverständnisses einerseits und der rechtfertigenden Einwilligung andererseits bedingen, dass auch für deren Voraussetzungen **grundsätzlich andere Prüfungsmaßstäbe** gelten müssen. **542**

Dies übersieht der Teil der Lehre, der – unabhängig von der Einordnung von Einverständnis und Einwilligung in den Verbrechensaufbau – die jeweiligen **Wirksamkeitsvoraussetzungen generell nach einheitlichen Grundsätzen beurteilen** möchte[6].

Der hieran geäußerten Kritik ist aber zuzugeben, dass ausnahmsweise – je nach Tatbestand – auch im Bereich des tatbestandsausschließenden Einverständnisses Fallgestaltungen existieren, bei denen die Wirksamkeit des Einverständnisses anhand **normativer Kriterien** und damit in ähnlicher Weise wie bei einer rechtfertigenden Einwilligung zu bestimmen ist.

Beispiel: Beim Missbrauchstatbestand der Untreue (§ 266) lässt die Zustimmung des Vermögensinhabers zu Risikogeschäften u.U. bereits das Merkmal der „Pflichtverletzung" bzw des „Missbrauchs" entfallen und wirkt insoweit also **tatbestandsausschließend**. Von einem wirksamen Einverständnis kann aber dann keine Rede sein, wenn der Vermögensinhaber geschäftlich unerfahren war und seine Zustimmung durch Täuschung über risikorelevante Faktoren erschlichen worden ist[7].

Hinweis: Eine zusammenfassende Gegenüberstellung von Einverständnis und Einwilligung findet sich bei Rn 1143.

5 Zutr. *Gropp*, AT, § 6 Rn 57; *Jescheck/Weigend*, AT, § 34 I 3; *Kargl*, GA 2001, 538; *Köhler*, AT, S. 245; *Krey/Hellmann/Heinrich*, BT/2, Rn 31 ff; *Kubink*, JA 03, 262; *Otto*, Jura 04, 679.

6 So zB *Jescheck/Weigend*, AT, § 34 I 2 a; *Kindhäuser*, AT, § 12 Rn 6; s. a. *Arzt*, Willensmängel; aA *Bernsmann*, NZV 89, 52; *Kühl*, AT, § 9 Rn 42 ff; *Stratenwerth/Kuhlen*, AT, § 9 Rn 11.

7 Vgl Matt/Renzikowski-*Matt*, § 266 Rn 93; LK-*Schünemann*, § 266 Rn 100; *Wessels/Hillenkamp*, BT/2, Rn 758.

II. Das tatbestandsausschließende Einverständnis

1. Anwendungsbereich des Einverständnisses

543 Das **Einverständnis** des Betroffenen stellt keinen Rechtfertigungsgrund dar, sondern schließt bereits die Tatbestandsmäßigkeit der Tathandlung aus, wenn diese ihren Unwert gerade daraus herleitet, dass sie nach der gesetzlichen Verhaltensbeschreibung **gegen** oder **ohne den Willen des Verletzten** erfolgt[8].

Das trifft zB für §§ 248b, 235, 266 sowie für diejenigen Straftaten zu, die einen **Angriff auf die Freiheit der Willensentschließung oder Willensbetätigung** enthalten, wie etwa §§ 177, 239, 240, 249, 252, 253, 255. Für die Überwindung eines entgegenstehenden Willens durch „Gewalt" (§ 177 I Nr 1) oder im Wege des „Einsperrens" (§ 239) ist naturgemäß kein Raum, wenn der Betroffene mit der Vornahme der entsprechenden Tathandlung einverstanden ist[9]. Ähnlich liegt es beim Hausfriedensbruch und beim Diebstahl, wo das Merkmal des „Eindringens" (§ 123) bzw der „Wegnahme" (§ 242) durch das Einverständnis des Hausrechts- bzw Gewahrsamsinhabers ausgeschlossen wird.

544 Bei der Sachbeschädigung (§ 303) ist inzwischen zweifelhaft, ob die Zustimmung des Eigentümers zur Beschädigung bzw Vernichtung der Sache den Tatbestand ausschließt (Einverständnis) oder rechtfertigend wirkt (Einwilligung). Bei der „normalen" Sachbeschädigung nach § 303 I wurde der Zustimmung des Eigentümers früher fast einhellig lediglich rechtfertigende Wirkung beigemessen. Nach der im Jahr 2005 in Kraft getretenen Neufassung des § 303 II (Graffitigesetz) sind Veränderungen im Erscheinungsbild einer fremden Sache nur strafbar, wenn „unbefugt" gehandelt wird[10]. Die Zustimmung des Eigentümers schließt hier bereits eine Verletzung des Gestaltungswillens aus und stellt insoweit ein tatbestandsausschließendes Einverständnis dar; Befugnisse, die sich aus öffentlich-rechtlichen Befugnisnormen ergeben, haben allerdings auch hier nur die Wirkung eines Rechtfertigungsgrundes. Was die Zustimmung des Eigentümers im Hinblick auf § 303 I angeht, so muss diese nach wie vor als rechtfertigende Einwilligung verstanden werden, auch wenn die Möglichkeit von sich überschneidenden Tathandlungen nach Abs. 1 und 2 besteht. Denn § 303 II ist nur ergänzend neben den – unberührt gebliebenen – § 303 I getreten[11].

2. Voraussetzungen des Einverständnisses

545 Die Voraussetzungen des Einverständnisses, die dem jeweiligen Straftatbestand im Wege der Auslegung zu entnehmen sind, weichen wegen dessen **rein tatsächlichen Charakters** in mehrfacher Hinsicht von denen der rechtfertigenden Einwilligung ab.

546 a) Beim Einverständnis kommt es allein auf die **natürliche Willensfähigkeit** des Betroffenen an, während bei der Einwilligung auf die Verstandesreife des Einwilligenden abzustellen ist[12].

8 Näher BGHSt 23, 1; zum bedingten Einverständnis: *Rönnau*, Roxin II-FS, S. 487.

9 BGH NZV 05, 541 [zu § 239].

10 Dazu *Hillenkamp*, Schwind-FS, S. 927 ff.

11 Ausf. *Satzger*, Jura 2006, 428, 433; ebenso S/S/W-StGB-*Saliger*, § 303 Rn 19; LK-*Wolff*, § 303 Rn 23, 25; aA Matt/Renzikowski-*Altenhain*, § 303 Rn 19; *Thoss*, StV 06, 160; *Wüstenhagen/Pfab*, StraFo 06, 190 sowie Voraufl. Rn 366a.

12 BGHSt 23, 1.

So scheidet zB eine „Wegnahme" iSd § 242 aus, wenn ein Minderjähriger seinen Gewahrsam freiwillig aufgibt. Da der Gewahrsam zu seiner Begründung nur einen **tatsächlichen Herrschaftswillen** voraussetzt[13], genügt auch der „natürliche Wille" zu seiner Aufgabe.

Mit Rücksicht auf seine **rein tatsächliche Natur** ist das Einverständnis auch bei Willensmängeln **beachtlich**. Es spielt vor allem keine Rolle, ob es durch Täuschung erschlichen ist[14] oder auf sittenwidrigen Erwägungen beruht (wichtig bei § 177), **es muss nur freiwillig zustande gekommen sein**. Ein erschlichenes Einverständnis ist freilich dann unbeachtlich, wenn das Gesetz (wie in § 235 I Nr 1) „listiges" Verhalten unter Strafe stellt.

b) Das Einverständnis braucht – im Gegensatz zur rechtfertigenden Einwilligung – **weder ausdrücklich erklärt noch konkludent** zum Ausdruck gebracht zu werden. Entscheidend ist allein, dass es bei Beginn der Tatausführung faktisch vorliegt. Allerdings muss es den Erfordernissen einer **bewussten Zustimmung** entsprechen. Bloßes Geschehenlassen oder passives Erdulden fremder Handlungen aus Furcht vor dem Täter ist noch kein Einverständnis[15]. **547**

c) **Willensmängel** auf Seiten des Zustimmenden sind – wiederum im Gegensatz zur rechtfertigenden Einwilligung – unbeachtlich. **548**

3. Wirkung des Einverständnisses

Liegt ein Einverständnis im vorgenannten Sinn vor, ist bereits der Tatbestand nicht erfüllt. Ging der Täter irrtümlich vom Einverständnis des Rechtsgutsinhabers aus, fehlt es am Tatbestandsvorsatz (§ 16 I 1). Hat er vom wirklich vorliegenden Einverständnis keine Kenntnis, ist er wegen untauglichen Versuchs zu bestrafen, falls der Versuch des betreffenden Delikts mit Strafe bedroht ist. **549**

III. Die rechtfertigende Einwilligung

Gehört ein Handeln gegen oder ohne den Willen des Rechtsgutsinhabers nicht bereits zum Tatbestand ieS, kann dessen Zustimmung jedoch als **Rechtfertigungsgrund** fungieren[16]. Dieser fußt auf dem Autonomieprinzip (s. Rn 400), denn er ist Ausfluss des allgemeinen Selbstbestimmungsrecht des Art. 2 I GG. Es handelt sich um einen ungeschriebenen, gewohnheitsrechtlich entwickelten Rechtfertigungsgrund[17], der aber in § 228 explizit vorausgesetzt ist. **550**

1. Anwendungsbereich der rechtfertigenden Einwilligung

Anders als das tatbestandsausschließende Einverständnis ist die rechtfertigende Einwilligung ihrem Wesen nach ein **Verzicht auf Rechtsschutz**. Ihr Wirkungsbereich beschränkt sich daher auf Fälle, in denen die Rechtsordnung dem Betroffenen die **551**

---

13 S/S-*Eser/Bosch*, § 242 Rn 36; *Wessels/Hillenkamp*, BT/2, Rn 119.
14 BGH VRS 48, 175; *B. Heinrich*, AT, Rn 447; *Mitsch*, BT 2/1, § 1 Rn 74; vgl auch *Rönnau*, Roxin II-FS, S. 487.
15 RGSt 68, 306.
16 Vert. *Rönnau*, Jura 02, 665.
17 S. nur S/S/W-StGB-*Rosenau*, Vor §§ 32 ff Rn 31.

Möglichkeit einräumt, durch Preisgabe seiner Güter von seinem **Selbstbestimmungsrecht** Gebrauch zu machen.

2. Voraussetzungen der rechtfertigenden Einwilligung

552 a) Der verwirklichte Tatbestand muss folglich in erster Linie dem Schutz eines verzichtbaren (disponiblen) Individualrechtsguts dienen **(Disponibilität des geschützten Rechtsgutes)**.

Über **Rechtsgüter der Allgemeinheit** (zB Sicherheit des Straßenverkehrs; Funktionstüchtigkeit der staatlichen Rechtspflege) kann der Einzelne nicht wirksam verfügen[18]. Unverzichtbar ist ferner das höchstpersönliche Rechtsgut des **Lebens**, da hier zugleich fundamentale öffentliche Interessen mitberührt werden (vgl § 216)[19]. Die aktive Tötung eines Schwerstkranken oder Sterbenden **(aktive Sterbehilfe)** ist also nach geltendem Recht selbst dann strafbar, wenn sie auf ausdrücklichen Wunsch des Betroffenen erfolgt, um diesem unerträgliches Leid zu ersparen (zur Abgrenzung zum „Behandlungsabbruch" s. Rn 468, 575)[20]. Die Einwilligung in eine Verletzung der **körperlichen Unversehrtheit** unterliegt wichtigen Beschränkungen (§ 228; §§ 2, 3 KastrG; §§ 8 I 2, III, 19 TPG[21]). Verzichtet werden kann hingegen grundsätzlich auf Eigentum und Vermögen (Ausnahmen ergeben sich zB aus §§ 304, 306f II).

553 b) Der Einwilligende muss auch **verfügungsberechtigt**, dh alleiniger Träger des geschützten Interesses oder als dessen Vertreter (u.U. auch als Organ einer juristischen Person)[22] zur Disposition über das Rechtsgut befugt sein.

554 c) Des Weiteren muss der Zustimmende **einwilligungsfähig**, dh nach seiner geistigen und sittlichen Reife im Stande sein, Bedeutung und Tragweite des Rechtsgutsverzichtes zu erkennen und sachgerecht zu beurteilen. Wo die Grenze im Einzelnen gezogen werden muss, ist bis heute umstritten[23].

Nach ganz hM ist ein bestimmtes Alter nicht erforderlich; es kommt insbes. nicht darauf an, ob der Einwilligende im zivilrechtlichen Sinn voll geschäftsfähig ist[24].

Mit der Begründung, dass die Beurteilung im Strafrecht nicht anders ausfallen dürfe als im Zivilrecht, verlangt eine Mindermeinung für die Einwilligung in die **Verletzung von Vermögensrechten** (so etwa bei §§ 242, 246, 303) analog §§ 107 ff BGB die volle Geschäftsfähigkeit bzw die Einwilligung durch den gesetzlichen Vertreter[25]. Diese Auffassung überzeugt nicht, da

---

18 BGHSt 23, 261; *Hilgendorf/Valerius*, AT, § 5 Rn 116.

19 BGHSt 50, 80 *(Kannibalenfall); Stratenwerth*, Amelung-FS, S. 355; krit. *Neumann*, Kühl-FS, S. 569; zu § 216: *Steinhilber*, JA 10, 430.

20 Vgl *Hauck*, GA 2012, 202; *Kubiciel*, JA 11, 86; *Kutzner*, Rissing-van Saan-FS, S. 337; *Lüderssen*, JZ 06, 689; *Pawlik*, Wolter-FS, S. 627; *Rosenau*, Roxin II-FS, S. 577; MK-*Schneider*, Vor §§ 211 ff Rn 88 ff.

21 Dazu BVerfG NJW 99, 3399; *Schroth*, Hassemer-FS, S. 787; *ders.*, MedR 12, 570.

22 BGH NJW 03, 1824; zur Organuntreue *Tiedemann*, BT, Rn 210 ff.

23 Grundlegend *Amelung*, ZStW 104 [1992], 525, 821; *ders.*, JR 99, 45; *ders./Eymann*, JuS 01, 937, die darauf abstellen, ob die Entscheidung subjektiv vernünftig erscheint und ob die Fähigkeit zur einsichtsgemäßen Selbstbestimmung vorhanden ist; s. dazu ferner BGHSt 4, 88; BGH NJW 78, 1206 *(Zahnextraktionsfall)*; krit. dazu *Roxin*, AT I, § 13 Rn 85 f; BayObLG NJW 99, 372 *(Aufnahmeritual in Jugendbande)* m. Anm. *Amelung*, NStZ 99, 458; *Otto*, JR 99, 124; fallbezogen: *Hillenkamp*, JuS 01, 159.

24 BGHSt 12, 379.

25 MK-*Schlehofer*, Vor §§ 32 ff Rn 148; umfassend zum Streit: *Hillenkamp*, AT, S. 49.

Zivil- und Strafrecht in bestimmten Punkten durchaus unterschiedliche Zielsetzungen aufweisen können. Im Strafrecht kommt es für die Einwilligung allein darauf an, ob sie Ausdruck der persönlichen Entscheidungsfreiheit ist.

Entscheidend ist vielmehr allein, dass der Einwilligende nach seiner Verstandesreife und Urteilsfähigkeit das Wesen, die Tragweite und die Auswirkungen des seine Interessen berührenden Eingriffs voll erfasst. Er muss eine zutreffende Vorstellung vom voraussichtlichen Verlauf und den Folgen des zu erwartenden Eingriffs haben[26]. Bei mangelnder Einsichtsfähigkeit bedarf es der Zustimmung seines gesetzlichen Vertreters. **555**

Heftig diskutiert wurde in diesem Zusammenhang, ob die religiös motivierte Beschneidung eines einwilligungsunfähigen Knaben **(Zirkumzision)**[27], die unzweifelhaft den Tatbestand der Körperverletzung (§ 223) erfüllt[28], durch die Einwilligung der vertretungs- und sorgeberechtigten Eltern gerechtfertigt werden kann.[29] Denn nach § 1627 S. 1 BGB ist diese Entscheidung auf das Kindeswohl auszurichten, wobei hier umstritten war, wie die Interessen des Kindes an körperlicher Unversehrtheit (Art. 2 II 1 GG), sein Selbstbestimmungsrecht (Art. 2 I iVm 1 I GG), das (positive wie negative) Recht auf freie Religionsausübung (Art. 4 I, II GG) und das elterliche Erziehungsrecht (Art. 6 II GG) in Ausgleich zu bringen sind[30]. Angesichts starken politischen Drucks und um die nötige Rechtssicherheit zu gewährleisten, hat der Gesetzgeber in aller Eile eine gesetzliche Regelung geschaffen: Gemäß **§ 1631d I BGB**, der am 28.12.2012 in Kraft getreten ist, umfasst die elterliche Personensorge auch das Recht, in eine medizinisch nicht erforderliche Beschneidung eines nicht einsichts- und urteilsfähigen männlichen Kindes einzuwilligen, sofern diese nach den Regeln der ärztlichen Kunst durchgeführt werden soll und das Kindeswohl durch die Zirkumzision nicht gefährdet wird[31]. Dabei dürfen in den ersten sechs Monaten nach der Geburt des Kindes gem. § 1631d II BGB nicht nur Ärzte, sondern auch von einer Religionsgemeinschaft dazu vorgesehene Personen (etwa jüdische „Mohels" oder türkisch-islamische „Sünnetci") Beschneidungen durchführen, wenn sie dafür besonders ausgebildet und vergleichbar einem Arzt befähigt sind. Diese im Grundsatz begrüßenswerte Neuregelung hat allerdings nicht alle Zweifelsfragen abschließend lösen können und ist im Schrifttum teils auf Zustimmung[32], **556**

26 BGH NStZ 00, 87; *Exner*, Jura 13, 103, 104 f.

27 Auslöser war die Entscheidung des LG Köln NJW 12, 2128 m. krit. Bespr. *Jahn*, JuS 12, 850; *Muckel*, JA 12, 636; *Rox*, JZ 12, 806 und 1061 und zust. Bespr. *Krüper*, ZJS 12, 547.

28 Anders *Exner*, Sozialadäquanz im Strafrecht, 2011, S. 188, 190 (Tatbestandsausschluss aufgrund Sozialadäquanz); ähnl. *Goerlich/Zabel*, JZ 12, 1058 (teleologische, verfassungskonforme Reduktion des § 223); *Rohe*, JZ 07, 801, 805; *Schwarz*, JZ 08, 1125, 1128.

29 Trotz der sprachlich identischen Begrifflichkeit, ist die regelmäßig weit gravierendere „Beschneidung" von Mädchen von der Knabenbeschneidung strikt zu trennen; letztere ist nun in § 226a StGB (Verstümmelung weiblicher Genitalien) unter Strafe gestellt.

30 Zusammenfassend *Hörnle*, DJT-Gutachten, C45 ff; für eine Rechtfertigung zB *Bartsch*, StV 12, 604; *Beulke/Dießner*, ZIS 12, 338; *Brocke/Weidling*, StraFo 12, 450; *Fateh-Moghadam*, RW 10, 115; *Schild*, Brudermüller-FS, S. 653; *Schramm*, S. 224 ff; *Valerius*, Kultur, S. 149 ff; vgl auch *Alwart*, Walter-GS, S. 671; zur Gegenansicht s. *Fischer*, § 223 Rn 43 ff, 50a; *Herzberg*, MedR 12, 169; *Jerouschek*, Dencker-FS, S. 171; *Kempf*, JZ 12, 436; *Kreß*, MedR 12, 682; S/S-*Lenckner/Sternberg-Lieben*, Vorbem. §§ 32 ff Rn 41; NK-*Paeffgen*, § 228 Rn 103a ff; *Putzke*, Herzberg-FS, S. 699; *ders.*, MedR 12, 621; MK-*Schlehofer*, Vor § 32 Rn 143; *Sonnekus* (auch rechtsvergleichend), JR 2015, 1 ff.

31 Vert. OLG Hamm NJW 13, 3662; *Schumann*, Brudermüller-FS, S. 729.

32 *Büscher*, DRiZ 12, 330; *Germann*, MedR 13, 412; *Hörnle/Huster*, JZ 13, 328; *Köhler*, Kühl-FS, S. 295; *Pekárek*, ZIS 13, 514; *Rixen*, NJW 13, 257; *Spickhoff*, FamRZ 13, 337.

teils auf Kritik gestoßen [33], wobei nicht selten auch ihre Verfassungskonformität in Frage gestellt wird[34].

557 d) Die Einwilligung darf nicht an **wesentlichen Willensmängeln** leiden.

Diese Voraussetzung hat v.a. für ärztliche Eingriffe in die körperliche Integrität des Patienten, die nach hM den Tatbestand der Körperverletzung verwirklichen, eine überragende – rechtliche wie rechtspolitische – Bedeutung. Nur wenn der Patient pflichtgemäß aufgeklärt wird, ist er frei von relevanten Willensmängeln und kann den Eingriff durch Einwilligung rechtfertigen (vgl § 630d I BGB)[35].

558 Durch die Aufnahme des Behandlungsvertrags als neuen Vertragstypus ins BGB im Jahr 2013[36] haben die **ärztlichen Aufklärungspflichten** im Zivilrecht eine gesetzliche Regelung erfahren. Der Behandelnde ist demnach verpflichtet, den Patienten über sämtliche für die Einwilligung wesentliche Umstände aufzuklären, also insbesondere über Art, Umfang, Dauer und zu erwartende Folgen und Risiken der Maßnahme sowie ihre Notwendigkeit, Dringlichkeit, Eignung und Erfolgsaussichten im Hinblick auf die Diagnose und Therapie (vgl **§ 630e I BGB**)[37]. Da die Neuregelung keinen abschließenden Charakter hat, auslegungsbedürftig ist und zudem im Strafrecht nicht zwingend identisch wie im Zivilrecht zu handhaben ist (vgl zur hypothetischen Einwilligung unten Rn 580), bedarf es weiterhin eines Rückgriffs auf die bisherige – stark einzelfallbezogene – Rechtsprechung[38]. Eine Einwilligung, die auf einer Verletzung der ärztlichen Aufklärungspflicht beruht, ist regelmäßig unwirksam (vgl § 630d II BGB), namentlich dann, wenn sie durch Nötigung erzwungen oder durch Täuschung erschlichen wurde.

559 Jedoch kann nach zutreffender Ansicht nicht jeder Willensmangel der Einwilligung ihre rechtfertigende Kraft nehmen[39]. Irrelevant sind solche Fehlvorstellungen, die sich nicht auf die Bedeutung und Tragweite des Eingriffs, sondern lediglich auf

---

33 *Alatovic/Helmken*, NK 13, 120; *Antomo*, Jura 13, 425; *Fahl*, Beulke-FS, S. 81 ff (der das Kriterium der Sozialadäquanz einer gesetzlichen Regelung vorzieht); *Großmann*, HRRS 13, 515; *Herzberg*, ZIS 12, 486; *ders.*, ZIS 14, 56; *Mandla*, FPR 13, 244; *Peschel-Gutzeit*, NJW 13, 3617; *dies.*, Bruder-müller-FS, S. 517; *Prittwitz*, Kühne-FS, S. 121; *Sonnekus*, JR 2015, 1, 11 ff; vgl auch *Hassemer*, ZRP 12, 179 sowie die Beiträge in Franz (Hrsg), Die Beschneidung von Jungen: Ein trauriges Vermächtnis, 2014.

34 BK-*Eschelbach*, § 223 Rn 9 ff und 35; *Isensee*, JZ 13, 317, 324 ff; *Scheinfeld*, HRRS 13, 268; *T. Walter*, JZ 12, 1110; vert. zum Ganzen *Steiner*, Die religiös motivierte Knabenbeschneidung im Lichte des Strafrechts, 2014; *Wohlers/Godenzi*, Die Knabenbeschneidung – ein Problem des Strafrechts, 2014.

35 Vert. *Frister/Lindemann/Peters*, Arztstrafrecht, 2011, Rn 20 ff; *Kraatz*, Arztstrafrecht, 2013, Rn 41 ff; Roxin/Schroth-*Schöch*, S. 51; *Tag*, S. 285 ff; *Ulsenheimer*, Arztstrafrecht Rn 60 ff.

36 Gesetz zur Verbesserung der Rechte von Patientinnen und Patienten, in Kraft getreten am 26.2.2013 (BGBl I, S. 277), dazu *Katzenmeier*, NJW 13, 817; *Olzen/Kaya*, Jura 13, 661.

37 Vert. *Lechner*, MedR 13, 429.

38 Vgl nur BGHSt 43, 306, 309; 45, 219, 221; BGHSt 56, 277 *(Schönheitsoperationsfall)* mit Anm. *Beckemper*, ZJS 12, 132; *Kudlich*, NJW 11, 2856; *Lindemann*, AG Medizinrecht, S. 21; *Lindemann/Wostry*, HRRS 12, 138; *Sternberg-Lieben/Reichmann*, MedR 12, 97; BGH NStZ 11, 343 *(Zitronensaftfall)* m. Bespr. *Hardtung*, NStZ 11, 635; *Jahn*, Jus 11, 468; *Kraatz*, NStZ-RR 15, 97 ff; *Neumann*, NJ 11, 218; *Schiemann*, NJW 11, 1046; *Widmaier*, Roxin II-FS, S. 439; *Ziemann/Ziethen*, HRRS 11, 394 und *Zöller*, ZJS 11, 173.

39 AA *Baumann/Weber/Mitsch*, AT, § 17 Rn 111; *Frister*, AT, 15. Kap., Rn 17; *Kindhäuser*, LPK, Vor § 13 Rn 183; LK-*Rönnau*, Vor § 32 Rn 199.

Randfragen oder Begleitumstände beziehen, die also nicht **rechtsgutsbezogen** und daher nicht einwilligungserheblich sind[40].

e) Bei Eingriffen in die körperliche Unversehrtheit darf die **Tat nicht gegen die guten Sitten verstoßen** (§ 228). Entscheidend ist – nach dem insoweit klaren Wortlaut der Vorschrift – die Sittenwidrigkeit **der Tat** als solcher, nicht die der Einwilligung[41]. In diesem Sinne sittenwidrig soll eine Körperverletzung nach gängiger – gleichwohl wenig hilfreicher – Formulierung dann sein, wenn sie dem „Anstandsgefühl aller billig und gerecht Denkenden" widerspricht[42]; zu Recht bezeichnet der BGH demgegenüber das Merkmal der guten Sitten in einer neueren Entscheidung als „konturenlos"[43]. Orientiert man sich hieran, so fließen in die Bewertung wohl nahezu unvermeidbar die aktuell gültigen Moralvorstellungen der Gesellschaft bzw des jeweiligen Gesetzesanwenders ein, die nur wenig bestimmt und notwendigerweise dem Wandel der Zeit unterworfen sind[44]. Kaum verwunderlich ist daher, dass die **Kriterien** zur Bestimmung der Sittenwidrigkeit umstritten sind. Geht man nach richtiger Ansicht davon aus, dass es von vornherein nicht Aufgabe des Rechts sein kann, den Bürger bei der Disposition über ein ihm zustehendes Rechtsgut (hier: die körperliche Unversehrtheit) zu bevormunden und dass im Strafrecht grundsätzlich kein Raum für moralisierende Betrachtungen ist, muss der strenge Ausnahmecharakter des § 228 gewahrt bleiben und dieser daher **eng und objektiv nachvollziehbar** ausgelegt werden[45]. Der Begriff der guten Sitten ist deshalb in § 228 StGB „strikt auf das Rechtsgut der Körperverletzungsdelikte (zu beziehen) und auf seinen Kerngehalt" zu reduzieren[46]. **560**

Die früher herrschende Ansicht, wonach vor allem auf die **Beweggründe und Ziele** der Beteiligten und ferner auf die angewandten Mittel und die Art der Verletzungen abgestellt wurde[47], wird daher heute zu Recht äußerst kritisch betrachtet. **561**

So hat sich bspw inzwischen in der Rspr die Erkenntnis durchgesetzt, dass eine mit Einwilligung durchgeführte Körperverletzung nicht schon deshalb sittenwidrig ist, weil sie auf einer sexuellen, insbes. **sadomasochistischen Motivation** beruht[48]. Die ursprüngliche Absage des BGH an die Heranziehung eines Verstoßes gegen (andere) Strafnormen zur Begründung der

---

40 *Arzt*, Willensmängel, S. 15 ff; *Krey/Esser*, AT, Rn 661; zum Teil einschränkend: *Gropp*, AT, § 6 Rn 44; *Lackner/Kühl*, § 228 Rn 8; *Roxin*, AT I, § 13 Rn 98; eingehend *Rönnau*, S. 410, 453; *Rönnau/Hohn*, JuS 03, 998; s. a. *Amelung*, S. 36 ff; *ders.*, ZStW 109 [1997], 490, der vor allem auf Zurechenbarkeitskriterien abstellt; ferner *Kuhlen*, Müller-Dietz-FS, S. 431; umfassend zum Streit: *Hillenkamp*, AT, S. 53.

41 Zum Überblick *Frisch*, Hirsch-FS, S. 485; MK-*Hardtung*, § 228 Rn 15; *Heger*, JA 03, 79; *Kühl*, Jakobs-FS, S. 293.

42 *Gössel/Dölling*, BT/1, § 12 Rn 44; *Kargl*, NStZ 07, 489, 490; *Kindhäuser*, LPK, § 228 Rn 10; *Kühl*, Puppe-FS, S. 653, 658 ff; krit. *Joecks*, St-K, § 228 Rn 2.

43 BGH NStZ 15, 270, 273.

44 Die Verfassungsmäßigkeit aus diesem Grund in Zweifel ziehend etwa NK-*Paeffgen*, § 228 Rn 53; *Sternberg-Lieben*, S. 136; *ders.*, Amelung-FS, S. 325, 332 ff; *ders.*, ZIS 11, 583, 587.

45 So auch *Murmann*, Grundkurs, § 22 Rn 50 ff.

46 BGH NStZ 15, 270, 273.

47 BGHSt 4, 24, 31; *Lackner/Kühl*, § 228 Rn 10; *Murmann*, Puppe-FS, S. 767, 787 f.

48 BGHSt 49, 166, 172 m. Anm. *Arzt*, JZ 05, 103; *Bott/Volz*, JA 09, 421; *Duttge*, NJW 05, 260; *Gropp*, ZJS 12, 602; *Hirsch*, JR 04, 475; *Jakobs*, Schroeder-FS, S. 521; *Stree*, NStZ 05, 40; anders noch RG JW 28, 2229, 2231; 29, 1015, 1017.

Sittenwidrigkeit iSd § 228 (zB illegales Verabreichen von Betäubungsmitteln)[49], hat der BGH in einer neuen Entscheidung relativiert[50].

562 Richtigerweise ist daher vorrangig auf **Art und Gewicht des bei ex-ante-Betrachtung drohenden Körperverletzungserfolgs** sowie den damit einhergehenden **Gefahrengrad für Leib und Leben** des Opfers abzustellen. Nach inzwischen gefestigter Rspr ist eine Körperverletzung jedenfalls dann sittenwidrig, wenn eine objektive Betrachtung aus der Ex-ante-Perspektive ergibt, dass die einwilligende Person durch die entsprechende Handlung in **konkrete Todesgefahr** gebracht wird[51].

Teile der Literatur betrachten demgegenüber **§ 226 StGB** als maßgebliche Schwelle[52]. Wenn derart gravierende Verletzungen drohten, sei der Staat berechtigt (und verpflichtet), generalpräventiv-fürsorglich in die Dispositionsbefugnis des Rechtsgutsinhabers einzugreifen.

563 Für die Berücksichtigung des **mit der Tat verfolgten Zwecks** ist nur ausnahmsweise Raum, nämlich dann, wenn eine gravierende Verletzung aus positiven oder jedenfalls nachvollziehbare Zwecken zugefügt wird[53]. Deshalb ist etwa anerkannt, dass bei **lebensgefährlichen ärztlichen Eingriffen** das damit verfolgte Ziel der Lebenserhaltung von maßgeblicher Bedeutung ist[54]. Auch bei **Kampfsportarten** (zB Boxen), welche auf die (sogar schwerwiegende) Verletzung des Gegners angelegt sind, lässt sich bis zu einem gewissen Grad ein gesellschaftlich anerkanntes Interesse an der Ausübung dieses Sports bejahen und so die Wirksamkeit der Einwilligung begründen. § 228 greift erst dann, wenn die Verletzungen aus einem absichtlichen oder zumindest grob fahrlässigen Verstoß gegen die Wettkampfregeln resultieren[55].

564 Der BGH (3. Senat) hat jüngst dort zur Präzisierung der bisherigen Grundsätze aufgerufen, wo § 228 durch anderweitige gesetzliche Wertungen ergänzt werden kann: Dass Körperverletzungshandlungen, durch die das Opfer in eine konkrete Todesgefahr gebracht wird, nicht einwilligungsfähig seien, ergebe sich aus der dem § 216 zugrunde liegenden Wertungen. Ebenso lasse sich für die Art und Weise der Begehung der Körperverletzung § 231 heranziehen, weshalb die Beteiligten an einer konsentierten tätlichen Auseinandersetzung zwischen rivalisierenden Hooligangruppen, die bei Ex-ante-Betrachtung in die Gefahr einer schweren Gesundheitsschädigung gerieten, die Einwilligung nach § 228 unwirksam sei, weil der Gesetzgeber in § 231 bereits die bloße Beteiligung an einer Schlägerei missbilligt und nur die Strafbarkeit an den Eintritt der schweren Folgen (als objektive Bedingung der Strafbarkeit) geknüpft habe[56].

565 Unabhängig von derartigen gesetzlichen Wertungen, die bei der Anwendung des § 228 StGB hilfreich sein können, wird in der Regel – wie auch schon nach früherer Rspr – eine **Gesamtwertung** vorzunehmen sein, wobei sich mittlerweile allerdings die Kriterien und deren Gewicht deutlich hin zu einer streng rechtsgutsbezogenen Betrachtung verschoben haben.

---

49 BGHSt 49, 34 m. krit. Bespr. *Sternberg-Lieben*, JuS 04, 954.

50 BGH NStZ 15, 270, 273 ff; dazu sogleich Rn 564.

51 BGHSt 49, 34, 44; 49, 166, 173 *(Sado-Maso-Fall)*; 53, 55 *(Autorennenfall I)*; BK-*Eschelbach*, § 228 Rn 24; *Dölling*, Geppert-FS, S. 53; AnwK-StGB-*Zöller*, § 228 Rn 6; fallbezogen: *Gerhold/El-Ghazi*, JuS 14, 524; instruktiv zur Entwicklung *Hardtung*, Jura 05, 40 ff.

52 *Jäger*, JA 13, 634, 636; S/S-*Stree/Sternberg-Lieben*, § 228 Rn 5; anders MK-*Hardtung*, § 228 Rn 24.

53 *Murmann*, Grundkurs, § 22 Rn 52.

54 BGHSt 49, 166, 171.

55 BGHSt 4, 88, 92; Matt/Renzikowski-*Engländer*, § 228 Rn 8; vert. *Kubink*, JA 03, 257.

56 BGH NStZ 15, 270, 273 ff *(Hooliganschlägereifall)*.

In diesem Sinne hatte auch der 1. Senat in einer früheren Entscheidung zu **konsentierten tätlichen Auseinandersetzungen** zwischen rivalisierenden Gruppen als entscheidend angesehen, ob Absprachen, Vorkehrungen oder Regelungen existierten, die den Gefährlichkeitsgrad beschränken und eine Eskalation verhindern sollten, und ob deren Einhaltung gewährleistet wurde[57].

f) Die Einwilligung muss **vor der Tat** entweder **ausdrücklich erklärt** oder **konkludent** zum Ausdruck gebracht worden sein[58]. Eine nachträgliche Genehmigung ist im Strafrecht bedeutungslos[59]. Bis zur Tatbegehung ist die Einwilligung grundsätzlich[60] frei widerruflich. **566**

g) In subjektiver Hinsicht muss der Täter **in Kenntnis**[61] und **aufgrund** der Einwilligung gehandelt haben. **567**

Den allgemeinen Überlegungen zum fehlenden subjektiven Rechtfertigungselement (s. Rn 406 ff) entsprechend, darf bei einer in Unkenntnis der Einwilligung erfolgten Handlung nicht wegen vollendeter, sondern nur wegen **versuchter** Tat bestraft werden. Nimmt der Täter irrig an, es liege eine – in Wirklichkeit fehlende – Einwilligung vor, so handelt er im Erlaubnistatbestandsirrtum, so dass entsprechend § 16 I 1 die Vorsatzschuld entfällt (vgl Rn 708 f).

h) Eine rechtfertigende Einwilligung kann auch bei **Fahrlässigkeitsdelikten** in Betracht kommen[62], und zwar sogar dann, wenn sich die Einwilligung auf ein hochriskantes Verhalten bezieht, welches letztlich zum Tod des Einwilligenden führt. Dass der Einwilligende seinen Tod nicht will, sondern gerade auf den guten Ausgang vertraut, steht dem nicht entgegen. Mit der Einwilligung suspendiert der Rechtsgutsinhaber das zur Erfolgsvermeidung bestehende Verhaltensverbot (nicht das Verbot, einen bestimmten Erfolg herbeizuführen), so dass der Täter bereits kein Handlungsunrecht verwirklicht[63]. Allein der Eintritt des Todeserfolges kann dann keine Strafbarkeit begründen. **568**

Ansätze gleicher Art enthalten die in Rn 259 ff dargestellten Leitlinien zur **Eigenverantwortlichkeit** in Fällen der **Selbstgefährdung**. Nach hiesiger Ansicht gibt es auch eine rechtfertigende Einwilligung in lebensgefährliche Fremdgefährdungen, wenn die **einverständliche Fremdgefährdung** wertungsmäßig der Mitwirkung an fremder Selbstgefährdung gleichsteht[64] (s. Rn 274).

Das Zivilrecht hat sich für diesen Bereich vom Gesichtspunkt der Einwilligung ganz gelöst und über §§ 254, 242, 828 BGB neue Lösungswege entwickelt (Handeln auf eigene Gefahr[65]).

---

57 BGHSt 58, 140 m. zust. Bespr. *Jäger*, JA 13, 634 und *Jahn*, JuS 13, 945 und krit. Bespr. *Hardtung*, NStZ 14, 267; *von der Meden*, HRRS 13, 158; *Sternberg-Lieben*, JZ 13, 953 und *Zöller/Lorenz*, ZJS 13, 429.

58 OLG Frankfurt/M. NStZ-RR 05, 237; MK-*Joecks*, § 223 Rn 71; aA die Willensrichtungstheorie: Matt/Renzikowski-*Engländer*, Vor §§ 32 ff Rn 20; *Frister*, AT, 15. Kap., Rn 7; MK-*Schlehofer*, Vor §§ 32 ff Rn 146.

59 BGHSt 17, 359 *(Pockenarztfall)*; dazu *Gimbernat*, Frisch-FS, S. 291.

60 Zu möglichen Ausnahmen: *Bergmann/Kroke*, ZIS 13, 234, 240 ff; *Fahl*, JR 09, 103.

61 Allein auf die Kenntnis abstellend etwa *Kühl*, AT, § 9 Rn 41; S/S/W-StGB-*Rosenau*, Vor § 32 ff Rn 42.

62 *Geppert*, ZStW 83 [1971], 947; BayObLG VRS 53, 349.

63 *Kaspar*, JuS 12, 112, 115; *Murmann*, Puppe-FS, S. 767, 776 ff; *ders.*, Grundkurs, § 25 Rn 139; *Stratenwerth*, Puppe-FS, S. 1017, 1022 ff; aA *Geppert*, ZStW 83 [1971], 974 f; LK-*Rönnau*, Vor § 32 Rn 165 ff; *Roxin*, GA 2012, 660 ff.

64 Ebenso *Frister*, AT, 15. Kap., Rn 14; *Heghmanns*, BA 02, 484.

65 Vgl BGHZ 34, 355.

IV. Die mutmaßliche Einwilligung

1. Anwendungsbereich der mutmaßlichen Einwilligung

569 In Fällen rechtlich zulässiger, aber aus tatsächlichen Gründen fehlender Einwilligung bleibt Raum für eine **mutmaßliche Einwilligung**. Dieser Rechtfertigungsgrund ist ebenfalls ungeschrieben, er ist – wie die Einwilligung – nur gewohnheitsrechtlich anerkannt; seine Grundlage findet er jedoch im verfassungsrechtlich verankerten Selbstbestimmungsrecht des Betroffenen. Weil hier eine Einwilligung nicht oder nicht mehr eingeholt werden kann, gewinnen insbes. zwei durchaus verschiedenartige Grundgedanken der Rechtfertigung an Bedeutung: das **Handeln im materiellen Interesse des Betroffenen** und das **Prinzip des mangelnden Interesses**.

2. Handeln im materiellen Interesse des Betroffenen

570 a) Das Handeln im materiellen Interesse des Betroffenen spielt vor allem im Arztrecht eine Rolle, wenn **Gefahr im Verzug** ist und die **Einwilligung des Betroffenen nicht oder nicht rechtzeitig eingeholt werden kann**.

Beispiele: Operation eines bewusstlosen Unfallopfers; Erweiterung des mit dem Patienten vereinbarten operativen Eingriffs aufgrund eines neuen, erst nach dem Öffnen der Bauchdecke erkennbar gewordenen und keinen Aufschub duldenden Befundes.

571 b) Richtschnur zur Lösung solcher Fälle ist, dass es beim Rechtfertigungsgrund der mutmaßlichen Einwilligung nicht um eine an objektiven Maßstäben orientierte Güter- und Interessenabwägung, sondern um ein **Wahrscheinlichkeitsurteil über den wahren Willen** des Rechtsgutinhabers im Tatzeitpunkt geht[66]. Ausschlaggebend sind die individuellen Interessen, Bedürfnisse, Wünsche und Wertvorstellungen des Betroffenen. Objektive Kriterien, wie etwa die Maßstäbe eines vernünftig Handelnden, haben insoweit nur indizielle Bedeutung.

572 c) Bei ärztlichen Eingriffen in die körperliche Integrität **einwilligungsunfähiger Patienten** misst das 2009 in Kraft getretene Gesetz über die Neuregelung der Patientenverfügung[67] dem vorweg in einer schriftlichen Patientenverfügung niedergelegten Willen des Patienten besondere Beweisbedeutung bei. Hat eine volljährige einwilligungsfähige Person schriftlich frei von wesentlichen Willensmängeln Vorsorge für den Eintritt der Einwilligungsunfähigkeit getroffen, verpflichtet § 1901a I BGB den für den Fall der Einwilligungsunfähigkeit bestellten Betreuer oder Bevollmächtigten zu prüfen, ob die Festlegungen in der Patientenverfügung auf die konkrete Lebens- und Behandlungssituation des Patienten zutreffen. Ist dies der Fall – und hat der Betreuer keine konkreten Anhaltspunkte dafür, dass der Patient seine Entscheidung zwischenzeitlich geändert hat – muss er dem in der Patientenverfügung niedergelegten Willen Geltung verschaffen. Insoweit kann man von einer **Bindungswirkung der schriftlichen Patientenverfügung** sprechen. Der Betroffene selbst kann seine Patientenverfügung natürlich jederzeit formlos widerrufen (§ 1901a I S. 3 BGB). Fehlt es

66 GenStA Nürnberg NStZ 08, 343; *Hilgendorf*, Kühl-FS, S. 509, 514; *Hillenkamp*, Küper-FS, S. 123; *Mitsch*, ZJS 12, 38; abw. *Puppe*, AT, § 11 Rn 12 ff.

67 Dazu *Höfling*, NJW 09, 2849; *Reus*, JZ 10, 80.

an einer Patientenverfügung, trifft die schriftlich niedergelegte Verfügung nicht auf die konkrete Lebens- und Behandlungssituation zu oder gibt es Hinweise darauf, dass der Betroffene seinen Willen nachträglich geändert hat, muss der Betreuer gemäß § 1901a II S. 1 und 2 BGB den mutmaßlichen Willen des Patienten ermitteln und diesem zur Durchsetzung verhelfen[68].

d) Als Anhaltspunkte für die **Ermittlung dieses mutmaßlichen Willens** können dabei insbes. frühere mündliche oder schriftliche Äußerungen, ethische oder religiöse Überzeugungen und sonstige persönliche Wertvorstellungen des Betroffenen dienen (§ 1901a II S. 3 BGB). Auch das Schmerzempfinden des Patienten sowie allgemeine Wertvorstellungen dürfen ergänzend berücksichtigt werden, letztere jedoch nur mit äußerster Zurückhaltung, sofern die unmittelbare Sterbephase noch nicht begonnen hat[69]. **573**

Fehlen konkrete Anhaltspunkte für die Ermittlung des mutmaßlichen Willens, hat der Betreuer nach den in § 1901 BGB niedergelegten allgemeinen Grundsätzen für die Wahrnehmung der Betreuung zu entscheiden. Maßgeblich ist demnach das Wohl des Patienten, wobei im Zweifel dem Lebensschutz Vorrang zu gewähren ist[70]. Bis zur Gesetzesänderung im Jahr 2009 bedurfte die Einwilligung des Betreuers in einen ärztlicherseits angebotenen Behandlungsabbruch der Genehmigung des Vormundschaftsgerichts. Nach aktueller Rechtslage muss das Betreuungsgericht den Behandlungsabbruch nur noch dann genehmigen, wenn zwischen Betreuer und behandelndem Arzt kein Einvernehmen über den Willen des Betreuten besteht (§ 1904 IV BGB; sog. **Konfliktmodell**)[71]. **574**

Auch in Fällen der **Sterbehilfe** befürwortet der 2. Strafsenat des **BGH**[72] nunmehr eine Lösung über die Rechtsfigur der **rechtfertigenden Einwilligung**; und zwar sowohl dann, wenn der eigentliche Sterbevorgang noch nicht eingesetzt hat (sog. Hilfe *zum* Sterben) als auch in der unmittelbaren Sterbephase (sog. Hilfe *beim* Sterben). Hierfür wurde die neue Kategorie des **Behandlungsabbruchs** geschaffen (s. Rn 469 f). Danach rechtfertigt die (zB in einer Patientenverfügung enthaltene) Einwilligung in die Einstellung lebenserhaltender Maßnahmen **jegliche Handlung, die objektiv und subjektiv darauf gerichtet ist, eine medizinisch indizierte, der Lebenserhaltung oder -verlängerung dienende Behandlungsmaßnahme in Fällen lebensbedrohlicher Erkrankung**[73] **entsprechend dem Willen des Patienten zu verhindern oder zu beenden**. Ein gerechtfertigter Behandlungsabbruch kann sowohl durch **aktives Tun** als auch durch **Unterlassen** erfolgen (zur Abgrenzung vgl Rn 991 ff). Als Handelnder kommt dabei nicht nur der Arzt, Betreuer oder Bevollmächtigte des Patienten, sondern auch jeder Dritte in Betracht, der als für die Behandlung oder Betreuung zugezogene Hilfsperson tätig wird[74]. Nicht verkannt werden darf indes, dass die **Beachtung der in §§ 1901a, 1901b, 1904 BGB enthaltenen verfahrensrechtlichen Vorgaben** nach Ansicht des BGH stets Voraussetzung für **575**

---

68 Vgl BGHZ 154, 205; dazu *Jäger*, Küper-FS, S. 209; *Kutzer*, ZRP 08, 197; NK-*Neumann*, Vor § 211 Rn 112 ff; *Olzen*, JR 09, 354; MK-*Schneider*, Vor §§ 211 ff Rn 88 ff, 123; *Ulsenheimer*, Arztstrafrecht Rn 290 ff.

69 Vgl *Verrel*, Jakobs-FS, S. 715.

70 *Dölling*, Puppe-FS, S. 1365, 1374.

71 Vgl bereits BGHSt 40, 257; BGHZ 154, 205; dazu *Otto*, NJW 06, 2217; *Popp*, ZStW 118 [2006], 639; *Verrel*, NStZ 03, 449; s. a. *Albrecht*, Schreiber-FS, S. 565; *Arzt*, Wolf-GS, S. 609; *Kühl*, Jura 09, 881, 885 f; *Putz*, Widmaier-FS, S. 701; *Schöch*, Hirsch-FS, S. 693, 701; *Sternberg-Lieben*, Seebode-FS, S. 401.

72 BGHSt 55, 191 *(Fall Putz)* m. Bespr. *Dölling*, ZIS 11, 345; *Eidam*, GA 2011, 232; *Hecker*, JuS 10, 1027; *Joerden*, Roxin II-FS, S. 593; *Kubiciel*, ZJS 10, 656; *Mandla*, NStZ 10, 698.

73 Aus betreuungsrechtlicher Sicht kommt es auf Art und Stadium der Erkrankung nicht an, vgl § 1901a III BGB; dazu *Kutzner*, Rissing-van Saan-FS, S. 337, 345 ff.

74 *Rissing-van Saan*, ZIS 11, 544, 550.

den Eintritt der rechtfertigenden Wirkung der Einwilligung ist[75]. Ferner sind gezielte Eingriffe in das Leben eines Menschen, die nicht im Zusammenhang mit dem Abbruch einer medizinischen Behandlung stehen, einer Rechtfertigung durch Einwilligung angesichts der Regelung des § 216 nach wie vor nicht zugänglich. Insoweit bleibt die aktive Sterbehilfe also strafbar (s. Rn 552).

Unter den Behandlungsabbruch fasst der 2. Senat allerdings auch die sog. indirekte (aktive) Sterbehilfe, also die Verkürzung des Lebens des todkranken Patienten als unvermeidbare Nebenfolge einer schmerzlindernden Behandlung. Dies ist aber inkonsequent, eine Rechtfertigung lässt sich hier nur über § 34 begründen (s. Rn 470).

576 In der **Literatur** wurde die Rechtsprechungsänderung, die letztlich eine moderate Ausweitung zulässiger Sterbehilfe beinhaltet, *im Ergebnis* überwiegend befürwortet. In der rechtspolitischen Tendenz verdient die Rspr Zustimmung, allerdings erscheint die dogmatische Verankerung problematisch[76]. Entscheidungen von derartiger Tragweite gehen über bloße, der Rechtsprechung übertragene Rechtsanwendung weit hinaus. Hier ist der demokratisch legitimierte Gesetzgeber zu einem Tätigwerden aufgerufen[77].

▶ Beispielsfall bei *Beulke*, Klausurenkurs II Rn 281

577 e) Entspricht das ***ex ante* zu treffende Wahrscheinlichkeitsurteil** des Handelnden bei der mutmaßlichen Einwilligung den vorstehend genannten Anforderungen, bleibt die darauf beruhende Tat auch dann rechtmäßig, wenn sich nachträglich herausstellt, dass trotz pflichtgemäßer Prüfung und gewissenhaften Vorgehens der wahre Wille des Betroffenen verfehlt wurde[78]. Im Übrigen gelten für **Fehlvorstellungen** des Täters die allgemeinen Irrtumsregeln. Sorgfalt erfordert hier vor allem die Unterscheidung zwischen Erlaubnistatbestandsirrtum und bloßem Erlaubnisirrtum (vgl Rn 685 f)[79].

578 Im Übrigen müssen bei der mutmaßlichen Einwilligung grundsätzlich die gleichen Voraussetzungen erfüllt sein, wie sie auch bei der wirklichen Einwilligung zu deren Wirksamkeit verlangt werden[80].

---

75 Insofern noch unklar: BGHSt 55, 191, 199 f m. Anm. *Verrel*, NStZ 10, 674; eindeutig nunmehr: BGH NStZ 11, 274 m. abl. Anm. *Verrel* und *Jäger*, JA 11, 309; krit. auch *Engländer*, JZ 11, 513, 519; *Rosenau*, Rissing-van Saan-FS, S. 547, 563; *Sternberg-Lieben*, Roxin II-FS, S. 537, 544 ff; zust. *Dölling*, ZIS 11, 345, 348; vgl auch *Kraatz*, NStZ-RR 12, 33; zu §§ 1901a, b, 1904 BGB: *Coeppicus*, NJW 11, 2085; *Dölling*, Puppe-FS, S. 1365.

76 Für eine Rechtfertigung gem. § 32 (Nothilfe): *Duttge*, MedR 11, 36, 38; *Mandla*, NStZ 10, 698; ähnl. *Streng*, Frisch-FS, S. 739, 751 ff; für eine Rechtfertigung gem. § 34: *Bosch*, JA 10, 908; vgl auch *Rosenau*, Rissing-van Saan-FS, S. 547, 560; *ders.*, Roxin II-FS, S. 577, 584 (§ 34 analog); für eine Lösung auf Tatbestandsebene: *Gaede*, NJW 10, 2927 (tatbestandsausschließende Wirkung der Einwilligung); *Rissing-van Saan*, ZIS 11, 544, 550 (Verneinung der objektiven Zurechenbarkeit des Erfolgs aufgrund pflichtgemäßen Verhaltens des Arztes; anknüpfend an *Engländer*, JZ 11, 513, 518); *Walter*, ZIS 11, 76 (teleologische Reduktion des § 216 StGB); zu den Beteiligungsfragen: *Schumann*, JR 11, 142; fallbezogen: *Kubiciel/Wachter*, JA 13, 112; *M. Vormbaum*, Jura 12, 652.

77 S. auch *Wessels/Hettinger*, Rn 30d; vgl auch die Beschlüsse der strafrechtlichen Abteilung des 66. Deutschen Juristentags 2006.

78 Vgl *Jescheck/Weigend*, AT, § 34 VII 3; zum Verhältnis zwischen mutmaßlicher Einwilligung und Geschäftsführung ohne Auftrag s. *Kühl*, AT, § 9 Rn 47; *Schroth*, JuS 92, 476; vert. *Yoshida*, Roxin-FS, S. 401.

79 BGHSt 35, 246 m. Anm. *Geppert*, JZ 88, 1024 und *Hoyer*, StV 89, 245; BGHSt 45, 219, 225.

80 Für Tatbestandslösung: SK-*Hoyer*, Vor § 32 ff Rn 34; fallbezogen: *Mitsch*, JA 99, 388, 396.

3. Prinzip des mangelnden Interesses

Auf dem **Prinzip des mangelnden Interesses** beruht die mutmaßliche Einwilligung dort, wo es – unter Respektierung der persönlichen Einstellung des Betroffenen – an einem schutzwürdigen Erhaltungsinteresse fehlt. **579**

Beispiel: Der Bote B zahlt bei der Post nicht den ihm von A übergebenen neuen Geldschein ein, den er gern behalten möchte, sondern erledigt den ihm erteilten Auftrag mit einem verschmutzten Geldschein aus seinem eigenen Bestand.

V. Die hypothetische Einwilligung

1. Diskutierter Anwendungsbereich

Eine **hypothetische Einwilligung** wird derzeit v.a. im Bereich des Arztstrafrechts[81] diskutiert. Sie soll die Strafbarkeit des Arztes ausschließen, wenn der Einwilligende zwar nicht ordnungsgemäß aufgeklärt worden ist, jedoch bei wahrheitsgemäßer Aufklärung eingewilligt hätte. **580**

Die hypothetische Einwilligung darf dabei nicht mit der mutmaßlichen Einwilligung verwechselt werden. Letztere greift, wenn eine Einwilligung **vor dem Eingriff nicht erreichbar ist**, der Patient zu diesem Zeitpunkt aber eingewilligt hätte, wenn es möglich gewesen wäre, ihn zu fragen (s. o. Rn 569). Bei der hypothetischen Einwilligung wird darauf abgestellt, ob der Patient, dessen Einwilligung vor dem Eingriff nicht eingeholt wurde, **obwohl dies möglich war**, eingewilligt hätte, wenn man ihn gefragt hätte. In dieser faktischen Möglichkeit der vorherigen Einholung einer wirksamen Einwilligung liegt der wesentliche Unterschied zur mutmaßlichen Einwilligung. **581**

Beispiel (nach BGH NStZ-RR 04, 16[82]): O erleidet einen Bandscheibenvorfall an einem Hals-Wirbel. Arzt T operiert versehentlich einen ihrer gesunden Lenden-Wirbel. Um den Kunstfehler nicht eingestehen zu müssen, erklärt er der O, die Operation sei zwar erfolgreich gewesen, ihre bleibenden Schmerzen seien aber auf einen Vorfall an einem Brust-Wirbel zurückzuführen. O willigt daraufhin in eine Operation des Brust-Wirbels ein; tatsächlich operiert T bei diesem zweiten Eingriff nunmehr den Hals-Wirbel. Für den zweiten Eingriff lag – wegen der Täuschung durch T – keine wirksame Einwilligung vor; durch ordnungsgemäße Aufklärung wäre eine solche aber einzuholen gewesen, so dass kein Fall der mutmaßlichen Einwilligung vorliegt. Erfährt O später von den Vorgängen und erteilt im Nachhinein seine Zustimmung für die zweite (korrigierende) Operation, stellt sich die Frage nach der rechtfertigenden oder strafausschließenden Wirkung einer hypothetischen Einwilligung.

---

81 Zur Übertragbarkeit auf andere Bereiche, etwa § 266: *Edlbauer/Irrgang*, JA 10, 786, 789; *Rönnau*, StV 11, 753, 756 ff; *Walischewski*, Feigen-FS, S. 293, 311 ff; dagegen *Beulke*, medstra 15, 67, 76; *Saliger*, Beulke-FS, S. 257, 268; zurückhaltend *Krüger*, Beulke-FS, S. 137, 148 ff.

82 S. dazu *Eisele*, JA 2005, 252; *Geppert*, JK 04, StGB § 223/3.

2. Meinungsstand

582 a) Nach Ansicht der Rspr[83] und der ihr zustimmenden Autoren[84] wird der hypothetischen Einwilligung unter Hinweis auf den gleichnamigen zivilrechtlichen Haftungsausschluss (vgl nunmehr § 630h II 2 BGB[85]) **rechtfertigende Wirkung** beigemessen. Die Rechtswidrigkeit entfällt demnach selbst dann, wenn sich nach Maßgabe des Grundsatzes *in dubio pro reo* nicht ausschließen lässt, dass der Patient auch bei ordnungsgemäßer Aufklärung eingewilligt hätte. Allerdings begrenzt die Rspr die rechtfertigende Wirkung allein auf *lege artis* **durchgeführte Heilbehandlungen**[86]. Zudem finden sich Hinweise darauf, dass der BGH bei **gezielten Täuschungen** im Rahmen der Aufklärung keine hypothetische Einwilligung akzeptieren will[87].

583 **Für die Beachtlichkeit** der hypothetischen Einwilligung werden gewichtige Argumente angeführt: Zunächst wird das kriminalpolitische Bedürfnis genannt, der ausufernden strafrechtlichen Verantwortung der Ärzte für die mittlerweile unüberschaubar gewordenen ärztlichen Aufklärungspflichten entgegenzuwirken[88]. Verwiesen wird auf die in diese Richtung weisende gesetzliche Anerkennung der hypothetischen Einwilligung in § 630h II 2 BGB; da sich die Rspr im Arztstrafrecht seit jeher an das Zivilrecht anlehne, sei hier ein Gleichlauf geboten. Insbes. widerspräche es der Ultima-Ratio-Funktion des Strafrechts, wenn der Mediziner wegen der zivilrechtlich relevanten hypothetischen Einwilligung einerseits nicht zum Schadensersatz verpflichtet wäre, andererseits aber gleichwohl strafrechtlich zur Verantwortung gezogen werden könnte[89]. Hierdurch sei die Einheit der Rechtsordnung tangiert[90]. Eine erhebliche Gefahr der Nichtbeachtung des Selbstbestimmungsrechts des Patienten bestehe nicht; eine Ermittlung seines hypothetischen Willens sei den Gerichten durchaus möglich, insbes. dann, wenn – wie regelmäßig – konkrete Anhaltspunkte dafür existierten, dass er bei ordnungsgemäßer Aufklärung auch tatsächlich eingewilligt hätte[91].

584 Die Diskussion um die dogmatische Verortung der hypothetischen Einwilligung ist allerdings bei den Befürwortern noch nicht abgeschlossen. Wird die hypothetische Einwilligung von einigen als neuer, durch richterliche Rechtsfortbildung geschaffener **Rechtfertigungsgrund** gesehen[92], argumentieren die meisten Befürworter mit der **Parallele zur objektiven Zurechnung auf Einwilligungsebene**[93]. Danach soll

83 BGH NStZ 96, 34 *(Surgibonefall)*; BGH JZ 04, 799 *(Bandscheibenfall)* m. zust. Anm. *Rönnau* und *Kuhlen*, JR 04, 227; BGH JR 04, 469 m. abl. Anm. *Puppe*; BGH NStZ 12, 205 *(Gastroskopiefall)* m. Anm. *Jäger*, JA 12, 70; BGH NJW 13, 1688 *(Neulandmethodenfall)* mit Anm. *Beckemper*, NZWiSt 13, 230 und *Valerius*, HRRS 14, 22.

84 *Kühl*, AT, § 9 Rn 47a; LK-*Rönnau*, Vor § 32 Rn 230 f; differenzierend (Zurechnungsausschluss nur bei leichten Aufklärungsfehlern) *Krüger*, Beulke-FS, S. 137, 143 ff.

85 Dazu *Conrad/Koranyi*, JuS 13, 979; *Merkel*, JZ 13, 975.

86 BGH NStZ 08, 150 *(Turboentzugsfall)* m. zust. Anm. *Rönnau*, StV 08, 466.

87 S. dazu BGH NJW 13, 1688, 1689 *(Neulandmethodenfall)*.

88 *Beulke*, medstra 15, 67, 72 f; *Rosenau*, Maiwald-FS, S. 683.

89 *Beulke*, medstra 15, 67, 73; *Eisele*, Strätz-FS, S. 163, 180.

90 ZB *Beulke*, medstra 15, 67, 73; *Rosenau*, Maiwald-FS, S. 683.

91 Insoweit restriktiv BGH StV 08, 189 *(Fettschürzenfall)* m. Anm. *Sternberg-Lieben* und *Bosch*, JA 08, 70; BGH NStZ 08, 150; vert. S/S/W-StGB-*Rosenau*, Vor §§ 32 Rn 51; *ders.*, Maiwald II-FS, S. 683, 695 ff.

92 Vgl v.a. BGH NStZ 12, 205; so insb. auch *Beulke*, medstra 15, 67, 73.

93 V.a. auf Basis der (hier nicht vertretenen) Lehre von den negativen Tatbestandsmerkmalen ist diese Übertragung im Ausgangspunkt völlig konsistent.

im Ergebnis das Erfolgsunrecht der Tat entfallen, wenn trotz pflichtwidrigen Verhaltens des Arztes derselbe Erfolg auch bei pflichtgemäßem Alternativverhalten (s. Rn 294), dh bei pflichtgemäßer Aufklärung vor dem Eingriff, eingetreten wäre. Wegen des in gezielten Täuschungsfällen verbleibenden Handlungsunrechts sei der Arzt dann nur wegen versuchter Körperverletzung zu bestrafen[94]. Dasselbe Ergebnis erzielt, wer das subjektive Rechtfertigungselement bei der hypothetischen Einwilligung darin sieht, dass der Täter in dem Willen handelt, „das Selbstbestimmungsrecht des Rechtsgutsträgers zu wahren"; fehlt dieses (wie in den Fällen bewusster Täuschung), ist – wie auch bei den sonstigen Rechtfertigungsgründen – wegen Versuchs zu bestrafen[95] (s. Rn 401 ff). Unterlaufen Aufklärungsfehler aus Fahrlässigkeit, befinde sich der Arzt, der ja an eine wirksame Einwilligung glaube, in einem Erlaubnistatbestandsirrtum. Folglich komme allenfalls eine Bestrafung aus § 229 in Betracht (zu den Folgen des Erlaubnistatbestandsirrtums s. Rn 698 ff). Diese scheitere aber, wenn die objektiven Voraussetzungen des Rechtfertigungsgrunds „hypothetische Einwilligung" vorlägen. Denn dann werde das von ihm verwirklichte Handlungsunrecht (fahrlässige Missachtung der Patientenautonomie) durch den gegenläufigen, rechtstreuen Willen, sich selbstbestimmungskonform zu verhalten, kompensiert.[96]

b) **Gegen diese Position** sind im Schrifttum grundlegende und bedenkenswerte Einwände erhoben worden: Zunächst wird der **notwendige Gleichlauf mit dem Zivilrecht infrage** gestellt. Abgesehen davon, dass die in § 630 II 2 BGB geregelte hypothetische Einwilligung im Zivilrecht allein die haftungsausfüllende Kausalität betreffe, welche im Strafrecht keine Entsprechung besitze[97], beinhalte die Vorschrift darüber hinaus nur eine zivilrechtliche Beweislastregel, die ein aliud gegenüber der Rechtfertigung oder einem Zurechnungsausschluss im Strafrecht darstelle[98]. Auch sei die **dogmatische Verortung** bislang **nicht überzeugend gelungen**[99]. Insbes. wird der Vergleich mit der objektiven Zurechnung kritisiert, eine echte Parallele bestehe nicht: Bei der hypothetischen Einwilligung müsse nicht nur – wie beim Pflichtwidrigkeitszusammenhang sonst (dazu Rn 294) – ein hypothetisch pflichtgemäßes Verhalten des Arztes (hier: die wirksame Aufklärung), sondern zusätzlich noch ein positives Opferverhalten (hier: die wirksame Einwilligungserklärung) hinzugedacht werden, auf welches der Arzt jedoch keinerlei Einfluss besitze[100]. Zudem **missachte** die Gegenmeinung das **Selbstbestimmungsrecht des Patienten**[101]. Dies zeige sich insbes. 585

94 *Kuhlen*, JR 04, 227, 229 f; LK-*Rönnau*, Vor § 32 Rn 230 f; ebenso *Beulke*, medstra 15, 67, 75 unter zust. Verweis auf die Ausführungen des BGH NJW 13, 1688 *(Neulandmethodenfall)*.

95 *Beulke*, medstra 15, 67, 75.

96 *Beulke*, medstra 15, 67, 75.

97 *Sternberg-Lieben*, Beulke-FS, S. 299, 304.

98 *Conrad/Koranyi*, JuS 2013, 979, 984 f; *Jäger*, AT, S. 148; *Saliger*, Beulke-FS, S. 257, 266 f; aA S/S/W-StGB-*Rosenau*, Vor § 32, Rn 53.

99 Umfassend *Haas*, GA 2015, 147 ff; *Mitsch*, JZ 05, 279; zu ihm: *Kuhlen*, JZ 05, 713; vgl zu den unterschiedlichen Prüfungspositionen im Gutachten *Kindhäuser*, AT, Rn 18.

100 Vgl *Jäger*, Jung-FS, S. 345, 350 f; *Sternberg-Lieben*, Beulke-FS, S. 299, 302 f.

101 *Duttge*, Schroeder-FS, S. 179; *Eisele*, BT I, Rn 312 ff; *Gropp*, Schroeder-FS, S. 197; AnwK-StGB-*Hauck*, Vor §§ 32 ff Rn 19; *Hoffmann-Holland*, AT, Rn 338; *Jäger*, Jung-FS, S. 345; *Jansen*, ZJS 11, 482; *Otto*, Grundkurs AT, § 8 Rn 134; NK-*Paeffgen*, Vor §§ 32–35 Rn 168a; *Puppe*, GA 2003, 764; *dies.*, AT, § 11 Rn 22; *Renzikowski*, Fischer-FS, S. 365; *Rönnau*, JuS 14, 882, 885; *Schlehofer*, Puppe-FS, S. 953; *Sickor*, JR 08, 179; *Sowada*, NStZ 12, 1; *Weber*, Puppe-FS, S. 1059, 1062 ff; *Yamanaka*, Maiwald II-FS, S. 865; krit. auch *Zabel*, GA 2015, 219; umfassend *Edlbauer*, Die hypothetische Einwilligung als arztstrafrechtliches Haftungskorrektiv, 2009.

in den besonders schwerwiegenden Fällen in denen die Operation, in die der Patient nicht wirksam eingewilligt hat, tödlich verlaufe. Hier lasse sich gerade nicht mehr klären, ob der Patient vor dem Eingriff (hypothetisch) eingewilligt hätte. Auf Grundlage des Zweifelssatzes (s. Rn 1118) könnte in diesen Fällen sogar ein Arzt, der sich über die fehlende Zustimmung des Patienten bewusst hinwegsetzt, nicht bestraft werden. Schließlich überlagerten in diesen Konstellationen unbestimmte nachträgliche Wertungen die Entscheidung über die Strafbarkeit im Zeitpunkt des ärztlichen Tätigwerdens: Die Antwort eines Patienten nach seiner hypothetischen Zustimmung sei in der Regel davon abhängig, ob die Operation aus Sicht des Patienten erfolgreich war. Will man den tatsächlichen Willen des Patienten nach der Operation nicht für irrelevant erklären – was mit dem Autonomieprinzip kaum vereinbar wäre –, so hinge die Strafbarkeit des Arztes de facto von dessen nachträglicher Genehmigung der Rechtsgutsverletzung ab[102], was – wie jede Ex-tunc-Wirkung im Strafrecht – im Hinblick auf den Bestimmtheitsgrundsatz problematisch sei.

586 c) Die Diskussion dieses aktuellen und zudem prüfungsrelevanten Problembereichs ist noch nicht abgeschlossen. Dass ein **praktisches Bedürfnis** besteht, nicht jede Verletzung der ärztlichen Aufklärungspflicht als Körperverletzung zu bestrafen, lässt sich wohl kaum leugnen.

587 Überdenkenswerte Vorschläge einer Abmilderung in diese Richtung auf Basis des geltenden Rechts gehen dahin, die kraft Rechtsprechung ausgeformte Aufklärungspflicht auf demselben Weg strafrechtsautonom zu begrenzen, so dass am Ende **nur schwerwiegende Verstöße gegen die (zivilrechtliche) Aufklärungspflicht** als strafrechtlich relevant betrachtet werden[103]. In eine ähnliche Richtung weist der Vorschlag, eine ärztliche Aufklärung nur insoweit zu fordern, als dies erforderlich ist, um dem Patienten eine eigenverantwortliche Entscheidung zu ermöglichen[104].

588 d) Wegen der verbleibenden Unsicherheiten bleibt der Gesetzgeber jedoch nachdrücklich aufgefordert, in Anlehnung etwa an die österreichische Strafrechtsordnung eine straftatbestandliche Trennung zwischen den Schutz der Rechtsgüter „körperliche Integrität" und „Selbstbestimmungsrecht des Patienten" vorzunehmen und im Hinblick auf letzteres einen **neuen Straftatbestand der „eigenmächtigen Heilbehandlung" zu schaffen**[105]. Dies würde es erlauben, die bisherigen Körperverletzungstatbestände auf den eigentlichen Körperintegritätsschutz zu reduzieren und nicht – wie bisher – über die Kopplung der Einwilligung an eine korrekte Aufklärung einen Schutz des Selbstbestimmungsrechts im Windschatten dieser Tatbestände zu bewirken[106].

---

102 So auch *Hoffmann-Holland*, AT, Rn 338; *Saliger*, Beulke-FS, S. 257, 265; *Swoboda*, ZIS 13, 18, 26; aA S/S/W-StGB-*Rosenau*, Vor §§ 32 Rn 53.

103 So *Edlbauer*, Die hypothetische Einwilligung, 2009, S. 473 f.

104 ZB *Saliger*, Beulke-FS, S. 257, 270.

105 Vgl zu einem entsprechenden Tatbestand in § 110 öStGB; zu den gesetzgeberischen Bestrebungen in Deutschland s. nur RefE des BMJ zum 6. StrRG aus dem Jahr 1996, dazu LK-*Lilie*, Vor § 223 Rn 6; entsprechende Appelle an den Gesetzgeber finden sich auch bei *Böcker*, JZ 05, 925; *Duttge*, FS F.-C. Schroeder, S. 179, 193 ff; *Gropp*, FS F.-C. Schroeder, S. 197, 207; *Rönnau*, JuS 14, 882, 885; für eine Verwerflichkeitsklausel in § 223 demgegenüber *Swoboda*, NStZ 12, 18, 31.

106 Sehr krit. *Beulke*, medstra 15, 67, 69, 76 bzgl eines – seiner Ansicht nach sogar contra legem erfolgenden – Schutzes eines „apokryphen" Schutzguts in Gestalt der Patientenautonomie in § 223.

Im **Fall 11a** hat M in die Öffnung der für ihn eingehenden Post weder ausdrücklich noch stillschweigend eingewilligt. Eine gesetzlich begründete Öffnungsbefugnis stand der F nicht zu; die Ehe als solche gibt keinem Gatten das Recht, die an den anderen Teil adressierten Briefe eigenmächtig zu öffnen. Im Hinblick darauf, dass die Öffnung eines **behördlichen** Schreibens **unter Ehegatten** idR keine schwerwiegende Werteinbuße für den Adressaten darstellt und nichts auf einen entgegenstehenden Willen des M hindeutete, im Gegenteil uU eine Fristversäumung zu befürchten war, lag das Verhalten der F aber aus objektiver ***ex ante*** Sicht im Interesse des M. Da F die **Interessenlage gewissenhaft geprüft** und dabei **die Überzeugung gewonnen** hatte, ihr Tätigwerden entspreche dem mutmaßlichen Willen des M, war das Öffnen des Briefes kraft mutmaßlicher Einwilligung gerechtfertigt. Darauf, dass die Tat dem wahren Willen des M nicht entsprach, weil er die Steuerrückzahlung vor F verheimlichen wollte, kommt es mangels Erkennbarkeit nicht an[107]. **589**

Im **Fall 11b** hat B den S körperlich misshandelt und durch die besondere Begehungsweise den Tatbestand der gefährlichen Körperverletzung erfüllt (§§ 223, 224 I Nr 2). Die freiwillig und ernsthaft erteilte Einwilligung des S vermag die Tat nicht zu rechtfertigen. Es ist schon kaum anzunehmen, dass der 13-jährige S die Tragweite seiner Zustimmung voll erfasst hatte. Dagegen spricht einerseits sein sehr junges Alter, andererseits die Schwere und Dauerhaftigkeit der akzeptierten Verletzung (Nähe zu § 226 I Nr. 3). Unabhängig davon wird man die **Tat** aber trotz der Einwilligung auch als **sittenwidrig** iSv § 228 einstufen müssen. Es handelt sich um einen gravierenden und insbes. auch hinsichtlich der potenziellen Entzündungsfolgen wenig überschaubaren Eingriff in die körperliche Integrität, der mangels ersichtlich positiven Zwecks nur als nach Art und Gewicht dem Anstandsgefühl aller vernünftig und gerecht denkenden Menschen widersprechend angesehen werden kann[108] (s. Rn 560). B hat somit rechtswidrig gehandelt.

Aktuelle Rechtsprechung zu § 11:

- BGHSt 58, 140: Körperverletzungen im Rahmen tätlicher Auseinandersetzungen zwischen rivalisierenden Gruppen verstoßen gegen die guten Sitten (§ 228) und sind daher trotz Einwilligung nicht gerechtfertigt, wenn das Gefährlichkeitspotenzial begrenzende Absprachen und effektive Sicherungen für deren Einhaltung fehlen; vgl Rn 560.
- BGH NStZ 15, 270 *(Hooliganschlägereifall)*: Eine Strafbarkeit wegen einer im Rahmen einer vereinbarten körperlichen Auseinandersetzung zwischen Hooligans begangenen Körperverletzung ist auch dann nicht aufgrund erteilter Einwilligungen der Kontrahenten ausgeschlossen, wenn sich die Teilnehmer im Rahmen der zuvor aufgestellten „Regeln" bewegen. Vielmehr sind derartige Taten wegen der aus Ex-ante Sicht bestehenden erheblichen Gefahren für Leib und Leben (Tritte mit dem beschuhten Fuß auch gegen den Kopf, Überzahlsituationen) und mit Blick die Wertungen des § 216 (Rechtsgut „Leben" als nicht disponibel) und des § 231 (besondere abstrakte Gefährlichkeit von „Schlägereien") als sittenwidrig im Sinne des § 228 zu bewerten; vgl Rn 564.
- BGHSt 55, 191 *(Fall Putz)*: Rechtfertigung der Sterbehilfe durch aktives Tun in Form des Behandlungsabbruchs entsprechend dem tatsächlichen oder mutmaßlichen Patientenwillen; vgl Rn 575.
- BGH NStZ 12, 205 *(Gastroskopiefall)*: Eine Körperverletzung ohne Einwilligung des Patienten durch medizinisch-diagnostischen Eingriff in Form einer Magenspiegelung kann nicht über die Figur der hypothetischen Einwilligung gerechtfertigt werden; vgl Rn 582.

---

107 Vgl S/S-*Lenckner/Sternberg-Lieben*, Vorbem. §§ 32 ff Rn 54–60; LK-*Rönnau*, Vor § 32 Rn 223.
108 RGSt 74, 91; BGHSt 4, 88; BayObLG NJW 99, 372.

§ 12 Rechtfertigungsgründe IV: Züchtigungs- und Erziehungsrecht sowie Festnahmerechte

590 **Fall 12:** Vater M erfährt davon, dass sich sein 13-jähriger Sohn S im Rahmen einer freiwilligen „Mutprobe" zwecks Aufnahme in eine „Jugendgang" vom Bandenführer B ein glühendes Eisen auf den Oberschenkel hat drücken lassen (s. Fall 11b). M reagiert darauf, indem er dem S eine Ohrfeige verpasst und diesen „zur Strafe" für drei Stunden im Kinderzimmer einsperrt. **Rn 591, 595, 599**

Ist das Verhalten des M durch einen Rechtfertigungsgrund gedeckt?

I. Züchtigungs- und Erziehungsrecht

591 Im **Fall 12** verpasste M seinem Sohn S als Strafe für die „Mutprobe" eine Ohrfeige. Darin könnte eine Körperverletzung gem. § 223 liegen. Der zusätzlich vollzogene Stubenarrest stellt möglicherweise eine Freiheitsberaubung gem. § 239 dar. Der Umstand, dass beide Maßnahmen einen Erziehungszweck verfolgen, könnte die Tat allerdings rechtfertigen.

1. Das Recht zur körperlichen Züchtigung

592 Früher wurden alle körperlichen Züchtigungen der Eltern gegenüber ihren Kindern als tatbestandsmäßig iSd § 223 eingestuft[1]. Dem lag der Gedanke zugrunde, dass eine als Erziehungsstrafe gedachte Züchtigung vom Betroffenen gerade als „Übel" empfunden werden und so Einfluss auf sein künftiges Verhalten haben würde. Als **Rechtfertigungsgrund** kam jedoch das **elterliche Züchtigungsrecht** in Betracht. Die Befugnis zu einer maßvollen körperlichen Züchtigung wurde aus dem in §§ 1626, 1631 BGB normierten Sorge- und Erziehungsrecht gefolgert (für den Vormund aus § 1800 BGB). Mittlerweile hat sich die Rechtslage jedoch geändert. § 1631 II BGB besagt nunmehr ausdrücklich: „Kinder haben ein Recht auf **gewaltfreie Erziehung**. Körperliche Bestrafungen, seelische Verletzungen und andere entwürdigende Maßnahmen sind unzulässig." Auf diese Weise wollte der Gesetzgeber zumindest zivilrechtlich körperliche Bestrafungen gänzlich ächten. Die derzeit hM hält deshalb auch unter strafrechtlichen Aspekten jede körperliche Züchtigung für unzulässig und verweist lediglich auf die Möglichkeit der Einstellung des Strafverfahrens aus Opportunitätsgründen (§§ 153, 153a StPO) bzw einer Strafmilderung[2]. Die Gegenmeinung verweist darauf, dass § 1631 II BGB nur körperliche Bestrafungen, **die gleichzeitig entwürdigend sind**, für unzulässig erklärt, so dass die zivilrechtliche Neuregelung

1 BGHSt 11, 241; 12, 62.

2 AG Burgwedel JAmt 05, 50; *Bohnert*, Jura 99, 533, 534; *Bussmann*, S. 379 ff; AnwK-StGB/*Hauck*, Vor §§ 32 ff Rn 23; *B. Heinrich*, AT, Rn 520 ff; *Hennes*, Das elterliche Züchtigungsrecht – Ein derogierter Rechtfertigungsgrund, 2009; *Herzberg*, JZ 09, 333; *Hillenkamp*, JuS 01, 159, 165; *Kargl*, NJ 03, 59; *Noack*, JR 02, 406, 408 (der allerdings deshalb § 1631 II BGB für verfassungswidrig hält); *Otto*, Jura 01, 670; *Riemer*, ZJJ 05, 403; *ders.*, FPR 06, 387; *Roxin*, JuS 04, 177; instruktiv *M. Heinrich*, ZIS 11, 431 ff.

jenseits dieser, auf krasse Körperstrafen zugeschnittenen Grenze keine Bedeutung für das Strafrecht habe. Vielmehr komme nach wie vor ein Rechtfertigungsgrund der körperlichen Erziehung in Betracht[3].

Sachgerecht erscheint eine vermittelnde Position. Eine einfachgesetzliche Regelung vermag nämlich das durch Art. 6 GG garantierte Erziehungsrecht der Eltern nicht zu beseitigen[4]. Sinnvolle Erziehungsmaßnahmen müssen daher zulässig sein. So muss zB eine Mutter die Möglichkeit haben, ihrem auf die viel befahrene Straße zueilenden Kleinkind durch eine spontane Züchtigung zu verdeutlichen, dass Derartiges nicht geduldet wird. Bei der Unterbindung gefährlicher Verhaltensweisen des Kindes darf die situationsbezogene Züchtigung durchaus auch intensiv spürbar ausfallen, so zB in Form einer schmerzhaften „Backpfeife". Dass demgegenüber ein leichter „Klaps auf den Po" mangels Erheblichkeit ohnehin bereits die tatbestandlichen Voraussetzungen des § 223 nicht erfüllt, entspricht nahezu einhelliger Meinung. Die zweifelsohne erstrebenswerte Gewaltfreiheit der Kindererziehung muss sich am Gesamtziel der Sicherung des Kindeswohls messen lassen. Dies ist interpretatorisch auf dem Wege einer verfassungskonformen Gesetzesauslegung sowohl des § 1631 II BGB als auch des § 223 umsetzbar. Im Rahmen des § 1631 II BGB ist die körperliche Bestrafung nur als Unterfall der entwürdigenden Maßnahmen anzusehen. Einer maßvollen, die Bagatellgrenze nur unwesentlich überschreitenden und im konkreten Fall angemessenen körperlichen Züchtigung der eigenen Kinder fehlt der „entwürdigende" Charakter, sodass sie mit § 1631 II BGB im Einklang steht. Konsequenterweise ist eine derartige Erziehungsmaßnahme daher auch nicht als „üble unangemessene Behandlung" und somit nicht als körperliche Misshandlung iSv § 223 einzustufen. Das **Problem** des elterlichen Züchtigungsrechts hat sich insoweit also **von der Rechtfertigungs- auf die Tatbestandsebene verlagert**. Allerdings kann der Neufassung des § 1631 II BGB entnommen werden, dass körperliche Züchtigungen **im Regelfall** auch „entwürdigend" und deshalb verboten sind. Wenn daher mit einer körperlichen Züchtigung wesentliche Beeinträchtigungen des körperlichen Wohlbefindens einhergehen, so ist dies **im Regelfall** auch eine unangemessene Behandlung und somit als „körperliche Misshandlung" gem. § 223 **strafbar**[5]. 593

Für eine durch das Erziehungsrecht gedeckte körperliche Züchtigung verbleibt als – *ultima ratio* – Raum nur in diesem engen Rahmen. In Anlehnung an die früher zur Rechtfertigung entwickelten Grundsätze, die angesichts des gesetzgeberischen Leitbilds der gewaltfreien Erziehung jedoch restriktiv zu interpretieren sind, ist der **Tatbestand** des § 223 dann nicht erfüllt, 594

---

3 *Kindhäuser*, AT, § 20 Rn 18; *Lackner/Kühl*, § 223 Rn 11; *Marxen*, AT, S. 99; *Schmidt*, Grundrechte als verfassungsunmittelbare Strafbefreiungsgründe, 2008, S. 216; iE ebenso *v. Bock*, Das elterliche Recht auf körperliche Züchtigung, 2011; Matt/Renzikowski-*Engländer*, Vor §§ 32 ff Rn 36 (Strafunrechtsausschließungsgrund); *M. Heinrich*, ZIS 11, 431, 440 ff; *Murmann*, Grundkurs, § 25 Rn 153 (der § 1631 II BGB für verfassungswidrig hält).

4 HK-GS-*Duttge*, Vor § 32 Rn 23; vgl *Roellecke*, NJW 99, 337.

5 Einzelheiten bei *Beulke*, Hanack-FS, S. 539 ff; *ders.*, Schreiber-FS, S. 29; *Wessels/Hettinger*, BT/1, Rn 317a; weitgehend zust. *Maurach/Schroeder/Maiwald*, BT/1, § 8 Rn 19; ähnl. LK-*Lilie*, § 223 Rn 10; diff. MK-*Joecks*, § 223 Rn 63 ff; zu anderen Harmonisierungsvorschlägen s. *Günther*, Lange-FS, S. 877; SK-*Horn/Wolters*, § 223 Rn 13 ff; umfassend zum Ganzen mit empirischem Material *Bussmann*, S. 33 ff; *ders.*, ZJJ 13, 120; *Kreuzer*, Böttcher-FS, S. 303, 312 ff; fallbezogen *Knauer*, Jura 14, 254, 256.

- wenn die Erziehungsmaßnahme bei **hinreichendem Züchtigungsanlass** objektiv zur Erreichung des Erziehungszwecks **geboten** und subjektiv **vom Erziehungsgedanken beherrscht** ist, und
- wenn die Züchtigung in Art und Intensität maßvoll bleibt und in einem **angemessenen Verhältnis** zur Verfehlung und zum Lebensalter des Kindes steht, dessen körperliche Verfassung und seelische Entwicklung in die Abwägung einzubeziehen sind.

Eine quälerische, gesundheitsschädliche, unnötig demütigende oder das Anstandsgefühl gröblich verletzende Züchtigung ist immer unzulässig[6].

▶ Beispielsfall bei *Beulke*, Klausurenkurs III Rn 356

595 Im **Fall 12** lag für M gegenüber S ein ausreichender Züchtigungsanlass vor: „Mutproben" der von S unternommenen Art ist aus erzieherischen Gründen entgegenzutreten. Die von M gewählte Form der körperlichen Zurechtweisung steht in einem angemessenen Verhältnis zur Verfehlung des S und zu seinem Lebensalter. Bei aller Skepsis gegenüber dem pädagogischen Wert von Körperstrafen wird man zugestehen müssen, dass M sich bei der Bestrafung des S mittels einer maßvollen Züchtigung im Rahmen des rechtlich Zulässigen gehalten hat. Da Ärger und Erregung ein Handeln aus erzieherischen Gründen nicht ausschließen (BGH GA 1963, 82), war die geringfügige Beeinträchtigung des körperlichen Wohlbefindens des S keine üble, unangemessene, entwürdigende Behandlung und somit keine körperliche Misshandlung iSv § 223.

596 Das Züchtigungsrecht als solches ist ebenso wie das Erziehungsrecht nicht übertragbar; im Rahmen eines besonderen Betreuungs- oder Erziehungsverhältnisses kann seine Ausübung jedoch einem anderen überlassen werden[7]. Grundsätzlich steht Dritten gegenüber fremden Kindern kein Züchtigungsrecht zu (u.U. aber ein Notwehrrecht)[8].

597 Kraft Gewohnheitsrechts wurde früher auch **Lehrern** ein aus ihrer Erziehungsaufgabe abgeleitetes Züchtigungsrecht zuerkannt[9]. In dieser Hinsicht hat sich inzwischen jedoch zu Recht ein Anschauungswandel vollzogen, da ein solches Recht mit der verfassungsrechtlich garantierten Würde und Unversehrtheit der jungen Menschen nicht vereinbar wäre[10]. Dies kommt auch in denjenigen Landesgesetzen eindeutig zum Ausdruck, die den Lehrern eine körperliche Züchtigung explizit für unzulässig erklärt haben[11].

2. Das Recht zu sonstigen Erziehungsmaßnahmen

598 Auch bei anderen Erziehungsmaßnahmen jenseits der körperlichen Züchtigung sind die sich aus dem Recht auf gewaltfreie Erziehung ergebenden Grenzen zu beachten.

---

6 Vgl BGHSt 11, 241, 260.
7 BGHSt 12, 62, 67.
8 Näher *Mitsch*, JuS 92, 289.
9 BGHSt 11, 241; 14, 52 und selbst noch BayObLG NJW 79, 1371.
10 Vgl *Kindhäuser*, AT, Rn 19; s. auch BGH NJW 76, 1949 m. Anm. *Schall*, NJW 77, 113; *Jescheck/Weigend*, AT, § 35 III.
11 Vgl zB BGH NStZ 93, 591 für Baden-Württemberg.

Da aber nach dem Sinn des § 1631 II BGB nur diejenigen Handlungen als verbotene Gewalt (S. 1) eingestuft werden sollen, die „entwürdigenden“ Charakter haben (S. 2), ist die Erziehung durch elterliche Maßnahmen wie das Einsperren im Kinderzimmer oder das Festhalten bzw Wegtragen des Kindes nicht zwangsläufig verboten. Vielmehr kann das Erziehungsrecht angemessene Erziehungsmaßnahmen auch nach neuer Gesetzeslage legitimieren, was zB bei den Tatbeständen der Beleidigung (§ 185), der Freiheitsberaubung (§ 239) oder der Nötigung (§ 240) relevant wird. Teilweise lässt sich – parallel zur „körperlichen Misshandlung“ iSv § 223 – eine Tatbestandslösung begründen (zB bei der Beleidigung); ansonsten entfaltet das Erziehungsrecht rechtfertigende Wirkung, jedenfalls sofern die in Rn 594 genannten Kriterien (hinreichender Züchtigungsanlass und objektiv aus Erziehungsgründen geboten, maßvolle Züchtigung sowie subjektiv vom Erziehungsgedanken getragen), erfüllt sind[12].

Im **Fall 12** ist die Ohrfeige des M gegenüber S eine vom Erziehungsrecht gedeckte „angemessene“ Behandlung, die deshalb nicht tatbestandsmäßig iSv § 223 ist. Der Stubenarrest ist tatbestandsmäßig iSv § 239 *(Einsperren)*, jedoch durch das elterliche Erziehungsrecht gerechtfertigt; s. Rn 593 f, 598. **599**

II. Festnahmerechte gem. § 127 StPO und Selbsthilfe gem. § 228 BGB

Wird jemand bei Begehung einer Straftat oder einer rechtswidrigen Tat (§ 11 I Nr 5) **600**
auf frischer Tat betroffen oder verfolgt, so ist, wenn er der Flucht verdächtig ist oder seine Identität nicht sofort festgestellt werden kann, **jedermann** befugt, ihn **vorläufig festzunehmen** (§ 127 I 1 StPO). Die **Staatsanwaltschaft** und die **Beamten des Polizeidienstes** haben darüber hinaus besondere Festnahmerechte nach §§ 127 II, 127b I StPO[13].

Ob § 127 I 1 StPO eine **wirklich begangene** Straftat bzw eine rechtswidrige Tat vo- **601**
raussetzt oder ob dort – wie im Bereich des § 127 II StPO – ein **dringender Tatverdacht** genügt, ist umstritten. In der Rspr herrscht die letztgenannte Auffassung vor[14]. Dies überzeugt jedoch nicht. Dem privaten Festnehmenden, der im Gegensatz zu Amtsträgern keiner disziplinarischen Verantwortung unterliegt und den insbes. keine Pflicht zum Eingreifen trifft, dürfen keine derart weit reichenden Festnahmebefugnisse zugestanden werden. Irrt der Private über das Vorliegen einer Tat, unterliegt er einem Erlaubnistatbestandsirrtum (s. Rn 697 ff). Da er somit nicht wegen vorsätzlicher Tat bestraft werden kann, ist er hinreichend geschützt; beruhte sein Irrtum auf

---

12 Enger *Hoyer*, FamRZ 01, 521, der zwischen erlaubter Pflege und Beaufsichtigung einerseits und verbotener Züchtigung andererseits unterscheidet.

13 Dazu *Beulke*, StPO, Rn 238; *Wagner*, ZJS 11, 465.

14 BGH, 6. Zivilsenat, NJW 81, 745; OLG Zweibrücken NJW 81, 2016; BayObLG MDR 86, 956 f; OLG Koblenz VR 2009, 32; AG Grevenbroich NJW 02, 1060; zustimmend – wenn auch im Ergebnis offen lassend – OLG Celle BeckRS 2015, 00003 m. Bspr. *Jahn*, JuS 15, 565; ebenso *Arzt*, Kleinknecht-FS, S. 1; *Herzberg/Putzke*, JuS 08, 884; *Kargl*, NStZ 00, 8; *Roxin*, AT I, § 17 Rn 24.

einer Sorgfaltspflichtverletzung, ist die Bestrafung aus dem Fahrlässigkeitsdelikt hingegen sachgerecht[15].

► Beispielsfall bei *Beulke*, Klausurenkurs III Rn 391

602 § 127 I 1 StPO rechtfertigt Eingriffe in die persönliche Freiheit des Betroffenen oder weniger einschneidende Maßnahmen, wie etwa die Wegnahme des Personalausweises oder des Zündschlüssels zum Kraftfahrzeug[16]. Zum Durchsetzen der Festnahme darf u.U. auch Gewalt angewendet werden. Wer sich einer berechtigten Festnahme widersetzt oder sich ihr gewaltsam zu entziehen sucht, muss bei der Überwindung seines Widerstandes auch Eingriffe in seine körperliche Unversehrtheit (zB Hämatome durch Festhalten am Arm oder Schürfwunden durch zu Boden reißen des Flüchtigen) hinnehmen[17].

603 Ein **Schusswaffengebrauch** zum Zwecke der Festnahme ist nichtstaatlichen Organen wegen der besonderen Gefährlichkeit eines solchen Vorgehens nur in Form von Warnschüssen gestattet. Im Übrigen kann § 127 I StPO bei Privaten auch im Falle besonders schwerwiegender Rechtsgutsverletzungen den Einsatz von Schusswaffen nicht legitimieren[18].

Wenig praktische Bedeutung hat das Recht zur Festnahme nach § 229 BGB. In den dort abgesteckten engen Grenzen der erlaubten **Selbsthilfe** darf der Berechtigte eine Sache wegnehmen[19], zerstören oder beschädigen bzw den Verpflichteten festnehmen, falls dieser der Flucht verdächtig ist und die Voraussetzungen vorliegen, unter denen der persönliche Sicherheitsarrest angeordnet werden kann[20]. Die Festnahme darf jedoch nicht nur dem Ziel dienen, die Identität des Festgenommenen festzustellen[21].

Aktuelle Rechtsprechung zu § 12:

OLG Celle v. 26.11.2014 – 32 Ss 176/14, BeckRS 2015, 00003 (m. Bespr. *Jahn*, JuS 15, 565): Für die Ausübung des Festnahmerechts nach § 127 I StPO ist mindestens dringender Tatverdacht erforderlich, ein leichter Verdacht genügt hingegen nicht; vgl Rn 601.

---

15 Näher OLG Hamm NJW 72, 1826; *Beulke*, StPO, Rn 235; *Günther*, Kühl-FS, S. 885; LK-*Rönnau*, Vor § 32 Rn 243; *Satzger*, Jura 09, 110; zum Überblick: *Bülte*, ZStW 121 [2009], 377; *Hillenkamp*, AT, S. 60; *Sickor*, JuS 12, 1074.

16 OLG Saarbrücken NJW 59, 1190, 1191.

17 BGHSt 45, 378 m. Anm. *Baier*, JA 00, 630; *Kargl/Kirsch*, NStZ 00, 604; *Mitsch*, JuS 00, 848; *Trüg/Wentzell*, Jura 01, 30; vgl auch BGH JR 00, 297 m. Anm. *Ingelfinger*.

18 *Jakobs*, AT, 16/19; *Krey/Esser*, AT, Rn 652; *Roxin*, AT I, § 17 Rn 28; anders BGH MDR/H 79, 985; LR-*Hilger*, § 127 Rn 29.

19 BGH NStZ 12, 144 m. Bespr. *Grabow* und *Hecker*, JuS 11, 940; fallbezogen: *Puschke*, JA 14, 348, 349 f.

20 Näher BayObLG NJW 91, 934; *Duttge*, Jura 93, 416; *Kindhäuser*, LPK, Vor §§ 32-35 Rn 66; *Schauer/Wittig*, JuS 04, 107.

21 S. *Mitsch*, NZV 14, 545, 547 unter Verweis auf § 230 III BGB.

§ 13 Schuld und persönliche Vorwerfbarkeit. Der normative Schuldbegriff. Voraussetzungen und Merkmale der Schuld. Die Entschuldigungsgründe

Fall 13: Beim Verlassen einer Gaststätte versetzt der als Anführer einer Skinheadbande berüchtigte A dem ahnungslosen Gast G einen Stoß in den Rücken. G stürzt die Treppe hinab und erleidet eine schwere Gehirnerschütterung, sodass er sich später an den Tathergang nicht mehr erinnern kann. In dem gegen ihn eingeleiteten Strafverfahren bestreitet A, den G angegriffen zu haben. Der Kellner K, der den Vorfall genau beobachtet hat, sagt in der Hauptverhandlung als Zeuge aus, A habe G nicht gestoßen; G sei vielmehr auf der Treppe ausgeglitten und dadurch zu Fall gekommen. K beschwört diese bewusst wahrheitswidrige Aussage, weil ihm vor dem Termin angedroht worden ist, die Skinheads würden ihn „zum Krüppel schlagen, wenn er nicht eindeutig eine für sie günstige Aussage macht". Aufgrund der Aussage des K wird A freigesprochen. **604**

Wie ist das Verhalten des K strafrechtlich zu beurteilen? **Rn 606, 651, 664, 680**

I. Schuld und Verantwortlichkeit im Strafrecht

1. Unrecht und Schuld

Das StGB unterscheidet scharf zwischen **Unrecht** und **Schuld** (s. zB §§ 17, 20)[1]. **605** Während die mit Strafe bedrohte Handlung im **Unrechtsbereich** auf ihre Übereinstimmung mit den **Sollensnormen** der Rechtsordnung, dh auf ihre Rechtswidrigkeit hin überprüft wird, geht es im **Schuldbereich** um die Frage, ob dem Täter die rechtswidrige Tat **persönlich vorzuwerfen** ist[2].

Im **Fall 13** hat K vor Gericht als Zeuge vorsätzlich falsch ausgesagt. Er hat seine Falschaussage beschworen und damit einen Meineid geleistet (§ 154[3]). K hat ferner eine Strafvereitelung (§ 258 I) begangen, da er A nach Begehung eines Vergehens (§§ 223, 224) Beistand geleistet und dadurch die Verwirklichung des Strafrechts gegen A zumindest für geraume Zeit wissentlich vereitelt hat[4]. **606**

Das Verhalten des K wird nicht durch einen Rechtfertigungsgrund gedeckt. Die Voraussetzungen des rechtfertigenden Notstandes (§ 34) sind nicht gegeben, weil das Interesse des K an der Erhaltung seiner körperlichen Unversehrtheit das allgemeine Interesse an der Zuverlässigkeit des Personalbeweises im Bereich der Strafrechtspflege nicht **„wesentlich" überwiegt** und ein **Meineid kein „angemessenes" Mittel** der Gefahrabwendung ist[5]. Fraglich ist aber, ob gegen K ein **Schuldvorwurf** zu erheben ist.

1 Vert. hierzu *de Sousa Mendes*, Wolter-FS, S. 271; *Frisch*, GA 2014, 489; *Heinrich*, Ad Legendum 15, 89.
2 Zur ersten Übersicht: *Heghmanns*, Ad Legendum 15, 96.
3 Näher *Wessels/Hettinger*, BT/1, Rn 753.
4 Näher *Wessels/Hettinger*, BT/1, Rn 718 ff.
5 Vgl dazu *Roxin*, Oehler-FS, S. 181, 189.

2. Das Schuld- und Verantwortungsprinzip

607 In Übereinstimmung mit dem Menschenbild des Grundgesetzes beruht das deutsche Strafrecht auf dem **Schuld- und Verantwortungsprinzip:** Strafe setzt Schuld voraus (s. Rn 18)[6].

Im Gegensatz zur „Strafe" knüpfen die **„Maßregeln" der Besserung und Sicherung** (§ 61) nicht an die Schuld, sondern an die **Sozialgefährlichkeit** des Täters an. Ihre Anordnung ist somit auch bei **schuldlosem** Handeln zulässig und setzt nur das Vorliegen einer „rechtswidrigen Tat" iSd § 11 I Nr 5 voraus.

608 **Grundlage** des Schuld- und Verantwortungsprinzips ist die Fähigkeit des Menschen, sich frei und richtig zwischen Recht und Unrecht zu entscheiden. Nur wenn diese **Entscheidungsfreiheit** existiert, hat es Sinn, einen Schuldvorwurf gegen den Täter zu erheben[7].

Da weder der Standpunkt des klassischen **Indeterminismus** mit dem Postulat „absoluter Willensfreiheit" noch die Gegenposition des **Determinismus** mit dem Erklärungsprinzip der „Kausalgesetzlichkeit" menschlichen Verhaltens (Verbrechen als zwangsläufiges Produkt von Anlage und Umwelt) wissenschaftlich bewiesen sind, muss sich das Strafrecht mit der Erkenntnis zufrieden geben, dass das **Prinzip der Verantwortlichkeit** des sittlich reifen und seelisch gesunden Menschen eine unumstößliche Realität unserer sozialen Existenz ist.

609 Zwar lässt sich fast jede Handlung bei rückschauender Betrachtung als eine Folge von anlage- und umweltbedingten Bestimmungskräften erklären. Ebenso sicher ist jedoch, dass der Mensch diesen Antrieben nicht wehrlos ausgeliefert ist. Die Möglichkeit zur Verhaltenssteuerung beruht auf der **Fähigkeit des Menschen**, seine anlage- und umweltbedingten **Antriebe zu kontrollieren und seine Entscheidung nach sozialethisch verpflichtenden Normen und Wertvorstellungen auszurichten**[8].

Dem steht auch die **neuere Hirnforschung** nicht entgegen[9]. Zwar wird nach neurobiologischen Erkenntnissen die letzte Handlungsentscheidung durch das unbewusst arbeitende emotionale Erfahrungsgedächtnis (das limbische System) messbar ein bis zwei Sekunden gefällt, bevor der Mensch dies als seine Entscheidung bewusst wahrnimmt, es fehlt aber jeder Nachweis, dass das menschliche Bewusstsein keinen Einfluss auf die Entstehung dieser messbaren neuronalen Prozesse hätte. Da die Naturwissenschaften weder den Beweis für, noch gegen die Willensfreiheit erbracht

---

6 BVerfGE 95, 96, 131; 96, 245, 249; 133, 168, 197; BGHSt GrS 2, 194, 200.

7 Abw. *Demetrio Crespo*, GA 2013, 15; *Herzberg*, ZStW 124 [2012], 12 ff; *ders.*, Kühl-FS, S. 259; *Sánchez*, Frisch-FS, S. 555; *Schiemann*, Unbestimmte Schuldfähigkeitsfeststellungen, 2012, S. 158 ff; *dies.*, ZJS 12, 774.

8 Näher dazu S/S-*Eisele*, Vorbem. §§ 13 ff Rn 107 ff; *Frister*, Frisch-FS, S. 533; *Jescheck/Weigend*, AT, § 37; *Arthur Kaufmann*, Jura 86, 225; *Lampe*, Heinz-FS, S. 778; *Lüderssen*, Puppe-FS, S. 65; *Neumann*, BGH-Wiss-FS, S. 83; *Otto*, GA 1981, 481; *Rath*, Aufweis der Realität der Willensfreiheit, 2009; s.a. *Keil*, Willensfreiheit, 2. Aufl. 2013; *Spranger*, JZ 09, 1033.

9 Anders *R. Merkel*, Willensfreiheit und rechtliche Schuld, 2008, S. 240 ff; *Roth*, Lampe-FS, S. 43; *Singer*, Ein neues Menschenbild?, 2003; *ders.*, in: Elsner/Schreiber (Hrsg), Was ist der Mensch?, 2. Aufl. 2003, S. 143; *Spilgies*, ZIS 07, 155.

haben, kann das Strafrecht nach wie vor das Anders-Handeln-Können dem eigenen System zugrunde legen[10].

Die Bedeutung des **Schuldprinzips** im Strafrecht lässt sich thesenartig wie folgt umschreiben: 610

a) Neben Tatbestandsmäßigkeit und Rechtswidrigkeit ist die Schuld ein **strafbegründendes** und **strafbegrenzendes** Verbrechensmerkmal (Keine Strafe ohne Schuld).

b) Die Schuld des Täters muss alle Elemente des **verwirklichten Unrechts** umfassen (Unrecht und Schuld sind aufeinander bezogen, sie müssen einander entsprechen).

c) Jede im Einzelfall verhängte Strafe muss **schuldangemessen** sein (Die Strafe darf das Maß der Schuld nicht übersteigen)[11].

§ 46 I 1 fasst die wesentlichen Aspekte des Schuldprinzips in der kurzen Formel zusammen: 611
„Die Schuld des Täters ist Grundlage für die Zumessung der Strafe." Das StGB geht hier wie auch sonst (§§ 20, 29, 35 I) davon aus, dass die Schuld des Täters eine **Voraussetzung der Strafbarkeit** ist, von deren Gewicht und Umfang die Bemessung der Strafe abhängt.

3. Der Gegenstand des Schuldvorwurfs

Der **Gegenstand** des Schuldvorwurfs ist die in der rechtswidrigen Tat zum Ausdruck 612
kommende **fehlerhafte Einstellung** des Täters zu den Verhaltensanforderungen der Rechtsordnung.

Die innere Berechtigung des Schuldvorwurfs liegt darin, dass der Mensch auf freie Selbstbestimmung angelegt und bei Anspannung seines **„Rechtsgewissens"** im Stande ist, das **rechtlich Verbotene zu vermeiden**, sobald er die geistig-sittliche Reife erlangt hat und solange er nicht wegen schwerer seelischer Störungen iSd § 20 unfähig ist, das Unrecht der Tat einzusehen oder nach dieser Einsicht zu handeln.

„Schuld" bedeutet demnach **Vorwerfbarkeit der Tat** im Hinblick auf die ihr zugrunde liegende **rechtlich tadelnswerte Gesinnung**[12].

So wie der Unrechtsgehalt der Tat von ihrem Handlungs- und Erfolgsunwert abhängt, wird ihr 613
Schuldgehalt durch den auf die konkrete Tatbestandsverwirklichung bezogenen **Gesinnungsunwert** bestimmt. Davon geht auch das Gesetz aus, wenn es in § 46 II „die Gesinnung, die aus der Tat spricht", als wichtigen Einzelumstand der Strafzumessungsschuld hervorhebt. Was dem Täter vorgeworfen wird, ist aber nicht etwa seine Gesinnung als solche, sondern immer die von ihr geprägte **Straftat**. Der in der Tat zum Ausdruck kommende (mehr oder weniger große) Mangel an Rechtsgesinnung ist lediglich der **Grund, weswegen** dem Täter das, was er begangen hat, nach dem Maß seiner Schuld zum Vorwurf gemacht wird.

10 Im Ergebnis ebenso: *Alwart*, Hruschka-FS, S. 357; *Braun*, JZ 04, 610; *Bung*, S. 5 ff; Lampe ua-*Dölling*, S. 371; *Frisch*, Kühl-FS, S. 187; *Hassemer*, Kirchhof-FS, Bd II, § 123; *Hillenkamp*, JZ 05, 313 und 15, 391; *ders.*, ZStW 127 [2015], 10; *Hirsch*, ZIS 10, 62; *Jäger*, GA 2013, 3; *Krauß*, Jung-FS, S. 411; *Kudlich*, HRRS 05, 43; *Schreiber/Rosenau*, in: Venzlaff/Foerster, S. 80 ff; *Streng*, Jakobs-FS, S. 675; *Walter*, Schroeder-FS, S. 131; *Weißer*, GA 2013, 26; vgl auch *Duttge* ua (Hrsg), Das Ich und sein Gehirn, 2009; *Holderegger* ua (Hrsg), Hirnforschung; *Jakobs*, ZStW 117 [2005], 247; *Marlie*, ZJS 08, 41; Roth/Hubig/Bamberger (Hrsg), Schuld und Strafe, 2012; *Ruske*, Ohne Schuld und Sühne, 2011; *Stompe/Schanda* (Hrsg), Der freie Wille und die Schuldfähigkeit, 2010.

11 Zur Bedeutung des Grundsatzes der Verhältnismäßigkeit in diesem Kontext: *Frisch*, NStZ 13, 249.

12 *Gallas*, ZStW 67 [1955], 1, 45; *Jescheck/Weigend*, AT, § 39 II 1; vgl auch *Greco*, GA 2009, 636.

Trotz vorsätzlicher Tatbestandsverwirklichung kann es am Gesinnungsunwert fehlen, wenn infolge geistig-seelischer Defekte oder wegen eines außergewöhnlichen Motivationsdrucks die Fähigkeit aufgehoben ist, die Gebote des Rechts zu befolgen. „Schuldhaftes" Handeln ist nur im Rahmen des konkret-individuellen Könnens möglich, setzt also die subjektive Vermeidbarkeit der Rechtspflichtverletzung voraus. **Vorwerfbar ist nur das, wofür der Täter willentlich etwas kann, nicht dagegen das, was er von Natur aus ist**[13].

614 **Anknüpfungspunkt** für das Schuldurteil ist die **Unrechtshandlung**. Strafrechtsschuld ist Einzeltatschuld, nicht Charakterschuld[14] und nicht Lebensführungsschuld. Nur das Vorverhalten, das sich unmittelbar auf die Tat bezieht, darf für die Begründung des Schuldvorwurfs herangezogen werden[15]. Gem. § 46 II kann aber das Vorleben des Täters bei der **Strafzumessung** berücksichtigt werden[16].

4. Rechtsschuld und sittliche Schuld

615 Schuld im strafrechtlichen Sinn ist **Rechtsschuld**, nicht lediglich moralische oder sittliche Schuld. Maßgebend für den Schuldvorwurf sind die sozialethischen Wertvorstellungen der Rechtsordnung.

Rechtsnormen und Normen der Sittlichkeit stimmen zwar weitgehend überein, doch sind Erstere auch dann rechtlich bindend, wenn der Einzelne sie nicht als sittlich verpflichtend anerkennt. Der Strafrichter, der seine rechtsprechende Gewalt vom Volk ableitet (Art. 20 II GG), hat als Repräsentant der pluralistischen Gesellschaft die Schuld des Täters nach **rechtlichen Maßstäben** zu messen und nicht darüber zu befinden, ob und inwieweit daneben auch ein moralisch-sittlicher Schuldvorwurf begründet sein könnte[17]. Im Ausspruch der Kriminalstrafe ist daher nichts anderes zu sehen als die namens der Rechtsgemeinschaft erklärte Missbilligung des schuldhaften Verhaltens in der Form des **„rechtlichen" Tadels**.

616 Der strafrechtliche Schuldvorwurf wird demnach auch beim sog. **„Überzeugungstäter"** nicht in Frage gestellt, der seine private Überzeugung gegen das allgemeinverbindliche Recht setzt und ihm bewusst zuwiderhandelt, weil er sich aufgrund seiner sittlichen, religiösen oder politischen Anschauung zu seinem Tun für berechtigt oder gar verpflichtet hält[18]. *Roxin*[19] plädiert bei ernstlich getroffenen **Gewissensentscheidungen** in eng zu begrenzenden Fällen unter Hinweis auf Art. 4 GG und BVerfGE 32, 98 für einen **Verzicht auf Strafe**, soweit das trotz des zu erhebenden Schuldvorwurfs präventiv tolerabel sei. Ähnlich verfährt letztlich *Böse*[20], der bei Glaubens- und Gewissensentscheidungen namentlich eine Rechtfertigung gem. § 34 erwägt.

---

13 *Welzel*, Lb S. 139; anders *Herzberg*, Willensunfreiheit und Schuldvorwurf, 2010, S. 45 ff; *ders.*, Achenbach-FS, S. 157, 184 ff.

14 Abl. insofern auch *Ebert*, Kühl-FS, S. 137.

15 Vert. *Streng*, Beulke-FS, S. 320, 325.

16 Näher S/S/W-StGB-*Eschelbach*, § 46 Rn 107 ff; *Schäfer/Sander/van Gemmeren*, Praxis der Strafzumessung, 5. Aufl. 2012, Rn 646 ff; S/S-*Stree/Kinzig*, § 46 Rn 29 ff.

17 Zur Frage abweichender Wertvorstellungen einer kulturellen Minderheit siehe statt aller: *Greco*, ZIS 14, 309; *Krais*, Blutrache und Strafrecht: Einfluss des Blutrachemotivs auf Unrecht, Schuld und Strafzumessung, 2009; *Renzikowski*, NJW 14, 2539.

18 Zutr. *B. Heinrich*, AT, Rn 530; *Hirsch*, Strafrecht und Überzeugungstäter, 1996, S. 27; diff. *Ebert*, Der Überzeugungstäter in der neueren Rechtsentwicklung, 1975, S. 52, 66, 84; *Radtke*, GA 2000, 19; MK-*Schlehofer*, Vor §§ 32 ff Rn 259 f; *Tenckhoff*, Rauscher-FS, S. 437.

19 *Roxin*, Maihofer-FS, S. 389; *ders.*, GA 2011, 1; ebenso *Jung*, JZ 12, 926, 927 f; *Luzón Peña*, Wolter-FS, S. 431.

20 *Böse*, ZStW 113 [2001], 40.

II. Schuldlehre und normativer Schuldbegriff

Das StGB bestimmt den Begriff der „Schuld" nicht. § 29 begnügt sich mit dem Hinweis, dass bei mehreren Tatbeteiligten **jeder nach seiner Schuld** strafbar ist[21]. **617**

1. Der psychologische Schuldbegriff

Die **„psychologische Schuldauffassung"** erblickte das Wesen der Schuld in der subjektiv-seelischen Beziehung des Täters zur Tat. Sie identifizierte den Schuldbegriff mit dem psychischen Sachverhalt (Wissen/Nichtwissen, Wollen/Nichtwollen), sah Vorsatz und Fahrlässigkeit demzufolge als „Schuldarten" an[22]. **618**

Diese Lehre ließ wesentliche Elemente der Schuld unberücksichtigt und vermochte nicht zu erklären, warum die Schuld eines **vorsätzlich** Handelnden unter den Voraussetzungen des entschuldigenden Notstandes entfällt.

2. Der normative Schuldbegriff

Die durch Frank[23] begründete **„normative Schuldlehre"** sieht das Wesen der Schuld in der **Vorwerfbarkeit der Willensbildung und Willensbetätigung**, also in der normativen Bewertung eines psychischen Sachverhalts. Der normative Schuldbegriff wird heute zu Recht durchweg anerkannt, doch gehen die Ansichten darüber auseinander, aus welchen Elementen er sich zusammensetzt: Nach der überwiegend vertretenen Auffassung umfasst der komplexe Begriff der Strafrechtsschuld die **Schuldfähigkeit** (Rn 624 ff), die in bestimmten Fällen vorgesehenen **speziellen Schuldmerkmale** (Rn 642 ff), die **Schuldform** (Vorsatz- oder Fahrlässigkeitsschuld; Rn 645 f), das **Unrechtsbewusstsein** (Möglichkeit der Unrechtseinsicht; Rn 647 ff) und (negativ) das **Fehlen von Entschuldigungsgründen** (Rn 652 ff)[24]. **619**

3. Der funktionale Schuldbegriff

Der funktionale Schuldbegriff definiert die Schuld über die Funktion der Strafe[25]. **620**
Schuld wird als „Derivat" der Generalprävention (s. Rn 23)[26] bezeichnet und der Schuldbegriff vorrangig von den Präventionszwecken der Strafe her bestimmt. Ein schuldhaftes Verhalten wird nur bejaht, wenn Strafe für die Stärkung des allgemeinen Rechtsbewusstseins erforderlich erscheint (positive Generalprävention).

---

21 Zur Diskussion über den Schuldbegriff: *Beck*, Ad Legendum 15, 102; *Burkhardt*, Maiwald II-FS, S. 79; *Dölling*, FPPK 07, 59; *Frister*, JuS 13, 1057; *Gropp*, Puppe-FS, S. 483; *Herzberg*, GA 2015, 250; *Hörnle*, Kriminalstrafe; *Küpper*, S. 148 ff; *Lesch*, Der Verbrechensbegriff; *ders.*, JA 02, 602; *Loos*, Maiwald II-FS, S. 469; *Schünemann*, Lampe-FS, S. 537; *Sinn*, Uni-Gießen-FS, S. 321; *Streng*, Rn 12 ff; LK-*T. Walter*, Vor § 13 Rn 159 ff; *Zabel*, Schuldtypisierung als Begriffsanalyse, 2007, S. 242 ff.

22 Vgl *Mezger*, Lb, § 33.

23 *Frank*, Aufbau des Schuldbegriffs, 1907; *ders.*, StGB, Anm. II vor § 51; dazu auch *Duru*, ZJS 12, 734.

24 Näher *Achenbach*, Historische und dogmatische Grundlagen der strafrechtssystematischen Schuldlehre, 1974; *Krümpelmann*, GA 1983, 337; *Momsen*, Jung-FS, S. 569; LK-*T. Walter*, Vor § 13 Rn 163 ff.

25 So u. a. *Achenbach*, in: Schünemann, Grundfragen des modernen Strafrechtssystems, 1984, S. 135 mit dem Vorschlag, den Begriff der Schuld durch „individuelle Zurechnung" zu ersetzen.

26 *Jakobs*, AT, 17/18 ff; *ders.*, Kühl-FS, S. 281; vgl auch *Demetrio Crespo*, Roxin II-FS, S. 689.

621 Dieser Betrachtungsweise ist entgegenzuhalten, dass sie den materiellen Gehalt der Schuld nicht erfasst und dem Schuldprinzip eine eigene Bedeutung abspricht[27]. Ferner verliert der Schuldbegriff auch jede Kontur, denn niemand kann wissen, ob in der jeweiligen Konstellation für die Stärkung der Rechtstreue der Bürger iS positiver Generalprävention eine Bestrafung unbedingt notwendig ist.

622 *Kindhäuser*[28] vertritt einen sog. **diskursiven Schuldbegriff**. Ausgangsgedanke ist, dass Normen in einer demokratisch verfassten Gesellschaft Ausdruck der rechtsförmigen Verständigung autonomer Personen über einen (möglichst) gerechten Ausgleich ihrer Interessen sind. Wer eine Norm bricht, negiert die ihr zugrunde liegende Verständigung. Demnach ist materielle Schuld ein sich in der Straftat zeigender Mangel an Rechtstreue.

623 Eine vermittelnde Position im Meinungsstreit nimmt *Roxin*[29] ein, indem er sich für eine Synthese iS einer wechselseitigen Beschränkung von Schuld und Prävention einsetzt. Danach soll die Systemkategorie der Schuld, beruhend auf der „normativen Ansprechbarkeit" des Menschen, um das Element der „präventiven Sanktionsnotwendigkeit" ergänzt und als **Verantwortlichkeit** bezeichnet werden. Für das von ihm begangene Unrecht soll der Täter nur dann verantwortlich gemacht werden, wenn er erstens schuldhaft gehandelt hat und zweitens eine präventive Notwendigkeit zur Bestrafung des schuldhaften Verhaltens besteht.

III. Die Schuldfähigkeit

1. Schuldunfähigkeit

624 Voraussetzung dafür, dass jemand überhaupt schuldig werden kann, ist seine Schuldfähigkeit im Zeitpunkt der Tatbegehung.

625 **Schuldunfähig** sind Kinder bis zum vollendeten 14. Lebensjahr (§ 19) sowie Personen, die aus den in § 20 genannten Gründen unfähig sind, das Unrecht der Tat einzusehen oder nach dieser Einsicht zu handeln (Fehlen der **Einsichts- oder Steuerungsfähigkeit**).

§ 20 kombiniert bei der Umschreibung der Schuldunfähigkeit psychisch-biologische Faktoren und psychologisch-normative Aspekte. Die Überprüfung der Schuldfähigkeit erfolgt dementsprechend in zwei Stufen: Zunächst ist zu prüfen, ob als sog. biologisches Merkmal eine **krankhafte seelische Störung** (zB hirnorganisch bedingte Zustände, endogene Psychosen, Schizophrenie, Zyklothymie), eine **tiefgreifende Bewusstseinsstörung** (zB Vollrausch, Erschöpfung, Ermüdung, hochgradiger Affekt), **Schwachsinn** oder eine **andere schwere seelische Abartigkeit** (zB eine besonders schwere Persönlichkeitsstörung/gravierende Persönlichkeitsänderung, Triebstörung, die in ihrem Schweregrad den krankhaften seelischen Störungen gleichwertig ist) vorliegt. Sodann ist bei positivem Befund festzustellen, dass der Täter aufgrund des biologischen Merkmals unfähig war, das Unrecht der Tat einzusehen oder nach die-

---

27 Zutr. *Hirsch*, ZStW 106 [1994], 746; *Maiwald*, Lackner-FS, S. 149; LK-*T. Walter*, Vor § 13 Rn 172 ff.

28 Vgl *Kindhäuser*, ZStW 107 [1995], 701, 725 ff; *ders.*, Hassemer-FS, S. 761; *ders.*, AT, § 21 Rn 9.

29 Vgl *Roxin*, AT I, § 19 Rn 3; *ders.*, Arthur Kaufmann-FS, S. 519; *ders.*, ZStW 96 [1984], 641; *ders.*, SchwZStr 104 [1986], 356; *ders.*, Mangakis-FS, S. 237; *ders.*, Lampe-FS, S. 423; dazu: *Hoyer*, Roxin II-FS, S. 723; *R. Merkel*, Roxin II-FS, S. 737; *Sánchez Lázaro*, GA 2013, 655, 659 ff; *T. Walter*, Roxin II-FS, S. 763.

ser Einsicht zu handeln[30]. Schuldunfähige bleiben straflos, gleichgültig, ob ihnen die Herbeiführung dieses Zustandes vorzuwerfen ist (Ausnahmen: Grundsätze der actio libera in causa, Rn 633 und eine Bestrafung wegen Vollrausch, § 323a)[31].

Der Umstand, der zum Ausschluss der Schuldfähigkeit führt, muss dabei durchgehend während der gesamten Tatbegehung vorliegen. Tritt der Zustand der Schuldunfähigkeit erst während der Tathandlung, aber nach Eintritt in das Versuchsstadium ein (sog. **Blutrausch-Fälle**), so bleibt der Täter wegen einer vollendeten Tat strafbar, wenn der Tatablauf im Wesentlichen der Vorstellung entspricht, die sich der Täter bereits im schuldfähigen Zustand gemacht hat (unwesentliche Abweichung vom vorgestellten Kausalverlauf, s. Rn 374)[32]. **626**

Beim erwachsenen Täter wird das Vorhandensein der Schuldfähigkeit vermutet, solange nicht Anhaltspunkte für das Gegenteil vorliegen[33]. Solche Anhaltspunkte können sich auch aus einer hohen Blutalkoholkonzentration zum Tatzeitpunkt ergeben. Ein allgemeiner Erfahrungssatz des Inhalts, dass jeder Mensch bei einem Blutalkoholgehalt von mehr als 3‰ schuldunfähig ist, besteht indessen nicht. Erhöhtes Gewicht ist dann aber auf die Prüfung aller äußeren und inneren Aspekte des Tatgeschehens und der Persönlichkeitsverfassung zu legen[34]. **627**

Wo es auf die **Höhe des Blutalkoholgehalts** zur Tatzeit ankommt, ist zu berücksichtigen, dass der entsprechende Wert sich idR bis zur Entnahme der Blutprobe (falls diese erfolgt ist) verändert hat, weil er entweder aufgrund der fortschreitenden Resorption weiter angestiegen oder weil er infolge des bereits stattfindenden Alkoholabbaus geringer geworden ist. In diesen Fällen muss das Gericht vom Entnahmewert auf den Tatzeitwert zurückrechnen. Fällt die **Rückrechnung** in die Zeit der **Abbauphase** und lässt der individuelle Abbauwert sich nicht feststellen, sind im Zweifel zugunsten des Angeklagten diejenigen Werte zu Grunde zu legen, die für ihn bei der Beurteilung seiner strafrechtlichen Verantwortlichkeit am vorteilhaftesten sind. Wenn die Schuldfähigkeit in Frage steht, ist ein möglichst hoher Grad der Alkoholisierung im Tatzeitpunkt am günstigsten. Geht es hingegen zB um die BAK bei der Trunkenheitsfahrt (§ 316), ist ein möglichst niedriger Alkoholisierungsgrad für den Täter am Besten. Der niedrigste mögliche Abbauwert wird von der Rspr mit 0,1‰ je Stunde angenommen. Der höchstmögliche und somit bei der Bestimmung der Schuld(un)fähigkeit zu veranlagende Abbauwert beträgt 0,2‰ je Stunde zuzüglich eines einmaligen Sicherheitsabschlags von 0,2‰. Bei einem längeren Rückrechnungszeitraum ist der errechnete Höchstwert mit den sonstigen Indizien, die Aufschluss über die Schuldfähigkeit geben können, in eine **Gesamtwürdigung** einzubeziehen[35].

Schuldunfähige bleiben straflos, möglich ist aber die Unterbringung in einem psychiatrischen Krankenhaus oder einer Entziehungsanstalt (§§ 63, 64 StGB, § 7 JGG).

---

30 Vgl BGH NStZ 13, 53 u. 519; BGH NStZ-RR 15, 137; Kurzüberblick bei *Keiser*, Jura 01, 376; vert. *Boetticher/Nedopil/Bosinski/Saß*, NStZ 05, 57; S/S/W-StGB-*Kaspar*, § 20 Rn 1; *Nedopil/Müller*, Forensische Psychiatrie, 4. Aufl. 2012; S/S-*Perron/Weißer*, § 20 Rn 1 ff; *Rasch/Konrad*, Forensische Psychiatrie, 4. Aufl. 2013, S. 224 ff; Matt/Renzikowski-*Safferling*, § 20 Rn 12 ff; *Schreiber/Rosenau*, in: Venzlaff/Foerster, S. 90 ff; MK-*Streng*, § 20 Rn 68 ff.

31 BGH StV 15, 214; *Fischer*, § 20 Rn 68.

32 BGHSt 7, 325; BGH NStZ 03, 535.

33 RGSt 21, 131; krit. *Schroth*, Roxin II-FS, S. 705, 719 ff.

34 BGH NStZ 05, 329; NStZ-RR 2013, 272; *Maatz/Wahl*, BGH-Prax-FS, S. 531; krit. *Fahl*, Jahrbuch Verkehrsrecht 1999, S. 197.

35 Näher BGHSt 37, 231; BGH NStZ 98, 457; NStZ 02, 532; *Burmann* ua, Straßenverkehrsrecht, 23. Aufl. 2014, § 316 StGB Rn 14 ff; *Freyschmidt/Krumm*, Verteidigung in Straßenverkehrssachen, 10. Aufl. 2013, Rn 196 ff; *Hentschel/König/Dauer*, Straßenverkehrsrecht, 42. Aufl. 2013, § 316 StGB Rn 88 ff; LK-*König*, § 316 Rn 17 ff; *Satzger*, Jura 13, 345; LK-*Schöch*, § 20 Rn 109.

2. Verminderte Schuldfähigkeit

628 Vermindert schuldfähig sind Personen, deren Einsichts- oder Steuerungsfähigkeit bei Begehung der Tat aus den vorgenannten Gründen erheblich vermindert ist (§ 21). Die verminderte Schuldfähigkeit bildet einen **fakultativen Strafmilderungsgrund**.

629 Von der **fakultativen Strafmilderung** kann **abgesehen** werden, wenn die durch die Herabsetzung der Einsichts- oder Steuerungsfähigkeit geminderte Tatschuld durch schulderhöhende Umstände aufgewogen wird[36].

630 Im Falle des **Alkoholkonsums** wird deshalb die Strafmilderung verneint, wenn der Täter sich schuldhaft in den Alkoholrausch versetzt hat. Nach früherer Rspr wurde für dieses Absehen von der Strafmilderung gefordert, dass der Täter schon früher unter Alkoholeinfluss vergleichbare Straftaten begangen hat[37]. Nach der neueren Rspr des BGH soll es dagegen auf eine frühere, einschlägige Strafbarkeit nicht mehr ankommen. Nach der Auffassung des 3. Strafsenats soll stattdessen allein schon eine verschuldete Herbeiführung der Trunkenheit es rechtfertigen, in der Regel keine Strafrahmenverschiebung nach §§ 21, 49 I vorzunehmen[38]. Einschränkend hierzu verlangen andere Senate, dass zudem auch die konkret begangene rechtswidrige Tat voraussehbar gewesen sein müsse[39]. Maßgeblich bei der Bestimmung der Vorhersehbarkeit seien insoweit sowohl personenbezogene Umstände (insbes. frühere Rauschtaten, ohne dass es auf eine konkrete Vergleichbarkeit mit der begangenen Tat ankäme) und situationsbezogene Umstände (bspw das Trinken in Gruppen, aus denen heraus erfahrungsgemäß Straftaten leichter begangen werden). Angesichts der allgemein bekannten Gefährlichkeit des Alkoholkonsums dürften hierbei jedoch keine zu hohen Anforderungen an die Vorhersehbarkeit der Deliktsbegehung gestellt werden. Festzustellen bleibt, dass die Rechtsentwicklung insoweit noch nicht abgeschlossen ist.

Parallel zur Problematik bei § 20 (s. Rn 627) gibt es auch bei § 21 keinen gesicherten Erfahrungssatz, dass bei einer BAK von 2‰ an aufwärts zumindest von einer verminderten Steuerungsfähigkeit auszugehen ist, vielmehr kommt es auch hier auf die Gesamtwürdigung aller äußeren und inneren Aspekte an[40]. Die festgestellte BAK kann zwar nach wie vor ein gewichtiges Beweisanzeichen im Rahmen dieser Gesamtwürdigung sein; ihr kommt jedoch umso geringere Bedeutung zu, je mehr sonstige aussagekräftige psychodiagnostische Beweisanzeichen zur Verfügung stehen[41].

631 **Drogenkonsum** führt nur ausnahmsweise zur verminderten Schuldfähigkeit, nämlich dann, wenn langjähriger Betäubungsmittelgenuss zu schwersten Persönlichkeitsveränderungen geführt hat oder der Täter unter starken Entzugserscheinungen leidet und durch sie oder die Angst vor ihnen dazu getrieben wird, sich durch eine Straftat Drogen zu verschaffen oder wenn er das Delikt im akuten Rauschzustand verübt[42].

---

36 *Fischer*, § 21 Rn 20; krit. *Lackner/Kühl*, § 21 Rn 4.
37 Vgl nur BGH StV 03, 499.
38 BGH NStZ 09, 258; zust. *Foth*, NStZ 03, 597; abl. *Frister*, JZ 03, 1019; *Neumann*, StV 03, 527; *Streng*, NJW 03, 2963; *Verrel/Hoppe*, JuS 05, 308.
39 BGHSt 49, 239; BGH StV 11, 155.
40 BGHSt 43, 66, 75; BGH NStZ 12, 262; BGH NStZ-RR 15, 8.
41 BGHSt 57, 247 m. Bespr. *Fahl*, JZ 13, 314; *Kudlich*, JA 12, 871 u. *Schiemann*, NJW 12, 2675.
42 BGH NStZ 13, 53 u. 519; *Franke/Wienroeder*, Betäubungsmittelgesetz, 3. Aufl. 2008, Vor §§ 29 ff Rn 17.

3. Bedingte Schuldfähigkeit

Bedingt schuldfähig sind Jugendliche, die zur Zeit der Tat 14, aber noch nicht 18 Jahre alt sind (§ 3 JGG). Bei ihnen muss die Schuldfähigkeit nach dem Grad ihrer Entwicklungsreife jeweils geprüft und im Urteil besonders festgestellt werden[43]. **632**

4. Die actio libera in causa

Trotz Schuldunfähigkeit im Zeitpunkt der Tatbestandsverwirklichung ist eine Bestrafung nach den gewohnheitsrechtlich entwickelten Grundsätzen der **actio libera in causa** (*alic*; lat. für: eine in der Ursache freie Handlung) zulässig, wenn es sich um einen **selbstverschuldeten Defekt** handelt (Volltrunkenheit, Drogenrausch usw) und der Täter die **Ursachenreihe** zu einer **bestimmten Straftat**, mit deren Ausführung er erst nach dem Verlust seiner Schuldfähigkeit beginnt, noch im Zustand der strafrechtlichen Verantwortlichkeit vorsätzlich oder fahrlässig in Gang gesetzt hat. Der **Schuldvorwurf** knüpft hier an denjenigen Akt an, durch den der Täter sich in den Defektzustand und damit in die Lage versetzt, eine hinreichend bestimmte Straftat im Stadium der zeitweiligen Schuldunfähigkeit zu begehen[44]. **633**

Beispiel: Jemand betrinkt sich mit dem Willen, nach Ausschaltung seines Hemmungsvermögens einen anderen Menschen zu töten, was sodann – wie geplant – geschieht. Die Bestrafung des Täters richtet sich bei einer solchen Sachlage nach §§ 212, 211, also nicht nach der nur **subsidiär** geltenden Vorschrift des § 323a.

Zur dogmatischen Begründung der **actio libera in causa** existieren im Wesentlichen zwei Lösungsansätze, das Ausnahmemodell und das Tatbestandsmodell. **634**

Nach dem hier befürworteten (Schuld-)**Ausnahmemodell**[45] kann zur Begründung der Strafbarkeit an das tatbestandsmäßige Verhalten im Rauschzustand angeknüpft werden. Dem Täter kann also die Rechtsgutsverletzung ungeachtet seines Rauschzustands im Zeitpunkt der Tathandlung vorgeworfen werden. Zwar widerspricht diese Lösung an sich dem Wortlaut des § 20, wonach derjenige ohne Schuld handelt, dem **„bei Begehung der Tat"** aus den im Gesetz genannten Gründen das Einsichts- oder Hemmungsvermögen fehlt, was das Erfordernis einer **zeitlichen Koinzidenz zwischen Tatbegehung und Schuld** nahelegt. Gleichwohl kann dem Täter die Tat – ohne Verstoß gegen das Schuldprinzip – vorgeworfen werden, weil er sich gerade im Hinblick auf die Rechtsgutsverletzung seiner Steuerungsfähigkeit beraubt hat. Hinzu kommt, dass die schon damals bekannte Rechtsfigur der actio libera in causa nach dem Willen des Gesetzgebers durch Inkrafttreten des § 20 unberührt bleiben sollte. Infolgedessen kann man § 20 so verstehen, dass der Täter unter den dort genannten Voraussetzungen „ohne Schuld" handelt, sofern ihm die Tat nicht nach den Regeln der actio libera in causa vorzuwerfen ist. Eine entsprechende gesetzliche Klarstellung erscheint indes im Hinblick auf Art. 103 II GG dringend geboten.

Anders gestaltet sich die Lösung nach dem **Tatbestandsmodell.** Die Vertreter dieser Ansicht sehen in der Rechtsfigur der actio libera in causa keine Ausnahme von dem in § 20 verankerten Koinzidenzprinzip, sondern werten schon das Herbeiführen des Defektzustandes als Beginn

43 RGSt 58, 128; s. a. *Schaffstein/Beulke/Swoboda*, Jugendstrafrecht, 15. Aufl. 2014, § 7.
44 Näher BGHSt 21, 381.
45 Dazu *Hruschka*, Gössel-FS, S. 145; *Jerouschek*, Hirsch-FS, S. 241; *Jescheck/Weigend*, AT, § 40 VI 1; *Krey/Esser*, AT, Rn 710; *Kühl*, AT, § 11 Rn 6 ff; *Otto*, Grundkurs AT, § 13 Rn 15 ff; S/S-*Perron/Weißer*, § 20 Rn 35a f; LK-*Schöch*, § 20 Rn 194 ff.

der Tatbestandsverwirklichung. Das Berauschen stellt damit bereits das erste Glied der zur Tatbestandsverwirklichung führenden Kausalkette dar.

Innerhalb dieses Lösungsansatzes existieren wiederum verschiedene Argumentationsstränge. Nach einer Ansicht ist der Schuldvorwurf auf die actio praecedens, das Herbeiführen des Defektzustandes, vorzuverlegen[46]. Andere sehen in der Rechtsfigur der *alic* einen Sonderfall der mittelbaren Täterschaft: Der Täter mache sich hier zu seinem eigenen, in den Zustand der Schuldunfähigkeit versetzten Werkzeug[47]. Ferner wird argumentiert, das in den Tatbeständen direkt umschriebene Verhalten erfasse nicht nur den gesamten materiellen Unrechtsgehalt, sondern auch jedes vorhergehende Tun oder Unterlassen, das den Achtungsanspruch des geschützten Rechtsgutes verletze[48]. Schließlich behaupten einige, die in § 20 enthaltene Wendung „Begehung der Tat" sei so zu verstehen, dass auch schuldrelevantes Vorverhalten erfasst sei (sog **Ausdehnungsmodell**)[49].

Vorteil der Tatbestandslösung ist, dass sie mit dem in § 20 verankerten Koinzidenzprinzip vereinbar ist. Tragfähig wäre eine solche Begründung jedoch nur, wenn bereits dadurch, dass sich der Täter in den Defektzustand versetzt, eine **Versuchsstrafbarkeit** begründet würde, was überaus fraglich erscheint (vgl Rn 639). Außerdem stößt man auch bei diesem Lösungsansatz auf konstruktive Schwierigkeiten, insbes. bei eigenhändigen Delikten (zB § 153: Zeugeneigenschaft bei Gericht, diese fehlt noch, wenn der Täter sich in den Rauschzustand versetzt) und bei verhaltensgebundenen Tatbeständen (zB § 315c: Versetzen in den Rauschzustand kann nicht als „Führen eines KFZ" gewertet werden). Auch Befürworter des Tatbestandsmodells lehnen daher bei verhaltensgebundenen Delikten eine Begründung der Strafbarkeit unter Rückgriff auf die actio libera in causa zT ab[50].

635 Die Rspr, die der Tatbestandslösung nahe steht, musste sich in jüngerer Zeit mit dem Problem der alic bei verhaltensgebundenen Tatbeständen befassen. In BGHSt 42, 235 hat der 4. Strafsenat den Standpunkt vertreten, auf eine Straßenverkehrsgefährdung iSd §§ 315c, 316 und auf das Fahren ohne Fahrerlaubnis (§ 21 StVG) seien die Grundsätze der actio libera in causa nicht anwendbar. Diese Tatbestände könnten nicht als Verursachung eines von der Tathandlung trennbaren Erfolges begriffen werden. „Führen" eines Fahrzeugs sei nicht gleichbedeutend mit Verursachen einer Bewegung; es beginne vielmehr erst mit dem Bewegungsvorgang des Anfahrens selbst. Inzwischen hat jedoch der 3. Strafsenat[51] bekräftigt, dass er jenseits der Straßenverkehrsdelikte an der Rechtsfigur der actio libera in causa festhalte, und auch der 2. Senat wendet die alic weiterhin an[52]. Welchen Weg der BGH in Zukunft gehen wird, bleibt abzuwarten[53].

---

46 BGHSt 17, 259; 17, 333; BGH NStZ 97, 230; *Hoyer*, GA 2008, 711; dazu auch *Artkämper* ua, Teil 6, Rn 21; *Fischer*, § 20 Rn 52; *Freund*, GA 2014, 137.

47 *Dold*, GA 2008, 427; *Hirsch*, Geppert-FS, S. 233; *Jakobs*, AT, 17/64; *Puppe*, AT, § 16 Rn 8; *Roxin*, AT I, § 20 Rn 58 ff; *Satzger*, Jura 06, 513; *Schild*, Triffterer-FS, S. 206; *Schünemann*, Lampe-FS, S. 537, 554 ff; krit. *Mitsch*, Küper-FS, S. 347.

48 *Schmidhäuser*, Die actio libera in causa: ein symptomatisches Problem der deutschen Strafrechtswissenschaft, 1992, S. 27 ff; ähnl. *Freund*, GA 2014, 137.

49 Matt/Renzikowski-*Safferling*, § 20 Rn 79; MK-*Streng*, § 20 Rn 128; *ders.*, JZ 00, 20; *ders.*, JuS 01, 540; ähnl. *Frister*, AT, 18. Kap., Rn 18; *Herzberg*, Spendel-FS, S. 203, 207.

50 *Rengier*, AT, § 25 Rn 18 ff; *Roxin*, AT I, § 20 Rn 61; SK-*Wolters*, § 323a Rn 30; anders etwa *Freund*, GA 2014, 137; *Hirsch*, NStZ 97, 230.

51 BGH JR 97, 391.

52 BGH NStZ 99, 448; 00, 584.

53 S. dazu *Deiters*, in: Schneider/Frister (Hrsg), Alkohol und Schuldfähigkeit, 2002, S. 121; *Duttge*, S. 33; *Fahl*, JA 99, 842; *Hardtung*, NZV 97, 97; *Leupold*, Die Tathandlung der reinen Erfolgsdelikte und das Tatbestandsmodell der „actio libera in causa" im Lichte verfassungsrechtlicher Schranken, 2005; *Neumann*, StV 97, 23; *Rönnau*, JA 97, 599 u. 707.

Wegen der aufgezeigten Schwierigkeiten bei der dogmatischen Begründung, insbes. im Hinblick auf Art. 103 II GG, vertritt eine immer stärker werdende Ansicht, dass die Rechtsfigur der actio libera in causa gänzlich abzulehnen sei, sodass es generell bei der Strafbarkeit gem. § 323a verbleiben müsse[54]. **636**

► Beispielsfall bei *Beulke*, Klausurenkurs I Rn 409

Nachvollziehbar wird zum Zwecke einer eindeutigen und dogmatisch unangreifbaren Lösung immer wieder für eine gesetzliche Kodifizierung der alic plädiert[55].

Eine Bestrafung wegen **vorsätzlicher Tatbegehung** unter Annahme einer (vorsätzlichen) actio libera in causa ist nach hM nur möglich, wenn der Täter seinen Defektzustand vorsätzlich (zumindest mit Eventualvorsatz) herbeigeführt hat und sein Vorsatz bereits zu diesem Zeitpunkt auf die Begehung einer (wenigstens ihrer Art nach) **bestimmten Straftat** gerichtet war, zu deren Verwirklichung es sodann im Zustand der Schuldunfähigkeit gekommen ist (sog. **Doppelvorsatz**). Erst die daraus herzuleitende **doppelte Schuldbeziehung** stellt die für ein Schuldstrafrecht unverzichtbare innere Verknüpfung zwischen der actio praecedens und der späteren Tatbestandsverwirklichung her; fehlt es daran, ist lediglich Raum für § 323a. **637**

Wer sich mit dem vorgefassten Entschluss, im Zustand des Vollrausches **irgendeine** Gewalttätigkeit zu begehen, dem Alkoholgenuss hingibt, hat keinen hinreichend bestimmten Vorsatz[56]. Begeht er hiernach einen Raub oder ein Sexualdelikt, ist nur für § 323a Raum. Tatvorsatz und Tatablauf müssen sich auch bei der actio libera in causa in den wesentlichen Grundzügen decken. Ob das der Fall ist, ergibt sich aus einem Vergleich zwischen den Planvorstellungen des Täters und dem späteren Tatgeschehen. Ging der Wille des seine Steuerungsfähigkeit Ausschaltenden dahin, *irgendeine* Frau zu vergewaltigen, so ist er unter Rückgriff auf die Rechtsfigur der actio illicita in causa gem. § 177 II zu bestrafen, wenn er dies im Rausch getan hat[57]. Bei einem **Vorsatzwechsel** nach Eintritt des Defektzustandes greift § 323a ein; das Gleiche gilt bei sonstigen Abweichungen wesentlicher Art zwischen dem ursprünglichen Tatvorsatz und der konkreten Tatgestaltung. **638**

Beispiel: Der Gast G hat es auf die Kellnerin K abgesehen, ehe er sich vorsätzlich in einen Vollrausch versetzt. Während des späteren Überfalls bewirkt deren Bitte, ihr doch nichts anzutun, einen Sinneswandel des G. Er gibt seine sexuellen Absichten auf und entreißt der K lediglich die Handtasche, um sich ihre Tageseinnahme zuzueignen. Hier ist G vom Versuch der Vergewaltigung strafbefreiend zurückgetreten (§ 24 I 1 Alt. 1; vgl Rn 886 ff). Das Berauben der K fällt unter § 323a, da G den Raubvorsatz erst im Zustand der Schuldunfähigkeit gefasst hat. Entgegen BGHSt 21, 381, 384 bewirkt ein error in persona im Zuge der Tatausführung bei der actio libera in causa eine wesentliche Abweichung gegenüber dem im defektfreien Zustand gefassten Vorsatz (und der entsprechenden Vorsatzschuld), da dem Täter der Irrtum bei der Ob-

---

54 AnwK-StGB-*Conen*, § 20 Rn 104; *Hettinger*, Die „actio libera in causa", 1988, S. 436 ff; *ders.*, Schroeder-FS, S. 209; *Kaspar*, Jura 07, 69; *Kindhäuser*, AT, § 23 Rn 20; *Neumann*, Zurechnung und „Vorverschulden", 1985, S. 52; NK-*Paeffgen*, Vor § 323a Rn 29; *Sydow*, Die actio libera in causa nach dem Rechtsprechungswandel des BGH, 2002, S. 225; *Zenker*, Actio libera in causa, 2003, S. 121 und 198; *Zieschang*, AT, Rn 339; für das Unterlassungsdelikt *Baier*, GA 1999, 272; zum Ganzen *Kindhäuser*, LPK, § 20 Rn 14; *Rönnau*, JuS 10, 300 u. *Tofahrn*, AT I, Rn 249 mit Aufbauhinweisen; fallbezogen: *Klesczewski/Hawickhorst*, JA 13, 589, 591; *Oğlakcioğlu*, ZJS 13, 482, 489.

55 Vgl *Ambos*, NJW 97, 2296; *Paeffgen*, in: *Egg/Geisler* (Hrsg), Alkohol, Strafrecht und Kriminalität, 2000, S. 49 ff; *Streng* ebenda, S. 69, insbes. S. 93 ff.

56 Vgl BGH StV 93, 356.

57 BGHSt 21, 381, 383.

jektsindividualisierung (s. dazu Rn 360 ff) **erst nach dem Verlust der Schuldfähigkeit unterläuft**; damit ist die den Schuldvorwurf tragende Verbindung zwischen Tatplan und Tatgestaltung beseitigt[58].

639 Die Herbeiführung des Defekts (das Sichbetrinken usw) bildet noch keinen **Versuch** der geplanten Straftat. Dieser beginnt nach den allgemeinen Regeln erst mit dem unmittelbaren Ansetzen zur tatbestandlichen Ausführungshandlung (wie etwa zur Gewaltanwendung iSd § 177 I Nr 1 oder des § 249), da diese durch die Konstruktion der actio libera in causa nicht „vorverlegt" wird[59].

640 Die vorsätzliche actio libera in causa erfasst also nur die Fälle, in denen der Täter sich mit dem umschriebenen Doppelvorsatz bzgl Berauschung und Tatbegehung in den Defektzustand versetzt und die Tat später vorsätzlich begeht bzw zu begehen versucht[60]. Wenn der Täter den maßgeblichen Defekt vorsätzlich oder fahrlässig herbeiführt und dabei in **fahrlässiger Weise** nicht bedenkt oder nicht damit rechnet, dass er im Zustand der Schuldunfähigkeit eine **bestimmte Straftat** verwirklichen werde und er im Zustand der Schuldunfähigkeit dann diese vorsätzliche oder fahrlässige Straftat begeht, kommt nur eine **fahrlässige** actio libera in causa in Betracht[61].

641 Auch bei der **fahrlässigen** actio libera in causa stellt das Ausnahmemodell für die Tathandlung auf den Zeitpunkt der späteren Tatbegehung ab, wohingegen das Tatbestandsmodell an den Zeitpunkt der Herbeiführung des Defektzustands anknüpft. Allerdings stellt sich die Frage, ob die Konstruktion der actio libera in causa bei Fahrlässigkeitsdelikten nicht überflüssig ist[62]. Es wird behauptet, dass zumindest bei Erfolgsdelikten (anders als bei Tätigkeitsdelikten) immer unschwer an das zeitlich frühere Verhalten (das Versetzen in den Rauschzustand) angeknüpft werden könne[63].

▸ Beispielsfall bei *Beulke*, Klausurenkurs I Rn 409 und 421

IV. Die speziellen Schuldmerkmale

642 Vereinzelt sind in Strafvorschriften neben Unrechtsmerkmalen auch **„spezielle" Schuldmerkmale** enthalten, bei deren Vorliegen die Einstellung des Täters zum Recht mehr oder weniger tadelnswert erscheint. Ihre Eigenart besteht darin, dass sie den Schuldgehalt der Tat nicht lediglich als Reflex des Unrechts bestimmen, sondern **„unmittelbar und ausschließlich"** den in der Tat zum Ausdruck kommenden **Gesinnungsunwert näher charakterisieren**[64]. Systematisch sind sie daher dem Bereich der „Schuld" zuzuordnen.

58 Zutr. *Kindhäuser*, LPK, § 20 Rn 32; S/S-*Perron/Weißer*, § 20 Rn 37; SK-*Rudolphi*, § 20 Rn 31; aA MK-*Streng*, § 20 Rn 144.

59 So u. a. *Jescheck/Weigend*, AT, § 40 VI 2; anders *Jakobs*, AT, 17/68; diff. *Freund*, GA 2014, 137, 149 ff; LK-*Hillenkamp*, § 22 Rn 166.

60 Vgl BGH NStZ 02, 28.

61 Vgl *Hruschka*, JZ 97, 22; abl. *Hettinger*, GA 1989, 1.

62 Vgl auch *Hoffmann-Holland*, AT, Rn 386; *Krey/Esser*, AT, Rn 713; *Otto*, BGH-Wiss-FS, S. 111, 126; OLG Nürnberg NStZ-RR 06, 248.

63 So BGHSt 42, 235, 237; *Hilgendorf/Valerius*, AT, § 6 Rn 25; *Rengier*, AT, § 25 Rn 27.

64 *Jescheck/Weigend*, AT, § 42 I; *Kelker*, Zur Legitimität von Gesinnungsmerkmalen im Strafrecht, 2007.

So sind beim Mord die **„niedrigen Beweggründe“** (§ 211 II 1. Gruppe) **echte Schuldmerkmale**, weil sie ausschließlich und nicht lediglich als Reflex des Unrechts die verwerfliche, auf tiefster Stufe stehende **Gesinnung** des Täters kennzeichnen (vgl unten Rn 799 zur abweichenden hM; zum Aufbau in der Klausur Rn 1190)[65]. Reine Schuldgesinnungsmerkmale sind ferner **„Böswilligkeit“** (§§ 90a I Nr 1, 130 I Nr 2, II, 225) und **„Rücksichtslosigkeit“** (§ 315c I Nr 2)[66].

Im Gegensatz dazu gehören die Mordmerkmale „heimtückisch“ und „grausam“ (§ 211 II 2. Gruppe) zum **Handlungsunrecht**, weil sie in erster Linie die Verwerflichkeit der **Begehungsweise** betreffen und nur mittelbar Rückschlüsse auf die Gesinnung des Täters zulassen. Ähnlich liegt es bei der „Rohheit“ des Misshandelns in § 225, wo die gefühllose Gesinnung des Täters sich in **Art und Schwere des körperlichen Eingriffs** äußern muss[67].

Für „spezielle“ Schuldmerkmale gilt im **Teilnahmebereich** der Grundsatz, dass jeder **643** Tatbeteiligte ohne Rücksicht auf die Schuld des anderen **allein nach seiner Schuld** bestraft wird (§ 29).

Besonderheiten gelten ferner im **Irrtumsbereich:** Bei den **objektiv gefassten** **644** **Schuldmerkmalen**, die nur als Schuldminderungsgründe auftreten, braucht der Täter sich ihres Vorliegens lediglich **bewusst gewesen** zu sein; ihre motivierende Wirkung für die Willensbildung wird dann unwiderleglich vermutet. Demnach ist bei der irrigen Annahme eines in Wirklichkeit fehlenden Privilegierungsgrundes allein auf die **Vorstellung** des Täters abzustellen. Bei den **subjektiv gefassten Schuldmerkmalen** (zB Tötung auf Verlangen, § 216) genügt es dagegen nicht, dass der Täter sich den betreffenden Umstand vorgestellt hat, vielmehr muss dieser für die Willensbildung **tatsächlich motivierend** gewesen sein. Im Übrigen ist für den Irrtum aber auch hier auf die Tätervorstellung abzustellen:

Geht zB der Täter irrtümlich davon aus, dass das todkranke Opfer ihn um den Gnadentod durch Gift gebeten habe, so ist bei entsprechender Motivation die Tötungshandlung nur gem. § 216 zu bestrafen. Das ergibt sich nach herrschender Ansicht, die das ernstliche Tötungsverlangen als Tatbestandsmerkmal einstuft, aus § 16 II[68], folgt aber nach hiesiger Auslegung schon aus dem **schuldbezogenen Charakter** des § 216.

Im umgekehrten Fall (Verlangen liegt vor, Täter weiß davon aber nichts) fehlen sowohl die Kenntnis des privilegierenden Umstands als auch die erforderliche Motivation. Der Täter ist entsprechend seiner Vorstellung aus dem allgemeinen Tötungstatbestand (§ 212, ggf § 211) zu bestrafen.

V. Die Schuldform

Von den „speziellen“ Schuldmerkmalen abgesehen wird der **Schuldgehalt** einer **645** Straftat stets durch ihren **Unrechtsgehalt** mitbestimmt, da jede Steigerung oder Minderung des Unrechts mittelbar die Schwere des Schuldvorwurfs beeinflusst.

65 S/S-*Eisele*, Vor § 13 Rn 122; diff. *Klesczewski*, Uni-Leipzig-FS, S. 490; zu den aus der Einordnung unter § 29 folgenden Aufbaufragen *Wessels/Hettinger*, BT/1, Rn 135 u. zu Irrtumsfragen *Grunst*, Jura 02, 252.

66 Krit. NK-*Puppe*, § 29 Rn 21 ff.

67 Vgl BGHSt 25, 277.

68 BGH NStZ 12, 85 m. Anm. *Hecker*, JuS 12, 365; s. a. *Gierhake*, GA 2012, 291.

So wie „Unrecht“ und „Schuld“ einander entsprechen, besteht eine Wechselbeziehung zwischen der **Verhaltensform** und der **Schuldform** des strafbaren Geschehens. Die vorsätzliche oder fahrlässige Verwirklichung des Unrechtstatbestandes bildet als **Verhaltensform** das Korrelat für die von Vorwerfbarkeitserwägungen geprägte Schuldform; der vorsätzlichen oder fahrlässigen Begehungsweise entspricht die Schuldform der Vorsatz- oder Fahrlässigkeitsschuld.

Aufgrund seiner Doppelfunktion (s. Rn 200) ist der „Vorsatz“ im Schuldbereich Träger des in der Tat aktualisierten **Gesinnungsunwertes**[69]. Charakteristisch für ihn als Schuldform ist die **rechtsfeindliche** oder **gleichgültige Einstellung des Täters** gegenüber den Verhaltensnormen des Rechts.

Kennzeichnend für die **Fahrlässigkeitsschuld** ist dagegen die **nachlässige** oder **sorglose** Einstellung des Täters gegenüber den Sorgfaltsanforderungen der Rechtsordnung (vgl Rn 974).

646 Der Tatbestandsvorsatz als **Verhaltensform** und **subjektives Unrechtselement** liefert für den ihm entsprechenden Schuldtypus der vorsätzlich-fehlerhaften Einstellung zur Rechtsordnung (Vorsatzschuld) nur ein widerlegbares „Indiz“: Wie die Verwirklichung des Tatbestandes für die endgültige Bewertung der Tat als „Unrecht“ ein Indiz bildet, das beim Eingreifen eines Rechtfertigungsgrundes entfällt (s. Rn 179), wird die „Vorsatzschuld“ durch den Tatbestandsvorsatz lediglich „indiziert“. Dieses Indiz wird hinfällig, wenn der Täter bei Vornahme der Handlung die **tatsächlichen Voraussetzungen eines anerkannten Rechtfertigungsgrundes irrig annimmt**, dh eine Sachlage für gegeben hält, die im Falle ihres wirklichen Vorliegens sein Verhalten rechtfertigen würde (sog. Erlaubnistatbestandsirrtum). In einem solchen Fall ist die vorsätzliche Tatbestandsverwirklichung nicht Ausdruck der ihr im Regelfall entsprechenden schuldtypischen Gesinnung, dh eines Abfalls von den Wertvorstellungen des Gesetzgebers, sodass (wie bei § 16 I) nur für einen **Fahrlässigkeitsschuldvorwurf** Raum bleibt (näher Rn 697 ff).

VI. Das Unrechtsbewusstsein

647 Wer wissentlich und willentlich einen Unrechtstatbestand verwirklicht, ohne eine die Tat rechtfertigende Sachlage anzunehmen, weiß als Schuldfähiger regelmäßig, dass er Unrecht tut. Dieses **Unrechtsbewusstsein** bildet neben der Schuldform des Verhaltens ein selbstständiges Schuldelement[70]. Wo keine besonderen Anhaltspunkte auf sein Fehlen hindeuten, wird das Vorhandensein des Unrechtsbewusstseins vermutet.

648 **Inhalt des Unrechtsbewusstseins** ist nicht die Kenntnis der Strafvorschrift oder der „Strafbarkeit“ der Tat, sondern die Einsicht des Täters, dass sein Verhalten **rechtlich verboten** ist[71]. Das Unrechtsbewusstsein muss **tatbestandsbezogen** sein, also den

69 Krit. *Hirsch*, Otto-FS, S. 307.

70 BGHSt GrS 2, 194.

71 BGH NStZ 11, 336 m. Bespr. *Sinn*, ZJS 11, 402; s. a. *Küper*, JZ 89, 617, 621; *Neumann*, JuS 93, 793; *Safferling*, Vorsatz und Schuld, 2008.

spezifischen Unrechtsgehalt der in Betracht kommenden Deliktsart erfassen[72]; bei tateinheitlicher Verwirklichung **mehrerer** Straftatbestände ist es somit **teilbar**[73].

In der Regel wird dem Täter das Unrecht einer vorsätzlichen Tat klar vor Augen stehen (**aktuelles** Unrechtsbewusstsein)[74]. Nach hM genügt es aber auch, dass er bei dem ihm zumutbaren Einsatz seiner Erkenntniskräfte und Wertvorstellungen die **Einsicht in das Unrecht der Tat gewinnen konnte** (**potenzielles** Unrechtsbewusstsein)[75]. **649**

Fehlt dem Täter bei Begehung der Tat infolge eines **unvermeidbaren Verbotsirrtums** die Einsicht, Unrecht zu tun, so handelt er ohne Schuld (§ 17; vgl Rn 691 ff); dies gilt für Vorsatz- wie für Fahrlässigkeitstaten (vgl Rn 974). **650**

Im **Fall 13** ist von der Schuldfähigkeit des K auszugehen. Da auch keine konkreten Umstände ersichtlich sind, die auf das **Fehlen des Unrechtsbewusstseins** hindeuten könnten[76], ist im Bereich der „Vorwerfbarkeit" seines Verhaltens nur noch das Eingreifen von **Entschuldigungsgründen** zu prüfen. **651**

VII. Die Entschuldigungsgründe

Innerhalb derjenigen Umstände, die den Schuldvorwurf entfallen lassen, ist zwischen „Schuldausschließungs-" und „Entschuldigungsgründen" zu unterscheiden. **Schuldausschließungsgründe** sind die **Schuldunfähigkeit** und der **unvermeidbare Verbotsirrtum**; bei ihrem Vorliegen fehlt es an einer Schuldvoraussetzung bzw an einem schuldbegründenden Merkmal. Die **Entschuldigungsgründe** bewirken dagegen nur eine so starke Herabsetzung des Unrechts- und Schuldgehalts der Tat, dass die untere Grenze der Strafwürdigkeit nicht mehr erreicht wird und der Gesetzgeber in Anbetracht der außergewöhnlichen Motivationslage auf die Erhebung eines Schuldvorwurfs verzichtet, also Nachsicht übt. **652**

Unterschieden werden besonders folgende Entschuldigungsgründe:

1. **Entschuldigender Notstand** (§ 35)
2. **Notwehrüberschreitung** (§ 33)
3. Handeln aufgrund einer **für verbindlich gehaltenen rechtswidrigen dienstlichen Anordnung/eines Befehls** (u. a. §§ 63 II 3 BBG, 36 II 3 BeamtStG, 5 I WStG, 3 VStGB)
4. **Entschuldigende Pflichtenkollision**

Die Entschuldigungsgründe werden vielfach auf den Grundgedanken der **Unzumutbarkeit normgemäßen Verhaltens** zurückgeführt. Inzwischen hat die Auffassung an Boden gewon- **653**

72 BGHSt 42, 123.
73 BGHSt 10, 35.
74 BGHSt 15, 377.
75 BGHSt 21, 18, 20.
76 Vgl BGHSt 5, 111.

nen, dass die Entschuldigungsgründe sich **unrechts- und schuldmindernd** auswirken. So wird zB bei einer Notstandshandlung der Erfolgsunwert der Tat um den **Wert des vom Täter geschützten Gutes** und der Verhaltensunwert durch den **Rettungszweck des Handelns** herabgesetzt. Aber auch der Schuldgehalt der Tat ist erheblich geringer als unter normalen Umständen, weil sich der Täter einem außergewöhnlichen Motivationsdruck ausgesetzt sieht, der ihm die Befolgung der Sollensnormen der Rechtsordnung unmöglich macht oder sehr erschwert. Grund zur „Entschuldigung" bietet hier die Erwägung, dass die Tat nicht in dem Maße Ausdruck einer rechtsfeindlichen, tadelnswerten Gesinnung ist, wie dies ohne die Konfliktlage der Fall wäre[77].

Anhand dieser Betrachtungsweise wird auch verständlich, warum der Schuldvorwurf trotz des Notstandes gegenüber solchen Personen bestehen bleibt, die zum **Ertragen von Lebens- und Leibesgefahren rechtlich verpflichtet** sind, wie etwa Polizeibeamte, Soldaten, Seeleute, Angehörige der Feuerwehr oder des Bergrettungsdienstes usw (vgl § 35 I 2)[78]. Die **sozialethische Pflichtbindung**, auf deren Bewährung die Rechtsgemeinschaft gerade in den pflichttypischen Gefahrenlagen vertraut, steht in diesen Fällen einer Minderung des Unrechts- und Schuldgehalts entgegen.

1. Der entschuldigende Notstand

654 a) Der **entschuldigende Notstand** (§ 35 I) setzt eine bestimmte **Notlage** voraus, und zwar eine gegenwärtige, nicht anders abwendbare **Gefahr für Leben, Leib oder Freiheit** des Täters selbst, eines Angehörigen iSd § 11 I Nr 1 oder einer anderen ihm „nahe stehenden Person" (Freund, Lebensgefährte usw).

655 Die **Unterschiede** zwischen dem **rechtfertigenden** Notstand (§ 34) und dem **entschuldigenden** Notstand (§ 35) sind erheblich (s. die Übersicht bei Rn 1142). Sie betreffen nicht nur die gesetzlichen Voraussetzungen (vgl das Erfordernis des „wesentlichen Überwiegens" in § 34 sowie die Beschränkung des § 35 I auf bestimmte notstandsfähige Rechtsgüter und auf dem Täter „nahe stehende Personen" beim Eingreifen zugunsten Dritter); sie zeigen sich außerdem im Teilnahme-, Notwehr- und Irrtumsbereich: Im Fall des § 34 handelt der Notstandstäter nicht rechtswidrig, sondern rechtmäßig; Notwehr gegen sein Verhalten scheidet daher ebenso aus wie die Möglichkeit einer strafbaren Teilnahme durch andere. Demgegenüber geht § 35 als bloßer **Entschuldigungsgrund** vom Vorliegen einer **rechtswidrigen Tat** seitens des Notstandstäters aus, die gem. §§ 26, 27 teilnahmefähig ist[79] und dem von ihr Betroffenen das Recht zur Notwehr lässt, soweit diese im Einzelfall *geboten* erscheint (s. Rn 508). Nimmt der Täter irrig Umstände an, die seine Tat nach § 34 rechtfertigen würden, falls sie wirklich vorlägen, ist § 16 I zu seinen Gunsten sinngemäß anzuwenden (zum Erlaubnistatbestandsirrtum vgl Rn 697 ff); hält er dagegen die in § 35 I genannten Umstände für gegeben, während sie in Wirklichkeit fehlen, greift lediglich § 35 II ein.

656 Das in § 35 I genannte Rechtsgut der „Freiheit" betrifft nur die Fortbewegungsfreiheit iSd § 239, nicht die allgemeine Handlungsfreiheit iSd § 240[80].

---

77 Näher *Bosch*, JA 15, 347; *Hörnle*, JuS 09, 847; *Jescheck/Weigend*, AT, § 43 III; *Kühl u.a.*, Einführung § 36 Rn 17; NK-*Neumann*, § 35 Rn 30; *Roxin*, AT I, § 22 Rn 4; *ders.*, ZStW 96 [1984], 641, 655 u. JA 90, 97, 137.

78 RGSt 72, 246 m. Bespr. *Fahl*, JA 13, 274 u. *Puppe*, AT, § 17 Rn 1 ff; BGH NJW 64, 730; s. a. *Esser/Bettendorf*, NStZ 12, 233; *Fahl*, JA 12, 161.

79 Einschränkend hierzu *Jäger*, Beulke-FS, S. 127.

80 Vgl S/S-*Perron*, § 35 Rn 8; für die Einbeziehung der Freiheit der sexuellen Selbstbestimmung: Matt/Renzikowski-*Engländer*, § 35 Rn 5; dagegen: LK-*Zieschang*, § 35 Rn 12.

Zum **Gefahrbegriff** gilt das zu § 34 Gesagte sinngemäß (s. Rn 451 ff)[81]. Welchen Ursprung die Gefahr hat, ist gleichgültig; in Betracht kommen zB Naturereignisse, gefährliche Zustände von Sachen sowie von Menschen ausgehende Gefahren. 657

b) Vorausgesetzt wird weiter, dass die den Notstand begründende Gefahr **nicht anders abwendbar** ist. Die **Notstandshandlung** muss als *ultima ratio* den einzigen und letzten Ausweg aus der Notlage bilden; sie muss also zur Abwendung der Gefahr objektiv geeignet und erforderlich sein. 658

In **subjektiver** Hinsicht setzt § 35 I voraus, dass der Täter in Kenntnis der Gefahrenlage und zum Zwecke der Gefahrabwendung, also mit **Rettungswillen** tätig wird (s. Rn 401 ff).

Lässt sich die Gefahr nicht anders als durch einen Verstoß gegen Strafrechtsnormen abwenden, ist vom Täter das **relativ mildeste Mittel** zu wählen. Außerdem ist stets der **Grundsatz der Verhältnismäßigkeit** zu beachten; der angerichtete Schaden darf nicht in einem offensichtlichen Missverhältnis zur Schwere der Gefahr stehen. Wer zur Abwendung einer nur geringfügigen Leibesgefahr oder Freiheitsbeeinträchtigung einen Unbeteiligten schwer verletzt oder gar tötet, ist nicht entschuldigt[82]. Je gravierender die mit der Rettungshandlung verbundene Rechtsgutsverletzung ist, desto sorgfältiger muss der Täter die Möglichkeiten eines anderen Auswegs prüfen[83]. Die Prüfung, ob die in Rede stehende Gefahr nicht auch auf andere Weise abwendbar ist, wird also bereits durch Zumutbarkeitserwägungen mitgeprägt[84]. 659

In Extremfällen ist auch die Tötung eines anderen Menschen entschuldigt, so zB wenn ein Schiffbrüchiger den anderen von der rettenden Planke stößt, die nur einen trägt (*Brett des Karneades/Mignonette-Fall*; s. Rn 464)[85].

Nach diesen Grundsätzen sind auch die *„Familientyrannen-Fälle“* zu lösen, also die Tötung eines äußerst brutalen Familienmitgliedes, dessen immer wiederkehrende extreme Gewalttätigkeit für die anderen Familienmitglieder eine Dauergefahr darstellt. In der Regel steht in einer solchen Situation vielfältige staatliche und karitative Hilfe zur Verfügung. Wenn jedoch deren Inanspruchnahme ausnahmsweise keine Gewähr für eine effektive Gefahrenabwehr bietet, kann die Tötung entschuldigt sein. Bei einer Ablehnung der Entschuldigung ist wiederum zu prüfen, ob der Täter irrig von dem Vorliegen der sachlichen Voraussetzungen eines entschuldigenden Notstandes ausgegangen ist, sodass ein Irrtum gem. § 35 II in Betracht kommt (vgl Rn 688, 718)[86].

c) Nach der Ausnahmeregelung des § 35 I 2 entfällt der Schuldvorwurf nicht, wenn dem Täter den Umständen nach **zugemutet** werden konnte, **die Gefahr hinzunehmen**. Dies gilt namentlich, aber nicht schlechthin zwingend dann, wenn der Täter die **Gefahr** (die Notstandslage iSd § 35 I 1) **selbst verursacht** hatte oder in einem **besonderen Rechtsverhältnis** mit erhöhten Gefahrtragungspflichten stand, wie etwa als Soldat, Polizeibeamter, Feuerwehrmann usw (vgl dazu § 6 WStG). 660

---

81 Näher RGSt 60, 318; 66, 222; BGHSt 5, 371; teils strenger Matt/Renzikowski-*Engländer*, § 35 Rn 4.

82 RGSt 66, 397.

83 BGHSt 18, 311; BGH NStZ 92, 487.

84 Ebenso *Kühl*, AT, § 12 Rn 50 f; abl. *Bernsmann*, „Entschuldigung“ durch Notstand, 1989, S. 73, 107; LK-*Zieschang*, § 35 Rn 46.

85 Vert. *Koriath*, JA 98, 250; *Renzikowski*, JbRE 11 (2003), 269; *Ziemann*, ZIS 14, 479.

86 Zum Teil enger BGHSt 48, 255, 257 *(Familientyrann II)*; wie hier: *Haverkamp*, GA 2006, 586; *Hillenkamp*, JZ 04, 48; *Rotsch*, JuS 05, 12; krit.: *Otto*, NStZ 04, 142; *Rengier*, NStZ 04, 233.

661 Die Gefahr muss nicht schuldhaft verursacht worden sein[87], doch wird man nach der *ratio legis* zumindest ein **objektiv pflichtwidriges** Vorverhalten fordern müssen[88]. Im Schrifttum wird zT darauf abgestellt, ob der Täter „obliegenheitswidrig" gehandelt hat, dh sich ohne zureichenden Grund in eine Gefahr begeben hat, die voraussehbarerweise zu einer Notstandslage führen konnte[89]. Bei Notstandshandlungen zur Rettung von **Angehörigen** oder **Nahestehenden** stellt das Gesetz in § 35 I 2 nicht auf deren Vorverhalten, sondern auf die Gefahrverursachung durch den **Täter** ab. Bei strenger Auslegung kann es deshalb allein auf sein Vorverhalten ankommen[90]. Letztlich entscheidend ist hier aber die übergeordnete Frage, ob es dem Täter **gerade wegen der in § 35 I 2 erwähnten Besonderheiten** zuzumuten war, die **Gefahr hinzunehmen** und den Notstand zu bestehen. Bei eigener Gefahrverursachung ist das bzgl einer **ihm selbst** drohenden Gefahr eher zu bejahen als dort, wo die Rettungshandlung zugunsten eines **gefährdeten Angehörigen** erfolgt. Zu dessen Rettung wird der Täter sich nämlich besonders gedrängt fühlen, wenn **er selbst** für den Eintritt der Gefahrenlage verantwortlich ist[91]. Ist der in Not geratene **Angehörige** für die Gefahrverursachung **verantwortlich**, so wird es dem ihm nahe stehenden Retter trotz dieses Vorverhaltens des anderen in der Regel ebenfalls nicht zumutbar sein, zugunsten eines Dritten von der Rettung Abstand zu nehmen[92].

▸ Beispielsfall bei *Beulke*, Klausurenkurs I Rn 132

In einem Fall der **Tötung eines Grenzpolizisten an der Berliner Mauer** zur Ermöglichung einer Flucht aus der DDR bejaht der BGH aufgrund „sonstiger Zumutbarkeitserwägungen" eine besondere Gefahrtragungspflicht iSv § 35 I 2: Trotz des Risikos einer nach der Grenzkontrolle zu erwartenden Freiheitsentziehung sei für den Fluchtwilligen eine Entschuldigung gem. § 35 I 1 ausgeschlossen (zur Notwehr in diesem Fall s. Rn 524)[93].

662 Da § 35 I die Tat nur **entschuldigt**, bleibt die Notstandshandlung **rechtswidrig**; gegen sie ist daher Notwehr (§ 32) zulässig.

663 d) Der früher in § 52 aF besonders geregelte **Nötigungsnotstand** (s. dazu Rn 462) wird jetzt durch § 35 mit erfasst.

Ein Nötigungsnotstand liegt vor, wenn der Täter zugleich Opfer einer Nötigung (§ 240) ist, dh durch Gewalt oder Drohung mit einer gegenwärtigen, nicht anders abwendbaren Gefahr für Leben, Leib oder Freiheit seiner selbst, eines Angehörigen oder einer ihm nahe stehenden Person zu einer rechtswidrigen Tat genötigt wird. Ob in Fällen dieser Art für eine **Rechtfertigung** des abgenötigten Verhaltens nach § 34 Raum bleibt, wenn es gemessen an dem vom Nötigenden angedrohten Übel nur zu einer relativ geringfügigen Rechtsgutsverletzung führt, ist umstritten[94].

---

87 Anders § 54 aF sowie *Ebert*, AT, S. 108; S/S-*Perron*, § 35 Rn 20; SK-*Rogall*, § 35 Rn 33.

88 Näher LK-*Zieschang*, § 35 Rn 49 ff.

89 Matt/Renzikowski-*Engländer*, § 35 Rn 9; NK-*Neumann*, § 35 Rn 35 f; S/S/W-StGB-*Rosenau*, § 35 Rn 14; vert. hierzu *Beck*, ZStW 124 [2012], S. 660, 680 ff.

90 So *Maurach/Zipf*, AT/1, § 34 Rn 6.

91 Ebenso *Jescheck/Weigend*, AT, § 44 III 2 a; *Roxin*, JA 90, 137, 140; aA SK-*Rogall*, § 35 Rn 35.

92 *Kindhäuser*, AT, § 24 Rn 15; BK-*Momsen*, § 35 Rn 33. 3; aA *Bosch*, JA 15, 347, 354; *Kudlich*, PdW, S. 105; LK-*Zieschang*, § 35 Rn 65.

93 BGH JR 01, 467 m. insoweit zutr. krit. Anm. *Renzikowski*.

94 Bejahend *Brand/Lenk*, JuS 13, 883, 884 f; Matt/Renzikowski-*Engländer*, § 34 Rn 41; *Freund*, AT, § 4 Rn 51; *Frister*, AT, 17. Kap., Rn 20; SK-*Günther*, § 34 Rn 48 f; *Küper*, Nötigungsnotstand, S. 47 ff, 75; *Pawlik*, Notstand, S. 303; *Renzikowski*, Notstand und Notwehr, 1994, S. 65; LK-*Zieschang*, § 34 Rn 69a.

Beispiel: A zwingt B mit vorgehaltener Pistole unter Androhung des Erschießens, das Fenster des C einzuwerfen. Da das Leben unter den Rechtsgütern den höchsten Rang einnimmt und es bei § 34 (bzw § 904 BGB) bedeutungslos ist, ob die Gefahr von Naturgewalten oder von Menschen herrührt, scheint hier alles dafür zu sprechen, die Steinwürfe des B als gerechtfertigt anzusehen. C dürfte dann gegen ihn keine Notwehr üben. B wäre ein **rechtmäßig** handelndes Werkzeug des rechtswidrig handelnden A, der als mittelbarer Täter für die dem C zugefügte Sachbeschädigung verantwortlich ist (vgl dazu Rn 775). Gegen eine solche Lösung, die dem B das **Notwehrrisiko** abnimmt und den C ins Unrecht setzt, wenn er sich gleichwohl gegen B verteidigt, bestehen jedoch grundsätzliche Bedenken, weil **B auf die Seite des Unrechts tritt**, wenn er sich dem Druck beugt und sich zum „verlängerten Arm" des A machen lässt. Der Umstand, dass A die Fensterscheibe des C nicht eigenhändig zerstört, sondern sich dazu eines gefügig gemachten menschlichen Werkzeugs bedient, darf nicht dazu führen, dass die Rechtsposition des C ausgehöhlt wird. Das Vertrauen in die Geltungskraft der Rechtsordnung würde zutiefst erschüttert, wenn dem Angegriffenen (C) **Abwehrrechte** gegen den Genötigten (B) **vollständig versagt** blieben und er auf seine (zumeist wenig effektive) Verteidigungsbefugnis gegenüber dem Nötigenden (A) verwiesen würde. Hinzu kommt, dass es bei § 34 nicht allein um den Rang der kollidierenden Rechtsgüter, sondern vornehmlich darum geht, wessen Interessen im Rahmen der Gesamtabwägung schutzwürdiger sind und ob die Tat ein **angemessenes Mittel** zur Bereinigung des Konflikts ist. Trotz des auf ihm lastenden Drucks erscheint das, was B tut, aber nicht als das rechte Mittel zum rechten Zweck, sodass es angemessen sein dürfte, das Notwehrrecht des C gegen ihn nicht ganz auszuschließen, sondern lediglich so einzuschränken, wie es die Regeln über die sozialethischen Grenzen der Notwehr gegenüber einem ersichtlich schuldlos Handelnden vorsehen (s. Rn 512, 518).

In Übereinstimmung mit der früheren gesetzlichen Regelung (§ 52 aF) und der ihr zugrunde liegenden gesetzgeberischen Wertung ist daher daran festzuhalten, dass ein **Nötigungsnotstand** das Verhalten des Genötigten nicht rechtfertigt, sondern **nur entschuldigt**[95].

Im **Fall 13** schuf die Drohung der Skinheadbande für K eine „gegenwärtige" Leibesgefahr nicht unerheblicher Art, und zwar in Form der **Dauergefahr**. Ob die Skinheadbande die Drohung verwirklichen wollte, ist belanglos; es genügt, dass diese den Eindruck der Ernsthaftigkeit erwecken sollte und von K ernst genommen wurde. Die Gefahr war auch nicht anders abwendbar, da die Skinheads ausdrücklich nicht nur eine Aussageverweigerung (zu den dann entstehenden Problemen vgl *Wessels*, H. Mayer-FS, S. 587) gefordert haben, sondern eindeutig eine „für sie günstige Aussage". Auch staatlicher Schutz, zB nach Offenbarung des Sachverhalts vor Gericht, wäre nicht ausreichend, weil er die Dauergefahr zumindest im vorliegenden Fall nicht dauerhaft beseitigt hätte[96]. Demnach kommt dem K der **Entschuldigungsgrund** des § 35 I 1 in Form des sog. **Nötigungsnotstandes** zugute. **664**

Versagungsgründe iSd § 35 I 2 sind nicht ersichtlich. Insbes. war es dem K trotz des „besonderen Rechtsverhältnisses", in welchem er sich als Zeuge befand, nicht zuzumuten, eine schwere körperliche Misshandlung hinzunehmen[97].

Würde man den Ausgangsfall dahin abwandeln, dass die Skinheads mit der bloßen Verweigerung des Zeugnisses zufrieden gewesen wären, dass K dies jedoch nicht erkannt hätte, so

95 Ebenso *Hassemer*, Lenckner-FS, S. 115; *Hilgendorf/Valerius*, AT, § 6 Rn 51; *Jäger*, AT, Rn 161; *F. Meyer*, GA 2004, 356, 368; S/S-*Perron*, § 34 Rn 41b; krit. MK-*Müssig*, § 35 Rn 21; diff. *Baumann/Weber/Mitsch*, AT, § 17 Rn 81; *Bünemann/Hömpler*, Jura 10, 184 (§ 35 analog); BK-*Momsen*, § 34 Rn 17; *Rengier*, AT, § 19 Rn 54; *Roxin*, AT I, § 16 Rn 69; LK-*Zieschang*, § 35 Rn 25; fallbezogen: *Swoboda*, Jura 07, 224; weiterführend zur Strafbarkeit des Erpressungsopfers *Arzt*, JZ 01, 1052.

96 Vgl RGSt 66, 222, 226.

97 Vgl RGSt 66, 397.

hätte K irrig einen entschuldigenden Umstand für gegeben gehalten (Irrtum über die anderweitige Abwendbarkeit der Gefahr). Ein solcher **Irrtum** kann, wenn er **unvermeidbar** war, nach § 35 II entschuldigend wirken[98].

665 e) **Zusammenfassend** sind also folgende **Voraussetzungen des entschuldigenden Notstandes** gem. § 35 zu unterscheiden:

(1) Objektive Merkmale
- (a) Notstandslage
  - Gefahr für Leben, Leib oder Freiheit
  - Gegenwärtigkeit der Gefahr
  - persönliche Nähebeziehung
- (b) Notstandshandlung
  - Rettung eines Rechtsguts durch Aufopferung eines anderen Rechtsguts
    - Geeignetheit
    - Erforderlichkeit („nicht anders abwendbar"; relativ mildestes Mittel)
    - Verhältnismäßigkeit (kein offensichtliches Missverhältnis)
- (c) keine Zumutbarkeit iSd § 35 I 2, dh keine Gefahrtragungspflicht wegen
  - objektiv pflichtwidriger Herbeiführung der Notstandslage
  - eines besonderen Rechtsverhältnisses
  - sonstiger Zumutbarkeitserwägungen

(2) Subjektiv: Rettungswille

2. Die Notwehrüberschreitung

666 Als Entschuldigungsgrund wird von der hM auch die **Notwehrüberschreitung** iSd § 33 anerkannt[99]. Im Einzelnen ist hier aber vieles umstritten. So ist zB unklar, ob eine Entschuldigung nach Maßgabe dieser Norm möglich ist, wenn der Täter ohne den im Rahmen des § 32 überwiegend zu Recht geforderten (vgl Rn 401 ff) **Verteidigungswillen** gehandelt hat[100]. Ungeachtet dessen sind folgende Konstellationen zu unterscheiden:

667 a) Verteidigt der Angegriffene sich im Rahmen der Notwehr intensiver als „erforderlich" (sog. **intensiver Notwehrexzess**), so handelt er widerrechtlich[101]. Sein Verhalten ist jedoch nach § 33 entschuldigt, wenn er die Grenzen der Notwehr **aus Verwirrung, Furcht oder Schrecken** (sog. asthenische Affekte) **unbewusst oder bewusst** überschritten hat[102]. Dabei genügt es, dass die in § 33 genannten Affekte – neben anderen gefühlsmäßigen Regungen – mitursächlich für die Notwehrüberschreitung waren[103].

98 Vgl OLG Hamm NJW 58, 271 sowie Rn 718.

99 Vgl BGHSt 3, 194, 198; BGH NJW 95, 973; s. a. *A. H. Albrecht*, GA 2013, 369, 370 ff; *Geppert*, Jura 07, 33, 38.

100 In diesem Sinne *Jäger*, JA 13, 708, 710; anders zu Recht BGH NJW 13, 2133, 2134; *Engländer*, HRRS 13, 389, 392; LK-*Zieschang*, § 33 Rn 48.

101 RGSt 66, 288.

102 S. dazu BGHSt 39, 133 m. Anm. *Roxin*, NStZ 93, 335; BGH NStZ 89, 474 m. insoweit zust. Anm. *Beulke*, JR 90, 381; BGH StV 06, 688; *Theile*, JuS 06, 965; krit. S/S-*Perron*, § 33 Rn 6 (nur unbewusster Exzess erfasst).

103 BGH NStZ 01, 591 m. Anm. *Otto*; BGH NJW 13, 2133, 2136.

Der Grund für diese Regelung liegt darin, dass das **Opfer eines widerrechtlichen Angriffs** in besonderem Maße Nachsicht verdient, weil der **Unrechtsgehalt** seiner Tat durch den Verteidigungszweck des Handelns erheblich vermindert ist und ihr **Schuldgehalt** unter den Voraussetzungen des § 33 die unterste Grenze der Strafwürdigkeit nicht erreicht.

Problematisch ist die Anwendung des § 33 in Fällen der **Notwehrprovokation** (s. Rn 521). **668**
Steht – wie in den Fällen der **Absichtsprovokation** – dem Provozierenden von vornherein kein Notwehrrecht zu, das überschritten werden könnte, so kann § 33 nicht eingreifen. Bei **sonst in vorwerfbarer Weise herbeigeführter Notwehrsituation** erfährt die Intensität der zulässigen Verteidigungshandlung im Rahmen der Gebotenheit Einschränkungen. Verteidigt sich der Angegriffene aufgrund asthenischer Affekte intensiver als „geboten", so verbleibt es gleichwohl dem Grundsatz nach bei einem Notwehrrecht, sodass der Anwendbarkeit des § 33 nichts im Wege steht[104]. Der BGH sieht dies im Prinzip zwar ebenso, verneint aber die Anwendbarkeit des § 33 ohne überzeugende Begründung wiederum dann, wenn sich der Täter planmäßig in eine tätliche Auseinandersetzung mit seinem Gegner eingelassen hat[105]. Gegen diese Vorgehensweise spricht insbes., dass beim entschuldigenden Notstand eine Entschuldigung gerade für den Fall, dass der Täter die Gefahr selbst verursacht hat, von Gesetzes wegen ausgeschlossen ist (§ 35 I 2), während eine solche Einschränkung bei § 33 fehlt[106].

▸ Beispielsfall bei *Beulke*, Klausurenkurs I Rn 400

b) Fehlt es an der Gegenwärtigkeit des Angriffs und setzt der zu seiner Verteidigung **669**
Entschlossene sich darüber in Kenntnis dieser Situation hinweg (sog. **extensiver Notwehrexzess**), ist strittig, ob § 33 zur Anwendung gelangt. Die hM verneint dies[107]. Nach richtiger Ansicht ist hingegen wie folgt zu differenzieren:

Hat der Angriff noch nicht begonnen (**vorzeitiger** extensiver Notwehrexzess), greift § 33 überhaupt nicht ein, weil die Privilegierung des Täters nur aufgrund der mit einer gerechtfertigten Notwehrhandlung einhergehenden Verwirrung usw gewährt wird. Wer vorher zur Gegenwehr ansetzt, „überschreitet" nicht die „Grenzen der Notwehr"[108].

Ist hingegen die zunächst gerechtfertigte Gegenwehr nunmehr rechtswidrig, da der Angriff bereits abgeschlossen ist, entspricht die psychische Situation der des intensiven Notwehrexzesses, und auch der Wortlaut des § 33 steht nunmehr einer Anwendbarkeit auf diese Fallgruppe nicht entgegen (sog. **nachzeitiger** extensiver Notwehrexzess)[109].

Beispiel: Fußtritte gegen den kampfunfähig geschlagenen und bewusstlos am Boden liegenden Angreifer. Auch wer sich der Beendigung des Angriffs bewusst ist, den (früheren) Angreifer aber zu verletzen fortfährt, ist nicht aus dem entsprechenden Vorsatztatbestand (zB §§ 223, 224) zu bestrafen, sofern er aus Verwirrung, Furcht oder Schrecken handelt. Es kann keinen Unterschied machen, ob der Notwehrübende einmal zu fest zutritt oder mehrmals nacheinander, wobei der Angreifer bereits nach den ersten Tritten aufgegeben hat[110].

▸ Beispielsfall bei *Beulke*, Klausurenkurs I Rn 222

104 Wie hier zB *Kühl*, AT, § 12 Rn 151 ff; iE auch *Renzikowski*, Lenckner-FS, S. 250 ff.
105 BGHSt 39, 133; zust. *Rosenau*, Beulke-FS S. 225, 236.
106 *Haft/Eisele*, Jura 00, 313; *Roxin*, NStZ 93, 336.
107 RGSt 54, 36; 61, 216; *Fischer*, § 33 Rn 5; *Jäger*, AT, Rn 196; *Jescheck/Weigend*, AT, § 45 II 4.
108 *Kühl*, AT, § 12 Rn 141.
109 Ebenso *Beulke*, Jura 88, 643; *Motsch*, Der straflose Notwehrexzess, 2003, S. 92; Coester-Waltjen-*Noak*, Zwischenprüfung, S. 22; *Otto*, Grundkurs AT, § 14 Rn 23; *Rengier*, AT, § 27 Rn 18 f; *Rosenau*, Beulke- FS, S. 225, 233; *Trüg/Wentzell*, Jura 01, 30, 33 f; aA BGH NStZ 02, 141; SK-*Rogall*, § 33 Rn 4.
110 S/S-*Perron*, § 33 Rn 7.

670 c) Ist eine **Notwehrlage in Wirklichkeit überhaupt nicht gegeben**, so spricht man von **Putativnotwehr**. Der Notwehrausübende befindet sich in einem sog. Erlaubnistatbestandsirrtum, der allein nach den allgemeinen **Irrtumsregeln** zu behandeln ist (s. unten Rn 698 ff).

Die irrige Annahme der tatbestandlichen Voraussetzungen eines anerkannten Rechtfertigungsgrundes **(Erlaubnistatbestandsirrtum)** lässt analog § 16 I 1 den **Vorsatzschuldvorwurf** und damit eine Bestrafung aus dem Vorsatztatbestand entfallen (näher Rn 697 ff). Bei Vermeidbarkeit des Irrtums bleibt im Rahmen des § 16 I 2 zu prüfen, welche Bedeutung einem etwaigen Affektzustand des Täters (Verwirrung, Furcht oder Schrecken) für den Fahrlässigkeitsschuldvorwurf zukommt[111].

671 Überschreitet der sich in einer vermeintlichen Notwehrsituation befindende Täter aufgrund falscher rechtlicher Wertung die Grenzen der Verteidigung, die einzuhalten wären, wenn der Angriff tatsächlich in der Intensität stattgefunden hätte, von der der Täter irrtümlich ausgeht, so spricht man von einem **Putativnotwehrexzess**, der als **indirekter Verbotsirrtum** zu behandeln ist (s. Rn 687 und 715 f). Dabei ist nun im Rahmen des § 17 hinsichtlich der Vermeidbarkeit zu prüfen, ob einem etwaigen Affektzustand des Täters Bedeutung zukommt[112]. Nach sehr umstrittener, aber zutreffender Ansicht bleibt für § 33 hier kein Raum, da § 33 auf § 32 aufbaut und einen **tatsächlichen** (nicht nur einen vermeintlichen) Angriff voraussetzt[113].

672 d) Hält der Verteidiger **den Angriff irrtümlich für schon oder noch gegenwärtig**, so liegt auch ein Fall der **Putativnotwehr** vor, bei dem aber wiederum zu differenzieren ist:

Liegt (später) eine Notwehrlage vor, die der Notwehrausübende nur **irrtümlich für schon gegenwärtig** hält, ist auch dieser Fall allein nach Irrtumsregeln zu entscheiden. Da selbst bei Kenntnis der Situation § 33 nicht eingreifen würde (s. Rn 669), kann der Täter bei Hinzukommen eines Irrtums nicht besser gestellt werden.

Hat (zunächst) eine Notwehrlage vorgelegen, die jedoch inzwischen schon abgeschlossen, dh nicht mehr gegenwärtig ist, die der Notwehrausübende jedoch **irrtümlich für noch gegenwärtig** hält, so liegt ein Erlaubnistatbestandsirrtum vor, der die Vorsatzschuld entfallen lässt (s. Rn 697 ff)[114]. Lediglich für die dann noch offen bleibende Fahrlässigkeitshaftung kann § 33 von Bedeutung sein[115], da derjenige nicht schlechter gestellt werden kann, der noch von einem bestehenden Angriff ausgeht, als derjenige, der das Ende des Angriffs erkannt hat.

673 e) Liegt ein Angriff tatsächlich vor, irrt der Angegriffene aber über das Ausmaß des Angriffs, der Verteidigungshandlung oder der Gebotenheit (zB: Angegriffener hält Räuber fälschlicherweise für bewaffnet), so greifen ebenfalls die Regeln des Erlaubnistatbestandsirrtums ein, wenn die irrig angenommenen Umstände im Falle ihres wirklichen Gegebenseins die Tat rechtfertigen würden[116] (gegen bewaffneten Räuber

---

111 *Baumann/Weber/Mitsch*, AT, § 23 Rn 49; *Roxin*, AT I, § 22 Rn 96.

112 BGH NJW 68, 1885.

113 BGH NJW 62, 308; NStZ 83, 453; *Berster*, JuS 14, 998; *Engländer*, JuS 12, 408, 409; *Momsen/Sydow*, JuS 01, 1197; SK-*Rogall*, § 33 Rn 5; abw. S/S-*Perron*, § 33 Rn 8; diff. MK-*Erb*, § 33 Rn 18; *Roxin*, AT I, § 22 Rn 96.

114 BGH NJW 14, 1121 m. Bespr. *Brüning*, ZJS 14, 206 u. *Kudlich*, JA 14, 153.

115 *Jescheck/Weigend*, AT, § 45 II 3; *Köhler*, AT, S. 425; S/S-*Perron*, § 33 Rn 7; *Roxin*, AT I, § 22 Rn 84.

116 BGH StV 99, 143, 145.

wäre Schusswaffeneinsatz nach Warnschuss zulässig). Bezüglich des Vorsatzdelikts entfällt nunmehr die Vorsatzschuld. Im Rahmen des Fahrlässigkeitsdelikts (§ 16 I 2) kommt es dann auf die Vermeidbarkeit des Irrtums an; bei Unvermeidbarkeit entfällt ein Sorgfaltspflichtverstoß, bei Vermeidbarkeit greift die Strafbarkeit im Regelfall ein, es sei denn, es liegen die besonderen Voraussetzungen des § 33 vor[117].

3. Handeln auf dienstliche Weisung

Hinsichtlich des Handelns auf dienstliche **Weisung** (= Anordnung im zivilen, Befehl im militärischen Bereich) muss zwischen **verbindlichen** und **unverbindlichen** Weisungen unterschieden werden. **674**

Die **verbindliche** Weisung bildet für den Untergebenen im Rahmen seiner Befolgungspflicht einen **Rechtfertigungsgrund**. Dabei kann selbst eine rechtswidrige Weisung, die die Begehung einer Straftat oder Ordnungswidrigkeit zur Folge hat, verbindlich sein und somit rechtfertigende[118] Kraft entfalten. **Rechtswidrigkeit** und **Verbindlichkeit** sind daher zu unterscheiden[119]. **675**

Hat der Angewiesene Bedenken bezüglich der Rechtmäßigkeit, so hat er im Regelfall diese zunächst gegenüber dem Vorgesetzten vorzubringen (vgl §§ 63 II 1, 2 BBG, 36 II 1, 2 BeamtStG). Bestätigen die Vorgesetzten die Anordnung, muss der Beamte sie nach Maßgabe der allgemeinen Beamtengesetze ausführen, dh sie ist verbindlich, auch wenn sie rechtswidrig ist. Jedoch ist sie dann **unverbindlich**, wenn es für den Angewiesenen **erkennbar** ist, **strafbar** oder **ordnungswidrig** zu handeln oder wenn das weisungsgemäße Verhalten die **Menschenwürde** verletzt (§§ 63 II 3, 4 BBG; 36 II 3, 4 BeamtStG). Nunmehr scheidet mangels Verbindlichkeit eine Rechtfertigung aus.

Eine abweichende Regelung enthalten jedoch neuere Gesetze, die insbes. Justizvollzugsbedienstete, Soldaten und Zivildienstleistende betreffen. Danach ist eine **rechtswidrige** Weisung diesen Personen gegenüber **immer unverbindlich**, sodass eine Rechtfertigung ausscheidet. Jedoch trifft den Angewiesenen eine **Schuld** nur, wenn er **erkennt** oder es nach den Umständen für ihn **offensichtlich** ist, dass er eine Straftat begeht (§§ 5 I WStG, 11 II SoldG; 97 II StVollzG; 30 II, III ZDG) oder ordnungswidrig handelt (§ 30 II, III ZDG), bzw dass der Befehl oder die Anordnung rechtswidrig ist (§ 3 V VStGB)[120].

4. Unzumutbarkeit und übergesetzliche Entschuldigung

Die **Unzumutbarkeit normgemäßen Verhaltens** ist nach hM nicht generell als „übergesetzlicher Entschuldigungsgrund" anzuerkennen[121]. Die Anerkennung eines derart vagen, in Voraussetzungen und Grenzen unbestimmten Entschuldigungsgrundes würde der Rechtsunsicherheit Tür und Tor öffnen. In bestimmten Einzelfällen ge- **676**

---

117 BGH NStZ 11, 630 m. Anm. *Hecker*, JuS 12, 465 u. *Sinn*, ZJS 12, 124; vert. *A. H. Albrecht*, GA 2013, 369; *Engländer*, JuS 12, 408.

118 *Lenckner*, Stree/Wessels-FS, S. 224; *Roxin*, AT I, § 17 Rn 19; aA *F. Meyer*, GA 2012, 556; LK-*Rönnau*, Vor § 32 Rn 298; für Schuldausschließung oder Entschuldigungsgrund: *Fischer*, Vor § 32 Rn 16.

119 Anders *Amelung*, JuS 86, 329, 337; *Baumann/Weber/Mitsch*, AT, § 23 Rn 51; NK-*Paeffgen*, Vor § 32 Rn 192.

120 BGHSt 53, 145, 161 ff *(Coesfeld-Fall)*; *Schwartz*, Handeln aufgrund eines militärischen Befehls, 2007; *Walter*, JR 05, 279.

121 Vgl RGSt 66, 397; AnwK-StGB-*Hauck*, Vor §§ 32 ff Rn 35; *Kröpil*, JR 11, 283; LK-*Rönnau*, Vor § 32 Rn 327; aA *Jäger*, AT, Rn 204 ff.

winnt der Gesichtspunkt der Unzumutbarkeit als **regulatives Prinzip** aber große Bedeutung; so insbes. bei den **Fahrlässigkeits-** und **Unterlassungsdelikten**, wo sich die Notwendigkeit ergibt, den **Umfang von Sorgfalts- und Handlungspflichten sachgerecht zu begrenzen** (vgl die gesetzliche Regelung in § 323c)[122].

677 In ganz außergewöhnlichen Konfliktsituationen bleibt aber nach überwiegender Ansicht Raum für die Anerkennung eines **übergesetzlichen Notstandes als Entschuldigungsgrund:**

Beispiel: In der NS-Zeit standen Ärzte von Heilanstalten vor der unentrinnbaren Alternative, sich entweder durch Auswahl einzelner Geisteskranker (dh durch deren Aufnahme in sog. Verlegungslisten) in begrenztem Umfange an der von Hitler befohlenen „Euthanasieaktion" zu beteiligen, um dadurch die Mehrzahl ihrer geisteskranken Patienten zu retten, oder jede Mitwirkung an dieser rechtswidrigen Geheimaktion abzulehnen mit der mutmaßlichen Folge, dass dann regimetreue Ärzte ihre Stelle eingenommen und dem Vernichtungswerk freien Lauf gelassen hätten. Ein Teil dieser Ärzte hat damals in echter Gewissensnot den erstgenannten Weg gewählt[123].

In einer so ungewöhnlichen, nahezu unlösbaren Pflichtenkollision vermag die Rechtsordnung keinen Schuldvorwurf zu erheben, wenn der Täter seine Entscheidung nach bestem Gewissen trifft und sein **vom Rettungszweck bestimmtes Handeln** unter den gegebenen Umständen das einzige Mittel darstellt, noch größeres Unheil für Rechtsgüter von höchstem Wert zu verhindern. Die Mehrheit in Rspr und Literatur erkennt hier zutreffend einen **übergesetzlichen entschuldigenden Notstand** an[124]. Andere halten zwar an der rechtlichen Vorwerfbarkeit der Tötung fest, gelangen aber gleichfalls zur Straflosigkeit, indem sie in diesen Fällen des sog. **quantitativen Lebensnotstandes** einen persönlichen Strafaufhebungsgrund für möglich erachten[125].

678 Diese Erwägungen sind auch im Zusammenhang mit dem staatlicherseits angeordneten **Abschuss eines von Terroristen entführten Flugzeuges** einschlägig, wenn dieses gegen das Leben einer Vielzahl anderer Menschen eingesetzt wird. Zwar handelt der abschießende Pilot (oder der anordnende Minister) in Nothilfe (§ 32) zugunsten der durch das Flugzeug bedrohten Personen – aber nur insoweit, als er die Terroristen tötet. Von den sonstigen Flugzeuginsassen geht hingegen kein Angriff aus. Der rechtfertigende Notstand (§ 34) greift angesichts der Unabwägbarkeit menschlichen Lebens ebenfalls nicht ein (Rn 464). Da schließlich der für diese Fallgruppen extra geschaffene Rechtfertigungsgrund des § 14 III LuftSiG vom BVerfG inzwischen für verfassungswidrig erklärt worden ist (auch dazu Rn 467), kann die Lösung nur noch auf der Schuldebene gesucht werden. Das Eingreifen eines entschuldigenden Notstandes iSv § 35 scheitert im Regelfall an der fehlenden persönlichen Nähebeziehung zwischen Täter und gerettetem Opfer. Für die Begründung von Straflosigkeit kommt deshalb nur die Annahme eines **übergesetzlichen entschuldigenden Notstandes** bzw die Annahme eines **persönlichen Strafaufhebungsgrundes** in Betracht[126]. Die bedrohten Hausinsassen und die aufgeopferten

---

122 Vgl ferner BGHSt 6, 46; 11, 135 u. 11, 353; BGH NStZ 84, 164; zum Spezialfall der Unzumutbarkeit aus religiösen Gründen s. Rn 616 u. *Kühl*, AT, § 12 Rn 109.

123 Vgl BGH NJW 53, 513; dazu s. a. *Koch*, JA 05, 745.

124 *Gallas*, Beiträge zur Verbrechenslehre, 1968, S. 59; *Jescheck/Weigend*, AT, § 47 I; *Küper*, Pflichtenkollision, S. 30, 62 ff; *ders.*, JuS 81, 785, 793; *ders.*, JZ 89, 617; abl. *Mitsch*, JA 06, 515; *Roxin*, AT I, § 22 Rn 147 (Verneinung der Verantwortlichkeit, vgl oben Rn 623); für lediglich schuldmindernde Wirkung: MK-*Schlehofer*, Vor §§ 32 ff Rn 272.

125 OGHSt 1, 321; *Oehler*, JR 51, 492; *Peters*, JR 49, 497.

126 In diesem Sinne auch *Jäger*, JA 08, 684; *Jakobs*, Krey-FS, S. 207; *Lackner/Kühl*, § 34 Rn 8; *Roxin*, ZIS 11, 552 (Verneinung der Verantwortlichkeit, vgl Rn 623); dagegen *Bott*, In dubio pro Straffreiheit?, 2011, S. 272.

unschuldigen Passagiere bilden sozusagen eine „Gefahrengemeinschaft“, wobei die Menschen im Flugzeug ohnehin den Tod finden. Zwar kann trotz einer solchen Unumstößlichkeit ihres Schicksals der Flugzeugabschuss nicht gerechtfertigt werden, es erscheint aber **nicht vorwerfbar**, wenn in extremen Ausnahmefällen das Leben weniger „todgeweihter“ Menschen geopfert wird, um eine sehr große Menschenmenge zu retten. Im konkreten Fall der Terroristenentführung ergeben sich allerdings zusätzliche **Prognoseprobleme**. Wer kann – uU in wenigen Minuten – eine verlässliche Aussage darüber treffen, wie die weitere Entwicklung verlaufen wird und wie viele Menschen im Flugzeug oder in den möglicherweise angesteuerten Gebäuden zu Tode kommen werden? Sollte sich nach einer Abschussentscheidung nachträglich herausstellen, dass in Wirklichkeit gar keine „alternativlose Notsituation“ für die Flugzeugpassagiere gegeben war, kann ein Irrtum über die tatsächlichen Voraussetzungen eines Entschuldigungsgrundes eingreifen (vgl Rn 718 ff)[127].

Die bisher unter dem Aspekt des übergesetzlichen entschuldigenden Notstandes diskutierten „Aufopferungsfälle“ haben alle zur Voraussetzung, dass die getöteten Menschen „ohnehin schon verloren“ waren. Abzulehnen ist hingegen ein übergesetzlicher entschuldigender Notstand, wenn ein oder mehrere bisher völlig **ungefährdete Menschenleben** aufgeopfert werden, um eine größere Menschenmenge zu retten[128] (Beispiel: Der Zug rast auf eine Gruppe von 100 Personen zu, es gelingt dem Weichensteller, den Zug auf ein Gleis zu leiten, auf dem nunmehr „nur“ ein – bisher ungefährdeter – Gleisarbeiter zu Tode kommt)[129]. Angesichts der Gleichwertigkeit allen Lebens ist die Setzung einer völlig neuen Gefahr für einen Menschen ein vorwerfbares „Schicksal-Spielen“, das die Gemeinschaft nicht straflos lassen sollte. **679**

Lebhaft diskutiert wird das Eingreifen eines übergesetzlichen Entschuldigungsgrundes auch in Fällen der Rettungsfolter, bei denen eine Rechtfertigung nach hier vertretener Auffassung ausscheidet (s. Rn 427)[130].

Im **Fall 13** hat K also die Tatbestände des Meineides (§ 154) und der Strafvereitelung (§ 258) erfüllt. Sein Verhalten ist nicht durch § 34 gerechtfertigt. Zu seinen Gunsten greift jedoch der Entschuldigungsgrund des § 35 ein, da er die Falschaussage nur begeht, um von sich die Gefahr schwerer Körperverletzungen abzuwenden, s. Rn 606. **680**

Aktuelle Rechtsprechung zu § 13:

- BGH StV 11, 155: keine Versagung einer Strafmilderung gem. § 21 wegen Trunkenheit, wenn die neue Tat trotz früherer Alkoholtaten nicht konkret voraussehbar war; vgl Rn 630.
- BGHSt 57, 247: Es gibt keinen gesicherten Erfahrungssatz, der es gebietet, ab einem bestimmten BAK-Wert von einer eingeschränkten Steuerungsfähigkeit im Zeitpunkt der Tatbegehung und damit einer erheblich verminderten Schuldfähigkeit iSv § 21 auszugehen. Zwar kann die festgestellte BAK nach wie vor ein gewichtiges Beweisanzeichen sein; ihr kommt jedoch umso geringere Bedeutung zu, je mehr sonstige aussagekräftige psychodiagnostische Beweisanzeichen zur Verfügung stehen. Maßgeblich ist letztlich eine Gesamtschau aller wesentlichen objektiven und subjektiven Umstände; vgl Rn 630.

---

127 S/S-*Sternberg-Lieben/Schuster*, § 16 Rn 31.

128 Wie hier: *Steinberg/Lachenmaier*, ZJS 12, 649, 652; aA SK-*Rudolphi*, Vor § 19 Rn 8; *Stratenwerth/Kuhlen*, AT, § 10 Rn 129.

129 Nach *Welzel*, ZStW 63 [1951], 51; dazu auch *Jäger*, AT, Rn 207 f; *ders.*, ZStW 115 [2003], 779; *Koch*, JA 05, 745; *Mitsch*, GA 2006, 11; *Zieschang*, JA 07, 679, 685.

130 Vgl *Ambos*, Loos-FS, S. 5, 13; *Roxin*, AT I, § 22 Rn 168.

- BGH NStZ 12, 85: Geht der Täter irrtümlich davon aus, dass der Getötete seine Tötung ernstlich verlangt habe, greift § 16 II ein, sodass die Privilegierung gem. § 216 im Ergebnis ebenfalls zu seinen Gunsten zur Anwendung kommen kann; vgl Rn 644.
- BGH NJW 13, 2133: § 33 kann – ebenso wie § 32 – nur eingreifen, wenn der Täter in Kenntnis der Notwehrlage und mit Verteidigungswillen gehandelt hat; vgl Rn 666.
- BGH NJW 14, 1121: Erkennt der Täter nicht, dass ein Angriff gegen ihn beendet und die zunächst gegebene Notwehrlage somit im Verlauf des Kampfgeschehens entfallen ist, weil er irrtümlich glaubt, der Angreifer täusche die Kampfunfähigkeit lediglich vor, scheidet zwar eine Rechtfertigung gem. § 32 aus; es liegt aber ein Erlaubnistatbestandsirrtum in Form der Putativnotwehr vor, welcher „wie" ein Tatbestandsirrtum, also nach Maßgabe des § 16 I 1 zu behandeln ist, sodass bei Vorwerfbarkeit des Irrtums eine Bestrafung wegen fahrlässiger Tatbegehung in Betracht kommt; vgl Rn 672; ferner Rn 487 und Rn 709.

§ 14 Überblick über die wichtigsten Irrtümer. Der Irrtum über die Verbotsnorm sowie über Rechtfertigungs- und Entschuldigungsgründe

681 **Fall 14:** Auf dem Grundstück des E steht ein hoher Baum, dessen Laub bei starkem Herbstwind in den angrenzenden Garten des A getragen wird. Dieser hat den (sich bislang ablehnend verhaltenden) E mehrfach darum gebeten, den Baum auf eigene Kosten entfernen zu dürfen. Während einer Urlaubsreise des E beseitigt und zersägt A den umstrittenen Baum, dessen Holz er wohlgeordnet zu den Vorräten des E legt. Die dazu benötigte Motorsäge hat ihm sein Bekannter B in Kenntnis des Verwendungszwecks zur Verfügung gestellt. Während B annahm, dass E dem Vorgehen des A nicht zugestimmt habe, dieser somit eigenmächtig zur Selbsthilfe greifen wolle, war A überzeugt, mit Einwilligung des E zu handeln. Ihm war nämlich vor dessen Abreise eine mit der Unterschrift des E versehene Notiz („Bin mit Ihrem Vorschlag einverstanden; erledigen Sie bitte alles während meiner Abwesenheit!") zugegangen, die indes gar nicht für ihn bestimmt war und die der Überbringer mit dem ohne Anschrift versehenen Briefumschlag nur aufgrund eines Missverständnisses in den Briefkasten des A geworfen hatte. E ist entsetzt, als er bei seiner Rückkehr feststellt, was geschehen ist.

Hat sich A einer Sachbeschädigung und B einer Beihilfe hierzu schuldig gemacht? **Rn 682, 697, 711, 723**

I. Überblick über die wichtigsten Irrtümer zugunsten des Täters

682 Im **Fall 14** erfüllt das Fällen des Baumes durch A den Tatbestand der Sachbeschädigung (§ 303 I). Diese Handlung war auch rechtswidrig, da eine wirksame Einwilligung des E fehlte. Fraglich ist, welche Bedeutung es hat, dass A irrtümlich von einer Einwilligung des E ausging.

Bei Fehlvorstellungen des Täters, die den Unrechtscharakter oder den Schuldgehalt der Tat betreffen, sind vor allem folgende Irrtümer zu unterscheiden:

1. Der Tatbestandsirrtum

Ein **Tatbestandsirrtum** (§ 16 I) liegt vor, wenn jemand bei Begehung der Tat einen Umstand nicht kennt, der zum **gesetzlichen Tatbestand** gehört. Der Tatbestandsirrtum ist die Kehrseite des Tatbestandsvorsatzes: Der Handelnde weiß nicht, was er in tatbestandlicher Hinsicht tut. Der Täter handelt also ohne Vorsatz (§ 16 I 1). Die Strafbarkeit wegen fahrlässiger Begehung bleibt unberührt (§ 16 I 2), sofern das Gesetz einen einschlägigen Fahrlässigkeitstatbestand enthält. **683**

Beispiele: Ein Jäger, der einen Pilzsammler im Dämmerlicht für ein Wildschwein hält, weiß nicht, dass er auf einen Menschen schießt und begeht daher gem. § 16 I 1 **keine vorsätzliche** Tötung iSd § 212. In Betracht kommt lediglich eine Strafbarkeit wegen fahrlässiger Tötung gem. § 222 (s. Rn 360 f). Wer beim Verlassen einer Gaststätte infolge einer Verwechslung nicht den eigenen Regenmantel, sondern den eines anderen Gastes überzieht, handelt ohne Diebstahlsvorsatz, da er nicht weiß, dass er eine fremde Sache iSd § 242 wegnimmt. Wenn der Täter mit einer 13-Jährigen, die seines Erachtens bereits 14 Jahre alt ist, einverständlich Geschlechtsverkehr hat, weiß er nicht, dass er ein Kind vor sich hat (§ 176). In den beiden letzteren Fällen scheidet eine Strafbarkeit wegen fahrlässiger Tatbegehung mangels Existenz eines entsprechenden Fahrlässigkeitstatbestandes aus.

Auch ein Irrtum über normative Tatbestandsmerkmale kann ein Tatbestandsirrtum sein. Wenn zB die Rechtswidrigkeit eines bestimmten Verhaltens als Tatbestandsmerkmal auszulegen ist (wie bei §§ 242, 249, 253, 263 die Rechtswidrigkeit der beabsichtigten Zueignung bzw des erstrebten Vorteils; s. Rn 194), begründet eine diesbezügliche Fehlvorstellung regelmäßig einen Tatbestandsirrtum[1]. Lediglich wenn der Irrtum außerhalb der Parallelwertung in der Laiensphäre liegt, handelt es sich um einen Verbotsirrtum iSd § 17 (Einzelheiten Rn 351 ff)[2].

2. Der Verbotsirrtum

Ein **(direkter) Verbotsirrtum** (§ 17) liegt vor, wenn der Täter die Verbotsnorm nicht kennt, er sie für ungültig hält oder sie in der Weise falsch auslegt, dass er sein in Wahrheit verbotenes Handeln als rechtlich zulässig ansieht[3]. Der Täter irrt hier also über die **Rechtswidrigkeit** der Tat in ihrer **tatbestandsspezifischen** Gestalt; er „weiß, was er (tatbestandlich) tut, nimmt aber irrig an, es sei erlaubt"[4]. **684**

---

1 Vgl BGHSt 17, 87; BGH NStZ 08, 626 m. zust. Bespr. *Bosch*, JA 09, 70; BGH NStZ 12, 160; BGH StV 14, 283 m. Bespr. *Hecker*, JuS 14, 366; *Gropp*, Weber-FS, S. 127; *Kudlich*, JuS 03, 243; *Wessels/Hillenkamp*, BT/2, Rn 203, 582, 719.

2 Zur Abgrenzung von Tatbestands- und Verbotsirrtum: BGHSt 50, 331 *(Mannesmann)*; OLG Frankfurt/M., StV 06, 191; Matt/Renzikowski-*Gaede*, § 16 Rn 9 ff; *Neumann*, Puppe-FS, S. 171; *Puppe*, AT, § 8 Rn 18 ff; *Roxin*, AT I, § 12 Rn 100, § 21 Rn 23; S/S-*Sternberg-Lieben/Schuster*, § 17 Rn 12; *T. Walter*, S. 217 ff; vert. *Papathanasiou*, Irrtum über normative Tatbestandsmerkmale, 2014.

3 Nicht ausreichend ist hingegen der bloße Irrtum über die *strafrechtliche Relevanz* des als rechtswidrig erkannten Verhaltens, s. *Kudlich/Oğlakcıoğlu*, JA 15, 426, 429.

4 BGHSt GrS 2, 194, 197; vert. *Heger*, in: Sinn (Hrsg), Menschenrechte und Strafrecht, 2013, S. 77 ff.

Beispiel: Der Täter führt mit einer 13-Jährigen den einverständlichen Geschlechtsverkehr aus in der irrigen Annahme (vgl § 176), das kindliche Opfer sei nur bis zum 12. Lebensjahr vom Gesetz geschützt.

Im Fall der Unvermeidbarkeit des Verbotsirrtums entfällt die Schuld (§ 17 S. 1), im Fall der Vermeidbarkeit besteht die Möglichkeit der Strafmilderung (§ 17 S. 2; Einzelheiten vgl Rn 691).

3. Der Irrtum über das Eingreifen von Rechtfertigungsgründen

685 Ein Irrtum über das **Eingreifen von Rechtfertigungsgründen** ist in verschiedenen Konstellationen denkbar:

686 a) Als **Erlaubnistatbestandsirrtum** bezeichnet man den Irrtum über die **sachlichen Voraussetzungen** eines **anerkannten Rechtfertigungsgrundes**. Er liegt vor, wenn der Täter irrig Umstände für gegeben hält, die **im Fall ihres wirklichen Gegebenseins** die Tat rechtfertigen würden.

Beispiel: Mitten im Wald hält A den harmlosen Wanderer W für einen Räuber und schlägt ihn in vermeintlicher Notwehr nieder.

Die Behandlung dieses Irrtums ist bis heute sehr streitig. Nach hL wird er iE weitgehend so behandelt wie ein Tatbestandsirrtum (Einzelheiten vgl Rn 697 ff).

687 b) Als **Erlaubnisirrtum**, den man auch **indirekten Verbotsirrtum** nennt, bezeichnet man den Irrtum, bei dem der Täter die rechtlichen Grenzen eines Rechtfertigungsgrundes verkennt (sog. Erlaubnisgrenzirrtum) oder an das Bestehen eines von der Rechtsordnung nicht anerkannten Rechtfertigungsgrundes glaubt (sog. Erlaubnisnormirrtum).

Beispiele: Der gelähmte Gartenbesitzer erschießt die seinen Kirschbaum plündernden Schulkinder im irrigen Glauben, dies sei als letzte Möglichkeit der Verteidigung seines Eigentums durch Notwehr gedeckt. Der Arzt glaubt irrtümlich, er dürfe einen medizinisch gebotenen Eingriff in die körperliche Unversehrtheit des Patienten (§ 223) auch ohne dessen Einwilligung vornehmen[5].

Dieser Irrtum wird als Verbotsirrtum (§ 17) behandelt (Einzelheiten vgl Rn 712).

4. Der Irrtum über das Eingreifen von Entschuldigungsgründen

688 Ein Irrtum über das **Eingreifen von Entschuldigungsgründen** ist ebenfalls in zwei Varianten denkbar:

689 a) Der Täter geht irrig vom Vorliegen der sachlichen Voraussetzungen eines anerkannten Entschuldigungsgrundes aus.

Beispiel: Der Schiffbrüchige A schubst den B von der rettenden Planke in das von Haien verseuchte Wasser, weil er dies für die einzige Möglichkeit der Rettung des eigenen Lebens hält, ohne zu erkennen, dass ein rettendes Schiff bereits in Sichtweite ist.

5 BGH NStZ 12, 205.

Im Spezialfall des entschuldigenden Notstands (§ 35 I) ist dieser Irrtum gesetzlich geregelt (§ 35 II). Im Übrigen gilt § 35 II analog.

b) Der Täter irrt sich über die Existenz oder die rechtlichen Grenzen eines Entschuldigungsgrundes. **690**

Beispiel: Der Schiffbrüchige A glaubt, er dürfe den B opfern, um sein wertvolles Gepäck zu retten.

Dieser Irrtum ist im Rahmen des Schuldvorwurfs unbeachtlich (Einzelheiten vgl Rn 718 ff).

II. Der Irrtum über die Verbotsnorm (direkter Verbotsirrtum)

1. Schuldtheorie

Ein Irrtum über das rechtliche Verbot als solches liegt vor, wenn der Täter die seine Tat unmittelbar betreffende **Verbotsnorm nicht kennt**, sie für **ungültig hält** oder infolge unrichtiger Auslegung zu **Fehlvorstellungen über ihren Geltungsbereich** gelangt und aus diesem Grund sein Verhalten als rechtlich zulässig ansieht **(direkter Verbotsirrtum)**. Verbotsirrtum iSd § 17 ist aber nicht nur die **positive** Vorstellung, dass die Tat erlaubt sei, sondern auch das auf einem Vorstellungsmangel beruhende **Fehlen der Unrechtseinsicht**. Die Unrechtseinsicht darf allerdings nicht mit der Kenntnis der Strafbarkeit eines bestimmten Verhaltens gleichgesetzt werden; erforderlich ist lediglich, dass der Täter die vom Straftatbestand umfasste **spezifische Rechtsgutsverletzung als Unrecht erkennt**[6]. **691**

Beispiel für einen Verbotsirrtum: Der Täter lässt sich eine gestohlene Sache trotz Kenntnis ihrer Herkunft schenken, wobei er irrig annimmt, nur das „Ankaufen" sei verboten (§ 259 I)[7].

Nach § 17 hat der Verbotsirrtum keinen Einfluss auf den Tatbestandsvorsatz, vielmehr handelt der Täter ohne **Schuld**, wenn ihm bei Begehung der Tat (unvermeidbar) die Einsicht fehlt, Unrecht zu tun. Damit wird das aktuelle oder potenzielle **Unrechtsbewusstsein** als ein vom Tatbestandsvorsatz losgelöstes **selbstständiges Schuldelement** klassifiziert. Deshalb wird diese Konzeption auch als **Schuldtheorie** bezeichnet.

Diese Gegenüberstellung und völlig unterschiedliche Behandlung von **Tatbestands-** und **Verbotsirrtum** hat sich erst in den 1950er Jahren durchgesetzt. **692**

Von dem Grundsatz ausgehend, dass es für den Schuldvorwurf auf das Bewusstsein der Rechtswidrigkeit nicht ankomme, unterschied das Reichsgericht zwischen dem **Tatirrtum** (= Irrtum über Tatsachen) und dem **Rechtsirrtum** (= Verkennung von Rechtsbegriffen). Die Anwendbarkeit des § 59 aF (= § 16 I nF) wurde auf den Tatirrtum beschränkt; ein Rechtsirrtum sollte grds unbeachtlich sein. Aus Billigkeitsgründen machte das RG jedoch eine Ausnahme für den **„außerstrafrechtlichen" Rechtsirrtum**, den es analog § 59 aF dem vorsatzausschließen-

---

6 BGHSt 15, 377, 383; 45, 97, 101 m. Anm. *Dölling*, JR 00, 379; s. a. *Cornelius*, GA 2015, 101; *Laubenthal/Baier*, GA 2000, 205, 212; *Neumann*, BGH-Wiss-FS, S. 83, 95 ff; *ders.*, StV 00, 425.

7 Vgl *Wessels/Hillenkamp*, BT/2, Rn 845 ff.

den Tatirrtum gleichstellte[8]. Gänzlich unberücksichtigt blieb daher nur der **„strafrechtliche" Rechtsirrtum**, dieser freilich auch dann, wenn er sich auf die im Unrechtstatbestand enthaltenen Rechtsbegriffe bezog[9].

In der Wissenschaft wurde diese Unterscheidung fast einhellig als willkürlich und undurchführbar abgelehnt[10]. Nach 1945 begannen mehrere Gerichte sich von der Rspr des RG zu lösen[11]. Den Abschluss dieser Entwicklung bildete die Grundsatzentscheidung des Großen Senats für Strafsachen beim BGH[12], die (der „Schuldtheorie" folgend) das **Unrechtsbewusstsein** als **selbstständiges Schuldelement** anerkannte und im Irrtumsbereich zwischen Tatbestands- und Verbotsirrtum unterschied.

2. Vorsatztheorie

693 Im Gegensatz dazu erblickte die (jetzt durch § 17 bedeutungslos gewordene) **Vorsatztheorie** im „Vorsatz" ein Schuldmerkmal, das neben dem Wissen und Wollen der Tatbestandsverwirklichung (= Tatbestandsvorsatz) auch das Unrechtsbewusstsein umfassen sollte.

Vorsätzliches Handeln kann nach dieser Auffassung nur bejaht werden, wenn der Täter mit *„dolus malus"* gehandelt, dh das Bewusstsein „rechtswidriger" Tatbestandsverwirklichung gehabt hat. Jede Unterscheidung zwischen Tat- und Rechtsirrtum oder zwischen Tatbestands- und Verbotsirrtum wird hier entbehrlich, da sich aus dem Fehlen des Unrechtsbewusstseins zwangsläufig die Vorsatzverneinung ergibt. Vom Standpunkt der Vorsatztheorie aus gibt es überhaupt nur „einen" beachtlichen Irrtum, nämlich die Annahme, nicht rechtswidrig zu handeln. Worauf dieser Irrtum beruht und aus welchem Grund das Bewusstsein der Rechtswidrigkeit fehlt, soll gleichgültig sein[13].

Während die **„strenge" Vorsatztheorie** diesen Standpunkt ohne Einschränkung vertrat[14], wollte die **„eingeschränkte" Vorsatztheorie** den Vorsatz bejahen, wenn dem Täter das Unrechtsbewusstsein aus Rechtsblindheit oder Rechtsfeindschaft gefehlt hatte[15].

694 Gegen die „strenge" Vorsatztheorie wurden mit Recht kriminalpolitische Bedenken erhoben: Sie begünstigt die rechtsgleichgültige Einstellung, da sie auch dem gröbsten Wertungsfehler vorsatzausschließende Wirkung beimisst. Wo Fahrlässigkeitstatbestände fehlen, führt sie zu unerträglichen Strafbarkeitslücken. Der „eingeschränkten" Vorsatztheorie steht entgegen, dass sie nur unter Preisgabe des eigenen dogmatischen Ausgangspunktes vertreten werden kann.

695 In **modifizierter Form** wird die strenge Vorsatztheorie auch heute noch vertreten; über Inhalt und Standort des Vorsatzes sind ihre Befürworter sich allerdings nicht einig: Während *Schmidhäuser*[16] nur die voluntativen Elemente des Vorsatzes dem Unrechtstatbestand zuordnet und unter dem Begriff der „Vorsätzlichkeit" das aktuelle Tat- und Unrechtsbewusstsein als Schuld-

---

8 Vgl RGSt 1, 368; 10, 234; 72, 305, 309.
9 Vgl RGSt 34, 418; 57, 235 *(Testamentserrichtungsfall)*.
10 Dazu mit gegenteiliger Sichtweise *Kuhlen*, Irrtum, S. 35 ff.
11 ZB OLG Oldenburg MDR 50, 690; OGHSt 2, 117, 129.
12 BGHSt GrS 2, 194; s. a. *Heger*, Ad Legendum 11, 398.
13 Näher dazu *Koriath*, Jura 96, 113.
14 *Baumann*, Strafrecht Allgemeiner Teil, 5. Aufl. 1968, S. 420 ff; *Schröder*, ZStW 65 [1953], 178, 192.
15 So *Mezger*, NJW 51, 500; 53, 2; *Schönke*, StGB 4. Aufl., § 59 Anm. VI 1 b.
16 *Schmidhäuser*, AT, 5/6, 7/36 und 7/89.

merkmale zusammenfasst, identifiziert *Langer*[17] das Schuldmerkmal der „Vorsätzlichkeit" mit dem bloßen Unrechtsbewusstsein, wobei er den Handlungswillen und das Tatbewusstsein als Unrechtselemente einstuft. Wieder anders argumentiert *Otto*[18], der den Verhaltenswillen, die Kenntnis der Tatumstände und das materielle Unrechtsbewusstsein als „Bewusstsein der Sozialschädlichkeit" zum subjektiven Unrechtstatbestand zählt und davon das formelle Rechtswidrigkeitsbewusstsein unterscheidet, das zum Schuldbereich gehören und in der Kenntnis bestehen soll, gegen eine Strafvorschrift zu verstoßen[19].

Das geltende Recht ist in §§ 16, 17 aus wohl erwogenen und inzwischen als **verfassungskonform** bestätigten Gründen der **Schuldtheorie** gefolgt[20]. Geleugnet wird dies von *Schmidhäuser*[21] und *Langer*[22] mit der Begründung, dass nur die **Vorsatztheorie** dem **Schuldgrundsatz** voll gerecht werde; infolgedessen müssten die §§ 16 I, 17 iSd Vorsatztheorie verstanden werden. § 16 I enthalte lediglich eine Teilregelung, die auch auf das **Nichtkennen des Unrechts** anzuwenden sei; hiernach schließe jeder (direkte wie indirekte) Verbotsirrtum bereits den **Vorsatz** aus. § 17 beziehe sich nur auf Fahrlässigkeitstaten, dh auf diejenigen Fälle, in denen nach § 16 I 2 die Bestrafung wegen fahrlässiger Tat unberührt bleibe. Daraus ergebe sich, dass § 17 S. 2 nicht eine Milderung der Vorsatzstrafe, sondern die Milderung der in Betracht kommenden Fahrlässigkeitsstrafe im Auge habe[23].

3. Die Rechtsfolgen des Verbotsirrtums

Welche Folgen das Fehlen des Unrechtsbewusstseins hat, hängt gem. § 17 von der Vermeidbarkeit des Irrtums ab. Ein **unvermeidbarer Verbotsirrtum** lässt die Vorwerfbarkeit der Tatbestandsverwirklichung entfallen, ist also **Schuldausschließungsgrund**. War der **Verbotsirrtum vermeidbar**, sieht § 17 S. 2 eine **fakultative Strafmilderung** nach Maßgabe des § 49 I vor. Die **Kriterien**, anhand derer sich die **„Vermeidbarkeit"** des Irrtums bemisst, sind noch nicht abschließend geklärt. Jedenfalls im Bereich des Kernstrafrechts[24] stellt die Rspr **strenge Anforderungen** an die „Unvermeidbarkeit" des Irrtums[25]: Entscheidend ist, ob der Täter aufgrund seiner sozialen Stellung, nach seinen individuellen Fähigkeiten und bei dem ihm zumutbaren Einsatz seiner Erkenntniskräfte und seiner rechtlich-sittlichen Wertvorstellungen das **Unrecht der Tat hätte einsehen können**, sog. **Gewissensanspannung**[26]. Bei Zweifeln an der rechtlichen Zulässigkeit der Tat besteht eine **Erkundigungspflicht**[27]. 696

Der Rechtsunkundige muss sich vor dem Eingriff in geschützte Rechtsgüter im **Rahmen des Zumutbaren** über die Rechtslage vergewissern[28]; er darf sich nicht einfach auf sein unsicheres

17 *Langer*, Die Sonderstraftat, 2007, S. 67 ff, 117 ff.
18 *Otto*, Grundkurs AT, § 7 Rn 58, 67 ff, § 15 Rn 5 ff; *ders.*, Meyer-GS, S. 583, 601.
19 Ebenso *Geerds*, Jura 90, 421.
20 BVerfGE 41, 121.
21 *Schmidhäuser*, JZ 79, 361; 80, 396.
22 *Langer*, GA 1976, 193.
23 Dazu: *Krey*, ZStW 101 [1989], 838, 868; *Lesch*, JA 96, 346; *Roxin*, AT I, § 21 Rn 11.
24 Anders für das Nebenstrafrecht, vgl OLG Oldenburg NStZ-RR 99, 122.
25 Kritisch *Eidam*, ZStW 127 [2015], 120; *Gaede*, Seebode-FS, S. 85; *Nestler*, Jura 15, 562.
26 BGHSt 3, 357; 4, 1 und 4, 236; LdR-*Wolters* (8/740), S. 7 f.
27 *Horn*, Verbotsirrtum und Vorwerfbarkeit, 1969; MK-*Joecks*, § 17 Rn 58 ff; *Manso Porto*, Normunkenntnis aus belastenden Gründen, 2010; *Puppe*, Rudolphi-FS, S. 231; *Schroth*, Vorsatz und Irrtum, 1998; s. a. SK-*Rudolphi*, § 17 Rn 24 ff.
28 OLG Hamm NJW 06, 245; OLG Stuttgart StV 08, 193; OLG Stuttgart, NZWiSt 14, 301 m. Anm. *Nestler*.

eigenes Urteil verlassen[29]. Ob eine Erkundigung zur Klärung der Rechtslage und zur Beseitigung des Irrtums geführt hätte, bedarf im Einzelfall sorgfältiger Prüfung[30]. Eine **unrichtige Rechtsauskunft** entlastet den Beschuldigten nicht ohne Weiteres; maßgebend ist vielmehr, ob er auf ihre Richtigkeit vertraut hat und sie als vertrauenswürdig ansehen durfte oder nicht. **Verlässlich** ist nach der Rspr nur eine zuständige, sachkundige und unvoreingenommene Person oder Stelle, welche die Gewähr für eine objektive, verantwortungsbewusste Auskunftserteilung bietet, so zB ein im jeweiligen Rechtsgebiet versierter Rechtsanwalt, der in einem detaillierten, bei schwierigen Rechtsfragen schriftlichen Gutachten ohne Gefälligkeitscharakter das Erlaubtsein des Tuns bestätigt[31]. Andererseits darf das Risiko einer unsicheren Rechtslage nicht einseitig dem Normadressaten aufgebürdet werden[32].

III. Der Erlaubnistatbestandsirrtum

697 Hat der Täter bei voller Tatbestandskenntnis an das Eingreifen eines Rechtfertigungsgrundes geglaubt, so ist ein **Erlaubnistatbestandsirrtum** gegeben, wenn sich der Täter über die **sachlichen Voraussetzungen** eines **anerkannten Rechtfertigungsgrundes** irrt, dh irrig Umstände für gegeben hält, die **im Fall ihres wirklichen Gegebenseins** die Tat rechtfertigen würden.

So ist im **Fall 14** der A irrtümlich davon ausgegangen, E habe in das Fällen des Baumes eingewilligt. Er irrt also über die tatsächlichen Voraussetzungen des Rechtfertigungsgrundes der Einwilligung.

Die Behandlung dieses Erlaubnistatbestandsirrtums ist **sehr streitig:**

1. Die Behandlung nach der Vorsatztheorie

698 Nach der Vorsatztheorie ist das Unrechtsbewusstsein Teil des Vorsatzes. Geht der Täter irrtümlich vom Vorliegen der tatsächlichen Voraussetzungen eines Rechtfertigungsgrundes aus, erliegt er auf Grundlage dieser Prämisse also einem **Tatbestandsirrtum**, welcher den **Vorsatz entfallen** lässt (vgl die heutige Regelung des § 16). Die Vorsatztheorie ist indes – wie bereits ausführlich dargelegt (s. Rn 693 f) – mit dem heutigen Recht nicht vereinbar.

2. Die strenge Schuldtheorie

699 Die Schuldtheorie stuft das Unrechtsbewusstsein als **selbstständiges Schuldelemen**t ein. Diese Sichtweise wird heute durch § 17 bestätigt. Da dort keine Ausnahme für den Fall vorgesehen ist, dass sich der Irrtum speziell auf die **tatsächlichen** Voraussetzungen eines Rechtfertigungsgrundes bezieht, spricht Vieles dafür, auch insoweit von

---

29 BGHSt 5, 111 und 284; 21, 18; diff. *Lesch*, JA 96, 607; zu interkulturellen Wertkonflikten: Hilgendorf/Weitzel-*Valerius*, S. 217.

30 OLG Celle NJW 77, 1644; *Neumann*, JuS 93, 793.

31 Näher BGHSt 40, 257, 264; 50, 331 *(Mannesmann)*; 58, 15, 27 ff m. Bespr. *Raschke*, NZWiSt 13, 18 und *Rübenstahl*, ZWH 13, 193; *Dahs*, StV 14, 13; vert. *Gaede*, HRRS 13, 449; *Kirchheim/Samson*, wistra 08, 81; *Kudlich/Wittig*, ZWH 13, 253, 256 ff; *Zaczyk*, JuS 90, 889.

32 Matt/Renzikowski-*Gaede*, § 17 Rn 23; *Jahn*, JuS 12, 79; s. a. *Welke*, NZWiSt 14, 339.

einem **Verbotsirrtum** iSv § 17 auszugehen. Diese Lösung wird als **strenge Schuldtheorie** bezeichnet – „streng" deshalb, weil sie keine Ausnahme von der Regel zulässt, dass fehlendes Unrechtsbewusstsein nur im Rahmen der Schuld von Bedeutung sein kann. Sie sieht also **jeden Irrtum** über die Rechtswidrigkeit der Tat als Verbotsirrtum mit den in § 17 normierten Rechtsfolgen an und fragt nicht danach, ob der Täter seine Handlung generell für nicht verboten gehalten hat oder ob er infolge eines Irrtums über Bestehen, Art oder Umfang eines Rechtfertigungsgrundes erst indirekt zu der Ansicht gelangt ist, dass sein Verhalten erlaubt sei.

Im einen wie im anderen Fall soll es nur darauf ankommen, ob der Irrtum vermeidbar oder unvermeidbar war[33]. Wer zB in fahrlässiger Verkennung der Sachlage einen Wanderer für einen Räuber hält und ihn in vermeintlicher Notwehr verletzt, wäre wegen vorsätzlicher Körperverletzung (§§ 223 ff) und nicht lediglich aus dem Fahrlässigkeitstatbestand (§ 229) zu bestrafen. Der Kriminalbeamte, der einen Unschuldigen mit einem steckbrieflich gesuchten Mörder verwechselt und ihn festnimmt, wäre bei Vermeidbarkeit des Irrtums der vorsätzlichen Freiheitsberaubung (§ 239) schuldig; bedenklich wäre das vor allem deshalb, weil der Beamte nach seiner Vorstellung im Fall des Untätigbleibens mit dem Vorwurf der Strafvereitelung im Amt (§ 258a) hätte rechnen müssen. Solchen Fallgestaltungen wird die strenge Schuldtheorie nicht gerecht; ihre Ergebnisse sind vielfach mit dem **Rechtsgefühl nur schwer zu vereinbaren**.

3. Die eingeschränkte Schuldtheorie

Danach wird die Schuldtheorie insoweit eingeschränkt, als der Irrtum über die tat- **700**
sächlichen Voraussetzungen eines Rechtfertigungsgrundes aus dem Anwendungsbereich des § 17 herausgenommen und **in seinen Rechtsfolgen dem Tatbestandsirrtum gleichgestellt** wird (deshalb **„eingeschränkte"** Schuldtheorie). Es entfällt also – zumindest iE – die Bestrafung wegen vorsätzlicher Tatbegehung (wie bei § 16 I). Beruht der Irrtum auf Fahrlässigkeit, wird der Täter wegen fahrlässiger Tatbegehung bestraft, soweit diese im konkreten Fall mit Strafe bedroht ist (§ 16 I 2)[34].

Die Rspr macht jedoch Einschränkungen für solche Rechtfertigungsgründe, bei denen sie das Merkmal „pflichtgemäßer Prüfung" aufstellt (krit. dazu Rn 477)[35].

Die eigenständige Natur des Erlaubnistatbestandsirrtums gegenüber dem Verbotsirr- **701**
tum iSv § 17 beruht vor allem darauf, dass der Täter sich in einer völlig unterschiedlichen Lage befindet: Wer einem vermeidbaren Irrtum über das Vorliegen der sachlichen Voraussetzungen eines anerkannten Rechtfertigungsgrundes erliegt, setzt sich dem **Vorwurf mangelnder Aufmerksamkeit** und **nachlässiger Einstellung** zu den Sorgfaltsanforderungen des Rechts, nicht jedoch dem Vorwurf rechtsfeindlicher Gesinnung aus, da er sich bei der Tat von Wertvorstellungen leiten lässt, die im Prinzip mit denen des Gesetzgebers übereinstimmen. Denn wenn die von ihm angenommenen Merkmale des Erlaubnistatbestandes wirklich vorlägen, wäre seine Tat gerecht-

33 Näher *Gössel*, Fälle und Lösungen, S. 161 ff; NK-*Paeffgen*, Vor § 32 Rn 108 ff; *ders.*, Frisch-FS, S. 403; *Zieschang*, AT, Rn 359; diff. *Heuchemer*, Der Erlaubnistatbestandsirrtum, 2005, S. 320 ff; *ders.*, JuS 12, 795.

34 Näher zur insoweit hM BGHSt 3, 105 und 194; BGH NStZ 83, 500; *Jescheck/Weigend*, AT, § 41 III; *Lackner/Kühl*, § 17 Rn 10 ff; so auch § 8 öStGB – dazu *Schmoller*, Fuchs-FS, S. 453.

35 BGHSt 3, 7; 14, 48, 51.

fertigt und nicht rechtswidrig. In einer solchen Lage ist sein Tatbestandsvorsatz **nicht Ausdruck einer Auflehnung gegen die Wertentscheidungen der Rechtsordnung**, wie dies bei einem Täter der Fall ist, der sich in einem Verbotsirrtum befindet. Dies meint der BGH mit dem Hinweis, der im Erlaubnistatbestandsirrtum Handelnde sei **„an sich rechtstreu“**[36]. Der Täter ist ein „Schussel“ und kein „Schurke“. Trifft den vermeidbar Irrenden aber nur ein Schuldvorwurf, der qualitativ einem **Fahrlässigkeitsschuldvorwurf** entspricht[37], ist es sachgerecht, den Erlaubnistatbestandsirrtum hinsichtlich seiner **Rechtsfolgen** dem echten Tatbestandsirrtum gleichzustellen.

702 In der Begründung dieses richtigen Ergebnisses lassen sich folgende Lehrmeinungen unterscheiden:

703 a) Die **Lehre von den negativen Tatbestandsmerkmalen** (die der eingeschränkten Schuldtheorie zuzurechnen ist) erblickt in den Rechtfertigungsgründen Bestandteile eines „Gesamt-Unrechtstatbestandes“ und in den einzelnen Rechtfertigungsvoraussetzungen „negative Tatbestandsmerkmale“, deren **Abwesenheit** schon unter dem Blickwinkel der Tatbestandsverwirklichung relevant sein soll. Zum Vorsatz soll hiernach neben der Kenntnis aller positiven Umstände des gesetzlich umschriebenen Tatbestandes die Vorstellung **vom Fehlen der negativen Tatbestandsmerkmale**, zumindest aber „das Fehlen der Vorstellung vom Vorliegen der negativen Tatumstände“ gehören. Diese Theorie führt zur **unmittelbaren Anwendung** des § 16 I 1 auf die irrige Annahme rechtfertigender Tatumstände mit der Folge, dass der Vorsatz als solcher entfällt[38].

704 Die Lehre von den negativen Tatbestandsmerkmalen ist den schon oben erörterten Einwendungen ausgesetzt (s. Rn 183). Sie geht aber auch insofern zu weit, als sie dem Irrtum über den Erlaubnistatbestand ebenso wie dem Irrtum über den Unrechtstatbestand **vorsatzausschließende** Wirkung beimisst, was wegen der akzessorischen Natur von Anstiftung und Beihilfe für die strafrechtliche Haftung eines bösgläubigen Teilnehmers zu bedenklichen Konsequenzen führt[39]. Strafbarkeitslücken wären hier nur zu vermeiden, wenn man bösgläubige Tatbeteiligte stets als mittelbare Täter zur Verantwortung ziehen könnte (was indessen aus dogmatischen Gründen nicht möglich ist; vgl Rn 773 ff) oder wenn man innerhalb der §§ 26, 27 mit einem anderen (= engeren) Vorsatzbegriff als im Bereich des § 16 I arbeiten würde[40], was jedoch ebenfalls nicht befriedigt[41].

705 Den Vorzug verdient daher die Ansicht, dass ein Erlaubnistatbestandsirrtum den Tatbestandsvorsatz als solchen unberührt lässt, weil die irrige Annahme rechtfertigender Tatumstände nichts daran ändert, dass der Täter den gesetzlichen Tatbestand wissentlich und willentlich verwirklicht.

706 b) Nach der **eingeschränkten Schuldtheorie ieS** ist bei einem Erlaubnistatbestandsirrtum lediglich Raum für eine **analoge** Anwendung des § 16 I. Diese Theorie ver-

---

36 BGHSt 3, 105, 107.

37 Krit. dazu *Paeffgen*, Armin Kaufmann-GS, S. 399, 411.

38 *Arthur Kaufmann*, JZ 54, 653; 56, 353, 393; *ders.*, Lackner-FS, S. 185; ähnl. *Kindhäuser*, Gefährdung, S. 111; *Koriath*, Egon-Müller-FS, S. 357; *Samson*, S. 122 ff; *Schünemann/Greco*, GA 2006, 777, 792.

39 Näher zur Kritik *Armin Kaufmann*, JZ 55, 37; LK-*Rönnau*, Vor § 32 Rn 11 ff.

40 Hierzu SK-*Rudolphi/Stein*, § 16 Rn 11 iVm SK-*Hoyer*, Vor § 26 Rn 36.

41 Für direkte Anwendung des § 16 gleichwohl: SK-*Hoyer*, Vor § 32 ff Rn 50 f.

neint im Wege eines solchen Analogieschlusses in nicht ganz einheitlicher Formulierung den Vorsatz, das Vorsatzunrecht oder den Handlungsunwert einer vorsätzlichen Tat[42].

Begründet wird dieser Standpunkt damit, zwischen Tatbestandsmerkmalen und Rechtfertigungsgründen bestehe unter dem Blickwinkel der Unrechtsvoraussetzungen kein qualitativer Unterschied. Infolgedessen müsse ein Erlaubnistatbestandsirrtum zu den gleichen Konsequenzen führen wie ein Tatbestandsirrtum iSd § 16 I 1. Der sonst durch den Vorsatz begründete Handlungsunwert werde aufgehoben, wenn der Täter von einer rechtfertigenden Sachlage ausgehe. Ob mit einer solchen Verneinung vorsätzlichen Unrechts auch die Grundlage für eine strafbare Teilnahme iSd §§ 26, 27 entfällt, wird nicht einheitlich beurteilt[43].

Gegen diese Variante der eingeschränkten Schuldtheorie, die bei einem Erlaubnistatbestands- **707**
irrtum nicht die Vorsatzschuld, sondern bereits das **Vorsatzunrecht** verneint, sprechen die schon oben zur Lehre von den negativen Tatbestandsmerkmalen geäußerten Bedenken. Insbes. erscheint die eigentlich konsequente Ablehnung der Strafbarkeit des Teilnehmers nicht tolerabel. Auch wertungsmäßig kann der Erlaubnistatbestandsirrtum nicht ohne Weiteres dem Tatbestandsirrtum gleichgestellt werden. Im Vergleich zum „echten Tatbestandsirrtum" beruht die **eigenständige Natur** des **„Erlaubnistatbestandsirrtums"** nämlich darauf, dass der Täter nur im letztgenannten Fall von der **Warnfunktion des gesetzlichen Tatbestandes erreicht** wird, die ihm anzeigt, dass er die Grenze zwischen dem schlechthin erlaubten und dem generell verbotenen Verhalten überschreitet: Wer weiß, dass sein Verhalten einen Unrechtstatbestand erfüllt, insbesondere Dritte verletzt, ist zur Prüfung aufgerufen, ob ein **besonderer Erlaubnissatz** seine Tat rechtfertigt. Wenn er jetzt einem vermeidbaren Irrtum unterliegt, so trifft ihn ein größerer Vorwurf als denjenigen, der aus Nachlässigkeit nicht erkannt hat, dass er einen Unrechtstatbestand verwirklicht. Es ist zweifelhaft, ob die irrige Annahme rechtfertigender Tatumstände den Handlungsunwert einer vorsätzlichen Rechtsgutsverletzung völlig aufzuheben vermag, statt ihn bloß zu mindern[44].

c) Die **rechtsfolgenverweisende eingeschränkte Schuldtheorie** (auch bezeichnet **708**
als „rechtsfolgenbeschränkte" oder „rechtsfolgeneinschränkende" Schuldtheorie) strebt nach einer vermittelnden Lösung, die im Schuld- und Strafausspruch zu einem ähnlichen Ergebnis gelangt wie die beiden vorgenannten Lehrmeinungen, dies jedoch anders begründet: Im Rahmen des Tatbestandsvorsatzes und in der Schuld wurde bereits dargelegt (Rn 200 ff, 645), dass dem Vorsatz im Deliktssystem eine Doppelfunktion zukommt. Die vorsätzliche Verwirklichung des Unrechtstatbestandes bildet als Verhaltensform das Korrelat für die von Vorwerfbarkeitserwägungen geprägte Schuldform. Deshalb entspricht der vorsätzlichen Begehungsweise der Schuldtypus der Vorsatzschuld. Die irrige Annahme einer rechtfertigenden Sachlage berührt nun aber **nicht den Tatbestandsvorsatz** als Verhaltensform, schließt vielmehr nur die **Vorsatzschuld** und eine Bestrafung wegen vorsätzlicher Tat aus. Der Erlaubnistatbe-

42 Vgl BGHSt 49, 34, 44; BGH NStZ 12, 205; BGH StV 13, 503, 505; *Frister*, AT, 14. Kap. Rn 30; Matt/Renzikowski-*Gaede*, § 16 Rn 35; *Herzberg*, Stree/Wessels-FS, S. 203; *Jäger*, AT, Rn 212 ff; *Kraatz*, Jura 14, 787; *Kühl*, AT, § 13 Rn 71 ff; *Kühl/Hinderer*, Jura 12, 490; *Kuhlen*, Irrtum, S. 330; *Momsen/Peter*, JA 06, 550 und 654; *Puppe*, AT, § 13 Rn 17 ff; LK-*Rönnau/Hohn*, § 32 Rn 281; *Roxin*, AT I, § 14 Rn 64 ff; *Schroth*, Arthur Kaufmann-FS, S. 595; S/S-*Sternberg-Lieben/Schuster*, § 16 Rn 18; LK-*Vogel*, § 16 Rn 116 ff; zusammenfassend *Frisch*, Irrtum, S. 217, 245 ff.

43 Bejahend S/S-*Heine/Weißer*, Vorbem. §§ 25 ff Rn 32; *Herzberg*, JA 89, 294, 299; SK-*Hoyer*, Vor § 26 Rn 37; verneinend *Jakobs*, AT, 11/59 und 22/11; iE ebenso *Streng*, Otto-FS, S. 469, 479 (§ 28 II analog); *Ziegert*, Vorsatz, Schuld und Vorverschulden, 1987, S. 171.

44 Vgl dazu auch die Kritik von *Paeffgen*, Armin Kaufmann-GS, S. 399, 405; *ders.*, Frisch-FS, S. 401.

standsirrtum wird somit **lediglich in seinen Rechtsfolgen** dem in § 16 I 1 geregelten Tatbestandsirrtum gleichgestellt. Beruht die Fehlvorstellung des Täters auf einem Sorgfaltsmangel, kommt analog § 16 I 2 eine Bestrafung wegen fahrlässiger Tatbegehung in Betracht, sofern ein diesbezüglicher Fahrlässigkeitstatbestand im Gesetz existiert (zur Fahrlässigkeitsprüfung in Fällen dieser Art vgl Rn 1217 ff).

709 Die Lehre von der Rechtsfolgenverweisung (Rechtsfolgeneinschränkung) verdient den Vorzug im Streit der Meinungen[45]. In seiner Entscheidung zum *„Hells Angels-Fall"* aus dem Jahr 2011 legt der BGH[46] dar, der Angeklagte, der den Polizeieinsatz irrtümlich für einen Angriff der verfeindeten Bandidos-Gruppe hielt, habe sich in einem Irrtum über die tatsächlichen Voraussetzungen eines Rechtfertigungsgrundes befunden, der „entsprechend § 16 I 1 zum **Ausschluss der Vorsatzschuld**" führe. An anderer Stelle weist der BGH darauf hin, dass bei einem Erlaubnistatbestandsirrtum der **Vorwurf** vorsätzlichen Handelns entfalle[47], bzw legt er dar, ein solcher Irrtum sei (lediglich) wie ein Irrtum iSd § 16 I 1 zu **bewerten** und schließe (nur) die **Strafbarkeit** wegen vorsätzlicher Tat aus[48]. Man könnte auch sagen, dass bei der irrigen Annahme rechtfertigender Tatumstände nicht der „natürliche Vorsatz" (= Tatbestandsvorsatz als Verhaltensform), sondern nur der **Vorsatz als Schuldform** entfällt (s. dazu Rn 205)[49].

710 d) In der Rechtslehre ist die Diskussion über die Rechtsfolgen eines Erlaubnistatbestandsirrtums noch nicht abgeschlossen. Dies zeigen Einzelmeinungen mit eigenständigen Lösungsansätzen:

So will *Jakobs* in den einschlägigen Fällen, soweit eine Strafdrohung für Fahrlässigkeit existiert, bei Vermeidbarkeit des Irrtums wegen **vorsätzlicher** Tat verurteilen, den Vorsatzstrafrahmen jedoch auf den Rahmen des Fahrlässigkeitstatbestandes reduzieren. Er bezeichnet diesen Lösungsvorschlag als „unselbstständige", dh von der Fahrlässigkeitsstrafe abhängige Schuldtheorie[50]. Nach einem Vorschlag von *Hirsch* ist in derartigen Fällen wegen in „Erlaubnisfahrlässigkeit" begangenem Vorsatzdelikt zu bestrafen. Die Strafe soll jedoch nach §§ 17 S. 2, 49 II gemildert und die Tat stets als Vergehen eingestuft werden[51].

▸ Beispielsfälle bei *Beulke*, Klausurenkurs I Rn 256 und Klausurenkurs III Rn 45

711 Im **Fall 14** könnte die Strafbarkeit des A wegen Sachbeschädigung (§ 303 I) aufgrund eines Erlaubnistatbestandsirrtums ausgeschlossen sein, weil er irrtümlich die tatsächlichen Voraussetzungen einer Einwilligung des E annahm.

Nach der **Vorsatztheorie** entfällt der Vorsatz und damit insgesamt die Strafbarkeit, da eine fahrlässige Sachbeschädigung nicht unter Strafe steht. Nach der **Lehre von den negativen**

---

45 Statt aller *Blei*, AT, § 59 II 3; *Fischer*, § 16 Rn 22d; *Gallas*, Bockelmann-FS, S. 155, 170; *B. Heinrich*, AT, Rn 1133; *Hoffmann-Holland*, AT, Rn 449; *Jescheck/Weigend*, AT, § 41 IV 1 d; *Krey/Esser*, AT, Rn 743 ff; *Maurach/Zipf*, AT/1, § 37 Rn 19 ff, 43; LdR-*Wolters* (8/740), S. 5; *Schlüchter*, Irrtum, S. 172; *R. Schmidt*, AT, Rn 378, 543.

46 BGH NStZ 12, 272 m. Anm. *Engländer*, NStZ 12, 272; *Erb*, JR 12, 207; *ders.*, Wolter-FS, S. 19; *Hecker*, JuS 12, 263; *Jäger*, JA 12, 227; *Mandla*, StV 12, 334; *van Rienen*, ZIS 12, 377; *Rotsch*, ZJS 12, 109; krit. *Burchard*, HRRS 12, 421; *Paeffgen*, Frisch-FS, S. 401, 413 ff; fallbezogen *Esser/Langbauer*, JA 13, 28.

47 BGHSt 45, 378, 384.

48 BGHSt 31, 264, 286 f; BGH NJW 14, 1121 m. Bespr. *Brüning*, ZJS 14, 206 und *Kudlich*, JA 14, 153.

49 OLG Hamm NJW 87, 1034.

50 *Jakobs*, AT 11/43–11/58.

51 *Hirsch*, Schroeder-FS, S. 223; lehrreich zum Ganzen: *Freund*, AT, § 10 Rn 19; *Frisch*, Irrtum, S. 217 ff; *Hruschka*, Roxin-FS, S. 441; Überblick bei *Hillenkamp*, AT, S. 74; *Kelker*, Jura 06, 591; fallbezogen *Berster/Yenimazman*, JuS 14, 329; *Seier/Hembach*, JuS 14, 35.

Tatbestandsmerkmalen bliebe A (schon) deshalb straffrei, weil er den Gesamt-Unrechtstatbestand der Sachbeschädigung (§ 303 I mit allen in Betracht kommenden Rechtfertigungsgründen) nicht vorsätzlich verwirklicht hätte. Die irrige Annahme, dass E seine Einwilligung zur Beseitigung des Baumes erteilt habe, würde nach dieser Lehre in **direkter** Anwendung des § 16 I 1 den „Vorsatz" als solchen entfallen lassen. Nicht direkt, sondern **analog** ziehen die Vertreter der **eingeschränkten Schuldtheorie ieS** den § 16 I 1 heran, da zwischen den Tatbestandsmerkmalen und den Rechtfertigungsgründen im Hinblick auf die Unrechtsvoraussetzungen kein wesentlicher Unterschied bestehe, sodass Erlaubnistatbestandsirrtum und Tatbestandsirrtum stets gleich zu behandeln seien.

Für alle drei Theorien gilt gleichermaßen, dass für eine **Bestrafung des B** wegen **Beihilfe** zur Sachbeschädigung **kein Raum** bliebe, weil bereits keine „vorsätzlich" begangene Haupttat iSd § 27 vorläge. Eine Bestrafung des B wegen Sachbeschädigung in mittelbarer Täterschaft (§§ 303 I, 25 I Alt. 2) käme ebenfalls nicht in Betracht, da ihm der dafür erforderliche Tatherrschaftswille fehlte. B hat lediglich eine für ihn fremde Tat unterstützen wollen, weil er den A für bösgläubig hielt und von einer vorsätzlichen Verwirklichung des § 303 I durch den Haupttäter A ausging. Eine folgerichtige, konsequente Anwendung dieser Theorien würde somit bei einem Erlaubnistatbestandsirrtum des Haupttäters im Bereich der **Teilnehmerhaftung** zu **Strafbarkeitslücken** und sachlich unbefriedigenden Ergebnissen führen.

Nach der **strengen Schuldtheorie** hat A den § 303 I **vorsätzlich** verwirklicht. Es liegt aber ein Verbotsirrtum iSd § 17 vor. Da der Irrtum hier jedoch vermeidbar war, kann A gem. § 303 I bestraft werden. Es besteht lediglich die Möglichkeit der Strafmilderung. Demgegenüber ist A nach der hier vertretenen **rechtsfolgenverweisenden eingeschränkten Schuldtheorie** mangels Vorsatzschuldvorwurfs **nicht** wegen **vorsätzlicher** Sachbeschädigung zu bestrafen. Da die fahrlässige Sachbeschädigung straflos ist, bleibt A somit nach dieser Lösung straffrei.

Sowohl die strenge als auch die rechtsfolgenverweisende eingeschränkte Schuldtheorie stehen einer **Bestrafung des bösgläubigen B** nach dem Maß seiner Schuld (§ 29) wegen **Beihilfe** zur Sachbeschädigung **nicht entgegen**. Die irrige Vorstellung des A schließt das Vorliegen einer „vorsätzlich begangenen rechtswidrigen Haupttat" iSd §§ 27, 303 I nicht aus. Erforderlich ist allerdings noch ein Strafantrag des E (§ 303c).

Zu den Konsequenzen, die sich aus dem vorstehend erörterten Theorienstreit für den **Deliktsaufbau** ergeben, vgl Rn 1217 ff.

IV. Der Erlaubnisirrtum (indirekter Verbotsirrtum)

1. Der Erlaubnisirrtum als indirekter Verbotsirrtum

Ein bloßer **Erlaubnisirrtum** ist gegeben, wenn der Täter die **rechtlichen Grenzen** 712
eines anerkannten Rechtfertigungsgrundes verkennt oder an das Bestehen eines von der Rechtsordnung nicht anerkannten Rechtfertigungsgrundes glaubt (**= indirekter Verbotsirrtum**).

So zB wenn der Angegriffene im Fall der Notwehr meint, er dürfe jedes beliebige Verteidigungsmittel benutzen oder den Angreifer auch nach endgültiger Beendigung des Angriffs noch weiter verletzen[52].

52 Vgl BGHSt 45, 378; BGH NStZ 03, 596.

713 Der **Erlaubnisirrtum** folgt als **„indirekter Verbotsirrtum“** den in § 17 normierten Regeln des direkten Verbotsirrtums, schließt also bei dessen Vermeidbarkeit die Vorsatzschuld nicht aus. Die Einstellung des Täters zur Rechtsordnung ist eher mit der des direkten Verbotsirrtums vergleichbar, da der im Erlaubnisirrtum Handelnde sich **bei zutreffender Erfassung der Sachlage** von **Vorstellungen leiten lässt, die denen des Gesetzgebers widersprechen**, also einen Abfall von den Wertprinzipien der Rechtsordnung enthalten[53]. Wer die **Tatsituation** und den **sozialen Sinngehalt des Geschehens richtig erfasst**, aber gleichwohl zu der irrigen Ansicht kommt, sein Verhalten sei gerechtfertigt, muss bei Vermeidbarkeit des Irrtums für seine fehlerhafte Wertentscheidung einstehen: Im engen Bereich des Strafrechts dürfen von jedem Einsichtsfähigen sozialethisch richtige Entscheidungen gefordert werden. Hier kommt allenfalls eine Schuldminderung und demgemäß eine ihr angepasste **Milderung der Vorsatzstrafe** in Betracht.

Deshalb darf der „Erlaubnisirrtum“ auch nicht wie der „Erlaubnistatbestandsirrtum“ behandelt werden. Nur im letztgenannten Fall ist aufgrund der Fehlvorstellung über die Tatsituation und den rechtlich-sozialen Bedeutungsgehalt schon der Verhaltensunwert der Tat erheblich vermindert (s. Rn 701). Vom Standpunkt der sozialen Handlungslehre aus darf die Vorsatzstrafe als schwerste Strafsanktion unter dem Aspekt des Schuldvorwurfs aber nur den treffen, der den rechtlich-sozialen Bedeutungsgehalt seines Handelns richtig erfasst hat, also hinsichtlich aller Tatumstände, von denen die Unrechtsbewertung abhängt, voll „im Bilde war“.

2. Die Abgrenzung zwischen Erlaubnistatbestands- und Erlaubnisirrtum

714 Die Abgrenzung zwischen dem „Irrtum über den Erlaubnistatbestand“ und dem „Erlaubnisirrtum“ kann bisweilen schwierig sein.

Wo es zu Überschneidungen kommt, ist im Zweifel ein Erlaubnistatbestandsirrtum anzunehmen. Bei **Putativnotwehr** ist die Bejahung eines Erlaubnistatbestandsirrtums zB nicht auf den Fall beschränkt, dass der Täter sich irrig angegriffen fühlt. Um die irrige Annahme rechtfertigender Tatumstände handelt es sich auch, wenn er Art oder Stärke des wirklichen oder vermeintlichen Angriffs falsch beurteilt und sich daher **intensiver** als „erforderlich“ verteidigt[54] oder wenn er aufgrund konkreter Umstände (dh nicht rein abstrakt) einen rechtmäßigen Angriff für „rechtswidrig“ hält. Daran zeigt sich, dass der Erlaubnistatbestandsirrtum keineswegs mit einem „Tatsachenirrtum“ identisch ist, sondern bei **normativen Rechtfertigungselementen** (parallel zu den normativen Tatbestandsmerkmalen; s. Rn 353) auch Bewertungsirrtümer umfassen kann[55].

Auch wenn sich der Irrtum des Täters auf den Spezialfall eines **gesamttatbewertenden Rechtfertigungselementes** normativen Charakters bezieht, wie etwa auf die „Sittenwidrigkeit“ einer Körperverletzung, in die das Opfer eingewilligt hat (§ 228) oder auf die „Angemessenheit“ der Tat als Mittel der Gefahrabwendung beim rechtfertigenden Notstand (§ 34 S. 2), ist entsprechend den oben erörterten Regeln zu unterscheiden: Berührt der Irrtum allein die **Bewertungsgrundlagen**, etwa in der Weise, dass der Täter irrtümlich rechtmäßigkeitsbegründende Umstände für gegeben hält, die im Fall ihres wirklichen Vorliegens allen Anforderungen des Rechtfertigungsgrundes standhalten würden, wenn etwa der Täter einer Körperverletzung die

53 Vgl BGH MDR/H 78, 108.

54 Vgl BGH NStZ 96, 29; BGH StV 13, 503, 505.

55 Näher *Herzberg*, JZ 93, 1017, 1020; *Jescheck/Weigend*, AT, § 41 IV 1 d; *Kühl*, AT, § 13 Rn 78.

Sittenwidrigkeit der in Aussicht genommenen Tat schon deshalb nicht erkennt, weil ihm die erhebliche Lebensgefahr verborgen bleibt (s. Rn 560), so handelt es sich um einen **Erlaubnistatbestandsirrtum**, der analog § 16 I 1 zu behandeln ist. Betrifft der Irrtum dagegen das **Bewertungsurteil** als solches, weil der Täter zB trotz richtiger Erkenntnis der Sachlage aufgrund einer fehlerhaften Gesamtbewertung zu der irrigen Annahme gelangt, die Körperverletzung sei nicht „sittenwidrig" bzw seine Tat sei ein „angemessenes" Mittel der Gefahrabwendung, liegt ein nach § 17 zu behandelnder **Erlaubnisirrtum** vor (= Irrtum über die Grenzen des betreffenden Rechtfertigungsgrundes)[56].

3. Der sog. Doppelirrtum

Wenn der Täter nicht nur irrtümlich vom Vorliegen der tatsächlichen Voraussetzungen eines Rechtfertigungsgrundes ausgeht, sondern auch auf der Basis dieser Vorstellung sein vermeintliches Recht noch überschreitet, so liegt eine Konstellation vor, die man herkömmlicherweise (nicht ganz unbedenklich) als sog. **Doppelirrtum** bezeichnet. **715**

Beispiel: Kurz nach einem ehelichen Streit hört A ihren Ehemann B aus dem Keller kommen. Irrtümlich geht sie davon aus, dass B dort eine Axt geholt hat, um sie zu erschlagen. Als B die Tür öffnet, schießt die A in vermeintlicher Notwehr diesem direkt ins Herz, ohne dies vorher anzudrohen oder auf die Beine zu zielen. Sie glaubt jedoch, auch zum sofortigen gezielten Todesschuss berechtigt zu sein[57].

Ein solcher Doppelirrtum wird iE nach den Regeln des **Verbotsirrtums** behandelt[58]. **716**
Das Vorliegen eines Erlaubnistatbestandsirrtums ist nicht schon deshalb zu bejahen, weil A einen Angriff auf ihr Leben und damit ein Merkmal des betreffenden Rechtfertigungsgrundes für gegeben hält. Da die Rechtsordnung **selbst bei einem wirklichen Angriff** sofortige tödliche Schüsse hier mangels Erforderlichkeit nicht gestatten würde, kann der Umstand, dass sie nur irrtümlich von einem Angriff ausgeht, der A nicht zugute kommen. Sie muss sich deshalb so behandeln lassen, als wäre der Angriff tatsächlich gegeben, und dann läge wegen ihrer Fehlvorstellungen bzgl des Merkmals der Erforderlichkeit ihrer Notwehrhandlung ein Erlaubnisirrtum vor. Es wäre also nicht richtig zu sagen, A habe sich hier im Erlaubnistatbestandsirrtum **und** im Erlaubnisirrtum befunden. Vielmehr liegt **nur ein Erlaubnisirrtum** vor, weil die Rechtsordnung kein Notwehrrecht kennt, das so weit geht, wie es die A glaubte.

Für die Falllösung hat das die Konsequenz, dass bei der irrtümlichen Annahme der Voraussetzungen eines Merkmals eines Rechtfertigungsgrundes stets geprüft werden muss, ob auf der Basis dieser irrtümlich angenommenen Tatumstände auch alle sonstigen Voraussetzungen des Rechtfertigungsgrundes gegeben sind. Nur dann darf der Erlaubnistatbestandsirrtum bejaht werden (s. Rn 685, 697). Im Übrigen ist von einem Erlaubnisirrtum auszugehen[59]. **717**

▸ Beispielsfall bei *Beulke*, Klausurenkurs I Rn 270, II Rn 281, 324

56 Vgl BGHSt 49, 166, 176 *(Sado-Maso-Fall)* m. zust. Anm. *Hirsch*, JR 04, 477; *Lackner/Kühl*, § 228 Rn 11a; s. a. SK-*Rudolphi/Stein*, § 16 Rn 17.
57 Vgl BGH NStZ 87, 322.
58 Vgl auch BGHSt 3, 105, 108; s. a. *Hoffmann-Holland*, AT, Rn 459; *Zieschang*, AT, Rn 361.
59 S. a. BGH NJW 78, 1206; *Jäger*, AT, Rn 219; *Kraatz*, Jura 14, 787, 791; *Momsen/Sydow*, JuS 01, 1197; *Neubacher/Bachmann*, JA 10, 711, 718 f.

V. Der Irrtum über Entschuldigungsgründe

1. Irrtum über die sachlichen Voraussetzungen eines Entschuldigungsgrundes

718 Einigkeit besteht darüber, dass der **unvermeidbare Irrtum** über das Vorliegen der **Voraussetzungen eines anerkannten Entschuldigungsgrundes** den Täter entschuldigt. Dies ist sachgerecht, weil es für die psychische Zwangslage des Handelnden gleichgültig ist, ob die betreffende Gefahr tatsächlich oder, wie etwa beim **Putativnotstand**, nur in seiner Vorstellung existiert; der Motivationsdruck ist im einen wie im anderen Fall gleich groß[60]. Dagegen war lange umstritten, wie der **vermeidbare** Irrtum über entschuldigende Tatumstände zu behandeln ist:

719 a) Nach verbreiteter Auffassung sollte hier analog § 59 aF die Vorsatzschuld entfallen und nur wegen fahrlässiger Tat bestraft werden (sog. Fahrlässigkeitslösung)[61].

720 b) Die Gegenansicht wollte die für den **Verbotsirrtum** geltenden Grundsätze **sinngemäß** anwenden und den Täter bei Vermeidbarkeit seines Irrtums wegen **vorsätzlicher Tatbegehung**, jedoch mit der Möglichkeit der Strafmilderung zur Verantwortung ziehen[62].

721 Für die letztgenannte Auffassung spricht, dass die irrige Annahme entschuldigender Tatumstände einen **Irrtum eigener Art** darstellt, für den die „Fahrlässigkeitslösung" schon deshalb nicht passt, weil der Täter die Rechtswidrigkeit seines Verhaltens unter den gegebenen Umständen kennt, also **weiß, dass er Unrecht tut**. Dieser Besonderheit kann durch eine *sinngemäße* Anwendung der Verbotsirrtumsregeln am besten Rechnung getragen werden. In § 35 II hat der Gesetzgeber sich diesem Standpunkt für den **entschuldigenden Notstand** mit der Maßgabe angeschlossen, dass die Strafe bei Vermeidbarkeit des Irrtums zu mildern ist (s. Rn 659, 688 ff)[63]. Auf die übrigen Entschuldigungsgründe ist **§ 35 II analog** anzuwenden[64].

Der Weichensteller W, der seinen als Gleisarbeiter tätigen Bruder B rettet, indem er den heranrasenden Zug auf das Nebengleis lenkt, sodass der dort arbeitende X getötet wird, und der dabei übersieht, dass B den Zug in letzter Sekunde bemerkt und schon zu dem rettenden Sprung angesetzt hat, ist also nur strafbar, wenn der Irrtum vermeidbar war (§ 35 II).

2. Irrtum über die rechtlichen Grenzen eines Entschuldigungsgrundes

722 Der Irrtum über das **Bestehen** oder die **rechtlichen Grenzen** eines Entschuldigungsgrundes ist nach hA bedeutungslos, da allein die Rechtsordnung zu entscheiden hat, wann sie von der Erhebung eines Schuldvorwurfs absehen will[65].

Wenn W glaubt, er dürfe den X durch Umleitung des Zuges auch opfern, um seinen auf der ursprünglichen Strecke spielenden Hund vor dem sicheren Tod zu retten, ist dieser Irrtum über

60 RGSt 64, 30; BGHSt 5, 371.

61 RGSt 64, 30; 66, 222; BGHSt 5, 371, 374; 18, 311.

62 *Vogler*, GA 1969, 103.

63 Vgl (auch zur Prüfungspflicht des Notstandstäters) BGHSt 48, 255.

64 *Baumann/Weber/Mitsch*, AT, § 23 Rn 11; S/S-*Sternberg-Lieben/Schuster*, § 16 Rn 31; diff. *Walter*, Roxin II-FS, S. 763, 774 ff.

65 *Bachmann*, JA 09, 510; *B. Heinrich*, AT, Rn 1157; aA *Frister*, Die Struktur des „volutativen Schuldelements", 1993, S. 239 f; *Joecks*, St-K, § 17 Rn 12.

den Anwendungsbereich des § 35 (der zugunsten des Eigentums nicht eingreift, s. Rn 654) unbeachtlich.

S. a. die zusammenfassende **Übersicht** mit Fallbeispielen unter Rn 1144 ff.

Im **Fall 14** hat A also den Tatbestand des § 303 I erfüllt. Die Tat ist nicht durch Einwilligung gerechtfertigt. Es liegt jedoch ein Erlaubnistatbestandsirrtum vor, der nach der hier vertretenen rechtsfolgenverweisenden eingeschränkten Schuldtheorie die Vorsatzschuld entfallen lässt. Da die Sachbeschädigung in fahrlässiger Begehungsweise nicht unter Strafe gestellt ist, bleibt A demnach straffrei, s. Rn 697, 711. Gleichwohl kann B, der diesem Erlaubnistatbestandsirrtum nicht erlegen ist, wegen Beihilfe zu § 303 I bestraft werden, s. Rn 711. **723**

Aktuelle Rechtsprechung zu § 14:

- BGHSt 58, 15 und BGH StV 14, 13: Die Einholung anwaltlichen Rats im Vorfeld der Tat begründet nur dann die Unvermeidbarkeit eines Verbotsirrtums, wenn der Täter auf die Richtigkeit der Auskunft vertrauen durfte. Letzteres ist anhand der Gesamtumstände des Einzelfalls zu entscheiden, wobei strenge Anforderungen gelten. Verlassen darf man sich zB auf ein detailliertes, bei schwierigen Rechtsfragen schriftliches Gutachten ohne Gefälligkeitscharakter, welches als Ergebnis sorgfältiger Prüfung die Straflosigkeit des vom Täter beabsichtigten Verhaltens bestätigt, sofern es von einem im jeweiligen Fachgebiet versierten Rechtsanwalt erstellt wurde; vgl Rn 696.
- BGH NStZ 12, 272 *(Hells Angels-Fall)*: Behandlung des Erlaubnistatbestandsirrtums in Form eines Irrtums über das Vorliegen eines rechtswidrigen Angriffs im Sinne des § 32 (Putativnotwehr); er führt „entsprechend § 16 I 1 zum Ausschluss der Vorsatzschuld"; vgl Rn 708 f.
- BGH StV 13, 503: Ein Erlaubnistatbestandsirrtum liegt auch dann vor, wenn der sich objektiv in einer Notwehrlage befindliche Angegriffene die Stärke des Angriffs falsch beurteilt und sich daher intensiver als erforderlich verteidigt; vgl Rn 709; ferner 498, 697, 713.
- BGH NJW 14, 1121: Erkennt der Täter nicht, dass ein Angriff gegen ihn beendet und die zunächst gegebene Notwehrlage somit im Verlauf des Kampfgeschehens entfallen ist, weil er irrtümlich glaubt, der Angreifer täusche die Kampfunfähigkeit lediglich vor, liegt ein Erlaubnistatbestandsirrtum vor; vgl Rn 709; ferner Rn 487 und Rn 672 ff.

§ 15 Persönliche Strafausschließungs- und Strafaufhebungsgründe. Der Irrtum über strafausschließende Umstände und Strafverfolgungsvoraussetzungen

Fall 15: **724**

a) Der M hat im Wäscheschrank seiner Ehefrau F ein Versteck mit einem größeren Geldbetrag entdeckt. Er entwendet hiervon 5000 €, mit denen er dem wegen Bandenhehlerei (§ 260 I Nr 2) gesuchten B die Flucht ins Ausland ermöglicht. M und B sind bei Pflegeeltern aufgewachsen, die sie in dem Glauben gelassen haben, dass sie Geschwister seien. In Wirklichkeit besteht zwischen ihnen kein Verwandtschaftsverhältnis. Von dem entwendeten Geld nahm er irrig an, es gehöre der Nachbarin N, für die F es lediglich verwahre.

b) Das entwendete Geld war Eigentum der Nachbarin N, M glaubte jedoch, es gehöre als Rest eines früheren Lottogewinns seiner Ehefrau F.

Wie ist das Verhalten des M strafrechtlich zu beurteilen? **Rn 736**

I. Persönliche Ausnahmen von der Strafbarkeit

725 Zur Strafbarkeitsbegründung genügt idR das Vorliegen von Unrecht und Schuld. Es gibt aber Ausnahmefälle, in denen die Strafbarkeit des Verhaltens von zusätzlichen Voraussetzungen wie zB von „objektiven Bedingungen der Strafbarkeit" (s. Rn 206 ff) abhängt oder bei denen **streng personenbezogene Gründe**, die jenseits von Unrecht und Schuld stehen, kraft gesetzlicher Sonderregelung strafausschließend oder strafaufhebend wirken. Solche Ausnahmen von der Strafbarkeit bilden die **persönlichen Strafausschließungs- und Strafaufhebungsgründe**, denen gemeinsam ist, dass sie nur demjenigen Täter oder Teilnehmer zugute kommen, in **dessen Person** sie gegeben sind (§ 28 II).

1. Strafausschließungsgründe

726 Als **persönliche Strafausschließungsgründe** werden die gesetzlich normierten Umstände, deren Gegebensein **von vornherein** zur Straflosigkeit führt und die schon **bei Begehung der Tat** vorgelegen haben müssen bezeichnet.

Zum Teil verdanken sie ihre Existenz kriminalpolitischen Zweckmäßigkeitserwägungen. In anderen Fällen hat der Gesetzgeber sich durch die Rücksichtnahme auf eine **notstandsähnliche** Konfliktsituation dazu bewegen lassen, dem verminderten Schuldgehalt der Tat durch Schaffung eines persönlichen Strafausschließungsgrundes Rechnung zu tragen (zB bei der Strafvereitelung zugunsten von Angehörigen nach § 258 VI).

Zu den persönlichen Strafausschließungsgründen zählen insbes. die **Indemnität von Abgeordneten** (§ 36), das **jugendliche Alter** von Abkömmlingen und Geschwistern beim Beischlaf zwischen Verwandten (§ 173 III), das **Angehörigenverhältnis** im Fall der Strafvereitelung (§ 258 VI), die **Beteiligung an der Vortat** bei Begünstigungs- (§ 257 III) und Strafvereitelungshandlungen (§ 258 V) sowie die Schwangereneigenschaft bei §§ 218 IV 2, 218a IV 1, 218b I 3 und 218c II.

2. Strafaufhebungsgründe

727 **Persönliche Strafaufhebungsgründe** sind dagegen Umstände, die erst **nach Begehung** einer Straftat eintreten und die bereits begründete Strafbarkeit rückwirkend wieder beseitigen.

Hierzu gehören vor allem der **Rücktritt vom Versuch** (§ 24) und vom **Versuch der Verbrechensbeteiligung** (§ 31), die rechtzeitige Berichtigung der falschen Angaben im Fall des § 163 II, die **„tätige Reue"** nach Vollendung bestimmter Delikte (vgl §§ 98 II 2, 306e II, 314a III, 320 III, 330b I 2) sowie die Selbstanzeige bei der Steuerhinterziehung (§ 371 AO)[1].

1 Zu Letzterer: *Wittig*, Jura 14, 567.

II. Strafeinschränkungsgründe und Zulässigkeit der Strafverfolgung

1. Absehen von Strafe

In einigen Fällen steht es im pflichtgemäßen Ermessen des Gerichts, ob es aufgrund bestimmter gesetzlicher Voraussetzungen **von Strafe absehen** oder die **Strafe mildern** will (zB §§ 46a, 46b I 4, 83a, 86 IV, 87 III, 98 II 1, 139 I, 142 IV, 157, 158, 218a IV 2, 306e I, 314a I, II, 320 I, II, 330b I 1)[2]. **728**

Nach § 60 **sieht** das Gericht ferner **von Strafe ab** (obligatorisch), wenn die Folgen der Tat, die den Täter getroffen haben, so schwer sind, dass die Verhängung einer Strafe **offensichtlich verfehlt** wäre. Dies gilt nicht, wenn für die Tat Freiheitsstrafe von mehr als einem Jahr verwirkt ist[3].

Beim **Absehen von Strafe** handelt es sich um einen **Strafverzicht**, der auf einer Verneinung der Strafbedürftigkeit beruht.

2. Voraussetzungen und Hindernisse der Strafverfolgung

Verfahrensrechtlichen Charakter haben die **Strafverfolgungsvoraussetzungen** (zB Strafantrag, § 77, Ermächtigung gem. § 194 IV und Genehmigung des Bundestages iSd Art. 46 II GG) sowie die **Strafverfolgungshindernisse** (zB Verjährung[4], § 78, Exterritorialität, §§ 18, 19 GVG, und Abgeordnetenimmunität, Art. 46 II GG). **729**

Wie weit einzelnen Umständen dieser Art (insbes. der Verjährung) zugleich materiellrechtliche Bedeutung zukommt, ist strittig[5].

III. Der Irrtum über strafausschließende Umstände

Die Auffassungen darüber, ob und inwieweit ein **Irrtum über strafausschließende Umstände** beachtlich ist, sind geteilt: **730**

a) Die hM stellt allein auf die **objektive Lage** ab. Begründet wird dies damit, dass die persönlichen Strafausschließungsgründe jenseits von Unrecht und Schuld stünden und vom Vorsatz des Täters nicht umfasst zu werden brauchten. Maßgebend sei nur ihr objektives Vorhandensein im Zeitpunkt der Tat; ein **Irrtum** in dieser Hinsicht sei **unbeachtlich**[6].

b) Die entgegengesetzte Auffassung will auch der **Tätervorstellung** Rechnung tragen, sofern im Rahmen des betreffenden Strafausschließungsgrundes **privilegierende Schuldgesichtspunkte** eine Rolle spielen[7].

---

2 Zur Strafmilderung: *Streng*, Kühl-FS, S. 489.
3 Näher BGHSt 27, 298; BGH NStZ 97, 121 m. Anm. *Stree*; *Müller-Dietz*, Lange-FS, S. 303; vert. *Gräfe*, Sinn und System des Absehens von Strafe, 2012.
4 Dazu *Meyer*, JA 14, 342.
5 BVerfGE 25, 269; *Beulke*, StPO, Rn 8 ff; *Meyer-Goßner*, Prozessvoraussetzungen und Prozesshindernisse, 2011, S. 56 f; *Volk*, Prozessvoraussetzungen im Strafrecht, 1978, S. 225.
6 Vgl RGSt 61, 270; *Welzel*, Lb S. 357.
7 Vgl *Horn*, MDR 71, 8; S/S-*Sternberg-Lieben/Schuster*, § 16 Rn 34.

731 Den Besonderheiten der einzelnen Strafausschließungsgründe und den sehr unterschiedlichen Erwägungen des Gesetzgebers für ihre Aufnahme in das StGB wird nur eine **differenzierende Lösung** gerecht:

Auf die rein **objektive Lage** ist überall dort abzustellen, wo die gesetzliche Regelung ausschließlich oder überwiegend **staatspolitischen** Belangen dient (zB § 36) oder auf **kriminalpolitischen** Zweckmäßigkeitserwägungen beruht (zB §§ 173 III, 257 III).

Auf das **Vorstellungsbild** des Täters ist dagegen Rücksicht zu nehmen, wenn der Strafausschließungsgrund in erster Linie einer **notstandsähnlichen** Motivationslage und dem verminderten Schuldgehalt der Tat Rechnung tragen will.

732 § 258 VI (Strafvereitelung zugunsten eines Angehörigen), welcher der letzteren Fallgruppe zuzuordnen ist, zeigt die Notwendigkeit einer differenzierenden Betrachtung sehr deutlich. In dieser Vorschrift kommt vorrangig die **Privilegierung einer schuldmindernden notstandsähnlichen Konfliktlage** zum Ausdruck. Das Gesetz respektiert das **natürliche Gefühl der Solidarität** unter nahen Angehörigen. Dem Täter wird darüber hinaus auch deshalb **Nachsicht gewährt**, weil er die Strafvereitelung häufig als eine Art „Selbstschutz" mit dem Ziel bewirkt, den **ihm selbst drohenden Folgen** wirtschaftlicher oder gesellschaftlicher Art vorzubeugen, die sich für ihn oder seine Familie aus der Strafverfolgung gegen den Angehörigen ergeben könnten. Dieser persönliche Strafausschließungsgrund wurzelt somit auch im Schuldbereich und nähert sich bereits den Entschuldigungsgründen[8]. Wer eine Strafvereitelung zu Gunsten eines vermeintlichen Angehörigen begeht, befindet sich in der gleichen seelischen Konfliktlage wie derjenige, der einem wirklichen Angehörigen zur (endgültigen, zeitweiligen oder teilweisen) Vereitelung des staatlichen Strafanspruchs verhilft. Nach dem Sinn und Zweck des § 258 VI verdient er ebenfalls die dort vorgesehene „Nachsicht", sodass es geboten erscheint, einem Irrtum dieser Art **strafausschließende Wirkung** zuzubilligen. Das Abstellen auf das wirkliche Bestehen eines Angehörigenverhältnisses[9] ist mit dem der Vorschrift zugrunde liegenden Gedanken daher nicht zu vereinbaren.

733 Bei einem **vermeidbaren** Irrtum stellt sich die Frage, ob **§ 35 II entsprechend** anzuwenden und statt Strafbefreiung nur eine Strafmilderung (§ 49 I) zu gewähren ist[10]. Dafür könnte sprechen, dass ein Irrtum über das Angehörigenverhältnis auch beim entschuldigenden Notstand möglich ist (**Beispiel:** Der Täter glaubt, bei dem Gefährdeten handele es sich um einen Angehörigen)[11]. Dies würde allerdings bedeuten, dass ein Irrtum im Fall des § 258 VI anders zu beurteilen wäre als eine Fehlvorstellung im Bereich des § 258 V, wo es ebenfalls um die Berücksichtigung einer notstandsähnlichen Lage geht und wo aufgrund der subjektivierten Gesetzesfassung (= vereiteln **will**) Straffreiheit auch dann gewährt wird, wenn der Täter mit der Strafvereitelungshandlung nur eine ihm vermeintlich drohende Gefahr hat abwenden wollen. Ob sein Irrtum vermeidbar oder unvermeidbar war, wird dort als unerheblich betrachtet[12]. Das legt es nahe, auch innerhalb des § 258 VI **allein auf die innere Zwangslage** des Täters, nicht aber zusätzlich auf die Vermeidbarkeit der Fehlvorstellung abzustellen[13].

---

8 Vgl *Bloy*, JuS 93, L 33; *Jescheck/Weigend*, AT, § 42 II 1; *Roxin*, JuS 88, 425, 432.
9 So aber RGSt 61, 270; *Jahn/Palmers*, JuS 09, 411.
10 So *Preisendanz*, Strafgesetzbuch, 30. Aufl. 1978, § 258 VIII 3.
11 Vgl S/S-*Perron*, § 35 Rn 42.
12 S/S-*Stree/Hecker*, § 258 Rn 37.
13 Ebenso BK-*Ruhmannseder*, § 258 Rn 44; S/S-*Stree/Hecker*, § 258 Rn 41; krit. dazu *Roxin*, AT I, § 22 Rn 141; zum Ganzen *Hillenkamp*, AT, S. 83.

Im umgekehrten Irrtumsfall, in dem der Täter **keine Kenntnis** von der Angehörigeneigenschaft des Begünstigten hat, ist der Strafausschließungsgrund des § 258 VI konsequenterweise nicht anwendbar, da es an der erforderlichen Konfliktlage in der Person des Täters fehlt. 734

IV. Der Irrtum über Strafverfolgungsvoraussetzungen

Bei den dem Verfahrensrecht angehörenden **Strafverfolgungsvoraussetzungen** und **Strafverfolgungshindernissen** ist allgemein anerkannt, dass es allein auf die **tatsächlichen Gegebenheiten** und nicht auf die Vorstellung des Täters über ihr Vorliegen oder Nichtvorliegen ankommt. Im Fall des Haus- und Familiendiebstahls (§ 247) ist ein **Irrtum** über das **Angehörigenverhältnis** daher **unbeachtlich**, weil dieser Umstand dort nur für das Antragserfordernis als Strafverfolgungsvoraussetzung Bedeutung hat[14]. 735

Vgl auch die **Übersicht** zur Irrtumslehre Rn 1144 ff, insbes. Rn 1157 f, 1160, 1172, 1175.

Im **Fall 15a** hat M dem B die Flucht ins Ausland ermöglicht und dadurch den Tatbestand des § 258 I verwirklicht. Die Voraussetzungen für einen Strafausschluss nach § 258 VI sind objektiv nicht gegeben, da M und B blutsmäßig nicht miteinander verwandt sind und zwischen ihnen kein „Angehörigenverhältnis" iSd §§ 258 VI, 11 I Nr 1 besteht. Ein Pflegekindschaftsverhältnis begründet anders als eine Adoption zwischen den familienzugehörigen Kindern kein „Geschwisterverhältnis". M hat jedoch angenommen, dass B sein leiblicher Bruder sei. Da der Strafausschließungsgrund des § 258 VI in erster Linie der **notstandsähnlichen Motivationslage** Rechnung tragen will und diese **auch bei irriger Annahme** des Angehörigenverhältnisses gegeben ist, bleibt M hinsichtlich der Strafvereitelung – unabhängig von der Vermeidbarkeit der Fehlvorstellung – straffrei (§ 258 I, VI); s. Rn 732 f. 736

Hinsichtlich der entwendeten 5000 € lag objektiv ein Diebstahl unter Angehörigen vor (§§ 242, 247). Ein Strafantrag der F ist daher Strafverfolgungsvoraussetzung. Die diesbezügliche Unkenntnis des M ist ein unbeachtlicher Irrtum; s. Rn 735.

Im **Fall 15b** waren die entwendeten 5000 € Eigentum der Nachbarin N. Deshalb greift nur § 242 ein. Die irrige Annahme des M, dass die Voraussetzungen des § 247 gegeben seien, ist belanglos. Die Strafverfolgung ist **von Amts wegen** zu betreiben (vgl §§ 160, 152 II StPO; s. Rn 735).

§ 16 Täterschaft und Teilnahme

Fall 16: Der von dem Fabrikanten F adoptierte A strebt danach, als Erbe des F möglichst bald Inhaber des Unternehmens zu werden. Da er befürchtet, dass F ihn bei Fortsetzung seines bisherigen Lebenswandels enterben werde, stellt er dem Waldarbeiter W eine hohe Belohnung in Aussicht, falls dieser den häufig zur Jagd im Wald weilenden F umbringe. W er- 737

14 Vgl BGHSt 18, 123; Matt/Renzikowski-*Gaede*, § 247 Rn 5.

klärt sich dazu bereit, worauf A ihm ein Gewehr nebst Munition verschafft und ihm ein Foto aushändigt, das den F in seiner üblichen Jagdkleidung zeigt. Am nächsten Wochenende lauert W vor der Jagdhütte des F auf sein Opfer. Aus dem Hinterhalt erschießt er den mit F verabredeten Jagdgast J, den er in der Dämmerung für F gehalten hat. Nach Entdeckung seines Irrtums und eiliger Beseitigung der Leiche wartet W bis zum Eintreffen des F, den er ebenfalls mit einem tödlichen Schuss aus dem Hinterhalt niederstreckt.

Wie haben A und W sich strafbar gemacht? **Rn 742, 758, 772, 785, 823, 827, 834, 837**

I. Beteiligungsformen und Täterbegriff

1. Dualistisches Beteiligungssystem und Einheitstäterprinzip

738 Das deutsche Strafrecht unterscheidet bei der Beteiligung mehrerer Personen an einer Straftat zwischen Täterschaft und Teilnahme. Als **Täter** wird bestraft, wer die Straftat selbst **(unmittelbare Täterschaft)** oder durch einen anderen **(mittelbare Täterschaft)** begeht, § 25 I. Begehen mehrere die Straftat gemeinschaftlich, so wird jeder als Täter **(Mittäter)** bestraft, § 25 II. Hinzu kommt die gesetzlich nicht geregelte Nebentäterschaft. **Teilnehmer** ist, wer einen anderen zu dessen vorsätzlich begangener rechtswidriger Tat vorsätzlich bestimmt (**Anstiftung**, § 26) oder ihm zu einer solchen Tat vorsätzlich Hilfe leistet (**Beihilfe**, § 27). Täterschaft ist danach die unmittelbare, mittelbare oder gemeinschaftliche Begehung einer **eigenen** Straftat; Teilnahme ist die in §§ 26, 27 umschriebene Beteiligung an einer **fremden** Tat. Diese Differenzierung ermöglicht es, jeden Tatbeitrag so zu erfassen, wie es seinem sachlichen Gewicht und seinem besonderen Verhaltensunwert entspricht.

739 Den Gegensatz zu diesem dualistischen Beteiligungssystem (= Täterschaft und Teilnahme) bildet das **Einheitstäterprinzip**, wonach jeder, der einen **ursächlichen Beitrag** zur Tatbestandsverwirklichung geleistet hat, ohne Rücksicht auf das sachliche Gewicht seines Tatbeitrags als Täter angesehen wird. Maßgebliches Kriterium der Einheitstäterschaft ist allein die Kausalität; Art und Bedeutung des Tatbeitrags kommen erst im Bereich der Strafzumessung zur Geltung. Für das Strafrecht mit seinen einschneidenden Rechtsfolgen ist dieses Einheitstäterprinzip wegen seines vergröbernden Maßstabes ungeeignet; aus Vereinfachungsgründen hat der Gesetzgeber den Einheitstäterbegriff jedoch in das Ordnungswidrigkeitenrecht übernommen, § 14 OWiG[1].

Zur strafrechtlichen **Organ- und Vertreterhaftung** beim Handeln für einen anderen s. **§ 14 StGB** und **§ 9 OWiG** (s. Rn 141).

740 Die Notwendigkeit einer Unterscheidung zwischen Täterschaft und Teilnahme ist bei den Vorsatzdelikten gesetzlich vorgegeben. Ob sie darüber hinaus auch bei den anders strukturierten Fahrlässigkeitsdelikten Bedeutung erlangt, insbes. ob es eine **fahrlässige Mittäterschaft** mit gegenseitiger Zurechnung der Tatbeiträge gibt, ist um-

1 *Bloy*, Schmitt-FS, S. 33; *Bock*, Jura 05, 673; *Krey/Esser*, AT, Rn 781; *Seier*, JA 90, 342, 382; vgl auch *Kienapfel/Höpfel/Kert*, AT E 2, Rn 25; *Mitsch*, NZWiSt 14, 1; *Rehaag*, Prinzipien von Täterschaft und Teilnahme in europäischer Rechtstradition, 2010; *Rotsch*, „Einheitstäterschaft" statt Tatherrschaft, 2009, S. 131 ff; *Schmoller*, GA 2006, 365; *Volk*, Roxin-FS, S. 563; *Weißer*, Täterschaft in Europa, 2011, S. 131 ff.

stritten[2]. Zumeist ist eine Abgrenzung insoweit überflüssig, weil **Täter** eines **Fahrlässigkeitsdelikts** bereits jeder ist, der durch eine **Sorgfaltspflichtverletzung** in objektiv zurechenbarer Weise zur Tatbestandsverwirklichung beiträgt (vgl Rn 926 ff). Lässt sich allerdings im Nachhinein nicht mehr klären, welche Handlung von mehreren Tätern, die gemeinsam einen Entschluss gefasst haben, sich sorgfaltswidrig zu verhalten, für den Erfolg kausal geworden ist, so kann die sachgerechte strafrechtliche Fahrlässigkeitshaftung nur über die Rechtsfigur der fahrlässigen Mittäterschaft herbeigeführt werden (s. Rn 226)[3].

Im Bereich der **unechten Unterlassungsdelikte** wird darüber hinaus die Existenz einer **Garantenpflicht** iSd § 13 vorausgesetzt (vgl Rn 1004 ff).

2. Grundlage der Täterschaft

Grundlage der Täterschaft ist der **gesetzliche Tatbestand** (= tatbestandsbezogener Täterbegriff). Die Strafvorschriften des Besonderen Teils im StGB setzen als selbstverständlich voraus, dass die **Täterschaft** sich **unmittelbar aus der Tatbestandsverwirklichung** ergibt. Wer die mit Strafe bedrohte Handlung **selbst begeht** und in seiner Person sämtliche Merkmale des objektiven und subjektiven Unrechtstatbestandes erfüllt, ist **ohne Weiteres „Täter“**, § 25 I Alt. 1[4]. **741**

Im **Fall 16** ist daher zunächst zu prüfen, welchen Tatbestand W verwirklicht hat. Die Tötung **des J** erfüllt objektiv und subjektiv den Tatbestand des § 212. Insbes. lässt die Tatsache, dass W den J mit F verwechselt hat *(= error in persona)*, seinen Vorsatz unberührt (s. Rn 360 ff). Seine **Täterschaft** folgt zwangsläufig daraus, dass er den Tatbestand des § 212 **eigenhändig verwirklicht**, die Straftat also **„selbst begangen“** hat (§ 25 I Alt. 1). **742**

Da W ferner „aus Habgier“ und „heimtückisch“ gehandelt hat, sind Mordmerkmale gem. § 211 II 1. und 2. Gruppe erfüllt: Handeln aus **Habgier** ist zu bejahen, wenn der Täter, wie dies bei W der Fall ist, sich von einem **rücksichtslosen und verwerflichen Gewinnstreben** (hier: durch das Inaussichtstellen einer Belohnung) zur Vernichtung fremden Menschenlebens bestimmen lässt. **Heimtückisch** handelt, wer **die Arg- und Wehrlosigkeit des Opfers bewusst zur Tötung ausnutzt**. Dass J als Jagdgast mit Waffen ausgerüstet war, berührt die Frage seiner Wehrlosigkeit nicht, weil er sich im Augenblick der Tat keines feindseligen Angriffs versah und der Zustand der **Wehrlosigkeit** sich hier gerade aus seiner **Arglosigkeit** ergab. Diese Situation hat W in verwerflicher Weise zur Tötung des J ausgenutzt[5] .

Einen **zweiten Mord** (§§ 212, 211) hat W dadurch begangen, dass er **auch den F** erschossen hat.

Sodann ist die Strafbarkeit des A zu prüfen. A hat den Entschluss zur Tötung **des F** in W geweckt und ihm die Tatwaffe zur Verfügung gestellt, an der Tatausführung (Tötung von F und J) selbst aber nicht mitgewirkt. Fraglich ist, ob A ebenfalls als Täter oder nur als Teilnehmer hinsichtlich der unmittelbar von W begangenen Straftaten anzusehen ist.

---

2 Bejahend *Beulke/Bachmann*, JuS 92, 744; *Frister*, AT, 26. Kap. Rn 4; SK-*Hoyer*, § 25 Rn 150 ff; *ders.*, Puppe-FS, S. 515; MK-*Joecks*, § 25 Rn 275 ff; *Küpper*, GA 1998, 519, 526; *Otto*, Jura 98, 412; *Renzikowski*, Täterbegriff, S. 282 ff; *ders.*, Otto-FS, S. 423; *Roxin*, Täterschaft, S. 737; *Weißer*, JZ 98, 230; s. a. *Dencker*, S. 178; *Geppert*, Jura 11, 30, 32; *Kraatz*, Die fahrlässige Mittäterschaft, 2005.

3 Abl. *Gropp*, GA 2009, 265; *Hoffmann-Holland*, AT, Rn 477, 544; *Puppe*, GA 2004, 129; *Rotsch*, Puppe-FS, S. 887.

4 BGHSt 38, 315; LK-*Schünemann*, § 25 Rn 53; krit. *Hillenkamp*, Schünemann-FS, S. 407.

5 Einzelheiten s. *Wessels/Hettinger*, BT/1, Rn 93 ff.

II. Die Abgrenzung zwischen Täterschaft und Teilnahme

743 Dem Streit, wie die unterschiedlichen Beteiligungsformen voneinander abzugrenzen sind, kommt vor allem im Verhältnis von mittelbarer Täterschaft und Anstiftung sowie Mittäterschaft und Beihilfe Bedeutung zu.

1. Die formal-objektive Theorie

744 Nach der älteren **formal-objektiven** Theorie ist Täter, wer die tatbestandliche **Ausführungshandlung** ganz oder teilweise selbst vornimmt. Teilnehmer ist, wer zur Tatbestandsverwirklichung nur durch eine **Vorbereitungs- oder Unterstützungshandlung** beiträgt.

Diese bis 1930 in der Rechtslehre vorherrschende Theorie ist zu eng und wird heute nur noch vereinzelt vertreten[6]. Ihre Schwäche liegt darin, dass sie die gesetzlich vorgesehene Rechtsfigur der mittelbaren Täterschaft nicht zu erklären vermag und außerstande ist, bei der gemeinschaftlichen Tatbegehung zB den im Hintergrund bleibenden Bandenchef als Mittäter zu fassen.

2. Die Tatherrschaftslehre

745 In der Rechtslehre hat sich im Bereich der neueren **materiell-objektiven und final-objektiven** Theorien in unterschiedlicher Ausprägung die **Lehre von der Tatherrschaft** durchgesetzt, die den aus objektiven und subjektiven Kriterien bestehenden Begriff der „Tatherrschaft" zum Leitprinzip erhoben hat, wenn es um die Abgrenzung zwischen Täterschaft und Teilnahme geht. **Tatherrschaft** in diesem Sinne bedeutet **„das vom Vorsatz umfasste In-den-Händen-Halten des tatbestandsmäßigen Geschehensablaufs"**[7].

Diese Tatherrschaft tritt bei der unmittelbaren Täterschaft als **„Handlungsherrschaft"**, bei der mittelbaren als **„Willens-, Wissens- oder Organisationsherrschaft"** des Hintermannes und bei der Mittäterschaft als **„funktionelle Tatherrschaft"** der arbeitsteilig handelnden Mittäter in Erscheinung[8].

746 **Täter** ist hiernach, wer als „Zentralgestalt" (= Schlüsselfigur) des Geschehens die planvoll-lenkende oder mitgestaltende Tatherrschaft besitzt, die Tatbestandsverwirklichung somit nach seinem Willen hemmen oder ablaufen lassen kann. **Teilnehmer** ist, wer ohne eigene Tatherrschaft als „Randfigur" des realen Geschehens die Begehung der Tat veranlasst oder sonst wie fördert[9].

---

6 *Freund*, AT, § 10 Rn 35; zu ihm *Roxin*, Täterschaft, S. 665.

7 *Maurach*, AT, 4. Aufl., 1971, § 49 II C 2; hierzu ausf. *Maurach/Gössel/Zipf*, AT/2, § 47 Rn 85 ff.

8 Grundlegend *Roxin*, Täterschaft, S. 107 ff.

9 Näher *Beulke/Ruhmannseder*, Volk-FS, S. 45; *Damnjanović*, Die Beteiligungsformen im deutschen und serbischen Strafrecht sowie in der ICTY-Rechtsprechung, 2013, S. 19 ff; S/S-*Heine/Weißer*, Vorbem. §§ 25 ff Rn 72 ff; *Herzberg*, S. 7; SK-*Hoyer*, Vor § 25 Rn 11, 15; *Jakobs*, AT, 21/35; *Jescheck/Weigend*, AT, § 61 V; MK-*Joecks*, § 25 Rn 34; *Krey/Esser*, AT, Rn 825 ff, 844 ff; *Kühl*, JA 14, 668; *Murmann*, Die Nebentäterschaft im Strafrecht, 1993, S. 180 ff; *Renzikowski*, Täterbegriff, S. 50 ff; *ders.*, Schünemann-FS, S. 495; *Roxin*, AT II, § 25 Rn 10 ff; LK-*Schünemann*, § 25 Rn 32 ff; *Stratenwerth/Kuhlen*, AT, § 12 Rn 15; krit. *Haas*, Die Theorie der Tatherrschaft und ihre Grundlagen, 2008; *ders.*, ZStW 119 [2007], 519; NK-*Schild*, § 25 Rn 23 ff; *ders.*, Täterschaft als Tatherrschaft, 1994; *Sinn*, Straffreistellung aufgrund von Drittverhalten, 2007, S. 143.

Zu einer andersartigen Gesamtschau, die sich von allen herkömmlichen Theorien abwendet, gelangt *Stein*, der die wesentlichen Unterschiede zwischen den einzelnen Beteiligungsformen bereits auf der Ebene der Verhaltensnormen sucht und sich um eine „funktionale Systematisierung" der Abgrenzungsproblematik bemüht[10]. 747

Der Tatherrschaftslehre kritisch gegenüber steht auch *M. Heinrich*, der seinerseits auf die „Entscheidungsträgerschaft" als Beurteilungskriterium täterschaftlichen Verhaltens abstellt[11]. Im Ergebnis gleicht dies weitgehend der Tatherrschaftslehre.

3. Die subjektive Theorie

Die vornehmlich in der (älteren) Rspr vertretene **subjektive Theorie** knüpft an die Willensrichtung und an die innere Einstellung der Beteiligten zur Tat an: **Täter** ist, wer mit **Täterwillen** *(animus auctoris)* handelt und die Tat „als eigene" will. Bloßer **Teilnehmer** ist, wer mit **Teilnehmerwillen** *(animus socii)* tätig wird und die Tat „als fremde" veranlassen oder fördern will. 748

Diese subjektive Theorie hat in der Rspr keine einheitliche Entwicklung erfahren. Neben Entscheidungen, die eine subjektive Abgrenzung ganz verwerfen[12], wurde in Ausnahmefällen eine **„extrem-subjektive Theorie"** praktiziert, die bei „Unterordnungsverhältnissen" und mangelndem Eigeninteresse des Ausführenden auch denjenigen nur als **Gehilfen** bestrafte, der in eigener Person den **gesetzlichen Tatbestand voll verwirklicht** hatte[13]. Der „extrem-subjektiven Theorie" ist jetzt durch § 25 I Alt. 1 die Grundlage entzogen[14]. Dies ist zu begrüßen, weil sie die sog. „animus-Formel" zu einem leeren Schlagwort verfälscht und der Rspr die Möglichkeit gegeben hat, Täterschaft und Teilnahme zu beliebig austauschbaren Begriffen zu machen, wenn dies zur Durchsetzung einer anders nicht erreichbaren Strafmilderung für erwünscht gehalten wurde[15].

Auch die neuere Rspr hält zwar an der subjektiv orientierten Abgrenzung grundsätzlich fest. Sie erfährt aber nunmehr eine deutliche **Objektivierung**, indem die subjektive Einstellung zur Tat aufgrund einer **wertenden Gesamtbetrachtung** beurteilt wird. Wesentliche **Anhaltspunkte** sind dabei neben dem **Grad des eigenen Interesses** am Erfolg der Tat und dem **Umfang der Tatbeteiligung** auch die **Tatherrschaft** oder wenigstens der **Wille zur Tatherrschaft** (= **subjektive** Theorie auf **objektiv-tatbestandlicher Grundlage**)[16]. 749

10 *Stein*, Die strafrechtliche Beteiligungsformenlehre, 1988, S. 221 ff; Berechtigte Einwände dagegen bei *Küper*, ZStW 105 [1993], 445; *Roxin*, AT, II § 25 Rn 36; LK-*Schünemann*, § 25 Rn 12.

11 *M. Heinrich*, S. 8, 183; zu ihm *Roxin*, Täterschaft, S. 668.

12 So BGHSt 19, 135 für § 216.

13 So RGSt 74, 84 *(Badewannenfall)*; BGHSt 18, 87 *(Staschynskijfall)*; ferner BGH NJW 51, 323.

14 Vgl BGHSt 38, 315; offen gelassen bei BGH wistra 87, 106; für „Vorbehalt" zugunsten der früheren Rspr auch *Hillenkamp*, Schünemann-FS, S. 407.

15 Zu den Hintergründen: *Hartung*, JZ 54, 430; zur Kritik: *Bloy*, S. 99 ff; *Roxin*, Täterschaft, S. 559 ff, 617 ff.

16 Vgl BGHSt 35, 347; 40, 218, 236; 45, 270, 296; 49, 166 *(Sado-Maso-Fall)*; 51, 219, 221 m. Anm. *Puppe*, JR 07, 299; BGH wistra 01, 420 *(Bernsteinzimmerfall)*; BGH NJW 04, 3051 *(La Belle-Anschlag)*; BGH NStZ 08, 273 m. Bespr. *Kudlich*, JA 08, 310; BGH NStZ 10, 445, 447 f *(Mord des GBA durch RAF)* m. Anm. *Verrel*, NStZ 11, 87; BGH NStZ 12, 379; Darstellung der Rspr bei *Roxin*, BGH-Wiss-FS, S. 177; *ders.*, AT II, § 25 Rn 22 ff; NK-*Schild*, § 25 Rn 33 ff.

4. Stellungnahme

750 Der hL ist insofern beizupflichten, als dass eine sachgerechte Abgrenzung der unterschiedlichen Beteiligungsformen weder allein anhand subjektiver noch einzig auf Grundlage objektiver Gesichtspunkte erfolgen kann.

Eine rein **subjektive** Betrachtungsweise, welche auf das sachliche Gewicht des objektiven Tatbeitrags der Beteiligten im Rahmen der Tatbestandsverwirklichung keinerlei Rücksicht nimmt, **verfehlt die gesetzliche Grundlage der Täterschaft**, weil sie den „Täterwillen" von seiner Tatbestandsgebundenheit ablöst, ihn sachwidrig isoliert und dabei gerade diejenigen Sachbezüge vernachlässigt, denen das Gesetz (wie § 25 I Alt. 1 klar zum Ausdruck bringt) maßgebliche Bedeutung beimisst.

Auf der anderen Seite stünde einer rein **objektiven** Sichtweise die Erkenntnis entgegen, dass sich das Wesen der Täterschaft nicht in der „objektiven Beherrschbarkeit" des konkreten Geschehensablaufs erschöpft. Denn wie § 25 II für die gemeinschaftliche Begehung der Tat aufgrund eines **bewussten und gewollten Zusammenwirkens** zeigt, entscheidet auch die **Willensrichtung** der Beteiligten mit der **im Tatplan festgelegten Rollenverteilung** darüber, inwieweit dem einzelnen Mittäter Ausführungsakte zugerechnet werden, die ein anderer Beteiligter objektiv allein beherrscht. Das Kriterium der „eigenen" Tatherrschaft verliert hier gegenüber dem **mitplanenden und mitgestaltenden Willen** hinsichtlich des **Ob** und **Wie** der Tat an Gewicht. So haftet der Bandenchef, der den Verbrechensplan entwirft und seine Durchführung organisiert, nach zutreffender hM auch dann als Mittäter, wenn er nicht selbst am Tatort anwesend ist und seine Komplizen die Tat verabredungsgemäß allein ausführen (vgl Rn 764).

751 So wie jede Straftat eine aus objektiven und subjektiven Elementen bestehende Sinneinheit bildet, sind Täterschaft und Teilnahme auf der Grundlage des gesetzlichen Tatbestandes nur durch eine **Synthese objektiver und subjektiver Kriterien** sachgerecht gegeneinander abzugrenzen. Den überzeugendsten Weg zur Bewältigung dieser Aufgabe eröffnet das **Leitprinzip der Tatherrschaft**.

Entscheidend für die **Täterschaft** ist demnach, ob und inwieweit der einzelne Beteiligte nach **Art und Gewicht seines objektiven Tatbeitrags** sowie aufgrund seiner **Willensbeteiligung** das Ob und Wie der Tatbestandsverwirklichung in der Weise beherrscht oder mitbeherrscht, dass der **Erfolg als das Werk (auch) seines zielstrebig lenkenden oder die Tat mitgestaltenden Willens** erscheint. Seinem Tatbeitrag muss eine **wesentliche Funktion** zukommen[17].

Teilnahme ist dagegen die ohne diese Tatherrschaft bewirkte Veranlassung oder Förderung fremden Tuns oder Unterlassens. Es ist zu begrüßen, dass die neuere Rspr – wenn auch auf subjektiver Grundlage – eine Annäherung an die Tatherrschaftslehre vollzieht[18].

752 In **Prüfungsarbeiten** sollte die Abgrenzung von Täterschaft und Teilnahme beim **vollendeten** Delikt innerhalb des **objektiven Tatbestandes** bei der jeweiligen Tathandlung vorgenommen werden (Einzelheiten s. Rn 1209 ff).

▸ Beispielsfälle bei *Beulke*, Klausurenkurs I Rn 88 ff, 159, Klausurenkurs II Rn 20 und Klausurenkurs III Rn 285

---

17 BGH NStZ 08, 273; *Kühl*, JA 14, 668, 671; *Rengier*, AT § 44 Rn 40; krit. *Maurach/Gössel/Zipf*, AT/2, § 49 Rn 39.

18 Ebenso *Küpper*, GA 1986, 437; skeptisch *Krey/Esser*, AT, Rn 854 ff; LK-*Schünemann*, § 25 Rn 28 f.

Da beim **Versuch** all das im Tatentschluss zu prüfen ist, was beim vollendeten Delikt zum objektiven Tatbestand gehört (Einzelheiten vgl Rn 1203), erfolgt bei der versuchten Tat die Abgrenzung von Täterschaft und Teilnahme im Rahmen des **Tatentschlusses**.

▸ Beispielsfälle bei *Beulke*, Klausurenkurs I Rn 90, 183 und Klausurenkurs III Rn 419

5. Besonderheiten des tatbestandsbezogenen Täterbegriffs

Aus der Tatbestandsbezogenheit der Täterlehre folgt, dass sich die Kriterien des Täterbegriffs nach der **Eigenart des jeweiligen Straftatbestandes** richten. Für eine Reihe von Delikten gilt, dass Täterqualität nur derjenige Handelnde hat, der die besonderen Anforderungen des Straftatbestandes an die Täterperson erfüllt. Ein Außenstehender ***(extraneus)*** kann dann **nicht Täter, Mittäter oder mittelbarer Täter**, sondern lediglich Teilnehmer sein. Ob es für die Frage der Täterschaft auf spezielle Kriterien ankommt, muss primär aus der Fassung und Struktur des einzelnen Straftatbestandes ermittelt werden[19]. **753**

So ist bei den **echten Sonderdelikten** (s. Rn 54) der in Betracht kommende Täterkreis von vornherein durch den im gesetzlichen Tatbestand vorausgesetzten Sonderstatus des Täters begrenzt (zB in §§ 203, 331 ff durch die Eigenschaft als Arzt, Rechtsanwalt, Notar, Amtsträger, Richter usw). **754**

Nimmt der Nichtbeamte N vorsätzlich eine falsche Grundbucheintragung vor, kann er mangels „Täterqualität" selbst dann nicht Täter, sondern nur Teilnehmer einer Falschbeurkundung im Amt (§ 348) sein, wenn er den Eintragungsvorgang beherrscht. Andererseits ist der Grundbuchbeamte G, wenn er den Nichtbeamten N zur Durchführung einer solchen Eintragung veranlasst hat, nicht nur Anstifter, sondern mittelbarer Täter, da er sich zur Durchführung der Eintragung eines „qualifikationslos-dolosen Werkzeugs" bedient[20].

Bei den **eigenhändigen Delikten** (s. Rn 55) ist allein die Eigenhändigkeit der Tatausführung maßgebend. Wer die Tatbestandshandlung nicht selbst vornimmt, kann hier nicht Täter, sondern lediglich Teilnehmer (= Anstifter oder Gehilfe) sein[21]. Es gibt bei eigenhändigen Delikten für denjenigen, der die Ausführungshandlung nicht persönlich vornimmt, also **keine Mittäterschaft und keine mittelbare Täterschaft**. **755**

Täter eines **Aussagedelikts** iSd §§ 153, 154 kann somit nur der Aussagende, nicht jedoch ein anderer Beteiligter sein, der die betreffende Falschaussage vorsätzlich herbeiführt oder sonst fördert. Wer zB in Kenntnis der wahren Sachlage einen Gutgläubigen durch geschickte Irreführung zu einer objektiv unrichtigen Zeugenaussage veranlasst, ist trotz seines überlegenen Wissens nicht mittelbarer Täter einer uneidlichen Falschaussage (§ 153), kann sich aber nach § 160 strafbar machen[22].

▸ Beispielsfall bei *Beulke*, Klausurenkurs III Rn 517

---

19 *Roxin*, JZ 66, 293; s. a. BGHSt 58, 115 m. Anm. *Kraatz*, JR 13, 466 (zu § 283 I, II); BGHSt 58, 218 m. Bespr. *Höll*, wistra 13, 455 (zu § 370 I AO); *Kudlich*, Schroeder-FS, S. 201.

20 S/S-*Heine/Weißer*, Vor §§ 25 Rn 82; abl. *Hilgendorf/Valerius*, AT, § 9 Rn 36; vert. *Mitsch*, Jura 14, 585, 590 ff.

21 BGH NStZ 10, 456 (zu §§ 51, 52 WaffG); *Roxin*, AT II, § 25 Rn 288 ff; *Satzger*, Jura 11, 103, 106; LK-*Schünemann*, § 25 Rn 45 ff.

22 Näher dazu *Geppert*, Jura 02, 173, 178; *Jäger*, BT, Rn 566 ff; *Maurach/Schroeder/Maiwald*, BT/2, § 75 Rn 96 ff; *H.E. Müller*, Falsche Zeugenaussage und Beteiligungslehre, 2000, S. 125 ff; *Wessels/Hettinger*, BT/1, Rn 782 ff.

756 Bei den sog. **„Pflichtdelikten"**, deren Tatbestand eine besondere Pflichtenstellung voraussetzt, hängt die Möglichkeit der Täterschaft davon ab, ob den Handelnden oder Untätigbleibenden eine tatbestandsspezifische Sonderpflicht trifft[23].

Die Pflichtenstellung folgt bei der Untreue (§ 266) aus der Vermögensbetreuungspflicht. Weitere „Pflichtdelikte" sind bspw die Verkehrsunfallflucht (§ 142) sowie die Verstöße gegen familienrechtliche Unterhalts-, Fürsorge- und Obhutspflichten (§§ 170, 171, 221 I Nr 2, 225)[24].

757 Zu den Pflichtdelikten gehören auch die **unechten Unterlassungsdelikte**, bei denen die Pflichtenstellung aus der Garantenstellung (§ 13) resultiert. Tauglicher Täter eines unechten Unterlassungsdelikts ist folglich nur, wer eine Garantenstellung innehat. Aus diesem Grund erfolgt die Abgrenzung von Täterschaft und Teilnahme in diesem Bereich nur dann nach den allgemeinen Regeln, wenn der Unterlassende eine Garantenstellung innehat (weiterführend Rn 1032)[25].

III. Unmittelbare und mittelbare Täterschaft, Mittäter- und Nebentäterschaft

1. Die unmittelbare Täterschaft

758 **Unmittelbarer Täter** ist, wer die Straftat in eigener Person **selbst begeht** (§ 25 I Alt. 1).

Im **Fall 16** trifft diese Voraussetzung für W, nicht jedoch für A zu. Eine Täterschaft des A könnte nach der Art seines Tatbeitrages nur in Form der Mittäterschaft (§ 25 II) oder mittelbaren Täterschaft (§ 25 I **Alt. 2**) gegeben sein.

2. Die Mittäterschaft

759 **Mittäterschaft** ist die gemeinschaftliche Begehung einer Straftat durch **bewusstes und gewolltes Zusammenwirken**.

760 Im Gegensatz dazu liegt bloße **Nebentäterschaft** vor, wenn mehrere Personen **unabhängig voneinander** (dh ohne bewusstes und gewolltes Zusammenwirken) den tatbestandlichen Erfolg herbeiführen. Allein der Umstand, dass sich die Beteiligten nicht kennen, führt allerdings noch nicht zur Nebentäterschaft, sondern kann auch bei Mittäterschaft vorliegen, sofern deren Voraussetzungen erfüllt sind[26]. Nebentäterschaft ist bei Fahrlässigkeitsdelikten (vgl Rn 926 ff) häufiger anzutreffen als bei Vorsatztaten, wo sie u. a. bei Ausnutzung eines fremden Tatentschlusses für eigene Zwecke in Betracht kommt (so zB im bekannten *Dohna-Fall*: Fuchs hat erfahren, dass Schütz ihn zur Abendzeit an einer bestimmten Stelle aus dem Hinterhalt erschießen will. Durch eine geschickte Täuschung lockt er seinen Feind Luchs zum Tatort, wo dieser erwartungsgemäß von Schütz mit Fuchs verwechselt und getötet wird)[27]. Jeder Nebentäter hat wie ein Alleintäter nur für **seinen eigenen Tatanteil** einzustehen[28].

23 Vert. *Roxin*, Schünemann-FS, S. 509; sowie *Pariona*, Schünemann-FS, 469.

24 Näher *Herzberg*, S. 32 ff; *Roxin*, Täterschaft, S. 352 ff, 739 ff; *ders.*, AT II, § 25 Rn 267 ff.

25 Abw. *Roxin*, Täterschaft, S. 352 ff, 739 ff; LK-*Schünemann*, § 25 Rn 32 ff, 162.

26 BGH wistra 10, 103.

27 Lehrreich dazu *Spendel*, Lange-FS, S. 147, 167; *Vogel/Fad*, JuS 02, 790; anders LK-*Schünemann*, § 25 Rn 104 und *Wolters*, [2] S. 52, die hier mittelbare Täterschaft annehmen.

28 Näher BGHSt 4, 20; BGH NStZ 96, 227; *Fincke*, GA 1975, 161; *Murmann*, Die Nebentäterschaft im Strafrecht, 1993.

a) Die Mittäterschaft beruht auf dem Prinzip des arbeitsteiligen Handelns und der funktionellen Rollenverteilung. Jeder Beteiligte ist hier als **„gleichberechtigter Partner“** Mitträger des **gemeinsamen Tatentschlusses (gemeinsamer Tatplan)** und der **gemeinschaftlichen Tatbestandsverwirklichung (gemeinsame Tatausführung)**, sodass die einzelnen Tatbeiträge sich zu einem einheitlichen Ganzen vervollständigen und der Gesamterfolg jedem Mitwirkenden voll zuzurechnen ist[29]. 761

Die Abgrenzung zwischen Mittäterschaft und Teilnahme wird von der Rspr wie folgt vorgenommen: Bei Beteiligung mehrerer Personen, von denen nicht jede sämtliche Tatbestandsmerkmale verwirklicht, handelt mittäterschaftlich, wer seinen eigenen Tatbeitrag so in die Tat einfügt, dass er als Teil der Handlung eines anderen Beteiligten und umgekehrt dessen Handeln als Ergänzung des eigenen Tatanteils erscheint [...]. Ob danach Mittäterschaft anzunehmen ist, hat der Tatrichter aufgrund einer wertenden Gesamtbetrachtung aller festgestellten Umstände zu prüfen; maßgebliche Kriterien sind der Grad des **eigenen Interesses** an der Tat, der **Umfang der Tatbeteiligung** und die **Tatherrschaft** oder wenigstens der **Wille** dazu, sodass die Durchführung und der Ausgang der Tat maßgeblich auch vom Willen des Betroffenen abhängen.“[30]

Das erforderliche Einvernehmen zwischen den Mittätern kann ausdrücklich oder stillschweigend (konkludent)[31] und auch noch **während der Tatausführung** hergestellt werden (= **sukzessive Mittäterschaft**). Umstritten ist indes, inwieweit einem **vor Tatvollendung** oder aber in der **Phase zwischen Vollendung und Beendigung** Hinzutretenden Tatumstände oder Erschwerungsgründe zugerechnet werden können. Nicht möglich ist eine solche Zurechnung jedenfalls im Hinblick auf Ereignisse, die **im Zeitpunkt des Eintritts bereits vollständig abgeschlossen** waren[32]. Jenseits dieser eindeutigen Fälle stellt die Rspr zunächst klar, dass aus einer bloßen Billigung des Erfolges allein nicht auf eine sukzessive Mittäterschaft geschlossen werden kann. Hinzukommen muss vielmehr, dass der Hinzutretende bewusst einen für die Tatbestandsverwirklichung ursächlichen Beitrag leistet[33]. Die hL lehnt hingegen eine Zurechnung von Verhaltensweisen, die den Zeitraum zwischen Vollendung und Beendigung betreffen, grundsätzlich ab und macht allenfalls bei Dauerdelikten eine Ausnahme[34]. 762

b) In objektiver Hinsicht setzt die Mittäterschaft voraus, dass jeder Beteiligte aufgrund und im Rahmen des gemeinsamen Tatentschlusses einen für die Deliktsbegehung förderlichen **Tatbeitrag** leistet. Als **objektiver Tatbeitrag** iSd § 25 II kommt vor allem die Beteiligung an der Ausführungshandlung selbst in Betracht. Nach der 763

---

29 BGHSt 24, 286; 34, 124; 37, 289; *Küpper*, ZStW 105 [1993], 295; krit. *Dencker*, S. 120, 148 ff; abw. *Lesch*, ZStW 105 [1993], 271 und JA 00, 73, der einen gemeinsamen Tatentschluss für entbehrlich hält und mit den Kriterien der objektiven Zurechnung auszukommen glaubt; *Puppe*, AT, § 22 Rn 6 und GA 2013, 514, 521 ff, die von einer gegenseitigen Anstiftung der Mittäter ausgeht; zu ihr: *Jakobs*, Puppe-FS, S. 547 ff.

30 BGH StV 13, 387; s. auch BGHSt 37, 289, 291; 47, 383 m. Anm. *Heinrich*, JR 03, 213; BGH NStZ-RR 10, 236 m. krit. Bespr. *Hecker*, JuS 10, 738; BGH NStZ-RR 13, 40.

31 BGH NStZ 85, 70; 03, 85; BGH NStZ 13, 400.

32 BGH NStZ 09, 631; BGH NStZ-RR 14, 73; OLG Naumburg BeckRS 13, 14035 m. Bespr. *v. Heintschel-Heinegg*, JA 13, 871; *B. Heinrich*, AT, Rn 1239.

33 BGHSt 54, 69, 129; BGH NStZ 08, 280 m. krit. Bespr. *Walter*, NStZ 08, 548; BGH NStZ 12, 207 und 379 f; ebenso *Fischer*, § 25 Rn 21 f.

34 *Geppert*, Jura 11, 30, 34 f; *Grabow/Pohl*, Jura 09, 656; *S/S-Heine/Weißer*, § 25 Rn 96 f; *Klesczewski*, BT/II, S. 39; *Krey/Esser*, AT, Rn 954 ff; *Murmann*, Grundkurs, § 27 Rn 60 f; *Seher*, JuS 09, 305, 306 f; LK-*Schünemann*, § 25 Rn 197 ff; AnwK-StGB-*Waßmer*, § 25 Rn 67 ff.

Rspr und hM genügt auf der Grundlage gemeinsamen Wollens uU aber auch die Vornahme einer bloßen Vorbereitungs- oder Unterstützungshandlung[35], ja sogar eine rein geistige Mitwirkung[36]. Dabei ist jedoch besonders sorgfältig zu prüfen, ob das „Beteiligungsminus" bei der realen Tatausführung durch das „Plus" der **mitgestaltenden Deliktsplanung** ausgeglichen wird und ob hinsichtlich des Anteils an der gemeinsamen Tatherrschaft zumindest der untere Schwellenwert der sog. **„funktionellen Tatherrschaft"** noch erreicht wird[37].

764 Eine Ansicht im Schrifttum verlangt demgegenüber im Rahmen des § 25 II von jedem Mittäter eine für den Erfolg der Tat wesentliche **Mitwirkung im Ausführungsstadium**[38]. Ein Bandenchef, der den Tatplan entworfen und seine Durchführung in allen Einzelheiten festgelegt hat, wäre hiernach nicht Mittäter, sondern nur Anstifter, wenn seine Komplizen die Tat (wie etwa einen Einbruchsdiebstahl) verabredungsgemäß allein ausführen, während er selbst (um jeden Verdacht von sich und seiner Bande abzulenken) zum Tatzeitpunkt eine Theatervorstellung besucht. Mittäter soll er freilich dann sein, wenn er (ohne Anwesenheit am Tatort) per Funk oder Telefon mit seiner Bande in Verbindung bleibt und so ihren Einsatz leitet[39].

Diese Ansicht überzeugt nicht, weil der **Bandenchef**, der die Planung und die Organisation übernimmt, den **Tatablauf wesentlich mitgestaltet**, sodass der Erfolg in jedem Fall auch das Werk seines zielstrebig lenkenden und mitgestaltenden Willens ist. Trotz fehlender Mitwirkung am Kerngeschehen veranlasst er nicht Dritte zu einer für ihn „fremden" Tat, sondern begeht in bewusstem und gewolltem Zusammenwirken mit seinen Komplizen eine **gemeinschaftliche** Tat, die (zumindest auch) **sein eigenes Werk** ist. Angesichts seiner leitenden Rolle und der überragenden Funktion seines Tatbeitrags wäre es nicht sachgerecht, ihn als Randfigur des Geschehens zu behandeln und lediglich als Anstifter zu bestrafen[40]. Auch vom Standpunkt der Tatherrschaftslehre aus besteht **kein Anlass**, die **gemeinschaftliche Begehung** iSd § 25 II auf die tatsächliche oder zumindest geplante Mitwirkung **im Ausführungsstadium** zu beschränken. Wesentlich ist nur, dass der vorher geleistete Beitrag während des nachfolgenden Tatgeschehens als Teil der Tätigkeit aller fortwirkt[41] und dieses vom ursprünglichen Tatentschluss gedeckt ist[42]. Ein solches Fortwirken lässt sich nicht allein aus dem Umstand ableiten, dass der Beteiligte in einen gemeinsam gefassten Tatplan eingebunden war[43]. Entsprechend

35 BGHSt 14, 123; 37, 289; 40, 299 m. krit. Anm. *Küpper*, NStZ 95, 331; BGH wistra 12, 433 m. zust. Bespr. *Hecker*, JuS 13, 177; BGH NStZ 13, 104.

36 BGHSt 11, 268; 16, 12; 32, 165.

37 Vgl BGH NStZ 14, 81; S/S-*Heine/Weißer*, § 25 Rn 67.

38 *Chr. Becker*, Das gemeinschaftliche Begehen und die sogenannte additive Mittäterschaft, 2008, S. 54; *Bloy*, GA 1996, 424; *Erb*, JuS 92, 197; *M. Heinrich*, S. 291; *Herzberg*, S. 65; *ders.*, JZ 91, 856; *Köhler*, AT, S. 518; *Maurach/Gössel/Zipf*, AT/2, § 49 Rn 40 ff; *Puppe*, GA 2013, 514, 522 ff; *Rudolphi*, Bockelmann-FS, S. 369; NK-*Schild*, § 25 Rn 139; LK-*Schünemann*, § 25 Rn 180 ff; *Stein*, StV 93, 411; *Zieschang*, ZStW 107 [1995], 361; einschränkend auch SK-*Hoyer*, § 25 Rn 119, der zumindest den Plan verlangt, im Ausführungsstadium einen wesentlichen Tatbeitrag zu leisten.

39 *Roxin*, JA 79, 519, 522; *ders.*, AT II, § 25 Rn 200, 210.

40 Wie hier BGHSt 33, 50, 53; BGH wistra 99, 386 m. abl. Anm. *Krack*, JR 00, 423; BGH NStZ 03, 253; *Beulke*, Anm. JR 80, 423; *Gaede*, JuS 03, 777; *Gropp*, AT, § 10 Rn 85 f; S/S-*Heine/Weißer*, § 25 Rn 67; *v. Heintschel-Heinegg*, Prüfungstraining, Rn 150; *Jakobs*, AT, 21/52; *ders.*, Puppe-FS, S. 547; *Jescheck/Weigend*, AT, § 63 III 1; MK-*Joecks*, § 25 Rn 200; S/S/W-StGB-*Murmann*, § 25 Rn 42; *Otto*, Jura 98, 410; *Rengier*, JuS 10, 281 f; *Stratenwerth/Kuhlen*, AT, § 12 Rn 94.

41 BGHSt 37, 289; BGH StV 13, 387.

42 BGH NStZ 09, 25 m. zust. Anm. *Roxin*, NStZ 09, 7.

43 BGH BeckRS 14, 19208.

kann auch allein die **Zugehörigkeit zu einer Bande** isoliert betrachtet und unabhängig vom konkreten Tatbeitrag noch nicht die Annahme mittäterschaftlicher Deliktsbegehung durch ein Bandenmitglied begründen[44].

▶ Beispielsfälle bei *Beulke*, Klausurenkurs I Rn 378, Klausurenkurs II Rn 236 und Klausurenkurs III Rn 285

c) Für die gemeinschaftliche Begehung einer Straftat müssen die Voraussetzungen des gesetzlichen Tatbestands in der Person jedes Mittäters erfüllt sein. Mittäter kann daher nur sein, wer als **tauglicher Täter** des betreffenden Delikts in Betracht kommt[45] und bei der Tatbestandsverwirklichung neben den strafbegründenden persönlichen Merkmalen[46] auch die im Gesetz genannten **besonderen Absichten** in seiner Person aufweist, wie zB die Zueignungsabsicht bei §§ 242, 249 oder die Besitzerhaltungsabsicht bei § 252[47]. In dieser Hinsicht gibt es somit – anders als im Handlungsbereich – keine wechselseitige Zurechnung. 765

Beispiel: A und B entwenden in einem Elektronikgeschäft gemeinsam ein Handy, welches A erhalten soll, um endlich auch mobil erreichbar zu sein. Als sie zwischen der Kasse und dem Ausgang vom Ladendetektiv erwischt werden, verpasst B diesem im Einvernehmen mit A einen kräftigen Faustschlag, um A die Flucht mit dem gestohlenen Handy zu ermöglichen.

Während im Rahmen des § 242 die Absicht genügt, *einem Dritten* die gestohlene Sache rechtswidrig zuzueignen, greift § 252 nur ein, wenn der Täter das Nötigungsmittel einsetzt, um *sich selbst* den Besitz an der Beute zu sichern. B hatte im Zeitpunkt der Gewaltanwendung nach der Verkehrsauffassung keinen Mitbesitz an dem Handy. Selbst wenn man davon ausgeht, dass ihm der Besitz des A gem. § 25 II zugerechnet werden kann, kann B richtigerweise gleichwohl nicht als Mittäter eines räuberischen Diebstahls bestraft werden, da es ihm nur noch darauf ankam, A den Fremdbesitz an dem Handy zu erhalten und ihm auf diese Weise die Zueignung zu ermöglichen[48]. Größere Schwierigkeiten bereitet die Frage, ob A die Gewaltanwendung des B gem. § 25 II zugerechnet werden kann, sodass er wegen eines mittäterschaftlich begangenen räuberischen Diebstahls bestraft werden kann. Ein Teil der Lehre bejaht dies (sogenannte **isolierte Mittäterschaft**; s. Rn 768)[49], während andere angesichts der Tatbestandsbezogenheit der (Mit-)Täterschaft (§ 25 II verlangt die gemeinschaftliche Begehung „einer Straftat"!) zu Recht Bedenken äußern und stattdessen (unter Rückgriff auf die Rechtsfigur des „absichtslos-dolosen Werkzeugs, vgl Rn 775) für die Annahme mittelbarer Täterschaft plädieren[50].

▶ Beispielsfall bei *Beulke*, Klausurenkurs II Rn 250

Ändern sich die besonderen Absichten eines Mittäters während der Tatausführung, hat dies auf die Bestrafung des anderen keinen Einfluss. 766

---

44 Vgl BGHSt 46, 321, 338; BGH wistra 13, 307; *Altenhain*, ZStW 113 [2001], 112; *Toepel*, ZStW 115 [2003], 60; zum Problem der Vorfeldstrafbarkeit: *Flemming/Reinbacher*, NStZ 13, 136.

45 BGHSt 14, 123, 129; 15, 1; 37, 106, 114 ff.

46 Vgl BayObLG StV 99, 255 m. Anm. *Klesczewski*.

47 BGH NStZ 98, 158.

48 Vgl BGH StV 15, 114 m. Anm. *Jahn*, JuS 15, 78; *Fischer*, § 252 Rn 9a und 11a; SK-*Sinn*, § 252 Rn 24; aA *Weigend*, GA 2007, 274.

49 *Frister*, AT, 25. Kap. Rn 23; NK-*Kindhäuser*, § 252 Rn 25; *Rengier*, BT I, § 10 Rn 20; *ders.*, Puppe-FS, S. 849, 850; krit. *Dehme-Niemann*, JuS 08, 589, 591.

50 *Eisele*, BT II, Rn 420 f; *Haas*, JR 13, 104, 111 ff; LK-*Vogel*, § 252 Rn 71; *Wessels/Hillenkamp*, BT/2, Rn 408; vgl auch BGH NStZ 13, 103.

Beispiel: A und B vereinbaren einen gemeinsamen Raub mit hälftiger Beuteteilung (§§ 249, 25 II). A knebelt das Opfer, während B im Nebenraum das Geld aus dem Safe entwendet, dabei jedoch beschließt, es für sich allein zu behalten. Noch am Tatort spiegelt er dem A vor, nichts gefunden zu haben. Obwohl A nach Tatausführung glaubt, der Raub sei fehlgeschlagen, kann er wegen vollendeten Raubs bestraft werden, da ihm die Wegnahme durch B trotz dessen Planänderung gem. § 25 II zurechenbar ist und er im Zeitpunkt der Gewaltanwendung auch Vorsatz hinsichtlich des Wegnahmeerfolgs hatte. Die Wandlung von der teilweisen Fremd- in eine reine Selbstzueignungsabsicht bei B steht einer Bestrafung des A wegen gemeinschaftlichen Raubs ebenfalls nicht entgegen[51].

767 d) Da die Mittäterschaft ihren Unrechtsgehalt in sich selbst trägt und ihn nicht von einer fremden Tat ableitet, gilt für sie nicht das bei Anstiftung und Beihilfe maßgebende Akzessorietätsprinzip (vgl Rn 793 ff), sondern der Grundsatz der **unmittelbaren wechselseitigen Zurechnung** aller Tatbeiträge, die im bewussten und gewollten Zusammenwirken erbracht werden. Auch **qualifikationsbegründende tatbezogene Merkmale**[52] (wie das Mitführen einer Waffe gem. § 244 I Nr 1a) werden den übrigen Mittätern zugerechnet, sofern nicht dem Wortlaut der Vorschrift ausnahmsweise zu entnehmen ist, dass ein bestimmtes Merkmal von jedem Mittäter, auf den die Strafvorschrift angewendet werden soll, persönlich erfüllt werden muss. Alle Mittäter haften hiernach für die Tat im Ganzen, dies jedoch nur im Rahmen des gemeinsamen Tatentschlusses und in den durch §§ 28, 29 abgesteckten Grenzen. Abweichungen vom geplanten Geschehen gelten als vom Tatplan mit abgedeckt, soweit mit ihnen bei der Tatausführung gerechnet werden muss und sie den Schwere- und Gefährlichkeitsgrad der Tat nicht wesentlich verändern[53]. Wird eine Tat unter Erfüllung eines **Regelbeispiels** (s. Rn 163) begangen, ist zu differenzieren: Für **tatbezogene** Regelbeispiele (zB Einbruchsdiebstahl, §§ 242, 243 I 2 Nr 1) gilt § 25 II analog, für **täterbezogene** (zB gewerbsmäßiger Diebstahl, §§ 242, 243 I 2 Nr 3) § 28 II analog (Einzelheiten str.)[54].

Der **Exzess eines Mittäters** kann den übrigen Beteiligten nicht zugerechnet werden[55]. Wenn also bei einem gemeinsam geplanten und durchgeführten Raubüberfall einer der Mittäter das Opfer erschießt und dies mit den anderen nicht abgesprochen und von diesen auch nicht vorhersehbar war, kann der Tod des Opfers den anderen nicht zugerechnet werden. Kein Exzess liegt jedoch vor, wenn die verabredete Tatausführung durch eine in ihrer Gefährlichkeit und Schwere gleichwertige ersetzt wird[56], wenn mit der in Rede stehenden Handlung nach den Umständen des Falles zu rechnen war[57] oder wenn einem Mittäter die Handlungsweise seines Tatgenossen gleichgültig ist[58].

---

51 BGH NStZ 12, 508; abw. *Renzikowski*, JuS 13, 481; zur vermeintlichen Mittäterschaft s. Rn 871; zur vermeintlichen mittelbaren Täterschaft s. Rn 790.

52 BGHSt GrS 48, 189 m. zust. Anm. *Altenhain*, NStZ 03, 437; dazu auch *Nestler*, StV 02, 504; BGH NStZ 04, 263.

53 BGH NStZ 03, 662; BGH NStZ 12, 563.

54 Wie hier: LK-*Vogel*, § 243 Rn 76; die Rspr verweist überwiegend auf eine Gesamtwürdigung im Rahmen der Strafzumessung; vgl BGHSt 43, 237, 240; zust. *Fischer*, § 46 Rn 105; vert. SK-*Hoyer*, § 243 Rn 56; MK-*Schmitz*, § 243 Rn 82.

55 RGSt 57, 307; 67, 367; BGH NStZ 13, 462.

56 BGH NStZ 10, 81.

57 BGH NStZ 13, 400 m. Bespr. *Hecker*, JuS 13, 943.

58 BGHSt 53, 145, 155 *(Fall Coesfeld)* m. Bespr. *Jahn*, JuS 09, 466.

Da die Täterschaft tatbestandsbezogen ist, gibt es – namentlich im Hinblick auf Qualifikations- und Privilegierungstatbestände – auch die Möglichkeit **teilweiser Mittäterschaft**. **768**

Beispiel[59]**:** Der F und seine Lebensgefährtin B beschließen gemeinsam, den O zu töten, wobei F aus Hass und Menschenverachtung handelt, die B hingegen „aus Solidarität" zu F. Zunächst versucht F vergeblich, dem O das Genick zu brechen. Dann durchtrennt die B mit einer Scherbe die Halsschlagader des O, woraufhin dieser verstirbt. Hier muss sich F die Tötung des O durch B gem. § 25 II zurechnen lassen. Er wird wegen der Tötung unter Erfüllung des von ihm verwirklichten Mordmerkmals der niedrigen Beweggründe gem. §§ 211 II Var. 1, 25 II bestraft. Bei B bedarf es hingegen hinsichtlich des Tatbestandsmerkmals der Tötungshandlung keiner Zurechnung gem. § 25 II, da sie den O selbst getötet hat, und bezüglich der von F verwirklichten niedrigen Beweggründe ist angesichts der Höchstpersönlichkeit dieses subjektiven Merkmals eine Zurechnung gem. § 25 II ausgeschlossen. Da das Motiv der „Solidarität" allein noch nicht als eigener niedriger Beweggrund eingestuft wird, greift bei B nur eine Strafbarkeit gem. §§ 212, 25 II ein.

Es hat sich also gezeigt, dass bei einer gemeinschaftlich begangenen Tötung ein Mittäter des Totschlags, der andere des Mordes schuldig sein kann[60]. Der Rechtsfigur der **„isolierten Täterschaft"** (s. o. Rn 765) bedarf es insoweit nicht, denn es ist unstreitig, dass § 212 in § 211 „steckt" und nur im Konkurrenzwege entfällt. Das gilt auch nach Ansicht der Rechtsprechung, die in § 211 einen Sondertatbestand sieht (Rn 799), denn auch Sonderdelikte „enthalten" andere Delikte, die sie im Wege der Konkurrenz verdrängen (z. B. wird Diebstahl, § 242, im Wege der Gesetzeskonkurrenz durch das Sonderdelikt des Raubes, § 249, verdrängt).

Bei **erfolgsqualifizierten Delikten** iSd § 18 muss jedem Mittäter hinsichtlich der besonderen Tatfolge wenigstens Fahrlässigkeit zur Last fallen[61]. **769**

Fehlt es daran bei einem Mittäter, richtet sich seine Strafbarkeit nach dem einschlägigen Grundtatbestand und dessen sonstigen Abwandlungen (zB an Stelle des § 227 nach §§ 223, 224).

Denkbar ist auch eine Kombination der Exzess- und der Erfolgsqualifikationsproblematik.

Beispiel[62]**:** Die Mittäter A und B demütigen verabredungsgemäß den verachteten Punk C, dies insbesondere durch schwere Körperverletzungen und den Zwang, in die Steinkante eines Schweinetroges zu beißen. Ohne Absprache mit A springt B dem C dabei mit seinen Springerstiefeln in Tötungsabsicht auf den Kopf. C verstirbt. Hier wird B gem. §§ 212/211 bestraft. A kann der Totschlag/Mord als Exzesshandlung nicht zugerechnet werden. Es verbleibt für A die mittäterschaftlich begangene Körperverletzung (§§ 223 ff, 25 II). Wenn für A in der konkreten Situation voraussehbar ist (Fahrlässigkeit!), dass das Geschehen später eskaliert und B zu dem tödlichen Sprung übergehen wird, kann er sogar wegen Körperverletzung mit Todesfolge (§§ 227, 25 II, 18) bestraft werden.

Eine **Ausweitung** des ursprünglichen Tatplans **während** der gemeinsamen Tatausführung kann im gegenseitigen Einvernehmen ausdrücklich oder stillschweigend in **770**

59 Nach BGH StV 15, 287.

60 BGHSt 36, 231 m. zust. Anm. *Beulke*, NStZ 90, 278; und abl. Anm. *Vietze*, Jura 03, 397; *Haas*, JR 13, 104; MK-*Schneider*, § 211 Rn 257.

61 BGH NStZ 97, 82; 98, 511.

62 Nach BGH NStZ 05, 93 *(Schweinetrogfall)* m. zust. Anm. *M. Heinrich*; ebenso: BGH NStZ 13, 280 m. zust. Bespr. *Jäger*, JA 13, 312; teilweise krit. *Isfen*, Jura 14, 1087; *Sowada*, Schroeder-FS, S. 621; *Stuckenberg*, Jakobs-FS, S. 693.

den Tatentschluss einbezogen werden, bildet dann also für die übrigen Beteiligten keinen Exzess (s. Rn 762).

Bei einer eigenmächtigen Veränderung oder Überschreitung des ursprünglichen Tatplans muss das nachträglich erzielte **Einverständnis** über diese Ausweitung indessen **gegenseitig** sein. Die bloß einseitige Kenntnisnahme und Billigung durch die übrigen Beteiligten genügt insoweit nicht[63].

771 Eine **Objektsverwechslung** durch einen **Mittäter** *(error in persona vel obiecto)* ist nach hM auch für die übrigen Mittäter unbeachtlich, wenn die Tathandlung die bestehenden Abmachungen (zB notfalls auf Verfolger zu schießen) nicht überschreitet und die Verwechslung wegen tatbestandlicher Gleichwertigkeit der Objekte den Tatbestandsvorsatz unberührt lässt (s. Rn 360 ff)[64].

772 **Fall 16** bietet keine Anhaltspunkte für ein bewusstes und gewolltes Zusammenwirken zwischen dem Adoptivsohn A und dem Waldarbeiter W bei der Gestaltung des Tatplans und dessen Durchführung. Die letzte **Entscheidung über das „Ob" und „Wie" der Tat** überließ A dem W und handelte daher nicht als Mittäter iSd § 25 II.

3. Die mittelbare Täterschaft

773 **Mittelbarer Täter** ist, wer die Straftat **„durch einen anderen"** begeht (§ 25 I **Alt. 2**), den gesetzlichen Tatbestand bei einem vorsätzlichen Begehungsdelikt also in der Weise verwirklicht, dass er bei der Tatausführung einen „Tatmittler" in Gestalt eines **menschlichen „Werkzeugs"** für sich handeln lässt. Bildlich gesprochen bedient der mittelbare Täter sich fremder Hände zur Begehung seiner eigenen Tat. Kennzeichnend für die mittelbare Täterschaft ist die aus tatsächlichen oder rechtlichen Gründen **unterlegene Stellung des Tatmittlers** (sog. Defekt) und die beherrschende Rolle des Hintermannes, der die Sachlage richtig erfasst und **das Gesamtgeschehen kraft seines planvoll lenkenden Willens** „in der Hand" hält.

774 Die planvolle Einbeziehung des fremden Tatanteils in den eigenen Verwirklichungswillen bildet die Grundlage dafür, dass die Tat als **das „Werk" des Hintermannes** erscheint[65]. Das, was der Tatmittler zur Tatbestandserfüllung beiträgt, wird dem mittelbaren Täter wie eigenes Handeln zugerechnet. In der Regel geht es dabei um Fälle, in denen das Werkzeug von ihm zur Tat **veranlasst** worden ist. Eine Mitwirkung des Hintermannes, die sich äußerlich als Beihilfehandlung darstellt, kann aber ebenfalls mittelbare Täterschaft begründen, sofern es vom Verhalten des **die Zusammenhänge richtig erfassenden** Hintermannes abhängt, ob es überhaupt zu einer Rechtsgutsverletzung und zur Tatbestandsverwirklichung kommt.

Beispiel: Der Wilderer W gibt seinem Begleiter B zu verstehen, dass er im Dämmerlicht ein Wildschwein entdeckt habe. Wunschgemäß reicht B ihm das geladene Gewehr, obwohl er erkannt hat, dass das von W ins Auge gefasste Objekt kein Wildschwein, sondern der im Gebüsch hockende Förster F ist, der gleich darauf dem Schuss des W zum Opfer fällt.

---

63 BGH NStZ 03, 85.

64 BGHSt 11, 268; S/S-*Heine/Weißer*, § 325 Rn 101; *Kühl*, AT, § 20 Rn 122; *Sternberg-Lieben/von Ardenne*, Jura 07, 149, 152; s. a. *Küper*, Versuchsbeginn, S. 39; *Maurach/Gössel/Zipf*, AT/2, § 49 Rn 65; krit. *Herzberg*, S. 63; LK-*Schünemann*, § 25 Rn 177.

65 Überblick bei *Beulke/Witzigmann*, Ad legendum 12, 251; *Joecks*, St-K, § 25 Rn 20 ff; *Koch*, JuS 08, 399, 496; *Murmann*, JA 08, 321.

Mittelbare Täterschaft kommt insbes. dann in Betracht, wenn sich der Hintermann in Kenntnis aller maßgeblichen Umstände zur Begehung einer Straftat eines **menschlichen Werkzeugs** bedient[66], 775

a) das **objektiv tatbestandslos** handelt, sei es, weil es sich unter dem übermächtigen Einfluss des Hintermanns oder aufgrund einer gezielten Irreführung selbst tötet oder verletzt (**„Werkzeug gegen sich selbst"**)[67]; sei es, weil es nicht über die für ein bestimmtes Sonderdelikt erforderliche Täterqualifikation verfügt (**„qualifikationslos-doloses Werkzeug"**, s. Rn 754),

b) das **ohne Tatbestandsvorsatz**, nur mit dem Vorsatz zur Begehung eines minderschweren Delikts (zB eines Raubes statt des vom Hintermann geplanten und listig eingefädelten Mordes)[68] oder ohne die zum subjektiven Unrechtstatbestand gehörende **spezifische Absicht** handelt (**Beispiel:** A lässt sich von B für einen Regenspaziergang den Schirm des C holen mit der Versicherung, ihn später dem C zurückgeben zu wollen, während A tatsächlich den Schirm behalten will. Hier fehlt B die (Dritt-)Zueignungsabsicht iSv § 242; A benutzt B als **„absichtslos-doloses Werkzeug"**)[69],

c) das **rechtmäßig** handelt (wie etwa bei Bewirkung der Festnahme eines Unschuldigen durch Irreführung der gem. §§ 112 ff bzw. § 127 II StPO gerechtfertigten Strafverfolgungsorgane)[70],

d) das **schuldunfähig** ist oder aus anderen Gründen **schuldlos** handelt (zB bei unvermeidbarem Verbotsirrtum, Nötigungsnotstand)[71].

▶ Beispielsfälle zur mittelbaren Täterschaft bei *Beulke*, Klausurenkurs I Rn 192 und Klausurenkurs II Rn 267

In den letztgenannten Fällen ergibt sich die Notwendigkeit der Abgrenzung zwischen mittelbarer Täterschaft und Anstiftung, weil bei Schuldlosigkeit des die Tathandlung Vornehmenden nach dem Grundsatz der „limitierten Akzessorietät" auch Anstiftung möglich ist (vgl Rn 795). Da die **Tatherrschaft** den Beteiligten in **abgestufter Form** zukommen kann, hängt die Abgrenzung davon ab, ob die „Handlungsherrschaft" des unmittelbar Handelnden von der „Willensherrschaft" des Hintermannes überlagert wird. **Mittelbare Täterschaft** ist immer dann anzunehmen, wenn der Hintermann die Schuldunfähigkeit des Tatmittlers oder die **Umstände kennt**, die den Schuldvorwurf entfallen lassen, und wenn er die von ihm richtig erfasste Situation in der Weise zur Begehung einer Straftat ausnutzt, dass er **den Tatmittler** gleichsam als **Werkzeug** „in der Hand" hat und so kraft seiner überlegenen **Willensherrschaft** mittelbar auch dessen Tatausführung beherrscht. 776

Um die Abgrenzung zwischen **mittelbarer Täterschaft** und (ggf straflos bleibender) **Anstiftung** geht es auch, wenn Werkzeug und Opfer der Tat personengleich sind, wie dies bei einer **Selbstschädigung** unter dem bestimmenden Einfluss eines anderen der Fall ist. 777

66 Eingehend *Beulke/Witzigmann*, Ad legendum 13, 59; *Roxin*, AT II, § 25 Rn 45 ff; s. a. *Krack*, Achenbach-FS, S. 219; *von der Meden*, JuS 15, 22, 112.

67 Vgl BGHSt 32, 38 *(Siriusfall)*; OLG Celle wistra 13, 243 m. Bespr. *Kudlich*, JA 13, 710; *Timpe*, StraFo 13, 358; *Wessels/Hettinger*, BT/1, Rn 51 f.

68 Vgl BGHSt 30, 363; vgl auch BGH NStZ 13, 103 m. Bespr. *Jäger*, JA 13, 71.

69 Krit. zu dieser Fallgruppe *Freund*, AT, § 10 Rn 78; s. a. *Fahl*, JA 04, 287; *M. Heinrich*, S. 269; *Krämer*, Jura 05, 833; *Putzke*, Roxin II-FS, S. 425, 435; *Rönnau*, GA 2000, 410, 413 ff; *Witzigmann*, Das „absichtslos-dolose Werkzeug", 2008.

70 BGHSt 3, 4; vgl ferner für den Fall des sog. Prozessbetruges RGSt 72, 150.

71 Näher *Jescheck/Weigend*, AT, § 62 II 4 – 6; *Otto*, Roxin-FS, S. 483; LK-*Schünemann*, § 25 Rn 69 ff; zT abw. *Köhler*, AT, S. 509; zu ihm *Roxin*, Täterschaft, S. 662.

Beispiel: F, die zugunsten des M eine Lebensversicherung abgeschlossen hat, tötet sich auf Betreiben des geldgierigen M selbst. Hat F dem Drängen des M aus freien Stücken und aufgrund einer eigenverantwortlich getroffenen Entscheidung nachgegeben, bleibt dessen Tatveranlassung als bloße Teilnahmehandlung straflos, weil der Suizid keine rechtswidrige, mit Strafe bedrohte Haupttat iSd § 26 ist. Kann hingegen aufgrund der konkreten Umstände und der Art der von M ausgehenden Einflussnahme nicht von einer **freiverantwortlichen Willensentscheidung** der F ausgegangen werden, sodass diese nur ein unfrei handelndes „Werkzeug" in der Hand des das Geschehen lenkenden M war, ist dieser wegen einer **Fremdtötung** in mittelbarer Täterschaft strafbar (§§ 212, 211, 25 I Alt. 2). Darüber besteht weitgehend Einigkeit.

778 Umstritten ist allerdings, wann ein Selbsttötungsentschluss als **freiverantwortlich** bezeichnet werden darf und nach welchen Maßstäben dies zu beurteilen ist (s. bereits Rn 265). Eine weit verbreitete Ansicht greift hier sinngemäß auf die **Exkulpationsregeln** (§§ 20, 35 StGB; § 3 JGG) zurück, stellt also bei psychischen Defektzuständen und Zwangslagen darauf ab, ob dem Betroffenen unter sonst gleich bleibenden Umständen der Vorwurf schuldhaften Handelns erspart bliebe, wenn er nicht sich, sondern einen Dritten verletzt hätte. Die Eigenverantwortlichkeit seines Handelns wäre danach bspw zu bejahen, wenn eine ihm gegenüber erfolgte Drohung nicht den in § 35 vorausgesetzten Schweregrad erreichen würde[72]. Die im Vordringen begriffene Auffassung orientiert sich stattdessen sinngemäß an der **Einwilligungslehre**, also an den Regeln, die sonst bei der **Preisgabe eigener Rechtsgüter** für die Wirksamkeit einer rechtfertigenden Einwilligung gelten würden[73]. Für diese Lehrmeinung, die in weiterem Umfange als die erstgenannte Ansicht zur Bejahung mittelbarer Täterschaft führt, dürfte sprechen, dass bei einer Verfügung über das eigene Leben an die Mangelfreiheit der Willensbildung keine geringeren Anforderungen gestellt werden dürfen als bei der Einwilligung in eine Körperverletzung und bei der in § 216 vorausgesetzten Ernstlichkeit des Tötungsverlangens[74].

BGHSt 32, 38 hat im **Siriusfall** weder für die eine noch für die andere Auffassung Partei ergriffen, da die dort durch einen geradezu märchenhaften Schwindel zum Selbsttötungsversuch veranlasste Frau nicht an psychischen Störungen litt und sich auch nicht in einer Zwangslage befand. Nach dieser Entscheidung hängt die Abgrenzung zwischen mittelbarer Tötungstäterschaft und strafloser Teilnahme an einer Selbsttötung bei Irreführung des Opfers von **Art und Tragweite des Irrtums** ab. „Verschleiert die Täuschung dem sich selbst ans Leben Gehenden die Tatsache, dass er eine Ursache für den eigenen Tod setzt, so ist derjenige, der den Irrtum hervorgerufen und mithilfe des Irrtums das zum Tode des Getäuschten führende oder darauf abzielende Geschehen bewusst und gewollt ausgelöst hat, **Täter** eines (vollendeten bzw versuchten) Tötungsdelikts **kraft überlegenen Wissens**, durch das er den Irrenden lenkt und zum Werkzeug gegen sich selbst macht" (Tatherrschaft kraft überlegenen Wissens)[75].

72 Vgl *Arzt/Weber/Heinrich/Hilgendorf*, § 3 Rn 26; *Dölling*, Maiwald-FS, S. 119, 128; *Roxin*, AT II, § 25 Rn 54, 57; Matt/Renzikowski-*Safferling*, § 212 Rn 25; LK-*Schünemann*, § 25 Rn 72 ff.

73 Vgl S/S-*Eser/Sternberg-Lieben*, Vorbem. §§ 211 ff Rn 36; *Herzberg*, JuS 84, 369; LK-*Jähnke*, Vor § 211 Rn 25 f; *Krey/Esser*, AT, Rn 913 f; *Wessels/Hettinger*, BT/1, Rn 48.

74 S. dazu auch *Amelung*, in: *Schünemann* (Hrsg), Bausteine des europ. Strafrechts, 1995, S. 247; AnwK-StGB-*Mitsch*, Vor §§ 211 ff Rn 16.

75 Vgl dazu *Achenbach*, Jura 02, 542; *B. Heinrich/Reinbacher*, JA 07, 264, 266; SK-*Hoyer*, § 25 Rn 79; *Kubiciel*, JA 07, 729, 730 ff; *Roxin*, Täterschaft, S. 586 ff; *Schaffstein*, NStZ 89, 153; *Timpe*, StraFo 13, 358, 362 ff.

Höchst umstritten ist auch die Bewertung des spiegelbildlichen Falles, bei dem eine Selbsttötung dadurch begangen wird, dass das „Opfer" dem Handelnden die wahre Bedeutung dessen todbringenden Verhaltens verbirgt (vgl Rn 965)[76]. **779**

Nach den Grundsätzen der mittelbaren Täterschaft sind auch die Fälle zu lösen, in denen der Täter zunächst selbst handelt und nur die unmittelbare Erfolgsherbeiführung durch das Opfer selbst bewirkt wird; so zB bei der *Passauer Giftfalle* (= *Apothekerfall*, vgl Rn 857)[77]. Dort stellt der Täter dem Opfer eine Schnapsflasche hin, damit dieses den vergifteten Inhalt trinkt und so die letzte Handlung selbst ausführt. Der BGH hat die Frage letztlich nicht geklärt, spricht aber immerhin vom **Einsatz des Opfers** als **„Tatmittler gegen sich selbst"**, was die Annahme mittelbarer Täterschaft nahe legt. Allerdings wäre es denkbar, die mittelbare Täterschaft mit der Begründung abzulehnen (und stattdessen eine direkte Täterschaft anzunehmen), dass § 25 I Alt. 2 sich lediglich auf Dreipersonenverhältnisse bezieht, also auf die „klassische" Konstellation, dass der Täter einen nicht mit dem Opfer identischen Tatmittler einsetzt. Es besteht jedoch kein Grund, diese Einschränkung vorzunehmen, da § 25 I Alt. 2 eine solche Auslegung weder sprachlich noch teleologisch voraussetzt. Vielmehr ist eine Anwendung auf Zweipersonenverhältnisse auch hier durchaus möglich[78]. **780**

► Beispielsfall bei *Beulke*, Klausurenkurs I Rn 192

Im Ergebnis ist mittelbare Täterschaft regelmäßig dann zu bejahen, wenn der Hintermann sich zur Begehung einer Vorsatztat wissentlich und willentlich einer **nicht voll tatbestandsmäßig**, einer **nicht rechtswidrig** oder einer **nicht voll verantwortlich** handelnden Person bedient. Umgekehrt ist mittelbare Täterschaft in aller Regel zu verneinen, wenn der unmittelbar Handelnde bei einer irrtumsfreien Verwirklichung des Straftatbestandes selbst voll verantwortlicher Vorsatztäter des Delikts ist, dessen Begehung der Hintermann erstrebt oder fördert. **781**

Wenn Frau F den labilen und ihr sexuell hörigen Liebhaber L unter Ausnutzung seiner psychischen Abhängigkeit veranlasst, ihren Ehemann M zu töten, so liegt die unmittelbare Handlungsherrschaft hinsichtlich der Tatbestandsverwirklichung (§§ 212, 211) bei L. Solange dessen psychische Abhängigkeit nicht ein Ausmaß erreicht, das ihn von der **strafrechtlichen Verantwortung befreit** (vgl § 20), geht das Gesetz davon aus, dass eine Beteiligung (der F) an seiner Tat regelmäßig nur in der Form der **Mittäterschaft** oder als **Anstiftung** möglich ist.

Ausnahmen von dieser Regel sind nur in eng begrenzten Fällen anzuerkennen: Erwähnung verdient insofern namentlich die **mittelbare Täterschaft kraft organisatorischen Machtapparats**, die mittlerweile als Prototyp des **„Täters hinter dem Täter"** gilt. **782**

Entwickelt wurde diese Fallgruppe einst von *Roxin*, um bei der Bewältigung der **Unrechtstaten des NS-Regimes** eine sachgerechte Bestrafung der befehlsgebenden

76 BGH NJW 03, 2326; OLG Nürnberg JZ 03, 745; diesen zust. *Herzberg*, NStZ 04, 1; *ders.*, Puppe-FS, S. 497, 503 ff; krit. *Engländer*, JZ 03, 747; *ders.*, Jura 04, 234.

77 BGHSt 43, 177; *Weddig*, Mittelbare Täterschaft und Versuchsbeginn bei der Giftfalle, 2008.

78 *Jahn*, JA 02, 560; *Kudlich*, JuS 98, 596 f; *Mitsch*, BT 2/2, § 1 Rn 33; aA (unmittelbare Täterschaft) HK-GS-*Ingelfinger*, § 25 Rn 11, 33; *Schumann*, Puppe-FS, S. 973, 975 ff.

„Schreibtischtäter" sicherzustellen[79]. Im Rahmen der **Aufarbeitung des DDR-Unrechts** wurde die Rechtsfigur sodann durch den BGH aufgegriffen, der ehemalige DDR-Politfunktionäre, welche für den Schießbefehl an der innerdeutschen Grenze verantwortlich zeichneten, als mittelbare Täter der von den Grenzsoldaten zulasten Flüchtender begangenen Tötungsdelikte ansah[80].

Erforderlich ist nach überwiegender Auffassung zunächst, dass sich der vom Hintermann durch seine Anordnungsgewalt betätigte **hierarchisch strukturierte Machtapparat vollständig von den Normen des Rechts gelöst** hat, was nicht nur im Rahmen **staatlicher Unrechtsregime**, sondern auch bei Verbrecherbanden oder Terrorgruppen mit **mafiaähnlichen Organisationsstrukturen** der Fall sein kann. Ferner darf derjenige, der letztlich den Straftatbestand eigenhändig verwirklicht, lediglich als beliebig austauschbares „Rädchen im Getriebe des Machtapparats" erscheinen (**„Fungibilität" des unmittelbar Ausführenden**), und er muss eine **wesentlich erhöhte, organisationsspezifische Tatgeneigtheit** aufweisen[81]. Sind diese Voraussetzungen erfüllt, kann der Befehlsgeber aufgrund seiner **Organisationsherrschaft** nach herrschender, zutreffender Ansicht als mittelbarer Täter bestraft werden[82]. Andere lehnen dies unter Hinweis auf das Verantwortungsprinzip ab und bejahen stattdessen eine Strafbarkeit wegen Mittäterschaft oder Anstiftung[83].

Nach inzwischen gefestigter Rspr ist die Rechtsfigur der mittelbaren Täterschaft kraft Organisationsherrschaft auf **Wirtschaftsunternehmen** übertragbar, sofern Vorgesetzte regelhafte Abläufe im Rahmen einer hierarchischen Organisationsstruktur ausnutzen, um durch Einbindung nachgeordneter Mitarbeiter Straftaten zu begehen[84], so etwa wenn der Vorstand einer Aktiengesellschaft Anweisungen an Tochtergesellschaften gibt[85]. Die hL lehnt diese Ausweitung zu Recht ab, denn die Anordnung und Duldung strafbarer Handlungen vermag für sich allein keine Organisationsherrschaft zu begründen, sofern die Organisation auf der Basis des Rechts

79 *Roxin*, GA 1963, 193; *ders.*, AT II, § 25 Rn 105 ff; *ders.*, Täterschaft, S. 677; *ders.*, ZIS 09, 622; *ders.*, GA 2012, 395.

80 BGHSt 40, 218, 236; 42, 65, 68; 45, 270, 296; 48, 77, 89 *(Politbürofall)*.

81 Vgl dazu BGHSt 40, 218, 236; BGH NStZ 08, 89 f; *Roxin*, Krey-FS, S. 458; *F.C. Schroeder*, ZIS 09, 569.

82 *Ambos*, GA 1998, 226; *Greco*, ZIS 11, 9; *Hoffmann-Holland*, AT, Rn 498 ff; *Muñoz Conde*, Wolter-FS, S. 1415; Kaufmann/Renzikowski-*Renzikowski*, S. 147; *Satzger*, Volk-FS, S. 649; *F.C. Schroeder*, Der Täter hinter dem Täter, 1965, S. 166; *ders.*, JR 95, 177; *Schünemann*, Schroeder-FS, S. 401; *Werle/Burghardt*, Maiwald II-FS, S. 849; *dies.*, Beulke-FS, S. 339; zum Fall *Fujimori* s. die Beiträge von *Herzberg*, *Jakobs*, *Rotsch*, *Roxin* u. *F.C. Schroeder* in ZIS Heft 11/2009; zum Ganzen: *Bülte*, Vorgesetztenverantwortlichkeit, S. 95 ff; s. a. Rn 829.

83 Krit. etwa Amelung-*Herzberg*, S. 33, 47 (zu ihm: *Hoyer*, Herzberg-FS, S. 379); SK-*Hoyer*, § 25 Rn 92; *Knauer*, NJW 03, 3101; *Köhler*, AT, S. 509; *Krey/Nuys*, Amelung-FS, S. 203; *Maurach/Gössel/Zipf*, AT/2, § 48 Rn 61 ff; *Murmann*, GA 1996, 269; *Noltenius*, Kriterien der Abgrenzung von Anstiftung und mittelbarer Täterschaft, 2003; *Rotsch*, NStZ 05, 13; *Zieschang*, Otto-FS, S. 505.

84 BGHSt 40, 218, 236 f; 48, 331; 49, 147, 163 *(Bremer Vulkan)*; BGH JR 04, 245 m. krit. Anm. *Rotsch*; BGH NStZ 08, 89; zust. *Bottke*, JuS 02, 320; *Hefendehl*, GA 2004, 575; *Hellmann/Beckemper*, Wirtschaftsstrafrecht, Rn 935; *Lackner/Kühl*, § 25 Rn 2; *Schlösser*, GA 2007, 161.

85 BGHSt 40, 218, 236 f; 48, 331); BGH JR 04, 245; BGH NStZ 08, 89; einschränkend *Tiedemann*, Rn 241 (Mittäterschaft); *Tiedemann/Walter*, Jura 02, 713; abl. *Heine*, SchwZStr 119 [2001], 22; *M. Heinrich*, Krey-FS, S. 147; MK-*Joecks*, § 25 Rn 150; *Koch*, JuS 08, 496; *Muñoz Conde*, Roxin-FS, S. 609, 620; *Otto*, Jura 01, 753, 759; *Rengier*, AT, § 43 Rn 69; *Rotsch*, ZIS 07, 260; 08, 3; *Roxin*, SchwZStr 125 [2007], 1, 17; *Weißer*, Ad legendum 12, 244; weitgehend abl. auch *Bosch*, Organisationsverschulden im Unternehmen, 2002, S. 586; Steinberg-*Noltenius*, S. 9 sowie die weiteren Beiträge bei *Amelung* (Hrsg).

arbeitet und der unmittelbar Ausführende in die Arbeitsstrukturen eingebunden und damit nicht beliebig austauschbar ist[86] (zu einer möglichen Strafbarkeit als Unterlassungstäter s. Rn 1015 ff).

Eine weitere Ausnahme von dem Grundsatz, dass der Vordermann in Fällen mittelbarer Täterschaft nicht wegen vorsätzlicher Tatbegehung strafbar sein darf, ist denkbar, wenn der Hintermann einen **vermeidbaren Verbotsirrtum** oder abergläubische Ängste zielstrebig dirigierend für seine deliktischen Absichten ausnutzt. Auch dann kommt eine mittelbare Täterschaft in Betracht. **783**

Beispiel (nach BGHSt 35, 347; *Katzenkönigfall*): Die H, der P und der R lebten in einem von Mystizismus und Irrglauben geprägten „Beziehungsgeflecht" zusammen. Durch gezielte Irreführung hatten H und P dem leicht beeinflussbaren R eingeredet, ein das Böse verkörpernder und die Menschheit bedrohender „Katzenkönig" verlange von ihm ein Menschenopfer in Gestalt der N (auf deren Tötung es H und P aus Eifersucht und Rache abgesehen hatten); andernfalls müssten Millionen von Menschen sterben. R erkannte, dass das Mord sei, und suchte unter Berufung auf das Fünfte Gebot nach einem Ausweg. H und P zerstreuten seine Gewissensbisse mit dem Hinweis, für sie gelte das Tötungsverbot nicht, da es ein „göttlicher Auftrag" sei und sie die Menschheit zu retten hätten. Schließlich gab R ihrem Drängen nach. Entsprechend den ihm erteilten Anweisungen versetzte er der ahnungslosen Frau N, die den Mordversuch jedoch überlebte, auf heimtückische Weise mehrere Stiche mit einem Messer in Hals, Gesicht und Körper.

Die Verurteilung von P und Frau H wegen versuchten Mordes **in mittelbarer Täterschaft** wurde vom BGH bestätigt, der davon ausgeht, dass R bei Abwägung des Interessenkonflikts unter dem Blickwinkel des § 34 zu einer fehlerhaften Bewertung gelangt und so einem vermeidbaren **Verbotsirrtum** erlegen sei: „Nach verbreiteter Meinung wird aus dem **Verantwortungsprinzip** hergeleitet, dass die Möglichkeit mittelbarer Täterschaft dort endet, wo das Werkzeug selbst verantwortlicher Täter ist." „§ 25 I StGB erfordert jedenfalls nicht ein derart enges Verständnis des Begriffs der mittelbaren Täterschaft, wie es aus dem Verantwortungsprinzip hergeleitet wird [...]. Ein wertender Vergleich der Fälle des **unvermeidbaren** Verbotsirrtums – hier ist unbestritten mittelbare Täterschaft möglich – mit denen des **vermeidbaren** Verbotsirrtums zeigt, dass allein die **Vermeidbarkeit** des Irrtums kein taugliches Abgrenzungskriterium ist. Auch dem in einem solchen Irrtum handelnden Täter fehlt zur Tatzeit die Unrechtseinsicht. Dass er Kenntnisse hätte haben können, die er im konkreten Fall nicht hatte, braucht an der Tatherrschaft des die Erlaubtheit vorspiegelnden Hintermannes nichts zu ändern; ebenso wenig wird dadurch notwendigerweise dem Vordermann die Eigenschaft eines Werkzeuges genommen. In Fällen des **vermeidbaren Verbotsirrtums** des Vordermannes als dem unmittelbar Handelnden ist deshalb bei der Prüfung, ob der Hintermann mittelbarer Täter ist, auf das **Kriterium der vom Täterwillen getragenen objektiven Tatherrschaft** abzustellen [...]. Mittelbarer Täter eines Tötungsdelikts oder versuchten Tötungsdelikts ist jedenfalls derjenige, der mithilfe des von ihm bewusst hervorgerufenen Irrtums das Geschehen gewollt auslöst und steuert, sodass der Irrende bei wertender Betrachtung als ein – wenn auch noch schuldhaft handelndes – **Werkzeug** anzusehen ist"[87].

▶ Beispielsfall bei *Beulke*, Klausurenkurs III Rn 88

86 IE ebenso: *I. Roxin*, Wolter-FS, S. 451, 453 ff.

87 S. a. BGHSt 40, 257; zust. *Schaffstein*, NStZ 89, 153; LK-*Schünemann*, § 25 Rn 92; aA *Herzberg*, Jura 90, 16; *Küper*, JZ 89, 617 und 935; zum Ganzen *Hillenkamp*, AT, S. 162.

784 Nicht möglich ist eine mittelbare Täterschaft bei **eigenhändigen Delikten** (s. Rn 55) sowie dann, wenn dem Hintermann die im gesetzlichen Tatbestand geforderte **besondere Subjektsqualität** fehlt (wie zB die Eigenschaft als Amtsträger bei echten Sonderdelikten, s. Rn 54; dazu auch Rn 753 f).

785 Im **Fall 16** hat W bei der Ermordung des J und F kraft freier Entscheidung als **eigenverantwortlicher Täter** gehandelt. Infolgedessen ist mittelbare Täterschaft des A zu verneinen.

4. Exzess und Irrtum bei mittelbarer Täterschaft

786 Für einen **Exzess** des Tatmittlers haftet der mittelbare Täter nicht. Bei der Beantwortung einschlägiger **Irrtumsfragen** ist entscheidend, ob der Irrtum des Hintermannes den Vorsatz des Vordermanns betrifft oder sich auf andere tatherrschaftsrelevante Umstände bezieht:

787 a) Nimmt der Hintermann irrtümlich an, der von ihm zu einer vorsätzlichen Tat Veranlasste handle **schuldhaft** (**Beispiel:** A überredet den nicht erkennbar geisteskranken G zur Tötung des X), ist er lediglich wegen **vollendeter Anstiftung** (§§ 212, 211, 26) zu bestrafen, da er keinen Willen zur Tatherrschaft hat, sondern nur Anstiftervorsatz, weil er die Umstände nicht kennt, die ihn objektiv zum Herrn des Geschehens machen.

788 b) Handelt der zur Vorsatztat Veranlasste dagegen voll verantwortlich, während der Hintermann irrig davon ausgeht, dass jener die ihm angesonnene Tat **schuldlos** begehe, liegt aus der Sicht des Hintermannes mittelbare Täterschaft, objektiv jedoch nur Anstiftung iSd § 26 vor. Auch hier ist wegen **vollendeter Anstiftung** zur betreffenden Tat zu verurteilen, weil der Anstiftungsvorsatz im weitergehenden Tatherrschaftswillen des Hintermannes mit enthalten ist und Anstiftung im Vergleich zur mittelbaren Täterschaft die **minder schwere** Beteiligungsform darstellt[88].

789 c) Unterstellt der Hintermann irrig den **Tatbestandsvorsatz** des von ihm zur Tat Veranlassten, hält er eine Situation für gegeben, bei der jener Herr des Geschehens sein würde. **Beispiel:** A überredet den B aus Rachsucht zu einer Strafanzeige gegen X in der fehlgehenden Annahme, dass die Unrichtigkeit der dabei behaupteten Belastungstatsachen auch dem B positiv bekannt sei. Mittelbare Täterschaft des nur mit Anstiftervorsatz handelnden A scheidet hier aus. Aber auch eine Bestrafung wegen vollendeter Anstiftung ist nicht möglich, weil es an einer vorsätzlich begangenen Haupttat iSd § 26 fehlt. In Betracht kommt allein eine **versuchte Anstiftung**, die nach § 30 I lediglich bei **Verbrechen** mit Strafe bedroht ist (vgl Rn 803 ff). Die Strafbarkeitslücke, die sich in Fällen dieser Art für die versuchte Anstiftung zu einem Vergehen (im obigen Beispiel zu § 164 I) ergibt, beruht auf der Entscheidung des Gesetzgebers, im Bereich der §§ 26, 27 eine vorsätzlich begangene rechtswidrige Haupttat zu verlangen[89].

▸ Beispielsfall bei *Beulke*, Klausurenkurs I Rn 297

790 d) Sehr umstritten ist die Lösung des umgekehrten Falles, in welchem der Hintermann einen **vermeintlich gutgläubigen**, in Wirklichkeit bösgläubigen und somit vorsätzlich handelnden Tatmittler in die Realisierung seines deliktischen Vorhabens einschaltet.

88 Vgl *Jescheck/Weigend*, AT, § 62 III 1; LK-*Schünemann*, § 25 Rn 147.

89 Wie hier *Bloy*, ZStW 117 [2005], 3, 10; SK-*Hoyer*, § 25 Rn 139; MK-*Joecks*, § 25 Rn 155; BK-*Kudlich*, § 25 Rn 39; LK-*Schünemann*, § 25 Rn 143; aA *Baumann/Weber/Mitsch*, AT, § 30 Rn 26 ff.

Beispiel: Stationsarzt Dr. A übergibt der vermeintlich arglosen Krankenschwester K eine Spritze, die angeblich ein Beruhigungsmittel, tatsächlich aber ein tödlich wirkendes Gift enthält und weist sie an, diese seiner im Krankenhaus liegenden, verhassten Schwiegermutter S zu injizieren. K durchschaut das Ansinnen, lässt sich aber nichts anmerken und verabreicht die letale Injektion.

Auf Grundlage der **subjektiven Theorie** (Rn 748) könnte A hier als mittelbarer Täter bestraft werden, weil er K als sein „Werkzeug" angesehen und den Tod der S mit Täterwillen herbeigeführt hat[90]. Für die **Tatherrschaftslehre** dürfte der Weg zu diesem Ergebnis verschlossen sein, da eine bloß vorgestellte, tatsächlich aber fehlende Tatherrschaft keine Täterschaft zu begründen vermag. Daraus, dass hier nach dem Vorstellungsbild des Hintermannes mittelbare Täterschaft, objektiv aber nur Anstiftung gegeben ist, zieht die Rechtslehre unterschiedliche Konsequenzen. Nach vielfach vertretener, zutreffender Ansicht kann der Hintermann jedenfalls wegen **vollendeter Anstiftung** bestraft werden[91]. Zwar fehlt ihm auf den ersten Blick der von § 26 geforderte Vorsatz hinsichtlich einer *vorsätzlichen* rechtswidrigen Haupttat, weshalb Gegner dieser Lösung einen Verstoß gegen das Analogieverbot (Art. 103 II GG, s. Rn 71 ff) geltend machen[92]. Genau betrachtet ist der erforderliche Anstiftervorsatz jedoch als **wesensgleiches „Minus"** im Willen zur Ausübung der Tatherrschaft enthalten. Überdies ist derjenige, der sogar Täter sein wollte, nicht (in ungerechtfertigter Weise) belastet, wenn er als Anstifter belangt wird. Daneben kommt eine Bestrafung des Hintermanns wegen **versuchter Tatbegehung in mittelbarer Täterschaft** in Betracht – allerdings nur dann, wenn er, wie im Beispielsfall, nach Maßgabe der allgemeinen Regeln (s. Rn 872 ff) bereits durch sein Verhalten unmittelbar zur Tatbestandsverwirklichung angesetzt hat[93]. Begründet hingegen erst das Verhalten des Vordermanns ein unmittelbares Ansetzen, scheidet eine Strafbarkeit wegen Versuchs aus, da eine Zurechnung gem. § 25 I Alt. 2 mangels tatsächlicher Tatherrschaft nicht möglich ist. Ungeachtet dieser Einschränkung ist eine Bestrafung wegen Anstiftung schon deshalb geboten, weil der Hintermann auf Grundlage der Versuchslösung so behandelt wird, als habe er an der vollendeten Rechtsgutsverletzung gar nicht mitgewirkt. Nicht sachgerecht erscheinen angesichts drohender Strafbarkeitslücken auch vereinzelt vorgetragene Vorschläge, den Hintermann lediglich wegen fahrlässiger Tatbegehung[94] bzw. wegen versuchter Anstiftung (§ 30 I)[95] zu bestrafen.

▶ Beispielsfall bei *Beulke*, Klausurenkurs I Rn 284, 288 und Klausurenkurs III Rn 210, 216

Anders ist freilich dann zu entscheiden, wenn das Gesetz (wie in § 160 und § 271) **täterschaftliches** Handeln ausnahmsweise mit **geringerer** Strafe bedroht als die sonst in Betracht kommende Anstiftung (etwa zu § 154 oder § 348); dort darf der mit Tatherrschaftswillen Handelnde nicht deshalb schlechter gestellt werden, weil das vermeintliche Werkzeug nicht gutgläubig, sondern bösgläubig gewesen ist[96]. **791**

▶ Beispielsfall bei *Beulke*, Klausurenkurs III Rn 531

---

90 Vgl *Baumann/Weber/Mitsch*, AT, § 29 Rn 152.

91 *Beulke*, Kühl-FS, S. 115, 119 ff; *Heinrich*, AT, Rn 1265; *Hoffmann-Holland*, AT, Rn 514; *Jescheck/Weigend*, AT, § 62 III 1; *Kühl*, AT, § 20 Rn 87; S/S/W-StGB-*Murmann*, § 25 Rn 29; *Roxin*, AT II, § 25 Rn 167; *Schmidt*, AT, Rn 994; LK-*Schünemann*, § 25 Rn 147.

92 *Bloy*, ZStW 117 [2005], 4, 27; Matt/Renzikowski-*Haas*, § 26 Rn 29; *Krey/Esser*, AT, Rn 1093; *Kudlich*, JuS 03, 755, 758; *Rengier*, AT, § 43 Rn 82.

93 *Beulke*, Kühl-FS, S. 115, 128 ff; ohne diese Einschränkung *Jäger*, AT, Rn 251b; *Rengier*, AT, § 43 Rn 81; gänzlich abl. *Bloy*, ZStW 117 [2005], 4, 24 f; *Krack*, Eckert-GS, S. 467; *Küper*, Roxin II-FS, S. 895, 901 ff; *Maurach/Gössel/Zipf*, AT, § 48 Rn 112.

94 *Frister*, AT, 28. Kap. Rn 29; *Küper*, Roxin II-FS, S. 895, 914 f.

95 SK-*Hoyer*, § 30 Rn 5 ff; vgl auch *Ensenbach*, Jura 11, 787, 794.

96 S. dazu BGHSt 21, 116; *Küper*, JZ 12, 992, 998 ff; MK-*H.E. Müller*, § 160 Rn 16; *Wessels/Hettinger*, BT/1, Rn 783 f und 904 ff.

792 e) Umstritten ist ferner, unter welchen Umständen sich eine **Objektsverwechslung** durch den Tatmittler für den mittelbaren Täter als ***aberratio ictus*** auswirkt.

Beispiel 1: Um X zu töten, beauftragt der Arzt A die Krankenschwester K, bei dem auf Zimmer Nr 1 liegenden X eine Injektion vorzunehmen; die der ahnungslosen K übergebene Spritze enthält ein schwer nachweisbares Gift. Infolge ihrer Kurzsichtigkeit verwechselt K Zimmer Nr 1 und Nr 7 und verabreicht deshalb die tödlich wirkende Injektion nicht X, sondern dem in Nr 7 liegenden Y.

Beispiel 2: A veranlasst den ihm als geisteskrank bekannten G, den X zu erschießen. Zwecks Erkennung gibt er G ein Foto des X mit. G tötet jedoch Y, den er beim Abfeuern des Schusses für X gehalten hat.

Die hL behandelt beide Fälle (ohne Rücksicht auf die Gut- oder Bösgläubigkeit des Tatmittlers) hinsichtlich der Strafbarkeit des mittelbaren Täters gleich, nämlich als *aberratio ictus*, weil es rechtlich bedeutungslos sei, ob eine mechanische Waffe „ihr Ziel verfehle" oder ob es dazu beim Einsatz eines **menschlichen Werkzeugs** komme[97]. Vorzugswürdig ist jedoch die Ansicht, die darauf abstellt, ob der Hintermann dem Tatmittler die **Individualisierung des Tatopfers** bzw des Tatobjekts **überlassen hat** oder nicht: Ist dies nicht der Fall (wie oben im Beispiel 1), ist die weisungswidrige Ausführung nach den Regeln der **aberratio ictus** zu beurteilen. Hatte der Hintermann die Individualisierung des Opfers oder Tatobjekts jedoch (wie oben im Beispiel 2) seinem Tatmittler überlassen, muss er sich dessen Auswahlfehler wie eine eigene Objektsverwechslung **(error in persona vel obiecto)** zurechnen lassen, wenn die Verwechslung sich nach den konkreten Umständen im Einzelfall noch in den Grenzen des nach allgemeiner Lebenserfahrung Voraussehbaren hält[98] (vgl dazu für den Bereich der Anstiftung Rn 823 ff).

IV. Anstiftung und Beihilfe

1. Die Akzessorietät der Teilnahme

793 Anstiftung und Beihilfe sind von der Existenz einer **rechtswidrigen Haupttat** iSd § 11 I Nr 5 abhängig (**Akzessorietät der Teilnahme**). Als Beteiligung an fremder Tatbestandsverwirklichung leiten beide Teilnahmeformen ihren Unrechtsgehalt vom Unrecht der Haupttat ab. Dies bedeutet nicht, dass sie keinerlei eigenen Unwert verkörpern[99]. Die Konstruktion eines eigenständigen, vom Unrecht der Haupttat losgelösten „Teilnehmerdelikts"[100] findet im Gesetz hingegen keine Stütze.

An Handlungen, die – wie der Suizid[101] – keinen Straftatbestand erfüllen, ist keine strafbare Teilnahme möglich. Gleiches gilt im Hinblick auf unvorsätzlich oder rechtmäßig begangene Handlungen.

---

97 Vgl *Baumann/Weber/Mitsch*, AT, § 21 Rn 15; *Jescheck/Weigend*, AT, § 62 III 2; LK-*Schünemann*, § 25 Rn 149.

98 Ebenso *Haft/Eisele*, Keller-GS, S. 81, 98; S/S-*Heine/Weißer*, § 25 Rn 53 ff; *Jakobs*, AT, 21/106; *Stratenwerth*, Baumann-FS, S. 57, 65.

99 Näher dazu *Heghmanns*, GA 2000, 473; *Jakobs*, GA 1996, 253; *Roxin*, AT II, § 26 Rn 11 ff.

100 *Schmidhäuser*, AT, 10/17.

101 Vgl *Hilgendorf*, in: Byrd/Hruschka/Joerden (Hrsg), Jahrbuch für Recht und Ethik, 2007, S. 479, 482; *Hillenkamp*, in: Anderheiden/Eckart (Hrsg), Handbuch Sterben und Menschenwürde, Bd 2, 2012, S. 103; *Roxin*, GA 2013, 313, 318 ff; zu Plänen, die *gewerbsmäßige* Förderung der Selbsttötung unter Strafe zu stellen, vgl BT-Drs. 17/11126; *Hilgendorf*, JZ 14, 545; *Hillenkamp*, FAZ vom 16.4.2015, S. 6; *Kempf*, JR 13, 11; *Neumann*, medstra 15, 16; *Rosenau/Sorge*, NK 13, 108; *Schliemann*, ZRP 13, 51; *Schöch*, Kühl-FS, S. 585.

Die Akzessorietät der Teilnahme kann im Einzelfall zur völligen Straflosigkeit aller Beteiligten führen. Das ist bei den Pflicht- und Sonderdelikten zB in folgender Konstellation denkbar: Verletzt der das Vermögen verwaltende Treuhänder seine Treuepflicht, wodurch ein Schaden beim Treugeber eintritt, ist zwar der objektive Tatbestand der Untreue erfüllt, eine Strafbarkeit des Treuhänders gem. § 266 scheidet jedoch aus, wenn er aufgrund der Manipulationen eines Hintermannes unvorsätzlich gehandelt hat. Mangels eines entsprechenden Fahrlässigkeitsstraftatbestandes kommt auch eine Bestrafung des Treuhänders wegen fahrlässiger Tatbegehung nicht in Betracht. Der Hintermann, der aufgrund seiner Täuschungen das Geschehen beherrscht, bleibt ebenfalls straflos, wenn ihm die für die mittelbare Täterschaft erforderliche Pflichtenbindung fehlt (s. Rn 754 f, 784), da eine Strafbarkeit wegen Anstiftung mangels vorsätzlicher Haupttat ausscheidet[102]. Ein Spezialstraftatbestand nach dem Muster der Verleitung zur Falschaussage (§ 160) existiert bei der Untreue nicht.

Der Teilnehmer wird nicht deshalb bestraft, weil er den Haupttäter „in Schuld und Strafe verstrickt" (so die durch § 29 überholte „Schuldteilnahmetheorie"), sondern weil er durch Hervorrufen des Tatvorsatzes oder durch anderweitige Unterstützungshandlungen eine **rechtswidrige Haupttat fördert** (so die heute herrschende **akzessorietätsorientierte** Förderungstheorie). Vorausgesetzt wird dabei, dass das angegriffene Rechtsgut auch dem Teilnehmer gegenüber Schutz genießt[103]. **794**

Das StGB folgt (seit 1943) dem Grundsatz der **limitierten Akzessorietät**. Anstiftung und Beihilfe setzen nicht voraus, dass der Haupttäter „schuldhaft" gehandelt hat (deshalb „limitiert"). Vielmehr wird jeder Beteiligte gem. § 29 ohne Rücksicht auf die Schuld des anderen **nach seiner Schuld** bestraft wird. Es bleibt jedoch dabei, dass die **Haupttat „vorsätzlich" und „rechtswidrig"** begangen werden muss (§§ 26, 27)[104]. **795**

Im Rahmen des § 11 II gibt es Anstiftung und Beihilfe auch bei **erfolgsqualifizierten Delikten** (wie etwa zu §§ 226, 227)[105] und bei solchen Straftatbeständen, die bzgl der **Tathandlung Vorsatz** erfordern und hinsichtlich einer **besonderen Tatfolge Fahrlässigkeit** genügen lassen (wie etwa § 315c III Nr 1)[106]. Teilnahme an einer unvorsätzlich begangenen Haupttat ist dagegen nicht möglich. Wer sich an einer rechtswidrigen Tat in der irrigen Annahme beteiligt, der Haupttäter handele vorsätzlich, begeht lediglich eine **„versuchte Teilnahme"**, die nur im Rahmen des § 30 strafbar ist[107] (s. Rn 789). Möglich ist hingegen die Teilnahme an einer Tat, bei der sich der Täter im **Erlaubnistatbestandsirrtum** befindet, da beim Täter lediglich die Vorsatzschuld entfällt, nicht aber der Tatbestandsvorsatz (s. Rn 708). **796**

2. Akzessorietätslockerungen

Die Strafe für Anstifter und Gehilfen richtet sich grundsätzlich nach der für den Täter geltenden Strafdrohung; für die Beihilfe sieht § 27 II eine obligatorische Milderung der Strafe nach § 49 I vor. Eine zusätzliche **Akzessorietätslockerung** gilt bei strafbegründenden und strafmodifizierenden **besonderen persönlichen Merkmalen** (§ 28), **797**

---

102 *Dörfel*, Jura 04, 113.

103 Instruktiv *Mitsch*, JuS 99, 372 f; Fallbeispiel bei *Kudlich/Pragal*, JuS 04, 791; zum Strafgrund der Teilnahme auch: *Frister*, Dencker-FS, S. 119; *Koriath*, Maiwald II-FS, S. 417; *Kühl*, AT, § 20 Rn 132; *Lüderssen*, Strafgrund der Teilnahme, 1967; *ders.*, Miyazawa-FS, S. 449.

104 Näher *Klesczewski*, Puppe-FS, S. 613; *Roxin*, AT II, § 26 Rn 6 f; LK-*Schünemann*, Vor § 26 Rn 19 f.

105 Vgl BGH NJW 87, 77; *Kudlich*, JA 00, 511; *Küper*, Kühl-FS, S. 315.

106 Vgl LK-*Schünemann*, § 26 Rn 92 f; anders, aber nicht überzeugend *Gössel*, Lange-FS, S. 219.

107 Näher SK-*Hoyer*, Vor § 26 Rn 35; *Roxin*, AT II, § 28 Rn 9 ff.

die man auch als **täterbezogene Merkmale** bezeichnet[108]. Nach der Legaldefinition des § 14 I sind dies „besondere persönliche Eigenschaften, Verhältnisse oder Umstände", wie zB die Stellung als Erzieher iSd §§ 174, 180 I S. 2 oder als Amtsträger iSd §§ 331 ff.

798 a) Fehlen beim Anstifter oder Gehilfen „besondere persönliche Merkmale" der in § 14 I umschriebenen Art, welche die Strafbarkeit **begründen** (**Beispiel:** Anstiftung eines Amtsträgers durch einen Privatmann zu einem **echten Amtsdelikt**, zB einer Falschbeurkundung im Amt gem. §§ 348, 26), ist die **Strafe** für den Teilnehmer nach **§§ 28 I, 49 I zu mildern**[109].

799 b) Bestimmt das Gesetz, dass „besondere persönliche Merkmale" die Strafe **schärfen, mildern** oder **ausschließen**, so gilt das nach **§ 28 II** nur für **den** Täter oder Teilnehmer, bei dem sie vorliegen.

Stiftet ein Privatmann einen Amtsträger zu einem **unechten Amtsdelikt** (zB einer Körperverletzung im Amt) an, wird Letzterer nach hM als Täter des Amtsdelikts (zB § 340) bestraft, während der Anstifter aufgrund des § 28 II lediglich wegen Anstiftung zum betreffenden **Grundtatbestand** verurteilt werden kann (also zB gem. §§ 223, 26)[110]. Eine Mindermeinung möchte den Anstifter hingegen wegen Anstiftung zum unechten Amtsdelikt (zB §§ 340, 26) verurteilen und dem Grundtatbestand lediglich den Strafrahmen entnehmen[111].

Die **Systematik der Tötungsdelikte** ist umstritten. Die in ständiger Rspr[112] vertretene Auffassung, Mord und Totschlag seien eigenständige Delikte arteigenen Unrechtsgehalts mit der Folge, dass es sich bei den Mordmerkmalen, die täterbezogen sind, um **strafbegründende** Merkmale iSv § 28 I handele, vermag nicht zu überzeugen. Die hL geht zutreffend davon aus, dass der Mord ein erschwerter Fall der vorsätzlichen Tötung, also eine Qualifikation zu § 212 ist. Demnach enthält § 211 nicht strafbegründende, sondern **strafschärfende** Merkmale. Die hA leitet daraus die Anwendung des § 28 II hinsichtlich der täterbezogenen Mordmerkmale ab, und zwar entweder iS einer echten Durchbrechung der Teilnahmeakzessorietät mit tatbestandsändernder Wirkung[113] oder aber iS einer bloßen Strafrahmenmodifizierung[114], bei der der Teilnehmer zwar nach dem Delikt bestraft wird, das der Täter verwirklicht hat, die Höhe seiner Strafe sich aber danach richtet, ob er selbst ein täterbezogenes Mordmerkmal erfüllt hat oder nicht (zur eigenen Lösung, die sich an § 29 orientiert s. Rn 642, 801, 827). Neuerdings wird vereinzelt behauptet, selbst wenn man – im Einklang mit der Rspr – grundsätzlich von der Selbstständigkeit des § 211 ausginge, sei eine Anwendung des § 28 II auf die täterbezogenen Mordmerkmale denkbar, weil der Anwendungsbereich des § 28 I auf die echten Sonderdelikte zu beschränken sei[115].

108 Vgl dazu BGHSt 22, 375, 378; *Valerius*, Jura 13, 15.

109 *Fischer*, § 331 Rn 38; *Frister*, Puppe-FS, S. 451, 461 ff; LK-*Sowada*, Vor § 331 Rn 9; aA NK-*Puppe*, §§ 28, 29 Rn 6 ff; *dies.*, ZStW 120 [2008], 504.

110 Vgl BGH NStZ 07, 526; 09, 95; *Fischer*, § 28 Rn 8; *Lackner/Kühl*, § 28 Rn 1; anders *Puppe*, AT, § 27 Rn 29 ff.

111 So *Cortes Rosa*, ZStW 90 [1978], 413; *Hirsch*, Schreiber-FS, S. 153; LK-*Lilie*, § 340 Rn 19; SK-*Rudolphi/Stein*, Vor § 331 Rn 23 f.

112 BGHSt 1, 368; 22, 375; 36, 231; 50, 1; BGH NStZ 08, 273 m. Anm. *Kudlich*, JA 08, 310; BGH StV 15, 287 m. Anm. *Dehne-Niemann*; Jahn/Nack-*Rissing-van Saan*, S. 26; zweifelnd BGH NJW 06, 1008; dazu: *Gropp*, Seebode-FS, S. 125.

113 *Ambos*, Jura 04, 497; *Engländer*, JA 04, 410; *ders.*, Krey-FS, S. 71; *Geppert*, Jura 08, 34; LK-*Jähnke*, § 211 Rn 63; *Kraatz*, Jura 06, 613; *Rengier*, BT II, § 5 Rn 4; MK-*Schneider*, § 211 Rn 264 f; *Wessels/Hettinger*, BT/1, Rn 69 ff, 139 ff; fallbezogen: *Beulke*, Jura 14, 639, 650 f.

114 *Hirsch*, Schreiber-FS, S. 153; SK-*Hoyer*, § 28 Rn 14; *Kaspar/Broichmann*, ZJS 13, 249, 250; *Roxin*, AT II, § 27 Rn 19; krit. dazu *Küper*, JZ 06, 1164; *ders.*, Jakobs-FS, S. 311; *Roger*, GA 2013, 694.

115 Vgl NK-*Neumann*, Vorbem. zu § 211 Rn 155 aE; SK-*Sinn*, § 211 Rn 3 aE.

Zu beachten ist jedenfalls, dass sich durch § 28 II die Lage des Teilnehmers im Vergleich zum Täter nicht nur verbessern, sondern auch verschlechtern kann.

► Beispielsfälle bei *Beulke*, Klausurenkurs I Rn 165, Klausurenkurs II Rn 24 und Klausurenkurs III Rn 100

c) Von den täterbezogenen Merkmalen sind die **tatbezogenen** Unrechtsmerkmale zu **800**
unterscheiden, die den **sachlichen Unrechtsgehalt** der Tat näher kennzeichnen und vor allem die Beschreibung des tatbestandlichen Erfolges, der Tatmittel und der Begehungsweise enthalten; für die tatbezogenen Unrechtsmerkmale gilt **§ 28 I, II nicht**[116].

Die insoweit notwendige **Abgrenzung** kann im Einzelfall schwierig sein, weil sich die Einordnung nicht nach dem abstrakten Inhalt des betreffenden Merkmals, sondern nach dessen Funktion innerhalb des Tatbestandes richtet. Rspr und Lehre ist es bisher nicht gelungen, allgemein anerkannte Unterscheidungskriterien dafür zu entwickeln. Verfehlt wäre es, die **tatbezogenen** Unrechtsmerkmale mit den „objektiven" und die **täterbezogenen** persönlichen Merkmale mit den „subjektiven" Tatbestandsmerkmalen gleichzusetzen, denn nicht alle Merkmale, die das personale Handlungsunrecht mitbestimmen, sind zugleich „besondere persönliche" iSd § 28. Umstände, die eine besondere Gefährlichkeit des Täterverhaltens anzeigen oder die Art der Tatausführung beschreiben, sind idR tatbezogen. Sachgebunden und **tatbezogen** sind zB der **Tatbestandsvorsatz** und solche **besonderen Absichten**, die als Unrechtselemente in den subjektiven Tatbestand vorverlegt sind, wie etwa die Zueignungs- oder Bereicherungsabsicht in § 242 bzw §§ 253, 259, 263[117]. Das soll auch für die Bereicherungsabsicht des § 235 IV Nr 2 Alt. 2 (Entziehung Minderjähriger) gelten[118].

Merkmale, die eine **besondere Pflichtenstellung** höchstpersönlicher Art umschreiben, sind **täterbezogen** und werden durch § 28 I, II erfasst. Zu ihnen zählen u. a. die Eigenschaft als **Amtsträger**, die **Garantenstellung** bei den unechten Unterlassungsdelikten[119], die **Vermögensbetreuungspflicht** bei der Untreue (§ 266)[120] sowie das **Anvertrautsein** bei der Unterschlagung (§ 246 II)[121]. Auch die **Gewerbsmäßigkeit** (zB §§ 243 I 2 Nr 3; 260 I Nr 1)[122] sowie die Eigenschaft als **Bandenmitglied** (zB § 244 I Nr 2)[123] sind täterbezogene Merkmale. Wesentlich für die Einordnung sind in jedem Fall der Charakter und die Schutzrichtung des einschlägigen Straftatbestandes[124].

Demgegenüber will die **Einheitslösung** alle diejenigen Merkmale als besondere persönliche Merkmale iSd § 28 bezeichnen, die man „nicht nach den Regeln der mittelbaren Täterschaft verwirklichen" kann[125].

---

116 Vgl BGHSt 23, 103, 105.

117 AA *Umansky/Mathieu*, HRRS 15, 36.

118 BGHSt 55, 229 m. krit. Bespr. *Hoyer*, GA 2012, 123; *Schünemann*, GA 2011, 445.

119 Vgl *Arzt*, JA 80, 553, 557; *Rengier*, AT, § 51 Rn 9; *Roxin*, AT II, § 27 Rn 68; aA LK-*Schünemann*, § 28 Rn 58; *Valerius*, JA 13, 15, 19; diff. *Kindhäuser*, AT, § 38 Rn 61; *Otto*, Jura 04, 473.

120 BGH wistra 15, 146

121 Vgl BGH wistra 13, 387; *Wessels/Hillenkamp*, BT/2, Rn 323.

122 BGH StraFo 14, 215 f.

123 BGHSt 46, 120, 128; BGH NStZ 14, 635 m. Bespr. *Satzger*, JK, 15, S. 424, § 244a StGB; *Rönnau*, JuS 13, 594, 597; BK-*Wittig*, § 244 Rn 16; aA S/S-*Eser/Bosch*, § 244 Rn 28/29; *Rengier*, BT I, § 4 Rn 107.

124 BGHSt 41, 1; 55, 229; *Herzberg*, GA 1991, 145; *Niedermair*, ZStW 106 [1994], 388; *Stein*, StV 95, 251.

125 *Schünemann*, Küper-FS, S. 561, 570.

Problematisch ist insbes. die Einordnung der **Mordmerkmale** bei § 211 II. Nach hA sind die Mordmerkmale der 2. Gruppe **tatbezogen** mit der Folge, dass eine Akzessorietätslockerung gem. § 28 nach allen Ansichten zum Verhältnis von § 211 zu § 212 (s. Rn 799) ausscheidet[126]. Die Mordmerkmale der 1. und 3. Gruppe sind dagegen **täterbezogen**[127]. Nur bei diesen kann der Streit, ob es sich um strafbegründende oder strafschärfende Merkmale im Sinne des § 28 handelt (s. Rn 799), überhaupt relevant werden.

Bei der Teilnahme an Haupttaten, die unter Erfüllung eines **Regelbeispiels** begangen werden (s. Rn 163), sind die Grundsätze des § 28 **entsprechend** anzuwenden. Somit muss bei **täterbezogenen Erschwerungsgründen** für jeden einzelnen Beteiligten geprüft werden, ob seinem Tatbeitrag das Gewicht eines besonders schweren Falles zukommt[128].

801 d) „Spezielle Schuldmerkmale" (s. Rn 642) werden schon durch § 29, nicht erst durch § 28 erfasst; maßgebend ist somit ihr Vorliegen oder Fehlen in der Person des einzelnen Täters oder Teilnehmers. Vorausgesetzt wird dabei aber stets die Existenz einer teilnahmefähigen Haupttat (Einzelheiten str.)[129].

Im Fall der Mitwirkung an einem Mord/Totschlag kommt es bei den täterbezogenen Mordmerkmalen, also bei denen der 1. und 3. Gruppe des § 211 II, die oben (entgegen der hL) als Schuldmerkmale iSv § 29 eingestuft worden sind (s. Rn 642), für die Strafbarkeit allein darauf an, ob sie in der Person des jeweiligen Beteiligten selbst vorliegen. Im Ergebnis stimmt diese Ansicht regelmäßig mit der überein, die § 28 II anwendet (s. Rn 799).

3. Die versuchte Teilnahme

802 Nach Akzessorietätsgrundsätzen sind Anstiftung und Beihilfe nur dann strafbar, wenn die **Haupttat vollendet** wird oder zumindest in das Stadium des strafbaren **Versuchs** gelangt.

803 Die Teilnahme an einer **versuchten Tat** ist somit zu unterscheiden von der **versuchten Teilnahme**: Die versuchte Beihilfe ist straflos, während die versuchte Anstiftung (von Sondervorschriften wie zB §§ 111, 159 abgesehen) gem. **§ 30 I** nur bei **Verbrechen** mit Strafe bedroht ist.

804 Grundsätzlich ist iRd § 30 I entscheidend, dass sich die Tat, zu der angestiftet werden soll, nach der **Vorstellung des Anstifters** als Verbrechen darstellt[130]. Dieser muss sich also ggf vorstellen, dass der präsumtive Haupttäter ein strafbegründendes persönliches Merkmal iSd § 28 I erfüllt.

805 Umstritten sind hingegen die Auswirkungen der Tatbestandsverschiebung bei **besonderen persönlichen Merkmalen iSv § 28 II** (s. Rn 799) auf § 30 I. Eine Ansicht verlangt, dass sich die in Aussicht genommene Tat sowohl für präsumtiven Anstifter als auch Haupttäter bei unterstellter Tatbegehung als Verbrechen darstellt[131]. Wiederum

126 Vgl BGHSt 23, 103; 24, 106, 108.
127 Vgl BGHSt 22, 375, 378; NK-*Neumann*, § 211 Rn 114; *Wessels/Hettinger*, BT/1, Rn 140 f; zu den Auswirkungen im Jugendstrafrecht: *Mitsch*, GA 2013, 137.
128 BGH wistra 01, 105; *Burchard/Engelhart*, JA 09, 270, 277; *Wessels/Hillenkamp*, BT/2, Rn 220.
129 Vgl *Jescheck/Weigend*, AT, § 61 VII 4c; *Puppe*, ZStW 120 [2008], 504.
130 BGHSt 4, 254; 8, 294, 296; vert. *Hinderer*, JuS 12, 1072.
131 HK-GS-*Letzgus*, § 30 Rn 46; *Maurach/Gössel/Zipf*, AT/2, § 53 Rn 122; *Roger*, GA 2013, 694, 705 ff; LK-*Schünemann*, § 30 Rn 43; NK-*Zaczyk*, § 30 Rn 29.

andere differenzieren danach, ob das fragliche persönliche Merkmal dem Unrechts- oder dem Schuldbereich zugeordnet werden kann. Unrechtserhöhende Merkmale müssten beim präsumtiven Haupttäter vorliegen, schulderhöhende Merkmale bei demjenigen, der die Anstiftung versucht[132]. Nach der Rechtsprechung des **BGH** kommt es hingegen für die Bestimmung des für § 30 I notwendigen Verbrechenscharakters der Tat nicht darauf an, ob sich die Haupttat infolge einer Tatbestandsverschiebung nach § 28 II auch in der Person desjenigen, der eine Anstiftung versucht, als Verbrechen darstellt. Vielmehr soll es genügen, dass das die Tat zum Verbrechen qualifizierende strafschärfende besondere persönliche Merkmal in der Person des **anvisierten Täters** erfüllt ist[133]. Den augenscheinlichen Wertungswiderspruch, der in dieser faktischen Nichtanwendung des § 28 II auf die versuchte Anstiftung liegt (im Falle der erfolgreichen Anstiftung würde die Tatbestandsverschiebung zugunsten des Anstifters nämlich greifen) erkennt auch der BGH und wendet auf die versuchte Anstiftung zum Verbrechen den Vergehensstrafrahmen an. Diese Systemwidrigkeit überzeugt nicht, vielmehr stellt eine solche im Gesetz nicht angelegte „Umdeutung" der Tatbestands- in eine Strafrahmenverschiebung einen Verstoß gegen Art. 103 II GG dar. Überzeugender ist es deshalb, auf den **Anstifter** abzustellen und zu verlangen, dass das besondere persönliche Merkmal in seiner Person verwirklicht ist, er also bei angenommener erfolgreicher Anstiftung selbst ein Verbrechen begehen würde[134].

Die versuchte Anstiftung zu einem Verbrechen ist wegen ihrer Gefährlichkeit für das Rechtsgut vom Gesetz zu einer selbstständig unter Strafe gestellten Vorbereitungshandlung erhoben worden[135]. § 30 I S. 1 erfasst auch die sog. **versuchte „Kettenanstiftung"** (**Beispiel:** A fordert den B vergeblich auf, den C zu einem Mord anzustiften), außerdem den **Versuch**, einen anderen zur Begehung eines Verbrechens **zu bestimmen**, ohne dass die in Aussicht genommene Haupttat sodann über das Vorbereitungsstadium hinausgelangt. Der **Vorsatz** dessen, der auf den anderen im genannten Sinne einwirkt, muss auf das Hervorrufen des Tatentschlusses sowie auf die Ausführung und Vollendung der geplanten Haupttat gerichtet sein[136]. Für den doppelten Anstiftervorsatz genügt auch *dolus eventualis*. Eine darüber hinausgehende „Ernstlichkeit" der Aufforderung ist nicht erforderlich[137]. 806

Die **Erfolglosigkeit der versuchten Anstiftung** kann sich daraus ergeben, dass der andere das ihm unterbreitete Ansinnen ablehnt, ignoriert oder nicht versteht, dass er keinen Tatentschluss fasst oder den zunächst gefassten Entschluss noch im Vorbereitungsstadium wieder aufgibt, dass er schon vor dem Anstiftungsversuch zur Tat fest entschlossen war und aus diesem Grunde nicht mehr angestiftet werden konnte oder schließlich daraus, dass ihn die Anstiftungserklärung nicht erreicht. 807

---

132 *Gallas*, ZStW 80 [1968], 1, 33; *Stratenwerth/Kuhlen*, AT, § 12 Rn 173 f; ähnl. *Roxin*, AT II, § 28 Rn 27 f.

133 BGHSt 6, 308; 53, 174 (zu § 30 II) m. krit. Anm. *Dehne-Niemann*, Jura 09, 695; *Gerold*, Jura 14, 854, 861; *v. Heintschel/Heinegg*, JA 09, 547; *Mitsch*, JR 10, 359; S/S/W-StGB-*Murmann*, § 30 Rn 7; *Rengier*, AT, § 47 Rn 15.

134 So BGHSt 3, 228; 14, 353; BK-*Beckemper*, § 30 Rn 4; *Geppert*, Jura 97, 546; S/S-*Heine/Weißer*, § 30 Rn 13; *Mitsch*, Jura 14, 585, 589; AnwK-StGB-*Waßmer*, § 30 Rn 12.

135 Weiterführend *Beulke*, NStZ 99, 26.

136 Dazu OLG Hamm JR 92, 521; *Bloy*, JR 92, 493.

137 BGHSt 44, 99 m. zust. Anm. *Roxin*, NStZ 98, 616; BGH NStZ 13, 334 m. Bespr. *Hecker*, JuS 13, 748; aA BGHSt 7, 234, 238.

Beispiel: Der Brief mit der Aufforderung, einen Meineid zu leisten, wird auf dem Weg zum Adressaten von der Polizei abgefangen[138].

808 Der **§ 30 II** (sog. *„Duchesne-Paragraph"*, nach dem Namen des belgischen Kesselschmiedes, der sich zu einem Attentat auf Bismarck anbot) will **konspirativen Willensbildungen** entgegenwirken, von denen eine wesentlich größere Rechtsgutsbedrohung ausgeht als von einem Einzelentschluss, den man jederzeit wieder umstoßen und ohne Schwierigkeiten wieder aufgeben kann.

809 **Sich-Bereiterklären** bedeutet die ernst gemeinte Kundgabe der Bereitwilligkeit zur Begehung eines Verbrechens gegenüber einem anderen[139]. Es umfasst das Sich-Erbieten durch eine tatgeneigte, aber noch nicht fest entschlossene Person sowie die Annahme der Aufforderung zur Verbrechensbegehung. Die **Annahme des Erbietens** bildet das Gegenstück zum Sich-Erbieten. Sie muss vom Annehmenden ernst gemeint sein; für dessen Strafbarkeit ist es dann ohne Belang, ob auch das Erbieten selbst ernstlich war oder nicht[140].

810 Den wichtigsten Fall des § 30 II stellt die **Verbrechensverabredung** dar. Sie ist eine Vorstufe der Mittäterschaft[141] und setzt die Willensübereinstimmung von mindestens zwei Personen voraus, welche ein bestimmtes, in seinen wesentlichen Grundzügen, wenn auch nicht notwendigerweise in allen Einzelheiten konkretisiertes Verbrechen[142] entweder als Mittäter begehen oder einen anderen gemeinsam zu ihrer Ausführung anstiften wollen. Notwendig ist, dass die sich Verabredenden unbedingt zur Begehung der Straftat entschlossen sind. Bloße Tatgeneigtheit genügt nicht[143]. Auf die Tauglichkeit oder Untauglichkeit des ins Auge gefassten Tatobjekts oder der Tatmittel kommt es dabei nicht an, wie die Verweisung in § 30 auf § 23 III erkennen lässt[144]. Der subjektive Tatbestand ist – im Unterschied zu § 30 I (s. Rn 806) – nur für denjenigen Beteiligten erfüllt, der die Tat ernstlich will[145]. Hinter eine Verbrechensverabredung nach § 30 II tritt § 30 I zurück[146].

811 Bei der Neuregelung des § 30 hat der Gesetzgeber die **versuchte Beihilfe** bewusst nicht unter Strafe gestellt. Straflos ist demzufolge auch die **Beihilfe zu einer Verbrechensverabredung** und die bloße **Zusage** einer Verbrechensbeihilfe[147].

812 Unter den in **§ 31** genannten Voraussetzungen wird nicht nach § 30 bestraft, wer vom Versuch der Beteiligung freiwillig und endgültig zurücktritt (persönlicher Strafaufhebungsgrund)[148].

---

138 Vgl BGHSt 8, 261; 31, 10; Aufbauschema zu § 30 I bei *Hilgendorf/Valerius*, AT, § 10 Rn 118.
139 Vgl BGHSt 6, 346; OLG Celle MDR 91, 174.
140 BGHSt 10, 388.
141 BGH NStZ-RR 02, 74 m. Bespr. *Heger*, JA 02, 628.
142 BGH NStZ 11, 570 *(Chatroomfall)* m. Anm. *Weigend*; *Rackow/Bock/Harrendorf*, StV 12, 687; *Reinbacher*, NStZ-RR 12, 40; *Rotsch*, ZJS 12, 680; BGH NStZ 13, 33; s. a. *B. Heinrich*, Heinz-FS, S. 728.
143 BGH NStZ 09, 497.
144 Vgl BGHSt 4, 254; LK-*Schünemann*, § 30 Rn 69; einschränkend HK-GS-*Letzgus*, § 30 Rn 85 ff; *Rogall*, Puppe-FS, S. 859, 873 ff; NK-*Zaczyk*, § 30 Rn 30, 61, die von einer bloßen Rechtsfolgenverweisung ausgehen; diff. auch *Mitsch*, Maiwald II-FS, S. 539, 556.
145 BGH NStZ 98, 403; s. auch *Merkel*, ZIS 14, 565 und dazu *Herzberg*, ZIS 15, 136.
146 BGH NStZ 94, 383; HK-GS-*Letzgus*, § 30 Rn 96.
147 Näher BGH NStZ 82, 244.
148 BGH NStZ 92, 537.

Bei einer Verbrechensverabredung wird ein „Verhindern der Tat" iSd § 31 I Nr 3 idR aktive Abwehrmaßnahmen erfordern; das muss aber nicht stets so sein. Bleibt zB ein Beteiligter nach der Verabredung untätig, so kommt ihm das Rücktrittsprivileg des § 31 I Nr 3 jedenfalls dann zugute, wenn das verabredete Verbrechen nach seiner Vorstellung ohne ihn nicht ausgeführt werden kann und er aus freien Stücken seinen Beitrag nicht erbringt mit der Folge, dass die Tat daraufhin unterbleibt[149]. Unterbleibt die Tat ohne Zutun des Zurücktretenden (zB weil es sich bei dem vermeintlich anzustifenden Täter in Wirklichkeit um einen V-Mann der Polizei handelt), so genügt gem. § 31 II zur Straflosigkeit das freiwillige und ernsthafte Bemühen, die Tat zu verhindern, wobei der BGH verlangt, dass der Anstifter alle Kräfte anspannt, um den vermeintlich hervorgerufenen Tatentschluss des präsumtiven Täters rückgängig zu machen[150]. Misslingt ein beabsichtigter Rücktritt, weil die übrigen Beteiligten die verabredete Tat allein zu Ende führen und dabei aus dem fortwirkenden, schon im Voraus geleisteten Tatbeitrag des Rücktrittswilligen Nutzen ziehen, so kann dies zur Strafbarkeit wegen vollendeter Tat führen (zumindest aber wegen Beihilfe dazu)[151].

4. Die Anstiftung

Anstifter ist, wer einen anderen vorsätzlich zu dessen **vorsätzlich begangener rechtswidriger Tat bestimmt** (§ 26 iVm § 11 I Nr 5). Vom mittelbaren Täter bzw Mittäter unterscheidet sich der Anstifter durch das Fehlen eigener Tatherrschaft, vom Gehilfen durch seine Mitverantwortlichkeit für den vom Haupttäter gefassten Tatentschluss. 813

a) **„Bestimmen"** iSd § 26 bedeutet **Hervorrufen des Tatentschlusses**. Was darunter genau zu verstehen ist, ist mangels gesetzlicher Präzisierung umstritten: 814

Manche begnügen sich mit der **Verursachung** des Tatentschlusses durch beliebige Mittel (**Verursachungstheorie**)[152]. Dagegen bestehen Bedenken, weil das Gesetz den Anstifter „gleich einem Täter" bestraft, also offenbar davon ausgeht, dass die Verhaltensweisen im Unrechtsgehalt eine gewisse Vergleichbarkeit aufweisen müssen. Überzeugender erscheint daher die Auffassung, dass es einer **Willensbeeinflussung** im Wege des offenen **geistigen Kontakts** bedarf (**Kommunikationstheorie**), sodass zB die Herbeiführung einer **zur Tat anreizenden Situation**, wie etwa das Zuspielen eines präparierten Fangbriefes zwecks Entlarvung eines unehrlichen Mitarbeiters, nicht ausreicht[153]. Zu weit ginge es auch, jeden Rat oder eine bloße Information schon wegen ihrer **rein kausalen Verknüpfung** mit der später begangenen Rechtsgutsverletzung in den Bereich der Anstiftung fallen zu lassen (die Annahme psychischer Beihilfe liegt hier oft näher). Sieht man den Anstifter als einen dem Täter vergleichbaren „Miturheber" der Tat an, wird man als Anstifterhandlung eine **geistige Willensbeeinflussung** fordern müssen, die wenigstens eine **Anregung zur Begehung der Haupttat** in sich birgt und dem Anzustiftenden die Möglichkeit eröffnet, den ihm vermittelten Impuls (ggf neben sonstigen Tatantrieben und Motiven) zur Grundlage seines Tatentschlusses zu machen. Die Ansicht

149 BGHSt 32, 133 m. Anm. *Kühl*, JZ 84, 292; BGH NStZ 07, 287; StV 08, 248.

150 BGHSt 50, 142; zust. *Kudlich*, JA 06, 91; krit. *Kühl*, NStZ 06, 94; *Kütterer-Lang*, JuS 06, 206; *Puppe*, JR 06, 75.

151 Vgl BGHSt 28, 346; BGH NStZ 87, 118; näher zum Ganzen *Angerer*, Rücktritt im Vorbereitungsstadium, 2003; *Bottke*, Rücktritt vom Versuch der Beteiligung nach § 31, 1980; *Roxin*, Frisch-FS, S. 613.

152 *Bloy*, S. 329; *Kindhäuser*, AT, § 41 Rn 10; *Lackner/Kühl*, § 26 Rn 2; *Scheinfeld*, GA 2007, 695, 709.

153 Vgl *Amelung*, Schroeder-FS, S. 147, 178 („sanktionsträchtiger Appell"); *Amelung/Boch*, JuS 00, 261; S/S-*Heine/Weißer*, § 26 Rn 3; *Jakobs*, AT, 22/22; *Jescheck/Weigend*, AT, § 64 II 1; *Kleszczewski*, AT, Rn 682 ff; *Kretschmer*, Jura 08, 265, 266; *Krüger*, JA 08, 492; *Kühl*, AT, § 20 Rn 171; S/S/W-StGB-*Murmann*, § 26 Rn 4; *Rengier*, AT, § 45 Rn 30; *Roxin*, AT II, § 26 Rn 74 ff.

von *Puppe*[154], es müsse ein gemeinsamer **Tatplan iS eines „Unrechtspaktes“** existieren, in dessen Rahmen der Anstifter dem Angestifteten das Versprechen der Tatausführung abnehme und dieser sich dem Anstifter unterordne, oder von *Hoyer*[155], der Anstifter müsse eine **„Motivherrschaft“** über den Täter haben, erscheint allerdings überzogen[156].

Geeignete Mittel der Willensbeeinflussung und damit der Anstiftung können u. a. sein: Überredung, bestimmte Wünsche und Anregungen (auch wenn sie in die Form einer Frage gekleidet sind), Geschenke, Zusage einer Belohnung, Herbeiführung eines Motivirrtums, Missbrauch eines Überordnungsverhältnisses, Drohung usw[157].

Bloßes **Unterlassen** genügt indessen nicht, da es keine psychische Einflussnahme darstellt[158].

▶ Beispielsfall bei *Beulke*, Klausurenkurs III Rn 90

815 Ein **zur konkreten Tat schon fest Entschlossener *(omnimodo facturus)*** kann nicht mehr angestiftet werden; hier kommt nur versuchte Anstiftung (§ 30 I) oder psychische Beihilfe durch Bestärken des Tatvorsatzes in Betracht[159]. Eine Anstiftung desjenigen, der trotz Tatgeneigtheit weiterhin unschlüssig ist, ob er die in Erwägung gezogene Tat ausführen soll, ist dagegen möglich[160]. Das Gleiche gilt für denjenigen, der sich zu einer Tat erbietet, dabei aber noch auf den entscheidenden Anstoß wartet (wie etwa auf die Zusage der von ihm verlangten Belohnung).

816 Anstiftung ist auch in Form der Mitanstiftung durch mehrere Personen[161] oder in der Weise möglich, dass jemand sich zur Einwirkung auf den Willen des Anzustiftenden eines Dritten als Werkzeug bedient (mittelbare Anstiftung)[162]. Anstiftung eines anderen zur Anstiftung zur Haupttat (**Kettenanstiftung**) ist mittelbare Anstiftung zur Haupttat[163].

817 Umstritten ist die Strafbarkeit desjenigen, der einen zur Verwirklichung eines Straftatbestands bereits Entschlossenen zur Begehung der Tat in gravierenderer Form bestimmt (sog. **Aufstiftung**). Da dem Anstifter keine Unrechtsteile angelastet werden dürften, die nicht auf seinen Anstoß zurückzuführen seien, bejaht ein Teil der Lehre eine Anstiftung nur, wenn das „Mehr“, zu dem der Haupttäter bestimmt wurde, ein echtes *aliud* darstellt, also einen **selbstständigen Tatbestand** erfüllt (wie etwa bei der „Aufstiftung“ vom Diebstahl, § 242, zum Raub, § 249). Andernfalls soll dem „Aufstifter“ bezüglich des schwereren Deliktes eine **psychische Beihilfe** zur Last gelegt werden (sog. analytisches Trennungsprinzip)[164]. Andere gehen nicht ganz so weit

---

154 *Puppe*, GA 1984, 101; *dies.*, NStZ 06, 424; *dies.*, GA 2013, 514, 517 ff; ähnl. *Altenhain*, Die Strafbarkeit des Teilnehmers beim Exzess, 1994, S. 119 ff; *Jakobs*, AT, 22/22.

155 SK-*Hoyer*, § 26 Rn 13; ebenso MK-*Joecks*, § 26 Rn 20.

156 Zum Ganzen *Christmann*, Zur Strafbarkeit sog. Tatsachenarrangements wegen Anstiftung, 1997; *Hilgendorf*, Jura 96, 9; *Hillenkamp*, AT, S. 173; *Joerden*, Puppe-FS, S. 563; *Timpe*, GA 2013, 145.

157 Vgl RGSt 36, 402; 53, 189; BGH GA 1980, 183.

158 Vgl *Bachmann/Eichinger*, JA 11, 509; S/S-*Heine/Weißer*, § 26 Rn 4; *Jescheck/Weigend*, AT § 64 II 6; *Roxin*, AT II, § 26 Rn 86; anders *Bloy*, JA 87, 490; *Rengier*, AT, § 51 Rn 28 f.

159 RGSt 72, 373; zust. *Hilgendorf/Valerius*, AT, § 9 Rn 126; *Hoffmann-Holland*, AT, Rn 565; abl. *Burchard/Engelhart*, JA 09, 271, 278; *Puppe*, GA 2013, 514, 520 f; *Steen*, Die Rechtsfigur des omnimodo facturus, 2011.

160 BGH MDR/D 72, 569.

161 BGH NStZ 00, 421.

162 Vgl BGHSt 8, 137; 40, 307; S/S-*Heine/Weißer*, § 26 Rn 5.

163 *Krell*, Jura 11, 499; *Roxin*, AT II, § 26 Rn 177.

164 S/S-*Heine/Weißer*, § 26 Rn 9; *B. Heinrich*, AT, Rn 1302; *Jescheck/Weigend*, AT, § 64 II 2c; MK-*Joecks*, § 26 Rn 39, 41; *Kindhäuser*, AT, § 41 Rn 14; *Nepomuck*, Anstiftung und Tatinteresse, 2008, S. 276.

und lassen es für eine wesentliche Unrechtssteigerung bereits ausreichen, dass die Tat, zu der „aufgestiftet" wird, eine **Qualifikation** des ursprünglich ins Auge gefassten Delikts darstellt (wie etwa bei der „Aufstiftung" vom einfachen Diebstahl, § 242, zum Diebstahl mit Waffen, § 244 I Nr 1a)[165]. Das Unrecht kann jedoch auch **innerhalb ein und desselben Straftatbestandes** durch eine „Aufstiftung" wesentlich gesteigert werden (etwa wenn der Täter eines Raubes das Opfer an den Händen fesseln möchte, § 250 I Nr 1b, der „Aufstifter" aber dazu rät, zusätzlich eine Maschinenpistole mitzunehmen, § 250 I Nr 1a Var. 1). Auch hier erscheint eine Bestrafung wegen Anstiftung sachgerecht[166].

▶ Beispielsfall bei *Beulke*, Klausurenkurs III Rn 503

Unstreitig ein Fall der Anstiftung liegt vor, wenn der Täter veranlasst wird, ein Delikt zu begehen, das zu dem von ihm ursprünglich geplanten in keinerlei (rechtlichem) Stufenverhältnis steht, sondern ein *aliud* darstellt (sog. **Umstiftung**)[167]. Demgegenüber ist bereits nach dem Grundsatz der Risikoverringerung (s. Rn 284 f) nicht wegen Anstiftung strafbar, wer den zur qualifizierten Tat entschlossenen Vordermann veranlasst, nur das Grunddelikt zu begehen (sog. **Abstiftung**). Möglich bleibt allerdings im Einzelfall eine Strafbarkeit wegen psychischer Beihilfe[168]. **818**

b) Der **Vorsatz** des Anstifters muss in zweifacher Hinsicht gegeben sein: Er muss zum einen auf das **Hervorrufen des Tatentschlusses** sowie zum anderen auf die Ausführung und **Vollendung** einer bestimmten, in ihren wesentlichen Grundzügen konkretisierten Tat durch einen bestimmten Täter oder einen individuell bestimmbaren Personenkreis gerichtet sein (sog. **doppelter Anstiftervorsatz**)[169]. Den Bestimmtheitsanforderungen hinsichtlich der Haupttat ist nicht genügt, wenn der Wille nur darauf gerichtet ist, einen anderen ganz allgemein und ohne ausreichende Konkretisierung zu strafbaren Handlungen zu veranlassen, wie etwa zur Begehung von „Ladendiebstählen" oder zum Überfall auf „Banken" und sonstige, allein der Gattung nach umschriebene Tatobjekte[170]. Andererseits braucht der Anstifter die zu begehende Tat nicht in allen Einzelheiten ihrer Ausführung in sein Bewusstsein aufgenommen zu haben[171]. Sein Vorsatz muss aber wenigstens soviel von den sie kennzeichnenden Merkmalen enthalten, dass die Tat selbst als **konkret-individualisierbares Geschehen** erkennbar ist[172]. **819**

Der Anstiftervorsatz muss insbes. die Umstände umfassen, von denen das Vorliegen einer „vorsätzlich begangenen rechtswidrigen Haupttat" des Angestifteten abhängt. Gehören zum Unrechtstatbestand der einschlägigen Haupttat besondere subjektive Tatbestandsmerkmale, muss deren Vorhandensein dem Anstifter bekannt sein. Der Anstifter zu einem Betrug muss al-

---

165 *Krey/Esser*, AT, Rn 1047; *Lackner/Kühl*, § 26 Rn 2a.

166 BGHSt 19, 339; *Hoffmann-Holland*, AT, Rn 568; *Roxin*, AT II, § 26 Rn 104 ff; LK-*Schünemann*, § 26 Rn 34 f; zum Ganzen: *Hillenkamp*, AT, S. 184.

167 Vgl nur *Joerden*, Puppe-FS, S. 563, 579; LK-*Schünemann*, § 26 Rn 21 ff.

168 *Kindhäuser*, LPK, § 26 Rn 17; *Kudlich*, JuS 05, 592; AnwK-StGB-*Waßmer*, § 25 Rn 17; vert. LK-*Schünemann*, § 26 Rn 28 ff.

169 BGHSt 6, 359; 15, 276.

170 BGHSt 34, 63; BGH JR 99, 248; krit. *Herzberg*, JuS 87, 617; *Ingelfinger*, Anstiftervorsatz und Tatbestimmtheit, 1992, S. 223; *Roxin*, Salger-FS, S. 129; *ders.*, AT II, § 26 Rn 133.

171 Vgl BGHSt 40, 218, 231.

172 Vgl *Jescheck/Weigend*, AT, § 64 II 2 b; *Koch/Exner*, JuS 07, 40; *Maurach/Gössel/Zipf*, AT/2, § 51 Rn 30; *Satzger*, Jura 08, 514, 520.

so wissen, dass der Angestiftete den objektiven Tatbestand des § 263 vorsätzlich verwirklicht und dabei in der Absicht handelt, sich oder einem Dritten einen rechtswidrigen Vermögensvorteil zu verschaffen. Er selbst braucht allerdings keine Bereicherungsabsicht zu haben. Kennt der Anstifter einen Umstand dieser Art nicht oder hält er irrig Umstände für gegeben, bei deren Vorliegen eine vorsätzlich begangene rechtswidrige Haupttat fehlen würde, so entfällt gem. § 16 I 1 der diesbezügliche Anstiftervorsatz (**Beispiel:** Der Anstifter hält den vom Täter erstrebten Vermögensvorteil im Fall der §§ 253, 263 für rechtmäßig statt für rechtswidrig)[173].

820 Der Anstiftervorsatz fehlt auch, wenn der Anstifter nicht die **Vollendung der Haupttat** will, sondern sich vielmehr vorstellt, deren tatbestandlicher Erfolg werde nicht eintreten. Daraus ergibt sich die Straflosigkeit des sog. **Lockspitzels** *(agent provocateur).*

Beispiel: A überredet den B zu einem Einbruchsdiebstahl in ein Großhandelsdepot, um ihn unmittelbar nach dem Betreten des Warenlagers durch die von ihm informierte Polizei festnehmen zu lassen[174].

Umstritten ist insoweit lediglich, ob der Wille des *agent provocateur* bereits auf die Verhinderung der formellen Vollendung der Tat gerichtet sein muss[175] oder ob der Anstiftervorsatz auch dann fehlt, wenn lediglich deren materielle Beendigung ausbleiben soll, etwa wenn im Beispiel die Polizei den Täter erst nach Verlassen des Warenlagers festnehmen soll[176]. Nach zutreffender Ansicht kommt es nur auf den fehlenden Vorsatz zur materiellen Beendigung der Tat an. Da sich die Strafbarkeit der Anstiftung aus dem Aspekt des Rechtsgüterschutzes legitimiert, muss auch derjenige straflos sein, der allein die letztendliche Beeinträchtigung der geschützten Rechtsgüter verhindern möchte. Insoweit kann es dann aber auch keinen Unterschied machen, ob der Anstifter direkt die fehlende Vollendung der Tat oder nur die Verhinderung einer materiellen Verletzung des Rechtsguts nach erfolgter Vollendung anstrebt.

▸ Beispielsfall bei *Beulke*, Klausurenkurs III Rn 451

Sollte die Strafbarkeit des Lockspitzels ausnahmsweise nicht schon aufgrund fehlenden Vorsatzes scheitern, ist das Eingreifen von Rechtfertigungsgründen (Einwilligung bzw mutmaßliche Einwilligung des Rechtsgutsinhabers, rechtfertigender Notstand iSd § 34) zu prüfen[177].

821 c) Problematisch ist auch die Strafbarkeit des durch einen **polizeilichen Lockspitzel** zur Tat Angestifteten. Nach heute hA darf ein polizeilicher Lockspitzel nur gegen Personen eingesetzt werden, gegen die schon ein Tatverdacht iSv § 160 StPO besteht. Überdies darf kein grobes Missverhältnis zwischen dem provozierenden Verhalten und dem ursprünglichen Anfangsverdacht, also der Tatgeneigtheit, bestehen. Selbst wenn diese Grenzen nicht eingehalten werden, ist die polizeiliche Tatprovokation nach bisher herrschender Rpr. und Lehre jedoch nur ein **Strafmilderungsgrund**[178].

---

173 Näher *Roxin*, AT II, § 26 Rn 161 ff; *Schumann*, Stree/Wessels-FS, S. 383; weitergehend *Herzberg*, GA 1993, 439, 454.

174 Vgl RGSt 56, 168, 170; OLG Oldenburg NJW 99, 2751; *Herzberg*, JuS 83, 737; SK-*Hoyer*, Vor § 26 Rn 64; *Roxin*, AT II, § 26 Rn 150 ff; *Rudolphi*, Fälle, S. 107.

175 So die früher hM; vgl RGSt 44, 172, 174.

176 *Deiters*, JuS 06, 302; S/S-*Heine/Weißer*, § 26 Rn 23; *Kühl*, AT, § 20 Rn 205; *Roxin*, AT II, § 26 Rn 164; iE auch BGH NStZ 08, 41; diff.: *Rönnau*, JuS 15, 19.

177 S. aber auch LG Cottbus NJ 05, 377; *Oğlakcıoğlu/Kulhanek*, JR 14, 462; zum Ganzen *Hillenkamp*, AT, S. 179.

178 BVerfG NJW 15, 1083; BGHSt 32, 345; 45, 321; BGH NStZ 14, 277 m. Anm. *Jahn*, JuS 14, 371; anders jetzt aber BGH (2. Senat), Urteil vom 10.6.2015, Az 2 StR 97/14 (dazu BGH Pressemitteilung Nr. 91/15); sowie *Gottschalk*, StudZR 13, 49 und *v. Danwitz*, S. 329 (Strafrechtsausschließungsgrund); krit. auch *Greco*, StraFo 10, 52, 56 sowie, vor dem Hintergrund des Art. 6 EMRK, *Esser/Gaede/Tsambikakis*, NStZ 11, 140, 142; Einzelheiten bei *Beulke*, StPO, Rn 288, 424.

d) Der Anstifter haftet nur insoweit, als die begangene Haupttat mit seinem Vorsatz übereinstimmt. Ein **Exzess** des Täters belastet ihn nicht; unwesentliche Abweichungen zwischen Haupttat und Anstiftervorsatz sind dagegen bedeutungslos[179]. Wichtig ist, dass die Grenzen des Anstiftervorsatzes weiter gezogen werden müssen als die Grenzen des Vorsatzes bei Mittäterschaft und mittelbarer Täterschaft, weil es zum typischen Erscheinungsbild der Anstiftung gehört, dass der Anstifter dem Täter die Einzelheiten der Tatausführung anheim stellt[180]. **822**

Im **Fall 16** bleibt zu prüfen, ob A sich der Anstiftung (§ 26) zu den Straftaten des W schuldig gemacht hat. A hat durch das Versprechen einer Belohnung den Entschluss zur Ermordung des F in W geweckt. Fraglich ist, ob A nur für diese Tat oder auch für die auf einer Personenverwechslung beruhende Ermordung des J haftet. **823**

aa) Von manchen wird angenommen, dass eine Objektsverwechslung, die für den Haupttäter unbeachtlich sei, auch die Strafbarkeit des Anstifters nicht berühre. Entscheidend sei, dass der Angestiftete die Tat **aus dem in ihm hervorgerufenen Vorsatz heraus** begangen habe; was für ihn unwesentlich sei, könne auch den Anstifter nicht entlasten (so bereits das Preußische Obertribunal im *Rose-Rosahl-Fall*)[181]. **824**

In dem Fall, dass der Täter nach der „fehlgegangenen" ersten Tat nochmals zuschlägt und nun das richtige Opfer trifft, müsste diese Auffassung wegen Anstiftung zu zwei Taten bestrafen. Insoweit ginge es nämlich nicht an, die zweite Tat (im Ausgangsfall die Ermordung des F) als einen dem Anstifter nicht anzulastenden „Exzess" des Täters anzusehen[182], da gerade diese Tat mit dem übereinstimmt, was der Täter nach dem Willen des Anstifters tun soll. Braucht der Mörder mehrere „Anläufe", bis er endlich den Richtigen erwischt, müsste der Anstifter für das ganze Gemetzel haften (sog. Blutbadargument)[183].

bb) Die im Schrifttum hM erblickt in der Objektsverwechslung des Täters eine *aberratio ictus* des Anstifters; sie bestraft Letzteren daher nur wegen **versuchter Anstiftung** zu der von ihm geplanten Tat (ggf in Tateinheit mit fahrlässiger Täterschaft). Zur Begründung dafür wird angeführt, dass die Abweichung des späteren Tatverlaufs von den Zielvorstellungen des Anstifters zumindest bei der Verletzung höchstpersönlicher Rechtsgüter schon dann als **wesentlich** anzusehen sei, wenn der Haupttäter eine andere oder eine weitere Person als die ihm vom Anstifter benannte angegriffen habe[184]. **825**

Dieser Standpunkt befriedigt nicht, weil das Gesetz die versuchte Anstiftung allein bei **Verbrechen** mit Strafe bedroht (§ 30 I), sodass Strafbarkeitslücken entstehen, wenn die Haupttat nur ein Vergehen ist. Der Vorschlag, hier wegen Anstiftung zur **versuchten Tat** zu bestrafen[185],

179 Vgl RGSt 70, 293; BGHSt 2, 223.
180 Vgl BGH NStZ 96, 434.
181 GA 1859, 322; ebenso *Maurach/Zipf*, AT/1, § 23 Rn 26; *Nikolidakis*, Grundfragen der Anstiftung, 2003, S. 184; krit. *Puppe*, NStZ 91, 124 und GA 1984, 101, 120.
182 So aber zB *Geppert*, Jura 92, 163, 168; *Streng*, JuS 91, 910, 915.
183 *Binding*, Normen III, 1918, S. 213; dagegen *Kaspar*, AT, Rn 676.
184 So *Dehne-Niemann/Weber*, Jura 09, 373; *Erb*, Frisch-FS, S. 389, 398 ff; *Hillenkamp*, Die Bedeutung von Vorsatzkonkretisierungen bei abweichendem Tatverlauf, 1971, S. 63 ff; *Jescheck/Weigend*, AT, § 64 II 4; *Otto*, JuS 82, 557, 562; *Roxin*, AT II, § 26 Rn 119 f; *Schlehofer*, GA 1992, 307; *Schreiber*, JuS 85, 783; diff. *Baumann/Weber/Mitsch*, AT, § 30 Rn 85 ff; *Toepel*, JA 97, 344 und 948.
185 *Freund*, AT, § 10 Rn 132.

überzeugt nicht, weil im Angriff auf die falsche Person nicht zugleich ein Angriffsversuch auf die (abwesende) richtige Person erblickt werden kann[186].

826 cc) BGHSt 37, 214 *(Hoferbenfall)* schließt sich der oben erwähnten Entscheidung des Preußischen Obertribunals aus dem Jahre 1859 an:

Zwar entfalle die strafrechtliche Haftung des Anstifters, wenn die Haupttat wesentlich von seinem Vorstellungsbild abweiche. Eine dem Täter unterlaufene Personenverwechslung begründe aber nur eine unwesentliche, rechtlich bedeutungslose Abweichung, wenn sie sich noch in den Grenzen des nach allgemeiner Lebenserfahrung Voraussehbaren halte. Dem Normzusammenhang zwischen Täterschaft und Teilnahme sei zu entnehmen, dass ein Irrtum des Täters über die Person des Opfers idR auch für den Anstifter unbeachtlich sei. Dass der konkrete Tatverlauf dem Anstifter unerwünscht gewesen sei, hindere die Zurechnung zum Vorsatz nicht. Auch in der Entscheidung BGH NStZ 98, 294 (*Autobombenfall*; s. Rn 371) hat der BGH diese Rspr erneut bestätigt.

Dieser Standpunkt des BGH verdient jedenfalls dann Zustimmung, wenn der Anstifter (wie idR) dem Täter die **Individualisierung des Opfers überlassen** hat und jener bei der Ausführung seines Tatentschlusses bestrebt war, die ihm erteilten Instruktionen oder Weisungen zu befolgen. Beschreibt beispielsweise der Anstifter (wie im Hoferbenfall) die Person des in Aussicht genommenen Tötungsopfers nach ihrem Aussehen und bestimmten anderen Merkmalen, so entspricht das nachfolgende Geschehen am Tatort in seinen wesentlichen Grundzügen auch dem Vorstellungsbild des Anstifters, da dieser davon ausgeht, dass der Angestiftete diejenige Person angreift und tötet, auf die die Beschreibung passt[187]. Unterläuft dem Täter, der weisungsgetreu zu handeln sucht, bei der ihm überlassenen Auswahl des Opfers ein Fehler, so muss der Anstifter sich das Ergebnis zurechnen lassen, wenn die Verwechslung sich unter den gegebenen Umständen noch in den Grenzen dessen hält, was nach der allgemeinen Lebenserfahrung voraussehbar ist[188].

▸ Beispielsfall bei *Beulke*, Klausurenkurs I Rn 162

827 Im **Fall 16** ist A somit der **vollendeten Anstiftung** zum Mord schuldig (§§ 212, 211, 26), da die Verwechslung des J mit F bei den Sichtverhältnissen im Wald nicht außerhalb jeder Lebenserfahrung lag. Zuzurechnen ist ihm neben der Tötung des F auch die des J, da beide Angriffsakte der Realisierung des Tatentschlusses dienten, den er als Anstifter in W hervorgerufen hatte[189].

Die Verwirklichung des Mordmerkmals der „Heimtücke" durch W kann dem A nur nach Akzessorietätsregeln, dh dann zugerechnet werden, wenn es von seinem Vorsatz mitumfasst wird. Dies folgt daraus, dass die 2. Gruppe des § 211 II **tatbezogene** Unrechtsmerkmale enthält, auf die § 28 nicht anwendbar ist[190].

186 Vgl LK-*Schünemann*, § 26 Rn 90.

187 So zutr. *Haft/Eisele*, Keller-GS, S. 97; S/S-*Heine/Weißer*, § 26 Rn 26; *Rengier*, AT, § 45 Rn 57 ff; ähnl. MK-*Joecks*, § 26 Rn 85; *Rosenau/Zimmermann*, JuS 09, 546.

188 Lehrreich dazu *Geppert*, Jura 92, 163; *Gropp*, Lenckner-FS, S. 55; SK-*Hoyer*, Vor § 26 Rn 53; *Kubiciel*, JA 05, 694; *Küpper*, JR 92, 294; *Lubig*, Jura 06, 655; *Mitsch*, Jura 91, 373; *Stratenwerth/Kuhlen*, AT, § 8 Rn 98 f; *Streng*, JuS 91, 910; *Weßlau*, ZStW 104 [1992], 105.

189 Nach BGHSt 37, 214 handelt es sich hier um „eine" Anstiftung zur zweifachen Tötung; vgl auch Rn 1062.

190 *Wessels/Hettinger*, BT/1, Rn 140.

Auf die **täterbezogenen** Mordmotive der 1. Gruppe des § 211 II wendet der BGH § 28 I, die hM in der Rechtslehre dagegen § 28 II an. Da es sich insoweit jedoch um reine „Schuldmerkmale" handelt, ergibt sich schon aus § 29, dass die von A „aus Habgier" begangene Anstiftung zur Ermordung des F gem. §§ 212, 211 II 1. Gruppe, 26 zu bestrafen ist[191].

Zu prüfen bleibt, ob A dem W durch das Besorgen der Tatwaffe Hilfe zur Haupttat geleistet hat.

5. Die Beihilfe

Wegen **Beihilfe** wird bestraft, wer einem anderen zu dessen **vorsätzlich** begangener **rechtswidriger Tat** vorsätzlich **Hilfe geleistet** hat (§ 27). Von der Mittäterschaft unterscheidet sich die Beihilfe durch das Fehlen der Tatherrschaft; der Gehilfe beschränkt sich auf die **Förderung der Haupttat** durch deren **physische** (wie etwa durch das Beschaffen des Einbruchswerkzeugs oder von Informationen über die Lebensgewohnheiten des Opfers, über die Möglichkeiten zum Ausschalten einer Alarmanlage usw) **oder psychische Unterstützung** (zB durch Bestärken eines schon vorhandenen Tatentschlusses)[192]. 828

▸ Beispielsfall bei *Beulke*, Klausurenkurs I Rn 389

a) Ein **„Hilfeleisten"** liegt in jedem Tatbeitrag, der die Haupttat **ermöglicht** oder **erleichtert** oder die vom Täter begangene Rechtsgutsverletzung **verstärkt** hat. Der Haupttäter braucht von der Unterstützung nichts zu wissen, sofern sie die Haupttat gleichwohl objektiv fördert[193]. Beihilfe kann auch durch **Unterlassen** geleistet werden, wenn dem Gehilfen eine Garantenpflicht obliegt[194]. Streitig ist, ob der Gehilfenbeitrag für den **Erfolg** der Haupttat **ursächlich** gewesen sein muss. Die Rechtslehre geht hier überwiegend von der Anwendbarkeit der allgemeinen Kausalitätsregeln aus[195]. Andere fordern zwar keine Kausalität, verlangen aber eine **Risikoerhöhung** für das durch die Haupttat angegriffene Rechtsgut[196] bzw stellen darauf ab, ob der Gehilfenbeitrag für das geschützte Rechtsgut konkret gefährlich ist[197]. Nach der Rspr genügt es, dass die Haupttat als solche durch den Gehilfenbeitrag **irgendwie gefördert** worden ist (sog. Verstärker- oder Förderkausalität), was allerdings über die bloße Anwesenheit, Kenntnisnahme und Billigung der Tat hinausgehen muss[198]. Darauf, ob die Beihilfehandlung *conditio sine qua non* für den Erfolg der Haupttat war, soll es 829

191 Vgl *Wessels/Hettinger*, BT/1, Rn 141, 144 ff.

192 BGH wistra 99, 386 m. abl. Anm. *Krack*, JR 00, 423; BGH NStZ 12, 316 m. Anm. *Hadamitzky/Richter*, NZWiSt 14, 145; BGH StV 14, 474; *Sieber*, JZ 83, 431; *Stoffers*, Jura 93, 11; *Welz*, Zum Verhältnis von Anstiftung und Beihilfe, 2010; abl. zur Konstruktion einer psychischen Beihilfe *Hruschka*, JR 83, 177; diff. *Joerden*, JuS 99, 1063; zum Diskussionsstand s. a. *Charalambakis*, Roxin-FS, S. 625; *Niedermair*, ZStW 107 [1995], 507; *Roxin*, Miyazawa-FS, S. 501.

193 BGHSt 6, 248, 249; Matt/Renzikowski-*Haas*, § 27 Rn 21; S/S/W-StGB-*Murmann*, § 27 Rn 4.

194 BGHSt 14, 229; BGH NStZ 85, 24; BGH NStZ-RR 12, 58.

195 MK-*Joecks*, § 27 Rn 32 ff; *Samson*, Peters-FS, S. 121; LK-*Schünemann*, § 27 Rn 1 ff; mit Einschränkungen *Müller*, Jura 07, 697, 699.

196 *Kretschmer*, Jura 08, 265, 269; BK-*Kudlich*, § 27 Rn 6; *Murmann*, JuS 99, 548; *Otto*, JuS 82, 557, 562; *Schaffstein*, Honig-FS, S. 169.

197 *Zieschang*, Küper-FS, S. 733.

198 BGH StV 12, 287; BGH StV 13, 214; BGH StV 14, 474.

nicht ankommen[199]. Dem ist iE zuzustimmen: Da § 27 schon das Hilfeleisten zur Haupttat unter Strafe stellt und der vom Täter verursachte Erfolg dem Gehilfen nicht als „sein Werk“ zugerechnet wird, hängt die Strafbarkeit der Beihilfe **nicht** unbedingt von der im **Täterschaftsbereich** vorausgesetzten Kausalbeziehung ab[200].

Wer dem Einsteigedieb geholfen hat, die zur Tat gebrauchte Leiter zum Tatort zu tragen, ist selbst dann wegen **Beihilfe zum Diebstahl** zu bestrafen, wenn feststeht, dass der Dieb die Leiter auch ohne fremde Hilfe dorthin hätte tragen können[201]. In diesem viel zitierten Beispiel wäre die Kausalität des Gehilfenbeitrages aber ohnehin nicht in Zweifel zu ziehen, wenn man korrekt vom wirklichen Geschehensablauf ausginge und beachten würde, dass ein Hinzudenken von Reserveursachen (hier: dass der Dieb die Leiter ohne die ihm gewährte Hilfe allein getragen hätte) bei der Frage nach dem ursächlichen Zusammenhang nicht zulässig ist (s. Rn 229)[202]. Dies gilt auch für **Dauerdelikte**[203].

830 Ein Problem, das in letzter Zeit an Bedeutung gewonnen hat, ist die Frage, inwiefern **neutrale, alltägliche Verhaltensweisen** eine Strafbarkeit wegen Beihilfe nach sich ziehen können. Damit sind Handlungen gemeint, „die der Ausführende einem jeden anderen gegenüber vorgenommen hätte, weil er mit der Handlung […] tat- und täterunabhängige eigene, rechtlich nicht missbilligte Zwecke verfolgte“[204]. Beispiele hierfür sind der Verkauf von Brötchen an einen Einbrecher oder der Verkauf einer Axt an den gewalttätigen Ehemann. Praktisch relevant geworden ist diese Problematik insbes. auch bei Rechtsanwälten, Notaren, Steuerberatern und Bankangestellten[205], etwa wenn Letztere Geld zur Steuerflucht ins Ausland transferieren[206]. Sogar die Mitwirkung an der Sicherung der innerdeutschen Grenze wird im Zusammenhang der Mitwirkung durch „neutrales“ Verhalten diskutiert[207]. Umstritten ist bereits der Prüfungsstandort des Problems. Vielfach sind diese Verhaltensweisen im Rahmen des **objektiven** Tatbestandes als „sozialadäquat“ (s. Rn 76) einzustufen[208], jedenfalls sofern es sich um ein „Jedermannsgeschäft“ handelt[209]. Zum Teil wird in diesen Fällen auch wegen Einhaltung des „erlaubten Risikos“ (s. Rn 257, 413) die objektive Zurechnung[210] bzw die **Rechtswidrig-**

---

199 BGHSt 48, 301; 54, 140; BGH NJW 07, 384 *(Al Motassadeq)* mit Anm. *Kudlich*, JA 07, 309.

200 Vert. *Baunack*, Grenzfragen der strafrechtlichen Beihilfe, 1999; *Bloy*, S. 270 ff; *Gaede*, JA 07, 757; zur Beihilfeproblematik bei Mitwirkung an nationalsozialistischen Verbrechen s. *Fahl*, HRRS 15, 210; *Werle/Burghardt*, Beulke-FS, S. 339.

201 Anders unter Hinweis auf das Fehlen einer Risikoerhöhung *Schaffstein*, Honig-FS, S. 169, 182.

202 *Puppe*, ZStW 95 [1983], 287, 292; *dies.*, GA 2013, 514, 532 ff.

203 ZT abw. OLG Düsseldorf StV 02, 312; BayObLG NJW 02, 1663 m. zutr. Kritik von *König*, NJW 02, 1623.

204 *Wohlleben*, Beihilfe durch äußerlich neutrale Handlungen, 1996, S. 4.

205 Vgl BGH NStZ-RR 99, 184, 186; BGH NStZ 00, 34; OLG Köln DStR 11, 1195 m. Bespr. *Kudlich*, JA 11, 472; LG Bochum NJW 00, 1430; *Amelung*, Grünwald-FS, S. 9; *Arzt*, NStZ 90, 3; *Beulke/Ruhmannseder*, Die Strafbarkeit des Verteidigers, 2. Aufl. 2010, Rn 79 ff; *Geppert*, Jura 99, 266, 269; *Hefendehl*, Jura 92, 376 f; *Lüderssen*, Grünwald-FS, S. 329; Coester-Waltjen-I-*Murmann*, S. 70; *Otto*, JZ 01, 436; Amelung-*Ransiek*, S. 95; *Schröder*, DNotZ 05, 596; LK-*Schünemann*, § 266 Rn 163; *Tag*, JR 97, 49; *Volk*, BB 87, 139.

206 Vgl dazu BGHSt 46, 107 m. Anm. *Jäger*, wistra 00, 344 und *Lesch*, JR 01, 383; *Samson/Schillhorn*, wistra 01, 1; ausf. *Kudlich/Oğlakcıoğlu*, Wirtschaftsstrafrecht, 2. Aufl. 2014, Rn 189 ff; zur selben Problematik im Insiderstrafrecht: *Momsen*, Maiwald II-FS, S. 561, 575 ff.

207 BGH NJW 01, 2409 m. Bespr. *Kudlich*, JuS 02, 751.

208 *Kretschmer*, JR 14, 39, 40; *Moos*, Trechsel-FS, S. 477; *Puppe*, AT, § 26 Rn 10 ff; NK-*Schild*, § 27 Rn 11.

209 Vgl *Rackow*, Neutrale Handlungen als Problem des Strafrechts, 2007, S. 572; zur Teilnahme des Hauptunternehmers an Straftaten eines Subunternehmers bei gezieltem Ausnutzen wirtschaftlicher Abhängigkeit s. *Bülte/Hagemeier*, NStZ 2015, 317, 319 ff.

210 Vgl *Kindhäuser*, Otto-FS, S. 355; *Rogat*, Die Zurechnung bei der Beihilfe, 1997, S. 68; *Schall*, Meurer-GS, S. 103; *Wohlers*, NStZ 00, 169; ähnl. *Lesch*, Schiller-FS, S. 448 ff (Regressverbot).

keit[211] verneint. Viele suchen die Lösung in einer Kombination subjektiver und objektiver Kriterien, so zB *Kudlich*[212], der eine Strafbarkeit annimmt, wenn der Helfende mindestens *dolus eventualis* nicht nur bezüglich der Pläne des Täters, sondern auch bezüglich der deliktischen Verwendung gerade der beruflichen Leistung aufweist und die Verknüpfung von Tat- und Berufsleistung bestimmte objektive Kriterien erfüllt (insbes. nicht willkürlich ist). Schließlich lassen nicht wenige den genauen dogmatischen Standort der Rechtsfrage absichtlich offen[213].

Die Rspr stellt, vor allem im Anschluss an *Roxin*[214], auf die **subjektive** Vorstellung der Beteiligten ab: „Zielt das Handeln des Haupttäters ausschließlich darauf ab, eine strafbare Handlung zu begehen, und weiß dies der Hilfeleistende, so ist sein Tatbeitrag als Beihilfehandlung zu werten [...]. In diesem Fall verliert sein Tun stets den „Alltagscharakter"; es ist als „Solidarisierung" mit dem Täter zu deuten [...] und dann auch nicht mehr als sozialadäquat anzusehen [...]. Weiß der Hilfeleistende dagegen nicht, wie der von ihm geleistete Beitrag vom Haupttäter verwendet wird, hält er es lediglich für möglich, dass sein Tun zur Begehung einer Straftat genutzt wird, so ist sein Handeln regelmäßig noch nicht als strafbare Beihilfehandlung zu beurteilen, es sei denn, das von ihm erkannte Risiko strafbaren Verhaltens des von ihm Unterstützten war derart hoch, dass er sich mit seiner Hilfeleistung die Förderung eines erkennbar tatgeneigten Täters angelegen sein ließ"[215].

▸ Beispielsfall bei *Beulke*, Klausurenkurs III Rn 146b

Die Unterstützung braucht nicht zur Tatausführung selbst geleistet zu werden; Hilfe bei einer vorbereitenden Handlung zur später begangenen Tat genügt[216]. Ferner erachten die Rspr und Teile der Literatur eine Beihilfe auch in der Phase **zwischen Vollendung und Beendigung** der Haupttat für möglich **(sukzessive Beihilfe)**[217], während eine wachsende Zahl von Autoren dies mit Blick auf den Bestimmtheitsgrundsatz und das Analogieverbot (Art. 103 II GG, Rn 64, 75) sowie unter Hinweis auf die andernfalls bestehenden Abgrenzungsschwierigkeiten zur Begünstigung (§ 257) ablehnt[218]. Unterstützungshandlungen **nach Beendigung** der Haupttat (s. Rn 841) können nach einhelliger Ansicht keine Beihilfe mehr begründen[219]. **831**

Anstiftung zur Beihilfe und Beihilfe zur Anstiftung oder zur Beihilfe ist **Beihilfe zur Haupttat**[220].

---

211 Unter dem Gesichtspunkt des Notstandes *Frisch*, Lüderssen-FS, S. 554; für Ausnahmefälle auch *Kai Müller*, Schreiber-FS, S. 357.

212 *Kudlich*, S. 466; *ders.*, Roxin II-FS, S. 881; *ders.*, JA 13, 791; anders zur Anstiftung: *Kudlich*, Tiedemann-FS, S. 221.

213 *Rabe von Kühlewein*, JZ 02, 1139.

214 *Roxin*, AT II § 26 Rn 218 ff; zust. HK-GS-*Ingelfinger*, § 27 Rn 13.

215 BGHSt 46, 107, 112; BGH wistra 14, 176 m. Anm. *Bott/Orlowski*, NZWiSt 14, 143; *Greco*, wistra 15, 1; *Putzke*, ZJS 14, 635; zust. *Hoffmann-Holland*, AT, Rn 588; zum Ganzen auch *Ambos*, JA 00, 721; *Beckemper*, Jura 01, 163; *Hillenkamp*, AT, S. 202; MK-*Joecks*, § 27 Rn 48 ff; *Kubiciel*, wistra 12, 453; *Rotsch*, Jura 04, 14.

216 RGSt 58, 113.

217 BGHSt 19, 323, 325; BGH NStZ 12, 264; BGH NStZ 13, 583 m. Anm. *Beulke/Witzigmann*, ZWH 13, 450; *Baumann/Weber/Mitsch*, AT, § 37 Rn 25 f; *Maurach/Gössel/Zipf*, AT/2, § 39 Rn 61; diff. *Kühl*, Die Beendigung des vorsätzlichen Begehungsdelikts, 1974, S. 94 ff; s. a. BVerfG NJW 07, 1117, 1119 *(Cicero)*.

218 *Brüning*, NStZ 06, 253; *Geppert*, Jura 99, 266, 272; *Murmann*, Grundkurs, § 27 Rn 139; *Roxin*, AT II, § 26 Rn 257 ff; *Rudolphi*, Jescheck-FS, S. 559; NK-*Schild*, § 27 Rn 12; MK-*Schmitz*, § 242 Rn 179; *Seher*, JuS 09, 793, 797; *Wessels/Hettinger*, BT/1, Rn 723; *Wessels/Hillenkamp*, BT/2, Rn 806.

219 BGH NJW 13, 2211; BGH NStZ 13, 463.

220 BGH NStZ 96, 562; OLG Bamberg, StV 07, 529 m. Anm. *Müller*; s. a. *Hecker*, ZJS 12, 485; *Hoffmann-Holland*, AT, Rn 563.

832 b) Der **Vorsatz** des Gehilfen muss die Unterstützungshandlung umfassen und sich auf die Vollendung einer bestimmten, nicht notwendig schon in allen Einzelheiten konkretisierten Haupttat richten[221]. Der Gehilfe muss also den Willen und das Bewusstsein haben, die Tat eines anderen zu fördern, die in dessen Person alle Merkmale einer „vorsätzlich begangenen rechtswidrigen Tat" erfüllt, wobei es **im Unterschied zur Anstiftung** (s. Rn 819) genügt, dass sein Vorstellungsbild den **wesentlichen Unrechtsgehalt der Haupttat** erfasst[222]. Des Weiteren muss der Gehilfe zumindest damit rechnen und in Kauf nehmen, dass seine Unterstützungshandlung dem Täter die Ausführung der Haupttat erleichtert und deren Vollendung fördert[223]. Voraussetzung der Strafbarkeit des Gehilfen ist ferner, dass die Haupttat, zu der er Hilfe geleistet hat, zur Vollendung oder zumindest in das Stadium des mit Strafe bedrohten Versuchs gelangt. Plant der Gehilfe hingegen, ähnlich wie ein *agent provocateur* (s. Rn 820), dass der Täter festgenommen wird, bevor es zur materiellen Beendigung der Tat kommt, so fehlt ihm der nötige Gehilfenvorsatz.

Unterliegt der Haupttäter einem **error in persona**, so gelten die bei der Anstiftung entwickelten Grundsätze entsprechend (s. Rn 826)[224].

833 **Beihilfe zur versuchten Tat** und **versuchte Beihilfe** sind sorgfältig zu unterscheiden. Letztere ist auch bei Verbrechen straflos (s. Rn 803).

Ein strafloser Beihilfeversuch liegt zB vor, wenn der Täter die ihm angebotene Hilfe zurückweist oder wenn ein zum Diebstahl bestimmter Nachschlüssel an ihn abgesandt wird, ihm jedoch erst nach Begehung der Tat zugeht. Benutzt der Dieb D den ihm vom Helfer H überlassenen Nachschlüssel nicht (zB weil er durch ein offenes Fenster einsteigt, der Schlüssel sich als unbrauchbar erweist oder die Tür wider Erwarten unverschlossen ist), so bedarf es je nach Lage des Falles der Prüfung, ob ein bloßer (strafloser) Beihilfeversuch, strafbare Beihilfe zum versuchten Diebstahl oder ggf „psychische Beihilfe" zum vollendeten Diebstahl in Betracht kommt (s. Rn 829)[225]. Letzteres erfordert, dass die Tathandlung infolge der psychischen Beeinflussung durch den Gehilfen objektiv gefördert oder erleichtert wird und der Gehilfe sich dessen bewusst ist[226]. Im Beispiel ist dies dann der Fall, wenn D durch die Hingabe des untauglichen Schlüssels darin bestärkt wird, die Tat auch auf anderem Wege zu vollenden und H dies auch voraussieht.

Ein nur strafloser Beihilfeversuch liegt auch dann vor, wenn ein Außenstehender „Schmiere" steht und notfalls bereit ist helfend einzugreifen, der Haupttäter von der Anwesenheit und der nicht realisierten Hilfe aber nichts weiß. Eine vollendete Beihilfe scheidet aus, weil der Tatentschluss des Täters nicht bestärkt wurde und die Haupttat auch nicht objektiv gefördert wurde (s. Rn 829)[227].

221 BGH GA 1967, 115; BGH wistra 00, 382; BayObLG NJW 91, 2582 m. krit. Anm. *Wolf*, JR 92, 428.
222 BGHSt 42, 135 m. Anm. *Roxin*, JZ 97, 210; *Fahl*, JA 97, 11; *Scheffler*, JuS 97, 598; BGH NStZ 11, 399; zurückhaltender BGH NJW 07, 384 *(Al Motassadeq)* m. Anm. *Jahn*, JuS 07, 382; BGH wistra 12, 302; vert. zum Ganzen: *Satzger*, Jura 08, 520; *Warneke*, Die Bestimmtheit des Beteiligungsvorsatzes, 2007.
223 BGH NStZ 08, 409; OLG Karlsruhe NJW-RR 13, 1180, 1182.
224 S. a. *Haft/Eisele*, Keller-GS, S. 81.
225 Vgl RGSt 6, 169; 58, 113; BGH JR 08, 339 m. Anm. *Krack* u. Bespr. *Krumdiek*, StV 09, 385; BGH NJW 08, 2276; *Letzgus*, Vogler-GS, S. 49; *Otto*, JuS 82, 557.
226 LK-*Schünemann*, § 27 Rn 14; s. a. HK-GS-*Ingelfinger*, § 27 Rn 6.
227 BGH NStZ 12, 347; *Roxin*, Miyazawa-FS, S. 504, 511 f; aA S/S/W-StGB-*Murmann*, § 27 Rn 4; *ders.*, Beulke-FS S. 181, 195.

Im **Fall 16** hat A sich der (durch „eine" Handlung begangenen) Beihilfe zum Mord an J und F schuldig gemacht. Die schwächere Beteiligungsform der Beihilfe tritt jedoch aus Gründen der **Subsidiarität** hinter die schwerere Beteiligungsform der Anstiftung zurück[228]. **834**

6. Notwendige Teilnahme

Von **notwendiger Teilnahme** spricht man, wenn ein Tatbestand so gefasst ist, dass seine Verwirklichung schon begrifflich die Beteiligung mehrerer Personen voraussetzt, wie etwa Beischlaf zwischen Verwandten (§ 173), sexueller Missbrauch von Schutzbefohlenen (§ 174) usw. **835**

Handelt es sich um ein sog. **„Begegnungsdelikt"**, bei dem der eine Beteiligte auf der Täterseite und der andere auf der Opferseite steht, so ist Letzterer nicht als Beteiligter strafbar, wenn er das Maß der notwendigen Teilnahme nicht überschreitet oder – falls dies geschieht – wenn die Strafvorschrift gerade seinem Schutz dient[229]. Im Fall des § 174 I 1 bleibt eine Schülerin also selbst dann straflos, wenn sie ihren Lehrer zu der sexuellen Handlung angestiftet hat[230]. Im Falle des § 184 I ist der 17-jährige Käufer pornographischer Schriften straflos[231].

7. Unaufklärbarkeit der Beteiligungsform

Eine **Wahlfeststellung** (vgl Rn 1122) zwischen Täterschaft und Teilnahme ist wegen ihres unterschiedlichen Unrechtsgehalts nicht möglich. Hinsichtlich ihres Schweregrades weisen Täterschaft, Anstiftung und Beihilfe jedoch ein **Gefälle** auf, das vom „Mehr zum Weniger" verläuft und bei wertender Betrachtung als **normatives Stufenverhältnis** bezeichnet werden kann. Daraus folgt, dass nach dem Grundsatz in *dubio pro reo* nur wegen der **minder schweren Beteiligungsform** (etwa wegen Anstiftung an Stelle von Mittäterschaft oder wegen Beihilfe an Stelle von Anstiftung) zu verurteilen ist, wenn sich nicht klären lässt, ob ein Tatbeteiligter an der betreffenden Tat als Täter, Anstifter oder Gehilfe mitgewirkt hat, wohl aber erwiesen ist, dass zumindest die Voraussetzungen der minder schweren Beteiligungsform erfüllt sind. **836**

Die Rspr argumentiert hier (methodisch angreifbar) mit einer **entsprechenden Anwendung** des Grundsatzes *in dubio pro reo*[232], während die Rechtslehre dessen **direkte Anwendung** für zulässig hält (vgl Rn 1129)[233].

Im **Fall 16** hat sich W also wegen zweifachen Mordes (§ 211: Habgier und Heimtücke) strafbar gemacht, s. Rn 742. Zu beiden Taten hat A durch ein und dieselbe Handlung angestiftet. Dass W bei der Tötung des J einem für ihn unbeachtlichen *error in persona* erliegt, muss sich A in vollem Umfang zurechnen lassen, da er W die Individualisierung überlassen hat. Eine Akzessorietätslockerung kommt für A nicht in Betracht, da die heimtückische Begehungsweise tatbezogen ist und deshalb weder § 28 noch § 29 eine Rolle spielen. Die Beihilfe geht in der Anstiftung zum Mord auf, s. Rn 823, 827, 834. **837**

228 Vgl RGSt 62, 74.
229 Vgl RGSt 65, 416; BGHSt 10, 386; *Jescheck/Weigend*, AT, § 64 V 2; *Wolter*, JuS 82, 343.
230 MK-*Renzikowski*, § 174 Rn 43; *Roxin*, AT II, § 26 Rn 41 ff; SK-*Wolters*, § 174 Rn 10; krit. *Gropp*, Deliktstypen mit Sonderbeteiligung, 1992, S. 14 ff.
231 MK-*Hörnle*, § 184 Rn 104.
232 BGHSt 23, 203, 204; 31, 136.
233 Vgl *Jescheck/Weigend*, AT, § 16 II 2.

Aktuelle Rechtsprechung zu § 16:

- BGHSt 58, 115: Täter eines Sonderdelikts (hier: § 283) kann nur sein, wer die entsprechende Pflichtenstellung innehat; vgl Rn 753 f.
- BGH StV 13, 387: Bei der Abgrenzung von Mittäterschaft und Beihilfe dienen der Grad des eigenen Interesses am Taterfolg, der Umfang der Tatbeteiligung und die Tatherrschaft oder jedenfalls der Wille zur Tatherrschaft als wesentliche Anhaltspunkte; vgl Rn 761.
- BGH NStZ-RR 14, 73: Eine Bestrafung wegen sukzessiver Mittäterschaft hinsichtlich einer gefährlichen Körperverletzung i. S. v. § 224 I Nr 2 scheidet aus, wenn die (nicht bereits vorab verabredete) Tat des Ersttäters (Stockhieb) bei Hinzutreten des anderen bereits vollständig abgeschlossen ist. Dass der Hinzutretende die Tat des Ersttäters billigt und anschließend für einen weiteren körperlichen Angriff auf das Opfer ausnutzt, vermag hieran nichts zu ändern; vgl Rn 762.
- BGH NStZ 14, 81: Zwar kann grundsätzlich auch eine bloße Vorbereitungs- oder Unterstützungshandlung, die im Vorfeld der eigentlichen Tatausführung erfolgt, die Stellung als Mittäter begründen. Dies gilt allerdings nur, sofern es sich um einen wesentlichen, gewichtigen Tatbeitrag handelt (nicht bei Anbringung manipulierter Türöffner und Blenden im Bankraum zwecks Vorbereitung des Ausspähens fremder Bankkartendaten; vgl Rn 763).
- BGH wistra 13, 307: Leistet ein Bandenmitglied keinen eigenen für das Gelingen einer Bandentat wesentlichen oder förderlichen Beitrag, wird es nicht schon dadurch zu deren Täter oder Teilnehmer, dass es mittels der Bandenabrede mit den Handelnden verbunden ist, denn die Bandenmitgliedschaft als besonderes persönliches Merkmal i. S. v. § 28 II und die Beteiligung an Bandentaten sind begrifflich voneinander zu trennen und unabhängig voneinander zu beurteilen; vgl Rn 764, 800.
- BGH NStZ 12, 508: Entschließt sich ein am Raub beteiligter Mittäter während der Tatbegehung heimlich, das weggenommene Geld abredewidrig für sich allein zu behalten, ändert diese Abkehr vom gemeinsamen Tatplan nichts an der Strafbarkeit des anderen Tatgenossen als Mittäter, sofern das objektive Tatgeschehen im gemeinsamen Tatplan liegt und er weiterhin die erforderliche Zueignungsabsicht aufweist; vgl Rn 765.
- BGH NStZ 13, 400: Tathandlungen eines Mittäters, die außerhalb des gemeinsamen Tatplans liegen, können den übrigen Tatgenossen grundsätzlich nicht zugerechnet werden. Ehe ein solcher Exzess bejaht wird, ist jedoch sorgfältig zu prüfen, ob mit der entsprechenden Handlung (hier: heftiger Tritt gegen das Schienbein des Opfers) nach den Umständen des Falles gerechnet werden musste bzw. ob die Tatgenossen mit ihr einverstanden waren oder ihr zumindest gleichgültig gegenüberstanden. Überdies ist zu bedenken, dass der gemeinsame Tatplan während der Tatausführung einvernehmlich erweitert werden oder ein Fall sukzessiver Mittäterschaft vorliegen kann; vgl Rn 767.
- BGH NStZ 13, 280: Wenden mehrere Täter absprachegemäß rohe Gewalt gegenüber ihrem Opfer an (Schläge und Tritte gegen einen Obdachlosen), ist eine zum Tod des Opfers führende Exzesshandlung (heftiger Tritt in das Gesicht des bereits am Boden liegenden Opfers) vorhersehbar und durchbricht nicht den für § 227 erforderlichen gefahrspezifischen Zurechnungszusammenhang; vgl Rn 769.
- BGH wistra 12, 302: Ein Gehilfe braucht zwar die Einzelheiten der Haupttat nicht zu kennen; allerdings muss er ihre wesentlichen Merkmale, insbes. ihren Unrechtsgehalt und ihre Angriffsrichtung, im Sinne bedingten Vorsatzes zumindest für möglich halten und billigen. Der Wille, „jedwedes" bzw. „irgendein" Vermögensdelikt zu fördern, genügt also nicht; vgl Rn 832.
- BGH NStZ 12, 347: „Schmierestehen" bei einer Körperverletzung und gleichzeitiger Bereitschaft, notfalls helfend einzugreifen, ist straflose versuchte Beihilfe, wenn ein Eingreifen letztlich nicht erforderlich gewesen ist und der Haupttäter vom Schmierestehen nichts weiß; vgl Rn 833.

§ 17 Versuch, Rücktritt vom Versuch und tätige Reue

Fall 17: 838
a) A und der Eigenbrötler B sind verfeindet. Eines Abends verschafft A sich mit einem Dietrich Zutritt zum einsam stehenden Holzwohnhaus des gerade abwesenden B. Dort legt er einen mit Benzin durchtränkten Lappen in ein an der Wohnzimmerwand befestigtes Regal und zündet ihn an. Seine Ehefrau F ist ihm jedoch heimlich gefolgt. Als sie ihren Ehemann beschwört, „sich nicht ins Unglück zu stürzen", lässt dieser sich aus Furcht vor Strafe umstimmen. Rasch holt er mithilfe der F einige Eimer voll Wasser und löscht das Feuer, ehe es von dem schon lichterloh brennenden Holzregal auf die Hauswand übergreifen kann.

Hat A sich strafbar gemacht? **Rn 844, 850, 867, 885, 918, 920, 924**

b) Ändert sich die Beurteilung, wenn das Feuer bereits auf einen Fensterflügel übergegriffen hat, ehe A und F es löschen? **Rn 923**

I. Die Verwirklichungsstufen der vorsätzlichen Tat und die Strafbarkeit des Versuchs

1. Die Stufen der Willensverwirklichung

839 Jede vorsätzliche Straftat durchläuft verschiedene **Stufen der Willensverwirklichung**. Ihr Weg führt vom Entschluss des Täters über die Vorbereitung, den Anfang der Ausführung, den Abschluss der Tatbestandshandlung und ggf den Eintritt des Erfolges bis zu ihrer Beendigung.[1]

Die **Entschlussfassung** des Einzelnen wird vom Strafrecht grds nicht pönalisiert (anders zB die Verbrechensverabredung gem. § 30 II). Auch **Vorbereitungshandlungen** bleiben idR straflos; sie sind nur in Ausnahmefällen mit Strafe bedroht (zB § 89a, s. a. §§ 83, 98, 149, 234a III)[2].

Der **Versuch** ist dagegen bei **Verbrechen** stets, bei **Vergehen** nur in den ausdrücklich bestimmten Fällen strafbar (§ 23 I).

840 Die Abgrenzung zwischen Vorbereitungshandlungen und Versuch ist für die Strafbarkeit des Verhaltens bedeutsam, während zwischen Versuch und Vollendung im Hinblick auf die Möglichkeit eines strafbefreienden Rücktritts (§ 24) differenziert werden muss.

Die Unterscheidung zwischen der tatbestandlich-formellen **Vollendung** und der die Rechtsgutsverletzung materiell abschließenden **Beendigung** einer Straftat ist wichtig, weil nach der **Beendigungsdoktrin** des BGH im Bereich dieser tatbestandlichen

---

1 Vert. *Kühl*, JA 14, 907.

2 Guter Überblick bei *Mitsch*, Jura 13, 696; krit. zur Vorverlagerung *Rackow*, Maiwald II-FS, S. 615; *Radtke/Steinsiek*, JR 10, 107; *Sieber*, NStZ 09, 353; *Steinsiek*, Terrorabwehr durch Strafrecht?, 2012, S. 338 ff; *Weißer*, JZ 08, 388; *Zöller*, StV 12, 364, 371; grundlegend *Duttge*, Weber-FS, S. 285; s. a. die Beiträge von *Gropp*, *Hauck* und *Wörner*, in: Sinn/Gropp/Nagy (Hrsg.), Vorverlagerung.

„Nachzone" noch qualifizierende Merkmale verwirklicht werden können (str.)[3], des Weiteren Raum für eine erst jetzt einsetzende Tatbeteiligung bleibt (s. Rn 762, 831) und die Verjährung nach § 78a erst mit der Beendigung der Tat beginnt[4].

841 Wann eine der Tatbestandsvollendung nachfolgende **„Beendigungsphase"** in Betracht kommt, entzieht sich einer generalisierenden Antwort. Möglichkeit, Eigenart und Grenzen einer solchen tatbestandlichen „Nachzone" richten sich nach der jeweiligen Deliktsstruktur, der konkreten Handlungsgestaltung und dem einschlägigen Straftatbestand, mit dessen Sinn und Zweck der Beendigungsbegriff in Einklang stehen muss[5]. Eine praktisch bedeutsame Rolle spielt der Beendigungszeitpunkt bei Dauerdelikten (zB § 239) und Delikten mit vorverlagerter Vollendung (wie etwa §§ 242, 249, 253, 255, 263 als Absichtsdelikte mit überschießender Innentendenz). Der Umstand, dass die Vollendung und damit die volle Strafbarkeit der Tat hier schon sehr früh eintritt, heißt keineswegs, dass die unmittelbar nachfolgende Abschlussphase, die sachlich noch zum **tatbestandlich vertypten Unrecht** und zur **Realisierung der Rechtsgutsbeeinträchtigung** gehört, straflos bleiben soll. Das gesetzliche Verbot und die betreffende Strafdrohung beziehen sich immer auf das deliktische **Gesamtgeschehen** in seiner tatbestandlich erfassten Gestalt. Eine Kollision mit Art. 103 II GG ist daher nicht zu befürchten, soweit man der „Beendigungsphase" nicht alle beliebigen und völlig tatbestandsfernen Geschehensakte und Tatfolgen zuzuordnen sucht. Andererseits darf man der Beendigungslehre durch eine starre, übersteigerte Bindung an den Gesetzeswortlaut aber auch keine zu engen Grenzen setzen, weil die Beendigungsphase im Straftatbestand gar nicht formell beschrieben werden soll, sondern lediglich durch den ihm zugrunde liegenden Verbotssinn materiell erfasst wird und so als Bestandteil der tatbestandlich vertypten Unrechtsverwirklichung erscheint[6].

842 **Beispiele:** Ein **Totschlag** (§ 212) ist mit der Tötung des Opfers vollendet und zugleich beendigt; für eine tatbestandliche „Nachzone" ist hier kein Raum[7]. Wer dem Täter beim Verscharren des Leichnams hilft, kann keine Beihilfe (§§ 212, 27) mehr begehen, unter Umständen aber eine Begünstigung (§ 257) oder Strafvereitelung (§ 258 I). Eine **Freiheitsberaubung** (§ 239) ist mit dem Einsperren oder dem sonstigen Verlust der Fortbewegungsfreiheit vollendet, aber erst beendigt, wenn das Opfer seine Freiheit wiedererlangt[8]. Zur Vollendung eines **Diebstahls** (§ 242) bedarf es nur der Wegnahme in Zueignungsabsicht, dh der Herbeiführung eines Gewahrsamswechsels durch Bruch fremden und Begründung neuen Gewahrsams[9]. Beendigt ist die Tat indessen erst, wenn der vom Täter begründete neue Gewahrsam eine gewisse Festigung und Sicherung erreicht hat[10]. Das ist spätestens der Fall, sobald der Dieb die entwendete Sache in seine Wohnung, zu Bekannten oder in ein anderes Versteck gebracht hat. Bei kleineren, leicht transportierbaren Gegenständen (Geld, Schmuck usw) kann zur Beendigung jedoch schon das Verlassen des fremden Herrschaftsbereichs genügen[11]. Ein **Raub** (§ 249) kann das Stadium der Beendigung auch dadurch erreichen, dass die vom verfolgten Räuber in einem noch unsicheren Versteck deponierte Beute aufgespürt und an den Berechtigten zurückgegeben

---

3 Dafür: BGHSt 20, 194, 197; 22, 227, 228; BGH NStZ-RR 13, 244; restriktiver BGHSt 53, 234; 55, 79; dagegen: *Bachmann/Goeck*, Jura 12, 133; *Eisele*, BT II, Rn 184; *Rengier*, BT I, § 4 Rn 49, § 8 Rn 30 ff und § 9 Rn 8 f; *Wessels/Hillenkamp*, BT/2, Rn 267.

4 BGHSt 27, 342; BGH NStZ 12, 511; *Cordes/Sartorius*, NJW 13, 2635; *Gleß*, GA 2006, 689; *Meyer*, JA 14, 342, 344 f.

5 Vert. *Küper*, JuS 86, 862; *Lotz/Reschke*, JR 13, 59.

6 Im Einzelnen str.; näher LK-*Hillenkamp*, Vor § 22 Rn 19 ff; *Kühl*, AT, § 14 Rn 21 ff; *ders.*, JuS 02, 729; NK-*Zaczyk*, § 22 Rn 6.

7 Anders LK-*Hillenkamp*, Vor § 22 Rn 31; *Walther*, NStZ 05, 657.

8 BGHSt 20, 227, 228; *Eisele*, BT I, Rn 425.

9 BGH NStZ 11, 158, 159; BGH NStZ 14, 40, 41; *Wessels/Hillenkamp*, BT/2, Rn 111 ff.

10 BGH NStZ 11, 637, 638; *Fischer*, § 242 Rn 54.

11 Näher BGH VRS 60, 294.

wird. Denn damit hat der Angriff auf das geschützte Rechtsgut seinen tatsächlichen Abschluss gefunden, sodass es nicht weiter beeinträchtigt werden kann[12]. Ein **Betrug** (§ 263) ist mit Eintritt des Vermögensschadens vollendet, wobei die Rspr eine schadensgleiche Vermögensgefährdung genügen lässt[13]; beendigt ist er, wenn der Vermögensvorteil beim Täter endgültig eingetreten ist[14].

2. Der Strafgrund des Versuchs

Nach der herrschenden „gemischt subjektiv-objektiven Theorie“[15] ist **Strafgrund** des Versuchs die **Betätigung des rechtsfeindlichen Willens**, dessen Eindruck auf die Allgemeinheit zu einer Erschütterung des Rechtsbewusstseins und zur Gefährdung des Rechtsfriedens führen kann. Einzelheiten sind hier – auch in terminologischer Hinsicht – sehr umstritten[16]. 843

II. Der Tatbestand des Versuchs

Im **Fall 17a** könnte A den Tatbestand der Brandstiftung (§ 306 I Nr 1) verwirklicht haben; das Holzhaus des B war ein „Gebäude“. Fraglich ist jedoch, ob ein vollendetes oder nur ein versuchtes „Inbrandsetzen“ vorgelegen hat. 844

Als **Versuch** bezeichnet man die Betätigung des Entschlusses zur Begehung einer Straftat durch Handlungen, die zur Verwirklichung des gesetzlichen Tatbestandes unmittelbar ansetzen, aber nicht bzw noch nicht zur Vollendung geführt haben[17]. Kennzeichnend für den Versuch ist ein **Mangel am objektiven Unrechtstatbestand** bei voller Erfüllung der subjektiven Tatbestandsvoraussetzungen. Ein strafbarer Versuch liegt nur vor, wenn folgende Voraussetzungen gegeben sind: die **Strafbarkeit** der versuchten Tat, das **Fehlen der Tatvollendung**, ein bestimmter **Tatentschluss** und ein **unmittelbares Ansetzen zur Tatbestandsverwirklichung**. 845

1. Die Strafbarkeit des Versuchs

Zunächst ist festzustellen, ob der Versuch des in Rede stehenden Deliktes überhaupt strafbewehrt ist. Dies beurteilt sich nach § 23 I. Danach ist – wie bereits hervorgehoben – der Versuch eines Verbrechens (Legaldefinition in § 12 I) stets strafbar, der eines Vergehens (Legaldefinition in § 12 II) hingegen nur, wenn das Gesetz dies ausdrücklich bestimmt. 846

---

12 Lesenswert dazu BGH JZ 85, 299; *Küper*, JuS 86, 862.

13 BK-*Beukelmann*, § 263 Rn 89; *Fischer*, § 263 Rn 200.

14 BGH wistra 14, 391; Matt/Renzikowski-*Saliger*, § 263 Rn 298; enger NK-*Kindhäuser*, § 263 Rn 381; *Lackner/Kühl*, § 263 Rn 63 (endgültiger Schadenseintritt).

15 Vgl BGHSt 11, 324.

16 *Gössel*, Wolter-FS, S. 403; *Haas*, ZStW 123 [2011], 226; Matt/Renzikowski-*Heger*, § 22 Rn 9 ff; LK-*Hillenkamp*, Vor § 22 Rn 55 ff; *Satzger*, Jura 13, 1017.

17 Zur Übersicht: *Putzke*, JuS 09, 894 ff; 985 ff; 1083 ff.

2. Das Fehlen der Deliktsvollendung

847 Des Weiteren darf die beabsichtigte Straftat nicht vollendet sein. An der Vollendung fehlt es, wenn der objektive Unrechtstatbestand nicht oder nicht vollständig erfüllt ist.

848 Weshalb der objektive Tatbestand nicht bejaht werden kann, ist gleichgültig. In der Regel ist ein bestimmtes Tatbestandsmerkmal nicht erfüllt oder der tatbestandliche Erfolg ausgeblieben. Denkbar ist aber auch, dass es an der erforderlichen Kausalität zwischen Handlung und Erfolg fehlt (s. Rn 217 ff) oder der Erfolg zwar eingetreten ist, dem Täter aber – etwa infolge eines völlig atypischen Kausalverlaufs (s. Rn 289) – nicht zugerechnet werden kann (s. Rn 246 ff).

849 **Beispiel:** Ein Arzt, der gegenüber der für die Vermittlung von Spenderorganen zuständigen Stelle falsche Angaben macht, um die Zuteilungsreihenfolge zugunsten seines Patienten zu beeinflussen, kann allenfalls wegen versuchten Totschlags bestraft werden, da angesichts der Risiken einer Transplantation nicht feststeht, ob das Leben des übergangenen Patienten tatsächlich gerettet worden wäre, wenn dieser das entsprechende Organ erhalten hätte[18].

850 Im **Fall 17a** hängt die Frage der Vollendung des § 306 I Nr 1 davon ab, ob in dem Inbrandsetzen des Regals zugleich ein Inbrandsetzen des „Gebäudes" liegt.

Ein Gebäude ist in Brand gesetzt, wenn **ein Gebäudeteil** derart vom Feuer ergriffen ist, dass es auch nach Entfernen oder Erlöschen des Zündstoffs selbstständig weiterbrennen und sich auf Teile des Gebäudes ausdehnen kann, die für dessen bestimmungsgemäßen Gebrauch von wesentlicher Bedeutung sind[19]. Einrichtungsgegenstände eines Wohnraumes werden regelmäßig nicht als Teil des Gebäudes selbst angesehen; das gilt auch für Regale, wenn sie – wie üblich – lose an der Wand aufgehängt oder mit Nägeln daran befestigt sind[20]. Eine vollendete Brandstiftung hat somit im **Fall 17a** nicht vorgelegen.

3. Der Tatentschluss (subjektiver Tatbestand)

851 Grundlage eines jeden Versuchs ist der **Tatentschluss.** Dieses subjektive Unrechtselement umfasst den **auf alle objektiven Tatbestandsmerkmale gerichteten Vorsatz** und die **sonstigen subjektiven Tatbestandsmerkmale** (wie zB die besonderen „Absichten" in §§ 242, 249, 253, 259, 263).

Im Rahmen einer Fallprüfung sind deshalb an dieser Stelle alle Merkmale des objektiven Tatbestandes **auf Grundlage der Tätervorstellung** von seiner Tat sowie die sonstigen subjektiven Tatbestandsmerkmale durchzuprüfen (weitere Einzelheiten zum Versuchsaufbau Rn 1203).

Der Entschluss zur Tat muss **endgültig gefasst** sein. Ist die Entscheidung über das „Ob" der Tatbegehung noch nicht gefallen, der Täter also lediglich **tatgeneigt**, aber noch nicht endgültig tatentschlossen, scheidet ein Bestrafung wegen Versuchs aus[21]. Anders verhält es sich, wenn der Handlungsentschluss als solcher bereits feststeht, aber an eine **Bedingung** geknüpft wird, auf deren Eintritt der Täter keinen Einfluss

---

18 Vgl OLG Braunschweig NStZ 13, 593 *(Spendeorganfall)* m. Bespr. *Böse*, ZJS 14, 117; *Bülte*, StV 13, 753; *Dannecker/Streng-Baunemann*, NStZ 14, 673; dazu auch *Kudlich*, NJW 13, 917, 918 f; *Rissing-van Saan*, NStZ 14, 233, 240; *Schroth*, NStZ 13, 437, 440 ff; *Verrel*, MedR 14, 464.

19 BGHSt 7, 37.

20 BGHSt 16, 109; 48, 14.

21 Vgl LK-*Hillenkamp*, § 22 Rn 40.

hat[22] (zum u. U. fehlenden unmittelbaren Ansetzen vor Bedingungseintritt Rn 857). Ferner wird der Tatentschluss weder durch das Einkalkulieren eines möglichen Fehlschlags (**bewusst unsichere Tatsachengrundlage**) noch den Vorbehalt, die Tatausführung unter bestimmten Umständen nicht fortzusetzen (**Rücktrittsvorbehalt**), infrage gestellt[23]. Auch Unsicherheiten hinsichtlich des „Wie" der Tatausführung lassen den Tatentschluss unberührt[24]. Soweit zur Deliktsvollendung **Eventualvorsatz** ausreicht, gilt dies auch für den Versuch[25]. Ein Tatbestandsirrtum iSd § 16 I 1 schließt mit dem Vorsatz zugleich den „Tatentschluss" iSd subjektiven Versuchstatbestandes aus[26].

4. Das unmittelbare Ansetzen (objektiver Tatbestand)

Das objektive[27] Unrechtselement des Versuchs liegt im **unmittelbaren Ansetzen zur Verwirklichung des Tatbestandes**, auf dessen Vollendung der Vorsatz des Täters gerichtet ist. Die hier notwendige Abgrenzung zwischen **Versuchs-** und **Vorbereitungshandlungen** ist zumeist unproblematisch, wenn der Täter bereits mit der tatbestandlichen Ausführungshandlung selbst begonnen hat, wie etwa bei § 242 mit dem „Wegnehmen". Eine straflose Vorbereitungshandlung trotz Erfüllung eines Tatbestandsmerkmals kommt – wie die folgenden Ausführungen zeigen werden – nur in wenigen Ausnahmefällen in Betracht, so zB beim Betrug (§ 263), wenn der Täter das Opfer über seine generelle Zahlungsfähigkeit täuscht, um zu gegebener Zeit einen Kredit zu erlangen, den er nicht zurückzahlen kann und will. Schwieriger wird die Abgrenzung jedoch dort, wo das Tätigwerden sich noch im **Vorfeld** der eigentlichen Tatbestandshandlung bewegt. 852

Die ältere **formal-objektive Theorie** ließ als Anfang der Tatausführung nur den Beginn der „tatbestandsmäßigen Handlung" im strengen Sinn genügen[28]. Die **materiell-objektiven Theorien** rechneten zum Versuchsbereich alle Tätigkeitsakte, die „vermöge ihrer notwendigen Zusammengehörigkeit mit der Tatbestandshandlung für die natürliche (= objektive) Auffassung als deren Bestandteil erscheinen"[29] oder die bereits eine „unmittelbare Gefährdung des geschützten Handlungsobjektes" bewirken[30]. Bedenklich weit ging die **subjektive Theorie**[31], die nicht auf die objektive Betrachtung, sondern allein auf das Vorstellungsbild des Täters abhob, was eine erhebliche Ausweitung der Versuchsstrafbarkeit bewirkte. Die hM folgt der **„gemischt subjektiv-objektiven Theorie"**, die von der Vorstellung des Täters und der Unmittelbarkeit des Angriffs auf das geschützte Tatobjekt ausgehend subjektive und objektive Kriterien kombiniert. 853

22 BGHSt 12, 306, 309 f; 21, 14, 17; anders jedoch BGH NStZ 13, 579 m. abl. Bespr. *Jäger*, JA 13, 949.
23 *Jäger*, JA 13, 949; *Roxin*, AT II, § 29 Rn 201; teils abw. *Frister*, Wolter-FS, S. 375, 386 f.
24 Zum Ganzen: *B. Heinrich*, AT, Rn 663 ff; *Hilgendorf/Valerius*, AT, § 10 Rn 21 f; *Krey/Esser*, AT, Rn 1208 ff.
25 RGSt 61, 159; einschränkend NK-*Zaczyk*, § 22 Rn 19.
26 S. zum Ganzen auch *Streng*, ZStW 109 [1997], 862; *Struensee*, Armin Kaufmann-GS, S. 523.
27 Dazu krit. *Momsen*, Maiwald-FS, S. 61.
28 So u. a. auch RGSt 70, 151, 157.
29 *Frank*, StGB § 43 II 2b.
30 Vgl RGSt 53, 217; BGHSt 2, 380; 6, 98; 20, 150; 22, 80.
31 Ihr nahe stehend RGSt 72, 66; BGHSt 6, 302; im Ansatz auch LK-*Hillenkamp*, Vor § 22, Rn 60; *Safferling*, ZStW 118 [2006], 682; krit. *Hirsch*, JZ 07, 494.

854 Dieser hM entspricht die Legaldefinition des § 22: Eine Straftat versucht, wer **nach seiner Vorstellung von der Tat** zur Verwirklichung des Tatbestandes **unmittelbar ansetzt**.

Was darunter konkret zu verstehen ist, ist allerdings nach wie vor strittig. Die **Teilaktstheorie**[32] bejaht die Unmittelbarkeit des Ansetzens iSd § 22 nur, wenn zwischen der schon entwickelten Tätigkeit und der eigentlichen Tatbestandshandlung „keine weiteren Teilakte mehr liegen".

Andere orientieren sich hingegen weiterhin am **Gefährdungsgedanken**, stellen also darauf ab, ob das betroffene Rechtsgut aus der Sicht des Täters bereits unmittelbar gefährdet war[33].

Schließlich soll ein Versuchsbeginn vor allem nahe liegen, wenn der Täter bereits in die **Schutzsphäre des Opfers** eingedrungen ist und eine alsbaldige Nutzung dieses räumlichen Näheverhältnisses geplant ist[34].

Alle Aspekte können iS einer Ausschließlichkeit nicht allen Fallgestaltungen gerecht werden.

855 Zutreffend vertreten deshalb Rspr und hL einen Kombinationsansatz. Der Täter muss danach subjektiv die Schwelle zum **„Jetzt-geht-es-los"** überschritten und objektiv zur **tatbestandsmäßigen Angriffshandlung** angesetzt haben[35]. Dabei genügt nicht jedes beliebige Ansetzen zur Realisierung des Tatentschlusses, sondern nur ein Verhalten, das zwar nicht selbst tatbestandsmäßig zu sein braucht, das nach dem Gesamtplan des Täters jedoch so eng mit der tatbestandlichen Ausführungshandlung verknüpft ist, dass es bei ungestörtem Fortgang **unmittelbar** zur Verwirklichung des gesamten Straftatbestandes führen soll oder im **unmittelbaren räumlichen und zeitlichen Zusammenhang** in sie einmündet[36]. Ob diese Voraussetzungen des § 22 im Einzelfall erfüllt sind oder nicht, ist anhand eines objektiven Bewertungsmaßstabes zu entscheiden, für den der **konkrete Tatvorsatz** (= die Vorstellung des Täters von der Tat) die subjektive Beurteilungsgrundlage liefert. Je nach Tatplan und Art des einschlägigen Straftatbestandes kann sich ein Indiz für die Tatbestandsnähe des „Ansetzens" und die erforderliche „Unmittelbarkeitsbeziehung" insbes. daraus ergeben, dass die vom Täter in Gang gesetzte Ursachenreihe nach seiner Vorstellung vom Tatablauf **ohne Zäsur und ohne weitere wesentliche Zwischenakte** in die eigentliche Tatbestandshandlung einmünden soll[37], mit der Folge, dass aus seiner Sicht das Angriffsobjekt schon **konkret gefährdet** erscheint[38].

▸ Beispielsfälle bei *Beulke*, Klausurenkurs I Rn 178, Klausurenkurs II Rn 5 und Klausurenkurs III Rn 109

---

32 ZB *Vogler*, Stree/Wessels-FS, S. 285.

33 S/S-*Eser/Bosch*, § 22 Rn 42; *Gropp*, Gössel-FS, S. 175; *Hirsch*, Roxin-FS, S. 711; *Otto*, Grundkurs AT, § 18 Rn 22 ff.

34 Vgl *Jakobs*, AT, 25/68 im Anschluss an *Roxin*, AT II, § 29 Rn 139; *ders.*, Herzberg-FS, S. 341, 347.

35 BGH wistra 08, 105, 106 m. krit. Anm. *Kretschmer*, NStZ 08, 379; guter Überblick bei *Rönnau*, JuS 13, 879.

36 Vgl BGHSt 31, 178; 43, 177; BGH wistra 11, 224.

37 BGHSt 26, 201 *(Tankstellenfall)*; BGH JR 00, 293 *(Entführungsfall)*; BGH StV 07, 187 *(Brandstiftungsfall)* m. krit. Anm. *Schuhr*; BGH NStZ 11, 517; 13, 156; OLG Hamburg StV 13, 216; iE ähnl. LK-*Hillenkamp*, § 22 Rn 85; *ders.*, Roxin-FS, S. 689, der eine sog. „modifizierte Zwischenaktstheorie" vertritt.

38 Vgl BGH StV 89, 526; s. a. BGHSt 31, 10 *(Kassiberfall)*; *Bosch*, Jura 11, 909; *Knauer*, JuS 02, 53; *Küper*, JZ 92, 338; *Meyer*, GA 2002, 367; *Rath*, JuS 98, 1107; *Roxin*, AT II, § 29 Rn 126.

Bloße **Vorbereitungshandlung** ist, was die Ausführung der (für einen späteren Zeitpunkt geplanten) Tat **nur ermöglichen oder erleichtern** soll, wie etwa das Besorgen der Waffe, das Herrichten der Tatmittel, das Auskundschaften oder Aufsuchen des vorgesehenen Tatorts und das Hinschaffen der Tatwerkzeuge[39]. **856**

Der **Versuch** eines **Tötungsdelikts** (§ 212) liegt nicht erst im Abfeuern der Schusswaffe, sondern regelmäßig schon im Anlegen und Zielen auf das Opfer[40]. Hat das Opfer sich vor dem bewaffneten Täter im Wohnzimmer verschanzt, kann bereits im Aufbrechen der Wohnungstür ein unmittelbares Ansetzen zur Verwirklichung des Tötungsvorhabens liegen[41]. Beim **Auflauern** zwecks Tötung oder Beraubung wird die Grenze zwischen Vorbereitung und Versuch erst überschritten, wenn das erwartete Opfer sich (zumindest nach der Vorstellung des Auflauernden) dem **Hinterhalt nähert**, also in den unmittelbaren Gefahrenbereich gelangt, und der Täter durch Ergreifen der Waffe[42] oder in anderer Weise dazu übergeht, seine **Angriffsmittel in eine tätige Beziehung zum Angriffsobjekt** zu setzen[43]. Hängt der geplante unmittelbare Tötungsakt noch von der Bedingung ab, dass das mit der Waffe bedrohte Opfer nicht mit dem Täter sprechen will, soll der Tötungsversuch erst mit dem Eintritt der Bedingung beginnen[44]. Im Betreten des Wohnzimmers mit unbedingtem Tötungswillen und in genauer Kenntnis des Tatorts soll bereits ein Totschlagsversuch an dem in einem anderen Zimmer schlafenden Opfer liegen können[45]. **Körperliche Einwirkungen auf das Opfer** zum Zwecke späterer Tötung begründen einen Versuch, wenn die einzelnen Tätigkeitsakte nach dem Tatplan **untrennbare Glieder eines einheitlichen Geschehensablaufs** bilden, so zB bei der Betäubung eines Kindes, um ihm nach Eintritt der Bewusstlosigkeit die Pulsadern aufzuschneiden[46], oder bei Schlägen, die den Widerstand des Opfers brechen sollen, um ihm eine tödliche Luftinjektion zu verabreichen[47]. Auch das Fesseln, Knebeln und Abtransportieren der alsbald zu tötenden Ehefrau dürfte bereits einen Totschlagsversuch darstellen[48]. Ist ein räumlich-situativer Zusammenhang gegeben, so steht der versuchten Tötung nicht entgegen, dass das Opfer lange gequält und erst einige Tage später sterben soll[49]. Bei **Distanzdelikten**, dh in Fällen, in denen die Wirkungsweise des Tatmittels längere Zeit beansprucht (Bombe mit Zeitzünder), oder wenn der Erfolgseintritt einem beliebigen Zeitpunkt überlassen bleibt (Vergiften eines Getränks, das ein anderer gelegentlich zu genießen pflegt), genügt es zur Bejahung eines Tötungsversuchs, dass der Täter die **den unmittelbaren Angriff bildende Kausalkette in Gang setzt** und den **weiteren Geschehensablauf aus der Hand gibt**[50]. Im Ergebnis hat deshalb BGHSt 43, 177 *(Passauer Giftfalle)* zu Recht den Versuch eines Tötungsdelikts trotz Bereitstellens des Giftes abgelehnt, solange sich das Opfer nicht in den „Wirkungskreis" des Tatmittels begeben hat und der Täter, der sich über das Erscheinen des Opfers unsicher war, jederzeit den Geschehensablauf stoppen kann[51]. In **857**

---

39 BGHSt 28, 162; 40, 208; BGH NJW 11, 1461.
40 RGSt 77, 1; BGH NStZ 93, 133; s. a. *Brüning*, ZJS 14, 456.
41 BGH NStZ 87, 20.
42 RGSt 68, 336 und 68, 339.
43 Vgl BGH NJW 54, 567; NStZ 97, 83; zu weit BGH NJW 52, 514 *(Pfeffertütenfall)* m. Bespr. *Fahl*, JA 97, 635.
44 BGH NStZ 14, 633.
45 Vgl BGH NStZ-RR 98, 203.
46 RGSt 59, 157.
47 BGH NStZ 02, 475.
48 Zurückhaltender BGH NJW 02, 1057.
49 BGH NStZ 14, 447 m. zust. Bespr. *Satzger*, JK 15, 114; krit. *Krehl* und *Schuhr*, HRRS 14, 402.
50 BGH StV 13, 632, 636 f; *Frister*, Wolter-FS, S. 375, 383 ff; *Roxin*, JuS 79, 1; krit. zu diesem Kriterium *Herzberg/Putzke*, Szwarc-FS, S. 205; *Kaspar*, AT, Rn 722.
51 Dazu auch BGH NStZ 98, 294; 01, 475 m. Anm. *Trüg*, JA 02, 102 und Bespr. *Engländer*, JuS 03, 330; *Böse*, JA 99, 342; *Gössel*, JR 98, 293; *Kudlich*, JuS 98, 596; *Murmann*, Versuchsunrecht, S. 20; *Otto*, NStZ 98, 243; *Rosenau/Klöhn*, Jura 00, 427; *Roxin*, AT II, § 29 Rn 212; *Streng*, Zipf-GS, S. 325; *Wolters*, NJW 98, 578.

einer Fallgestaltung, in der sich der Täter der Mitwirkung des Opfers **sicher** ist, muss hingegen bereits im Bereitstellen des Giftes das unmittelbare Ansetzen zum Versuch gesehen werden.

858 Den Versuch des **Diebstahls** (§ 242) bilden alle Handlungen, die zum Angriff auf den fremden Gewahrsam ansetzen und in zeitlich-räumlicher Hinsicht unmittelbar bis zur geplanten Wegnahme zu Ende geführt werden sollen, so zB bei Fortschaffen des Hofhundes, um sofort anschließend zu stehlen[52], beim Abtasten der Kleidungsstücke von Fahrgästen durch Taschendiebe[53], bei dem Verstecken von zum Verkauf angebotenen Waren in einer Regentonne auf dem Außengelände eines Baumarktes[54], nicht schon beim Aufsuchen des Juwelierladens, wenn erst noch die Unachtsamkeit des Inhabers abgewartet und dann zu einem Trickdiebstahl ausgenutzt werden soll[55].

▸ Beispielsfall bei *Beulke*, Klausurenkurs I Rn 178

859 Beim **Betrug** (§ 263) ist zu beachten, dass die Vornahme der Täuschungshandlung nach hM nur dann ein unmittelbares Ansetzen zum Betrug begründet, wenn sie unmittelbar auf die Herbeiführung einer irrtumsbedingten Vermögensverfügung gerichtet ist[56]. Der Abschluss einer Lebensversicherung mit dem festen Plan, sich alsbald im Wege eines Selbstmordattentats in die Luft zu sprengen, stellt noch keine Versuchshandlung dar[57].

860 Beim **Raub** (§ 249) beginnt der Versuch schon mit dem unmittelbaren Ansetzen zu den in § 249 genannten **Nötigungshandlungen**, sofern diese die geplante Wegnahme unmittelbar ermöglichen sollen[58]. Umgekehrt genügt das bloße Ansetzen zur Wegnahme nicht, wenn es der Gewaltanwendung usw vorausgeht (zB beim Einsteigen mit evtl Raubvorsatz oder Verkleben der Überwachungskamera einer Bank am Vortag[59]). Dies folgt daraus, dass der spezifische Unrechtsgehalt des Raubes im Vergleich zum Diebstahl primär durch den **Nötigungsakt** begründet wird[60].

861 Der Versuch eines **Meineides** (§ 154) beginnt nicht schon mit der Falschaussage, sondern erst mit dem Ansetzen zur Eidesleistung[61]. In der **Aufforderung** an einen Zeugen, zugunsten des Angeklagten falsch auszusagen, und in der Verabredung oder Zusicherung einer solchen Falschaussage liegt jedoch bereits ein Versuch der **Strafvereitelung** (§ 258 I, IV)[62]. Nach der Gegenansicht wird die Grenze zwischen Vorbereitung und Versuch idR erst durch den Beginn mit der falschen Aussage überschritten[63] oder zumindest erst mit der Benennung des Zeugen bei Gericht[64].

862 Das Anbringen von Kartenlesegeräten am Geldautomaten, um später **Dubletten von Zahlungskarten** mit Garantiefunktion (zB Kreditkarten) herzustellen (sog. **Skimming**), ist noch kein Versuch der Fälschung solcher Zahlungskarten (§§ 152b I, 22), weil noch weitere Zwi-

---

52 RGSt 53, 217.
53 BGH MDR/D 58, 12.
54 LG Potsdam NStZ 07, 336 m. krit. Anm. *T. Walter*, NStZ 08, 156.
55 BGH NStZ 01, 415; vgl auch KG NStZ-RR 13, 138 m. Bespr. *Kudlich*, JA 13, 552.
56 Vgl BGHSt 37, 294; BGH NStZ 11, 400 m. Bespr. *Jäger*, JA 11, 390; OLG Hamm StV 12, 155; *Kühl*, Küper-FS, S. 289, 301; S/S/W-StGB-*Satzger*, § 263 Rn 321; krit. *Küper*, JZ 92, 338.
57 BVerfGE 130, 1 *(Al Qaida-Fall)*.
58 BGH NJW 80, 1759.
59 BGH NStZ 04, 38.
60 BGHSt 3, 297; LK-*Hillenkamp*, § 22 Rn 126; *Kühl*, JuS 80, 509.
61 BGHSt 31, 178, 182.
62 Vgl *Beulke*, Anm. NStZ 82, 330.
63 BGHSt 31, 10; OLG Frankfurt/M. NStZ-RR 03, 238.
64 OLG Köln StV 03, 15.

schenakte erforderlich sind, wie das Mitteilen der Datensätze an die Kartenfälscher und die eigentliche Herstellung der Kartenrohlinge (s. aber auch §§ 152a V iVm 149)[65].

Will der Täter ein Delikt begehen, bei dem im Gesetz für erschwerte Fälle **Regelbeispiele** vorgesehen sind (zB § 243) und beginnt er mit der Verwirklichung eines dieser Regelbeispiele, so liegt darin zumeist – jedoch nicht zwingend – ein **unmittelbares Ansetzen zur Verwirklichung des Grundtatbestandes** (zB § 242)[66]. Deshalb liegt in der Regel ein Diebstahlsversuch vor, wenn der Täter mit dem Einbrechen, Einsteigen, Einschleichen oder Eindringen mithilfe falscher Schlüssel beginnt[67]. 863

Echte **Qualifikationstatbestände** (wie §§ 124, 224, 244, 244a, 250) begründen keine vom Grundtatbestand gelöste Ausdehnung des Versuchsbereichs. Trotz Erfüllung eines Qualifikationsmerkmals (z. B. beim Diebstahl gem. § 244 I Nr 1a das Beisichführen der Waffe) ist kein Überschreiten der Schwelle zum Versuch gegeben, wenn es zur Herbeiführung des vom Gesetz vorausgesetzten Erfolges noch eines weiteren – neuen – Willensimpulses bedarf, so zB. wenn die bewaffneten Bandenmitglieder in eine Bank einbrechen und dort zunächst nur Werkzeuge deponieren, um einige Stunden später nach Eintritt der Dunkelheit zur Bank zurückzukehren und den Tresor zu knacken[68]. Hingegen genügt der Beginn mit einer qualifizierenden Tatbestandshandlung zur Annahme eines Versuchs dann, wenn im unmittelbaren Anschluss daran die Verwirklichung des Grundtatbestandes folgen sollte. 864

Bei allen Bemühungen um eine Präzisierung der in § 22 normierten Versuchsmerkmale muss man sich darüber klar sein, dass es keine Zauberformel gibt, die für jeden Einzelfall eine zweifelsfreie Abgrenzung zwischen Vorbereitung und Versuch gewährleistet. Hierbei ist zu beachten, dass die jetzige Fassung des § 22 nach dem erklärten Willen des Reformgesetzgebers den Tendenzen der früheren Praxis zu einer Überspannung der Versuchsstrafbarkeit entgegenwirken sollte, sodass im Zweifel eine restriktive Gesetzesauslegung den Vorzug verdient. 865

Ein klausurträchtiges Beispiel für Abgrenzungsschwierigkeiten bieten die sog. **Klingelfälle**, in denen die Täter zur Begehung eines geplanten Raubes, einer räuberischen Erpressung oder eines Tötungsdeliktes vergeblich an einer fremden Haustür läuten. Ein Versuch des betreffenden Delikts ist darin nur dann erblickt worden, wenn die mit schussbereiten Waffen versehenen Täter ein Aufschließen der Haustür durch anwesende Hausbewohner erwarteten und gegen diese nach dem Öffnen der Tür sofort zum tätlichen Angriff übergehen wollten[69]. Demgegenüber ist das Klingeln an der Haustür lediglich als Vorbereitungshandlung gewertet worden, wenn ein anderer Ablauf geplant war, die Täter also nicht auf jeden Fall unmittelbar nach dem Öffnen der Tür losschlagen wollten, sondern der Angriff entweder erst später beginnen sollte (etwa dann, wenn bei einem Mehrfamilienhaus neben einem Öffnen der Haustür auch noch ein Eindringen in die Wohnung erforderlich war), oder die Vornahme der Tathandlung auch nach Öff- 866

---

65 BGHSt 56, 170 m. Bespr. *Bachmann/Goeck*, JR 11, 425; BGH StV 12, 526 m. Anm. *Saliger* und *Kudlich*, ZWH 11, 32; BGH NJW 14, 1463 m. Anm. *Bosch*, JK 9/14, StGB § 152aI/4; *Schiemann*, JR 14, 303 *(Skimmingfälle)*; vgl auch KG ZWH 12, 497 m. Bespr. *Jahn*, JuS 12, 1135 *(Phishing)*.

66 Näher *Degener*, Stree/Wessels-FS, S. 305; *Wessels*, Maurach-FS, S. 295, 305.

67 Einzelheiten zum „Versuch der Regelbeispiele“: BGHSt 33, 370; BayObLG JR 99, 36 m. krit. Anm. *Wolters*; *Joecks*, St-K § 243 Rn 49 ff; MK-*Schmitz*, § 243 Rn 85 ff; *Streng*, Puppe-FS, S. 1025; *Wessels/Hillenkamp*, BT/2, Rn 211 ff.

68 BGH StraFo 14, 516 m. zust. Bespr. *Kudlich*, JA 15, 152; vert. Matt/Renzikowski-*Heger*, § 22 Rn 45; LK-*Hillenkamp*, § 22 Rn 123; *Roxin*, AT II, § 29 Rn 114 ff.

69 BGHSt 26, 201 *(Tankstellenfall)*; BGH NStZ 12, 85 m. Bespr. *Kudlich*, JA 12, 310; vert. *Rengier*, AT, § 34 Rn 35 ff.

nen der Tür von weiteren Bedingungen abhängig gemacht wurde (etwa davon, wer konkret die Tür öffnet)[70].

867 A hat sich im **Fall 17a** also der **versuchten Brandstiftung** (§§ 306 I Nr 1, 22, 23 I) schuldig gemacht, da sein Tatentschluss auf die Vollendung dieses Tatbestandes gerichtet war und das Inbrandsetzen des Regals ein unmittelbares Ansetzen zur Tatbestandsverwirklichung darstellt. Darüber hinaus hat A eine **versuchte schwere Brandstiftung** (§§ 306a I Nr 1, 22, 23 I) begangen, die die versuchte Brandstiftung aus § 306 I Nr 1 im Wege der Gesetzeskonkurrenz verdrängt[71]. Auch der ebenfalls vorliegende Versuch der Zerstörung von Bauwerken (§§ 305, 22, 23 I) tritt hinter §§ 306a I Nr 1, 22, 23 I zurück[72].

868 Zum Versuchsaufbau im Einzelnen s. Rn 1203.

5. Rechtswidrigkeit

869 Die **Rechtswidrigkeit** der versuchten Tat wird (wie beim vollendeten Delikt) durch deren Tatbestandsmäßigkeit, dh durch die Erfüllung der in § 22 normierten Voraussetzungen indiziert; sie entfällt, wenn die Tat auch im Fall ihrer Vollendung durch einen Rechtfertigungsgrund gedeckt gewesen wäre[73].

6. Sonderfälle

870 a) Problematisch ist, wann die Grenze zwischen Vorbereitung und Versuch in Fällen der **Mittäterschaft** überschritten wird.

Nach der sogenannten **Einzellösung**[74] bedarf es insofern einer getrennten Betrachtung: Maßgeblich soll sein, wann der einzelne Mittäter im Hinblick auf seinen Tatbeitrag die Schwelle des § 22 überschritten hat. Diese Lösung wird der Struktur der Mittäterschaft allerdings nicht gerecht: Sie ist zu weit, wenn ein Mittäter nach Maßgabe des gemeinsamen Tatplans nur im Vorbereitungsstadium tätig werden soll (vgl Rn 764), denn er müsste selbst dann wegen Versuchs bestraft werden, wenn er zwar seinen Tatbeitrag geleistet hat, die Tat aber insgesamt im Vorbereitungsstadium stecken geblieben ist[75]. In anderen Fällen ist die Einzellösung wiederum zu eng: Hat ein Mittäter seinen Tatbeitrag im Ausführungsstadium vollständig erbracht, wäre ein anderer, dessen Tatbeitrag erst später erfolgen soll, nicht wegen Versuchs strafbar, obwohl das Rechtsgut infolge des bisherigen Geschehens bereits konkret gefährdet war.

Vorzugswürdig erscheint daher die sogenannte **Gesamtlösung**[76], wonach die Grenze zwischen Vorbereitung und Versuch **für alle Mittäter** bereits überschritten wird, wenn einer von ihnen im Rahmen des gemeinsamen Tatentschlusses zur Verwirkli-

---

70 BGH StV 84, 420; BGH NStZ 13, 579 m. abl. Bespr. *Jäger*, JA 13, 949; OLG Hamm StV 97, 242; verfehlt BGH JR 00, 293 m. abl. Anm. *Jäger*, NStZ 00, 415; zweifelhaft BGH NStZ-RR 04, 361 mit zutr. Kritik *Kudlich*, JuS 05, 186.

71 BGH NJW 01, 765; *Wessels/Hettinger*, BT/1, Rn 961.

72 BGH NJW 54, 1335.

73 Zutr. dazu *Triffterer*, AT, S. 377; krit. zum Ganzen *Herzberg*, Stree/Wessels-FS, S. 203.

74 *Roxin*, AT II, § 29 Rn 297.

75 Vgl BGH NStZ 81, 99.

76 BGHSt 36, 249, 250; 39, 236, 237 f; *Hilgendorf/Valerius*, AT, § 10 Rn 45; LK-*Hillenkamp*, § 22 Rn 173; krit. *Küper*, Versuchsbeginn, S. 22, 69; fallbezogen *Zopfs*, Jura 13, 1072, 1073 f.

chung des gesetzlichen Tatbestandes unmittelbar ansetzt (s. in diesem Zusammenhang auch Rn 767).

Für diese Lösung spricht, dass Mittäter im Wege des bewussten und gewollten Zusammenwirkens **gemeinsam eine Tat** begehen, deren Versuch und Vollendung sich einheitlich vollzieht, weil jedem Mittäter nicht nur sein eigener Tatbeitrag, sondern auch das zugerechnet wird, was die übrigen Beteiligten zum Zwecke der Planverwirklichung tun.

▸ Beispielsfälle bei *Beulke*, Klausurenkurs I Rn 380 und Klausurenkurs II Rn 238

Umstritten ist, ob bei nur **vermeintlicher Mittäterschaft** die Konstruktion eines untauglichen Versuchs (vgl Rn 880) und die Zurechnung fremden Handelns zulasten desjenigen möglich ist, der zwar an die Existenz eines gemeinsamen Tatplans glaubt, aber nicht selbst die Grenze zwischen Vorbereitung und Versuch überschreitet. **871**

Beispiel (nach BGHSt 40, 299, *Münzhändlerfall*): Z machte A den Vorschlag, den Münzhändler M zu berauben. Dieser sei mit allem einverstanden und wolle mit dem angeblichen Raub seine Versicherung betrügen. Daraufhin überfiel A den M. In Wirklichkeit wusste M von dem Vorhaben nichts. Nach dem Überfall meldete M den Schaden der Versicherung.

Der BGH hat A hier wegen eines in Mittäterschaft begangenen Betrugsversuchs bestraft (§§ 263, 22, 23 I, 25 II). Dem ist nicht zuzustimmen. Zwar reicht für die Zurechnung des Tatbeitrags im Rahmen einer Mittäterschaft nach der **Gesamtlösung** die Mitwirkung des A im Vorbereitungsstadium. Es muss aber darüber hinaus auch ein **gemeinsamer Tatplan** vorliegen, woran es im Verhältnis von A und M fehlt. Außerdem **setzt M nicht unmittelbar zum Betrugsversuch an**, da die Schadensmeldung für ihn kein tatbestandsmäßiges Verhalten darstellt, das A zugerechnet werden könnte. Der BGH bejaht dagegen das Vorliegen einer zurechenbaren Tat unter Hinweis auf die Figur des untauglichen Versuchs (vgl Rn 880 f): A stelle sich vor, dass M Mittäter sei und durch die Schadensmeldung eine Täuschungshandlung vornehme. Dass die Handlung gar nicht zum Erfolg führen könne, sei gerade das Charakteristische des untauglichen Versuchs. Diese Argumentation verkennt jedoch, dass der Täter auch beim untauglichen Versuch objektiv mit einer Ausführungshandlung begonnen haben muss. Nur dann liegt **ein unmittelbares Ansetzen** iSv § 22 vor. A ist danach Alleintäter und, da er nicht selbst zur Verwirklichung des § 263 unmittelbar angesetzt hat, nicht wegen Betrugsversuchs strafbar[77]. Die kriminalpolitische Problematik dieses Ergebnisses hat sich inzwischen durch die Neuformulierung des Tatbestandes des Versicherungsmissbrauchs (§ 265) entschärft, da hier nun auch dieser Fall erfasst wird[78].

▸ Beispielsfall bei *Beulke*, Klausurenkurs II Rn 240

b) Bei der **mittelbaren Täterschaft** beginnt das Stadium des Versuchs spätestens, sobald der **Tatmittler** zur Vornahme der Tatbestandshandlung (wie etwa zur Wegnahme iSd § 242 oder zur Tötungshandlung iSd § 212) unmittelbar ansetzt. Vor diesem Zeitpunkt kommt ein Versuch frühestens dann in Betracht, wenn der mittelbare Täter das von ihm **in Gang gesetzte Geschehen** in der Weise **aus der Hand gegeben** hat, dass der daraus resultierende Angriff auf das Opfer nach seiner Vorstellung von der **872**

77 IE ebenso BGHSt 39, 236; einschränkend auch BGH NStZ 04, 110 mit zutr. Kritik *Erb*, NStZ 95, 424; MK-*Herzberg/Hoffmann-Holland*, § 22 Rn 142; LK-*Hillenkamp*, § 22 Rn 176; *Ingelfinger*, JZ 95, 704; *Joecks*, wistra 95, 59; *Krack*, NStZ 04, 697; *Kudlich*, JuS 02, 29; *Kühl*, AT, § 20 Rn 123a; *Kühne*, NJW 95, 934; *Küpper/Mosbacher*, JuS 95, 488; *Mitsch*, Kühl-FS, S. 31; *Renzikowski*, JuS 13, 481, 486 f; *Rönnau*, JuS 14, 109, 111; *Roxin*, AT II, § 29 Rn 310 ff; *Streng*, ZStW 109 [1997], 892; *Weißer/Kreß*, JA 04, 861; diff. *Graul*, JR 95, 427; *Joerden*, JZ 95, 735; *Weber*, Lenckner-FS, S. 435; *Zopfs*, Jura 96, 19; vgl auch *Globke/Hettinger*, Kühl-FS, S. 213.

78 Vgl *Wessels/Hillenkamp*, BT/2, Rn 661.

Tat ohne weitere wesentliche Zwischenschritte und ohne längere Unterbrechung im nachfolgenden Geschehensablauf unmittelbar in die Tatbestandsverwirklichung einmünden soll. Dies gilt nicht nur bei Gutgläubigkeit, sondern auch bei Bösgläubigkeit des ggf eingeschalteten Tatmittlers.

873 Das vorstehend Gesagte deckt sich mit dem Standpunkt der hM[79]. Die früher verbreitete Annahme, dass es entscheidend auf die Gut- oder Bösgläubigkeit des Tatmittlers ankomme, wird heute nur noch in höchst abgemilderter Form vertreten[80]. Man stellt jetzt teilweise auf den Beginn oder den Abschluss der **Einwirkung auf das Werkzeug** ab[81], was zwar im Einzelfall zu angemessenen Ergebnissen führen kann[82], im Regelfall jedoch dem Unmittelbarkeitserfordernis des § 22 nicht genügt. Nach anderer Auffassung soll hingegen der Versuch für den mittelbaren Täter stets oder idR erst beginnen, wenn der eingeschaltete **Tatmittler** seinerseits zur Tatausführung ansetzt und die „Gesamttat" (bestehend aus den Handlungen des Hintermannes und des Werkzeugs) unmittelbar in die Tatbestandsverwirklichung einmündet[83]. Danach wäre (entgegen BGHSt 30, 363) ein Versuch des mittelbaren Täters ausgeschlossen, solange sich der Tatmittler noch im Vorbereitungsstadium bewegt; das Gleiche würde gelten, wenn er sich nur zum Schein auf das Ansinnen des Hintermannes eingelassen hat (während dies nach BGHSt 30, 363 zu einem untauglichen Versuch des mittelbaren Täters führen könnte). Aber auch dieser Abgrenzungsvorschlag, der das zur Mittäterschaft entwickelte Modell der „Gesamtlösung" auf die mittelbare Täterschaft überträgt, befriedigt nicht, weil er deren Eigenart nicht genügend berücksichtigt. Anders als bei der Mittäterschaft **fehlt** es bei mittelbarer Täterschaft an einer **gemeinschaftlichen Begehung** und an einem **gemeinsamen Tatentschluss**. Das, was insgesamt geschieht und den gesetzlichen Tatbestand erfüllt, ist idR nicht für den Tatmittler, sondern allein für dessen Hintermann eine eigene Tat. Daraus, dass ihm auch das Handeln des Werkzeugs wie eigenes Handeln zugerechnet wird und dass er die Tat durch den anderen begeht, folgt nicht zwangsläufig, dass der mittelbare Täter die Versuchsgrenze nicht früher überschreiten kann als sein Tatmittler. Da er nämlich den Angriff auf das Opfer inszeniert und das Gesamtgeschehen kraft seiner „Willensherrschaft" steuert, liegt es nahe, bei der Abgrenzung zwischen Vorbereitung und Versuch vorrangig auf **sein eigenes Verhalten** abzustellen. Dem Entwicklungsstand der „Gesamttat" und dem noch zu leistenden Tatbeitrag des Tatmittlers kommt insoweit nur Bedeutung für die Frage zu, ob **aus der Sicht des Hintermannes** schon eine **konkrete Gefahr für das geschützte Rechtsgut** entstanden ist und ob infolgedessen dem Unmittelbarkeitserfordernis des § 22 Genüge getan ist.

874 **Beispiel** (nach BGHSt 30, 363): A wollte den Juwelenhändler J aus Eifersucht töten, die Tat aber durch Dritte ausführen lassen, die seine Tötungsabsicht nicht kannten. Es gelang ihm, B und C für einen Raubüberfall auf J zu gewinnen. Beide sollten J überfallen, ihm mit Gewalt ein betäubendes Mittel einflößen und sodann die Juwelen an sich nehmen. Zu diesem Zweck übergab A ihnen eine Plastikflasche mit einer Flüssigkeit, die angeblich ein rasch wirkendes Schlafmittel, in Wirklichkeit jedoch Salzsäure enthielt. Unterwegs öffneten B und C aus Neugier den Schraubverschluss der Plastikflasche. Als ihnen klar wurde, dass es sich um hochgiftige Säure handelte, gaben sie ihr Vorhaben auf und nahmen von dem geplanten Raubüberfall Abstand.

B und C waren hier lediglich zur gemeinschaftlichen Begehung eines schweren Raubes (§§ 249, 250 I Nr 1b, 25 II) entschlossen. Dazu hatten sie noch nicht unmittelbar angesetzt; der Weg zum vorgesehenen Tatort fällt nach allgemeiner Ansicht noch in das Vorbereitungsstadi-

79 Vgl BGHSt 30, 363; 40, 257, 268; BGH wistra 00, 378; LK-*Hillenkamp*, § 22 Rn 153 ff; *Kraatz*, Jura 07, 534; *Rackow*, JA 03, 221; *Rönnau*, JuS 14, 109, 112; *Roxin*, AT II § 29 Rn 230.

80 Dazu insbes. *S/S-Eser/Bosch*, § 22 Rn 54a.

81 *Baumann/Weber/Mitsch*, AT, § 29 Rn 155; *Jakobs*, AT, 21/105; *Puppe*, AT, § 20 Rn 28 ff; *dies.*, GA 2013, 514, 530 ff; *Zaczyk*, Krey-FS, S. 485 (bei Prozessbetrug).

82 BGH NStZ 86, 547.

83 *Krack*, ZStW 110 [1998], 611, 625 ff; *Krack/Schwarzer*, JuS 08, 140, 141; *Küper*, JZ 83, 361, 369; *Lackner/Kühl*, § 22 Rn 9; *Rath*, JuS 99, 143.

um (vgl Rn 856). Soweit sie sich zur Begehung des Raubüberfalls bereit erklärt hatten (§ 30 II Var. 1), kam ihnen der Strafaufhebungsgrund des § 31 I Nr 2 zugute.

A ist hingegen wegen **versuchten Mordes** in mittelbarer Täterschaft zu bestrafen. Der mittelbare Täter (§ 25 I Alt. 2) setzt zur Verwirklichung des Tatbestandes der geplanten Straftat an, wenn er den Tatmittler zur Tatausführung bestimmt hat und ihn aus seinem Einwirkungsbereich in der Vorstellung entlässt, dass er die tatbestandsmäßige Handlung nunmehr vornehmen werde. A hat B und C mit dem angeblichen Schlafmittel losgeschickt, um den J alsbald zu überfallen, den weiteren Geschehensablauf also **aus der Hand gegeben**. Darin lag nach seiner Vorstellung bereits ein derartig **unmittelbarer** Angriff auf Leben und Gesundheit des Tatopfers, dass dieses bereits (konkret) gefährdet war und der Schaden sich unmittelbar anschließen konnte. Die Tatsache, dass B und C die Tat nicht ausgeführt haben, der Mordversuch des A also fehlgeschlagen ist, beseitigt dessen Strafbarkeit nicht.

Hier wird deutlich, dass der Versuchsbeginn vom **eigenen Handeln des mittelbaren Täters** abhängig gemacht wird und das zu erwartende Handeln der beiden Tatmittler nur unter dem Blickwinkel der **zeitlich engen Verknüpfung** in die Frage einbezogen werden muss, ob sie nach der Vorstellung des A die Tat „im unmittelbaren Anschluss" an die Entlassung aus dessen Einwirkungsbereich ausführen sollten.

Am **Unmittelbarkeitserfordernis** des § 22 würde es dagegen fehlen, wenn der mittelbare Täter das Geschehen schon zu einem Zeitpunkt aus der Hand gäbe, in welchem auch aus seiner Sicht der Tatmittler **noch weitere wesentliche** Vorbereitungshandlungen ausführen müsste und infolgedessen noch ungewiss wäre, zu welchem Zeitpunkt die Gefährdung des Opfers ein akutes Stadium erreichen würde. In einem solchen Fall wäre die Grenze zwischen Vorbereitung und Versuch für den mittelbaren Täter erst überschritten, wenn der **Tatmittler** nach Abschluss seiner Vorbereitungen unmittelbar zur Tatausführung ansetzt[84]. **875**

▶ Beispielsfälle bei *Beulke*, Klausurenkurs I Rn 194, Klausurenkurs II Rn 115 und Klausurenkurs III Rn 213

c) **Erfolgsqualifizierte Delikte** (s. Rn 38) gelten gem. § 11 II als Vorsatzdelikte, sofern die zum **Grunddelikt** gehörende Tathandlung Vorsatz voraussetzt (zB §§ 221 II Nr 2, III, 226 I, 239 III Nr 2, IV, 251). Ihr **Versuch** ist begrifflich möglich, doch lässt sich nicht allgemein, sondern nur anhand des jeweiligen Straftatbestandes klären, ob und inwieweit für eine Versuchsstrafbarkeit Raum bleibt. **876**

Folgende Fallgruppen sind dabei zu unterscheiden:

Grunddelikt / Erfolg	nur versucht	vollendet
nur angestrebt (incl. dolus eventualis)	Versuch der Erfolgsqualifikation	Versuch der Erfolgsqualifikation
eingetreten	erfolgsqualifizierter Versuch	vollendetes Delikt

84 Ebenso LK-*Hillenkamp*, § 22 Rn 162; ähnl. MK-*Herzberg/Hoffmann-Holland*, die auf den Versuchserfolg iS einer unmittelbaren Gefahr der Tatbestandsverwirklichung abstellen; s. a. BGHSt 40, 257, 269; zum Ganzen *Hillenkamp*, AT, S. 114.

877 aa) Von einem **Versuch der Erfolgsqualifikation** spricht man, wenn der Täter bei vollendetem oder versuchtem Grunddelikt die qualifizierende Folge in seinen Vorsatz aufgenommen hat, ihr Eintritt aber ausbleibt.

- Weitgehend anerkannt ist zunächst diejenige Variante des Versuchs der Erfolgsqualifikation, in der der Täter das **Grunddelikt vollendet**, die von ihm angestrebte bzw zumindest mit dolus eventualis in seine Vorstellung aufgenommene schwere Folge jedoch ausbleibt[85].
- Die Strafbarkeit wegen Versuchs der Erfolgsqualifikation wird grundsätzlich auch dann bejaht, wenn das **Grunddelikt** im **Versuchsstadium** stecken bleibt und auch die schwere Folge nur angestrebt wird[86]. Dies gilt allerdings nach zutreffender, wenngleich bestrittener Ansicht nur, wenn der Versuch des Grunddelikts überhaupt strafbar ist (also insbes. nicht bei § 221 I sowie § 238 I als Grunddelikt), da das Anstreben der Folge allein nicht strafbegründend wirken kann. § 18 macht die strafschärfende Wirkung der besonderen Folge gerade von einem strafbaren Grundverhalten abhängig[87].

Beispiel (vgl BGHSt 21, 194): A schießt auf den Unterleib des B und nimmt dabei billigend in Kauf, dass dieser seine Fortpflanzungsfähigkeit verliert. Eine versuchte schwere Körperverletzung (§§ 226 I Nr 1, 22, 23 I) kann hier sowohl dann angenommen werden, wenn A den B zwar trifft, die Schussverletzung aber nicht zur Zeugungsunfähigkeit des B führt, als auch dann, wenn A den B verfehlt, da nach § 223 II auch die versuchte einfache Körperverletzung strafbar ist.

878 bb) Bereits grundsätzlich umstritten ist, ob und wann ein **erfolgsqualifizierter Versuch** zu bestrafen ist. Gemeint sind damit Konstellationen, in denen der Täter die qualifizierende Folge **schon durch den** (mit Strafe bedrohten) **Versuch des Grunddelikts herbeiführt** und hinsichtlich der **besonderen Folge** fahrlässig (§ 18) bzw leichtfertig handelt. Zum Teil wird hier angenommen, der Täter sei nur wegen Versuchs des Grunddelikts zu bestrafen, weil ein Versuch ohne Vorsatz hinsichtlich der schweren Folge im Widerspruch zu § 22 stehe und § 11 II mangels „Verwirklichung" des Grunddelikts dieses Defizit nicht überspielen könne[88].

Die **hM differenziert** beim erfolgsqualifizierten Versuch nach der Struktur des Straftatbestandes: Wenn der qualifizierende Erfolg mit der **Tathandlung** verknüpft ist, ist Raum für einen erfolgsqualifizierten Versuch, so zB bei § 178[89] oder bei § 251[90]. Bei § 227 ist innerhalb der Befürworter der differenzierenden Lösung sehr streitig, ob die *ratio* für die Strafschärfung aus der Handlungs- oder der Erfolgsgefährlichkeit abzu-

85 Vgl BGH NStZ 01, 371 m. Anm. *Baier*, JA 01, 751; LK-*Hillenkamp*, Vor § 22 Rn 115; *Kühl*, AT, § 17a Rn 33; *Roxin*, AT II, § 29 Rn 319.

86 *Kudlich*, JA 09, 249; aA *Gössel/Maurach/Zipf*, AT/2, § 40 Rn 164; *Maurach/Schroeder/Maiwald*, BT/1, § 9 Rn 25.

87 So auch Coester-Waltjen-III-*Engelhart/Burchard*, S. 56, 58; *B. Heinrich*, AT, Rn 691; *Krey/Esser*, AT, Rn 1373; S/S-*Sternberg-Lieben/Schuster*, § 18 Rn 9; aA LK-*Hillenkamp*, Vor § 22 Rn 115; *Kühl*, AT, § 17a Rn 37; LK-*Vogel*, § 18 Rn 79.

88 *Hardtung*, S. 222, 263; MK-*Hardtung*, § 18 Rn 82 und § 227 Rn 24, der allerdings den Strafrahmen des erfolgsqualifizierten Delikts (mit Minderung nach § 23 II) heranziehen will; *Maurach/Gössel/Zipf*, AT/2 § 40 Rn 168; *Gössel*, ZIS 11, 386, 390; *Herzberg*, Amelung-FS, S. 159; krit. *Küper*, Herzberg-FS, S. 323.

89 RGSt 69, 332; LK-*Hörnle*, § 178 Rn 14; MK-*Renzikowski*, § 176 Rn 13.

90 BGHSt 42, 158; 46, 24, 28; BGH NStZ 01, 534.

leiten ist. Mit der Mehrheit in Rechtsprechung und Schrifttum ist auch insoweit davon auszugehen, dass schon die Handlung der Körperverletzung die besondere Gefährlichkeit erfasst, die typischerweise zu der Todesfolge führt, so zB durch die Einwirkung provozierter Gegenwirkung des Opfers[91]. Nur wegen versuchten Grunddelikts kann hingegen bestraft werden, wenn die Erfolgsqualifikation nach der Konzeption des Tatbestandes auf dem **Erfolg** des Grunddelikts aufbaut (zB § 313 II iVm § 308 III)[92].

Beispiel (nach RGSt 69, 332): A will die X vergewaltigen. X kann durch starke Gegenwehr verhindern, dass es zum Geschlechtsverkehr kommt, die Gewaltanwendung des A verursacht jedoch den Tod der X. Hier liegt ein Versuch des § 178 vor, da die besondere Folge (Tod der X) nach der Deliktsstruktur nicht zwangsläufig immer auf einer „erfolgreichen" (vollendeten) sexuellen Nötigung oder Vergewaltigung beruhen muss, sondern auch Folge eines Verhaltens sein kann, das den gewünschten Erfolg bisher noch nicht erbracht hat[93].

▸ Beispielsfälle bei *Beulke*, Klausurenkurs II Rn 200, 202 und Klausurenkurs III Rn 399 und 631

d) Zum Versuch des **Unterlassungsdelikts** s. Rn 1042 ff. **879**

III. Untauglicher Versuch

Ein **untauglicher Versuch** liegt vor, wenn die Ausführung des Tatentschlusses entgegen der Vorstellung des Täters aus tatsächlichen oder rechtlichen Gründen nicht zur vollständigen Verwirklichung des objektiven Unrechtstatbestandes führen kann. Das ist der Fall bei einer vom Täter nicht erkannten Untauglichkeit des **Subjekts** (str., vgl Rn 884), des **Tatobjekts** oder der **Tatmittel**. **880**

So zB bei der Begehung echter Amtsdelikte durch einen Täter, der die Nichtigkeit seiner Beamtenernennung nicht kennt oder bei irriger Annahme von Umständen, die eine **Garantenstellung** begründen würden[94] (Untauglichkeit des **Subjekts**), bei einem sonstigen **Tatbestandsirrtum des Täters zu seinen Ungunsten**, wie beim Tötungsversuch an einer Leiche[95] oder beim Diebstahlsversuch an einer Sache, die im Eigentum des Täters steht[96] (Untauglichkeit des **Objekts**), beim Vergiftungsversuch mit harmloser Salatsauce (Untauglichkeit des **Mittels**) sowie bei Abtreibungsversuchen an einer Nichtschwangeren mit harmlosen Kopfschmerztabletten[97] (Untauglichkeit des **Objekts** und des **Mittels**).

---

91 BGHSt 48, 34 *(Gubener Verfolgungsfall)* m. abl. Anm. *Puppe*, JR 03, 123 und krit. Anm. *Kühl*, JZ 03, 637; krit. S/S/W-StGB-*Kudlich/Schuhr*, § 22 Rn 73; *Laue*, JuS 03, 743; *Sowada*, Jura 03, 549; *Wessels/Hettinger*, BT/1, Rn 298, 301; BGH NStZ 08, 278 *(Fensterbrettfall)*; s. a. *Kahlo*, Puppe-FS, S. 581; aA MK-*Hardtung*, § 227 Rn 25; LK-*Hillenkamp*, Vor § 22 Rn 112; *Lackner/Kühl*, § 227 Rn 2.

92 *Günther*, Hirsch-FS, S. 541, 552; *Hillenkamp*, AT, S. 122; *Kühl*, AT, § 17a Rn 48; *Laubenthal*, JZ 87, 1065; *Rengier*, Erfolgsqualifizierte Delikte, S. 234 ff; *Roxin*, AT II, § 29 Rn 328; *Sowada*, Jura 95, 644, 649; S/S-*Sternberg-Lieben/Schuster*, § 18 Rn 9.

93 Zum Klausuraufbau: *v. Heintschel-Heinegg*, Prüfungstraining, Rn 323; *Kudlich*, JuS 03, 32.

94 BGHSt 16, 155, 160; vert. *Mitsch*, Jura 14, 585, 586 ff.

95 RGSt 1, 450.

96 MK-*Herzberg/Hoffmann-Holland*, § 22 Rn 68 ff; *Kindhäuser*, AT, § 30 Rn 29; *Rengier*, AT, § 35 Rn 24; aA *Burkhardt*, GA 2013, 346; LK-*Hillenkamp*, § 22 Rn 210 ff; NK-*Paeffgen*, Vor § 32 ff Rn 256 ff (Wahndelikt).

97 RGSt 34, 217.

881 Die Strafbarkeit des untauglichen Versuchs ist heute weitgehend anerkannt[98]. Sie ergibt sich aus dem Strafgrund des Versuchs (s. Rn 843) und wird im Gesetz in den §§ 22, 23 III vorausgesetzt.

Nach § 23 III kann das Gericht von Strafe absehen oder die Strafe gem. § 49 II mildern, wenn der Täter „aus grobem Unverstand" verkannt hat, dass seine Tat wegen Untauglichkeit des Objekts oder des Mittels „überhaupt nicht zur Vollendung führen konnte". **Grober Unverstand** bedeutet eine **völlig abwegige Vorstellung von gemeinhin bekannten Ursachenzusammenhängen**, wie etwa die Annahme, mit einer Schreckschusspistole ein Flugzeug abschießen zu können. Der Irrtum, dem der Täter erlegen ist, muss hier für jeden Menschen mit durchschnittlichem Erfahrungswissen geradezu handgreiflich sein[99].

Gänzlich **straflos** bleibt nach hM der **abergläubische Versuch** mit **irrealen**, der menschlichen Beherrschbarkeit und Verfügungsgewalt entzogenen Mitteln (Totbeten, Verhexen usw). Fest steht jedenfalls, dass dieser – im Gegensatz zum untauglichen Versuch – keine den Rechtsfrieden erschütternde Wirkung entfaltet. Problematisch ist jedoch, wie sich die Straflosigkeit dogmatisch begründen lässt. Überwiegend wird der erforderliche Tatenschluss[100] oder aber der Vorsatz bezüglich der objektiven Zurechenbarkeit des Taterfolgs[101] verneint. Immer mehr Autoren bejahen demgegenüber eine Strafbarkeit gem. § 23 III StGB[102].

IV. Wahndelikt

882 Vom **strafbaren untauglichen Versuch** ist das **straflose Wahndelikt** zu unterscheiden[103].

Beim untauglichen Versuch hält der Täter ein in Wirklichkeit nicht vorliegendes Merkmal des objektiven Unrechtstatbestandes für gegeben; er stellt sich fälschlicherweise eine Sachlage vor, bei deren wirklichem Vorliegen sein Handeln den gesetzlichen Tatbestand erfüllen würde **(umgekehrter Tatbestandsirrtum)**[104].

Beim Wahndelikt nimmt der Täter irrig an, sein in tatsächlicher Hinsicht richtig erkanntes Verhalten falle unter eine Verbotsnorm, die nur in seiner Einbildung existiert oder die er infolge falscher Auslegung zu seinen Ungunsten überdehnt **(umgekehrter Verbots-, Subsumtions-** oder **Strafbarkeitsirrtum)**[105].

98 Vgl nur BGHSt 40, 299, 302; LK-*Hillenkamp*, § 22 Rn 179; *Roxin*, Jung-FS, 829; abw. *Köhler*, AT, S. 458, 463; krit. Kaufmann/Renzikowski-*Renzikowski*, S. 309; NK-*Zaczyk*, § 22 Rn 37; rechtsvergleichend *Jung*, ZStW 117 [2005], 937; *Maiwald*, Loos-FS, S. 159.

99 BGHSt 41, 94; *B. Heinrich*, Jura 98, 393; LK-*Hillenkamp*, § 23 Rn 46; *Radtke*, JuS 96, 878; ausf. *Bloy*, ZStW 113 [2001], 76; krit. *Struensee*, ZStW 102 [1990], 21; zur Einordnung in den Deliktsaufbau *Seier/Gaude*, JuS 99, 456.

100 *Kindhäuser*, AT, § 30 Rn 16; *Kretschmer*, JR 04, 444 (dort auch zum umgekehrten Fall des abergläubischen Irrtums); *Rengier*, AT, § 35 Rn 13.

101 *Herzberg*, GA 2001, 257, 268 f (Beschwörung magischer Kräfte als erlaubtes Risiko); *Kudlich*, JZ 04, 72, 77.

102 *Fischer*, § 23 Rn 10; *Satzger*, Jura 13, 1017, 1024 ff; *Valerius*, JA 10, 113, 116; vert. *Hillenkamp*, Schreiber-FS, S. 135.

103 Näher zum Ganzen *Burkhardt*, JZ 81, 681; *Heidingsfelder*, Der umgekehrte Subsumtionsirrtum, 1991; LK-*Hillenkamp*, § 22 Rn 201; *Jescheck/Weigend*, AT, § 50 II; *Timpe*, ZStW 125 [2014], 755.

104 BGHSt 42, 268 m. Anm. *Arzt*, JR 97, 469 und *Kudlich*, NStZ 97, 432; s. a. *Jahn/Ebner*, JuS 08, 1086.

105 Vgl dazu BGHSt 14, 345; BGH JR 94, 510 m. Anm. *Loos*; OLG Stuttgart NStZ-RR 01, 370; *Herzberg*, Schlüchter-GS, S. 189; LK-*Hillenkamp*, § 22 Rn 180; *Puppe*, Lackner-FS, S. 199; *Rath*, JuS 99, 32; *Roxin*, AT II, § 29 Rn 378; *Schmitz*, Jura 03, 593.

Um Fälle des **Wahndelikts** handelt es sich insbes., wenn jemand 883

a) annimmt, sein Verhalten (zB homosexuelle Liebe, Ehebruch, Sodomie) verstoße gegen Strafvorschriften, die es in Wirklichkeit nicht gibt **(umgekehrter Verbotsirrtum)**,

b) sein durch Notwehr gerechtfertigtes Verhalten für strafbar hält, weil er die Grenzen der Notwehr zu seinen Ungunsten verkennt, also zB annimmt, Notwehr sei nur zum Schutz von Leib oder Leben, nicht auch zum Schutz von Sachwerten erlaubt **(umgekehrter Erlaubnisirrtum)**,

c) bei voller Kenntnis des Sachverhalts und des sachlichen Bedeutungsgehalts aller Tatumstände eine gegen ihn selbst gerichtete Norm infolge falscher Auslegung verkennt und ihren Anwendungsbereich zu seinen Ungunsten überdehnt, also zB aus den richtig erfassten Umständen eine nicht existierende Wartepflicht iSd § 142[106] oder eine Garantenpflicht[107] ableitet **(umgekehrter Subsumtionsirrtum)**,

d) sein Verhalten für strafbar hält, weil er von der Existenz eines zu seinen Gunsten eingreifenden persönlichen Strafausschließungsgrundes kriminalpolitischen Charakters, wie etwa des § 173 III beim Beischlaf zwischen Verwandten, nichts weiß **(umgekehrter reiner „Strafbarkeitsirrtum“)**.

▸ Beispielsfall bei *Beulke*, Klausurenkurs II Rn 281

In der Rechtslehre wird der **Irrtum über die Tauglichkeit des Subjekts** bei Sonderdelikten vereinzelt als Unterfall des Wahndelikts angesehen[108]. Dem ist in dieser Allgemeinheit nicht zu folgen. 884

Zwar wäre ein **Wahndelikt** gegeben, wenn ein Zivilangestellter der Bundeswehr sich zu den Soldaten iSd § 1 WStG zählt und glaubt, sich durch Fernbleiben vom Dienst der Fahnenflucht (§ 16 WStG) schuldig zu machen, oder wenn der vor der Polizei falsch aussagende Zeuge die Hand zum Schwure hebt, im irrtümlichen Glauben (unter Verkennung der §§ 161a I 3, 163 StPO), er mache sich wegen Meineides nach § 154 strafbar, weil es sich bei der Polizei – strittiger Ansicht nach – um eine zur Abnahme von Eiden zuständige Stelle handele (Irrtümer über **Rechtsfragen**). Gleiches gilt für einen Beschuldigten, der glaubt, die ihm gegenüber unzulässigerweise vorgenommene Vereidigung auf eine unwahre Aussage führe zum Meineid[109]. Ein strafbarer **untauglicher Versuch** läge jedoch vor, wenn der Täter irrtümlich **tatsächliche** Umstände als gegeben ansähe, die im Falle ihres wirklichen Vorhandenseins seine „Subjektsqualität“ (Zeuge mit Pflicht zur wahrheitsgemäßen Aussage) begründen würden, so zB wenn der im Ermittlungsverfahren vernommene Zeuge den Referendar, der ihm (unzulässigerweise) den Eid abnimmt, für einen Richter hält, der den Eid gem. §§ 161a I 3, 162 StPO abnehmen dürfte[110].

---

106 BGHSt 8, 263.

107 BGHSt 16, 155, 160.

108 HK-GS-*Ambos*, § 23 Rn 11; *Jakobs*, AT, 25/43; NK-*Zaczyk*, § 22 Rn 39; diff. *Valerius*, JA 10, 113; vert. *Krey/Esser*, AT, Rn 1250.

109 *Eisele*, JA 11, 667; LK-*Hillenkamp*, § 22 Rn 237.

110 BGHSt 1, 13, 16; S/S-*Lenckner/Bosch*, § 154 Rn 15; s. ferner *Baumann/Weber/Mitsch*, AT, § 26 Rn 30; S/S-*Eser/Bosch*, § 22 Rn 76; *Maurach/Gössel/Zipf*, AT/2, § 40 Rn 175; SK-*Rudolphi*, § 22 Rn 26 ff.

V. Rücktritt vom Versuch und tätige Reue

885 Im **Fall 17a** ist zu prüfen, ob und inwieweit A durch das Löschen des Brandes Strafbefreiung erlangt hat.

1. Rechtsgrund der Straflosigkeit

886 Wegen Versuchs wird nicht bestraft, wer freiwillig die weitere Ausführung der Tat aufgibt oder deren Vollendung verhindert (§ 24 I 1). Wird die Tat ohne Zutun des Rücktrittswilligen nicht vollendet, wird er straflos, wenn er sich freiwillig und ernsthaft bemüht, die Vollendung zu verhindern (§ 24 I 2).

887 Der freiwillige Rücktritt hebt die bereits eingetretene Versuchsstrafbarkeit wieder auf, ohne jedoch den Schuldvorwurf gänzlich tilgen zu können. Er entfaltet keine entschuldigende Wirkung, wie eine Mindermeinung annimmt[111], sondern stellt vielmehr einen **persönlichen Strafaufhebungsgrund** dar[112].

Über den **Grundgedanken**, auf dem die Regelung des § 24 beruht, besteht keine Einigkeit: Zum Teil wird angenommen, das Gesetz wolle dem Täter „eine goldene Brücke zum Rückzug bauen" (**kriminalpolitische Theorie**[113]). Daran ist richtig, dass durch die Honorierung des freiwilligen Rücktritts der Vollendung von Straftaten möglichst entgegengewirkt und dem Täter der Rückweg in die Legalität nicht durch die Erwägung abgeschnitten werden soll, an seiner Strafbarkeit lasse sich ohnehin nichts mehr ändern[114]. Zumeist wird der Täter solche Überlegungen im Augenblick der Tat jedoch nicht anstellen[115]. Wirklichkeitsnäher erscheint daher die Auffassung, dass das Gesetz die **Verdienstlichkeit des freiwillig gewählten Rücktritts** durch die Gewährung von Straffreiheit **belohnt**, weil die Rückkehr in die Legalität mit der Verhinderung des Erfolgseintritts den **Unwert** des Versuchs und die negative Einwirkung des Täters auf das Rechtsbewusstsein der Allgemeinheit zT wieder ausgleicht, sodass sich die Strafbedürftigkeit verneinen lässt (**Verdienstlichkeitstheorie**[116]). Vereinbar mit dieser Betrachtungsweise ist aber auch die von der **Strafzwecktheorie** vertretene Ansicht, bei Freiwilligkeit des Rücktritts sei die Bestrafung des Versuchs weder aus generalpräventiven noch aus spezialpräventiven Gründen geboten[117]. Die **Rspr** hat des Öfteren angenommen, unter den Voraussetzungen des § 24 entfalle das Strafbedürfnis, weil der **verbrecherische Wille** des Zurücktretenden nicht so stark gewesen sei, wie es zur Durchführung der Tat erforderlich gewesen wäre, und weil die im Versuch zum Ausdruck gekommene **Gefährlichkeit des Täters** sich nachträglich als wesentlich geringer erwiesen habe. Eine Bestrafung des Versuchs sei nun „nicht mehr nötig, um den Täter von künftigen Straftaten abzuhalten, um andere abzuschrecken und die verletzte Rechtsordnung wiederherzustellen"[118]. Einige Entscheidungen des BGH, die auf das Vorliegen einer

---

111 Vgl SK-*Rudolphi*, § 24 Rn 6; *Schumann*, Zum Standort des Rücktritts vom Versuch im Verbrechensaufbau, 2006, S. 165; *Ulsenheimer*, Rücktritt, S. 103, 130.

112 BGH StV 82, 1; S/S-*Eser/Bosch*, § 24 Rn 4; diff. *Frister*, AT, 24. Kap. Rn 6; vert. *Haas*, ZStW 123 [2011], 226.

113 RGSt 73, 52, 60; *Kudlich*, JuS 99, 241; *Puppe*, NStZ 84, 490.

114 Vgl *Grünwald*, Welzel-FS, S. 701, 709.

115 BGHSt 9, 48, 52.

116 *Bockelmann/Volk*, AT, S. 214; *Jescheck/Weigend*, AT, § 51 I 3; *Murmann*, Versuchsunrecht, S. 28.

117 *Baumann/Weber/Mitsch*, AT, § 27 Rn 8; *Otto*, GA 1967, 144; *Roxin*, AT II, § 30 Rn 4; SK-*Rudolphi*, § 24 Rn 4.

118 BGHSt 9, 48, 52; 14, 75, 80.

„honorierfähigen Umkehrleistung" abstellen[119], nähern sich indessen mehr der Verdienstlichkeitstheorie.

Während die vorgenannten Theorien sich im Kern am Grundgedanken des Rechtsgüterschutzes orientieren[120], sieht eine neuere Lehre, die sich selbst als **Schulderfüllungstheorie** bezeichnet, den Sinn des § 24 darin, dass die gesetzliche Strafdrohung sich erledige, wenn der Täter die Vollendung der Tat durch eine ihm zurechenbare Leistung verhindere und so die ihm obliegende, als **Pflicht zur Wiedergutmachung** verstandene „Schuld" erfülle[121]. Auf ähnlichen Gedanken basieren Rücktrittstheorien, die sich zum **Prinzip der Gefährdungsumkehr** bekennen[122] bzw den Grund für die Rücktrittsvorschrift in der freiwillig vollzogenen „wertrettenden Umkehrleistung" des Täters sehen, durch die der Strafgrund des Versuchs entkräftet werde[123]. Weit verbreitet ist schließlich eine **Kombination** verschiedener Ansätze[124].

2. Misslungener Rücktritt

Strafbefreiung durch Rücktritt vom Versuch ist nach § 24 I nur zu erlangen, wenn die **888**
Tat nicht vollendet, der objektive Unrechtstatbestand also nicht vollständig verwirklicht wird. Tritt der tatbestandliche Erfolg trotz der Rücktrittsbemühungen des Täters ein, bleibt für § 24 I nur Raum, falls die **Kausalität** (s Rn 217 ff) oder die **objektive Zurechenbarkeit zu verneinen** ist (s. Rn 246 ff)[125]. Letztere entfällt bspw, wenn der Täter das Opfer, welches er in Tötungsabsicht verletzt hatte, ins Krankenhaus transportieren lässt, die betrunkenen Krankenpfleger jedoch die Trage fallen lassen, sodass das Opfer infolge eines Genickbruchs stirbt. Ein strafbefreiender Rücktritt ist hier trotz des Erfolgseintritts möglich. Hingegen entfällt die objektive Zurechnung nicht allein deswegen, weil der Täter nur durch Zufall oder das Eingreifen Dritter an seinen Rücktrittsbemühungen gehindert wird.

Umstritten ist, welche Konsequenzen ein **Irrtum** des Täters über die **Wirksamkeit** seines bisherigen Tuns zeitigt. Als klassisches Beispiel dient der Fall, dass der Täter die zunächst verabreichte Dosis Gift nicht für tödlich hält und daher irrtümlich glaubt, den Todeseintritt bereits dadurch verhindern zu können, dass er dem Opfer kein weiteres Gift verabreicht. Teils wird hier allenfalls eine Strafbarkeit wegen Versuchs für möglich erachtet, da im Zeitpunkt des Erfolgseintritts kein Vollendungsvorsatz vorgelegen habe[126]. Bei freiwilliger Aufgabe der weiteren Tatausführung soll darüber hinaus sogar ein strafbefreiender Rücktritt in Betracht kommen. Raum sei dann allenfalls noch für eine Strafbarkeit aufgrund fahrlässiger Deliktsbegehung[127]. Andere halten diese Auffassung nur dann für richtig, wenn der tatbestandsmäßige Erfolg im Zeitpunkt der Tataufgabe noch nicht eingetreten sei; andernfalls sei eine Bestrafung wegen vollendeter vorsätzlicher Tat geboten[128]. Die ganz hM plädiert zutreffend stets für eine Straf-

119 BGHSt 35, 90; BGH NStZ 86, 264.
120 *Berz*, S. 51.
121 MK-*Herzberg/Hoffmann-Holland*, § 24 Rn 12 ff; krit. *Rudolphi*, NStZ 89, 508.
122 *Amelung*, ZStW 120 [2008], 205; *Jäger*, Der Rücktritt vom Versuch als zurechenbare Gefährdungsumkehr, 1996, S. 62 ff; *ders.*, ZStW 112 [2000], 783.
123 *Heckler*, Die Ermittlung der beim Rücktritt vom Versuch erforderlichen Rücktrittsleistung, 2002, S. 124.
124 *Bülte*, ZStW 122 [2010], 550, 569; LK-*Lilie/Albrecht*, § 24 Rn 37.
125 SK-*Rudolphi*, § 24 Rn 16, 28; vert. *Rohnfelder*, Probleme der Diskongruenz von Kausalverlauf und Vorsatz, 2012.
126 *Wolter*, ZStW 89 [1977], 647, 695; *ders.*, Leferenz-FS, S. 545, 560 ff.
127 *Frister*, AT, 24. Kap. Rn 38; *Jakobs*, AT, 26/13; ähnl. *Herzberg*, Oehler-FS, S. 163, 173.
128 *Gropp*, AT, § 9 Rn 66.

barkeit wegen vollendeter Vorsatztat[129]: Für § 24 bleibt in derartigen Konstellationen kein Raum, denn der **bloße Rücktrittswille** ist **bedeutungslos**, wenn es zur **Tatvollendung** kommt und der Eintritt des Erfolges objektiv zurechenbar ist, also insbes. nicht auf einem atypischen Kausalverlauf beruht[130]. Vollendungsvorsatz muss der Täter gem. § 8 nur im Zeitpunkt der Tathandlung haben, nicht bis zum Eintritt des Taterfolgs.

▸ Beispielsfall bei *Beulke*, Klausurenkurs I Rn 319

3. Der fehlgeschlagene Versuch

889 Der Anwendungsbereich des § 24 erfasst nach herrschender, zutreffender Ansicht nicht den **fehlgeschlagenen** Versuch, weil nach dem Sinn und Zweck der Vorschrift für einen strafbefreienden Rücktritt kein Raum mehr ist, wenn der Täter die Vollendung seiner Tat nicht mehr für möglich hält[131].

890 **Fehlgeschlagen** ist ein Versuch namentlich dann, wenn die zum Zwecke der Tatbegehung vorgenommenen Handlungen ihr Ziel nicht erreicht haben und der Täter erkannt hat, dass er **mit den ihm zur Verfügung stehenden Mitteln** den tatbestandlichen **Erfolg** entweder **gar nicht mehr** oder zumindest **nicht ohne zeitlich relevante Zäsur** herbeiführen kann[132]. Besonders häufig sind insofern Fälle, in denen die Tatbestandserfüllung **erkanntermaßen objektiv unmöglich** ist, so etwa, wenn der zu Diebstahlszwecken aufgebrochene Geldschrank leer ist, der einzig mögliche Schuss das aus einer größeren Distanz anvisierte Opfer verfehlt oder der Zündmechanismus des am Tatort eingebauten Explosionskörpers beim Auslösen versagt. Ebenfalls von einem Fehlschlag ist auszugehen, wenn die Vollendung der Tat zwar objektiv noch möglich wäre, der Täter aber die Mittel, die er dazu benötigt, nicht kennt oder nicht einsetzen kann, weil er mit ihrer Anwendung nicht vertraut ist. Nach hM bewirkt auch die **Sinnlosigkeit des Weiterhandelns** das Fehlschlagen eines Versuchs, so zB, wenn ein Attentäter die bereits zum Abschuss erhobene Pistole wieder sinken lässt, weil ihm klar wird, dass er einer Personenverwechslung erlegen ist[133], oder wenn der Dieb, der einen hohen Geldbetrag stehlen möchte, nur 30 € in der Kasse vorfindet, auf deren Mitnahme er verzichtet. Umstritten ist, ob auch die **rechtliche Unmöglichkeit des Weiterhandelns** einen Fehlschlag begründet[134], etwa wenn der Eigentümer dem Dieb die anvisierte Beute wider Erwarten schenkt oder die Frau, welche der Täter vergewaltigen möchte, zum einvernehmlichen Geschlechtsverkehr bereit ist. Richtigerweise sollte dem Täter die Möglichkeit des Rücktritts hier nicht verwehrt werden (s. auch Rn 915)[135].

---

129 S/S-*Eser/Bosch*, § 24 Rn 25a; *Küper*, ZStW 112 [2000], 1, 30 ff; *Lackner/Kühl*, § 24 Rn 15; LK-*Lilie/Albrecht*, § 24 Rn 79; *Otto*, AT, § 19 Rn 54.

130 Vgl dazu auch BGHSt 28, 346.

131 Näher dazu *Kaspar*, AT, Rn 771; *Kudlich*, JuS 99, 240, 242; *Roxin*, AT II, § 30 Rn 77; krit. *Fahl*, GA 2014, 453, 454 f; *Heger*, StV 10, 320, 321.

132 BGHSt 34, 53; BGH NStZ 08, 393 m. Bespr. *Jäger*, Jura 09, 53; BGH NStZ 10, 690 *(Benzinfall)* m. Bespr. *Jahn*, JuS 11, 78; BGH NStZ-RR 14, 9 m. Bespr. *Hecker*, JuS 14, 461; BGH NStZ 14, 396 m. Bespr. *Kudlich*, JA 14, 547; BGH NStZ 15, 26 *(Cessnafall)* m. Bespr. *Bosch*, JK 15, 312 und *Hecker*, JuS 15, 367; BGH StV 15,292.

133 *Rengier*, AT, § 37 Rn 23; aA *B. Heinrich*, AT, Rn 777; vert. *Brand/Wostry*, GA 2008, 619.

134 In diesem Sinne Matt/Renzikowski-*Heger*, § 24 Rn 20; *Kühl*, AT, § 16 Rn 14; *Roxin*, AT II, § 30 Rn 89 ff.

135 BGHSt 39, 244; diff. MK-*Herzberg/Hoffmann-Holland*, § 24 Rn 70.

Anders als der BGH und die hL betrachten manche den fehlgeschlagenen Versuch nicht als eigenständige Fallgruppe, die sich lediglich dem Rechtsgedanken, nicht aber dem Wortlaut des § 24 entnehmen lässt, sondern als einen Unterfall des **unfreiwilligen** Rücktritts vom Versuch[136]. Dem ist entgegenzuhalten, dass man die weitere Tatausführung nicht **aufgeben** bzw die Tatvollendung nicht **verhindern** kann, wenn die Tat ohnehin bereits gescheitert ist[137].

Liegt der Tat ein fester Plan zugrunde, ist der Versuch fehlgeschlagen, wenn die Tat nach der Vorstellung des Täters zur gegebenen Zeit am vorgesehenen Ort nicht mehr planmäßig vollendet werden kann, vielmehr nur noch mit einer ins Gewicht fallenden zeitlichen Verzögerung durch das Ingangsetzen einer neuen Kausalkette erfolgreich zu verwirklichen ist. Scheitert jedoch lediglich der Einsatz des zunächst ins Auge gefassten Tatmittels, ist der Versuch nach hM **nicht fehlgeschlagen**, wenn der Täter, wie er weiß, im unmittelbaren Anschluss an sein bisheriges Tun erneut zum Angriff ausholen oder ein neues bereitstehendes Mittel einsetzen kann. Misslingt bspw der planmäßig unternommene Versuch, das Opfer mit einer Flasche zu erschlagen[138], es durch Überfahren mit dem Auto[139] oder durch das Hinabstoßen vom Balkon[140] zu töten oder es nach dem Übergießen mit Benzin in Brand zu setzen[141], und geht der Täter daraufhin sofort dazu über, das ihm kräftemäßig unterlegene Opfer zu erwürgen oder auf andere Weise zu töten, so behält er nach der jetzt überwiegend vertretenen **Gesamtbetrachtungslehre** die Möglichkeit, vom Totschlagsversuch insgesamt mit strafbefreiender Wirkung zurückzutreten, wenn er vom noch möglichen Erwürgen freiwillig wieder ablässt und dadurch den Eintritt des Todeserfolges verhindert. Bei einem **einheitlichen Geschehen** dieser Art liegt in der Verwendung des neuen Mittels, auch wenn der Täter daran bei der gedanklichen Vorbereitung seiner Tat noch nicht gedacht hat, nur die Aufrechterhaltung und **Weiterführung des ursprünglichen Tatentschlusses**, auf dessen Verwirklichung die nacheinander zum Einsatz gebrachten Mittel mit dem Ziel gerichtet sind, den tatbestandlichen Erfolg herbeizuführen[142]. Dies gilt sowohl beim Begehungs- als auch beim Unterlassungsdelikt[143]. 891

Zu einem anderen Ergebnis gelangt die **Einzelaktstheorie**, die jeden einzelnen Ausführungsakt, den der Täter bei Tatbeginn für erfolgsgeeignet gehalten hat, gesondert erfassen und ihn im Fall des Scheiterns als selbstständigen fehlgeschlagenen Versuch behandeln will[144]. Diese Auffassung überzeugt indessen nicht, weil sie einen einheitlichen Lebensvorgang auseinander reißt und die Rücktrittsmöglichkeiten zu sehr einschränkt[145].

---

136 *Gössel*, GA 2012, 65; *Maurach/Gössel/Zipf*, AT/2, § 41 Rn 36; *Putzke*, ZJS 13, 620, 621 ff; *Schroeder*, NStZ 09, 9; ähnl. *Frister*, AT, 24. Kap. Rn 20 f; *Wörner*, NStZ 10, 66.

137 *Jescheck/Weigend*, AT, § 51 II 6; S/S/W-StGB-*Kudlich/Schuhr*, § 24 Rn 17; *Roxin*, NStZ 09, 319.

138 BGHSt 10, 129.

139 BGHSt 34, 53.

140 BGH NStZ 07, 399.

141 BGH NStZ 86, 264.

142 BGHSt 41, 368, 369; BGH NStZ 09, 688 m. Anm. *Bosch*, JA 10, 70; BGH StV 13, 435 m. Bespr. *Jäger*, JA 12, 79; BGH NStZ 14, 569 m. Anm. *Nestler* und Bespr. *Hecker*, JuS 14, 1041.

143 BGH NJW 03, 1057 m. zust. Anm. *Baier*, JA 03, 629; *Freund*, NStZ 04, 326; *Kudlich*, JR 03, 379.

144 *Jakobs*, AT, 26/15 ff; *Paeffgen*, Puppe-FS, S. 791, 809; *Timpe*, Ad legendum 14, 236, 239 ff; *Ulsenheimer*, Rücktritt, S. 131 ff, 240; *Bosch*, Jura 14, 395, 398 f; S/S-*Eser/Bosch*, § 24 Rn 21; *Herzberg*, NJW 89, 197.

145 *Hilgendorf/Valerius*, AT, § 10 Rn 80; LK-*Lilie/Albrecht*, § 24 Rn 96 ff; lehrreich *Murmann*, Versuchsunrecht, S. 39; *Perron/Bott/Gutfleisch*, Jura 06, 712; *Rengier*, JZ 86, 964; 88, 931; *Roxin*, AT II, § 30 Rn 178; fallbezogen: *Sobota/Kahl*, ZJS 15, 206.

892 Noch nicht hinreichend geklärt ist, nach welchen **Kriterien die „Einheitlichkeit"** des Tatgeschehens im Rahmen der **Gesamtbetrachtungslehre** zu bestimmen ist. Ein Teil der Rechtsprechung und Lehre orientiert sich insoweit an den Regeln, die im Konkurrenzbereich für das Vorliegen einer **tatbestandlichen** bzw **natürlichen Handlungseinheit** (vgl Rn 1063, 1070) von Bedeutung sind[146]. Weniger deutlich stellt die Rspr zum Teil auch auf die **Einheitlichkeit des betreffenden Lebensvorganges** ab[147], wobei es belanglos sein soll, ob der Täter sich bei den einzelnen Versuchshandlungen artgleicher oder artverschiedener Tatmittel bedient[148].

▶ Beispielsfälle bei *Beulke*, Klausurenkurs I Rn 300 und 325; Klausurenkurs III Rn 155

4. Abgrenzung unbeendeter/beendeter Versuch

893 Im Fall des § 24 I 1 ist zwischen **unbeendetem** und **beendetem** Versuch zu unterscheiden. Die Abgrenzung zwischen diesen beiden Erscheinungsformen richtet sich nach dem **Vorstellungsbild des Täters**[149]. Sie ist deshalb von großer praktischer Bedeutung, weil der Täter bei einer Tat, die das Stadium des **unbeendeten** Versuchs noch nicht überschritten hat, gem. § 24 I 1 **Alt. 1** schon durch das Aufgeben seines Tatentschlusses und bloßes Nichtweiterhandeln Strafbefreiung erlangen kann, während er beim **beendeten** Versuch nach § 24 I 1 **Alt. 2** eine erfolgsverhindernde Tätigkeit entfalten (also Gegenmaßnahmen treffen) muss und das Risiko des Gelingens der Erfolgsabwendung trägt[150].

Unbeendet ist der Versuch, wenn der Täter noch nicht alles getan zu haben glaubt, was nach seiner Vorstellung von der Tat zu ihrer Vollendung notwendig ist.

Beendet ist der Versuch, wenn der Täter alles getan zu haben glaubt, was nach seiner Vorstellung von der Tat zur Herbeiführung des tatbestandlichen Erfolges notwendig oder möglicherweise ausreichend ist.

▶ Beispielsfall bei *Beulke*, Klausurenkurs I Rn 175

894 Ob die Unterscheidung zwischen diesen beiden Erscheinungsformen des Versuchs sich nach den Überlegungen des Täters im Zeitpunkt des **Tatbeginns** oder nach dessen Vorstellung bei Abschluss der **letzten Ausführungshandlung** richtet, war lange Zeit umstritten:

Der BGH ist zunächst der sog. **Tatplantheorie** gefolgt, hat also auf die Vorstellung des Täters **bei Tatbeginn** zurückgegriffen, wenn dieser aufgrund eines fest umrissenen Tatplans nur einen einzigen Ausführungsakt (Schuss, Stich, usw) vornehmen und sich zur Herbeiführung des tatbestandlichen Erfolges auf den Einsatz eines bestimmten Mittels beschränken wollte. War die so geplante Handlung zur Ausführung gelangt, hielt der BGH den Versuch für beendet, auch wenn der Täter nachträglich die mangelnde Eignung seines Tuns erkannt hatte[151]. Bestand da-

146 BGH NStZ 01, 315; vgl auch *Jescheck/Weigend*, AT, § 51 II 3; *Roxin*, AT II, § 30 Rn 199; *Scheinfeld*, Der Tatbegriff des § 24 StGB, 2006, S. 76 ff; *ders.*, JuS 02, 250; krit. dazu *Fahrenhorst*, Jura 87, 291.

147 BGHSt 34, 53, 57; 40, 75.

148 BGHSt 40, 75; BGH NStZ 86, 264; LK-*Lilie/Albrecht*, § 24 Rn 106; krit. *Freund*, AT, § 9 Rn 31 ff; *Murmann*, Grundkurs, § 28 Rn 122.

149 BGHSt 31, 170; 35, 90; BGH NStZ 15, 261; anders *Borchert/Hellmann*, GA 1982, 429: objektive Abgrenzung.

150 Krit. *Frister*, AT, 24. Kap. Rn 54 f.

151 BGHSt 22, 330.

gegen bei Tatbeginn kein derartiger Plan oder war dessen Fehlen nach dem Grundsatz *in dubio pro reo* anzunehmen, sollte die Vorstellung des Täters **nach Abschluss der letzten Ausführungshandlung** maßgebend sein. Nahm der Täter an, sein bisheriges Tun reiche zur Herbeiführung des angestrebten Erfolges nicht aus, war der Versuch unbeendet, die Strafbefreiung also durch Aufgeben des Tatentschlusses und schlichtes Nichtweiterhandeln zu erreichen[152]. Dagegen war der Versuch beendet, wenn der Täter annahm, alles Erforderliche getan zu haben, oder wenn er bei Zweifeln über die Wirkung seines Handelns den Eintritt des Erfolges wenigstens für möglich hielt[153].

Inzwischen ist der BGH für alle in Betracht kommenden Fälle – im Rahmen der von **895** ihm favorisierten Gesamtbetrachtungslehre (s. Rn 891) – von der vorerwähnten **Tatplanperspektive** zum sog. **korrigierten Rücktrittshorizont** nach Abschluss der letzten Ausführungshandlung übergegangen. Nach dieser inzwischen gefestigten Rspr kann sich eine **Beendigung** des Versuchs ohne Rücksicht auf das Vorhandensein eines Tatplans und dessen etwaige Gestaltung schon aus der **nahegerückten Möglichkeit des Erfolgseintritts** und einem entsprechenden **Gefahrbewusstsein** nach Abschluss der letzten Ausführungshandlung ergeben[154].

Diese rücktrittsfreundliche neuere Rspr hat in der **Rechtslehre** überwiegend Zustim- **896** mung gefunden[155].

▸ Beispielsfälle bei *Beulke*, Klausurenkurs I Rn 323 und Klausurenkurs III Rn 173

Umstritten sind weiterhin die sog. **Denkzettelfälle**, in denen das primär angestrebte Hand- **897** lungsziel (zB dem Opfer durch Messerstiche einen Denkzettel zu verpassen, es zu Raubzwecken kampfunfähig zu machen oder es nach gelungener Beraubung durch Schüsse vom Tatort zu vertreiben) mit einem **bedingten** Tötungsvorsatz zusammentrifft. Hier ist fraglich, ob für einen strafbefreienden Rücktritt vom unbeendeten Versuch des Tötungsdelikts durch Nichtweiterhandeln Raum bleibt, wenn der Täter sein primäres Handlungsziel erreicht hat, ohne dass aus seiner Sicht Gefahr für das Leben des Opfers besteht. Ein Teil der Literatur sowie die ältere Rechtsprechung halten einen Rücktritt in solchen Fällen für ausgeschlossen, vermag doch derjenige, der sein eigentliches Handlungsziel erreicht hat, nichts mehr aufzugeben, weil ein Weiterhandeln für ihn sinnlos wäre. „Aufgeben“ iSd § 24 I 1 lasse sich nur ein Tatentschluss, der von seiner Zielsetzung her noch nicht gegenstandslos geworden sei[156]. Anerkannt wird hingegen zT die Möglichkeit des Rücktritts, wenn die Tat absichtlich durchgeführt wird[157]. Eine Privilegierung des Absichtstäters gegenüber demjenigen, der nur mit einem Minus im subjektiven Tatbestand in Gestalt des dolus eventualis handelt, erscheint jedoch angesichts der bei letzterem gegebenen geringeren kriminellen Energie von vornherein systemwidrig[158]. Aber auch bei

---

152 BGHSt 10, 129 *(Flachmannfall)*; BGHSt 22, 176 *(Rohrzangenfall)*.

153 BGH NJW 80, 195; NStZ 81, 342 und 84, 116.

154 BGHSt 31, 170 m. Anm. *Küper*, JZ 83, 264; BGHSt 33, 295 *(Schläfenschussfall)*; 35, 90 *(Nackenstichfall)*; BGH NStZ 99, 299 ff; 02, 427; 03, 369 und 05, 331 *(Messerstichfälle)*; dazu *Eisele*, JA 99, 922 und *Stuckenberg*, JA 99, 751; BGH NStZ 07, 91 *(Pumpgunfall)*.

155 Vgl u.a. *Bürger*, ZJS 15, 23; *Jescheck/Weigend*, AT, § 51 II 3; *Kühl*, AT, § 16 Rn 33 ff; LK-*Lilie/Albrecht*, § 24 Rn 141 ff; *Rengier*, JZ 88, 931; *Roxin*, AT II, § 30 Rn 187; wohl auch *Otto*, Jura 01, 341; krit. dagegen S/S-*Eser/Bosch*, § 24 Rn 18a; *Jäger*, NStZ 99, 608; zum Überblick *Hillenkamp*, AT, S. 134.

156 BGH NStZ 90, 77; 91, 127; *Beckemper*, JA 03, 203; *Bock*, JuS 06, 606; *Jäger*, ZStW 112 [2000], 783; *Kudlich*, JuS 99, 353; *Lackner/Kühl*, § 24 Rn 12; *Morgenstern*, Jura 11, 146, 153; *Puppe*, JZ 93, 361; *Roxin*, AT II, § 30 Rn 58; SK-*Rudolphi*, § 24 Rn 14a, b; *Schall*, JuS 90, 623.

157 *Roxin*, AT II, § 30 Rn 74 f.

158 SSW-StGB-*Kudlich/Schuhr*, § 24 Rn 68.

der bedingt vorsätzlichen Tat überzeugt die Versagung der Rücktrittsmöglichkeit nicht. Zutreffend hat der Große Senat für Strafsachen in BGHSt 39, 221 entschieden, dass ein strafbefreiender Rücktritt vom unbeendeten Versuch auch dann möglich ist, wenn der Täter von weiteren Handlungen absieht, weil er sein **außertatbestandliches Handlungsziel erreicht** hat[159]. „Tat" iSd § 24 I 1 ist die tatbestandsmäßige Handlung unter Einschluss des tatbestandsmäßigen Erfolges. Demgemäß bezieht sich der Entschluss, die weitere Tatausführung aufzugeben, allein auf die Verwirklichung der gesetzlichen Tatbestandsmerkmale und die Herbeiführung des tatbestandsmäßigen Erfolges. Auf außertatbestandliche Ziele, Absichten oder Beweggründe kommt es dabei nicht an; „aufgeben" muss der Täter nur das, was im gesetzlichen Tatbestand umschrieben ist. Ihm die Rücktrittsmöglichkeit offen zu halten, ist im Interesse des Opferschutzes sinnvoll und dient der Erhaltung des durch den Tatbeginn gefährdeten Rechtsguts[160].

▸ Beispielsfall bei *Beulke*, Klausurenkurs I Rn 333

898 Fasst man den Standpunkt, der sich zur Abgrenzung zwischen dem unbeendeten und dem beendeten Versuch unter Zugrundelegung des **Rücktrittshorizontes** als jetzt hM in Rspr und Rechtslehre durchgesetzt hat, zusammen, so ist im Wesentlichen Folgendes entscheidend:

899 a) Gibt der Täter die weitere Ausführung einer Tat in dem Bewusstsein auf, dass der tatbestandsmäßige Erfolg, den er anstrebt oder den er nach seiner Vorstellung zur Erreichung eines weitergehenden Zieles verwirklichen müsste, noch nicht eingetreten ist und **ohne sein weiteres Handeln auch nicht eintreten wird**, dass er sein Ziel mit den ihm einsatzbereit zur Verfügung stehenden Mitteln aber noch erreichen könnte, wenn er weiterhandeln würde, dann liegt ein Rücktritt vom **unbeendeten Versuch** der in Betracht kommenden Straftat vor.

Daran ändert sich auch nichts, wenn ein fest umrissener Tatplan existierte und der Täter bei Tatbeginn der Ansicht war, mit der ins Auge gefassten Tathandlung von seiner Seite alles Erforderliche für die Vollendung des Delikts getan zu haben. Denn für die Frage, ob ein Versuch beendet oder unbeendet ist, kommt es **nicht** auf den **Tatplan bei Tatbeginn** an, **sondern** auf die **Vorstellung des Täters nach Abschluss der letzten Ausführungshandlung**[161]. Hält der Täter in diesem Zeitpunkt den Eintritt des angestrebten Erfolges zwar zunächst für möglich, erkennt er aber unmittelbar darauf, dh **in engstem zeitlichen und räumlichen Zusammenhang**, dass er sich geirrt hat, ist im Rahmen des „Rücktrittshorizonts" allein die **korrigierte Vorstellung** maßgebend mit der Folge, dass der Täter, dessen Handlungsmöglichkeiten unverändert fortbestehen, durch Abstandnahme von weiteren Ausführungshandlungen mit strafbefreiender Wirkung zurücktreten kann (sog. **korrigierter Rücktrittshorizont**)[162].

900 b) Hat der Täter dagegen bei der Verwirklichung seines Tatentschlusses ein Stadium erreicht, in welchem aus seiner Sicht die **nahe liegende Möglichkeit des Erfolgseintritts** besteht, so kann er sich das in § 24 I vorgesehene Rücktrittsprivileg nicht mehr durch schlichtes Nichtweiterhandeln, sondern nur noch durch **gegenläufige, ernst-**

---

159 Ebenso BGH NStZ 09, 86 *(Samenergussfall)*; BGH NStZ 11, 90 m. Anm. *Brüning*, ZJS 11, 93; BGH StV 14, 472; BGH NStZ 14, 450 m. Anm. *Engländer* und Bespr. *Jäger*, JA 15, 149.

160 *Hoffmann-Holland*, AT, Rn 701; LK-*Lilie/Albrecht*, § 24 Rn 189 f; *Schroth*, GA 1997, 151; *T. Walter/Schneider*, JA 08, 262, 264; krit. *Puppe*, ZIS 11, 524, 527; s. a. *Bott*, Jura 08, 753.

161 BGHSt 35, 90; BGH NStZ-RR 13, 273, 274.

162 BGHSt 36, 224; BGH NStZ 05, 150 m. Bespr. *Valerius*, JA 05, 410; BGH NStZ 12, 688; krit. *Bosch*, Jura 14, 395, 401 ff; *Puppe*, JR 00, 72; vert. *Hoven*, JuS 13, 403; *Knörzer*, Fehlvorstellungen des Täters und deren „Korrektur" beim Rücktritt vom Versuch nach § 24 Abs. 1 StGB, 2008.

hafte Rettungsaktivitäten verdienen (§ 24 I 1 **Alt. 2** bzw § 24 I 2), denn spätestens in diesem Augenblick ist sein **Versuch beendet**[163]. Bei einer solchen Sachlage kann der Täter sich auch nicht darauf berufen, dass er seinen ursprünglichen Tatplan nicht voll ausgeschöpft oder weitere Erfolg versprechende Möglichkeiten zur Realisierung seines Vorhabens nicht ergriffen habe; maßgebend ist allein die ihm bewusst gewordene **Erfolgsnähe der konkreten Gefahrenlage**[164]. Ob er den Erfolg im erwähnten Zeitpunkt weiterhin will oder billigt, ist belanglos, da es im Bereich des § 24 I nicht um das Fortbestehen des bereits in die Tat umgesetzten Tatbestandsvorsatzes geht[165].

Denkbar ist freilich auch hier, dass für die Annahme eines **unbeendeten** Versuchs deshalb Raum bleibt, weil der Täter in Verkennung der wahren Gefährdung aus dem Verhalten des schwer verletzten Opfers den Schluss gezogen hat, ein tödlicher Ausgang sei nicht zu befürchten[166].

Ein **beendeter** Versuch liegt hingegen dann vor, wenn der Täter bei fortbestehender Handlungsmöglichkeit zwar zunächst nicht von der Erfolgstauglichkeit seiner Handlungen ausgeht, im unmittelbaren Anschluss jedoch die nahe liegende Möglichkeit des Eintritts des tatbestandlichen Erfolges erkennt. Auch insoweit gilt die Theorie vom **sog. korrigierten Rücktrittshorizont** (s. Rn 899) hier aber in „umgekehrter" Konstellation[167].

Problematisch ist die Unterscheidung zwischen beendetem und unbeendetem Versuch, wenn **901**
sich der Täter nach Abschluss der letzten Ausführungshandlung – etwa aus **Gleichgültigkeit** – **keinerlei Vorstellung** über die Folgen seines Verhaltens macht. Nach ständiger Rspr ist in diesen Fällen anhand einer **Gesamtwürdigung aller äußeren Umstände** zu ermitteln, ob der Täter es für möglich hielt, dass der Erfolg ohne weiteres Zutun eintritt, was zur Folge hat, dass von einem beendeten Versuch auszugehen ist. Lassen die **objektiven Indizien** keinen sicheren Schluss auf die innere Haltung des Täters zu, ist ***in dubio pro reo*** von einem unbeendeten Versuch auszugehen. **Schwerwiegende** (häufig mit bedingtem Tötungsvorsatz vorgenommene) **Gewalthandlungen** wertet die Rspr indes regelmäßig als Indiz dafür, dass der Täter den Eintritt des Erfolgs auch ohne weiteres Zutun für möglich hielt, mithin ein **beendeter Versuch** vorliegt. Der Gleichgültige soll gegenüber dem Bedächtigen nicht privilegiert werden[168].

5. Der Rücktritt vom unbeendeten Versuch

Beim **unbeendeten Versuch** entfällt dessen Strafbarkeit, wenn der Täter freiwillig **902**
(vgl Rn 915) die **weitere Ausführung der Tat aufgibt** (§ 24 I 1 **Alt. 1**). Dies gilt auch für den untauglichen Versuch, solange der Täter die mangelnde Tauglichkeit nicht erkannt hat[169].

Aufgeben der Tat bedeutet, von der weiteren Realisierung des Entschlusses, den ge- **903**
setzlichen Tatbestand zu verwirklichen, aufgrund eines entsprechenden „Gegenent-

163 BGHSt 33, 295; BGH NStZ 93, 39.
164 BGHSt 31, 170; 33, 295.
165 BGHSt 31, 170, 177.
166 BGH StV 96, 23; NStZ 97, 593; zweifelhaft hingegen BGH JR 05, 382 m. zu Recht abl. Anm. *Puppe* und *Scheinfeld*, NStZ 06, 375, 378.
167 BGH NStZ 10, 146; BGH NStZ-RR 12, 106 m. Bespr. *Hecker*, JuS 12, 947.
168 BGHSt 40, 304 m. krit. Anm. *Murmann*, JuS 96, 590; BGH NStZ 11, 209 m. Anm. *v. Heintschel-Heinegg*, JA 11, 551; BGH NStZ 13, 703 m. Anm. *Becker*; BGH NStZ 14, 143 m. Anm. *Nestler*; *Fischer*, § 24 Rn 15; krit. *Bosch*, Jura 14, 395, 400 f.
169 RGSt 68, 82.

schlusses" Abstand zu nehmen. Das setzt die Vorstellung des Täters voraus, den Straftatbestand überhaupt noch verwirklichen zu können[170]. Fraglich ist, ob eine **vollständige und endgültige** Aufgabe des Tatbestandsvorsatzes zu verlangen ist.

In einigen Entscheidungen dazu heißt es, nur derjenige könne strafbefreiend zurücktreten, der die Durchführung seines kriminellen Entschlusses **„im Ganzen und endgültig"** aufgebe[171]. Diese Formel ist indes missverständlich; sie setzt dem Rücktritt auch zu enge Grenzen. Der innere Vorbehalt, die Tat irgendwann bei passender Gelegenheit erneut zu versuchen oder an ihrer Stelle eine andere Straftat zu begehen, lässt zwar auf eine rechtsfeindliche Gesinnung des Täters schließen, steht dem Rücktritt von der bereits begonnenen **konkreten Tat** aber nicht entgegen[172].

Nach der Gegenansicht soll bereits das Abstandnehmen von der **konkreten Ausführungshandlung** strafbefreiend wirken[173]. Das geht zu weit, da es an jeder Rückkehr in die Legalität fehlt, wenn der Täter seine ursprüngliche Ausführungshandlung unmittelbar anschließend durch eine gleichwertige andere Begehungsweise ersetzt, zB an Stelle des „Einsteigens" den Weg des „Einbrechens" wählt (§§ 242, 243 I Nr 1) oder sein Opfer erdrosselt, statt es zu vergiften.

Den Vorzug dürfte insoweit eine vermittelnde Auffassung verdienen, die sich grundsätzlich mit dem Abstandnehmen von der **konkreten Tat** begnügt, wie sie **im Rahmen des einschlägigen Straftatbestandes** durch das Tatobjekt, die reale Tatsituation und das angestrebte Tatziel gekennzeichnet ist, dabei aber eine Einschränkung macht: An einem „Aufgeben der weiteren Tatausführung" fehlt es dann, wenn der Täter sich Fortsetzungsakte vorbehält, die im Fall ihrer Realisierung bei der weiteren Verwirklichung des gesetzlichen Tatbestandes nur unselbstständige Teilakte der zuvor begonnenen Straftat bilden würden, mit ihr also einen einheitlichen Lebensvorgang darstellen[174].

904 Problematisch ist auch, was unter der **„Tat"** zu verstehen ist. Nach BGHSt 33, 142, 144 deckt sich der Begriff der „Tat" in § 24 mit dem Begriff der vorsätzlich begangenen rechtswidrigen Tat iS eines **materiellrechtlichen Straftatbestandes**[175]. Daraus folgt, dass derjenige, der zu einem Raubmord angesetzt hat, vom Mordversuch strafbefreiend zurücktreten kann, wenn er aus freien Stücken auf die Tötung seines Opfers verzichtet und sich darauf beschränkt, ihm mit Drohungen iSd § 249 Wertsachen wegzunehmen[176]. Ebenso kann der zunächst mit Tötungsvorsatz Handelnde auch nach bereits erfolgter schwerer Körperverletzung vom Tötungsversuch zurücktreten[177].

905 Verzichtet jemand nach dem Erreichen des Versuchsstadiums freiwillig auf die weitere Verwirklichung von Modalitäten, die einen qualifizierten Tatbestand erfüllen (wie etwa § 244 I

---

170 BGHSt 22, 330; 39, 221, 228; *Hruschka*, JZ 69, 495.

171 BGHSt 7, 296; BGH NStZ 10, 384.

172 So auch BGHSt 33, 142, 145; 35, 184.

173 Vgl *Blei*, AT, § 69 III 1; *Bloy*, JuS 86, 987.

174 So im Wesentlichen BGH NStZ 09, 501 m. zust. Anm. *Hecker*, JuS 10, 79; s. a. S/S-*Eser/Bosch*, § 24 Rn 40; *Kühl*, AT, § 16 Rn 42; LK-*Lilie/Albrecht*, § 24 Rn 208; *Maurach/Gössel/Zipf*, AT/2, § 41 Rn 54; vgl dazu auch BGHSt 40, 75; MK-*Herzberg/Hoffmann-Holland*, § 24 Rn 97; *Hillenkamp*, AT, S. 128.

175 Ebenso BGHSt 39, 221, 230; *Günther*, Armin Kaufmann-GS, S. 541; *Vogel/Fad*, JuS 02, 786.

176 Vgl Beispiel in BGHSt 33, 142, 144; *Scheinfeld*, Der Tatbegriff des § 24 StGB, 2006, S. 140; NK-*Zaczyk*, § 24 Rn 51.

177 BGHSt 33, 142, 144; BGH NJW 01, 980; NK-*Zaczyk*, § 24 Rn 51.

Nr 1 oder § 250 I Nr 1), so dürfte im Interesse des geschützten Rechtsgutes auch die Anerkennung eines **Teilrücktritts** mit dem Grundgedanken des § 24 vereinbar sein. In Betracht kommt das bspw, wenn sich der Täter bei einem Diebstahl oder bei einer räuberischen Erpressung rechtzeitig (nach hA bis zur Vollendung des Grunddelikts) der bei Tatbeginn mitgeführten Schusswaffe entledigt[178].

6. Der Rücktritt vom beendeten Versuch

Der **beendete Versuch** bleibt straflos, wenn der Täter freiwillig (vgl Rn 915) die **Vollendung der Tat verhindert** (§ 24 I 1 **Alt. 2**) oder, falls die Tat ohne sein Zutun nicht vollendet wird, sich freiwillig und ernsthaft um die **Verhinderung der Vollendung bemüht** (§ 24 I 2). Zur Verhinderung der Vollendung reicht es nach hM aus, dass der zum Rücktritt entschlossene Täter bewusst und gewollt eine **neue Kausalreihe** in Gang setzt, die für das **Ausbleiben der Vollendung** wenigstens **mitursächlich** wird. Dass daneben andere, von seinem Willen unabhängige Umstände zur Nichtvollendung der Tat beitragen, soll einem strafbefreienden Rücktritt ebenso wenig entgegenstehen wie die Möglichkeit, etwas anderes oder mehr zu tun, um die Vollendung mit noch größerer Sicherheit zu verhindern[179]. Es ist danach also nicht erforderlich, dass der Täter die **optimale oder sicherste** erfolgsverhindernde Möglichkeit ergreift[180]. Nach der herrschenden Ansicht ist vielmehr allein entscheidend, dass der Täter seinen Tatvorsatz endgültig aufgibt und dass er eine solche Rettungshandlung wählt, die er für geeignet hält, die Tatvollendung zu verhindern[181]. Dem ist jedenfalls mit der Maßgabe zuzustimmen, dass der Täter Straffreiheit nur dann verdient, wenn er das von ihm zuvor erschütterte Vertrauen in die allgemeine Normgeltung durch eine freiwillige „Umkehrleistung“ wieder stabilisiert, sein jetziges Verhalten auf die Verhinderung des drohenden Erfolgseintritts ausrichtet und in der Weise tätig wird, dass ihm bei der Inanspruchnahme fremder Hilfe das Verhindern der Tatvollendung zumindest auch als „sein Werk“ zugerechnet werden kann[182]; mit anderen Worten: Die Vollendung oder Nichtvollendung darf nicht bloß vom Zufall abhängen[183]. 906

Beispiel (nach BGH NJW 85, 813): A hatte in einem Zimmer des Hauses der gerade abwesenden Eheleute M Feuer gelegt. Da er sich wegen der im Hause schlafenden Kinder Gewissensbisse machte, rief er in einer Gaststätte, in der Frau M sich aufhielt, an und sagte, Frau M möge

178 Vgl BGHSt 51, 276, 279 mit Bespr. *Streng*, JZ 07, 1089; s. a. HK-GS-*Ambos*, § 24 Rn 8; Matt/Renzikowski-*Heger*, § 24 Rn 64 f; *Kaspar*, AT, Rn 842; *Roxin*, AT II, § 30 Rn 295; *Mitsch*, JA 14, 268; krit. *Küper*, JZ 97, 229, 233; LK-*Lilie/Albrecht*, § 24 Rn 494.

179 BGHSt 33, 295, 301; BGH StV 99, 211.

180 Dafür aber BGH NStZ 08, 329 (bei Gefahr für Menschenleben); *Baumann/Weber/Mitsch*, AT, § 27 Rn 28; *Herzberg*, NJW 89, 862 (inzwischen abgeschwächt in Kohlmann-FS, S. 644: „sorgfältiges Bemühen“); *Murmann*, Versuchsunrecht, S. 65; diff. *Roxin*, AT II, § 30 Rn 243 ff (optimale Leistung nur bei fremdhändiger, nicht bei eigenhändiger Erfolgsverhinderung); Fallbeispiel: *Haas*, Ad legendum 12, 124 f; *Ladiges/Glückert*, Jura 11, 552.

181 BGHSt 48, 147 m. krit. Anm. *Jakobs*, JZ 03, 743 und *Puppe*, NStZ 03, 309; dazu ferner *Beckemper*, JA 03, 277; *Zwiehoff*, StV 03, 631; BGH JZ 05, 203 m. Anm. *Rotsch/Sahan*; zust. iE auch *Boß*, Der halbherzige Rücktritt, 2002, S. 141; LK-*Lilie/Albrecht*, § 24 Rn 340.

182 Ebenso *Engländer*, JuS 03, 641; *Jäger*, Der Rücktritt vom Versuch als zurechenbare Gefährdungsumkehr, 1996, S. 93 ff; *ders.*, Jura 09, 58; SK-*Rudolphi*, § 24 Rn 27e.

183 *Böß*, JA 12, 355; *Zieschang*, GA 2003, 359.

bitte nach Hause kommen. Daraufhin eilte Frau M nach Hause und entdeckte den Brand, der durch die Feuerwehr gelöscht wurde, bevor das Feuer auf das Gebäude übergreifen konnte (keine Vollendung, vgl Rn 850). Um sicherzugehen, dass der Brand rechtzeitig entdeckt würde, war A selbst zur Brandstelle gefahren, wo er vor der Feuerwehr eingetroffen war. Obwohl A bei seinem Anruf in der Gaststätte nicht gesagt hatte, warum Frau M in ihr Haus zurückkehren sollte, und nicht sicher war, ob Frau M der Aufforderung zur Rückkehr sofort nachkommen würde, hat der BGH einen strafbefreienden Rücktritt des A vom beendeten Versuch der schweren Brandstiftung angenommen[184].

Hat der Täter hingegen zur Rettung des von ihm vergifteten Opfers zwar durch Herbeirufen eines Arztes zunächst das aus seiner Sicht Erforderliche getan, dann aber mittels irreführender Angaben über die akute Gefahrenursache eine weitere Mitwirkung verweigert, obwohl er sie für notwendig hielt, um die Rettungsaktion erfolgreich abzuschließen, so scheidet nach BGH NStZ 89, 525 bei gleichwohl gelungener Lebensrettung ein strafbefreiender Rücktritt vom Versuch des Mordes aus, weil es im entscheidenden Augenblick am **fortbestehenden Rettungswillen** gefehlt hat[185].

907 Misslingen die Rücktrittsbemühungen bei einem beendeten Versuch, geht das **Risiko des Erfolgseintritts** und der Bestrafung wegen **vollendeter** Tat auch dann **zulasten des Täters**, wenn nur ein unglücklicher Zufall, das Eingreifen Dritter oder höhere Gewalt seine Verhinderungsbemühungen haben scheitern lassen. Wesentlich ist allein, dass sein versuchsbegründendes Tun in der vollendeten Tat fortwirkt und sich im konkreten Erfolg gerade diejenige Gefahr realisiert, die durch sein vorausgegangenes Verhalten geschaffen oder erhöht worden ist (vgl dazu Rn 251 und 888).

Beispiel: Fällt B einer Briefbombe mit hochexplosivem Sprengstoff, die A an ihn abgesandt hat, lediglich deshalb zum Opfer, weil dessen freiwilliges Bemühen, die Zustellung der Sendung zu verhindern, daran scheitert, dass er auf dem Wege zu B von einem Auto angefahren und bewusstlos in ein Krankenhaus gebracht wird, so ist für einen strafbefreienden Rücktritt vom beendeten Versuch (§ 24 I 1 Alt. 2) kein Raum. Vielmehr ist A wegen **vollendeter Tat** (§§ 212, 211, 308) zu bestrafen. Dass er im Zeitpunkt der Explosion infolge seiner Bewusstlosigkeit außer Stande war, Einfluss auf den Gang der Ereignisse zu nehmen, ist belanglos. Entscheidend ist hier, dass er **bei Vornahme der Tathandlung** Herr des Geschehens war und den weiteren Verlauf mit dem Absenden der Briefbombe aus der Hand gegeben hat. Sein vergebliches Bemühen, die Herrschaft über das Geschehen zurückzugewinnen, steht der **Zurechenbarkeit des Erfolges** nicht entgegen. Daran, dass der Tod des B „sein Werk" ist, besteht kein Zweifel.

908 Die Regelung des § 24 I 2 (Verhinderung der Tatvollendung ohne Zutun des Täters) gewinnt vor allem beim **untauglichen** und bei einem **objektiv fehlgeschlagenen** Versuch unter der Voraussetzung Bedeutung, dass der Täter die mangelnde Tauglichkeit oder das Scheitern seines Versuchs **noch nicht erkannt** hat[186]. Die dort getroffene Regelung kommt dem Täter aber auch dann zugute, wenn es an einer ihm zurechenbaren Vollendung der Straftat fehlt, weil der Eintritt des konkreten Erfolges auf einer völlig atypischen und regelwidrigen Weiterentwicklung des Kausalgeschehens beruht.

184 Vgl auch BGH NStZ 99, 128; weiterführend *Bloy*, JuS 87, 528; MK-*Herzberg/Hoffmann-Holland*, § 24 Rn 135.

185 Krit. *Herzberg*, JR 89, 449; *Rudolphi*, NStZ 89, 508, 514.

186 BGHSt 11, 324; BGH NStZ-RR 05, 70; instruktiv *Noltensmeier/Henn*, JA 10, 269.

Beispiel: Im Verlauf eines Streites versetzt A dem B mit Tötungsvorsatz einen Messerstich in die Brust. Als B bewusstlos zusammenbricht, wird A von Reue ergriffen. Um das Leben des B zu retten, ruft er einen Krankenwagen herbei, der den B aufnimmt, auf der Fahrt zum Krankenhaus jedoch vom Lastzug des L gerammt wird, weil L das Rotlicht einer Verkehrsampel nicht beachtet hat. Bei diesem Unfall wird B getötet; ohne den Verkehrsunfall hätten die Ärzte sein Leben retten können. Hier ist am ursächlichen Zusammenhang zwischen dem Messerstich des A und dem Tod des B zwar nicht zu zweifeln, da B sich ohne die Stichverletzung nicht im Krankenwagen und nicht am Unfallort befunden hätte. Der konkrete Todeserfolg ist indessen nicht dem A, sondern dem Unfallverursacher L als „dessen Werk" zuzurechnen, denn die mit jeder Autofahrt verbundene Gefahr, einen tödlichen Unfall zu erleiden, gehört zum allgemeinen Lebensrisiko und wird durch einen Messerstich nicht erhöht. Im Unfalltod des B hat sich nicht die von A geschaffene, sondern allein die von L begründete Gefahr (§ 222) realisiert. Infolgedessen kann dem A nicht ein **vollendeter** Totschlag, sondern nur ein **Versuch** des § 212 zur Last gelegt werden, der jedoch nach § 24 I straflos bleibt, weil A sich zumindest **freiwillig und ernsthaft bemüht** hat, die Vollendung der Tat zu verhindern (vgl Rn 919).

Ein **ernsthaftes** Bemühen iSd § 24 I 2 als Ausdruck einer bewussten und gewollten Umkehrung des in Bewegung gesetzten Kausalgeschehens liegt vor, wenn der Täter alles tut, was aus seiner Sicht zur Abwendung des drohenden Erfolges **notwendig** und **geeignet** ist. Mit erkennbar unzureichenden oder gar törichten Maßnahmen darf er sich nicht begnügen[187]. Steht ein **Menschenleben auf dem Spiel**, sind (obwohl im Prinzip auch beim beendeten Versuch nicht immer die optimale oder sicherste erfolgsverhindernde Möglichkeit ergriffen werden muss, Rn 906) besonders hohe Anforderungen an seine Rettungsbemühungen zu stellen[188]. 909

Wo zB nur eine rasche Behandlung im Krankenhaus Aussicht auf Rettung verspricht, genügt es nicht, dem durch Messerstiche oder einen Schuss erheblich verletzten Opfer einen Notverband anzulegen, ohne sonst etwas zu unternehmen. Strafbefreiung gem. § 24 I 2 verdient allein derjenige, der die ihm bekannten und zur Verfügung stehenden Rettungsmöglichkeiten im Rahmen des Gebotenen auch ausschöpft und diejenigen Mittel einsetzt, die nach seiner Überzeugung den Eintritt des Erfolges und damit die Vollendung der Tat am bestmöglichsten verhindern werden[189]. Überlässt der Täter es dem schwer verletzten Opfer oder Dritten, Rettungsmaßnahmen in die Wege zu leiten, darf er dem Zufall keinen Raum geben, sondern muss sich selbst vergewissern, dass die zur Erfolgsabwendung erforderlichen und geeigneten Maßnahmen wirklich ergriffen werden[190].

7. Der Rücktritt bei mehreren Beteiligten

Wegen Versuchs wird der rücktrittswillige **Beteiligte** (Täter oder Teilnehmer) nach § 24 II nicht bestraft, 910

a) wenn er (durch Unschädlichmachen seines Tatbeitrags oder auf andere Weise) freiwillig (vgl Rn 915) die **Vollendung der Tat**, an deren Versuch er beteiligt war, **verhindert** oder

b) wenn er sich freiwillig und ernsthaft um die Verhinderung der Vollendung bemüht, falls die Tat (wie zB bei einem untauglichen Versuch) **ohne sein Zutun** nicht vollendet oder **unabhängig von seinem früheren Tatbeitrag** begangen wird.

187 *Maiwald*, Wolff-FS, S. 337 ff.
188 BGH NStZ 12, 28.
189 BGHSt 31, 46; *Hoven*, JuS 13, 403, 405 f.
190 BGHSt 33, 295, 302; BGH NStZ-RR 10, 276.

911 § 24 II verschärft also die Voraussetzungen des Rücktrittsprivilegs, wenn am Deliktsversuch **mehrere beteiligt** waren, denn auch im Fall des unbeendeten Versuchs genügt hier bloßes Nichtweiterhandeln zu Rücktrittszwecken nicht, vielmehr tritt Strafbefreiung hinsichtlich des Versuchs für den Zurücktretenden nur unter der **zusätzlichen Voraussetzung** ein, dass mit dem Aufgeben der weiteren Beteiligung oder mit der Rücknahme des bisherigen Tatbeitrags zugleich die Vollendung der Tat verhindert wird. Der Grund für diese **Verschärfung der Rücktrittsvoraussetzungen** liegt darin, dass der Gesetzgeber den Versuch mit mehreren Beteiligten für gefährlicher hält als den Versuch des Alleintäters und dass er eine Rücktrittsregelung hat treffen wollen, die einer Vollendung der Tat möglichst entgegenwirken soll[191].

Der am Diebstahlsversuch beteiligte Gehilfe erlangt also zB nicht schon dadurch Straffreiheit, dass er sich – am Tatort angekommen – den von ihm beschafften Nachschlüssel zum Warenlager von den Mitbeteiligten zurückgeben lässt. Nach § 24 II entfällt seine Strafbarkeit wegen Beihilfe zum versuchten Diebstahl nur, wenn er dadurch zugleich die Vollendung der begonnenen Tat verhindert (§ 24 II 1) oder wenn er sich durch Einwirkung auf die Mitbeteiligten, durch Warnung des Betroffenen, durch Anruf bei der Polizei usw **freiwillig und ernsthaft um die Verhinderung der Vollendung bemüht**, falls „die Tat"[192] unabhängig von seinem früheren Tatbeitrag zu Ende geführt wird, zB in der Weise, dass die am Tatort anwesenden Mitbeteiligten nach Rücknahme des Nachschlüssels kurzerhand die Tür zum Warenlager aufbrechen und den geplanten Diebstahl bewerkstelligen (vgl § 24 II 2).

▶ Beispielsfall bei *Beulke*, Klausurenkurs I Rn 184

912 Aus dem Grundsatz der Akzessorietät der Teilnahme (s. Rn 793 ff) ergibt sich, dass für den Teilnehmer nur eine Strafbarkeit wegen Versuchs in Betracht kommt, wenn zwar er selbst seinen gesamten Tatbeitrag bereits geleistet hat, der Täter jedoch über das Versuchsstadium nicht hinausgelangt ist (s. Rn 803). Dementsprechend kann in diesem Fall nicht nur der Täter, sondern auch der Teilnehmer nach den Regeln des § 24 II vom Versuch zurücktreten. Ist die Teilnahmehandlung noch nicht vollständig erbracht oder erfolglos geblieben (Bsp: der Anzustiftende wird gar nicht angetroffen oder weist das Ansinnen zurück), liegt lediglich eine versuchte Teilnahme vor, die nicht von § 24 II erfasst wird, sondern nur nach den Regeln des § 30 strafbar und nach § 31 rücktrittsfähig ist (s. Rn 802 ff).

913 Eine „Verhinderung" der **von mehreren begangenen Tat** kann auch **durch einen der anderen Tatbeteiligten** erfolgen, mit dessen Verhalten der Täter bzw Teilnehmer einverstanden ist[193]. Nicht erforderlich ist, dass das Verhalten des Zurücktretenden für die Verhinderung des Erfolgseintritts, die der andere bewirkt, kausal geworden ist iS einer echten *conditio sine qua non*[194]. Erst recht muss nicht jeder Tatbeteiligte das ihm mögliche Optimum an den Tag legen (s. Rn 906)[195]. Die Verhinderung ist auch **durch Unterlassen weiterer Mitarbeit** möglich, wenn nach der Vorstellung des Beteiligten ohne seine Mitwirkung die Vollendung der Tat unmöglich erscheint[196]. So etwa bei einem sukzessiv durchgeführten Giftmordversuch, wenn der **Gehilfe**, der das Gift in Raten liefern soll, die weitere Lieferung einstellt und dadurch dem Haupttäter die Vollendung der Tat unmöglich macht. Ebenso können **Mittäter** von einem ge-

191 Grundlegend *Kölbel/Selter*, JA 12, 1.
192 Vgl dazu OLG Hamm StraFo 99, 29.
193 BGHSt 44, 204, 207 m. Anm. *Schroeder*, JR 99, 297; *Kudlich*, JA 99, 624; *Müssig*, JR 01, 228; *Scheinfeld*, JuS 06, 397.
194 S/S/W-StGB-*Kudlich/Schuhr*, § 24 Rn 58; aA *Rotsch*, GA 2002, 165.
195 BGH JZ 05, 203.
196 BGH StV 12, 16 m. Anm. *Kudlich*, JA 11, 869; BGH StV 13, 435, 437; *Lackner/Kühl*, § 24 Rn 25.

planten Mordversuch dadurch zurücktreten, dass sie nach Abgabe eines nicht lebensgefährlichen Schusses aus freien Stücken und im wechselseitigen Einverständnis davon Abstand nehmen, die ihnen zur Verfügung stehenden Mittel zur Vollendung der Tat einzusetzen[197].

§ 24 II gilt seinem Wortlaut nach auch für den **Rücktritt des Alleintäters**, an dessen Tat Anstifter oder Gehilfen teilnehmen. Jedoch kann man insoweit auch auf § 24 I zurückgreifen, weil sich in diesem Fall die Voraussetzungen des Rücktritts nach Abs. 1 und 2 decken[198]. Bei Vorliegen einer Nebentäterschaft ist allein auf § 24 I abzustellen[199].

Der **Rücktritt im Vorbereitungsstadium** ist nach allgemeinen Zurechnungs- und Teilnahmegrundsätzen zu behandeln, § 24 II gilt hier grundsätzlich nicht. Wer eine Straftat (zB einen Banküberfall) mitgeplant und bereits durch eigene Handlungen (Besorgen von Waffen oder von Fluchtfahrzeugen) gefördert hat, erlangt allein dadurch, dass er sich noch im Vorbereitungsstadium vom gemeinsamen Vorhaben lossagt und seine Komplizen umzustimmen sucht, **keine Strafbefreiung**, wenn die übrigen Beteiligten die geplante Tat ohne ihn ausführen und dabei aus seinen fortwirkenden Tatbeiträgen Nutzen ziehen. Der „Rücktrittswillige" muss also seinen Tatbeitrag vollständig rückgängig machen, sonst bildet sein bereits geleisteter Tatbeitrag eine zurechenbare Ursache für die Vollendung der Haupttat mit der Folge, dass er zumindest als **Gehilfe für die vollendete Tat** mit einstehen muss[200]. Dieselben Grundsätze gelten, wenn die Haupttat im Versuchsstadium stecken bleibt. Sofern der „Rücktrittswillige" seinen Tatbeitrag gänzlich annulliert, haftet er für den Versuch überhaupt nicht. Sofern sein Tatbeitrag noch weiter wirkt, kann er im Prinzip wegen Beteiligung am Versuch bestraft werden. Jetzt besteht aber für ihn die Möglichkeit, über eine analoge Anwendung des § 24 II Straffreiheit zu erlangen, denn der bereits früher Zurücktretende darf nicht schlechter gestellt werden als derjenige, der erst im Versuchsstadium zurückzutreten versucht[201] (s. Rn 812). 914

▶ Beispielsfall bei *Beulke*, Klausurenkurs I Rn 197

8. Die Freiwilligkeit

Allen bisher behandelten Varianten des Rücktritts ist gemeinsam, dass die Straffreiheit nur gewährt wird, wenn der Täter **freiwillig** zurücktritt. Früher wurde die Freiwilligkeit zumeist mithilfe der **Frank'schen Formel** ermittelt (freiwillig: Ich will nicht, selbst wenn ich könnte; unfreiwillig: Ich kann nicht, selbst wenn ich wollte)[202]. Heute wird die Freiwilligkeit überwiegend an dem **Begriffspaar heteronome** und **autonome Gründe** gemessen[203]: 915

197 BGH NStZ 89, 317; vgl auch BGH NStZ 13, 521; BGH StV 14, 285; BGH BeckRS 14, 07977.

198 *Hoven*, JuS 13, 305, 308; *Lackner/Kühl*, § 24 Rn 25; *Rotsch*, JuS 02, 892; für eine ausschließliche Anwendbarkeit des § 24 I hingegen AnwK-StGB-*Brockhaus*, § 24 Rn 56; LK-*Lilie/Albrecht*, § 24 Rn 69, 366; *Mitsch*, Baumann-FS, S. 89.

199 BGH NStZ 10, 690 *(Benzinfall)* m. iE zust. Bespr. *Jahn*, JuS 11, 78.

200 BGHSt 28, 346; BGH JR 00, 70; *Eisele*, ZStW 112 [2000], 745; *Graul*, Meurer-GS, S. 89; LK-*Lilie/Albrecht*, § 24 Rn 392; *Rengier*, JuS 10, 281; *Roxin*, AT II, § 30 Rn 315 ff.

201 SK-*Rudolphi*, § 24 Rn 37; für direkte Anwendung des § 24 II: LK-*Lilie/Albrecht*, § 24 Rn 377; zum Ganzen *Angerer*, Rücktritt im Vorbereitungsstadium, 2003; S/S-*Eser/Bosch*, § 24 Rn 75 ff; *Fad*, Die Abstandnahme des Beteiligten von der Tat im Vorbereitungsstadium, 2005; *Mitsch*, Jakobs-FS, S. 443.

202 Vgl *Frank*, StGB, § 46 Anm. II; aus heutiger Sicht charakterisiert die Formel eher den fehlgeschlagenen Versuch.

203 BGH NStZ 07, 399; LK-*Lilie/Albrecht*, § 24 Rn 244 f; *Safferling*, JuS 05, 138.

Freiwillig ist der Rücktritt demnach, wenn er nicht durch zwingende Hinderungsgründe veranlasst wird, sondern der eigenen **autonomen** Entscheidung des Täters entspringt. Als Beweggründe dafür kommen zB Gewissensbisse, Reue, Scham, Mitleid mit dem Opfer, seelische Erschütterung und Angst vor Strafe in Betracht[204]. Der Anstoß zum Rücktritt darf dabei auch von außen kommen (zB Zureden seitens des Opfers); entscheidend ist allein, dass der Täter trotz dieser Einwirkung noch **„Herr seiner Entschlüsse"** bleibt, also weder durch eine äußere noch durch eine innere Zwangslage davon abgehalten wird, die ihm weiter als möglich erscheinende Vollendung des einschlägigen Straftatbestandes herbeizuführen[205]. Die Freiwilligkeit ist nicht ausgeschlossen, wenn der Täter im Zustand der Schuldunfähigkeit zurücktritt[206].

Nach dem Grundgedanken des § 24 beruht die Gewährung von Straffreiheit für den Versuch auf der **Verdienstlichkeit** des Rücktritts (s. Rn 887). Verdienstlich handelt der Täter aber nur, wenn er **freiwillig** auf den Boden der Rechtsordnung zurückkehrt. Zur Bejahung der Freiwilligkeit verlangt das Gesetz indessen keinen billigenswerten Beweggrund und **kein sittlich hochwertiges Motiv**[207]. Ein Sexualverbrecher, der die Anwendung von Gewalt gegen sein Opfer einstellt, weil dieses ihm die freiwillige Hingabe verspricht, kann vom Versuch der **Vergewaltigung** strafbefreiend zurücktreten, wenn er die ihm weiterhin mögliche Erzwingung des Beischlafs vorbehaltlos und endgültig aufgibt[208]. Daran fehlt es freilich, wenn er entschlossen ist, zur Anwendung von Gewalt und zur Nötigung des ihm wehrlos ausgelieferten, sich aber zum Geschlechtsverkehr bereit erklärenden Opfers zurückzukehren, falls dieses seine Zusage nicht sofort (dh in der realen Tatsituation) einhalten sollte[209].

916 **Unfreiwillig** ist der Rücktritt, wenn er durch **heteronome** Gründe veranlasst wird, nämlich durch Hinderungsgründe, die **vom Willen des Täters unabhängig** sind, unüberwindliche Hemmungen in ihm auslösen oder die Sachlage zu seinen Ungunsten so wesentlich verändern, dass er die damit verbundenen Risiken oder Nachteile nicht mehr für tragbar hält oder sie nicht in Kauf nehmen will[210].

Die Vorstellung des Täters, seine Tat werde bzw sei bereits **entdeckt** und vom Entdeckenden sei zu befürchten, dass er die weitere Durchführung des Vorhabens verhindern oder die Einleitung von Strafverfolgungsmaßnahmen veranlassen werde, kann die Freiwilligkeit des Rücktritts ausschließen; maßgebend dafür sind indessen die Umstände des Einzelfalles. Ausschlaggebend ist insbesondere, ob es dem Täter auf die Heimlichkeit der Tat ankam bzw ob sich aus seiner Sicht das für ihn entscheidend angesehene Risiko der Entdeckung beträchtlich erhöht hat[211]. Wer vom Versuch einer **Vergewaltigung** Abstand nimmt, weil das Opfer ihn entgegen seiner Erwartung kennt und er aus diesem Grunde die alsbaldige Strafverfolgung befürchtet, tritt nicht freiwillig zurück[212].

---

204 Vgl BGHSt 7, 296; 21, 216; OLG Düsseldorf NJW 99, 2911.
205 BGHSt 35, 184; BGH NStZ 11, 688 m. Bespr. *Hecker*, JuS 12, 82; BGH NStZ-RR 14, 9 m. Bespr. *v. Heintschel-Heinegg*, JA 14, 70; BGH StV 14, 336.
206 BGH NStZ-RR 99, 8; krit. NK-*Zaczyk*, § 24 Rn 76.
207 BGHSt 35, 184; *Rengier*, AT, § 37 Rn 98.
208 BGHSt 7, 296; BGH NStZ 88, 550.
209 BGHSt 39, 244 m. Anm. *Streng*, NStZ 93, 582; näher dazu *Bottke*, JZ 94, 71.
210 Vgl BGHSt 20, 279; BGH NStZ 14, 202.
211 BGH NStZ 11, 454; BGH NStZ-RR 14, 171, 172 m. Bespr. *Satzger*, JK 15, 314; *Fischer*, § 24 Rn 19a; *Lackner/Kühl*, § 24 Rn 16; zur Entdeckung durch das Opfer selbst vgl BGHSt 24, 48.
212 BGHSt 9, 48 *(Lilo-Fall)*; dazu *Fahl*, JA 03, 757.

Lässt sich **nicht eindeutig** klären, welche Vorstellungen den Täter zum Rücktritt veranlasst haben, würde aber jeder der denkbaren Beweggründe Unfreiwilligkeit begründen, so ist der Rücktritt als **unfreiwillig** anzusehen. Bleibt dagegen auch Raum für ein Motiv, das zur Freiwilligkeit führen würde, gilt der Grundsatz *in dubio pro reo*[213] und damit der Rücktritt als **freiwillig**.

Eine Mindermeinung in der Rechtslehre will – im Anschluss an *Roxin* – die Abgrenzung zwischen Freiwilligkeit und Unfreiwilligkeit unter dem Blickwinkel der **Strafzwecktheorie** nach den **„Maßstäben der Verbrechervernunft"** ausrichten[214]. Hinreichend präzise Kriterien sind daraus jedoch nicht zu gewinnen[215]. **917**

Die von *Herzberg* vertretene „Notstandstheorie" möchte als Maßstab für die Freiwilligkeit § 35 heranziehen und diese dann verneinen, wenn die Rücktrittshandlung unter dem Druck einer Gefahr erfolgt, wie sie im entschuldigenden Notstand vorausgesetzt wird[216]. Die Heranziehung dieses Kriteriums erscheint jedoch willkürlich und schränkt den Rücktritt unnötigerweise immer dann ein, wenn das Opfer eine dem Täter nahestehende Person ist.

Jäger[217] schlägt vor, die Freiwilligkeit unter Rückgriff auf Täterschaftsgrundsätze zu bestimmen. Er bildet die Kategorien der Unfreiwilligkeit wegen Nötigung, Schuldunfähigkeit, Irrtums oder Wegfalls des Handlungssinns. Auch *Amelung* bemüht sich um eine negative Begriffsbestimmung des freiwilligen Rücktritts, den er als den Abbruch des Versuchs unabhängig von Rechtsdurchsetzungszwang und vergleichbaren Zwängen sowie ohne die bestimmende Wirkung einer unbeherrschbaren Reaktion körperlicher oder seelischer Art beschreibt[218]. Die Ergebnisse beider Ansätze entsprechen weitgehend der hier vertretenen Lösung.

▸ Beispielsfall bei *Beulke*, Klausurenkurs I Rn 180

Im **Fall 17a** hat A nach einem **beendeten** Versuch den zur Vollendung der §§ 306 I Nr 1, 306a I Nr 1 gehörenden Deliktserfolg abgewendet, indem er das Feuer löschte und ein Übergreifen des Brandes auf das Haus verhinderte[219]. Der „Freiwilligkeit" dieses Rücktritts steht nicht entgegen, dass seine Ehefrau F die Tat inzwischen als strafbare Handlung entdeckt hatte, denn von F brauchte A die Einleitung von Strafverfolgungsmaßnahmen nicht zu befürchten; er blieb daher „Herr seiner Entschlüsse". Gem. § 24 I 1 Alt. 2 entfällt demnach eine Bestrafung des A hinsichtlich des Brandstiftungsversuchs. **918**

9. Die Wirkung des Rücktritts

Straflos ist nach § 24 aber nur der **Versuch als solcher**. Ist im Deliktsversuch eine bereits vollendete Straftat enthalten, wie etwa eine Körperverletzung in einem Tötungs- oder Raubversuch, so bleibt diese **vollendete** Tat trotz des Rücktritts strafbar (sog. **qualifizierter Versuch**); das gilt bei Gesetzeseinheit und bei Tateinheit[220]. Beim Rücktritt vom Versuch eines **privilegierten** Delikts kann dessen **Sperrwirkung** aber **919**

213 BGH StV 84, 329; NStZ-RR 03, 199.
214 *Roxin*, Heinitz-FS, S. 251; *ders.*, AT II, § 30 Rn 383 ff; s. a. *Beckemper*, JA 03, 207; *Bitzilekis*, Hassemer-FS, S. 661; *Mylonopoulos*, I. Roxin-FS, S. 165; SK-*Rudolphi*, § 24 Rn 25.
215 Näher *Ulsenheimer*, Rücktritt, S. 306.
216 Vgl MK-*Herzberg/Hoffmann-Holland*, § 24 Rn 120 ff.
217 *Jäger*, ZStW 112 [2000], 783.
218 *Amelung*, ZStW 120 [2008], 205, 244.
219 S. dazu auch BGH StV 97, 519.
220 BGHSt 7, 296, 300; 17, 1; 41, 10, 14; 42, 43.

dem Rückgriff auf den vollendeten allgemeineren Tatbestand entgegenstehen, soweit sonst der **Sinn** der betreffenden Privilegierung verloren ginge. In Betracht kommt das etwa bei einem freiwilligen Rücktritt vom Versuch einer Tötung auf Verlangen (§§ 216, 22, 23 I). Bleiben hier schwere Verletzungsfolgen (Erblindung, Lähmung usw) zurück, lässt die *ratio legis* nicht den Rückgriff auf § 226 als Verbrechen, sondern lediglich auf §§ 223, 224 als Vergehen zu, wobei die Höchststrafe des § 216 (bis zu fünf Jahren) nicht überschritten werden darf[221].

Eine dem Versuch vorausgegangene Verabredung des in Betracht kommenden Verbrechens iSd § 30 II (s. Rn 808) lebt im Fall des Rücktritts nicht wieder auf[222]. Ob Entsprechendes generell für konkrete Gefährdungsdelikte gilt, ist umstritten[223].

920 Im **Fall 17a** liegt im Inbrandsetzen des Regals eine **vollendete Sachbeschädigung** (§ 303), zu der ein **Hausfriedensbruch** (§ 123 I Var. 1) hinzukommt. Zum Konkurrenzverhältnis (= Tateinheit iSd § 52) vgl Rn 1083 ff. Falls B einen Strafantrag stellt, ist A somit wegen **Hausfriedensbruchs** und **Sachbeschädigung** zu bestrafen (§§ 123, 303, 52).

10. Rücktritt vom erfolgsqualifizierten Versuch

921 Bei **erfolgsqualifizierten Delikten** (s. Rn 38, 876) ist ein strafbefreiender Rücktritt nach hM auch dann noch möglich, wenn die im Gesetz umschriebene **schwere Folge** (wie etwa die Todesfolge in §§ 227, 251) schon durch den Versuch des Grunddelikts fahrlässig bzw leichtfertig herbeigeführt worden ist[224].

Mit dem wirksamen Rücktritt vom Grunddeliktsversuch entfällt hier der erforderliche Anknüpfungspunkt für die betreffende Qualifikation, die dadurch das sie tragende Fundament verliert[225]. Gerade in diesem Fall ist aber zu beachten, dass beim Rücktritt vom qualifizierten Versuch (s. Rn 919) die Strafbarkeit wegen im Versuch enthaltener vollendeter Delikte bestehen bleibt (zB § 222 bei Rücktritt vom Versuch des § 251).

11. Die tätige Reue

922 Ist das Delikt vollendet, so ist § 24 (mit Ausnahme des § 24 II 2 Alt. 2) unanwendbar. Einzelne Vorschriften, wie zB §§ 139 IV 1, 264 V, 265a II 265b II, 306e II, 314a III, verlagern zwar einerseits den Vollendungszeitpunkt sehr weit nach vorne, sehen dafür aber auch bei vollendeter Straftat die Erlangung von Straffreiheit durch sog. **tätige Reue** vor. In anderen Vorschriften, zB §§ 83a, 98 II, 142 IV, 261 IX 1, 306e I, wird dem Gericht in diesen Fällen die Möglichkeit eröffnet, die Strafe zu mildern oder von Strafe abzusehen.

---

221 BGHSt 24, 262, 266; s. a. *Gerhold*, JuS 10, 113.

222 BGHSt 14, 378; BGH JR 00, 70.

223 Bejahend u.a. *Jescheck/Weigend*, AT, § 51 VI 2; verneinend BGHSt 39, 128; LK-*Jähnke*, § 221 Rn 26.

224 BGHSt 42, 158 m. Bespr. *Anders*, GA 2000, 65; *Kudlich*, JA 09, 250; *Kühl*, AT, § 17a Rn 56; LK-*Lilie/Albrecht*, § 24 Rn 461; aA *Jäger*, NStZ 98, 161; *Streng*, Küper-FS, S. 629; *Wolters*, GA 2007, 65; NK-*Zaczyk*, § 24 Rn 81; fallbezogen: *Steck*, StudZR 13, 287, 298 f.

225 Lehrreich dazu *Küper*, JZ 97, 229; *Lotz/Reschke*, Jura 12, 485; NK-*Paeffgen*, § 18 Rn 131.

Im Schrifttum wird teilweise eine **analoge** Anwendung der speziellen Vorschriften der tätigen Reue auf andere Straftatbestände befürwortet, die, wie zB Unternehmensdelikte, die Vollendung sehr weit vorverlegen[226].

12. Hinweise für die Fallprüfung

<table>
<tr><td colspan="2">Zusammenfassend müssen (vereinfacht) für den Rücktritt folgende Prüfungsstationen beachtet werden – unter Zugrundelegung der jeweiligen Täterperspektive: 923</td></tr>
<tr><td colspan="2">(1) Kein fehlgeschlagener Versuch</td></tr>
<tr><td>(2) Ein Beteiligter (→ § 24 I)</td><td>oder mehrere Beteiligte (→ § 24 II)</td></tr>
<tr><td colspan="2">(3) Stadium der Tatbegehung</td></tr>
<tr><td>– bei einem Beteiligten:
(a) Versuch unbeendet
oder
(b) Versuch beendet</td><td>– bei mehreren Beteiligten:
(a) Tat nicht vollendet
oder
(b) Tat vollendet</td></tr>
<tr><td>(4) Rücktrittsverhalten</td><td></td></tr>
<tr><td>– bei einem Beteiligten:
(a) bei unbeendetem Versuch: Tataufgabe, § 24 I 1 Alt. 1
oder
(b) bei beendetem Versuch: Vollendungsverhinderung, § 24 I 1 Alt. 2 bzw Vollendungsverhinderungsbemühungen, § 24 I 2</td><td>– bei mehreren Beteiligten:
(a) bei nicht vollendeter Tat: Vollendungsverhinderung, § 24 II 1 bzw Vollendungsverhinderungsbemühungen, § 24 II 2 Alt. 1
oder
(b) bei vollendeter Tat: Vollendungsverhinderungsbemühungen, § 24 II 2 Alt. 2</td></tr>
<tr><td colspan="2">(5) Freiwilligkeit des Rücktritts</td></tr>
</table>

Im **Fall 17a** hat A also eine versuchte Brandstiftung (§§ 306 I Nr 1, 22, 23 I) und eine versuchte schwere Brandstiftung (§§ 306a I Nr 1, 22, 23 I) begangen. Von beiden ist er gem. § 24 I 1 Alt. 2 strafbefreiend zurückgetreten. Bestehen bleibt die Strafbarkeit gem. §§ 123, 303, 52 (s. Rn 918, 920). 924

Im **Fall 17b** waren die von A begangenen Brandstiftungsdelikte vollendet, weil das Feuer schon auf das Fenster als Gebäudeteil übergegriffen hatte[227].

Nach § 306e I, dessen Voraussetzungen hier vorliegen, kann aber die Strafe gemildert oder von Strafe abgesehen werden (s. Rn 922).

226 *Jescheck/Weigend*, AT, § 51 V 2; zT auch S/S-*Eser/Bosch*, § 24 Rn 116; *Hillenkamp*, JuS 97, 829; *Ingelfinger*, JR 00, 225; *Köhler*, AT, S. 483; krit. *Brand/Wostry*, GA 2008, 617 f; *Krack*, NStZ 01, 505; *Lagodny*, S. 499; *Mitsch*, Jura 12, 529; SK-*Rudolphi/Stein*, § 11 Rn 47; zur Regelung *de lege ferenda: Freund*, GA 2005, 331; zur antizipierten tätigen Reue: *Oğlakcıoğlu/Kulhanek*, JR 14, 462; Beispiel zur klausurmäßigen Prüfung bei *Hinderer*, JuS 09, 625.

227 Vgl BGHSt 18, 363.

Aktuelle Rechtsprechung zu § 17:

- BVerfGE 103, 1 *(Al Qaida-Fall)*: Der Abschluss einer Lebensversicherung, verbunden mit dem Plan, sich alsbald im Wege eines Selbstmordattentats in die Luft zu sprengen, ist nur eine straflose Vorbereitungshandlung des Betrugs; vgl Rn 859.
- BGHSt 56, 170; BGH NJW 14, 1463 *(Skimming-Fälle)*: Das Anbringen von Kartenlesegeräten am Geldautomaten, um später Dubletten von Zahlungskarten mit Garantiefunktion (zB Kreditkarten) herzustellen, ist noch kein Versuch der Fälschung solcher Zahlungskarten (§§ 152b I, 22, 23 I), weil noch weitere Zwischenakte erforderlich sind. Werden die Daten derartiger Zahlungskarten hingegen mittels eines mit einem Speichermedium verbundenen Lesegeräts ausgelesen und sodann zwecks Herstellung von Kartendubletten weitergeleitet, ist die Versuchsschwelle überschritten; vgl Rn 862.
- BGH NStZ 14, 447: Wenn der Täter eine Frau in seine Gewalt bringt und sie innerhalb der nächsten 5 Tage gefesselt langsam zu Tode quälen will, so stehen Freiheitsberaubung und erste Körperverletzungen in einem so engen räumlichen und situativen Zusammenhang zur beabsichtigten Tötung, dass trotz der eingeplanten längeren Zeitspanne von einer Rechtsgutsgefährdung, die ohne weitere Zwischenakte in die Tötungshandlung übergehen soll, auszugehen ist. Es liegt deshalb ein versuchter Totschlag vor; vgl Rn 857.
- BGH NStZ 15, 26 *(Cessnafall)*: A lernt in einer zweimotorigen und mit zwei Steuerknüppeln ausgestatteten Cessna bei seinem Fluglehrer F das Fliegen. Während seiner zweiten Flugstunde will A einen Selbstmord durch Absturz der Cessna herbeiführen. Zu diesem Zweck will er den F außer Gefecht setzen und mit in den Tod reißen. Heimlich führte er einen 1100 g schweren Amethysten und ein 21 cm langes Küchenmesser bei sich. Nach Erreichen einer Flughöhe von 900 m versucht A, den F mittels des Amethysten besinnungslos zu schlagen, als das misslingt, ihm mit den Händen die Augen auszudrücken und als sich auch das als nicht realisierbar erweist, durch Betätigung des Steuerknüppels den inzwischen eingetretenen Sinkflug zu beschleunigen. Als es F dennoch schafft, das Flugzeug wieder hochzureißen, bleibt A apathisch sitzen. Dem F glückt eine Notlandung, bei der sich das Flugzeug überschlägt und zu Bruch geht. F und A überleben. Auf Grundlage der Gesamtbetrachtungslehre ist hier nicht von einem fehlgeschlagenen Totschlags- bzw Mordversuch zulasten des F auszugehen. Zwar kann A seinen zunächst gefassten Tatplan aus objektiven Gründen nicht umsetzen, ihm stehen aber nach seiner Vorstellung im unmittelbaren Handlungsfortgang alternativ andere Möglichkeiten zur Verwirklichung des Tatbestands zur Verfügung (zB Einstechen auf den F mit dem ebenfalls mitgebrachten Messer). Der Totschlagsversuch ist noch unbeendet (Theorie vom korrigierten Rücktrittshorizont), und A kann durch Verzicht auf das Weiterhandeln strafbefreiend zurücktreten. Die Strafbarkeit wegen der bereits vollendeten Delikte (insbes §§ 223 ff, 303, 316c) bleibt davon unberührt, sog. qualifizierter Versuch; vgl Rn 899, 913.
- BGH StV 14, 472 *(„Denkzettel"-Fall)*: Die Stuttgarter Rocker „Black Jackets" überfallen auf einem Schulhof die mit ihnen rivalisierende Gruppe „La Fraternidad". Durch Einsatz von Schlagstöcken und schwerer Gewalt wollen sie die Überlegenheit ihrer Gruppe demonstrieren. Im Zuge des Kampfes schlägt A mit bedingtem Tötungsvorsatz auf N, einem Mitglied der „La Fraternidad" Gruppe, ein. Als N bereits schwerverletzt am Boden liegt, lässt A aber von ihm ab, denn alle „Black Jackets" ziehen sich zurück, da sie ihr Ziel der Machtdemonstration aufgrund der zugefügten Verletzungen und Demütigungen bereits als erreicht ansehen. Auch wenn durch die Erreichung eines außertatbestandlichen Handlungsziels (hier Demütigung von „La Fraternidad") ein Weiterhandeln „sinnlos" wäre, kann die weitere Ausführung der Tat „aufgegeben" und somit ein Rücktritt vom Totschlagsversuch gem. § 24 I 1 Alt. 1 angenommen werden; vgl Rn 897.

- BGH NStZ 11, 454: Die Ehefrau, die mittels eines Beils bereits mehrfach auf den Kopf der Freundin des Ehemannes eingeschlagen hat, kann durch Abstandnahme von weiteren Schlägen auch dann noch freiwillig vom Totschlagsversuch zurücktreten, wenn das Opfer sie erkannt hat und Lärm im Hause zu vernehmen ist, sodass u. U. andere Personen hinzukommen. Furcht vor drohender Entdeckung schließt Freiwilligkeit des Rücktritts nicht grundsätzlich aus; es kommt vielmehr darauf an, ob der Täter die Heimlichkeit der Tat überhaupt erstrebt bzw ob sich das Entdeckungsrisiko gegenüber dem Tatplan beträchtlich erhöht hat; vgl Rn 916.

Teil III

Die fahrlässigen Begehungsdelikte

§ 18 Aufbau und Struktur der fahrlässigen Straftat

925 **Fall 18:**
a) Der Autofahrer A durchquert eine geschlossene Ortschaft mit einer Geschwindigkeit von etwa 30 km/h. Plötzlich springt ihm der neunjährige Junge J, der sich beim Spiel hinter einem dort stehenden Mähdrescher versteckt hatte und zur anderen Straßenseite laufen will, direkt vor den Kraftwagen. Der aufmerksam fahrende A bremst sofort, kann aber nicht mehr verhindern, dass J angefahren und tödlich verletzt wird.

Hat A sich der fahrlässigen Tötung schuldig gemacht? **Rn 934, 938, 949, 979**

b) Wie läge es bei ansonsten gleicher Sachlage, wenn A die zulässige Höchstgeschwindigkeit von 50 km/h um 10 km/h überschritten hätte? **Rn 960, 979**

c) Wie wäre das Verhalten des A zu beurteilen, wenn J zu einer an beiden Straßenseiten spielenden weithin sichtbaren Gruppe von Kindern gehört hätte? **Rn 960, 979**

d) A hat die zulässige Höchstgeschwindigkeit von 50 km/h nicht überschritten. Unmittelbar nach dem Unfall wird ihm Blut entnommen. Ein Sachverständigengutachten ergibt, dass er zum Zeitpunkt der Fahrt eine BAK von 1,1‰ aufwies und deshalb fahruntüchtig war. Zwar hätte A bei einer Geschwindigkeit von 50 km/h das Geschehen auch im nüchternen Zustand nicht verhindern können, jedoch wäre der Unfall nicht passiert, wenn er mit der für seinen Trunkenheitsgrad angemessenen Geschwindigkeit von 20 km/h gefahren wäre. Wie ist das Verhalten des A im Lichte dieses Gutachtens strafrechtlich zu bewerten? **Rn 960, 979**

I. Begriff und Erscheinungsformen der Fahrlässigkeit

1. Die strukturelle Eigenständigkeit der Fahrlässigkeitstat

926 Grundlage jeder Straftat ist ein **sozialerhebliches menschliches Verhalten**; das gilt für Vorsatz- wie für Fahrlässigkeitsdelikte (s. Rn 124 ff). Während jedoch zur Vorsatztat der Wille zur Tatbestandsverwirklichung in Kenntnis aller objektiven Tatbestandsmerkmale gehört (s. Rn 306), ist für die Fahrlässigkeitstat die **ungewollte** Verwirklichung des gesetzlichen Tatbestandes durch eine **pflichtwidrige Vernachlässigung der im Verkehr erforderlichen Sorgfalt** kennzeichnend (zum Aufbau Rn 1204, 1206).

927 a) Die Fahrlässigkeit ist nach heute hM keine bloße „Schuldform", sondern ein **besonderer Typus** des strafbaren Verhaltens, der **Unrechts- und Schuldelemente** in sich vereinigt[1]. Fahrlässig handelt, wer eine objektive Pflichtwidrigkeit begeht, die er

1 BGHSt 4, 340, 341; *Roxin*, AT I, § 24 Rn 54; zum Überblick: *Kaspar*, JuS 12, 16; 112.

nach seinen subjektiven Kenntnissen und Fähigkeiten vermeiden konnte, sofern gerade die Pflichtwidrigkeit objektiv und subjektiv vorhersehbar den tatbestandlichen Erfolg verursacht hat[2].

Die **kausale Handlungslehre** (s. Rn 130) beschränkte den Unrechtsgehalt der Fahrlässigkeitstat auf die „Verursachung" des sozialschädlichen Erfolges; die Fahrlässigkeit selbst wurde als Schuldart aufgefasst. Später wurde im Schuldbereich zwischen der Nichteinhaltung der objektiv erforderlichen und der dem Täter möglichen Sorgfalt unterschieden[3]. Die **neuere Lehre** übertrug diese **„Zweistufigkeit"** der Fahrlässigkeitsprüfung auf die (objektive) Ebene der **Rechtswidrigkeit** und die (subjektive) Ebene der **Schuld**[4]. Inzwischen hat sich die Auffassung durchgesetzt, dass die Außerachtlassung der objektiv erforderlichen Sorgfalt zum **Tatbestand** der Fahrlässigkeitsdelikte gehört und deren **eigenständige Struktur** verdeutlicht[5].

Ebenso wie der „Vorsatz" (s. Rn 200) hat die „Fahrlässigkeit" als **Verhaltensform** **928**
und als **Schuldform** eine **Doppelnatur**, was teils auch von der straf- und zivilrechtlichen Rspr berücksichtigt wird[6].

Wird bei der Prüfung eines Sachverhalts ein vorsätzliches Handeln verneint, darf dies nicht zu einer automatischen Bejahung von Fahrlässigkeit führen; vielmehr sind deren Voraussetzungen selbstständig zu prüfen. Ist dem Täter vorsätzliches Handeln nicht nachzuweisen, darf er aber bei nachweisbar fahrlässigem Verhalten aus dem in Betracht kommenden Fahrlässigkeitstatbestand verurteilt werden[7].

b) Da der Begriff der Fahrlässigkeit sowohl eine Verhaltens- als auch eine Schuld- **929**
form umschreibt, bedarf es einer **zweistufigen** Prüfung: Innerhalb des **Unrechtstatbestandes** ist die **Außerachtlassung der objektiv erforderlichen Sorgfalt** festzustellen, während im Bereich der **Schuld** zu prüfen bleibt, ob der Täter nach dem **Maß seines individuellen Könnens** zur Erfüllung der objektiven Sorgfaltsanforderungen fähig war[8].

In Teilen des Schrifttums wird ein **einstufiger** Fahrlässigkeitsbegriff vertreten, bei dem die individuelle Fähigkeit des Täters zu sorgfaltsgemäßer Vorhersehbarkeit und Vermeidbarkeit des Erfolges einem „subjektiven Tatbestand" zugeordnet wird[9]. Dementsprechend werden – parallel zum Vorsatzdelikt (s. Rn 188 ff) – alle objektiven und subjektiven Merkmale des fahrlässigen Handelns auf der Tatbestandsebene geprüft. Für die Fahrlässigkeitsschuld verbleibt dann nur noch die Prüfung der Zumutbarkeit sonstigen Verhaltens sowie der sonstigen Schuldmerkmale (zB Schuldfähigkeit und Entschuldigungsgründe).

---

2 BGHSt 49, 1; 49, 166, 174 *(Sado-Maso-Fall).*
3 *Frank*, StGB, § 59 VIII 4; *Mezger*, Lb § 46 III.
4 *Henkel*, Mezger-FS, S. 249, 282.
5 *Burgstaller*, S. 26; *Jescheck/Weigend*, AT, § 54 I 3, 4; S/S-*Sternberg-Lieben/Schuster*, § 15 Rn 110 ff.
6 BGHSt 20, 315, 320; BGHZ 24, 26.
7 RGSt 59, 83; BGHSt 17, 210; *Roxin*, AT I, § 24 Rn 79.
8 S. dazu MK-*Hardtung*, § 222 Rn 10, 65; *Hirsch*, Lampe-FS, S. 515; SK-*Hoyer*, Anh. zu § 16 Rn 13 ff; *Mitsch*, JuS 01, 105; S/S-*Sternberg-Lieben/Schuster*, § 15 Rn 121 ff, 190; Aufbauhinweise bei *Gropp*, Roxin II-FS, S. 792; *Laue*, JA 00, 666.
9 Matt/Renzikowski-*Gaede*, § 15 Rn 34; *Kindhäuser*, AT, § 33 Rn 49 f; S/S/W-StGB-*Momsen*, §§ 15, 16 Rn 64; *Moos*, Burgstaller-FS, S. 111; *Schmoller*, Kühl-FS, S. 433; ähnl. *Jakobs*, AT, 9/4, 8 ff; *Struensee*, Samson-FS, S. 199; noch extremer *Freund*, AT, § 5 Rn 18, der das „personale Fahrlässigkeitsunrecht" zum Ausgangspunkt der tatbestandlichen Prüfung nimmt; s. ferner *Duttge*, S. 40 ff; MK-*Duttge*, § 15 Rn 88 ff, 95 ff, der einen typologischen Fahrlässigkeitsbegriff vertritt; s. a. *Koriath*, Jung-FS, S. 397; Aufbauschema bei *Kindhäuser*, LPK, § 15 Rn 36, 96 ff.

930 c) Aufgrund ihrer Eigenart gibt es bei Fahrlässigkeitsdelikten weder „Versuch“ noch „Teilnahme“.

Fahrlässiges Handeln als Nichtwissen oder als fehlender Verwirklichungswille kann nie „Tatentschluss“ sein, wie § 22 ihn voraussetzt. Mitwirkung an einer fahrlässigen Tat ist nach hM nur in Form der **Nebentäterschaft** oder (bei vorsätzlicher Ausnutzung des fahrlässigen Verhaltens anderer) als **mittelbare Täterschaft** möglich[10]. Neuerdings gewinnt die Ansicht an Boden, wonach zumindest auch eine **fahrlässige Mittäterschaft** möglich ist, in deren Rahmen die verschiedenen Tatbeiträge den Mittätern gegenseitig zugerechnet werden (s. Rn 740).

931 d) Fahrlässigkeit ist nur dann mit Strafe bedroht, wenn dies im **Gesetz ausdrücklich bestimmt** ist (§ 15).

Wie bei Vorsatztaten ist auch hier zwischen Begehungs- und Unterlassungsdelikten (vgl § 316 II, § 138 III), Erfolgs- (zB §§ 222, 229) und Tätigkeitsdelikten (zB § 163) zu unterscheiden. Bei den Erfolgsdelikten fehlt zumeist im Gesetz eine abschließende Beschreibung der Tatbestandshandlung; als sog. „ergänzungsbedürftige Tatbestände“ sind sie vom Richter auszufüllen, der den Inhalt der objektiven Sorgfaltspflicht für den jeweiligen Einzelfall zu konkretisieren hat. In Teilen der Lit. wird hierin eine Gefährdung des Bestimmtheitsgrundsatzes (Art. 103 II GG) gesehen[11].

2. Erscheinungsformen der Fahrlässigkeit

932 a) Der Begriff der Fahrlässigkeit wird im Gesetz nicht definiert. Rspr und Lehre unterscheiden zwischen **unbewusster** und **bewusster** Fahrlässigkeit.

Unbewusst fahrlässig handelt, wer bei einem bestimmten Tun oder Unterlassen die gebotene Sorgfalt außer Acht lässt und infolgedessen den gesetzlichen Tatbestand verwirklicht, **ohne dies zu erkennen**.

Bewusst fahrlässig handelt, wer es **für möglich hält**, dass er den gesetzlichen Tatbestand verwirklicht, jedoch pflichtwidrig darauf **vertraut, dass er ihn nicht verwirklichen** werde[12].

Die Unterscheidung zwischen unbewusster und bewusster Fahrlässigkeit hat nur für die Strafzumessung Bedeutung (zur Abgrenzung von bewusster Fahrlässigkeit (sog. *luxuria*) und Eventualvorsatz s. Rn 325 ff).

933 b) In einigen Vorschriften wird **leichtfertiges** Handeln verlangt (zB §§ 138 III, 178, 251, 306c, 308 III). Leichtfertig handelt, wer die gebotene Sorgfalt **in ungewöhnlich hohem Maße** verletzt. Dieser Begriff, mit dem eine Steigerung von Unrecht und Schuld verbunden ist, entspricht objektiv dem der groben Fahrlässigkeit im Zivilrecht, stellt im Schuldbereich jedoch auf die individuellen Fähigkeiten und Kenntnisse des Täters ab[13]. Auch die leichte Fahrlässigkeit, die im Gesetz nicht gesondert geregelt ist, kann strafbares Verhalten begründen[14].

---

10 Vgl *Mitsch*, JuS 01, 105; *Spendel*, Lange-FS, S. 147, 152.

11 *Duttge*, S. 206; *ders.*, JZ 14, 261; *Schmitz*, Samson-FS, S. 181; zu beiden krit. *Herzberg*, ZIS 11, 444; s. a. *Wolf*, Puppe-FS, S. 1067.

12 Vgl dazu RGSt 58, 130, 134; *Hilgendorf/Valerius*, AT, § 12 Rn 3; LK-*Vogel*, § 15 Rn 148 f; zu abweichenden Konzeptionen statt aller: SK-*Hoyer*, Anh. zu § 16 Rn 25.

13 Vgl BGHSt 14, 240, 255; 33, 66; BGH NStZ 13, 406; näher Matt/Renzikowski-*Gaede*, § 15 Rn 45; *Radtke*, Jung-FS, S. 737; vgl auch *Wegener*, HRRS 12, 510.

14 *Köhler*, AT, S. 178; krit. *Koch*, ZIS 10, 175; zu ihm *Spilgies*, ZIS 10, 459.

II. Der Unrechtstatbestand der fahrlässigen Erfolgsdelikte

Im **Fall 18a** könnte A den Tatbestand des § 222 verwirklicht haben. Danach wird bestraft, wer den Tod eines anderen „durch Fahrlässigkeit verursacht". Der Wortlaut dieser Bestimmung ist ungenau, da der Todeserfolg nie durch „Fahrlässigkeit", sondern nur durch ein „fahrlässiges Verhalten" bewirkt werden kann. 934

1. Überblick über die Merkmale des Unrechtstatbestandes

Der Unrechtsgehalt der Fahrlässigkeitstat wird durch ihren **Erfolgs-** und **Handlungsunwert** bestimmt. Innerhalb der fahrlässigen Erfolgsdelikte bilden drei eng miteinander verknüpfte Merkmale die Grundlage des Unrechtstatbestandes: die **Erfolgsverursachung**, die **Verletzung der objektiven Sorgfaltspflicht** und die **objektive Zurechenbarkeit** des auf dem Verhaltensfehler beruhenden Erfolges[15]. 935

Bei den schlichten **Tätigkeitsdelikten** (wie etwa bei § 163 oder § 316 II, s. Rn 39) entfällt die nachstehend zu erörternde „Erfolgsproblematik" mitsamt ihren Besonderheiten. Ihr Schwerpunkt liegt in der Verwirklichung des Unrechtstatbestandes durch das im Gesetz umschriebene Verhalten (zB durch das falsche Schwören in § 163). Im Bereich der **Sorgfaltspflichtverletzung** tritt bei ihnen an die Stelle der Voraussehbarkeit des „Erfolges" die **Erkennbarkeit der Tatbestandsverwirklichung**. 936

2. Die Erfolgsverursachung

Zur Bejahung der Tatbestandsmäßigkeit bedarf es bei den Erfolgsdelikten zunächst der Feststellung, dass der Täter den **Eintritt des sozialschädlichen Erfolges** durch ein vom Willen beherrschtes oder beherrschbares Verhalten (Tun oder Unterlassen) **verursacht** hat. 937

Im **Fall 18a** ist der tatbestandlich vorausgesetzte Erfolg eingetreten. Die von A unternommene Fahrt mit dem Kraftwagen war *conditio sine qua non* für den Tod des J. 938

Naturgemäß ergibt sich mitunter eine Vielzahl von Handlungen, die kausal für den Erfolgseintritt sind (s. Rn 217). Mit Hinweis darauf, dass die Strafbarkeit für fahrlässiges Verhalten nicht weiter reichen dürfe als für vorsätzliches Handeln, wird vorgeschlagen, die Fahrlässigkeitshaftung nur bis zu dem Zeitpunkt reichen zu lassen, der bei einem parallelen Vorsatzdelikt schon in das Versuchsstadium fiele[16]. Eine Begrenzung der Fahrlässigkeitshaftung lässt sich aber auch mit den bis dato angewendeten, im Folgenden noch darzustellenden Merkmalen erreichen.

3. Die Verletzung der objektiven Sorgfaltspflicht

a) Im Anschluss daran ist das Vorliegen eines **Verhaltensfehlers** unter dem Blickwinkel zu prüfen, ob der tatbestandliche Erfolg **objektiv voraussehbar** war und ob 939

---

15 Zusammenfassend *Beck*, JA 09, 111; 268; *Kretschmer*, Jura 00, 267, 269.

16 *Fellenberg*, Zeitliche Grenzen der Fahrlässigkeitshaftung, 2000, S. 97 ff; SK-*Wolters*, § 323a Rn 29.

der Täter in dieser Hinsicht **die im Verkehr erforderliche Sorgfalt außer Acht gelassen hat**.

Diese systematische Einordnung lässt sich aus dem Inhalt des Normbefehls herleiten. Im Fall des § 222 kann die Verhaltensnorm nicht lauten: „Verursache" nicht den Tod eines anderen! Ein solcher Imperativ könnte angesichts der unbegrenzten Weite der Bedingungstheorie nicht befolgt werden und wäre daher sinnlos. Sinnvoll ist hier allein die Norm: „Wende die im konkreten Fall erforderliche Sorgfalt an, um die Tötung anderer zu vermeiden!"[17].

Vorhersehbarkeit des Erfolges und **Sorgfaltspflichtverletzung** sind als Bestandteile des Handlungsunrechts innerlich **miteinander verknüpft**, sodass sie nicht isoliert beurteilt werden können[18].

940 b) **Objektiv voraussehbar** ist, was ein umsichtig handelnder Mensch aus dem Verkehrskreis des Täters unter den jeweils gegebenen Umständen aufgrund der allgemeinen Lebenserfahrung in Rechnung stellen würde[19].

941 c) Für die in Betracht kommenden **Sorgfaltsanforderungen** gilt im Wesentlichen Folgendes:

942 aa) **Inhalt** der Sorgfaltspflicht ist es, die aus dem konkreten Verhalten erwachsenden **Gefahren für das geschützte Rechtsgut zu erkennen** und sich darauf **richtig einzustellen**, also die gefährliche Handlung nur unter ausreichenden Sicherheitsvorkehrungen vorzunehmen oder sie ganz zu unterlassen[20].

Objektiv pflichtwidrig handelt beispielsweise, wer eine Tätigkeit übernimmt, der er mangels Sachkunde nicht gewachsen ist, sog. **„Übernahmeverschulden bzw -fahrlässigkeit"**[21].

943 bb) **Art und Maß der anzuwendenden Sorgfalt** ergeben sich aus den Anforderungen, die – bei einer Betrachtung der Gefahrenlage *ex ante*[22] – an einen **besonnenen und gewissenhaften Menschen** in der **konkreten Lage** und der **sozialen Rolle** des Handelnden zu stellen sind (s. Rn 929)[23].

Die Mindermeinung stellt demgegenüber auf eine Objektivierung des **individuellen** Leistungsvermögens ab[24].

944 Wo es um die Erkennbarkeit von Gefahren geht, muss jedermann auch sein etwaiges **Sonderwissen** gegen sich gelten lassen[25]. Wer zB die besondere Gefährlichkeit einer Straßenkreuzung kennt oder weiß, dass jemand an der Bluterkrankheit leidet, muss

17 Vgl *Engisch*, Eb. Schmidt-FS, S. 90, 102; *Schünemann*, Meurer-GS, S. 37; krit. *Jakobs*, AT, 9/6 – 8; *Schmidhäuser*, Schaffstein-FS, S. 129; *F.C. Schroeder*, JZ 89, 776; s. a. *Kindhäuser*, GA 1994, 197.

18 Krit. MK-*Duttge*, § 15 Rn 109; vgl auch *Fahl*, JA 12, 808, 810 f.

19 BGH StV 13, 150 *(Brechmittelfall II)*.

20 Vgl BGHSt 5, 271; 53, 288 *(Kokainfall)*; OLG Bamberg NStZ-RR 08, 10 *(Gefechtsübungsfall)*.

21 BGHSt 10, 133; 43, 306; 55, 121 *(Brechmittelfall)* m. insoweit zust. Bespr. *Brüning*, ZJS 10, 549; *Eidam*, NJW 10, 2599; *Krüger/Kroke*, Jura 11, 289; vert. *Jung*, Puppe-FS, S. 1401.

22 BVerfG GA 1969, 246; BGH VRS 5, 368.

23 BGHSt 7, 307; 37, 184; BGH JZ 05, 685 m. krit. Anm. *Walther* und *Herzberg*, NStZ 05, 602; BGH NJW 15, 96 *(Fall Oury Jalloh)*; OLG Frankfurt NStZ-RR 11, 205 *(Hundehalterfall)*; OLG Dresden, StV 15, 120 *(Hebammenfall)*; *Jescheck/Weigend*, AT, § 55 I 2b; *Kudlich*, PdW, S. 121 ff.

24 Vgl *Freund*, AT, § 5 Rn 29; *Stratenwerth*, Jescheck-FS, S. 285; MK-*Duttge*, § 15 Rn 95 f; krit. dazu *Herzberg*, Jura 84, 402; *Roxin*, AT I, § 24 Rn 54 ff; S/S-*Sternberg-Lieben/Schuster*, § 15 Rn 142.

25 BGH JZ 87, 877; *Greco*, ZStW 117 [2005], 519.

sich darauf einstellen und sich vorsichtiger verhalten als der Durchschnitt. Mit der Begründung, dass größeres **individuelles** Leistungsvermögen zu größerer Umsicht verpflichte und entsprechend höhere Leistungsanforderungen rechtfertige, befürwortet ein Teil der Rechtslehre auch eine Berücksichtigung des **Sonderkönnens** bei der Bestimmung des Sorgfaltsmaßstabes[26].

Im Übrigen ist jede Überspannung der Sorgfaltsanforderungen zu vermeiden, insbes. dort, wo die Vornahme der riskanten Handlung der Befriedigung oder Erhaltung wichtiger sozialer Interessen dient. Vor allem Prognoseentscheidungen (zB die Beurteilung der Rückfallgefahr Untergebrachter) können, selbst wenn sie sich iE als falsch erweisen, sorgfaltspflichtgemäß sein, wenn sie fehlerfrei zustande gekommen sind, insbes. wenn die Tatsachen richtig ermittelt und allgemeingültige Wertungsmaßstäbe beachtet wurden[27]. Problematisch sind deshalb auch Verurteilungen von Ärzten, Sozialarbeitern etc gem. §§ 222, 229, die Gewalt- und Tötungsdelikte seitens der betreuten Personen nicht verhindert haben[28] (vgl Rn 1012). Wenn hingegen die Entscheidungsträger bei der Ausfüllung des ihnen zustehenden Beurteilungsspielraums die Bewertungskriterien gröblich (Extremfälle!) missachtet haben, kommt eine Strafbarkeit wegen fahrlässiger Körperverletzung bzw Tötung in Betracht (dazu o. Rn 294)[29].

Zu unbestimmt ist hingegen der restriktive Ansatz von *Duttge*[30], wonach eine Sorgfaltspflichtverletzung nur anzunehmen ist, wenn der Täter „trotz triftigen Anlasses (in den äußeren Gegebenheiten unter Einschluss auch des eigenen Wissens) von dem weiteren Geschehensverlauf in Richtung einer Rechtsgutsbeeinträchtigung nicht rechtzeitig Abstand genommen" hat. Eine solche „qualifizierte" Fahrlässigkeit als Grundlage jeglicher Fahrlässigkeitshaftung ist mit der gesetzlichen Unterscheidung zwischen einfacher Fahrlässigkeit einerseits und Leichtfertigkeit andererseits nur schwer vereinbar[31].

Zu einer sinnvollen Begrenzung der Sorgfaltspflicht führt der in der Rspr (vor allem für den Straßenverkehr) entwickelte **Vertrauensgrundsatz:** **945**

Nach allgemein anerkannter Auffassung braucht sich derjenige, der sich selbst verkehrsgerecht verhält, nicht vorsorglich auf alle möglichen Verkehrswidrigkeiten anderer einzustellen, sondern darf, sofern nicht besondere Gründe dagegen sprechen (zB die Unerfahrenheit und Unberechenbarkeit von Kindern im Kindergarten- oder Einschulungsalter beim Überqueren von Straßen)[32], erwarten und sich darauf einrichten, dass die übrigen Verkehrsteilnehmer die gebotene Sorgfalt beachten und den Verkehr nicht pflichtwidrig gefährden[33]. So darf ein Kraftfahrer idR darauf vertrauen, dass Fußgänger nicht unvermittelt auf die Fahrbahn treten und nicht blindlings über die Straße laufen. Infolgedessen ist er nicht verpflichtet, schon bei ihrem Anblick auf dem Bürgersteig seine Geschwindigkeit zu vermindern[34].

Wann **eigenes verkehrswidriges Verhalten** die Berufung auf den Vertrauensgrundsatz ausschließt, lässt sich nicht allgemein für alle denkbaren Fälle sagen, sondern hängt vielmehr davon ab, ob und ggf in welcher Weise sich der eigene Sorgfaltsverstoß im nachfolgenden Scha- **946**

26 So S/S-*Sternberg-Lieben/Schuster*, § 15 Rn 138 ff; diff. LK-*Vogel*, § 15 Rn 163.
27 Vgl StA Paderborn NStZ 99, 51 m. Anm. *Pollähne* und LG Göttingen NStZ 85, 410.
28 OLG Stuttgart NJW 98, 3131 *(Jenny-Fall)*; OLG Oldenburg NStZ 97, 238 *(Laura-Jane-Fall)*.
29 BGHSt 49, 1 *(Psychiatriefall)*; gut aufbereitet von *Neubacher*, Jura 05, 857.
30 MK-*Duttge*, § 15 Rn 105 ff, 122; HK-GS-*Duttge*, § 15 Rn 31 ff.
31 Kritisch auch *Roxin*, AT I, § 24 Rn 47.
32 Näher BGHSt 7, 118; 12, 81; 13, 169; BGH VRS 62, 166.
33 BGHSt 9, 92; 12, 81; BGHZ 43, 178; S/S/W-StGB-*Momsen*, §§ 15, 16 Rn 67 ff; *Schumann*, Handlungsunrecht, S. 7.
34 BGH VRS 21, 5; OLG Köln VRS 56, 29; OLG Zweibrücken VRS 41, 113.

densereignis **ausgewirkt** hat[35]. Demgemäß ist auch einem unter Alkoholeinfluss stehenden Kraftfahrer, der aufmerksam fährt und eine mäßige Geschwindigkeit einhält, die Inanspruchnahme des Vertrauensgrundsatzes nicht schlechthin versagt, wenn ihm ein Radfahrer völlig überraschend die Vorfahrt nimmt und dabei zu Schaden kommt[36]. Andererseits ist für einen Vertrauensschutz kein Raum, wenn das eigene verkehrswidrige Verhalten geeignet ist, andere zu einer Fehleinschätzung der damit verbundenen Risiken oder zu Fehlreaktionen im Straßenverkehr zu verleiten. Im Übrigen verbleibt es bei der allgemein anerkannten Regel, dass im Vertrauen auf sorgfaltsgerechtes Verhalten anderer nicht pflichtwidrig gehandelt werden darf und dass eigenes sorgfaltswidriges Verhalten keine tragfähige Grundlage für die Erwartung darstellt, andere würden die dadurch heraufbeschworene Gefahrenlage schon meistern[37].

Der Vertrauensgrundsatz gilt auch **in Fällen arbeitsteiligen Zusammenwirkens**, wie zB bei Operationen, wissenschaftlichen Experimenten, Rettungsaktionen, Bauunternehmungen und dergleichen[38].

947 cc) Vielfach erleichtern spezielle außerstrafrechtliche Rechtsvorschriften (sog. **Sondernormen**, zB §§ 3, 4, 14 II 2 StVO, §§ 5 I, 6 II AtomG, § 42 I WaffG, § 24 II SprengstoffG, DIN-„-Normen") und allgemeine Erfahrungssätze (zB die Regeln der ärztlichen Kunst) die Bestimmung von Inhalt und Ausmaß der Sorgfaltspflichten. Die Befolgung derselben ist aber ebenso nur ein Anzeichen für die Verkehrsrichtigkeit des Täterverhaltens wie deren Nichtbeachtung ein fehlerhaftes Verhalten lediglich indiziert[39]. In der Falllösung sollte man mit diesem Aspekt beginnen. Dann ist jedoch **zusätzlich** die **Voraussehbarkeit der Gefahrsituation** aus dem Blickwinkel eines besonnenen und gewissenhaften Menschen in der konkreten Lage und sozialen Rolle des Handelnden zu bedenken. Die allgemeine Indizwirkung von Sondernormen und Erfahrungssätzen kann so im konkreten (atypischen) Fall ausgeschaltet werden[40].

948 d) Mit dem so ermittelten **Inhalt** der objektiv erforderlichen Sorgfalt ist das erfolgsursächliche **Verhalten des Täters** zu vergleichen:

Entspricht es diesen Anforderungen, ist es sorgfältig, verkehrsrichtig und sachlich fehlerfrei; damit entfällt der Handlungsunwert und mit ihm die Tatbestandsmäßigkeit. Bleibt das reale Täterverhalten hinter den Anforderungen der Rechtsordnung zurück, so ist es unsorgfältig, verkehrswidrig und sachlich fehlerhaft.

949 Im **Fall 18a** hat A beim Durchqueren der Ortschaft die Grenzen der höchstzulässigen Geschwindigkeit eingehalten (vgl § 3 III Nr 1 StVO). Daraus folgt aber noch nicht, dass sein Verhalten verkehrsgerecht war. Ebenso wie die Nichtbeachtung einer generellen Sorgfaltsregel kein zwingender Beweis, sondern nur ein Indiz für fehlerhaftes Verhalten ist, bildet die Befolgung bestimmter Schutzvorschriften auch nur ein Anzeichen für die Verkehrsrichtigkeit des Handlungsvollzugs. Es bedarf daher noch der Prüfung, ob ein besonnener und gewissenhafter Kraftfahrer in der konkreten Verkehrssituation die dem J drohende Gefahr rechtzeitig hätte erkennen können. Das ist zu verneinen, da J dem Gesichtskreis des A entzogen war und ein Kraftfahrer beim Fehlen besonderer Anhaltspunkte nicht damit zu rechnen braucht, dass ihm jemand unvermittelt vor den Wagen springt[41].

---

35 Näher BGH VRS 33, 368; 13, 225; OLG Hamm VRS 36, 358; *Eidam*, JA 11, 912; *Krümpelmann*, Lackner-FS, S. 289; *Maiwald*, JuS 89, 186; abl. *Puppe*, AT, § 5 Rn 5 ff.

36 Vgl BGH VRS 21, 5; OLG Köln VRS 56, 29; OLG Zweibrücken VRS 41, 113.

37 Vgl S/S-*Sternberg-Lieben/Schuster*, § 15 Rn 210.

38 Vgl BGHSt 43, 306; 53, 38 (mit Einschränkungen); BGH StV 88, 251; vert. *Duttge*, ZIS 11, 349.

39 Vgl BGHSt 4, 182; 12, 75; BGH StV 01, 108; *Esser/Keuten*, NStZ 11, 314, 318.

40 Ausf. *Kühl*, AT, § 17 Rn 22 ff; strenger: *Kudlich*, Otto-FS, S. 373 (Regel-Ausnahme-Prinzip).

41 Vgl BGH DAR 86, 17.

A hat somit die ihm obliegende Sorgfaltspflicht nicht verletzt. Der Tod des J, den er mitverursacht hat, bedeutet für ihn ein objektiv unvermeidbares **„Unglück“**, aber kein ihm zur Last fallendes „Unrecht“, da niemand in seiner Lage diesen Erfolg hätte vermeiden können[42]. Es fehlt zwar weder an der „Kausalität“ noch am Erfolgsunwert des Geschehens, der Unrechtstatbestand des § 222 ist jedoch mangels jeglichen Handlungsunwertes nicht erfüllt.

4. Die objektive Zurechenbarkeit des Erfolges

Erfolgsverursachung und Sorgfaltspflichtverletzung begründen für sich allein noch nicht den Unrechtstatbestand eines fahrlässigen Erfolgsdelikts; hinzukommen muss vielmehr, wie bei den vorsätzlichen Erfolgsdelikten auch, die **objektive Zurechenbarkeit** des betreffenden Erfolges. Die Lehre von der objektiven Zurechnung wurde bereits bei den Vorsatzdelikten unter Rn 246 ff ausführlich dargestellt, sodass hier im Wesentlichen auf obige Ausführungen verwiesen werden kann[43]. 950

Bei den Fahrlässigkeitsdelikten ist zu beachten, dass der – ansonsten im Rahmen der atypischen Kausalverläufe relevante – Aspekt der objektiven Vorhersehbarkeit des Handlungserfolges (s. Rn 289) ohnehin zum Unrechtstatbestand des fahrlässigen Erfolgsdelikts gehört (s. Rn 939). Im Übrigen ist hier nochmals auf folgende Zurechnungsgesichtspunkte zu verweisen, die gerade bei Fahrlässigkeitsdelikten besondere Bedeutung erlangen:

a) Zunächst gilt es, den **Schutzzweckzusammenhang** zu beachten. Nur wenn die verletzte Sorgfaltsnorm gerade dazu dient, Erfolge wie den eingetretenen zu verhindern, wird überhaupt ein rechtlich relevantes Risiko geschaffen, welches die Grundlage dafür bildet, dass der konkrete Erfolg dem pflichtwidrig Handelnden als „sein Werk“ zugerechnet werden kann (s. Rn 254). 951

Die **Verletzung einer Geschwindigkeitsbeschränkung** in München schafft noch keine rechtlich relevante Gefahr dafür, dass der Fahrer später in Nürnberg einen Unfall verursacht, bei dem ein auf die Straße laufendes Kind getötet wird. Das Argument, der Autofahrer hätte bei Einhaltung der vorgeschriebenen Geschwindigkeit den **Unfallort erst zeitlich später erreicht**, sodass er mit dem Unfallopfer nicht zusammengetroffen wäre, scheitert am erforderlichen Schutzzweckzusammenhang (s. Rn 254). Ansonsten könnte dem Kraftfahrer auch vorgeworfen werden, dass er nicht noch schneller gefahren ist, denn dann hätte er die Unfallstelle zum fraglichen Zeitpunkt schon hinter sich gelassen. Bei der Erfolgszurechnung geht es keineswegs darum, ob der Fahrzeugführer irgendwann vor Beginn der aktuellen Gefahrenlage eine Geschwindigkeitsüberschreitung begangen hatte, die es überhaupt erst ermöglicht hat, dass er sich im Unfallzeitpunkt am Unfallort befand[44]. In die gleiche falsche Richtung würde die Frage zielen, ob der Unfall vermieden worden wäre, wenn sich der Fahrer kein Auto gekauft, eine andere Straße gewählt oder die Fahrt ganz unterlassen hätte. Erwägungen dieser Art gehen am **Schutzzweck** der einschlägigen Sorgfaltsregeln vorbei: Der Sinn von Geschwindigkeitsbe-

42 Vgl *Fahl*, JA 12, 808.

43 Ergänzend BGHSt 37, 106, 115; *Joecks*, St-K, § 222 Rn 9 ff; *Küper*, Lackner-FS, S. 247; *Mitsch*, JuS 01, 105; *Otto*, Schlüchter-GS, S. 77; *Schünemann*, Meurer-GS, S. 37; krit. zum Ganzen *Gössel*, Frisch-FS, S. 423, 427 ff; NK-*Puppe*, Vor § 13 Rn 200 ff; s. ferner *Hauck*, GA 2009, 280; *Kindhäuser*, GA 2007, 447, 462.

44 Vgl BGH VRS 73, 94; fehlerhaft hingegen OLG Karlsruhe NJW 58, 430.

schränkungen liegt nicht darin, dass der Kraftfahrer zeitlich später am Unfallort ankommt. § 3 StVO will vielmehr sicherstellen, dass der Fahrzeugführer bei **Gefahren rechtzeitig abbremsen, ausweichen oder anhalten kann**. Da es dem Kraftfahrer aber im Prinzip erlaubt ist, zu jeder Zeit an jeder Straßenstelle zu sein, kommt es nur darauf an, ob er bei Einhaltung der zulässigen Geschwindigkeit am Unfallort – und zwar im Augenblick des Eintritts der „kritischen Verkehrslage" – **noch frühzeitig genug hätte bremsen können, um den Unfall zu vermeiden**. Die Frage, ob sich schutzzweckrelevante Gefahren des **zu schnellen Fahrens** im konkreten Erfolg verwirklicht haben, ist daher stets auf die erfolgsursächliche kritische Gefahrensituation zu beziehen, die mit dem sog. Gefahrerkennungszeitpunkt beginnt[45]. Gemeint ist damit der Zeitpunkt, in dem der Kraftfahrer verpflichtet gewesen wäre, Maßnahmen zur Abwendung der Gefahren zu treffen, die den Unfall und den tatbestandlichen Erfolg unmittelbar herbeigeführt haben[46]. Im Rahmen der dabei anzustellenden Prüfung, wie die betreffenden Vorgänge bei sorgfaltsgerechtem Verhalten abgelaufen wären, sind nach der Rspr auch etwaige **Eigenbewegungen des Gefährdeten** beim Überqueren der Straße zu berücksichtigen. So kann die auf § 222 oder § 229 gestützte Erfolgszurechnung uU damit begründet werden, dass das Unfallopfer die Fahrbahn schon überquert und geräumt gehabt hätte, wenn der zur Verantwortung gezogene Fahrzeugführer **in der kritischen Situation** nicht zu schnell gefahren wäre[47]. Die Diskussion um die Frage, welche Alternativen berücksichtigungsfähig sind, ist aber noch nicht abgeschlossen[48].

952 b) Des Weiteren erfordert der **Pflichtwidrigkeitszusammenhang** zwischen dem pflichtwidrigen Täterverhalten einerseits und dem Taterfolg andererseits, dass sich im konkreten Erfolg gerade die „Pflichtwidrigkeit" des Täterverhaltens, dh diejenige rechtlich missbilligte Gefahr verwirklicht hat, die durch die Sorgfaltspflichtverletzung des Täters geschaffen worden ist (s. Rn 294).

953 aa) Dieser Zusammenhang fehlt, wenn der missbilligte Erfolg **objektiv unvermeidbar** war, wenn der Erfolg also auch bei **pflichtgemäßem Alternativverhalten** mit an Sicherheit grenzender Wahrscheinlichkeit ebenso eingetreten wäre. In einem solchen Fall hat sich im Erfolg keine durch das pflichtwidrige Verhalten des Täters geschaffene Gefahr realisiert, sodass ihm dieser Erfolg auch nicht objektiv zugerechnet werden kann.

Ein Täter, der seine Sorgfaltspflicht verletzt und bspw den Tod eines Menschen verursacht hat, ist nach herrschender[49], wenn auch bestrittener[50] Ansicht dann nicht wegen fahrlässiger Tötung zu bestrafen, wenn **mit an Sicherheit grenzender Wahrscheinlichkeit feststeht**, dass **der Todeserfolg auch bei pflichtgemäßem, rechtlich erlaubtem Verhalten eingetreten**, letztlich also (aufgrund von Naturereignissen oder wegen eines eigenen Verhaltensfehlers des Opfers) unvermeidbar gewesen wäre. Äußerst umstritten ist indessen, wie dieses Ergebnis dogmatisch zu begründen ist und auf welcher systematischen Ebene im Deliktsaufbau der zur Erfolgszurechnung geforderte „spezifische Zusammenhang" zwischen Pflichtwidrigkeit und Erfolg Bedeutung gewinnt:

45 BGH DAR 86, 17; S/S/W-StGB-*Momsen*, §§ 15, 16 Rn 80.

46 Vgl BGHSt 24, 31; 33, 61; BGH NStZ 13, 231; OLG Köln VRS 70, 373.

47 Näher BGHSt 33, 61 m. Anm. *Puppe*, JZ 85, 295; dazu *dies*., Jura 97, 629.

48 Vgl *Frisch*, Zurechnung, S. 98; *Streng*, NJW 85, 2809; vgl zur Berücksichtigung des Normzwecks ferner BGHSt 17, 299; *Freund*, JuS 01, 475; *Krümpelmann*, Bockelmann-FS, S. 443; *Roxin*, Gallas-FS, S. 241.

49 BGHSt 49, 1 *(Psychiatriefall)*.

50 SK-*Hoyer*, Anh. zu § 16 Rn 67; *Spendel*, JuS 64, 14.

(1) Die klassische Richtung nimmt an, dass hier (nur) der **„Schuldzusammenhang“** zwischen Pflichtwidrigkeit und Erfolg zu verneinen sei und der Schuldvorwurf entfalle, wenn auch sorgfaltsgerechtes Verhalten zum Erfolgseintritt geführt hätte[51]. **954**

(2) Mit der Erkenntnis, dass der Begriff der Fahrlässigkeit Unrechts- und Schuldelemente in sich vereinigt, hat die Auffassung an Boden gewonnen, dass es am **„Rechtswidrigkeitszusammenhang“** fehle, wenn die Pflichtverletzung sich im Erfolg nicht realisiert habe, dieser also nicht auf dem Sorgfaltsmangel beruhe[52].

(3) Eine dritte Ansicht verneint mit unterschiedlicher Begründung schon auf der Tatbestandsebene den **„Zurechnungszusammenhang“** (Pflichtwidrigkeits- bzw Schutzzweckzusammenhang), wenn es an der spezifischen Beziehung zwischen Erfolg und Sorgfaltspflichtverletzung fehlt[53].

(4) Seit der Entscheidung BGHSt 11, 1 verlegt die Rspr das Problem zumeist in den Bereich des **„Kausalzusammenhanges“**, indem sie darauf abstellt, ob gerade die **Pflichtwidrigkeit** für den Erfolg **ursächlich** geworden sei[54].

All diesen Lösungsversuchen liegt die richtige Überlegung zugrunde, dass die Erfolgsverursachung und die Verletzung der Sorgfaltspflicht im Fahrlässigkeitstatbestand **nicht beziehungslos** nebeneinander stehen, also nicht einfach zu addieren sind. **955**

Fahrlässige Verursachung des Erfolges bedeutet nicht dasselbe wie Verursachung plus Fahrlässigkeit. Eine solche Gleichsetzung würde zu der überwundenen Lehre vom *versari in re illicita* führen, die demjenigen, der etwas Verbotenes tut, ohne Weiteres alle daraus erwachsenden Folgen zurechnet. Eine derart unbegrenzte Zufallshaftung ist dem Strafrecht fremd.

Fahrlässigkeitsdelikte setzen schon ihrer Natur nach die **Vermeidbarkeit der Tatbestandsverwirklichung** voraus: Der Fahrlässigkeitstäter wird bestraft, weil er den missbilligten Erfolg **nicht vermieden** hat, obwohl er dazu objektiv verpflichtet und subjektiv im Stande war. Während jedoch die subjektiv-persönliche Unvermeidbarkeit nur den Schuldvorwurf entfallen lässt, schließt die **objektive Unvermeidbarkeit** bereits auf der Tatbestandsebene den Pflichtwidrigkeitszusammenhang und damit die **Zurechnung des Erfolges** aus. Denn wenn der sozialschädliche Erfolg **auch bei rechtlich fehlerfreiem Verhalten** nicht vermeidbar gewesen wäre, war der im konkreten Fall vorliegende Sorgfaltsmangel für seinen Eintritt irrelevant. **956**

Im Rahmen des § 222 ist eine Verletzung der Sorgfaltspflicht somit nur dann tatbestandlich relevant, wenn gerade sie der maßgebliche Grund für die Todesfolge war. Dafür ist wiederum entscheidend, wie das Geschehen abgelaufen wäre, wenn der Täter sich rechtlich einwandfrei verhalten und die Grenzen des „erlaubten Risikos“ nicht überschritten hätte. Steht mit hinreichender Sicherheit fest, dass es auch dann zum gleichen Erfolg gekommen wäre, so ändert sich dadurch zwar nichts an der Pflichtwidrigkeit der **Handlung als solcher**; sie kann selbstständig geahndet werden, wenn **957**

---

51 Vgl RGSt 15, 151 *(Apothekerfall)*; 63, 211 *(Ziegenhaarfall)*; BayObLG NJW 53, 1641.

52 *Erb*, Rechtmäßiges Alternativverhalten und seine Auswirkungen auf die Erfolgszurechnung im Strafrecht, 1991, S. 70; *ders.*, JuS 94, 449; S/S-*Sternberg-Lieben/Schuster*, § 15 Rn 173 ff.

53 OLG Köln NStZ-RR 02, 304; *Burgstaller*, S. 96 ff; MK-*Hardtung*, § 222 Rn 43; *Jescheck/Weigend*, AT, § 55 II 2 b; *Lackner/Kühl*, § 15 Rn 41; s. a. *Gössel*, Frisch-FS, S. 423, 432 ff; *Lüderssen*, Samson-FS, S. 93, 104.

54 BGHSt 33, 61; 49, 1 *(Psychiatriefall)*; ebenso *Toepel*, Kausalität und Pflichtwidrigkeitszusammenhang beim fahrlässigen Erfolgsdelikt, 1992, S. 100; ähnl. NK-*Puppe*, Vor § 13 Rn 206 ff.

sie (wie etwa eine Überschreitung der zulässigen Geschwindigkeit nach §§ 24 StVG, 49 I Nr 3 StVO) mit entsprechenden Rechtsfolgen bedroht ist. Aus dem **Tatbestand des Erfolgsdelikts** (§ 222) kann der Täter dagegen nicht bestraft werden, weil der Verstoß gegen das Sorgfaltsgebot sich im Erfolg nicht ausgewirkt hat, für dessen Eintritt vielmehr bedeutungslos geblieben ist (s. Rn 254 ff).

Das meint im Grunde auch die Entscheidung BGHSt 11, 1 (zum Überholen im Straßenverkehr ohne ausreichenden Sicherheitsabstand), die iE die Richtigkeit der hier vertretenen Auffassung bestätigt und nur in der Begründung, dh insoweit angreifbar ist, als sie die „Ursächlichkeit" des Verhaltensfehlers für den Erfolg verneint, statt auf dessen Zurechenbarkeit abzustellen[55].

958 Im Rahmen der Prüfung, ob der Erfolg auch ohne das pflichtwidrige Verhalten eingetreten wäre, darf nicht auf irgendein hypothetisches Geschehen abgestellt werden, sondern nur auf ein solches, das in **der konkreten Tatsituation angelegt** war.

ZB darf im *Psychiatriefall* (Arzt gewährt zwangsuntergebrachtem Straftäter zu früh Ausgang – s. Rn 294, Beispiel 2) die Fahrlässigkeitshaftung bzgl der Tötung eines Menschen nicht mit dem Argument abgelehnt werden, dass der untergebrachte Täter nach einem Ausbruch aus der Klinik sowieso irgendeinen Menschen getötet hätte[56].

959 Der in den §§ 222, 229 vorausgesetzte Zurechnungszusammenhang zwischen Sorgfaltspflichtverletzung und Erfolg (Verursachung **durch** Fahrlässigkeit) ist hiernach nur zu bejahen, wenn der tatbestandliche Erfolg **bei sorgfaltsgerechtem Verhalten vermeidbar gewesen** wäre.

960 Im **Fall 18b** hat A sich durch Überschreitung der höchstzulässigen Geschwindigkeit um 10 km/h verkehrswidrig verhalten und eine Ordnungswidrigkeit begangen, die mit einer Geldbuße geahndet werden kann (§ 24 StVG, §§ 3 III Nr 1, 49 I Nr 3 StVO). Fraglich ist, ob A sich außerdem der fahrlässigen Tötung schuldig gemacht hat.

Erfolgsverursachung und Sorgfaltspflichtverletzung iSd § 222 sind hier unschwer zu begründen: Die Fahrt des A mit dem Kfz war *conditio sine qua non* für den Tod des J. Die Fahrweise des A war wegen der Geschwindigkeitsüberschreitung auch objektiv fehlerhaft. Problematisch ist hingegen die Zurechenbarkeit des Todeserfolgs: Sinn und Zweck der Geschwindigkeitsbegrenzung (§ 3 III Nr 1 StVO) ist es zwar gerade, dem Kraftfahrer bei überraschend auftauchenden Hindernissen ein rechtzeitiges Abbremsen, Ausweichen oder Anhalten zu ermöglichen[57]. Die Vermeidung tödlicher Verletzungen anderer Straßenverkehrsteilnehmer bei Unfällen entspricht damit dem **Schutzzweck** dieser Sondernorm. Da im vorliegenden Fall jedoch feststeht, dass J auch dann vom Kraftwagen erfasst und zu Tode gekommen wäre, wenn A seine Fahrgeschwindigkeit den geltenden Vorschriften und der gegebenen Verkehrssituation angepasst hätte, entfällt der **Pflichtwidrigkeitszusammenhang**, sodass die objektive Zurechnung des Erfolges angesichts dessen Unvermeidbarkeit zu verneinen ist.

Im **Fall 18c** war A hingegen zu besonderer Sorgfalt verpflichtet, da spielende Kinder an Fahrstraßen eine für jeden erkennbare Gefahrenquelle bilden. Er konnte nicht darauf vertrauen, dass die Kinder sich ihrerseits verkehrsgerecht verhalten würden. A hätte hier seine Geschwindigkeit auf deutlich unter 30 km/h vermindern müssen, sodass er im Notfall sofort hätte anhalten können (vgl § 3 IIa StVO).

---

55 Vgl ferner LK-*Vogel*, § 15 Rn 182 mwN aus der Rspr; krit. *Puppe*, AT, § 3 Rn 18 ff.
56 BGHSt 49, 1 m. zust. Anm. *Roxin*, StV 04, 485; HK-GS-*Duttge*, § 15 Rn 47.
57 BGHSt 33, 61.

Im **Fall 18d** ist fraglich, auf welches Alternativverhalten für die Vermeidbarkeit bzw Unvermeidbarkeit des Erfolges abzustellen ist. Einerseits könnte man mit der Rspr meinen, das maßgebende Alternativverhalten bestehe im Fahren im alkoholisierten Zustand mit entsprechend angepasster Geschwindigkeit[58]. Zu fragen wäre demnach, ob der Unfall vermieden worden wäre, wenn der Fahrer seine Geschwindigkeit seinem trunkenen Zustand entsprechend verringert hätte. Das ist hier zu bejahen. Da A nicht so langsam gefahren ist, wie das von ihm zu verlangen gewesen wäre, kann ihm der Tod des J zugerechnet werden. Als Argument dafür könnte man § 3 I StVO anführen, welcher bestimmt, dass ein Fahrer nur so schnell fahren darf, dass er sein Fahrzeug beherrscht. Indes steht dieser Ansicht das in § 316 sowie § 24a StVG statuierte absolute Fahrverbot bei Trunkenheit entgegen. Maßstab darf deshalb allein eine Fahrt im nüchternen Zustand sein. Zu Recht stellt die hA daher allein darauf ab, ob der Unfall auch dann vermeidbar gewesen wäre, wenn ein nüchterner Fahrer mit der zulässigen Geschwindigkeit am Steuer gesessen hätte[59]. Da bei der „normalen" Geschwindigkeit, die für nichttrunkene Fahrer zulässig ist, der Unfall nicht vermeidbar gewesen wäre, entfällt im vorliegenden Fall der Pflichtwidrigkeitszusammenhang[60].

► Weiterer Beispielsfall bei *Beulke*, Klausurenkurs III Rn 581

bb) Sieht man in der Vermeidbarkeit des Erfolges durch pflichtgemäßes Verhalten eine **haftungsbegründende Voraussetzung** des Fahrlässigkeitstatbestandes, so kommt ein Freispruch des Angeklagten nicht nur in Betracht, wenn die Unvermeidbarkeit des Erfolges mit an Sicherheit grenzender Wahrscheinlichkeit feststeht, sondern bereits dann, wenn **konkrete Anhaltspunkte** dafür vorliegen, dass der tatbestandliche Erfolg in gleicher Weise auch bei sorgfältigem, fehlerfreiem Verhalten **möglicherweise** eingetreten wäre, denn dann ist mit der hM insoweit der Grundsatz ***in dubio pro reo*** anzuwenden[61]. **961**

Die **Risikoerhöhungslehre** (s. Rn 296 f) gelangt hier zu abweichenden Ergebnissen. Sie bejaht die objektive Zurechnung des Erfolges bei **jeder Risikosteigerung**, also schon dann, wenn die Wahrscheinlichkeit des Erfolgseintritts bei sorgfaltsgerechtem Verhalten geringer gewesen wäre. Der Grundsatz *in dubio pro reo* soll dem Täter bei Zweifeln über den **hypothetischen Geschehensablauf** nicht zugute kommen, vielmehr auf **den** Fall beschränkt bleiben, dass nicht zu klären ist, **ob** der Verhaltensfehler in der realen Situation (im Vergleich zum erlaubten Risiko) eine Gefahrerhöhung bewirkt hat oder nicht[62]. **962**

Die Rspr hält den Standpunkt der Risikoerhöhungslehre mit dem geltenden Recht nicht für vereinbar[63]. Bei **ärztlichen Behandlungsfehlern**, wie etwa bei der verspäteten Vornahme einer Operation aufgrund einer Fehldiagnose, bejaht der BGH die Zurechenbarkeit des Todeserfolges und die Strafbarkeit nach § 222 jedoch schon dann, wenn mit an Sicherheit grenzender **963**

58 BGHSt 24, 31, 35; BGH NStZ 13, 231 m. krit. Bespr. *Hecker*, JuS 13, 466; *Jäger*, JA 13, 393 und *Puppe*, JR 13, 473; BayObLG NStZ 97, 388.

59 Ebenso *Eisele*, JA 03, 40; *Puppe*, NStZ 97, 389.

60 Für eine Verneinung des Schutzzweckzusammenhangs: *El-Ghazi*, ZJS 14, 23, 27 ff.

61 So BGHSt 11, 1; 24, 31; BGH NStZ 87, 505; *Krümpelmann*, GA 1984, 491; krit. *Küper*, Lackner-FS, S. 247, 268; *Lampe*, ZStW 101 [1989], 3, 47; *Puppe*, Jura 97, 518.

62 S. dazu *Burgstaller*, S. 129 ff; *Jescheck/Weigend*, AT, § 55 II 2 b; *Kahlo*, Das Problem des Pflichtwidrigkeitszusammenhanges bei den unechten Unterlassungsdelikten, 1990, S. 56 ff; *Kaspar*, AT, Rn 902; *Köhler*, AT, S. 198; *Lackner/Kühl*, § 15 Rn 44; S/S/W-StGB-*Momsen*, §§ 15, 16 Rn 81; *Otto*, Jura 01, 275, 277; NK-*Puppe*, Vor § 13, Rn 204 f; *Roxin*, AT I, § 11 Rn 88 ff; *Schmoller*, Wolter-FS, S. 479; *Stratenwerth*, Gallas-FS, S. 227.

63 Näher OLG Koblenz OLGSt § 222, S. 63, 67; vgl auch BGHSt 37, 106, 127.

Wahrscheinlichkeit feststeht, dass **das Leben** des (zB an einer Bauchfellentzündung leidenden) Patienten bei richtiger Diagnose und rechtzeitiger Operation um eine nicht unerhebliche Zeitspanne **verlängert** worden, der Tod also zeitlich später eingetreten wäre[64]. Lässt sich dagegen eine sichere Feststellung in dieser Hinsicht nicht treffen, ist für eine Verurteilung auch dann kein Raum, wenn eine sehr hohe Wahrscheinlichkeit (im konkreten Fall von mindestens 90%) dafür spricht, dass die versehentlich unterlassene Bestrahlung nach einer Krebsoperation das Leben des Patienten um 5 bis 10 Jahre verlängert hätte[65].

964 c) Auch aus dem **Eigenverantwortlichkeitsprinzip** und der darauf beruhenden Abschichtung von Verantwortungsbereichen können sich bei den Fahrlässigkeitsdelikten – ebenso wie bei den Vorsatzdelikten – Einschränkungen der Erfolgszurechnung ergeben. Wer zB eine **eigenverantwortliche Selbstschädigung** oder **Selbstgefährdung** anderer fahrlässig veranlasst, ermöglicht oder fördert, kann, wenn das mit der Selbstgefährdung bewusst eingegangene Risiko sich realisiert, nicht schon deshalb wegen fahrlässiger Tötung oder fahrlässiger Körperverletzung bestraft werden, weil er pflichtwidrig eine Bedingung für das weitere Geschehen gesetzt, den vorhersehbaren Erfolg also mitverursacht hat. So ist bspw die Heroinabgabe auch dann nicht gem. § 222 strafbar, wenn der Konsument an dem Rauschgift verstirbt, denn derjenige, der seine eigenen Rechtsgüter in freiverantwortlicher Weise selbst verletzt oder gefährdet, trägt dafür grundsätzlich die alleinige Verantwortung[66]. Eine Straflosigkeit unter Hinweis auf das Eigenverantwortlichkeitsprinzip kommt hingegen nicht in Betracht, wenn das entsprechende Strafgesetz gerade vor solchen Selbstgefährdungen schützen soll (wie zB bei § 30 I Nr 3 BtMG; vgl Rn 261). Ein Wegfall der Fahrlässigkeitshaftung unter dem Aspekt der Selbstgefährdung scheidet auch dann aus, wenn es nur dem fahrlässig handelnden Täter – nicht aber dem Opfer – möglich war, den Umfang des konkreten Risikos vollständig zu erfassen (Einzelheiten s. Rn 269)[67].

965 **Beispiel** (nach BGH NJW 03, 2326, *Zivifall*)[68]: Der Schwerbehinderte A möchte sterben. Da seine Arme und Beine gelähmt sind und er sich deshalb nicht in der Lage sieht, den Tod eigenhändig herbeizuführen, bittet er den ihn betreuenden Zivildienstleistenden Z, ihn nackt auszuziehen, in Plastikmülltüten zu packen, bei denen nur das Gesicht frei bleibt, den Mund zuzukleben und ihn dann in einen Müllcontainer zu legen. Z glaubt dem A, dass es sich um die Erfüllung eines Sexualwunsches handelt und folgt deshalb den Weisungen. A spiegelt dem Z vor, der Nachmittagspflegedienst werde ihn aus dem Container wieder befreien. In Wirklichkeit hat A schon vorher dafür gesorgt, dass nachmittags kein Pfleger kommt. Am nächsten Morgen wird der Leichnam des A entdeckt. Der Tod ist durch Ersticken, beschleunigt durch Unterkühlung, eingetreten.

Hier liegt keine Fremdgefährdung, sondern eine Fremdtötung durch Z vor. Der Umstand, dass A diese Tötung will, führt nur dazu, dass von einer Tötung auf Verlangen (§ 216) auszugehen wäre, wenn beide in voller Kenntnis der Sachlage gehandelt hätten. Der Zustimmung des A käme insoweit keine rechtfertigende Wirkung zu. Z weiß jedoch nichts von der Tötung und erkennt auch nicht das entsprechende Verlangen des A, sodass eine Strafbarkeit wegen vorsätzli-

64 BGH StV 94, 425; NStZ 85, 26; 81, 218 m. zust. Anm. *Wolfslast*; vgl dazu auch *Brammsen*, MDR 89, 123; *Puppe*, Anm. JR 94, 515.

65 BGH NStZ 87, 505; zum Ganzen *Hillenkamp*, AT, S. 231.

66 Vgl. hierzu BGH NJW 14, 1680, 1685 f *(Substitutionsfall)* m. Bespr. *Kudlich*, JA 14, 392.

67 Vgl hierzu BGHSt 53, 288 *(Kokainfall)*; BGH NStZ 11, 341 *(Drogenarztfall)*.

68 Zust. *Hecker/Witteck*, JuS 05, 397; *Herzberg*, NStZ 04, 1; *Küpper*, JuS 04, 757; ebenso OLG Nürnberg JZ 03, 745 *(Russisches Roulette)*.

cher Tötung sowohl hinsichtlich §§ 211, 212 als auch § 216 ausscheidet. Aufgrund seiner Fehlvorstellungen liegt objektiv ein Fall der (hier straflosen) Tötung in mittelbarer Täterschaft vor, begangen durch das Opfer A. Z ist nur Werkzeug und daher nicht gem. § 216 strafbar (umgekehrte Konstellation zu Rn 777)[69]. Höchst umstritten ist nunmehr, ob Z zumindest wegen fahrlässiger Tötung bestraft werden kann, was der BGH im vorliegenden Fall bejaht. Dem ist jedoch nicht zuzustimmen, denn hier liegt die Verantwortung für die Tötung des A aufgrund seiner Tatherrschaft (in Form der mittelbaren Täterschaft) ausschließlich bei A selbst. Aus der Sicht des Z, auf die es für die Fahrlässigkeitshaftung allein ankommt, handelt es sich um einen Fall der Fremdgefährdung mit Einwilligung des Opfers. Sie hat nach der hier vertretenen Lösung (s. Rn 274) rechtfertigende Kraft, weil auch insoweit der Verantwortungsbereich des Opfers respektiert werden muss. Dem steht auch nicht entgegen, dass es sich bei Z um einen Garanten iSv § 13 handelt (vgl Rn 1011), denn auch ein Garant darf die Selbstgefährdungswünsche des Schutzbefohlenen respektieren, solange seine Garantenpflicht nicht gerade in der Vermeidung dieser speziellen Gefahren begründet ist. Davon ist hier auszugehen. Z kann somit auch nicht wegen fahrlässiger Tötung bestraft werden[70].

d) Besondere Probleme birgt das **untergeordnete Opferverhalten**. Nicht jeder Ver- **966**
haltensfehler des Opfers kann nämlich bewirken, dass die strafrechtliche Haftung des Fahrlässigkeitstäters für den von ihm verursachten Erfolg unter dem Blickwinkel des **fehlerfreien Alternativverhaltens** entfällt. Entscheidend ist vielmehr, welches Gewicht und welche Bedeutung seiner eigenen Unvorsichtigkeit oder Nachlässigkeit im Rahmen des Tatgeschehens und der Erfolgsherbeiführung zukommt. So sind auch auf der Opferseite Sorgfaltsverstöße möglich, die wegen ihrer völlig untergeordneten Bedeutung gegenüber der Sorgfaltspflichtverletzung des Täters die objektive Zurechnung des Erfolges zu dessen Lasten nicht ausschließen. Steht zB fest, dass das Opfer eines Verkehrsunfalls durch das fehlerhafte Verhalten des Kraftfahrers auf jeden Fall tödlich verletzt worden wäre, also auch dann den Tod gefunden hätte, wenn es sich seinerseits nicht sorgfaltswidrig, sondern sorgfaltsgerecht verhalten hätte, besteht kein Anlass, die Strafbarkeit des Kraftfahrers nach § 222 zu verneinen[71].

Beispiel: Bei gefährlicher Straßenglätte durchquert Lkw-Fahrer L eine Ortschaft mit überhöh- **967**
ter Geschwindigkeit. In einer Kurve gerät L ins Schleudern; sein Lkw rutscht quer über die Straße und über den Bürgersteig gegen eine Hauswand. Im gleichen Augenblick läuft der Schüler S unachtsam auf die Fahrbahn, wo er von dem schleudernden Lkw erfasst und tödlich verletzt wird. S wäre jedoch ebenfalls zu Tode gekommen, wenn er sorgfaltsgerecht auf dem Bürgersteig stehen geblieben wäre. Der Einwand des L, dass sein verkehrswidriges Verhalten nicht den maßgeblichen Grund für den Tod des S bilde, weil dieser „in den Lkw hineingelaufen" sei und auch bei ordnungsgemäßer Fahrweise überfahren worden wäre, greift hier nicht durch. Wesentlich ist allein, **dass sich im Tod des S die von L geschaffene Gefahr realisiert** hat und dass der tödliche Ausgang des Geschehens durch die mangelnde Aufmerksamkeit des S gar nicht mehr beeinflusst werden konnte, weil dieser, wie immer er sich verhielt, von dem schleudernden Lkw erfasst und getötet worden wäre. Der Umstand, dass S ohne eigenes Fehlverhalten nicht auf der Fahrbahn, sondern auf dem Bürgersteig überrollt worden wäre, ist ohne Be-

69 Anders anscheinend BGH NJW 03, 2326, der hier die mittelbare Täterschaft gänzlich in Frage stellt; diesem zust. *Herzberg*, NStZ 04, 1.

70 IE wie hier *Engländer*, JZ 03, 747; *ders.*, Jura 04, 234; HK-GS-*M. Heinrich*, Vorbem. § 13 Rn 143; *Roxin*, Otto-FS, S. 441; *ders.*, Schreiber-FS, S. 399; AnwK-StGB-*Waßmer*, § 25 Rn 14; *Wessels/Hettinger*, BT/1, Rn 65a.

71 IE ebenso *Puppe*, JR 13, 473, 474 f; *dies.*, Roxin-FS, S. 287, 291 („Doppelkausalität von Sorgfaltspflichtverletzungen"); dazu auch *Valverde*, Wolter-FS, S. 333.

deutung, weil die rein räumliche Verschiebung des engeren Unfallbereichs bei der konkreten Sachlage für eine wertende Betrachtung nicht ins Gewicht fällt[72].

968 e) Schließlich wird die **Pflichtverletzung Dritter** als Zurechnungsproblem bei fahrlässigen Delikten besonders häufig relevant. In den vorstehend erörterten Fällen ging es bei der Frage nach der Vermeidbarkeit des Unfalls stets um das Verhalten des Fahrlässigkeitstäters und seines Opfers. Wäre der gleiche Erfolg auch durch das fahrlässige **Verhalten eines Dritten** herbeigeführt worden, so schließt dies nach den allgemeinen Regeln weder die Ursächlichkeit des pflichtwidrigen Verhaltens des Ersttäters noch die objektive Zurechenbarkeit des tatbestandlichen Erfolges aus.

969 **Beispiel**[73]**:** Bei starkem Nebel kommt es auf einer Autobahn zu einer Massenkarambolage, weil alle beteiligten Kraftfahrer ihre Geschwindigkeit nicht den Sichtverhältnissen angepasst haben. Zunächst kollidiert der Citroënfahrer C mit einem Lastzug, der im Stau auf der rechten Fahrspur hatte anhalten müssen. Während C unversehrt aus dem zur Seite geschleuderten Auto aussteigt und sich in Sicherheit bringen will, fährt der die Überholspur benutzende F mit seinem Ford auf, schiebt den Citroën zehn Meter weit nach vorn und verletzt dadurch den gerade wegeilenden C schwer. Unmittelbar anschließend prallt ein von O gelenkter Opel auf den Ford; weitere Personenschäden treten dabei nicht ein. Im späteren Strafverfahren macht F geltend, ihm könne die Verletzung des C nicht angelastet werden, da sie auch ohne sein verkehrswidriges Verhalten eingetreten wäre. Hätte er nämlich seinen Kraftwagen noch rechtzeitig anhalten können, wäre dieser durch den von O verursachten Aufprall auf den Citroën geschoben worden mit der Folge, dass der wegeilende C davon erfasst und in gleicher Weise verletzt worden wäre.

Der Einwand des F hindert seine Bestrafung wegen fahrlässiger Körperverletzung (§ 229) nicht. Daran, dass er die Verletzung des C verursacht und dass die von ihm herrührende Gefahr sich im Schadenserfolg verwirklicht hat, ist hier nicht zu zweifeln. Durch die zeitlich nachfolgende Sorgfaltspflichtverletzung des O, die den Eintritt des Verletzungserfolges tatsächlich nicht beeinflusst hat, kann der Zurechnungszusammenhang zwischen der vorausgegangenen Pflichtwidrigkeit des F und der darauf beruhenden Verletzung des C nicht nachträglich wieder beseitigt werden. Insoweit gilt bei Fahrlässigkeitsstraftaten nichts anderes als bei Vorsatzdelikten, wo der Hinweis auf derartige **Reserveursachen** ebenfalls **unbeachtlich** ist.

970 Fahrlässig handelnde **Nebentäter** können ihre Verantwortlichkeit für den von ihnen herbeigeführten Taterfolg ebenfalls nicht mit dem Hinweis auf das pflichtwidrige Verhalten **des jeweils anderen** von sich abschieben, vielmehr haften beide für die Verwirklichung des in Betracht kommenden Straftatbestandes[74].

971 **Beispiel:** Auf einer fünf Meter breiten, kurvenreichen und unübersichtlichen Bergstraße begegnen sich zwei Kleinbusse, die von A und B gesteuert werden und in denen sich Arbeiter befinden, die auf dem Wege zu ihrer Arbeitsstelle sind. Es herrscht dichter Nebel. Da beide Fahrzeuge nicht äußerst rechts fahren, sondern sich zu weit nach links auf der Fahrbahnmitte bewegen, kommt es zwischen ihnen zu einem Frontalzusammenstoß. Dank ihrer Sicherheitsgurte bleiben A und B unverletzt; alle übrigen Insassen erleiden Prellungen und Knochenbrüche. Der Unfall wäre nur vermieden worden, wenn **beide** Busse die äußerste rechte Seite ihrer Fahrbahn benutzt hätten. Hier haben A und B unabhängig voneinander gegen das Rechtsfahrgebot verstoßen (§ 2 II StVO). Jeder von ihnen könnte geltend machen, dass es wegen der geringen Stra-

72 *Jordan*, GA 1997, 349.
73 BGHSt 30, 228 *(Massenkarambolagefall)*.
74 BGH NJW 10, 1087, 1092 *(Bad Reichenhaller Eissporthalle)* m. krit. Bespr. *Stübinger*, ZIS 11, 602; *Kudlich/Schulte-Sasse*, NStZ 11, 241, 242.

ßenbreite auch dann zum Zusammenstoß und zur Verletzung der Fahrgäste gekommen wäre, wenn *er* sich fehlerfrei verhalten hätte und hart rechts gefahren wäre. Damit allein würden aber beide der Bestrafung nach § 229 nicht entgehen. Da es sich um einen Fall der sog. „alternativen Kausalität" (s. Rn 222) handelt, haben sowohl A als auch B eine *conditio sine qua non* für den Unfall gesetzt. Wären beide Kleinbusse ganz rechts gefahren, wäre der Unfall vermieden worden. Desgleichen ist auch die objektive Zurechnung für A und B zu bejahen, da sich im Zusammenstoß genau die Gefahr realisiert, die durch den Verstoß beider gegen das Rechtsfahrgebot geschaffen wurde. Jedem von ihnen ist daher der Unfall als „sein Werk" zuzurechnen; jeder ist **als Nebentäter** für den Erfolgseintritt verantwortlich[75]. Im Vertrauen darauf, dass andere sich an die Verkehrsregeln halten, darf eben niemand die ihm selbst obliegenden Sorgfaltspflichten missachten.

Allgemein zum Dazwischentreten eines vorsätzlich oder fahrlässig handelnden Dritten s. Rn 234 ff, 276.

III. Rechtswidrigkeit und Schuld bei der fahrlässigen Straftat

1. Rechtfertigungsgründe

Ebenso wie bei Vorsatztaten **indiziert** die Verwirklichung des Unrechtstatbestands 972
auch bei Fahrlässigkeitstaten die **Rechtswidrigkeit**. Obgleich die Rechtfertigungsgründe ihrem gesetzlichen Leitbild nach auf vorsätzliches Handeln zielen, können Fahrlässigkeitsdelikte ebenfalls gerechtfertigt sein.

So rechtfertigt **§ 32** auch alle **ungewollten Auswirkungen** einer Verteidigung, die zu den typischen Risiken der berechtigt gewählten Verteidigungsart gehören (vgl Rn 505). Wäre ein Verteidigungsverhalten bei vorsätzlichem Handeln durch Notwehr gedeckt, muss Gleiches erst recht bei fahrlässiger Erfolgsherbeiführung gelten[76]. Ferner kommt auch im Fahrlässigkeitsbereich eine Rechtfertigung gem. **§ 34** (rechtfertigender Notstand)[77], **§ 127 StPO** (Festnahmerecht)[78] oder durch Einwilligung des Betroffenen in das Verletzungsrisiko[79] in Betracht. Selbst bei lebensgefährlichen Risiken kann es eine rechtfertigende Einwilligung in die Fremdgefährdung geben, sofern die einverständliche Fremdgefährdung einer straflosen Mitwirkung an fahrlässiger Selbstgefährdung gleichsteht (aA Rspr und hL, s. Rn 274). „Verkehrsrichtiges Verhalten" ist entgegen BGHZ 24, 26 kein Rechtfertigungsgrund, sondern hat zur Folge, dass es an einer Sorgfaltspflichtverletzung und damit am Handlungsunwert innerhalb des Fahrlässigkeitstatbestandes fehlt (s. Rn 948).

Da der Fahrlässigkeitstäter den Erfolg gerade nicht mit Wissen und Wollen herbei- 973
führt, können an das **subjektive Rechtfertigungselement** (s. Rn 401 ff) nicht dieselben Anforderungen gestellt werden wie beim Vorsatzdelikt. Große Teile der Lehre

---

75 Vgl BGHSt 30, 228, 232 m. Anm. *Kühl*, JR 83, 32 und *Puppe*, JuS 82, 660; BGHSt 37, 106, 131; BayObLG VRS 19, 353; aA *Magnus*, Jura 09, 390; vert. *Puppe*, Frisch-FS, S. 447.

76 BGHSt 25, 229; 27, 313; BGH NStZ 01, 591 *(Warnschussfall)* m. Anm. *Otto*; *Kretschmer*, Jura 02, 114; *Seelmann*, JR 02, 249; dazu auch *Eisele*, JA 01, 922; *Gropp*, in: Gropp/Öztürk/Sözüer/Wörner, Beiträge zum deutschen und türkischen Strafrecht und Strafprozessrecht, 2010, S. 237; SK-*Hoyer*, Anh. zu § 16 Rn 89; LK-*Vogel*, § 15 Rn 310; s. a. *Beulke*, Jura 88, 646.

77 OLG Düsseldorf VRS 30, 445; OLG Schleswig VRS 30, 462; *Mitsch*, GA 2006, 11, 14 f.

78 OLG Stuttgart NJW 84, 1694.

79 BGH DAR 59, 301; *Geppert*, ZStW 83 [1971], 947; *Jescheck/Weigend*, AT, § 56 II 3.

halten ein subjektives Element hier für gänzlich entbehrlich[80]; andere sprechen sich zutreffend für eine Modifikation aus und verlangen beispielsweise bei der Notwehr anstelle des bei der Vorsatztat geforderten „Verteidigungswillens" (s. Rn 532) einen „generellen Abwehrwillen".

Beispiel: R überfällt Förster F, den er irrtümlich für unbewaffnet hält, und verlangt mit vorgehaltenem Messer die Herausgabe des Dackels „Waldi". In der Absicht, den Angriff abzuwehren, gibt F mit seiner Fangschusspistole zunächst einen Warnschuss ab. Seine Hoffnung, R werde das Weite suchen, erfüllt sich jedoch nicht. Während er noch darüber nachdenkt, welche Abwehrmaßnahme er nun ergreifen soll, löst sich versehentlich ein Schuss, der an der Wade des R eine leichte Streifwunde hervorruft. Da hier ein allgemeiner Abwehrwille bestand und R selbst bei vorsätzlicher Tatbegehung gerechtfertigt wäre, ist auch die fahrlässige Körperverletzung (§ 229) durch Notwehr gedeckt.

Fehlt das subjektive Rechtfertigungselement, ist die Tat nicht gerechtfertigt. Dennoch scheidet eine Strafbarkeit nach hier vertretener Ansicht (s. Rn 406) aus, da der Erfolgsunwert durch die objektiv gegebene Rechtfertigungslage kompensiert wird, sodass lediglich ein nicht strafbarer „fahrlässiger Versuch" vorliegt[81].

2. Die Fahrlässigkeitsschuld

974 a) **Schuld** bedeutet auch hier die **Vorwerfbarkeit der Tat** mit Rücksicht auf die darin zum Ausdruck kommende rechtlich tadelnswerte Einstellung zu den Verhaltensanforderungen der Rechtsordnung. Hinsichtlich der **Schuldfähigkeit** und des **Unrechtsbewusstseins** gilt dasselbe wie bei vorsätzlicher Tatbegehung.

975 b) Begründet wird der **Fahrlässigkeitsschuldvorwurf** durch die Feststellung, dass der Täter nach seinen **persönlichen Fähigkeiten** und dem Maß seines **individuellen Könnens** im Stande war, die objektive Sorgfaltspflicht zu erkennen und die sich daraus ergebenden Sorgfaltsanforderungen zu erfüllen (**subjektiver** Maßstab).

Diese Fähigkeit kann bei physischen oder psychischen Mängeln fehlen; sie kann auch im Einzelfall infolge Schrecks, Verwirrung oder dergleichen ganz oder zeitweilig entfallen[82].

Bei den fahrlässigen Erfolgsdelikten müssen der tatbestandliche Erfolg und der Kausalverlauf in den wesentlichen Grundzügen auch **subjektiv voraussehbar** gewesen sein[83].

Die **Rspr** lässt es genügen, dass der Täter den **Erfolg im Endergebnis** voraussehen konnte. Seine Verantwortlichkeit soll aber für solche Ereignisse und Geschehensabläufe entfallen, die so sehr außerhalb der Lebenserfahrung liegen, dass mit ihnen auch bei Einhaltung der gebotenen und individuell zumutbaren Sorgfalt nicht zu rechnen war[84].

Zur alternativen Konzeption der Zuordnung der subjektiven Sorgfaltswidrigkeit zum Tatbestand s. Rn 929.

---

80 Statt aller: Matt/Renzikowski-*Engländer*, Vor §§ 32 ff Rn 9; LK-*Rönnau*, Vor § 32 Rn 92.

81 Ebenso: MK-*Duttge*, § 15 Rn 200 f; *Rengier*, AT, § 52 Rn 66 ff; *Roxin*, AT I, § 24 Rn 102 f; s. a. *Beulke*, medstra 15, 67, 75.

82 BGH VRS 10, 213; S/S-*Sternberg-Lieben/Schuster*, § 15 Rn 195.

83 Näher OLG Hamm VRS 61, 353, 355; *Jescheck/Weigend*, AT, § 57 III; *Puppe*, JZ 89, 728; S/S-*Sternberg-Lieben/Schuster*, § 15 Rn 199 ff.

84 Lesenswert dazu BGHSt 3, 62; 12, 75; BayObLG NJW 98, 3580; OLG Nürnberg NStZ-RR 06, 248.

c) **Unzumutbarkeit normgemäßen Verhaltens** kann bei bewusst fahrlässigem Handeln in weiterem Umfang als bei Vorsatztaten entschuldigend wirken[85]. **976**

IV. Das Merkmal der Fahrlässigkeit in den Vorsatz-Fahrlässigkeits-Kombinationen

Das StGB kennt neben reinen Vorsatz- und Fahrlässigkeitsdelikten auch **Mischtatbestände**, die **Vorsatz** bei der Tathandlung und wenigstens **Fahrlässigkeit** hinsichtlich einer **besonderen Tatfolge** voraussetzen. Dazu gehören zum einen die **erfolgsqualifizierten Delikte**, die wie §§ 226 I, 227 usw an die vorsätzliche Verwirklichung eines selbstständig mit Strafe bedrohten Grunddelikts anknüpfen und zusätzlich den Eintritt einer besonderen Tatfolge voraussetzen, bezüglich derer dem Täter gem. § 18 wenigstens Fahrlässigkeit zur Last fallen muss. Zum anderen sind hier die eigentlichen **Vorsatz-Fahrlässigkeits-Kombinationen** zu nennen, bei denen der Vorsatzteil des Tatbestandes für sich allein nicht selbstständig strafbar ist (so etwa §§ 308 V, 315 V, 315a III Nr 1, 315b IV, 315c III Nr 1)[86]. Das Gesetz behandelt diese Mischtatbestände gem. § 11 II als **Vorsatzdelikte** mit allen sich daraus ergebenden Konsequenzen (zB im Bereich der Teilnahme und des Versuchs). **977**

Zum Fahrlässigkeitsmerkmal dieser Delikte ist zu beachten, dass die **Sorgfaltspflichtverletzung** hier regelmäßig schon in der vorsätzlichen Tathandlung mit enthalten ist, soweit es um die Außerachtlassung der im Verkehr erforderlichen Sorgfalt und die objektive Vermeidbarkeit der Tatbestandsverwirklichung geht. Die hM folgert daraus, dass sich bei den erfolgsqualifizierten Delikten (etwa § 227) die Prüfung der Fahrlässigkeit (§ 18) auf die **Vorhersehbarkeit** der besonderen Tatfolge beschränkt[87]. Dem kann jedoch in dieser Allgemeinheit nicht zugestimmt werden. Da sich im Eintritt der qualifizierenden Folge eine dem Grunddelikt innewohnende „tatbestandsspezifische Gefahr" realisiert haben muss (s. Rn 38), bedarf es stets auch der **Erkennbarkeit** dieses **tatbestandsspezifischen Gefahrzusammenhanges**[88]. Darüber hinaus ist dort, wo das Gesetz (wie zB in § 251) eine **leichtfertige** Herbeiführung der besonderen Tatfolge voraussetzt, eine gesteigerte, erfolgsrelevante Sorgfaltspflichtverletzung zu fordern[89]. Zu den damit verbundenen **Aufbaufragen** vgl Rn 1208.

Sind an einem erfolgsqualifizierten Delikt **mehrere Personen** beteiligt, ist nach Bejahung des einschlägigen Grundtatbestandes für **jeden** Beteiligten gesondert zu prüfen, ob ihm hinsichtlich der qualifizierenden Tatfolge Fahrlässigkeit bzw Leichtfertigkeit zur Last fällt. Im Ergebnis herrscht insofern Einigkeit; unklar sind lediglich **978**

---

85 Vgl RGSt 30, 25 *(Leinenfängerfall)* m. Bespr. *Achenbach*, Jura 97, 631; *Jescheck/Weigend*, AT, § 57 IV; abl. SK-*Hoyer*, Anh. zu § 16 Rn 101; *Schlee*, Zumutbarkeit bei Vorsatz-, Fahrlässigkeits- und Unterlassungsdelikten, 2009, 399; MK-*Schlehofer*, Vor §§ 32 ff Rn 278; diff. *Maiwald*, Schüler-Springorum-FS, S. 475; zum Verbotsirrtum bei Fahrlässigkeitsdelikten s. *Arzt*, ZStW 91 [1979], 857; zum Erlaubnistatbestandsirrtum *Börner*, GA 2002, 276; *Ludes/Pannenborg*, Jura 13, 24.

86 Insoweit abl. *Noak*, JuS 05, 312.

87 Vgl BGHSt 24, 213; BGH NStZ 01, 478; *Jescheck/Weigend*, AT, § 54 III 2.

88 Zutr. *Wolter*, JuS 81, 168, 170 ff; s. dazu auch *Kühl*, Jura 02, 814; 03, 19; *Rengier*, Erfolgsqualifizierte Delikte, S. 151; noch restriktiver: SK-*Rudolphi/Stein*, § 18 Rn 19.

89 Matt/Renzikowski/*Gaede*, § 15 Rn 46; *Radtke*, Jung-FS, S. 737, 747.

die gesetzlichen Grundlagen: Neben § 18[90] wird teils § 11 II[91], teils § 29[92] herangezogen.

Wenn bspw A den B durch ein Geldgeschenk dazu veranlasst, C mit einem Knüppel zu verprügeln, und C später an den Folgen der ihm zugefügten Kopfverletzungen stirbt, ist A nur dann wegen Anstiftung zur **Körperverletzung mit Todesfolge** (§§ 227, 26) zu bestrafen, wenn ihn hinsichtlich der Todesfolge ein Fahrlässigkeitsvorwurf trifft. Dies gilt ohne Rücksicht darauf, ob B als Haupttäter lediglich wegen gefährlicher Körperverletzung (§ 224), wegen Körperverletzung mit Todesfolge (§ 227) oder möglicherweise sogar wegen Totschlags (§ 212) zu bestrafen ist[93].

979 Im **Fall 18a** hat A also mangels Sorgfaltspflichtverletzung keine fahrlässige Tötung (§ 222) begangen (s. Rn 949).

Im **Fall 18b** hat A zwar seine Sorgfaltspflicht verletzt. Da der Unfall jedoch auch bei korrektem Tempo unvermeidbar war, kann der Erfolg ihm nicht zugerechnet werden (s. Rn 960).

Im **Fall 18c** ist § 222 erfüllt (s. Rn 960).

Im **Fall 18d** kann der Tod des Kindes dem A aufgrund fehlenden Pflichtwidrigkeitszusammenhanges nicht zugerechnet werden, sodass eine Bestrafung nach § 222 entfällt. Unberührt davon bleibt die Strafbarkeit nach § 316 (s. Rn 960).

Aktuelle Rechtsprechung zu § 18:

- BGHSt 55, 121 und BGH StV 13, 150 *(Brechmittelfall)*: Übernahmeverschulden eines nach § 81a I StPO handelnden Arztes; subj. Vorwerfbarkeit trotz persönlicher Überforderung aufgrund der besonderen beruflichen Sorgfaltspflichten *de lege artis*; vgl Rn 940.
- BGH NStZ 13, 231: Für die Frage, ob ein unter Alkoholeinfluss verursachter Verkehrsunfall objektiv vermeidbar war, ist ohne Bedeutung, wie sich das Geschehen zugetragen hätte, wenn der Fahrer nüchtern gewesen wäre. Entscheidend ist vielmehr, ob der Unfall sich auch bei einer niedrigeren, dem Trunkenheitsgrad des Fahrers angepassten Geschwindigkeit ereignet hätte; vgl Rn 952, 960.
- BGH NJW 14, 1680 *(Substitutionsfall)*: Straflosigkeit der fahrlässigen Mitwirkung an einer Selbstgefährdung in Form der missbräuchlichen Verwendung des vom Arzt im Rahmen einer Substitutionstherapie verschriebenen Opiats seitens des Patienten, sofern keine Handlungsherrschaft kraft überlegenen Wissens und keine relevante Einschränkung der Fähigkeit des Opfers vorlag, eigenverantwortlich über die Eingehung des Risikos zu entscheiden; vgl Rn 964.

90 *Krey/Esser*, AT, Rn 1378; NK-*Paeffgen*, § 18 Rn 132; *Sowada*, Jura 95, 646.
91 *Frister*, AT, 28. Kap. Rn 3; *B. Heinrich*, AT, Rn 1282; *Küper*, Kühl-FS, S. 315.
92 BGHSt 19, 339, 341 f (§ 50 StGB aF); *Fischer*, § 18 Rn 5; S/S-*Sternberg-Lieben/Schuster*, § 18 Rn 6.
93 Vert. *Rengier*, Erfolgsqualifizierte Delikte, S. 249 ff, 258; *Stuckenberg*, Jakobs-FS, S. 693; LK-*Vogel*, § 18 Rn 68 f.

Teil IV

Die Unterlassungsstraftaten

§ 19 Echte und unechte Unterlassungsdelikte. Die Pflichtenkollision

Fall 19: 980

a) Der nach Hause kommende A findet sein Elternhaus in hellen Flammen vor. Hinter einem Fenster des oberen Stockwerks entdeckt er seinen achtjährigen Bruder B, während die Großmutter G auf der anderen Seite des Hauses aus dem Obergeschoss um Hilfe ruft. Aufgrund eines in dieser Situation unvermeidbaren Irrtums (Rauchentwicklung usw) hält A die G für die Nachbarin N, die häufig zum Tee kommt. Das Feuer im Innern versperrt B und G die Flucht nach draußen. A erkennt, dass der Dachstuhl sofort einzustürzen droht und ihm nur noch Zeit bleibt, mithilfe einer Leiter einen von beiden zu retten. Kaum hat er nach rasch gefasstem Entschluss B in Sicherheit gebracht, stürzt das Dach zusammen. G findet dabei den Tod.

Wie ist der Fall strafrechtlich zu beurteilen? **Rn 994, 998, 1003, 1027, 1029, 1031, 1053**

b) Wie läge es, wenn A die G erkannt hat und gleichwohl B rettet? **Rn 1037, 1053**

c) Wie läge es, wenn sich im brennenden Haus die heiß geliebte Freundin F und der jüngere Bruder B (den A betreut) befinden und A die F rettet, sodass B den Tod erleidet, wobei A glaubt, diese Auswahl von Rechts wegen treffen zu dürfen? **Rn 1039, 1053**

d) Wie läge es, wenn A den B rettet, sodass F beim Einsturz des Hauses umkommt? **Rn 1051, 1053**

I. Einteilung und Abgrenzung der Unterlassungsdelikte

1. Echte und unechte Unterlassungsdelikte

Die **Unterlassungsstraftaten** gliedern sich in zwei strukturell verschiedene Gruppen: 981

a) **Echte Unterlassungsdelikte** sind Straftaten, die sich im Verstoß gegen eine **Gebotsnorm**, also im **bloßen Unterlassen** einer vom Gesetz geforderten Tätigkeit erschöpfen[1]. 982

Die echten Unterlassungsdelikte, wie etwa das Sich-Nicht-Entfernen beim Hausfriedensbruch (§ 123 I Alt. 2), die Nichtanzeige von Verbrechen (§ 138), die Aussetzung durch Im-Stich-Lassen (§ 221 I Nr 2)[2] und das Unterlassen der Hilfeleistung (§ 323c), bilden das Gegenstück zu den schlichten Tätigkeitsdelikten (s. Rn 39; als weitere Beispiele sind hier zu nennen §§ 266a I, 283 I Nr 7b, 326 III, 328 II Nr 1). In all diesen Fällen kann die Nichtvornahme der gesetzlich

1 BGHSt 14, 280, 281; vert. *Jescheck/Weigend*, AT, § 58 III 2; *Kühl*, JA 14, 507.

2 BGHSt 57, 28 m. zust. Anm. *Jäger*, JA 12, 154 und *Theile*, ZJS 12, 389 sowie krit. Anm. *Freund/Timm*, HRRS 12, 223; *Krüger/Wengenroth*, NStZ 13, 101 und *Momsen*, StV 13, 54; s. a. *Ladiges*, JuS 12, 688.

geforderten Handlung zwar auch mit sozialschädlichen Folgen verbunden sein; für die Strafbarkeit des Verhaltens kommt es jedoch nicht auf den diesbezüglichen Erfolg, sondern allein auf **das Unterlassen des rechtlich gebotenen Tuns** an. Wer etwa einem Unfallopfer keine Hilfe geleistet hat, obwohl ihm dies möglich und zumutbar war, wird, auch wenn das Opfer seinen Verletzungen erliegt, nur aus § 323c und nicht wegen Tötung (§§ 212, 211, 222) bestraft, wenn ihm **keine besondere Schutzpflicht** gegenüber dem Verunglückten oblag. Für die Erfolgsabwendung hat der Normadressat hier nicht einzustehen, vielmehr wird von ihm bei den echten Unterlassensdelikten nur ein Handeln zum Zwecke der Schadensverhütung verlangt.

983 b) **Unechte Unterlassungsdelikte**[3] sind dagegen Straftaten, bei denen der Unterlassende als **Garant zur Erfolgsabwendung verpflichtet** ist und bei denen das Unterlassen wertungsmäßig der Verwirklichung des gesetzlichen Tatbestandes durch ein aktives Tun entspricht (§ 13). Die unechten Unterlassungsstraftaten sind ein Spiegelbild der Begehungsdelikte und zumeist das Gegenstück zu den Erfolgsdelikten (s. Rn 37). Der Eintritt des missbilligten Erfolges gehört hier zum Unrechtstatbestand. Ein Garant, der die ihm auferlegte Pflicht zur Erfolgsabwendung verletzt, verwirklicht einen Straftatbestand, der im Gesetz als Begehungsdelikt konstruiert ist und dem primär eine **Verbotsnorm** zugrunde liegt.

So beruht § 212 auf der Verbotsnorm: „Du sollst nicht töten!" Diese Missbilligung der Lebensvernichtung richtet sich zwar in erster Linie gegen die Fremdtötung durch aktives Tun, ist aber nicht darauf beschränkt. Denn für die rechtliche Bewertung der Tat macht es keinen Unterschied, ob eine Mutter ihr Kleinkind vorsätzlich vergiftet oder ob sie es verhungern lässt. Der Erfolgsverursachung durch aktives Tun steht die Herbeiführung oder Nichtabwendung des Todeserfolges durch pflichtwidriges Unterlassen tatbestandlich gleich. In all diesen Fällen liegt ein Verstoß gegen das Tötungsverbot vor; beim Verhungernlassen wird dabei seitens der Mutter zugleich eine spezifische Rechtspflicht zum Tätigwerden (Erfolgsabwendungspflicht) verletzt.

984 **§ 13** legitimiert die früher gewohnheitsrechtlich anerkannte Ableitung der unechten Unterlassungsdelikte aus den Begehungstatbeständen, lässt aber bei diesen (nicht hingegen bei den echten Unterlassungsdelikten[4]) eine **fakultative Strafmilderung** im Rahmen einer Gesamtabwägung zu, bei der neben den konkreten Tatumständen alle Gesichtspunkte zu berücksichtigen sind, die Aufschluss über den Handlungsunwert und die Frage geben, ob das Unterlassen im Verhältnis zu einer entsprechenden Begehungstat weniger schwer wiegt[5]. Die Anpassung der für Begehungstaten konzipierten Strafvorschriften an die Besonderheiten der Unterlassungstat ist nur im Wege der richterlichen Tatbestandsergänzung erreichbar. Rspr und Lehre stehen hier vor der Aufgabe, sachgerechte Kriterien dafür zu entwickeln, wann jemand als **Garant** „rechtlich für die Abwendung des tatbestandlichen Erfolges einzustehen" hat und unter welchen Umständen das Unterlassen „einer Verwirklichung des gesetzlichen Tatbestandes durch aktives Tun **entspricht**"[6]. Zum Aufbau vgl Rn 1205.

---

3 Vert. *Ransiek*, JuS 10, 490, 585 und 678; krit. zum Begriff: *Bringewat*, Grundbegriffe des Strafrechts, 2. Aufl. 2008, Rn 343; MK-*Freund*, § 13 Rn 60; LK-*Weigend*, § 13 Rn 16.

4 BGHSt 57, 28; diff. *Freund/Timm*, HRRS 12, 223, 234.

5 BGH JR 82, 464; 99, 292; vert. *Loos*, Samson-FS, S. 81; LK-*Weigend*, § 13 Rn 99 f.

6 S. *Jähnke*, BGH-Prax-FS, S. 393, 401 f; *Tenckhoff*, Spendel-FS, S. 347; zum Unterlassungsdelikt ferner *Dencker*, Stree/Wessels-FS, S. 159; *Freund*, Erfolgsdelikt und Unterlassen, 1992; *ders.*, Herzberg-FS, S. 225; *Herzberg*, Die Unterlassung im Strafrecht und das Garantenprinzip, 1972; *Schünemann*, Grund und Grenzen der unechten Unterlassungsdelikte, 1971; *ders.*, Amelung-FS, S. 303; *Struensee*, JZ 77, 217; *Vogel*, Norm und Pflicht bei den unechten Unterlassungsdelikten, 1993.

2. Die Abgrenzung zwischen Tun und Unterlassen

Von ihrem äußeren Erscheinungsbild her sind Tun und Unterlassen zumeist leicht zu unterscheiden. Wer ein Kausalgeschehen durch Einsatz von Energie in Gang setzt oder in eine bestimmte Richtung lenkt, tut etwas; wer den Dingen ihren Lauf lässt und von der Möglichkeit des Eingreifens keinen Gebrauch macht, unterlässt etwas. Schwierig ist dagegen die Antwort auf die Frage, worin bei **mehrdeutigen Verhaltensweisen** der maßgebliche Anknüpfungspunkt für die strafrechtliche Beurteilung besteht und ob die äußere Erscheinungsform des Verhaltens stets zwangsläufig über seine rechtliche Qualifikation als Begehungs- oder Unterlassungstat entscheidet. **985**

a) Zweifel ergeben sich insofern namentlich im **Fahrlässigkeitsbereich**, da hier der Handlungsvollzug stets mit einem Unterlassungsmoment, nämlich mit dem Außer-Acht-Lassen der gebotenen Sorgfalt, verbunden ist. **986**

Wenn der Radfahrer R den Fußgänger F anfährt und verletzt, weil er abends ohne Licht gefahren ist, drängt sich die Frage auf, ob ein aktives Tun (Fahren ohne Licht) oder ein Unterlassen (Nichtanbringen oder Nichteinschalten der Beleuchtungsanlage) für den Erfolg ursächlich geworden ist. Die Antwort darauf ist von weit reichender Bedeutung, weil die Strafbarkeit nach Maßgabe eines unechten Unterlassungsdelikts eine besondere Rechtspflicht zum Handeln iS einer Garantenpflicht voraussetzt.

Die insoweit bestehenden Abgrenzungsprobleme sind noch immer nicht erschöpfend geklärt. Weitgehend anerkannt dürfte jedoch sein, dass die notwendige Unterscheidung zwischen Tun und Unterlassen nicht auf rein ontischer bzw empirischer Grundlage erfolgen darf. Vielmehr handelt es sich um eine **Wertungsfrage**, die sich weder allein anhand des äußeren Befunds noch unter ausschließlichem Rückgriff auf das Kriterium des Energieeinsatzes[7] oder der Kausalität[8] beantworten lässt. Auch eine Kombination dieser beiden Kriterien[9] führt in den Grenzbereichen nicht immer zu sachgerechten Ergebnissen. Des Weiteren verbietet es sich, in den problematischen Fallgruppen sowohl ein positives Tun als auch ein Unterlassen anzunehmen und sodann von einem generellen Vorrang des positiven Tuns auszugehen[10], denn ein Unterlassen ohne gleichzeitiges positives Tun erscheint kaum denkbar, sodass nach dieser Lösung streng genommen (fast) nie an ein Unterlassen anzuknüpfen wäre. Im Einklang mit der Rspr ist daher darauf abzustellen, wo bei normativer Betrachtung unter Berücksichtigung des sozialen Handlungssinns der **Schwerpunkt des strafrechtlich relevanten Verhaltens** liegt, wobei die Kriterien des Energieeinsatzes und der Kausalität durchaus als Ausgangspunkt dienen können[11]. **987**

---

7 *Brammsen*, GA 2002, 193; MK-*Freund*, § 13 Rn 8 ff; ähnl. *Gössel*, Kühl-FS, S. 225.

8 *Roxin*, AT II, § 31 Rn 78 ff; *Samson*, Welzel-FS, S. 579; *Streng*, ZStW 122 [2010], 1.

9 MK-*Duttge*, § 15 Rn 210; *Herzberg*, Röhl-FS, S. 282; *Joecks*, St-K § 13 Rn 15; *Sieber*, JZ 83, 431; NK-*Wohlers/Gaede*, § 13 Rn 7.

10 *Frister*, AT, 22. Kap. Rn 10; *Jakobs*, AT, 28/4; *Kindhäuser*, LPK, § 13 Rn 72; *Puppe*, AT, § 28 Rn 3, 8 und 19; *T. Walter*, ZStW 116 [2004], 555.

11 BGHSt 6, 46, 59; 49, 147, 164 *(Bremer Vulkan)*; 51, 165, 173 *(Hoyzerfall)*; S/S-*Stree/Bosch*, Vorbem. §§ 13 ff Rn 158a; LK-*Weigend*, § 13 Rn 7; krit. MK-*Freund*, § 13 Rn 5 ff; *Freund/Timm*, HRRS 12, 223, 226; *Hettinger*, Paulus-FS, S. 82 ff; *Hoyer*, Strafrechtsdogmatik nach Armin Kaufmann, 1997, S. 346; *Merkel*, Herzberg-FS, S. 193; *Struensee*, Stree/Wessels-FS, S. 133; *Zieschang*, AT, Rn 47; s. zum Ganzen auch *Ast*, Normentheorie und Strafrechtsdogmatik, 2010, S. 81 ff; *ders.*, ZStW 124 [2012], 612 ff; *Kahlo*, Die Handlungsform der Unterlassung als Kriminaldelikt, 2001; *Kuhlen*, Puppe-FS, S. 669; *Otto*, Jura 00, 549; *Ransiek*, JuS 10, 493.

Die hM geht im *Radleuchtenfall*[12] zu Recht von einem fahrlässigen Begehungsdelikt (§ 229) aus: Der Schwerpunkt der Vorwerfbarkeit liegt hier auf dem erfolgsverursachenden aktiven Tun (Teilnahme am Straßenverkehr durch Fahren ohne Licht). Das „Unterlassungsmoment" der Fahrlässigkeitstat ist insoweit nur eine wesensnotwendige Modalität des Handlungsvollzuges[13]. Ebenso ist der vielzitierte *Ziegenhaarfall* zu lösen, bei dem ein Fabrikant den Tod mehrerer Arbeiterinnen durch die Ausgabe nicht desinfizierter Ziegenhaare verursacht hatte[14]. Nicht anders ist schließlich im *Hepatitisfall*[15] zu entscheiden: Ein an Hepatitis B erkrankter Chirurg hatte zwölf Patienten bei Herzoperationen angesteckt. Der Sorgfaltspflichtverstoß lag darin, dass er sich keinen Kontrolluntersuchungen unterzogen hatte. Da erst die Durchführung der Operationen den eigentlichen Handlungssinn bestimmt, ist von einem positiven Tun auszugehen.

988 b) Abgrenzungsschwierigkeiten können sich auch bei vorsätzlichem Handeln ergeben, insbes. bei Fällen, in denen jemand in Gefahr geraten ist und ein Anderer Erfolg versprechende **eigene Rettungsbemühungen wieder abbricht** oder **fremde Rettungshandlungen vereitelt**.

989 Die Vereitelung effektiver Rettungsmöglichkeiten durch aktives **Eingreifen in fremde Rettungshandlungen** im Wege des Zwanges oder der Täuschung ist stets als aktives Tun zu werten. Wird dabei der Einsatz bestimmter Rettungsgeräte verhindert, spielen die Eigentumsverhältnisse keine Rolle[16]. Für die Annahme eines Unterlassungsdelikts (§ 323c) bleibt nur Raum, wenn die erforderliche Hilfe durch bloßes Untätigbleiben verweigert wird.

Beispiel für Tun: Der in einen Brunnenschacht gefallene und um Hilfe rufende X ertrinkt deshalb, weil A den rettungswilligen B niederschlägt und dessen Rettungsseil in eine unzugängliche Schlucht wirft, um die Rettung des X zu verhindern.

Beispiel für Unterlassen: A ist gerade mit einem Seil unterwegs zu einer Baustelle, als ihn B um Überlassung des Seils bittet, mit dem der in den Brunnen gefallene X gerettet werden soll. A geht unbeeindruckt weiter, da er an der Rettung des X kein Interesse hat.

990 Der **Abbruch eigener Rettungsbemühungen** stellt ein Unterlassen dar, wenn er erfolgt, bevor die Rettungshandlung das gefährdete Objekt erreicht und ihm eine realisierbare Rettungsmöglichkeit eröffnet hat. Nach diesem Zeitpunkt ist die Vereitelung des Rettungserfolges als aktives Tun zu werten.

Beispiel für Tun: A hat ein Rettungsseil zu dem in den Brunnenschacht gefallenen X hinabgelassen und X damit ein Stück hochgezogen. Nachdem er in X seinen verhassten Widersacher erkannt hat, lässt er diesen durch Loslassen des Seils willentlich hinabstürzen und ertrinken.

Beispiel für Unterlassen: A möchte dem im Brunnenschacht befindlichen X zu Hilfe kommen und schickt sich an, ein Seil zu ihm hinabzulassen, zieht es jedoch wieder zurück, noch bevor X es ergriffen hat[17].

▸ Beispielsfall bei *Beulke*, Klausurenkurs II Rn 148

---

12 RGSt 63, 392.

13 Vgl *Jescheck/Weigend*, AT, § 58 II 2.

14 RGSt 63, 211; näher dazu *Engisch*, Gallas-FS, S. 163, 184.

15 BGH JR 04, 33 m. iE zust. Anm. *Duttge* und *Ulsenheimer*, StV 07, 77.

16 Näher *Roxin*, Engisch-FS, S. 380, 387; *Silva Sánchez*, Frisch-FS, S. 299; S/S-*Stree/Bosch*, Vorbem. §§ 13 ff Rn 159 f.

17 Vert. *Kühl*, JA 14, 507, 510; *Roxin*, Spinellis-FS, S. 945; *ders.*, AT II, § 31 Rn 109 ff; abw. MK-*Freund*, § 13 Rn 4, 11; *Herzberg*, Röhl-FS, S. 270; *Rengier*, AT, § 49 Rn 23, die in beiden Fällen nach § 212 bestrafen wollen; anders auch *T. Walter*, ZStW 116 [2004], 555, 568, der sich in beiden Fällen für Straflosigkeit aussprechen würde, weil X noch keine rechtlich geschützte Position innehat.

c) Nach ähnlichen Grundsätzen wurde bislang der Verzicht auf lebenserhaltende oder -verlängernde Maßnahmen im Rahmen der sog. **passiven Sterbehilfe** (vgl Rn 468) beurteilt. 991

Das Abschalten eines Beatmungsgerätes oder die Kappung eines der künstlichen Ernährung dienenden Schlauchs durch den mit der Behandlung beauftragten Arzt oder durch Hilfspersonal auf dessen Anordnung hin wurde von Rspr und hL auf Grundlage einer normativen Betrachtung nach seinem sozialen Handlungssinn als Unterlassen (weiterer Rettungsbemühungen) bewertet (sog. **„Unterlassen durch Tun"**), sodass eine Strafbarkeit regelmäßig mangels Garantenpflicht ausschied[18]. Entsprechende Handlungen durch externe Dritte, etwa Angehörige des Patienten, wurden hingegen als aktives Tun und damit als vorsätzliche Tötung angesehen.

Dieser Weg, die ärztliche passive Sterbehilfe zu legitimieren, ist im Schrifttum vielfach auf **Kritik** gestoßen: Die Umdeutung eines aktiven Verhaltens (zB Abschalten eines Beatmungsgeräts) in ein „normativ verstandenes Unterlassen" sei nicht nur dogmatisch höchst zweifelhaft, sondern führe überdies bisweilen zu zufälligen, nicht sachgerechten Ergebnissen[19]. 992

Im Rahmen seiner wegweisenden **Entscheidung vom 25.6.2010** hat sich der 2. Strafsenat des BGH dieser Kritik angeschlossen[20]. Auch ärztliche Maßnahmen sollen nunmehr auf Grundlage einer naturalistischen Sichtweise beurteilt und ggf als aktives Tun eingestuft werden. Handelt es sich allerdings um einen sog. **Behandlungsabbruch** (s. Rn 469), verbleibt es im Ergebnis gleichwohl bei der Straflosigkeit, da die Einwilligung des Patienten **rechtfertigende Wirkung** entfaltet (s. Rn 550). Erfolgt der Behandlungsabbruch hingegen – auch auf der Basis einer naturalistischen Beurteilung – durch ein Unterlassen (Arzt führt dem komatösen Patienten keine neue Nährlösung zu), scheitert die Strafbarkeit (wie bislang) regelmäßig bereits am Fehlen einer Garanten- (= Behandlungs-)Pflicht, da deren Ausmaß vom Willen des Patienten abhängt. In Fällen des Behandlungsabbruchs kommt es somit im Ergebnis auf die Einordnung der konkreten Handlung als aktives Tun oder Unterlassen nicht mehr an. Diese Grundsätze sollen nicht nur für den Arzt, Betreuer oder Bevollmächtigten des Patienten gelten, sondern auch für jeden Dritten, der als für die Behandlung oder Betreuung zugezogene Hilfsperson tätig wird (s. Rn 575). 993

Eine Aufgabe der Schwerpunktformel (s. Rn 987) ist mit dieser neuen Rspr nicht verbunden[21]. Das Verhalten des Arztes wird lediglich anders gewertet. Gezielte Eingriffe in das Leben eines Menschen, die sich bei naturalistischer Betrachtung als aktives Tun darstellen, sind daher jenseits der Fälle des Behandlungsabbruchs auch seitens des Arztes als aktive Sterbehilfe strafbar (s. Rn 552). Erst recht gilt dies für externe Dritte.

18 Vgl nur BGHSt 40, 257, 265 f; *Albrecht*, Schreiber-FS, S. 551; *Frister*, Samson-FS, S. 19, 27 f; *Jäger*, ZStW 115 [2003], 769; Roxin/Schroth-*Roxin*, S. 95; *Schöch*, NStZ 95, 153, 154; *Schroth*, GA 2005, 551; *Streng*, Frisch-FS, S. 739, 749 ff; vert. *Schneider*, Tun und Unterlassen beim Abbruch lebenserhaltender medizinischer Behandlung, 1997.

19 *Gropp*, Schlüchter-FS, S. 173; *Joecks*, St-K, § 13 Rn 14 f; *Kargl*, GA 1999, 459.

20 BGHSt 55, 191, 201 ff *(Fall Putz)* m. Bespr. *Ast*, ZStW 124 [2012], 612, 623 ff; *Dölling*, ZIS 11, 345; *Eidam*, GA 2011, 232; *Kubiciel*, Ad legendum 11, 361; *Rosenau*, Rissing-van Saan-FS, S. 547; *Uhlig/Joerden*, Ad legendum 11, 369; *Walter*, ZIS 11, 76.

21 BGHSt 56, 277, 286, Rn 43 *(Schönheitsoperationsfall)*; BGH NJW 15, 96, Rn 59 *(Fall Oury Jalloh)*; BGH NJW 15, 1190, Rn 9.

Beispiel: Der behandelnde Arzt stellt gegen Bezahlung auf Wunsch des habgierigen Erben durch Knopfdruck den Respirator aus, an dem der sterbende Patient angeschlossen ist. Hier werden der Arzt gem. § 211, der Erbe gem. §§ 211, 26 bestraft.

▶ Beispielsfall bei *Beulke*, Klausurenkurs II Rn 281

II. Der Tatbestand der unechten Unterlassungsdelikte

994 Im **Fall 19a** könnte sich A wegen Totschlags (§ 212) strafbar gemacht haben. Da er den Tod nicht durch ein positives Tun herbeigeführt hat, ist zu prüfen, ob A in Bezug auf seine Großmutter G den Tatbestand des Totschlags durch Unterlassen (§§ 212, 13) verwirklicht hat.

1. Der Eintritt des tatbestandlichen Erfolges

995 Zum objektiven Tatbestand eines unechten Unterlassungsdelikts gehört nach § 13 zunächst der **Eintritt des tatbestandlichen Erfolges**, also bspw des Todeserfolgs bei § 212.

2. Das Unterlassen der gebotenen und möglichen Handlung

996 Hinzukommen muss das **Unterlassen** der in der konkreten Gefahrenlage **erforderlichen Rettungshandlung** bei vorhandener **physisch-realer Möglichkeit**, das rechtlich Gebotene in sinnvoller Weise zu tun oder ggf mithilfe Dritter zu veranlassen.

Unterlassen heißt nicht passives „Nichtstun", sondern Nichtvornahme einer bestimmten rechtlich geforderten Tätigkeit. Was der Normadressat zu tun hat, ist objektiv zu bestimmen und hängt von den Umständen des Einzelfalles ab. Wer zB einem schwer Verletzten nicht selbst helfen kann, muss einen Arzt verständigen, einen Krankenwagen herbeirufen oder andere geeignete Rettungsmaßnahmen einleiten.

Rechtlich gefordert wird aber nur das, was dem Normadressaten in der Gefahrensituation physisch-real möglich ist[22]. Was objektiv unmöglich ist, kann man schon begrifflich nicht unterlassen; wer in Bonn spazieren geht, unterlässt nicht die Rettung des bei Köln in den Rhein Gefallenen. Die physisch-reale Möglichkeit zur Vornahme der erforderlichen Rettungshandlung fehlt bei völliger Handlungsunfähigkeit (wie bei Ohnmacht, Fesselung, Lähmung usw), bei mangelnder räumlicher Nähe zur Gefahrenstelle, beim Nichtvorhandensein der zur Rettung notwendigen Hilfsmittel oder der zu ihrem Gebrauch unerlässlichen Kenntnisse, schließlich aber auch bei individueller Unfähigkeit, die zur Rechtsgutserhaltung allein sinnvolle Handlung vorzunehmen (beim Fehlen anderer Möglichkeiten unterlässt der Nichtschwimmer nicht die nur dem Schwimmer mögliche Rettung des Ertrinkenden)[23].

997 Die Frage, ob der Unterlassende von der Gefahrensituation und den zu ihrer Abwendung verfügbaren Hilfsmitteln Kenntnis hatte, berührt nicht den objektiven Tatbestand, sondern nur den Tatbestandsvorsatz[24].

22 Vgl BGH wistra 00, 136.
23 Vert. *Roxin*, AT II, § 31 Rn 8 ff; s. a. *Renzikowski*, Weber-FS, S. 333, 336; *Satzger*, Jura 06, 513.
24 *Maurach/Gössel/Zipf*, AT/2, § 46 Rn 113; SK-*Rudolphi/Stein*, Vor § 13 Rn 35; S/S-*Stree/Bosch*, Vorbem. §§ 13 ff Rn 141; aA *Armin Kaufmann*, Unterlassungsdelikte, S. 100 ff.

Im **Fall 19a** ist der tatbestandliche Erfolg eingetreten. A hat die zur Rettung der G geeignete und erforderliche Handlung nicht vorgenommen. Die physisch-reale Möglichkeit, die G mithilfe der vorhandenen Leiter aus dem brennenden Haus zu befreien und den drohenden Todeserfolg abzuwenden, entfiel für A nicht etwa deshalb, weil er nur die G **oder** den B zu retten vermochte. Vor seiner Entscheidung, dem B zu helfen, hatte A die Möglichkeit und die Fähigkeit zur Rettung der G. **998**

3. Die Ursächlichkeit des Unterlassens und die objektive Zurechnung des Erfolges

999 Ähnlich wie bei den (vorsätzlichen und fahrlässigen) Begehungsdelikten hängt die Erfolgszurechnung bei den unechten Unterlassungsdelikten von zwei Voraussetzungen ab, und zwar vom ursächlichen Zusammenhang (s. Rn 217 ff) und der objektiven Zurechnung (s. Rn 246 ff), wobei bei Letzterer der spezielle Pflichtwidrigkeitszusammenhang (s. Rn 294) zwischen Täterverhalten (hier: Unterlassen) und Erfolg eine ähnlich hervorgehobene Rolle wie bei den Fahrlässigkeitsdelikten spielt.

1000 a) Die **Ursächlichkeit** des Unterlassens für den Eintritt des tatbestandlichen Erfolges lässt sich nicht anhand der *conditio-sine-qua-non*-Formel (Rn 218) ermitteln. Die hM behilft sich daher mit einer Modifizierung der Formel und fragt, ob die **rechtlich geforderte Handlung nicht hinzugedacht werden kann, ohne dass der tatbestandsmäßige Erfolg entfiele**[25]. Dazu genügt die Feststellung einer an Sicherheit grenzenden Wahrscheinlichkeit[26].

Dass es eine Kausalität im physikalischen Sinne bei Unterlassungen nicht gibt, ist belanglos, da es für die normative Betrachtungsweise im Strafrecht nicht auf den naturwissenschaftlichen Kausalbegriff ankommt und ein gesetzmäßiger Bedingungszusammenhang zwischen dem Untätigbleiben und dem Erfolgseintritt genügt[27]. Teilweise spricht man im Zusammenhang mit Unterlassungsdelikten auch von einer **„Quasi-Kausalität“**[28].

1001 Aus der oben wiedergegebenen Definition der hM zur Ursächlichkeit des Unterlassens ergibt sich, dass die Kausalität – anders als bei den Begehungsdelikten – nicht auf den Erfolg in seiner konkreten Gestalt, sondern auf den im Gesetz abstrakt umschriebenen tatbestandsmäßigen Erfolg als solchen bezogen wird. Das damit verfolgte Ziel, einer Ausuferung der Haftung für Unterlassungen entgegenzuwirken, ist je-

---

25 BGHSt 6, 1, 2; 37, 106, 126.

26 BGH NStZ 00, 583; *Krey/Esser*, AT, Rn 1123; *Maiwald*, Küper-FS, S. 329; *S/S-Stree/Bosch*, § 13 Rn 61; LK-*Weigend*, § 13 Rn 72; s. a. BGHSt 52, 159, 165 *(Sattelschlepperfall)*; dazu krit. *Bosch*, Puppe-FS, S. 373; *Kühl*, NJW 08, 1899.

27 S. *Baumann/Weber/Mitsch*, AT, § 15 Rn 23; *Puppe*, ZStW 92 [1980], 863, 899 und JR 92, 30; *Roxin*, Achenbach-FS, S. 409.

28 BGHSt 48, 77, 93; BGH NJW 10, 1087 *(Bad Reichenhaller Eissporthalle)* m. Bespr. *Ast*, ZStW 124 [2012], 612, 630 ff sowie Anm. *Kahrs*, NStZ 11, 14 und *Kudlich*, JA 10, 552; BGH NJW 15, 96, Rn 84 *(Fall Oury Jalloh)* m. Bespr. *Jahn*, JuS 15, 180 und Kritik bei *Jäger*, JA 15, 72; *Rostalski*, JR 15, 306; *Schiemann*, NJW 15, 20 („rechtswidrige Freiheitsberaubung“ wäre durch den potenziellen Richterbeschluss gerade eine rechtmäßige geworden, sodass hinsichtlich der rechtswidrigen Freiheitsberaubung doch die Kausalität gegeben sei; entfallen könnte aber die Zurechnung bzgl der Todesherbeiführung) sowie *Satzger*, JK 15, 882 (Quasi-Kausalität des Unterlassens für Freiheitsberaubung *als solche* unproblematisch, nur hypothetische Legitimierung der Inhaftierung angesichts Bedeutung des Richterprivilegs für Rechtfertigung nicht ausreichend); MK-*Freund*, Vor § 13 Rn 346, § 13 Rn 210; *Gropp*, AT, § 11 Rn 71.

doch richtigerweise auch hier erst auf der Ebene der objektiven Zurechnung zu erreichen. Bei der Feststellung des ursächlichen Zusammenhanges ist daher, ebenso wie bei den Begehungsdelikten, vom Erfolg in seiner **konkreten Gestalt** auszugehen; etwaige Reserveursachen bleiben dabei nach allgemeinen Regeln außer Betracht.

Beispiel (nach BGH JZ 73, 173, *Fensterwurffall*): Bei einem nächtlichen Brand war A mit seinen beiden Kleinkindern in einer Dachgeschosswohnung von den Flammen eingeschlossen. Ein Entkommen durch das Treppenhaus war unmöglich. Die einzige Rettungschance für die Kinder bestand darin, sie durch ein Fenster nach unten (6 bis 7 Meter tief) zu werfen, wo drei kräftige Männer mit ausgebreiteten Armen zum Auffangen bereitstanden. Trotz ihrer wiederholten Zurufe konnte A sich wegen des hohen Verletzungsrisikos jedoch nicht entschließen, die Kinder hinabzuwerfen. In letzter Sekunde brachte er sich selbst durch einen Sprung nach unten in Sicherheit, während beide Kinder in den Flammen umkamen.

Hier fragt der BGH nicht etwa danach, ob die Kinder dem Flammentod entgangen wären, sondern ob sie ganz allgemein am Leben geblieben, also gerettet worden wären, wenn A sie rechtzeitig aus dem Fenster in die Arme der bereitstehenden Helfer geworfen hätte[29]. Daran ist zwar richtig, dass die Strafbarkeit nicht an dem konkreten Erfolg (hier in Gestalt des Flammentodes) anknüpfen darf, weil A sonst selbst dann strafbar wäre, wenn das Geschehen sich im 20. Stock eines Hochhauses abgespielt und ein Hinabwerfen der Kinder den sicheren Tod zur Folge gehabt hätte. Sinn einer Erfolgsabwendungspflicht iSd § 13 I kann nicht sein, lediglich die eine Todesart (Flammentod) gegen eine andere (Fenstersturztod) auszuwechseln. Das hat aber mit der Kausalität nichts zu tun, sondern ist allein eine Frage der im Folgenden unter b) zu behandelnden objektiven Zurechnung[30].

1002 b) Im Rahmen der **objektiven Zurechnung** ist unter dem Blickwinkel des **speziellen Pflichtwidrigkeitszusammenhanges** danach zu fragen, ob der Eintritt des tatbestandsmäßigen Erfolges gerade auf der Pflichtwidrigkeit des Unterlassens beruht[31]. Zu bejahen ist das nur, wenn die Vornahme der gebotenen Rettungshandlung in der konkreten Gefahrensituation mit an Sicherheit grenzender Wahrscheinlichkeit zur Erhaltung des gefährdeten Rechtsgutes, dh zur Vermeidung des tatbestandlichen Erfolges, zu einer ins Gewicht fallenden Lebensverlängerung[32] oder (wie etwa im Verhältnis mehrerer Körperverletzungen zueinander) zu einer wesentlich geringeren Verletzung geführt hätte. Wäre der gleiche tatbestandliche Erfolg (wie etwa der Tod auf andere Weise) oder eine gleich schwer wiegende Werteinbuße auch bei pflichtgemäßem Verhalten als unmittelbare Folge der allein in Betracht kommenden Rettungshandlung eingetreten, ist der Pflichtwidrigkeitszusammenhang und damit die objektive Zurechnung des Erfolges zu verneinen. Dasselbe gilt, wenn der Eintritt des gleichen tatbestandlichen Erfolges nicht ausgeschlossen werden kann *(in dubio pro reo)*.

Strenger ist hier die sog. **„Risikoverringerungslehre"**, die eine Erfolgszurechnung schon dann bejaht, wenn die gebotene Handlung das Risiko des Erfolgseintritts merklich verringert hätte[33].

29 Im Wesentlichen zust. *Schlüchter*, JuS 76, 793; *Ulsenheimer*, JuS 72, 252; abl. und auf den konkreten „Flammentod" abstellend *Herzberg*, MDR 71, 881; *Spendel*, JZ 73, 137, 140.

30 IE ebenso MK-*Freund*, § 13 Rn 217; krit. *Gropp*, AT, § 11 Rn 77.

31 Vgl BGHSt 37, 106, 116; *Stree*, Klug-FS, S. 395; s. dazu auch *Kahlo*, Das Problem des Pflichtwidrigkeitszusammenhanges bei den unechten Unterlassungsdelikten, 1990, S. 306; *ders.*, GA 1987, 66; abw. Matt/Renzikowski-*Haas*, § 13 Rn 13 (Frage der hypothetischen Kausalität).

32 BGH NStZ 85, 26; 87, 505.

33 *Greco*, ZIS 11, 674; *Otto*, Jura 01, 275; zur Versuchsproblematik bei vorsätzlich unterlassener Risikoverminderung: *Kaspar*, AT Rn 969; *Roxin*, AT II, § 31 Rn 46 ff; *Stratenwerth/Kuhlen*, AT, § 13 Rn 55.

Diese Umkehrung der sog. „Risikoerhöhungstheorie" (s. Rn 296 ff) ist abzulehnen, da andernfalls auch im Unterlassungsbereich Verletzungsdelikte quasi in Gefährdungsdelikte umgedeutet würden[34].

Im konkreten **Beispiel**[35] waren wegen der fast absoluten Gewissheit, dass der Wurf die Kinder gerettet hätte, die Voraussetzungen für eine objektive Zurechnung des Erfolges (Tod beider Kinder) gegeben.

Im **Fall 19a** war das Unterlassen des A mitursächlich für den „Flammentod" der G. Da diese **am Leben geblieben** wäre, wenn A sie (an Stelle des B) mithilfe der Leiter aus dem brennenden Haus gerettet hätte, ist auch an der objektiven Zurechenbarkeit des Todeserfolges nicht zu zweifeln. **1003**

4. Grundlagen der Garantenpflicht

Die Gleichstellung des Unterlassens mit dem aktiven Tun setzt nach § 13 voraus, dass der Unterlassende Garant für die Abwendung des Erfolges ist, also aufgrund einer besonderen Pflichtenstellung „rechtlich dafür einzustehen hat, dass der tatbestandliche Erfolg nicht eintritt". Die einzelnen Umstände, die diese **Garantenstellung** begründen, sind ungeschriebene Tatbestandsmerkmale der unechten Unterlassungsdelikte[36]. **1004**

Die Frage, wann und auf welche Weise eine strafrechtlich relevante Garantenstellung entsteht, ist noch nicht abschließend geklärt. Während **früher** als Entstehungsgründe **Gesetz, Vertrag, vorausgegangenes gefährdendes Tun** und **enge Lebensbeziehungen** anerkannt waren[37], bemüht sich die neuere Lehre um eine Einteilung nach materiellen Kriterien. Sie führt die Garantenverhältnisse auf zwei Grundpositionen zurück: **1005**

- **Besondere Schutzpflichten für bestimmte Rechtsgüter (Obhuts- oder Beschützergarant)**[38]; diese können folgen aus:
  - besonderen Rechtssätzen
  - enger natürlicher Verbundenheit
  - einer Lebens- oder Gefahrengemeinschaft
  - der freiwilligen Übernahme von Schutz- und Beistandspflichten
  - der Stellung als Amtsträger oder als Organ juristischer Personen
- **Verantwortlichkeit für bestimmte Gefahrenquellen (sog. Überwachungs- oder Kontrollgarant)**; diese folgt möglicherweise aus:
  - Verkehrssicherungspflichten
  - der Pflicht zur Beaufsichtigung Dritter
  - einem pflichtwidrigen gefährdenden Vorverhalten (Ingerenz)
  - dem Inverkehrbringen von Produkten.

---

34 MK-*Freund*, Vor § 13 Rn 311, § 13 Rn 323; *Hoyer*, Rudolphi-FS, S. 95; *Marinucci*, Maiwald II-FS, S. 485, 494 ff; *Murmann*, Grundkurs, § 29 Rn 25; *Ransiek*, JuS 10, 496; *Rengier*, AT, § 49 Rn 16; *ders.*, Wolter-FS, S. 199, 208 ff.

35 BGH JZ 73, 173.

36 BGHSt GrS 16, 155, 158.

37 Vgl RGSt 63, 392; 74, 309; BGHSt 2, 150; 19, 167.

38 BGH NJW 15, 96, Rn 69 ff *(Fall Oury Jalloh)*; generell restriktiver *Gimbernat*, ZStW 111 [1999], 307; gegen ihn *Roxin*, GA 2009, 73.

Dabei ist zu beachten, dass zwischen beiden Bereichen Überschneidungen denkbar sind und dass im Einzelfall verschiedene Garantenstellungen ineinander übergehen können[39]. Trotz dieser Unschärfe ist der Bestimmtheitsgrundsatz des Art. 103 II GG nach hA nicht verletzt[40].

In **Prüfungsarbeiten** ist auf alle in Betracht kommenden Umstände einzugehen, die eine Garantenstellung des Täters begründen könnten.

1006 Grundlage einer Erfolgsabwendungspflicht kann nur eine **Rechtspflicht** sein; rein sittliche Pflichten genügen nicht[41]. Aus der tatbestandsmäßigen Situation eines echten Unterlassungsdelikts (wie etwa aus §§ 138, 323c) lässt sich allerdings noch keine Garantenpflicht ableiten, da es sich dort um ganz allgemeine Rechtspflichten handelt, die jedermann treffen[42].

5. Die Garantenstellungen

1007 a) Schutzpflichten für bestimmte Rechtsgüter können sich ergeben:

1008 aa) aus **besonderen Rechtssätzen** (zB §§ 1353, 1626, 1626a, 1631, 1793, 1800 BGB, § 2 LPartG, § 60 I 1 Nr 2 SGB I[43], § 4a II Nr. 1 RVG[44]) oder aus rechtlich fundierten Verhältnissen **enger natürlicher Verbundenheit**, wie etwa unter Ehegatten[45], Verwandten gerader Linie[46], Geschwistern und Verlobten[47], wobei jedoch die Reichweite der Schutzpflicht von Fall zu Fall verschieden sein kann[48].

Auf das Vorhandensein einer **effektiven Familiengemeinschaft** kommt es bei diesem Personenkreis nicht unbedingt an, jedenfalls nicht bei **Verwandten in gerader Linie**. Lösen sich zB erwachsene Kinder vom Elternhaus, so entfällt damit nicht zwangsläufig die Garantenposition als solche; falls es gerade auf ihre Hilfe ankommt, schulden Kinder ihren Eltern oder diese ihnen bei akuten Gefahren für Leben, Leib oder Freiheit weiterhin Schutz und Beistand[49]. Bei **getrennt lebenden Ehegatten** begründet die rechtliche Bindung (vgl § 1353 I 2 BGB) für sich genommen noch keine Garantenstellung[50]. Umgekehrt ist aber auch nicht allein entscheidend, ob ein gegenseitiges Vertrauens- und Abhängigkeitsverhältnis tatsächlich existiert[51]. Vielmehr

39 Ausf. dazu *Arzt*, JA 80, 553, 647, 712; *Joecks*, St-K, § 13 Rn 23 ff; *Kühl*, JuS 07, 497.

40 BVerfGE 96, 97; BVerfG JZ 04, 303 m. Anm. *Seebode*; aA *Bung*, ZStW 120 [2008], 527, 539 f; *Maurach/Gössel/Zipf*, AT/2, § 46 Rn 46; *Kaspar*, AT, Rn 1002; S/S-*Stree/Bosch*, § 13 Rn 8 ff.

41 RGSt 66, 71; BGHSt 7, 268, 271; 30, 391.

42 BGHSt 3, 65.

43 Hierzu OLG München NStZ 09, 156 m. Bespr. *Hecker*, JuS 10, 266; KG StV 13, 513 m. abl. Bespr. *Zehetgruber*, NZWiSt 14, 118; OLG Braunschweig, BeckRS 15, 02061 *(Sozialbetrugsfälle)*; krit. *Bringewat*, NStZ 11, 131; vgl auch OLG Saarbrücken NJW 07, 2868 *(Referendarfall)* m. Bespr. *Fahl*, Jura 08, 453; *Kargl*, wistra 08, 121 und *Kudlich*, JA 08, 72.

44 BGH NStZ 15, 150 m. zust. Bespr. *Bosch*, Jura 15, 221; *Hecker*, JuS 14, 1133 und *Kudlich*, JA 15, 74.

45 RGSt 71, 189; BGHSt 2, 150.

46 BGHSt 7, 268; 19, 167.

47 BGH JR 55, 104; *Otto*, Herzberg-FS, S. 255, 264.

48 Zum Ganzen *Albrecht*, Begründung von Garantenstellungen in familiären und familienähnlichen Beziehungen, 1998; *Bülte*, GA 2013, 389; *v. Coelln*, Das „rechtliche Einstehenmüssen" beim unechten Unterlassungsdelikt, 2008; *Kretschmer*, Jura 06, 898.

49 *Engelmann*, HRRS 13, 351, 356 f; *Kühl*, AT, § 16 Rn 54 f; *Rengier*, AT, § 50 Rn 14; abl. MK-*Freund*, § 13 Rn 177; *Roxin*, AT II, § 32 Rn 39; NK-*Wohlers/Gaede*, § 13 Rn 61.

50 Dafür aber *Jakobs*, AT, 29/64.

51 Für diese Lösung aber *Albrecht*, S. 77; SK-*Rudolphi/Stein*, § 13 Rn 50.

ist von Bedeutung, seit wann die Trennung besteht, ob die Ehegatten in Freundschaft oder in Feindschaft auseinander gegangen sind und wie sie seither ihre persönlichen Lebensbeziehungen gestaltet haben. Hat ein Ehegatte für den anderen erkennbar ernsthaft die eheliche Lebensgemeinschaft aufgegeben, entfällt die Garantenstellung auch schon vor Ablauf des gem. § 1566 I BGB familienrechtlich relevanten Trennungsjahres[52]. Sind die Ehegatten hingegen lediglich zerstritten, leben aber nicht getrennt, so bleibt die Garantenstellung bestehen[53]. Bei **Geschwistern** besteht eine Garantenstellung zumindest dann, wenn sie in häuslicher Gemeinschaft leben – zT wird überdies verlangt, dass der andere Geschwisterteil in „tatsächliche Obhut" genommen worden ist[54]. Bei einer Hausgeburt muss die Mutter erkennbaren Risikofaktoren für die Erstversorgung des Neugeborenen rechtzeitig entgegenwirken[55]. Bei **nichtehelichen Kindern** wird teilweise nicht nur auf das rechtliche Kriterium der Verwandtschaft in gerader Linie abgestellt, sondern zusätzlich verlangt, dass ein tatsächliches Obhutsverhältnis besteht bzw der leibliche Vater (Mit-)Inhaber des Sorgerechts ist[56].

bb) aus anderen **Lebens- oder Gefahrengemeinschaften**, die nach der zweckgerichteten Art ihrer Entstehung und dem dadurch begründeten Vertrauensverhältnis die Gewähr für gegenseitige Hilfe und Fürsorge in sozialtypischen Gefahrenlagen einschließen, wie etwa **eheähnliche Lebensgemeinschaften**[57] und Zusammenschlüsse von Bergsteigern, Weltumseglern, Tiefseetauchern oder Expeditionsteilnehmern; **nicht ausreichend** ist insoweit eine **bloße Zufallsgemeinschaft** von Zechkumpanen[58], Rauschgiftkonsumenten[59] oder von illegalen Einwanderern bei Grenzüberschreitung[60]. **1009**

Tatsächliches Zusammenwohnen im Rahmen einer **häuslichen Gemeinschaft** (zB in einer studentischen Wohngemeinschaft) oder passagere (Liebes-?)Beziehungen begründen für sich allein noch keine Garantenstellung iSd § 13, weil sonst bei den höchst unterschiedlichen Formen des menschlichen Zusammenlebens der Kreis der Schutzpflichtigen in unangemessener Weise ausgedehnt würde[61].

Garantenpflichten können sich in diesem Rahmen aber, soweit keine engeren familiären Bindungen bestehen, insbes. aus der tatsächlichen **Übernahme einer Schutzfunktion** ergeben (vgl Rn 1011).

cc) aus **Vertrag**, zB durch die ausdrückliche Zusage des Bankkunden, Fehlbuchungen zu offenbaren. Nach einer allerdings umstrittenen Rspr sollen sich im Rahmen von Vertragsbeziehungen Garantenpflichten bei Vorliegen besonderer Umstände ausnahmsweise auch aus dem Grundsatz von Treu und Glauben (§ 242 BGB) ergeben[62]. **1010**

---

52 Für einen derartigen „Mittelweg" auch BGHSt 48, 301, 304 m. zust. Anm. *Baier*, JA 04, 354; iE zust. ferner *Freund*, NJW 03, 3384; *Kühl/Hinderer*, JuS 10, 919, 924; *Rönnau*, JR 04, 158; ähnl. *Ingelfinger*, NStZ 04, 409; näher *Lilie*, JZ 91, 541; S/S-*Stree/Bosch*, § 13 Rn 17 ff; LK-*Weigend*, § 13 Rn 28 f.

53 AA *Meurer/Kahle/Dietmeier*, Übungskriminalität für Einsteiger, 2000, S. 41.

54 LG Kiel NStZ 04, 157 m. zust. Anm. *Nikolaus*, JA 05, 609; zust. wohl auch *Kretschmer*, Jura 06, 903.

55 BGH NStZ 10, 214 *(Hausgeburtsfall)* m. Anm. *Hecker*, JuS 10, 453.

56 Vgl *Kühl*, AT, § 18 Rn 53; SK-*Rudolphi/Stein*, § 13 Rn 48; LK-*Weigend*, § 13 Rn 26; NK-*Wohlers/Gaede*, § 13 Rn 60; zu „Patchwork-Familien": *Schramm*, RW 14, 88, 111 ff.

57 *Kretschmer*, JR 08, 51.

58 BGH NJW 54, 1047.

59 OLG Stuttgart NJW 81, 182; OLG Hamm (Zivilsenat) NZV 05, 427; S/S-*Stree/Bosch*, § 13 Rn 23.

60 BGH NStZ 08, 276 m. Bespr. *Kühl*, HRRS 08, 359.

61 BGH NStZ 83, 117; 84, 163; NJW 87, 850; S/S/W-StGB-*Kudlich*, § 13 Rn 25 f.

62 BGHSt 6, 198.

Die neuere Rspr ist insoweit zunehmend restriktiver geworden und verlangt zumindest ein besonderes Vertrauensverhältnis oder eine dauerhafte enge Geschäftsbeziehung[63].

1011 dd) aus der freiwilligen **Übernahme von Schutz- und Beistandspflichten**, wie etwa durch die Übernahme einer ärztlichen Behandlung, des Krankenpflegedienstes, des Hebammendienstes[64], der Aufgaben eines Babysitters, der Funktionen eines Bergführers oder Bademeisters. Maßgebend für die Begründung der Garantenstellung ist hier nicht die zivilrechtliche Gültigkeit der vertraglichen Vereinbarung, sondern die **faktische Übernahme** der betreffenden Schutzpflicht. Wesentliche Bedeutung kommt in diesem Zusammenhang der Frage zu, ob **im berechtigten Vertrauen** auf die zugesagte Hilfe und die Einsatzbereitschaft des Gewährübernehmers **andere Schutzmaßnahmen unterblieben** sind und unterbleiben durften[65].

Dem **Wohnungsinhaber** kommt eine Beschützergarantenstellung (zu einer denkbaren Überwachungsgarantenstellung s. Rn 1014) zu, sofern er Mitbewohner oder Gäste bei sich aufnimmt, denn wer sich auf Einladung bzw. mit Einverständnis des Wohnungsinhabers in eine fremde Wohnung begibt, darf sich darauf verlassen, dass ihm dieser in seinem „Herrschaftsbereich" bei schwerwiegenden Gefahren zu Seite steht[66]. Der **Umfang der Erfolgsabwendungspflicht** ist indes begrenzt: Bei leichteren Straftaten zulasten von Mitbewohnern oder Gästen sowie bei bloßen Selbstgefährdungen (etwa durch Drogenkonsum) ist der Wohnungsinhaber nicht zum Einschreiten verpflichtet, wohl aber bei schwerwiegenderen Taten (zB Vergewaltigung, erhebliche Körperverletzungen)[67]. Der **Gastwirt** muss sich um den für ihn erkennbar volltrunkenen und deshalb zurechnungsunfähigen Gast kümmern, wenn diesem schwere Gefahren drohen[68]. Bei **Taxifahrern** kann sich aus der Mitnahme eines Fahrgasts auch die Pflicht ergeben, ihn vor Gefahren zu bewahren, wenn er selbst dazu nicht mehr in der Lage ist[69]. Hingegen ist ein **Arzt** nicht verpflichtet, seinen Patienten über die Aidserkrankung des ebenfalls von ihm behandelten Sexualpartners zu unterrichten; aus dem Notstandsrecht zur Unterrichtung (s. Rn 463) folgt keine Handlungspflicht[70].

1012 ee) aus der mit einem besonderen Pflichtenkreis verbundenen **Stellung als Amtsträger** oder **als Organ juristischer Personen**.

Die Frage, wieweit Amtspflichten zugleich Garantenpflichten begründen, ist umstritten und noch weitgehend ungeklärt. Nach überwiegender Ansicht kommt es maßgeblich auf die Art der Dienstpflicht und den jeweiligen Aufgabenbereich an. Wer bspw als **Leiter eines Ordnungsamtes** die Einhaltung von Vorschriften des Gaststättengesetzes zu überwachen hat, muss als Garant den Gefahren entgegentreten, die sich in einem Bordellbetrieb für die durch § 180a I StGB geschützten Prostituierten und die Allgemeinheit ergeben[71]. **Mitglieder des Politbüros**

---

63 BGHSt 46, 196; BGH wistra 15, 112; OLG Bamberg wistra 12, 279 m. krit. Bespr. *Beckemper*, ZJS 12, 697; vert. *Grünewald*, Zivilrechtlich begründete Garantenpflichten im Strafrecht?, 2001; *Wessels/Hillenkamp*, BT/2, Rn 505.

64 OLG Dresden StV 15, 120.

65 BGH NStZ 94, 84; *Roxin*, AT II, § 32 Rn 53; S/S-*Stree/Bosch*, § 13 Rn 27; vgl auch *Kaspar*, JuS 12, 628, 632.

66 RGSt 74, 309 (Aufnahme eines Pflegebedürftigen); BGHSt 27, 10 m. krit. Anm. *Naucke*, JR 77, 290; *Otto/Brammsen*, Jura 85, 646; anders *Frister*, AT, 22. Kap. Rn 48; S/S-*Stree/Bosch*, § 13 Rn 54.

67 BGHSt 30, 391; *Heinrich*, AT, Rn 944; *Krey/Esser*, AT, Rn 1159.

68 BGHSt 26, 35.

69 LG Zweibrücken DAR 00, 226; fallbezogen: *Brodowski*, JuS 15, 430.

70 AA OLG Frankfurt NStZ 01, 149, 150 m. abl. Anm. *Wolfslast*.

71 BGH wistra 86, 256 m. krit. Anm. *Rudolphi*, JR 87, 336.

des Zentralkomitees der SED hatten nach § 9 StGB-DDR sowie Art. 12 I und II IPbürgR die Pflicht, in diesem Gremium darauf hinzuwirken, dass die Tötung von Personen unterblieb, die vorhatten, unbewaffnet aus der DDR oder aus Berlin-Ost in den westlichen Teil Deutschlands zu gelangen[72]. Aufsichtspflichtige **Lehrer** müssen Gewaltausübungen von Schülern gegenüber Mitschülern und Schulleiter Sexualstraftaten von Lehrern gegenüber Schülern verhindern[73]. **Polizeibeamte** trifft im Rahmen ihrer Dienstausübung in den Grenzen ihres örtlichen und sachlichen Verantwortungsbereichs die Pflicht zur Verhinderung von Straftaten und zum Schutz der Rechtsgüter des Einzelnen oder der Allgemeinheit[74]. Bei außerdienstlicher Kenntniserlangung von Straftaten trifft den Beamten ausnahmsweise eine Garantenpflicht, wenn es sich um Delikte handelt, die das öffentliche Interesse nachhaltig tangieren, was insbes. bei schweren Delikten der Fall ist[75]. Die öffentlich-rechtliche Pflicht muss zumindest auch den Zweck verfolgen, das vom jeweiligen Straftatbestand geschützte Rechtsgut gerade vor der Gefahr zu bewahren, in die es das Nichthandeln versetzt. Wenn bspw ein **Strafvollzugsbeamter** den Strafverfolgungsorganen nicht meldet, dass andere Strafvollzugsbedienstete Gefangene geschlagen haben, macht er sich nicht wegen Strafvereitelung (§§ 258, 258a, 13) strafbar, da den Anstaltsorganen nicht die amtliche Aufgabe der staatlichen Strafverfolgung gegenüber ihren Mitarbeitern anvertraut ist[76]. Auch **Sozialarbeiter** des Jugendamtes oder freier Wohlfahrtsorganisationen können eine Garantenstellung innehaben[77] (s. Rn 944). Dagegen ist der **Zeuge**, der seine Aussage im Strafprozess zu Unrecht verweigert, nach zutreffender Ansicht mangels Garantenpflicht nicht wegen Strafvereitelung durch Unterlassen (§§ 258, 13) strafbar[78].

b) Die **Verantwortlichkeit für bestimmte Gefahrenquellen** als Grundlage von Garantenpflichten kann sich ergeben: **1013**

aa) aus der **Verkehrssicherungspflicht** (etwa des Hausbesitzers, Grundstückseigentümers, des Halters von Kraftfahrzeugen oder des Inhabers eines gefährlichen Betriebes für die in seinen Verantwortungsbereich fallenden Gefahrenquellen), aus der **Pflicht zur Abwehr von Gefahren**, die auf dem Zustand von Sachen, Anlagen oder Einrichtungen in einem bestimmten sozialen Herrschaftsbereich beruhen[79], sowie aus der **freiwilligen Übernahme** von Überwachungs- und Sicherungspflichten für andere[80]. **1014**

---

72 BGHSt 48, 77, 82 m. abl. Anm. *Ranft*, JZ 03, 582.

73 *Kubink*, RdJ 02, 94; vgl auch BGH NStZ-RR 08, 9.

74 Ebenso BGHSt 38, 388, 390; BGH NJW 15, 96 *(Fall Oury Jalloh)*; *S/S-Stree/Bosch*, § 13 Rn 52; enger *Ellbogen/Stage*, JA 05, 353, 355; *Joecks*, St-K, § 13 Rn 34; *Puppe*, AT, § 29 Rn 23 f; abl. SK-*Rudolphi/Stein*, § 13 Rn 36, 54c; *Zaczyk*, Rudolphi-FS, S. 361, 368 f; fallbezogen: *Radtke/Meyer*, JuS 11, 521, 526.

75 Näher *Beulke*, StPO, Rn 91; BK-*Ruhmannseder*, § 258a Rn 6.

76 BGHSt 43, 82 m. Anm. *Rudolphi*, NStZ 97, 599 und *Seebode*, JR 98, 338; ob dasselbe auch für die Anzeige von Straftaten Gefangener gilt, erscheint zweifelhaft, s. OLG Hamburg NStZ 96, 102; zum Ganzen auch *Klesczewski*, JZ 98, 313; *Roxin*, AT II, § 32 Rn 82.

77 In diesem Sinne OLG Stuttgart NJW 98, 3131; OLG Oldenburg NStZ 97, 238 *(Fall Laura-Jane)*; OLG Düsseldorf ZfJ 00, 309; *Beulke/Swoboda*, Gössel-FS, S. 73; *Bringewat*, NJW 98, 944; *Dießner*, Unterlassungsstrafbarkeit der Kinder- und Jugendhilfe bei familiärer Kindeswohlgefährdung, 2008; *Trenczek*, ZfJ 02, 383; aA *Bohnert*, ZStW 117 [2005], 302; *R. Hassemer*, Hassemer-FS, S. 729; *Zaczyk*, Rudolphi-FS, S. 361.

78 LG Itzehoe NStZ-RR 10, 10; *Popp*, JR 14, 418; *Reichling/Döring*, StraFo 11, 82; *Rengier*, BT I, § 21 Rn 14 f; aA OLG Köln NStZ-RR 10, 146; LG Ravensburg NStZ-RR 08, 177; *Fischer*, § 258 Rn 10; S/S/W-StGB-*Jahn*, § 258 Rn 22b; BK-*Ruhmannseder*, § 258 Rn 16.

79 BGHSt 53, 38 m. Bespr. *Kraatz*, JR 09, 182 und *Renzikowski*, StV 09, 443; BGH NStZ 12, 319 *(Reinigungsmittelfall)* m. Anm. *Hecker*, JuS 12, 755; *Kudlich*, JA 12, 470; *Murmann*, NStZ 12, 387; *Oğlakcioğlu*, NStZ-RR 12, 246; *Puppe*, ZIS 13, 45 und *Rengier*, Kühl-FS, S. 383; weiterführend *Otto*, Schroeder-FS, S. 339; *Wolf*, Schroeder-FS, S. 415.

80 Vgl BGHSt 19, 286; 30, 391; BGHSt 47, 224 *(Wuppertaler Schwebebahn-Fall)* m. krit. Anm. *Freund*, NStZ 02, 424 und *Kudlich*, JR 02, 468; BGHSt 52, 159 *(Sattelschlepperfall)*.

Im Zusammenhang der Verkehrssicherungspflichten ist es (anders als bei der in Rn 1022 erwähnten Fallgruppe) belanglos, ob die Gefahrverursachung auf einem pflichtwidrigen Verhalten beruht oder mit einer sozialadäquaten, rechtlich erlaubten Betätigung verbunden ist[81]. Grund dafür ist, dass Außenstehende auf Gefahrenquellen in fremden Herrschaftsbereichen nicht einwirken dürfen und sich infolgedessen darauf verlassen müssen, dass derjenige, dem die Verfügungsgewalt und die Verantwortung innerhalb des eigenen Herrschaftsbereichs obliegt, die daraus herrührenden Gefahren unter Kontrolle hält und wirksame Sicherungsvorkehrungen gegen eine Schädigung seiner Mitmenschen trifft.

Dem **Haus- oder Wohnungsinhaber** kommt unstreitig eine **Überwachungsgarantenstellung** hinsichtlich sachlicher Gefahren zu, die von dem Haus oder der Wohnung ausgehen (zB herabfallende Dachziegel). Für personale Gefahrenquellen, deren Ausgangspunkt die in Rede stehenden Räumlichkeiten sind, ist er hingegen nach dem Prinzip der Eigenverantwortlichkeit grundsätzlich nicht als Überwachungsgarant verantwortlich (zu einer denkbaren Beschützergarantenstellung s. Rn 1011). So ist der Wohnungsinhaber in der Regel nicht verpflichtet, gegen den in seinen Räumen betriebenen Betäubungsmittelhandel eines Mitbewohners einzuschreiten[82]. Eine rechtliche Einstandspflicht dafür, dass in seinen Räumen keine Straftaten durch Dritte begangen werden, kommt ihm allenfalls zu, wenn die **Wohnung** wegen ihrer besonderen Beschaffenheit und Lage eine **Gefahrenquelle** darstellt, die er so zu sichern und zu überwachen hat, dass sie nicht zum Mittel für die leichtere Ausführung von Straftaten gemacht werden kann. Davon wird man ausgehen müssen, wenn der Angriff auf das Opfer durch die Gestaltung der Wohnung erleichtert wird oder wenn bestimmte Räumlichkeiten wegen ihrer besonders günstigen Beschaffenheit oder Lage als Beutelager bzw als Bereitstellungsplatz für in Aussicht genommene Straftaten genutzt werden[83].

Für **Internet-Provider** gilt seit dem 1.3.2007 das Telemediengesetz (TMG). Für **eigene Informationen** wird immer voll gehaftet, § 7 I TMG. Wer dagegen nur den technischen Zugang zur Nutzung fremder Informationen ermöglicht, ohne diese selbst zu speichern, (sog. **Access- und Network-Provider)**, ist gem. § 8 TMG dem Grundsatz nach für den Inhalt nicht verantwortlich. Es besteht auch keine proaktive Kontrollpflicht, also keine Verpflichtung nach Straftaten zu suchen. Werden hingegen die Fremdinformationen beim Anbieter gespeichert, sog. **Hosting**, so ist er gem. § 10 TMG bei Kenntnis für die Informationen haftbar. Kraft seiner Herrschaft über die Gefahrenquelle hat er also eine Garantenstellung inne. Ob dies europarechtlich zulässig ist, erscheint zumindest vor dem Hintergrund der jüngsten Rspr des EuGH zweifelhaft[84]. Bei zeitlich begrenzter Zwischenspeicherung, sog. **Caching**, greift die Haftung nur ein, wenn dem Provider die bereits anderweitig vorgenommene Aussonderung oder Sperrung bekannt ist (Einzelheiten § 9 TMG)[85].

1015 bb) aus der **Pflicht zur Beaufsichtigung Dritter** (vgl § 357 StGB, § 41 WStG, § 108 SeemannsG)[86]. So muss zB der Arzt in einer psychiatrischen Anstalt verhindern, dass

81 Vgl LK-*Weigend*, § 13 Rn 48 ff.

82 BGH StV 07, 81; BGH NStZ 10, 221 m. Bespr. *Bosch*, JA 10, 306; BGH NStZ 14, 164 m. Anm. *Kretschmer*, JR 14, 39.

83 Vgl BGHSt 30, 391, 396; MK-*Freund*, § 13 Rn 156; *Rengier*, AT, § 50 Rn. 54 ff; LK-*Weigend*, § 13 Rn 52.

84 EuGH EuZW 12, 261.

85 Weiterführende Informationen bei MK-*Freund*, § 13 Rn 158 ff; *Hörnle*, NJW 02, 1008; *Kudlich*, JA 02, 801; *Satzger*, in: Heermann/Oly (Hrsg), Verantwortlichkeit im Netz, 2003, S. 161 ff; zur Problematik s. a. LG München I NJW 00, 1051 (*CompuServe-Fall*, Verbreitung harter Pornographie über das Internet).

86 Näher RGSt 53, 292; 71, 176; OLG Celle NJW 08, 1012 m. Anm. *Bosch*, JA 08, 471.

sein Patient andere verletzt, der Leiter einer Strafvollzugsanstalt, dass seine Insassen Straftaten begehen.

Nach wie vor unklar ist, ob bzw. in welchem Ausmaß Unternehmensangehörige als Garanten zur Verhinderung unternehmensbezogener Straftaten verpflichtet sind (sog **Geschäftsherrenhaftung**).

In der Literatur stößt man insofern auf ein breites Meinungsspektrum[87]: Zutreffend **1016**
messen einige Autoren dem **Grundsatz der Eigenverantwortlichkeit** eine derart zentrale Bedeutung bei, dass sie eine strafrechtliche Einstandspflicht der Unternehmensverantwortlichen für unternehmensbezogene Straftaten Dritter generell ablehnen oder zumindest nur für den Fall befürworten, dass sich aus der Eigenart des Betriebs typischerweise besondere Gefahren für die Allgemeinheit ergeben, etwa weil gefährliche Produkte (wie bspw Waffen oder Chemikalien) oder potenziell verbraucherschädigende Arznei- oder Lebensmittel hergestellt und vertrieben werden[88].

Überwiegend wird heute indes die deutlich weitergehende Auffassung vertreten, die **1017**
Befehls- und Organisationsherrschaft des Unternehmensinhabers sowie die **Weisungsbefugnis** leitender Angestellter seien grundsätzlich geeignet, eine strafrechtliche Überwachungsgarantenstellung zulasten dieser Personengruppen zu begründen[89].

Letzterem hat sich mittlerweile bedauerlicherweise auch die strafgerichtliche Rspr angeschlossen:

Beispiel (nach BGHSt 54, 44; *Berliner Stadtreinigung*[90]): Sachbearbeiter G der Berliner Stadtwerke, einer Anstalt des öffentlichen Rechts, verschickt vorsätzlich falsch berechnete Gebührenbescheide an 170 000 Grundstückseigentümer mit einem überhöhten Entgelt von insgesamt 23 Mio. € (strafbar wegen Betruges, § 263). In seiner Eigenschaft als Leiter der Innenrevision hat W das Verhalten des G zu überwachen. Obwohl er die Fehlerhaftigkeit der Bescheide erkennt, unternimmt er nichts. Kann er wegen Beteiligung an der Tat des G bestraft werden?

87 Zum Streitstand: *Bauer/Wißmann*, Schiller-FS, S. 15; *Bock*, Criminal Compliance, 2011, S. 317 ff; *Fischer*, § 13 Rn 67 ff; *Gimbernat Ordeig*, Roxin-FS, S. 651; *Hillenkamp*, in: Engländer ua, Strafverteidigung, S. 73; *Konu*, Die Garantenstellung des Compliance-Officers, 2014; *Mittelsdorf*, ZIS 11, 123, 125 ff; *Prittwitz*, in: Kuhlen ua, Compliance, S. 125; *Rogall*, ZStW 98 [1986], 573; *Roxin*, Beulke-FS, S. 239; *Spring*, Die strafrechtliche Geschäftsherrenhaftung, 2009, S. 123 ff.

88 Gegen eine Garantenpflicht u. a.: BGHZ 194, 26 m. abl. Bespr. *Ch. Dannecker*, NZWiSt 12, 441; *Berndt*, StV 09, 689; *Beulke*, Geppert-FS, S. 23; *Frisch*, EWiR 10, 95; *Michalke*, AnwBl 10, 666; *Prittwitz*, in: Kuhlen ua, Compliance, S. 125; *Rotsch*, I. Roxin-FS, S. 490; SK-*Rudolphi/Stein*, § 13 Rn 35a; *Schwarz*, wistra 12, 13; *Spring*, GA 2010, 222; *Stoffers*, NJW 09, 3176; *Warneke*, NStZ 10, 312; LK-*Weigend*, § 13 Rn 56; *Wittig*, Wirtschaftsstrafrecht, 3. Aufl. 2014, § 6 Rn 56 ff; krit. auch *Momsen*, Puppe-FS, S. 751, 757 ff, der eine gesetzliche Regelung fordert.

89 Für eine Garantenpflicht u. a.: *Barton*, RDV 10, 19; *Bünte*, Vorgesetztenverantwortlichkeit, S. 127, 225; *Dann/Mengel*, NJW 10, 3265; *G. Dannecker/Ch. Dannecker*, JZ 11, 981, 988 ff; *Fischer*, § 13 Rn 38; *Jahn*, JuS 09, 1142; *Knauer*, I. Roxin-FS, S. 465, 474 ff; *Mosbacher/Dierlamm*, NStZ 10, 268; *Murmann*, Grundkurs, § 29 Rn 64; *Ransiek*, Unternehmensstrafrecht, 1996, S. 36; *Rönnau/Schneider*, ZIP 10, 53, 57 f; *Roxin*, AT II, § 32 Rn 134 ff; *ders.*, Beulke-FS, S. 239; *Rübenstahl*, NZG 09, 1341; *Schall*, Rudolphi-FS, S. 267; *ders.*, Kühl-FS, S. 417; *Schmid*, JA 13, 835; *Schneider/Gottschaldt*, ZIS 11, 573, 575; *Schünemann*, wistra 82, 41; NK-*Wohlers/Gaede*, § 13 Rn 51; s. a. *Krause*, NStZ 11, 57, 60; vert. *Konu*, Die Garantenstellung des Compliance-Officers, 2014.

90 BGHSt 54, 44 *(Berliner Stadtreinigung)* m. Anm. *Kretschmer*, JR 09, 474; *Spring*, GA 2010, 222 und *Stoffers*, NJW 09, 3176.

Lösung: Der BGH hat eine Garantenstellung des W wegen seiner besonderen Stellung im Rahmen der öffentlich-rechtlichen Anstalt bejaht und gleichzeitig angedeutet, dass er **„Compliance"-Beauftragte**, also Unternehmensmitarbeiter, welche die Einhaltung aller Regeln kontrollieren[91], generell als Überwachungsgaranten einzustufen gedenkt. Dies überzeugt nicht. Als Kehrseite der allgemeinen Handlungsfreiheit bedürfen zu vollverantwortlichem Handeln fähige Menschen auch am Arbeitsplatz keiner allgemeinen Überwachung durch ihre Vorgesetzten. Sie sind für die Folgen ihres Tuns selbst und allein verantwortlich. Ausnahmen von diesem Grundsatz haben in § 357 (Verleiten von Untergebenen zu einer Straftat) und § 130 OWiG (Ordnungswidrigkeiten wegen Verletzung der Aufsichtspflicht in Betrieben und Unternehmen) eine in der Praxis durchaus genutzte Regelung erfahren. W ist straflos. Auch „Compliance"-Beauftragte sind keine Überwachungsgaranten hinsichtlich der Straftaten Unternehmensangehöriger. Ihr Strafbarkeitsrisiko wäre völlig unkalkulierbar und müsste überdies folgerichtig auch ihre Vorgesetzten bis hin zu den Mitgliedern der Unternehmensleitung treffen[92]. „Compliance"-Abteilungen beseitigen nicht die Eigenverantwortlichkeit der Mitarbeiter, sondern führen lediglich betriebsintern die von § 130 OWiG geforderte[93] Überwachung und Kontrolle durch.

1018 Jenseits einer möglichen (Überwachungs-)Garantenstellung kraft Organisationsmacht kann Unternehmensangehörigen – abhängig von den Umständen des Einzelfalls – nach hM infolge der arbeitsvertraglichen Fürsorgepflicht des Arbeitgebers (vgl § 618 BGB) eine **Beschützergarantenstellung** zukommen, die dazu zwingt, gegen Straftaten zulasten anderer Beschäftigter einzuschreiten. Ferner fungieren die Mitglieder der Aufsichts- und Leitungsorgane von Unternehmen sowie Personen, die im Unternehmen mit Kontrollaufgaben betraut sind (zB Mitglieder der Internen Revision), als Beschützergaranten im Hinblick auf Rechtsgüter des Unternehmens, also namentlich dessen Vermögen; insofern korrespondieren Garantenpflicht und Vermögensbetreuungspflicht im Sinne des § 266 Abs. 1[94].

1019 Wird eine Garantenpflicht Unternehmensangehöriger nicht bereits im Grundsatz abgelehnt, muss jedenfalls beachtet werden, dass sich diese nur auf die Verhinderung betriebsbezogener Straftaten erstrecken kann. Die erforderliche **„Betriebsbezogenheit"** weisen nach Ansicht des BGH sämtliche Taten auf, die mit der Tätigkeit des Begehungstäters oder der Art des Betriebs in einem **inneren Zusammenhang** stehen, was etwa bei Bestechungsdelikten oder bei Betrugstaten zulasten Dritter regelmäßig der Fall sein dürfte. Auf Straftaten, die lediglich **„bei Gelegenheit" der betrieblichen Tätigkeit** verübt werden, erstreckt sich die Garantenstellung hingegen nicht. Sexuelle Übergriffe zulasten anderer Beschäftigter werden folglich ebenso wenig erfasst wie der Diebstahl von Unternehmenseigentum. Jenseits dieser recht eindeutigen Fälle fällt es teils schwer, über die Betriebsbezogenheit einer Tat zu entscheiden.

---

91 Vert. *Nieto Martin*, Tiedemann-FS, S. 485; *Görling/Inderst/Bannenberg*, Corporate Compliance, 2010; *Hauschka*, Corporate Compliance, 2. Aufl. 2010; *Moosmayer*, Compliance, 2010; *Nieto Martin*, Tiedemann-FS, S. 485; *Sieber*, Tiedemann-FS, S. 449 sowie die Beiträge in: Kuhlen ua, Compliance.

92 Für eine Garantenpflicht der Aufsichtsratsmitglieder einer AG im Hinblick auf Straftaten des Vorstands: OLG Braunschweig NJW 12, 3798 m. zust. Anm. *Corsten*, wistra 13, 73.

93 Dazu Achenbach/Ransiek/Rönnau-*Achenbach*, 1. Teil 3. Kap. Rn 48 ff.

94 *Knauer*, I. Roxin-FS, S. 465, 471; *Ransiek*, AG 10, 147, 150; s. a. OLG Braunschweig NJW 12, 3798, 3800 m. Anm. *Corsten*, wistra 13, 73 und *Rübenstahl*, NZWiSt 13, 267 (Garantenpflicht der Aufsichtsratsmitglieder einer AG im Hinblick auf Straftaten anderer Organmitglieder).

Beispiel (nach BGHSt 57, 42; *Mobbingfall*[95]): A ist Vorarbeiter in einer Kolonne eines städtischen Bauhofs, die im Grünflächen- und Friedhofsbereich eingesetzt ist. Die Kolonnenmitarbeiter B und C demütigen und mobben ihren Kollegen D u. a. durch Schläge mit einem Holzknüppel gegen den Oberkörper, wogegen A, der die Vorgänge beobachtet hat, auch im erwarteten Wiederholungsfall nicht einschreitet. Ist A wegen §§ 223, 224 durch Unterlassen strafbar? **1020**

Lösung: Der BGH bejaht zwar eine generelle Verpflichtung von Betriebsinhabern oder Vorgesetzten zur Verhinderung von Straftaten nachgeordneter Mitarbeiter. Das gelte aber nur für **„betriebsbezogene Straftaten"**, **nicht** hingegen für Delikte, die „**bei Gelegenheit** der Tätigkeit im Betrieb" begangen werden. Bei A soll die geforderte Betriebsbezogenheit der Tat fehlen, sodass ihn keine Unterlassensstrafbarkeit trifft.

Aus der ehelichen Lebensgemeinschaft allein folgt noch nicht die Pflicht, Straftaten **1021**
des anderen **Ehegatten** zu verhindern[96]. Vielmehr gilt im Verhältnis von Eheleuten untereinander, von Eltern zu ihren volljährigen Kindern und von Kindern zu ihren Eltern der Grundsatz, dass Erwachsene für ihr Tun und Lassen regelmäßig selbst verantwortlich sind[97]. Bei minderjährigen Kindern, insbes. bei strafunmündigen, muss gegen **bevorstehende Straftaten** eingeschritten werden, wenn dazu die Möglichkeit besteht. Werden jedoch lediglich **Erziehungsmaßnahmen** unterlassen, scheidet eine Beteiligung durch Unterlassen (zumeist schon mangels Kausalität) aus[98].

cc) aus einem **pflichtwidrigen gefährdenden Vorverhalten (Ingerenz)**, da jeder, **1022**
der durch ein objektiv pflichtwidriges Tun oder Unterlassen für Rechtsgüter Dritter die **nahe Gefahr**[99] eines Schadenseintritts geschaffen hat, zur Abwendung des drohenden Erfolges und zu entsprechenden Rettungsmaßnahmen verpflichtet ist[100]. Lässt zB ein Kraftfahrer einen Fußgänger, den er zuvor im Rahmen eines fahrlässig verursachten Unfalls in rechtswidriger Weise verletzt hatte, an den Unfallfolgen versterben, macht er sich gem. §§ 211, 212, 13 strafbar.

Die **Pflichtwidrigkeit** muss aus dem Verstoß gegen eine Norm resultieren, die gerade dem Schutz des betroffenen Rechtsguts dient[101].

Umstritten ist, ob eine Garantenpflicht aus vorangegangenem Tun auch dann entstehen kann, wenn das Vorverhalten **vorsätzlich** auf die Verwirklichung des Erfolges ausgerichtet war (**Beispiel:** A schießt in Tötungsabsicht auf B; B ist zunächst nur verletzt, A lässt ihn aber verbluten). Die neuere Rspr verneint hier das Bestehen einer Garantenpflicht, sodass ein Totschlag

95 M. Bespr. *Jäger*, JA 12, 392 und *Kudlich*, HRRS 12, 177; zust. *Roxin*, JR 12, 305; *Wagner*, ZJS 12, 704, 709; anders *Kuhn*, wistra 12, 297; *Mansdörfer/Trüg*, StV 12, 432; *Schall*, Kühl-FS, S. 417, 428 ff; *Schramm*, JZ 12, 969, 971 f; zum Meinungsstand: *Basualto*, Frisch-FS, S. 333; *Bülte*, NZWiSt 12, 176; *Nietsch*, CCZ 13, 192; *Petermann*, Schiller-FS, S. 538, 544 ff.

96 Zweifelnd auch BGHSt 19, 295, 297; anders noch RGSt 74, 283.

97 *Arzt*, JA 80, 64, 652; *Kretschmer*, Jura 06, 902; S/S-*Stree/Bosch*, § 13 Rn 53; HK-GS-*Tag*, § 13 Rn 18.

98 Vgl *Bohnert*, Jura 99, 536; zT anders *Neuheuser*, NStZ 00, 174.

99 Zum Kriterium der Gefahrnähe: BGHSt 54, 44, 47; BGH NStZ 13, 578; NK-*Wohlers/Gaede*, § 13 Rn 43.

100 Näher BGHSt 38, 356, 358; BGH NStZ 92, 31 m. krit. Anm. *Neumann*, JR 93, 161; BGH NStZ-RR 09, 366 m. Anm. *Kudlich*, JA 10, 151; BGH BeckRS 14, 18558; *Arzt*, JA 80, 713; umfassend *Jakobs*, BGH-Wiss-FS, S. 29; *Roxin*, AT II, § 32 Rn 143.

101 BGHSt 37, 106, 115; BGH NStZ 08, 276, 277 m. Bespr. *Wilhelm*, NStZ 09, 15; *Rengier*, AT, § 50 Rn 96 ff.

durch Unterlassen schon im Rahmen des Tatbestandes scheitert[102]. Dem ist aber nicht zuzustimmen, denn wenn schon die fahrlässige Herbeiführung für das Entstehen der besonderen Pflicht ausreicht, muss dies erst recht für das vorsätzliche Vorverhalten gelten. Nur so ist auch die Strafbarkeit der Beteiligung Dritter an dem Unterlassen sichergestellt. Das Begehungsdelikt verdrängt jedoch im Wege der Gesetzeskonkurrenz als *lex specialis* das Unterlassungsdelikt[103].

1023 Ein **rechtmäßiges** oder **verkehrsgerechtes** Vorverhalten begründet zumindest dann **keine Garantenstellung**, sondern nur eine Hilfspflicht nach § 323c, wenn es sich um die Verletzung eines Angreifers in Notwehr handelt[104]. Gleiches gilt nach hM bei Verletzung eines anderen Verkehrsteilnehmers trotz fehlerfreier, sorgfaltsgerechter Fahrweise[105].

Wer durch einen rechtswidrigen Angriff eine Verteidigungshandlung auslöst und sich auf diese Weise **selbst in Gefahr bringt**, kann nicht erwarten, dass die Rechtsordnung den Angegriffenen zu seinem Schutz als Garanten in Pflicht nimmt; das widerspräche dem Sinn des Notwehrrechts[106]. Es ginge auch zu weit, einen Kraftfahrer, der sich bei seiner Fahrweise in jeder Hinsicht sorgfaltsgerecht verhalten hat, mit der überaus schwerwiegenden Garantenhaftung zu belasten und ihn zum Hüter eines anderen Verkehrsteilnehmers zu bestellen, der durch sein eigenes verkehrswidriges Verhalten den Unfall herbeigeführt hat und die alleinige Verantwortung für die dadurch entstandene Gefahrenlage trägt[107]. In solchen Fällen bietet die allgemeine Hilfspflicht iSd § 323c dem hilfsbedürftig gewordenen Angreifer oder Unfallopfer ausreichend Schutz[108].

1024 Ob die von der hM vertretene Ansicht, dass ein rechtmäßiges Vorverhalten für sich allein keine Garantenstellung begründen könne (s. Rn 1023), schlechthin anzuerkennen ist oder in eng zu begrenzenden Ausnahmefällen nicht doch der Einschränkung bedarf, ist noch nicht abschließend geklärt. Denkbar erscheint vor allem, dass die Benutzung von Kraftfahrzeugen doch als Eröffnung einer Gefahrenquelle einzustufen ist, bei der die daraus resultierende Garantenpflicht gerade nicht von der Pflichtwidrigkeit des Vorverhaltens abhängt (s. Rn 1014)[109].

▶ Beispielsfälle bei *Beulke*, Klausurenkurs I Rn 244 und Klausurenkurs III Rn 545

1025 Zweifelhaft erscheint, inwieweit derjenige, der aus Ingerenz zu bestimmtem Verhalten verpflichtet ist, diese Pflicht „abwälzen" kann, so zB wenn der Täter, der sein Opfer körperlich

102 BGH StV 96, 131; NStZ 14, 155, 156 (letztlich offengelassen); ebenso *Hillenkamp*, Otto-FS, S. 287; vgl auch *Hilgendorf/Valerius*, AT, § 11 Rn 68 f; *Otto*, Lampe-FS, S. 512; *ders.*, Geppert-FS, S. 441.

103 Statt aller *Freund*, NStZ 04, 123; S/S/W-StGB-*Kudlich*, § 13 Rn 22; *ders.*, JA 13, 551, 552; *Kühl*, AT, § 18 Rn 105a; *T. Walter*, NStZ 05, 241; fallbezogen: *Steinberg/Wolf/Langlitz*, ZJS 13, 606, 607.

104 BGHSt 23, 327; BGH NStZ 00, 414 m. Bespr. *Engländer*, JuS 01, 958; *Hoffmann-Holland*, AT, Rn 767; *Ransiek*, JuS 10, 589; LK-*Rönnau/Hohn*, § 32 Rn 288; *R. Schmidt*, AT, Rn 801; *Walter*, Herzberg-FS, S. 503; *Zieschang*, AT, Rn 617; abw. u. a. *Kühl*, JA 14, 507, 511.

105 BGHSt 25, 218; ebenso *Baumann/Weber/Mitsch*, AT, § 15 Rn 66 ff; AnwK-StGB-*Gercke*, § 16 Rn 14; *Rengier*, AT, § 50 Rn 82 ff; S/S-*Stree/Bosch*, § 13 Rn 35; LK-*Weigend*, § 13 Rn 45; aA *Herzberg*, JZ 86, 986 und JuS 71, 74; *Jakobs*, AT, 29/39 ff; ähnl. *Arzt*, JA 80, 712, 716.

106 BGHSt 23, 327; *Kudlich*, JA 14, 587, 591.

107 BGHSt 25, 218, 222.

108 Vgl aber BGHSt 34, 82 m. krit. Anm. *Ranft*, JZ 87, 859; *Rudolphi*, JR 87, 162.

109 MK-*Freund*, § 13 Rn 123; *Frister*, AT, 22. Kap. Rn 29 ff; *Jakobs*, Zurechnung, S. 37; *Kindhäuser*, LPK, § 13 Rn 51; *Sowada*, Jura 03, 240; abw. *Roxin*, AT II, § 32 Rn 167; zum Ganzen *Hillenkamp*, AT, S. 219.

misshandelt hat, einen Dritten damit beauftragt, sich um das Opfer zu kümmern. Das Verantwortungsprinzip (s. Rn 607 f) lässt eine derartige **Übertragung** der Garantenpflicht aus Ingerenz auf einen Dritten nicht zu. Dem steht auch nicht entgegen, dass dem Dritten seinerseits eine (zusätzliche) Garantenpflicht durch Übernahme (Rn 1011) erwachsen kann[110].

dd) Aufgrund ähnlicher Erwägungen begründet auch das **Inverkehrbringen von Produkten**, von denen bei bestimmungsgemäßer Verwendung wegen ihrer Beschaffenheit für den Verbraucher die Gefahr des Eintritts von Gesundheitsschäden ausgeht, eine Verpflichtung zu schadensverhütenden Maßnahmen. Erforderlich kann zB eine Rückrufaktion sein, wenn sich nachträglich Produktmängel herausstellen[111]. Das **Vorverhalten muss hier nicht pflichtwidrig** gewesen sein[112]. 1026

Im **Fall 19a** war A als Garant aus enger natürlicher Verbundenheit verpflichtet, den Tod der Großmutter G abzuwenden. Nächste Familienangehörige wie Ehegatten, Verwandte in gerader Linie und Geschwister schulden sich gegenseitig Beistand und Hilfe bei **Gefahren für Leib oder Leben** (enger ist die Reichweite der Schutzpflicht bei Gefahren für Vermögenswerte). Einschränkungen, die im Einzelfall mit Rücksicht auf das Lebensalter, die Konstitution des Handlungspflichtigen oder uU auch bei fehlender effektiver Familiengemeinschaft denkbar sind, scheiden im vorliegenden Fall aus. 1027

6. Die Gleichwertigkeit von Tun und Unterlassen

Nach § 13 I Halbsatz 2 („Entsprechungsklausel") hängt die strafrechtliche Haftung des Garanten weiter davon ab, dass sein Unterlassen hinsichtlich der Erfolgsabwendung der Verwirklichung des gesetzlichen Tatbestandes durch ein aktives Tun entspricht (sog. Modalitätenäquivalenz). Eigenständige Bedeutung kommt diesem Tatbestandsmerkmal[113] nur bei den sog. **verhaltensgebundenen Delikten** zu, die eine bestimmte Handlungsmodalität voraussetzen, sich also nicht mit einer beliebigen Erfolgsverursachung begnügen, sondern wie zB §§ 211 II 2. Gruppe (Heimtücke etc), 240 (Zwang), 263 (Täuschung) näher beschreiben, auf welche bestimmte Weise der Erfolg herbeigeführt werden muss[114]. 1028

Im **Fall 19a** bedarf es über die Garantenstellung des A hinaus keiner zusätzlichen Gleichwertigkeitsprüfung iSd „Entsprechungsklausel" des § 13 I, weil § 212 für die vorsätzliche Tötung keine besondere Begehungsweise und keinen speziellen Verhaltensunwert voraussetzt. 1029

---

110 In diese Richtung BGH NStZ 03, 259 m. zust. Anm. *Jasch*, NStZ 05, 8.

111 BGHSt 37, 106 *(Lederspravfall)* m. Bespr. *Beulke/Bachmann*, JuS 92, 737.

112 Vert. dazu *Bloy*, Maiwald-FS, S. 35; *Bode*, BGH-Prax-FS, S. 515; *Böse*, wistra 05, 41; *Di Lorenzo*, Probleme der strafrechtlichen Produkthaftung, 2013; *Kudlich/Oğlakcıoğlu*, Wirtschaftsstrafrecht, 2. Aufl. 2014, Rn 124 ff; Achenbach/Ransiek/Rönnau-*Kuhlen*, 2. Teil 1. Kap. Rn 5 ff; *ders.*, Eser-FS, S. 359; *Otto*, Hirsch-FS, S. 291; *Puppe*, JZ 94, 1147; *Schünemann*, Amelung-FS, S. 303, 316; *Roxin*, AT II, § 32 Rn 198 ff; schöner Klausurfall bei *Esser*, Jura 04, 273.

113 Anders *Hertel*, Ad legendum 13, 68 (objektive Bedingung der Strafbarkeit); zutr. *Fahl*, JA 13, 674.

114 *Ingelfinger*, GA 1997, 573; *Ransiek*, JuS 10, 589; *Roxin*, AT II, § 32 Rn 218; *Satzger*, Jura 11, 749; S/S-*Stree/Bosch*, § 13 Rn 4; LK-*Weigend*, § 13 Rn 77; abw. *Arzt*, JA 80, 712, 717; *Kargl*, ZStW 119 [2007], 250; *Perdomo-Torres*, Jakobs-FS, S. 497.

7. Der Unterlassungsvorsatz

1030 Der für Begehungsdelikte geltende Grundsatz, dass **Vorsatz** „Wissen und Wollen der Tatbestandsverwirklichung" ist (s. Rn 306), passt für Unterlassungen nur sinngemäß, da es hier an einem vom Verwirklichungswillen getragenen aktiven Tun fehlt. Vorsätzliches Unterlassen ist die **Entscheidung zwischen Untätigbleiben und möglichem Tun**[115]. Gegenstand des Vorsatzes ist bei den unechten Unterlassungsdelikten die Gesamtheit der den objektiven Tatbestand erfüllenden Merkmale unter Einschluss der die Garantenstellung begründenden Umstände. Zum Tatbestandsvorsatz gehört der Wille zum Untätigbleiben in Kenntnis aller objektiven Tatbestandsmerkmale und in dem Bewusstsein, dass die Abwendung des drohenden Erfolges möglich ist[116]. Für den Unterlassungsvorsatz genügt auch *dolus eventualis*[117].

Der **Irrtum** über die Garantenstellung ist daher Tatbestandsirrtum (§ 16 I 1); der Irrtum über die Garantenpflicht als solche ist dagegen ein dem Verbotsirrtum (§ 17) entsprechender „Gebotsirrtum"[118] (vgl Rn 1038).

1031 Im **Fall 19a** existiert zwar eine Garantenstellung aus enger familiärer Verbundenheit, aber A erkennt dies nicht, sondern hält die G für eine Nachbarin. Dieser gegenüber besteht jedoch keine Garantenstellung. Also entfällt der Tatbestandsvorsatz, § 16 I 1. Der A ist deshalb nicht wegen vorsätzlicher Tötung durch Unterlassen (§§ 212, 13) strafbar. Eine Bestrafung wegen fahrlässiger Tötung durch Unterlassen, die gem. § 16 I 2 möglich bleibt, scheidet hier schon deshalb aus, da aufgrund der Unvermeidbarkeit des Irrtums kein Sorgfaltspflichtverstoß erkennbar ist.

8. Die Beteiligung am Unterlassen/durch Unterlassen

1032 a) Wer sich **durch positives Tun** an einem Unterlassungsdelikt beteiligt, kann sowohl Mittäter als auch Anstifter oder Gehilfe sein[119]. Da es sich insoweit um eine Begehungstat handelt, ist eine Garantenstellung nicht erforderlich. Nach hM gelten hier die allgemeinen Abgrenzungsregeln zwischen Täterschaft und Teilnahme (s. Rn 743 ff)[120].

Weil die Garantenstellung ein strafbegründendes besonderes persönliches Merkmal darstellt, kommt für den Nichtgaranten im Fall der Teilnahme eine Strafmilderung gem. § 28 I in Betracht (sehr str., s. Rn 800)[121].

1033 b) Eine Beteiligung **durch Unterlassen** ist sowohl in der Form denkbar, dass mehrere an einem Unterlassungsdelikt beteiligt sind[122], als auch in der Form, dass der Unterlassende an einem Begehungsdelikt mitwirkt[123]. Nach zutreffender Ansicht bedarf es bei sämtlichen Formen der Beteiligung einer Garantenpflicht des Unterlassenden.

115 BGHSt 19, 295, 299; 46, 373, 379.
116 Vgl BGH StV 85, 229 m. Anm. *Schünemann*.
117 BGH NStZ 00, 414 m. zust. Anm. *Engländer*, JuS 01, 960.
118 BGHSt GrS 16, 155; vert. *Satzger*, Jura 11, 432.
119 Vgl BGH NStZ 98, 83.
120 Ausf. zur Problematik: *Hillenkamp*, AT, S. 225; LK-*Weigend*, § 13 Rn 86 f; s. a. *Hoffmann-Holland*, AT, Rn 798 ff.
121 Wie hier *Fischer*, § 28 Rn 5a; abw. Matt/Renzikowski-*Haas*, § 28 Rn 15; *Lackner/Kühl*, § 28 Rn 6.
122 Vgl BGHSt 37, 106, 129; *Bachmann/Eichinger*, JA 11, 509.
123 Vgl BGHSt 38, 356, 360.

Noch nicht abschließend geklärt ist, ob neben der Allein- und Mittäterschaft[124] auch eine **mittelbare Täterschaft durch Unterlassen** denkbar ist:

Beispiel: Der mit der Beaufsichtigung eines Geisteskranken betraute Krankenpfleger K lässt es wissen- und willentlich geschehen, dass dieser einen Mitpatienten tätlich angreift.

Unstreitig ist, dass K hier als Unterlassungstäter strafbar ist. Während ein Teil der Lehre in Fällen wie diesem eine unmittelbare Unterlassenstäterschaft bejaht[125], gehen die Rspr und die inzwischen wohl schon hL zutreffend von einer mittelbaren Täterschaft durch Unterlassen aus[126]. Der Einwand, diese Rechtsfigur sei überflüssig oder gar dogmatisch untragbar, weil die für die mittelbare Täterschaft angeblich zwingend erforderliche Einwirkung des Hintermanns auf den Vordermann nicht durch bloßes Untätigbleiben erfolgen könne, überzeugt nicht, da diese Täterschaftsform lediglich voraussetzt, dass das „Werkzeug" einen Defekt aufweist und der Hintermann das Geschehen kraft seines planvoll lenkenden Willens „in der Hand" hält (s. Rn 773). Beide Kriterien sind hier erfüllt.

Nicht minder umstritten ist, wie die Abgrenzung zwischen Täterschaft und Teilnahme **1034**
vorzunehmen ist, wobei dieses Problem allein bei der Abgrenzung zwischen **Täterschaft** und **Beihilfe** relevant wird. Die Rspr stellt auch hier überwiegend auf subjektive Kriterien, insbes. auf das Interesse am Taterfolg, und subsidiär auf die Tatherrschaft ab[127]. Andere halten den Unterlassenden, der an einem Begehungsdelikt teilnimmt, immer für einen Gehilfen[128] oder umgekehrt wegen der ihm obliegenden Garantenpflicht (Pflichtdelikt) immer für einen Täter[129]. Wieder andere stufen den Beschützergaranten (s. Rn 1007 ff) stets als Täter, den Überwachungsgaranten (s. Rn 1013 ff) lediglich als Teilnehmer ein[130]. Vorzugswürdig erscheint es, auch hier auf die Tatherrschaft abzustellen (s. Rn 750 f)[131].

---

124 Zur Mittäterschaft vgl BGHSt 37, 106, 129 f *(Lederspravfall)*; *Kühl*, AT, § 20 Rn 268; LK-*Weigend*, § 13 Rn 82; krit. Matt/Renzikowski-*Haas*, § 13 Rn 130 f; *Krey/Esser*, AT, Rn 1186.

125 *Gropp*, AT, § 10 Rn 68 f; S/S-*Heine/Weißer*, § 25 Rn 57; *Jescheck/Weigend*, AT, § 62 IV 2; MK-*Joecks*, § 25 Rn 179; *Krey/Esser*, AT, Rn 1185; S/S/W-StGB-*Kudlich*, § 13 Rn 46; *Kühl*, AT, § 20 Rn 267; *Mosenheuser*, Unterlassen und Beteiligung, 2009, S. 123; *Otto*, Grundkurs AT, § 21 Rn 108; *Rengier*, AT, § 51 Rn 5; *Roxin*, AT II, § 31 Rn 175; *Streng*, ZStW 122 [2010], 1, 16 f; LK-*Weigend*, § 13 Rn 85; NK-*Wohlers/Gaede*, § 13 Rn 27.

126 BGHSt 40, 257, 266; 48, 77, 89 ff *(Politbürofall)* m. abl. Anm. *Knauer*, NJW 03, 3101; *Baumann/Weber/Mitsch*, AT, § 29 Rn 118; *Brammsen*, NStZ 00, 337; *Frister*, AT, 27. Kap. Rn 47; *Kindhäuser*, AT, § 39 Rn 37; LK-*Schünemann*, § 25 Rn 214; HK-GS-*Tag*, § 13 Rn 29.

127 BGHSt 54, 44, 51; BGH NJW 66, 1763 *(Schamhaarfall)*; BGH NStZ 09, 321 m. Anm. *Bosch*, JA 09, 655; BGH NStZ 12, 379 *(Würgefall)*.

128 S/S/W-StGB-*Kudlich*, § 13 Rn 43; *Kühl*, AT, § 20 Rn 230; LK-*Weigend*, § 13 Rn 95; *Yamanaka*, Schünemann-FS, S. 562.

129 *Bachmann/Eichinger*, JA 11, 105, 107; *M. Heinrich*, S. 320; *Kindhäuser*, Hollerbach-FS, S. 627, 649; *Murmann*, Grundkurs, § 29 Rn 96; *Roxin*, Täterschaft, S. 739, 750; *ders.*, AT II, § 31 Rn 140 ff; *Sanchez-Vera*, Pflichtdelikt und Beteiligung, 1999, S. 147, 177; *Stratenwerth/Kuhlen*, AT, § 14 Rn 13; NK-*Wohlers/Gaede*, § 13 Rn 26.

130 *Herzberg*, S. 82 ff; *Krey/Esser*, AT, Rn 1182; im Ansatz ebenso *Bosch*, JA 07, 418; *Haas*, ZIS 11, 392; *Maurach/Gössel/Zipf*, AT/2, § 49 Rn 91; *Otto*, Grundkurs AT, § 21 Rn 50, allerdings mit stärkerer Berücksichtigung der „Qualität" der Pflicht im Einzelfall (eher umgekehrt: *Krüger*, ZIS 11, 1, 7); ähnlich *Murmann*, Beulke-FS, S. 181, 193 (Täterschaft, wenn Erfolgsverhinderung Schutzzweck der Garantenpflicht – Teilnahme, wenn Reduzierung des Haupttatrisikos).

131 MK-*Joecks*, § 25 Rn 270; *Maurach/Gössel/Zipf*, AT/2, § 49 Rn 87; *Ransiek*, JuS 10, 680; *Rengier*, JuS 10, 284; HK-GS-*Tag*, § 13 Rn 28; weiterführend: *Hillenkamp*, AT, S. 154; *Hoffmann-Holland*, ZStW 118 [2006], 620; *Mosenheuer*, Unterlassen und Beteiligung, 2009, S. 159 ff; SK-*Rudolphi/Stein*, Vor § 13 Rn 54; *Schwab*, Täterschaft und Teilnahme bei Unterlassungen, 1996; fallbezogen *Zimmermann*, JuS 11, 629, 632.

Problematisch ist allerdings, wie dieses Kriterium im Kontext der Unterlassungsdelikte zu deuten ist. Vorrangig ist im Rahmen einer normativen Wertung auf den **Grad der potenziellen Einflussmöglichkeiten** des Garanten abzustellen. Von indizieller Bedeutung ist dabei, ob er – hätte er seine Handlungspflicht erfüllt – als Täter oder aber als Gehilfe einzustufen wäre („potenzielle Tatherrschaft")[132].

▶ Beispielsfälle bei *Beulke*, Klausurenkurs II Rn 29 und Klausurenkurs III Rn 106

III. Rechtswidrigkeit und rechtfertigende Pflichtenkollision

1035 Durch die Verwirklichung des Unrechtstatbestandes wird auch bei Unterlassungsdelikten die Rechtswidrigkeit indiziert. Sie kann aber durch Rechtfertigungsgründe ausgeschlossen sein. Neben den allgemeinen Rechtfertigungsgründen kommt insbes. die **rechtfertigende Pflichtenkollision** in Betracht. Eine Pflichtenkollision liegt vor, wenn mehrere rechtlich begründete Handlungspflichten in der Weise an den Normadressaten herantreten, dass er die eine nur auf Kosten der anderen erfüllen kann, also notwendig eine von ihnen verletzen muss, wie er sich auch immer verhalten mag.

Betrifft der Pflichtenwiderstreit dagegen eine Handlungspflicht und eine Unterlassungspflicht (wie oben im **Fall 9b** das Gebot zur Rettung des schwer verletzten S und das Verbot eines Eingriffs in die körperliche Unversehrtheit des zur Blutspende nicht bereiten P), kommen nur die Regeln des rechtfertigenden Notstandes in Betracht (s. Rn 444 ff, 473)[133].

Von einer echten Pflichtenkollision kann nur dort die Rede sein, wo die kollidierenden Rechtspflichten nebeneinander Geltung beanspruchen. Tritt eine von ihnen aus Gründen der Subsidiarität zurück, so handelt es sich um eine bloße Scheinkollision, da in Wahrheit nur eine Pflicht besteht (vgl Rn 1050 ff).

1036 Nach den Grundsätzen der rechtfertigenden Pflichtenkollision handelt der Täter nicht rechtswidrig, wenn er bei rangverschiedenen Pflichten die höherrangige auf Kosten der zweitrangigen Pflicht und bei gleichwertigen Pflichten eine von beiden erfüllt. Die Verneinung der Rechtswidrigkeit folgt hier daraus, dass der Normadressat unter den gegebenen Umständen nicht beide Handlungspflichten zugleich erfüllen kann und dass im erstgenannten Fall die höher zu bewertende Pflicht den Vorzug verdient, während es bei der Kollision gleichwertiger Handlungspflichten zum Unrechtsausschluss genügen muss, dass der Täter sich im Rahmen seines Handlungsvermögens überhaupt pflichtgerecht verhält. Im Widerstreit **gleichwertiger Rettungspflichten** lässt die Rechtsordnung dem Normadressaten also die Wahl, sich für die eine oder die andere zu entscheiden; er handelt rechtmäßig, mag er nun dieser oder jener Pflicht den Vorzug geben[134].

---

132 Ebenso S/S-*Heine/Weißer*, Vor §§ 25 ff Rn 102; *Wengenroth*, JA 14, 428, 429.

133 *Kindhäuser*, LPK, § 34 Rn 56; *Küper*, Pflichtenkollision, S. 19, 29, 34; *Mitsch*, Rechtfertigung, S. 206.

134 *Gropp*, Hirsch-FS, S. 207; *Küper*, JuS 87, 81, 89; S/S-*Lenckner/Sternberg-Lieben*, Vorbem. §§ 32 ff Rn 73 ff; *Mitsch*, JA 06, 509; LK-*Rönnau*, Vor § 32 Rn 115 f; SK-*Rudolphi/Stein*, Vor § 13 Rn 45; *Satzger*, Jura 10, 753; ähnl. *Otto*, Jura 05, 472 (nicht rechtswidrig); anders *Jescheck/Weigend*, AT, § 33 V 2 (Schuldausschließungsgrund); zusammenfassend *Neumann*, Roxin-FS, S. 421; *Scheid*, Grund- und Grenzfragen der Pflichtenkollision beim strafrechtlichen Unterlassungsdelikt, 2000, S. 99 (Tatbestandslösung); wie dieser MK-*Schlehofer*, Vor §§ 32 ff Rn 217; s. a. *Joerden*, Otto-FS, S. 331 (zur Erlaubniskollision).

Das **Rangverhältnis der kollidierenden Pflichten** hängt vom Wert der gefährdeten Güter (zB Leben, Gesundheit, Vermögen), der rechtlichen Stellung des Normadressaten zum geschützten Objekt (Garantenstellung oder bloße Hilfspflicht), der Nähe der Gefahr und der mehr oder weniger großen Wahrscheinlichkeit des Schadenseintritts ab.

Wenn also eine Garantenpflicht für das Leben eines Menschen (§§ 212, 13) mit der „Lebensrettungspflicht" aus § 323c (Unterlassene Hilfeleistung) für eine andere Person kollidiert, ist die Garantenpflicht iSd § 13 vorrangig. Die geringere Wertigkeit der allgemeinen Hilfspflicht ist daran erkennbar, dass nach dem ausdrücklichen Wortlaut des § 323c eine Hilfeleistung nicht zugemutet wird, wenn mit ihr die Verletzung anderer wichtiger Pflichten verbunden ist[135].

Im **Fall 19b** handelt es sich um die Kollision **zweier Garantenpflichten**; A war dem B wie der G als „Garant" zur Erfolgsabwendung verpflichtet. Verfehlt wäre es, die Rettung des B als vorrangig anzusehen, weil er noch in der „Blüte des Lebens" stand und G schon die Schwelle des Alters erreicht hatte; für das Strafrecht ist jedes Leben absolut gleichwertig. A hat die Rettung der G also aufgrund einer rechtfertigenden Pflichtenkollision nicht rechtswidrig unterlassen. 1037

IV. Die Vorwerfbarkeit des pflichtwidrigen Unterlassens

1. Der Irrtum über die Garantenpflicht

Kennt der Unterlassende alle Umstände, die seine Garantenstellung begründen, glaubt er aber gleichwohl, die rechtlich geforderte Handlung unterlassen zu dürfen, so befindet er sich in einem **Gebotsirrtum** (Irrtum über die Garantenpflicht), der nach den gleichen Regeln zu behandeln ist wie der **Verbotsirrtum** bei einem Begehungsdelikt[136]. 1038

Die Entschuldbarkeit des Irrtums ist hier aber eher zu bejahen als bei Rechtsgutsverletzungen durch aktives Tun[137]. Zu berücksichtigen ist insoweit, was für eine Handlung das Gesetz verlangt, unter welchen konkreten Umständen dies geschieht und wem die Handlungspflicht obliegt. Wo in außergewöhnlichen Notlagen ein rascher Handlungsentschluss gefasst werden muss und Leben gegen Leben steht, kann die Vorstellung vom Fehlen eines „Rettungsvorrechts" einen schuldausschließenden (zumindest aber schuldmindernden) Gebotsirrtum darstellen.

Im **Fall 19c** hat A in Bezug auf B den Tatbestand des Totschlags durch pflichtwidriges Unterlassen (§§ 212, 13) erfüllt. Eine rechtfertigende Pflichtenkollision liegt nicht vor, da A nur eine Garantenstellung in Bezug auf B innehat. Für eine Garantenstellung hinsichtlich der F fehlt es – trotz starker emotionaler Beziehung – an einem rechtlichen Fundament (s. Rn 1009). A hat jedoch geglaubt, sich so verhalten zu dürfen. Da dieser **Gebotsirrtum** in der konkreten Situation unvermeidbar war, ist A gem. § 17 entschuldigt. 1039

---

135 *Beulke*, Küper-FS, S. 1; *B. Heinrich*, AT, Rn 516; S/S-*Lenckner/Sternberg-Lieben*, Vor § 32 Rn 75; *Rönnau*, JuS 13, 113; *Roxin*, AT I, § 16 Rn 123; *Stratenwerth/Kuhlen*, AT, § 9 Rn 124; für Gleichwertigkeit der Pflichten *Joecks*, St-K § 13 Rn 54.

136 BGHSt GrS 16, 155; vert. *Satzger*, Jura 11, 432.

137 BGHSt 19, 295, 299.

2. Die Zumutbarkeit normgemäßen Verhaltens

1040 Rspr und Lehre stimmen weitgehend darin überein, dass auch bei den unechten Unterlassungsdelikten (ähnl. wie bei den Fahrlässigkeitsdelikten, vgl Rn 976) die Strafbarkeit des Untätigbleibens unter dem Vorbehalt der **Zumutbarkeit normgemäßen Verhaltens** steht[138]. Offen ist indessen, innerhalb welcher Wertungsstufe diesem Gesichtspunkt Rechnung zu tragen ist und ob dieses Regulativ schon die Handlungspflicht als solche berührt. Mit Rücksicht darauf, dass das Gesetz einen Garanten iSd § 13 unter den dort genannten Voraussetzungen dem Begehungstäter gleichstellt, ist davon auszugehen, dass die Zumutbarkeitsfrage hier anders als bei einigen echten Unterlassungsdelikten[139] nicht schon auf der Tatbestandsebene[140] und auch nicht als Rechtfertigungsgrund[141], sondern entsprechend den allgemeinen Regeln erst im **Schuldbereich** aufzuwerfen ist[142]. Zur Unzumutbarkeit normgemäßen Verhaltens bei Überzeugungs- oder Gewissenstätern (s. Rn 616).

Praktische Bedeutung hat dieser Meinungsunterschied vor allem für die Frage, ob die irrige Annahme des Täters, ihm sei die Vornahme der objektiv erforderlichen Rettungshandlung nicht zuzumuten, gem. § 16 I 1 den Vorsatz entfallen lässt. Weitere Konsequenzen ergeben sich im Teilnahmebereich; wer bei Unzumutbarkeit des Handelns schon die Tatbestandsmäßigkeit bzw Rechtswidrigkeit verneint, entzieht damit zugleich der Teilnahme die in den §§ 26, 27 vorausgesetzte Grundlage.

3. Die omissio libera in causa

1041 Die bei den Begehungsdelikten anerkannte actio libera in causa (Rn 633) findet bei den Unterlassungsdelikten ihre Entsprechung in der omissio libera in causa. Allerdings wird dieses Problem nicht erst im Bereich der Schuld, sondern schon im Tatbestand relevant, weil dort festgestellt werden muss, dass dem Täter im Tatzeitpunkt die Vornahme der geforderten Handlung physisch-real möglich ist (Rn 996). Dass sich der Garant durch früheres Verhalten vorsätzlich handlungsunfähig gemacht hat, soll dem Umstand nicht entgegenstehen, dass er bei Eintritt der Gefahr für das zu schützende Rechtsgut nicht mehr handlungsfähig ist.

Beispiel: Der Rettungsschwimmer R betrinkt sich während der Dienstzeit sinnlos, wobei ihm bewusst ist, dass er in diesem Zustand keine Menschenleben mehr retten können wird, was er bezüglich der wenigen anwesenden Badegäste in Kauf nimmt. Tatsächlich ertrinkt kurze Zeit später einer dieser Gäste, der bei ordnungsgemäßen Rettungsmaßnahmen durch R leicht zu retten gewesen wäre.

---

138 Näher BGHSt 48, 77, 89; BGH NStZ 84, 164; grds abl. MK-*Schlehofer*, Vor §§ 32 ff Rn 273; zum Ganzen *Momsen*, Zumutbarkeit, S. 385 ff.

139 Vgl § 138 und § 323c; zu Letzterem: BGHSt 11, 135 und 353; BGH FamRZ 64, 418.

140 Hierfür *Fischer*, § 13 Rn 44; Matt/Renzikowski-*Haas*, § 13 Rn 30; *Krey/Esser*, AT, Rn 1172; *Ransiek*, JuS 10, 586; NK-*Wohlers/Gaede*, § 13 Rn 17; s. a. BGH JR 94, 510 m. Anm. *Loos*; OLG Karlsruhe MDR 75, 771.

141 Hierfür *Gropp*, AT, § 11 Rn 55 f; *Köhler*, AT, S. 297.

142 BGHSt 6, 46, 57; *Jescheck/Weigend*, AT, § 59 VIII; *Kühl*, AT, § 18 Rn 140; LK-*Rönnau*, Vor § 32 Rn 322 ff; *Roxin*, AT II, § 31 Rn 231; diff. *Küper*, Pflichtenkollision, S. 86 ff, 95, der bei Wahrung mindestens gleichwertiger Eigeninteressen eine rechtfertigende, im Übrigen nur eine entschuldigende Wirkung annimmt.

Trotz der aktuellen Handlungsunfähigkeit wird von der hL zu Recht eine Strafbarkeit nach den Regeln des Unterlassungsdelikts befürwortet (im Beispiel: §§ 211 ff, 13). Den Handlungspflichtigen trifft das Verbot, sich zur Erfüllung des Gebots handlungsunfähig zu machen oder sich ihm in anderer Weise zu entziehen[143].

V. Der Versuch bei vorsätzlichen Unterlassungen

Bei den **echten Unterlassungsdelikten**, die das StGB vorsieht, ist der Versuch nur vereinzelt mit Strafe bedroht (vgl § 283 III iVm § 283 I Nr 5 erste Alternative und Nr 7b). Ein Unterlassungsversuch kommt hier in Betracht, wenn der Entschluss zum Untätigbleiben durch äußere Handlungen in hinreichend erkennbarer Weise manifestiert wird[144]. Praktische Bedeutung erlangt die Versuchsstrafbarkeit jedoch idR nur bei den nachfolgend erörterten **unechten Unterlassungsdelikten**. Zu betonen ist allerdings, dass der Versuchsaufbau grds dem eines versuchten Begehungsdeliktes (vgl Rn 1203) folgt, also auch hier zunächst festzustellen ist, dass keine Vollendung eingetreten und der Versuch des jeweiligen Deliktes strafbar ist. 1042

1. Die Abgrenzung zwischen Vorbereitung und Versuch

Die am Begehungsdelikt entwickelten Grundsätze zur Bestimmung des **Versuchsbeginns** (s. Rn 852 ff) sind auf die unechten Unterlassungsdelikte sinngemäß zu übertragen[145]. Maßgebend für die Frage, wann der Unterlassungstäter bei gegebenem Tatentschluss „zur Verwirklichung des gesetzlichen Tatbestandes unmittelbar ansetzt" (§ 22), ist der Beginn der Pflichtverletzung innerhalb einer konkreten Gefahrenlage. Die Rechtslehre stellte hier früher teils auf das Verstreichenlassen der ersten Rettungsmöglichkeit[146], teils auf die Versäumung der letzten Rettungschance ab[147]. Richtigerweise ist **wie folgt zu differenzieren**: 1043

Wenn das geschützte Objekt nach der Vorstellung des Garanten bereits unmittelbar in Gefahr geraten und der **Eintritt des tatbestandlichen Erfolges nahe gerückt** ist, verlangt das Gesetz die sofortige Erfüllung der Rettungspflicht. Versuch ist hier zu bejahen, sobald der Garant aufgrund seines Tatentschlusses die **erste** zur Erfolgsabwendung geeignete Handlungsmöglichkeit ungenutzt verstreichen lässt, weil sich jede weitere Rettungsmöglichkeit für ihn als zufällig darstellt.

Beispiel: Fällt ein Kind ins Wasser, hat der hilfspflichtige Garant sofort einzugreifen. Bei entsprechendem Vorsatz liegt ein Versuch gem. §§ 212, 22, 23 I vor, wenn die erste Rettungsmöglichkeit (zB Ergreifen des vom Kind ausgestreckten Armes) nicht genutzt wird, mag die Rettung auch zu einem nachfolgenden Zeitpunkt und auf andere Weise noch möglich sein (zB durch Zuwerfen eines Rettungsringes oder Einsatz eines Rettungsbootes).

---

143 *Satzger*, Jura 06, 513, 517; s. a. *Baumann/Weber/Mitsch*, AT § 15 Rn 29; *Gimbernat*, Schünemann-FS 351; *Kühl*, AT § 18 Rn 22; krit. *Baier*, GA 1999, 272; NK-*Wohlers/Gaede*, § 13 Rn 13.

144 S/S-*Eser/Bosch*, § 22 Rn 53; LK-*Hillenkamp*, Vor § 22 Rn 102.

145 Näher BGHSt 38, 356; 40, 257, 268.

146 So u. a. *Herzberg*, MDR 73, 89; *Schröder*, JuS 62, 81.

147 So *Armin Kaufmann*, Unterlassungsdelikte, S. 210 ff; *Welzel*, Lb, S. 221.

1044 Bei noch entfernter Gefahr und **mangelnder Erfolgsnähe** beginnt der Versuch in dem Zeitpunkt, in welchem die Gefahr in ein akutes Stadium tritt und der Garant weiter untätig bleibt oder in welchem dieser die Möglichkeit des rettenden Eingreifens aus der Hand gibt und dem Geschehen seinen Lauf lässt[148].

Beispiele: Findet der Streckenwärter S seinen Bruder B betrunken auf den Schienen einer Zugstrecke liegend vor, kommt der nächste Zug aber erst in einer Stunde, begründet ein Verzögern der Rettungshandlung noch keinen Tötungsversuch durch Unterlassen, solange sich die Situation für B nicht verschlechtert und das Risiko des Erfolgseintritts nicht erhöht wird. Versuch ist jedoch zu bejahen, wenn S auch in dem Zeitraum, in welchem mit dem baldigen Herannahen des Zuges zu rechnen ist, keine Rettungsmaßnahmen ergreift, oder wenn S sich (gleichgültig zu welchem Zeitpunkt) ohne den Willen zu rechtzeitiger Rückkehr von der Gefahrenstelle fortbegibt und den B seinem Schicksal überlässt (s. zur vergleichbaren Argumentation bei der *omissio libera in causa* Rn 1041.

Falls eine Mutter ihr Kleinkind verhungern lassen will, beginnt der Tötungsversuch spätestens, sobald die Vorenthaltung der Nahrung das körperliche Wohlbefinden des Kindes nicht nur unerheblich beeinträchtigt, also rechtsgutsgefährdenden Charakter annimmt. Schon vor diesem Zeitpunkt wird man Versuch bejahen können, wenn die Mutter ihr Kind ohne entsprechende Vorsorge im Stich lässt und das Geschehen aus der Hand gibt[149].

▸ Beispielsfälle bei *Beulke*, Klausurenkurs I Rn 315 und Klausurenkurs III Rn 632

2. Der Rücktritt vom Versuch des Unterlassens

1045 Die Rücktrittsregelung des § 24 (s. Rn 885 ff) lässt sich auf den Unterlassungsversuch ebenfalls nur sinngemäß übertragen:

1046 a) Auch ein Unterlassungsversuch kann **fehlgeschlagen** sein[150]. Davon ist in erster Linie auszugehen, wenn der Täter erkennt, dass er den tatbestandsmäßigen Erfolg allein durch das Unterlassen nicht mehr bewirken könnte und ihm auch keine Mittel zur Verfügung stehen, den Erfolg durch positives Tun herbeizuführen.

Beispiel: Der Garantenpflichtige, der einen anderen ertrinken lassen möchte, erkennt, dass ein Dritter bereits erfolgreiche Rettungsmaßnahmen eingeleitet hat. Selbst wenn der Garant jetzt seinerseits ebenfalls rettend tätig wird, bleibt es aufgrund des Fehlschlags des Versuchs bei seiner Strafbarkeit (s. Rn 889).

1047 b) Ein **unbeendeter Versuch** liegt vor, solange der Eintritt des tatbestandlichen Erfolges nach der Vorstellung des Täters noch durch Nachholung der ursprünglich gebotenen Handlung abzuwenden ist.

Im **Beispiel** der Mutter, die ihr Kleinkind verhungern lassen will, ist also ein Versuch solange unbeendet, wie die Mutter annimmt, das Leben des Kindes durch Wiederaufnahme der normalen Ernährung erhalten zu können.

---

148 S. dazu *Bosch*, Jura 11, 914; S/S-*Eser/Bosch*, § 22 Rn 50 f; MK-*Freund*, § 13 Rn 243; *Frisch/Murmann*, JuS 99, 1199; *Kudlich*, JA 08, 601; *Rönnau*, JuS 14, 109, 112; *Roxin*, AT II, § 29 Rn 217; SK-*Rudolphi/Stein*, Vor § 13 Rn 65 ff; krit. LK-*Hillenkamp*, § 22 Rn 148.

149 S. BGHSt 38, 356; 40, 257, 270 ff; *Roxin*, Maurach-FS, S. 213, 231; zum Ganzen: *Hillenkamp*, AT, S. 107.

150 BGH NJW 03, 1057 m. zust. Anm. *Freund*, NStZ 04, 326; *Kudlich*, JR 03, 380.

Holt der Täter die zunächst unterlassene Handlung in der irrigen Annahme nach, dass damit der Erfolgseintritt abgewendet werde, liegt das volle Erfolgsabwendungsrisiko – wie beim Rücktritt vom Begehungsdelikt (s. Rn 888) – beim Täter. Tritt also der Erfolg ein, so wird er trotz der verspäteten Erfüllung der Garantenpflicht wegen vollendeter Tat bestraft[151].

c) **Beendet** ist der Versuch dagegen, sobald nach der Vorstellung des Täters die Nachholung der ursprünglich gebotenen Handlung für sich allein nicht mehr ausreicht, den tatbestandlichen Erfolg abzuwenden, vielmehr andere Maßnahmen erforderlich geworden sind. **1048**

Im vorherigen **Beispiel** gilt dies dann, wenn die Mutter die Rettung des schon entkräfteten Kindes nicht mehr durch Wiederaufnahme der normalen Nahrungszufuhr, sondern nur noch durch ärztliche Hilfe (künstliche Ernährung im Krankenhaus usw) erreichen zu können glaubt[152].

Die Gegenmeinung hält eine Unterscheidung zwischen dem unbeendeten und dem beendeten Unterlassungsversuch für entbehrlich, weil der Rücktritt beim unechten Unterlassungsdelikt stets in einer erfolgsabwendenden Tätigkeit bestehen müsse[153]. Dies ist jedoch nicht richtig. Ausnahmsweise kann ein rein passives Aufgeben der weiteren Tatausführung gem. § 24 I 1 Alt. 1 auch bei unechten Unterlassungsdelikten einen Rücktritt bewirken[154]:

Beispiel: Vater V unternimmt mit seiner kleinen ungeliebten Tochter T eine Segeltour. Als Letztere aufgrund einer Unachtsamkeit über Bord fällt und – da sie Nichtschwimmerin ist – in Lebensgefahr gerät, fasst V den Entschluss, sie ertrinken zu lassen. Im letzten Moment gelingt es T, ein Seil zu ergreifen und wieder aufs Schiff zu klettern. V verzichtet darauf, T erneut ins Wasser zu stoßen.

Vom Tötungsversuch durch Unterlassen ist V hier gem. § 24 I 1 Alt. 1 zurückgetreten. Der Fall kann nicht anders gelöst werden, als wenn V die T aktiv ins Wasser gestoßen und dem Geschehen dann seinen Lauf gelassen hätte.

d) Auch ein **untauglicher Versuch** des Unterlassens ist denkbar[155], mit der Folge, dass ein Rücktritt solange möglich ist, wie der Unterlassungstäter die Untauglichkeit nicht erkennt. **1049**

Beispiel (nach BGH StV 98, 369): Bei einem heftigen Streit war E von ihrem Sohn S in eine Nische im Badezimmer gedrückt worden, sodass einzelne Körperpartien den Heizkörper berührten, der auf höchster Stufe lief. Aus eigener Kraft konnte sich E nicht mehr befreien. Nach mehreren Stunden – die E war mittlerweile durch die Hitzeeinwirkungen tödlich verletzt – fand der Ehemann M die E in ihrer hilflosen Lage. M unternahm zunächst nichts, um die E zu befreien, wobei er ihren Tod billigend in Kauf nahm. Später besann er sich eines Besseren und half der E, die jedoch kurz darauf verstarb.

---

151 Vgl BGH NJW 00, 1730; NStZ 12, 29 *(Kindstodfall)* m. Anm. *Mandla*; *Fischer*, § 24 Rn 14a; aA *Lackner/Kühl*, § 24 Rn 22a.

152 Wie hier: S/S-*Eser/Bosch*, § 24 Rn 27 – 30; *Kühl*, AT, § 18 Rn 152 ff; *Maurach/Gössel/Zipf*, AT/2, § 40 Rn 106; *Wolter*, Zurechnung, S. 100, 259; anders *Frister*, AT, 24. Kap. Rn 24.

153 BGH NStZ 03, 252; *Freund*, AT, § 8 Rn 67; *Jakobs*, AT, 29/116; *Köhler*, AT, S. 482; *Roxin*, AT II, § 29 Rn 269; NK-*Wohlers/Gaede*, § 13 Rn 25; weitgehend auch *Küper*, ZStW 112 [2000], 1.

154 *Engländer*, JZ 12, 130; *Rengier*, AT, § 49 Rn 65; vgl auch BGH NStZ 10, 690, 692 *(Benzinfall)*; MK-*Herzberg/Hoffmann-Holland*, § 24 Rn 83; fallbezogen: *Abraham*, JuS 13, 903, 908 f.

155 Ebenso LK-*Hillenkamp*, § 22 Rn 193; gegen Strafbarkeit NK-*Zaczyk*, § 22 Rn 60.

Ein vollendeter Totschlag des M gegenüber E durch Unterlassen scheidet mangels Kausalität aus, da die E bereits vorher tödlich verletzt war. Möglich erscheint ein versuchter Totschlag durch Unterlassen. Fraglich ist allein, ob M hiervon strafbefreiend zurückgetreten ist. Entgegen der Ansicht des BGH kann dies nicht schon deshalb verneint werden, „weil er die Vollendung der Tat nicht mehr verhindern konnte". Dieser Umstand schließt nur die Vollendungsstrafbarkeit aus. Es handelte sich vielmehr um einen untauglichen Unterlassungsversuch, weil die unrettbar Sterbende ein **untaugliches Tatobjekt** war. Der auf Begehungsdelikte zugeschnittenen Regelung des § 24 I 2 liegt der allgemeine Gedanke zugrunde, dass ein Rücktritt vom untauglichen Versuch solange möglich ist, wie der Täter die Untauglichkeit des Versuchs nicht erkannt hat. Wenn M daher in Unkenntnis der Unrettbarkeit der E ernsthaft und freiwillig deren Tod zu verhindern suchte, ist er strafbefreiend vom Tötungsversuch durch Unterlassen zurückgetreten[156].

VI. Der Tatbestand der echten Unterlassungsdelikte

1050 Neben der strafrechtlichen Haftung nach den Regeln des unechten Unterlassungsdelikts ist stets daran zu denken, dass sich eine Handlungspflicht auch aus einem **echten Unterlassungsdelikt** (s. Rn 982) ergeben kann. In der Praxis gewinnt vor allem der Tatbestand der unterlassenen Hilfeleistung (§ 323c) Bedeutung.

Beim Vorliegen der im Gesetz näher umschriebenen tatbestandsmäßigen Situation („Unglücksfall" oder „gemeine Gefahr") begründet § 323c eine auf dem Solidaritätsprinzip beruhende **allgemeine Hilfspflicht**, die in den Grenzen der Erforderlichkeit, der Zumutbarkeit und des individuellen Leistungsvermögens zum Zwecke der Schadensverhütung von jedermann zu erfüllen ist[157]. Um einer Überspannung vorzubeugen, hat der Gesetzgeber die Entstehung dieser Pflicht, die selbst völlig Unbeteiligte treffen kann, hier schon auf der Tatbestandsebene durch das Merkmal der **Zumutbarkeit** eingeschränkt (s. Rn 1040).

Nach der gesetzlichen Regelung lässt sich die Zumutbarkeit nur bejahen, wenn die Hilfeleistung „ohne erhebliche eigene Gefahr und ohne Verletzung anderer wichtiger Pflichten möglich" ist. Da eine Garantenpflicht zumindest dann eine „andere wichtige Pflicht" iSd § 323c ist, wenn sie der Abwendung einer konkreten Lebensgefahr dient (wie zB im **Fall 19a** und **b** die Garantenpflicht des A gegenüber B), verdrängt sie die aus § 323c herzuleitende allgemeine Hilfspflicht, die unter solchen Umständen gar nicht erst zur Entstehung gelangt[158].

1051 Im **Fall 19d** sind keine Umstände ersichtlich, die eine Garantenstellung des A gegenüber F und somit eine Strafbarkeit gem. §§ 212, 13 begründen könnten (s. Rn 1039). Hier kommt allein eine Strafbarkeit gem. § 323c in Betracht. Auf den ersten Blick liegt scheinbar eine Pflichtenkollision vor; in Wirklichkeit bestand aber nur eine Handlungspflicht des A, und

---

156 So auch *Brand/Fett*, NStZ 98, 507; *Kudlich/Hannich*, StV 98, 370; *Kudlich/Schuhr*, JA 07, 349, 352; *Stuckenberg*, JA 99, 273; iE abl. *Küpper*, JuS 00, 225, 228 f.

157 Vert. *Wessels/Hettinger*, BT/1, Rn 1042 ff; zur Problematik der Unterlassungsstrafbarkeit bei Suizidfällen vgl LG Gießen NStZ 13, 43; *Arzt*, Schreiber-FS, S. 583; *Feldmann*, Die Strafbarkeit der Mitwirkungshandlungen am Suizid, 2009, S. 231 ff; *Hillenkamp*, Kühl-FS, S. 521; *Kutzer*, Schöch-FS, S. 481; *Roxin*, GA 2013, 313, 316 ff; *Ulsenheimer*, Arztstrafrecht, Rn 293 ff; *Wessels/Hettinger*, BT/1, Rn 41 ff; StA München I, NStZ 11, 345; s. a. *Duttge*, Schöch-FS, S. 599, 610 ff.

158 *Beulke*, Küper-FS, S. 1; S/S-*Lenckner/Sternberg-Lieben*, Vor §§ 32 ff Rn 75; aA SK-*Rudolphi/Stein*, Vor § 13 Rn 47.

zwar seine Garantenpflicht gegenüber B. Da A dieser Rettungspflicht nachgekommen ist, erfüllt sein Untätigbleiben gegenüber F von vornherein nicht den Tatbestand des § 323c.

Wo in Bezug auf dasselbe Objekt eine gleichgerichtete spezielle Erfolgsabwendungspflicht aus § 13 mit der allgemeinen Hilfspflicht aus § 323c zusammentrifft (**Beispiel:** Die Mutter unterlässt die Rettung ihres ertrinkenden Kindes), tritt das echte Unterlassungsdelikt aus Gründen der **Subsidiarität** (vgl Rn 1101) gegenüber dem unechten Unterlassungsdelikt zurück[159]. **1052**

Im **Fall 19a** entfällt also die Strafbarkeit gem. §§ 212, 13 mangels Kenntnis der Garantenstellung, § 16 I 1. Auch eine Strafbarkeit gem. §§ 222, 13 ist nicht gegeben, da A sich nicht sorgfaltswidrig verhalten hat (s. Rn 1031). **1053**

Im **Fall 19b** scheitert die Strafbarkeit gem. §§ 212, 13 wegen rechtfertigender Pflichtenkollision (s. Rn 1035 ff).

Im **Fall 19c** ist A wegen unvermeidbaren Verbotsirrtums (§ 17 S. 1) nicht gem. §§ 212, 13 strafbar (s. Rn 1038).

Im **Fall 19d** kommt nur eine Strafbarkeit gem. § 323c in Betracht. Die allgemeine Hilfspflicht entsteht jedoch nicht, weil A seiner Garantenpflicht aus dem unechten Unterlassungsdelikt nachgekommen ist (s. Rn 1050 f).

Aktuelle Rechtsprechung zu § 19:

- BGHSt 55, 191 *(Fall Putz)*: Abgrenzung Tun/Unterlassen beim sog. Behandlungsabbruch; Durchtrennen des Schlauchs zur künstlichen Ernährung als aktives Tun, egal ob Täter der behandelnde Arzt oder Dritter ist; vgl Rn 993.
- BGH NJW 15, 96 *(Fall Oury Jalloh)*: J befindet sich wegen hoher Trunkenheit (2,8 ‰) und fremd- sowie autoaggressiven Verhaltens in Polizeigewahrsam. Die vorgeschriebene unverzügliche Vorführung zum Richter, der über die Fortsetzung des Freiheitsentzugs zu entscheiden gehabt hätte (Art. 104 II GG iVm Polizeigesetz des Landes), unterbleibt. J ist in der Gewahrsamszelle an Händen und Füßen an seine Matratze gefesselt. Polizeibeamter P übernimmt beim Schichtwechsel die Aufsicht über die Zelle. Auch er hält die Einschaltung des Richters irrtümlich für nicht geboten. Während einer längeren Abwesenheit des P zündet J die Matratze an, um auf sein Schicksal aufmerksam zu machen. J kommt durch einen inhallativen Hitzeschock zu Tode.
  Lösung des BGH:
  (1) P ist wegen fahrlässiger Tötung (§ 222 – Strafmaß: Freiheitsstrafe bis zu 5 Jahren oder Geldstrafe) strafbar. Als Polizeibeamter und damit hier Beschützergarant hätte er für die Rund-um-die-Uhr-Beobachtung des gefährdeten J Sorge tragen müssen.
  (2) Der Vorwurf der Freiheitsberaubung mit Todesfolge (§ 239 IV – Strafmaß: Freiheitsstrafe nicht unter drei Jahren!) entfällt hingegen.
  – Nach der Schwerpunktformel kommt seitens des P, der den J weder inhaftiert noch fixiert hat, nur eine Freiheitsberaubung durch Unterlassen in Betracht.
  – Der Irrglaube, auf eine sofortige Einschaltung des Richters verzichten zu dürfen, ist als Verbotsirrtum (§ 17) einzustufen. Bei einem Polizeibeamten liegt ein unvermeidbarer Verbotsirrtum iSv § 17 S. 1 fern.
  – Hier entfällt jedoch die „Quasikausalität", weil auch bei Hinzudenken der geforderten Handlung (unverzügliche Vorführung vor den Richter) der Erfolg (die Fortdauer der

159 Vgl BGHSt 3, 65; 14, 282, 285; S/S/W-StGB-*Schöch*, § 323c Rn 24.

Freiheitsentziehung) mit an Sicherheit grenzender Wahrscheinlichkeit nicht vermieden worden wäre, denn der Richter hätte höchstwahrscheinlich die Haftfortdauer angeordnet; vgl Rn 1000; s. a. Rn 696, 712, 993.

- BGHSt 57, 42 *(Mobbingfall)*: Zwar kann sich aus der Stellung als Betriebsinhaber bzw Vorgesetzter eine Garantenpflicht zur Verhinderung von Straftaten nachgeordneter Mitarbeiter ergeben (s. BGHSt 54, 44, *Berliner Stadtreinigungs-Fall*, vgl Rn 1017); dies beschränkt sich aber auf betriebsbezogene Straftaten, erstreckt sich also nicht auch auf solche Straftaten – wie Mobbing am Arbeitsplatz –, die der Mitarbeiter nur bei Gelegenheit der Tätigkeit im Betrieb begeht; vgl Rn 1020.
- BGH NStZ 12, 379 *(Würgefall)*: Abgrenzung Täterschaft/Teilnahme bei Tatbeteiligung durch Unterlassen. Wird im Rahmen eines Raubes von einem Beteiligten ein Exzess in Form einer Tötung begangen, so ist für die Frage, ob der nunmehr aus Ingerenz garantenpflichtige andere Tatbeteiligte als Täter oder Teilnehmer einer Tötung durch Unterlassen einzustufen ist, auf die innere Haltung des Unterlassenden – insbes. sein Interesse am Taterfolg – bzw auf eine Tatherrschaft abzustellen; vgl Rn 1033.
- BGH NStZ 12, 29 *(Kindstodfall)*: Rücktritt vom Versuch des Unterlassens. Bei Erfolgseintritt wird der Täter wegen vollendeter Tat bestraft, auch wenn er die zunächst unterlassene Handlung im irrigen Glauben nachgeholt hat, er könne den Erfolg noch abwenden; vgl Rn 1047.

Teil V

Die Konkurrenzlehre

§ 20 Einheit und Mehrheit von Straftaten

Fall 20: J ist Eigentümer eines allein stehenden Wochenendhauses, für das C einen Schlüssel hat, um ab und zu nach dem Rechten zu sehen. Während einer Unterhaltung mit C erfahren die Brüder A und B zufällig, dass L und Z, die erwachsenen Töchter des J, derzeit allein in dem Haus wohnen. Aufgrund eines vorher in allen Einzelheiten festgelegten Tatplans dringen A und B abends mit einem Nachschlüssel, den ihnen C als Kopie seines Schlüssels besorgt hat, in das Haus des J ein. Nach dem Verbarrikadieren der Tür nehmen A und B zunächst Waffen an sich, die sie im Gewehrschrank vorfinden. Durch die Drohung, sie andernfalls mit den gerade an sich genommenen, scharf geladenen Waffen zu erschießen, sowie durch Schläge nötigen sie sodann die Frauen, sich zu entkleiden und mit jedem von beiden den Beischlaf zu dulden. Später gelingt es L und Z, durch ein Fenster zu fliehen. Beim Verlassen des Hauses nehmen A und B die Gewehre sowie einige andere Gegenstände mit. Die Waffen übergeben sie gegen Zahlung des vor der Tat vereinbarten Entgelts an C; die übrigen Sachen veräußern sie an den gutgläubigen K. Den Erlös teilen sie sich. 1054

Wie ist das Konkurrenzverhältnis der begangenen Straftaten (ohne Berücksichtigung des Waffengesetzes) zu beurteilen? **Rn 1055, 1068, 1072, 1075, 1082, 1084, 1086, 1090, 1093, 1100, 1102, 1105, 1109, 1111, 1115**

I. Die Grundlagen der Konkurrenzlehre

Im **Fall 20** lässt sich das Verhalten von A und B in verschiedene Tatkomplexe zerlegen, wobei zahlreiche Straftatbestände in Betracht kommen, die dem Gesetzeswortlaut nach erfüllt sind: 1055

A) **Verbrechensverabredung:** §§ 30 II, 177, 239b;
B) **Vergewaltigungskomplex:** §§ 239 I, 239b I, 240 I und IV 2 Nr 1, 223, 224 I Nr 2 und 4, 241 I, 177 I Nr 1, 2 und 3, II 2 Nr 1 und 2, III Nr 1, IV Nr 1, 185, 123, 25 II;
C) **Entwendungskomplex:** §§ 242, 243 I 2 Nr 1 und 7, 244 I Nr 1a und 3, 246 I, 123, 25 II – nicht §§ 249, 250, da hier die Gewalt nicht die Wegnahme ermöglichen soll (Sachverhalt insoweit auslegungsfähig);
D) **Verwertung der Diebesbeute:** §§ 246 I, 263 I, 25 II.

Insoweit erheben sich die Fragen, in welchem Verhältnis die erwähnten Gesetzesverletzungen zueinander stehen, wie viele Straftaten begangen sind und nach welchen Grundsätzen sich die Festsetzung der jeweiligen Rechtsfolgen bei der Aburteilung richten soll. In systematischer Hinsicht zeigt diese Fragestellung, dass die **Konkurrenzlehre eine Nahtstelle zwischen der Lehre von der Straftat** und der **Lehre von den Unrechtsfolgen** bildet.

Den §§ 52–55 liegt die Erwägung zugrunde, dass bei einem Zusammentreffen mehrerer Gesetzesverletzungen die **Addition** aller in Betracht kommenden Strafen das Maß der Schuld des 1056

Täters übersteigen würde. Um eine derartige Summierung von Strafen zu vermeiden, stellt das Gesetz in Form der **Tateinheit** (§ 52) und der **Tatmehrheit** (§ 53) zwei unterschiedliche Methoden für eine dem Täter vorteilhafte Kombination der betreffenden Strafdrohungen zur Verfügung. Bei den als Tateinheit erfassten Gesetzesverletzungen wird im Prinzip nur auf **eine Strafe** erkannt, die sich nach **dem** Gesetz bestimmt, das die **schwerste** Strafe androht (§ 52 I, II). Bei den als Tatmehrheit zu beurteilenden Gesetzesverletzungen hält das Gesetz eine höhere Schuld für gegeben, der es durch eine selbstständigere Anwendung der einschlägigen Strafdrohungen wie folgt Rechnung trägt: Die hier verwirkten Einzelstrafen werden (nach besonderen Regeln) zu einer **Gesamtstrafe** zusammengefasst, die durch eine Erhöhung der ihrer Art nach schwersten Strafe gebildet wird und die Summe der Einzelstrafen nicht erreichen darf (§§ 53, 54).

1057 Angelpunkt der gesetzlichen Regelung (§§ 52, 53) ist die Unterscheidung zwischen **Handlungseinheit** und **Handlungsmehrheit:**

Verletzt dieselbe Handlung mehrere Strafgesetze oder dasselbe Strafgesetz mehrmals, liegt **Tateinheit (Idealkonkurrenz)** vor, § 52 I.

Mehrere selbstständige Handlungen mit einer mehrfachen Gesetzesverletzung führen dagegen zu **Tatmehrheit (Realkonkurrenz)**, §§ 53–55.

Beides gilt aber nur unter der Voraussetzung, dass ein Fall der echten und nicht lediglich der unechten (scheinbaren) Konkurrenz gegeben ist (vgl Rn 1096, 1107).

Die Begriffe Handlungseinheit und Handlungsmehrheit sind also nicht etwa identisch mit Tateinheit und Tatmehrheit, sondern bilden jeweils nur **deren Voraussetzung** und Anknüpfungspunkt (vgl die Übersicht Rn 1176).

1058 Bei der Reform des Strafrechts hat der Gesetzgeber sich für die Beibehaltung der vorstehend skizzierten, dem **Differenzierungsprinzip** folgenden Konkurrenzregelung entschieden. Abweichend davon gilt, freilich in unterschiedlicher Ausgestaltung, in Österreich (§ 28 I öStGB), in der Schweiz (Art. 68 schwStGB) und im deutschen Jugendstrafrecht (§ 31 I JGG) das **Einheitsstrafenprinzip**, wonach auch bei mehreren selbstständigen Straftaten nur auf **eine** einheitliche Strafe zu erkennen ist.

1059 Das Verständnis der gesamten Konkurrenzlehre wird durch die Existenz kontroverser Lehrmeinungen und das Fehlen einer einheitlichen Terminologie erschwert[1].

1060 Zu beachten ist, dass der **materielle Tatbegriff** in §§ 52, 53 StGB mit dem verfahrens- und verfassungsrechtlichen Begriff der Tat iSd §§ 155, 264 StPO sowie des Art. 103 III GG **nicht übereinstimmt**. Letzterer ist sehr viel **weiter** und umfasst neben dem tatsächlichen Geschehen, wie es die Anklage beschreibt, das gesamte Verhalten des Angeklagten, soweit es mit diesem Vorkommnis einen einheitlichen Lebensvorgang bildet[2].

1 Vert. *Erb*, ZStW 117 [2005], 37; *Geppert*, Jura 00, 598, 651; *Mitsch*, JuS 93, 385; *Puppe*, GA 1982, 143; *Rückert*, JA 14, 826; *Seher*, JuS 04, 392, 482; *T. Walter*, JA 04, 133, 572; *Werle*, Die Konkurrenz bei Dauerdelikt, Fortsetzungstat und zeitlich gestreckter Gesetzesverletzung, 1981.

2 Vgl BGHSt 35, 60, 62; Einzelheiten s. *Beulke*, StPO Rn 513.

II. Handlungseinheit und Handlungsmehrheit

Das strafrechtlich relevante Verhalten setzt sich zumeist aus einer Kette physischer Einzelakte zusammen, die bestimmte soziale Sinneinheiten bilden. Dieser **rechtlich-soziale Sinnzusammenhang** entscheidet darüber, welche äußerlich trennbaren Einzelakte eines Geschehens als Handlungseinheit oder als Handlungsmehrheit anzusehen sind. **1061**

1. Die Handlung im natürlichen Sinn

Eine Handlung im **natürlichen Sinn** liegt vor, wenn **ein** Handlungsentschluss sich in einer Willensbetätigung realisiert[3]. Ein solcher Handlungsvorgang bildet auch rechtlich stets eine Handlung. **1062**

Wer etwa einen Sprengkörper in einen Versammlungsraum wirft, nimmt eine Handlung vor, die mit der natürlichen Handlungseinheit (Rn 1070) nichts zu tun hat, mag diese auch zu mehreren Unrechtserfolgen führen und mehrere Straftatbestände erfüllen (Tötung und Verletzung von Menschen, Beschädigung von Sachen: §§ 211, 212, 223 ff, 303, 308). Selbst die höchstpersönliche Natur der verletzten Rechtsgüter ändert in diesem Fall nichts am Vorliegen einer **einzigen Handlung**[4].

Wer dagegen mehrere Schüsse auf verschiedene Personen abfeuert, nimmt mehrere Willensbetätigungen und damit mehrere Handlungen im natürlichen Sinn vor (vgl auch Rn 1073).

Besteht eine **Anstiftung** oder **Beihilfe** aus einer **einzigen** Handlung oder eine Beihilfe aus einer **einzigen** Unterlassung, so ist sie auch dann, wenn der Haupttäter mehrere rechtlich selbstständige Straftaten begeht, als eine einheitliche Tat zu bewerten[5]. Ebenso liegt nur eine Tathandlung (gleichartige Tateinheit, s. Rn 1083) vor, wenn mehrere potenzielle Mittäter bei einer Übereinkunft eine **Verbrechensverabredung** (§ 30 II) bzgl mehrerer selbstständiger Straftaten treffen[6]. Einem **Mittäter**, der seinen einzigen Tatbeitrag bereits geleistet hat, werden nachfolgende Tathandlungen anderer Mittäter als tateinheitlich begangen zugerechnet[7]. Entsprechendes gilt für die **mittelbare Täterschaft**[8]. Zum umgekehrten Fall der Beihilfe durch mehrere Handlungen zu einer Haupttat vgl Rn 1064.

2. Die Handlung im juristischen Sinn

Eine Zusammenfassung mehrerer Handlungen im natürlichen Sinn zu einer Handlung im **juristischen Sinn** kommt in folgenden Fallgruppen in Betracht, wobei die Übergänge fließend sind: Tatbestandliche Handlungseinheit, natürliche Handlungseinheit und (früher) fortgesetzte Handlung. **1063**

---

3 BGHSt 1, 20; 6, 81.
4 BGHSt 1, 20; 6, 81; BGH NStZ 12, 389.
5 BGHSt 49, 306, 316; BGH wistra 15, 56.
6 BGHSt 56, 170 *(Skimmingfall)* m. zust. Anm. *Duttge*, NStZ 12, 438; BGH NStZ 13, 33.
7 BGHSt 49, 177; BGH StV 12, 407; BGH wistra 14, 437; S/S-*Sternberg-Lieben/Bosch*, § 52 Rn 21; vert. *Kische*, Die Rechtsfigur des „uneigentlichen Organisationsdelikts", 2014.
8 BGHSt 49, 147, 164 *(Bremer Vulkan)*; BGH wistra 11, 66; 13, 389 und 15, 421.

a) Tatbestandliche Handlungseinheit

Eine Handlung im juristischen Sinn ist zunächst gegeben, wenn der **gesetzliche Tatbestand** mehrere natürliche Willensbetätigungen zu einer **rechtlich-sozialen Bewertungseinheit** verbindet[9].

1064 aa) Das ist einmal der Fall, wenn die Erfüllung der Mindestvoraussetzungen des Straftatbestandes die Vornahme mehrerer Einzelakte zulässt oder erfordert; dies trifft insbes. zu für **mehraktige Delikte** (Beispiel: Geld nachmachen und Inverkehrbringen bei § 146 I Nr 3; Urkunde fälschen und dann wie geplant gebrauchen bei § 267 I[10]), für **zusammengesetzte Deliktstatbestände** (Beispiel: Gewaltanwendung und Wegnahme bei § 249) sowie ganz allgemein für **pauschale tatbestandliche Handlungsbeschreibungen** (Beispiele: Ausüben geheimdienstlicher Agententätigkeit bei § 99[11]; Handeltreiben mit Betäubungsmitteln bei §§ 29 I Nr 1, 29a I Nr 2 BtMG[12]; Quälen von Schutzbefohlenen iSv § 225 I[13]; beharrliches Nachstellen bei „Stalking" iSv § 238 I[14] und Völkermord, § 6 VStGB[15]). Tatbestandliche Handlungseinheit besteht auch, wenn ein Gehilfe durch **mehrere Beihilfehandlungen** eine **einzige Haupttat** eines Täters unterstützt[16].

1065 bb) Auch **Dauerdelikte** (s. Rn 46) begründen die tatbestandliche Einheit des ihrer Verwirklichung dienenden Handlungsgeschehens.

Bei Dauerdelikten wie etwa der Freiheitsberaubung (§ 239) oder dem Hausfriedensbruch (§ 123) sind alle Tätigkeitsakte, die der Begründung oder Aufrechterhaltung des widerrechtlichen Zustandes dienen, Bestandteile einer Handlung (zur Konkurrenz mit Zustandsdelikten vgl Rn 1087).

1066 cc) Ist bei **unechten Unterlassungsdelikten** (s. Rn 983) der tatbestandliche Erfolg nur einmal eingetreten, liegt trotz Versäumung mehrerer Rettungsmöglichkeiten nur **eine** Unterlassung im Rechtssinn vor. Hat der Garant dagegen die Abwendung mehrerer Erfolge unterlassen, ist darauf abzustellen, ob er alle Erfolge nur zusammen (dh durch ein bestimmtes Tun) oder unabhängig voneinander durch Vornahme mehrerer Handlungen hätte verhindern können.

Im ersten Fall ist nur ein Unterlassen gegeben (so zB wenn ein Zug mehrere Gleisarbeiter überfährt, weil der Streckenwärter die Abgabe des Warnsignals unterlassen hatte; ebenso, wenn ein Unternehmensvorstand eine Rückrufaktion unterlässt und dadurch mehrere Personen geschä-

---

9 Vert. *Keller*, Zur tatbestandlichen Handlungseinheit, 2004.

10 BGH wistra 14, 349.

11 BGHSt 43, 1, 4; LK-*Schmidt*, § 99 Rn 23.

12 BGH JR 03, 31 m. Anm. *Puppe*; BGH StV 12, 411 m. Anm. *Oğlakcıoğlu*; Körner/*Patzak*, BtMG, § 29 Teil 4 Rn 408 ff; s. ferner BGH NStZ-RR 15, 14 aber auch BGHSt 43, 252 m. Anm. *Erb*, NStZ 98, 253.

13 BGHSt 41, 113 m. abl. Anm. *Hirsch*, NStZ 1996, 37; BGH NStZ-RR 07, 304; krit. MK-*Hardtung*, § 225 Rn 14; LK-*Rissing-van Saan*, Vor § 52, Rn 27; *Warda*, Hirsch-FS, S. 391.

14 BGHSt 54, 189, 201 m. Anm. *Buß*, JR 11, 84; *Heghmanns*, ZJS 10, 269 und *Seher*, JZ 10, 582; krit. *Mitsch*, NStZ 10, 513.

15 Vgl BGHSt 45, 64 m. Anm. *Werle*, JZ 99, 1181.

16 BGH StV 12, 286; BGH wistra 13, 310; BGH HRRS 15, Nr. 77; Matt/Renzikowski-*Bußmann*, § 52 Rn 31.

digt werden)[17]. Im zweiten Fall liegen mehrere Unterlassungen vor (so zB wenn ein Vater seine beiden Kinder im Meer ertrinken lässt, obwohl ihm eine sukzessive Rettung der beiden möglich gewesen wäre).

Entsprechendes gilt bei **echten Unterlassungsdelikten**, wenn mehrere Handlungspflichten verletzt werden[18].

dd) Von einer tatbestandlichen Handlungseinheit ist ferner auszugehen, wenn mehre- **1067**
re **gleichartige Tätigkeitsakte** auf einem **einheitlichen Willensentschluss beruhen** und innerhalb desselben Vorganges den **gleichen Straftatbestand** (unter Einschluss seiner qualifizierenden und privilegierenden Abwandlungen) **in unmittelbarer Aufeinanderfolge** schrittweise oder wiederholt verwirklichen, also nur eine quantitative Steigerung des einheitlichen Unrechts in einer bestimmten Tatsituation bewirken. Als typische Fallgruppen sind hier die **sukzessive** (schrittweise erfolgende) und die **iterative** (sich wiederholende) Tatbestandserfüllung zu nennen.

Um eine **sukzessive** Begehung handelt es sich bspw, wenn A den B bei einer Auseinandersetzung mit Tötungsvorsatz niederschlägt, ihn anschließend bis zur Bewusstlosigkeit würgt, ihm sodann mehrere Fußtritte versetzt und ihn schließlich mit einem Pflasterstein erschlägt, was von Anfang an so geplant war. Hier ist auf der Grundlage eines einheitlichen Willensentschlusses jeder nachfolgende Tätigkeitsakt die unmittelbare Weiterführung des zuvor begonnenen Angriffs auf das Leben des B, sodass nur ein einziger, schrittweise verwirklichter Verstoß gegen das gesetzliche Tötungsverbot vorliegt[19].

Eine **iterative** Tatbestandsverwirklichung wäre bspw gegeben, wenn jemand bei einem nächtlichen Einbruch aus den verschiedenen Räumen eines fremden Hauses Bargeld, Schmuck, Gemälde, Orientteppiche und andere Wertsachen entwendet, die er nacheinander zu seinem in der Nähe stehenden Kraftwagen schafft. Hier wird der Tatbestand des § 242 durch jeden Einzelakt zwar vollständig erfüllt. Da alle Einzelakte aber unmittelbar aufeinander folgen und sie auf einem einheitlichen Willensentschluss basieren, liegt nur eine Gesetzesverletzung mit einem lediglich quantitativ gesteigerten Unrechtserfolg (und nicht nur eine natürliche Handlungseinheit, dazu Rn 1070[20]) vor. Das Gleiche gilt beim mehrmaligen zeitnahen Missbrauch einer zuvor entwendeten Kreditkarte. Auch dort wird § 263a nur einmal verwirklicht[21].

Indem im **Fall 20** A und B den Frauen (L und Z) zur Überwindung ihres Widerstandes **1068**
nacheinander mehrere Schläge versetzten bzw vor dem Verlassen des Hauses mehrere Gegenstände (Waffen, Wertsachen) entwendeten, ist jeweils nur eine einheitliche, iterativ verwirklichte Tat zulasten des jeweiligen Rechtsgutsinhabers anzunehmen, also eine Körperverletzung gegenüber L und gegenüber Z sowie ein Diebstahl zum Nachteil des J.

Zu dieser Fallgruppe kann auch der **sukzessive Versuch** gezählt werden, bei dem der **1069**
Täter durch mehrfaches Ansetzen zur Tatbestandsverwirklichung vergeblich versucht, sein ursprüngliches Ziel zu erreichen. Ein solcher Fall ist zB gegeben, wenn der Liebhaber seinem verhassten Rivalen mehrfach auflauert, um ihn zu ermorden,

---

17 BGHSt 37, 106, 134 *(Lederspray fall)*.

18 Näher BGHSt 18, 376; OLG Frankfurt/M. NStZ-RR 99, 104; *Jescheck/Weigend*, AT, § 66 IV 2; LK-*Rissing-van Saan*, Vor § 52 Rn 86.

19 BGH NStZ 90, 490; anders bei Zäsur und Änderung der Motivationslage: BGH NStZ 09, 266.

20 Anders *Roxin*, AT II, § 33 Rn 32; *Rückert*, JA 14, 826, 828.

21 BGH wistra 08, 220; StraFo 09, 246.

bis er endlich bei günstiger Schussposition den Revolver abdrückt, das Opfer jedoch gleichwohl verfehlt[22].

Weiteres Beispiel (nach BGHSt 41, 368; *Dagobert-Fall*): A versucht mehrfach, B durch Sprengstoffanschläge zur Zahlung eines hohen Geldbetrages zu nötigen (§ 253). Immer wieder gelingt die an verschiedenen Tagen und verschiedenen Orten vorgesehene Geldübergabe nicht, weil die Polizei nur Papierschnipsel hinterlegt. Liegt nur ein Versuch vor oder handelt es sich um mehrere? Die neuere Rspr orientiert sich in solchen Fällen des mehrfachen Ansetzens zur Tatvollendung an den Kriterien und Regeln, die der BGH in der Entscheidung BGHSt 40, 75 zum Rücktritt vom Versuch gem. § 24 I entwickelt hat (s. Rn 892). Eine Tat im Rechtssinne liegt demnach vor, wenn die der Tatbestandsverwirklichung dienenden Teilakte einen einheitlichen Lebensvorgang bilden, was wiederum dann anzunehmen ist, wenn die einzelnen Handlungen in **engem räumlichen und zeitlichen Zusammenhang** stehen. Ist dies der Fall, kann der Täter auch nach zunächst gescheiterten Teilakten von der Tat insgesamt zurücktreten. Entsprechend können beim Unterbleiben eines Rücktritts auf der Konkurrenzebene alle Teilakte zu einer Bewertungseinheit zusammengezogen werden. Fehlt es hingegen an diesen Voraussetzungen, handelt es sich um einen **fehlgeschlagenen Versuch**, sodass ein Rücktritt ausscheidet. Parallel dazu muss auf Konkurrenzebene in einem späteren erneuten Ansetzen eine neue Tat iSv § 53 gesehen werden[23] (s. Rn 1108).

b) Natürliche Handlungseinheit

1070 Mit der Rechtsfigur der **natürlichen Handlungseinheit** versucht insbes. die Rspr mehrere Handlungen im natürlichen Sinn zu einer juristischen Handlungseinheit zusammenzufassen. Zur Bejahung einer natürlichen Handlungseinheit soll es genügen, dass mehrere, im Wesentlichen gleichartige Verhaltensweisen von einem einheitlichen Willen getragen werden und aufgrund ihres räumlich-zeitlichen Zusammenhangs derart eng miteinander verbunden sind, dass das gesamte Tätigwerden objektiv auch für einen Dritten **bei natürlicher Betrachtungsweise als ein einheitliches, zusammengehöriges Tun erscheint**[24].

Durch diese weite Formel lassen sich zum einen mehrere Einzelakte, die **gleichartige** Straftatbestände erfüllen, zu Handlungseinheiten verbinden, sodass letztlich auch nur **eine** Gesetzesverletzung vorliegt. So sind etwa die sukzessive und die iterative Tatbestandserfüllung klassische Fälle, in denen die Rspr von natürlichen Handlungseinheiten ausgeht[25]. Die derart erzielten Ergebnisse finden weitgehende Zustimmung, wenngleich nach der im Vordringen befindlichen und zutreffenden Ansicht hier regelmäßig bereits tatbestandliche Handlungseinheiten zu bejahen sind (s. Rn 1067)[26].

Zum anderen wird durch die Bildung natürlicher Handlungseinheiten auch die Möglichkeit geschaffen, die Erfüllung **verschiedenartiger** Straftatbestände zu einer Handlungseinheit zu verbinden. Dieser – äußerst problematische – Kunstgriff erlaubt

---

22 Vgl *Kühl*, AT, § 21 Rn 25a.

23 Zust. insoweit *Beulke/Satzger*, NStZ 96, 432; BGH StV 12, 283; BGH NStZ-RR 13, 375, 377; krit. *Puppe*, Anm. JR 96, 513; s. a. BGHSt 43, 381 *(Zwick-Fall)*; BGH JR 05, 382.

24 BGHSt 10, 230; 43, 312, 315; BGH NStZ-RR 14, 74; OLG Brandenburg NZV 06, 109.

25 Zu Ersterer vgl BGH NStZ 00, 30; BGH StV 14, 284; zu Letzterer vgl BGH NStZ 99, 406 m. Anm. *Baier*, JA 00, 12, 14; BGH wistra 10, 345 und 15, 17; OLG Bamberg wistra 14, 199; AG Kassel BeckRS 14, 08797.

26 Statt aller LK-*Rissing-van Saan*, Vor § 52 Rn 10 ff, 20 ff; *Warda*, Geilen-Symp., S. 199; so wohl auch BGH wistra 03, 99.

es der Rspr, selbst bei mehreren Gesetzesverletzungen durch eine Mehrzahl von Einzelakten Tateinheit statt Tatmehrheit anzunehmen[27].

Gerade bei der Zusammenfassung verschiedenartiger Straftatbestände zeigt sich deutlich, dass **1071** diese Formel, die ganz unterschiedliche Fallgestaltungen abdecken soll, keine hinreichend sicheren Abgrenzungskriterien liefert und sich so der Gefahr einer willkürlichen Handhabung aussetzt. So muss es zB auf Bedenken stoßen, wenn der BGH[28] in den sog. **Polizeifluchtfällen** den einheitlichen Fluchtwillen des Täters genügen lässt, um sachlich weit auseinander liegende Willensbetätigungen (wie zB gefährliche Körperverletzung, Widerstand gegen Vollstreckungsbeamte, gefährliche Eingriffe in den Straßenverkehr und unerlaubtes Entfernen vom Unfallort) zu einer natürlichen Handlungseinheit zu verbinden[29].

Im **Fall 20** würde die Einheitlichkeit des Tatentschlusses keinesfalls ausreichen, um zwischen dem Waffendiebstahl und der sexuellen Nötigung (hier: Vergewaltigung) eine Handlungseinheit zu begründen. Aus der reinen Gleichzeitigkeit des Handelns ergibt sich noch nicht dessen Einheitlichkeit im rechtlichen Sinn[30]. **1072**

Handlungen, die sich nacheinander gegen **höchstpersönliche** Rechtsgüter (wie etwa **1073** das Leben oder die körperliche Unversehrtheit) **verschiedener** Rechtsgutsträger richten, können **grundsätzlich** weder durch ihre enge Aufeinanderfolge noch durch einen einheitlichen Plan oder Vorsatz zu einer natürlichen Handlungseinheit zusammengefasst werden.

Beispiel: Kommt es im Rahmen einer Schlägerei zu unterschiedlichen Verletzungshandlungen eines Beteiligten gegen verschiedene Personen, ist – trotz des engen zeitlichen und räumlichen Zusammenhangs – in der Regel nicht von einer natürlichen Handlungseinheit auszugehen. Dies gilt jedenfalls dann, wenn den einzelnen Handlungen kein einheitlicher Tatentschluss zugrunde lag[31].

Ausnahmsweise sind nach Ansicht der Rspr auch höchstpersönliche Rechtsgüter **1074** einer additiven Betrachtungsweise zugänglich, sofern ein **einheitlicher Tatentschluss** gegeben ist und die **Aufspaltung des Tatgeschehens in Einzelhandlungen wegen eines außergewöhnlich engen zeitlichen und räumlichen Zusammenhangs willkürlich und gekünstelt** erschiene.

Beispiel: Der Täter schießt innerhalb weniger Sekunden aus einem Pkw auf mehrere, am Straßenrand stehende Personen[32].

Im **Fall 20** folgt schon aus der Höchstpersönlichkeit der angegriffenen Rechtsgüter, dass die **1075** beiden sexuellen Nötigungen (hier: Vergewaltigungen) gegenüber L und Z nicht über die Rechtsfigur der natürlichen Handlungseinheit verbunden werden können.

27 Vgl BGH NStZ 03, 371.
28 BGHSt 22, 67; s. a. BGH NZV 01, 265.
29 Krit. auch *Kindhäuser*, JuS 85, 100; *Sowada*, NZV 95, 465 und Jura 95, 245; *Tiedemann/Walter*, Jura 02, 711; *Warda*, Oehler-FS, S. 241; *Zieschang*, Rissing-van Saan-FS, S. 787, 801 f.
30 Vgl auch BGHSt 43, 317, 319.
31 BGH StV 13, 382 m. Anm. *Wachter* und Bespr. *Kudlich*, JA 12, 554; vgl auch BGH NStZ 05, 262 m. Bespr. *Kudlich*, JuS 05, 383; vert. *Wagemann*, Jura 06, 580.
32 BGH NStZ 12, 560, 562 m. Anm. *Hecker*, JuS 12, 362; BGH StV 14, 472; krit. *Kaspar*, AT Rn 1040; *B. Heinrich*, AT Rn 1416.

1076 In **strafrechtlichen Übungsarbeiten** erscheint folgendes Vorgehen zweckmäßig und empfehlenswert:

1077 Bei der **sukzessiven** und der **iterativen Verwirklichung desselben Straftatbestandes** können die einzelnen Tätigkeitsakte schon auf der **Tatbestandsebene** zusammenfassend erörtert werden. Dies gilt unabhängig davon, ob man diese Fallgestaltungen – wie hier – der tatbestandlichen Handlungseinheit oder – mit der Rspr – der natürlichen Handlungseinheit zuordnet.

Wer den Begriff der natürlichen Handlungseinheit so weit ausdehnt, wie die Rspr es tut, kann Einzelakte, die **verschiedenartige Straftatbestände** erfüllen, allenfalls auf der **Konkurrenzebene** zu einer Handlungseinheit zusammenfassen[33].

c) Die fortgesetzte Handlung

1078 Die **fortgesetzte Handlung** bildete eine besondere Erscheinungsform der **rechtlichen Handlungseinheit**. Die Rechtsfigur war von der Rspr ohne ausdrückliche gesetzliche Grundlage entwickelt worden, um den Anwendungsbereich der Realkonkurrenz (§ 53) bei Handlungsreihen mit gleichartig wiederkehrender Tatbestandsverwirklichung zu begrenzen[34].

Für die Annahme einer fortgesetzten Tat wurde vorausgesetzt, dass die Einzelakte der Handlungsreihe sich gegen das gleiche Rechtsgut richten, in der Begehungsweise gleichartig sind und von einem Gesamtvorsatz getragen werden, der die konkrete Tat in ihren wesentlichen Grundzügen nach Zeit, Ort und Art der Begehung sowie der Person des Verletzten umfassen muss[35].

Inhalt und Grenzen dieses **Gesamtvorsatzes** sind aber in weiten Bereichen unklar geblieben[36]. Fest stand allerdings, dass der allgemeine Entschluss, auch künftig eine Reihe gleichartiger Straftaten zu begehen, für den erwähnten Gesamtvorsatz nicht ausreicht[37].

1079 Daraus, dass die Einzelakte der fortgesetzten Tat früher als Handlungseinheit aufgefasst wurden, ergaben sich sehr **weitreichende** Konsequenzen: Die Rechtskraft des Strafurteils bewirkte den Verbrauch der Strafklage für alle vor der Urteilsverkündung liegenden Einzelakte, gleichviel ob das Gericht sie kannte oder kennen konnte[38]. Da eine fortgesetzte Tat mit ihrem ersten Teilakt vollendet, aber erst mit dem letzten Vorgang beendet war, hatte das erhebliche Auswirkungen auf den Eintritt der Verjährung[39]. Bei der Verletzung höchstpersönlicher Rechtsgüter war allerdings die Annahme eines Fortsetzungszusammenhanges ausgeschlossen, wenn und soweit sich die Einzelakte gegen verschiedene Rechtsgutsträger richteten[40].

1080 Durch die Entscheidung **BGHSt GrS 40, 138** wurde die Rechtsfigur der **fortgesetzten Handlung** zur **Bedeutungslosigkeit** verurteilt. Nach Ansicht des BGH orientiert sich das gesetzliche System des Strafrechts an einzelnen, rechtlich selbstständigen Straftaten, die grds nur beim Zusammentreffen in einem Handlungsteil, nicht aber allein aufgrund eines vom Täter geschaffenen Sinnzusammenhanges oder anderer kriminologischer Gemeinsamkeiten zu einer rechtlichen Handlungseinheit verbunden werden können. Am **speziellen Deliktstatbestand**, der die Voraussetzungen seiner Verwirklichung festlege, sei zu messen, ob es zur sachgerechten Erfassung des be-

---

33 Lehrreich dazu *Niehaus*, Ad Legendum 14, 151; *Steinberg/Bergmann*, Jura 09, 905.
34 Vgl RGSt 70, 243; BGHSt 5, 136; 19, 323.
35 BGHSt 19, 323; 23, 33; 26, 4; 36, 105.
36 Vgl dazu die Vorlagebeschlüsse BGH wistra 93, 258 und NStZ 93, 585.
37 Vgl BGHSt 37, 45; BGH NJW 83, 2827; wistra 92, 253.
38 BGHSt 6, 92; 15, 268; BGH JZ 86, 44.
39 Vgl § 78a und BGHSt 27, 18; 36, 105, 116.
40 BGHSt 16, 397; 26, 24.

gangenen Unrechts und der Schuld geboten sei, wiederholte Tatbestandsverwirklichungen als eine Tat im Rechtssinn zusammenzufassen. In aller Regel würden die gesetzlichen Bestimmungen über die Strafenbildung und -bemessung ausreichen, um den Gesamtunwert gleichartiger Taten, die nicht zu einer natürlichen Handlungseinheit oder einer tatbestandlichen Bewertungseinheit verbunden werden können, sachgerecht zu erfassen. Die Annahme eines Fortsetzungszusammenhangs sei dementsprechend nur in **seltenen Ausnahmefällen** aus tatbestandsbezogenen Gründen zwecks sachgerechter Würdigung des Gesamtunwertes gerechtfertigt.

Bisher hat der BGH keine einzige Ausnahme anerkannt[41]. Die Rechtsfigur der fortge- **1081**
setzten Handlung ist also ***de facto* abgeschafft**. Dies führt zwingend dazu, dass auf Wiederholung angelegte Straftaten (sog. **Serienstraftaten**) nun auf andere Weise bewältigt werden müssen. Folgende Wege werden genutzt[42]:

- extensive Anwendung der **tatbestandlichen Handlungseinheit** durch großzügige Bildung von **Bewertungseinheiten**[43] (s. Rn 1064), wie zB bei einheitlichen „Organisationstätigkeiten" im Rahmen des Betruges[44],
- Ausdehnung des Anwendungsbereichs der **natürlichen Handlungseinheit**[45] (s. Rn 1070 f),
- Korrektur negativer Konsequenzen auf **Strafzumessungsebene**, indem für die einschlägigen Fälle Strafen akzeptiert werden, die den auf der Grundlage der fortgesetzten Tat verhängten entsprechen[46].

Wäre L in **Fall 20** von A im Verlaufe der Nacht mehrfach nacheinander vergewaltigt wor- **1082**
den, wäre nach früherer Rspr ein Fortsetzungszusammenhang zu bejahen gewesen, sofern A mit einem entsprechenden Gesamtvorsatz gehandelt hätte. Nach Ablehnung dieser Rechtsfigur durch BGHSt GrS 40, 138 müsste jedoch jede einzelne sexuelle Nötigung im Prinzip als rechtlich selbstständige Tat gewertet werden. Diese Auslegung des § 177 lässt es auch nicht zu, zeitlich weit voneinander getrennte Vergewaltigungen trotz Ausnutzens derselben schutzlosen Lage zu einer Bewertungseinheit zusammenzuziehen (anders bei zeitlich enger Abfolge[47] und auch bei dauerhafter Fortwirkung einer über die Ausnutzung der schutzlosen Lage hinausgehenden Gewaltanwendung bzw einer speziellen, dauerhaften Drohung)[48]. Ebenso verböte sich bei größerem zeitlichen Abstand der nacheinander erfolgten sexuellen Nötigungen die Annahme einer natürlichen Handlungseinheit[49]. Bzgl der **mehrfachen Tatwiederholung** wäre also nach neuerer Rspr **Tatmehrheit** iSd § 53 I anzunehmen. A wäre somit wegen Vergewaltigung der L in … Fällen zu bestrafen.

▸ Beispielsfall bei *Beulke*, Klausurenkurs III Rn 327

---

41 Vgl nur BGH StV 94, 479; wistra 95, 61.
42 Vert. *Arzt*, JZ 94, 1000; *Erb*, GA 1995, 42; *Fischer*, Vor § 52 Rn 25 ff; *Geppert*, NStZ 96, 57, 118; *Lackner/Kühl*, Vor § 52 Rn 13 ff; *Rissing-van Saan*, BGH-Prax-FS, S. 475; *Roxin*, AT II, § 33 Rn 248; *Zieschang*, GA 1997, 457; zu den strafprozessualen Folgeproblemen s. *Beulke*, StPO, Rn 285, 522.
43 Vgl BGHSt 41, 385 m. Anm. *Kindhäuser*, JZ 97, 101; BGHSt 43, 1 m. Bespr. *Paeffgen*, JR 99, 89; BGHSt 46, 6; BGH StV 12, 411; *Schlüchter/Duttge/Klumpe*, JZ 97, 995.
44 BGHSt 48, 331, 343; 49, 177; BGH StV 07, 297; wistra 08, 181.
45 Vgl BGH StV 98, 335; NStZ-RR 10, 375.
46 BGHSt GrS 40, 138, 162; BGH wistra 99, 99.
47 Vgl BGH NStZ 97, 178.
48 BGH NStZ-RR 03, 360.
49 BGH NStZ 02, 199; *Fischer*, Vor § 52 Rn 3 mwN.

III. Tateinheit

1. Erscheinungsformen

1083 Tateinheit (Idealkonkurrenz) liegt vor, wenn **dieselbe Handlung** mehrere Strafgesetze oder dasselbe Strafgesetz mehrmals verletzt (§ 52 I); im ersten Fall spricht man von **ungleichartiger**, im zweiten von **gleichartiger Idealkonkurrenz**.

Verletzung mehrerer Gesetze bedeutet die **Verwirklichung mehrerer Straftatbestände**. § 52 ermöglicht es, den Unrechtsgehalt einer einheitlichen Tat unter verschiedenen rechtlichen Gesichtspunkten zu erfassen.

Beispiele: Die betrügerische Täuschung durch Gebrauch einer unechten Urkunde; §§ 263, 267 I Var. 3 oder der Schwangerschaftsabbruch mittels lebensgefährlicher Fußtritte in die Bauchgegend; §§ 218, 224 I Nr 5[50].

1084 Im **Fall 20** erfüllt die von A und B vorgenommene Misshandlung der Frauen den Tatbestand des § 224 I Nr 2 und 4 (mittels einer Waffe bzw gemeinschaftlich), ist aber auch Ausführungshandlung der damit einhergehenden Freiheitsberaubung (§ 239). Zwischen diesen beiden Delikten besteht daher ungleichartige Idealkonkurrenz[51].

1085 Die Tatbestandshandlungen müssen nicht völlig kongruent sein, um dieselbe Handlung iSv § 52 darzustellen. Vielmehr genügt es, dass ein Teilakt zur Verwirklichung des objektiven Tatbestandes mehrerer Strafgesetze beiträgt, sog. **Teilidentität der Ausführungshandlung**[52]. Tateinheit im Wege einer solchen Teilüberdeckung ist auch noch **zwischen Vollendung und Beendigung** einer Straftat möglich.

Verletzt eine Handlung, die bspw der Beendigung eines bereits vollendeten Raubes dient, zugleich ein anderes Strafgesetz (wie etwa die §§ 211, 22, 23 I bei der Abgabe von Schüssen auf einen Verfolger), besteht zwischen dieser Gesetzesverletzung und dem Raub Tateinheit[53]. Ebenso können Bestechlichkeit (§ 332 I) und Untreue (§ 266 I) in Tateinheit stehen, falls im Anfordern des Bestechungsvorteils zugleich der Beginn der Verletzung einer Vermögensbetreuungspflicht liegt[54].

1086 Im **Fall 20** verbindet die Morddrohung als einheitlicher Angriff auf die Willensentschließung beider Frauen die jeweilige Straftat gegen L und Z zur gleichartigen Idealkonkurrenz, weil insoweit eine Teilidentität der Ausführungshandlung gegeben ist (§§ 177, 52 I)[55]. Dass dem die Höchstpersönlichkeit der verletzten Rechtsgüter nicht entgegensteht, ist bereits bei Rn 1062 ausgeführt worden.

1087 Zweifel entstehen beim Zusammentreffen zwischen einem **Dauerdelikt** und einem **Zustandsdelikt** (zB zwischen § 123 einerseits und §§ 177, 242, 243 I 2 Nr 1, 7, 244 I Nr 1a, 3 andererseits).

50 BGH NJW 07, 2565.
51 Vgl BGHSt 18, 26, 27.
52 Vgl BGHSt 18, 29; 26, 24; 43, 317, 319; BGH wistra 11, 99; BGH NStZ-RR 13, 320.
53 BGHSt 26, 24, 27; BGH NStZ 05, 387; vgl auch BGH NStZ 14, 272, 273.
54 BGHSt 47, 22 m. abl. Anm. *Bittmann*, wistra 02, 405.
55 Vgl BGHSt 43, 366, 367; BGH NStZ 00, 419.

Die **Rspr** verlangt auch hier, dass die **Ausführungshandlungen sich teilweise decken**; andernfalls soll Tatmehrheit vorliegen[56]. Demgegenüber unterscheidet die **hL** wie folgt: **Tateinheit** ist anzunehmen, wenn das **Zustandsdelikt Mittel zur Begehung** des Dauerdelikts ist oder wenn das Dauerdelikt erst die **Voraussetzung** für die Begehung eines **bestimmten Zustandsdelikts** schaffen soll (wie im Ausgangsfall der Hausfriedensbruch für die sexuelle Nötigung und den Diebstahl), also von vornherein zu diesem Zweck begangen wird. **Tatmehrheit** kommt dagegen in Betracht bei Straftaten, die aufgrund eines neuen Entschlusses **nur gelegentlich** eines Dauerdelikts verübt werden (so etwa, wenn A und B von J im Wochenendhaus überrascht würden und J dort von ihnen Beleidigungen hinnehmen müsste; zwischen § 123 und § 185 bestünde dann Tatmehrheit)[57].

Der Tatentschluss zur Begehung eines neuen Delikts kann eine materiellrechtliche **Zäsur des Dauerdelikts** bewirken. So erfährt die Trunkenheitsfahrt (§ 316) einen solchen Einschnitt, wenn der Täter nach einem Unfall den Entschluss fasst, sich unerlaubt vom Unfallort zu entfernen (§ 142). Hier werden die Trunkenheitsfahrt vor dem Unfall und die danach in zwei tatmehrheitliche Dauerdelikte aufgeteilt. Die Fahrt bis zum Unfall wird dann allerdings – wegen der ausdrücklichen Subsidiarität des § 316 – als Gefährdung des Straßenverkehrs (§ 315c) u.U. in Tateinheit mit den beim Unfall selbst verwirklichten Tatbeständen (zB §§ 223, 229, 303) bestraft, die Fahrt danach erfüllt § 142 und § 316, die ebenfalls in Tateinheit zueinander stehen[58].

Tateinheit kann nach ständiger Rspr des Weiteren dadurch begründet werden, dass **1088**
zwei an sich selbstständige Handlungen jeweils mit einer dritten Handlung in Tateinheit stehen und durch deren Klammerwirkung miteinander zur Tateinheit verbunden werden[59]. Dieses **Prinzip der Verklammerung** ist jedoch wegen seiner weitreichenden Konsequenzen für die Strafbemessung und eines etwaigen Strafklageverbrauchs (Art. 103 III GG; § 264 StPO) nur in engen Grenzen und nicht ohne Rücksicht auf den Unrechtsgehalt der in Betracht kommenden Delikte anzuerkennen. Mehrere schwere, an sich realkonkurrierende Taten können durch ihre Teilüberdeckung mit einer **minder schweren** Straftat nicht untereinander zur Idealkonkurrenz verbunden werden.

Nach der früher herrschenden Meinung war eine **Klammerwirkung** schon zu **verneinen**, wenn auch nur **eine** der betreffenden Gesetzesverletzungen einen größeren Unwert verkörperte als die vermittelnde Straftat[60]. Von dieser Leitlinie hat sich die Rspr inzwischen gelöst. Nunmehr soll eine Straftat, die sich jeweils mit zwei anderen Delikten überschneidet, auch dann Tateinheit zwischen diesen beiden Delikten **begründen** können, wenn **eines davon schwerer wiegt** als ihr vermittelndes Bindeglied[61]. Eine abstrakte Bewertungsregel des Inhalts, dass ein Verbrechen stets schwerer wiege als ein Vergehen, lässt der BGH hier aber nicht gelten, vielmehr soll es auf den konkret zu beurteilenden Fall, dessen Gewichtung und den anwendbaren Strafrahmen ankommen[62].

---

56 RGSt 32, 137; 54, 288; BGHSt 18, 29, 33; BGH NStZ 99, 83.
57 Vgl OLG Koblenz NJW 78, 716; zT abw. S/S-*Stree/Sternberg-Lieben*, Vorbem. §§ 52 ff Rn 90; *Zieschang*, Rissing-van Saan-FS, S. 787.
58 BGHSt 21, 203; s. a. BGH StV 12, 338.
59 BGHSt 54, 189, 201 f; BGH NStZ 00, 25; BGH wistra 14, 349.
60 Vgl BGHSt 3, 165.
61 BGHSt 31, 29; BGH NStZ 13, 158; BGH NStZ 14, 272 m. Anm. *Becker*; BGH StV 14, 544.
62 BGHSt 33, 4; BGH NStZ 93, 133; vgl auch BGH NStZ-RR 14, 146.

1089 Ein Teil der Rechtslehre[63] lehnt das Verklammerungsprinzip ganz ab; andere[64] betrachten es mit größter Skepsis.

1090 Im **Fall 20** steht der von A und B begangene **Hausfriedensbruch** zur sexuellen Nötigung beider Frauen sowie zum Diebstahl gegen J jeweils im Verhältnis der Tateinheit (§ 52 I; näher dazu Rn 1105). Als **minder schwere** Straftat ist der Hausfriedensbruch aber nicht im Stande, die **sexuelle Nötigung** (hier: Vergewaltigung) und den **Diebstahl** als selbstständige und einen höheren Unrechtsgehalt aufweisende Straftaten miteinander zu verklammern. Denn da hier beide Delikte schwerer wiegen als der Hausfriedensbruch, kann dieser keine Klammerwirkung entfalten[65].

2. Rechtsfolgen der Tateinheit

1091 Die Behandlung der Tateinheit richtet sich nach dem **eingeschränkten Absorptionsprinzip**: Die Strafe wird nach dem Gesetz bestimmt, das die schwerste Strafe androht; sie darf aber nicht milder sein, als die anderen anwendbaren Gesetze es zulassen (§ 52 II).

Auf Geldstrafe, Nebenstrafen, Nebenfolgen, Maßregeln der Besserung und Sicherung, Einziehung, Unbrauchbarmachung und Verfall muss oder kann in den durch § 52 III, IV festgelegten Grenzen gesondert erkannt werden, wenn eines der anwendbaren Gesetze dies vorschreibt oder zulässt (sog. **Kombinationsprinzip**). Zur Fassung des Schuldspruchs vgl Rn 1114.

IV. Tatmehrheit

1. Voraussetzungen

1092 Tatmehrheit liegt vor, wenn jemand **mehrere selbstständige Straftaten** begangen hat, deren gleichzeitige Aburteilung möglich ist (§ 53).

1093 Im **Fall 20** stehen die im Vergewaltigungs- und Entwendungskomplex begangenen Straftaten zueinander in Tatmehrheit. Gleiches gilt für den gegenüber K begangenen Betrug.

2. Rechtsfolgen der Tatmehrheit

1094 In Fällen der Tatmehrheit richtet sich die Strafbemessung im Wesentlichen nach folgenden Grundsätzen:

Sind mehrere Freiheitsstrafen oder mehrere Geldstrafen verwirkt, wird auf eine **Gesamtstrafe** erkannt (§ 53 I). Deren Verhängung ist auch beim Zusammentreffen von Freiheitsstrafe und Geldstrafe möglich, sofern das Gericht keinen Anlass sieht, auf die Geldstrafe gesondert zu erkennen (vgl § 53 II). Neben einer solchen Gesamtstrafe durfte unter den in § 53 III genannten Voraussetzungen eine Vermögensstrafe (§ 43a) bzw eine Gesamtvermögensstrafe verhängt

63 *Jakobs*, AT, 33/12; *Puppe*, GA 1982, 143, 152; *Schmidhäuser*, AT, 14/36.
64 *Geppert*, Jura 97, 214; SK-*Jäger*, Vor § 52 Rn 66.
65 BGHSt 31, 29.

werden. Die in § 52 III, IV 2 getroffene Regelung galt hier entsprechend. Jedoch hat das BVerfG inzwischen die Vermögensstrafe für verfassungswidrig erklärt[66].

Die **Bildung der Gesamtstrafe** ist in **§ 54** geregelt: Ist eine der Einzelstrafen eine lebenslange Freiheitsstrafe, so wird als Gesamtstrafe auf lebenslange Freiheitsstrafe erkannt. In allen übrigen Fällen wird die Gesamtstrafe durch Erhöhung der verwirkten höchsten Strafe, bei Strafen verschiedener Art durch Erhöhung der ihrer Art nach schwersten Strafe gebildet (sog. **Asperationsprinzip**). Dabei werden die Person des Täters und die einzelnen Straftaten zusammenfassend gewürdigt. **1095**

Die Gesamtstrafe darf die Summe der Einzelstrafen nicht erreichen und bei zeitigen Freiheitsstrafen 15 Jahre, bei Geldstrafen 720 Tagessätze nicht übersteigen (§ 54 II 2). § 55 lässt unter den dort genannten Voraussetzungen die nachträgliche Bildung einer Gesamtstrafe zu.

V. Die Gesetzeseinheit

Von den beiden echten Konkurrenzarten (Tateinheit und Tatmehrheit) sind die Fälle der **unechten Konkurrenz** zu unterscheiden, bei denen dem Gesetzeswortlaut nach mehrere Straftatbestände erfüllt sind, während in Wirklichkeit das **primär anzuwendende Strafgesetz die übrigen verdrängt**. Im Bereich der Handlungseinheit fasst man die Erscheinungsformen dieser unechten Konkurrenz unter der Bezeichnung **Gesetzeseinheit** (auch **Gesetzeskonkurrenz** genannt) zusammen, während im Bereich der Handlungsmehrheit die **mitbestrafte Vor- und Nachtat** Fallgruppen eines scheinbaren Konkurrenzverhältnisses sind. **1096**

Gesetzeseinheit ist gegeben, wenn der **Unrechtsgehalt einer Handlung** durch einen von mehreren dem Wortlaut nach anwendbaren Straftatbeständen erschöpfend erfasst wird[67].

Maßgebend für die Beurteilung sind insoweit die Rechtsgüter, gegen die sich der Angriff des Täters richtet, und die Tatbestände, die das Gesetz zu ihrem Schutz aufstellt[68]. Die Verletzung des durch einen Straftatbestand geschützten Rechtsguts muss eine (wenn nicht notwendige, so doch regelmäßige) Erscheinungsform der Verwirklichung des anderen Tatbestandes sein. Als Abgrenzungskriterium zwischen Gesetzes- und Tateinheit kann in Zweifelsfällen die **Klarstellungsfunktion** der Idealkonkurrenz dienen[69]. So stehen zB die §§ 224 I Nr 4 (gefährliche Körperverletzung mit einem anderen Beteiligten gemeinschaftlich) bzw Nr. 5 (gefährliche Körperverletzung mittels einer das Leben gefährdenden Behandlung) und 226 I Nr 3 (schwere Körperverletzung mit Entstellungswirkung) in Tateinheit. Gesetzeskonkurrenz würde das gesonderte Unrecht, das über die schwere Folge hinausgehend in der gemeinschaftlichen Tatbegehung bzw der lebensgefährlichen Handlung liegt, nicht zum Ausdruck bringen[70]. Zu Recht nimmt deshalb nunmehr auch der BGH im Fall einer versuchten Tötung, die zu einer Verletzung des

66 BVerfGE 105, 135.
67 BGHSt 46, 24, 25; KG NStZ-RR 13, 173; vert. *T. Walter*, JA 05, 787.
68 BGHSt 11, 15, 17; 28, 11, 15.
69 BGHSt 41, 113; 42, 51; BGH NStZ 12, 214 m. Anm. *Bachmann/Goeck*, Jura 12, 349; *Fahl*, JA 95, 654.
70 BGHSt 53, 23 m. Anm. *v. Heintschel-Heinegg*, JA 09, 391; ebenso zu § 177 IV Nr. 1, Nr. 2a: BGH HRRS 15, Nr. 62.

Opfers geführt hat, Tateinheit zwischen §§ 212 I, 22, 23 I einerseits und §§ 223 ff andererseits an, da bei einem Zurücktreten des Körperverletzungsdelikts der Schuldspruch nicht erkennen ließe, ob der Tötungsversuch folgenlos geblieben ist (der Schuss verfehlt das beabsichtigte Tötungsopfer) oder zu einer Beeinträchtigung der körperlichen Integrität (der Schuss trifft das Opfer, welches die Verletzung aber überlebt) geführt hat[71]. Entsprechendes gilt für die Konkurrenz zwischen versuchter Erpressung (§§ 253 I, 22, 23 I) und Bedrohung (§ 241). Die Vollendung der Bedrohung wird durch die Bestrafung allein wegen versuchter Erpressung nicht zum Ausdruck gebracht[72]. Das Gleiche gilt auch im Verhältnis zwischen vollendetem Grunddelikt und versuchter Erfolgsqualifikation. Daher besteht zwischen einer vollendeten schweren Brandstiftung (§ 306a) und einer versuchten Brandstiftung mit Todesfolge (§ 306c) Tateinheit, wenn zwar der Branderfolg, nicht aber der gewünschte Tod eines anderen Menschen eingetreten ist. Auch hier bedarf es der Idealkonkurrenz, um zum Ausdruck zu bringen, dass schon der Branderfolg nicht lediglich versucht, darüber hinaus aber auch die schwere Folge angestrebt wurde (sog. Versuch der Erfolgsqualifikation, s. Rn 876)[73]. Konsequenterweise ist auch Tateinheit anzunehmen, wenn beim erfolgsqualifizierten Delikt zwar bereits das Grunddelikt im Versuchsstadium steckengeblieben, die schwere Folge aber eingetreten ist (sog. erfolgsqualifizierter Versuch, s. Rn 876). Deshalb ist dann zwischen versuchtem Raub mit Todesfolge (§§ 251, 22, 23 I) und vollendeter Körperverletzung mit Todesfolge (§ 227) Tateinheit anzunehmen, weil nur so klargestellt werden kann, dass es sich um einen Raubversuch gehandelt hat, bei dem das Opfer gestorben ist[74].

1. Spezialität

1097 Von **Spezialität** spricht man, wenn eine Strafvorschrift begriffsnotwendig **alle Merkmale** einer anderen enthält, sodass die Verwirklichung des speziellen Deliktstatbestandes **zwangsläufig** auch den in Betracht kommenden allgemeinen Tatbestand erfüllt.

Spezialität besteht immer im Verhältnis zwischen qualifizierenden oder privilegierenden Abwandlungen und ihrem Grundtatbestand, wie etwa zwischen § 224 und § 223 sowie zwischen § 244 und § 242. Ebenso stehen Abwandlungen eigenständiger Art im Verhältnis der Spezialität zu ihrem Ausgangstatbestand, wie etwa der Raub (§ 249) zur Nötigung (§ 240) und zum Diebstahl (§ 242).

1098 **Erfolgsqualifizierte Delikte** (s. Rn 38) setzen nach § 18 **wenigstens Fahrlässigkeit** in Bezug auf die besondere Folge der Tat voraus. Demgemäß tritt der betreffende Fahrlässigkeitstatbestand hier immer wegen Gesetzeseinheit zurück (Spezialität), wie etwa § 222 gegenüber § 227 oder § 306c[75].

Kann die qualifizierende Folge nach Art des Delikts nicht nur fahrlässig, sondern auch vorsätzlich (insbes. mit Eventualvorsatz) herbeigeführt werden, wie etwa der Tod des Opfers im Bereich des § 178, des § 251 oder des § 306c, kommt bei entsprechendem Vorsatz **Tateinheit** zwischen dem erfolgsqualifizierten Delikt und dem einschlägigen Vorsatztatbestand (§§ 212,

---

71 BGHSt 44, 196; *Baier*, GA 2005, 81; *v. Heintschel-Heinegg*, Jakobs-FS, S. 131, 140; *Kudlich*, JA 99, 452; *Satzger*, JR 99, 203; *Wessels/Hettinger*, BT/1, Rn 320 f.

72 BayObLG JR 03, 477 m. abl. Anm. *Jäger*; S/S-*Eser/Eisele*, § 241 Rn 16; LK-*Träger/Altvater*, § 240 Rn 124; aA BGH NStZ 06, 342 (versuchte Nötigung/Bedrohung).

73 BGH JR 05, 127; *Kudlich*, JuS 05, 276; SK-*Wolters*, § 306c Rn 9.

74 BGHSt 46, 24; iE ebenso *Kindhäuser*, NStZ 01, 31; *Kudlich*, StV 00, 667, 669; *ders.*, JA 00, 748; AnwK-StGB-*Rackow*, § 52 Rn 16; abl. *Stein*, JR 01, 72.

75 Vgl BGHSt 8, 54.

211) in Betracht, weil sich der volle Unrechts- und Schuldgehalt der Tat allein auf diese Weise im Urteilsspruch **klarstellen** lässt[76].

Das spezielle Strafgesetz geht dem generellen Tatbestand vor[77]. **1099**

Im **Fall 20** gilt Folgendes: Die Schläge erfüllen die §§ 223, 224 I Nr 2 und 4, wobei § 224 gegenüber § 223 *lex specialis* ist. **1100**

Die Vergewaltigung stellt im Gegensatz zur früheren Rechtslage keine *lex specialis* zur sexuellen Nötigung (§ 177 I nF) mehr dar, sondern ist als Regelbeispiel für einen besonders schweren Fall der sexuellen Nötigung (§ 177 II 2 Nr 1 nF) ausgestaltet. Innerhalb der sexuellen Nötigung geht § 177 IV Nr 1 als Spezialtatbestand dem § 177 I, II 2 Nr 1 und 2, III Nr 1 vor.

Der § 177 IV Nr 1 verdrängt als Spezialvorschrift auch die darin enthaltenen §§ 240 I, IV 2 Nr 1, 241 I und 185, nicht jedoch § 239, wenn die Freiheitsberaubung – wie hier – über das hinausgeht, was zur Verwirklichung des § 177 notwendig ist[78].

Der § 244 I Nr 1a und 3 verdrängt §§ 242, 243 I 2 Nr 1 und 7 im Wege der Spezialität.

Ob § 239b I im Rahmen eines Zwei-Personen-Verhältnisses beim Sich-Bemächtigen zwecks Vergewaltigung nach der *ratio legis* durch § 177 verdrängt wird oder nicht, war unter den Strafsenaten des BGH umstritten. Diese Streitfrage ist jetzt in dem Sinne geklärt, dass die Anwendung des § 239b I bei Herbeiführung einer „stabilen Bemächtigungslage" auch im Zweipersonenverhältnis möglich ist[79]. Zwischen § 239b I und § 177 IV Nr 1 besteht danach hier **Tateinheit**.

2. Subsidiarität

Subsidiarität bedeutet, dass eine Strafvorschrift **nur hilfsweise anwendbar** ist, also nur für den Fall Geltung beansprucht, dass nicht schon eine andere eingreift. **1101**

Die Subsidiarität ist teils ausdrücklich geregelt (wie zB in §§ 145 II, 145d, 246 I[80], 248b, 265a, 316), teils ergibt sie sich durch Auslegung aus dem Sinnzusammenhang. Stillschweigende Subsidiarität gilt insbes. im Verhältnis zwischen abstrakten und konkreten Gefährdungsdelikten[81], zwischen konkreten Gefährdungsdelikten und Verletzungsdelikten[82], zwischen Versuch und Vollendung derselben Tat (s. aber auch Rn 1069), zwischen vorsätzlicher und fahrlässiger Begehung desselben Delikts, wenn der eingetretene Erfolg nur teils vom Vorsatz des Täters umfasst war[83], sowie zwischen leichteren und schwereren Beteiligungsformen. So sind Anstiftung und Beihilfe subsidiär zu allen Formen der Täterschaft; innerhalb der Teilnahme ist Beihilfe subsidiär gegenüber der Anstiftung.

Im **Fall 20** liegt in der Wegnahme der Waffen zugleich eine Zueignung iSv § 246 I. Die Unterschlagung tritt jedoch im Wege ausdrücklicher Subsidiarität hinter § 244 I Nr 1a und 3 **1102**

76 BGHSt GrS 39, 100.
77 Zum *lex specialis* Grundsatz vgl. *Vogel*, Juristische Methodik, S. 63; *Zippelius*, Methodenlehre, S. 38 f.
78 BGHSt 18, 26; 28, 18; BGH NStZ 08, 209.
79 BGHSt GrS 40, 350; BGH NStZ 99, 509.
80 Gilt auch für § 246 II: BGH NJW 12, 3046 m. abl. Bespr. *Heghmanns*, ZJS 13, 124.
81 BGH NStZ 06, 449; StraFo 07, 30.
82 Vgl RGSt 68, 407.
83 BGH NJW 11, 2067; vgl auch BGHSt 39, 195.

zurück (Tateinheit läge hingegen vor, wenn das neben § 246 begangene Delikt keinen eigentums- bzw vermögensschädigenden Charakter hätte[84]).

3. Konsumtion

1103 Heftig umstritten sind Begriff und Abgrenzung der **Konsumtion**. Dieser Fall ist gegeben, wenn ein Straftatbestand in einem anderen **nicht notwendig enthalten** ist, die eine Tat aber **regelmäßig und typischerweise** mit der Begehung einer anderen zusammentrifft, sodass ihr Unrechts- und Schuldgehalt durch die schwerere Deliktsform miterfasst und aufgezehrt wird.

1104 Problematisch ist, unter welchen Voraussetzungen der **Hausfriedensbruch (§ 123)** sowie die **Sachbeschädigung (§ 303)** als **typische Begleittaten eines Diebstahls (§§ 242 ff)** betrachtet werden können und daher im Wege der Konsumtion verdrängt werden:

Früher ging die ganz hM davon aus, die genannten Delikte würden in aller Regel sowohl hinter den **Wohnungseinbruchsdiebstahl** (§ 244 I Nr 3 Var. 1) als auch hinter den **„einfachen" Einbruchsdiebstahl** (§§ 242 I, 243 I 2 Nr 1) im Wege der Konsumtion zurücktreten. Ferner wurde überwiegend angenommen, dass § 244 I Nr 3 Var. 2 und 3 **(Wohnungsdiebstahl durch Einsteigen in eine Wohnung bzw mit einem falschen Schlüssel)** sowie §§ 242 I, 243 I 2 Nr 2 **(Diebstahl besonders gesicherter Sachen)** regelmäßig den typischerweise mitverwirklichten Hausfriedensbruch konsumieren. Tateinheit wurde allenfalls bejaht, wenn das Begleitdelikt im konkreten Fall ausnahmsweise aus dem regelmäßigen Verlauf der Haupttat herausfiel[85].

Diese Lösung wurde jedoch in den letzten Jahren von Rspr und Lehre vermehrt in Zweifel gezogen[86]: Kritiker gaben zu bedenken, dass die jeweils geschützten Rechtsgüter und Rechtsgutsinhaber durchaus verschieden sein könnten; der Inhaber des Gewahrsams an der weggenommenen Sache müsse nicht zugleich Eigentümer der beschädigten Sache oder Inhaber des missachteten Hausrechts sein. Angesichts neuerer technischer Entwicklungen (zB elektronische oder EDV-gestützte Schließsysteme) sei ferner fraglich, ob die Sachbeschädigung nach wie vor typische Begleittat eines Einbruchsdiebstahls sei. Im Hinblick auf § 243 wird überdies eingewandt, derartige bloße Strafzumessungsvorschriften seien nicht geeignet, „echte" Strafnormen zu verdrängen. Außerdem führe die Annahme von Gesetzeseinheit anstelle von Tateinheit zu einem Wertungswiderspruch: Erachte der Tatrichter die Regelwirkung für die Annahme eines besonders schweren Falls im Einzelfall aufgrund besonderer täterbezogener Merkmale nicht für gegeben, wäre er gezwungen – trotz des geminderten Unrechtsgehalts – wegen Diebstahls in Tateinheit mit Sachbeschädigung bzw Hausfriedensbruch zu verurteilen.

---

84 *Cantzler/Zauner*, Jura 03, 483; *Freund/Putz*, NStZ 03, 242; NK-*Kindhäuser*, § 246 Rn 45; *Rengier*, BT I, § 5 Rn 66; *Wessels/Hillenkamp*, BT/2, Rn 327; aA BGHSt 47, 243; *Otto*, NStZ 03, 87; *Heghmanns*, JuS 03, 954.

85 BayObLG NJW 91, 3292, 3293; KG JR 79, 249, 250.

86 BGH NJW 02, 150 m. zust. Bespr. *Fahl*, JA 02, 541; *Kargl/Rüdiger*, NStZ 02, 202; *Rengier*, JuS 02, 850 und *Sternberg-Lieben*, JZ 02, 512.

Gestützt auf diese Argumentation hat der 1. Strafsenat des BGH nunmehr entschieden, beim Zusammentreffen einer schweren Diebstahlstat (§§ 242 I, 243 I 2 Nr 1 bzw § 244 I Nr 3 Var. 1 bzw § 244a I) mit einer Sachbeschädigung sei generell von Tateinheit auszugehen[87]. Dies verdient jedoch keine Zustimmung: Zwar gibt es zugegebenermaßen Fälle des Einbruchsdiebstahls, in denen § 303 StGB nicht erfüllt ist; dies entspricht aber gerade dem Wesen der Konsumtion (vgl die Definition in Rn 1103: „nicht notwendig, aber typischerweise"). Auch das Argument, bloße Regelbeispiele könnten keine Strafnormen verdrängen, überzeugt nicht, da die Begleitdelikte nicht etwa hinter § 243, sondern hinter §§ 242, 243 zurücktreten. Sachgerecht erscheint es daher, im Grundsatz an der **„Konsumtionslösung"** festzuhalten und lediglich ausnahmsweise von Tateinheit auszugehen, wenn im konkreten Fall **unterschiedliche Rechtsgutsträger betroffen** sind oder wenn der vom Täter angerichtete **Sachschaden den Wert der Diebesbeute deutlich übersteigt**[88].

Unabhängig davon ist stets Tateinheit anzunehmen, wenn ein Hausfriedensbruch nicht lediglich Begleittat eines schweren Diebstahls ist, sondern zugleich die **Begehung weiterer Straftaten** (etwa einer Vergewaltigung) **ermöglichen** soll. Unter diesen Umständen kommt dem Hausfriedensbruch unstreitig eine **eigenständige Bedeutung** zu[89].

▸ Beispielsfall bei *Beulke*, Klausurenkurs III Rn 191

Im **Fall 20** wird der Hausfriedensbruch (§ 123) ausnahmsweise nicht von § 244 I Nr 3 konsumiert, weil er zugleich weitere Straftaten ermöglichen soll. Ebenso wenig wird die gefährliche Körperverletzung gem. § 224 I Nr 2 und 4 von § 177 verdrängt, weil die Schläge über das hinausgehen, was **typischerweise** mit einer Vergewaltigung verbunden ist. 1105

Anders ist hingegen im Verhältnis von Freiheitsberaubung und Geiselnahme zu entscheiden. Als typisches Begleitdelikt wird § 239 von § 239b konsumiert[90].

4. Rechtsfolgen der Gesetzeseinheit

Bei Gesetzeseinheit erscheint das verdrängte Strafgesetz im Schuldausspruch des Urteils nicht. Sein Mindeststrafrahmen darf bei der Strafzumessung aber nicht unterschritten werden[91], es sei denn, der verdrängende Tatbestand ist eine mildere *lex specialis*[92]. Das verdrängte Strafgesetz behält ferner Bedeutung für den Rücktritt vom qualifizierten Versuch (s. Rn 919), für Nebenstrafen und die Anordnung von Maßnahmen iSd § 11 I Nr 8[93]. 1106

87 BGH NStZ 14, 40 m. zust. Bespr. *Hecker*, JuS 14, 181 und *Zöller*, ZJS 14, 214.
88 Ebenso S/S-*Eser/Bosch*, § 243 Rn 59; NK-*Kindhäuser*, § 243 Rn 62; AnwK-StGB-*Kretschmer*, § 243 Rn 34; LK-*Vogel*, § 243 Rn 79; *Wessels/Hillenkamp*, BT/2, Rn 245.
89 Zum Ganzen: *Fahl*, Zur Bedeutung des Regeltatbildes bei der Bemessung der Strafe, 1996, S. 287.
90 Für Subsidiarität: *Lackner/Kühl*, § 239b Rn 4; MK-*Renzikowski*, § 239b Rn 39.
91 BGHSt 1, 152; 10, 312; 15, 345; BGH NStZ 06, 288 m. Anm. *Satzger*, JK 6/06, StGB § 211/48; aA *Mitsch*, JuS 93, 471, 475.
92 *Fischer*, Vor § 52 Rn 45.
93 Vgl BGHSt 19, 188.

VI. Die mitbestrafte Vor- und Nachtat

1107 Erscheinungsformen der unechten Konkurrenz gibt es auch im Bereich der Handlungsmehrheit, wenn die Verwirklichung eines Straftatbestandes den Unrechts- und Schuldgehalt einer vorausgegangenen selbstständigen Handlung oder einer nachfolgenden Verwertungshandlung mit einschließt. Um diese Fälle von denen der Handlungseinheit abzugrenzen, spricht man hier nicht von Gesetzeseinheit, sondern von **mitbestrafter** (auch strafloser) **Vor- und Nachtat**. Das Zurücktreten des verdrängten Strafgesetzes folgt insoweit aus dem Gesichtspunkt der **Subsidiarität** oder der **Konsumtion**[94].

1. Mitbestrafte Vortat

1108 Bei der **mitbestraften Vortat** handelt es sich um Fälle der **Subsidiarität** oder der **Konsumtion**.

So ist zB die **Verbrechensverabredung** (§ 30 II) als selbstständige Handlung eine **mitbestrafte Vortat** zur durchgeführten Tat. § 30 II will nämlich nur Vorbereitungshandlungen als solche erfassen, ist seinem Sinn und Zweck nach also **subsidiär** zur versuchten oder vollendeten Begehung des verabredeten Delikts[95]. Ebenso tritt die versuchte Anstiftung (§ 30 I) als mitbestrafte Vortat zurück, wenn der gescheiterte Anstifter das Verbrechen später selbst begeht oder zu begehen versucht[96]. Wird demgegenüber nach einer fehlgeschlagenen, versuchten Anstiftung ein anderer Täter angestiftet, das Delikt zu begehen, besteht zwischen beiden Handlungskomplexen Tatmehrheit[97].

Demgegenüber bildet die Unterschlagung eines Fahrzeugschlüssels allein unter dem Blickwinkel der **Konsumtion** eine mitbestrafte Vortat zum nachfolgenden Diebstahl des dazu gehörenden Kraftfahrzeugs[98]. Angesichts unterschiedlicher Geschädigter ist hingegen der Diebstahl einer ec-Karte keine mitbestrafte Vortat zum anschließend damit begangenen Computerbetrug zulasten der Bank[99].

1109 Im **Fall 20** treten die §§ 30 II, 177, 239b als mitbestrafte Vortat hinter §§ 177, 239b zurück.

2. Mitbestrafte Nachtat

1110 Auf die **mitbestrafte Nachtat** trifft durchweg der Grundgedanke der **Konsumtion** zu. Eine Nachtat wird konsumiert, wenn sie sich in der Auswertung oder Sicherung der durch die Vortat erlangten Position erschöpft, den schon angerichteten Schaden nicht wesentlich erweitert und kein neues Rechtsgut verletzt[100]. Der typische Zusammenhang beider selbstständigen Taten besteht darin, dass der Täter in aller Regel auch die Nachtat begehen muss, wenn die Haupttat für ihn einen Sinn haben soll. So

94 Näher BGHSt 38, 366; *Otto*, Jura 94, 276; LK-*Rissing-van Saan*, Vor § 52 Rn 144 ff.
95 Vgl BGHSt 1, 131; 14, 378; BGH NStZ 86, 565.
96 BGH StraFo 10, 296 m. Bespr. *Kudlich*, JA 10, 664.
97 BGHSt 44, 91 m. zust. Anm. *Beulke*, NStZ 99, 26; s. a. BGH NStZ 98, 189 m. zust. Anm. *Geppert*; wohl aA BGH NStZ 00, 197.
98 OLG Hamm MDR 79, 421.
99 BGH wistra 01, 178 m. zust. Anm. *Wohlers*, NStZ 01, 539; s. a. *Wessels/Hillenkamp*, BT/2, Rn 178.
100 BGHSt 6, 67; 38, 366; BGH NStZ 09, 38; wistra 11, 22, 23 und 14, 392.

ist ein Diebstahl für den Täter nur dann sinnvoll, wenn er die widerrechtlich erlangte Sachherrschaft für seine Zwecke ausnutzen kann.

Im **Fall 20** ist die Weitergabe der entwendeten Waffen an C und die Veräußerung der Wertgegenstände an K daher für A und B keine selbstständig zu bestrafende erneute Unterschlagung (§ 246 I); diese typischen Verwertungshandlungen sind durch die Bestrafung des Diebstahls **mit abgegolten**[101]. **1111**

Der gegenüber dem gutgläubigen K begangene Betrug (§ 263, § 935 BGB) steht dagegen zu dem vorausgegangenen Erwerbsdelikt (§ 244 I Nr 1a und 3) in **Tatmehrheit**, weil insoweit eine neue selbstständige Rechtsgutsverletzung gegenüber einem Dritten vorliegt.

Entfällt eine Verurteilung wegen der Haupttat, weil sie nicht nachweisbar oder verjährt ist, so bleibt die Nachtat selbstständig strafbar[102]. Strafbare Teilnahme an einer mitbestraften Nachtat durch Dritte ist möglich[103]. **1112**

VII. Bearbeitungshinweise

Bei Konkurrenzfragen empfiehlt sich **folgendes Vorgehen** (vgl die Übersicht bei Rn 1176): **1113**

Zunächst ist zu prüfen, ob eine Handlungseinheit oder Handlungsmehrheit gegeben ist (vgl Rn 1057).

Im Anschluss daran ist die Echtheit oder Unechtheit der Konkurrenz zu untersuchen:

Im Fall der **Handlungseinheit** werden zunächst die wegen Gesetzeseinheit verdrängten Strafvorschriften ausgeschieden; für die verbleibenden Straftatbestände ergibt sich die Anwendbarkeit des § 52 dann von selbst.

Im Fall der **Handlungsmehrheit** sind die mitbestraften Vor- und Nachtaten auszusondern; für die verbleibenden Straftaten ist damit der Weg frei zur Anwendung des § 53. In Ausnahmefällen kann dabei das (in Rn 1088 erwähnte) Prinzip der Verklammerung Tateinheit zwischen mehreren an sich selbstständigen Gesetzesverletzungen begründen, sofern eine mit ihnen idealkonkurrierende dritte Straftat als vermittelndes Bindeglied in Betracht kommt.

VIII. Fassung des Urteilsspruchs

Nach § 260 IV 1 StPO gibt die **Urteilsformel** die **rechtliche Bezeichnung der Tat** an, deren der Angeklagte schuldig gesprochen wird. Das Vorliegen von Regelbeispielen (zB § 243) wird nicht in die Urteilsformel aufgenommen[104]. Im Übrigen unterliegt die Fassung der Urteilsformel dem Ermessen des Gerichts (§ 260 IV 5 StPO). Beim Zusammentreffen mehrerer Straftaten verfährt die Praxis insoweit nicht immer einheitlich[105]. **1114**

101 BGHSt 14, 38 verneint insoweit schon den Tatbestand des § 246 mangels nochmaliger Zueignung; näher dazu *Wessels/Hillenkamp*, BT/2, Rn 328 ff.
102 BGHSt 38, 366; BGH NStZ 09, 203; anders *Schneider*, wistra 01, 408; *Stree*, Anm. JZ 93, 476.
103 RGSt 67, 70, 77.
104 BGHSt 23, 254, 256; 27, 287, 289; Ausnahme: § 177 II (Vergewaltigung; vgl BGH NStZ 07, 478).
105 Überblick bei *Georgy/Kretschmer/Lorenz*, JA 13, 623 und 691; *Wolters/Gubitz*, Strafrecht im Assessorexamen, 7. Aufl. 2012, S. 111 ff; *Ziegler*, Das Strafurteil, 5. Aufl. 2013, S. 12 ff.

Im Bereich des § 52 muss der Schuldspruch bei ungleichartiger Idealkonkurrenz alle zusammentreffenden Strafgesetze angeben (**Beispiel:** Der Angeklagte wird wegen Betruges in Tateinheit mit Urkundenfälschung zu … verurteilt). Bei gleichartiger Idealkonkurrenz ist die mehrfache Verletzung desselben Gesetzes zum Ausdruck zu bringen, soweit die Übersichtlichkeit der Urteilsformel nicht darunter leidet (**Beispiel:** Der Angeklagte wird wegen Mordes an drei Menschen zu lebenslanger Freiheitsstrafe verurteilt)[106].

1115 Im **Fall 20** lautet das **Gesamtergebnis** also wie folgt:

I. A und B haben sich als **Mittäter** (§ 25 II) strafbar gemacht

1. wegen sexueller Nötigung in Form der Vergewaltigung von L und Z (gleichartige Idealkonkurrenz), jeweils in Tateinheit mit gefährlicher Körperverletzung, Geiselnahme und Hausfriedensbruch (§§ 177 IV Nr 1, 224 I Nr 2 und 4, 239b I, 123, 52),
2. ferner wegen Waffen-/Wohnungseinbruchsdiebstahls in Tateinheit mit Hausfriedensbruch (§§ 244 I Nr 1a und 3, 123, 52)
3. sowie wegen Betruges zum Nachteil des K (§ 263),

wobei diese drei Taten zueinander im Verhältnis der Tatmehrheit (§ 53) stehen, s. Rn 1055, 1068, 1072, 1082, 1086, 1090, 1093, 1100 ff, 1109 f.

II. C hat durch eine Handlung, und zwar durch Hingabe des Nachschlüssels, **Beihilfe** (§ 27) zu den unter 1., 2. und 3. genannten Straftaten geleistet (ungleichartige Idealkonkurrenz), § 52, vorausgesetzt freilich, dass sein Gehilfenvorsatz sich auf jede einzelne Haupttat erstreckte, s. Rn 1062.
Zwischen der von C überdies begangenen Hehlerei (§ 259)[107] und der vorgenannten Beihilfe besteht Tatmehrheit (§ 53).

Aktuelle Rechtsprechung zu § 20:

- BGH wistra 15, 56: Es liegt nur eine Beilhilfe (Anstiftung) vor, wenn Teilnehmer durch eine einzige Handlung mitwirken, auch wenn der Haupttäter mehrere selbstständige Straftaten begeht; vgl Rn 1062.
- BGHSt 56, 170 *(Skimmingfall)*: Es liegt nur eine Tathandlung (gleichartige Idealkonkurrenz) vor, wenn mehrere potenzielle Mittäter bei einer Übereinkunft eine Verbrechensverabredung (§ 30 II) bzgl mehrerer selbstständiger Straftaten treffen; vgl Rn 1062.
- BGH StV 12, 283: Versucht der Erpresser (§ 253) mehrfach und auf verschiedenem Wege sein Opfer zu einer Vermögensverfügung zu bewegen, liegt insgesamt nur eine Tat im Rechtssinne vor (sukzessive Tatbegehung); vgl Rn 1069, 1081.
- BGH StV 14, 472 (Lebensgefährliche Schläge gegen verschiedene Opfer im Rahmen einer Schlägerei): Handlungen, die sich nacheinander gegen höchstpersönliche Rechtsgüter mehrerer Personen richten, können grds nicht zu einer natürlichen Handlungseinheit zusammengefasst werden. Ausnahmen kommen in Betracht, wenn ein einheitlicher Tatentschluss gegeben ist und eine Aufspaltung des Tatgeschehens wegen des engen zeitlichen und örtlichen Zusammenhangs willkürlich und gekünstelt erschiene; vgl Rn 1073.
- BGH NStZ 13, 158: Das schwere Delikt der gefährlichen Körperverletzung (§ 224) einerseits und das leichte Delikt der Nötigung (§ 240) andererseits können durch das leichte Delikt der Freiheitsberaubung (§ 239) zu einer Idealkonkurrenz verklammert werden; vgl Rn 1088.

106 Vgl BGH NStZ 96, 493; 96, 610.
107 BGHSt 7, 134; 8, 390.

- BGH NJW 12, 3046: Die Subsidiaritätsklausel des § 246 I bezieht sich auch auf die veruntreuende Unterschlagung (§ 246 II); vgl Rn 1101.
- BGH NStZ 14, 40: Trifft eine schwere Diebstahlstat (§§ 242 I, 243 I 2 Nr 1 bzw § 244 I Nr 3 Var. 1 bzw § 244a I) mit einer Sachbeschädigung (§ 303) zusammen, wird Letztere nicht im Wege der Gesetzeskonkurrenz (Konsumtion) verdrängt, sondern es ist stets von Tateinheit (§ 52) auszugehen; vgl Rn 1104.

§ 21 In dubio pro reo, Wahlfeststellung, Post- und Präpendenz

Fall 21: Jemand zieht B im dichten Gedränge dessen goldene Uhr unbemerkt vom Handgelenk und entkommt. **1116**

Wie ist A zu verurteilen, wenn zwar die Uhr bei A gefunden wird,

a) das Gericht aber gleichwohl nicht eindeutig feststellen kann, ob A der Täter ist oder wie er sonst in den Besitz der Uhr gelangt ist? **Rn 1120, 1138**

b) das Gericht nicht eindeutig feststellen kann, ob A die bei ihm gefundene Uhr dem B unbemerkt vom Handgelenk gezogen oder ob er sie als Hehler vom Dieb käuflich erworben hat? **Rn 1123, 1131, 1138**

c) das Gericht zwar feststellen kann, dass A vom Täter C die Uhr käuflich erworben hat, es aber nicht mehr klären kann, ob A nicht neben C auch Mittäter des Diebstahls war, wobei dann sein Tatbeitrag in der Absicherung des Tatorts bestanden hätte? **Rn 1136, 1138**

I. Die Problematik

Auch nach Ausschöpfung sämtlicher Erkenntnis- und Beweismittel in der Hauptverhandlung (§ 244 II StPO) ist das Gericht oft nicht in der Lage, das Tatgeschehen in allen Einzelheiten aufzuklären. Dies liegt nicht zuletzt an der Begrenztheit menschlicher Erkenntnisfähigkeit. Diese tatsächlichen Probleme bei der Sachverhaltsermittlung haben erhebliche rechtliche Konsequenzen. Für das erkennende Gericht kommen in diesen Fällen folgende **drei Möglichkeiten** in Betracht[1]: **1117**

- Freispruch nach dem Grundsatz **in dubio pro reo**;
- Verurteilung aufgrund wahldeutiger Feststellung, sog. **Wahlfeststellung**;
- Verurteilung aufgrund eindeutiger Feststellung, sog. **Post- bzw Präpendenzfeststellung**.

1 Vertiefend S/S/W-StGB-*Satzger*, § 1 Rn 62 ff.

II. In dubio pro reo

1. Grundsatz

1118 Nach dem Grundsatz *in dubio pro reo* – im Zweifel für den Angeklagten – ist die Verurteilung des Angeklagten wegen einer Straftat nur möglich, wenn zur Überzeugung des Gerichts feststeht, dass er diese begangen hat. Bleiben dem Richter nach Abschluss der Beweiswürdigung[2] insoweit Zweifel, muss er von der für den Angeklagten günstigeren Möglichkeit ausgehen[3]. Betreffen die Zweifel den gesamten Schuldvorwurf, ist er nach dem Grundsatz *in dubio pro reo* freizusprechen. Dadurch soll zum einen sichergestellt werden, dass nur ein **schuldiger** Angeklagter bestraft wird (Schuldgrundsatz), zum anderen, dass das Verfahren nach den Regeln der Prozessordnung durchgeführt wird (Rechtsstaatsprinzip, Art. 20 III GG). Der Grundsatz *in dubio pro reo* zwingt das Gericht jedoch nicht dazu, von der für den Angeklagten günstigsten Fallkonstellation auszugehen, wenn hierfür keine konkreten Anhaltspunkte bestehen[4].

Als **Rechtsgrundlage** werden **Art. 103 II GG, Art. 6 II EMRK** sowie **§ 261 StPO** herangezogen. Teilweise wird auch das Prozessgewohnheitsrecht als Grund angeführt[5].

2. Gesetzliche Durchbrechungen des Grundsatzes

1119 An einigen Stellen wird der Grundsatz *in dubio pro reo* durch gesetzlich angeordnete Ausnahmen **durchbrochen:** So legt § 186 fest, dass der Angeklagte das Risiko einer ergebnislosen Wahrheitsforschung hinsichtlich seiner ehrenrührigen Tatsachenbehauptungen zu tragen hat. Kommt der Richter nach Ausschöpfung aller Beweismittel zu keiner Klarheit darüber, ob die vom Angeklagten behauptete Tatsache wahr ist oder nicht, gehen nach hM alle diesbezüglichen Zweifel zulasten des Täters[6].

1120 Im **Fall 21a** bestehen tatsächliche Zweifel, ob A eine Straftat begangen hat (zB §§ 242, 257, 259). Eine gesetzliche Durchbrechung des Grundsatzes *in dubio pro reo* kommt hier nicht in Betracht. Das Gericht muss den A deshalb freisprechen.

3. Rechtsfragen

1121 Nicht in den Anwendungsbereich des Grundsatzes *in dubio pro reo* gehören auch **Rechtsfragen**. Zweifel hinsichtlich der rechtlichen Würdigung eines eindeutig festgestellten Sachverhalts können und müssen vom Gericht ausgeräumt werden *(iura novit curia)*.

---

2 Es handelt sich um keine Beweis-, sondern eine Entscheidungsregel, vgl BGH NStZ 10, 102; 12, 171.
3 BGH NStZ 05, 85.
4 BGHSt 51, 324; BGH NStZ 09, 630.
5 Weiterführend *Beulke*, StPO, Rn 25 und 490; *Noak*, Jura 04, 539; *Zopfs*, Der Grundsatz „in dubio pro reo", 1999; krit. zur Notwendigkeit des Zweifelssatzes: *Kotsoglou*, ZIS 14, 31.
6 Einzelheiten bei *Wessels/Hettinger*, BT/1, Rn 500.

III. Wahlfeststellung

1. Grundlagen

Würde der Grundsatz *in dubio pro reo* **ohne weitere Ausnahme** angewendet, käme es in bestimmten Konstellationen zu Unbilligkeiten, nämlich dann, wenn feststeht, dass der Täter **ganz sicher** gegen einen Straftatbestand verstoßen hat, es aber auch nach Abschluss der letzten mündlichen Verhandlung unklar bleibt, gegen welchen. Der Grundsatz *in dubio pro reo* würde hier aufgrund einer wechselseitigen Anwendung zu einem Freispruch des Angeklagten führen. Dies wird von der ganz hM als ungerecht empfunden[7]. 1122

Die Unbilligkeiten werden in **Fall 21b** deutlich. Hier kann das Gericht nicht zweifelsfrei feststellen, ob A einen Diebstahl (§ 242) oder eine Hehlerei (§ 259) begangen hat. Nach dem Grundsatz *in dubio pro reo* müsste A daher freigesprochen werden, obwohl feststeht, dass er auf jeden Fall einen der beiden Tatbestände verwirklicht hat. 1123

Wegen dieser Ungerechtigkeit zieht die hM eine (ungeschriebene) Ausnahme von dem Grundsatz *in dubio pro reo* vor, die sog. **ungleichartige Wahlfeststellung** (auch als **echte** oder **gesetzesalternative Wahlfeststellung** bezeichnet). Danach kann der Täter unter bestimmten Voraussetzungen in den Fällen der sog. **Tatbestandsalternativität** wahlweise nach dem einen oder dem anderen Tatbestand verurteilt werden. 1124

Problematisch ist an einer solchen wahlweisen Verurteilung allerdings, dass der Täter für ein nicht genau bestimmbares Verhalten nach einer Strafnorm verurteilt wird, deren Verwirklichung sich der Richter nicht sicher ist[8]. Der im Rechtsstaatsprinzip verankerte **Grundsatz der Rechtssicherheit**, der seine besondere strafrechtliche Ausprägung in Art. 103 II GG und § 1 StGB gefunden hat, fordert aber für eine Verurteilung, dass **zweifelsfrei nachgewiesen** ist, dass ein **bestimmter Straftatbestand erfüllt** ist. Ansonsten muss, wie oben dargestellt, nach dem Grundsatz *in dubio pro reo* freigesprochen werden. Die wahlweise Verurteilung gerät aufgrund der mit ihr verbundenen Unsicherheiten folglich mit diesem Grundsatz in Konflikt. Wegen dieser Zweifel an der Rechtmäßigkeit der ungleichartigen Wahlfeststellung hat der zweite Senat des BGH im Jahre 2014 einen „Anfragebeschluss" an alle anderen Senate des BGH erlassen. Zur Begründung führt er aus, dass die echte Wahlfeststellung materielles Strafrecht darstelle, also keine lediglich prozessrechtliche Geltung entfalte und deshalb an Art. 103 II GG zu messen sei. Dieser könne aufgrund seines uneingeschränkten Gesetzesvorbehalts nicht in verfassungsrechtlich zulässiger Weise durch Richterrecht eingeschränkt werden. Auch verstoße der Strafzumessungsvorgang selbst gegen Art. 103 II GG, nachdem dieser durch den nicht eindeutig festgestellten Straftatbestand auf einer ungenauen Bemessungsgrundlage beruhe. Der BGH beabsichtige deshalb zu entscheiden, dass die richterrechtlich entwickelte Rechtsfigur der ungleichartigen Wahlfeststellung gegen Art 103 II GG verstößt und eine wahldeutige Verurteilung wegen (gewerbsmäßigen) Diebstahls oder gewerbsmäßiger Hehlerei daher unzulässig ist[9]. 1125

---

7 *Beulke/Fahl*, Jura 98, 265; *Jescheck/Weigend*, AT, § 16 I 1; S/S-*Lenckner* ua, § 1 Rn 64; *Norouzi*, JuS 08, 17.

8 Zur Kritik statt aller: NK-*Frister*, Nach § 2 Rn 76 ff.

9 BGH NStZ 14, 392; vert. *Jahn*, JuS 14, 753 ff; zust. zur Auffassung des Senats *Beukelmann*, NJW-Spezial 14, 440; *v. Heintschel-Heinegg*, JA 14, 710; *Freund/Rostalski*, JZ 15, 164; *Frister*, StV 14, 584; *Kröpil*, JR 15, 116; *Moosbacher*, JuS 15, 129, 134 und *Wagner*, ZIS 14, 436; abl. *Bosch, JK 10/14 , GG Art. 103 II/6; Schur*, NStZ 14, 437; *Stuckenberg*, ZIS 14, 461; s. a. *Bauer*, wistra 14, 475; *Ceffinato*, Jura 14, 655.

1126 Zugunsten der Wahlfeststellung ist jedoch anzuführen, dass das Rechtsstaatsprinzip nicht nur den Aspekt der Rechtssicherheit, sondern auch das **Prinzip der Einzelfallgerechtigkeit** umfasst. Es kann nicht sein, dass jedem Angeklagten die Möglichkeit offen steht, eine nicht widerlegbare, strafrechtlich relevante Alternative zum bewiesenen Geschehen darzulegen, um einen Freispruch zu erreichen. Bei der Wahlfeststellung kommt es also zu einer **Kollision** des Prinzips der Rechtssicherheit mit dem materiellen Gerechtigkeitsgedanken[10]. Aus dieser Kollision werden unterschiedliche Konsequenzen gezogen.

1127 Während eine Ansicht[11] – die nunmehr sogar vom zweiten Senat des BGH befürwortet wird – den Gesichtspunkt der Rechtssicherheit in den Vordergrund stellt und jede (echte) Wahlfeststellung für unzulässig erklärt, gelangt eine andere Auffassung[12] zu dem Ergebnis, dass dem Gerechtigkeitsgedanken absoluter Vorrang eingeräumt werden müsse und damit jede Wahlfeststellung zulässig sei. Zu folgen ist einer **vermittelnden Ansicht** (hM), die zwischen beiden Prinzipien einen vernünftigen Ausgleich sucht und der sich in Ablehnung zum Anfragebeschluss des zweiten Senats des BGH inzwischen auch die anderen Senate des BGH angeschlossen haben[13]. Nach dem Grundsatz der **„praktischen Konkordanz"** von Rechtssicherheit und Einzelfallgerechtigkeit muss durch verhältnismäßige Beschränkung des einen Prinzips dem anderen zu **optimaler Wirksamkeit** verholfen werden[14]. Dies kann dadurch erreicht werden, dass zugunsten der Einzelfallgerechtigkeit die ungleichartige Wahlfeststellung für grds zulässig erklärt, sie aber an strenge Voraussetzungen geknüpft wird, die garantieren, dass die Rechtssicherheit nicht zu sehr beschnitten wird. Nach teils vertretener Ansicht bedarf es hierfür einer gesetzlichen Regelung[15].

2. Voraussetzungen der echten Wahlfeststellung

1128 Im Einzelnen müssen folgende Voraussetzungen erfüllt sein[16]:

a) Zunächst muss eine **Unsicherheit im Sachverhalt** vorliegen, die sich auch unter Ausschöpfung aller prozessualen Erkenntnismittel nicht klären lässt. Dabei muss **jede** der in Frage kommenden tatsächlichen Konstellationen unter Ausschluss jeder weiteren **Möglichkeit ein Strafgesetz verletzen**[17].

1129 b) Stehen die in Betracht kommenden Varianten in einem Verhältnis des **„Mehr oder Weniger"**, also in einem sog. **Stufenverhältnis** zueinander, gilt der Grundsatz *in dubio pro reo*, sodass der Täter nach dem minder schweren Delikt zu bestrafen ist[18]. Für die Wahlfeststellung bleibt dann kein Raum. Hier wird zwischen logischen (echten) Stufenverhältnissen und sog. normativen Stufenverhältnissen unterschieden.

---

10 *Maurach/Zipf*, AT/1, § 10 Rn 26.

11 *Alwart*, GA 1992, 545, 562; *Freund*, Wolter-FS, S. 35; NK-*Frister*, Nach § 2 Rn 76 ff; AnwK-StGB-*Gaede*, § 1 Rn 51.

12 Vgl *v. Hippel*, NJW 63, 1534.

13 BGH NStZ-RR 14, 307, 308; BGH NStZ-RR 15, 39, 40.

14 S/S-*Lenckner* ua, § 1 Rn 67 f; *Wolter*, JuS 83, 363.

15 *Wolter*, GA 2013, 271; hierzu *Stuckenberg*, ZIS 14, 461, 471.

16 *Fischer*, § 1 Rn 19 ff; *Köchel/Wilhelm*, ZJS 14, 269; *Lackner/Kühl*, § 1 Rn 10 ff; *Stuckenberg*, JA 01, 221.

17 BGHSt 12, 386, 388; BGH NStZ 14, 42.

18 BGHSt 22, 154, 156; 23, 203, 204 f; BGH NStZ 14, 640 (Raub zu räuberischer Erpressung).

Logische Stufenverhältnisse sind immer dann gegeben, wenn zwischen den zwei alternativ verwirklichten Tatbeständen der eine den anderen vollständig umfasst, wie dies insbesondere im Verhältnis Qualifikation – Grundtatbestand der Fall ist.

Normative Stufenverhältnisse liegen dagegen vor, wenn zwar kein logisches Stufenverhältnis besteht, sich die in Frage kommenden Tatbestände aber durch die verschiedene Intensität des Unrechtsgehalts unterscheiden. Ein solches normatives Stufenverhältnis nimmt die Rspr insbes. im Verhältnis von Fahrlässigkeits- und Vorsatzdelikt[19], Täterschaft und Teilnahme[20], sowie Anstiftung und Beihilfe[21] und neuerdings auch zwischen Beihilfe zum Mord (§§ 211, 27) bzw mittäterschaftlichem Raub (§§ 249, 25 II) und Nichtanzeige dieser geplanten Straftaten (§ 138)[22] an.

c) Nach der ständigen Rspr des BGH müssen die in Betracht kommenden Verhaltens- **1130**
weisen rechtsethisch und psychologisch vergleichbar oder gleichwertig sein[23]. Unter **rechtsethischer Vergleichbarkeit** ist dabei eine annähernd gleiche Schwere der Schuldvorwürfe und eine nach allgemeinem Rechtsempfinden **sittlich und rechtlich vergleichbare Bewertung** zu verstehen. Dies ist dahingehend präzisiert worden, dass es für eine rechtsethische Vergleichbarkeit maßgeblich und ausreichend sein soll, dass durch die in Betracht kommenden Verhaltensweisen dieselben oder in ihrem Wesen ähnliche Rechtsgüter verletzt werden[24]. Die **psychologische Vergleichbarkeit** erfordert eine einigermaßen gleich geartete **seelische Beziehung des Täters** zu den in Frage stehenden Verhaltensweisen[25]. Eine solche liegt vor, wenn die Einstellung des Täters zu den Rechtsgütern und seine Motivationslage ähnlich sind[26].

Auf den **Fall 21b** angewendet ergibt sich daher Folgendes: Es besteht eine Sachverhaltsun- **1131**
gewissheit, da das Gericht nicht eindeutig feststellen kann, ob A einen Diebstahl oder eine Hehlerei begangen hat. Die Tatbestände der §§ 242 und 259 stehen in keinem Stufenverhältnis zueinander. Diebstahl und Hehlerei erfahren nach dem Rechtsempfinden aber eine vergleichbare sittliche Bewertung und sind daher rechtsethisch vergleichbar. Auch die seelische Beziehung des Täters zu den unterschiedlichen Tatbeständen ist vergleichbar. Das Gericht wird also eine Wahlfeststellung zwischen Diebstahl und Hehlerei vornehmen.

Die Rspr hat eine Wahlfeststellung u. a. in folgenden Fällen für **zulässig** gehalten: Diebstahl **1132**
(§ 242) und Hehlerei (§ 259)[27], auch im Falle der bandenmäßigen Begehung iSv §§ 244, 244a und §§ 260, 260a[28]; Diebstahl (§ 242) und Begünstigung (§ 257)[29]; Meineid (§ 154) und falsche Verdächtigung (§ 164)[30]; Betrug (§ 263) und Hehlerei (§ 259)[31]; Betrug (§ 263) und Computerbetrug (§ 263a)[32].

---

19 BGHSt 32, 48, 57.
20 BGHSt 23, 203, 207.
21 BGHSt 31, 136.
22 BGH NStZ 04, 499 (Mord); BGHSt 55, 148 (Raub); weitgehend zust. *Heghmanns*, ZJS 10, 788; krit. *Hohmann*, NStZ 11, 33; vert. *Stuckenberg*, Wolter-FS, S. 661.
23 Vgl BGHSt GrS 9, 390, 394; 21, 152, 153.
24 BGH wistra 85, 67.
25 BGHSt GrS 9, 390, 394.
26 OLG Saarbrücken NJW 76, 65, 67.
27 RGSt 68, 257, 262; BGHSt 1, 302; 9, 390, 393; 12, 386; BGH wistra 90, 225.
28 Vgl BGH wistra 00, 258 m. Anm. *Baier*, JA-R 00, 176.
29 BGHSt 23, 360; krit. *Hruschka*, NJW 71, 1392; *Wolter*, GA 1974, 161, 167 f.
30 BGHSt 32, 146, 149.
31 BGH StV 12, 215.
32 BGH NJW 08, 1394; BGH NStZ 14, 42.

Für **unzulässig** hat die Rspr eine Wahlfeststellung wegen mangelnder Vergleichbarkeit der Tatbestände dagegen u. a. in folgenden Konstellationen gehalten: Versuchter Schwangerschaftsabbruch (§§ 218, 22, 23 I) und Betrug (§ 263)[33]; Diebstahl (§ 242) und Erpressung (§ 253)[34]; Wohnungseinbruchdiebstahl (§ 244) und Hehlerei (§ 259)[35]; Schwerer Raub (§§ 249, 250) und Hehlerei (§ 259)[36].

Die vom BGH herausgearbeiteten Voraussetzungen sind nicht ohne Kritik geblieben, die nunmehr in dem bereits mehrfach erwähnten Beschluss des zweiten Senats des BGH aus dem Jahre 2014 kulminiert. Gegen die Vergleichbarkeitsformel des BGH wird schon seit langem vor allem eingewandt, ihr fehlten jegliche feste Konturen; es handle sich um eine Leerformel, die der **Rechtsunsicherheit** Tür und Tor öffne. Zudem könnten die sittliche Bewertung der Taten und das allgemeine Rechtsempfinden der Bevölkerung aufgrund ihrer Unbestimmtheit kein verbindlicher Maßstab sein. Teilweise wird daher abweichend von der Rspr auf die sog. **Identität des Unrechtskerns** abgestellt. Der gleiche Unrechtskern soll dann gegeben sein, wenn sich die Angriffe gegen dasselbe Rechtsgut oder gegen Rechtsgüter derselben Art bzw derselben Gattung richten und der Handlungsunwert der verschiedenen Delikte etwa gleichwertig erscheint[37].

1133 d) Unter Umständen ist eine **Reduktion** eines Straftatbestandes von seiner straferschwerenden Abwandlung auf seinen Grundtatbestand oder ein in diesem enthaltenes Delikt möglich. Die rechtliche Würdigung kann sich dann auf die Teile der möglicherweise verwirklichten Tatbestände beschränken, die rechtsethisch und psychologisch vergleichbar sind[38]. Ist also bspw nicht feststellbar, ob der Angeklagte einen schweren Raub oder eine Hehlerei begangen hat, müsste eine wahldeutige Verurteilung aufgrund fehlender rechtsethischer und psychologischer Vergleichbarkeit eigentlich abgelehnt werden. Wird der Raub jedoch auf den von ihm umfassten Diebstahl reduziert, ist eine Wahlfeststellung wieder möglich[39].

3. Unechte Wahlfeststellung

1134 Die bisher behandelten Fälle der echten Wahlfeststellung sind von der sog. **unechten Wahlfeststellung** abzugrenzen. Hier ist die vom Täter verwirklichte Strafnorm gewiss, allerdings ist unklar, welche seiner Handlungen konkret den Straftatbestand erfüllt hat (sog. **Tat- oder Tatsachenalternativität** ohne Rechtsnormungewissheit), so zB wenn ein Zeuge vor verschiedenen Gerichten jeweils das Gegenteil beschworen hat, sodass er entweder durch die eine oder durch die andere Aussage einen Meineid (§ 154) begangen haben muss. Erforderlich und ausreichend für eine Verurteilung ist hier, dass bei sämtlichen Sachverhaltsalternativen, welche der Tatrichter nach Ausschöpfung aller Beweismittel unter Ausschluss anderweitiger Geschehensabläufe für möglich erachtet, der betreffende Tatbestand erfüllt ist[40]. Genauso zu behandeln ist

33 BGH MDR/D, 58, 739.
34 OLG Hamm NStZ-RR, 08, 143.
35 BGH NStZ, 08, 646.
36 BGHSt 21, 152; vgl hierzu den Überblick bei LK-*Dannecker*, Anh. § 1 Rn 115 f.
37 *Hruschka*, MDR 67, 265, 267; *Jakobs*, GA 1971, 257, 270; *Otto*, Peters-FS, S. 373, 390; ähnl. *Günther*, JR 82, 81; SK-*Rudolphi/Wolter*, Anh. § 55 Rn 42b (abstrakt-konkrete Betrachtung).
38 Vgl BGHSt 25, 182, 185; *Baumann/Weber/Mitsch*, AT, § 10 Rn 47.
39 BGH MDR/H 86, 793; dazu LK-*Dannecker*, Anh. § 1 Rn 113; *Fischer*, § 1 Rn 27.
40 BGHSt 46, 85, 86; BGH wistra 07, 458; s. a. *Norouzi*, JuS 08, 19 Fn 17.

die Fallgruppe, in der feststeht, dass der Täter von verschiedenen Qualifikationsmerkmalen einer Straftat (zB § 224 I durch Beibringen von gesundheitsschädlichen Stoffen, Nr 1, oder mittels eines gefährlichen Werkzeugs, Nr 2) mit Sicherheit eines verwirklicht hat. Auch hier erfolgt eine eindeutige Verurteilung auf wahldeutiger Tatsachengrundlage[41].

IV. Post- und Präpendenz

Die Konstellationen der Wahlfeststellung sollen nach hM von den Fällen der sog. **Post-** bzw **Präpendenz** abgegrenzt werden. **Postpendenz** liegt vor, wenn von zwei Sachverhalten nur der zeitlich frühere in **tatsächlicher** Hinsicht ungeklärt bleibt, während der zweite, zeitlich spätere, sicher feststeht (im umgekehrten Fall spricht man von **Präpendenz**), die rechtliche Bewertung des festgestellten späteren Sachverhalts jedoch von dem unaufklärbaren Vortatgeschehen abhängt. **1135**

Hier liegt im Gegensatz zur Wahlfeststellung keine beidseitige, sondern nur eine **einseitige Sachverhaltsungewissheit** vor[42]. Bereits der Zweifelssatz (Ausschluss der nicht nachgewiesenen Alternative) führt zum richtigen Ergebnis, ohne dass es auf die für die Wahlfeststellung erforderliche rechtsethische und psychologische Vergleichbarkeit ankommt. Welche Fälle das im Einzelnen sind, ist trotz intensiver Bemühungen der Literatur um die Aufklärung dieser Zusammenhänge streitig geblieben. Einige wollen danach differenzieren, ob das frühere, nur möglicherweise stattgefundene Verhalten „konkurrenzrelevant" ist oder „tatbestandsrelevant", also das Vorliegen eines der beiden Tatbestände ausschlösse. In letzterem Fall seien die Grundsätze der Wahlfeststellung anzuwenden[43]. In den letzten Jahren ist das Anwendungsgebiet der Postpendenz zunehmend umstritten[44].

Im **Fall 21c** liegt der Unterschied zu **Fall 21b** darin, dass hier nicht offen bleibt, ob A die Uhr „weggenommen" iSv § 242 oder sie sich iSv § 259 „verschafft" hat (doppelte Sachverhaltsungewissheit), vielmehr steht der Ankauf vom Täter und somit das „Sichverschaffen" iSv § 259 fest, und unklar bleibt nur, ob A mittäterschaftlich gestohlen hat (einfache Sachverhaltsungewissheit). Eine Strafbarkeit gem. § 259 hat jedoch die konstruktiven Schwierigkeiten, dass es sich bei einer mittäterschaftlichen Beteiligung am Diebstahl nicht um die Vortat eines „anderen" handelt. Gleichwohl wird in diesem Fall zutreffend davon ausgegangen, dass nur der nachgewiesene Sachverhalt (der Ankauf) der Verurteilung zugrunde gelegt werden darf. Deshalb ist in **Fall 21c** keine Wahlfeststellung zulässig, vielmehr ist A über die Grundsätze der Postpendenz wegen Hehlerei zu bestrafen[45]. **1136**

---

41 SK-*Rudolphi/Wolter*, Anh. § 55 Rn 42d; vert. *Wolter*, Alternative und eindeutige Verurteilung auf mehrdeutiger Tatsachengrundlage im Strafrecht, 1972; vgl auch BGH NStZ 12, 441 (Wahlfeststellung zwischen verschiedenen Begehungsformen des Mordes).

42 BGHSt 35, 86, 88 ff; BGH wistra 89, 262; NStZ 89, 266; 89, 574; LK-*Dannecker*, Anh. § 1 Rn 105, 108; *Fischer*, § 1 Rn 30; *Joerden*, JZ 88, 847.

43 Vgl Matt/Renzikowski-*Basak*, § 1 Rn 33; *Küper*, Lange-FS, S. 65, 73 ff; S/S-*Lenckner* ua, § 1 Rn 91.

44 S. a. *Lackner/Kühl*, § 1 Rn 19; *Wachsmuth/Waterkamp*, JA 05, 509.

45 BGHSt 35, 86, 88; BGH NStZ 11, 510.

V. Folgen der Wahlfeststellung

1137 Liegen die oben genannten Voraussetzungen vor, ist der Täter wahlweise nach dem einen **oder** anderen Straftatbestand zu verurteilen. Die Strafe richtet sich dabei nach dem im konkreten Fall mildesten Gesetz. Im Strafverfahren setzt eine wahldeutige Verurteilung voraus, dass die angeklagte Tat beide Verhaltenskomplexe umfasst, §§ 155 I, 203, 264 StPO[46].

1138 Im **Fall 21a** ist A also nach dem Grundsatz *in dubio pro reo* freizusprechen.

Im **Fall 21b** ist A im Wege der Wahlfeststellung zu verurteilen wegen „Diebstahl oder Hehlerei".

Im **Fall 21c** ist hingegen nur von einer Strafbarkeit wegen Hehlerei auszugehen.

Aktuelle Rechtsprechung zu § 21:

- BGH NStZ 14, 392: Vorlagebeschluss des 2. Strafsenats des BGH an die anderen Senate des BGH bezüglich Verfassungswidrigkeit der unechten Wahlfeststellung aufgrund von Verstößen gegen Art. 103 II GG; vgl Rn 1132.
- BGH NStZ 14, 640: Bleibt offen, ob der Täter die Tatbeute durch Raub (§ 249) oder durch räuberische Erpressung (§§ 253, 255) erlangt hat, erfolgt die Verurteilung nach §§ 253, 255 StGB. Demgegenüber kommt eine wahldeutige Verurteilung wegen Raubes oder räuberischer Erpressung nicht in Betracht. Nach Ansicht der Rspr liegt nämlich ein Stufenverhältnis vor (Raub ist lex specialis zur räuberischen Erpressung), das in Zweifelsfällen die Anwendung des Grundsatzes in dubio pro reo bedingt. Weil also die Wegnahme einer fremden beweglichen Sache iSv § 249 StGB von der Nötigung durch Duldung dieses Vorgehens iSd §§ 253, 255 StGB mitumfasst ist, darf nur wegen des jedenfalls erfüllten Delikts der räuberischen Erpressung bestraft werden; vgl Rn 1129.
- BGHSt 55, 148: normativ-ethisches Stufenverhältnis zwischen der Beteiligung an einer Katalogtat iSv § 138 (hier konkret: Raub) und der Nichtanzeige der geplanten Straftaten (§ 138) – daher keine Wahlfeststellung, sondern Strafbarkeit gem. § 138 nach dem Grundsatz *in dubio pro reo*, wenn Katalogtat nicht nachgewiesen werden kann; vgl Rn 1129.
- BGH NStZ 14, 42: (echte) Wahlfeststellung zwischen Betrug (§ 263) und Computerbetrug (§ 263a) möglich; Verurteilung auf wahldeutiger Tatsachengrundlage aber prozessual nur zulässig, wenn beide Tatalternativen von dem durch Anklage und Eröffnungsbeschluss umgrenzten Verfahrensgegenstand erfasst sind; vgl Rn 1132 und 1137.
- BGH NStZ 12, 441: (unechte) Wahlfeststellung zwischen verschiedenen Begehungsformen des Mordes (Verdeckungsabsicht – sonstige niedrige Beweggründe); vgl Rn 1134.

46 Vgl nur BGH NStZ 14, 42 m. Anm. *Kudlich*, ZWH 13, 270; zu den prozessualen Problemen im Einzelnen *Beulke/Fahl*, Jura 98, 262; *U. Dreyer*, Wahlfeststellung und prozessualer Tatbegriff – Die strafprozessuale Behandlung alternativer Geschehensabläufe, 1999; *Jäger*, BT, Rn 422; *Kudlich*, JuS 05, 236; *Schröder*, JuS 05, 707.

Anhang

§ 22 Übersichten zur Lehre von der Straftat

I. Modell der Wertungsstufen beim Deliktsaufbau

(dargestellt an der vollendeten Vorsatztat)

Auffinden des in Betracht kommenden Straftatbestandes	=	Einstieg in die Fallprüfung 1139
Kurze *gedankliche* Prüfung der *Handlungsqualität* innerhalb des Tatgeschehens		
Tatbestandsmäßigkeit ieS a) Verwirklichung des **objektiven** Unrechtstatbestandes b) Verwirklichung des **subjektiven** Unrechtstatbestandes	=	**Erste Wertungsstufe** anhand des gesetzlichen Tatbestandes
Ggf objektive Bedingungen der Strafbarkeit (= sog. „Tatbestandsannex")	=	nur dort zu prüfen, wo im Gesetz vorgesehen (wie zB in §§ 186, 283 VI)
Rechtswidrigkeit der Tat (= Prüfung des evtl. Eingreifens von Rechtfertigungsgründen) a) Vorliegen der **objektiven** Rechtfertigungselemente b) Vorliegen der **subjektiven** Rechtfertigungselemente	=	**Zweite Wertungsstufe** anhand der Gesamtrechtsordnung
Schuld a) Schuldfähigkeit (§§ 19, 20) b) spezielle Schuldmerkmale (soweit im Gesetz vorgesehen) c) Vorsatz-Schuldvorwurf (entfällt nach hM beim Eingreifen eines Erlaubnistatbestandsirrtums) d) Unrechtsbewusstsein bzw Möglichkeit der Unrechtseinsicht (vgl § 17) e) Fehlen bzw Vorliegen von Entschuldigungsgründen (vgl zB § 35 I)	=	**Dritte Wertungsstufe** unter dem Blickwinkel der *persönlichen Vorwerfbarkeit* der Tat und der konkret-individuellen Fähigkeit des Täters, den Normverstoß zu vermeiden
Ggf Persönliche Strafausschließungs- oder Strafaufhebungsgründe sowie Strafverfolgungsvoraussetzungen oder -hindernisse	=	Zusatzprüfung in bestimmten Einzelfällen (vgl zB § 258 V, VI sowie §§ 247, 248a)

Näher zur Aufbaumethode im Strafrecht Rn 1200 ff.

II. Gründe, die eine Bestrafung ausschließen oder in sonstiger Weise berühren

1140

im Bereich:	maßgebender Grund:	Rechtsfolge:
des Handlungsbegriffs	Fehlen der „Handlungsqualität“	Der konkrete Vorgang ist strafrechtlich irrelevant.
des gesetzlichen Tatbestandes	a) Fehlen eines **objektiven** Tatbestandsmerkmals b) Fehlen eines **subjektiven** Tatbestandsmerkmals	a) Eine **Vollendung** der Tat entfällt; zu prüfen ist, ob ggf ein **Versuch** in Betracht kommt. b) Vollendung wie Versuch scheiden hier aus; ggf ist zu prüfen, ob ein **Fahrlässigkeitstatbestand** eingreift.
des Tatbestandsannexes	Fehlen einer objektiven Bedingung der Strafbarkeit	Die Tat bleibt (für alle Beteiligten) straflos, da nicht sämtliche Strafbarkeitsvoraussetzungen erfüllt sind.
der Rechtswidrigkeit	Eingreifen eines (objektiv wie subjektiv gegebenen) Rechtfertigungsgrundes	Das Verhalten des Täters ist **gerechtfertigt** (= erlaubt); er hat keine „rechtswidrige Tat“ begangen.
der Schuld	Vorliegen eines Schuldausschließungs- oder Entschuldigungsgrundes	Es handelt sich zwar um eine „rechtswidrige Tat“ (§ 11 I Nr 5 StGB); da jedoch ein **Schuldvorwurf entfällt**, ist das Verhalten straflos.
sonstiger Strafbarkeitsvoraussetzungen	Eingreifen eines persönlichen Strafausschließungs- oder Strafaufhebungsgrundes	Derjenige, in dessen Person dieser Umstand gegeben ist, bleibt (im Rahmen des betreffenden Grundes) straffrei; für die übrigen Beteiligten gilt das nicht (vgl § 28 II StGB).
der Zulässigkeit der Strafverfolgung (dh außerhalb des *materiellen* Strafrechts)	a) Fehlen einer Strafverfolgungsvoraussetzung b) Vorliegen eines Strafverfolgungshindernisses	zu a) und b): An der **Strafbarkeit** der Tat ändert sich nichts; nur die **Strafverfolgung** ist nicht bzw nicht mehr zulässig (vgl etwa §§ 77, 78).

III. Gegenüberstellung von Notwehr und Notstand

1. Notwehr (§ 32) und rechtfertigender Notstand (§ 34)

1141

	Notwehr (§ 32)	Rechtfertigender Notstand (§ 34)	
1. Objektive Voraussetzungen			
a) Notwehr- bzw. Notstandslage	– notwehrfähiges Rechtsgut (nur **Individualrechtsgüter)**	– notstandsfähiges Rechtsgut (auch **Allgemeinrechtsgüter**)	§ 34 **weiter** als § 32
	– nur **rechtswidriger Angriff** (Verletzung droht durch menschliches Verhalten)	– **jegliche Gefahr** (Ursprung irrelevant)	
	– gegenwärtig (nur **unmittelbar drohende** Rechtsgutseinbuße)	– gegenwärtig **(auch Dauergefahr)**	
b) Notwehr- bzw. Notstandshandlung	– Erforderlichkeit • Geeignetheit • relativ mildestes Mittel, aber **Recht braucht Unrecht nicht zu weichen**	– Erforderlichkeit • Geeignetheit • relativ mildestes Mittel, ggf ausweichen/obrigkeitliche Hilfe einholen	§ 34 **enger** als § 32
	– Gebotenheit (**keine allg. Interessenabwägung!**)	– **Interessenabwägung**	
2. Subjektive Voraussetzung	– Kenntnis bzw Verteidigungs-/Rettungswille	– Kenntnis bzw Rettungswille	

2. Rechtfertigender (§ 34) und entschuldigender Notstand (§ 35)

1142

	Rechtfertigender Notstand (§ 34)	Entschuldigender Notstand (§ 35)	
1. Objektive Voraussetzungen			
a) Notstandslage	– notstandsfähiges Rechtsgut • **irgendein** Rechtsgut • **irgendeines** Rechtsgutsträgers	– notstandsfähiges Rechtsgut • **nur** Leben, Leib oder Freiheit • **nur** des Täters/diesem nahestehender Person	§ 35 **weiter** als § 34
	– Gefahr	– Gefahr	
	– gegenwärtig	– gegenwärtig	
b) Notstandshandlung	– Erforderlichkeit • Geeignetheit • relativ mildestes Mittel	– Erforderlichkeit • Geeignetheit • relativ mildestes Mittel	§ 35 **enger** als § 34
	– **Interessenabwägung**	– grds **keine Interessenabwägung**, aber u.U. Zumutbarkeit der Hinnahme der Gefahr (vgl § 35 I 2)	
2. Subjektive Voraussetzung	– Kenntnis bzw Rettungswille	– Kenntnis bzw Rettungswille	

IV. Gegenüberstellung von tatbestandsausschließendem Einverständnis und rechtfertigender Einwilligung

1143

Das **Einverständnis** des von der Tat Betroffenen	Die **Einwilligung** des Rechtsgutsinhabers
wirkt **tatbestandsausschließend**, wenn der gesetzliche Tatbestand ein Handeln **gegen** oder **ohne** seinen Willen voraussetzt, wie etwa in §§ 177, 235, 239, 240, in § 123 beim „Eindringen" oder in § 242 bzgl der „Wegnahme";	wirkt als Verzicht auf Rechtsschutz **rechtfertigend**, wenn die Rechtsordnung die Preisgabe des geschützten Gutes durch ihn respektiert, wie etwa im Bereich der körperlichen Unversehrtheit (§ 228) oder des Schutzes vermögenswerter Güter;
braucht nicht unbedingt „erklärt" zu werden, muss aber **bei Tatbeginn vorgelegen** haben;	muss **vor der Tat** erklärt oder zumindest konkludent zum Ausdruck gebracht worden sein;
ist in den genannten Fällen rein **tatsächlicher Natur** und setzt nur die „natürliche Willensfähigkeit" des Betroffenen mit folgenden Konsequenzen voraus: Der Betroffene braucht die Bedeutung des beeinträchtigten Gutes nicht erfasst zu haben; sein Einverständnis braucht **nicht frei von sittlichen Mängeln** und idR auch **nicht frei von irrtümlichen Vorstellungen** zu sein (ein erschlichenes Einverständnis ist nur dort unbeachtlich, wo das Gesetz „listiges" Handeln unter Strafe stellt, wie zB in § 235); das Einverständnis muss indessen **frei von Zwang**, also freiwillig zustande gekommen sein (ein *abgenötigtes* Einverständnis ist unbeachtlich).	hat **normativen** Charakter und unterliegt hinsichtlich ihrer **Wirksamkeit** Einschränkungen in Bezug auf: a) die **Dispositionsbefugnis** (vgl §§ 216, 228, § 2 KastrG) und die **Verfügungsberechtigung**, b) die **Einwilligungsfähigkeit**, dh der Einwilligende muss eine ausreichende **Urteils-** und **Einsichtsfähigkeit** besitzen, um Wesen, Bedeutung und Tragweite des Rechtsgutsverzichts erkennen zu können, c) die Auswirkung von **Willensmängeln**, dh die Einwilligung ist regelmäßig **unwirksam**, wenn sie erzwungen oder erschlichen ist; das Gleiche gilt, wenn ihre Erteilung auf einer Verletzung der ärztlichen Aufklärungspflicht beruht.
Unkenntnis des Täters vom Vorliegen des Einverständnisses führt (mangels Tatvollendung) zum *untauglichen* **Versuch** des betreffenden Delikts (soweit dessen Versuch mit Strafe bedroht ist).	**Unkenntnis** des Täters vom Vorliegen der (wirksam erklärten) Einwilligung führt nach bislang hM zur Bestrafung wegen **vollendeter Tat**, nach neuerer Auffassung jedoch zur *analogen* Anwendung der **Versuchsregeln** (s. dazu Rn 568).
Bei **irriger Annahme** des Einverständnisses liegt ein vorsatzausschließender **Tatbestandsirrtum** vor (§ 16 I 1).	Bei **irriger Annahme** der Einwilligung entfällt analog § 16 I 1 nach den Regeln, die für den **Erlaubnistatbestandsirrtum** gelten, der Vorsatz-Schuldvorwurf und damit eine Bestrafung wegen vorsätzlich begangener Tat (näher Rn 708).

V. Übersicht zur strafrechtlichen Irrtumslehre

Vorbemerkung: Das StGB enthält keine vollständige und erschöpfende Irrtumsregelung. In einer Reihe von Vorschriften (vgl §§ 16, 17 iVm §§ 26, 27) bringt es jedoch klar zum Ausdruck, dass es nicht der **Vorsatztheorie**, sondern der **Schuldtheorie** folgt, die das Unrechtsbewusstsein als selbstständiges Schuldelement behandelt und es nicht zu den Bestandteilen des Vorsatzes rechnet (näher Rn 647, 691)[1]. Verdeutlicht wird dies dadurch, dass im Gesetz zwischen **Tatbestands-** und **Verbotsirrtum** unterschieden wird (damit ist die früher vom RG entwickelte Unterscheidung zwischen Tat- und Rechtsirrtum definitiv aufgegeben worden; s. Rn 692). Neben den §§ 16, 17, die nunmehr im Mittelpunkt des geltenden Irrtumsrechts stehen, und neben § 35 II, der sich im Rahmen des entschuldigenden Notstandes mit der irrigen Annahme entschuldigender Tatumstände befasst, kennt das StGB nur ganz vereinzelt zusätzliche Sonderregelungen eigener Art, die keiner Verallgemeinerung zugänglich sind (so § 113 III 2, IV beim Widerstand gegen Vollstreckungsbeamte; vgl des Weiteren § 97b zum Irrtum über die Illegalität bei Staatsgeheimnissen). Alles Übrige ist Rspr und Wissenschaft überlassen worden; besondere Bedeutung hat das für den Meinungsstreit zum Irrtum über das Eingreifen von Rechtfertigungsgründen (näher Rn 698 ff). **1144**

Die nachstehende **Übersicht** fasst die einzelnen Irrtumsfälle unter einem übergreifenden Gesichtspunkt zu **zwei Fallgruppen** zusammen, die darauf abstellen, ob der Täter oder Teilnehmer die Tatsituation **zu seinen Gunsten** (Fallgruppe A) oder **zu seinen Ungunsten** (Fallgruppe B) verkannt bzw falsch beurteilt hat.

A. Fehlvorstellungen und Wissensmängel zugunsten des Irrenden **1145**

1. Irrtum über **Umstände**, die zum **gesetzlichen Tatbestand** gehören (Irrtum in Bezug auf Tatbestandsmerkmale). **1146**

a) Einem **Tatbestandsirrtum** erliegt, wer bei Begehung der Tat einen Umstand nicht kennt, der zum **gesetzlichen Tatbestand** (dh zu den vorsatzbezogenen Merkmalen des objektiven Unrechtstatbestandes) gehört. **1147**

Beispiel: In einem mit Bäumen und Sträuchern bewachsenen Gelände gibt der Spaziergänger S einen Übungsschuss auf eine vermeintlich leere Holztonne ab, die dort liegt und in der sich J beim Spielen versteckt hat. J wird getroffen und tödlich verletzt. Totschlag bzw fahrlässige Tötung?

Oder: Nach dem Besuch einer Gaststätte nimmt der Gast G einen fremden Schirm mit nach Hause, den er mit seinem eigenen Schirm verwechselt hat. Diebstahl?

Psychische Situation: Der im Tatbestandsirrtum Handelnde **verkennt den sozialen Bedeutungsgehalt** seines Tuns; er weiß nicht, was er in tatbestandlicher Hinsicht tut (S weiß zB nicht, dass er auf einen **Menschen** schießt; G weiß nicht, dass er einen **fremden** Schirm an sich nimmt und fremden Gewahrsam bricht). Die Appell- und Warnungsfunktion des objektiv erfüllten Straftatbestandes erreicht ihn nicht.

Rechtsfolge: Der Täter verwirklicht den betreffenden Tatumstand nicht vorsätzlich; sein **Tatbestandsvorsatz entfällt** (§ 16 I 1). Die Strafbarkeit wegen fahrlässiger Begehung bleibt unberührt (§ 16 I 2), sofern das Gesetz einen einschlägigen Fahrlässigkeitstatbestand enthält, dessen Voraussetzungen sodann zu prüfen sind (dass sie sich nicht automatisch aus der Verneinung des Vorsatzes ergeben, liegt auf der Hand). In den Beispielsfällen hat S sich gem. § 222 strafbar gemacht (Niemand darf auf ein Objekt schießen, dessen Beschaffenheit er nicht zuvor sorg-

1 Grundlegend BGHSt GrS 2, 194.

fältig geprüft und einwandfrei erkannt hat); während G nichts zu befürchten braucht, da es im Bereich der §§ 242, 246 keine Fahrlässigkeitstatbestände gibt.

1148 b) Irrige **Annahme privilegierender Tatbestandsmerkmale**, dh von Umständen, die den Tatbestand eines **milderen** Gesetzes erfüllen würden[2].

Beispiel: Der Arzt A tötet B in der Annahme, es handele sich um die todkranke Patientin P, die ihn zuvor ernsthaft und ausdrücklich gebeten hatte, ihrem Leiden ein Ende zu setzen. Strafbarkeit nach §§ 211, 212 oder nur nach § 216 I (Tötung auf Verlangen)?

Psychische Situation: Auch hier **verkennt** der Täter **den sozialen Bedeutungsgehalt** seines Tuns; er meint, „weniger" zu tun, als er tatsächlich tut (Die Vorstellung des Täters umfasst nur die Verwirklichung des minder schweren Gesetzes).

Rechtsfolge: Keine Bestrafung aus dem (idR nur objektiv erfüllten) schwereren Gesetz (hier: § 212). Entsprechend seiner Vorstellung ist der Täter gem. § 16 II lediglich nach der Vorschrift mit dem milderen Tatbestand zu bestrafen (hier also nach § 216).

Da es sich beim Tötungsverlangen genau genommen lediglich um ein spezielles Schuldmerkmal handelt, ergibt sich diese Folge an und für sich bereits aus den allgemeinen Regeln und wird durch § 16 II nur klargestellt. Hierbei ist allerdings zu beachten, dass es nicht genügt, dass sich der Täter den betreffenden Umstand vorgestellt hat, vielmehr muss dieser für die Willensbildung auch **tatsächlich motivierend** gewesen sein (s. Rn 644).

1149 2. Irrtum über die **Verbotsnorm (Verbotsirrtum)**, der wie folgt zustande kommen kann: Der Täter kennt die Verbotsnorm nicht, er hält sie (etwa aus verfassungsrechtlichen Gründen) für ungültig oder legt sie in der Weise falsch aus, dass er sein in Wahrheit **verbotenes Handeln als rechtlich zulässig ansieht**.

Beispiel: Verführung einer geisteskranken Frau zum Beischlaf in Kenntnis ihres Zustandes, aber in Unkenntnis des rechtlichen Verbots (§ 179). Oder: Annahme einer gestohlenen Sache als Geschenk in Kenntnis ihrer Herkunft, aber in der irrigen Meinung, § 259 verbiete nur das „Ankaufen" von Diebesgut.

Psychische Situation: Dem Täter fehlt hier die **Einsicht, Unrecht zu tun**. Über den Sinn und den sozialen Bedeutungsgehalt seines Tuns ist er dagegen „im Bilde"; er weiß, was er (tatbestandlich) tut, nimmt aber irrig an, es sei erlaubt.

Rechtsfolge: Nach § 17 ist wie folgt zu differenzieren:

a) Kann der Täter den Irrtum nicht vermeiden, handelt er ohne Schuld (§ 17 S. 1). Der **unvermeidbare** Verbotsirrtum beseitigt die Vorwerfbarkeit der Tat; er ist ein **Schuldausschließungsgrund**.

b) Der **vermeidbare** Verbotsirrtum schließt den Schuldvorwurf nicht aus, kann aber (in den Beispielsfällen bei Bestrafung aus dem Vorsatztatbestand) schuldmindernd wirken; er ist ein **fakultativer Schuldminderungsgrund** (§ 17 S. 2; näher Rn 696).

1150 3. Irrtum über das **Eingreifen von Rechtfertigungsgründen**.

1151 a) Als **Erlaubnistatbestandsirrtum** bezeichnet man die irrige Annahme der **sachlichen Voraussetzungen** eines anerkannten Rechtfertigungsgrundes. Er liegt vor, wenn der Täter irrig Umstände für gegeben hält, die im Fall ihres Vorliegens die konkrete Tat rechtfertigen würden (irrige Annahme einer rechtfertigenden Sachlage).

2 Lesenswert dazu: *Küper*, Jura 07, 260.

Beispiel: Der Spaziergänger S schlägt den auf ihn zukommenden (in Wirklichkeit harmlosen und friedlichen) Landstreicher L mit seinem Spazierstock nieder, weil er ihn für einen Räuber hält und sich von ihm angegriffen glaubt (Putativnotwehr). Anwendbarkeit der §§ 223, 224 oder lediglich des § 229?

Psychische Situation: Der Täter weiß, dass sein Verhalten den gesetzlichen Tatbestand erfüllt; im obigen Beispiel wird S somit von der Warnfunktion der §§ 223, 224 erreicht. Den sozialen Sinngehalt des Geschehens erfasst er gleichwohl nicht zutreffend; so erscheint die völlig grundlose Verletzung des L aus der Sicht des S als Akt der Notwehr und der Selbsterhaltung. Sein Tatbestandsvorsatz ist demnach nicht Ausdruck einer Auflehnung gegen die Wertentscheidungen der Rechtsordnung, die sein Verhalten gestatten würde, wenn die Umstände, die er als Täter für gegeben hält, wirklich vorliegen würden. Der im **Erlaubnistatbestandsirrtum** Handelnde ist, wie der BGH es einmal ausgedrückt hat[3], **im Prinzip rechtstreu**; er will die Gebote des Rechts befolgen und verfehlt dieses Ziel nur wegen seines Irrtums über die Sachlage, aus der er sein Recht zum Handeln herleitet.

Rechtsfolge: Das StGB schweigt. Die hM verneint (überwiegend von der Grundposition der **eingeschränkten Schuldtheorie** aus) mit unterschiedlicher Begründung in Anlehnung an § 16 I 1 die Strafbarkeit aus dem einschlägigen Vorsatztatbestand. Sie stellt den Erlaubnistatbestandsirrtum zumindest **in seinen Rechtsfolgen** dem Tatbestandsirrtum in der Weise gleich, dass eine **Bestrafung wegen vorsätzlicher Tat** entfällt (vom hier vertretenen Standpunkt aus mangels Vorsatzschuld; näher Rn 708 f). Demgemäß bleibt die Bestrafung des Täters aus einem ggf existierenden **Fahrlässigkeitstatbestand** unberührt (§ 16 I 2). Im obigen Beispiel kann S hiernach nicht gem. §§ 223, 224, wohl aber gem. § 229 zur Verantwortung gezogen werden, falls er bei Einschätzung der Sachlage die im Verkehr erforderliche Sorgfalt nicht beachtet hat und ihn in dieser Hinsicht ein Fahrlässigkeitsvorwurf trifft (was ganz von den Gegebenheiten im Einzelfall abhängt).

Abweichende Ansichten: Die (vorwiegend von Finalisten vertretene) **strenge Schuldtheorie** wendet auch in Fällen dieser Art § 17 mit den dort vorgesehenen Rechtsfolgen an, da sie jeden **Irrtum über die Rechtswidrigkeit der Tat** ohne Rücksicht auf seinen Entstehungsgrund dem Bereich des **Verbotsirrtums** zuordnet (vgl Rn 699). Die **Vorsatztheorie** gelangt dagegen durch Vorsatzverneinung „mangels Unrechtsbewusstseins" zu den in § 16 I vorgesehenen Ergebnissen (s. Rn 693).

b) Ein bloßer **Erlaubnisirrtum** liegt vor, wenn der Täter die **rechtlichen Grenzen** **1152**
eines Rechtfertigungsgrundes verkennt oder an das Bestehen eines von der Rechtsordnung nicht anerkannten Rechtfertigungsgrundes glaubt.

Beispiel: Bei der Abwehr eines Raubversuchs hat der Boxer B dem jugendlichen Räuber R die Pistole aus der Hand geschlagen. Als R sich zur Flucht wendet, läuft B ihm nach und verprügelt ihn in der irrigen Annahme, nach den Regeln der Notwehr so handeln zu dürfen.

Psychische Situation: Die Wertvorstellungen des Täters stimmen hier (anders als in Rn 1151) mit denen der **Rechtsordnung nicht überein**. Bei der Sachlage, die in Fällen dieser Art gegeben und die vom Täter richtig erfasst worden ist, verbietet und missbilligt das Gesetz die Tathandlung (gegen einen erfolgreich abgeschlagenen und definitiv beendeten Angriff gibt es keine Notwehr mehr).

Rechtsfolge: Der Erlaubnisirrtum folgt nach hM (als indirekter Verbotsirrtum) den in § 17 normierten Regeln des direkten **Verbotsirrtums**. Das erscheint sachgerecht, weil der Täter bei Unvermeidbarkeit des Irrtums (mangels Schuld) vor Strafe geschützt ist, bei **Vermeidbarkeit**

3 BGHSt 3, 105, 107.

des Irrtums jedoch für seine fehlerhafte Wertung einzustehen hat. Im engen Bereich des Kriminalstrafrechts dürfen von jedem Einsichtsfähigen sozialethisch richtige Wertentscheidungen verlangt werden.

Abweichende Ansichten: Die **Vorsatztheorie** verneint hier wiederum das Vorliegen einer vorsätzlichen Tat; sie stützt dieses Ergebnis auf die (unzutreffende) Ansicht, dass das Unrechtsbewusstsein zum „Vorsatz" gehöre.

1153 4. Irrtum über das **Eingreifen von Entschuldigungsgründen**.

1154 a) Irrige **Annahme der sachlichen Voraussetzungen** eines anerkannten Entschuldigungsgrundes.

Beispiel: Bei einer Zirkusvorstellung ist ein exotisch aussehender Hund von ungewöhnlicher Größe in das Zuschauerzelt gelangt. In der irrigen Annahme, dass die Raubtiere ausgebrochen seien, flüchten zahlreiche Besucher in panischer Angst zum Ausgang. Um der vermeintlichen Gefahr zu entrinnen, boxt A sich den Weg nach draußen frei, wobei er mehrere Personen durch Faustschläge verletzt. Strafbarkeit nach § 223?

Psychische Situation: Der Täter weiß, dass er eine **rechtswidrige Tat** begeht. Er hält aber Umstände für gegeben, die im Fall ihres wirklichen Vorliegens sein Verhalten **entschuldigen** würden (vgl § 35 I).

Rechtsfolge: Wie aus § 35 II zu entnehmen ist, entfällt bei einem **unvermeidbaren** Irrtum dieser Art der Schuldvorwurf. Bei **Vermeidbarkeit** des Irrtums **ist** die Strafe nach § 49 I zu mildern (obligatorischer Schuldminderungsgrund, § 35 II).

1155 b) Irrtum über die **Existenz** oder die **rechtlichen Grenzen** eines Entschuldigungsgrundes.

Beispiel: Der Zeuge Z leistet vor Gericht einen Meineid (§ 154), weil ihm für den Fall einer wahrheitsgemäßen Aussage das Zerstechen seiner neuen Autoreifen angedroht worden ist (Gefahr für Sachwerte). Z meint, aufgrund dieser Drohung ohne Schuld zu handeln (vgl demgegenüber § 35 I zum Kreis der notstandsfähigen Güter).

Psychische Situation: Z weiß, dass er Unrecht tut. In der von ihm zutreffend erkannten Tatsituation beurteilt er nur die „Strafbarkeit" seines Verhaltens unrichtig.

Rechtsfolge: Der Irrtum über die Existenz oder die rechtlichen Grenzen eines Entschuldigungsgrundes ist nach allgemeiner Ansicht für den Schuldvorwurf **unbeachtlich**; er kann aber im Rahmen der Strafzumessung (§ 46 II) berücksichtigt werden.

1156 5. Irrtum über das **Eingreifen persönlicher Strafausschließungsgründe**.

1157 a) Irrige **Annahme strafausschließender Tatumstände**.

Beispiel: F verschafft ihrem Verlobten V, der wegen Bankraubes von der Polizei gesucht wird, die Möglichkeit zur Flucht ins Ausland. Später stellt sich heraus, dass zwischen F und dem noch verheirateten V kein wirksames Verlöbnis zu Stande gekommen war. Davon hatte F bislang keine Ahnung. Strafbarkeit gem. § 258?

Psychische Situation: Hängt von den Umständen des Einzelfalls ab und ist bisweilen mit einer seelischen Konfliktlage verbunden. Der Täter weiß aber, dass er eine rechtswidrige Tat begeht.

Rechtsfolge: Nach hM ist V kein Angehöriger der F iSv § 258 VI, weil das Verlöbnis zivilrechtlich unwirksam ist. Die F geht jedoch irrtümlich von der Angehörigeneigenschaft aus. Welche Rechtsfolge das hat, ist im Gesetz nicht geregelt. Die hM stellt allein auf die **objektive**

Lage, dh auf das tatsächliche Vorhandensein des betreffenden Umstandes ab und hält die Vorstellung des Täters in dieser Hinsicht für bedeutungslos. In der Rechtslehre hängt das jedoch damit zusammen, dass der Kreis der persönlichen Strafausschließungsgründe unterschiedlich weit gezogen und ein Teil der einschlägigen Regelungen bereits den Entschuldigungsgründen zugeordnet wird[4]. Sachgerechter erscheint es indessen, hier mit der im Vordringen begriffenen Lehre wie folgt zu **differenzieren:**

(1) Auf die objektive Lage und die rein tatsächlichen Gegebenheiten ist abzustellen, wenn die im Gesetz vorgesehene Strafbefreiung ihre Existenz vorwiegend **staatspolitischen Erfordernissen** oder **kriminalpolitischen Zweckmäßigkeitserwägungen** verdankt (wie etwa § 36, der den Schutz der parlamentarischen Redefreiheit bezweckt).

(2) Liegen dem Strafausschluss dagegen **schuldrelevante Erwägungen**, insbes. die Rücksichtnahme des Gesetzgebers auf notstandsähnliche Konfliktlagen zu Grunde, so ist der **Tätervorstellung** Rechnung zu tragen und Straffreiheit auch bei **irriger Annahme** der im Gesetz genannten Voraussetzungen zu gewähren.

Bedeutung hat das vor allem für § 258 VI. Vereinzelt wird dort bei einem vermeidbaren Irrtum über die Angehörigeneigenschaft eine analoge Anwendung des § 35 II befürwortet, während die überwiegende Auffassung eine auf teleologische Erwägungen gestützte Subjektivierung des (im Gesetz objektiv gefassten) Strafausschließungsgrundes bevorzugt (näher Rn 731 ff). Im obigen Beispiel bliebe F danach gem. § 258 VI straffrei, weil sie in der irrigen Annahme gehandelt hat, einen Angehörigen (§ 11 I Nr 1a) der Strafverfolgung zu entziehen.

b) Irrtum über die **Existenz** oder die **rechtlichen Grenzen** eines persönlichen Strafausschließungsgrundes. **1158**

Beispiel: Strafvereitelung zugunsten eines Freundes in der irrigen Annahme, „Angehöriger" iSd § 258 VI sei jede dem Täter „nahe stehende Person" (vgl demgegenüber § 11 I Nr 1).

Psychische Situation: Der Täter weiß, dass er Unrecht tut. Bei richtig erfasster Sachlage beurteilt er nur die Strafbarkeit seines Verhaltens falsch.

Rechtsfolge: Bloßer „Strafbarkeitsirrtum", der die Vorwerfbarkeit der Tat unberührt lässt und nach allgemeiner Ansicht bedeutungslos ist.

6. Irrtum über **objektive Bedingungen der Strafbarkeit**. **1159**

Beispiel: A verbreitet über B Tatsachen ehrenrühriger Art, die er für nachweislich wahr hält. In dem Strafverfahren, das B gegen ihn anstrengt (§ 374 I Nr 2 StPO), misslingt der Wahrheitsbeweis jedoch.

Psychische Situation: Die irrige Vorstellung des Täters bezieht sich auf Umstände, die jenseits von Unrecht und Schuld liegen und bei denen das Gesetz ihm das **Risiko ihres Vorliegens** aufbürdet.

Rechtsfolge: Ein Irrtum dieser Art ist unbeachtlich[5] (vgl Rn 206 ff). A ist gem. § 186 wegen übler Nachrede zu bestrafen.

7. Irrtum über **Strafverfolgungsvoraussetzungen**. **1160**

Beispiel: Der Ehemann M entdeckt im Wäscheschrank seiner Frau F einen Briefumschlag mit 1000 € Inhalt. M entwendet das Geld in der Annahme, es handele sich um einen Lottogewinn

4 S. dazu *Jescheck/Weigend*, AT, § 42 II 1, § 52 II 2; *Roxin*, AT I, § 22 Rn 139, § 23 Rn 16.
5 BGHSt 21, 334, 365.

der F, den diese ihm verheimlicht habe. In Wirklichkeit gehört das Geld der Nachbarin N, für die F es nur verwahrt. Strafbarkeit des M?

Psychische Situation: M weiß, dass er einen Diebstahl begeht. Sein Irrtum bezieht sich auf Umstände, die allein die **Zulässigkeit der Strafverfolgung** (hier: die Notwendigkeit eines **Strafantrags** gem. § 247) betreffen.

Rechtsfolge: Ein solcher Irrtum ist bedeutungslos; maßgebend ist insoweit nur die **objektive Sachlage** (s. Rn 735)[6]. Da die Nachbarin N durch die Tat verletzt ist, die Voraussetzungen des § 247 somit nicht vorliegen, bedarf es keines Strafantrags, vielmehr ist das Strafverfahren gegen M von Amts wegen einzuleiten (§§ 152 II, 160 StPO).

1161 **B. Fehlvorstellungen und Wissensmängel zuungunsten des Irrenden**

1162 1. Irrtum über **Umstände**, die zum **gesetzlichen Tatbestand** gehören.

1163 a) Irrige Annahme des **Vorliegens** von Merkmalen des objektiven Unrechtstatbestandes **(umgekehrter Tatbestandsirrtum)**.

Beispiel: A schießt mit Tötungsvorsatz auf den im Bett liegenden B, ohne zu ahnen, dass B kurz zuvor einen tödlichen Herzinfarkt erlitten hat. Oder: In einer Gaststätte entwendet der Gast G aus dem an der Garderobe hängenden Mantel des M eine mit Geld gefüllte Brieftasche. Als G die Toilette aufsucht und seine Beute dort in Augenschein nimmt, stellt er zu seiner Überraschung fest, dass es sich um seine eigene Brieftasche handelt, die er auf dem Wege zur Gastwirtschaft verloren hatte und die von M gefunden worden war.

Psychische Situation: Der Täter verkennt den sozialen Bedeutungsgehalt seines Tuns. Er hält Umstände für gegeben, bei deren Vorliegen der betreffende Straftatbestand erfüllt wäre.

Rechtsfolge: Ein derartiger „umgekehrter Tatbestandsirrtum" führt zu einem strafbaren **untauglichen Versuch**, sofern der Versuch des betreffenden Delikts mit Strafe bedroht ist. Das ist hier der Fall (§ 23 I iVm §§ 212, 211 bzw § 242 II).

1164 b) **Mangelnde Kenntnis** vom Vorliegen **privilegierender Tatbestandsmerkmale**.

Beispiel: Frau F tötet ihren Ehemann M. Sein ernsthaftes und ausdrückliches Tötungsverlangen hat sie infolge Schwerhörigkeit überhört. Strafbarkeit nach § 216 (weil es sich objektiv um eine Tötung auf Verlangen handelt) oder nach § 212 (weil F das Verlangen überhört hat)?

Psychische Situation: F weiß, dass sie einen Menschen tötet. Die **spezielle Motivation**, die § 216 als privilegierend gelten lässt, liegt (infolge ihrer Fehlvorstellung) bei ihr nicht vor.

Rechtsfolge: Die Privilegierung des § 216 betrifft keinen Fall verminderten Unrechts, sondern beruht ausschließlich auf dem **geringeren Schuldgehalt** der Tat (näher Rn 644). Eine Herabsetzung des Schuldvorwurfs kann jedoch nicht in Betracht kommen, wenn die F die **Umstände nicht gekannt** hat, von denen das Gesetz die Privilegierung abhängig macht. F ist nach § 212 wegen vollendeten Totschlags zu bestrafen (vorausgesetzt, dass Mordmerkmale iSd § 211 nicht vorliegen).

Die von einem Teil der Rechtslehre vertretene Ansicht, dass es bei privilegierenden Merkmalen, die das **Unrecht** mindern, auf die **objektive Sachlage** und nicht auf die Kenntnis des Täters vom Vorliegen dieser Umstände ankomme[7], ist praktisch ohne Bedeutung, weil Konstellationen dieser Art im geltenden Recht kaum vorkommen (zu denken ist etwa an § 109 II im Verhältnis zu § 109 I).

---

6 BGHSt 18, 123.

7 *Jescheck/Weigend*, AT, § 29 V 5b; S/S-*Sternberg-Lieben*, § 16 Rn 28.

2. Irrtum über die **Verbotsnorm** in der Weise, dass der Täter gegen strafrechtliche Verbote oder Gebote zu verstoßen glaubt, die es in Wahrheit nicht gibt oder deren Anwendungsbereich er zu seinen Ungunsten überdehnt **(umgekehrter Verbotsirrtum)**. **1165**

Beispiel: In der irrigen Annahme, dass § 173 auch den Beischlaf zwischen Verschwägerten verbiete und mit Strafe bedrohe, verführt der Ehemann M seine volljährige Schwägerin S zum Geschlechtsverkehr mit ihm. Strafrechtliche Beurteilung?

Psychische Situation: Der Täter erfasst die Sachlage und den sozialen Bedeutungsgehalt seines Tuns richtig. Das von ihm angenommene strafrechtliche Verbot existiert indessen nur in seiner Einbildung oder ergreift sein Verhalten in Wirklichkeit nicht.

Rechtsfolge: Ein derartiger „umgekehrter Verbotsirrtum" führt zum straflosen **Wahndelikt** (näher Rn 883).

3. Irrtum über **Rechtfertigungsgründe**. **1166**

a) Vornahme einer Verletzungshandlung in Unkenntnis des Umstandes, dass die objektiven Voraussetzungen eines anerkannten Rechtfertigungsgrundes vorliegen **(umgekehrter Erlaubnistatbestandsirrtum)**. **1167**

Beispiel: Um den N zu ärgern, wirft A seinem Nachbarn N gegen Mitternacht die Scheiben des Schlafzimmerfensters ein. Ungewollt rettet er dem N und dessen Angehörigen dadurch das Leben, da N beim Erwachen starken Gasgeruch verspürt, einen Defekt am Zuleitungsschlauch in der Küche feststellt und in letzter Minute (durch Absperren des Haupthahns, Öffnen aller Fenster, Alarmierung des Rettungsdienstes usw) die Gefahr abwenden kann. Strafrechtliche Beurteilung?

Psychische Situation: Bei der Verwirklichung des gesetzlichen Tatbestandes (§ 303) handelt der Täter nicht zu Rettungszwecken, sondern mit Angriffswillen. Über den sozialen Bedeutungsgehalt seines Tuns ist er nicht vollständig im Bilde, weil er die rechtfertigende Sachlage (§ 34, § 904 BGB) nicht kennt.

Rechtsfolge: Aus dem Fehlen der subjektiven Rechtfertigungselemente ergibt sich die Rechtswidrigkeit der konkreten Tat. Nach einer Auffassung ist eine Bestrafung wegen **vollendeter Vorsatztat** geboten[8]. In der Rechtslehre wird überwiegend eine (analoge) Anwendung der **Versuchsregeln** befürwortet, da der Erfolgsunwert durch die objektiv gegebene Rechtfertigungslage kompensiert wird und der Unwertgehalt der Tat sich wie bei einem untauglichen Versuch auf den subjektiven Handlungsunwert beschränkt, der im Willen zur Rechtsverletzung zum Ausdruck kommt[9] (näher Rn 406).

b) Irrtum über die **rechtlichen Grenzen** eines vom Täter zu eng aufgefassten Rechtfertigungsgrundes **(umgekehrter Erlaubnisirrtum)**. **1168**

Beispiel: E entreißt dem Ganoven G, der ihm die Aktentasche entwendet hat und damit zu fliehen sucht, die widerrechtlich erlangte Beute, nachdem er dem G einen Tritt gegen die Beine versetzt und ihn so zu Fall gebracht hat. E glaubt, dass Notwehr (§ 32) zum Schutz von Sachwerten unzulässig sei. Strafrechtliche Beurteilung?

8 BGHSt 2, 111, 114; BGH NStZ 05, 332, 334; *B. Heinrich*, AT, Rn 392; *Zieschang*, AT, Rn 232.
9 OLG Celle BeckRS 2013, 07170 m. Bespr. *Jahn*, JuS 13, 1042; OLG Naumburg NStZ 13, 718; Matt/Renzikowski-*Engländer*, Vor §§ 32 ff; *Fischer*, § 34 Rn 28; *Kuhlen*, Beulke-FS S. 153; *Rengier*, AT, § 17 Rn 18.

Psychische Situation: Bei richtig erfasster Sachlage und bei einer objektiv erforderlichen Verteidigungshandlung zum Schutz seiner Güter beurteilt der Täter nur die Grenzen des rechtlich Erlaubten (der mit Verteidigungswillen geübten Notwehr) zu seinen Ungunsten falsch.

Rechtsfolge: An der Rechtmäßigkeit der Tat (§ 223 iVm § 32) ändert ein solcher Irrtum nichts. Die auf einem reinen Wertungsfehler beruhende Annahme, nicht gerechtfertigt zu sein, führt zu einem straflosen **Wahndelikt** (näher Rn 882 f).

1169 4. Irrtum über **Entschuldigungsgründe**.

1170 a) Verwirklichung eines Straftatbestandes **in Unkenntnis** des Umstandes, dass die sachlichen Voraussetzungen eines anerkannten Entschuldigungsgrundes vorliegen.

Beispiel: Z leistet als Zeuge vor Gericht einen Meineid, ohne zu wissen, dass er am Vortag (durch Einwurf in seinen noch nicht geleerten Hausbriefkasten) eine ernste schriftliche Drohung des Inhalts erhalten hat, er werde „das Gerichtsgebäude nicht lebend verlassen, wenn er wahrheitsgemäß aussage“. Strafrechtliche Beurteilung?

Psychische Situation: Der Täter weiß, dass er eine rechtswidrige Tat begeht. Da er von der Drohung und der Gefahr für sein Leben keine Kenntnis hat, befindet er sich nicht in einer seelischen Zwangslage.

Rechtsfolge: Dem Täter, der sich der objektiv bestehenden Notstandslage **nicht bewusst** war, kommt der Entschuldigungsgrund des § 35 I nicht zugute. Z ist nach § 154 zu bestrafen.

1171 b) Irrtum über die **rechtlichen Grenzen** des in Betracht kommenden und vom Täter zu eng aufgefassten Entschuldigungsgrundes.

Beispiel: Bei einer Notstandslage iSd § 35 I rettet der Witwer W seine jahrelang bei ihm beschäftigte Haushälterin H aus einer akuten Lebensgefahr auf Kosten des B, der dabei sein Leben einbüßt, was W in Kauf genommen hat. W war überzeugt, dass vor dem Gesetz nur die Rettung von „Verwandten“ als entschuldigt gelte. Strafrechtliche Beurteilung?

Psychische Situation: Der Täter steht hier voll unter dem in § 35 I vorausgesetzten Motivationsdruck.

Rechtsfolge: Da H im obigen Beispiel eine dem W „nahe stehende Person“ ist und in objektiver wie in subjektiver Hinsicht sämtliche Voraussetzungen des § 35 I erfüllt sind, steht die Fehlbeurteilung durch W dem Eingreifen des Entschuldigungsgrundes nicht entgegen. Soweit es um den Tod des B geht, trifft den W kein Schuldvorwurf.

1172 5. Irrtum über **persönliche Strafausschließungsgründe**.

1173 a) Handeln **in Unkenntnis** des Vorliegens strafausschließender Umstände.

Beispiel: A verhilft einem von der Polizei gesuchten Terroristen, der nur über Mittelsmänner Kontakt zu ihm aufgenommen hat und unerkannt bleiben will, zur Flucht ins Ausland. Erst später erfährt er, dass es sich bei diesem Terroristen um seinen Schwager S gehandelt hat. Bleibt A gem. § 258 VI straffrei?

Psychische Situation: Der Täter weiß, dass er eine rechtswidrige Tat begeht; er entscheidet sich ohne seelischen Konflikt aus freien Stücken gegen das Recht.

Rechtsfolge: Einer Meinung nach soll allein die **objektive Sachlage** maßgebend sein; danach bliebe A gem. § 258 VI iVm § 11 I Nr 1a straffrei. Bei Strafausschließungsgründen, die ihre Existenz der Rücksichtnahme auf eine **notstandsähnliche Konfliktslage** verdanken und daher im Schuldbereich wurzeln, überzeugt das jedoch nicht. Für Straflosigkeit nach § 258 VI ist kein

Raum, wenn der Täter nicht gewusst hat, dass er zugunsten eines Angehörigen tätig geworden ist (s. Rn 730 ff).

b) Irrtum über die **Existenz** oder die **rechtlichen Grenzen** eines persönlichen Strafausschließungsgrundes. 1174

Beispiel: A verhilft seinem (wegen eines Banküberfalles gesuchten) Schwager S zur Flucht ins Ausland. Er hält sein Tun für strafbar, weil er die in § 258 VI getroffene Regelung nicht kennt. Strafrechtliche Beurteilung?

Psychische Situation: Bei Begehung der Tat war A dem Motivationsdruck ausgesetzt, an den § 258 VI anknüpft.

Rechtsfolge: Die irrige Annahme, sich strafbar zu machen, hindert unter den gegebenen Umständen die Anwendbarkeit des § 258 VI nicht.

6. Ein Irrtum über **objektive Bedingungen der Strafbarkeit** oder über **Strafverfolgungsvoraussetzungen** ist nach allgemeiner Ansicht strafrechtlich **irrelevant**. 1175

VI. Übersicht zu den Konkurrenzen[10]

1176 Hat der Täter mehrere Strafgesetze oder dasselbe Strafgesetz mehrmals verletzt, so ist im Konkurrenzbereich anhand der §§ 52, 53 mit der Überlegung zu beginnen, ob dies auf „einer" Handlung oder auf „mehreren" Handlungen beruht.

Den Ausgangspunkt bildet stets die Frage nach dem Vorliegen einer

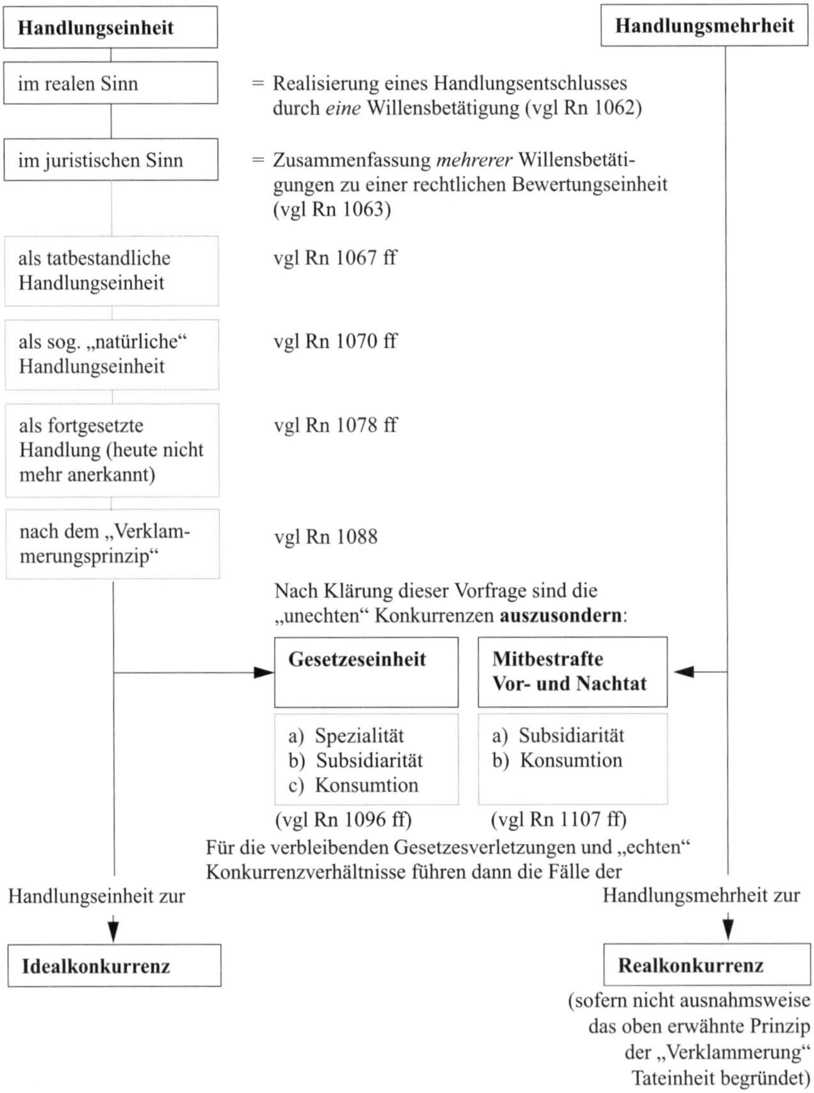

10 Guter Überblick bei *Geppert*, Jura 00, 598 und 651; *Niehaus*, Ad Legendum 14, 151; *Seher*, JuS 04, 392 und 482; *T. Walter*, JA 04, 133.

§ 23 Methode der Fallbearbeitung

Eine **Anleitung zur Lösung von Strafrechtsfällen** und weitere **methodische Hinweise** finden sich bei: 1177

Beulke, Klausurenkurs im Strafrecht I – Ein Fall- und Repetitionsbuch für Anfänger; 6. Aufl., 2013.
Beulke, Klausurenkurs im Strafrecht II – Ein Fall- und Repetitionsbuch für Fortgeschrittene; 3. Aufl., 2014.
Beulke, Klausurenkurs im Strafrecht III – Ein Fall- und Repetitionsbuch für Examenskandidaten; 4. Aufl., 2013.

Denjenigen, die **Übungsfälle mit Lösungen** suchen, seien darüber hinaus vor allem die folgenden Werke empfohlen:

Arzt, Die Strafrechtsklausur, 7. Aufl. 2006; *Baumann/Arzt/Weber*, Strafrechtsfälle und Lösungen, 6. Aufl. 1986; *Bock*, Wiederholungs- und Vertiefungskurs Strafrecht Allgemeiner Teil, 2013; *Gropp/Küpper/Mitsch*, Fallsammlung zum Strafrecht, Juristische Examensklausuren, 2. Aufl. 2012; *Hilgendorf*, Fälle zum Strafrecht für Anfänger, Klausurenkurs I, 2. Aufl. 2013; *ders.*, Fälle zum Strafrecht für Fortgeschrittene, Klausurenkurs II, 2. Aufl. 2014; *ders.*, Fälle zum Strafrecht für Examenskandidaten, Klausurenkurs III, 2010; *Jäger*, Examens-Repetitorium Strafrecht Allgemeiner Teil, 7. Aufl. 2015; *Kindhäuser/Schumann/Lubig*, Klausurtraining Strafrecht, 2. Aufl. 2012; *Kudlich*, Fälle mit Lösungen im Strafrecht Allgemeiner Teil, 2. Aufl. 2014; *ders.*, Prüfe dein Wissen, Rechtsfälle in Frage und Antwort, Strafrecht Allgemeiner Teil, 4. Aufl. 2013; *Otto/Bosch*, Übungen im Strafrecht, 7. Aufl. 2010; *Rotsch*, Strafrechtliche Klausurenlehre, 2013; *Schmidt/Priebe*, Fälle zum Strafrecht I, Allgemeiner Teil, 5. Aufl. 2015; *Seier*, Die Anfängerklausur im Strafrecht, 2010.

Weiterführende methodische Hinweise enthalten insbes. folgende Bücher und Anleitungsaufsätze:

Beck, Juristische Klausuren von Anfang an (richtig) schreiben, Jura 12, 262; *Bringewat*, Methodik der juristischen Fallbearbeitung, 2. Aufl. 2013; *Fahl*, 10 Tipps zum Schreiben von (nicht nur) strafrechtlichen Klausuren und Hausarbeiten, JA 08, 350; *Freund*, Der Aufbau der Straftat in der Fallbearbeitung, JuS 97, 235 und 331; *Jahn*, Vom richtigen Umgang mit der Lehrbuchkriminalität. Praktische Hinweise für Hausarbeiten und Klausuren, JA 00, 852; *Kampf*, Die Bearbeitung von Strafrechtsklausuren für Anfänger, JuS 12, 309; *Klaas/Scheinfeld*, Die Strafrechtsklausur. Eine Anleitung zur Lösung von Strafrechtsfällen in Studium und Examen, Jura 10, 542; *Lagodny/Mansdörfer/Putzke*, Im Zweifel: Darstellung im Behauptungsstil. Thesen wider den überflüssigen Gebrauch des Gutachtenstils, ZJS 14, 157; *Murmann*, Darstellungsprobleme in der Strafrechtsklausur, JA 12, 728; *Oelmüller/Peters*, Die erste Strafrechtshausarbeit, 7. Aufl. 2012; *Petersen*, Typische Subsumitionsfehler in (straf-)rechtlichen Gutachten, Jura 02, 105; *Putzke*, Juristische Arbeiten erfolgreich schreiben, 5. Aufl. 2014; *Schimmel*, Juristische Klausuren und Hausarbeiten richtig formulieren, 11. Aufl. 2014; *Steinberg*, Angewandte juristische Methodenlehre für Anfänger, 2006; *Stiebig*, Einführende Hinweise zur strafrechtlichen Klausurentechnik, Jura 07, 908; *Valerius*, Einführung in den Gutachtenstil, 3. Aufl. 2009; *T. Walter*, Kleine Stilkunde für Juristen, 2. Aufl. 2009; *Wieduwilt*, Die Sprache des Gutachtens, JuS 10, 288; *Wörner*, Zehn Gebote für die Strafrechtsklausur, ZJS 12, 630.

▶ Ausführlicher Überblick über die wichtigsten Falllösungsbücher und Anleitungsaufsätze bei *Beulke*, Klausurenkurs I, Rn 434; Klausurenkurs II, Rn 337 und Klausurenkurs III, Rn 738.

I. Die Prüfung des Sachverhalts

1178 Erste Voraussetzung für eine methodisch exakte Arbeitsweise ist das **Erfassen des Sachverhalts**[1]. Die Fallbearbeitung hat also damit zu beginnen, dass der Bearbeiter die Aufgabe nach der tatsächlichen Seite hin durchdenkt und den Sachverhalt unbefangen in sich aufnimmt.

Jede Veränderung oder gekünstelte Deutung der Aufgabe ist zu vermeiden. Im Zweifel ist der Sachverhalt so zu verstehen, wie es einer wirklichkeitsnahen Betrachtung, der allgemeinen Lebenserfahrung und dem regelmäßigen Verlauf der Dinge entspricht.

Fehlen zB nähere Angaben über Zeit und Ort der Tat oder über das Alter, die Staatsangehörigkeit und den Geisteszustand des Täters, so ist davon auszugehen, dass der „Fall" sich hier und jetzt, also im Inland zugetragen hat, dass deutsches Recht gilt und dass der Handelnde erwachsen und schuldfähig ist. Enthält der Sachverhalt keine Hinweise auf das Vorliegen eines Irrtums, so ist davon auszugehen, dass der Täter die objektive Sachlage kennt und alle Rechtsfragen ebenso beantwortet wie der Bearbeiter.

Ausnahmen von dieser regelmäßigen Fallgestaltung sind nur dann als gegeben anzunehmen, wenn der Text der Aufgabe dies unmissverständlich nahe legt.

Hält der Bearbeiter den Sachverhalt in sonstiger Hinsicht für lückenhaft, ist Folgendes zu beachten:

Solange nicht feststeht, für welchen Straftatbestand die vermissten Angaben im Sachverhalt entscheidungserheblich sind, wäre es verfrüht, die Frage nach dem Vorliegen einer „Lücke" und ihrer „Ausfüllung" beantworten zu wollen. Ratsam ist an der betreffenden Stelle jedoch eine kurze „Erinnerungsnotiz", um diesen Punkt bei der nachfolgenden rechtlichen Prüfung im Auge zu behalten; alsdann ist zu klären, ob wirklich eine **Lücke besteht**, ob sie im Wege der **Sachverhaltsauslegung** (Regelfall) geschlossen werden kann oder ob eine **Alternativlösung** angebracht ist (seltener Ausnahmefall).

Auf die **Fragestellung** der Aufgabe ist stets sorgfältig zu achten, insbes. wenn mit ihr Einschränkungen verbunden sind.

▸ Näher zur Arbeit am Sachverhalt: *Beulke*, Klausurenkurs I, Rn 2 ff

II. Die rechtliche Prüfung des Falles

1179 Hat sich der Bearbeiter volle Klarheit über den Sachverhalt und die Fragestellung der Aufgabe verschafft, so folgt die rechtliche Prüfung mit der Überlegung, wie der Sachverhalt in **selbstständige Prüfungseinheiten** aufzuteilen ist, **welche Straftatbestände** und **welche besonderen Verwirklichungsformen** in Betracht kommen (zB aktives Tun oder Unterlassen, vorsätzliche oder fahrlässige Begehung, Vollendung oder Versuch, Täterschaft oder Teilnahme).

Richtschnur dieses Arbeitsabschnitts muss es sein, möglichst **zielstrebig zu den rechtlichen Schwerpunkten des Falles vorzustoßen** und **unnütze Erörterungen zu vermeiden**, die für die Sachentscheidung ohne Bedeutung sind.

1 Vgl hierzu *Kampf*, JuS 12, 309, 310 f; *Kindhäuser/Schumann/Lubig*, S. 25 ff; *Otto/Bosch*, Übungen, S. 3 ff; *Reimer*, ZJS 12, 623.

Die beste Gewähr für eine methodisch einwandfreie und rationelle Arbeitsweise bietet die der jeweiligen Sachlage angepasste Befolgung bestimmter **„Aufbauregeln"**, wobei zwischen Gesetzen der Logik und bloßen Zweckmäßigkeitsregeln zu unterscheiden ist.

1. Die Regeln der Logik

Die **Gesetze der Logik** sind **zwingend**, müssen also in jedem Fall beachtet werden, **1180**
zB:

a) Zum Wesen des **Versuchs** gehört, dass es an einer vollendeten Straftat fehlt. Aus **1181**
diesem Grunde muss der Versuchsprüfung (zumindest in ganz kurzer Form) die Feststellung vorausgehen, dass und aus welchem Grunde eine Bestrafung wegen vollendeter Tat ausscheidet.

Mit Rücksicht auf § 23 I muss der Bearbeiter sich ferner alsbald Gewissheit darüber verschaffen, ob ein Versuch der betreffenden Straftat überhaupt **mit Strafe bedroht** ist. Das ist zB bei § 142 und § 153 sowie bei § 266 nicht der Fall.

b) Anstiftung und Beihilfe sind von der Begehung einer **rechtswidrigen Haupttat** **1182**
abhängig, dürfen wegen ihrer **akzessorischen Natur** somit nicht (jedenfalls nicht isoliert) vor Erörterung der Haupttat geprüft und festgestellt werden. Es gilt also die Regel: **„Täterschaft vor Teilnahme"**.

c) **Ohne „Straftat"** gibt es keinen **„Täter"**! Bevor darüber entschieden wird, ob je- **1183**
mand Täter bzw Mittäter ist, muss somit untersucht werden, welchen **Straftatbestand** er (allein oder mit anderen gemeinsam) verwirklicht hat (näher Rn 1209 ff).

Im **Fall 20** (s. Rn 1054) wäre also folgende (in Hausarbeiten oft anzutreffende) „Vorweg- **1184**
erörterung" des § 25 II verfehlt:

„A und B haben sich gem. § 25 II als Mittäter strafbar gemacht (wird näher ausgeführt). Ich prüfe nun, welche Straftaten sie begangen haben" (!).

Dagegen wäre es zulässig, die Merkmale der einzelnen Straftatbestände (zB der §§ 239b I, 177 usw) **gleichzeitig auf A und B** zu beziehen, also zu sagen:

„A und B könnten den Tatbestand des § 239b I als Mittäter verwirklicht haben. Beide haben sich in bewusstem und gewolltem Zusammenwirken der L und Z bemächtigt, um sie durch die Androhung des Erschießens zur Duldung des Geschlechtsverkehrs zu nötigen (usw). Sie haben sich also der gemeinschaftlichen Geiselnahme (§§ 239b I, 25 II) schuldig gemacht."

d) Andersherum gilt: Ohne Täter gibt es keine Straftat! Die **Strafbarkeit von Toten** **1185**
wird nicht geprüft, soweit laut Bearbeitervermerk nicht anders verlangt.

2. Zweckmäßigkeitsregeln

Zweckmäßigkeitsregeln sind demgegenüber **variabel**, zwingen also nicht zu ihrer **1186**
Befolgung und dürfen der jeweiligen Eigenart des Einzelfalles angepasst werden. Hier sollte der Bearbeiter sich für den Aufbau entscheiden, der **auf dem kürzesten Wege zur Lösung führt**. Dazu einige Hinweise:

1187 a) Es ist untunlich – und bei klarer Erkennbarkeit sogar fehlerhaft –, bei der rechtlichen Untersuchung mit Straftatbeständen zu beginnen, die aus Gründen der **Subsidiarität** oder **Konsumtion** hinter primär anwendbare Strafvorschriften zurücktreten.

So ist Totschlag durch Unterlassen (§§ 212, 13) vor § 323c zu prüfen. Die Befolgung dieser Regel **erspart langatmige Ausführungen** zu subsidiären oder konsumierten Delikten; dadurch treten die eigentlichen Schwerpunkte des Falles stärker in den Vordergrund.

1188 Im **Fall 20** ist die Verbrechensverabredung (§§ 30 II, 177, 239b), wenn überhaupt, also erst **nach** §§ 177, 239b, 25 II zu erörtern. Ebenso wäre beim Einbruchsdiebstahl an erster Stelle auf §§ 242, 243 I 2 Nr 1, 244 I Nr 3 und erst im Anschluss daran auf die dadurch im Regelfall aufgezehrten §§ 123, 303 einzugehen[2].

1189 b) Ein **spezieller Tatbestand** eigenständiger Art ist stets **vor dem allgemeinen** zu prüfen (also § 249 vor §§ 240, 242; § 252 vor §§ 240, 242; § 177 im **Fall 20** vor §§ 240, 241 I, 185).

Diese Regel ermöglicht es, sofort zu den Kernfragen des Falles vorzustoßen.

1190 c) Im Verhältnis zwischen **Grundtatbestand** und **Qualifikation** gehen die Aufbauvorschläge stark auseinander. Zum Teil wird empfohlen (oder gar gefordert), **sofort** den **qualifizierten Tatbestand** mit einzubeziehen (bei einem Raub mit Beisichführen von Waffen also gleich §§ 249, 250 I Nr 1a Var. 1 oder bei einem Bandendiebstahl §§ 242, 244 I Nr 2 zu prüfen). Meiner Erfahrung nach gelingen die Falllösungen besser, wenn mit dem Grundtatbestand begonnen und erst im Anschluss daran das qualifizierte Delikt geprüft wird. Nur wenn bei Letzterem wirklich keinerlei Auslegungsprobleme erkennbar sind, kann es der Einfachheit halber gleich mitbehandelt werden.

Ob man – wie hier vorgeschlagen – **zunächst den Grundtatbestand voll durchprüft** (Tatbestandsmäßigkeit, Rechtswidrigkeit, Schuld) oder stattdessen zusammen **mit den objektiven Merkmalen des Grundtatbestandes zugleich diejenigen der Qualifikation** abhandelt, sollte also vom Einzelfall abhängig gemacht werden. Der erstgenannte Weg ist auf jeden Fall vorzugswürdig, wenn ein subjektives Tatbestandsmerkmal (wie etwa die Zueignungsabsicht bei §§ 242, 249) zu verneinen ist oder wenn Rechtfertigungsgründe eingreifen. In einem solchen Fall sind Ausführungen zum qualifizierten Tatbestand nämlich unnütz und entbehrlich. Der letztgenannte Weg bietet Vorteile, wenn der Qualifikationstatbestand modifizierte Merkmale des Grundtatbestandes enthält (wie etwa § 255 im Vergleich zu § 253 = Gewalt gegen eine Person statt „Gewalt" schlechthin bzw Drohung mit gegenwärtiger Gefahr für Leib oder Leben statt Drohung mit einem „empfindlichen Übel").

Auch bei §§ 211, 212 empfehle ich den Studenten, stets **mit § 212 zu beginnen**, und zwar ohne näheres Eingehen auf das Verhältnis von § 211 zu § 212[3]. Wäre § 212 der Grundtatbestand und § 211 eine Qualifikation, so stünde dieser Aufbau sowieso im Einklang mit dem hiesigen Ratschlag, zunächst immer mit dem Grundtatbestand zu beginnen. Wäre § 211 ein Delikt eigener Art, so spräche zwar die Regel von oben b) (vgl Rn 1189) dafür, sofort diesen zu prüfen. Da aber hier die Sonderdeliktsnatur gerade zweifelhaft ist, ist dieser Aufbau nicht zwingend. Selbstverständlich leugnen auch die Befürworter der Sonderdeliktsqualität nicht, dass § 212 in

2 Zum Streit über das Konkurrenzverhältnis in derartigen Fällen vgl Rn 1104.

3 Wie hier u. a. *Kett/Straub*, JA 12, 831; *Rotsch*, Klausurenlehre, Rn 992; *Wessels/Hettinger*, BT/1, Rn 135; abw. *Kindhäuser/Schumann/Lubig*, Fall 6 S. 162; *Steinberg/Blumenthal*, ZJS 11, 81, 83.

§ 211 „steckt", so wie § 242 auch in § 249 enthalten ist. Der § 212 kann deshalb auch auf der Basis der Rspr bejaht werden, obwohl später zusätzlich § 211 angenommen wird, der seinerseits im Wege der Gesetzeskonkurrenz den § 212 verdrängt. Der gewählte Aufbau ist im Gutachten allerdings nie zu begründen, sodass es verfehlt wäre, allein aufgrund der Aufbauprobleme die Deliktsnatur des § 211 zu erörtern. Diese Entscheidung wird nur fällig, wenn es um die Anwendung des § 28 geht (vgl Rn 800).

▶ Näher zu diesen Aufbaufragen: *Beulke*, Klausurenkurs I, Rn 53 ff und 152

d) Im Fall der **Deliktsvollendung** prüft man im Rahmen der „Tatbestandsmäßigkeit" zuerst die **objektiven** und dann die **subjektiven** Tatbestandsmerkmale. Innerhalb der objektiven Merkmale ist nur in wenigen Fällen (wie etwa bei § 263) eine bestimmte Reihenfolge einzuhalten (zum **Versuchsaufbau** s. Rn 1203). **1191**

3. Subsumtion und Falllösung

Zunächst muss der Bearbeiter das Problem aufwerfen, das sich bei der rechtlichen Analyse stellt. Im Anschluss sind die einschlägigen gesetzlichen Merkmale der Norm zu definieren. Dabei kann sich der Bearbeiter der gängigen Auslegungsmethoden bedienen[4]. Die eigentliche Subsumtion besteht darin, dass der Bearbeiter prüft, ob der Sachverhalt unter das vorher abstrakt ausgelegte Tatbestandsmerkmal passt[5]. **1192**

Mit der Niederschrift der Falllösung sollte erst begonnen werden, wenn die Subsumtionsarbeit abgeschlossen ist und der Bearbeiter sich Klarheit darüber verschafft hat, wie der konkrete Sachverhalt in jeder Beziehung rechtlich zu beurteilen ist und welches Ergebnis er insgesamt für zutreffend hält. Es ist in diesem Zusammenhang **dringend zu empfehlen**,

- den Sachverhalt mehrmals gründlich zu lesen
- sich gleich zu Beginn in einer Art **„brainstorming"** alle Gedanken und Assoziationen, die man mit dem Sachverhalt verbindet, zu notieren
- eine (mehr oder weniger detaillierte) **Gliederung** anzufertigen, die dem Bearbeiter insbes. den Vorteil bietet, die Gewichtung der Problemstellungen in etwa einschätzen zu können.

Eine Arbeit kann nicht gelingen, wenn man verfrüht mit der Reinschrift beginnt und sich darauf verlässt, dass man während des Schreibens schon jeweils das Richtige herausfinden werde. Vor einer solchen „Fahrt ins Ungewisse" kann man nur warnen. Natürlich gilt aber auch hier, dass jeder Bearbeiter individuell unterschiedliche Vorgehensweisen bevorzugt und es keinen „Königsweg" gibt.

III. Die Darstellungsmethode

Bei umfangreichen Sachverhalten mit mehreren Tatbeteiligten kommen für die **Reihenfolge der Darstellung** drei Möglichkeiten in Betracht: der Aufbau nach Tatkomplexen, der Aufbau nach Tatbeteiligten und der strikt chronologische Aufbau. **1193**

4 Vgl hierzu oben Rn 76 ff; vert. *Wank*, Die Auslegung von Gesetzen, 5. Aufl. 2011, S. 59 ff.
5 Vert. *Arzt*, Die Strafrechtsklausur, § 3 S. 23 ff; *Beulke*, Klausurenkurs I, Rn 22 ff; *Donatsch/Tag*, Strafrecht I, Verbrechenslehre, 9. Aufl. 2013, S. 34 f; *Klaas/Scheinfeld*, Jura 10, 542, 546 ff; *Murmann*, JA 12, 728; *Petersen*, Jura 02, 105.

1. Der Aufbau nach Tatkomplexen

1194 Beim **Aufbau nach Tatkomplexen** gliedert der Bearbeiter den Fall in Sachverhaltsabschnitte, die aufgrund ihrer rechtlich-sozialen Zusammengehörigkeit **eine in sich geschlossene Einheit** bilden. Dabei orientiert man sich am besten an der Selbstständigkeit der Tat iSv § 53 (ohne dass damit eine konkrete rechtliche Wertung schon vorweggenommen wäre). Innerhalb der Tatkomplexe untergliedert man (sofern erforderlich) zunächst nach Beteiligten, wobei man mit dem „Tatnächsten" beginnen sollte, also demjenigen, der am meisten getan hat oder der Tatbestandsverwirklichung am nächsten steht. Bei der Prüfung der einzelnen Beteiligten prüft man im Regelfall das schwerere Delikt vor dem leichteren (weitere Einzelheiten ergeben sich insoweit aus den oben in Rn 1179 ff mitgeteilten Aufbauregeln).

Die Darstellung der einzelnen Tatkomplexe erfolgt meist **chronologisch**. Das muss aber nicht so sein. Gelegentlich kann es sinnvoll sein, insbes. bei Vermögensdelikten, die zeitliche Abfolge zu vernachlässigen und nach Tatobjekten zu gliedern (zB weil hinsichtlich der verschiedenen Vermögensgegenstände unterschiedliche Vorsatzformen oder unterschiedliche Beteiligungsverhältnisse bestehen). Von der chronologischen Reihenfolge ist vor allem abzuweichen, wenn ein Delikt von der Vorbereitung über den Versuch in das Vollendungsstadium gelangt. Dann wird sofort das Vollendungsstadium geprüft. Von der chronologischen Abfolge ist auch dann abzuweichen, wenn man sonst in Konflikt mit der Aufbauregel geriete, den **Täter stets vor dem Teilnehmer** zu prüfen.

Ein besonderer Vorteil des „Aufbaus nach Tatkomplexen" ist darin zu sehen, dass hier in jedem Abschnitt sofort die Konkurrenzprobleme mit gelöst werden können.

Dadurch gewinnt bei umfangreicheren Hausarbeiten die Stellungnahme zu den „Konkurrenzen" oft an Übersichtlichkeit, weil in der betreffenden Zusammenfassung am Schluss der Arbeit nur noch das Konkurrenzverhältnis der einzelnen Tatkomplexe zueinander der Klärung bedarf (im Einzelfall aber eine reine Zweckmäßigkeitsfrage).

Im Zweifel verdient daher dieser Aufbau den Vorzug, doch sollte der Bearbeiter insoweit nicht schematisch verfahren, sondern von Fall zu Fall überlegen, welcher Aufbau am besten passt.

1195 Im **Fall 20** wurden vier Tatkomplexe gebildet (Verbrechensverabredung; Vergewaltigung; Entwendung der Gewehre usw; Verwertung der Beute). Die Verbrechensverabredung würde man als subsidiäres Delikt (§§ 30 II, 177, 239b) erst **nach** Erledigung des „Vergewaltigungskomplexes" erörtern. Der Vergewaltigungskomplex einerseits und der Entwendungskomplex andererseits lassen sich wegen der unterschiedlichen Angriffsart und der unterschiedlichen Tatobjekte voneinander abschichten. Wegen der zeitlichen Überschneidungen wäre insoweit auch die Bildung eines einheitlichen Tatkomplexes denkbar. Die Verwertung der Beute darf erst im Anschluss an die Entwendung geprüft werden.

2. Der Aufbau nach Tatbeteiligten

1196 Beim **Aufbau nach Tätern und Beteiligten** prüft man die Strafbarkeit des Verhaltens durchgehend für jede Person gesondert in jeder erdenklichen Richtung.

Dieser Aufbau ist recht beliebt und macht keine Schwierigkeiten, wenn der Sachverhalt nicht zu verwickelt ist und die Beteiligungsform (Täterschaft, Teilnahme) bei allen Personen durchgehend gleich bleibt.

Er versagt aber und wird unzweckmäßig, wenn die Beteiligungsformen innerhalb der einzelnen Sachverhaltsabschnitte wechseln, eine Person also hier Täter und dort Teilnehmer gewesen ist. Da die Haupttat vor der Teilnahme geprüft werden muss, verliert dieser Aufbau dann seine einheitlich klare Linie. Da verschachtelte Mitwirkungskombinationen in Strafrechtsfällen sehr häufig anzutreffen sind, rate ich, zumindest bei Klausurlösungen, diesen Aufbau aus zeitlichen Gründen und der Klarheit der gedanklichen Entwicklung wegen im Zweifel nicht zu wählen.

3. Der chronologische Aufbau

Der **chronologische Aufbau** orientiert sich bei der Reihenfolge der zu prüfenden Tat- 1197
bestände allein am zeitlichen Ablauf des Geschehens; die Subsumtion folgt hier Schritt für Schritt dem tatsächlichen Gang der Ereignisse.

Der Vorzug dieses Vorgehens besteht darin, dass der Bearbeiter selten etwas vergisst, da er die Aufgabe Satz für Satz „durch die juristische Mühle laufen" lässt.

Der entscheidende Nachteil eines strikt chronologischen Aufbaus liegt aber darin, dass er zusammengehörige Tatkomplexe auseinander reißt und zu längeren Ausführungen bei Tatbeständen verleitet, die zwar zeitlich an erster Stelle erfüllt worden sind, rechtlich aber aus Gründen der Subsidiarität, Konsumtion oder Spezialität **keine selbstständige Bedeutung für die Sachentscheidung gewinnen** (s. Rn 1187).

▶ Näher zu den unterschiedlichen Darstellungsmethoden: *Beulke*, Klausurenkurs I, Rn 31 ff

4. Stil und Ausdruck

In Klausuren und Hausarbeiten ist stets ein Rechtsgutachten zu erstellen. Der anzu- 1198
wendende Stil ist deshalb grundsätzlich der sog. **Gutachtenstil**: Der Verfasser legt seinen Gedankengang offen, indem er zunächst eine Frage aufwirft (zB „A könnte sich eines Diebstahls nach § 242 schuldig gemacht haben"), die er anschließend erörtert und schließlich beantwortet („A ist also nach § 242 strafbar"). Charakteristisch für Ausführungen im Gutachtenstil ist die häufige Verwendung von Worten wie „also", „somit", „deshalb", „daher" oder „folglich". Im Gegensatz dazu stellt der sog. **Urteilsstil** das Ergebnis an den Anfang („A hat sich nach § 242 strafbar gemacht") und begründet dieses im Anschluss. Die Argumente werden hier oft mit „weil", „da" oder „denn" eingeleitet[6]. Der „reine" Gutachtenstil wirkt allerdings langatmig und gekünstelt. Deshalb empfiehlt sich dessen Verwendung nicht, wenn Unproblematisches abgehandelt wird. Dann kann auf den Urteilsstil zurückgegriffen werden oder es genügt gar eine kurze Feststellung ohne nähere Begründung.

Ein Gutachten verlangt eine **umfassende rechtliche Würdigung** des Falles, sodass in die Prüfung nicht nur Tatbestände einzubeziehen sind, die im Ergebnis bejaht werden, sondern auch solche, die nicht von vornherein abwegig erscheinen, letztlich aber nicht erfüllt sind. Ebenso darf man sich grundsätzlich nicht darauf beschränken, das Vorliegen einer von mehreren Tatbestandsalternativen (zB „körperlich misshandelt" und „an der Gesundheit schädigt" in § 223 I) festzustellen, auch die weiteren sind –

6 Instruktiv zu beiden Stilen: *Beck*, Jura 12, 262, 265 ff; *Beulke*, Klausurenkurs I, Rn 16 ff; *Lagodny/Mansdörfer/Putzke*, ZJS 14, 157; *Valerius*, Einführung in den Gutachtenstil, S. 19 ff; *Wieduwilt*, JuS 10, 288; s. a. *Stuckenberg*, Frisch-FS, S. 165.

soweit nicht völlig abwegig – zumindest anzusprechen. Dasselbe gilt etwa auch für die Prüfung, ob Rechtfertigungsgründe vorliegen. Auch hier sind alle in Betracht kommenden Erlaubnissätze anzuprüfen. Die **Darstellung** als solche muss in sich **klar und folgerichtig** sein. Sie soll den Leser unter Vermeidung von Weitschweifigkeiten möglichst zielstrebig zu den Kernfragen führen. Alles Wesentliche ist zu erschöpfen. Die **rechtlichen Schwerpunkte** sind deutlich herauszuarbeiten. Bei jedem theoretischen Ansatz ist sogleich die **Beziehung zum konkreten Sachverhalt** herzustellen; ein Vorausschicken rein abstrakter Ausführungen im sog. **Lehrbuchstil** ohne Fallbezug ist zu **vermeiden**.

Ist zB bei der Entwendung eines Kraftfahrzeugs für eine „Spritztour" allein problematisch, ob der Täter in **Zueignungsabsicht** (§ 242) oder mit bloßer **Gebrauchsabsicht** (§ 248b) gehandelt hat, so ist die Darstellung alsbald auf diesen Punkt zu konzentrieren. Zur „Fremdheit" des Kraftwagens, zum Gewahrsamsbegriff und zur Vollendung der Wegnahme bedarf es dann nur ganz knapper Ausführungen. Nichts wäre verfehlter als eine uferlose Wissensausbreitung zu Fragen, deren Beantwortung im konkreten Fall unproblematisch ist. Bei § 240 sind langatmige Ausführungen zum Gewaltbegriff und dessen Abgrenzung zur Drohung entbehrlich, wenn klar auf der Hand liegt, dass der Täter den Nötigungserfolg zumindest durch „Drohung mit einem empfindlichen Übel" herbeigeführt hat. Ehe man sich näher auf einen **Theorienstreit** einlässt, sollte man überlegen, ob und inwieweit er im Rahmen der gestellten Aufgabe überhaupt entscheidungserheblich ist.

1199 Im **Ausdruck** ist auf juristische Genauigkeit zu achten[7].

Falsch ist es, von einem „vollendeten" statt von einem „beendeten" Versuch zu sprechen. Bei §§ 242, 249 ist die sinnverfälschende Verkürzung zu vermeiden, dass der Täter „in rechtswidriger Zueignungsabsicht" gehandelt habe, denn nicht die Absicht, sondern die beabsichtigte Zueignung muss dort rechtswidrig gewesen sein. Man kann sich „**des** Diebstahls **schuldig**" oder „**wegen** Diebstahls **strafbar**" machen; beides wird oft verwechselt.

IV. Aufbaumuster

1200 Auch im Strafrecht gilt, dass der „kunstgerechte Aufbau" nicht Selbstzweck, sondern **Hilfsmittel** zu dem Zweck ist, durch ein **stufenweises Vorgehen** auf dem einfachsten und sichersten Weg zur sachgerechten Lösung des Falles zu gelangen. Die nachfolgenden Aufbaumuster skizzieren (unter Verzicht auf Vollständigkeit) den Lösungsweg einer Fallbearbeitung. Als Hilfsmittel des methodischen Ordnungsdenkens setzen sie keine blinde Befolgung voraus, sondern lassen dem Bearbeiter die Freiheit, sie **der Eigenart des konkreten Falles anzupassen** und etwa beim Nichtvorliegen eines objektiven Tatbestandsmerkmals von der angegebenen Reihenfolge abzuweichen, wo dies sachgerecht erscheint und auf kürzerem Wege zur Lösung führt[8].

▸ Verkürzte Varianten der folgenden Aufbauschemata finden sich bei *Beulke*, Klausurenkurs I Rn 429 ff, Klausurenkurs II Rn 283 ff und Klausurenkurs III Rn 733 ff

7 Näher dazu *Möllers*, JuS 01, L 65 und 81; *T. Walter*, Kleine Stilkunde für Juristen, 2. Aufl. 2009.
8 Aufbaumuster findet man ebenfalls bei *Fahl/Winkler*, Definitionen; *Otto/Bosch*, Übungen, S. 33 ff.

A. Das vollendete vorsätzliche Begehungsdelikt

Vorprüfung[9]: „Handlungsqualität" des Verhaltens nach dem sozialen Handlungsbegriff (in der schriftlichen Darstellung nur selten erörterungsbedürftig). 1201

I. Tatbestandsmäßigkeit

1. **Objektiver** Unrechtstatbestand:
   a) Eintritt, Verursachung und objektive Zurechnung des tatbestandlichen Erfolges bei Erfolgsdelikten.
   b) Die Ausführungshandlung mit ihren äußeren Merkmalen einschließlich besonderer Begehungsweisen und Tatmittel.
   c) Das Handlungsobjekt mit den tatbestandlich umschriebenen Merkmalen.
   d) Besondere Merkmale des Handlungssubjekts, soweit ausnahmsweise vorausgesetzt (wie etwa die Eigenschaft als „Amtsträger" in §§ 331, 348 oder als „Zeuge" in § 153).

2. **Subjektiver** Unrechtstatbestand:
   a) Der Tatbestandsvorsatz in Bezug auf alle objektiven Tatbestandsmerkmale unter Einschluss des Kausalverlaufs bei Erfolgsdelikten. Evtl Vorliegen eines Tatbestandsirrtums[10].
   b) Sonstige subjektive Tatbestandsmerkmale (wie etwa besondere Absichten, Handlungstendenzen, unrechtsbezogene Gesinnungsmerkmale).

Tatbestandsannex (soweit ausnahmsweise im Gesetz vorgesehen):

Objektive Bedingungen der Strafbarkeit (wie zB die „Nichterweislichkeit" der ehrenrührigen Tatsache in § 186 oder die „Rechtmäßigkeit" der Diensthandlung iSd § 113 III; Einzelheiten jeweils sehr str.).

Hinweis: Manche halten es für angebracht, die objektiven Strafbarkeitsbedingungen (als Punkt IV oder V) erst nach der Schuld zu prüfen, um so deren Eigenart und Loslösung von Unrecht und Schuld (s. dazu Rn 206) auch im Deliktsaufbau noch mehr hervorzuheben[11]. Ein solches Vorgehen ist dogmatisch einwandfrei, zwingt aber zu nutzlosen Ausführungen zur Rechtswidrigkeit der Tat und zur Schuld, wenn die betreffende Strafbarkeitsbedingung im konkreten Fall nicht erfüllt ist und die Strafbarkeit aus diesem Grunde verneint werden muss.

II. Rechtswidrigkeit

Negative Prüfung, ob die „unrechtsindizierende" Wirkung der Tatbestandsverwirklichung durch **Rechtfertigungsgründe** ausgeschlossen wird (Ausnahme: offene Tatbestände, vgl Rn 172):

1. Objektive Merkmale des in Betracht kommenden Rechtfertigungsgrundes.
2. Subjektive Erfordernisse dieses Rechtfertigungsgrundes.

---

9 Für eine Prüfung innerhalb der Tatbestandsmäßigkeit: *Frister*, AT, 8. Kap. Rn 1.

10 Die Einordnung des Vorsatzes in den Unrechtstatbestand hat den Vorteil, dass der Bearbeiter bei Verneinung des Tatbestandsvorsatzes möglichst frühzeitig zur Prüfung des evtl. Fahrlässigkeitstatbestandes übergehen kann. Im sog. „klassischen Aufbau" wäre das erst nach Abhandlung der Rechtfertigungsgründe möglich.

11 Vgl etwa *Jescheck*, Fälle und Lösungen, 3. Aufl. 1996, S. 116 ff.

Beachte: Auf die (jedem Prüfer hinlänglich bekannte) Floskel, dass die Rechtswidrigkeit durch die Tatbestandsmäßigkeit indiziert werde, sollte man in Übungs- und Examensarbeiten verzichten. Anders verhält es sich, wenn eine von diesem Regelfall abweichende Ausnahme vorliegt (zB § 240 II). Hier ist auf den Regelfall hinzuweisen, um sodann positiv die Rechtswidrigkeit zu prüfen (Verwerflichkeit).

III. Schuld

1. Die Schuldfähigkeit (sie ist, ebenso wie das evtl Vorliegen einer *actio libera in causa*, nur zu erörtern, wenn der Sachverhalt dazu Anlass gibt).
2. Spezielle Schuldmerkmale (soweit in einzelnen Vorschriften enthalten, wie etwa „Böswilligkeit" in § 225 I).
3. Die persönliche Vorwerfbarkeit der tatbestandlich-widerrechtlichen Handlung:
   a) Die vorsätzlich-fehlerhafte Einstellung zu den Verhaltensanforderungen der Rechtsordnung als „Schuldform" wird im Regelfall durch den Tatbestandsvorsatz „indiziert". Dieses Indiz entfällt bei einem „Erlaubnistatbestandsirrtum".
   b) Das (aktuelle oder potenzielle) Unrechtsbewusstsein. Evtl Vorliegen eines Verbotsirrtums oder „Erlaubnisirrtums".
   c) Das Eingreifen oder Nichtvorliegen von Entschuldigungsgründen (zB § 35).

IV. Persönliche Strafausschließungs- oder Strafaufhebungsgründe

zB Angehörigeneigenschaft in § 258 VI, tätige Reue gem. § 306e II.

V. Strafzumessung

Soweit verlangt, insbes. die Erfüllung von Regelbeispielen für besonders schwere Fälle (zB nach § 243) oder das Vorliegen eines (benannten) minder schweren Falles (zB nach § 213).

VI. Strafantrag und andere Strafverfolgungsvoraussetzungen oder -hindernisse

1202 **Ergänzende Hinweise zur Aufbauproblematik:** Es gibt leider (wenn auch selten) Prüfer, Übungsleiter und Korrekturassistenten, die den Aufbau des Bearbeiters allein deshalb beanstanden, weil er sich mit **ihren eigenen dogmatischen Vorstellungen nicht deckt**. Wer so verfährt, missachtet aber nicht nur das Toleranzgebot. Er verstößt auch gegen allgemein anerkannte Beurteilungsgrundsätze. Denn der im Einzelfall gewählte Aufbau einer Arbeit ist als solcher folgerichtig und korrekt, wenn er in geordneter Gedankenfolge anhand der im Gesetz vorausgesetzten Wertungsstufen (Tatbestandsmäßigkeit, Rechtswidrigkeit, Schuld) die dogmatische Ausgangsposition **des Bearbeiters** bei Beurteilung der einzelnen Sachfragen zutreffend widerspiegelt. Diesen Grundsatz muss der Studierende bei der Übernahme von „Aufbaumustern" freilich auch selbst beachten. Wer etwa zu bestimmten Fragen der Strafrechtsdogmatik einen anderen Standpunkt einnimmt, als es im Text dieses Buches und im vorstehend entwickelten Aufbauschema der Fall ist, muss daraus ggf Konsequenzen für den von ihm einzuhaltenden Aufbau ziehen. Dazu einige **Beispiele**:

Wer die Existenz „spezieller Schuldmerkmale" (s. Rn 642) nicht anerkennt, in den betreffenden Strafbarkeitserfordernissen vielmehr „subjektive Unrechtsmerkmale" erblickt, wie es der

BGH und ein Teil des Schrifttums für richtig halten[12], müsste diese Merkmale im obigen Aufbaumuster unter A I 2 b einordnen und demgemäß den Gliederungspunkt A III 2 ersatzlos streichen.

Wer weiterhin am sog. **neoklassischen System** festhält und die Lehre von der „Doppelnatur" des Vorsatzes (s. Rn 200) nicht akzeptiert, müsste im obigen Aufbaumuster den unter A I 2 a platzierten Tatbestandsvorsatz in den Schuldbereich verpflanzen und dort dem Gliederungspunkt A III 3 a zuordnen (vgl dazu das in Rn 1201 vorgestellte Aufbaubeispiel zum neoklassischen Lehrsystem).

Wer im Gegensatz dazu der **finalen Lehre** den Vorzug gibt, würde im obigen Aufbaumuster den Gliederungspunkt A III 3 a ersatzlos streichen, weil für ihn der „Vorsatz" innerhalb des subjektiven Tatbestandes unter Punkt A I 2 a seinen einzigen Standort hat und dort seine abschließende Erledigung findet (zum aufbaumäßigen Vorgehen im finalen System s. Rn 1201).

Fazit: Für den, der sich mit dem oben entwickelten Aufbaumuster vertraut gemacht hat, ist im Bedarfsfalle der Übergang zu einem anderen Aufbauschema (wie etwa zum neoklassischen oder finalen Deliktsaufbau) ohne nennenswerte Schwierigkeiten möglich.

12 Vgl BGHSt 1, 368, 371; LK-*Jähnke*, Vor § 211 Rn 47 mwN.

B. Das versuchte vorsätzliche Begehungsdelikt

1203 **Vorprüfung:**

a) Fehlen der Vollendung (Feststellung, dass und aus welchem Grunde der objektive Unrechtstatbestand nicht vollständig erfüllt ist).
b) Prüfung, ob der Versuch dieser Tat mit Strafe bedroht ist.

Beachte: In der schriftlichen Ausarbeitung muss diese – meinerseits empfohlene – Vorprüfung nicht unbedingt als eigener Abschnitt erscheinen. Jedenfalls erhält sie zumeist keine eigene Nummerierung (was meines Erachtens sachgerecht, aber ebenfalls nicht zwingend ist). Die Strafbarkeit des Versuchs ist bereits der Überschrift zu entnehmen, in der die einschlägige Paragraphenkette aufgelistet ist (zB §§ 212 I, 22, 23 I, 12 I). Das Fehlen der Tatvollendung ergibt sich schon aus der Prüfungsreihenfolge, sofern der Vollendungstatbestand vorher unter einem eigenen Gliederungspunkt „angeprüft" und abgelehnt wurde. Dies ist insbes. anzuraten, wenn nicht ohne weiteres ersichtlich ist, ob Tatvollendung eingetreten ist. Entscheidet man sich für diesen Aufbau, ist im Rahmen der sich anschließenden Versuchsprüfung der Hinweis, dass keine vollendete Tat vorliegt, zwar nicht unbedingt erforderlich, weitgehend aber dennoch üblich[13].

I. Tatbestandsmäßigkeit

1. Der **subjektive** Unrechtstatbestand (= Tatentschluss, § 22):
   a) Der Tatbestandsvorsatz (wie Anleitung A I 2 a).
   b) Sonstige subjektive Tatbestandsmerkmale (wie Anleitung A I 2 b).
2. Der **objektive** Unrechtstatbestand:
   a) Das unmittelbare „Ansetzen zur Tatbestandsverwirklichung".
   b) Etwaige besondere täterschaftliche Merkmale des Handlungssubjekts (wie Anleitung A I 1 d).

Tatbestandsannex: wie Anleitung A I.

II. Rechtswidrigkeit: wie Anleitung A II (s. dazu auch Rn 869).

III. Schuld: wie Anleitung A III.

IV. Persönliche Strafausschließungs- und Strafaufhebungsgründe, wie bspw

1. der Rücktritt vom unbeendeten Versuch gem. § 24 I 1 Alt. 1,
2. der Rücktritt vom beendeten Versuch gem. § 24 I 1 Alt. 2,
3. der Rücktritt bei mehreren Beteiligten gem. § 24 II.

V. Strafzumessung: wie Anleitung A V.

VI. Strafantrag (usw): wie Anleitung A VI.

---

13 Vert. zur Bedeutung der Vorprüfung: *Beulke*, Klausurenkurs I, Rn 75 f; *Kühl*, AT, § 15 Rn 7a ff; vgl auch *Hardtung*, Jura 96, 293 und *Rotsch*, Klausurenlehre, Rn 10.

C. Die fahrlässige Begehungstat (bei Erfolgsdelikten)[14]

Vorprüfung: wie Anleitung A. 1204

I. Tatbestandsmäßigkeit

1. Eintritt und Verursachung des tatbestandlichen Erfolges (zB Tod, Körperverletzung in § 222 bzw § 229).
   Beachte: Bei den schlichten Tätigkeitsdelikten tritt an die Stelle der „Erfolgsverursachung" die in Betracht kommende **Tatbestandsverwirklichung** durch die im Gesetz umschriebene Tatbestandshandlung (wie etwa durch das „falsche Schwören" in § 163).
2. Die Außerachtlassung der im Verkehr erforderlichen Sorgfalt (= objektive Sorgfaltspflichtverletzung) bei objektiver Voraussehbarkeit des tatbestandlichen Erfolges[15]. Gesteigerter Grad der Fahrlässigkeit, falls im Gesetz vorgesehen (zB Leichtfertigkeit in § 345 II).
3. Die objektive Zurechnung des Erfolges insbes. unter Berücksichtigung
   a) des Schutzzweckzusammenhangs (s. Rn 951),
   b) des Pflichtwidrigkeitszusammenhangs (s. Rn 952),
   c) des Eigenverantwortlichkeitsprinzips (s. Rn 964).

Tatbestandsannex: wie Anleitung A I, zB die Ausführung der Rauschtat bei fahrlässiger Volltrunkenheit (§ 323a).

II. Rechtswidrigkeit: wie Anleitung A II.

III. Schuld

1. Die Schuldfähigkeit (wie Anleitung A III 1).
2. Spezielle Schuldmerkmale (wie Anleitung A III 2), zB „Rücksichtslosigkeit" gem. § 315c III Nr 2/I Nr 2.
3. Die persönliche Vorwerfbarkeit der tatbestandlich-widerrechtlichen Handlung:
   a) Die Nichterfüllung der objektiven Sorgfaltsanforderungen **trotz ausreichender persönlicher Fähigkeiten** (subjektive Sorgfaltspflichtverletzung) bei **subjektiver Voraussehbarkeit** des Erfolges einschließlich des Kausalverlaufs[16].
   b) Die Möglichkeit der Unrechtseinsicht (= potenzielles Unrechtsbewusstsein).
   c) Das Nichtvorliegen von Entschuldigungsgründen, unter Einschluss der **Unzumutbarkeit** normgemäßen Verhaltens in besonderen Konfliktlagen (nur bei bewusster Fahrlässigkeit).

IV. Persönliche Strafausschließungs- und Strafaufhebungsgründe

zB die rechtzeitige Berichtigung beim fahrlässigen Falscheid (§ 163 II).

V. Strafantrag (usw): wie Anleitung A VI.

14 Zu verschiedenen Aufbaumustern: *Kaspar*, JuS 12, 16.
15 Bei den schlichten Tätigkeitsdelikten tritt hier an die Stelle des „Erfolges" jeweils die Voraussehbarkeit der Tatbestandsverwirklichung (so muss bei § 163 das Falschsein der Aussage, bei § 316 II die rauschbedingte Fahruntüchtigkeit erkennbar gewesen sein).
16 Vgl *Kindhäuser*, LPK, § 15 Rn 95; *ders.*, AT, § 33 Rn 76 für ein anderes Aufbauschema (subjektive Tatseite als Element des Tatbestands).

D. Das vorsätzliche unechte Unterlassungsdelikt

1205 **Vorprüfung:**

a) der Frage, ob als Anknüpfungspunkt ein Tun oder ein Unterlassen und ob ein echtes oder ein unechtes Unterlassungsdelikt in Betracht kommt,
b) der „Handlungsqualität" des Untätigbleibens.

I. Tatbestandsmäßigkeit

1. **Objektiver** Unrechtstatbestand[17]:
   a) Der Eintritt des tatbestandlichen Erfolges (zB Tod, Körperverletzung).
   b) Die Nichtvornahme der zur Erfolgsabwendung objektiv erforderlichen und rechtlich gebotenen Handlung trotz physisch-realer Handlungsmöglichkeit (soweit Letztere nicht schon bei der „Handlungsqualität" des Untätigbleibens zu untersuchen ist).
   c) Die Ursächlichkeit des Unterlassens für den konkreten Erfolg.
   d) Etwaige besondere täterschaftliche Merkmale (wie Anleitung A I 1 d) und die Garantenstellung des Unterlassenden (kann, insbes. im Fall ihrer Verneinung, auch an erster Stelle geprüft und erörtert werden).
   e) Die objektive Zurechenbarkeit des Erfolges unter Einschluss des Pflichtwidrigkeits- und Schutzzweckzusammenhanges. **Kontrollfragen:** Hat sich im Erfolg die Gefahr verwirklicht, die durch das Untätigbleiben des Garanten geschaffen oder gesteigert worden ist und die nach dem Schutzzweck der Norm vermieden werden sollte? Hätte die Vornahme der gebotenen Handlung **mit an Sicherheit grenzender Wahrscheinlichkeit** zur Erhaltung des gefährdeten Rechtsgutes (bei möglicher Lebensverlängerung wenigstens um einen ins Gewicht fallenden Zeitraum) oder zu einer wesentlich geringeren Werteinbuße geführt? (vgl dazu Rn 1002).
   f) Die „Gleichwertigkeit" des Unterlassens im Vergleich zum positiven Tun, insbes. in Bezug auf die Art und Weise der Tatbestandshandlung.
2. **Subjektiver** Unrechtstatbestand:
   a) Der Tatbestandsvorsatz. Evtl Vorliegen eines Irrtums über die Garantenstellung oder andere (zum objektiven Tatbestand gehörende) Tatumstände.
   b) Sonstige subjektive Tatbestandsmerkmale.

Tatbestandsannex: wie Anleitung A I.

II. Rechtswidrigkeit: wie Anleitung A II.

Zusätzlich: rechtfertigende Pflichtenkollision.

III. Schuld

1. Die Schuldfähigkeit: wie Anleitung A III 1.
2. Spezielle Schuldmerkmale: wie Anleitung A III 2.

---

17 Eine andere Reihenfolge des Vorgehens im objektiven Unrechtstatbestand kann im Einzelfall geboten oder zweckmäßig sein (so vor allem bei verhaltensgebundenen Delikten, insbes. bei § 263, wenn ein Betrug durch Unterlassen in Betracht kommt; s. dazu *Wessels/Hillenkamp*, BT/2, Rn 504).

3. Die persönliche Vorwerfbarkeit des tatbestandlich-widerrechtlichen Unterlassens:
   a) Die vorsätzlich-fehlerhafte Einstellung zu den Verhaltensanforderungen der Rechtsordnung (wie Anleitung A III 3 a).
   b) Das Unrechtsbewusstsein.
   Evtl Vorliegen eines Irrtums über die Garantenpflicht („Gebotsirrtum").
   c) Fehlen von Entschuldigungsgründen (wie Anleitung A III 3 c), unter Berücksichtigung der **Unzumutbarkeit** normgemäßen Verhaltens in besonderen Konfliktlagen.

IV. Persönliche Strafausschließungs- oder Strafaufhebungsgründe
(vgl Anleitung A IV).

V. Strafzumessung (vgl Anleitung A V).

VI. Strafantrag und andere Strafverfolgungsvoraussetzungen oder Strafverfolgungshindernisse (vgl Anleitung A VI).

E. Das fahrlässige unechte Unterlassungsdelikt

1206 **Vorprüfung:** wie Anleitung D.

I. Tatbestandsmäßigkeit

1. Der Eintritt des tatbestandlichen Erfolges (zB des Todeserfolges bei § 222).
2. Die Nichtvornahme der zur Erfolgsabwendung objektiv erforderlichen und rechtlich gebotenen Handlung trotz physisch-realer Handlungsmöglichkeit.
3. Ursächlicher Zusammenhang zwischen Untätigbleiben und Erfolgseintritt.
4. Etwaige besondere täterschaftliche Merkmale (wie Anleitung A I 1 d) und die Garantenstellung des Unterlassenden (kann, insbes. im Fall ihrer Verneinung, auch an erster Stelle geprüft und erörtert werden).
5. Die Außerachtlassung der im Verkehr erforderlichen Sorgfalt bei objektiver Voraussehbarkeit des tatbestandlichen Erfolges (= objektive Sorgfaltspflichtverletzung). **Beachte:** Der Sorgfaltsmangel kann in einem Verhaltensfehler bei Vornahme der (unzureichenden) Rettungshandlung liegen, aber auch die fehlende Kenntnis vom Bevorstehen des Erfolgseintritts, von den vorhandenen Rettungsmöglichkeiten, von der Existenz der konkreten Garantenstellung oder von sonstigen Merkmalen des objektiven Tatbestandes betreffen.
6. Die objektive Zurechenbarkeit des Erfolges unter Berücksichtigung des Schutzzweckes der einschlägigen Sorgfaltsnorm sowie des **Pflichtwidrigkeitszusammenhanges** zwischen dem Sorgfaltsmangel und dem Eintritt des Erfolges (vgl Rn 1002).

Tatbestandsannex: wie Anleitung A I.

II. Rechtswidrigkeit: sinngemäß wie Anleitung C II.

III. Schuld: sinngemäß wie Anleitung C III.

IV Persönliche Strafausschließungs- und Strafaufhebungsgründe: sinngemäß wie Anleitung C IV.

V. Strafantrag (usw): sinngemäß wie Anleitung C V.

F. Das vorsätzliche echte Unterlassungsdelikt

Vorprüfung: wie Anleitung D. **1207**

I. Tatbestandsmäßigkeit

1. **Objektiver** Unrechtstatbestand:
   a) Das Vorliegen der tatbestandsmäßigen Situation und der sonstigen (die Handlungspflicht begründenden) objektiven Tatbestandsmerkmale (zB bei § 323c der Unglücksfall sowie die Erforderlichkeit und Zumutbarkeit der Hilfeleistung).
   b) Die Nichtvornahme der gebotenen Handlung trotz physisch-realer Möglichkeit zur Vornahme dieser Handlung (bei § 323c zu dem Zweck, den Eintritt oder die Ausweitung eines Schadens zu verhindern).
2. **Subjektiver** Unrechtstatbestand:
   Tatbestandsvorsatz; evtl Vorliegen eines Tatbestandsirrtums.

Tatbestandsannex: wie Anleitung A I.

II. Rechtswidrigkeit: wie Anleitung A II.

III. Schuld

1. Die Schuldfähigkeit: wie Anleitung A III 1.
2. Spezielle Schuldmerkmale: wie Anleitung A III 2.
3. Die persönliche Vorwerfbarkeit des tatbestandlich-widerrechtlichen Unterlassens:
   a) Die vorsätzlich-fehlerhafte Einstellung zu den Verhaltensanforderungen der Rechtsordnung (wie Anleitung A III 3 a).
   b) Das Unrechtsbewusstsein. Evtl Vorliegen eines Irrtums über die Garantenpflicht bzw eines „Erlaubnisirrtums“.
   c) Fehlen von Entschuldigungsgründen (wie Anleitung A III 3 c), unter Berücksichtigung der **Unzumutbarkeit** normgemäßen Verhaltens in besonderen Konfliktslagen (sofern Letztere nicht bereits als Tatbestandsmerkmal ausgestaltet ist).

IV. Persönliche Strafausschließungs- oder Strafaufhebungsgründe: sinngemäß wie Anleitung D IV.

V. Strafzumessung: sinngemäß wie Anleitung D V.

VI. Strafantrag und andere Strafverfolgungsvoraussetzungen oder Strafverfolgungshindernisse: sinngemäß wie Anleitung D VI.

G. Erfolgsqualifizierte Delikte

1208 **Vorbemerkung:** Der Aufbau dieser Vorsatz-Fahrlässigkeitskombination (vgl dazu Rn 977) bereitet weniger Schwierigkeiten, wenn man zunächst das einschlägige „Grunddelikt" vollständig durchprüft und im Anschluss daran das erfolgsqualifizierte Delikt gesondert abhandelt[18]. Der Prüfungsaufbau des erfolgsqualifizierten Delikts erfolgt dann nach folgendem Denkschema:

I. Vorsätzliches Grunddelikt

Erneuter Hinweis auf die tatbestandsmäßige, rechtswidrige und schuldhafte Verwirklichung des Grunddelikts, wie etwa des § 223 oder des § 249.

II. Qualifizierende Folge

Eintritt und Verursachung der „besonderen Tatfolge" iSd § 18 (zB der Tod des Opfers).

III. Spezifischer Gefahrzusammenhang

Vorliegen eines tatbestandsspezifischen Gefahrzusammenhangs zwischen Grunddelikt und Erfolgsqualifikation.

IV. Fahrlässigkeit

Mindestens Fahrlässigkeit (vgl § 18 etwa iVm §§ 226, 227) oder aber Leichtfertigkeit (wie etwa im Rahmen des § 178 oder des § 251) hinsichtlich der Herbeiführung der qualifizierenden Tatfolge:

1. **Objektive** Fahrlässigkeitselemente
   = einfache bzw grobe Verletzung der Sorgfaltspflicht im Hinblick auf die objektive Vorhersehbarkeit der besonderen Tatfolge und die generelle Erkennbarkeit des tatbestandsspezifischen Gefahrzusammenhanges (als Kriterien des Fahrlässigkeitsunrechts; vgl dazu Rn 977).
2. **Subjektive** Fahrlässigkeitselemente
   = Vorwerfbarkeit der Sorgfaltspflichtverletzung im Hinblick auf die persönlichen Kenntnisse und Fähigkeiten des Täters sowie die konkret-individuelle Vorhersehbarkeit der besonderen Tatfolge einschließlich des deliktstypischen Gefahrzusammenhanges (Fahrlässigkeitsschuldvorwurf).

Beachte: Nach der Erörterung von IV.1 und IV.2 bedarf es keines erneuten „Durchexerzierens" der Wertungsstufen „Rechtswidrigkeit" und „Schuld", da insoweit alles Notwendige schon bei der Prüfung des Grunddelikts (vgl I) gesagt und festgestellt worden ist.

Bei **mehreren Tatbeteiligten** ist (nach Bejahung der hier zu I, II sowie III genannten Voraussetzungen) für jeden Beteiligten gesondert zu prüfen, ob ihm bzgl der besonderen Tatfolge Fahrlässigkeit bzw Leichtfertigkeit zur Last fällt[19].

▸ Überblick über denkbare Aufbauschemata bei *Beulke*, Klausurenkurs III, Rn 403.

---

18 Wie hier: *Hilgendorf/Valerius*, AT, § 12 Rn 62; *Jäger*, AT, Rn 376; *Kühl*, AT, § 17a Rn 31; abw. *Fahl/Winkler*, Definitionen, Vor § 18 Rn 1; *Heinrich/Reinbacher*, Jura 05, 743, 748; *v. Heintschel-Heinegg*, Prüfungstraining, Rn 321; *Hinderer/Kneba*, JuS 10, 590; *Wessels/Hillenkamp*, BT/2, Rn 392.

19 Näher BGHSt 19, 339; Matt/Renzikowski-*Renzikowski*, § 18 Rn 19 ff.

H. Mittäterschaft und mittelbare Täterschaft

Vorbemerkung: Aus Raumgründen muss darauf verzichtet werden, detaillierte Aufbaumuster für alle Beteiligungsformen und denkbaren Fallgestaltungen zu entwickeln[20]. Ganz allgemein gilt (hier wie auch sonst), dass **das Gesetz selbst** mit den einzelnen Strafbarkeitsvoraussetzungen bereits Aufschluss darüber gibt, welches Vorgehen in aufbaumäßiger Hinsicht geboten und sinnvoll ist. Hierzu einige Hinweise: **1209**

1. **Unmittelbare Täterschaft** (§ 25 I Alt. 1)

kennt keine besonderen Aufbauprobleme, weil ihre Bejahung sich zwanglos aus der Verwirklichung aller objektiven und subjektiven Tatbestandsmerkmale ergibt. **1210**

2. Wo **Mittäterschaft** (§ 25 II) in Betracht kommt, ist wie folgt zu differenzieren:

a) Ist wegen des unterschiedlichen Gewichts der einzelnen Tatbeiträge zweifelhaft, ob jedem Beteiligten die Tatbeiträge der anderen nach § 25 II zugerechnet werden können, ist mit dem bzw den tatnäheren Beteiligten zu beginnen, für dessen bzw für deren Person sich die Tatbestandsmäßigkeit des Verhaltens und damit die Frage der täterschaftlichen Begehung unschwer begründen lässt. Ausführungen über mittäterschaftliche Zurechnungen sind insoweit überflüssig. Im Anschluss daran ist bei dem bzw bei den sonstigen Beteiligten im Rahmen der Erörterung, ob ihr Tatbeitrag hinter der im Gesetz geforderten Ausführungshandlung zurückbleibt, auf die Abgrenzung zwischen Mittäterschaft und der in Betracht kommenden Teilnahmeform (§ 26 bzw § 27) einzugehen und zwar bei dem (ersten) in eigener Person nicht selbst erfüllten Tatbestandsmerkmal. Dabei ist zu bedenken, dass Mittäter immer nur sein kann, wer in seiner Person alle Sondereigenschaften und alle subjektiven Tatbestandsmerkmale des betreffenden Delikts erfüllt. **1211**

b) Liegt dagegen klar auf der Hand, dass sämtliche Beteiligten die Tat gemeinschaftlich begangen, dh in bewusstem und gewolltem Zusammenwirken nach dem Prinzip der Arbeitsteilung gehandelt haben, wäre es wenig sinnvoll, die Täterschaft für jede einzelne Person gesondert und nacheinander zu erörtern; ohne ermüdende Wiederholungen oder Verweisungen wäre das nämlich nicht möglich. Hier darf die Frage der Tatbestandsverwirklichung in Form der gemeinschaftlichen Begehung (wie oben in Rn 1184 erläutert) sofort für alle Beteiligten gemeinsam geprüft und abgehandelt werden[21]. Hat jeder der Beteiligten sämtliche objektiven Tatbestandsmerkmale selbst verwirklicht, so bedarf es einer Heranziehung des § 25 II (Zurechnungsnorm!) eigentlich nicht, zu Klarstellungszwecken sollte er dennoch zitiert werden.

c) Wenn bei zwei Beteiligten weder der Tatbeitrag des einen noch der des anderen zur vollen Tatbestandsverwirklichung genügt, vielmehr erst beide zusammen den objektiven Tatbestand des Delikts erfüllen, beginnt man am einfachsten mit demjenigen, der das erste Tatbestandsmerkmal selbst verwirklicht. Gelangt man dann zu dem Tatbestandsmerkmal, das er selbst nicht erfüllt, muss die Zurechnungsfrage gem. § 25 II geklärt werden.

---

20 S. hierzu *Beulke*, Klausurenkurs I, Rn 88 ff; *Fahl/Winkler*, Definitionen, S. 24 ff; *Kindhäuser*, LPK, § 25 Rn 55; *Otto/Bosch*, Übungen, S. 50 ff; *Seier/Jörgens*, JA Übungsblätter 80, 155.

21 Näher *Kienapfel*, Strafrechtsfälle, 9. Aufl. 1989, S. 94 ff; aA *Puppe*, AT, § 23 Rn 23.

Beispiel: Bei einem zuvor verabredeten Raubüberfall auf C umklammert A den C von hinten und presst ihn fest an sich, sodass B ihm ungehindert die Geldbörse wegnehmen kann, deren Inhalt die Komplizen unter sich teilen. Hier hat B keine Gewalt iSd § 249 gegen C verübt, während A nicht „weggenommen" hat. Man kann wählen, wessen Strafbarkeit zunächst geprüft werden soll. Naheliegend erscheint es, mit der Strafbarkeit des A, der selbst Gewalt angewandt hat, in die Prüfung einzusteigen. Eine Wegnahme seitens des A kann indes nur bejaht werden, wenn er sich das Verhalten des B gem. § 25 II zurechnen lassen muss, also beide Mittäter sind. Sofern dies zu bejahen ist, kann der subjektive Tatbestand geprüft werden[22]. Entsprechend ist später bei der Strafbarkeit des B zu verfahren. Zum Teil wird in diesen Fällen der Aufbauratschlag erteilt, die Tatbeteiligten von vornherein gemeinsam zu behandeln[23].

3. Im Bereich der **mittelbaren Täterschaft** (§ 25 I Alt. 2)

1212 ist stets zunächst die Strafbarkeit des tatnäheren „Werkzeugs" (= des sog. Tatmittlers) zu erörtern – natürlich nur, sofern auch nach seiner Strafbarkeit gefragt ist – und zu klären, ob und ggf in welcher Weise dieser Beteiligte sich evtl als Täter strafbar gemacht haben könnte. Erst im Anschluss daran lässt sich entscheiden, ob der „Hintermann" die Tat durch ihn als **mittelbarer Täter** begangen hat oder lediglich als Anstifter (§ 26) bzw wegen psychischer Beihilfe (§ 27) zu bestrafen ist.

Eine „Vorwegerörterung" dieser Abgrenzungsfrage ist aus den in Rn 1183 genannten Gründen strikt zu vermeiden. Die Untersuchung, ob der **Hintermann** den in Betracht kommenden Straftatbestand unter Verwendung eines **menschlichen Werkzeugs** verwirklicht und als mittelbarer Täter gehandelt hat, ist vielmehr in die Prüfung der Tatbestandsmäßigkeit seines Verhaltens einzubauen und mit der Erörterung der einschlägigen Tatbestandsmerkmale zu verbinden (bei § 242 also mit der Frage, ob „er" die für ihn fremde Sache „weggenommen" hat, indem er sich beim Zugriff auf den Gewahrsam des X fremder Hände in der Weise bediente, dass der unfrei handelnde Y als von ihm gesteuertes „Werkzeug" fungierte)[24].

---

22 Abw. *Seher*, JuS 09, 1, der (jedenfalls) bei der Mittäterschaft die Trennung zwischen objektivem und subjektivem Tatbestand aufheben möchte.

23 Vgl *Beulke*, Klausurenkurs I, Rn 88 ff; *Buchholz*, Ad legendum 12, 54; *Kudlich*, JuS 02, 27; *Seher*, JuS 09, 1; *Tofahrn*, AT II, Rn 103.

24 Lehrreich dazu *Herzberg*, JuS 84, 369, 372; *Saal*, JA 98, 563.

I. Teilnahme

Vorbemerkung: Wegen ihrer **akzessorischen Natur** dürfen Anstiftung und Beihilfe **erst nach Erörterung der Haupttat** geprüft werden. Aufbaumäßige Besonderheiten gibt es dabei durchweg nur im Bereich der (nachfolgend kurz skizzierten) Tatbestandsmäßigkeit, die im konkreten Einzelfall zu dem Straftatbestand in Beziehung zu setzen ist, der für die Haupttat zutrifft. Unter Umständen ist daneben an geeigneter Stelle die in § 28 getroffene Regelung für **besondere persönliche** Merkmale zu berücksichtigen. 1213

1. **Anstiftung** (§ 26)

a) **Objektiver** Tatbestand: 1214
  aa) Vorliegen einer teilnahmefähigen Haupttat.
  Beachte: Es muss sich um eine **vorsätzlich begangene rechtswidrige Tat** handeln, bei der besondere subjektive Unrechtselemente (wie zB die Zueignungsabsicht in §§ 242, 249) ebenso wenig fehlen dürfen wie etwaige objektive Bedingungen der Strafbarkeit (vgl etwa § 283 VI). Des Weiteren muss die Haupttat mindestens das Stadium des mit Strafe bedrohten Versuchs erreicht haben.
  bb) Hervorrufen des Tatentschlusses beim Haupttäter durch eine erfolgsursächliche Anstifterhandlung in Form der geistigen Willensbeeinflussung.

b) **Subjektiver** Tatbestand:
  aa) Vorsatz unter Einschluss des Vollendungswillens hinsichtlich aller objektiven und subjektiven Tatbestandsmerkmale der Haupttat.
  Beachte: Der Anstifter muss die **Vollendung** der Haupttat **gewollt** haben (andernfalls ist er nur *agent provocateur*; vgl dazu Rn 820). Unwesentliche Abweichungen zwischen begangener Haupttat und seiner Vorstellung lassen seine Strafbarkeit unberührt. Für die Tat des Haupttäters haftet er nur im Rahmen seines Anstiftervorsatzes (also nicht für das, was darüber hinausgeht, sog. Exzess).
  bb) Vorsatz hinsichtlich der Herbeiführung des Tatentschlusses beim Haupttäter.
  Hinweis: Zu der umstrittenen Frage, ob eine Bestrafung wegen vollendeter Anstiftung möglich ist, wenn jemand einen nach seiner Ansicht gutgläubig, in Wirklichkeit aber bösgläubig (= vorsätzlich) Handelnden in die Realisierung seines deliktischen Vorhabens einbezieht, s. Rn 790.

2. **Versuchte Anstiftung (§ 30 I)**

Vorprüfung (s. aber auch o. Rn 1203): 1215

a) Nichtvorliegen einer erfolgreichen Anstiftung iSd § 26.
b) Verbrechenscharakter der Tat (s. dazu Rn 803 f).

Tatbestandsmäßigkeit:

a) **Subjektiver** Tatbestand:
  aa) Vorsatz (einschließlich des Vollendungswillens) hinsichtlich aller Merkmale eines teilnahmefähigen Verbrechens.
  bb) Vorsatz hinsichtlich der Herbeiführung des Tatentschlusses.

b) **Objektiver** Tatbestand:
  Unmittelbares Ansetzen iSd § 22 zur Einwirkung auf den Anzustiftenden.

Beachte: Bei einer evtl nachfolgenden Prüfung von Strafaufhebungsgründen (vgl die Anleitung B IV) ist an die spezielle Rücktrittsregelung in § 31 I Nr 1 zu denken.

3. Beihilfe (§ 27)

1216 a) **Objektiver** Tatbestand:

aa) Vorliegen einer teilnahmefähigen Haupttat (vgl Rn 1214).

bb) Förderung der Haupttat durch Hilfeleisten (physischer oder psychischer Art) in Gestalt des aktiven Tuns oder des pflichtwidrigen Unterlassens in Garantenstellung bei physisch-realer Möglichkeit zur Vornahme der unterlassenen Handlung.

b) **Subjektiver** Tatbestand:

aa) Vorsatz (einschließlich des Vollendungswillens) hinsichtlich aller objektiven und subjektiven Tatbestandsmerkmale der Haupttat (vgl Rn 1214).

bb) Vorsatz hinsichtlich der Förderung der Haupttat durch Hilfeleisten.

J. Irrtum über Rechtfertigungsgründe

Der Meinungsstreit zur irrigen Annahme einer rechtfertigenden Sachlage (s. dazu Rn 697 ff) **1217** führt beim Deliktsaufbau zu unterschiedlichen Konsequenzen[25]. Studierende fühlen sich hier oft verunsichert; manche wissen nicht recht, wie und an welcher Stelle sie diesen Komplex in ihrer Strafrechtsarbeit behandeln sollen. Die Antwort darauf hängt allein davon ab, welchen dogmatischen Standpunkt der Bearbeiter insoweit einnimmt und welcher Lehrmeinung er zustimmen will. Dazu einige Hinweise:

1. Wer sich der **strengen Schuldtheorie** anschließt, muss sich am finalen Deliktsaufbau orien- **1218** tieren, das betreffende Irrtumsproblem in der Wertungsstufe „Schuld" ansprechen und unter dem Gliederungspunkt „Unrechtsbewusstsein" darlegen, aus welchen Gründen er in der irrigen Annahme einer rechtfertigenden Sachlage durch den Täter einen **Verbotsirrtum** iSd § 17 erblickt. In diesen Zusammenhang gehört dann auch die Auseinandersetzung mit der abweichenden hM.

Dass andere Lehrmeinungen den erwähnten Irrtum zum Teil schon innerhalb des „Unrechts" zur Diskussion stellen, braucht diesen Bearbeiter nicht zu stören, da seine Aufgabe darin besteht, seinen **eigenen Standpunkt** darzulegen und möglichst überzeugend zu begründen. Richtschnur für seinen Gedankengang und dessen Gliederung ist der **von ihm gewählte**, nicht der von anderen bevorzugte Deliktsaufbau, den er in seiner gesamten Arbeit konsequent beizubehalten hat (vgl Rn 1139).

2. Wer sich der **eingeschränkten Schuldtheorie** anschließt und dabei die Lehre von den ne- **1219** gativen Tatbestandsmerkmalen für richtig hält, also sich zu einer **direkten Anwendung** des **§ 16 I** auf die irrige Annahme einer rechtfertigenden Sachlage bekennt, steht vor der Überlegung, ob er bei seiner Darstellung einen zweistufigen Aufbau (= Gesamt-Unrechtstatbestand/ Schuld) wählen oder sich stärker an das gebräuchliche dreigliedrige Modell anlehnen soll. Beide Wege sind gangbar, wobei im Einzelnen verschiedene Variationsmöglichkeiten bestehen. Denkbar wäre zB folgender Aufbau:

I. Gesamt-Unrechtstatbestand	**I. Unrecht**
1. Positive Merkmale	1. Tatbestandsmäßigkeit
a) objektiver Art	a) objektiv
b) subjektiver Art	b) subjektiv
2. Negative Merkmale (Rechtfertigungsgründe)	2. Rechtswidrigkeit
a) objektive Elemente	a) objektive
b) subjektive Elemente	b) subjektive Rechtfertigungselemente
II. Schuld	**II. Schuld**

Die irrige Annahme einer rechtfertigenden Sachlage wäre hier (nach Verneinung der objektiven Rechtfertigungsvoraussetzungen) jeweils unter dem Gliederungspunkt I 2 b des vorstehend links bzw rechts dargestellten Modells für den Deliktsaufbau zu erörtern[26].

3. Wer sich der **eingeschränkten Schuldtheorie** anschließt und dabei aber der Variante folgt, **1220** die bei einem Erlaubnistatbestandsirrtum schon das **Vorsatzunrecht** ausschließt, kann sich an dem Aufbaumuster orientieren, wie es vorstehend (rechts) dargestellt ist. Sein Lösungsweg ähnelt dann weitgehend der in Rn 1219 erwähnten Lehrmeinung (sachlich aber mit dem Unter-

---

25 Überblick bei *Beulke*, Klausurenkurs I, Rn 255 ff; *Graul*, JuS 92, L 49; JuS 95, 1049 und JuS 00, 215; *Heuchemer*, JuS 12, 795; *Kindhäuser*, LPK, Vor § 13 Rn 13 ff; *Stiebig*, Jura 09, 274.

26 Näher dazu *Samson*, S. 127.

schied, dass dieser Bearbeiter nur von einer **analogen Anwendung** des **§ 16 I 1** ausgeht und daraus den Schluss zieht, dass es am sog. „Handlungsunrecht“ einer Vorsatztat fehle).

Dass die irrige Annahme einer rechtfertigenden Sachlage hier in der Wertungsstufe „Rechtswidrigkeit“ abgehandelt wird (unter Punkt I 2 b), ist sicherlich merkwürdig, folgt aber zwangsläufig aus dem dogmatischen Konzept dieser Theorie[27].

1221 4. Wer dagegen der **rechtsfolgenverweisenden Variante** der eingeschränkten Schuldtheorie (Rn 708) den Vorzug gibt, kann sich an das in Rn 1139 und 1201 skizzierte Aufbaumuster halten. Dabei ist ein in Betracht kommender Erlaubnistatbestandsirrtum erst in der Wertungsstufe „Schuld“ unter dem Blickwinkel des „Vorsatzschuldvorwurfs“ (dh der schuldspezifischen Vorwerfbarkeit des einschlägigen Tatbestandsvorsatzes) zu erörtern[28]. Mit abweichenden Ansichten braucht der Bearbeiter sich auch erst an dieser Stelle zu befassen; geboten ist das aber nur, soweit sie (wie die strenge Schuldtheorie) bei der Lösung des konkreten Falles das Ergebnis beeinflussen und zu einer anderen Sachentscheidung führen würden.

Gelangt der Bearbeiter zu dem Ergebnis, dass ein **Erlaubnistatbestandsirrtum** vorgelegen hat und deswegen in sinngemäßer Anwendung des § 16 I 1 eine **Bestrafung wegen vorsätzlicher Tat** entfällt, bleibt zu prüfen, ob das Gesetz auch die fahrlässige Begehung des betreffenden Delikts mit Strafe bedroht und ob eine Bestrafung des Täters nach diesem Fahrlässigkeitstatbestand in Betracht kommt (§ 16 I 2). Nach der oben (Rn 708) vertretenen Spielart der eingeschränkten Schuldtheorie wird direkt wegen des Fahrlässigkeitstatbestandes bestraft, dem deshalb ein neuer Gliederungspunkt zuzuweisen ist[29]. Aufbaumäßig gibt es hier allerdings Probleme, denn generell kann ein und dieselbe Handlung, die man als Vorsatztat eingestuft hat, nicht zugleich auch fahrlässig begangen sein. Beim Erlaubnistatbestandsirrtum hat aber nun gerade die vorausgegangene **Verneinung nur der Vorsatzschuld** am Bestehenbleiben einer wissentlich und willentlich, dh vorsätzlich begangenen Rechtsgutsverletzung nichts geändert. Deshalb sollte im Rahmen der **Tatbestandsprüfung** des Fahrlässigkeitsdelikts eine zurechenbare Erfolgsherbeiführung ohne nähere Ausführungen vorausgesetzt werden. Ausdrücklich ist sodann nur noch zu prüfen, ob die irrige Annahme des Täters, dass ihm ein Rechtfertigungsgrund zur Seite stehe, objektiv fahrlässig war. Dies ist dann der Fall, wenn das Nichtvorliegen einer rechtfertigenden Sachlage bei Anwendung der gebotenen Sorgfalt objektiv erkennbar und vermeidbar war. Falls man dies bejaht, ist anschließend zunächst die **Rechtswidrigkeit** und dann die **Schuld** anzusprechen, wobei hier unter dem Stichwort der **subjektiven Sorgfaltspflichtverletzung** die Frage zu klären ist, ob der Täter nach seinen persönlichen Kenntnissen und Fähigkeiten im Stande gewesen wäre, den Irrtum und damit die Herbeiführung des tatbestandlichen Erfolges zu vermeiden.

Anders werden diejenigen aufbauen, die trotz Bestehens eines Erlaubnistatbestandsirrtums unmittelbar wegen des Vorsatzdeliktes bestrafen und lediglich den Strafrahmen dem Fahrlässigkeitsdelikt entnehmen (vgl o. Rn 710). Dann müsste konsequent die Fahrlässigkeitsproblematik im Rahmen der Schuld des Vorsatzdeliktes mit abgehandelt werden.

---

27 Vgl als deren Befürworter *Herzberg*, JA 89, 243, 295 ff; *Herzberg/Scheinfeld*, JuS 02, 649; *Roxin*, AT I, § 14 Rn 62, 68, nach dessen Ansicht hier der sog. „Unrechtsvorsatz“ entfallen soll.

28 Anders *Kudlich*, Fälle, S. 170 ff und 221 ff, der für einen gesonderten Prüfungspunkt zwischen Rechtswidrigkeit und Schuld in Gestalt eines Annexes zur Rechtswidrigkeitsprüfung plädiert.

29 Wie hier: *Esser/Langbauer*, JA 13, 28, 30 ff; *Hilgendorf*, KK I S. 60; *Kindhäuser/Schumann/Lubig*, Fall 9 S. 214 ff; *Rengier/Braun*, JuS 12, 999, 1002 f; *Rudolphi*, Fälle S. 45; *Tiedemann*, S. 173.

§ 24 Übungsskizze zum Aufbau eines vorsätzlichen Begehungsdelikts

Fall 22: In der Absicht, den Viehhändler H zu berauben, verbirgt sich der mit einem Eichenprügel bewaffnete A eines Abends an einem Waldweg hinter einem Baum. Zufällig kommt B, ein Bruder des A, diesen Weg entlang. In der Annahme, H vor sich zu haben, versetzt A dem B (ohne Tötungsvorsatz) von hinten einen Schlag auf den Kopf. Als er den laut aufschreienden B an der Stimme erkennt, lässt er von weiteren Hieben ab, versorgt B mit einem Notverband und bringt ihn sodann nach Hause. Außer einer Platzwunde und einer Gehirnerschütterung hat B keinen Schaden erlitten. Nach einigen Tagen ist er wieder wohlauf. 1222

Wie hat sich A strafbar gemacht?

Hinweis: Es handelt sich im Folgenden um keine klausurmäßig ausformulierte Lösung, sondern nur um die Zusammenstellung der wichtigsten Lösungsgedanken. 1223

▶ Beispiele für ausformulierte Lösungen bei *Beulke*, Klausurenkurse I, II und III

Ansatzpunkte:

Wegen des zeitlich gedrängten und in sich geschlossenen Geschehensablaufs brauchen hier **keine selbstständigen Prüfungseinheiten (Tatkomplexe)** gebildet zu werden. Den Anknüpfungspunkt für die strafrechtliche Untersuchung stellt das **aktive Tun** des A dar, dessen Strafbarkeit hier allein zu prüfen ist. Es deutet auf das Vorliegen eines vorsätzlichen Begehungsdelikts hin. Über die Frage nach dem **verletzten Rechtsgut** findet man die relevanten Tatbestände:

- Angriff auf die körperliche Unversehrtheit des B (§§ 223, 224),
- Angriff auf das Eigentum (§§ 249, 250, 242 iVm §§ 22, 23 I),
- Angriff auf die Freiheit der Willensentschließung (§ 240 iVm §§ 22, 23 I).

Die nachfolgende Übersicht basiert auf den in Rn 1139, 1201, 1203 dargestellten Prüfungsschemata; sie skizziert in Kurzform den Gedankengang zur Lösung eines Übungsfalles (dargestellt am Aufbau eines vollendeten und eines versuchten vorsätzlichen Begehungsdelikts).

Lösungsskizze:

A. **§ 223 I**

A könnte eine vollendete **Körperverletzung** begangen haben (§ 223 I).

Vorprüfung der **„Handlungsqualität“**:

Ehe man im Einzelnen auf die Tatbestandsmäßigkeit des Verhaltens eingeht, sollte man sich kurz vergewissern, dass es nicht schon an einer „Handlung“ im Rechtssinn fehlt. Im vorliegenden Fall ist an einer „Handlung“ des A nicht zu zweifeln (vgl Rn 136) – in die **schriftliche** Darstellung des Bearbeiters wären diesbezügliche Überlegungen nur dann aufzunehmen, wenn ernsthafte Zweifel am Vorliegen eines vom menschlichen Willen beherrschten oder beherrschbaren sozialerheblichen Verhaltens in Betracht kämen, also zB dort, wo es um die Abgrenzung zwischen **Spontanreaktionen** und **Reflexbewegungen** geht.

I. **Tatbestandsmäßigkeit**

1. Objektiver Tatbestand

Dafür müsste A den B **körperlich misshandelt** oder an der **Gesundheit geschädigt** haben. Der erstgenannte Begriff umfasst alle **substanzverletzenden** Einwirkungen sowie jede **üble, unangemessene Behandlung**, durch die das körperliche Wohlbefinden oder die körperliche Unversehrtheit des Opfers mehr als nur unerheblich beeinträchtigt wird (= **Erläuterung und Auslegung** des betreffenden Tatbestandsmerkmals). Durch den Schlag mit dem Eichenprügel erfolgte eine substanzverletzende Einwirkung auf den Körper des B, auch handelt es sich um eine üble, unangemessene Behandlung, die das körperliche Wohlbefinden des B mehr als nur unerheblich beeinträchtigte. A hat den B also körperlich misshandelt (= **Subsumtion** des Sachverhalts unter den Rechtsbegriff). Auch das Merkmal der Gesundheitsschädigung ist gegeben[1].

Der **ursächliche Zusammenhang** zwischen der Handlung des A und dem Körperverletzungserfolg ist gegeben. Das Gleiche gilt für die **objektive Zurechenbarkeit** des konkreten Erfolges (vgl dazu Rn 246 ff) – wo das Ergebnis, wie hier, klar auf der Hand liegt, sind langatmige Ausführungen dazu fehl am Platze.

2. Subjektiver Tatbestand

§ 223 I verlangt **vorsätzliches Handeln.** Vorsatz als Verhaltensform ist der Wille zur Verwirklichung des gesetzlichen Tatbestandes in Kenntnis aller seiner objektiven Tatumstände. A wusste, dass sein Handeln zu einer körperlichen Misshandlung und Gesundheitsschädigung führen würde. Es kam ihm hierauf sogar an, sodass der Verwirklichungswille in der Form des absichtlichen Handelns in Erscheinung getreten ist (vgl Rn 317). Eigentlich wollte A jedoch den Viehhändler H verletzen. Fraglich ist, ob diese **Personenverwechslung** den Tatbestandsvorsatz entfallen lässt. § 16 I 1 kann, mit der Rechtsfolge eines vorsatzlosen Handelns, beim **Irrtum über das Handlungsobjekt** nur dann angewendet werden, wenn es an der tatbestandlichen Gleichwertigkeit zwischen Vorstellungs- und Angriffsobjekt fehlt (vgl Rn 360). Das ist hier nicht der Fall; B ist ebenso wie H „ein anderer Mensch“ iSd § 223 I. A wollte „den“ Menschen, den er am Tatort vor sich sah (= B), mit dem Eichenprügel niederschlagen. Das, was geschehen ist, deckt sich mit dem, was nach der Vorstellung des A im **Zeitpunkt der Handlungsvornahme** geschehen sollte. Die irrige Annahme des A, den H vor sich zu haben, ist kein Tatbestandsirrtum iSd § 16 I 1, sondern ein Irrtum im Beweggrund, der seinen Tatbestandsvorsatz unberührt lässt.

Das Verhalten des A erfüllt somit in objektiver wie in subjektiver Hinsicht den Tatbestand des § 223 I.

3. Tatbestandsannex

Ein solcher ist bei § 223 I nicht vorgesehen (vgl dazu das Aufbaumuster in Rn 1201) – nur ansprechen, wenn ein solcher tatsächlich vorliegt.

---

1 Vgl dazu im Einzelnen *Wessels/Hettinger*, BT/1, Rn 257.

II. **Rechtswidrigkeit**

Rechtfertigungsgründe liegen nicht vor. Die von A begangene Körperverletzung ist daher rechtswidrig.

III. **Schuld**

1. Schuldfähigkeit

Anhaltspunkte dafür, dass die **Schuldfähigkeit** aus den in § 20 genannten Gründen ausgeschlossen sein könnte, sind nicht ersichtlich.

2. Spezielle Schuldmerkmale

§ 223 I enthält keine Merkmale dieser Art – in der schriftlichen Darstellung ist hierauf nur einzugehen, wo die Frage wirklich aktuell wird.

3. Schuldform

Der **Vorsatz-Schuldvorwurf** wird durch den schon bejahten Tatbestandsvorsatz indiziert. Dieses Indiz kann durch einen **Erlaubnistatbestandsirrtum** ausgeräumt werden (vgl dazu Rn 646, 697 ff). Im vorliegenden Fall ist dafür nach Lage der Dinge kein Raum – im schriftlichen Gutachten wäre deshalb darauf nicht einzugehen.

4. Unrechtsbewusstsein

Die **Möglichkeit der Unrechtseinsicht** ist im engeren Bereich des Kriminalstrafrechts bei schuldfähigen Personen regelmäßig zu bejahen, bedarf daher nur dann einer ausführlichen Erörterung, wenn Anhaltspunkte für das Gegenteil (dh für das Vorhandensein eines unvermeidbaren **Verbotsirrtums** iSd § 17 S. 1) vorliegen. Hier ist dafür nichts ersichtlich.

5. Entschuldigungsgründe

Gründe dieser Art (vgl etwa §§ 33, 35 I) sind ebenfalls nicht gegeben.

IV. **Persönliche Strafausschließungs- und Strafaufhebungsgründe**

Derartige Gründe (zum Begriff vgl Rn 726 f) scheiden für die vorgenannte Straftat aus.

V. **Strafantragserfordernis**

Nach § 230 ist ein Strafantrag erforderlich.

VI. **Ergebnis**

A ist der vorsätzlichen Körperverletzung gem. § 223 I schuldig.

B. **§ 224 I Nr 2, 3 und 5**

A könnte den Qualifikationstatbestand der **gefährlichen Körperverletzung** verwirklicht haben.

I. **Tatbestandsmäßigkeit**

1. Objektiver Tatbestand

Als besondere Begehungsweise iS dieser Vorschrift kommt hier die Verwirklichung des Grunddelikts mittels eines „gefährlichen Werkzeugs" (§ 224 I Nr 2), eines „hinterlistigen Überfalls" (§ 224 I Nr 3) und einer „das Leben gefährdenden Behandlung" (§ 224 I Nr 5) in Betracht.

Das ist nunmehr im Wege der Begriffserläuterung, Gesetzesauslegung und Subsumtion näher auszuführen und jeweils zu bejahen. Dabei ist schon an dieser Stelle im Auge zu behalten, dass die **Verwirklichung mehrerer Erschwerungsgründe** nichts daran ändert, dass insgesamt **nur eine gefährliche Körperverletzung** iSd § 224 vorliegt.

2. Subjektiver Tatbestand

Vorsatz bzgl der Qualifikationsmerkmale ist gegeben.

II. – IV.

wie oben II. – IV.

V. **Strafverfolgungsvoraussetzungen**

Im Fall des § 224 bedarf es keines **Strafantrags** von B. Das Antragserfordernis in § 230 hat lediglich für §§ 223, 229 Bedeutung.

VI. **Kurzfeststellung zur Konkurrenz**

§ 224 geht als lex specialis dem § 223 vor.

C. **§ 249 I**

Zu einer „Wegnahme fremder beweglicher Sachen" ist es nicht gekommen. Das Vollendungsdelikt scheidet daher bereits tatbestandsmäßig aus.

D. **§§ 249 I, 22, 23 I gegenüber B**

A könnte einen **versuchten Raub** gegenüber B begangen haben (§§ 249 I, 22, 23 I).

Vorprüfung:
- Der objektive Tatbestand des § 249 ist **nicht vollständig** erfüllt (siehe C.).
- Raub (§ 249) ist gem. § 12 I ein **Verbrechen**, dessen Versuch nach § 23 I stets **mit Strafe bedroht** ist.

I. **Tatbestandsmäßigkeit**

Beachte: Kennzeichnend für den **Versuch** einer Straftat ist ein **Mangel am objektiven Tatbestand** bei Erfüllung aller subjektiven Tatbestandsvoraussetzungen. Innerhalb des eigentlichen Versuchsaufbaus ist mit der Prüfung des **subjektiven Unrechtstatbestandes** zu beginnen, denn allein der Tatbestandsvorsatz vermag Auskunft darüber zu geben, welchen Tatbestand bzw welche Tatbestände der Täter verwirklichen wollte und ob er dazu im Sinne des § 22 „unmittelbar angesetzt" hat.

1. Subjektiver Tatbestand

Der **Tatentschluss** des A war auf die Begehung eines Raubes gerichtet, wenn folgende Voraussetzungen vorliegen:

- Tatbestandsvorsatz und
- Absicht rechtswidriger Zueignung.

Das ist nunmehr im Einzelnen exakt zu prüfen und innerhalb des Lösungsganges **im Gutachtenstil** zu entwickeln (beginnend damit, dass der Wille des A darauf gerichtet war, mit Gewalt gegen eine Person einem anderen eine fremde bewegliche Sache wegzunehmen, dass dieser Vorsatz aus den schon erörterten Gründen durch die Verwechslung des B mit H nicht ausgeschlossen wird usw). Der Bearbeiter wird dabei zu dem Ergebnis gelangen, dass A den **Entschluss gefasst** hat, einen Raub (§ 249) zu begehen[2].

2. Objektiver Tatbestand

Zur Verwirklichung dieser Tatbestände hat A dadurch **„unmittelbar angesetzt"** (vgl § 22), dass er dem B mit dem Eichenprügel einen Schlag auf den Kopf versetzt hat.

Beachte: Auf den Meinungsstreit zur Abgrenzung zwischen **Versuchs-** und **Vorbereitungshandlungen** kommt es nicht an, wenn der Täter (wie A) schon mit der **tatbestandlichen Ausführungshandlung** als solcher (hier mit der Gewaltanwendung iSd § 249) begonnen hatte. Ausführungen zum „Theorienstreit" sind dann fehl am Platze.

II. **Rechtswidrigkeit**

Liegt vor (zu prüfen und zu begründen wie oben bei § 223).

III. **Schuld**

Zu bejahen (wie oben bei § 223).

IV. **Persönliche Strafaufhebungsgründe**

Als persönlicher Strafaufhebungsgrund kommt hier ein **Rücktritt** des A vom **unbeendeten Versuch** (§ 24 I 1 1. Alt.) in Frage:

Mangels „Wegnahme" hatte A noch nicht alles getan, was nach seiner Vorstellung von der Tat zur Deliktsvollendung notwendig gewesen wäre. Wegen des Versuchs als solchem wird er daher nicht bestraft, wenn er „freiwillig die weitere Ausführung der Tat aufgibt".

Ob hier ein freiwilliger Rücktritt iSd § 24 I 1 angenommen werden kann, ist zweifelhaft. Dadurch, dass A den B mit H verwechselt und diese Verwechslung inzwischen erkannt hatte, sah er sich einer ihm nachteiligen **wesentlichen Veränderung der Sachlage** gegenüber; eine Beraubung seines eigenen Bruders wäre für ihn offenbar sinnwidrig gewesen. Sofern man unter solchen Umständen die Anwendbarkeit des § 24 I 1 nicht bereits unter dem Blickwinkel des fehlgeschlagenen Versuchs verneint (Rn 889), würde zumindest ein „freiwilliger" Rücktritt entfallen (Rn 915). Aufgrund des § 24 I 1 hat A somit keine Strafbefreiung erlangt.

---

2 Zum Versuchsaufbau beim *error in obiecto* s. *Rath*, JuS 97, 424; vgl aber auch *Herzberg*, JuS 99, 224.

V. **Ergebnis**

A hat sich eines versuchten Raubes, begangen an B, schuldig gemacht (§§ 249 I, 22, 23 I).

E. §§ 250 I Nr 1a 2. Var. und c, 22, 23 I gegenüber B

A könnte darüber hinaus wegen eines versuchten **schweren Raubes** (§§ 250 I Nr 1a 2. Var. und c, 22, 23 I) strafbar sein.

Vorprüfung:

- Vollendung ist nicht gegeben.
- Schwerer Raub ist ein **Verbrechen** (§ 12 I), dessen Versuch nach § 23 I stets **mit Strafe bedroht** ist.

I. **Tatbestandsmäßigkeit**

1. Subjektiver Tatbestand

A hatte auch Tatentschluss bzgl des Qualifikationstatbestandes, nämlich Tatbestandsvorsatz im Hinblick auf eine Verwirklichung des Raubes, bei dem der Täter oder ein anderer Beteiligter ein gefährliches Werkzeug bei sich führt, § 250 I Nr 1a 2. Var. Ein Holzknüppel, der gegen einen Menschen eingesetzt werden soll, ist ein gefährliches Werkzeug[3] im Sinne dieser Vorschrift. Ferner hatte A Tatbestandsvorsatz in Bezug auf § 250 I Nr 1c in der Form des „Gefährdungsvorsatzes" hinsichtlich einer schweren Gesundheitsschädigung[4], der auch als *Eventualvorsatz* in Erscheinung treten kann.

2. Objektiver Tatbestand

„Unmittelbares Ansetzen" (§ 22) ist wie oben D. I. 2. zu bejahen.

II. – IV.

wie oben D. II. – IV.

V. **Kurzfeststellung zur Konkurrenz**

Trotz des Tatentschlusses bzgl zweier Varianten des § 250 I liegt nur **ein** versuchter schwerer Raub vor[5]. Dieser geht als *lex specialis* dem Versuch des einfachen Raubes vor.

F. §§ 250 II Nr 1 2. Var. und 3a, 22, 23 I gegenüber B

A könnte darüber hinaus noch wegen eines versuchten **besonders schweren Raubes** nach §§ 250 II Nr 1 2. Var und 3a, 22, 23 I strafbar sein.

---

3 *Fischer*, § 250 Rn 6 ff – Auslegung in Rspr und Schrifttum sehr str., vgl nur BGHSt 52, 257; BGH StV 14, 282; OLG Köln NStZ 12, 327; *Fahl*, Jura 12, 593; *Wessels/Hillenkamp*, BT/2, Rn 273.

4 S. dazu BGHSt 26, 176; BGH NStZ 02, 542.

5 *Rengier*, BT I, § 8 Rn 36.

Vorprüfung (wie unter E.):

I. **Tatbestandsmäßigkeit**

1. Subjektiver Tatbestand

A wollte seinem Opfer einen Schlag mit dem Eichenprügel auf den Kopf versetzen, sodass er ein gefährliches Werkzeug iSd § 250 II Nr 1 2. Var verwenden wollte. Auch nahm er eine schwere körperliche Misshandlung iSv § 250 II Nr 3a zumindest billigend in Kauf.

2. Objektiver Tatbestand

„Unmittelbares Ansetzen" (§ 22) ist wie D. I. 2. zu bejahen.

II. – IV.

wie oben D. II. – IV.

V. **Kurzfeststellung zur Konkurrenz**

Auch hier bilden die mehrfach in den Vorsatz aufgenommenen Varianten des § 250 II nur einen versuchten besonders schweren Raub. Die Qualifikation nach §§ 250 II, 22, 23 I verdrängt jedoch im Wege der Gesetzeskonkurrenz die §§ 250 I, 22, 23 I[6]. Der Versuch des § 250 II geht als *lex specialis* dem Versuch des einfachen Raubes vor.

G. **§§ 249 I, 22, 23 I gegenüber H**

A könnte auch einen versuchten Raub gegenüber H begangen haben (§§ 249 I, 22, 23 I).

Aufgrund der Personenverwechslung war der Vorsatz des A, als sich B dem Tatort näherte und die Tat damit das Stadium des Versuchs erreichte, nicht darauf gerichtet, H zu berauben. Sein Vorsatz konkretisierte sich im Angriffszeitpunkt auf die Person, die er vor sich sah. Angriffsobjekt war damit allein B, der vermeintliche H. Anzunehmen, dass A neben dem Raubvorsatz gegenüber B auch noch einen solchen gegenüber H hegte, liefe auf eine unzulässige Vorsatzverdopplung hinaus, da A nur eine Person berauben wollte (vgl dazu Rn 362, 825).

Beachte: Im Zeitpunkt des Auflauerns am Tatort war zwar der subjektive Tatbestand des Raubversuchs gegenüber H erfüllt, solange das erwartete „Opfer" nicht kam, war jedoch (auch nach der Vorstellung des A) noch niemand gefährdet, sodass noch kein „unmittelbares Ansetzen zur Tatbestandsverwirklichung", sondern eine bloße Vorbereitungshandlung, vorlag.

H. **§§ 242 I, II, 22, 23 I gegenüber B**

§§ 242, 22, 23 I treten aus Gründen der **Gesetzeskonkurrenz** hinter den versuchten schweren Raub zurück.

6 *Rengier*, BT I, § 8 Rn 37; SK-*Sinn*, § 250 Rn 57.

I. §§ **240 I, III, 22, 23 I gegenüber B**

Das Verhalten des A gegenüber B verwirklicht ferner den Tatbestand der versuchten Nötigung (§ 240 I, III iVm §§ 22, 23 I). Im Verhältnis zu den **spezielleren** Vorschriften der §§ 249, 250 tritt § 240 jedoch als *lex generalis* zurück (vgl Rn 1097).

Beachte: Längere Ausführungen zu Tatbeständen, die offensichtlich im Wege der Gesetzeskonkurrenz verdrängt werden, sind praktisch nutzlos und daher entbehrlich. Es genügt, das betreffende Ergebnis in gedrängter Kürze mit wenigen Sätzen festzustellen.

J. **Gesamtkonkurrenzen**

Die vollendete gefährliche Körperverletzung (s. oben B.) und der versuchte besonders schwere Raub gem. § 250 II Nr 1 2. Var. und 3a, 22, 23 I (s. oben F.) stehen zueinander im Verhältnis der **Tateinheit** (Idealkonkurrenz, § 52), da **ein und dieselbe** Handlung (und zwar der Schlag mit dem Eichenprügel) in der einen wie in der anderen Hinsicht zur Tatbestandsverwirklichung beitrugen (näher dazu Rn 1083 ff).

Im **Fall 22** ist A also wegen versuchten besonders schweren Raubes (§§ 250 II Nr 1 2. Var. und 3a, 22, 23 I, II) in Tateinheit (§ 52) mit gefährlicher Körperverletzung (§ 224 I Nr 2, 3 und 5) zu bestrafen.

Sachverzeichnis

Die Angaben beziehen sich auf die Randnummern; **fettgedruckte Zahlen** geben die Hauptfundstelle an.

Abbrechen der Kausalkette 237
abergläubischer Versuch 881
aberratio ictus 364 ff
– mittelbare Täterschaft 792
– Zusammentreffen mit error in obiecto vel persona 373
Abgrenzung Begehungs-/Unterlassungsdelikt *s. Abgrenzung Tun – Unterlassen*
Abgrenzung objektiver – subjektiver Tatbestand 192 ff
Abgrenzung Täterschaft – Teilnahme **743 ff**, 753 ff, 1032 ff
– animus-Formel 748
– final-objektive Theorie 745
– formal-objektive Theorie 744
– materiell-objektive Theorie 745
– Rechtsprechung, Behandlung in der **748 f**, 761
– subjektive Theorie 748 ff
– Tatherrschaftslehre **745**, 751
– Unterlassungsdelikte 1032 ff
Abgrenzung Tun – Unterlassen 985 ff
– Abbrechen von Rettungsmaßnahmen 988 ff
– Abbruch ärztlicher Behandlungsmethoden 991 ff
– apparative Intensivbehandlung 991 f
– Vereiteln fremder Hilfe 989
Abgrenzung Versuch – Vollendung 847
– Bedeutung 840
Abgrenzung Vollendung – Beendigung 840 ff
Abgrenzung Vorbereitung – Versuch 840, **852 ff**
– Einzelfälle 857 ff
– formal-objektive Theorie 852
– gemischt subjektiv-objektive Theorie 852
– Klingelfall 866
– materiell-objektive Theorie 852
– Mittäterschaft 870 f
– mittelbare Täterschaft 872 ff
– Qualifikation 863
– Regelbeispiele 863
– subjektive Theorie 852
– Unterlassungsdelikte 1043 f
Abgrenzung Vorsatz – Fahrlässigkeit **325 ff**, 338 f
– Billigungstheorie 333
– Einwilligungstheorie 333
– Gleichgültigkeitstheorie 328
– kognitive Theorien 307 f
– Möglichkeitstheorie 326
– prozessuale Feststellung 334
– voluntative Theorien 305, 308
– Willenselement 317, **320 ff**, 338 f
– Wissenselement **347 ff**, 353
Abgrenzungsfunktion des Handlungsbegriffes **128**, 135
Absehen von Strafe **728**, 922
Absicht 312 f, **317 ff**
– besondere 197, 312 f, 321, 765, 800
– Fernziel 319
– Nahziel 319
Absichtsdelikte 197
– Beendigung 841
absichtslos-doloses Werkzeug 775
Absichtsprovokation **522**, 524
Absorptionsprinzip 1091
Abstiftung 818
Abwandlung 32, **158**, 160 ff, 165
– unselbstständige 161
– verselbstständigte 162
Abwehrprovokation 523
Abweichung im Kausalverlauf 234, **374 ff**
actio illicita in causa 460, **527**
actio libera in causa 74, **633 ff**
– Abweichungen vom Vorsatz 638
– Ausnahmemodell **634**, 641
– doppelte Schuldbeziehung 637
– Doppelvorsatz **637**, 640
– error in persona 638
– fahrlässige 640 f
– Rechtsprechung, Behandlung in der 635
– Tatbestandsmodell **634**, 641

– Versuchsbeginn 639
– vorsätzliche 637 ff
– Vorsatzwechsel 638
Ad-hoc-Strafgerichtshof 100
Adäquanz **242**, 376
Affekthandlungen 143
agent provocateur **820**, 832
aggressiver Notstand **441**, 461
– Grundgedanke 441
– Güterabwägung 441
– Schadensersatzpflicht 441
Akzessorietät 793 ff
– limitierte **776**, 795
– Lockerung 797 ff
Al Qaida-Fall 859
Alkohol 627 f
Allgemeindelikte 52
allgemeiner rechtfertigender Notstand 433 f, **444 ff**
– aggressiver Notstand *s. dort*
– Angemessenheit **458 f**, 471 ff
– Dauergefahr 454
– Defensivnotstand 461
– derselbe Rechtsgutsträger 476
– Entwicklung 445
– Erforderlichkeit 456
– Garantenstellung 475
– gegenwärtige Gefahr 451 ff
– Grundgedanke 433 f
– Interessenabwägung **458**, 461, 464
– Irrtum über Voraussetzungen 453
– Notstandsfähigkeit 447 ff
– Notstandshandlung 456
– Notstandshilfe 456
– Notstandslage 446 ff
– pflichtgemäße Prüfung 477
– Rechtsgüter der Allgemeinheit 448
– Rettungswille 456
– subjektives Rechtfertigungselement 477
– Verschulden der Notstandslage 460
– Voraussetzungen 479
Allgemeines Lebensrisiko 257, 908
alternative Kausalität 222
Alternativverhalten, rechtmäßiges 294 ff, 953 ff, 966, 1002
Alternativvorsatz
s. dolus alternativus
Analogie 71 ff, 75 ff, 175
– Abgrenzung zur Auslegung 75
– Definition 72
– Verbot 72 f
– Ziel 75
Anfang der Ausführung
s. Abgrenzung Vorbereitung – Versuch
Angehörigenstellung 732 ff
– Irrtum über 732 ff
Angemessenheitsklausel **458 ff**, 471 ff
animus-Formel 748
– animus auctoris 748
– animus socii 748
Anspruch auf Strafverfolgung 10
Anstiftung 738, 776, 793 ff, **813 ff**
– Abgrenzung zu anderen Beteiligungsformen 776 f, 781, 813
– absichtslos-doloses Werkzeug 775
– Abstiftung 818
– Akzessorietät *s. dort*
– Anstiftervorsatz 819 ff
– Aufstiftung 817
– Bestimmen 814
– eigenhändige Delikte 55
– error in persona vel obiecto 824 ff
– Exzess 822
– Irrtumsprobleme 707, 783, 819
– Kettenanstiftung 816
– Kettenanstiftung, versuchte 806
– Konkurrenzen 834, 1062, **1101**
– Mitanstiftung 816
– mittelbare 816
– omnimodo facturus 815
– Qualifikation 817
– Strafmaß 797
– Umstiftung 818
– Unterlassen 814
– versuchte 789, **802 ff**, 806, 815, 825, 1108, 1215
– Vollendungswille 819 f
– zur versuchten Tat **802 f**, 825
antizipierte Notwehr 490
Antrag 164 ff, 210, 729, 735
– Rückwirkungsverbot 66
Anweisungskompetenz der EU 111
anwendbares Gesetz 67, 69
Anwendbarkeit des deutschen Strafrechts
s. Geltungsbereich des deutschen Strafrechts
Anwendungsvorrang des Unionsrechts 117
Äquivalenz 218, 245
Äquivalenztheorie 218 ff
Asperationsprinzip 1095
Assimilierungsprinzip 117
asthenische Affekte 667
atypischer Kausalverlauf 233, 242, 252, 258, **289 ff**, 299, 375 f

– beim Rücktritt 888, 908
– beim Versuch 848
Aufbau der Falllösung 1193 ff
– chronologisch 1197
– Tatbeteiligten, nach 1196
– Tatkomplexen, nach 1194
Auffangtatbestand 165
Aufgeben iSv § 24 StGB 897, **903**
Aufklärungspflicht
– Behandllungsvertrag 558
Aufstiftung 817
Auslandstaten 92 ff
– Entschuldigungsgründe aus ausländischem Recht 94
– Grundgedanke des § 7 StGB 95
– Rechtfertigungsgründe aus ausländischem Recht 95
– Verfolgungszwang 98
Auslegung **75 ff**
– Abgrenzung zur Analogie 75
– grammatische 76
– historische 76
– konventionskonforme 119
– objektiv-teleologische 76
– objektive Theorie 77
– subjektive Theorie 77
– systematische 76
– unionsrechtskonforme 77, 117
– verfassungskonforme 77
– Verhältnis zu anderen Rechtsgebieten 80 f
– Ziel 75
Auslesefunktion des Tatbestandes 177
Ausnahmemodell **634**, 641
Außenwelterfolg 37, 39
Autobahn-Spurwechselfall 333
Autobahndrängelfall 290
Autobombenfall 371, 826
Autorennenfall I 268, 562
Autorennenfall II 268

Babyklappe 463
Bad Reichenhaller Eissporthalle 294, 970, 1000
Badewannenfall 748
Bagatellangriff 512
Bandenchef 744, 750, 764
Bandscheibenfall 581 f
Basisfunktion des Handlungsbegriffes 135
Baumarktfall 858
bedingte Schuldfähigkeit 632
bedingter Vorsatz
s. dolus eventualis
Bedingungstheorie **218 ff**, 229 ff
beendeter Versuch **893 ff**, 906, 1048
– außertatbestandliches Handlungsziel 897
– Definition 893
– Denkzettelfälle 897
– Freiwilligkeit, Verhältnis zur 889
– Rechtsprechung, Behandlung in der 894 f
– Rücktrittshorizont 895, **898 ff**
– Tatplantheorie 894
– Unterlassen 1048
– Verhinderung der Tatvollendung 906, 909
Beendigung 840 ff
– Abgrenzung zur Vollendung 840 ff
– Absichtsdelikte 841
– Dauerdelikte 841
– Einzelfälle 842
– fortgesetzte Tat 1079 f
– vorverlegte Vollendung 841
Beendigungsdoktrin 840
Begegnungsdelikt 835
Begehungsdelikt **48 f**, 931, 983
– Abgrenzung zum Unterlassungsdelikt 985 ff
Begehungsort 88, 96
Begleitwissen 349
Behandlungsabbruch 468 f, 575, 993
Beherrschungsvermögen, menschliches 257
Beihilfe 738, 793 ff, **828 ff**
– Abgrenzung zu anderen Beteiligungsformen 813, 828, 1032
– alltägliche Verhaltensweisen 830
– eigenhändige Delikte 55
– Erfolgsverursachung 829
– Hilfeleisten 829
– Irrtum des Gehilfen 832
– Kausalität 829
– Konkurrenzen 834, 1062, **1101**
– neutrales Verhalten 830
– psychische 814 f, 817, 828, 833
– Strafmaß 797
– sukzessive 831
– Unterlassen, durch 829, 1033 f
– Unterlassen, zum 1032
– Verbrechensverabredung, zur 811
– Versuch, zum 833
– versuchte 803, 811, **833**
– Vollendung, nach **831**, 840
– Vorsatz 832
– Zeitpunkt **831**, 840, 842
Beinahe-Unfall 42
Benzinfall 890, 913
Bereiterklären, sich 809

Bergsteigerfall 466
Bernsteinzimmerfall 749
Beschleunigerfall 306
Beschneidung 556
Beschützergarant 1005, **1007 ff**
besondere Absichten 197, 312 f, **321**, 800
– bei der Mittäterschaft 765
besondere persönliche Merkmale
s. täterbezogene Unrechtsmerkmale
besondere Pflichtenstellung 756, 800
besondere subjektive Merkmale
s. besondere Absichten
besonders schwere Fälle 33, 165, 348
Bestimmen 814
Bestimmtheitsgrundsatz **64 f**, 103, 175, 841, 931, 1005
– Optimierungsgebot 64
– Präzisierungsgebot 65
Bestimmungsnormen 124
Beteiligung **738 ff**
– Abgrenzung Täterschaft – Teilnahme **743 ff**, 1032 ff
– Allgemeindelikte 52 f
– besondere persönliche Merkmale
s. täterbezogene Unrechtsmerkmale
– dualistisches Beteiligungssystem 738 ff
– eigenhändige Delikte 55, 784
– Einheitstätersystem 739
– Konkurrenzen 834, 1062, **1101**
– Mischtatbestände 796, **977**
– Pflichtdelikte 756
– Rücktritt 910 ff
– Sonderdelikte, echte 754
– Unterlassen, durch 829, **1033 f**
– Unterlassungsdelikte 1032
– Zeitpunkt **831**, 840, 842
Beteiligungsminus 763
Bewertungseinheit 1080 f
Bewertungsnormen 124, 714
Bewusstsein der Rechtswidrigkeit
s. Unrechtsbewusstsein
Bewusstseinsstörung, tiefgreifende 145, 625
Billigungstheorie 333
biologisch-psychologische Methode 625
Blankettgesetz 157, 355
– Inkorporationstheorie 157
Blutalkoholkonzentration 627 ff
Blutentnahme 473 ff
Bluterfall 233
Blutrauschfälle 374, 626
Bluttransfusion 570
Brandbeschleunigungsfall 306
Brandstiftungsfall 855
Bratpfannenfall 235
Brechmittelfall 940, 942
Bremer Vulkan 782, 987, 1062
Brett des Karneades 464, **659**

Caching 1014
Chantage 530
Charakterschuld 614
Charta der Grundrechte der EU 110
Chatroomfall 810
Coesfeld-Fall 675, 767
CompuServe-Fall 1014
Conditio-sine-qua-non-Formel
s. sine-qua-non-Formel
Costa/ENEL-Fall 117

Dagobert-Fall 1069
Daschner-Fall 427
Dauerdelikt 45 f
– Beendigung 841
– Konkurrenzen 1065, 1087
Dauergefahr **454**, 664
Dazwischentreten des Opfers 275
Dazwischentreten von Dritten 234 ff, 968 f
Defekt 773
defensiver Notstand **438 ff**, 461
– Grundgedanke 438
– Schadensersatzpflicht 438
– Verhältnismäßigkeit 438
delictum sui generis
s. Abwandlung, verselbstständigte
Delikt
– Deliktsgruppen **31 ff**
– Deliktsnatur 32
Deliktsaufbau
– Doppelfunktion des Vorsatzes 204 f
– dreigliedriger **125 ff**, 176, 187
– Gesamtunrechtstatbestand
s. dort
– zweigliedriger 181 ff
Denkzettelfälle 897
deskriptive Tatbestandsmerkmale **188 f**, 352
– normative, Grenzziehung 191
Determinismus 608
dienstliche Weisung 674 f
Differenzierungsprinzip 1058
direkter Vorsatz *s. dolus directus*
diskursiver Schuldbegriff 622
Dohna-Fall 760

dolus alternativus 340 ff
dolus antecedens 311
dolus cumulativus 342, 346
dolus directus 317, 322
- ersten Grades 317, 320
- zweiten Grades 322
dolus eventualis **323 ff**
- Abgrenzung zur bewussten Fahrlässigkeit **325 ff**
- Billigungstheorie 333
- Einwilligungstheorie 333
- Gleichgültigkeitstheorie 328
- Möglichkeitstheorie 326
- Versuch, beim 851
dolus generalis 379
dolus malus 693
dolus subsequens 310
Doppelbestrafungsverbot 98
- Tatbegriff 1060
Doppelfunktion der Fahrlässigkeit 927 ff
Doppelfunktion des Vorsatzes **200**, 204, 645
Doppelirrtum 715 ff
doppelter Tatumstandsirrtum 359
dreigliedriger Verbrechensbegriff **176**, 186 f
Drogenarztfall 263, 272, 964
dualistisches Beteiligungssystem 738 ff
Duchesne-Paragraph 808
Duldungspflicht 183

echte Sonderdelikte *s. Sonderdelikte*
echte Unterlassungsdelikte 51, 982, **1050 ff**
- Garantenstellung 1006
- Handlungseinheit/-mehrheit 1066
- unechte Unterlassungsdelikte, Verhältnis zu 1050, 1052
- Versuch 1042
eigenhändige Delikte
- Beteiligung 55, 755, 784
- Eigenhändigkeit 55 f, 755
- Verhaltensunwert, besonderer 55
eigenständige Delikte *s. Abwandlungen, verselbstständigte*
eigenverantwortliche Selbstgefährdung *s. Selbstgefährdung*
Eigenverantwortlichkeitsprinzip 964
eingeschränkte Schuldtheorie 700 ff
eingeschränkte Vorsatztheorie 693 f
Einheit der Rechtsordnung 391
Einheitsstrafenprinzip 1058
Einheitstätersystem 739

Einsichtsfähigkeit **625**, 713
Einstellung des Verfahrens 34
- Strafverfolgungshindernis 210
- Strafvoraussetzung, fehlende 210
Einstellung zur Rechtsordnung 29 f, 202, 612, 642, 645 f, 694, 701, 713, 974
Einverständnis **539 ff**, 1143
- Anwendungsbereich 543 f
- natürliche Willensfähigkeit 546
- Sachbeschädigung 544
- tatsächlicher Charakter 545
- Willensmängel 548
- Wirkung 549
- Zustimmung 547
Einwilligung 538 ff, **550 ff**, 1143
- Aufklärungspflicht des Arztes 557 f
- Disponibilität 552
- Dispositionsbefugnis 553
- Einwilligungsfähigkeit 554 ff
- Erklärung 566
- Fahrlässigkeitsdelikt 568
- Grundgedanke 550
- hypothetische 580 ff
- Irrtum über Vorliegen 567
- Kampfsportarten 563
- Kenntnis 567
- Körperverletzung 562
- mutmaßliche **569 ff**
- Patientenverfügung 572
- rechtfertigende 539 ff
- Rechtsgutslösung 565
- Sittenverstoß 560 ff, 589
- tatbestandsausschließende 541
- Verzicht auf Rechtsschutz 551
- Voraussetzungen 552 ff
- Willensmängel 557 ff
- Zeitpunkt 566
- Zirkumzision 556
- Zivilrecht 568
- Zweck, verfolgter 563
Einwilligungstheorie 333
Einzelaktstheorie 891
Einzellösung
- Mittäterschaft 870
- mittelbare Täterschaft 873
Einzeltatschuld 614
EMRG *s. Europäische Menschenrechtskonvention*
enge familiäre Beziehung 519
Entführungsfall 855
Entgrenzungsverbot 78
Entscheidungsfreiheit 554, **608**

entschuldigender Notstand 652, **654 ff**
– Dauergefahr 659, 664
– Erforderlichkeit 658 f
– Freiheitsbegriff 656
– Garant 660 f
– Gefahr **657**, 664
– Gefahrtragungspflichten, besondere 660
– Gefahrverursachung 660 f
– Grundgedanke 433, 435
– Ingerenz 661
– Irrtümer 655
– Nötigungsnotstand 663 f
– Notwehr gegen entschuldigte Tat 655, 662
– pflichtwidriges Vorverhalten *s. Ingerenz*
– subjektives Element 658
– Teilnahme 655
– Unterschied zum rechtfertigenden 655
– Verschulden 661
– Voraussetzungen 665
Entschuldigungsgründe 126, 619, **652 ff**, 666 ff
– ausländisches Recht 94
– entschuldigender Notstand 652, **654 ff**
– Irrtum über **718 ff**, 1153 ff, 1169 ff
– Notwehrexzess *s. dort*
– Soldaten 674 f
– übergesetzliche 676 ff
– Unzumutbarkeit normgemäßen Verhaltens 653, **676**, 974, 1040
– Weisung, unverbindliche 674 f
Entsprechungsklausel 984, **1028**
Erfolgsabwendungspflicht *s. Garantenpflicht*
Erfolgsdelikt **36 f**, 931, 983
erfolgsqualifizierte Delikte 38, 350, 769, 796, **876 ff**, 921, **977 ff**
– Konkurrenzen 1098 f
– Mittäterschaft 769
– Rücktritt 921
– Teilnahme 796
– Versuch 876 ff
Erfolgsunwert **29 f**, 171, 495, 935
Erfolgszurechnung 215 f, **246 ff**
– Rechtsprechung, Behandlung in der 253
ergänzungsbedürftige Tatbestände 381, 387, 931
Erkundigungspflicht 696
Erlaubnisirrtum 409, 577, 687, **712 ff**, 1152
– Begriff 687, **712**
– Doppelirrtum 715 ff
– Erlaubnistatbestandsirrtum, Abgrenzung zum 714
– Erlaubnistatbestandsirrtum, Zusammentreffen mit 715 ff
– Irrtum über gesamttatbewertende Rechtfertigungselemente 714
– Rechtsfolgen 713
– umgekehrter **883**, 1168
Erlaubnissatz *s. Rechtfertigungsgrund*
Erlaubnistatbestand 172, 388 f
– Duldungspflicht 389
Erlaubnistatbestandsirrtum 181, 409, 427, 577, 584, 601, 646, 655, 670, 672, 686, **697 ff**, 714 ff, 1151
– Behandlung 686, **697 ff**
– Doppelirrtum 715 ff
– eingeschränkte Schuldtheorie *s. dort*
– Erlaubnisirrtum, Abgrenzung zum 714
– Erlaubnisirrtum, Zusammentreffen mit 715 ff
– Irrtum über gesamttatbewertende Rechtfertigungselemente 714
– negative Tatbestandsmerkmale, Lehre von den 703 ff
– rechtsfolgenverweisende eingeschränkte Schuldtheorie 708 f, 711
– Schuldtheorie 699 ff
– Tatbestandsirrtum, Unterschied zum 707
– Teilnahme **704 ff**, 796
– umgekehrter 1167
– Vorsatztheorie **698**, 711
erlaubtes Risiko **257 f**, 413
ernsthaftes Bemühen 909
error in obiecto vel persona 360 ff
– Abgrenzung zur aberratio ictus 364 f, 367 f
– actio libera in causa 638
– Anstiftung 824 ff
– Haupttäter 832
– Mittäterschaft 771 f
– mittelbare Täterschaft 792
– Zusammentreffen mit aberratio ictus 373
Erschwerungsgründe nicht-tatbestandlicher Art 348
Erziehungsrecht 556, **591 ff**
– Voraussetzungen 594
– Züchtigungsrecht *s. dort*
EU *s. Europäische Union*
Europäische Menschenrechtskonvention (EMRK) 69, **118 ff**, 513 ff
Europäische Union 77, **108 ff**

– Anweisungskompetenz der EU 111
– Anwendungsvorrang des Unionsrechts 117
– Assimilierungsprinzip 117
– supranationales Strafrecht 108 ff
– unionsrechtskonforme Auslegung 77, 117
– Vertrag von Lissabon 109
Eventualvorsatz *s. dolus eventualis*
Eventualvorsatzdolus eventualis
– Aids-Urteil 335
– Beweis 334
– Hemmschwellentheorie 335
– prozessuale Feststellung 334
Exterritorialität 729
Exzess
– Anstiftung 822
– Mittäter 767 ff
– mittelbare Täterschaft 786
– Notwehr *s. Notwehrexzess*

Fahrkartenfall 317
Fahrlässigkeit
– bewusste 308, 325 ff, 339, 383, **932**
– Billigungstheorie 333
– Doppelfunktion 928 f
– Einordnung 928 f
– Einwilligung 567 f
– erlaubtes Risiko 413
– Eventualvorsatz, Abgrenzung zum *s. Abgrenzung Vorsatz – Fahrlässigkeit*
– Gleichgültigkeitstheorie 328
– leichte 933
– Mischtatbestände *s. dort*
– Mittäterschaft 740, 930
– Möglichkeitstheorie 326
– Rechtfertigung 972
– Schutzvorschriften 949
– Straßenverkehr **945 ff**, 957
– unbewusste 361, **932**
– Unrechtstatbestand 935
– Vorsatz, Abgrenzung zum *s. Abgrenzung Vorsatz – Fahrlässigkeit*
– Vorsatz-Fahrlässigkeits-Kombinationen 796, 977
– Zweistufigkeit der Prüfung 927, 929
Fahrlässigkeitsdelikt 740, **925 ff**
– Abgrenzung Tun – Unterlassen 986 f
– Kennzeichen 926
– mittelbare Täterschaft 930
– Nebentäterschaft 930
– objektive Zurechnung 950 ff
– Risikoerhöhungslehre *s. dort*
– Strafbarkeit 931
– Tatbestand 935 ff
– Teilnahme 930
– Unzumutbarkeit normgemäßen Verhaltens 676, 976
– Versuch 930
Fahrlässigkeitsschuld 30, 201, 619, 645 f, 927 ff, **974**
Familientyrann 454, 465, 659
Fangbrief-Fall 374
Fehlgehen der Tat *s. aberratio ictus*
Fehlschlag **889 ff**, 908, 1046
– Definition 890
– Einzelaktstheorie 891
– Freiwilligkeit, Verhältnis zur 890
– Gesamtbetrachtungslehre **891**, 895
– Kausalkette, neue 891
– konkurrenzrechtlicher Tatbegriff, Verhältnis zum 1069
Feindstrafrecht 62
Fensterbrettfall 878
Fensterwurffall 1001
Fernziel 319
Festnahmerechte 600 ff
– dringender Tatverdacht 601
– Festnahmemittel 602 f
– persönlicher Anwendungsbereich 600
Fettschürzenfall 583
final-objektive Theorie 745
finale Handlungslehre **131**, 135 f, 149
Finalität 131
Flachmannfall 894
Flaggenprinzip 89
Folterverbot, absolutes 427
Förderungstheorie, akzessorietätsorientierte
formal-objektive Theorie 744, 853
– Abgrenzung Täterschaft – Teilnahme 744
– Abgrenzung Vorbereitung – Versuch 852
– Kritik 750
fortgesetzte Handlung 1078 ff
– Beendigung 1079
– Fortsetzungsvorsatz 1078
– Gesamtvorsatz 1078
– höchstpersönliche Rechtsgüter 1079
– Qualifikation 1079
– Rechtsfolge **1078 f**, 1082
– Rechtskraft 1079
– Rechtsprechung, Behandlung in der 1081
– Serienstraftaten 1081
– Strafklageverbrauch 1079
– Verjährung 1079
– Versuch 1079

- Vollendung 1079
- Voraussetzungen 1078
Fortsetzungsvorsatz 1078
freiverantwortlich 778
Freiwilligkeit 887 ff, **915 ff**
- Definition 914
- Fehlschlag, Verhältnis zum 890
- Motive 915 ff
- Rücktritt 915 f, 919
- Verbrechervernunft 917
Fremdgefährdung 268, 972
- Dispositionsbefugnis **268**, 273 f
- Rechtfertigung 274
- Selbstgefährdung, Abgrenzung zur 268, 271
- Selbstgefährdung, Gleichstellung mit 274
Fujimori-Fall 782
funktionaler Schuldbegriff 620
funktionelle Tatherrschaft 745, **763**

Garantenpflicht 983 f
- Grundlage 1005
- Irrtum **1030**, 1038 f
- Kollision mehrerer Garantenpflichten *s. Pflichtenkollision*
- Verbotsirrtum 1030, 1038
Garantenstellung 50, 281, 474 f, 519, 757, 800, 880, **1004 ff**
- Amtsträger 1012
- Arbeitgeber 1012
- Beaufsichtigung Dritter 1015
- Beschützergarant 1005, **1007 ff**
- Compliance-Beauftragter 1017
- echte Unterlassungsdelikte 1006
- Ehegatten 1021
- enge natürliche Verbundenheit **1008**, 1027
- Gefahrabwendungspflicht 1013 ff
- Gefahrenquelle 1005, 1013 ff
- Ingerenz 1022 ff
- Inverkehrbringen von Produkten 1026
- Irrtum 880, **1030**
- Lebens- und Gefahrengemeinschaft 1009
- Pflichtenkreis, besonderer 1012
- Rechtfertigungsgründe, und 497
- Tatumstandsirrtum *s. Tatbestandsirrtum, umgekehrter*
- Treu und Glauben 1010
- Übernahme von Schutzpflichten 1009, 1011
- Übernahme von Sicherungspflichten 1014
- Überwachungsgarant 1005, **1013 ff**
- Verkehrssicherungspflicht 1014
- Vertrag 1010
- Vorverhalten *s. Ingerenz*
- Wohngemeinschaft 1009
- Zeuge 1012
- Zufallsgemeinschaft 1009
Garantiefunktion des Strafgesetzes **61 ff**, 175
Garantietatbestand 175
Gastroskopiefall 582
GBA-Fall 749
Gebietsgrundsatz 87 ff
Gebotsirrtum 1038
Gebotsnorm 51, 124, **982**
Gefahr
- Notstand, entschuldigender **657**, 664
- Notstand, rechtfertigender 444 ff
- Realisierung **252**, 276, 290, 296, 298
- Schaffung **252**, 254 ff, 276, 285 ff
- Tatbestandsmerkmal 42 f
Gefährdungsdelikte 40 ff
- abstrakte 43
- konkrete **42**, 919
- Konkurrenzen 1101
- potenzielle 44
Gefährdungsumkehr, Prinzip der 887
Gefahrengemeinschaft
- Garantenstellung 1009
- Notstand 466
Gefahrtragungspflichten, besondere 660
Gefahrzusammenhang, tatbestandsspezifischer **38**, 977
Gefechtsübungsfall 942
gegenwärtige Gefahr 451 ff
gegenwärtiger Angriff 455, **487**
Geldbuße 20
Geldstrafe, Konkurrenzen 1091, 1095
Geltungsbereich des deutschen Strafrechts 85 ff
- aktives Personalitätsprinzip 86, **90**, 94
- Auslandstaten 90 ff
- Flaggenprinzip 89
- Gebietsgrundsatz 87 ff
- Individualschutzprinzip 91
- Inlandsbeschränkung, tatbestandsimmanente 95
- passives Personalitätsprinzip 86, 91
- Schutzprinzip 86, 91, 94
- Staatsschutzprinzip 91
- stellvertretende Strafrechtspflege, Prinzip der 93

- Tatortprinzip 94
- Territorialitätsprinzip 86 ff
- Ubiquitätsgrundsatz 88
- Universalitätsprinzip 92
- Weltrechtsgrundsatz 86, 93

gemischt subjektiv-objektive Theorie
- Strafgrund beim Versuch 843
- unmittelbares Ansetzen 853 ff

Generalklausel 64
Generalprävention 23
- negative 23
- positive 23

genuine link 85
Gesamtbetrachtungslehre 891 f
Gesamtlösung
- Mittäterschaft 870 f
- mittelbare Täterschaft 873

Gesamtstrafe 1056, **1094 f**
gesamttatbewertende Rechtfertigungselemente, Irrtum bei 714
gesamttatbewertendes Merkmal 354
- Irrtum über 714

Gesamtunrechtstatbestand 185 ff
Gesamtvorsatz 1078
Geschäftsherrenhaftung 1015
Geschwindigkeitsüberschreitungsfall 255, 954
Gesetzeseinheit 919, **1096 ff**
- Beteiligung 1101
- erfolgsqualifizierte Delikte 1098
- Gefährdungsdelikte, konkrete 1101
- Konsumtion 1103
- Maßregeln iSv § 11 I Nr 8 StGB 1106
- Nebenstrafen 1106
- Privilegierung 1097
- Qualifikation 1097
- Rechtsfolge 1106
- Rücktritt vom qualifizierten Versuch 1106
- selbstständige Abwandlungen 1097
- Spezialität 1097
- Subsidiarität 1101
- Versuch 1101

Gesetzeskonkurrenz 1057, **1096 ff**
Gesetzlichkeitsprinzip 61 ff
- außerstrafrechtliche Rechtfertigungsgründe 399
- Rechtfertigungsgründe 393 ff
- strafrechtliche Rechtfertigungsgründe in außerstrafrechtlichem Anwendungsbereich 399

Gesinnungsunwert **29 f**, 202, 613, 642, 645
Gewalt
- vis absoluta **144**, 146
- vis compulsiva 144

gewaltfreie Erziehung, Recht auf 592
Gewaltmonopol 4
Gewissenstäter 616
Gewohnheitsrecht **71 ff**, 175
gleichartige Idealkonkurrenz 1062, **1083 f**, 1114
Gleichgültigkeitstheorie 328
Gleichwertigkeit zwischen Tun und Unterlassen 984, **1028**
Gnadenschussfall **234**, 277
Görgülü-Fall 119
Gremienentscheidung 224
grober Unverstand 881
Grundgesetz, Verhältnis zum Strafrecht 4, 18
Grundrechte als Rechtfertigungsgründe 417
Grundrechtecharta (der EU) 110
Grundtatbestand 158 f
Gubener Verfolgungsfall **292**, 375, 878
Gutachtenstil 1198
Güterabwägung 441

Handlung 126, **128 ff**, 139, 142 ff
- Abgrenzungsfunktion des Handlungsbegriffes 135
- Basisfunktion des Handlungsbegriffes 135
- Bearbeitungshinweis 147
- Begriff 128, 135 ff, 139
- Definition 136
- Handlungsfähigkeit 140
- Handlungslehren *s. dort*
- Handlungsqualität 142 ff
- juristischer Handlungsbegriff **128**, 136
- ontologischer Handlungsbegriff **128**, 137
- Verbrechenslehre, Verhältnis zur 149

Handlungseinheit 1057, **1061 ff**, 1070 f, 1073, 1076 f
- Dauerdelikte 1065, 1087
- echte Unterlassungsdelikte 1066
- fortgesetzte Handlung *s. dort*
- höchstpersönliche Rechtsgüter 1073
- iterative Tatbestandserfüllung 1067, 1077
- mehraktige Delikte 1064
- natürliche 892, 1063, **1070 ff**, 1076 f
- Polizeifluchtfälle 1071
- rechtlich-sozialer Sinnzusammenhang 1061

– rechtliche 1063 ff
– Rechtsprechung, Bewertung in der **1070 f**, 1077
– sukzessive Tatbestandserfüllung 1067 ff, 1077
– tatbestandliche 1063 ff
– unechte Konkurrenzen **1096 ff**, 1101, 1103, 1107 ff
– unechte Unterlassungsdelikte 1066
– Voraussetzungen (tatbestandliche) 1063 ff
– zusammengesetzte Deliktstatbestände 1064
Handlungsfähigkeit 140
Handlungsherrschaft 745, 776
Handlungslehre
– finale **131**, 135, 138, 150
– intentionale 132
– kausale **130**, 135, 138, 149, 927
– Kritik 135
– personale 134
– soziale **133**, 136, 151, 199
Handlungsmehrheit 1096 ff, **1107 ff**
– mitbestrafte Vortat/Nachtat 1107 f, 1110
– rechtlich-sozialer Sinnzusammenhang 1061
Handlungsmöglichkeit, physisch-reale 996
Handlungsobjekt 14
Handlungsunrecht 199, 304, 312, 642, 800, 939
Handlungsunwert **29 f**, 59, 171, 495, 706 f, 935, 948 f, 972, 984
Handlungswille 128, 137, 199
Harmonisierung 111 ff
Hausgeburtsfall 1008
Hebammenfall 943 f
Hells Angels-Fall 501, **709**
Hemmschwellentheorie
– Beweiswürdigung 335
– Einschränkung 336
– Indizwirkung 336 f
– Kritik 336 f
Hepatitisfall 987
Heroinfälle 263, 269
Hilfeleisten 829
Hirnforschung 608
Hochstiftung *s. Aufstiftung*
höchstpersönliche Rechtsgüter
– fortgesetzte Tat 1079
– Konkurrenzen 344, 1062, 1071, **1073**
– Verzichtbarkeit 551
Hoferbenfall 826
Holzschutzmittelfall 221, 238
Hooliganschlägereifall 560, 564
Host-Provider 1014
Hoyzerfall 987
Hundehalterfall 943
Hypnose 145
hypothetische Einwilligung 580 ff
– Abgrenzung zur mutmaßlichen Einwilligung 581
– Arztstrafrecht 580 ff
hypothetischer Kausalverlauf **229**, 296, 829, 954, 969, 1001

Idealkonkurrenz *s. Tateinheit*
Immunität 729
in dubio pro reo 207, 234 f, 238, 295 ff, 836, 894, 916, 962, **1116 ff**
– gesetzliche Durchbrechungen 1119
– Grundsatz 1118
Indemnität 726
Indeterminismus 608
indirekter Verbotsirrtum *s. Erlaubnisirrtum*
Individualrechtsgüter 11
Individualschutzprinzip 91
Indizwirkung des Tatbestandes **179**, 972, 1035
Indizwirkung des Tatbestandsvorsatzes 201, 204, **646**
Ingerenz 661, **1022 ff**
– rechtmäßiges Vorverhalten 1023 f
Inlandsbegriff, funktioneller 97
Inlandsbeschränkung, tatbestandsimmanente 95
intentionale Handlungslehre 132
Interessenabwägung **458**, 461
interlokales Strafrecht, Grundsatz des 97
Internationaler Strafgerichtshof 101
internationales Strafrecht 85 ff, 99, 118
Internet-Provider 1014
Inzest 13, 16, 55
Irrtum **682 ff**, 1144 ff
– Angehörigenverhältnis 732 f, 735
– Anstifter 819
– Beteiligtenrolle 787 ff
– Blankettnormen 355
– Doppelirrtum 715 ff
– doppelter Tatbestandsirrtum 359
– Einwilligung 567
– Entschuldigungsgrund **718 ff**, 1153 ff, 1169 ff
– Erlaubnisirrtum *s. dort*

– Erlaubnistatbestandsirrtum *s. dort*
– Garantenpflicht **1030**, 1038
– Garantenstellung 880, **1030**
– Gehilfe 832
– gesamttatbewertendes Rechtfertigungselement 714
– gesamttatbewertendes Tatbestandsmerkmal 354
– Handlungsobjekt *s. error in obiecto vel persona*
– indirekter Verbotsirrtum *s. Erlaubnisirrtum*
– Kausalverlauf 1 *s. auch dort*
– mittelbare Täterschaft 786 ff, 792
– normative Tatbestandsmerkmale 353
– Notstand, entschuldigender 655
– Privilegierung 644, 1148, 1164
– Rücktritt 888
– Schuldminderungsgrund 644
– spezielle Schuldmerkmale 644
– Strafausschließungsgrund **730 ff**, 1156 ff, 1172 ff
– Strafverfolgungsvoraussetzungen **735**, 1160, 1175
– Subsumtionsirrtum *s. dort*
– Tatbestandsalternativen 359
– Tatbestandsirrtum *s. dort*
– Tauglichkeit des Subjekts 884
– Teilnahme, Irrtumsprobleme bei der 704, 707, **786 ff**, 792, 796
– Unzumutbarkeit normgemäßen Verhaltens 1040
– Variantenirrtum 359
– Verbotsirrtum *s. dort*
– Vorsatz des Vordermannes, über 796
Irrtum über Kausalverlauf 374 ff
– dolus generalis 379
– Rechtsprechung, Behandlung in der 376
– Wesentlichkeit der Abweichung **374**, 377, 381
– zweiaktige Geschehen 378 ff
IStGH *s. Internationaler Strafgerichtshof*
iterative Tatbestandserfüllung 1067, 1070, 1077

Jauchegrubenfall 374
Jenny-Fall 944, 1012
juristische Personen 141, 1012
juristischer Handlungsbegriff **128**, 136

Kannibalenfall 552
Kantherfall 306
Karneades-Brett *s. Brett des Karneades*
Kassiberfall 855
Katzenkönigfall 783 f
kausale Handlungslehre **130**, 135 f, 149, 927
Kausalität **215 ff**
– Abbrechen der ersten Kausalreihe 237
– Abweichung vom Kausalverlauf 234, **374 ff**
– Adäquanztheorie 242
– alternative 222
– Äquivalenztheorie **218 ff**, 228 ff
– Bedingungstheorie **218 ff**, 228 ff
– Beihilfe 829
– Beweisschwierigkeiten 238
– conditio-sine-qua-non-Formel *s. sine-qua-non-Formel*
– Eingreifen Dritter 234 f
– Erfolgsbeschleunigung 230
– generelle 218
– hypothetischer Kausalverlauf **229**, 296, 829, 954, 969, 1001
– Irrtum über Kausalverlauf 298, **374 ff**
– kumulative **223**, 235, 276 f, 290
– Lehre von der gesetzmäßigen Bedingung 239 ff
– Mehrfachkausalität **222**, 971
– Mitursächlichkeit 230
– Mitverschulden 234
– neue Ursachenreihe 237
– psychisch vermittelte 220
– Regressverbot **236**, 276
– Relevanztheorie 243 f, 956 f
– Reserveursache *s. hypothetischer Kausalverlauf*
– Reserveursache hypothetischer Kausalverlauf 1
– rettende Kausalverläufe 231
– sine-qua-non-Formel 218 ff, 228 ff, 239 ff, 298, 999, 1001
– überholende 237
– unbeherrschbarer Kausalverlauf 257
– Unterbrechung des Kausalverlaufs 237
– Unterlassen 999, 1001
Kettenanstiftung 816
– versuchte 806
Kindstodfall 1047
Klammerwirkung 1088 ff
Klarstellungsfunktion der Tateinheit 1096

Klingelfall 866
Kochsalzfall 333
kognitive Theorien 307 f
Kokainfall 270, 942, 964
Kolpinghuis Nijmegen-Fall 77
Kombinationsprinzip 1091
Komplementarität, Grundsatz der 103
Konfliktlage
s. notstandsähnliche Konfliktlage
Kongruenz objektive – subjektive Rechtfertigungselemente **401**, 658
Kongruenz objektiver – subjektiver Tatbestand 193, **313 ff**, 342
Konkurrenzen **1055 ff**, 1176
- Bearbeitungshinweis 1076 f, 1113
- Beteiligung 834, 1062, **1101**
- Dauerdelikt 1065, 1087
- Differenzierungsprinzip 1058
- echte *s. Tateinheit, Tatmehrheit*
- echte – unechte Unterlassungsdelikte 1050, 1052
- Einheitsstrafenprinzip 1058
- erfolgsqualifizierte Delikte 1098
- Freiheitsstrafe, lebenslange 1095
- Gesetzeseinheit 919, **1096 f**
- Gesetzeskonkurrenz 919, 1057, **1096 f**
- Grundgedanke der §§ 52–55 StGB 1056
- mitbestrafte Nachtat 1096, 1107, 1110, 1112
- mitbestrafte Vortat 1096, **1107 ff**
- Nebenfolge 1091
- Nebenstrafe 1091, 1106
- Rechtfertigungsgründe **429**, 437
- Tatbegriff 1060
- unechte *s. Gesetzeskonkurrenzen*
- Verbrechensverabredung 1108
- zusammengesetzte Deliktstatbestände 1064

Konsumtion **1103 f**, 1107 ff
Kraftprobefall 263
krankhafte seelische Störung 625
Kriegsverbrechen 99
Kriminalisierungsgebot 5
Kriminalpolitik 13 f, 16
kumulative Kausalität 223, 235, 276, 289
Kumulativvorsatz *s. dolus cumulativus*

La-Belle-Fall 749
Laura-Jane-Fall 944, 1012
Lebensführungsschuld 614
Lebensrisiko, allgemeines 257
Lebensschutz, absoluter 464
lebensverlängernde Maßnahmen 993
Lederriemenfall 333
Ledersprayfall 221, 226, 238, 1026, 1033, 1066
Lehre von den negativen Tatbestandsmerkmalen 181 ff, **703 ff**
- Kritik 183 ff, **704 f**
- Teilnahme **704**, 711

Lehre von der gesetzmäßigen Bedingung 227
Lehre von der Straftat 1055
Lehre von der Unrechtsfolge 1055
Leichtfertigkeit 977
- Definition 933

Leinenfängerfall 974
Lex-mitior-Grundsatz 67
Lilo-Fall 916
limitierte Akzessorietät 776, **795**
Lissabon-Urteil 114
Lockspitzel 820 f
Luftinjektionsfall 374
Luftsicherheitsgesetz 467, 678
Luxuria *s. Fahrlässigkeit, bewusste*

Magna Charta des Verbrechers 61
Manifest zur Europäischen Kriminalpolitik 114
Mannesmann-Fall 353, 683, 696
Massenkarambolagefall 969
Maßregeln der Besserung und Sicherung **19**, 607, 627
- anwendbares Gesetz 69
- Konkurrenzen 1091, 1106
- Rückwirkungsverbot 69
- Sozialgefährlichkeit 19

materiell-objektive Theorie
- Abgrenzung Täterschaft – Teilnahme 745 f
- Abgrenzung Vorbereitung – Versuch 853

Mauerschützen 782, 1012
mehraktige Delikte, Konkurrenzen 1064
Mehrfachkausalität **222**, 971
menschenwürdiger Tod, Recht auf 469 f
Messerstichfälle 895
Mignonettefall 464, 659
minder schwere Fälle 33
Mischtatbestände 38, 796, **977**
- erfolgsqualifizierte Delikte *s. dort*

Mitanstiftung 816
mitbestrafte Nachtat 1096, **1110 ff**
- Strafbarkeit, selbstständige 1112
- Teilnahme 1112

mitbestrafte Vortat 1096, **1107 f**
Mitbewusstsein, sachgedankliches 349
Mittäterschaft 738, 743, **759 ff**
- Abgrenzung zu anderen Beteiligungsformen 813, 828, 1032
- Absicht, besondere 765
- Ausführungsstadium 763 f
- Bandenchef 744, 750, 764
- Beteiligungsminus 763
- eigenhändige Delikte 55, 755
- Einzellösung 870
- erfolgsqualifizierte Delikte 767
- error in persona 771
- Exzess 767
- fahrlässige 740, 930
- funktionelle Tatherrschaft 745, 763
- geistige Mitwirkung 763
- Gesamtlösung 870
- isolierte 765, 768
- Konkurrenzen 1062
- objektiver Tatbeitrag 763
- persönliche Merkmale 765
- sukzessive 762 f
- Tatplanänderung 770
- tauglicher Täter 765
- teilweise Mittäterschaft 768
- Unterlassungsdelikte 1032 f
- vermeintliche Mittäterschaft 871
- Versuchsbeginn 870 f
- Zurechnung 767
mittelbare Täterschaft 738, 743, **773 ff**, 872 ff
- Abgrenzung zu anderen Beteiligungsformen 776 f, 813
- eigenhändige Delikte 55, 784
- Einzellösung 873
- error in obiecto vel persona 792
- Exzess 786
- Gesamtlösung 873
- Grundlage für Zurechnung 774
- Irrtum 786 ff, 792
- Organisationsherrschaft 782
- Sonderdelikte 784
- Subjektsqualität, besondere 784
- untauglicher Versuch 873
- Unterlassen, durch 1033
- vermeidbarer Verbotsirrtum 783
- Versuchsbeginn 872 ff
- volldeliktisch handelndes Werkzeug 782
- Werkzeugeigenschaft 773, 775, 781 f
- Willensherrschaft 745, 776, 873
Mitursächlichkeit 230
Mitverschulden 234
Mobbingfall 1019 f
Modalitätenäquivalenz 1028
Möglichkeitstheorie 326
Moral und Recht 15, **615 f**
Mordmerkmale 642, 742, 800 f, 827
Motassadeq-Fall 829, 832
Müllcontainerfall (= Zivifall) 268, 965
Münzhändlerfall 871
mutmaßliche Einwilligung 284, **569 ff**
- Beurteilung 577, 589
- Ermittlung mutmaßlichen Willens 573
- Grundgedanken 569
- Irrtum 577
- mangelndes Interesse 579
- materielles Interesse des Betroffenen 570
- Sterbehilfe 575
- Voraussetzungen 570, 578
- wahrer Wille 577
mutmaßliches Einverständnis 570

Nachtat, mitbestrafte 1096, 1110 ff
- Strafbarkeit, selbstständige 1112
- Teilnahme 1112
Nackenstichfall 895
Nahziel 319
natürliche Handlungseinheit 892, 1062, **1070 ff**
natürlicher Vorsatz **205**, 709
ne bis in idem 98
- Schengener Durchführungsübereinkommen 98
Nebenfolge, Konkurrenzen 1091
Nebenstrafe, Konkurrenzen 1091, 1106
Nebenstrafrecht 17
Nebentäter 738, **760**, 930, 970 f
negative Generalprävention 23
negative Spezialprävention 23
negative Tatbestandsmerkmale 181
- Lehre von den negativen Tatbestandsmerkmalen *s. dort*
Neulandmethodenfall 582
neutrales Verhalten (bei der Beihilfe) 830
Neutralisierung 117
normative Schuldlehre 619
normative Tatbestandsmerkmale 188, **190**, 353
- deskriptive, Grenzziehung 191
Normzweck 243, 253 f, 258, 298, 951
Notbremse (Art. 83 II AEUV) 112
Nothilfe 497
Nötigungsnotstand 462, **663 f**

Notstand 431 ff
– aggressiver *s. dort*
– allgemeiner rechtfertigender *s. dort*
– defensiver *s. dort*
– Definition 432, 436
– entschuldigender *s. dort*
– Grundgedanke des entschuldigenden Notstandes 433, 435
– Grundgedanke des rechtfertigenden Notstandes 433
– rechtfertigender *s. dort*
– übergesetzlicher 467
– zivilrechtlicher 432 f, **436 ff**
notstandsähnliche Konfliktlage 731 ff
Notstandshilfe 456
Notwehr 480
– Absichtsprovokation 522
– Abwehrprovokation 523
– Angriff **483 ff**, 504
– Angriff auf die öffentliche Ordnung 484
– Angriff auf die Rechtsordnung 484
– Angriff durch Unterlassen 485
– Angriffsrichtung 497
– antizipierte 490
– Bagatellangriff 512
– beendeter Angriff 487
– Beurteilung der Voraussetzungen **492**, 502
– entschuldigte Tat, gegen **655**, 662
– Erforderlichkeit **498 ff**
– Europäische Menschenrechtskonvention 118, 513
– Exzess *s. Notwehrexzess*
– Garantenstellung des Verteidigers 1023
– Gebotenheit 512
– Geeignetheit 498 f
– gegen polizeiliche Maßnahmen 531
– gegenwärtiger Angriff **455**, 487
– gerechtfertigte Tat, gegen 655
– Grundgedanken **481**, 508
– Güterabwägung 507
– Irrtum über die Grenzen der Notwehr *s. Notwehrexzess*
– Irrtum über Notwehrlage 492
– lebensgefährliche Waffen 501
– mildestes Mittel 498 ff
– Nothilfe 497
– notwehrähnliche Lage 489
– Notwehrexzess *s. dort*
– Notwehrfähigkeit 484
– Notwehrhandlung 496
– Notwehrlage **483 ff**, 489 f, 492 f
– persönlicher Anwendungsbereich 497
– Präimplantationsdiagnostik 16
– Präventivmaßnahmen 489 f
– provozierte 521 ff
– Rechtsbewährungsprinzip **481**, 506 ff
– Rechtsmissbrauch 508
– rechtswidriger Angriff 493
– Scheinangriff 504
– schimpfliche Flucht 508
– Schranken 508 ff
– schuldloser Angriff 486
– Schusswaffen 501
– Schutzprinzip 508
– Schutzwehr 524
– Schweigegelderpressung 530
– Staatsnotwehr 448, 484
– Trutzwehr 524
– Überschreitung *s. Notwehrexzess*
– ungewollte Auswirkungen 505
– Verteidigungswille 532 f
– Voraussetzungen 536
notwehrähnliche Lage 489
Notwehrexzess 534, 652, **666 ff**
– asthenische Affekte 667
– extensiver 669
– Grundgedanke 666
– intensiver 667
Notwehrprobe 466
Notwehrprovokation 527
– Vorverhalten 525
Notwehrrecht, schneidiges 507
Notwehrüberschreitung *s. Notwehrexzess*
notwendige Teilnahme 835
nullum crimen, nulla poena sine lege scripta 61, 71

objektive Bedingung der Strafbarkeit **206 ff**, 315, 350, 725
– Beispiele 207
– Ermittlung 206
– in dubio pro reo 208
– Irrtum 1159, 1175
objektive Tatbestandsmerkmale 192
objektive Theorien
– Abgrenzung Täterschaft – Teilnahme 744 ff, 750
– Abgrenzung Vorbereitung – Versuch 852
objektive Vermeidbarkeit 956, 959 ff
objektive Zurechnung 215 f, 236, 246 ff, 375
– Adäquanz 242

– Adäquanztheorie 242, 289
– atypischer Kausalverlauf 233, 242, 252, 258, 289 ff, 298, 375, 848, 888, 908
– Bedingung, ganz entfernte 257
– Dazwischentreten des Opfers 275
– Dazwischentreten eines Dritten **276 ff**, 968 f
– Eigenverantwortlichkeitsprinzip 252, **259**, 265
– erlaubtes Risiko 257 f, 296
– Fahrlässigkeitsdelikt 950 ff
– Gefahrrealisierung **252**, 276, 289, 296, 298
– Gefahrschaffung **252**, 254, 260, 276, 286, 298
– Grundformel 249, **251**
– menschliches Beherrschungsvermögen 257
– pflichtgemäßes Alternativverhalten *s. dort*
– Pflichtwidrigkeitszusammenhang 252, **294 ff**, 954
– Realisierungszusammenhang 252
– Rechtsprechung, Behandlung in der 376
– Relevanztheorie 243, 955
– Retterfälle 279 ff
– Risikoerhöhungslehre *s. dort*
– Risikoverringerung 284 ff
– Rücktritt 907 f
– Schutzzweck der Norm 252, 254, 301, 951, 959
– Selbstgefährdung *s. dort*
– Straßenverkehr 945 f, 951
– ungewöhnliches Opferverhalten 263, 953, 966 f
– Unterlassungsdelikte 1002
– Verfolgerfälle 283
– Voraussetzungen 251 f
– Zurechnungszusammenhang, Unterbrechung des 236, 263, 276, 289, 298
objektiver Tatbestand 192
– Abgrenzung zum subjektiven Tatbestand 193
– Kongruenz mit subjektivem Tatbestand 193, 313, 315, 342
– Rechtswidrigkeit als Merkmal des 194
Objektsverwechslung
s. error in persona vel obiecto
offener Tatbestand 179, 387
Öffentliches Recht 4
omissio libera in causa 1041
omnimodo facturus 815
ontologischer Handlungsbegriff 136
Opferverhalten 263, 953, 966 f
Ordnungswidrigkeiten 17, 739
Organhaftung 141, 739
Organisationsherrschaft 782
Oury Jalloh- Fall 943, **1000**, 1005

Parallelwertung in der Laiensphäre 353
Partisanenfall 98
Passauer Giftfalle 780, 857
Patientenverfügung 572
pauschalierende tatbestandliche Handlungsbeschreibung 1064
personale Handlungslehre 134
personale Unrechtslehre 150, 199
Personalitätsprinzip
– aktives 86, 90
– aktives eingeschränktes 90, 94
– passives 86, 91
Personenverbände 141
persönliche Merkmale
s. täterbezogene Unrechtsmerkmale
persönliche Strafaufhebungsgründe 725, 727
persönliche Strafausschließungsgründe 725 f
– Irrtum über 730 ff, 1156 ff, 1172 ff
– unvermeidbarer Irrtum über 732
– vermeidbarer Irrtum über 733
Pfeffertütenfall 857
Pflegemutterfall 234, 277, 374
Pflichtdelikte 756
Pflichtenkollision
– entschuldigende 652, **677**
– rechtfertigende 1035 ff
– scheinbare 1035
pflichtgemäßes Alternativverhalten 953 ff, 959 ff, 1002
Pflichtverletzung 29
pflichtwidriges Vorverhalten
s. Ingerenz
Pflichtwidrigkeitszusammenhang 252, 294, 296 f, 955
– hypothetisches Geschehen 958
Pilzfall 77
Politbürofall 224, 782, 1033
Polizeifluchtfälle 1071
Polizeiliche und Justizielle Zusammenarbeit in Strafsachen (PJZS) 109
polizeilicher Schusswaffengebrauch 424
positive Generalprävention 23
positive Spezialprävention 23

Postpendenz 1116 ff, 1135 f
Präpendenz 1116 ff, 1135 f
Präventivmaßnahmen 489 ff
Präzisierungsgebot 65
Privilegierung 30, 32, 158, 160 f, 165 ff, 644, 919
- Irrtum 644, 1148, 1164
- Konkurrenzen 1097
- Qualifikation, Zusammentreffen mit 166
- Sperrwirkung 166, 919
Prognoseentscheidungen 944
Provider 1014
provozierte Notwehr 521 ff
Prozessvoraussetzungen 210
Psychiatriefall 229, 294, 944, 953 f, 958
psychisch-normative Methode 625
Pumpgunfall 895
Putativnotstand 453, 718
Putativnotwehr 492, 534, **670 ff**, 714
Putativnotwehrexzess 671

Qualifikation 32, 158, 160 f, 165 ff
- fortgesetzte Tat 1079
- Konkurrenzen 1097
- Privilegierung, Zusammentreffen mit 166
- Rücktritt 905
- Sperrwirkung 166 f, 919
- Versuch 863
- Vollendung 840
qualifikationsloses Werkzeug 754
qualifizierter Versuch 919
Quasi-Kausalität 999 f

Radbruchsche Formel 70
Radfahrerfall 295 f, 954
Radleuchtenfall 256, 986 f
RAF-Fall 749
Realisierungszusammenhang 248, **252**
Realkonkurrenz *s. Tatmehrheit*
rechtfertigender Notstand
- allgemeiner rechtfertigender Notstand, Notstand *s. dort*
- entschuldigender Notstand, Unterschied zum 655
- Garantenstellung 1011, 1024
- Grundgedanke 434
- Notwehr gegen gerechtfertigte Tat 655
- Teilnahme an gerechtfertigter Tat **390**, 655
- Unterlassungsdelikte 1035
Rechtfertigung
- Fahrlässigkeitsdelikt 973
- polizeilicher Schusswaffengebrauch 424
- Unterlassungsdelikt 1035 ff
- Zivilrecht, Verhältnis zum 392
- § 161 StPO 426
Rechtfertigungsgründe 171, 412 ff, 431 ff, 480 ff, 537 ff, 580 ff, 591 ff, 600 ff
- Analogie als Rechtsgrundlage 393
- ausländisches Recht 95
- außerstrafrechtliche 399
- Autonomieprinzip 400
- Duldungspflicht 183, **389**
- erlaubtes Risiko 413
- fahrlässigem Delikt, bei 972
- fehlendes subjektives Rechtfertigungselement 406 ff
- Gesetzesrecht als Rechtsgrundlage 392
- Gesetzlichkeitsprinzip 393 ff
- Gewohnheitsrecht als Rechtsgrundlage 393
- Grundprinzipien 400
- Grundrechte 417
- Handeln auf Weisung 674 f
- hoheitliches Handeln 418 ff
- Konkurrenzen 429, 436
- Notstand 431 ff
- Prinzip des überwiegenden Interesses 400
- restriktive Auslegung 397
- Solidaritätsprinzip 400
- Steuer-CDs 415, 426
- Strafantrag 415
- subjektives Rechtfertigungselement 401, 532 f, 658
- Teilnahme an einer gerechtfertigten Tat **390**, 655
- teleologische Einschränkung 394, 396
- Tötung im Krieg 416
- unbestellt zugesandte Ware 414
- Verantwortungsprinzip 400
- verkehrsrichtiges Verhalten 972
- Wortlautgrenze 395
- § 241a BGB 414
rechtmäßiges Alternativverhalten *s. Alternativverhalten, rechtmäßiges*
rechtmäßiges Vorverhalten *s. Ingerenz*
Rechtsangleichung 111
Rechtsbewährungsgedanke 507, 509
Rechtsfolge, Definition 27
Rechtsfolgen der Straftat 18 f
rechtsfolgenverweisende eingeschränkte Schuldtheorie 708 f, 711

Rechtsfrieden **8 f**, 843, 881
Rechtsgesinnung 196, 202, 613
Rechtsgut 9 ff, 155
- Definition 11
- Funktion 11
- Rechtsgutslösung 560
- Schutz 9
- Verletzung 29
Rechtsgüterschutz 9
Rechtsgutsverletzung 29
Rechtskraft, fortgesetzte Tat 1079
Rechtsneuschöpfung *s. Analogie*
Rechtsnorm 15, 75, 124, 615
Rechtsprechungsänderung 70, 576
- Rückwirkungsverbot 70
Rechtsschuld 614 f
rechtswidrige Polizeimaßnahmen, Abwehr gegen 531
rechtswidrige Tat, Definition 28
Rechtswidrigkeit 126 f, 172 f, 184 ff, 194, 384 ff, 863, 972 f
- Definition 386
- Duldungspflicht 389
- Erlaubnistatbestand 171 ff, 388
- Fahrlässigkeitsdelikt 972 f
- objektiver Tatbestand, Merkmal des 194
- Versuch 869
Referendarfall 1008
Reflexbewegungen 142, 1223
Regelbeispiele 33, 163, 165, 348, 767, 800
- Versuch 863
Regressverbot 236, 276
Reinigungsmittelfall 266, 1014
relative Strafzwecktheorien 23
Relevanztheorie 243, 956 f
Reserveursache *s. hypothetischer Kausalverlauf*
Resozialisierungsprinzip 18, 25 f
Retterfälle 279
Rettungsfolter 427 f, 679
Richterrecht 74, 1125
Richtlinien 111 f
Risikoerhöhungslehre 296 f, 829, 962 f
- in dubio pro reo 962
Risikoverringerung 252, 284 ff, 815, 1002
Rohrzangenfall 894
Römisches Statut 98, 102 ff
Rose-Rosahl-Fall 824
Rücktritt 727, 840, 886 ff
- atypischer Kausalverlauf 908
- Aufgeben der Tat 897, **903**
- beendeter Versuch **893 ff**, 906
- Beteiligte, mehrere 910, 913 f
- Erfolgseintritt 888
- erfolgsqualifizierte Delikte 921
- Fehlschlag 889 ff, 908, 1069
- Freiwilligkeit 915 f
- Grundgedanke **887 ff**, 915
- Grundgedanke von § 24 II StGB 910
- Irrtum über Wirksamkeit des Tuns 888
- mehraktige Geschehen 894
- objektive Zurechnung 907 f
- Qualifikation 905
- qualifizierter Versuch, Konkurrenzen 1106
- Rechtsfolge 887, 919
- Rücktrittshorizont 895, 898 ff
- Rücktrittswille 888
- Tatbegriff 892, **904**, 910, 1069
- Teilrücktritt 905
- untauglicher Versuch **902**, 908, 1049
- Unterlassen, durch 913
- Unterlassungsdelikte 1045 ff
- Unternehmensdelikte 57
- Versuch der Verbrechensvorbereitung 727, 812, 874
- Vorbereitungsstadium 914
Rücktrittshorizont 895, 898 ff
Rückwirkungsverbot 61, 66 ff
Russisches Roulette 274, 965

sachgedankliches Mitbewusstsein 349
Sachverhalt, Definition 27
Sado-Maso-Fall 561 f, 714, 749, 927
Salzsäurefall 874
Samenergussfall 897
Sattelschlepperfall 1000, 1014
Scheinwaffe 504
Schläfenschussfall 895
Schlafsofafall 367
Schamhaarfall 1034
- Sorgfaltspflichtverletzung 936
Schönheitsoperationsfall 557 f, 993
Schonungsgrundsatz, strafrechtsspezifischer 114 ff
Schreckreaktionen 142
Schuld 18, 28, 127, **605 ff**, 617 ff, 624 ff, 632 ff
- Ausschließungsgründe 652
- bedingte Schuldfähigkeit 632
- Bestandteile 619
- Charakterschuld 614
- Determinismus 608

- Doppelfunktion des Vorsatzes 200 ff, 645
- Einordnung 151
- Einzeltatschuld 614
- Entschuldigungsgründe *s. dort*
- Fahrlässigkeitsschuld *s. dort*
- Gesinnungsunwert 29 f, 202, 613, 642, 645
- Indeterminismus 608
- klassisches Verbrechenssystem 149, 1139
- Lebensführungsschuld 614
- moralische 615
- normative Schuldlehre 619
- Notstand *s. entschuldigender Notstand*
- nulla poena sine lege 610
- psychologische Schuldauffassung 618
- Rechtsschuld 615
- Regelung im Gesetz 617
- Schuld- und Verantwortungsprinzip 18, 201, **607 f**, 610 f
- Schuldausschließungsgründe 652
- Schuldfähigkeit *s. dort*
- Schuldform *s. dort*
- Schuldminderungsgrund 644, 653
- Schuldunfähigkeit *s. dort*
- Schuldvorwurf 605, **612 f**, 645
- sittliche 615
- spezielle Schuldmerkmale *s. dort*
- Unrechtsbewusstsein *s. dort*
- Verbotsirrtum *s. dort*
- verminderte Schuldfähigkeit 628
- Vorsatzschuld *s. dort*

Schuldangemessenheit 610
Schuldausschließungsgründe 652
Schuldbegriff
- psychologischer/normativer 618 f

Schulderfüllungstheorie 887
Schuldfähigkeit 126, 140, 619, **624 ff**, 632 f
- actio libera in causa *s. dort*
- psychisch-normative Methode 625
- selbstverschuldete Trunkenheit 630
- verminderte 628
- Zeitpunkt 624

Schuldform 126, 200, 619, **645 f**, 927
Schuldgehalt 645
Schuldgrundsatz *s. Schuldprinzip*
Schuldlos Angreifender 518
Schuldmerkmale, spezielle *s. spezielle Schuldmerkmale*
Schuldminderungsgrund 642 ff, 653
- Irrtum über 644
- Teilnahme 643
- Vorsatz bzgl 644

Schuldprinzip 18, 201, **607 f**, 610 f, 633, 693
Schuldteilnahmetheorie 794
Schuldtheorie 350, 691 f, 695
- eingeschränkte 700 ff
- rechtsfolgenverweisende eingeschränkte 708 f, 711
- strenge 699
- Vorsatzschuld *s. dort*

Schuldunfähigkeit 145, **624 ff**
- biologische Faktoren 625
- Blutalkoholkonzentration 627 f
- krankhafte seelische Störung 625
- normative Faktoren 625
- Privilegierung *s. dort*
- psychische Faktoren 625
- psychologische Faktoren 625
- Rechtsfolge 627
- tiefgreifende Bewusstseinsstörung 145

Schusswaffengebrauch, polizeilicher 424
Schutzprinzip 86, 91, 512
Schutzvorschriften 949
Schutzwehr 524
Schutzzweck der Norm 243, 252, **254 ff**, 951, 960
Schutzzweckzusammenhang *s. Schutzzweck der Norm*
Schweinetrogfall 769
Selbstgefährdung **259 f**, 268 f, 274, 964
- freiverantwortlich 265 ff, 778
- Fremdgefährdung, Abgrenzung zur 268, 271, 274

Selbsthilfe 603
Selbstmord 777, 793
Selbstschädigung 777
selbstständige Abwandlungen *s. Abwandlungen, verselbstständigte*
Sicherungsverwahrung 19, 69
sine-qua-non-Formel **218 ff**, 228 ff, 239 ff, 999, 1001
- Schwächen 221
- Unterlassen 1000

Sinnzusammenhang, rechtlich-sozialer 1061
Siriusfall 775, 778
Sittenwidrigkeit **560**, 589
sittliche Schuld 615
Sittlichkeit und Recht 15, 615
Skimming 862, 1062
Sonderdelikte 52, 54, 784
- echte 54, 754
- unechte 54

Sondernormen 947

Sonderpflicht, tatbestandsspezifische 756
Sonderwissen 452, 944
Sorgfaltspflicht
- Beurteilung 943
- Inhalt 942, 945, 947
- Sondernormen, Indizwirkung von 947
- Sonderwissen 944
- Vertrauensgrundsatz 945
Sorgfaltspflichtverletzung
- Leichtfertigkeit 977
- Mischtatbestände 977
- schlichte Tätigkeitsdelikte 936
- Vorhersehbarkeit, Vermeidbarkeit *s. dort*
Sozialadäquanz 79, 258
Sozialarbeiterfall (= Zivifall) 268, 965
Sozialbetrugsfälle 1008
soziale Handlungslehre **133**, 136, 161, 199
Sozialerheblichkeit 136
Sozialethik 15
sozialethisches Unwerturteil 4
Sozialgefährlichkeit 18
Spannerfall 454, 461
Sperrwirkung 166 f, 919
Spezialität 1097 ff
Spezialprävention 23
- negative 23
- positive 23
spezielle Schuldmerkmale 196, 619, **642 ff**, 801
- Irrtum über 644
- objektiv gefasste 644
- subjektiv gefasste 644
- Teilnahme 643, 801
- Vorsatz bzgl 644
Spontanreaktionen 143
Staatsnotwehr 484
Staatsschutzprinzip 91
Staschynskijfall 748
Stechapfelteefall 263
stellvertretende Strafrechtspflege, Prinzip der 86, 93
Sterbehilfe **468 ff**, 552, 575, 991 ff
- Abgrenzung Tun – Unterlassen 991 ff
- aktive 468, 552
- Behandlungsabbruch 468 f, 575, 993
- direkte 468, 552
- Fall Putz 469, 575, 993
- indirekte 468 ff
- Konfliktmodell 574
- passive 575
- Patientenverfügung 572
- rechtfertigende Einwilligung 469
StGB, Aufbau 17, 155
Strafantrag *s. Antrag*
Strafaufhebungsgrund *s. Rücktritt*
Strafaufhebungsgrund Rücktritt
- persönlicher 725, 727
Strafausschließungsgrund 725 f
- Irrtum **730 ff**, 1156 ff, 1172 ff
- vermeidbarer Irrtum 733
Strafbarkeitsbedingungen, objektive *s. objektive Bedingung der Strafbarkeit*
Strafbarkeitsirrtum, umgekehrter 882 f
Strafbarkeitsvoraussetzungen 155
strafbegründende Merkmale 798 f
Strafe, Voraussetzungen 17 f, 126 f
Strafeinschränkungsgründe *s. Strafmilderung, Absehen von Strafe*
Straferlass 728
Strafgerichtshof, Internationaler 101
Strafgewalt 85
Strafgründe 4, 8
- Teilnahme 794
- Versuch 843
Strafklageverbrauch 1088
- fortgesetzte Tat 1078 f
Strafmilderung 33, 728, 821
- Gehilfe 797 f
- Unterlassungsdelikte 984
strafmodifizierende Merkmale 799 f
Strafrecht
- Anknüpfungspunkt 125
- Anwendbarkeit des deutschen 85 ff
- Aufgabe 4, 8 f, 61
- Einordnung 4
- Grundsatz des interlokalen 97
- Harmonisierung 108
- internationales 85 ff, 99, 118
- Reichweite des Strafrechtsschutzes 15
- supranationales 108
- Wurzeln 15
strafschärfende Merkmale *s. strafmodifizierende Merkmale*
Strafschärfungen 33
Straftat
- Aufbau 28, 126
- Definition 28, 125
- Grundlage 926
- Wesen 29
Strafverfolgung
- Zulässigkeit 164
Strafverfolgungshindernis 210, 729
- Irrtum 735, 1160, 1175

Strafverfolgungsvoraussetzungen
s. Strafverfolgungshindernis
Strafverzicht 728
Strafzumessung 33, 156, 163, 610, 614
Strafzwecke 21 ff
Strafzwecktheorie
– absolute 22
– Freiwilligkeit des Rücktritts 887, 916
– relative 23
Strafzwecktheorien 22
Straßenverkehr 945 f, 951
strenge Schuldtheorie 699
strenge Vorsatztheorie 693 ff
Stufenverhältnis 161, 165
Stuhldrangfall 457
subjektive Rechtfertigungselemente
s. Rechtfertigungsgründe
subjektive Tatbestandsmerkmale 195, 197
– Bedeutung 197
subjektive Theorie
– Abgrenzung Täterschaft – Teilnahme 748 ff
– Abgrenzung Vorbereitung – Versuch 852
– Kritik 750
subjektive Zurechnung 304
subjektiver Tatbestand 195
– Abgrenzung zum objektiven Tatbestand 193
– Kongruenz mit objektivem Tatbestand 193, 313, 315, 342
Subjektives Rechtfertigungselement 401 ff, 477, 496, 532 f, 658, 973
– Qualität 402 ff
Subjektsqualität, besondere 54, 784
Subsidiarität 834, **1101**, 1107 f
– Unterlassungsdelikte, echte – unechte 1052
Substitutionsfall 964
Subsumtion 27
Subsumtionsirrtum 352
– umgekehrter 882 f
Sühnetheorie 22
Suizid 777 f, 793, 1050
sukzessive Beihilfe 831
sukzessive Mittäterschaft 762 f
sukzessive Tatbestandserfüllung 1067, 1077
Surgibonefall 582

Tankstellenfall 855, 866
Tat, rechtswidrige 28
Tatbegriff
– Identität der Tatbegriffe 1069
– iSv Art. 103 III GG 1060
– iSv § 24 StGB 892, 904, 910, 1069
– iSv §§ 52 f StGB 1060, 1069
– prozessualer 1060
– Verhältnis prozessualer – materieller 1060
Tatbestand
– Auslesefunktion 178 f
– Begriff 174
– Definition 27
– ergänzungsbedürftiger Tatbestand 387
– Garantiefunktion 61 ff, 66 f, 69 ff, 175
– Garantietatbestand 175
– ieS 126 f, 176
– Indizwirkung 179, 972, 1035
– iwS 155, 175
– offener 179
– offener Tatbestand 387
– Unrechtstatbestand *s. dort*
tatbestandliche Abwandlung
s. Abwandlung, verselbstständigte
tatbestandliche Gleichwertigkeit 361 ff
Tatbestandsannex
s. objektive Bedingung der Strafbarkeit
Tatbestandsirrtum 199, 206, 347 ff, **356 ff**, 364, 367 ff, 683, 1145 ff
– aberratio ictus 364, **367 ff**
– doppelter 359
– Entwicklung 692
– error in obiecto vel persona 360 ff
– Erschwernisgründe nicht-tatbestandlicher Art 348
– Fehlgehen der Tat *s. aberratio ictus*
– Garantenstellung 1030
– Handlungsobjekt, Irrtum über das
s. error in obiecto vel persona
– Irrtum über den Kausalverlauf 298, **374 ff**
– normative Tatbestandsmerkmale 353
– Rechtsfolge 357
– Regelbeispiele 348
– Subsumtionsirrtum 352
– Tatbestandsalternativen, Irrtum über 359
– umgekehrter **880 ff**, 1163
– Unterschied zum Erlaubnistatbestandsirrtum 707
– Versuch 344, 358, **851**
Tatbestandsmäßigkeit
– Definition 171
Tatbestandsmerkmale
– deskriptive **188 f**, 351
– normative 188, **190**, 353

Tatbestandsmodell 634, 641
Tatbestandsqualität **160**, 163 ff
tatbestandsspezifische Sonderpflicht 756
Tatbestandsvorsatz 199
tatbezogene Unrechtsmerkmale 800
– Abgrenzung zu den täterbezogenen 800
tatbezogener Täterbegriff 741, 753
Tateinheit 919, 1057, 1083, **1085 ff**
– Absorptionsprinzip 1091
– Anstiftung und Beihilfe, bei 1062
– Dauerdelikt **1065**, 1087
– erfolgsqualifiziertem Versuch, bei 1096
– gleichartige Idealkonkurrenz 1082 f, 1114
– Handlungseinheit *s. dort*
– Klarstellungsfunktion 1096
– Kombinationsprinzip 1091
– Mittäterschaft, bei 1062
– Qualifikation 1097
– Rechtsfolge 1056, 1091
– Teilidentität der Ausführungshandlungen 1082, 1085
– Teilnahme, bei 1062
– ungleichartige Idealkonkurrenz 1083
– Verklammerung 1088 ff
– Verletzung mehrerer Gesetze 1083
– Versuch der Erfolgsqualifikation, beim 1096
– Vollendung 1085
– Zäsur 1087
– Zustandsdelikt, Zusammentreffen mit Dauerdelikt 1087
Tatentschluss 845, **851**, 881
– abergläubischer Versuch 881
– endgültiger 851
– Eventualvorsatz 851
– Tatbestandsirrtum 851
– Zäsurwirkung 1087
Täterbegriff
– bei eigenhändigen Delikten 55
– tatbezogener 741, **753**
täterbezogene Unrechtsmerkmale 797 ff
– Abgrenzung zu den tatbezogenen 800
– Einheitslösung 800
– Mittäter 765
– strafbegründende 765, **798**, 800, 804
– strafmodifizierende **799 f**, 804
Täterschaft **738 ff**
– Abgrenzung zur Teilnahme *s. Abgrenzung Täterschaft – Teilnahme*
– Erscheinungsformen 738
– Konkurrenzen 1101
Tatherrschaft 753
– Definition **745 f**
– funktionelle 745, **763**
– Handlungsherrschaft 745
– kraft überlegenen Wissens 745, 777
– Organisationsherrschaft 782
– Willensherrschaft 745, **776**
Tatherrschaftslehre 745 ff
– Kritik 750
tätige Reue 727, **922**
Tätigkeitsdelikt 36, 39, 931
– schlichtes 39, 213, 936, 982
Tatkomplex 1194
Tatmehrheit 1057, 1092, **1094 f**
– Asperationsprinzip 1095
– Dauerdelikt, Zusammentreffen mit Zustandsdelikt 1087
– Gesamtstrafe 1056, 1094 f
– Handlungsmehrheit *s. dort*
– Rechtsfolge 1056, **1094 f**
– Zustandsdelikt, Zusammentreffen mit Dauerdelikt 1087
Tatmittler gegen sich selbst 780
Tatort 88
Tatortprinzip 86 ff, 96 f
Tatplantheorie 894
Tatumstandsirrtum *s. Tatbestandsirrtum*
Tatzeit 67
Teilidentität der Ausführungshandlungen 1082, **1085**
Teilnahme 738, **793 ff**
– Abgrenzung zur Täterschaft *s. Abgrenzung Täterschaft – Teilnahme*
– Akzessorietät *s. dort*
– Begehungsort 88
– eigenhändige Delikte 55
– entschuldigter Tat, an 655
– erfolgsqualifizierte Delikte 796
– Erlaubnistatbestandsirrtum des Vordermannes 707, 796
– Erscheinungsformen 738
– Fahrlässigkeitsdelikt 930
– Förderungstheorie, akzessorietätsorientierte 794
– gerechtfertigter Tat, an 390, 655
– Irrtumsprobleme 704, 707, **786 ff**, 792, 796
– Konkurrenzen 834, 1062, 1101, 1115
– mitbestrafte Nachtat 1112
– notwendige 835
– omnimodo facturus 815
– spezielle Schuldmerkmale 643, 801

– Strafgrund 794
– Strafmaß 797
– tatbezogene Unrechtsmerkmale 800
– täterbezogene Unrechtsmerkmale 797 ff
– Unzumutbarkeit normgemäßen Verhaltens 1040
– versuchte 796, **803 ff**
– Vorsatz-Fahrlässigkeitskombinationen 796
– Zeitpunkt **831**, 840, 842
Teilrücktritt 905
Territorialitätsprinzip 86 ff
Terroranschläge auf World Trade Center 467
Terrorismusbekämpfung 15
tiefgreifende Bewusstseinsstörung 145
Tötung im Krieg 416
Trutzwehr 524
Tun, Abgrenzung vom Unterlassen *s. Abgrenzung Tun – Unterlassen*

übergesetzlicher entschuldigender Notstand 677
überlegenes Wissen 258, 269, 745, 778
Übernahmefahrlässigkeit/-verschulden 942
überschießende Innentendenz 197, 313
Überwachungsgarant 1005, **1011 ff**, 1022 ff, 1026
Überzeugungstäter 615 f
Ubiquitätsgrundsatz 88
Ultima-Ratio-Prinzip 15
Umstiftung 817
unbeendeter Versuch 902 ff
– Abgrenzung vom beendeten Versuch 893 ff
– Beteiligte 910
– Definition 893
– Unterlassungsdelikte 1045, 1048
unechte Sonderdelikte 54
unechte Unterlassungsdelikte 50, **983 f**
– echte Unterlassungsdelikte 1050, 1052
– Entsprechungsklausel 984, **1028**
– Garantenpflicht *s. dort*
– Garantenstellung *s. dort*
– Handlungseinheit 1066
– Handlungsmöglichkeit, physisch-reale 996, 1041
– hypothetischer Kausalverlauf 1001
– Kausalität 999, 1001
– Möglichkeit der gebotenen Rettungshandlung 996, 1041
– objektive Zurechnung 999, 1002
– Pflichtenkollision *s. dort*
– Pflichtwidrigkeitszusammenhang 1002
– Rechtfertigung 1035 ff
– Rücktritt 1045 ff
– Strafmilderung 984
– taugliche Täter 757
– Unzumutbarkeit normgemäßen Verhaltens 1040
– verhaltensgebundene Delikte 1028
– Versuch 1042 ff
– Voraussetzungen 995 ff
– Vorsatz 1030
ungleichartige Idealkonkurrenz 1083
unionsrechtskonforme Auslegung 117
Universalprinzip 92
Universalrechtsgüter 11
unmittelbare Täterschaft 738, 741, **758**
– Handlungsherrschaft 745
unmittelbares Ansetzen *s. Abgrenzung Vorbereitung – Versuch*
Unrecht 28, **605**
– Abgrenzung zur Rechtswidrigkeit 410 f
– Begriff 410
– Elemente 126
– Grundlage 171
– klassisches Verbrechenssystem 130, 149, 1139
– kriminelles 18
– Unrechtsgehalt der Tat 29, 176
Unrechtsausschließungsgründe *s. Rechtfertigungsgründe*
Unrechtsbewusstsein 350, 619, **647 ff**
– aktuelles 649
– Irrtum 650
– potenzielles 649
– Tatbestandsbezogenheit 648
– Teilbarkeit 648
Unrechtseinsicht 126
Unrechtsgehalt 171, 935
– Bestimmung 199
– Elemente 29
– Gewichtung 1088
Unrechtslehre
– personale 150, 401
Unrechtsminderung 199, 653
Unrechtstatbestand 213
– Auslesefunktion 177
– Fahrlässigkeitsdelikt 935
– subjektive Merkmale **195**, 197
– subjektiver 303 ff
unselbstständige Abwandlung *s. Abwandlung, verselbstständigte*

untauglicher Versuch 361, **880 f**
– abergläubischer Versuch 881
– grober Unverstand 881
– Regelung im Gesetz 881
– Rücktritt 902, **908**, 1049
– Strafbarkeit 881
– Strafgrund 881
– Tauglichkeit des Subjekts 884
– Unterlassens, des 1049
– vermeintliche Mittäterschaft 871
Unterlassen *s. Unterlassungsdelikt*
Unterlassungsdelikt 48, 740, 757, 931, **980 ff**
– Abgrenzung Täterschaft – Teilnahme 1034
– Abgrenzung Tun – Unterlassen *s. dort*
– Anstiftung durch 814
– Beteiligung an 1032
– Beteiligung durch 829, 1039 f
– echtes *s. dort*
– fehlgeschlagener Versuch 1045
– Garantenpflicht *s. dort*
– Garantenstellung *s. dort*
– Kausalität 999 ff
– Konkurrenzen 1052, 1066
– Mittäter 1032
– mittelbare Täterschaft durch 1033
– Notstand, rechtfertigender 1035
– objektive Zurechnung 1002
– Pflichtenkollision, rechtfertigende 1035 ff
– Rücktritt 1045 ff
– Strafmilderungsgrund 984
– unechtes *s. dort*
– Unzumutbarkeit **1040**, 1050
– Unzumutbarkeit normgemäßen Verhaltens 676, **1040**
– Verhalten 137
– Versuch 1042 ff
– Versuch, mutmaßlicher 1049
– Versuch, unbeendeter 1045, 1048
– Versuch, untauglicher 1049
Unternehmensdelikte 57
Unternehmensstrafbarkeit 141
Unwertgehalt 32
Unwerturteil, sozialethisches 4
Unzumutbarkeit 676, **1040**, 1050
Unzumutbarkeit normgemäßen Verhaltens 676
– Fahrlässigkeitsdelikt 676, 974
– Irrtum über 1028, 1040
– Teilnahme 1040
– Unterlassungsdelikte 676, **1040**
Ursachenzusammenhang *s. Kausalität*
Urteilsstil 1198

V-Leute 821
Variantenirrtum 359
Verabredung von Verbrechen *s. Verbrechensverabredung*
Verantwortlichkeit für Gefahrenquellen 1004, **1013 ff**, 1022 ff, 1026 f
Verantwortungsprinzip 400, **607 f**, 782
Verbandsstrafe 141
Verbindungsfunktion des Handlungsbegriffes 127
Verbotsirrtum 352, 650, 684, **691 ff**, 1149
– Abgrenzung zum Tatbestandsirrtum 351
– Anstiftung 783
– direkter 684
– Entwicklung 692
– Erkundigungspflicht 696
– Garantenpflicht 1030, **1038**
– Gewissensanspannung 696
– indirekter *s. Erlaubnisirrtum*
– mittelbare Täterschaft 783
– Rechtsauskunft 696
– Subsumtionsirrtum 351
– umgekehrter **882 f**, 1165
– Unvermeidbarkeit 691, 696
– Vermeidbarkeit 684, **696**
Verbotsnorm 983
Verbrechen 31 ff
– Frieden, gegen den 99
– Kriegsverbrechen 99
– Menschlichkeit, gegen die 99 f
Verbrechensbegriff 31
– dreigliedriger **176**, 186 f
– Gesamt-Unrechtstatbestand 180 ff
– zweigliedriger 181, 185 f
Verbrechenssystem
– finales 199, 699
– Handlungsbegriff, Verhältnis zum 130, 136, **149 ff**
– klassisches 130, 149, 199
– teleologisches 151
Verbrechensverabredung **810 ff**, 839, 919
– Annahme des Erbietens 809
– Konkurrenzen 1062, 1108, 1198
– Sichbereiterklären 809
Verbrechervernunft 917
Verdienstlichkeitstheorie 887

Vereinigungstheorien 26
Verfolgerfälle 283
Verfolgungszwang, bei Auslandstaten 98
Vergehen 31 ff
Vergeltungstheorie 22
Verhalten 136
verhaltensgebundene Delikte 1028
Verhaltensmuster, eingeübte 143
Verhaltensunwert, besonderer 55
Verhinderung der Tatvollendung 906 ff
– ernsthaftes Bemühen 909
– Rettungswille 906
– Risikoverteilung 907
– Zurechenbarkeit des Erfolges 907 f
Verjährung 210, 729
– Beginn 840
– fortgesetzte Tat 1079
– Rückwirkung 66
verkehrsrichtiges Verhalten 972
Verkehrssicherungspflicht 1014
Verklammerung, Prinzip der 1088 ff
Verletzungsdelikte 40
Vermeidbarkeit 945, 956, **959 ff**
– objektive 956, 959 ff
– subjektive 956, **975**
– Verbotsirrtum 684, 691, 696
verminderte Schuldfähigkeit 628
Versari in re illicita 955
Verschleifungsverbot 78
verselbstständigte Abwandlung
s. Abwandlung, verselbstständigte
Versuch 34, 57
– abergläubischer 881
– Abgrenzung zur Vollendung
s. Abgrenzung Versuch – Vollendung
– Abgrenzung zur Vorbereitung
s. Abgrenzung Vorbereitung – Versuch
– actio libera in causa 639
– Anstiftung 804
– beendeter *s. dort*
– Beihilfe, der 803, 811, **833**
– Beihilfe zum 833
– Definition 845
– dolus eventualis 851
– Erfolgsqualifikation, der 876 f
– erfolgsqualifizierter 876, 878
– Fahrlässigkeit 930
– fehlgeschlagener *s. Fehlschlag*
– gemischt subjektiv – objektive Theorie 843
– Haustürfälle 866
– Hinweise für die Fallprüfung 923
– Konkurrenzen 1101
– Mittäterschaft 870
– mittelbare Täterschaft 872
– Qualifikation 863
– qualifizierter 919
– Rechtswidrigkeit 869
– Regelbeispiele 863
– Rücktritt 885 ff, 891 ff, 913 ff, 919
– Strafgrund 843
– sukzessiver 1069
– Tatbestandsirrtum 358, **851**
– Teilnahme, der 796, **803 f**
– unbeendeter *s. dort*
– untauglicher *s. dort*
– Unterlassungsdelikte 1042 ff, 1048
– Voraussetzungen 844, 847, 850 ff, 854 ff, 860 f, 863, 865 f, 869
Vertrag von Lissabon 109
Vertrauensgrundsatz **945 f**
Verwirklichungswille 199
vis absoluta **144**, 146
vis compulsiva 144
Völkerstrafgesetzbuch 103
Völkerstrafrecht 99 ff, 118
Vollendung 57
– Abgrenzung zum Versuch
s. Abgrenzung Versuch – Vollendung – Abgrenzung zur Beendigung
– Beteiligung 840
– fortgesetzte Tat 1079
– Konkurrenzen 1085
– Qualifikation 840
– vorverlegte 841
Vollstrafgesetze 157
voluntative Theorien **305**, 308
von Colson und Kamann-Fall 117
Vorbereitung 839, **856**
– Abgrenzung zum Versuch
s. Abgrenzung Vorbereitung – Versuch
– Einzelfälle 857 f, 860 f, 863, 866
Vorhersehbarkeit
– objektive 939 ff
– subjektive 975
vorläufige Festnahme
s. Festnahmerechte
vormundschaftsgerichtliche Genehmigung 572 ff
Vorsatz 199, **304 ff**, 312 f, 316 ff, 322 ff, 338 ff, 343 ff, 353, 800
– Alternativvorsatz
s. dolus alternativus
– Anstiftervorsatz 819 f, 822

- Aufgabe des Vorsatzes 309 f
- Begleitwissen 349
- Beihilfevorsatz 832
- Billigungstheorie 333
- Definition 305
- deskriptive Merkmale 352
- direkter Vorsatz *s. dolus directus*
- dolus alternativus 340 ff
- dolus cumulativus 342, 346
- dolus directus 317 ff, 322
- dolus eventualis *s. dort*
- dolus generalis 379
- dolus malus 693
- dolus subsequens 310
- Doppelfunktion **200**, 204 f, 645
- Einordnung 199
- Einwilligungstheorie 333
- Elemente des Vorsatzes 305, 307 f
- Erscheinungsformen des Vorsatzes 316 ff
- Eventualvorsatz *s. dolus eventualis*
- Fahrlässigkeit, Abgrenzung zur *s. Abgrenzung Vorsatz – Fahrlässigkeit*
- Gleichgültigkeitstheorie 328
- kognitive Theorien 307 f
- Koinzidenzprinzip 309
- Kongruenz zwischen Vorsatz und objektivem Tatbestand 193, **313 ff**, 342
- Möglichkeitstheorie 326
- natürlicher **205**, 709
- normative Merkmale 353
- Rechtsprechung, Behandlung in der 205
- Regelung im Gesetz 305
- sachgedankliches Mitbewusstsein 349
- Schuldminderungsgründe, bzgl 644
- Simultaneitätsprinzip 309
- spezieller Schuldmerkmale, bzgl 644
- Unbedingtheit des Handlungswillens 324
- Unterlassungsdelikte 1030
- voluntative Theorien **305**, 308
- Vorsatzschuld *s. dort*
- Vorstellungstheorien *s. kognitive Theorien*
- Wissenselement 305, 347 ff, 353
- Wissenstheorien *s. kognitive Theorien*
- Wollenstheorie *s. voluntative Theorien*
- Zeitpunkt des Vorliegens **309**, 347, 349

Vorsatz-Fahrlässigkeitskombinationen 796, 977

Vorsatzschuld 30, **200 ff**, 619, 638, 645 f, 708 f, 796

Vorsatztheorie **693 ff**, 698, 711
- dolus malus 693
- eingeschränkte 693 f
- Kritik 694
- Modifikationen 695
- strenge 693 f

Vorsatzwechsel 638

Vorstellungstheorien *s. kognitive Theorien*

Vortat, mitbestrafte 1096, **1107 f**

Vorwerfbarkeit, Elemente der 127

Wahlfeststellung 836, **1116 ff**, 1122 ff, 1127 ff
- echte 1127 ff
- Folgen der 1137
- Stufenverhältnisse 1127
- unechte 1134

Wahndelikt 882 ff, 1165

Wahrscheinlichkeitstheorie 327

Wanduhrfall 374

Warnschuss 491, 498, 501, 505

Warnschussfall 972

Weisung 674 f

Weltrechtsgrundsatz 86, **92**

Werkzeug 773, 775 f, 781 f
- absichtslos-doloses 775
- qualifikationsloses 754
- volldeliktisch handelndes 782

Widerspruchsfreiheit der Rechtsordnung 391

Willensbetätigung **142**, 199, 619, 1063 f, 1073

Willensfähigkeit, natürliche 546

Willensfreiheit 608

Willensherrschaft 745, 778, 873

Willensmängel 540, **557**, 572

Willenstheorie *s. voluntative Theorien*

Winnenden-Fall 277

Wissenstheorien *s. kognitive Theorien*

Wuppertaler Schwebebahn-Fall 1014

Würgefall 1034

Zahnarztfall 256

Zahngoldfall 77

Zeitgesetze 67

Zeuge 861, 1012, 1134

Ziegenhaarfall 987
Zirkumzision 556
Zitronensaftfall 557 f
Zivifall 268, 965
Zivilrecht 4, 80, 242, 554, 567 f, 1011
zivilrechtlicher Notstand 432 ff, **436 ff**, 441 f, 461
– aggressiver Notstand *s. dort*
– defensiver Notstand *s. dort*
Züchtigungsrecht 592 ff
– persönlicher Anwendungsbereich 596
– Tatbestand des § 223 StGB **592 ff**
Zugspitzlauffall 271
Zumutbarkeit normgemäßen Verhaltens 1040
Zündholzfall 311
Zurechnung
– objektive *s. dort*
– subjektive 304
– wechselseitige 767, 770 f
Zurechnungszusammenhang *s. objektive Zurechnung*
zusammengesetzte Deliktstatbestände
– Konkurrenzen 1064
Zustandsdelikt 45, 47
– Dauerdelikt, Zusammentreffen mit zweiaktigem Geschehen 1087
– Irrtumsprobleme 378 ff
Zwangsheirat 162
zweigliedriger Deliktsaufbau 181, **185 f**
Zweispurigkeit, System der 19
Zweistufigkeit der Fahrlässigkeitsprüfung *s. Doppelfunktion der Fahrlässigkeit*
Zwischenaktstheorie 855